DICCIONARIO
CASTELLANO - INGLÉS

Britannia

Britannia

ENGLISH - SPANISH
DICTIONARY

SERVILIBRO

INTRODUCCIÓN

BRITANNIA, aparte de ser el nombre que tanto griegos como romanos dieron a las Islas Británicas, representa a una mujer guerrera que personifica al Imperio Británico.

Paralelamente, se ha elegido este título, **BRITANNIA**, como símbolo de la gran expansión cultural que supuso ese Imperio y, sobre todo, en nuestros días como emblema de esa gran comunidad de hablantes formada por todos los amantes de la lengua inglesa.

La razón para editar este nuevo diccionario inglés-español y español-inglés se halla en el interés por las lenguas española e inglesa; por lo que para este proyecto se han recopilado gran cantidad de entradas, procurando actualizar el significado de muchas de ellas. Por este motivo, recoge términos del argot cotidiano que son muy útiles para una plena comunicación. Dichos términos, para aquellos hispano-hablantes que desconocen esta forma en la otra lengua, van indicados mediante comillas.

La pronunciación figurada, que acompaña a cada voz, será un valioso auxiliar. En castellano, se ha escogido la pronunciación habitual en España. En lo que se refiere al inglés, cuya pronunciación es mucho más variada que la española, se ha elegido la más parecida al inglés hablado en el sur de Inglaterra. Con esto no se quiere dar preferencia a una región sobre otra, sino que únicamente se debe al uso que de ella tienen los recopiladores de esta obra.

Las palabras señaladas con un circulito negro (•) forman un adverbio con la terminación **-ly** (en inglés) o **-mente** (en español).

Los distintos significados de una entrada están separados por cuatro puntos (::).

Este diccionario bilingüe está llamado a ser un instrumento imprescindible de trabajo y estudio, puentes tendidos entre pueblos que tratan de conocerse mejor.

ABREVIATURAS

acad.	académico	*med.*	medicina
adj.	adjetivo	*met.*	metafórico
adv.	adverbio	*Mex.*	Mexicanismo
Amer.	America(nismo)	*mil.*	militar
anat.	anatomía	*min.*	mimeralogía
arch.	arquitectura	*mus.*	música
art.	artículo	*n.*	nombre
bot.	botánica	*naut.*	náutica
carp.	carpintería	*orn. o ornith.*	ornitología
coll.	coloquial	*paint.*	pintura
com.	comercio	*pers.*	persona(l)
conj.	conjunción	*pl.*	plural
eccl.	eclesiástico	*prep.*	preposición
esp.	especialmente	*print.*	imprenta
elect.	electricidad	*pron.*	pronombre
f.	femenino	*protest.*	protestante
fem.	sexo femenino	*railw.*	ferrocarril
fig.	figurado	*relig.*	religión
geogr.	geografía	*sew.*	costura
geol.	geología	*sl.*	lenguaje vulgar o popular
ger.	gerundio	*theat.*	teatro
her.	heráldica	*va.*	verbo transitivo
int. o interj.	interjección	*vn.*	verbo intransitivo
m.	masculino	*vr.*	verbo reflexivo
math.	matemáticas	*vulg.*	vulgar
mech.	mecánica	*vulg.*	slang

EL ALFABETO INGLÉS

A	ei	H	eich	O	ou	U	iu
B	bi	I	ai	P	pi	V	vi
C	si	J	yei	Q	kiu	W	dábliu
D	di	K	kei				
E	i	L	el	R	ar	X	eks
F	ef	M	em	S	es	Y	uai
G	yi	N	en	T	ti	Z	si, sed

VERBOS IRREGULARES

En inglés se consideran verbos irregulares los que no forman su participio pasivo o pretérito imperfecto con la adición de las letras **d** o **ed** al infinitivo. Tales verbos se hallan en la tabla que figura a continuación.

Verbos irregulares ingleses

Infinitivo	Pretérito	Participio Pasado	Infinitivo	Pretérito	Participio Pasado
abide	abode	abode	choose	chose	chosen
arise	arose	arisen	cling	clung	clung
awake	awoke	awoken	come	came	come
be	was	been	cost	cost	cost
bear	bore	borne o born	creep	crept	crept
			cut	cut	cut
beat	beat	beaten	deal	dealt	dealt
become	became	become	dig	dug	dug
begin	began	begun	do	did	done
behold	beheld	beheld	draw	drew	drawn
bend	bent	bent	dream	dreamed o dreamt	dreamed o dreamt
bet	bet	bet			
bid	bid, bade o bad	bidden o bid	drink	drank	drunk
			drive	drove	driven
bind	bound	bound	dwell	dwelt	dwelt
bite	bit	bitten	eat	ate	eaten
bleed	bled	bled	fall	fell	fallen
blow	blew	blown	feed	fed	fed
break	broke	broken	feel	felt	felt
breed	bred	bred	fight	fought	fought
bring	brought	brought	find	found	found
build	built	built	flee	fled	fled
burn	burnt o burned	burnt o burned	fling	flung	flung
			fly	flew	flown
burst	burst	burst	forbid	forbade	forbidden
buy	bought	bought	forget	forgot	forgotten
can	could		forgive	forgave	forgiven
cast	cast	cast	forsake	forsook	forsaken
catch	caught	caught	freeze	froze	frozen

Infinitivo	Pretérito	Participio Pasado	Infinitivo	Pretérito	Participio Pasado
get	got	got	ought		
give	gave	given	pay	paid	paid
go	went	gone	put	put	put
grind	ground	ground	quit	quitted	quitted
grow	grew	grown		o quit	o quit
hang	hung	hung	read	read	read
	o hanged	o hanged	rid	rid	rid
have	had	had	ride	rode	ridden
hear	heard	heard	ring	rang	rung
hide	hid	hidden	rise	rose	risen
hit	hit	hit	run	ran	run
hold	held	held	saw	sawed	sawn
hurt	hurt	hurt			o sawed
keep	kept	kept	say	said	said
kneel	knelt	knelt	see	saw	seen
knit	knitted	knitted	seek	sought	sought
	o knit	o knit	sell	sold	sold
know	knew	known	send	sent	sent
lay	laid	laid	set	set	set
lead	led	led	sew	sewed	sewn
lean	leant	leant			o sewed
	o leaned	o leaned	shake	shook	shaken
leap	leapt	leapt	shear	sheared	sheared
	o leaped	o leaped	o shore	o shorn	
learn	learnt	learnt	shed	shed	shed
	o learned	o learned	shine	shone	shone
leave	left	left	shoe	shod	shod
lend	lent	lent	o shoed	o shodden	
let	let	let	shoot	shot	shot
lie	lay	lain	show	showed	shown
light	lit	lit	shrink	shrank	shrunk
	o lighted	o lighted	shut	shut	shut
lose	lost	lost	sing	sang	sung
make	made	made	sink	sank	sunk
may	might		sit	sat	sat
mean	meant	meant	sleep	slept	slept
meet	met	met	slide	slid	slid
mow	mowed	mown	sling	slung	slung
must			slink	slunk	slunk

Infinitivo	Pretérito	Participio Pasado	Infinitivo	Pretérito	Participio Pasado
slit	slit	slit *o* slitted	strike	struck	struck
smell	smelt *o* smelled	smelt *o* smelled	string	strung	strung
			strive	strove	striven
sow	sowed	sown *o* sowed	swear	swore	sworn
			sweep	swept	swept
speak	spoke	spoken	swell	swelled	swollen *o* swelled
speed	sped *o* speeded	sped *o* speeded	swim	swam	swum
spell	spelt *o* spelled	spelt *o* spelled	swing	swung	swung
			take	took	taken
spend	spent	spent	teach	taught	taught
spill	spilt *o* spilled	spilt *o* spilled	tear	tore	torn
			tell	told	told
spin	spun	spun	think	thought	thouhgt
spit *o* spat	spit *o* spat	spit	throw	threw	thrown
			thrust	thrust	thrust
split	split	split	tread	trod	trodden
spread	spread	spread	wake	woke	woken
spring	sprang	sprung	wear	wore	worn
stand	stood	stood	weave	wove	woven
steal	stole	stolen	weep	wept	wept
stick	stuck	stuck	win	won	won
sting	stung	stung	wind	wound	wound
stink	stank *o* stunk	stunk	wring	wrung	wrung
			write	wrote	written
stride	strode	stridden			

A

A [A] *art.* un, uno, una.

ABACK [ABÁK] *adv.* de improviso :: detrás, atrás :: **to take** —, desconcertar.

ABANDON [ABAENDAEN] *va.* abandonar :: dejar :: *n.* desembarazo, descaro :: naturalidad, facilidad.

ABANDONED [AEBAÉNDAEND] *adj.* abandono :: dejado :: perverso :: inmoral.

ABANDONMENT [AEBAÉNDAENMENT] *n.* abandono, abandonamiento :: desamparo :: desenvoltura, desembarazo.

ABASE [ABÉIS] *va.* abatir, humillar, degradar, envilecer.

ABASH [ABÁSH] *va.* desconcertar, confundir, sonrojar, desalentar.

ABATE [ABÉIT] *va. & n.* disminuir, rebajar :: apaciguar, moderar :: amainar.

ABBEY [AÉBI] *n.* abadía, monasterio.

ABBOT [ABOT] *n.* abad, prior.

ABBREVIATE [ABRÍVIEIT] *va.* abreviar, compendiar, condensar, reducir.

ABBREVIATION [AEBRIVIÉISCHAEN] *n.* abreviación, abreviatura :: **initial** —, sigla.

ABDICATE [ÁBDÍKEIT] *va.* abdicar, renunciar.

ABDOMEN [ÁBDOMEN] *n.* abdomen :: vientre.

ABDUCT [AEBDÁKT] *va.* secuestrar, raptar :: *(Amer.)* plagiar *(a alguien)*.

ABDUCTION [ABDÁKSHON] *n.* rapto, robo :: secuestro :: plagio.

ABERRATION [AEBAEREÍSCHAEN] *n.* aberración, extravío *(de la mente)*.

ABET [ABÉT] *va.* sostener, inducir, excitar, alentar, apoyar, ser cómplice.

ABEYANCE [ABÉIANS] *n.* expectativa :: **in** —, en suspenso, vacante :: **estate in** —, tierras mostrencas.

ABHOR [ABJÓAR] *va.* detestar, abominar, aborrecer, sentir horror a.

ABHORRENCE [ABJÓRENS] *n.* horror, aborrecimiento, aversión, abominación, asco.

ABIDE [ABÁID] *va. & n.* habitar, morar, quedar :: sostener :: atenerse :: aguantar :: resistir :: — **by**, atenerse a, mantener, contar con.

ABILITY [ABÍLITI] *n.* capacidad, facultad, habilidad :: arte, talento, maña :: potencia :: **artistic** —, disposición, aptitud (artística).

ABJECT [ÁBYEKT] *adj.* abyecto, vil, bajo, rastrero, ruin, servil :: — **poverty**, pobre de solemnidad.

ABLAZE [ABLEIS] *adj.* en llamas, ardiendo :: radiante, brillante.

ABLE [ÉIBL] *adj.* capaz, hábil, talentudo, competente :: apto, diestro :: — **bodied**, robusto, vigoroso :: recio :: **to be** —, poder, saber *(nadar, etc.)* :: **he is very** —, tiene mucho talento.

ABLY [ÉIBLI] *adv.* hábilmente.

ABNORMAL [ABNÓARMAL] *adj.* anormal :: disforme.

ABOARD [ABÓRD] *adv.* a bordo :: **to go** —, embarcarse, ir a bordo.

ABODE [ABÓUD] *n.* morada, domicilio, mansión.

ABOLISH [ABÓLISH] *va.* abolir, derogar, suprimir.

ABOLITION [AEBOLÍSCHAEN] *n.* abolición.

ABOMINABLE [ABÓMINABL] *adj.* abominable, detestable :: pésimo :: odioso, asqueroso.

ABOMINATE [ABÓMINEIT] *va.* abominar, detestar, odiar.

ABORIGINAL [ABORÍCHINAL] *adj.* aborigen, primitivo.

ABORT [AEBÓRT] *va.* abortar.

ABORTION [ABÓARSHON] *n.* aborto.

ABOUND [ABÁUND] *vn.* abundar, rebosar.

ABOUT [ABÁUT] *prep. & adv.* a eso de, hacia, sobre :: cerca, de, por, en torno :: **round** —, en los contornos, alrededor, a la redonda, en las cercanías :: **round** —, en torno, acerca de, sobre :: junto a, cerca de :: **all** —, por todas partes :: **to be** — **to**, estar a punto de, estar para (por) :: **right** — **turn**, media vuelta a la derecha :: **to come** —, ocurrir, resultar :: **to bring** —, ocasionar :: **what's it all** —, ¿de qué se trata?.

ABOVE [ABÓV] *adj.* anterior, supradicho :: *prep.* sobre, encima, superior a :: — **zero**, sobre cero :: — **all**, ante todo, más que nada :: *adv.* arriba, en lo alto :: **over and** —, además, por encima :: — **mentioned**, susodicho.

ABRASION [ABRÉISHON] *n.* desgaste, roce, rozadura, refregón.

ABREAST [ABRÉST] *adv.* en frente de frente :: en fila, de lado :: **to keep** — **of**, mantenerse *(al tan-to, al día, a la altura)*.

ABRIDGE [ABRÍCH] *va.* abreviar, acortar, reducir, substanciar.

ABROAD [ABRÓAD] *adv.* en el extranjero, fuera :: **to go** —, ir al extranjero :: **to noise** —, propalar, trascender *(un secreto)*.

ABRUPT [ABRÓPT] *adj.* abrupto, brusco :: rudo, tosco :: súbito, precipitado :: cortado, corto, repentino.

ABSCESS [ÁBSES] *n.* absceso, apostema.

ABSCOND [ABSKÓND] *vn.* desaparecer, ocultarse :: llevarse, escaparse, zafarse.

ABSENCE [ÁBSENS] *n.* ausencia :: carencia, falta :: — **of mind**, distracción.

ABSENT [ABSÉNT] *vr.* ausentarse, separarse, mantenerse alejado de.

ABSENTEE [ABSENTÍ] *n.* ausente.

ABSOLUTE [ÁBSOLIUT] *adj.* absoluto, acabado, completo :: despótico, arbitrario :: categórico :: rotundo, cabal :: redomado.

ABSOLUTION [AEBSOLIÚSCHAEN] *n.* absolución.

ABSOLVE [ABSÓLV] *va.* absolver, descargar *(la conciencia)* :: perdonar *(los pecados)*.

ABSORB [ABSÓARB] *va.* absorber, empapar :: sorber, chupar, tragar :: consumir :: enfrascarse, embeberse, ensimismarse.

ABSORBENT [AEBSÓRBENT] *adj. & n.* absorbente.

ABSORPTION [AEBSÓRPSCHAEN] *n.* absorción :: abstracción, embebecimiento.

ABSTAIN [ABSTÉIN] *vn.* abstenerse, guardarse :: privarse de.

ABSTAINER [ABSTÉINA] *n.* abstemio total.

ABSTEMIOUS [ABSTÍMIOS] *adj.* sobrio, moderado, abstemio.

ABSTINENCE [ÁBSTINENS] *n.* abstinencia, sobriedad :: **day of** —, día de vigilia, ayuno.

ABSTRACT [ÁBSTRAKT] *adj.* abstracto, ideal, ilusorio :: recóndito :: *n.* extracto, resumen, epítome, sumario :: *va.* hurtar :: *vn.* sacar de, desprenderse, hacer caso omiso de :: *vr.* abstraerse.

ABSTRACTION [AEBSTRAÉKSCHAEN] *n.* abstracción :: idea abstracta.

ABSTRUSE [ABSTRÚS] *adj.* abstruso, obscuro, esotérico :: recóndito.

ABSURD [ABSÉRD] *adj.* absurdo, ridículo, disparatado, necio.

ABSURDITY [AEBSOÉRDITI] *n.* absurdo, disparate.

ABUNDANCE [AEBOÉNDAENS] *n.* abundancia, copia.

ABUNDANT* [ABÓNDANT] *adj.* abundante, prolífico :: caudaloso, copioso :: nutrido :: feraz.

ABUSE [ABIÚS] *va.* ultrajar, insultar, denostar, engañar :: abusar de :: maltratar.

ABUSE [ABIÚS] *n.* abuso, ultraje, mal trato :: denuestos, improperios.

ABUSIVE* [ABIÚSIV] *adj.* insultante, ofensivo, abusivo.

ABUT [ABÓT] *vn.* rematar, terminar :: ir a parar :: — **on**, lindar con.

ABYSS [ABÍS] *n.* abismo, sima, precipicio.

ACADEMIC [AEKAEDÉMIK] *adj.* académico :: escolar.

ACADEMY [AKÁDEMI] *n.* academia :: — **of music**, conservatorio :: **riding** —, escuela de equitación.

ACCELERATE [AKSÉLEREIT] *va.* acelerar :: apresurar, precipitar.

ACCELERATION [AEKSELAERÉISCHAEN] *n.* aceleración.

ACCENT [ÁKSENT] *n.* acento, pronunciación :: **trace of** —, dejo.

ACCENTUATE [AKSÉNTUEIT] *va.* acentuar :: cargar.

ACCEPT [AKSÉPT] *va.* aceptar, recibir, acoger.

ACCEPTABLE [AEKSÉPTAEBL] *adj.* aceptable :: grato :: acepto.

ACCEPTANCE [AKSÉPTANS] *n.* aceptación :: acogida, aprobación.

ACCESS [ÁKSES] *n.* acceso, entrada :: *(med.)* ataque, arrebato :: **to gain** —, lograr acceso.

ACCESSIBLE [AEKSÉSIBL] *adj.* accesible :: asequible, obtenible.

ACCESSION [AKSÉSHON] *n.* acrecentamiento :: *(al trono)* subida :: accesión :: refuerzo :: asentimiento :: — **catalogue**, registro de entrada.

ACCESSORY [AKSÉSSORI] *adj.* accesorio :: secundario :: *n.* cómplice :: — **after the fact**, encubridor :: — **before the fact**, instigador.

ACCIDENT [ÁKSIDENT] *n.* accidente :: equivocación :: caso :: lance, azar :: atropello :: casualidad, accidente, error.

ACCIDENTAL* [AKSIDÉNTL] *adj.* accidental, fortuito, contingente, inesperado :: subordinado, poco esencial, equivocado.

ACCLAIM [AKLÉIM] *va.* aclamar :: *n.* aplauso, renombre.

ACCLAMATION [AEKLAEMÉISCHAEN] *n.* aclamación, aplauso.

ACCOMMODATE [AKÓMODEIT] *va.* & *n.* acomodar, complacer :: ajustar, conformar, acostumbrarse :: instalar :: componer :: alojar.

ACCOMODATION [AKOMODÉISHON] *n.* acomodo :: avenencia, arreglo :: hospedaje :: servicio :: *pl.* comodidades :: — **bill**, pagaré de favor :: **to come to an** —, llegar a un acomodo.

ACCOMPANIMENT [AKÓMPANIMENT] *n.* acompañamiento.

ACCOMPANIST [AKÓMPANOST] *n.* acompañante.

ACCOMPANY [AKÓMPENI] *va.* acompañar, escoltar.

ACCOMPLICE [AKÓMPLIS] *n.* cómplice.

ACCOMPLISH [AKÓMPLISH] *va.* efectuar, llevar a cabo, cumplir, conseguir, ejecutar.

ACCOMPLISHED [AEKÓMPLISCHD] *adj.* cumplido :: realizado :: consumado :: establecido :: diestro :: perfecto.

ACCOMPLISHMENT [AKÓMPLISH-MENT] *n.* logro, cumplimiento, éxito :: *pl.* prendas, méritos, dotes.

ACCORD [AKÓRD] *va.* conceder, otorgar :: *vn.* concordar, concertar, hacer juego con :: avenirse con.

ACCORDANCE [AEKÓRDAENS] *n.* conformidad, acuerdo :: **in** — **with**, de acuerdo con, de conformidad con.

ACCORDING* [AKÓRDING] *adj.* conforme :: — **to**, según, de acuerdo con.

ACCORDION [AKÓRDION] *n.* acordeón.

ACCOST [AKÓST] *va.* acercarse, dirigirse, abordar a uno.

ACCOUNT [AKÁUNT] *n.* relación, informe :: cuenta, referencia, partida :: importancia :: **on** —, a cuenta :: **on** — **of**, a cuenta de :: **current** —, cuenta corriente :: **to keep an** —, tener cuenta abierta :: **of little** —, de poca cuantía :: **of its own** —, de por sí :: *va.* considerar, estimar :: tener por, juzgar, contar :: *vn.* explicar, dar cuenta de, justificar :: — **for**, responder de :: **to keep** —**s**, **llevar los libros** :: **on no** —, de ninguna manera :: **by all accounts**, a decir de todos :: **on that** —, por eso :: **to settle an** —, liquidar una cuenta :: **to give a good** — **of oneself**, defenderse bien, pitar bien.

ACCOUNTABLE [AKÁUNTABL] *adj.* responsable.

miento.

ACCURACY [ÁKIURASI] *n.* precisión, exactitud.

ACCURATE* [ÁKIUREIT] *adj.* preciso, exacto, fiel, puntual, perfecto, esmerado.

ACCURSED [AKÉRST] *adj.* maldito, fatal :: perseguido, perverso :: — **be**, mal haya, maldito sea.

ACCUSATION [AKIUSÉISHON] *n.* acusación, delación, denuncia :: **to bring an** —, presentar una denuncia.

ACCUSE [AKIÚS] *va.* acusar :: imputar :: delatar :: acriminar, inculpar, tachar.

ACCUSER [AEKIÚSAER] *n.* acusador :: delator, denunciador.

ACCUSTOM [AKÓSTOM] acostumbrar, habituar :: soler.

ACE [EIS] *n.* as :: **to be within an** — **of**, estar a un tris de.

ACHE [EIK] *n.* dolor :: **ear** —, dolor de oído :: **head** —, dolor de cabeza :: **heart** —, pena :: **tooth** —, dolor de muelas :: *vn.* doler :: estar afligido.

ACHIEVE [ACHÍV] *va.* llevar a cabo, ejecutar, conseguir, lograr.

ACHIEVEMENT [ACHÍVMENT] *n.* hazaña, proeza, empresa :: obra, ejecución, realización, logro :: consumación :: acierto.

ACID [ÁSID] *adj. & n.* ácido, agrio :: — **test**, prueba decisiva :: *(aspecto)* agrio, de vinagre.

ACIDITY [ASÍDITI] *n.* acidez :: acedía.

ACKNOWLEDGE [AKNÓLECH] *va.* reconocer, agradecer, admitir :: — **receipt**, avisar, acusar (recibo).

ACKNOWLEDGEMENT [AKNÓLECH-MENT] *n.* reconocimiento, confesión :: agradecimiento :: aviso de recibo.

ACME [ÁKMI] *n.* colmo, cima, auge :: *(fam.)* apogeo.

ACORN [ÉIKOARN] *n.* bellota :: — **cup**, capullo.

ACOUSTIC [AKÚSTIKS] *adj.* acústico.

ACCOUNTANT [AKÁUNTANT] *n.* contador, perito en contabilidad, perito mercantil, tenedor de libros.

ACCREDIT [AKRÉDIT] *va.* acreditar, autorizar :: creer.

ACCRUE [AKRÚ] *va.* aumentar :: resultar :: —**d interests**, intereses acumulados.

ACCUMULATE [AKIÚMIULEIT] *va.* acumular, amontonar, reunir, juntar.

ACCUMULATION [AEKIUMIULÉISCHAEN] *n.* acumulación, amontona-

ACQUAINT [AKUÉINT] *va.* informar, dar parte, aviso :: avisar, enterar, instruir.

ACQUAINTANCE [AEKUÉINTAENS] *n.* conocimiento :: conocido :: **s,** amistades.

ACQUIESCE [AKUIÉS] *vn.* consentir, allanarse, acceder, conformarse.

ACQUIESCENCE [AEKUIÉSENS] *n.* asentimiento, consentimiento :: conformidad.

ACQUIRE [AKUÁIR] *va.* adquirir :: obtener, venir a tener, alcanzar :: contraer.

ACQUISITION [AKUISÍSHONI] *n.* adquisición :: obtención :: beneficio.

ACQUIT [AKUÍT] *va.* libertar, absolver, relevar, exonerar :: desempeñar :: cumplir :: **to — oneself (well),** salir (bien) (airoso) :: defenderse.

ACQUITTAL [AKUÍTL] *n.* absolución, descargo.

ACRE [ÉIKR] *n.* acre :: *pl.* terrenos :: **God's —,** camposanto.

ACRID [ÁKRID] *adj.* acre, agrio :: mordaz :: amargo :: corrosivo.

ACRONYM [AEKRÓNIMI] *n.* acrónimo.

ACROSS [AKRÓS] *adv.* de, (a) (al) través :: de una parte a otra, en cruz :: *prep.* al través de, contra, por medio de :: **— country,** a campo traviesa :: **to run (come) —,** tropezar con, dar con.

ACT [AKT] *n.* acción, obra :: *(theat.)* acto, jornada :: **in the —,** con las mano en la masa :: *vn.* obrar, hacer, funcionar, andar, actuar :: portarse, conducirse, comportarse :: representar :: **to — the fool,** hacer el tonto :: **to — as,** hacer de, servir de :: **to — on,** obrar (con arreglo a) (según).

ACTION [ÁKSHON] *n.* acción, obra, hecho, gesto :: suerte :: movimiento :: *(mil.)* pelea, combate :: *(mech.)* marcha :: **to put out of —,** inutilizar :: **to bring an — agains,** llevar a los tribunales.

ACTIVE [ÁKTIVI] *adj.* activo, diligente, listo, agudo, enérgico, nervioso, esforzado, vigoroso :: *(un volcán)* en erupción :: *(mil.)* **— service,** activo.

ACTIVITY [AEKTÍVITI] *n.* actividad.

ACTOR [AÉKTOR] *n.* actor.

ACTRESS [AÉKTRES] *n.* actriz.

ACTUAL [ÁKTIUAL] *adj.* efectivo, real :: actual, corriente.

ACTUATE [ÁKTIUEIT] *va.* mover, excitar, animar.

ACUMEN [AKIÚMEN] *n.* agudeza, ingenio, cacumen :: penetra-

ción, sutileza, perspicacia.

ACUTE [AKIÚT] *adj.* agudo, penetrante, vivo, sutil :: *(med.)* agudo, crítico.

ACUTENESS [AKIÚTNES] *n.* vivacidad, sutileza, agudeza, penetración, aprehensión :: violencia.

ADAGE [ÁDEICH] *n.* adagio, proverbio.

ADAMANT [ÁDAMANT] *n.* diamante :: *adj.* fijo, duro, inexorable.

ADAPT [ADÁPT] *va.* adaptar, ajustar, acomodar :: *(theat.)* arreglar, refundir :: *vr.* amoldarse, acomodarse, habituarse.

ADAPTATION [ADAPTÉISHON] *n.* adaptación, ajuste :: *(theat.)* arreglo, refundición.

ADD [AD] *va.* añadir, agregar, aumentar, unir, contribuir, poner :: **— up,** sumar.

ADDER [ÁDA] *n.* víbora, culebra.

ADDICT [ADÍKT] *va.* darse a :: aplicarse :: destinar :: *n.* devoto.

ADDICTED [ADÍKTID] *adj.* dado a, aficionado a.

ADDITION [ADÍSHON] *n. (math.)* suma :: adición :: **in —,** inclusive :: **in — to,** fuera de, además.

ADDITIONAL [ADÍSHONL] *adj.* adicional, accesorio.

ADDLE [ÁDL] *adj.* podrido :: *(fig.)* vano, vacío :: estéril, infecundo :: *va. & vn.* pudrir, echar a perder :: esterilizar :: embarullar, embrollar :: **—pated,** fatuo, chalado, cabeza vacía.

ADDRESS [ADRÉS] *n.* señas, dirección :: memorial :: plática :: talante :: destreza :: tratamiento :: *pl.* **to pay — to,** cortejar, obsequiar :: *va.* dirigir :: hablar, arengar, enderezar :: **to — as,** tratar de.

ADDRESSEE [ADRESÍ] *n.* destinatario.

ADDUCE [ADIÚS] *va.* aducir, alegar :: llevar.

ADEPT [ADÉPT] *n.* adepto, maestro :: *(coll.)* facha :: *adj.* consumado, hábil.

ADEQUATE [ÁDIKUIT] *adj.* adecuado, proporcionado, competente, bastante, necesario :: regular.

ADHERE [AEDJÍAER] *vn.* adherirse :: pegarse.

ADHERENCE [AEDJÍRENS] *n.* adherencia.

ADHESION [AEDJÍDYAEN] *n.* adhesión.

ADHESIVE [AEDJÍSIVI] *adj.* adhesivo :: pegajoso :: **— tape,** tela adhesiva, esparadrapo.

ADJACENT [AEDYÉISENT] *adj.* adya-

cente, contiguo.

ADJOIN [AEDYÓIN] *va.* juntar, unir, asociar, acercar, aproximar :: lindar con :: *vn.* estar contiguo o adyacente a.

ADJOURN [AEDYOÉRN] *va. & vn.* aplazar, diferir :: **to — the meeting,** suspender o levantar la sesión :: **meeting —ed,** se levanta la sesión.

ADJUST [AEDYÁST] *va.* ajustar :: acomodar :: arreglar :: graduar :: **to — oneself,** adaptarse, conformarse.

AD-LIB [AELÍB] *va. & vn.* improvisar :: expresarse espontáneamente.

ADMINISTER [AEDMÍNISTAER] *va.* administrar :: dirigir, regir, gobernar :: aplicar :: **to — an oath,** tomar juramento.

ADMINISTRATION [AEDMINISTRÉISCHAEN] *n.* administración :: dirección, gobierno :: gerencia :: manejo.

ADMIRABLE [AÉDMIRAEBL] *adj.* admirable.

ADMIRABLY [AÉDMIRAEBLI] *adv.* admirablemente.

ADMIRAL [AÉDMIRAEL] *n.* almirante.

ADMIT [AEDMÍT] *va.* admitir :: aceptar :: confesar, reconocer :: conceder :: dar entrada.

ADMONISH [AEDMÓNISCH] *va.* amonestar.

ADMONITION [AEDMONÍSCHAEN] *n.* amonestación, consejo.

ADO [AEDÚI] *n.* actividad :: bulla :: disturbio.

ADOLESCENCE [AEDOLÉSENS] *n.* adolescencia.

ADOLESCENT [AEDOLÉSENT] *adj. & n.* adolescente.

ADOPT [AEDÓPT] *va.* adoptar :: ahijar, prohijar.

ADOPTION [AEDÓPSCHAEN] *n.* adopción.

ADORABLE [AEDÓRAEBL] *adj.* adorable :: encantador.

ADORATION [AEDORÉISCHAEN] *n.* adoración.

ADORE [ADÓR] *va.* adorar, reverenciar, idolatrar.

ADORN [ADÓARNI] *va.* adornar, ornamentar, hermosear, decorar, esmaltar, embellecer, acicalar, engalanar :: *vr.* pulirse, acicalarse :: **—ed,** ataviado.

ADORNMENT [ADÓARNMENT] *n.* adorno, prenda *(de vestir),* ornamento :: *(pers.)* atavío, gala, afeites.

ADRIFT [ADRÍFT] *adv.* a merced de las olas, al garete.

ADROIT [ADRÓIT] *adj.* hábil, diestro, mañoso, listo.

ADULATION [ADIULEÍSHON] *n.* adulación, lisonja, halago.

ADULT [ADOLT] *adj. & n.* adulto, mayor.

ADULTERATE [ADÓLTEREIT] *va.* adulterar :: falsificar :: *adj.* adulterado, falsificado, falso.

ADULTERY [ADÓLTERI] *n.* adulterio.

ADVANCE [ADVÁNS] *va. & n.* avanzar :: adelantar :: anticipar :: fomentar, promover :: ascender *(de grado)* :: alegar, insinuar :: **to make —s**, requerir *(de amores)* :: *n.* avance :: adelanto, anticipo, préstamo :: mejora :: insinuación :: *(amorosos)* requerimiento(s) :: **in —**, por adelantado :: al frente :: previa :: alza *(de precios)*.

ADVANCED [AEDVÁNST] *adj.* avanzado :: adelantado :: **— in years,** entrado en años, viejo, anciano.

ADVANCEMENT [AEDVÁNSMAENT] *n.* adelantamiento, mejora, progreso :: promoción.

ADVANTAGE [ADVÁANTICH] *n.* ventaja :: beneficio, provecho :: superioridad :: utilidad :: *va.* **to take — of,** sacar ventaja, aprovechar(se) :: mejorar :: **to take (mean) — of,** valerse de embaucar :: **to have the —,** llevar ventaja :: **to show to —,** quedar bien, resaltar, lucirse.

ADVANTAGEOUS [ADVANTÉICHOS] *adj.* ventajoso :: útil, beneficioso, aventajado.

ADVENT [ADVENT] *n.* llegada, venida :: *(eccl.)* adviento :: advenimiento (de Cristo).

ADVENTITIOUS [ADVENTÍSCHOS] *adj.* casual, adventicio, fortuito.

ADVENTURE [ADVÉNTIUR] *n.* aventura, contingencia :: lance, azar :: *vr.* arriesgarse, lanzarse.

ADVENTURER [ADVÉNTIURA] *n.* aventurero :: caballero de industria :: conquistador.

ADVENTUROUS [ADVÉNTIUROS] *adj.* aventurado :: arrojado, emprendedor, arriesgado.

ADVERSARY [ADVERSARY] *n.* adversario, contrario, rival.

ADVERSE [ÁDVERS] *adj.* adverso, contrario :: hostil, opuesto, funesto, desgraciado :: desfavorable.

ADVERSITY [AEDVOÉRSITI] *n.* adversidad :: infortunio.

ADVERTISE [ÁDVERTAIS] *va.* anunciar, poner un anuncio :: dar publicidad :: advertir :: publicar :: **— for,** pedir por medio de anuncios :: **to — weakness,** paten-

tizar debilidad.

ADVERTISEMENT [ADVERTÁISMENT] *n.* anuncio, aviso.

ADVERTISER [AÉDVAERTAISAER] *n.* anunciador, anunciante.

ADVERTISING [ÁDVERTAISING] *n.* publicidad :: proclamación.

ADVICE [ADVÁIS] *n.* aviso :: consejo :: dictamen, opinión :: **a piece of —,** un buen consejo :: advertencia :: *(com.)* aviso, informe, noticia :: **to take —,** consultar.

ADVISABILITY [ADVAISABÍLITI] *n.* conveniencia, cordura.

ADVISABLE [ADVÁISABL] *adj.* conveniente, prudente.

ADVISE [ADVÁIS] *va. & n.* aconsejar, dar consejo :: advertir, notificar :: consultar, enterar.

ADVISER [ADVÁISA] *n.* consejero.

ADVOCATE [ÁDVOKEIT] *n.* abogado, defensor, jurisconsulto :: *va & n.* abogar :: interceder, propugnar.

AERIAL [EÍRIAL] *adj.* aéreo :: *n.* antena.

AEROPLANE [ÁEROPLEIN] *n.* avión.

AEROSOL [ÁEROSOL] *n.* aerosol.

AESTHETIC [ESZÉTIK] *adj.* estético :: **—s,** *n.* estética.

AFAR [AFÁR] *adv.* de lejos :: **a lo lejos,** remoto :: en la lontananza.

AFFABLE [AFABL] *adj.* afable, atento, cariñoso, expansivo.

AFFAIR [AFÉRI] *n.* negocio, ocupación, asunto :: lance *(de honor)* :: **painful —,** asunto penoso :: **— of state,** asunto de estado :: **not your —,** no es cosa tuya.

AFFECT [AFÉKT] *va.* afectar, conmover, obrar, enternecer.

AFFECTED [AFÉKTID] *adj.* melindroso, artifioso, cursi, remilgado :: conmovido, excitado.

AFFECTING [AFÉKTING] *adj.* patético, tierno, lastimero :: relativo a.

AFFECTION [AFÉKSHON] *n.* afecto, amor :: afición, cariño, terneza, ternura :: **special —,** predilección.

AFFECTIONATE [AFÉKSHONEIT] *adj.* afectuoso, cariñoso, entrañable :: **your — nephew,** su afectuoso sobrino.

AFFIDAVIT [AFIDÉIVIT] *n.* declaración jurada, certificación, atestación.

AFFILIATE [AFÍLIEIT] *va.* afiliar, adoptar.

AFFINITY [AFÍNITI] *n.* afinidad, enlace, parentesco :: atracción.

AFFIRM [AFÉRM] *va.* afirmar, ase-

verar, asentar, sostener.

AFFIRMATION [AFERMÉISHON] *n.* afirmación, aserción, declaración, aseveración.

AFFIRMATIVE [AFÉRMATIV] *adj.* afirmativo :: *n.* afirmativa.

AFFIX [AFÍKS] *va.* fijar, pegar, unir.

AFFLICT [AFLÍKT] *va.* afligir, atormentar, aquejar :: desazonar, acongojar.

AFFLICTION [AFLÍKSHON] *n.* aflicción, congoja, tribulación, angustia :: ahogo.

AFFLUENCE [ÁFLUENS] *n.* afluencia :: abundancia, opulencia.

AFFLUENT [ÁFLUENT] *n.* afluente, tributario :: *adj.* opulento.

AFFORD [AFÓRD] *va.* suministrar, dar :: tener (recursos, medios) para :: **I cannot —,** es superior a mis recursos :: permitirse :: parar *(una ocasión)* de, proporcionar, ofrecer :: poder.

AFFRAY [AFRÉI] *n.* querella, disputa, refriega, reyerta, riña.

AFFRONT [AFRÓNT] *n.* afrenta :: baldón :: agravio, ultraje, desaguisado :: *va.* afrentar, ultrajar, denostar *(con palabras)*.

AFLAME [AFLÉIM] *adv.* en llamas :: **to be —,** arder.

AFLOAT [AEFLÓUT] *adj. & adv.* flotante :: flotando :: a flote :: a flor de agua :: a bordo :: inundado :: a la deriva, sin rumbo :: **the rumor is —,** corre la voz.

AFOOT [AEFÚT] *adv.* a pie :: en marcha, en movimiento.

AFORESAID [AFÓRSED] *adj.* antedicho, susodicho, consabido, precitado.

AFRAID [AFRÉD] *adj.* tímido, temeroso, espantado :: miedoso :: **I am —,** tengo miedo :: temer :: **I'm — he won't come,** me temo que no venga :: **I'm — so,** siento que.

AFRESH [AFRÉSH] *adv.* de nuevo, otra vez, desde el principio.

AFT [AFT] *adv.* a popa.

AFTER [ÁFTA] *adv.* después, luego, en seguida :: tardío :: *prep.* después de :: detrás de :: **one — the other,** seguido :: **— all,** después de todo, con todo :: **soon —,** poco después :: **— tomorrow,** pasado mañana :: **day — day,** día tras día :: **— Murillo,** según M. :: **—glow,** celajes :: **—life,** vida futura :: **to look —,** cuidar de :: **to ask —,** preguntar por.

AFTERNOON [AFTERNÚN] *n.* tarde.

AFTERTASTE [AFTERTÉIS] *n.* dejo, dejillo *(sabor que queda en la*

AGE [EICH] *n.* edad :: época, tiempo :: era, período :: vejez :: **of** —, mayor de edad :: **Iron** —, Edad de Hierro :: *vn.* volverse viejo, envejecer :: **what is his** —**?** ¿cuántos años tiene? :: **coming of** —, mayoría :: **old** —, senectud.

AGED [EICHED] *adj.* viejo, anciano, entrado en años, senil :: añoso.

AGENCY [EIYENSI] *n.* agencia, acción, operación, gestión, intervención :: **by his** —, por su mediación.

AGENDA [AEYÉNDA] *s.* temario :: asuntos que han de tratarse en una reunión.

AGENT [ÉIYENT] *n.* agente, comisionado, encargado, apoderado.

AGGRAVATE [ÁGRAVEIT] *va.* agravar, exasperar, empeorar, molestar, exacerbar.

AGGREGATE [ÁGRIGUEIT] *n.* **in the** —, en conjunto, en total :: agregado :: *va.* agregar, sumar, ascender a.

AGGRESSION [AGRÉSHON] *n.* ataque, agresión.

AGGRESSIVE [AGRÉSIV] *adj.* agresivo, belicoso, ofensivo.

AGGRESSOR [AGRÉSAER] *n.* agresor.

AGGRIEVE [AGRÍV] *va.* afligir, apenar :: vejar, dañar.

AGHAST [AGÁST] *adj.* espantado, horrorizado.

AGILE [ÁYIL] *adj.* ágil, ligero, vivo, hábil.

AGILITY [AYÍLITI] *n.* agilidad.

AGITATE [ÁYITEIT] *va.* agitar, perturbar, inquietar :: debatir :: encrespar :: menear.

AGITATION [AYITÉISHON] *n.* agitación, perturbación, excitación, convulsión. *boca).*

AFTERTHOUGHT [ÁFTERZOAT] *n.* reflexión.

AFTERWARDS [ÁFTERUERDS] *adv.* después :: **immediately** —, acto (continuo, seguido).

AGAIN [AGUÉIN] *adv.* otra vez, de nuevo, nuevamente :: — **and** —, repetidamente :: **as much** —, otro tanto :: **now and** —, de vez en cuando, alguna que otra vez :: **never** —, nunca jamás :: **to speak** —, volver a hablar.

AGAINST [AGUÉINST] *prep.* (en) contra, enfrente, al lado de, junto a :: **over** —, justo en frente :: — **his coming**, para su venida :: — **the grain**, a contra pelo.

AGITATOR [ÁYITEITAER] *n.* agitador, alborotador.

AGNOSTIC [AEGNÓSTIK] *adj. & n.* agnóstico.

AGO [AGÓU] *adv.* pasado :: **long time** —, hace mucho tiempo :: **long** —, tiempo ha, antaño.

AGOG [AGÓG] *adj.* ansioso, excitado, nerviosísimo, (re)dispuesto.

AGONIZE [ÁGONAIS] *va. & n.* torturar, agonizar.

AGONY [ÁGONI] *n.* **death** —, agonía :: zozobra, angustia, suplicio.

AGREE [AGRÍ] *vn.* acordar, concordar, quedar en, ponerse de acuerdo :: hacer juego con :: conformarse, consentir, venir en :: sentar, probar :: **to** — **with**, dar la razón a, convenir con :: estar de acuerdo con :: **to** — **to marry**, dar el sí.

AGREEABLE [AGRÍAEBL] *adj.* agradable, afable :: complaciente :: conveniente :: satisfactorio.

AGREEMENT [AGRIMENT] *n.* acuerdo, convenio, conformidad :: *(gram.)* concordancia :: **to be in** —, estar de acuerdo :: **to come to an** —, ponerse de acuerdo.

AGRICULTURAL [AGRICÓLTIURAL] *adj.* agrícola :: — **expert**, agrónomo.

AGRICULTURE [ÁGRICOLTIUR] *n.* agricultura.

AGROUND [AGRÁUND] *adv.* varado, embarrancado :: **to run** —, encallar, embarrancarse.

AGUE [EIGU] *n.* fiebre, cuartana :: calofrío.

AHEAD [AJÉD] *adv.* adelante, enfrente, al frente, a la cabeza :: **right** —, todo directo :: **to be** —, ir a la cabeza, llevar (la delantera, la ventaja) :: **to get** — **of**, tomar la delantera, **to go** —, continuar :: **to go** — **of**, preceder.

AID [EID] *n.* ayuda, auxilio, socorro :: refuerzo :: **by the** — **of**, al amparo de :: **in** — **of**, a beneficio de :: **first** —, primeros auxilios :: **medical** —, practicante :: *va.* ayudar :: **to** — **and abet**, ser cómplice.

AIDS [EIDS] *n.* sida.

AIL [EIL] *va.* afligir, molestar, aquejar :: *vn.* estar indispuesto.

AILMENT [ÉILMAENT] *n.* achaque, dolencia.

AIM [EIM] *n.* puntería :: blanco, fin, objeto, mira, propósito :: **steady** —, tino :: *va. & n.* hacer puntería, apuntar, aspirar a :: picar alto :: ir contra :: **well** —**ed**,

certero :: **to miss one's** —, errar el tiro :: **to take good** —, apuntar bien.

AIMLESS [ÉIMLES] *adj.* sin objeto, desatinado.

AIR [ER] *n.* aire :: ambiente, atmósfera, aura :: semblante, continente, porte :: *(mus.)* aire, tonada, tonadilla :: **foul** —, aire viciado :: **open** —, aire libre :: **Air Force**, Aviación, fuerzas aéreas :: —**gun**, escopeta de aire comprimido :: —**hole**, respiradero, lumbrera :: —**raid**, incursión, ataque aéreo :: — **tight**, hermético :: **hanging in mid** —, suspendido en vilo :: **in the** —, indefinido, vago, en proyecto, allá por los cerros de Úbeda :: **in the open** —, al aire libre, a la intemperie :: **to take the** —, tomar el fresco :: **to put on airs**, darse tono :: **airs and graces**, remilgos :: *va. (quejas, ofensas)* ventilar, publicar .

AIRBORNE [ÉRBORN] *adj.* aéreo :: aerotransportado.

AIRCRAFT [ÉRKRAFT] *n.* avión, aeroplano :: aeronave :: aviones :: — **carrier**, portaaviones.

AIRLINE [ÉRLAIN] *n.* aerovía :: línea aérea :: compañía de transporte aéreo.

AIRPLANE [ÉRPLEIN] *n.* aeroplano, avión :: — **carrier**, portaaviones.

AIRPORT [ÉRPORT] *n.* aeropuerto, aeródromo.

AIRSHIP [ÉRSCHIP] *n.* dirigible.

AISLE [ÁIL] *n.* nave lateral, ala :: pasillo.

AJAR [ACHÁR] *adj. & adv.* entreabierto, entornado.

AKIMBO [AKÍMBOU] *adj.* **arms** —, brazos en jarras.

AKIN [AKÍN] *adj.* pariente, consanguíneo :: semejante, análogo :: — **to**, muy parecido a.

ALABASTER [ÁLABASTA] *n.* alabastro.

ALACRITY [ALÁKRITI] *n.* presteza, prontitud :: alegría.

ALARM [ALÁRM] *n.* alarma :: sobresalto, alboroto :: —**clock**, reloj despertador :: *va.* alarmar, inquietar, asustar :: *vn.* **to sound the** —, tocar a rebato, dar la alarma.

ALAS [ALÁS] *interj.* ¡ay!

ALBEIT [OALBÍIT] *conj.* bien que, aunque.

ALBUM [ÁLBOM] *n.* álbum.

ALCHEMY [ÁLKIMI] *n.* alquimia.

ALCOHOL [ÁLKOJOL] *n.* alcohol.

ALCOHOLIC [ALKOJÓLIK] *adj.* alcohólico.

ALDERMAN [ÓALDERMAN] *n.* regidor, concejal.

ALE [EIL] *n.* cerveza de tipo negro y amargo.

ALERT [ALÉRT] *adj.* vigilante, activo, vivo :: **to be on the —**, estar sobre aviso.

ALIAS [ÉLIAS] *adv.* por otro nombre :: alias :: *n.* seudónimo.

ALIBI [ÁLIBAI] *n.* coartada.

ALIEN [ÉILIEN] *n.* extranjero, forastero, de otro :: ajeno, extraño :: contrario :: remoto.

ALIENATE [ÉILIENEIT] *va.* enajenar :: desviar, traspasar.

ALIGHT [ALÁIT] *vn. (de un coche)* bajar, apearse :: *(un ave)* posarse :: **to set —**, iluminar :: *(fuego)* encender :: **the wood is —**, arde la madera.

ALIGN [ALÁIN] *va.* alinear(se).

ALIKE [ALÁIK] *adj.* semejante, parecido, símil, par :: *ad.* igualmente :: **all —**, todos a uno, todos sin distinción :: **to make —**, uniformar.

ALIMONY [ÁLIMONI] *n.* alimentos, pensión alimenticia :: asistencias.

ALIVE [ALÁIV] *adj.* vivo, vivaz :: con vida, viviente, activo :: **to be — to the situation**, con conocimiento de causa, hacerse cargo de, enterado :: **— with**, rebosante de :: plagado de :: **while —**, en vida :: **to keep —**, sostener (se), mantener vivo.

ALL [OAL] *adj.* todo :: **— told**, en conjunto :: **not at —**, de nada :: de ningún modo :: **on — fours**, a gatas :: *adv.* del todo, enteramente :: **— but**, menos :: **I — but fell**, por poco me caigo :: **— out**, a toda velocidad :: **— the better**, tanto mejor :: **— right**, está bien :: **— at once**, de repente :: **for — that**, con todo :: **after —**, después de todo :: **once for —**, de una vez (para siempre) :: **— in —**, en resumidas cuentas :: **it's — one to me**, me es completamente indiferente :: *n.* todo, totalidad.

ALLAY [ALÉI] *va.* apaciguar, aliviar, templar, aquietar, mitigar.

ALLEGATION [ALIGUÉISHON] *n.* alegación, alegato :: aseveración.

ALLEGE [ALÉCH] *va.* alegar, sostener.

ALLAGIANCE [ALÍYIANS] *n.* obediencia, fidelidad, lealtad :: homenaje.

ALLEGORY [ÁLIGORI] *n.* alegoría.

ALLERGY [ÁLAERCHI] *n.* alergia.

ALLEVIATE [ALÍVIEIT] *va.* aliviar, aligerar, aplacar.

ALLEY [ÁLI] callejón, callejuela :: paseo :: **blind —**, callejón sin salida.

ALLIANCE [ALÁIANS] *n.* alianza, unión, fusión :: parentesco.

ALLIED [ALÁID] *adj.* aliado, confederado, combinado.

ALLIGATOR [ÁLIGUEITAR] *n.* lagarto :: caimán :: **— pear**, aguacate.

ALLOCATE [ÁLOUKEIT] *va.* asignar, colocar, señalar, disponer.

ALLOT [ALÓT] *va.* adjudicar, asignar, repartir, destinar, fijar.

ALLOW [ALÁU] *va.* permitir, dar permiso, admitir, tolerar, confesar, consentir, dejar, conceder, descontar :: **talking not —ed**, no se permite hablar.

ALLOWANCE [ALÁUANS] *n.* permiso :: pensión, asignación :: ración :: concesión, licencia :: **to make — for**, tomar (en cuenta, en consideración) :: **family —**, subsidio familiar.

ALLOY [ALÓI] *n.* liga, aleación :: *va.* ligar, alear.

ALLUDE [ALIÚD] *vn.* aludir, referirse, hacer referencia a.

ALLURE [ALIÚAR] *va.* seducir, fascinar, atraer.

ALLURING [ALIÚRING] *adj.* halagüeño, atractivo, tentador.

ALLUSION [ALIÚSHON] *n.* alusión intencionada, indirecta :: referencia :: **to catch an —**, caer en el chiste.

ALLY [ALÁI] *n.* aliado, confederado.

ALMANACK [ÓALMANAK] *n.* almanaque, calendario.

ALMIGHTY [OALMÁITI] *adj.* omnipotente :: enorme, muy :: **— God**, el Todopoderoso.

ALMOND [ÁLMOND] *n.* almendra :: **green —**, almendruco :: **— paste**, mazapán :: **sugared —**, almendra garapiñada :: **— tree**, almendro.

ALMOST [ÓALMOUST] *adv.* casi, cuasi, punto menos que imposible :: **— at any moment**, de un momento a otro.

ALMS [AMS] *n.* limosna, caridad :: **— house**, hospicio.

ALOFT [ALÓFT] *adv.* en alto, arriba, en el cielo.

ALONE [ALÓUN] *adj.* solo, único, a solas, solitario :: **to leave —**, dejar quieto :: **let —**, sin mencionar.

ALONG [ALÓNG] *prep.* a lo largo de :: *adv.* en compañía con, hacia adelante :: **all —**, desde el principio, a lo largo :: **— with**, junto con, lo mismo :: **to get — with**, simpatizar con, llevarse con.

ALONGSIDE [ALÓNGSAID] *prep. & adv.* al lado (de) :: al costado (de) :: lado a lado.

ALOOF [ALÚF] *adv.* de lejos, a lo lejos :: **to stand —**, mantenerse (apartado, distanciado, retirado, indiferente).

ALOOFNESS [AELÚFNES] *n.* alejamiento, desapego, aislamiento.

ALOUD [ALÁUD] *adv.* en voz alta, recio, alto.

ALPHABET [AÉLFAEBET] *n.* alfabeto.

ALREADY [OALRÉDI] *adv.* ya.

ALSO [ÓALSOU] *adv.* también, igualmente, asimismo, además.

ALTAR [ÓALTA] *n.* altar :: **—boy**, monaguillo :: **—cloth**, sábana, mantel :: **—piece**, retablo :: **high —**, altar mayor :: **on the — of**, en aras de.

ALTER [ÓALTA] *va. & n.* alterar, cambiar, mudarse, cambiarse, tornar :: *(la expresión)* demudar.

ALTERATION [OALTERÉISHON] *n.* alteración :: cambio, reforma, reformación :: demudación.

ALTERNATE [ÓALTERNEIT] *adj.* alterno, alternativo :: *n.* suplente, substituto :: *va. & adj.* alternar, turnarse.

ALTERNATING [ÓALTERNEITING] *adj.* **— current**, corriente alterna.

ALTERNATIVE [OALTÉRNATIV] *adj.* alternativo :: *n.* alternativa.

ALTHOUGH [OALZÓU] *conj.* aunque, bien que, (aun) cuando, puesto que, si bien, a pesar de.

ALTITUDE [ÁLTITIUD] *n.* elevación :: altura :: altitud.

ALTOGETHER [OALTUGUÉDA] *adv.* enteramente, completamente, en conjunto, totalmente, del todo, total.

ALUMINIUM [ALIUMÍNIOM] *n.* aluminio.

ALWAYS [ÓALUEIS] *adv.* siempre, en todo tiempo.

AM [AEM] *1ª persona del presente de indicativo del verbo* **to be** :: soy, estoy.

AMASS [AMÁS] *va.* amontonar, juntar, acumular.

AMATEUR [AMATIÚR] *n.* aficionado :: **— dramatics**, función de aficionados.

AMAZE [AMÉIS] *va.* sorprender, asombrar, confundir, maravillarse, aturdir, suspender :: **to be (utterly) —d**, pasmarse.

AMAZEMENT [AMÉISMENT] *n.* asombro, sorpresa, atolondramiento, pasmo, arrobamiento.

AMAZING[AMÉISING] *adj.* sorprendente, asombroso.

AMBASSADOR[AMBÁSADO] *n.* embajador.

AMBER [ÁMBER] *n.* ámbar, electro :: **black** —, azabache.

AMBIGUITY [AEMBÍGÜITI] *n.* ambigüedad.

AMBIGUOUS[AMBIGUÍUOS] *adj.* ambiguo, equívoco, promiscuo.

AMBITION [AMBÍSHON] *n.* ambición.

AMBITIOUS[AMBÍSHOS] *adj.* ambicioso, deseoso, ávido, presuntuoso.

AMBIVALENT [AEMBÍVAELENT] *adj.* ambivalente.

AMBULANCE [ÁMBIULANS] *n.* ambulancia :: hospital de sangre.

AMBUSH [ÁMBUSH] *n.* emboscada :: **in** —, en acecho :: *va. & n.* poner celada :: emboscarse, acechar :: **to lie in** —, estar, en acecho, en celada.

AMELIORATE [AMÍLIOREIT] *va.* mejorar, adelantar.

AMENABLE [AMÍNABL] *adj.* responsable :: dócil, complaciente, tratable, sujetable.

AMEND [AMÉND] *va. & n.* enmendar, reparar, rectificar :: enmendarse, corregirse, reformar.

AMENDMENT [AMÉNDMENT] *n.* enmienda, mejora, reforma.

AMENDS [AMÉNDS] *n.* reparación, restitución, recompensa, paga, desagravio :: **to make** —, igualar, compensar, desagraviar, satisfacer, expiar.

AMETHYST [ÁMIZIST] *n.* amatista.

AMIABLE [ÉIMIABL] *adj.* amable, afable, afectuoso, tierno.

AMICABLE [ÁMIKABL] *adj.* amistoso, amigable, simpático.

AMID, AMIDST [AMÍD, AMÍDST] *prep.* entre, en medio de, rodeado de.

AMISS [AMÍS] *adv.* mal, fuera de sazón :: inoportunamente :: impropio, errado :: **it is not** —, no está de más :: **to take** —, llevar a mal, tomar a mala parte :: **what's** —?, ¿qué (le) pasa?

AMITY [ÁMITI] *n.* amistad, concordia.

AMMONIA [AMÓUNIA] *n.* amoníaco, alcalí volátil.

AMMUNITION [AMIUNÍSCHON] *n.* munición :: pertrechos.

AMNESTY [ÁMNESTI] *n.* amnistía, indulto.

AMONG, AMONGST [AMÓNG, AMÓNGST] *prep.* entre, en medio de, de entre.

AMOROUS[ÁMOROS] *adj.* amoroso, enamoradizo, enamorado, tierno :: — **old gentleman**, viejo verde.

AMORPHOUS [AEMÓRFOES] *adj.* amorfo.

AMOUNT [AMÁUNT] *n.* monto, monta, equivalente, cantidad, importe, total, suma :: *vn.* montar, importar :: **to — to**, valer, subir a, sumar a, hacer, ascender a, llegar a :: significar.

AMPHIBIOUS [AEMFÍBIOES] *adj.* anfibio.

AMPHITHEATER [AEMFIZÍAETAER] *n.* anfiteatro.

AMPLE [ÁMPL] *adj.* amplio, ancho, vasto, espacioso :: holgado :: bastante, suficiente :: **to be (more than)** —, bastar (de sobra).

AMPLIFY [ÁMPLIFAI] *va.* ampliar, amplificar, aumentar, hacer más detallado :: machacar.

AMPUTATE [ÁMPIUTEIT] *va.* amputar, cortar :: cercenar.

AMUCK [AMÓK] **to run** —, correr demente, correr a ciegas.

AMUSE [AMIÚS] *va.* divertir, entretener, solazar, holgarse, distraerse :: **we are not** —**d**, no nos cae en gracia.

AMUSEMENT [AMIÚSMENT] *n.* diversión, entretenimiento, recreo, pasatiempo.

AMUSING[AMIÚSING] *adj.* divertido, entretenido, gracioso :: **how** —! ¡qué divertido!

AN [AEN] *art. indef.* un, uno, una :: *conj.* si, como si.

ANACHRONISM [AENAÉKRONISM] *n.* anacronismo.

ANALOGOUS[ANÁLOGOS] *adj.* análogo, semejante, parecido.

ANALOGY [AENAÉLODYI] *n.* analogía, semejanza.

ANALYSIS [ANÁLISIS] *n.* análisis.

ANARCHY [ÁNARKI] *n.* anarquía, desorden, confusión.

ANATHEMA [ANÁZIMA] *n.* anatema, excomunión.

ANATOMY [ANÁTOMI] *n.* anatomía.

ANCESTOR [ÁNSESTAR] *n.* antepasado :: —**s**, abuelos, antepasados.

ANCESTRAL [ANSÉSTRAL] *adj.* ancestral, hereditario :: — **home**, casa solariega.

ANCESTRY [ÁNSESTRI] *n.* abolengo, alcurnia, ascendencia, estirpe, prosapia.

ANCHOR [ÁNKER] *n.* ancla :: **at** —, al ancla :: *va. & n.* anclar, echar anclas :: **to cast** —, tocar fondo :: **to weigh** —, zarpar, levar anclas.

ANCHORAGE [ÁNKEREICH] *n.* anclaje, ancladero, fondeadero, agarradero :: — **dues**, derechos de anclaje.

ANCHOVY [ÁNCHOUVI] *n.* anchoa, boquerón.

ANCIENT[ÉINSHENT] *adj.* antiguo, anciano :: vetusto :: rancio :: **very** —, antiquísimo :: **in** — **days**, de antaño.

AND [AND] *conj.* y, e :: — **yet**, sin embargo.

ANECDOTE [ÁNEKDOUT] *n.* anécdota.

ANEMIA [AENÍMIAE] *n.* anemia.

ANESTHESIA [AENESZÍSIAE] *n.* anestesia.

ANEW [AENIÚ] *adv.* otra vez, de nuevo, nuevamente.

ANGEL [ÉINCHEL] *n.* ángel :: **guardian** —, ángel custodio.

ANGER[ÁNGUER] *n.* cólera, furia, ira, coraje, saña :: *va.* provocar, enfurecer, irritar, encolerizar, indignar :: **to show** —, enfurecerse.

ANGLE [AÉNGL] *n.* ángulo :: recodo :: anzuelo.

ANGLER [AÉNGLA] *n.* pescador de caña.

ANGLING [AÉNGLING] *n.* pesca con caña.

ANGRY [AÉNGRI] *adj.* colérico, airado, encolerizado :: irritado, enfadado :: **to grow** —, enfadarse, ponerse furioso, calentarse.

ANGUISH [AÉNGÜISCH] *n.* angustia, congoja, ahogo, aflicción, tormento, fatiga, pena, ansia.

ANGULAR[AÉNGUIULAER] *adj.* angular :: anguloso.

ANIMAL [ÁNIMAL] *adj. & n.* animal, bestia :: — **spirits**, exuberancia vital.

ANIMATE [ÁNIMEIT] *va.* animar, vivificar, alentar, dar vida a, alegrar.

ANIMATED [ÁNIMEITID] *adj.* animado, lleno de vida, vivo, vital :: concurrido.

ANIMATION [ANIMÉISHON] *n.* animación, vivacidad, calor, viveza :: concurrencia.

ANIMOSITY [ANIMÓUSITI] *n.* animosidad, hostilidad, rencor, inquina, encono.

ANKLE [AÉNKL] *n.* tobillo.

ANNALS [ÁNALS] *n. pl.* anales :: crónica :: fastos.

ANNEX [ÁNNEKS] *adj.* anexo, anejo :: *n.* aditamento, apéndice :: *va.* anexar, adjuntar, apoderarse de.

ANNEXATION [AENEKSÉISHON] *n.* anexión.

ANNIHILATE [ANÁIJILEIT] *va.* aniquilar :: anonadar, destruir.

ANNIHILATION [ANAIJILÉISHON] *n.* aniquilación :: anonadamiento.

ANNIVERSARY [ANIVÉRSARI] *n.* aniversario.

ANNOTATE [ÁNNOUTEIT] *va.* anotar, apuntar, glosar :: **annotated edition**, edición (comentada, con comentario).

ANNOUNCE [ANÁUNS] *va.* anunciar, avisar, participar, pregonar, proclamar, publicar :: prometer.

ANNOUNCEMENT [ANÁUNSMENT] *n.* anuncio, aviso, declaración, proclama :: **official** —, comunicado.

ANNOUNCER [ANÁUNSA] *n.* anunciador :: **radio** —, locutor.

ANNOY [ANÓI] *va.* fastidiar, molestar, disgustar, dar guerra a, dar la lata a :: *(coll.)* jorobar.

ANNOYANCE [ANÓIANS] *n.* molestia :: fastidio :: enfado :: vejamen.

ANNOYING [ANÓIING] *adj.* fastidioso :: importuno, engorroso, molesto, empalagoso.

ANNUAL [ÁNIUAL] *adj.* anual :: de todos los años.

ANNUITY [ANIÚITI] *n.* renta, (pensión) vitalicia.

ANNUL [ANÓL] *va.* anular, quebrantar, abrogar, abolir.

ANNULMENT [ANÓLMENT] *n.* anulación, revocación, cancelación.

ANOINT [ANÓINT] *va.* ungir, consagrar :: **to** — **the palm**, untar la mano.

ANOMALOUS [ANÓMALOUS] *adj.* anómalo, irregular, fuera de lo normal.

ANON [ANÓN] *adv.* a poco, luego.

ANONYMOUS [ANÓNIMOS] *adj.* anónimo.

ANOTHER [ANÓDR] *adj.* otro :: distinto :: **one** —, uno a otro, recíprocamente :: **another's**, ajeno, de otro.

ANSWER [ÁNSR] *n.* respuesta :: réplica :: contestación :: solución :: *va.* responder, contestar, replicar :: servir, convenir, convenir :: **to** — **back**, replicar :: **to** — **for**, acreditar, abonar, responder de, dar cuenta :: **to wait for an** —, esperar respuesta :: **there's no answering that**, no tiene vuelta de hoja.

ANSWERABLE [ÁNSERABL] *adj.* responsable, refutable.

ANT [ANT] *n.* hormiga :: — **eater**, oso hormiguero.

ANTAGONISM [ANTÁGONISM] *n.* antagonismo, oposición, antipa-

tía.

ANTAGONIST [ANTÁGONIST] *n.* antagonista, contrario, rival.

ANTAGONIZE [ANTÁGONAIS] *va.* contrariar, oponerse a, hostilizar.

ANTECEDENT [ANTISÍDENT] *adj.* antecedente, precedente, previo, anterior.

ANTECHAMBER [ÁNTICHEIMBR] *n.* antesala, antecámara.

ANTEDATE [ÁNTIDEIT] *va.* antedatar.

ANTELOPE [ÁNTILOUP] *n.* antílope :: gacela.

ANTENNA [ANTÉNA] *n.* antena.

ANTEROOM [ÁNTIRUM] *n.* antecámara, vestíbulo.

ANTHEM [ÁNZEM] *n.* antífona :: **national** —, himno nacional.

ANTHRACITE [ÁNZRASAIT] *n.* antracita :: carbón de piedra.

ANTIBODY [ÁNTIBODI] *n.* anticuerpo.

ANTICIPATE [ANTÍSIPEIT] *va.* anticipar, prever, barruntar :: adelantar(se).

ANTICIPATION [ANTISIPÉISHON] *n.* anticipación :: previsión :: interés, anhelo.

ANTIDOTE [ÁNTIDOUT] *n.* antídoto, remedio, contraveneno.

ANTIFREEZE [ÁNTIFRIS] *n.* anticongelante.

ANTIPATHY [ANTÍPAZI] *n.* antipatía, repugnancia, rencilla.

ANTIQUATED [ÁNTIKUEITID] *adj.* anticuado, añejo, arcaico.

ANTIQUE [ANTÍK] *adj.* antiguo :: *n. pl.* antigüedades.

ANTIQUITY [ANTÍKUITI] *n.* antigüedad :: vejez, ancianidad.

ANTISEPTIC [ANTISÉPTIK] *n. & adj.* antiséptico.

ANTISOCIAL [ANTISÓUSCHAEL] *adj.* antisocial.

ANTLER [ÁNTLA] *n.* asta, cuerno :: *pl.* cornamenta.

ANVIL [ÁNVIL] *n.* yunque :: **on the** —, en el telar.

ANXIETY [ANGSÁIETI] *n.* ansiedad, inquietud, quitasueño :: ansia, afán, anhelo :: zozobra, desvelo.

ANXIOUS [ÁNKSHOS] *adj.* inquieto, ansioso, desasosegado, impaciente, deseoso.

ANY [ÉNI] *pron., adj. & adv.* cualquiera, cualesquiera, alguno, alguna :: — **more**, más aún :: **not** — **more**, no más :: — **body**, — **one**, alguien, alguno :: todo el mundo :: — **old person**, un cualquier :: — **of them**, cualquiera de ellos :: **at** — **rate**, de todos

modos, pase lo que pase.

ANYHOW [ÉNIJAU] *adv.* de todos modos :: sin embargo :: de cualquier modo.

ANYTHING [ÉNIZING] *pron.* algo, alguna cosa :: — **but**, todo menos.

ANYWAY [ÉNIOUEI] *adv.* con todo, de todos modos, en cualquier caso, sin embargo, de cualquier modo.

ANYWHERE [ÉNIUER] *adv.* dondequiera, en cualquier parte.

APART [APÁRT] *adv.* separadamente, aparte, aislado, apartado :: **to set** —, separar, segregar :: **to tear** —, despedazar.

APARTMENT [APÁRTMENT] *n.* piso, cuarto :: aposento.

APATHETIC [APAZÉTIK] *adj.* apático, dejado, indiferente.

APATHY [ÁPAZI] *n.* apatía, dejadez, flema.

APE [ÉIP] *n.* mono, mico :: simio :: imitador :: *va.* imitar, remedar.

APERIENT [APÍRIENT] *n.* laxante.

APEX [ÉIPEKS] *n.* cúspide, ápice, cima, tope, coronamiento.

APIECE [APÍS] *adv.* por barba, por persona, por cabeza :: **a sword** —, con sendas espadas.

APOGEE [ÁPODYI] *n.* apogeo.

APOLOGETIC [APOLODYÉTIK] *adj.* que se excusa o disculpa.

APOLOGIZE [APÓLODYAIS] *va.* disculpar, excusar, defender.

APOLOGY [APÓLOCHI] *n.* apología, excusa, disculpa, justificación :: **to send** —, excusarse :: **to offer** —, disculparse.

APOSTLE [APÓSL] *n.* apóstol, enviado.

APOSTROPHE [APÓSTROFI] *n.* apóstrofe :: apóstrofo.

APOTHECARY [APÓZIKARI] *n.* boticario, farmacéutico :: —**'s shop**, botica, farmacia.

APPAL [APÓAL] *va.* aterrar, espantar.

APPALLING [APÓALING] *adj.* espantoso, aterrador, espantable.

APPARATUS [APARÉITOS] *n.* aparato, instrumento, aparejo.

APPAREL [APÁREL] *n.* ropa, traje, vestimenta, hato, ropaje :: *va.* vestir, adornar.

APPARENT [APÁRENT] *adj.* aparente :: obvio, notable, (al) desnudo, evidente, visible, especioso :: **heir** —, presunto heredero :: **to become** —, ponerse de manifiesto.

APPARITION [APARÍSHON] *n.* visión, aparición, fantasma.

APPEAL [APÍL] *n.* simpatía :: súplica, petición :: prendados :: rogación, instancia, apelación :: **without** –, inapelable, sin recurso :: **lack of** –, antipatía :: **judge of** –, juez de alzadas :: **Court of** –, Tribunal de apelación.

APPEAR [APÍR] vn. aparecer :: asomar, salir :: rayar (en) :: comparecer :: personarse :: parecer.

APPEARANCE [APÍRANS] n. apariencia :: traza, facha, pinta :: continente, semblante :: comparación, aparición :: vislumbre :: **joint** –, conjunción :: **–'s sake**, el buen parecer :: **to keep up** –s, salvar las apariencias.

APPEASE [APÍS] va. apaciguar, calmar, pacificar, desenojar.

APPEASEMENT [APÍSMENT] n. apaciguamiento, pacificación.

APPEND [APÉND] va. añadir, agregar :: fijar :: colgar.

APPENDIX [APÉNDIKS] n. apéndice.

APPERTAIN [APERTÉIN] vn. pertenecer :: ser de :: atañer, competer.

APPETITE [ÁPITAIT] n. apetito, hambre, ganas :: **to have an** –, tener ganas :: **lack of** –, desgana.

APPETIZER [ÁPITAISR] n. aperitivo.

APPETIZING [ÁPITAISING] adj. apetitoso :: excitante :: apetecible.

APPLAUD [APLÓD] va. aplaudir.

APPLAUSE [APLÓAS] n. aplauso, elogio, palmadas :: aprobación, aclamación.

APPLE [ÁPEL] n. manzana :: (anat.) pupila, niña :: **– tree**, manzano :: **Adam's** –, (anat.) nuez :: **– orchard**, manzanar, pomar.

APPLESAUCE [ÁPELSOS] n. compota de manzana.

APPLIANCE [APLÁIANS] n. electrodoméstico :: instrumento, herramienta :: aplicación.

APPLICABLE [ÁPLIKABL] adj. aplicable.

APPLICANT [ÁPLIKANT] n. suplicante, solicitante, pretendiente, candidato.

APPLICATION [APLIKÉISHON] n. solicitud :: solicitación :: aplicación.

APPLIED [APLÁID] adj. aplicado :: **– for**, pedido, solicitado.

APPLY [APLÁI] va. & n. recurrir, dirigirse a :: concernir :: apropiar, aplicar :: solicitar :: pretender a :: **to – oneself to**, darse a, ponerse a.

APPOINT [APÓINT] va. nombrar, designar :: señalar :: surtir :: **to be –ed to**, colocarse :: **to be**

–ed as, ser nombrado.

APPOINTMENT [APÓINTMENT] n. designación, nombramiento, :: cita, compromiso :: **–s**, mobiliario, mueblaje :: accesorios.

APPORTION [APÓRSHON] va. repartir, distribuir.

APPOSITE[*] [ÁPOSIT] adj. a propósito, oportuno, ocurrente, atinado, justo.

APPRAISAL [APRÉISAL] n. tasa, valuación.

APPRAISE [APRÉIS] va. apreciar, valuar, justipreciar, valorizar.

APPRECIABLE [APRÍSHIABL] adj. apreciable, notable, sensible.

APPRECIATE [APRÍSHIEIT] va. apreciar, darse cuenta de, encarecer :: (de precios) tener un alza.

APPRECIATION [APRISHIÉISHON] n. apreciación, aprecio, pondera-ción :: alza de precio :: estima.

APPREHEND [APRIJÉND] va. asir, aprehender :: prender :: coger, comprender :: recelar, sospechar.

APPREHENSION [APRIJÉNSHON] n. aprensión, temor, estremecimiento, recelo.

APPREHENSIVE[*] [APRIJÉNSIV] adj. receloso, temeroso, aprensivo, solícito :: perspicaz :: **to grow** –, sobrecogerse.

APPRENTICE [APRÉNTIS] n. aprendiz, novicio :: **to** –, ir de aprendiz.

APPRENTICESHIP [APRÉNTISSCHIP] n. aprendizaje.

APPRISE, APPRIZE [APRÁIS] va. enseñar, avisar, informar, comunicar, hacer saber.

APPROACH [APRÓAUCH] n. proximidad, llegada, entrada, paso, enfoque (de una cuestión) :: **the nearest** –, lo más cercano, apropiado :: **to make an** –, intentar un acercamiento :: va. & n. llegar a, acercar, acercarse :: aproximar :: frisar, rayar en :: arrimar.

APPROBATION [APROBÉISHON] n. aprobación, beneplácito.

APPROPRIATE[*] [APRÓUPRIEIT] adj. propio, conveniente, adecuado, bueno, pertinente, digno, correspondiente :: va. apropiar :: apropiarse, incautarse de :: **to be** –, cuadrar, caer bien.

APPROPRIATENESS [APRÓUPRIEIT-NES] n. congruencia, idoneidad, propiedad de aplicación.

APPROPRIATION [APROPRIÉISHON] n. apropiación :: asignación, suma asignada.

APPROVAL [APRÚVAL] n. aproba-

ción :: **on** –, a prueba.

APPROVE [APRUÚV] va. aprobar, autorizar, sancionar :: **to – of**, estar de acuerdo con, dar el beneplácito.

APPROXIMATE[*] [APRÓXIMEIT] adj. aproximado, cercano :: va. & n. aproximar, aproximarse.

APPURTENANCE [APÉRTENANS] n. dependencia, accesorio :: pertenencia.

APRICOT [ÉIPRIKOT] n. albaricoque :: **– tree**, albaricoquero.

APRIL [ÉIPRIL] n. abril :: **Fool's Day**, día primero de abril, equivalente al de inocentes.

APRON [ÉIPRON] n. mandil, delantal :: **tied to – strings**, cosido a las faldas.

APSE, APSIS [APS, ÁPSIS] n. ábside.

APT[*] [APT] adj. apto, idóneo, propenso a, inclinado, propio :: listo, hábil :: pertinente :: **to be** – **to**, estar expuesto a, ser pronto a.

APTITUDE, APTNESS [ÁPTITIUD, ÁPTNES] n. aptitud, disposición, facilidad.

AQUATIC [AKUÁTIK] adj. acuático.

AQUEDUCT [ÁKUIDOKT] n. acueducto.

AQUILINE [ÁKUILIN] adj. aquilino :: (nariz) aguileño.

ARABLE [ÁRABL] adj. arable :: propio para labranza, tierra de labranza :: **– land**, campiña.

ARBITER [ÁRBITAER] n. árbitro, arbitrador, juez árbitro.

ARBITRARY [ÁRBITRARI] adj. arbitrario :: caprichoso :: despótico.

ARBITRATE [ÁRBITREIT] va. decidir como árbitro, arbitrar, terciar.

ARBITRATION [ARBITRÉICHON] n. arbitramento :: arbitraje, tercería :: **court of** –, tribunal de Arbitraje.

ARBITRATOR [ÁRBITREITA] n. árbitro :: arbitrador :: tercero.

ARBOR, ARBOUR [ÁRBA] n. enramada, cenador :: glorieta.

ARC [ARK] n. arco.

ARCADE [ÁRKEID] n. arcada, galería, soportal(es).

ARCH [ARCH] adj. astuto, cuco, socarrón :: consumado, travieso :: n. arco, bóveda :: va. & n. arquear, abovedar.

ARCHAEOLOGY [ARKIÓLODYI] n. arqueología.

ARCHAIC [ARKÉIK] adj. arcaico, desusado, anticuado.

ARCHBISHOP [ARCHBÍSHOP] n. arzobispo, pontífice, metropolitano.

ARCHER [ÁRCHA] *n.* arquero, ballestero, saetero, flechero.

ARCHERY [ÁRCHARI] *n.* tiro de flechas.

ARCHITECT [ÁRKITEKT] *n.* arquitecto.

ARCHITECTURE [ÁRKITEKCHUAERI] *n.* arquitectura.

ARCHIVE [ÁRKAIV] *n.* archivo.

ARCHWAY [ÁRCHUEI] *n.* bóveda, pasaje abovedado, arcada.

ARCTIC [ÁRKTIK] *adj.* ártico.

ARDENT° [ÁRDENT] *adj.* ardiente, fogoso, vehemente, fervoroso :: — **spirits**, bebidas espirituosas.

ARDOR, ARDOUR [ÁRDA] *n.* ardor, calor :: fogosidad, ahínco :: celo :: viveza.

ARDUOUS° [ÁRDIUOS] *adj.* arduo, trabajoso, difícil, recio, laborioso, escabroso.

ARE [ÉARI] *2ª persona del singular y 1ª, 2ª y 3ª del plural del presente de indicativo del verbo to be* :: eres, estás :: somos, estamos :: sois, estáis :: son, están.

AREA [ÉRIA] *n.* área, ámbito :: patio, corral.

ARENA [ARÍNA] *n.* arena, liza, redondel, ruedo.

ARGUE [ÁRGUIU] *va. & n.* argüir, discurrir, razonar, sostener, argumentar :: **to — against**, controvertir.

ARGUMENT [ÁRGUIUMENT] *n.* argumento, discusión :: raciocinio, razón, argumento.

ARID [ÁRID] *adj.* árido.

ARISE [ARÁIS] *vn.* elevarse, subir, surgir (de) :: sublevarse :: levantarse :: proceder de, provenir.

ARISEN [ARÍSN] *p.p. de* **to arise**.

ARISTOCRACY [ARISTÓKRACI] *n.* aristocracia.

ARISTOCRAT [ARÍSTOKRAT] *n.* aristócrata.

ARISTOCRATIC [ARISTOKRÁTIK] *adj.* aristocrático.

ARITHMETIC [ARÍZMETIK] *n.* aritmética.

ARK [ARK] *n.* arca.

ARM [ARM] *n.* brazo :: *(bot.)* rama, gajo :: *(de mar)* brazo :: manga :: arma :: **with —s folded**, los brazos cruzados :: **— in** —, de bracete, cogidos del brazo :: **call to —s**, rebato :: **—'s reach**, alcance :: **at —'s length**, a distancia :: **up in —s**, sublevado :: **—chair**, silla poltrona, sillón, butaca :: **one-armed**, manco :: **—pit**, sobaco :: *va. & n.* armar, armarse.

ARMAMENT [ÁRMAMENT] *n.* armamento.

ARMFUL [ÁRMFUL] *n.* brazada.

ARMLET [ÁRMLET] *n.* brazalete.

ARMOR, ARMOUR [ÁRMA] *n.* armadura, arnés :: — **plating**, blindaje :: coraza :: —**ed car,** coche blindado.

ARMO(U)RED [ÁRMORD] *p.p.* blindado, acorazado.

ARMO(U)RY [ÁRMORI] *n.* arsenal :: armería.

ARMPIT [ÁRMPIT] *n.* sobaco.

ARMY [ÁRMI] *adj.* castrense :: *n.* ejército.

AROMA [ARÓUMA] *n.* aroma :: fragancia.

AROMATIC [AROMÁTIK] *adj.* aromático, odorífero.

AROUND [ARÁUND] *prep. & adv.* por, alrededor, a la redonda :: a la vuelta de, en los contornos :: **to be** —, frisar con :: **to put arm** —, tomar por el talle.

AROUSE [ARÁUS] *va.* despertar, conmover, sacudir, ocasionar, suscitar, atizar.

ARRAIGN [ARÉIN] *va.* acusar, procesar.

ARRANGE [ARÉINCH] *va.* arreglar, poner en orden, acomodar, colocar, ordenar, aprestar, aliñar, clasificar, negociar :: **to — to meet**, citar.

ARRANGEMENT [ARÉINDYMAENT] *n.* arreglo :: disposición :: colocación, orden :: convenio.

ARRANT° [ÁRANT] *adj.* notorio, redomado.

ARRAY [ARÉI] *n.* orden de batalla :: aparato, pompa :: ostentación, riqueza.

ARREARS [ARIÓERS] *n. pl.* atrasos, pagos o rentas vencidos y no cobrados :: **in** —, atrasado *(en el pago de una cuenta)*.

ARREST [ARÉST] *n.* detención, arresto, prendimiento, prisión :: *va.* arrestar :: prender, detener :: capturar :: contrarrestar, parar :: *(la atención)* llamar, traer.

ARRIVAL [ARÁIVAL] *n.* llegada, entrada :: advenimiento :: consecución :: **a new** —, un recién llegado.

ARRIVE [ARÁIV] *vn.* llegar :: suceder, ocurrir :: conseguir, llevar a cabo.

ARROGANCE [ÁROGAENS] *n.* arrogancia.

ARROGANT° [ÁROGANT] *adj.* arrogante, orgulloso, altanero, alti-

vo, valentón.

ARROW [ÁROU] *n.* flecha, dardo, virote :: — **head**, punta de flecha.

ARSENAL [ÁRSENAL] *n.* arsenal, maestranza, armería.

ARSON [ÁRSON] *n.* incendio provocado.

ART [ART] *n.* arte :: habilidad, maña, artificio :: **fine —s**, bellas artes.

ARTERY [ÁRTERI] *n.* arteria.

ARTFUL° [ÁRTFUL] *adj.* astuto, ladino, redomado, tacaño, solapado.

ARTICHOKE [ÁRTICHOUK] *n.* alcachofa.

ARTICLE [ÁRTIKL] *n.* artículo, objeto, cosa :: cláusula, estipulación :: mercancía :: renglón :: *pl.* — **of marriage,** capítulos matrimoniales :: **small** —, menudencias :: *vn.* pactar :: contratar.

ARTICULATE° [ARTÍKIULEIT] *adj.* articulado, claro :: capaz de hablar :: *va.* articular :: vocalizar.

ARTIFACT [ÁRTIFAKT] *n.* artefacto.

ARTIFICIAL° [ARTIFÍSHAL] *adj.* artificial :: ficticio :: fingido :: postizo, afectado.

ARTILLERY [ARTÍLARI] *n.* artillería :: **field** —, artillería de campaña, de acompañamiento.

ARTISAN [ÁRTISAN] *n.* artesano, oficial, menestral.

ARTIST [ÁRTIST] *n.* artista.

ARTISTIC [ARTÍSTIK] *adj.* artístico :: —**ally,** *adv.* artísticamente.

ARTLESS° [ÁRTLES] *adj.* sencillo, simple :: cándido, ingenuo.

ARTLESSNESS [ÁRTLESNES] *n.* sencillez, naturalidad, simplicidad.

AS [AS] *conj.* como :: a guisa de, según, ya que, a semejanza de por, a fuer de :: — **(soon)** —, tan (pronto) como :: — **for**, por lo que toca a, tocante a, en cuanto a :: **such** —, tal como :: los que :: — **if nothing had happened**, como si tal cosa :: *adv.* conforme, hasta :: — **yet**, todavía, aún :: — **it were**, por decirlo así, en cierto modo.

ASBESTOS [ASBÉSTOS] *n.* asbesto.

ASCEND [ASÉND] *va. & n.* subir :: elevar(se), ascender, encumbrar.

ASCENDENCY [ASÉNDENSI] *n.* ascendiente, influjo, dominación.

ASCENT [ASÉNT] *n.* subida, elevación :: cuesta, pendiente.

ASCERTAIN [ASATÉIN] *va.* cerciorarse, verificar, indagar, averiguar.

ASCETIC [ASÉTIK] *adj.* ascético ::

n. asceta.

ASCRIBE [ASKRÁIB] *va.* asignar :: atribuir, imputar :: achacar.

ASH [ASH] *n.* ceniza :: *(bot.)* fresno :: — **grove**, fresnada :: **quaking** —, álamo temblón :: — **Wednesday**, miércoles de ceniza :: —**coloured**, ceniciento :: —**tray**, cenicero :: *pl.* cenizas.

ASHAMED• [ASHÉIMD] *adj.* avergonzado, vergonzoso, cortado, corrido :: **to be** —, tener vergüenza, cortarse.

ASHORE [ASHÓR] *adv.* a tierra, en tierra :: **to go** —, desembarcar :: **to run** — **(aground)**, encallar.

ASIDE [ASÁID] *adv.* a parte, al lado :: a un lado :: **to lay** —, despreciar, omitir, arrimar, deponer, orillar, retirar :: **to set** —, anular :: dejar de un lado.

ASK [ASK] *va.* preguntar :: pedir, suplicar, solicitar :: exigir, requerir :: convidar :: *vn.* buscar :: **to** — **after**, preguntar por.

ASKANCE [ASKÁNS] *adv.* oblicuamente, de soslayo :: **to look** — **at**, mirar de reojo.

ASLEEP [ASLÍP] *adj.* dormido :: **to fall** —, caer(se) dormido, dormirse :: **fast** —, hecho un tronco.

ASPARAGUS [ASPÁRAGOS] *n.* espárrago.

ASPECT [ÁSPEKT] *n.* aspecto, apariencia :: aire, semblante, faz, cara :: exterior, traza, catadura :: punto, fase :: **north** —, vistas al norte.

ASPEN [ÁSPN] *n.* tiemblo, álamo temblón.

ASPERSION [ASPÉRSHON] *n.* difamación, calumnia :: mancha.

ASPHALT [ÁSFALT] *n.* asfalto :: chapatote.

ASPIRATE [ÁSPIREIT] *va.* aspirar.

ASPIRATION [ASPIRÉISHON] *n.* aspiración :: anhelo.

ASPIRE [ASPÁIR] *vn.* aspirar a, pretender.

ASS [AS] *n.* asno, burro, jumento :: mentecato, primo, ganso :: **to make an** — **of oneself**, hacer el mentecato.

ASSAIL [ASÉIL] *va.* atacar, embestir, arremeter, asaltar.

ASSAILANT [ASÉILANT] *n.* asaltante, asaltador :: atracador :: agresor.

ASSASSIN [ASÁSIN] *n.* asesino.

ASSASSINATE [ASÁSINEIT] *va.* asesinar.

ASSAULT [ASÓALT] *n.* asalto, ataque :: embestida, agresión, arremetida :: atraco :: *va.* atacar,

asaltar, saltar.

ASSAY [ASÉI] *n.* ensayo :: prueba, toque :: — **office**, oficina de ensayos :: *va.* ensayar :: acrisolar :: probar, aquilatar.

ASSEMBLE [ASÉMBL] *va.* congregar, convocar :: reunir :: *(mech.)* montar :: *vn.* juntarse.

ASSEMBLY [ASÉMBLI] *n.* junta, asamblea, colonia, comité :: concurso, conjunto :: — **room**, sala de (sesiones, fiestas, etc.).

ASSENT [ASÉNT] *n.* consentimiento, venia, beneplácito :: **Royal** — sanción regia :: *vn.* consentir, dar consentimiento :: asentir.

ASSERT [ASÉRT] *va.* afirmar :: aseverar :: sostener, defender, sustentar.

ASSERTION [ASÉRSHON] *n.* aserción, afirmación, aseveración, fe.

ASSESS [ASÉS] *va.* imponer :: fijar, señalar :: apreciar :: **to** — **at**, fijar en.

ASSESSMENT [ASÉSMENT] *n.* evaluación, tasación :: imposición :: contribución, impuesto.

ASSETS [ASÉTS] *n. pl.* activo, haber :: **personal, real** —, bienes muebles, inmuebles.

ASSIDUOUS• [ASÍDIUOS] *adj.* asiduo, constante :: aplicado, concienzudo.

ASSIGN [ASÁIN] *va.* asignar, señalar :: adscribir :: consignar :: ceder, traspasar.

ASSIGNMENT [ASÁINMENT] *n.* asignación :: designación :: cesión :: tarea *(asignada)* :: lección *(señalada)*.

ASSIST [ASÍST] *va.* ayudar, auxiliar, socorrer :: acudir, presenciar, estar presente, asistir :: remediar.

ASSOCIATE [ASÓUSHIEIT] *n. (com.)* socio, individuo :: copartícipe, cómplice :: *va.* asociarse, mancomunarse.

ASSORT [ASÓART] *va.* clasificar :: compaginar, hacer juego :: **assorted packets**, paquetes surtidos.

ASSORTED [ASÓRTID] *adj.* surtido, mezclado, variado, de todas clases.

ASSUAGE [ASUÉICH] *va. & n.* aquietar, apaciguar :: suavizar, templar, acallar, atemperar.

ASSUME [ASIÚM] *va.* tomar, poner :: asumir, imaginarse, dar por sentado :: creer :: arrogarse, atribuir.

ASSUMING [ASIÚMING] *adj.* pretencioso, arrogante :: — **that**, dado que.

ASSUMPTION [ASÓMPSHON] *n.* pretensión, suposición :: aire de suficiencia.

ASSURANCE [ASHÚRANS] *n.* seguridad, certeza :: *(com.)* seguro :: aplomo, arrojo, ánimo :: despejo, desenvoltura.

ASSURE [ASHÚR] *va.* asegurar, garantizar, protestar :: *vr.* cerciorarse de :: *(com.)* asegurar.

ASTERISK [ÁSTERISK] *n.* asterisco.

ASTERN [ASTÉRN] *adv.* en popa, a popa :: **to go** —, ciar :: **to drop** —, caer para atrás.

ASTHMA [ÁZMA] *n.* asma.

ASTIR [ASTER] *adv.* en pie :: activo.

ASTONISH [ASTÓNISH] *va. & n.* sorprender, suspender, maravillar, admirar.

ASTONISHING• [ASTÓNISHING] *adj.* asombroso, pasmoso, maravilloso.

ASTONISHMENT [ASTÓNISHMENT] *n.* asombro, pasmo, sorpresa.

ASTOUND [ASTÁUND] *va. & n.* maravillar, pasmar, helar, aturdir.

ASTRAY [ASTRÉI] *adv.* fuera de la vía :: extraviado, desviado, descarriado :: **to go** — *(una carta)*, extraviarse :: *(pers.)* errarse :: **to lead** —, extraviar :: seducir.

ASTRIDE [ASTRÁID] *adv.* a horcajadas.

ASTROLOGY [ASTRÓLODYI] *n.* astrología.

ASTRONOMER [ASTRÓNOMAER] *n.* astrónomo.

ASTRONOMY [ASTRÓNOMI] *n.* astronomía.

ASTUTE [ASTIÚT] *adj.* astuto, mañoso, sagaz :: *(coll.)* largo.

ASTUTENESS [ASTIÚTNESS] *n.* chalanería :: astucia, sutileza.

ASUNDER [ASÓNDA] *adv.* en dos, separadamente :: **to tear** —, despedazar, desgajar.

ASYLUM [ASÁILOM] *n.* asilo, refugio, amparo :: manicomio :: sagrado :: **to give** — **to**, dar acogida a.

AT [AT] *prep.* en, a, hacia :: sobre, por :: cerca de.

ATAVISM [ÁTAVISM] *n.* atavismo.

ATE [EIT] *pret. de* **to eat**.

ATHLETE [ÁZLIT] *n.* atleta.

ATHLETIC [AZLÉTIK] *adj.* atlético.

ATHWART [AZÚOART] *prep. & adv.* a través :: al sesgo, a trasluz.

ATMOSPHERE [ÁTMASFIER] *n.* atmósfera :: ambiente.

ATOM [ÁTOM] *n.* átomo.

ATOMIC [ATÓMIK] *adj.* atómico ::

— **age,** edad atómica :: — **energy,** fuerza atómica :: — **pile,** pila atómica :: — **weight,** peso atómico.

ATONE [ATOÚN] *vn.* expiar, purgar, pagar :: compensar, reparar :: aplacar.

ATONEMENT [ATÓUNMENT] *n.* expiación, compensación, satisfacción.

ATROCIOUS [ATRÓUSHÓS] *adj.* atroz, espantoso.

ATROCITY [ATRÓSITI] *n.* atrocidad :: maldad.

ATROPHY [ÁTROFI] *n.* atrofia.

ATTACH [ATÁCH] *va.* adherir :: ligar, pegar, conectar :: incautar :: atraer, asirse :: atribuir :: *(importancia)* dar.

ATTACHMENT [ATÁCHMENT] *n.* adhesión, apego :: aplicación :: ligazón, enlace :: secuestro.

ATTACK [ATÁK] *n.* ataque, asalto :: embestida :: arremetida :: agresión :: **sudden** —, arrebato :: — **of fever,** acceso de fiebre :: *va.* atacar, acometer :: impugnar :: corroer.

ATTAIN [ATÉIN] *va.* lograr, alcanzar, conseguir.

ATTAINMENT [ATÉINMENT] *n.* adquisición, logro, obtención :: *pl.* talentos, conocimientos.

ATTEMPT [ATÉMPT] *n.* ensayo, intento, conato, tentación, empresa :: *va.* ensayar, probar, tentar, intentar :: **to make** — **on,** atentar a :: **to make** — **on (record),** intentar batir (el record).

ATTEND [ATÉND] *va. & n.* servir, atender :: asistir :: presenciar, poner atención :: concurrir :: escuchar.

ATTENDANCE [ATÉNDANS] *n.* servicio :: asistencia :: atención :: servidumbre, séquito :: concurrencia :: auditorio :: *(theat.)* público :: **to dance** — **on,** cortejar :: **to be in** — *(med.),* asistir.

ATTENDANT [ATÉNDANT] *n.* criado, servidor, asistente :: *(en un cine)* acomodador.

ATTENTION [ATÉNSHON] *n.* atención :: cuidado :: miramiento :: esmero, ánimo ::cumplido :: obsequio :: respeto :: *(mil.)* **at** —, cuadrado :: **to pay** — **to,** hacer caso de, parar mientes en, prestar atención :: **to stand to** —, cuadrarse.

ATTENTIVE [ATÉNTIV] *adj.* atento :: cortés.

ATTEST [ATÉST] *va.* dar (fe, testimonio) :: atestiguar :: autenticar :: deponer, afirmar.

ATTIC [ÁTIK] *n.* guardilla, buhardilla, desván, ático.

ATTIRE [ATÁIR] *n.* atavío, gala, vestido, vestimenta, traje :: *vn.* ataviar, adornar, componer.

ATTITUDE [ÁTITIUD] *n.* actitud, posición, ademán.

ATTORNEY [ATÉRNI] *n.* procurador, apoderado :: **power of** —, poder legal, procura :: **by** —, por poder.

ATTRACT [ATRÁKT] *va.* atraer :: llamar la atención.

ATTRACTION [ATRÁKSHON] *n.* atracción :: imán :: encanto :: atractivo, seducción.

ATTRACTIVE [ATRÁKTIV] *adj.* atractivo :: halagüeño :: atrayente :: *(coll.)* **to be** —, tener tilín.

ATTRIBUTE [ÁTRIBIUT] *n.* atributo :: *va.* atribuir, imputar :: achacar.

ATTRITION [ATRÍSHON] *n.* agotamiento :: atrición.

ATTUNE [ATIÚN] *va.* templar, afinar :: acordar, armonizar.

AUBURN [ÓABARN] *adj.* castaño rojizo.

AUCTION [ÓAKSHON] *n.* subasta, pregón, almoneda :: **public** —, subasta :: *va.* subastar, rematar, sacar a subasta.

AUDACIOUS [OADÉISHOS] *adj.* audaz, resuelto, osado, arrojado :: descarado.

AUDACITY [OADÁSITI] *n.* audacia, osadía, arrojo, atrevimiento :: descaro :: demasía.

AUDIBLE [ÓADIBL] *adj.* audible, perceptible.

AUDIENCE [ÓADIENS] *n.* audiencia, auditorio :: *(theat.)* público.

AUDIT [ÓADIT] *n.* verificación (de cuentas) :: *va.* intervenir.

AUDITION [ODÍSHON] *n.* audición.

AUDITOR [OADÍTOR] *n.* auditor, interventor, verificador de cuentas.

AUGMENT [OAGMÉNT] *va. & n.* aumentar :: aumentarse, engrosar.

AUGUR [ÓAGA] *n.* augur, agorero :: *vn.* augurar :: conjeturar, pronosticar :: prometer.

AUGUST [ÓAGOST] *n.* agosto :: *adj.* augusto.

AUNT [ÁNT] *n.* tía.

AUSPICIOUS [OASPÍSHOS] *adj.* favorable :: de buen augurio, prometedor, halagüeño, propicio.

AUSTERE [OASTÍR] *adj.* austero, adusto :: acerbo.

AUSTERITY [OASTÉRITI] *n.* austeridad, severidad.

AUTHENTIC [OAZÉNTIK] *adj.* auténtico :: castizo, legítimo.

AUTHOR [ÓAZA] *n.* autor, escritor :: *f.* autora, escritora.

AUTHORITATIVE [OAZÓRITATIV] *adj.* autoritario :: autorizado, perentorio.

AUTHORITY [OAZÓRITI] *n.* autoridad, poderío, poder, mando :: texto :: facultad :: preeminencia :: **civil** —, brazo secular :: **on good** —, de buena tinta :: **(to have)** — **to,** poder :: *pl.* autoridades.

AUTHORIZE [ÓAZORAIS] *va.* autorizar.

AUTOGRAPH [ÓTOGRAF] *n.* autógrafo.

AUTOMATIC [OTOMÁTIK] *adj.* automático :: —**ally** *adv.* automáticamente.

AUTOMOBILE [ÓTOMOBIL] *n.* automóvil.

AUTOPSY [ÓTOPSI] *n.* autopsia.

AUTUMN [ÓATOM] *n.* otoño.

AUTUMNAL [OATÓMNAL] *adj.* otoñal.

AUXILIARY [OAGZÍLIARI] *adj.* auxiliar.

AVAIL [AVÉIL] *n.* provecho, ventaja :: *vn.* aprovecharse de, (pre)valerse :: **to** — **nothing,** no servir para nada :: **without** —, sin prevalecer, sin resultado.

AVAILABLE [AVÉILABL] *n.* aprovechable, válido, disponible, a (su) disposición :: **not** —, que no se puede obtener, no consta :: — **funds,** fondos disponibles.

AVALANCHE [ÁVALANCH] *n.* alud, lurte.

AVARICE [ÁVARIS] *n.* avaricia, codicia, mezquindad.

AVARICIOUS [AVARÍCHOS] *adj.* avariento, codicioso, avaro.

AVENGE [AVÉNCH] *va.* vengar, castigar.

AVENGER [AVÉNCHA] *n.* vengador.

AVENUE [ÁVENIU] *n.* avenida, arboleda, alameda :: pasadizo :: vía, medio.

AVERAGE [ÁVARICH] *n.* promedio :: **on an** —, por regla general :: **general** —, avería gruesa :: *adj.* promedial, medio, ordinario, regular :: *va. & n.* sacar el promedio, promediar, llegar a un promedio.

AVERSE [AVÉRS] *adj.* contrario, adverso, opuesto.

AVERSION [AVÉRSHON] *n.* aversión, repugnancia, desgana, antipatía :: *(coll.)* hincha.

AVERT [AVÉRT] *va.* alejar, desviar, conjurar.

AVIARY [ÉIVIARI] *n.* pajarera.

AVIATION [EIVIÉISHON] *n.* aviación.

AVIDITY [AVÍDITI] *n.* avidez, codicia, ansia.

AVOCADO [AVOKÁDO] *n.* aguacate.

AVOID [AVÓID] *va.* & *n.* evitar, (re) huir :: guardarse de, librarse :: **not to be able to** —, no poder menos de.

AVOW [AVÁU] *va.* confesar, declarar, manifestar.

AVOWAL [AVÁUAL] *n.* confesión :: profesión, declaración.

AWAIT [AUÉIT] *va.* esperar, aguardar.

AWAKE [AUÉIK] *va.* & *n.* despertar(se) :: excitar :: *adj.* despierto :: despabilado, listo :: **to stay** —, velar.

AWAKEN [AUÉIKN] *va.* despertar-

(se).

AWAKENING [AUÉIKNING] *n.* despertar.

AWARD [AOUÓARD] *n.* fallo :: premio, recompensa, honor :: juicio, sentencia, laudo :: *va.* & *n.* adjudicar :: conferir, conceder :: otorgar :: sentenciar, decretar.

AWARE [AUÉR] *adj.* vigilante :: enterado :: consciente :: **to be** —, estar enterado :: **to be** — **of**, percatarse :: **as far as I am** —, que yo sepa.

AWAY [AUÉI] *adj.* ausente :: a lo lejos :: **to be** —, estar fuera :: **to go** —, alejarse :: — **with you!** ¡quita de aquí!

AWE [OA] *n.* horror, miedo :: respeto :: **to stand in** — **of**, tener miedo de.

AWFUL [ÓAFUL] *adj.* horrible, terrible, tremendo, espantoso, pavoroso :: malísimo, pésimo.

AWHILE [AUÁIL] *adv.* durante algún tiempo, un rato.

AWKWARD [ÓAKUERD] *adj.* torpe, desmañado, zurdo :: *(asunto)* embarazoso, peliagudo.

AWNING [ÓANING] *n.* toldo, tienda.

AWOKE [AUÓK] *pret.* & *p.p. de* **to awake**.

AWRY [OARÁI] *adj.* sesgado, torcido, atravesado :: **to look** —, mirar de reojo.

AXE [AKS] *n.* hacha :: **pick** —, zapapico, alcotana.

AXLE [ÁKSL] *n.* eje :: **crank** —, eje de codillo.

AYE [AI] *adv.* si :: *n.* voto afirmativo.

AZURE [ÁSHER] *n.* azul, celeste :: *(her.)* azur.

B

BABBLE [BÁBL] *n.* charla, charlatanería :: murmullo :: rumor :: *vn.* balbucear :: hablar por los codos :: garlar :: murmurar.

BABE, BABY [BÉIB, BÉIBI] *n.* nene, crío, criatura :: infante, chiquillo.

BACHELOR [BÁCHELOR] *n.* soltero, solterón :: *(acad.)* bachiller, licenciado.

BACILLUS [BASÍLOES] *n.* bacilo.

BACK [BAK] *adv.* atrás, detrás :: a espaldas de, trasero :: de vuelta :: otra vez :: hacia atrás :: *n.* espalda :: revés, parte posterior :: espaldar :: envés :: *(theat.)* foro :: *(animal, libro)* lomo :: *(en fútbol)* defensa :: respaldar, respaldo :: — **shop,** trastienda :: *va. & n.* hacer retroceder :: dar marcha atrás :: respaldar :: apoyar :: **to — out, down,** desdecirse, volver atrás :: retroceder :: aforrar, encuadernar :: **to — water,** ciar :: **to get — again,** rehacerse :: **backed (up) by,** valido de :: **on one's —,** a cuestas :: **to be on one's back,** boca arriba, postrado en la cama :: **to turn one's — to,** volverse de espaldas a :: **to turn one's — on someone,** volverle la espalda a, desairar.

BACKBONE [BÁKBOUN] *n.* espinazo, espina dorsal :: firmeza :: apoyo, sostén.

BACKER [BÁKER] *n.* fiador :: sostenedor, defensor.

BACKFIRE [BÁKFAIAR] *n.* petardeo.

BACKGROUND [BÁKGRAUND] *n.* fondo :: educación :: experiencia :: **to keep in the —,** dejar en último término :: quedarse en último término :: mantenerse retirado.

BACKING [BÁKING] *n.* apoyo, garantía :: endose, endoso :: respaldo.

BACKLASH [BÁKLASCH] *n.* contragolpe :: culateo :: retroceso.

BACKLOG [BÁKLOG] *n.* *(com.)* reserva de pedidos pendientes :: existencias.

BACKSTAGE [BAKSTÉICH] *adv.* detrás del telón.

BACK-UP [BÁKAP] *adj.* de reserva.

BACKWARD [BÁKUARD] *adj.* atrasado :: retrasado :: tardío, tardo :: huraño, tímido, esquivo :: *adv.* = **backwards.**

BACKWARDNESS [BÁKUARDNESI] *n.*

torpeza :: atraso :: timidez.

BACKWARDS [BÁKUARDS] *adv.* hacia (o para) atrás :: de espaldas :: **to go —,** retroceder, andar hacia (o para) atrás.

BACON [BÉIKN] *n.* tocino entreverado :: jamón :: **to save one's —,** *(fam.)* salvar el pellejo.

BAD• [BAD] *adj.* mal, malo, nocivo :: indispuesto :: podrido :: **very —,** pésimo :: — **blood,** rencilla, mala sangre :: **from — to worse,** de mal en peor :: **to go —,** echarse a perder, *(la leche)* cortarse :: **with — grace,** de mala gana, a regañadientes.

BADE [BÉID] *prep.* de **to bid.**

BADGE [BAÉDYI] *n.* insignia, marca, placa, condecoración :: divisa.

BADGER [BAÉDYAER] *n.* *(zool.)* tejón :: — **bristle,** cerda :: *va.* atormentar, provocar, fastidiar.

BADNESS [BÁDNES] *n.* maldad.

BAFFLE [BAÉFL] *va.* frustrar :: chasquear :: confundir :: desbaratar.

BAG [BAG] *n.* saco, bolsillo, bolsa :: talega :: zurrón :: valija :: morral :: taleguilla :: *pl.* equipaje :: *va. & n.* entalegar, meter en un saco :: *(la ropa)* hacer bolsas :: insacular :: capturar :: **to pack one's bags,** liar el petate.

BAGGAGE [BÁGICH] *n.* equipaje :: *(mil.)* bagaje.

BAGPIPE [BÁGPAIP] *n.* gaita, cornamusa.

BAIL [BEIL] *n.* fianza, caución, afianzamiento :: **to·go —,** afianzar, caucionar, responder por :: **to give —,** sanear.

BAILIFF [BÉILIF] *n.* alguacil, corchete.

BAIT [BEIT] *n.* cebo :: anzuelo, señuelo, carnada :: *va. & n.* cebar, poner cebo :: hacer un alto para tomar un refrigerio :: hostigar, acosar.

BAIZE [BÉIS] *n.* bayeta.

BAKE [BEIK] *va.* cocer (en el horno).

BAKER [BÉIKA] *n.* panadero.

BAKERY [BÉIKERI] *n.* panadería, tahona.

BAKING [BÉIKING] *n.* hornada :: cocimiento :: — **powder,** levadura.

BALANCE [BÁLANS] *n.* balanza :: cotejo :: equilibrio :: contrapeso :: resto :: *(com.)* saldo :: — **sheet,** balance :: — **of trade,** balanza del comercio :: — **wheel,** volante :: *va.* **to draw a —,** echar un balance :: equilibrar, hacer balance :: *vn.* balancear-

se, mecerse :: **to — up,** igualar, pesar.

BALCONY [BÁLKONI] *n.* balcón, antepecho, mirador :: *(theat.)* galería, anfiteatro.

BALD [BOALD] *adj.* calvo :: pelado :: desnudo, escueto :: —**head,** calva.

BALE [BÉIL] *n.* fardo, bala :: tercio, balón :: *va.* empacar, enfardelar, empaquetar.

BALEFUL• [BÉILFUL] *adj.* triste, funesto, pernicioso.

BALK, BAULK [BOK, BOLK] *n.* viga :: obstáculo :: *va.* impedir, desbaratar, frustrar.

BALL [BOAL] *n.* bola, globo, pelota, balón :: ovillo :: *(de cañón)* bala :: baile :: — **bearings,** cojinete de bolas :: **fancy —,** baile de máscaras.

BALLAD [BÁLAD] *n.* romance :: copla, canción :: balada.

BALLAST [BÁLAST] *n.* lastre :: *va.* lastrar.

BALLET [BALÉ] *n.* ballet :: danza.

BALLOON [BALÚN] *n.* globo aerostático.

BALLOT [BÁLOT] *n.* escrutinio, votación :: —**box,** urna :: *vn.* votar, sacar.

BALM [BAM] *n.* bálsamo :: alivio.

BALMY [BÁMI] *adj.* balsámico :: fragante :: refrescante, suave :: algo loco, chiflado.

BALSAM [BÓALSAM] *n.* bálsamo.

BAMBOO [BAMBÚ] *n.* bambú.

BAN [BAN] *n.* edicto :: prohibición, pregón :: entredicho :: *va.* proscribir.

BANANA [BANÁNA] *n.* plátano.

BAND [BAND] *n.* faja, cinta :: tira :: *(de ladrones)* cuadrilla, pandilla, partida :: *(mus.)* banda :: farándula, bandada :: franja :: unión :: *va. & n.* congregar, congregarse :: **to — together,** apandillarse, asociarse.

BANDAGE [BÁNDICH] *n.* venda(je) :: faja.

BANDIT [BÁNDIT] *n.* bandido, bandolero.

BANDY [BÁNDI] *va. & n.* cambiar, trocar :: disputar :: *adj.* — **legged,** arqueado, patizambo.

BANE [BEIN] *n.* veneno :: ruina, perdición.

BANEFUL• [BÉINFUL] *n.* venenoso, destructivo, dañino, pestífero.

BANG [BANG] *n.* detonación :: golpazo ruido, puñada, golpe, porrazo :: *va.* lanzar, cerrar con estrépito :: **with a —,** un exitazo.

BANISH [BÁNISH] *va.* desterrar,

confinar, deportar :: ahuyentar.

BANISHMENT [BÁNISCHMANT] *n.* proscripción :: destierro.

BANISTER [BÁNISTA] *n.* baranda, pasamano.

BANJO [BÁNYO] *n.* banjo.

BANK [BANK] *n.* banco :: casa de banca :: terraplén :: orilla, ribera :: *(de flores)* banco :: —**note,** billete de banco :: —**book,** libreta :: **savings** —, caja de ahorros :: **to — up,** represar, estancar.

BANKER [BÁNKAERI] *n.* banquero.

BANKING [BÁNKING] *n.* transacción bancaria :: *adj.* bancario, de banca :: — **house,** banca, casa de banca.

BANKRUPT [BÁNKRAPT] *adj.* en quiebra, arruinado, insolvente :: *va.* quebrar, arruinar.

BANKRUPTCY [BÁNKRAPTSI] *n.* bancarrota, quiebra :: **to go into** —, declararse insolvente :: quebrar, hacer bancarrota.

BANNER [BÁNA] *n.* bandera :: estandarte.

BANQUET [BÁNKUET] *n.* banquete, festín, convite :: *va. & n.* banquetear.

BANTER [BÁNTA] *n.* burla, chanza, zumba :: *va.* burlarse, tomar el pelo de.

BAPTISM [BÁPTISM] *n.* bautismo :: bautizo.

BAPTIZE [BÁPTAIS] *va.* bautizar.

BAR [BAR] *n.* barra, valla, barrera :: tranca :: *(mech.)* palanca :: *(mus.)* raya de compás :: mostrador de bar :: tribunal :: faja, lista :: obstáculo, traba :: *va.* cerrar el paso, impedir, interrumpir, excluir, estorbar, obstar :: **to — up,** *(una puerta)* atrancar.

BARB [BARB] *n.* púa :: pincho :: *(bot.)* arista, barba :: lengüeta.

BARBARIAN [BARBÉRIAN] *adj. & n.* bárbaro.

BARBAROUS[•] [BÁRBAROES] *adj.* bárbaro :: salvaje.

BARBECUE [BÁRBIKIU] *n.* barbacoa.

BARBED [BARBD] *adj.* con púas :: — **wire,** espino artificial.

BARBER [BÁRBA] *n.* barbero, peluquero, rapador.

BARBERSHOP [BÁRBARSCHOP] *n.* barbería :: peluquería.

BARE [BÉAER] *adj.* seco, desnudo, llano, descubierto :: pelado :: escueto :: *va.* descubrir :: **to lay** —, poner a descubierto :: desnudar, revelar.

BAREFOOT [BÉAERFUT] *adj.* descalzo, con los pies desnudos.

BAREHEADED [BÉAERJEDID] *adj.* descubierto, sin sombrero.

BARELY [BÉAERLI] *adv.* apenas :: simplemente, escasamente.

BARGAIN [BÁRGUIN] *n.* ajuste, pacto, convenio :: ganga :: estipulación :: — **sale,** saldo :: **into the** —, por más señas :: *vn.* negociar :: regatear.

BARGE [BÁRCH] *n.* barca, bote, lanchón.

BARK [BÁRK] *n.* corteza, cáscara :: **oak** —, casca :: barco :: ladrido :: *va.* quitar la corteza :: *vn.* ladrar.

BARLEY [BÁRLI] *n.* cebada :: **milk** —, cebadilla.

BARN [BARN] *n.* granero, pajar :: troje :: hórreo :: patio de granja :: —**owl,** lechuza.

BARNACLE [BÁRNAEKL] *n.* cirrópodo :: percebe.

BARNYARD [BÁRNYARD] *n.* corral :: — **fowl,** aves de corral.

BAROMETER [BARÓMITA] *n.* barómetro.

BARON [BÁRAN] *n.* barón.

BAROQUE [BARÓUK] *adj. & n.* barroco.

BARRACKS [BÁRAKS] *n. (mil.)* cuartel :: barraca.

BARRAGE [BARÁDYI] *n.* fuego de barrera :: presa.

BARREL [BÁREL] *n.* barril, barrica :: —**organ,** manubrio, organillo :: *(de un rifle)* cañón :: *va.* envasar.

BARREN[•] [BÁREN] *adj.* estéril, yermo :: pelado, calvo.

BARRENNESS [BARENNES] *n.* esterilidad, aridez, pobreza.

BARRICADE [BÁRIKEID] *n.* barricada, barrera :: *va.* poner barricadas :: obstruir el paso con barricadas.

BARRIER [BÁRIA] *n.* valla, barrera :: contrabarrera :: obstáculo.

BARRISTER [BÁRISTA] *n.* abogado.

BARTER [BÁRTA] *n.* trueque, tráfico, barata, rescate, cambalache :: *vn.* traficar :: *va.* cambiar, permutar, conmutar.

BASE [BEIS] *n.* base :: basa, pedestal :: sedimento :: *(origen)* raíz :: *adj. (mus.)* bajo :: vil, infame :: ruin, innoble :: *va.* fundar :: — **(on),** calcar :: *vn.* apoyarse.

BASEBALL [BÉISBOL] *n.* baseball o beisbol.

BASELESS [BÉISLES] *adj.* infundado.

BASEMENT [BÉISMENT] *n.* sótano.

BASENESS [BÉISNES] *n.* bajeza, infamia, vileza, ruindad.

BASHFUL[•] [BÁSHFUL] *adj.* tímido, vergonzoso, ruboroso, encogido.

BASHFULNESS [BÁSHFULNES] *n.* timidez, vergüenza, cortedad, apocamiento.

BASIC [BÉISIK] *adj.* básico :: fundamental.

BASIN [BÉISN] *n.* bacía, aljofaina :: estanque, represa :: *(de un río)* cuenca, hoya :: dársena :: pilón :: **wash** —, palangana :: **pudding** —, molde, tartera.

BASIS [BÉISIS] *n.* base :: cimiento.

BASK [BASK] *vn.* tomar el sol.

BASKET [BÁSKIT] *n.* canasta, esportillo :: cesto :: capacho, espuerta :: canastillo.

BASKETBALL [BÁSKITBOL] *n.* baloncesto.

BASS [BEIS] *adj. (mus.)* bajo :: **deep, double** —, contrabajo.

BASSOON [BASÚN] *n.* fagot :: bajón :: —**player,** bajón.

BASTARD [BÁSTARD] *n. & adj.* bastardo :: espurio.

BASTE [BEIST] *va. (sew.)* hilvanar, bastear :: pringar.

BAT [BAT] *n. (orn.)* murciélago :: palo :: **off his own** —, de su propia cuenta :: *va.* moverse, agitarse, pestañear.

BATCH [BACH] *n.* hornada :: porción :: lote, tanda.

BATH [BAZ] *n.* baño :: cuarto de baño :: **bird** —, baño para pájaros :: — **tub,** bañera :: **blood** —, carnicería.

BATHE [BEIDZ] *va.* bañar :: *vr.* bañarse.

BATHER [BÉIDA] *n.* bañista.

BATHROOM [BÁZRRUM] *n.* baño, cuarto de baño.

BATTALION [BATÁLIAN] *n.* batallón.

BATTER [BÁTA] *n.* batido :: *va. & n.* apalear, golpear :: demoler, cañonear :: **to — a breach in,** batir en brecha.

BATTERY [BÁTARI] *n.* batería :: *(elect.)* acumulador.

BATTLE [BAÉTL] *n.* batalla, pelea, lid, combate :: *vn.* batallar, luchar.

BATTLEFIELD [BAÉTLFIL] *n.* campo de batalla.

BATTLESHIP [BAÉTLSHIP] *n.* acorazado.

BAUBLE [BOABL] *n.* bagatela, fruslería, baratija.

BAWD[•] [BOAD] *n.* alcahueta, tercera.

BAWDY [BÓADI] *adj.* indecente, obsceno.

BAWL [BÓAL] *vn.* chillar, gritar, vociferar, dar voces, desgañitarse

:: *va.* pregonar.

BAY [BEI] *n.* abra, bahía, ensenada :: anconada :: pajar :: aullido :: — **window**, mirador :: *(bot.)* laurel :: **at** — , acorralado, en jaque :: **to keep at** — , mantener a raya :: *adj.* bayo :: *vn.* aullar.

BAYONET [BÉIONET] *n.* bayoneta :: *va.* traspasar :: herir con bayoneta.

BAZAAR [BAESÁR] *n.* bazar :: feria.

BAZOOKA [BAESÚKA] *n.* lanzagranadas, bazuca.

BE [BII] *vn.* ser, existir :: estar :: quedar, encontrarse :: — **against**, oponerse a :: — **in**, estar en :: — **left**, quedar, restar :: — **off**, marcharse, irse :: — **out**, estar fuera :: — **out of**, no tener más :: — **up**, estar despierto :: — **well off**, prosperar :: — **hungry**, tener hambre :: **let it** —, déjalo.

BEACH [BICH] *n.* playa, orilla, costa :: —**head**, *(mil.)* cabeza de playa.

BEACON [BÍKON] *n.* fanal :: *(naut.)* boya :: antorcha :: *va.* iluminar.

BEAD [BID] *n.* cuenta :: gota :: *pl.* rosario.

BEADLE [BIDL] *n.* bedel.

BEAGLE [BIGL] *n.* sabueso.

BEAK [BIK] *n.* pico.

BEAKER [BÍKAER] *n.* tazón.

BEAM [BIM] *n.* viga, tablón, madero :: estaca :: **tie** —, tirante :: rayo, destello :: *vn.* destellar, dirigir.

BEAMING [BÍMING] *adj.* radiante, brillante.

BEAN [BIN] *n.* haba, judía, frijol :: — **field**, habar :: **without a** —, sin blanca :: **he hasn't a** —, no tiene un cuarto.

BEAR [BÉAER] *n.* oso :: *(com.)* bajista :: **Great** —, Osa mayor :: — **cub**, osezno :: **polar** —, oso blanco :: — **like**, osuno.

BEARABLE [BÉRABL] *adj.* soportable, tolerable, pasadero, llevadero.

BEARD [BÍAERD] *n.* barba :: *va.* desafiar.

BEARDED [BÍAERDID] *adj.* barbudo.

BEARDLESS [BÍAERDLES] *adj.* imberbe, barbilampiño.

BEARER [BÉARAER] *n.* portador :: mensajero.

BEARING [BÉAERING] *n.* porte, presencia :: relación, conexión :: rumbo, demora, orientación :: *(mech.)* cojinete :: **ball** —, cojinete de bolas :: **beyond** —, inaguantable, insufrible :: **to lose one's** —**s**, perder el rumbo, desorientarse :: **fruit-bearing**, *adj.* fructífero.

BEAST [BÍST] *n.* bestia :: res :: acémila :: fiera.

BEAT [BIT] *n. (mus.)* compás :: *(de tambor)* toque :: latido, impulso :: ronda :: *va.* batir :: derrotar, ganar :: golpear, vapul(e)ar, zurrar, moler :: **to — down**, atropellar :: — **time**, llevar (marcar) el compás :: — **about the bush**, andarse por las ramas, con rodeos :: *vn.* — **it** *(sl.)*, largarse :: ojear :: palpitar, latir :: emprender la retirada :: — **black and blue**, moler a palos.

BEATEN [BITN] *p.p.* de **to beat**, & *adj.* batido :: vencido :: fatigado :: — **path**, camino trillado.

BEATING [BÍTING] *n.* latido, pulsación :: — **up**, paliza, meneo, tunda :: batidura :: **without** — **about the bush**, en puridad.

BEATITUDE [BIAÉTITIUD] *n.* beatitud, bienaventuranza.

BEAU [BO] *n.* galán, pretendiente.

BEAUTIFUL• [BIÚTIFUL] *adj.* bello, hermoso :: guapo :: vistoso :: venusto.

BEAUTIFY [BIÚTIFAI] *va.* embellecer, pulir, hermosear, adornar.

BEAUTY [BIÚTI] *n.* belleza :: hermosura :: primor :: preciosidad :: —**spot**, lunar.

BEAVER [BÍVA] *n.* castor.

BECALM [BIKÁM] *va.* calmar :: *vn. (el mar)* encalmarse.

BECAME [BIKÉIM] *pret.* de **to become**.

BECAUSE [BIKÓAS] *conj.* porque :: — **of**, a causa de.

BECKON [BEKN] *va. & n.* llamar por señas :: invitar :: hacer señas.

BECOME [BIKÓM] *va.* convenir, sentar, ir bien :: *vn.* llegar a ser, volverse, convertirse en :: ponerse :: tomarse :: hacerse :: — **bankrupt**, hacer bancarrota :: — **the rage**, popularizarse.

BECOMING [BIKÓMING] *adj.* que sienta bien :: correcto, propio, decoroso :: **it is very** — **(on) (to) you**, te favorece mucho.

BED [BED] *n.* cama, lecho :: catre :: **double** —, cama matrimonial :: camastro :: **feather** —, colchón de plumas :: *(geol.)* yacimiento :: lecho de un río :: *(mech.)* asiento :: *(de flores)* macizo, arriate :: — **and breakfast**, pensión :: — **and board**, pesión completa :: **to put to** —, acostar :: **to stay in** —, guardar cama :: **quedarse en la cama** :: — **cover**, cobertor, colcha :: — **spread**, sobrecama, cobertura :: —**side**, cabecera :: *va.* acostar, meter en cama :: **to go to** —, acostarse.

BEDBUG [BÉDBAG] *n.* chinche.

BEDDING [BÉDING] *n.* ropa de cama.

BEDECK [BIDÉK] *va.* adornar, ornamentar, engalanar.

BEDRIDDEN [BEDRÍDN] *adj.* en cama :: postrado.

BEDROCK [BÉDROK] *n.* roca sólida :: lecho de roca.

BEDROOM [BÉDRUM] *n.* dormitorio, alcoba.

BEDSIDE [BÉDSAID] **at the** —, al lado de la cama :: — **table**, velador, mesilla de noche.

BEDTIME [BÉDTAIM] *n.* hora de acostarse, hora de dormir.

BEE [BII] *n.* abeja :: —**hive**, colmena :: **bumble** —, moscón, abejarrón :: —**line**, línea recta.

BEECH [BICH] *n.* haya :: — **grove**, hayal, hayedo.

BEEF [BIF] *n.* carne de vaca :: **dried** —, cecina :: **jerked** —, tasajo.

BEEFSTEAK [BÍFSTEIK] *n.* bistec.

BEEHIVE [BÍJAIV] *n.* colmena :: abejera.

BEEN [BIN] *p.p.* de **to be**.

BEER [BÍAER] *n.* cerveza :: —**shop**, —**café**, —**garden**, cervecería.

BEET [BIT] *n.* remolacha :: **sugar** —, remolacha azucarera.

BEETLE [BITL] *n.* escarabajo :: coleóptero :: pisón :: carcoma :: —**browed**, cejijunto.

BEFALL [BIFÓAL] *vn.* suceder, acaecer, acontecer.

BEFALLEN [BIFÓALN] *p.p.* de **to befall**.

BEFELL [BIFÉL] *p.p.* de **to befall**.

BEFITTING [BIFÍTING] *adj.* propio, conveniente.

BEFORE [BIFÓR] *prep.* ante, delante de, enfrente de :: *adv.* delante :: anteriormente, antes, precedentemente :: **as** —, como antes, inalterado :: **day** —, víspera :: — **mentioned**, consabido.

BEFOREHAND [BIFÓRJAEND] *adv.* de antemano, por adelantado, con anticipación.

BEFRIEND [BIFRÉND] *va.* favorecer, proteger.

BEG [BEG] *va.* pedir, rogar, suplicar :: *vn.* mendigar.

BEGAN [BIGAÉN] *pret.* de **to begin**.

BEGET [BIGUÉT] *va.* engendrar, procrear :: suscitar.

BEGGAR [BÉGA] n. mendigo, pordiosero :: va. empobrecer; reducir a la mendicidad :: apurar, agotar :: **to — description**, superar a toda calificación.

BEGGARLY [BÉGARLI] adj. indigente, pobre :: mezquino :: adv. pobremente.

BEGGING [BÉGUING] adj. mendicante :: **to go a —**, andar mendigando :: n. pordioseo.

BEGIN [BIGUÍN] va. comenzar, empezar, iniciar, abrir, emprender :: vn. empezar :: entrar :: estrenar :: **to — with**, para empezar.

BEGINNER [BÉGUÍNA] n. principiante, aprendiz, neófito, novato.

BEGINNING [BIGUÍNING] n. principio, comienzo, origen :: **at the —**, al principio :: **in the —**, en el principio : **from — to end**, de cabo a rabo, de pe a pa.

BEGOT [BIGÓT] prep. & p.p. de to **beget**.

BEGOTTEN [BIGÓTN] p.p. de to **beget**.

BEGRUDGE [BIGRÓCH] va. envidiar :: escatimar, regatear.

BEGUILE [BIGÁIL] va. engañar :: defraudar :: entretener :: **— the time**, solazarse.

BEGUN [BIGÁN] p.p. de to **begin**.

BEHALF [BIJÁF] n. provecho :: **on — of**, en nombre de, a favor de, de parte de.

BEHAVE [BIJÉIV] vn. conducirse, manejarse, obrar, comportarse.

BEHAVIOR, BEHAVIOUR [BIJÉIVAER] n. conducta, porte, proceder, comportamiento :: (mech.) marcha.

BEHEAD [BIJÉD] va. decapitar, degollar.

BEHIND [BIJÁIND] prep. & adv. atrás, (por) (hacia) detrás :: **left —**, rezagado :: **to be, (fall), —**, retrasarse :: **to be — (time)**, retrasarse :: **someone's back**, a espaldas de, sin saberlo.

BEHINDHAND [BIJÁINDJAND] adj. atrasado.

BEHOLD [BIJÓULD] va. mirar, considerar, contemplar :: interj. ¡he aquí!

BEING [BIING] n. ser, estado, existencia :: entidad :: **divine —**, deidad :: **human —**, ser humano.

BELABOR, BELABOUR [BILÉIBA] va. pegar, apalear, moler.

BELATED [BILÉITID] adj. tardío, atrasado.

BELCH [BELCH] n. regüeldo :: vn. & a. arrojar, vomitar :: (vulg.) eruptar.

BELFRY [BÉLFRI] n. campanario, torre.

BELIE [BILÁI] va. engañar :: desmentir, contradecir.

BELIEF [BILÍF] n. creencia, fe :: crédito :: confianza :: parecer.

BELIEVABLE [BILÍVAEBL] adj. creíble, digno de fe.

BELIEVE [BILÍV] va. creer, entender, tener por, fiarse de.

BELIEVER [BILÍVA] n. creyente, fiel :: **— in**, partidario de.

BELITTLE [BILÍTL] va. menospreciar, apocar, empequeñecer :: dar poca importancia a.

BELL [BEL] n. campana :: timbre :: **small —**, címbalo :: cencerro :: zumba :: **passing —**, toque de difuntos :: (bot.) campanilla :: **—shaped**, acampanado :: **dapper**, badajo :: **stroke of —**, campanada.

BELLBOY [BÉLBOI] n. mozo de hotel, botones.

BELLIGERENT [BELÍDYAERENT] adj. & n. beligerante.

BELLOW [BÉLOU] vn. mugir, bramar, rugir.

BELLOWS [BÉLOUS] n. fuelle.

BELLRINGER [BELRÍNGA] n. campanero.

BELLY [BÉLI] n. vientre, barriga, panza, tripas :: **—band**, cincha :: faja :: **—ache**, dolor de barriga :: vn. inflarse.

BELONG [BILONG] vn. pertenecer :: tocar a, competer :: **— to**, ser de.

BELONGINGS [BILONGINGS] n. pl. bienes :: bártulos.

BELOVED [BILOVID] adj. amado, querido, favorito :: prenda :: **well—**, bienquisto.

BELOW [BILÓU] adv. & prep. abajo, debajo (de), bajo :: **— zero**, bajo cero :: **here —**, de tejas abajo :: aquí abajo.

BELT [BELT] n. cinto, ceñidor, faja :: correa, cinturón :: zona :: va. ceñir, fajar, rodear :: (coll.) zumbar.

BEMOAN [BIMÓUN] va. lamentar, deplorar.

BENCH [BENCH] n. banco :: banca :: escabel :: escaño :: tribunal :: va. hacer bancos.

BEND [BEND] n. curvatura, comba :: (del camino) recodo, vuelta :: meandro :: va. inclinar, encorvar, dirigir, encaminar :: torcer, doblar, plegar :: **—the elbow** (coll.) empinar el codo :: **— to one's will**, doblegar, sujetar :: (las cejas) enarcar, (el ceño) fruncir.

BENDING [BÉNDING] n. curvatura, doblamiento, alabeo.

BENEATH [BINÍZ] adv. & prep. debajo, bajo, abajo, debajo de :: **— regard**, indigno de consideración.

BENEDICTION [BENEDÍKSHON] n. bendición :: gracia divina.

BENEFACTOR [BÉNIFAKTA] n. bienhechor, patrono.

BENEFICIAL* [BENIFÍSHAL] adj. benéfico :: ventajoso :: propicio.

BENEFICIARY [BENEFÍSHIARI] n. beneficiario.

BENEFIT [BÉNIFIT] n. beneficio, ventaja, provecho :: **to derive — from**, sacar partido de :: **— (of)**, en favor, en|pro, (de) :: va. & n. beneficiar, servir :: aprovecharse.

BENEVOLENCE [BINÉVOLENS] n. benevolencia, humanidad :: merced.

BENEVOLENT* [BINÉVOLENT] adj. benévolo, caritativo :: angélico.

BENIGHTED [BINÁITID] adj. descarriado, sorprendido por la noche, despistado.

BENIGN* [BINÁIN] adj. benigno, afable :: obsequioso.

BENT [BENT] n. pliegue, doblez :: inclinación, afición, tendencia, propensión :: curvatura :: adj. encorvado, torcido :: **— upon**, resuelto a.

BENUMB [BINÓM] va. helar, entumecer, aterir, entorpecer :: pasmar.

BENZINE [BÉNSIN] n. bencina.

BEQUEATH [BIKUÍZ] va. legar, dejar (en herencia).

BEQUEST [BIKUÉST] n. legado, manda.

BEREAVE [BIRIV] va. despojar, privar de, arrebatar :: afligir, acongojar.

BEREAVEMENT [BIRÍVMAENT] n. privación, despojo, desamparo :: aflicción.

BERET [BERÉ] n. boina.

BERRY [BÉRI] n. baya :: grano.

BERTH [BERZ] n. litera, camarote :: :: fondeadero :: destino :: va. proporcionar anclaje, litera :: **to give wide — to**, apartarse de, dejar pasar (muy) de largo.

BESEECH [BISÍCH] va. suplicar, rogar, implorar.

BESET [BISÉT] va. sitiar, rodear :: acosar, perseguir.

BESIDE [BISÁID] prep. al lado de :: en comparación con :: **— oneself**, fuera de sí :: **to be — oneself (with joy)**, no caber en sí (de gozo).

BESIDES [BISÁIDS] *adv.* además, igualmente :: asimismo :: *prep.* amén de, aparte de, tras, fuera de, por encima de, sobre.

BESIEGE [BISÍCH] *vn.* bloquear, poner cerco a, sitiar :: *(fig.)* asediar, acosar.

BESMEAR [BISMÍAER] *va.* ensuciar :: embadurnar.

BESOUGHT [BISÓT] *pret. & p.p. de* to beseech.

BESPANGLE [BISPAÉNGL] *n.* adornar con lentejuelas.

BESPATTER [BISPÁTA] *va.* salpicar :: difamar.

BEST [BEST] *adj. & adv.* óptimo :: muy bueno, superior, mejor, del mejor modo :: *n.* el mejor, lo mejor :: **to do one's** —, esmerarse en, hacer cuanto se puede :: —man, padrino :: **to make the** — **of a bad job**, hacer de tripas corazón :: sacar el mejor partido :: **the** — **in the world**, lo mejor del mundo :: **at (the)** —, en el mejor caso, cuando más :: **to get the** — **of**, llevar ventaja, vencer.

BESTIAL° [BÉSTIAL] *adj.* bestial, brutal.

BESTIR [BISTOÉR] *va.* sacudir, remover, menear :: *vr.* menearse.

BESTOW [BISTÓU] *va.* dar, conceder, otorgar, regalar :: **to** — **an honour on**, decorar, conferir.

BESTOWAL [BISTÓUAL] *m.* dádiva.

BESTREW [BISTRÚ] *va.* rociar, esparcir.

BET [BET] *n.* parada, apuesta :: *va.* apostar, parar, poner.

BETIDE [BITÁID] *va.* acontecer, pasar, suceder :: llegar a suceder :: presagiar.

BETIMES [BITÁIMS] *adv.* en sazón, con tiempo, temprano.

BETOKEN [BITÓUKN] *va.* designar, significar, dar muestras de :: presagiar, prometer.

BETRAY [BITRÉI] *va.* engañar :: traicionar, hacer traición :: vender :: revelar.

BETRAYER [BITRÉIAER] *n.* traidor, traicionero.

BETROTH [BITRÓUZ] *va.* desposarse :: dar palabra de casamiento.

BETROTHAL [BITRÓUZAEL] *n.* esponsales, compromiso, mutua promesa de matrimonio.

BETROTHED [BITRÓUZD] *n.* prometido, desposado :: novio, novia.

BETTER [BÉTA] *adj.* superior, mejor :: *adv.* mejor, más bien :: *n.* ventaja, mejoría :: — **half** *(coll.)*, costilla :: **to get** —, mejorar(se), reponerse, restablecerse, sanar

:: — ... **than**, más vale ... que :: **so much the** —, tanto mejor :: **to get the** — **of**, superar a, vencer; **it is** — **that**, más vale que; — **off**, (más) acomodado :: *va.* mejorar, adelantar.

BETWEEN, BETWIXT [BITUÍN, BITUÍKST] *adv.* en medio, de por medio, entre tanto :: *prep.* entre :: en medio de :: — **now and then**, de aquí a entonces :: **to go** —, terciar.

BEVEL [BÉVEL] *n.* sesgo, bisel :: *va.* biselar, sesgar.

BEVERAGE [BÉVERICH] *n.* brebaje, poción, bebida.

BEVY [BÉVI] *n.* bandada, manada, hato :: pandilla.

BEWAIL [BIUÉIL] *va.* deplorar, llorar :: *vn.* plañir.

BEWARE [BIUÉAER] *vn.* guardarse de, tener cuidado de, recelar :: desconfiar de :: *interj.* ¡atención! cuidado con.

BEWILDER [BIUÍLDA] *va.* desconcertar, encandilar, aturrullar, aturdir, distraer.

BEWILDERMENT [BIUÍLDERMENT] *n.* confusión, azoramiento, desconcierto, anonadamiento.

BEWITCH [BIUÍCH] *va.* hechizar, maleficiar, fascinar, aojar, embrujar.

BEYOND [BIYÓND] *prep. & adv.* allá lejos, allende, al lado de, allá :: atrás, detrás de, fuera de, para superior a, al otro lado :: — **doubt**, fuera de duda, indiscutible :: — **measure**, sobremanera :: **to be** —, superar a :: **to go** —, propasarse.

BIAS [BÁIAS] *n.* sesgo, oblicuidad :: prejuicio, parcialidad :: preocupación :: *va.* influir, torcer.

BIBLE [BAIBL] *n.* biblia.

BICKER [BÍKA] *vn.* querellarse, reñir, disputar.

BICKERING [BÍKERING] *n.* querella, rencilla, altercado.

BICYCLE [BÁISIKL] *n.* bicicleta :: **motor** —, motocicleta.

BID [BID] *n.* oferta, puja, postura :: tentativa :: *va.* ofrecer, pujar :: pedir, rogar :: mandar :: — **adieu**, despedirse :: — **welcome**, dar la bienvenida.

BIDDEN [BIDN] *p.p. de* to bid & to bide.

BIDDING [BÍDING] *n.* orden, invitación :: mandato, deseo :: postura.

BIDE [BAID] *va. & n.* sufrir, aguantar :: aguardar.

BIER [BÍAER] *n.* féretro, andas.

BIG [BIG] *adj.* grande, voluminoso,

gordo :: grueso :: abultado, hinchado :: — **hearted**, magnánimo :: — **bellied**, ventroso, ventrudo :: — **boned**, huesudo :: **to talk** —, fanfarronear.

BIGAMY [BÍGAEMI] *n.* bigamia.

BIGOT [BÍGAET] *n.* fanático, beato.

BIGOTRY [BÍGAETRI] *n.* fanatismo :: intolerancia.

BILE [BAIL] *n.* bilis, hiel :: **black** —, atrabilis.

BILINGUAL [BAILÍNGUAEL] *adj. & n.* bilingüe.

BILL [BIL] *n.* *(com.)* cuenta, nota :: factura :: *(menú)* lista :: pagaré :: cartel :: billete :: proyecto (de ley) :: *(de un ave)* pico :: — **board** *(theat.)*, cartelera :: — **of lading**, conocimiento de embarque :: **bank** —, billete de banco :: **bills receivable**, obligaciones por cobrar :: — **of health**, patente de sanidad :: —**head**, encabezamiento :: —**poster**, pegador de carteles :: **stick no** —s, se prohibe fijar carteles :: *va.* cargar en cuenta :: anunciar.

BILLET [BÍLET] *n.* billete :: pedazo de leña :: boleta :: *(mil.)* acantonamiento :: esquela :: *va.* alojar.

BILLIARDS [BÍLIARDS] *n.* billar :: bola :: —**cue**, taco de billar :: — **room**, sala de billar :: — **table**, mesa de billar :: **to play** —, hacer carambolas.

BILLION [BÍLLAEN] *n.* billón, millón de millones :: mil millones *(en los Estados Unidos y Francia).*

BILLOW [BÍLOU] *n.* oleada, ola grande :: *vn.* ondular, ondear.

BIN [BIN] *n.* hucha :: cofre, arca.

BIND [BAIND] *va.* unir, juntar :: ligar :: amarrar :: vendar :: ceñir :: restringir :: obligar, compeler :: encuadernar, empastar :: rivetear.

BINDING [BÁINDING] *n.* ligamiento, lazo, cinta, tira :: ligadura :: encuadernación :: *(sew.)* refuerzo :: **in half** —, encuadernación holandesa.

BINOCULAR(S) [BINÓKIULA(S)] *adj.* binocular :: —s, binóculo, gemelos.

BIOGRAPHY [BAIÓGRAFI] *n.* biografía.

BIOLOGY [BAIÓLOCHI] *n.* biología.

BIPED [BÁIPED] *adj. & n.* bípedo.

BIRCH [BERCH] *n.* abedul.

BIRD [BERD] *n.* pájaro, ave :: — **of prey**, ave de rapiña :: — **cage**, jaula :: — **call**, reclamo :: **a** — **in the hand is worth two in the bush**, más vale pájaro en mano que ciento volando :: **to be a night** — *(coll.)*, correrla.

BIRTH [BERZ] *n.* nacimiento :: origen :: cuna :: parto :: camada :: — **certificate**, partida de nacimiento :: — **day**, cumpleaños, natalicio, día natal :: **to give** — **to**, parir, dar a luz.

BISCUIT [BÍSKIT] *n.* galleta :: bizcocho :: **ship's** —, costra.

BISECT [BÁISEKT] *va.* dividir en dos, bisecar.

BISHOP [BÍSHOP] *n.* pontífice, obispo :: *(ajedrez)* alfil.

BISON [BÁISAEN] *n.* bisonte, búfalo.

BIT [BIT] *n.* pedazo, poco :: cacho :: pizca, jota :: trozo :: bocado :: *(mech.)* taladro :: — **by** —, poco a poco :: **to take the** — **between one's teeth**, desbocarse :: **he's a** — **of...**, es un tanto...

BITCH [BICH] *n.* perra :: ramera.

BITE [BAIT] *n.* mordedura :: mordisco, picadura :: *(sl.)* tentempié :: *va.* morder :: *(el anzuelo)* picar :: resquemar :: corroer :: hincar el diente en.

BITEN [BITN] *p.p. de* **to bite**.

BITING [BÁITING] *adj.* mordiente, picante :: mordaz.

BITTER [BÍTA] *adj.* amargo :: acre :: áspero :: duro :: amargado, mordaz :: cáustico :: *(met.)* enconado :: sañudo :: — **feeling**, inquina :: *n. pl.* licor.

BITTERNESS [BÍTAERNES] *n.* amargura, amargor :: rencor, aspereza.

BLACK [BLAK] *adj.* negro :: tétrico :: — **and blue**, lívido, amoratado :: — **bread**, pan de centeno :: — **list**, lista negra :: — **María**, coche celular :: — **market**, estraperlo :: — **marketeer**, estraperlista :: — **out**, oscurecimiento :: — **pudding**, morcilla :: *n. el* color negro :: *vn.* dar de negro :: ennegrecer :: **ivory** —, negro de marfil.

BLACKBERRY [BLÁKBERI] *n.* zarzamora, mora :: — **bush**, zarza.

BLACKBOARD [BLÁKBORD] *n.* encerado :: pizarra.

BLACKEN [BLÁKEN] *va.* atizar, ennegrecer :: embetunar :: denigrar.

BLACKGUARD [BLÁGUARD] *n.* tunante, pillo, canalla.

BLACKJACK [BLÁKDYAK] *n.* cachiporra flexible :: *(juego de naipes)* veintiuna :: bandera pirata.

BLACKLEAD [BLÁKLED] *n.* lápiz, plomo, grafito.

BLACKLEG [BLÁKLEG] *n.* esquirol.

BLACKMAIL [BLÁKMEIL] *n.* chantaje :: *va.* chantajear.

BLACKSMITH [BLÁKSMIZ] *n.* herrero.

BLACKTHORN [BLÁKZOARN] *n.* endrino, espino negro.

BLADDER [BLÁDA] *n.* vejiga.

BLADE [BLEID] *n.* hoja, cuchilla :: *(de remo)* pala :: *(bot.)* brizna :: **a gay** —, calavera, tronera.

BLAME [BLEIM] *va.* culpar :: achacar, vituperar, acusar, reprochar :: **to throw (lay)** — **on**, achacar a, echar la culpa a :: *n.* culpa :: vituperio, censura, reproche.

BLAMELESS [BLÉIMLES] *adj.* inculpable, intachable.

BLANCH [BLANCH] *va.* blanquear :: *vn.* desteñirse :: palidecer, ponerse blanco.

BLAND [BLAND] *adj.* suave, complaciente, amable.

BLANDISHMENT [BLÁNDISHMENT] *n.* halago, zalamería.

BLANK [BLANK] *adj.* hueco :: en blanco, vacuo :: limpio :: *(verso)* suelto :: turbado :: *n.* laguna, blanco, vacío :: **to draw a** — *(met.)*, quedarse en albis, no tocar.

BLANKET [BLÁNKET] *n.* manta :: frazada, cobertor, cobertura, *(Mex.)* poncho :: *(de polvo)* capa :: *va.* cubrir con manta :: **to toss in a** —, mantear.

BLARE [BLÉAER] *n.* trompetazo :: *vn.* rugir, sonar como trompeta.

BLASPHEME [BLASFÍM] *va.* blasfemar :: maldecir :: *vn.* decir blasfemias.

BLASPHEMY [BLÁSFIMI] *n.* blasfemia, reniego.

BLAST [BLAST] *n.* ráfaga de aire, bocanada :: explosión :: llamada, tintirintín :: trompetazo :: — **furnace**, alto horno :: **in full** —, a toda marcha :: *va.* arruinar, reventar :: marchitar, agostar.

BLATANT [BLÉITANT] *adj.* vinglero, llamativo :: bramante.

BLAZE [BLEIS] *n.* llama(rada), hoguera :: brillo, ardor, furia :: *va.* — **forth**, publicar, proclamar :: *vn.* — **up**, llamear, flamear :: arder.

BLEACH [BLICH] *n.* lejía :: *va.* blanquear :: desteñir, descolorir.

BLEACHERS [BLÍCHAERS] *n. pl.* graderías.

BLEAK [BLIK] *adj.* pálido :: helado, crudo :: desamparado :: sombrío :: raso, yermo :: — **stretch of country**, paramera, páramo.

BLEAT [BLIT] *vn.* balar :: *n.* balido.

BLED [BLED] *prep. & p.p. de* **to bleed**.

BLEED [BLID] *va. & n.* sangrar :: echar sangre :: desangrar :: **to** — **to death**, morir desangrado.

BLEEDING [BLÍDING] *n.* sangría, sangradura, hemorragia.

BLEMISH [BLÉMISH] *n.* mácula, borrón, tacha :: imperfección, lunar, defecto :: *va.* echar a perder, dañar :: infamar :: empañar.

BLEND [BLEND] *n.* mezcla :: matiz :: *va.* mezclar, fundir :: casar :: matizar.

BLESS [BLES] *va.* bendecir :: alabar, congratularse :: **Bless me!** ¡Caray! :: **God bless**, que en paz descanse.

BLESSED [BLESID] *adj.* bendito :: santo, beato :: bienaventurado :: **the whole** — **day**, todo el santo día :: *pret. & p.p. de* **to bless**.

BLESSING [BLÉSING] *n.* bendición :: gracia, don, beneficio.

BLEW [BLU] *pret. de* **to blow**.

BLIGHT [BLAIT] *n.* pulgón, mancha, tizón, roña :: alheña :: *va.* marchitar, agostar, añublar.

BLIMP [BLIMP] *n.* dirigible pequeño.

BLIND [BLAIND] *adj.* ciego :: tenebroso, oscuro :: *(pasadizo)* sin salida :: *(pers.)* ignorante :: **window** —, biombo, persiana :: — **alley**, callejón (sin salida) :: *n.* **Venetian** —, celosía :: *va.* cegar :: deslumbrar.

BLINDER [BLÁINDAER] *n.* anteojera, visera para caballos.

BLINDFOLD [BLÁINDFOULD] *n.* venda *(para los ojos)* :: *va.* vendar *(los ojos)* :: *adj.* vendado *(de ojos)*.

BLINDNESS [BLÁINDNES] *n.* ceguera, ceguedad.

BLINK [BLINK] *vn.* parpadear, pestañear, guiñar :: esquivar.

BLISS [BLIS] *n.* felicidad, bienaventuranza :: gozo, éxtasis :: *(relig.)* gloria, arrobamiento.

BLISSFUL [BLÍSFUL] *adj.* bienaventurado, en gloria.

BLISTER [BLÍSTA] *n.* ampolla, vejiga :: *(en el labio, etc.)* pupa :: — **plaster**, vejigatorio :: *vn.* ampollarse :: *va.* ampollar :: poner cantáridas.

BLITHE [BLAIZ] *adj.* alegre, jovial, gozoso.

BLIZZARD [BLÍSARD] *n.* ventisca.

BLOAT [BLOUT] *va.* hinchar.

BLOB [BLAEB] *n.* burbuja, gota.

BLOCK [BLOK] *n.* bloque, trozo :: tabla :: *(de edificios)* manzana :: casa de vecindad :: **horse** —, apeadero :: horma :: construcción :: (madera) viga, leño :: (com.) lote :: zoquete, zopenco :: va. obstruir :: bloquear :: cerrar :: (una ventana, etc.) cegar :: (vista) obscurecer :: — up, tapar :: — in, esbozar.

BLOCKADE [BLOKÉID] m. bloqueo, cerco :: va. bloquear, poner cerco a.

BLOND [BLOND] adj. & n. rubio, blondo.

BLOOD [BLAD] n. sangre :: (met.) estirpe :: young —, pimpollo :: bad —, encono, hostilidad :: — hound, sabueso :: —letter, sangrador :: in cold —, a sangre fría :: —shed, efusión de sangre :: —shot, ensangrentado, inyectado de sangre :: —thirsty, sanguinario, cruel :: —sucker, sanguijuela :: —vessel, vaso sanguíneo.

BLOODY [BLADI] adj. sangriento, cruento, encarnizado, sanguinario.

BLOOM [BLUM] n. flor, florecimiento :: (en la fruta) vello :: belleza, lozanía :: vn. florecer.

BLOSSOM [BLÓSOM] n. floración, flor :: vn. florecer, reventar.

BLOT [BLOT] n. mancha, borrón :: padrón, bochorno :: va. & n. manchar, ennegrecer :: — out, tachar, borrar, testar :: (la tinta) secar :: obscurecer.

BLOTCH [BLOCH] n. mancha, borrón :: va. manchar, ennegrecer.

BLOTTER [BLÓTAER] n. papel secante :: libro borrador.

BLOTTING-PAPER [BLÓTINGPEIPA] n. (papel) secante.

BLOUSE [BLAUS] n. blusa.

BLOW [BLÓU] va. & n. soplar :: hinchar :: abrir :: resoplar :: (mus.) entonar :: (la nariz) sonarse :: — up, inflar, (un puente) volar, (vidrio) soplar :: jadear, bufar :: — down, echar por tierra :: — out, apagar, matar de un soplo :: — out (los carrillos, etc), hinchar :: to — out one's brains, levantar la tapa de los sesos :: n. golpe :: choque, desdicha :: puñetazo, sablazo :: hachazo :: culatazo :: bofetada :: to come to —s, venir (llegar) a las manos.

BLOWER [BLÓUAER] n. soplador :: fuelle :: ventilador, aventador.

BLOWN [BLÓUN] p.p. de to blow & adj. soplado :: inflado.

BLOW-PIPE [BLÓUPAIP] n. soplete, cerbatana.

BLUDGEON [BLÓCHEN] n. clava, ga-

rrote, porra.

BLUE [BLU] adj. azul :: (con el frío etc.) cárdeno, amoratado :: out of the —, impensado, de manos a boca :: once in a — moon, de higos a brevas :: (ojos) garzo :: light — (ojos), zarco :: navy —, azul marino :: — blooder, linajudo :: n. pl. morriña, hipocondría.

BLUFF [BLUF] adj. burdo, brusco, franco :: n. morro, risco :: fanfarronada.

BLUISH [BLÚISCH] adj. azulado, azulejo.

BLUNDER [BLUNDA] n. desatino, desacierto, yerro :: burrada, coladura :: vn. desacertar, desatinar, errar :: (coll.) meter la pata.

BLUNT [BLUNT] adj. embotado, brusco, rudo, lerdo, obtuso :: va. embotar :: desafiar :: despuntar :: adormecer.

BLUR [BLER] n. borrón :: va. empañar, manchar, hacer borrones :: entorpecer :: blurred, borroso, difuminado.

BLUSH [BLUSH] n. rubor, sonroseo :: bochorno :: at first —, al primer vistazo :: vn. ruborizarse, enrojecerse, ponerse colorado.

BLUSTER [BLÚSTA] n. ruido, estrépito :: jactancia :: vn. bravear, fanfarrear.

BOAR [BÓAER] n. jabalí.

BOARD [BÓAERD] n. tabla :: mesa :: (naut.) a bordo :: black—, encerado, pizarra :: notice —, tablilla :: consulting —, junta :: comida, pupilaje :: — and lodging, pensión completa :: pl. —s, escenario, tablas :: va. entablar :: (naut.) abordar :: hospedar :: to go on —, ir a bordo :: to sweep the — (naipes), ser descartado.

BOARDER [BÓARDAER] n. huésped, pupilo, pensionista.

BOARDINGHOUSE [BÓARDINGJAUS] n. casa de huéspedes, pensión.

BOAST [BOUST] n. jactancia, fanfarronada :: alarde, ostentación :: va. ostentar :: — of, blasonar de, hacer alarde de :: vn. jactarse, vanagloriarse :: cacarear, presumir.

BOASTER [BÓUSTA] n. fanfarrón, plantista.

BOAT [BOUT] n. barco, buque :: barca, bote, lancha :: vapor :: life—, lancha de socorro.

BOATING [BÓUTING] n. ir en bote, ir embarcado.

BOATMAN [BÓUTMAN] n. barquero, lanchero.

BOATSWAIN [BÓUTSUEIN] n. contramaestre.

BOB [BOB] n. pelo corto :: (col.) va. & n. menear(se).

BOBBIN [BÓBIN] n. carrete, bobina, carrilla :: (encaje) bolillo.

BOBTAIL [BÓBTEIL] n. rabón.

BOBWHITE [BÓBJUAIT] n. codorniz.

BODE [BÓUD] va. presagiar, pronosticar, prometer.

BODICE [BÓDIS] n. cuerpo, talle :: corpiño, jubón.

BODILY [BÓDILI] adj. corporal, corpóreo :: tan grande como era, todo.

BODY [BÓDI] n. cuerpo :: cadáver :: materia :: realidad, substancia :: individuo :: fortaleza, densidad :: (mech.) armazón, carrocería :: gremio, corporación :: —guard, guardia de corps :: main — (del ejército), grueso :: united —, conjunto.

BOG [BOG] n. pantano, fangal, ciénaga.

BOGGY [BÓGUI] adj. pantanoso, cenagoso.

BOIL [BOIL] va. hervir :: vn. bullir :: to — down, reducir por cocción :: to — fast, hervir a borbotones :: to — over, (leche, etc.) rebosar con la ebullición, (fig.) ponerse fuera de sí.

BOILER [BÓILA] n. caldera :: marmita :: steam —, caldera de vapor.

BOILING [BÓILING] n. hervor, ebullición, cocción :: — point, punto de ebullición.

BOISTEROUS* [BÓISTEROS] adj. bullicioso, impetuoso, violento, tempestuoso.

BOLD* [BOULD] adj. atrevido :: arrojado, resoluto, intrépido, temerario :: gallardo, audaz :: — faced, descarado, desvergonzado :: — cliff, risco escarpado :: (typ.) — face, negrita.

BOLDNESS [BÓULDNES] n. temeridad, atrevimiento, intrepidez :: animosidad, arrojo :: descaro, descoco :: desenvoltura, osadía.

BOLSTER [BÓULSTA] n. travesero, travesaño :: va. — up, estribar, auxiliar.

BOLT [BOULT] n. flecha, dardo :: pestillo, cerraja, cerrojo :: (carp.) perno :: fuga :: thunder—, rayo :: pl. grillos :: adv. — upright, enhiesto :: va. echar el cerrojo :: vn. saltar repentinamente, mostrar las herraduras, escaparse (como un rayo).

BOMB [BOM] n. bomba :: granada, petardo :: va. bombardear.

BOMBARD [BOMBÁRD] va. bombardear.

BOMBARDMENT [BOMBÁRDMAENT] n. bombardeo, cañoñeo.

BOMBASTIC [BOMBÁSTIK] adj. ampuloso, retumbante, rimbombante.

BOMBER [BÓMBAER] n. bombardero, avión de bombardeo.

BOND [BOND] n. traba, lazo, vínculo :: trabazón :: (moral) obligación :: fianza :: bono :: —s, valores :: prisión, cadena :: va. dar fianza :: dejar mercancías en depósito, aduanar.

BONDAGE [BÓNDICH] n. esclavitud, cautiverio.

BONE [BOUN] n. hueso :: raspa, espina :: — setter, ensalmador, curandero :: to have a — to pick (with), habérselas (con) :: to make no —s about, no tener empacho :: to be skin and —s, estar en los huesos :: to set — s, ensalmar :: va. quitar los huesos :: — up (sl.) empollar.

BONFIRE [BÓNFAIR] n. hoguera, fogata.

BONNET [BÓNET] n. gorro, toca, gorra :: (eccl. & acad.) bonete :: borla :: (del coche) capó.

BONNY [BÓUNI] adj. resalado, guapo.

BONUS [BÓUNAS] n. prima, premio, gratificación.

·BOO [BU] va. mofarse, burlarse :: —!, interj. ¡bu! :: —s, n. pl. gritos de mofa, rechifla.

BOOK [BUK] n. libro :: libreta :: va. inscribir :: anotar, retener :: (theat.) sacar localidades :: day—, diario :: pocket—, cartera :: cheque—, libro talonario :: note—, cuaderno :: — jacket, cubierta :: —mark, señal :: — satchel, cartapacio :: —shop, librería :: —stall, puesto de libros.

BOOM [BUM] n. (naut.) botavara, botalón :: estampido :: (com.) auge repentino.

BOON [BUN] n. dádiva, presente, dicha :: favor, merced, recompensa :: ventaja, suerte :: adj. íntimo, predilecto :: jovial, festivo :: afortunado.

BOORISH• [BÚRISH] adj. rústico, tosco, grosero.

BOOST [BUST] n. empujón, empuje :: — in prices, alza o auge de precios :: va. empujar, alzar, levantar :: hacer subir.

BOOSTER [BÚSTAER] n. aumentador :: cohete de lanzamiento :: (elect.) amplificador.

BOOT [BUT] n. bota, calzado :: ganancia :: —black, limpiabotas :: —laces, cordones :: adv. to —, además, a mayor abundamiento :: vn. aprovechar :: calzarse.

BOOTH [BUZ] n. barraca, puesto.

BOOTLEGGER [BÚTLEGAER] n. contrabandista (de licores).

BOOTLICKER [BUTLÍKAER] n. servilón, zalamero.

BOOTY [BÚTI] n. botín, presa.

BORDER [BÓARDA] adj. fronterizo :: n. borde, orla, orilla :: cenefa :: extremidad, frontera :: vn. orillar :: — on, confinar (con), rayar (con) :: to be on the —s of, comarcar (con) :: va. guarnecer, orlar.

BORDERING [BÓARDERING] adj. fronterizo, contiguo, lindante (con), vecino.

BORDERLINE [BÓRDAERLAIN] adj. fronterizo :: indefinido.

BORE [BOR] n. taladro, barreno :: (pers.) majadero, pelma :: va. aburrir, cansar, dar la lata a, moler, molestar, incomodar, cargar :: — through, horadar, taladrar.

BORED [BÓRID] adj. cansado, aburrido :: p.p. de to bore.

BOREDOM [BÓRDAEM] n. aburrimiento, tedio, hastío, fastidio.

BORN [BOARN] p.p. de to bear :: adj. nacido :: newly —, recién nacido :: — and bred, de pura cepa, hasta los tuétanos.

BORNE [BORN] p.p. de to bear.

BOROUGH [BÓRO] n. villa :: distrito de municipio.

BORROW [BÓROU] va. pedir prestado.

BORROWER [BÓROAER] n. prestatario.

BOSOM [BÚSOM] n. seno, corazón :: (met.) regazo, pechos :: in the — of, en el seno de.

BOSS [BOS] n. jefe, patrón :: mayoral, capataz :: political —, caudillo político :: va. mandar, dominar, dirigir.

BOTANY [BÓTANI] n. botánica.

BOTCH [BOCH] n. chapucería.

BOTH [BOUZ] adj. ambos, uno y otro :: on — sides, por ambos lados :: conj. tanto... como.

BOTHER [BÓZAER] n. molestia, fastidio :: va. marear, molestar, incomodar :: majar :: vn. dar guerra a.

BOTHERSOME [BÓZAERSAEM] adj. molesto.

BOTTLE [BOTEL] n. botella, frasco :: wine—, porrón :: biberón :: water—, cantimplora :: va. em-

botellar.

BOTTLENECK [BÓTELNEK] n. embotellamiento :: gollete.

BOTTOM [BÓTOM] n. fondo, cimiento, sedimento :: (naut.) casco, nave :: (anat.) trasero :: (de un río) lecho :: (de una silla) asiento :: (de página) pie :: to go to the —, irse a pique :: at —, en el fondo.

BOTTOMLESS [BÓTOMLES] adj. sin fondo, impenetrable, insondable.

BOUDOIR [BUDUÁR] n. tocador.

BOUGH [BAU] n. rama.

BOULDER [BÓULDAER] n. peña, roca, guijarro grande, pedrusco.

BOUNCE [BAUNS] n. salto, (re)bote, respingo :: vn. (re)botar :: saltar :: hacer saltar.

BOUNCER [BÁUNSAER] n. bravucón, fanfarrón :: mentiroso, embustero.

BOUND [BAUND] adj. sujeto, ligado :: — for, con rumbo a :: (sew.) reforzado :: — in, absorto :: n. confín, término :: brinco, corcovo, respingo :: at one —, de un salto :: va. deslindar :: acotar :: poner coto a :: vn. saltar :: to be —, apostar.

BOUNDARY [BÁUNDARI] n. límite, confín :: linde, término, raya :: aledaño :: — mark, mojón, linde.

BOUNDLESS• [BÁUNDLES] adj. ilimitado, sin límite, sin término.

BOUNTEOUS• **BOUNTIFUL**• [BÁUNTIOS, BÁUNTIFUL] adj. largo, generoso, bondadoso, pródigo, liberal.

BOUNTY [BÁUNTI] n. liberalidad, munificencia, largueza, merced, subsidio :: (mil.) enganche.

BOUQUET [BUKÉ] n. ramillete, ramo :: (del vino) aroma.

BOURGEOIS [BÚRCHOI] adj. & n. burgués.

BOUT [BAUT] n. turno :: (esgrima, etc.) asalto :: (enfermedad) ataque, acceso.

BOW [BAU] n. inclinación, saludo :: arco :: (cinta, corbata) lazo, lazada :: (naut.) proa :: va. & n. saludar, hacer una reverencia, inclinarse :: agobiar, doblar :: arquear, inclinar :: ceder, someterse.

BOWEL [BÁUEL] n. (anat.) intestino :: —s, entrañas.

BOWER [BÁUA] n. enramada, cenador.

BOWL [BOUL] n. escudilla :: taza, bol, tazón :: (juego) bola :: sugar —, azucarero :: va. tumbar

:: lanzar la pelota :: bolear :: *vn.* jugar a las bolas.

BOX [BOKS] *n.* caja :: cofre, arca :: *(joyas)* estuche :: *(theat.)* palco :: *(carruaje)* pescante :: **ballot**—, urna :: tribuna :: **letter** —, buzón :: **food**—, comedero :: — **office**, contaduría, taquilla :: puñetazo, revés, cachete :: *(bot.)* boj :: **P.O.** —, apartado de correos :: *va.* encajonar :: *vn.* boxear :: abofetear.

BOXER [BÓKSAER] *n.* boxeador, pugilista.

BOXING [BÓKSING] *n.* boxeo :: pugilato.

BOY [BOI] *n.* muchacho, chico, chiquillo :: pollo :: hijo, mozo :: *(Amer.)* chino.

BOYCOTT [BÓIKOT] *n.* boicot :: *va.* boicotear.

BOYHOOD [BÓIJUD] *n.* niñez.

BOYISH° [BÓIISH] *adj.* pueril, juvenil :: de chico(s).

BRACE [BREIS] *n.* abrazadera :: tirante :: *(mech.)* hembra :: par :: —**s**, tirantes :: *va.* trabar, ligar :: reforzar :: vigorizar.

BRACELET [BRÉISLET] *n.* pulsera, brazalete, ajorca.

BRACING [BRÉISING] *adj.* tónico :: *n.* trabazón.

BRACKEN [BRAEKN] *n. (bot.)* helecho.

BRACKET [BRÁKET] *n.* soporte, repisa, rinconera :: **within** —**s**, entre corchetes o paréntesis.

BRACKISH [BRÁKISH] *adj.* salobre.

BRAG [BRAG] *n.* jactancia, fanfarronada :: *va.* & *n.* jactarse, alardear de.

BRAGGART [BRÁGART] *n.* fanfarrón, avalentonado, matasiete.

BRAID [BREID] *n.* fleco, galoncillo, galón :: franja :: *(mil.)* galón, trencilla :: trenza :: *va.* trenzar :: galonear.

BRAIN [BREIN] *n.* cerebro, sesos :: **he is** —**y**, es un talento :: —**'s trust**, consultorio intelectual :: —**wave**, idea luminosa :: *va.* romper la crisma a, saltar la tapa de los sesos a :: **to rack one's** —**s**, devanarse los sesos.

BRAINLESS [BRÉINLES] *adj.* insensato.

BRAKE [BREIK] *n. (bot.)* maleza, matorral, soto :: *(mech.)* freno :: *va.* frenar.

BRAMBLE [BRAMBL] *n.* zarza, maleza :: — **patch**, breña, breñal, zarzal, matorral, maleza.

BRAN [BRAN] *n.* salvado.

BRANCH [BRANCH] *n.* rama, ramal, ramo :: brazo :: — **office**,

dependencia, sucursal :: — **line**, ramal :: *vn.* ramificar, bifurcar :: — **out**, ramificarse.

BRAND [BRAND] *n.* tizón, antorcha, tea :: *(para marcar reses, etc.)* hierro :: estigma, baldón, marca :: *va.* marcar :: infamar, estigmatizar.

BRANDISH [BRÁNDISH] *va.* blandir, cimbrear.

BRANDY [BRÁNDI] *n.* aguardiente, coñac.

BRASS [BRAS] *n.* latón, bronce :: *(mus.)* metal :: *(sl.)* descaro :: — **band**, banda, murga.

BRASSIERE [BRASÍR] *n.* sostén, corpiño.

BRAVADO [BRAVÉIDO] *n.* bravata :: jactancia.

BRAVE° [BRÉIV] *adj.* valiente, intrépido, alentado :: de pelo en pecho, bizarro, esforzado, animoso :: *va.* desafiar, arrostrar.

BRAVERY [BRÉIVERI] *n.* valentía, valor, coraje :: esplendor, magnificencia.

BRAWL [BRÓAL] *n.* querella, reyerta, camorra :: *vn.* armar querella, alborotar :: murmurar.

BRAWN [BRÓAN] *n.* carnosidad :: músculo, nervio.

BRAWNY [BRÓANI] *adj.* musculoso, membrudo.

BRAY [BREI] *n.* risotada :: rebuzno :: *vn.* rebuznar.

BRAZEN° [BRÉISEN] *adj.* de bronce, broncino :: *(fig.)* desahogado, desvergonzado.

BREACH [BRICH] *n. (mil.)* brecha :: rompimiento :: ruptura, violación :: — **of promise**, quebranto de promesa, falta de palabra :: *(ley)* infracción :: — **of faith**, abuso de confianza :: — **of the peace**, alteración del orden público :: — **of duty**, incumplimiento del deber :: *va.* hacer brecha en.

BREAD [BRED] *n.* pan :: **fine white** —, pan candeal :: **unleavened** —, pan ázimo, sin levadura :: **new** —, pan tierno :: **stale** —, pan duro :: **slice of** —, rebanada.

BREADTH [BREDZ] *n.* anchura, amplitud :: *(naut.)* manga :: envergadura.

BREAK [BREIK] *n.* ruptura, brecha, abertura :: raja, grieta :: *(geol.)* falla :: interrupción, blanco, laguna :: *(la voz)* quiebro :: — **down**, avería :: **nervous** — **down**, crisis de nervios :: **without a** —, sin solución de continuidad, acto continuo, sin pa-

rar :: *va.* estrellar, romper, quebrar, quebrantar :: — **one's heart**, matar a disgustos :: — **the record**, superar la marca :: saltar, reventar :: *(el día)* apuntar :: — **off**, tranchar :: romperse :: interrumpir :: — **into**, forzar :: — **in**, domar, amaestrar :: — **into**, fraccionar :: *vn.* — **away from**, romper con —, **in upon**, entrar de sopetón :: — **off**, romper :: hacer bancarrota :: —**down**, prorrumpir en lágrimas :: abatirse :: consentir, no resistir más :: — **loose**, desasirse, soltarse :: — **out**, estallar :: evadir, salir, *(una tormenta)* desatarse :: — *(gritos, llantos, etc.)*, prorrumpir en :: — **up**, deshacerse, cerrarse, *(la sesión)* levantar :: *(planes)* desbaratar :: *(la tierra)* roturar.

BREAKAGE [BRÉIKICH] *n.* fractura, destrozo.

BREAKDOWN [BRÉIKDAUN] *n.* parada imprevista :: análisis :: *(mech.)* avería.

BREAKER [BRÉIKA] *n. (ola)* rompiente :: **law** —, infractor.

BREAKFAST [BRÉKFAST] *n.* desayuno :: *va.* desayunar, tomar el desayuno.

BREAKTHROUGH [BRÉIKZRU] *n.* adelanto repentino, brecha.

BREAKWATER [BRÉIKUOATR] *n.* rompeolas, malecón.

BREAM [BRIM] *n.* besugo.

BREAST [BREST] *n.* pecho, seno :: teta :: *(aves)* pechuga :: — **plate**, coraza :: — **work**, parapeto :: **to make a clean** — **of**, desahogarse.

BREATH [BREZ] *n.* aliento, respiración, soplo :: **out of** —, sin aliento :: — **of air**, soplo de aire :: **to draw** —, respirar :: **to waste one's** —, **on**, gastar saliva en.

BREATHE [BRIDZ] *va.* & *n.* respirar, inspirar, exhalar :: tomar aliento :: — **one's last**, exhalar el último suspiro, boquear :: — **heavily**, resollar :: jadear.

BREATHLESS [BRÉZLES] *adj.* sin aliento, jadeante, falto de aliento.

BREATHTAKING [BREZTEIKING] *adj.* conmovedor :: emocionante.

BRED [BRED] *pret.* & *p.p. de* to **breed.**

BREECH [BRICH] *n.* codillo, trasero :: *(pistola)* recámara :: *n. pl.* pantalones :: **knee** —**es**, calzón corto :: **wide** —, gregüescos.

BREECHES [BRÍCHES] *n. pl.* calzones :: **riding** —, pantalones de motar.

BREED |BRID| *n.* casta, raza, progenie :: **half** —, mulato :: *(Amer.)* chino :: *va.* & *n.* criar, procrear, educar :: ocasionar :: **to** — **disturbances,** meter cizaña.

BREEDER |BRÍDA| *n.* criador, ganadero.

BREEDING |BRÍDING| *n.* crianza :: educación, cultura :: gentileza :: instrucción, maneras :: buena educación :: *(de animales)* cría :: **a man of** —, hidalgo :: **good** —, buena crianza.

BREEZE |BRIS| *n.* brisa :: aura, céfiro, viento flojo.

BREEZY |BRÍSI| *adj.* airoso, ventilado :: refrescado :: animado, vivaz.

BRETHREN |BRÉZREN| *n. pl.* hermanos, cófrades.

BREVITY |BRÉVITI| *n.* brevedad, concisión :: fugacidad.

BREW |BRU| *n.* pócima, poción :: *va.* hacer (cerveza) :: mezclar :: fermentar :: infusionar.

BRIAR, BRIER |BRÁIA| *n.* zarza, rosal silvestre.

BRIBE |BRAIB| *n.* cohecho :: **to take** —**s,** dejarse sobornar :: *va.* sobornar, cohechar.

BRIBERY |BRÁIBERI| *n.* cohecho, soborno.

BRICK |BRÍK| *n.* ladrillo :: **icecream** —, helado o mantecado :: —**kiln,** horno :: —**layer,** albañil :: *va.* enladrillar :: **to be like a cat on hot** —**s,** estar en capilla ardiente, estar en brasas (ascuas).

BRIDAL |BRÁIDL| *adj.* nupcial :: — **chamber (bed),** tálamo :: — **song,** epitalamio.

BRIDE |BRAID| *n.* desposada, novia.

BRIDEGROOM |BRÁIDGRUM| *n.* novio.

BRIDGE |BRICH| *n.* puente :: *(de la nariz)* caballete :: *(mus.)* puentecilla :: **draw**—, puente levadizo :: — **of boats,** puente de barcas.

BRIDLE |BRÁIDL| *n.* brida, freno :: — **path,** camino de herradura :: *va.* & *n.* embridar, refrenar :: erguirse, sentirse picado.

BRIEF |BRIF| *adj.* breve, corto, conciso :: apresurado :: fugitivo :: *n.* compendio, alegato :: *(ley)* relación :: informe.

BRIGADE |BRIGUÉID| *n.* brigada :: **fire** —, cuerpo de bomberos.

BRIGHT |BRAIT| *adj.* brillante, luciente :: vivo, agudo, ocurrente :: **not too** — *(coll.),* cerrado

de mollera.

BRIGHTEN |BRAITN| *va.* iluminar, aclarar :: pulir, dar lustre :: — **up** *(el cielo, etc.),* despejarse :: *(la conversación)* animarse.

BRIGHTNESS |BRÁITNES| *n.* brillo, esplendor, brillantez, nitidez :: resplandor :: agudeza.

BRILLIANT• |BRÍLIANT| *adj.* reluciente, brillante :: luminoso :: relumbrante :: ilustre :: lucido :: genial :: *n.* brillante.

BRIM |BRIM| *n.* borde *(del vaso)* :: ala *(del sombrero)* :: borde, extremidad :: **to the** —, hasta el borde.

BRIMSTONE |BRÍMSTOUN| *n.* azufre.

BRINE |BRAIN| *n.* salmuera.

BRING |BRING| *va.* traer, llevar :: inducir :: persuadir :: — **about,** ocasionar, originar, provocar :: — **back,** devolver :: — **down,** abatir :: **to** — **down,** bajar, derribar :: — **in,** producir, reportar :: presentar :: — **forth,** producir, parir, sacar a luz :: — **nearer,** arrimar :: — **round,** sacar (de un desmayo) :: — **out,** sublevar :: sacar a luz, publicar :: — **together,** avenir, juntar, reunir :: — **to public notice,** pregonar :: — **to one's knowledge,** hacer saber :: — **up,** criar, sacar a colación :: — **upon oneself,** buscarse.

BRINK |BRINK| *n.* borde, extremo, orilla, extremidad.

BRISK• |BRISK| *adj.* vigoroso, vivaz :: animado, gallardo.

BRISTLE |BRISL| *n.* cerdo :: *vn.* erizar, erizarse, encresparse.

BRISTLY |BRÍSLY| *adj.* erizado, cerdoso :: grosero, descortés.

BRITTLE |BRITEL| *adj.* frágil, quebradizo, rompedero :: friable, deleznable.

BRITTLENESS |BRÍTELNES| *n.* fragilidad.

BROAD• |BROD| *adj.* ancho, amplio :: abierto, claro :: extenso :: — **brimmed,** de ala ancha :: — **minded,** tolerante.

BROADCAST |BRÓDKAST| *adj.* al voleo :: *n.* emisión :: *va.* radiar.

BROADSIDE |BRÓDSAID| *n.* andanada :: hoja suelta de propaganda.

BROIL |BROIL| *n.* pendencia, camorra :: carne a la parrilla :: *va.* asar (a la parrilla).

BROKE |BROUK| *pret. de* **to break** & *adj.* quebrado, arruinado :: pelado, sin dinero :: **to go** —, quebrar, arruinarse.

BROKEN |BRÓUKN| *p.p. de* **to break** & *adj.* roto :: quebrado :: que-

brantado :: arruinado :: abatido.

BROKER |BRÓUKA| *n.* cambista, corredor, bolsista.

BRONCHITIS |BRONKÍTIS| *n.* bronquitis.

BRONZE |BRONS| *n.* bronce :: *va.* broncear.

BROOCH |BROUCH| *n.* broche, prendedor, alfiler.

BROOD |BRUD| *n.* cría, camada, ralea :: *va.* empollar, incubar, cobijar.

BROOK |BRUK| *n.* riachuelo, arroyuelo :: *va.* sufrir, aguantar, soportar, tolerar.

BROOM |BRUM| *n. (bot.)* retama :: escoba :: —**stick,** palo de escoba.

BROTH |BROAZ| *n.* caldo.

BROTHEL |BRÓZAEL| *n.* burdel.

BROTHER |BRÓDA| *n.* hermano :: cofrade :: —**hood,** hermandad, fraternidad, cofradía :: —**in-law,** cuñado :: **foster**—, hermano de leche :: **half**—, hermanastro.

BROUGHT |BROT| *pret.* & *p.p. de* **to bring.**

BROW |BRÁU| *n.* ceja, sienes, frente :: cima, cumbre :: **knitted** —**s,** ceño :: **to** —**beat,** intimidar, mirar con ceño.

BROWN |BRAUN| *adj.* moreno, castaño :: **grey**—, pardo :: — **paper,** papel de estraza :: — **study,** ensimismamiento :: — **sugar,** azúcar terciado, moreno :: *va.* & *n.* teñir de moreno, tostar.

BROWNISH |BRÁUNISH| *adj.* que tira a moreno :: **dark**—, trigueño.

BROWSE |BRAUS| *va.* & *n.* pacer, ramonear :: — **around,** rebuscar.

BRUISE |BRUS| *n.* magulladura, chichón, contusión, abolladura :: cardenal :: *va.* magullar, golpear.

BRUNT |BRONT| *n.* choque, embate :: **to bear the** — **of,** aguantar lo más recio de.

BRUSH |BRASH| *n.* cepillo :: *(paint.)* pincel, brocha :: **clothes** —, cepillo para ropa :: — **stroke,** pincelada :: *(mil.)* pelea, escaramuza :: *(bot.)* matorral :: bosque :: *va.* cepillar :: — **against,** rozar :: *vn.* — **up,** repasar, refrescar.

BRUSHWOOD |BRÁSCHUUD| *n.* broza, maleza, matorral, zarzal.

BRUSSELS SPROUTS |BRÁSELS| *n.* repollita :: col de Bruselas.

BRUTAL• |BRÚTAEL| *adj.* brutal, bruto.

BRUTALITY |BRUTÁLITI| *n.* brutalidad, bestialidad, grosería.

BRUTE [BRUT] *n.* bruto, bestia :: **rough** —, patán.

BUBBLE [BABL] *n.* burbuja :: pompa :: *vn.* burbujear. *va.* retozar :: hervir :: **— gum,** chicle hinchable :: chicle de globo.

BUCCANEER [BUKAENÍAER] *n.* filibustero.

BUCK [BUK] *n.* macho cabrío :: gamo :: macho :: *(pers.)* petimetre :: *(hípica)* salto, corcovo :: dólar USA :: **—skin,** ante :: *vn.* tirar por las orejas :: **to — up,** animar, estimular.

BUCKET [BUKET] *n.* cubo, caldero :: **to rain —fuls,** llover a cántaros.

BUCKLE [BUKL] *n.* hebilla, bucle :: *va.* (en)hebillar, abrochar :: *vn.* torcerse, doblarse, encorvarse, abollarse :: **to — down to,** dedicarse (de lleno, con empeño).

BUCKSHOT [BÚKSCHOT] *n.* posta, perdigón.

BUD [BAD] *n.* botón, pimpollo, yema, capullo :: *vn.* brotar, retoñar, abotonar :: **to nip in the —,** ahogar en germen.

BUDDY [BÁDI] *n.* camarada, compañero.

BUDGE [BACH] *vn.* mover :: moverse, menearse, apartarse.

BUDGET [BACHIT] *n.* presupuesto :: *vn.* hacer el presupuesto.

BUFF [BOF] *n.* piel de ante :: **blind man's —** *(juego),* gallina ciega.

BUFFALO [BAFAELOU] *n.* búfalo.

BUFFER [BAFA] *n.* almohadilla, muelle :: tapón :: *(railw.)* tope :: amortiguador intermedio :: **— battery,** batería reguladora :: **— state,** estado-tapón :: **— storage,** memoria intermedia.

BUFFET [BÓFIT] *n.* alacena, repostería :: *(railw.)* cantina :: bofetada :: *va.* abofetear, pegar.

BUG [BOG] *n.* chinche :: bicho :: **big —,** señorón.

BUGBEAR [BÓGBER] *n.* espantajo, cuco :: pelma, molestia.

BUGLE [BIUGL] *n.* corneta :: cuerno de caza :: *(mil.)* trompeta, clarín.

BUILD [BILD] *n.* hechura, presencia :: forma :: *va. & n.* edificar, construir, erigir, fabricar :: **— up,** robustecer, elaborar :: **— again,** rehacer.

BUILDER [BÍLDA] *n.* constructor, arquitecto.

BUILDING [BÍLDING] *n.* edificio :: obra :: construcción.

BUILDING-UP [BÍLDING-AP] *n.* refuerzo paulatino.

BUILT [BILT] *pret. & p.p. de* **to build.**

BULB [BOLB] *n. (bot.)* cebolla :: bulbo :: *(elect.)* bombilla :: *(de un barómetro)* cubeta.

BULGE [BOLCH] *n.* desplome, pandeo :: *vn.* combar(se).

BULK [BOLK] *n.* bulto, masa, mole, volumen :: **in —,** en globo, a granel.

BULKY [BÓLKI] *adj.* voluminoso, abultado, grueso.

BULL [BUL] *n.* toro :: **—dog,** perro de presa, dogo :: *(relig.)* bula :: *(com.)* alcista :: **young —,** novillo.

BULLDOZER [BÚLDOUSAER] *n.* topadora, buldózer, motoniveladora.

BULLET [BÚLET] *n.* bala :: **— proof,** a prueba de bala.

BULLETIN [BÚLITIN] *n.* boletín.

BULLION [BÚLYON] *n.* oro, plata en barras.

BULLOCK [BÚLOK] *n.* buey, ternero.

BULL'S EYE [BÚLSAI] *n.* claraboya, tragaluz :: blanco.

BULLY [BÚLI] *n.* valentón, guapo, camorrista :: espadachín, buscarruidos, perdonavidas, matón :: *va.* amenazar, fanfarronear, promover riña, amedrentar.

BULRUSH [BÚLROSH] *n.* junco, anea, espadaña.

BULWARK [BÚLUERK] *n.* baluarte :: *(naut.)* antepecho.

BUMBLE-BEE [BÓMBULBI] *n.* abejorron.

BUMP [BAMP] *n.* chichón :: tope, golpe, porrazo :: *va.* **— into,** dar con, chocar contra.

BUMPER [BAMPAER] *n.* parachoques, defensa :: tope :: *adj.* grande, excelente :: **— crop,** cosecha abundante.

BUMPKIN [BAMPKIN] *n.* patán, paleto.

BUMPTIOUS [BÓMPSHOS] *adj.* presuntuoso, engreído :: **to grow —,** envanecerse.

BUN [BAN] *n.* bollo, buñuelo :: moño :: **— maker (seller),** buñolero.

BUNCH [BANCH] *n.* racimo :: ristra :: manojo, ramillete, haz :: cuelga.

BUNDLE [BANDL] *n.* bulto, lío, paquete, tercio :: fardo :: balón :: legajo, fajo :: *va.* empaquetar, liar :: **— out,** poner en la puerta, despedir con cajas destempladas.

BUNG [BANG] *n.* tapón, tarugo, buzón, taco, espita :: **— hole,** boca de tonel.

BUNGALOW [BÁNGALOU] *n.* casa de un solo piso, chalé.

BUNGLE [BANGL] *va.* chapucear, echar a perder, estropear.

BUNGLER [BANGLA] *n.* chambón, chapucero.

BUNION [BÁNION] *n.* juanete.

BUNKER [BANKA] *n.* carbonera :: **to be — ed,** estar en un atolladero.

BUNNY [BÁNI] *n.* conejito.

BUNTING [BANTING] *n.* lanilla :: colgadura :: *(ornith.)* escribano.

BUOY [BÚI, BOI] *n.* boya :: *va.* boyar, flotar :: **— up (with hope),** reanimar, esperanzar.

BUOYANCY [BÓIANSI] *n.* liviandad, acción de flotar :: flotabilidad.

BUOYANT [BÓIANT] *adj.* boyante, que flota :: animado.

BURDEN [BÉRDN] *n.* peso, porte, fardo, carga :: aflicción :: **beast of —,** bestia de carga :: estribillo, retornelo :: *va.* cargar :: oprimir, agobiar :: **— of the proof,** carga de la prueba.

BURDENSOME [BÉRDENSOM] *adj.* pesado, oneroso, premioso.

BUREAU [BIÚROU] *n.* escritorio :: armario :: bufete, despacho, oficina.

BUREAUCRACY [BIURÓKRASI] *n.* burocracia.

BURGLAR [BÉRGLA] *n.* ladrón.

BURGLARY [BÉRGLARI] *n.* robo con violencia.

BURIAL [BÉRIAL] *n.* entierro, enterramiento :: **— niche,** nicho.

BURLESQUE [BERLÉSK] *adj.* burlesco :: *n.* parodia.

BURLY [BÉRLI] *n.* grueso, fornido, cuadrado.

BURN [BERN] *n.* quemadura :: *va.* quemar, encender :: picar, tostar :: *vn.* arder, consumirse :: **— to ashes,** reducir a cenizas :: **sun—,** quemadura de sol.

BURNER [BÉRNAER] *n.* quemador :: mechero :: hornilla.

BURNISH [BÉRNISH] *va.* bruñir, pulir, dar lustre (a), pulimentar.

BURNT [BERNT] *pret. & p.p. de* **to burn.**

BURROW [BÓROU] *n.* conejera, madriguera, cueva :: *vn.* minar, horadar, zapar.

BURST [BERST] *n.* estallido, reventón :: *va.* reventar, estallar :: prorrumpir :: *vn.* **— open** *(una puerta),* echar abajo :: **— open,** romper :: quebrantar, forzar :: **— out,** soltar :: **— into tears,** deshacerse en lágrimas :: **— with laughing,** reventar (troncharse, desnudarse) de risa :: *(con orgullo)* reventar :: **the heavens have —,** se ha venido el cielo abajo.

BURY [BÉRI] *va.* enterrar, sepultar.

BUS [BAS] *n.* autobús.

BUSH [BUSH] *n.* arbusto, mata :: matorral :: **to beat about the** —, andarse por las ramas :: **don't beat about the** —, hable sin ambajes.

BUSHEL [BÚSHL] *n.* fanega.

BUSHING [BÚSHING] *n.* buje.

BUSHY [BÚSHI] *adj.* espeso, peludo :: matoso :: copudo.

BUSILY [BÍSILI] *adv.* diligentemente.

BUSINESS [BÍSNES] *n.* negocio :: comercio :: oficio :: ocupación :: trabajo :: asunto(s) :: **good** —, buen negocio, negocio redondo :: **to do** — **with**, comerciar (con) :: **to send (someone) about his** —, enviar (a uno) a paseo.

BUSINESSLIKE [BÍSNESLAIK] *adj.* eficaz, eficiente, práctico :: formal.

BUSINESSMAN [BÍSNESMAEN] *n.* hombre de negocios, comerciante.

BUST [BOST] *n. (estatua)* busto :: *(fem.)* seno.

BUSTLE [BOSL] *n.* animación, bullicio :: alboroto :: *(vestido)* polisón :: *vn.* bullir, apresurarse, menearse.

BUSTLING [BÓSLING] *adj. (pers.)* hacendoso :: hervidero.

BUSY [BÍSI] *adj.* ocupado, activo :: **to keep** —, ocupar.

BUSYBODY [BÍSIBODI] *adj.* entremetido :: chismoso :: *n.* veedor, chisgarabís :: **to be a** —, curiosear.

BUT [BAT] *conj., adv. & prep.* pero :: más, más que :: sino (con negativo) :: solamente, excepto, menos :: — **for**, menos, a no ser que :: **all** —**that**, todo menos eso.

BUTCHER [BÁCHA] *n.* carnicero, jifero :: *va.* matar (reses).

BUTCHERY [BÁCHAERI] *n.* carnicería, matanza.

BUTLER [BÁTLA] *n.* mayordomo, despensero.

BUTT [BAT] *n. (de vino)* bota, carral, pipa, tonel :: *(de cigarrillo)* colilla :: *(de cigarro)* punta :: contera :: extremo, objeto, blanco, fin.

BUTTER [BATA] *n.* mantequilla :: —**woman**, —**dish**, mantequera :: **to** — **up** *(coll.)* dar coba a.

BUTTERFLY [BATERFLAI] *n.* mariposa.

BUTTOCK(S) [BATOK] *n.* trasero, asentaderas :: *(zool.)* ancas.

BUTTON [BÓTN] *n.* botón :: —**hole**, ojal :: tirador :: —**s** *(hotel)*, botones :: *vn.* abotonar.

BUTTONHOLE [BÓTAENJOUL] *n.* ojal :: *va.* hacer ojales :: **to** — **someone**, detener, demorar a uno *(charlando)*.

BUTTRESS [BÁTRES] *n.* estribo, contrafuerte :: **flying** —, arbotante :: apoyo, sostén.

BUXOM* [BÓKSOM] *adj.* dócil, jovial, alegre.

BUY [BAI] *va.* comprar :: — **over**, sobornar :: — **off**, librarse (de uno) con dinero.

BUYER [BÁIA] *n.* comprador.

BUZZ [BOS] *n.* zumbido, susurro :: *vn.* susurrar, cuchichear.

BY [BAI] *prep.* por, con, cerca de, a :: *adv.* cerca :: —**gone**, pasado :: —**law**, estatuto, reglamento :: — **stander**, circunstante, mirón :: — **path**, vereda :: — **pass**, desviación :: —**roads**, andurriales :: — **the dozen**, por docenas :: — **Sunday**, para el domingo :: — **day**, de día :: — **train**, en tren :: — **the way**, de paso :: —**product**, producto secundario.

C

CAB [KAB] *n.* taxi, cabriolé, coche de alquiler :: — **stand,** parada de taxis.

CABAL [KABÁL] *n.* cábala :: maquinación.

CABBAGE [CÁBICH] *n.* col :: repollo :: — **red** —, berza, lombarda.

CABIN [KÁBIN] *n.* choza, cabaña :: *(naut.)* camarote.

CABINET [KÁBINET] *n.* gabinete :: escaparate, vitrina :: caja, estuche :: consejo de ministros, Gobierno :: — **maker,** ebanista.

CABLE [KEIBL] *n.* cable :: maroma :: *va.* telegrafiar.

CABLEGRAM [KÉIBULGRAEM] *n.* cablegrama.

CACKLE [KAKL] *n.* cacareo :: cháchara :: *vn.* cacarear, cloquear.

CACTUS [KÁKTUS] *n.* cacto.

CADDIE [KÁDI] *n.* caja de té :: *(golf)* cadi.

CAGE [KEICH] *n.* jaula, prisión :: *va.* enjaular :: coger.

CAJOLE [KACHÓUL] *va.* adular, lisonjear, requebrar, halagar, engatusar.

CAKE [KEIK] *n.* pastel, bollo, rosca :: tortilla :: **sponge** —, bizcocho :: jabón, pastel, pan, pastilla :: —**shop,** pastelería :: **wedding** —, pastel de boda :: **to take the** —, llevarse la palma, ser el colmo.

CALAMITOUS[*] [KALÁMITOS] *adj.* calamitoso, desdichado, trágico.

CALAMITY [KALÁMITI] *n.* calamidad, adversidad, azote, infortunio.

CALCULATE [KÁLKIULEIT] *va.* calcular, computar, contar :: hacer cálculos.

CALCULUS [KÁLKIULOES] *n.* cálculo infinitesimal.

CALENDAR [KÁLENDA] *n.* calendario, almanaque :: — **of saints,** santoral.

CALF [KAF] *n.* ternero, becerro :: pantorrilla :: **sea** —, buey marino :: **the golden** —, becerro de oro :: **in** —, en piel.

CALIBER, CALIBRE [KAÉLIBAER] *n.* calibre.

CALICO [KÁLIKOU] *n.* cálico, cretona, percal.

CALL [KOAL] *n.* llamada :: visita :: *(mil.)* — **up,** llamamiento :: **bugle** —, trompetazo, tintirintín :: *va.* llamar, convocar :: visitar :: citar :: *(puerto)* tocar, hacer escala :: apellidar :: *(la atención)* requerir, exigir, pedir :: — **forth,** provocar :: —**out,** dar voces, gritar :: — **the roll,** pasar lista :: — **into question,** poner en duda :: — **upon,** visitar :: invocar :: — **up,** evocar, recordar, despertar :: *(mil.)* levantar :: — **to account,** pedir cuentas de :: **to** — **names,** tratar de :: poner.

CALLOUS[*] [KÁLOS] *adj.* endurecido :: insensible, córneo.

CALLOW [KÁLOU] *adj.* inexperto, in — **youth,** en los años tontos.

CALM[*] [KAM, KALM] *adj.* tranquilo, sosegado, pausado, sereno, apacible, calmado :: *n.* sosiego, quietud, tranquilidad, calma :: *va. & n.* tranquilizar, calmar, pacificar :: *(el tiempo)* abonanzarse :: componer :: *(el dolor)* aplacar.

CALMNESS [KÁMNES] *n.* tranquilidad, serenidad, sosiego.

CALUMNY [KÁLOMNI] *n.* calumnia, maledicencia.

CAME [KEIM] *pret. de* **to come.**

CAMEL [KÁML] *n.* camello :: — **driver,** camellero.

CAMEO [KÁMIOU] *n.* camafeo.

CAMERA [KÁMERA] *n.* máquina, aparato (fotográfico) :: **folding** —, cámara plegadiza.

CAMISOLE [KÁMISOUL] *n.* camiseta, camisola.

CAMOUFLAGE [KÁMOFLÁCH] *n.* camuflaje.

CAMP [KAMP] *n.* campamento, ranchería, real :: — **bed,** catrecillo :: — **stool,** silla de tijera :: *va. & n.* acampar.

CAMPAIGN [KAMPÉIN] *n.* campaña.

CAMPHOR [KÁMFA] *n.* alcanfor.

CAMPUS [KAÉMPOES] *n.* patio o claustro de un colegio.

CAN [KAN] *n.* lata :: **tin** —, envase de latón :: *va.* conservar en lata.

CANAL [KANÁL] *n.* canal, conducto :: **irrigation** —, acequia.

CANARY [KANÉRI] *n.* canario :: — **seed,** alpiste.

CANCEL [KÁNSL] *va.* cancelar, borrar, tachar :: *(math.)* eliminar.

CANCER [KÁNSA] *n.* cáncer.

CANDID[*] [KÁNDID] *adj.* cándido, sencillo, franco, abierto, ingenuo, veraz.

CANDIDACY [KAÉNDIDAESI] *n.* candidatura.

CANDIDATE [KÁNDIDEIT] *n.* candidato, aspirante :: opositor.

CANDIED [KÁNDID] *adj.* almibarado, azucarado :: — **chestnut,** marrón, glasé.

CANDLE [KANDL] *n.* candela, vela :: bujía :: — **fat,** sebo, moco :: —**power,** potencia lumínica (en bujías) :: —**stick,** palmatoria, candelero.

CANDOR, CANDOUR [KÁNDA] *n.* candor, candidez, franqueza, sinceridad, sencillez, ingenuosidad.

CANDY [KÁNDI] *n.* confite :: bombón, dulce :: azúcar.

CANE [KEIN] *n.* bastón :: caña, junco :: — **brake,** cañaveral :: — **chair,** silla de junco :: — **sugar,** azucar de caña.

CANINE [KÉINAIN] *adj.* canino, perruno :: — **tooth,** colmillo.

CANISTER [KÁNISTA] *n.* canasta, fresco, lata :: caja de té.

CANKER [KÁNKA] *n.* gangrena, úlcera :: *va. & n.* roer, corromper.

CANNED [KAEND] *adj.* enlatado, envasado, conservado :: — **goods,** conservas alimenticias.

CANNIBAL [KÁNIBAL] *n.* caníbal :: antropófago.

CANNON [KÁNON] *n.* cañón :: *(en billar)* carambola :: — **ball,** bala de cañón.

CANNONADE [KAENAENÉID] *n.* cañoneo :: *va.* cañonear.

CANNY [KAÉNI] *adj.* sagaz :: astuto.

CANOE [KANÚ] *n.* canoa, chalupa.

CANON [KÁNON] *n.* canónigo :: *f.* canonesa :: *(mus.)* canon.

CANOPY [KÁNOPI] *n.* dosel, baldaquín :: cabina transparente :: *(eccl.)* palio.

CANT [KANT] *n.* jerigonza :: hipocresía :: desplome, sesgo, inclinación :: *va.* ladear.

CANTALOUPE [KAÉNTAELOUP] *n.* melón francés.

CANTANKEROUS [KANTÁNKEROS] *adj.* criticón :: pendenciero.

CANTEEN [KANTÍN] *n.* cantina :: bote :: *(de cubertería)* juego :: *(mil.)* cantimplora.

CANTER [KÁNTA] *vn.* ir al galope corto :: *n.* medio galope.

CANVAS [KÁNVAS] *n.* lona :: *(paint.)* lienzo.

CANVASS [KÁNVAS] *va.* solicitar, pedir (votos) :: examinar, escudriñar :: *n.* investigación, escrutinio, inspección, encuesta.

CAP [KAP] *n.* gorro, gorra :: sombrero, bonete :: cofia :: birrete :: montera :: gorra de visera :: — **in hand,** gorra en mano :: *(de una botella)* tapa, cápsula, tapón :: — **of liberty,** gorro frigio :: *va.* tocar, cubrir la cabeza ::

coronar :: dar la última mano :: **if the — fits,** el que se pica, ajos come.

CAPABLE [KÉIPABL] *adj.* capaz, hábil, susceptible, potente :: **to be — of,** poder :: saber.

CAPACITY [KAPÁSITI] *n.* capacidad, cabida :: inteligencia, aptitud, facultad :: puesto :: porte.

CAPE [KEIP] *n. (geogr.)* cabo, punta de tierra :: capa (corta), caperuza.

CAPER [KÉIPA] *n.* cabriola :: *(bot.)* alcaparra :: *vn.* hacer cabriolas, trenzar, cabriol(e)ar.

CAPITAL* [KÁPITL] *adj.* capital :: *(letra)* mayúscula :: excelente :: *n. f. (ciudad)* capital :: *m. (riqueza)* capital, fondos :: *(arch.)* capitel, chapitel :: **to make — out of,** aprovecharse de.

CAPITULATE [KAPÍTIULEIT] *vn.* capitular.

CAPRICIOUS* [KAPRÍSHOS] *adj.* caprichoso, antojadizo.

CAPSIZE [KÁPSAIS] *va. & n.* volcar(se) :: zozobrar.

CAPSTAN [KÁPSTAN] *n.* cabrestante.

CAPSULE [KÁPSIUL] *n.* cápsula.

CAPTAIN [KÁPTIN] *n.* capitán, patrón.

CAPTIVATE [KÁPTIVEIT] *va.* cautivar.

CAPTIVE [KÁPTIV] *n. & adj.* cautivo, prisionero.

CAPTIVITY [KAPTÍVITI] *n.* cautividad, cautiverio, prisión.

CAPTURE [KÁPTIUR] *n.* captura, toma :: botín :: presa :: *va.* capturar, prender, apresar, tomar :: hacer presa :: *(fig.)* embelesar.

CAR [KAR] *n.* coche :: tranvía :: **sleeping —,** coche cama :: carro, carreta :: *(railw.)* vagón.

CARAT [KÁRAT] *n.* quilate.

CARAWAY [KÁRAUEI] *n. (bot.)* alcarabea, comino.

CARBIDE [KÁRBAID] *n.* carburo.

CARBINE [KÁRBAIN] *n.* carabina.

CARBON [KÁRBON] *n.* carbón :: **— paper,** papel carbón.

CARBUNCLE [KÁRBONKL] *n.* carbunclo.

CARCASS, CARCASE [KÁRKAS] *n.* res muerta :: carroña :: esqueleto.

CARD [KARD] *n.* naipe :: tarjeta :: **index —,** cédula personal :: **— table,** mesa de juego :: **— catalogue,** fichero :: **post—,** tarjeta postal :: *va.* cardar.

CARDBOARD [KÁRDBOARD] *n.* cartón :: **fine —,** cartulina.

CARDIGAN [KÁRDIGAN] *n.* rebeca, jersey.

CARDINAL [KÁRDINAL] *adj.* cardinal :: *n.* cardenal.

CARE [KEAR] *n.* aviso, pulso, precaución, detenimiento, cuidado :: atención :: parquedad :: cuita, ansiedad :: cargo, tarea, cuidado :: *vn.* cuidar de, cuidarse, tener cuidado, poner atención :: **not to — a rap,** no importar un pepino :: **to take great —,** preocupar, mirar mucho por :: **take care!,** ¡ojo! ¡cuidado!.

CAREER [KAERÍAER] *n.* carrera, curso :: *vn.* lanzarse, correr a carrera tendida.

CAREFREE [KÉAERFRI] *adj.* libre de cuidado, sin cuidados, despreocupado.

CAREFUL* [KÉRFUL] *adj.* cuidadoso, nimio, esmerado :: próvido, providente :: detenido :: acicalado, cuidado.

CARELESS* [KÉARLES] *adj.* descuidado, negligente, remiso, inconsiderado.

CARELESSNESS [KÉARLESNES] *n.* descuido :: indiferencia, dejo, negligencia, inadvertencia, improvidencia :: incuria, desaliño.

CARESS [KARÉS] *n.* caricia :: *va.* acariciar :: regalar.

CARETAKER [KÉARTEIKA] *n.* conserje, guardián.

CARGO [KÁRGOU] *n.* carga, cargazón, cargamento.

CARICATURE [KAÉRIKATIUR] *n.* caricatura :: *va.* caricaturar, ridiculizar.

CARLOAD [KÁRLOUD] *n.* vagonada, carga de un vagón o furgón.

CARMINE [KÁRMIN] *n.* carmín.

CARNAGE [KÁRNICH] *n.* carnicería, matanza, estrago.

CARNAL* [ʾKÁRNL] *adj.* carnal, sensual.

CARNATION [KARNÉISHON] *n.* clavel.

CARNIVAL [KÁRNIVL] *n.* carnaval.

CAROL [KÁROL] *n.* villancico, canción.

CAROUSAL [KARÁUSL] *n.* festín, francachela, regodeo :: borrachera.

CARP [KARP] *n.* carpa :: *va. & n.* censurar, criticar.

CARPENTER [KÁRPENTA] *n.* carpintero :: **stage —,** tramoyista.

CARPENTRY [KÁRPENTRI] *n.* carpintería.

CARPET [KÁRPET] *n.* alfombra, tapete :: **— sweeper,** aspirador (de polvo) :: *va.* alfombrar.

CARPING* [KÁRPING] *n.* crítica, censura :: *adj.* capcioso, quisquilloso.

CARRIAGE [KÁRICH] *n.* coche, carruaje :: transporte, porte, conducción, acarreo :: **gun —,** cureña :: **— door,** portezuela :: **— entrance,** puerta cochera :: **two-wheeled —,** tartana :: **— paid,** porte pagado.

CARRIER [KÁRIA] *n.* acarreador, carretero, trajinante, porteador, tractor.

CARRION [KÁRION] *n.* carroña :: *adj.* podrido.

CARROT [KÁROT] *n.* zanahoria.

CARRY [KÁRI] *va.* llevar :: acarrear trajinar :: **— off,** llevar preso :: *(precios, etc.)* arramplar :: **— on,** continuar, seguir :: **—out,** verificar, llevar a cabo :: seguir, cumplir :: **— through** :: realizar :: **to — on one's back,** llevar a hombro(s) :: **to — coals to Newcastle,** llevar leña al monte.

CART [KART] *n.* carreta, carro(mato), carretilla.

CARTON [KÁRTON] *n.* caja de cartón.

CARTOON [KARTÚN] *n.* cartón :: *(paint.)* caricatura, tira cómica, dibujos animados.

CARTOONIST [KARTÚNIST] *n.* caricaturista, dibujante.

CARTRIDGE [KÁRTRICH] *n.* cartucho.

CARVE [KARV] *va. & n.* tallar :: labrar :: grabar :: entallar :: *(carne)* trinchar :: **to — out,** labrarse *(una profesión)*.

CARVING [KÁRVING] *n.* escultura, obra de talla :: trinchar :: *(aplicado a los techos)* artesón.

CASCADE [KASKÉID] *n.* cascada, catarata.

CASE [KEIS] *n.* caso :: caja :: *(joyas)* estuche :: **show—,** vidriera, vitrina :: funda, vaina :: *(ley)* pleito, causa :: **cigarette —,** petaca :: **in any —,** de todos modos :: *va.* encerrar, guardar en estuche, encajonar.

CASEMENT [KÉISMENT] *n.* puerta ventana :: cubierta.

CASH [KASH] *n.* efectivo, metálico :: **ready —,** dinero contante :: **for —,** al contado :: **— book,** libro de caja :: **— register,** caja registradora :: *va.* pagar, descontar :: convertir en efectivo.

CAHSIER [KÁSHIAER] *n.* cajero.

CASK [KASK] *n.* barril, tonel, casco :: **—maker,** cubero.

CASKET [KÁSKET] *m.* estuche, arquilla.

CASSETTE [KASÉT] *n.* cinta magnetofónica :: pequeña grabadora, casete.

CASSOCK [KÁSOK] *n.* sotana, balandrán.

CAST [KAST] *adj.* de fundición, fundido :: —**iron,** hierro colado, *n.* lanzamiento, tiro, tirada :: fundición, molde :: estampa :: *(theat.)* reparto :: *(ojo)* defecto, tendencia :: *va. & vn.* tirar, arrojar :: vaciar :: — **aside, away,** desechar, desperdiciar :: — **off, away,** tirar, soltar, disipar :: — **lots,** echar suertes :: — **tears,** derramar :: fundir.

CASTANET [KASTANÉT] *n.* castañuelas, castañetas.

CASTE [KAST] *n.* casta, clase social :: **to lose** —, desprestigiarse.

CASTIGATE [KÁSTIGUEIT] *va.* corregir, fustigar, castigar :: *(estilo)* pulir.

CASTING [KÁSTING] *n.* cálculo :: plan modelo :: *(metales)* fundición, moldaje :: *(theat.)* reparto, distribución de papeles.

CASTLE [KASL] *n.* castillo :: *(ajedrez)* roque, torre :: *vn. (ajedrez)* enrocar.

CASTRATE [KÁSTREIT] *va.* castrar, capar.

CASUAL° [KÁSHIUAL] *adj.* casual, fortuito, ocasional :: superficial, ligero :: *(pers.)* poco atento, despreocupado.

CASUALTY [KÁSHIUALTI] *n.* accidente, víctima :: *(mil.)* baja.

CAT [KAT] *n.* gato, gata :: **to rain** —**s and dogs,** llover a cántaros :: —**like,** gatuno :: — **and dog life,** una vida de perros y gatos.

CATALOGUE [KÁTALOG] *n.* catálogo :: *va.* catalogar, fichar :: *vn.* hacer catálogos.

CATARACT [KÁTARAKT] *n.* catarata.

CATARRH [KATÁR] *n.* catarro.

CATASTROPHE [KATÁSTROFI] *n.* catástrofe, cataclismo, desastre, *(theat.)* desenlace.

CATCH [KACH] *n. (mech.)* gatillo, cierre :: *(de la voz)* quiebro :: pesca, redada :: *va.* agarrar, asir, atrapar, cazar :: *(frío, etc.)* coger, pescar :: *(una enfermedad)* contraer :: olfatear :: — **out,** sobrecoger :: — **red-handed,** coger con las manos en la masa.

CATCHER [KÁCHAER] *n.* cogedor, agarrador :: parador, cácher o receptor *(en béisbol).*

CATCHING [KÁCHING] *adj.* contagioso :: pegajoso.

CATCHWORD [KÁCHUERD] *n.* reclamo, tópico, lema, frase o expresión peculiar.

CATEGORY [KÁTIGORI] *n.* categoría, clase, tipo.

CATER [KÉITA] *vn.* proveer, abastecer.

CATERPILLAR [KÁETAERPILAER] *n.* oruga.

CATHEDRAL [KAZÍDRAL] *adj.* episcopal :: *n.* catedral, seo.

CATHOLIC [KÁZOLIK] *adj.* católico :: **non** —, heterodoxo.

CATSUP [KÁECHAP] *n.* salsa de tomate.

CATTLE [KÁTL] *n.* ganado, res, cabeza de res :: ganadería.

CAULDRON [KÓALDRON] *n.* caldera.

CAULIFLOWER [KÓLIFLAUER] *n.* coliflor.

CAULK [KOAK] *va.* calafatear, acollar.

CAUSE [KOAS] *n.* causa, motivo, origen, fundamento :: *va.* causar, obligar, ocasionar, producir, suscitar, dar, producir, dar lugar a, promover, provocar, operar :: **to be the** — **of,** valer, originar, motivar, **to** — **huge losses,** hacer estragos :: **to** — **to be made,** mandar hacer.

CAUSEWAY [KÓASUEI] *n.* calzada, dique :: arrecife.

CAUSTIC [KÓASTIK] *adj.* cáustico, acerado.

CAUTION [KÓASHON] *n.* prudencia, cautela, miramiento, precaución, caución :: *va.* prevenir, avisar, amonestar.

CAUTIOUS° [KÓASHOS] *adj.* cuidadoso, precavido, disimulado, avisado, cauto, ponderoso.

CAVALIER° [KAVALÍR] *n.* caballero :: *adj.* galante :: desenvuelto :: descortés, grosero.

CAVALRY [KÁVALRI] *n.* caballería :: **Household** —, Escolta Real.

CAVE [KEIV] *n.* cueva, antro, guarida :: *vn.* **to** — **in,** hundirse.

CAVERN [KAÉVAERN] *n.* caverna.

CAVERNOUS [KÁVERNOS] *adj.* cavernoso, tenebroso.

CAVIL [KÁVIL] *n.* reparo :: *vn.* cavilar, sutilizar.

CAVITY [KÁVITI] *n.* hoyo :: oquedad.

CAW [KOA] *vn.* graznar :: **cawing,** *n.* graznido.

CEASE [SIS] *va. & n.* cesar, dejar de.

CEDAR [SÍDA] *n.* cedro.

CEDE [SID] *va.* ceder :: traspasar.

CEILING [SÍLING] *n.* techado, techo, cielo raso.

CELEBRATE [SÉLIBREIT] *va.* celebrar :: solemnizar, conmemorar.

CELEBRATED [SÉLIBREITID] *adj.* insigne, afamado, renombrado.

CELEBRATION [SELIBRÉISHON] *n.* celebration :: fiesta.

CELEBRITY [SILÉBRITI] *n.* celebridad :: renombre.

CELERY [SÉLERI] *n.* apio.

CELESTIAL° [SELÉSTIAL] *adj.* celeste, celestial.

CELIBACY [SÉLIBASI] *n.* celibato.

CELL [SEL] *n. (biol.)* célula :: *(relig.)* celda :: *(elect.)* par, pila eléctrica :: *(fig.)* **to be in the condemned** —, estar en capilla ardiente.

CELLAR [SÉLA] *n.* sótano :: bodega, cueva.

CELLULOID [SÉLIULOID] *n.* celuloide.

CEMENT [SIMÉNT] *n.* cemento :: argamasa :: adhesivo :: *va. & n.* cementar, pegar con cemento :: **to mix** —, argamasar.

CEMETERY [SÉMITRI] *n.* cementerio, camposanto.

CENSER [SÉNSA] *n.* incensario.

CENSOR [SÉNSR] *n.* censor :: crítico.

CENSORSHIP [SÉNSORSHIP] *n.* censura.

CENSURE [SÉNSHUAER] *n.* censura, crítica, reprobación :: *va.* censurar, criticar, reprobar.

CENSUS [SÉNSOS] *n.* censo, empadronamiento.

CENT [SENT] *n.* céntimo, centavo :: **per** —, por ciento.

CENTENARY [SENTÉNERI] *n.* centenario.

CENTENNIAL [SENTÉNIAL] *adj. & n.* centenario.

CENTER, CENTRE [SÉNTAER] *n.* centro :: *va.* centrar :: colocar en el centro :: concentrar(se).

CENTIGRADE [SÉNTIGREID] *adj.* centígrado.

CENTRAL° [SÉNTRAL] *adj.* central, céntrico :: — **streets,** calles céntricas.

CENTURY [SÉNSHURI] *n.* siglo.

CERAMICS [SIRÁMIKS] *adj.* — **art,** la cerámica.

CEREAL [SÍRIAL] *adj.* cereal :: *n.* cereal :: grano.

CEREMONIOUS° [SERIMÓUNIOS] *adj.* ceremonioso, cumplimentero.

CEREMONY [SÉRIMOUNI] *n.* ceremonial, rito, honores :: cumplido :: función :: **without** —, informal.

CERTAIN° [SOÉRTEN] *adj.* cierto, seguro, evidente, positivo :: **for** —, sin falta.

CERTIFICATE [SERTÍFIKEIT] *n.* certificado, acta :: bono, obligación :: fe de bautismo :: *(de nacimiento, de defunción)* partida.

CERTIFY [SÉRTIFAI] *va.* certificar.

declarar, afirmar, dar fe.

CESSATION [SESÉISHON] *n.* cesación, paro.

CESSPOOL [SÉSPUL] *n.* cloaca, rezumadero.

CHAFE [CHEIF] *va. & n.* frotar, calentar :: rozar, irritar.

CHAFF [CHAF] *n.* paja, arista :: *(fig.)* broza.

CHAFFINCH [CHÁFINCH] *n.* pinzón.

CHAGRIN [CHAGRÍN] *n.* mortificación, desazón, pesar :: —ed, mortificado, afligido.

CHAIN [CHEIN] *n.* cadena :: serie, eslabonamiento :: *pl.* prisiones :: **guard** —, grillo :: — **mail,** cota de malla :: *va.* encadenar :: aherrojar :: —**saw,** sierra de cadena.

CHAIR [CHÉAR] *n.* silla, asiento :: cátedra :: presidencia, mesa presidencial :: butaca, sillón :: **arm**—, poltrona :: **rocking**—, mecedora.

CHAIRMAN [CHÉRMAN] *n.* presidente *(de una junta).*

CHAIRMANSHIP [CHÉRMANSHIP] *n.* presidencia *(de una junta).*

CHALICE [CHÁLIS] *n.* cáliz.

CHALK [CHOAK] *n.* greda, creta :: tiza :: yeso :: **French** —, talco :: **white** —, clarión :: *va.* enyesar.

CHALKY [CHÓKI] *adj.* yesoso :: blanco.

CHALLENGE [CHÁLINCH] *n.* desafío, reto :: *(ley)* recusación :: *va.* desafiar, retar :: requerir :: *(mil.)* dar el quién vive.

CHAMBER [CHÉIMBA] *n.* cámara, cuarto, alcoba :: — **of Commerce,** Cámara de Comercio :: — **music,** música de cámara :: — **maid,** camarera, doncella, criada.

CHAMBERLAIN [CHÉIMBERLIN] *n.* chambelán, camarero :: **Lord** —, Camarlengo.

CHAMOIS [SHÁMUAA] *n.* ante, gamuza :: piel de ante.

CHAMPION [CHÁMPION] *n.* campeón, paladín, adalid :: *vn.* abogar por.

CHAMPIONSHIP [CHÁMPIONSHIP] *n.* campeonato.

CHANCE [CHANS] *adj.* fortuito, casual :: *n.* azar, suerte :: accidente, lance, oportunidad, coyuntura, casualidad :: **by** —, casualmente, acaso, por casualidad :: **no** —, sin esperanza :: *vn.* suceder por casualidad :: **to take a** —, probar fortuna, aventurarse :: **to** — **to meet,** topar con :: **to give (a)** —, dar margen a,

poner en condiciones de.

CHANCELLOR [CHÁNSELAER] *n.* canciller :: — **of the Exchequer,** Ministro de Hacienda :: *(universidad)* Rector.

CHANDELIER [SHANDILÍR] *n.* candelabro, araña de luces.

CHANDLER [SHÁNDLA] *n.* cerero :: **ship's** —, proveedor de buques.

CHANGE [CHEINCH] *n.* cambio, alteración :: vueltas :: *(dinero)* vuelta, suelto, calderilla :: mudanza :: *(de tren)* transbordo :: *(theat.)* mutación :: *(expresión)* demudación :: **no** —, sin novedad :: *va. & n.* cambiar, trocar, permutar :: tornar :: mudar de, variar, volver, reformar :: *(el rostro)* inmutarse, demudarse :: — **places with,** trocarse con :: — **the subject,** volver la hoja.

CHANGEABLE [CHÉINCHABL] *adj.* mudable, variable :: inconstante :: tornadizo :: — **silk,** seda tornasolada.

CHANGELESS [CHÉINCHLES] *adj.* invariable, inmutable.

CHANNEL [CHÁNL] *n.* canal :: ranura :: *(del río)* cauce, madre :: zanja :: **irrigation** —, acequia, caz :: conducto :: **English** —, Canal de la Mancha :: **the usual** —**s,** los trámites reglamentarios :: *va.* acanalar, encauzar.

CHANT [CHANT] *n.* canto llano :: sonsonete :: *va. & n.* cantar.

CHAOS [KÉIOS] *n.* caos, desorden.

CHAP [CHAP] *n.* grieta, hendidura :: *(pers.)* mozo, tipo, sujeto, chico :: — **bone,** quijada :: *va. & n.* hender, rajar :: cortarse, agrietarse.

CHAPEL [CHÁPL] *n.* capilla, ermita, santuario :: templo.

CHAPERON [SHÁPEROUN] *n.* acompañadora, dueña :: *va.* acompañar, escudar.

CHAPLAIN [CHÁPLIN] *n.* capellán :: **army** —, capellán castrense.

CHAPTER [CHÁPTER] *n.* capítulo :: *(eccl.)* capítulo, cabildo.

CHAR [CHAR] *n.* tarea, trabajo a jornal :: —**woman,** asistenta :: *va.* carbonizar :: *vn.* trabajar por días.

CHARACTER [KÁRAKTA] *n.* carácter, personalidad :: índole, genio :: propiedad :: *(print.)* letra :: *(theat.)* personaje :: **man of** —, hombre de (mucha) personalidad.

CHARACTERISTIC [KARAKTARÍSTIK] *adj.* característico :: típico :: *n.* característica, rasgo característico :: distintivo :: peculiaridad.

CHARADE [SHARÉID] *n.* charada, enredo.

CHARCOAL [CHÁRKOUL] *n.* carbón de leña :: **brazier** —, cisco.

CHARGE [CHARCH] *n.* cargo :: guarda, custodia :: coste :: carga :: embestida :: ataque :: **man in** —, encargado :: cometido, encargo :: imposición, impuesto :: *(com.)* gastos :: *va.* cargar, recomendar, exhortar, encargar :: acusar, presentar una denuncia :: cobrar :: **to be in** —, mandar, comandar, llevar la batuta.

CHARGER [CHÁRCHA] *n.* cargador *(de batería)* :: caballo de guerra, corcel.

CHARIOT [CHÁRIAET] *n.* carroza :: carruaje.

CHARISM [KAÉRISM] *n.* carisma.

CHARITABLE [CHÁRITABL] *adj.* caritativo :: — **works,** obras pías.

CHARITY [CHÁRITI] *n.* caridad, limosna, piedad.

CHARM [CHARM] *n.* encanto, gentileza, gracia, hechizo, atractivo :: talismán :: *va.* hechizar, encantar, seducir, embelesar.

CHARMING[*] [CHÁRMING] *adj.* encantador, atractivo.

CHARNEL-HOUSE [CHÁRNELJAUS] *n.* osario.

CHART [CHART] *n.* mapa, carta de navegar.

CHARTER [CHÁRTA] *n.* título, escritura de concesión :: *(de la ciudad, leyes)* fuero :: constitución :: fletamento :: *va. (naut.)* fletar :: estatuir.

CHARY [CHÉRI] *adj.* cuidadoso, cauteloso :: parco.

CHASE [CHEIS] *n.* caza, persecución :: *va.* cazar, perseguir, dar caza :: *(una joya)* engastar :: **to** — **away,** ahuyentar, disipar.

CHASM [KASM] *n.* precipicio, sima :: abertura :: vacío.

CHASTE[*] [CHEIST] *adj.* casto, puro, virgen, púdico, honesto, continente.

CHASTISE [CHASTÁIS] *va.* corregir, castigar.

CHASTISEMENT [CHÁSTISMENT] *n.* castigo, corrección :: pena, disciplina.

CHASTITY [CHÁSTITI] *n.* castidad, honestidad, honra.

CHAT [CHAT] *n.* charla, conversación, plática :: *vn.* charlar, platicar, departir.

CHATTELS [CHÁTLS] *n. pl.* bienes muebles :: efectos :: aperos.

CHATTER [CHÁTA] *n.* charla, cháchara, palabreo :: *vn.* charlar :: *(los dientes)* rechinar.

CHAUFFEUR [SHÓFA] *n.* chófer, conductor.

CHEAP[*] [CHIP] *adj.* barato :: vil, miserable :: cursi :: **dirt** —, tirado :: **to go on the** —, ir de gorra :: **to hold** —, tener en poco.

CHEAT [CHIT] *n.* fraude, trampa :: engaño, engatusamiento :: *n.* timador :: trampista, buscón :: *va.* timar :: defraudar, engañar :: hacer trampas.

CHEATING [CHÍTING] *n.* engaño, timo, defraudación, duplicidad.

CHECK [CHEK] *n.* obstáculo :: coto, dique, freno, represión :: contrapeso, restricción :: descalabro :: talón, cheque :: **double** —, contramarca :: *va.* reprimir, detener, parar, refrenar :: contrarrestar, ahogar :: castigar :: confrontar, comprobar, revisar :: **to** —**mate**, dar mate :: poner coto a.

CHECKBOOK [CHÉKBUK] *n.* libreta de cheques :: libro talonario.

CHECKER [CHÉKAER] *n.* cuadro :: casilla *(de un tablero de ajedrez, etc.)* :: pieza *(del juego de damas)* :: comprobador :: inspector :: —**s**, juego de damas :: —**board**, tablero :: *va.* cuadricular, marcar con cuadritos :: —**ed career**, vida azarosa :: —**ed cloth**, tela a cuadros.

CHECKMATE [CHÉKMEIT] *n.* jaque mate.

CHEEK [CHIK] *n.* mejilla :: cachete :: —**bone**, pómulo :: insolencia, descaro, frescura.

CHEER [CHÍAER] *n.* banquete, festín :: vivas :: *va. & n.* consolar :: alegrarse :: alentar, reanimar :: vitorear :: — **up!**, ¡ánimo! :: **cheerio!**, ¡adiós!.

CHEERFUL[*] [CHÍAERFUL] *adj.* animado, alegre, jovial.

CHEERFULNESS [CHÍAERFULNES] *n.* jovialidad, alegría :: buen humor.

CHEESE [CHIS] *n.* queso :: **Dutch** —, de bola :: **cream** —, de nata, requesón :: —**maker**, quesero :: —**cloth**, estopilla.

CHEMIST [KÉMIST] *n.* químico :: farmacéutico :: —**'s shop**, farmacia.

CHEMISTRY [KÉMISTRI] *n.* química.

CHERISH [CHÉRISH] *va.* querer, estimar :: acariciar, abrigar *(una esperanza, un ideal, etc.)* :: apreciar.

CHERRY [CHÉRI] *n.* cereza :: — **tree**, cerezo.

CHESS [CHES] *n.* ajedrez :: — **board**, tablero :: —**man**, pieza.

CHEST [CHEST] *n.* caja, cofre :: — **of drawers**, cómoda :: *(anat.)* pecho.

CHESTNUT [CHÉSNOT] *adj.* castaño :: trigueño :: zaíno :: *n.* castaña :: — **tree**, castaño :: **horse** —, castaña de Indias :: **dried** —, pilonga.

CHEW [CHIU] *va. & n.* mascar, masticar :: **chewing-gum**, chicle.

CHICKEN [CHÍKN] *n.* pollo, pollito :: — **coop**, pollera :: —**pox**, varicela, viruelas locas.

CHIDE [CHAID] *va. & n.* regañar, reprender, reñir, refunfuñar.

CHIEF [CHIF] *adj.* principal, primero, mayor :: *n.* jefe :: caudillo.

CHILD [CHAILD] *n.* niño :: hijo :: crío :: párvulo :: —**bearing**, parto.

CHILDBIRTH [CHÁILDBOERZ] *n.* parto, alumbramiento.

CHILDHOOD [CHÁILDJUD] *n.* niñez, infancia.

CHILDREN [CHÍLDREN] *pl. de* child.

CHILL [CHIL] *adj.* frío, helado, desapacible :: *n.* escalofrío :: constipado :: *va.* enfriar, helar :: *vn.* escalofriarse :: **to take the** — **off**, entibiar :: **to catch a** —, resfriarse.

CHILLY [CHÍLI] *adj.* frío, helado.

CHIME [CHAIM] *n.* armonía, repique :: repiqueteo :: *vn.* sonar, tañer :: repicar :: concordar.

CHIMNEY [CHÍMNI] *n.* chimenea :: — **cowl**, caballete :: —**piece**, delantera de chimenea :: —**pot**, caperuza de chimenea.

CHIN [CHIN] *n.* barba, barbilla :: **double** —, papo, papada :: — **strap**, carrillera.

CHINA [CHÁINA] *n.* porcelana.

CHINK [CHINK] *n.* grieta, hendidura, resquicio, resquebrajo.

CHIP [CHIP] *n.* astilla, viruta :: brizna :: lasca :: *va.* cortar, desmenuzar :: **a** — **of the old block**, de tal palo, tal astilla.

CHIPMUNK [CHÍPMOENK] *n.* especie de ardilla, cipmunk.

CHIRP [CHERP] *n.* gorjeo, chirrido, piada :: *vn.* gorjear, piar.

CHISEL [CHÍSL] *n.* cincel :: formón :: *va.* cincelar.

CHIVALROUS[*] [SHÍVALROS] *adj.* caballeresco, caballeroso.

CHOICE[*] [CHOIS] *adj.* selecto, raro, escogido, granado, delicado :: *n.* elección, alternativa :: preferencia, escogimiento, selección :: **to have no** —, no tener elección :: **to have no** — **but to**, no tener más alternativa que ::

to make a — **between**, entresacar, elegir.

CHOIR [KUÁIR] *n.* coro, orfeón :: —**boy**, niño de coro :: —**singer**, corista.

CHOKE [CHOUK] *va.* sofocar, ahogar :: estrangular :: **to** — **up**, atorar, obstruir :: **to** — **off**, poner término a.

CHOLER [KÓLA] *n.* furor, ira.

CHOLERA [KÓLERA] *n. (med.)* cólera morbo.

CHOOSE [CHUS] *va.* escoger, elegir, preferir :: optar por :: sortear.

CHOP [CHOP] *n.* tajada :: chuleta :: **mutton** —, chuleta de cordero :: *va.* cortar :: tajar, hacer trozos :: — **up finely**, repicar :: hender, rajar.

CHOPPER [CHÓPA] *n.* cuchilla (de carnicero) :: cortante :: helicóptero.

CHOPPY [CHÓPI] *adj.* picado, agitado.

CHORAL [KÓRAL] *adj.* coral.

CHORD [KOARD] *n.* acorde, armonía :: cuerda :: fibra, cuerda sensible.

CHORUS [KÓROS] *n.* coro :: — **girl**, tiple, corista.

CHOSE [CHOUS] *pret. de* **to choose**.

CHOSEN [CHÓUSIN] *p.p. de* **to choose**.

CHRIST [KRÁIST] *n.* Cristo.

CHRISTEN [KRISN] *va.* bautizar.

CHRISTENING [KRÍSNING] *n.* bautismo :: acto de bautizar.

CHRISTIANITY [KRISTIÁNITI] *n.* cristianismo.

CHRISTMAS [KRÍSMAS] *n.* Navidad, pascua de navidad :: — **present**, aguinaldo :: — **carol**, villancico.

CHRONIC [KRÓNIK] *adj.* crónico, inveterado.

CHRONICLE [KRÓNIKL] *n.* crónica :: *va.* narrar, historiar.

CHUBBY [CHÓBI] *adj.* gordinflón, rechoncho, regordete.

CHUCKLE [CHOKL] *va. & n.* reír entre dientes :: *n.* risita.

CHUM [CHOM] *n.* camarada :: condiscípulo :: compinche.

CHUNK [CHONK] *n.* trozo :: zoquete.

CHURCH [CHERCH] *n.* iglesia.

CHURCHYARD [CHÉRCHYARD] *n.* cementerio, patio de la iglesia.

CHURLISH[*] [CHÉRLISH] *adj.* rudo, grosero :: ruin.

CHURN [CHERN] *n.* mantequera :: *va.* batir :: agitar, menear.

CIDER [SÁIDA] *n.* sidra.

CIGAR [SIGÁR] *n.* cigarro, puro :: **choice** —, breva :: —**case**, petaca :: —**holder**, boquilla.

CIGARETTE [SIGARÉT] *n.* cigarrillo, pitillo :: —**end**, colilla :: —**paper**, papel de fumar.

CINDER [SÍNDA] *n.* ceniza, rescoldo :: ascuas :: **to burn to a** —, hacer un chicharrón.

CINEMA [SÍNEMA] *n.* cine.

CINNAMON [SÍNAEMAEN] *n.* canela :: — **tree**, canelo.

CIPHER [SÁIFA] *n.* cifra :: *(arith.)* cero :: **to be a** —, ser un cero a la izquierda :: clave criptográfica :: *va. & n.* numerar :: calcular, escribir en cifra.

CIRCLE [SERKL] *n.* círculo, esfera :: tertulia, peña :: cerco, rueda :: *va. & n.* rodear, ceñir, moverse en círculo.

CIRCUIT [SÉRKIT] *n.* circuito, vuelta, radio, derredor :: — **court**, juzgado local.

CIRCUITOUS[*] [SERKIÚITOS] *adj.* tortuoso :: desviado, que da un (gran) rodeo.

CIRCULAR[*][SERKIULAR] *adj.* circular, redondo :: — **saw**, sierra circular.

CIRCULATE [SÉRKIULEIT] *va.* propalar, divulgar, esparcir :: *vn.* circular.

CIRCUMCISE [SÉRKOMSAIS] *va.* circuncidar.

CIRCUMFERENCE [SERKÓMFERENS] *n.* circunferencia, ámbito, derredor.

CIRCUMLOCUTION [SERKOMLOKIÚSHON] *n.* circunloquio, rodeo.

CIRCUMSCRIBE [SERKOMSKRÁIB] *va.* circunscribir, fijar, limitar.

CIRCUMSPECT[*] [SERKOMSPÉKT] *adj.* circunspecto, reservado, precavido, suspicaz, recatado.

CIRCUMSPECTION [SERKOMSPÉKSHON] *n.* circunspección, miramiento, prudencia.

CIRCUMSTANCE [SÉRKOMSTANS] *n.* circunstancia, detalle :: *pl.* medios :: **set of** —**s**, conjunción, oportunidad :: **in easy** —**s**, acomodado, holgado.

CIRCUMVENT [SERKOMVÉNT] *va.* enredar, engañar, burlar.

CIRCUS [SÉRKOS] *m.* circo, hipódromo :: plaza circular.

CISTERN [SÍSTERN] *n.* cisterna, aljibe.

CITADEL [SÍTADEL] *n.* ciudadela.

CITATION [SAITÉISHON] *n.* citación :: cita :: mención.

CITE [SAIT] *va.* citar, aducir :: llamar :: emplazar.

CITIZEN [SÍTISN] *n.* ciudadano ::

vecino.

CITIZENSHIP [SÍTISNSHIP] *n.* ciudadanía.

CITY [SÍTI] *n.* ciudad, población :: — **hall**, Ayuntamiento :: — **dweller**, ciudadano.

CIVIL[*] [SÍVIL] *n.* civil :: político :: atento, cortés, bien educado :: laico :: — **servant**, oficial.

CIVILIAN [SIVÍLYAN] *adj.* (de) paisano :: *n.* paisano.

CIVILITY [SIVÍLITI] *n.* civilidad, cortesía, urbanidad.

CIVILIZATION [SIVILAESÉISHON] *n.* civilización.

CIVILIZED [SÍVILAISD] *adj.* civilizado.

CLAD [KLAED] *prep. & p.p. de* **to clothe**.

CLAIM [KLEIM] *n.* reclamación, demanda :: derecho, exposición, pretención :: *va.* reclamar, exigir, demandar :: pretender.

CLAIMANT [KLÉIMANT] *n.* reclamante :: demandante, pretendiente.

CLAIRVOYANT [KLEAEVOIÁNT] *adj.* clarividente.

CLAM [KLAEM] *n.* almeja.

CLAMBER [KLÁMBA] *vn.* trepar, gatear, subir.

CLAMOR, CLAMOUR [KLÁMER] *n.* clamor, gritería, vocería, alboroto :: *vn.* clamar, gritar, vociferar.

CLAMOROUS, CLAMOUROUS[*] [KLÁMOROS] *adj.* clamoroso, ruidoso, estruendoso.

CLAMP [KLAMP] *n.* empalmadura :: tenaza, prensa :: *va.* fijar, encajar, empalmar.

CLAN [KLAN] *n.* tribu, casta, familia, estirpe.

CLANDESTINE[*] [KLANDÉSTIN] *adj.* clandestino, furtivo, oculto.

CLANG [KLANG] *n.* sonido rechinante :: estruendo, estrépito :: *vn.* rechinar, resonar.

CLANK [KLANK] *n.* rechino.

CLAP [KLAP] *n.* golpe, palmada, aplauso :: trueno :: *va. & n.* golpear ligeramente :: aplaudir :: echar, pegar :: encarcelar.

CLAPPING [KLÁPING] *n.* palmoteo, aplauso :: zapateo.

CLARIFY [KLÁRIFAI] *va.* aclarar, clarificar.

CLARINET [KLÁRINET] *n.* clarinete.

CLARITY [KLÁRITI] *n.* claridad, luz.

CLASH [KLASH] *n.* choque, fragor :: conflicto :: contienda :: *va. & n.* batir, golpear :: estar en pugna, oponerse, chocar con.

CLASP [KLASP] *n.* broche :: hebilla :: raba, cierre :: gancho :: *va.* abrochar :: abrazar, ceñir.

CLASS [KLAS] *n.* clase :: orden,

rango, estado, categoría, grado :: **low** —, de baja estofa :: **middle** —, burgués :: —**mate**, condiscípulo :: —**room**, aula :: *va.* clasificar.

CLASSIC [KLÁSIK] *adj. & n.* clásico.

CLASSICAL[*] [KLÁSIKAL] *adj.* clásico.

CLASSIFICATION [KLASIFIKÉISHON] *n.* clasificación.

CLASSIFY [KLÁSIFAI] *va.* clasificar, ordenar.

CLASSMATE [KLÁSMEIT] *n.* compañero de clase, condiscípulo.

CLASSROOM [KLÁSRUM] *n.* clase, aula.

CLATTER [KLÁTA] *n.* ruido, alboroto, estrépito :: gresca :: *vn.* hacer ruido, gritar, meter bulla :: *(los dientes)* castañetear.

CLAUSE [KLOUS] *n.* cláusula, estipulación, artículo.

CLAW [KLOU] *n.* garra :: garfa, presa :: *pl.* pinzas :: *va.* gafar, arpar :: arañar, rasgar, despedazar.

CLAY [KLEI] *n.* arcilla, greda :: — **pit**, barrera :: — **coloured**, barroso.

CLEAN[*] [KLIN] *adj.* limpio, puro, neto, aseado :: escueto :: *va.* limpiar, asear :: *adv.* —**cut**, bien definido.

CLEANER [KLÍNER] *n.* limpiador :: quitamanchas.

CLEANLINESS, CLEANNESS [KLÉNLINES, KLÍNES] *n.* limpieza, pureza, decencia, aseo.

CLEANSE [KLENS] *va.* limpiar, purificar, depurar :: mondar.

CLEAR[*] [KLÍAER] *adj.* claro, justo, evidente, manifiesto :: llano :: limpio, cristalino :: sereno, despejado :: exento, expedito, saneado :: *va. & n.* aclarar, definir :: esclarecer :: saltar por — :: **up**, serenarse, poner en claro, sacar en limpio :: — **off**, largarse :: — **away difficulties**, zanjar :: — **of, from, (dues)**, eximir, vindicar :: redimir :: — **the table**, quitar la mesa :: **to make** —, patentizar :: **to be as** — **as**, saltar a la vista :: **the coast is** —, ya no hay moros en la costa.

CLEARANCE [KLÍRAENS] *n.* espacio *(libre entre dos objetos)* :: despacho de aduana :: — **sale**, saldo, venta *(de liquidación)*.

CLEARING [KLÍRING] *n.* aclaramiento :: claro, terreno desmontado o desarbolado :: liquidación de balances :: — **house**, banco de compensación.

CLEAVAGE [KLÍVICH] *n.* hendedura,

escote.

CLEAVE [KLIV] *va.* hender, rajar, partir, abrir :: *vn.* pegarse, unirse, arrimarse.

CLEFT [KLEFT] *n.* hendidura, grieta, resquicio :: *adj.* hendido, partido, rajado :: *pret. & p.p. de* to **cleave.**

CLEMENCY [KLÉMENSI] *n.* clemencia, indulgencia, piedad.

CLENCH [KLENCH] *n.* agarro, apretón :: *va. (los puños o los dientes)* apretar.

CLERGY [KLÉRCHI] *n.* clero :: clerecía :: —**man,** pastor, ministro (protestante).

CLERICAL [KLÉRIKL] *adj.* clerical :: *n.* clérigo.

CLERK [KLARK] *n.* escribiente :: dependiente, empleado :: oficial, covachuelista :: clérigo.

CLEVER[*] [KLÉVA] *adj.* inteligente, hábil, listo, experto, aprovechado, avisado.

CLEVERNESS [KLÉVERNES] *n.* habilidad, maña, talento, ingenio.

CLICK [KLIK] *n.* golpe seco.

CLIFF [KLIF] *n.* risco, farallón, tajo :: acantilado :: peñasco.

CLIMATE [KLÁIMIT] *n.* clima.

CLIMAX [KLÁIMAKS] *n.* culminación :: crisis.

CLIMB [KLÁIM] *n.* subida :: *va. & n.* subir, trepar :: encaramarse :: *(un avión)* ganar altura .

CLIMBER [KLÁIMAER] *n.* trepador :: montañero :: escalador :: enredadera, planta trepadora.

CLINCH [KLINCH] *va.* agarrarse :: *(un negocio)* remachar, rematar.

CLING [KLING] *vn.* agarrarse, pegarse, colgarse, adherirse.

CLINK [KLINK] *n.* tintín :: choque :: *va. & n.* resonar, hacer retintín :: *(en un brindis)* chocar las copas.

CLIP [KLIP] *va.* (re) cortar :: trasquilar :: *(bot.)* podar :: *(los billetes)* picar.

CLIPPER [KLÍPAER] *n.* clíper *(velero mercante rápido)* :: trasquilador :: recortador :: —**s,** tijeras :: maquinilla *(para recortar el pelo).*

CLOAK [KLOUK] *n.* capa, manto :: excusa, pretexto :: *va.* cubrir, encubrir, embozar.

CLOCK [KLOK] *n.* reloj :: —**face,** cuadrante :: **hands of** —, agujas :: —**wise,** en sentido de las agujas del reloj :: —**work,** mecanismo de relojería.

CLOD [KLOD] *n.* césped, terrón :: gaznápiro, bestia, palurdo.

CLOG [KLOG] *n.* zoclo, zueco ::

traba, embarazo :: carga :: *va. & n.* impedir, entorpecer, embarazar :: obstruir, atorar.

CLOISTER [KLÓISTA] *n.* claustro.

CLOSE[*] [KLOUS] *adj.* cerrado, ajustado, ceñido :: denso :: tacaño, agarrado :: aproximado :: — **cropped,** al rape :: — **lipped,** premioso :: — **friend,** de mucha confianza, íntimo :: — **to,** cerca de, próximo :: — **by,** contiguo :: *n.* fin, clausura, conclusión :: *va. & n.* cerrar, terminar, rematar :: vedar :: **to be** — **to,** aproximar :: **to put** — **together,** arrimar :: **to** — **one's eyes to,** hacer la vista gorda.

CLOSENESS [KLÓUSNES] *n.* cercanía, proximidad :: aproximación :: estrechez :: intimidad :: tacañería :: avaricia :: mala ventilación, falta de aire :: fidelidad *(de una traducción).*

CLOSURE [KLÓUSHUR] *n.* clausura, cierre.

CLOTH [KLOZ] *n.* tela, paño, género :: cendal :: **table**—, mantel.

CLOTHE [KLOUDZ] *va.* vestir :: **to** — **with,** *(autoridad)* investir, revestir de :: **half-clothed,** en paños menores.

CLOTHES [KLOUDZS] *n.* vestido, ropa, paños :: **bed**—, ropa de cama :: **suit of** —, traje :: — **hanger,** percha :: —**horse,** camilla :: — **moth,** polilla :: — **rack,** perchero.

CLOTHING [KLÓUDZING] *n.* vestidos, ropa :: **under**—, ropa interior.

CLOUD [KLAUD] *n.* nube :: nubarrón :: —**cap,** ceja :: *pl.* humareda :: celaje :: *va. & n.* anublarse :: empañar.

CLOUDY [KLÁUDI] *adj.* nublado :: nuboso :: sombrío.

CLOVE [KLÓUV] *n.* clavo (de especia).

CLOVEN [KLOUVN] *adj.* hendido :: —**footed,** patihendido.

CLOVER [KLÓUVA] *n.* trébol.

CLOWN [KLAUN] *n.* payaso, gracioso, bobo :: majadero :: patán.

CLUB [KLOB] *n.* maza, porra :: *(palo de la baraja)* basto :: liceo, círculo :: —**foot,** pie zambo :: *va. & n.* contribuir, reunir :: prorratear, escotar :: pegar con un garrote.

CLUE [KLU] *n.* indicio, pista, signo, clave :: **I haven't a** —, no tengo idea.

CLUMP [KLAMP] *n.* grupo, mata :: terrón :: pisada fuerte :: *va. & n.* apiñar, amontonar :: **to** — **along,** andar pesadamente.

CLUMSINESS [KLÁMSINES] *n.* tosquedad, desmaña :: torpeza.

CLUMSY [KLÁMSI] *n.* tosco, desmañado, zafio, basto :: torpe.

CLUSTER [KLÓSTA] *n.* racimo :: ramo :: enjambre :: caserío :: **star** —, cúmulo estelar :: *(bot.)* mata :: *vn.* agruparse, enracimarse.

CLUTCH [KLÁCH] *n. (mech.)* embrague :: garra :: palanca de engranaje :: agarro :: *va.* asir, empuñar.

COACH [KOUCH] *n.* carroza, coche :: galera :: —**boy,** zagal :: — **building,** carrocería :: **football** —, entrenador de fútbol :: — **man,** mayoral :: *va.* amaestrar, adiestrar, enseñar, dar clase particular.

COAGULATE [KOUÁGIULEIT] *va. & n.* coagular, cuajar :: coagularse.

COAL [KOUL] *n.* carbón, hulla :: **hot** —**s,** brasa :: — **bunker, bucket, etc.,** carbonera :: — **seam,** filón :: —**industry,** industria hullera :: —**field,** cuenca hullera :: —**tar,** alquitrán :: *va.* proveer de carbón :: **to carry** —**s to Newcastle,** llevar leña al monte.

COARSE[*] [KOURS] *adj. (tejido)* basto :: tosco, burdo :: callejero, ordinario :: —**grained,** grueso :: inculto, ramplón :: **to grow** —, embrutecerse.

COARSENESS [KÓURSNES] *n.* tosquedad, grosería, crudeza.

COAST [KOUST] *n.* costa, playa, litoral :: —**guard,** carabinero, guardacostas :: **the** — **is not clear,** aun hay moros en la costa :: *vn.* costear.

COAT [KOUT] *n.* chaqueta, americana :: **top**—, abrigo :: **frock**—, levita :: **swallow-tail** —, frac :: — **of arms,** escudo :: *(paint.)* capa :: *(en animales)* pelo, pelaje :: cubierta :: *va.* cubrir, revestir :: confitar :: **to turn one's** —, cambiar de chaqueta.

COAX [KOUKS] *va.* acariciar, halagar, engatusar, conciliar.

COBBLER [KÓBLA] *n.* zapatero remendón.

COBBLESTONE [KÓBULSTOUN] *n.* guijarro :: *adj.* empedrado.

COBWEB [KÓBUEB] *n.* telaraña.

COCK [KOK] *n.* gallo :: *va. (un arma)* amartillar :: *(las orejas)* erguir, enderezar :: **cocked hat,** sombrero *(apuntado, de tres picos)* :: **weather**—, veleta :: **hay**—, montón de heno :: — **sure,** segurísimo :: —**fight,** riña de gallos.

COCKLE [KOKL] *n.* cúpula de horno :: *(bot.)* yallico, cizaña :: *(zool.)* coquina :: *pl.* – **of one's heart,** entretelas del corazón.

COCKNEY [KÓKNI] *n.* habitante de los barrios populares de Londres :: habla característica de los habitantes de los barrios populares de Londres.

COCKPIT [KÓKPIT] *n.* gallera :: cabina *(de un avión).*

COCKROACH [KÓKROUCH] *n.* cucaracha.

COCOA [KÓUKOU] *n.* cacao.

COCONUT [KÓUKONAT] *n.* coco.

COCOON [KOKÚN] *n.* capullo.

COD [KOD] *n.* abadejo, bacalao.

CODDLE [KODL] *va.* criar con mimo, mimar, consentir.

CODE [KOUD] *n.* código :: clave.

CODFISH [KÓDFISCH] *n.* bacalao, abadejo.

COERCE [KOUÉRS] *va.* forzar, obligar, ejercer coerción.

COFFEE [KÓFI] *n.* café :: – **bean,** grano :: **–grounds,** posos :: – **pot,** cafetera :: – **set,** juego de café.

COFFER [KÓFA] *n.* cofre, arca.

COFFIN [KÓFIN] *n.* ataúd, féretro.

COG [KÓG] *n.* diente de rueda :: **–wheel,** rueda dentada, rodezno :: – **railway,** cremallera.

COGENCY [KÓUYENSI] *n.* fuerza lógica :: evidencia.

COGITATE [KÓYITEIT] *vn.* pensar, meditar, recapacitar.

COGITATION [KOYITÉISHON] *n.* cogitación, meditación.

COGNATE [KÓGNEIT] *adj.* pariente :: afín, análogo.

COHERENCE [KOUJÍRENS] *n.* coherencia, adhesión :: relación, consecuencia.

COHESION [KOUJÍSHON] *n.* cohesión, conexión, enlace.

COIL [KOIL] *n.* rollo :: bobina :: *va.* enrollar :: – **around,** enroscarse.

COIN [KOIN] *n.* moneda, metálico :: *va.* acuñar, batir.

COINAGE [KÓINICH] *n.* acuñación :: sistema monetario :: moneda :: invención *(de una palabra o frase).*

COINCIDE [KOUINSÁID] *vn.* coincidir, concurrir.

COKE [KOUK] *n.* coca-cola :: cocaína :: coque.

COLD° [KOULD] *adj.* frío :: indiferente :: casto, reservado, seco :: – **steel,** arma blanca :: *n.* frío :: constipado :: resfriado :: **to get a** –, resfriarse, coger frío ::

to be–, tener frío, hacer frío.

COLIC [KÓLIK] *n.* cólico.

COLLAPSE [KOLÁPS] *n.* desplome, hundimiento, derrumbamiento :: fracaso, ruina :: *(med.)* colapso :: *vn.* derrumbarse, hundirse, venirse abajo, desbaratarse :: desmayarse.

COLLAR [KÓLAER] *n.* cuello :: *(del perro)* collar :: *(de caballo)* collera :: –**bone,** clavícula :: *va.* apercollar, coger (por el cuello).

COLLATERAL° [KOLAÉTAERAEL] *n.* colateral :: auxiliar, subsidiario, accesorio :: garantía *(para un préstamo bancario).*

COLLEAGUE [KOLÍG] *n.* colega, compañero.

COLLECT [KOLÉKT] *n.* colecta :: *va.* recoger, coger :: reunir, compilar, juntar, cobrar :: colectar, recaudar :: coleccionar :: *vn.* reunirse :: congregrarse :: volver en sí.

COLLECTOR [KOLÉKTAER] *n.* colector :: coleccionista :: cobrador :: recaudador :: **–'s item,** pieza de colección.

COLLEGE [KÓLICH] *n.* universidad :: **Training** –, Escuela normal.

COLLIDE [KOLÁID] *va. & n.* chocar, topar con(tra).

COLLIERY [KÓLYERI] *n.* mina de carbón, hullera.

COLLISION [KOLÍSHON] *n.* choque, colisión, encuentro.

COLLOQUIAL° [KOLÓUKUIAL] *adj.* familiar, popular.

COLLUSION [KOLIÚSHON] *n.* connivencia, colusión.

COLON [KÓULON] *n. (anat.)* colon :: *(gram.)* dos puntos.

COLONEL [KÉRNEL] *n.* coronel.

COLONIST [KÓLONIST] *n.* colono.

COLONY [KÓLONI] *n.* colonia.

COLOSSAL [KOLÓSL] *adj.* titánico, descomunal.

COLOR, COLOUR [KÓLA] *n.* color :: **–s,** bandera :: **with flying –s,** con banderas desplegadas :: *va.* dar color, pintar :: colorar :: *vn.* – **up,** ruborizarse :: **to change** –, mudar (de color, de semblante) :: **to take the** – **out of,** decolorar :: **to be off** –, andar de capa caída.

COLO(U)RED [KÓLOERD] *adj.* colorado, teñido, colorido, pintado :: de color :: coloreado :: – **person,** persona de color :: mestizo.

COLO(U)RFUL [KÓLOERFUL] *adj.* lleno de color :: colorido :: vistoso :: vívido :: pintoresco.

COLT [KOULT] *n.* potro.

COLUMN [KÓLOM] *n.* columna :: **twisted** –, salomónica :: **gossip** –, crónica.

COMB [KOUM] *n.* peine :: peineta :: *(para lana)* carda :: *(en apicultura)* panal :: *va.* peinar :: cardar :: rastrillar.

COMBAT [KÓMBAT] *n.* combate, lidia, lucha, pelea :: **single** –, desafío :: *va. & n.* combatir, luchar :: resistir, impugnar.

COMBINATION [KOMBINÉISHON] *n.* combinación :: complot.

COMBINE [KOMBÁIN] *va. & n.* combinar :: unirse, juntarse, combinarse :: tramar.

COMBUSTION [KOMBÓSTYON] *n.* combustión :: quema, incendio.

COME [KOM] *vn.* venir, llegar, aparecer, acercarse :: resultar, suceder :: – **about,** suceder, acontecer :: – **across,** hallar, tropezar, dar con :: atravesar :: – **along,** ir con, venir con :: – **apart,** deshacerse :: – **back,** volver, regresar :: – **by,** pasar (cerca de, junto a) :: alcanzar :: – **down,** bajar :: desplomarse :: – **down in world,** venir a menos :: – **forward,** adelantarse :: medrar :: – **in,** entrar, introducirse :: ocurrir :: – **in!** ¡adelante! :: – **into,** heredar :: – **loose,** soltarse, aflojarse :: – **of age,** llegar a ser mayor de edad :: – **off,** soltarse :: zafarse :: – **off well,** salir airoso, lucirse :: – **out,** salir, surgir :: traslucirse, saberse :: – **over to,** volverse :: – **round,** volver en sí :: – **to,** importar, montar a, rayar en :: – **to blows,** venir a las manos :: – **to grief,** salir mal (parado) :: – **together,** converger :: reunirse :: – **true,** realizarse :: – **under,** figurar, caer bajo, entrar en :: –**up,** salir :: – **upon,** dar con, encontrar, sobrevenir, topar (-se con).

COMEDIAN [KOMÍDIAN] *n.* cómico, actor :: comediante.

COMEDY [KÓMIDI] *n.* comedia :: **musical** –, comedia musical.

COMELINESS [KÓMLINES] *n.* gracia, gentileza, donaire, hermosura.

COMELY [KÓMLI] *adj.* agradable a la vista, gentil, bien parecido.

COMET [KÓMET] *n.* cometa.

COMFORT [KÓMFORT] *n.* comodidad, conveniencia, bienestar :: consolación, consuelo :: regalo :: – **loving,** comodón :: *va.* confortar, ayudar, fortalecer, consolar.

COMFORTABLE [KOÉMFAERTAEBL]

adj. cómodo :: confortable :: — **life,** vida holgada.

COMFORTABLY [KOÉMFAERTAEBLI] *adv.* cómodamente :: con comodidad :: holgadamente.

COMIC [KÓMIC] *adj.* cómico, bufo :: — **opera,** ópera bufa :: — **paper,** diario humorístico :: — **strip,** tira cómica.

COMING [KÓMING] *adj.* que viene, que llega :: próximo :: venidero :: *n.* venida, llegada.

COMMA [KÓMA] *n.* coma.

COMMAND [KOMÁND] *n.* mandato, orden :: señorío, imperio, predominio :: mando :: *va. & n.* mandar, ordenar :: imponer respeto :: imperar.

COMMANDER [KOMÁNDA] *n.* jefe :: comandante :: comendador :: — **in chief,** comandante en jefe :: general en jefe.

COMMANDMENT(S) [KOMÁNDMENT-(S)] *n.* mandamiento(s).

COMMENCE [KOMÉNS] *va. & n.* comenzar, empezar, dar principio a.

COMMEND [KOMÉND] *va.* recomendar, alabar, encomiar :: confiar.

COMMENDATION [KOMENDÉISHON] *n.* encomio, alabanza.

COMMENT [KÓMENT] *n.* comento, observación :: *pl.* comentario :: *va.* comentar, glosar.

COMMENTARY [KÓMENTAERI] *n.* comentario.

COMMERCE [KÓMERS] *n.* comercio, negocio :: trato, comunicación.

COMMERCIAL [KOMÉRSHAL] *adj.* comercial, mercantil :: — **traveller,** viajante.

COMMISERATE [KOMÍSEREIT] *va.* compadecer, apiadarse.

COMMISSION [KOMÍSHON] *n.* comisión, encargo, cometido :: — **merchant,** comerciante comisionista :: *va.* comisionar, encargar :: facultar, autorizar, apoderar.

COMMISSIONER [KOMÍSHONAER] *n.* comisionado :: comisario :: **police** —, comisario de policía.

COMMIT [KOMÍT] *va.* cometer :: confiar :: perpetrar :: — **oneself,** dar prendas, obligarse :: — **to writing,** poner por escrito.

COMMITTEE [KOMÍTI] *n.* junta, comisión, comité :: **standing** —, comisión permanente.

COMMODIOUS [KOMÓUDIOS] *adj.* cómodo, conveniente, espacioso, amplio.

COMMODITY [KOMÓDITI] *n.* comodidad :: interés, ventaja :: *pl.* géneros :: mercaderías, frutos.

COMMON [KÓMON] *adj.* común, corriente, habitual :: ordinario :: callejero, chulo, villano :: cursi :: **in** — **with,** en común con :: *n.* erial :: — **law,** derecho consuetudinario :: —**sense,** sentido común :: — **soldier,** soldado raso :: — **herd,** populacho :: **to become** —, generalizarse.

COMMONER [KÓMONA] *n.* plebeyo, villano.

COMMONNESS [KÓMAENAES] *n.* vulgaridad, ordinariez :: frecuencia.

COMMONPLACE [KÓMENPLEIS] *adj.* común, trivial :: *n.* lugar común.

COMMONWEALTH [KÓMAENUELZ] *n.* estado :: república :: pueblo, colectividad.

COMMOTION [KOMÓUSHON] *n.* conmoción, alteración, excitación :: escándalo, revuelta.

COMMUNICATE [KOMIÚNIKEIT] *va. & n.* comunicar, poner en comunicación :: comunicarse :: *(relig.)* comulgar :: contagiar :: hacer saber, participar.

COMMUNICATION [KOMIÚNIKEISHON] *n.* comunicación :: acceso :: participación :: trato, comercio.

COMMUNION [KOMIÚNION] *n.* comunión.

COMMUNITY [KOMIÚNITI] *n.* comunidad, sociedad.

COMMUTE [KOMIÚT] *va. & n.* conmutar :: viajar diariamente de una población a otra.

COMPACT [KOMPÁKT] *adj.* compacto, sólido, apretado, denso :: sucinto, breve :: *n.* pacto :: convenio, concierto :: *va.* consolidar, pactar.

COMPACTNESS [KOMPÁKTNES] *n.* solidez :: densidad :: concisión.

COMPANION [KOMPÁNYON] *n.* compañero, camarada.

COMPANY [KÓMPANI] *n.* compañía :: visita :: empresa :: asamblea :: asociación :: **joint-stock** —, sociedad anónima :: **limited liability** —, sociedad de responsabilidad limitada :: **to keep** — **(with),** frecuentar, acompañar.

COMPARATIVE [KOMPÁRATIV] *adv.* comparativo :: relativo.

COMPARE [KOMPÉAER] *va.* comparar, equiparar, parangonar, conferir :: cotejar, compaginar.

COMPARISON [KOMPÁRISN] *n.* comparación, confrontación, parangón :: **worthy of** —, comparable :: **beyond** —, sin par, sin igual.

COMPARTMENT [KOMPÁRTMENT] *n.*

compartimiento, departamento.

COMPASS [KÓMPAS] *n.* compás *(para dibujar)* :: círculo, circuito :: *(naut.)* brújula :: ámbito, alcance :: *va.* rodear :: obtener, lograr.

COMPASSIONATE [KOMPÁSHONEIT] *adj.* compasivo, misericordioso.

COMPATIBLE [KOMPAÉTIBL] *adj.* compatible.

COMPEL [KOMPÉL] *va.* forzar, obligar, compeler.

COMPENSATE [KÓMPENSEIT] *va. & n.* compensar :: indemnizar, resarcir, reparar.

COMPENSATION [KOMPENSÉISHON] *n.* compensación, desagravio, desquite, enmienda.

COMPETE [KOMPÍT] *vn.* competir, hacer competencia, concurrir, rivalizar.

COMPETENCE [KÓMPITENS] *n.* competencia, capacidad :: suficiencia.

COMPETITION [KOMPITÍSHON] *n.* *(com.)* concurrencia :: rivalidad, competencia :: concurso.

COMPETITIVE [KOMPÉTITIV] *adj.* en competencia :: — **examination,** oposición, concurso.

COMPETITOR [KOMPÉTITA] *n.* competidor, rival, candidato, contrincante :: opositor.

COMPILE [KOMPÁIL] *va.* compilar, recopilar.

COMPLACENCY [KOMPLÉISENSI] *n.* complacencia, contentamiento.

COMPLACENT [KOMPLÉISENT] *adj.* complaciente, condescendiente.

COMPLAIN [KOMPLÉIN] *vn.* quejarse :: — **of,** llevar a mal :: — **against,** reclamar.

COMPLAINT [KOMPLÉINT] *n.* queja, enfermedad :: demanda :: reclamación :: agravio.

COMPLEMENT [KÓMPLIMENT] *n.* complemento, total.

COMPLETE [KOMPLÍT] *adj.* completo, entero, cabal :: íntegro, perfecto :: consumado :: *va.* completar, acabar, llevar a cabo :: rematar :: cumplir años.

COMPLETENESS [KOMPLÍTNES] *n.* perfección :: minuciosidad :: lo completo :: lo cabal :: lo acabado.

COMPLETION [KOMPLÍSHON] *n.* terminación, consumación, plenitud.

COMPLEX [KÓMPLEX] *adj.* complejo :: complicado :: compuesto, múltiple :: *n.* complejo.

COMPLEXION [KOMPLÉKSHON] *n.*

tez, cutis :: calidad, temperamento, índole.

COMPLEXITY [KOMPLÉKSITI] *n.* complejidad.

COMPLIANCE [KOMPLÁIANS] *n.* condescendencia, complacencia :: facilidad, sumisión :: in — with, a tenor de.

COMPLIANT[*] [KOMPLÁIANT] *adj.* complaciente, fácil, sumiso :: obediente, dócil :: obsequioso.

COMPLICATE[*] [KÓMPLIKEIT] *va.* complicar :: embrollar.

COMPLICITY [KOMPLÍSITI] *n.* complicidad.

COMPLIMENT [KÓMPLIMENT] *n.* cumplido, cumplimiento :: fineza, lisonja :: piropo, requiebro :: *va.* hacer cumplimientos :: adular :: saludar :: to give one's —s to, mandar recuerdos.

COMPLY [KOMPLÁI] *vn.* cumplir, llenar :: consentir, condescender :: satisfacer :: conformarse.

COMPONENT [KOMPÓUNENT] *adj. & n.* componente.

COMPOSE [KOMPÓUS] *va.* hacer, componer, redactar :: apaciguar, conciliar :: ordenar :: *vr.* reportarse.

COMPOSER [KOMPÓUSA] *n.* autor :: compositor.

COMPOSITE [KOMPÓUSIT] *adj.* compuesto :: *n.* compuesto :: mezcla.

COMPOSITION [KOMPOUSÍSHON] *n.* composición :: ajuste, arreglo.

COMPOSURE [KOMPÓUSHER] *n.* serenidad, calma, compostura, presencia de ánimo :: composición.

COMPOUND [KOMPAÚND] *adj.* compuesto :: *n.* mezcla :: combinación :: *va.* combinar :: componer, transigir :: *vn.* avenirse.

COMPREHEND [KOMPRIJÉND] *va.* comprender, penetrar, alcanzar :: encerrar.

COMPREHENSIBLE [KOMPRIJENSIBL] *adj.* comprensible, inteligible.

COMPREHENSION [KOMPRIJÉNSHON] *n.* entendimiento, comprensión.

COMPREHENSIVE[*] [KOMPRIJÉNSIV] *adj.* comprensivo :: inclusivo.

COMPRESS [KÓMPRES] *va.* comprimir :: condensar, sintetizar.

COMPRISE [KOMPRÁIS] *va.* comprender :: contener, incluir, abarcar.

COMPROMISE [KÓMPROMAIS] *n.* avenimiento, arreglo, término medio, transacción :: *va.* transigir, arreglar :: arriesgar, componer.

COMPULSION [KOMPÓLSHON] *n.* compulsión, apremio, coacción.

COMPULSORY [KOMPÓLSORI] *adj.* obligatorio.

COMPUNCTION [KOMPÓNKSHON] *n.* compunción :: remordimiento, cargo de conciencia.

COMPUTE [KOMPIÚT] *va.* computar :: calcular.

COMPUTER [KOMPIÚTA] *n.* calculadora electrónica :: ordenador :: programadora.

COMRADE [KÓMRAD] *n.* camarada, compañero.

CONCAVE [KÓNKEIV] *adj.* cóncavo :: hueco.

CONCEAL [KONSÍL] *va.* esconder :: ocultar :: encubrir, tapar, recatar :: celar.

CONCEALMENT [KONSÍLMAENT] *n.* encubrimiento.

CONCEDE [KONSÍD] *va.* conceder, admitir.

CONCEIT [KONSÍT] *n.* vanidad, amor propio, engreimiento :: ínfulas :: capricho :: idea, concepto.

CONCEITED[*] [KONSÍTID] *adj.* vano, engreído, afectado, fatuo, presuntuoso :: to be — about, pagarse de.

CONCEIVE [KONSÍV] *va. & n.* concebir, engendrar, idear, imaginar.

CONCENTRATE [KÓNSENTREIT] *va. & n.* concentrar(se) :: to — on, centrar la antención en.

CONCEPT [KÓNSEPT] *n.* concepto, idea :: opinión.

CONCEPTION [KONSÉPSHON] *n.* concepción :: noción, idea, imagen, sentimiento.

CONCERN [KONSÉRN] *n.* asunto, negocio :: preocupación :: cariño, interés, sentimiento :: *va.* tocar, competer, interesar, corresponder :: preocupar, inquietar :: that's my —, eso me corresponde a mí.

CONCERNED[*] [KONSOÉRND] *adj.* interesado :: preocupado, intranquilo, inquieto, ansioso :: to be — about, interesarse por, preocuparse por :: as far as I am —, por lo que a mí concierne.

CONCERT [KONSÉRT] *va. & n.* concertar, acordar, ajustar :: *n.* [KÓNSERT] concierto.

CONCESSION [KONSÉSHON] *n.* cesión, gracia, privilegio.

CONCILIATE [KONSÍLIEIT] *va.* conciliar, propiciar, ganar, granjear.

CONCISE[*] [KONSÁIS] *adj.* conciso, sucinto, breve, compendioso.

CONCLUDE [KONKLÚD] *va. & n.* concluir, determinar, entender,

decidir :: fenecer, acabar, terminarse :: sacar en limpio.

CONCLUSION [KONKLÚSHON] *n.* conclusión, terminación, remate :: desenlace :: to draw a —, concluir.

CONCLUSIVE[*] [KONKLÚSIV] *adj.* final, decisivo, terminante, concluyente.

CONCOCT [KONKÓKT] *va.* mezclar, confeccionar :: urdir, forjar, fraguar.

CONCOCTION [KONKÓSHON] *n.* cocimiento, mejunje :: mezcla.

CONCORD [KÓNKOARD] *n.* concordia, armonía :: acuerdo.

CONCOURSE [KÓNKOURS] *n.* concurso, concurrencia, muchedumbre.

CONCRETE[*] [KONKRÍT] *adj.* concreto :: *n.* hormigón :: reinforced —, hormigón armado.

CONCUR [KONKÉR] *vn.* concurrir :: estar de acuerdo :: acordarse, coincidir, conformarse.

CONCURRENCE [KONKÓRENS] *n.* coincidencia :: acuerdo, aprobación :: cooperación.

CONCUSSION [KONKÓSHON] *n.* concusión :: conmoción.

CONDEMN [KONDÉM] *va.* condenar, sentenciar :: afear, censurar.

CONDEMNATION [KONDEMNÉISHON] *n.* condenación.

CONDENSE [KONDÉNS] *va. & n.* condensar, comprimir, condensarse :: abreviar :: condensed milk, leche condensada.

CONDESCEND [KONDISÉND] *vn.* condescender :: dignarse, consentir.

CONDESCENSION [KONDISÉNSHON] *n.* condescendencia.

CONDIMENT [KÓNDIMENT] *n.* condimento, aderezo.

CONDITION [KONDÍSHON] *n.* condición, circunstancia, estado, suerte, calidad, artículo, provisión, estipulación :: *va.* condicionar.

CONDITIONAL[*] [KONDÍSHONAL] *adj.* condicional.

CONDOLE [KONDÓUL] *va. & n.* condolerse :: deplorar.

CONDOLENCE [KONDÓULENS] *n.* pésame.

CONDONE [KONDÓUN] *va.* perdonar, condonar, disimular.

CONDUCE [KONDIÚS] *vn.* tender (a), contribuir.

CONDUCIVE [KONDIÚSIV] *adj.* conducente, propenso a.

CONDUCT [KÓNDOKT] *n.* conducta, proceder :: escolta :: comportamiento :: manejo, gestión :: sa-

fe —, salvoconducto :: *va.* conducir, guiar, dirigir :: manejarse, comportarse :: *(una orquesta)* dirigir.

CONDUCTOR [KONDÓKTA] *n.* conductor :: guía :: *(mus.)* director :: *(autobús)* cobrador.

CONDUIT [KONDIÚIT] *n.* conducto :: caño :: cañería, tubería.

CONE [KOUN] *n.* cono :: **pine** —, piña.

CONFECTIONER [KONFÉKSHONA] *n.* confitero, pastelero, repostero.

CONFECTIONERY [KONFÉKSHONARI] *n.* confitería :: dulcería :: confites, dulces.

CONFER [KONFÉR] *va. & n.* consultar :: conferir :: platicar, conferenciar :: otorgar :: condecorar.

CONFERENCE [KÓNFAERENS] *n.* conferencia :: congreso :: consulta, junta, sesión.

CONFESS [KONFÉS] *va. & n.* confesar(se) :: reconocer.

CONFESSION [KONFÉSHON] *n.* confesión :: **— box**, confesionario.

CONFESSIONAL [KONFÉSHONAL] *n.* confesionario.

CONFIDE [KONFÁID] *va. & n.* confiar(se) :: fiarse.

CONFIDENCE [KÓNFIDENS] *n.* confianza, fe :: seguridad :: satisfacción :: secreto, confidencia :: **to gain** —, animarse.

CONFIDENT* [KÓNFIDENT] *adj.* confiado, seguro :: resuelto :: de buen ánimo.

CONFIDENTIAL* [KONFIDÉNSHAL] *adj.* confidencial.

CONFINE [KONFÁIN] *n.* confín, límite, frontera :: *va. & n.* confinar, limitar, restringir, reducir, limitarse :: aprisionar, encerrar, enjaular :: *vr.* contraerse.

CONFINEMENT [KONFÁINMENT] *n.* encerramiento :: encierro :: prisión, encarcelación.

CONFIRM [KONFÉRM] *va.* confirmar, comprobar, corroborar :: sancionar :: revalidar :: fortalecer.

CONFIRMATION [KONFERMÉISHON] *n.* confirmación, corroboración, ratificación.

CONFISCATE [KÓNFISKEIT] *va.* confiscar, (de)comisar.

CONFLAGRATION [KONFLAGRÉISHON] *n.* conflagración, incendio.

CONFLICT [KONFLÍKT] *n.* conflicto, lucha, pugna, choque :: contienda :: *va.* luchar, chocar, estar (en oposición, en desacuerdo con).

CONFORM [KONFÓARM] *va. & n.* conformar(se), concordar ::

ajustarse, acomodarse, amoldarse, allanarse.

CONFOUND [KONFÁUND] *va.* confundir :: turbar, enmarañar, desconcertar, atontar, sacar de tino.

CONFRONT [KONFRÓNT] *n.* afrontar, confrontar, enfrentar :: arrostrar :: hacer frente a :: *(documentos)* cotejar, comparar.

CONFUSE [KONFIÚS] *va.* confundir, (per)turbar, aturrullar, desconcertar, trastornar.

CONFUSED* [KONFIUSD] *adj.* confuso :: revuelto :: desconcertado, perplejo :: **to become** —, confundirse :: desconcertarse.

CONFUSING [KONFIÚSING] *adj.* confuso, revuelto :: desconcertante.

CONFUSION [KONFIÚSHON] *n.* confusión, belén :: aturdimiento, atolondramiento :: azoramiento, trastorno :: desorden.

CONGEAL [KONYÍL] *va. & n.* congelar, helar(se), cuajar(se).

CONGENIAL [KONYÍNIAL] *adj.* compatible :: natural :: simpático.

CONGENITAL [KONYÉNITL] *adj.* congénito.

CONGEST [KONYÉST] *va.* amontonar, congestionar.

CONGESTION [KONYÉSHON] *n.* congestión :: aglomeración.

CONGRATULATE [KONGRÁTIULEIT] *va.* felicitar, dar la enhorabuena, congratular.

CONGRATULATION [KONGRATIULÉISHON] *n.* felicitación, enhorabuena, felicidades.

CONGREGATE [KÓNGRIGUEIT] *va. & n.* reunir(se).

CONGREGATION [KONGRIGUÉISHON] *n.* asamblea, concurso, congregación :: *(relig.)* fieles.

CONGRESS [KÓNGRES] *n.* congreso, asamblea, junta.

CONGRESSMAN [KÓNGRESMAEN] *n.* congresista, diputado, representante.

CONJECTURE [KONYÉKTIUR] *n.* conjetura, suposición, asomo :: *va.* conjeturar, brujulear, columbrar, presumir, sospechar, vislumbrar.

CONJUNCTURE [KONYÓNKTIUR] *n.* coyuntura.

CONJURE [KÓNYER] *va. & n.* hechizar :: conjurar :: hacer juegos de manos :: **— away**, exorcizar :: **— up**, conjurar, evocar.

CONJURER [KÓNYERA] *n.* prestidigitador, mago, ilusionista :: nigromante.

CONNECT [KONÉCT] *va.* ligar, unir

:: enganchar, conectar :: emparentar, relacionar :: poner en comunicación :: *(elect.)* enchufar, empalmar.

CONNECTING ROD [KONÉKTING ROD] *n.* biela.

CONNIVE [KONÁIV] *vn.* consentir, disimular, hacer la vista gorda.

CONNOISSEUR [KONISÉR] *n.* perito, conocedor :: *(vino)* catador.

CONQUER [KÓNKER] *va.* conquistar, vencer, someter, dominar :: *(una debilidad)* superar.

CONQUEST [KÓNKUEST] *n.* toma :: conquista, triunfo.

CONSCIENCE [KÓNSHENS] *n.* conciencia :: **—stricken**, remordido por la conciencia :: **—less**, desalmado.

CONSCIENTIOUS* [KONSHIÉNSHOS] *adj.* escrupuloso, concienzudo, recto, cumplidor.

CONSCIOUS* [KÓNSHOS] *adj.* consciente.

CONSCIOUSNESS [KÓNSHOSNES] *n.* conocimiento, sentido :: **to lose** —, perder (el sentido, el conocimiento).

CONSCRIPT [KONSKRÍPT] *n.* conscripto, recluta, quinto.

CONSECRATE [KÓNSIKREIT] *va.* consagrar, dedicar :: ungir.

CONSECUTIVE* [KONSÉKIUTIV] *adj.* consecutivo, sucesivo.

CONSENT [KONSÉNT] *n.* asentimiento, consentimiento, acuerdo :: aprobación, venia, permiso, beneplácito :: *vn.* consentir en :: avenirse a, otorgar.

CONSEQUENCE [KÓNSIKUENS] *n.* consecuencia :: importancia, trascendencia :: secuela :: entidad :: **as a** —, de resultas de.

CONSEQUENTIAL* [KONSIKÚENSHAL] *adj.* consiguiente, arrogante.

CONSEQUENTLY [KÓNSIKUENTLI] *adv.* por consiguiente :: en consecuencia.

CONSERVATION [KONSERVÉISHON] *n.* conservación :: preservación.

CONSERVATIVE [KONSÉRVATIV] *adj. & n.* conservador, moderado.

CONSERVATORY [KONSÉRVATORII] *n.* conservatorio :: invernadero.

CONSERVE [KÓNSERV] *va.* conservar, cuidar, guardar.

CONSIDER [KONSÍDA] *va. & n.* considerar, estimar, examinar, meditar :: tener por, reconocer :: opinar, ser de opinión :: consultar :: darse cuenta de :: **to — carefully**, parar mientes en :: **to — further**, dar (más) vueltas a.

CONSIDERABLE [KONSÍDERABL] *adj.* considerable :: grande, importante, notable, respetable :: cuantioso.

CONSIDERATE [KONSÍDERIT] *adj.* considerado.

CONSIDERATION [KONSIDERÉISHON] *n.* respeto, consideración :: importancia :: remuneración.

CONSIDERING [KONSÍDERING] *prep.* en razón de, en vista de :: en atención a, en consideración de.

CONSIGN [KONSÁIN] *va.* consignar, ceder.

CONSIST [KONSÍST] *vn.* consistir (en) :: comprender, constar de :: componerse de.

CONSISTENCY [KONSÍSTENSI] *n.* consistencia :: regularidad, consecuencia.

CONSISTENT [KONSÍSTENT] *adj.* consistente, constante :: conforme :: compatible, consonante, consecuente, compatible :: firme, sólido, estable.

CONSOLATION [KONSOLÉISHON] *n.* alivio, consuelo :: consolación :: solaz, quitapesares.

CONSOLE [KÓNSOUL] *n.* repisa :: *va.* consolar.

CONSOLIDATE [KONSÓLIDEIT] *va.* & *n.* (con)solidar(se).

CONSONANT [KÓNSONANT] *adj.* & *n.* consonante :: conforme, armonioso.

CONSORT [KÓNSOART] *n.* consorte, cónyuge :: compañero :: *vn.* asociarse, acompañar, juntarse.

CONSPICUOUS [KONSPÍKIUOS] *adj.* conspicuo, visible, esclarecido, notable :: llamativo.

CONSPIRACY [KONSPÍRASI] *n.* conspiración, conjuración, complot.

CONSPIRATOR [KONSPÍREITA] *n.* conspirador, conjurado.

CONSPIRE [KONSPÁIR] *vn.* conspirar :: conjurar(se), tramar :: concurrir.

CONSTABLE [KÓNSTABL] *n.* policía :: condestable :: **special** —, policía voluntario.

CONSTANCY [KÓNSTANCI] *n.* constancia, fidelidad, entereza, insistencia.

CONSTANT [KÓNSTANT] *adj.* constante, inmóvil, igual, firme.

CONSTERNATION [KONSTERNÉISHON] *n.* consternación.

CONSTIPATE [KÓNSTIPEIT] *va.* estreñir.

CONSTIPATION [KONSTIPÉISHON] *n.* estreñimiento.

CONSTITUENT [KONSTÍTIUENT] *n.* elector :: poderdante, comitente :: *(chem.)* componente :: *adj.* constitutivo :: — **Parliament**, Cortes Constituyentes.

CONSTITUTE [KÓNSTITIUT] *va.* constituir :: componer :: diputar.

CONSTITUTION [KONSTITIÚSHON] *n.* constitución :: reglamento :: *(pers.)* temperamento, condición.

CONSTRAIN [KONSTRÉIN] *va.* forzar, obligar :: compeler :: restringir :: constreñir, apretar :: *vr.* contenerse.

CONSTRAINT [KONSTRÉINT] *n.* apremio :: fuerza :: compulsión, represión.

CONSTRUCT [KONSTRÓKT] *va.* construir, edificar, erigir, montar.

CONSTRUCTION [KONSTRÚKSHON] *n.* construcción, edificación :: estructura, obra, edificio :: interpretación, sentido.

CONSTRUCTIVE [KONSTRÁKTIV] *adj.* constructivo :: de utilidad :: provechoso.

CONSTRUE [KÓNSTRU] *va.* interpretar, explicar :: traducir.

CONSUL [KÓNSEL] *n.* cónsul.

CONSULATE [KÓNSIULEIT] *n.* consulado.

CONSULT [KONSÓLT] *va.* & *n.* consultar, considerar, discutir.

CONSULTATION [KONSELTÉISHON] *n.* consulta.

CONSUME [KONSIÚM] *va.* & *n.* consumir(se) :: (des)gastar(se), deshacerse :: devorar, minar :: aniquilar.

CONSUMER [KONSIÚMA] *n.* consumidor.

CONSUMMATE [KONSÓMEIT] *adj.* consumado, cabal, perfecto :: *va.* consumar.

CONSUMMATION [KONSOMÉISHON] *n.* consumación, perfección, fin.

CONSUMPTION [KONSÓMSHON] *n.* consunción :: *(med.)* tisis :: consumo :: desgaste, uso.

CONTACT [KÓNTAKT] *n.* contacto :: acercamiento :: *(mech.)* engranaje :: **to be in — with**, estar en relación con.

CONTAGION [KONTÉIDYAEN] *n.* contagio.

CONTAGIOUS [KONTÉICHOS] *adj.* contagioso, infeccioso :: pegajoso.

CONTAIN [KONTÉIN] *va.* contener, incluir, encerrar, abarcar, reprimir :: coger :: *vr.* aguantarse, contenerse.

CONTAMINATE [KONTÁMINEIT] *va.* contaminar :: manchar, corrom-

per, inficionar, viciar.

CONTAMINATION [KONTAMINÉISHON] *n.* contaminación :: cruce.

CONTEMPLATE [KÓNTEMPLEIT] *va.* & *n.* contemplar :: tener en mira, proponerse, proyectar :: meditar.

CONTEMPORARY [KONTÉMPOREIRI] *adj.* & *n.* contemporáneo, coetáneo.

CONTEMPT [KONTÉMPT] *n.* desdén, desprecio, menosprecio, contumacia.

CONTEMPTIBLE [KONTÉMPTIBL] *adj.* despreciable, vil.

CONTEND [KONTÉND] *va.* & *n.* afirmar, aseverar, sostener :: luchar, disputar, pugnar (por).

CONTENT [KÓNTENT] *adj.* contento, satisfecho :: *n.* contento, agrado :: contenido :: *pl.* **table of** —**s**, índice :: *va.* contentar, satisfacer, complacer.

CONTENTION [KONTÉNSHON] *n.* aseveración, opinión, pendencia, disputa.

CONTENTIOUS [KONTÉNSHOS] *adj.* contencioso, litigioso :: pendenciero, porfiado.

CONTEST [KÓNTEST] *n.* disputa, desafío :: altercación :: conflicto, contienda, pugna, lid :: concurso :: *va.* & *n.* disputar, litigar.

CONTIGUOUS [KONTÍGUIUOS] *adj.* contiguo, lindante, inmediato, propincuo.

CONTINENT [KÓNTINENT] *adj.* casto, continente, moderado :: *n.* continente.

CONTINGENCY [KONTÍNCHENSI] *n.* contingencia, caso, casualidad.

CONTINGENT [KONTÍNCHENT] *adj.* & *n.* contingente.

CONTINUAL [KONTÍNIUAL] *adj.* continuo, incesante.

CONTINUANCE [KONTÍNIUANS] *n.* continuación :: aplazamiento.

CONTINUATION [KONTINIUÉISHON] *n.* continuación.

CONTINUE [KONTÍNIU] *va.* & *n.* continuar, mantener, seguir :: perseverar :: prolongar :: durar, quedar.

CONTINUITY [KONTINIUÍTI] *n.* continuidad.

CONTINUOUS [KONTÍNIUOS] *adj.* continuo.

CONTORTION [KONTÓARSHON] *n.* retorcimiento, contorsión.

CONTOUR [KÓNTUR] *n.* contorno :: perímetro.

CONTRABAND [KÓNTRABAND] *adj.* ilegal, prohibido :: *n.* contrabando.

CONTRACT [KÓNTRAKT] *n.* contrato, concierto, ajuste :: contrata, escritura :: **marriage** —, esponsales :: *va.* & *n.* contraer, estrechar, apretar :: contratar :: inmutarse :: *(los nervios)* crispar :: *(una enfermedad)* contraer, coger :: comprometerse (por contrato) a :: *(el ceño)* fruncir.

CONTRACTOR [KONTRÁKTAER] *n.* contratista.

CONTRADICT [KONTRADÍKT] *va.* contradecir, impugnar :: implicar :: llevar la contraria a.

CONTRADICTION [KONTRADÍKSHON] *n.* contradicción :: oposición, contrariedad, repugnancia :: — **in terms**, contrasentido.

CONTRADICTORY [KONTRADÍKTORI] *adj.* contradictorio :: opuesto, contrario.

CONTRARY [KÓNTRARI] *adj.* contrario, encontrado, reñido, antagónico :: divergente :: **on the** —, al contrario, al revés, a la inversa.

CONTRAST [KÓNTRAST] *n.* contraste :: contraposición :: *va.* contrastar, oponer, hacer (un) contraste con :: **in** —, haciendo contraste :: (en, por), contraste.

CONTRAVENE [KONTRAVÍN] *va.* infringir, contravenir.

CONTRIBUTE [KONTRÍBIUT] *va.* & *n.* contribuir, poner, concurrir.

CONTRIBUTION [KONTRIBIÚSHON] *n.* contribución, aportación :: cooperación :: cuota, tributo.

CONTRIBUTOR [KONTRÍBIUTAER] *n.* contribuidor :: colaborador.

CONTRITE [KONTRÁIT] *adj.* contrito, penitente, arrepentido.

CONTRIVANCE [KONTRÁIVANS] *n.* invención, expediente, maquinación, aparato :: maña, artificio, treta.

CONTRIVE [KONTRÁIV] *va.* & *n.* inventar, tratar de, acomodarse, idear, concertar, darse buenas mañas para.

CONTROL [KONTRÓUL] *n.* dominio, manejo, mando :: inspección :: gobierno, predominio :: dirección :: freno :: control :: **self** —, autocontrol, dominio de sí :: *va.* dominar, dirigir, reprimir, regir, gobernar, predominar :: fiscalizar.

CONTROLLER [KONTRÓULAER] *n.* interventor, registrador :: controlador, regulador.

CONTROVERSIAL [KONTROVÉRSHAL] *adj.* polémico, contencioso.

CONTROVERSY [KÓNTROVERSI] *n.* controversia, polémica, disputa.

CONTROVERT [KÓNTROVERT] *va.* controvertir, disputar.

CONVALESCE [KONVAELÉS] *vn.* convalecer.

CONVALESCENCE [KONVALÉSANS] *n.* convalecencia.

CONVENE [KONVÍN] *va.* & *n.* convocar, citar, reunir(se).

CONVENIENCE [KONVÍNIENS] *n.* conveniencia, comodidad.

CONVENIENT [KONVÍNIENT] *adj.* conveniente, cómodo, oportuno.

CONVENT [KÓNVENT] *n.* convento.

CONVENTION [KONVÉNSHON] *n.* convención, formalidades, conveniencia(s) :: asamblea :: pacto, convenio.

CONVENTIONAL [KONVÉNSHONAL] *adj.* convencional :: tradicional.

CONVERGE [KONVÉRCH] *va.* & *n.* converger, dirigirse hacia :: *(una calle)* desembocar.

CONVERSANT [KONVÉRSANT] *adj.* versado (en), experimentado, entendido, conocedor :: **to become** — **with**, familiarizarse con.

CONVERSATION [KONVERSÉISHON] *n.* conversación, plática, coloquio.

CONVERSE [KÓNVERS] *n.* plática, trato :: *vn.* conversar, platicar, razonar, departir :: *(mil.)* parlamentar.

CONVERSION [KONVÉRSHON] *n.* conversión :: realización.

CONVERT [KONVÉRT] *n.* converso :: *vn.* convertir(se), transformar.

CONVEX [KÓNVEKS] *adj.* convexo.

CONVEY [KONVÉI] *va.* transportar, conducir, llevar :: enviar, transmitir.

CONVEYANCE [KONVÉIANS] *n.* vehículo :: transporte :: transmisión :: entrega :: comunicación :: traspaso.

CONVICT [KÓNVIKT] *n.* condenado, reo :: convicto, preso :: *va.* declarar culpable, convencer.

CONVICTION [KONVÍKSHON] *n.* convicción :: convencimiento :: prueba de culpabilidad.

CONVINCE [KONVÍNS] *va.* persuadir, ganar, convencer :: **to try to** —, catequizar.

CONVIVIAL [KONVÍVIAL] *adj.* sociable, alegre, festivo.

CONVOCATION [KONVOUKÉISHON] *n.* asamblea :: claustro.

CONVOY [KONVÓI] *n.* convoy, escolta :: *va.* convoyar, conducir.

CONVULSE [KONVÓLS] *va.* crispar :: convulsionar :: **to be convul-**sed **with laughter**, desternillarse de risa.

CONVULSION [KONVÓLSHON] *n.* convulsión, pasmo.

CONVULSIVE [KONVÓLSIV] *adj.* convulsivo, espasmódico.

COO [KU] *vn.* arrullar.

COOK [KUK] *n.* cocinero :: *va.* cocer, guisar :: **cooked dish**, guiso.

COOKING [KÚKING] *n.* cocina, arte culinario :: — **strove**, cocina de gas, eléctrica, estufa :: — **utensils**, batería de cocina.

COOL [KUL] *adj.* fresco :: tibio :: *n.* fresco, frescura :: **in the** —, al fresco :: *va.* & *n.* refrescarse :: — **down**, — **off**, enfriarse :: templarse.

COOLNESS [KÚLNES] *n.* fresco, frescura :: frialdad, indiferencia.

COOPERATE [KOUÓPEREIT] *vn.* cooperar.

COOPERATION [KOUOPERÉISHON] *n.* cooperación.

COOPERATIVE [KOUÓPERATIV] *adj.* cooperativo :: *n.* cooperativa, sociedad cooperativa.

COORDINATE [KOUÓRDINIT] *va.* coordinar :: *adj.* coordinado.

COP [KOP] *n.* polizonte, policía.

COPE [KOUP] *n.* arco, bóveda :: *(eccl.)* capa pluvial :: *va.* & *n.* cubrir :: contender, rivalizar :: poder con.

COPIOUS [KÓUPIOS] *adj.* copioso, abundante, afluente, cuantioso, caudaloso.

COPPER [KÓPA] *n.* cobre :: calderilla :: caldero :: *pl. (dinero)* suelto :: — **smith**, calderero.

COPPICE, COPSE [KÓPIS, KOPS] *n.* soto, bosquecillo, maleza, matorral, mata.

COPY [KÓPI] *n.* copia :: simulacro :: calco :: plagio, imitación, remedo :: *(de un libro)* ejemplar :: **rough** —, borrador :: **a** — **of**, imitado de :: *va.* copiar, imitar, calcar :: **to make authentic** —, compulsar :: **to** — **from life**, copiar al natural :.

COPYRIGHT [KÓPIRAIT] *n.* propiedad literaria, derechos de autor.

COQUETRY [KÓUKETRI] *n.* coquetería.

CORAL [KÓRAEL] *adj.* coralino, de coral :: — **reef**, arrecife de coral.

CORD [KOARD] *n.* cuerda :: cordón :: cordel :: **spinal** —, médula espinal.

CORDIAL [KÓRDIAL] *adj.* cordial, amistoso, sincero :: *n.* cordial.

CORE [KÓAERI] *n.* corazón, interioridad, centro, alma, foco :: *va.*

despepitar.

CORK [KOARK] *n.* corcho, tapón :: *va.* corchar :: —**screw**, sacacorchos, tirabuzón :: —**tree**, alcornoque.

CORKSCREW [KÓARKSKRU] *adj.* en espiral, en caracol.

CORN [KOARN] *n.* grano, cereal :: trigo :: maíz :: *(en los pies)* clavo, callo :: **standing** —, mies :: **to develop** —**s on feet**, encallecer.

CORNED BEEF [KORND BIF] *n.* carne de vaca curada *(en salmuera y salitre)*.

CORNER [KÓARNA] *n.* esquina :: rincón :: ángulo :: — **stone**, piedra angular :: **a quiet** —, remanso, escondrijo :: *va.* arrinconar, poner en un aprieto :: copar.

CORNFIELD [KÓRNFIL] *n.* maizal, sembrado.

CORONATION [KORONÉISHON] *n.* coronación.

CORONER [KÓRONA] *n.* médico judicial.

CORPORAL* [KÓARPORAL] *adj.* corpóreo, corporal :: *n. (mil.)* cabo.

CORPORATION [KOARPORÉISHON] *n.* cabildo, ayuntamiento :: gremio, cuerpo.

CORPSE [KOARPS] *n.* cadáver, difunto, muerto.

CORPULENT [KÓARPIULENT] *adj.* corpulento, gordo, grueso, repleto.

CORRECT* [KORÉKT] *adj.* correcto, exacto, justo :: *va.* corregir, rectificar :: castigar, enmendar :: censurar :: remediar.

CORRECTION [KORÉKSHON] *n.* corrección.

CORRECTOR [KORÉKTAER] *n.* corrector, corregidor.

CORRESPOND [KORISPÓND] *vn.* corresponder, convenir :: escribirse, cartear.

CORRESPONDENCE [KORISPÓNDENS] *n.* correspondencia.

CORRIDOR [KÓRIDOAR] *n.* pasillo, corredor :: pasadizo :: zaguán.

CORROBORATE [KORÓBOREIT] *va.* corroborar, apoyar.

CORRODE [KORÓUD] *va.* corroer, roer, morder, (car)comer.

CORROSIVE* [KORÓUSIV] *adj.* corrosivo :: mordaz.

CORRUPT [KORÓPT] *va. & n.* corromper, seducir, viciar, pervertir :: adulterar :: relajarse, pudrirse :: infectar, inficionar, emponzoñar :: sobornar.

CORRUPTION [KORÓPSHON] *n.* corrupción, putrefacción.

CORSAIR [KÓARSER] *n.* corsario, pirata.

CORSET [KÓARSET] *n.* faja, corsé.

COSMOPOLITAN [KOSMOPÓLITAEN] *adj.* cosmopolita.

COST [KOST] *n.* precio, coste :: **to my** —, a mis expensas, por mi daño :: — **of living**, coste de la vida :: **at all** —**s**, a todo trance, cueste lo que cueste :: *pl.* costas, gastos :: *vn.* costar, valer :: **to pay the** —**of**, costear.

COSTUME [KÓSTIUM] *n.* traje, vestido :: **bullfighter's** —, traje de luces.

COT [KOT] *n.* cabaña, choza :: catre.

COTTAGE [KÓTICH] *n.* cabaña :: barraca :: casa de campo :: choza :: — **cheese**, requesón.

COTTON [KÓTN] *n.* algodón :: **raw** —, algodón en rama :: — **plant**, algodonero :: — **spool**, hilo de algodón :: — **wool**, algodón hidrófilo.

COUCH [KAUCH] *n.* lecho :: canapé, meridiana :: silla poltrona :: *va.* recostar(se) :: redactar, formular.

COUGH [KOAF] *n.* tos :: *vn.* toser.

COULD [KUD] *pret.* de **can**.

COUNCIL [KÁUNSIL] *n.* consejo, concilio, concejo, ayuntamiento :: **town** —, cabildo.

COUNCILLOR [KÁUNSILA] *n.* concejal, consejero.

COUNSEL [KÁUNSL] *n.* consejero :: consultor :: consejo, dictamen :: defensor :: *va.* aconsejar, guiar.

COUNSELLOR [KÁUNSELA] *n.* consejero, abogado.

COUNT [KAUNT] *n.* conde :: cuenta, cálculo :: valor :: atención :: *va.* contar, calcular, estimar :: *(votos)* escrutar :: — **up**, enumerar :: **to lose** — *(de ideas, etc.)*, perder el hilo :: — **upon**, contar con.

COUNTDOWN [KÁUNTDAUN] *n.* cuenta atrás.

COUNTENANCE [KÁUNTENANS] *n.* semblante, figura, rostro :: corte, apariencia, continente :: talante :: **out of** —, desconcertado, corrido, abochornado :: *va.* favorecer, apoyar.

COUNTER [KÁUNTA] *adv.* contra, en oposición :: *n. (de una tienda)* mostrador, taquilla :: *(de juegos)* tablero :: *va.* neutralizar :: **to run** — **to**, oponerse, contrariar.

COUNTERACT [KOUNTAERAÉKT] *va.* contrarrestar, neutralizar.

COUNTERBALANCE [KÁUNTAERBAE-LAENS] *va.* contrapesar :: equilibrar :: *n.* contrapeso.

COUNTERFEIT* [KÁUNTAERFIT] *n.* falsificación :: *adj.* falso :: falsificado, falseado :: contrahecho :: *va.* contrahacer, falsificar, falsear.

COUNTERPOISE [KAUNTAERPÓIS] *n.* contrapeso :: *va.* contrapesar.

COUNTERSIGN [KÁUNTERSAIN] *n.* contraseña.

COUNTESS [KÁUNTES] *n. f.* condesa.

COUNTLESS [KÁUNTLES] *adj.* incontable, innumerable.

COUNTRY [KÁNTRI] *adj.* del campo, rústico, campestre :: agreste :: *n.* patria :: campo :: país :: comarca :: tierra :: campiña :: paisaje :: — **people**, campesinos, paisanos :: labriego :: **fellow** — **man**, compatriota :: **local fellow** —**man**, paisano, conterráneo :: pelo de la dehesa, paleto :: — **house**, cortijo :: alquería, granja :: — **road**, camino vecinal :: *pl.* **neighbouring** —, naciones limítrofes.

COUNTY [KÁUNTI] *n.* condado, distrito.

COUPLE [KÓPL] *n. (pers.)* pareja :: par :: **married** —, matrimonio :: *va. & n.* parear, acoplar, enganchar, enchufar :: casar.

COUPON [KÚPON] *n.* cupón :: talón.

COURAGE [KÓRICH] *n.* valor, coraje, fortaleza, animosidad, denuedo :: ánimo.

COURAGEOUS* [KORÉICHOS] *adj.* valeroso, valiente, bizarro.

COURIER [KÚRIAER] *n.* mensajero.

COURSE [KORS] *n.* curso, sentido, carrera, giro :: *(naut.)* rumbo, derrotero :: dirección :: **on a** — **for**, con rumbo a :: *(de carreras)* pista :: plato, cubierto :: cursillo :: *(agua)* corriente :: *(del tiempo)* tránsito, lapso, marcha, transcurso :: **to follow** — **of study**, cursar (en) :: **of** —, desde luego, por supuesto, si tal, ya lo creo, por descontado.

COURT [KORT] *n.* corte :: tribunal :: patio :: tenis :: frontón :: — **martial**, consejo de guerra :: — **plaster**, esparadrapo :: *va.* cortejar, hacer la corte :: requerir de amores :: adular :: *(col.)* amartelar :: galantear.

COURTEOUS* [KÉRTIOS] *adj.* cortés, afable, comedido, formal.

COURTESY [KÉRTISI] *n.* cortesía, gentileza, finura, cumplido :: *vn.* hacer una cortesía.

COURTIER [KÓRTIAER] *n.* cortesano, palaciego.

COURTSHIP [KÓRTSCHIP] *n.* cortejo, galanteo.

COURTYARD [KÓRTYARD] *n.* patio.

COUSIN [KOSN] *n.* primo, prima :: — **german**, primo carnal.

COVE [KOUV] *n.* ensenada, cala, abra, ancón.

COVENANT [KÓVINANT] *n.* pacto, convenio, contrato :: *va.* empeñar :: concertar (con).

COVER [KÓVA] *n.* cubierta, tapadera :: tapa :: cobertura :: forro :: abrigo, albergue :: guarida :: funda :: tapete :: **under** — **(of)**, al abrigo (de), so capa de , valido de, en pliego cerrado, disimulado :: *va.* cubrir, tapar, abrigar :: abarcar :: compensar :: cubrir :: recorrer :: saltar, montar :: — **up**, paliar, disfrazar, correr el velo sobre, disimular :: *(mil.)* dominar.

COVERAGE [KÓVAERICH] *n.* alcance :: reportaje.

COVERING [KÓVAERING] *n.* cubierta :: cobertura :: envoltura :: cobijo, abrigo.

COVET [KÓVET] *va.* codiciar, ambicionar, apetecer.

COW [KAU] *n.* vaca :: —**lick**, mechón :: *va.* amilanar.

COWARD[*] [KÁUUERD] *n.* cobarde, tímido, menguado.

COWARDICE [KÁUUARDIS] *n.* cobardía.

COWARDLINESS [KÁUUARDLINES] *n.* cobardía.

COWER [KÁUUAER] *vn.* agacharse :: acurrucarse.

COWL [KAUL] *n.* cogulla, capucha, capuchón.

COXSWAIN [KÓKSN] *n.* timonel.

COY[*] [KOI] *adj.* modesto, recatado, esquivo :: cuco.

COZ(E)Y [KÓUSI] *adj.* cómodo y abrigado :: cómodo y agradable.

CRAB [KRAB] *n.* cangrejo :: *(mech.)* cabrestante :: —**apple**, manzana silvestre.

CRACK [KRAK] *adj.* agrietado :: —**brained**, chiflado :: — **shot**, tiro certero :: *n.* hendidura, grieta, raja, intersticio :: resquebrajo :: estallido, estampido, chasquido :: latigazo :: rotura :: *va.* hender, rajar, resquebrajar, saltar :: chasquear, (r)estallar :: *vn.* crujir :: reventar :: hendirse, agrietarse :: estallar.

CRACKDOWN [KRAKDÁUN] *n.* represión severa :: asalto.

CRACKER [KRÁKAER] *n.* galleta.

CRACKLE [KRAKL] *vn.* crujir, crepi-

tar, restallar, chasquear.

CRADLE [KREIDL] *n.* cuna :: *(arch.)* trompa.

CRAFT [KRAFT] *n.* oficio, profesión :: artificio :: *(naut.)* bajel, embarcación :: **air**—, avión :: astucia, treta, maña.

CRAFTSMAN [KRÁFTSMAN] *n.* artesano, artífice.

CRAFTY [KRÁFTI] *n.* astuto, ladino, socarrón, taimado, solapado, vulpino.

CRAG [KRAG] *n.* despeñadero, risco, peña.

CRAM [KRAM] *va.* rellenar, embutir, henchir, atiborrar, recargar :: *vn.* hartarse.

CRAMP [KRAMP] *n.* calambre :: agujetas :: grapa, prensa :: *va.* encalambrar :: engrapar :: sujetar.

CRANE [KREIN] *n.* *(orn.)* grulla :: *(mech.)* grúa :: *va.* **to** — **one's neck**, estirarse.

CRANIUM [KRÉINIOEM] *n.* cráneo.

CRANK [KRANK] *n.* manivela :: codo :: —**case**, cárter del motor :: —**shaft**, cigüeñal :: *(pers.)* maniático, chiflado, extravagante, lunático.

CRANKY [KRAENKI] *adj.* cascarrabias :: maniático :: enojadizo.

CRAPE [KREIP] *n.* crespón.

CRASH [KRASH] *n.* estallido, estrépito :: choque :: quiebra :: *va. & n.* estallar :: quebrantar :: estrellarse.

CRATE [KREIT] *n.* canasto, cesta, jaula :: embalaje.

CRATER [KRÉITA] *n.* cráter, hoyo.

CRAVE [KREIV] *va.* implorar, solicitar :: ansiar, suspirar (por).

CRAWL [KROAL] *vn.* arrastrarse :: serpear :: ir a gatas, gatear.

CRAYON [KRÉION] *n.* lápiz de co-, lor, cera, pastel, tiza :: dibujo a lápiz, cera o pastel.

CRAZE [KREIS] *n.* delirio, manía, capricho :: *va. & n.* enloquecer(se).

CRAZY [KRÉISI] *adj.* loco :: insensato, demente :: chiflado :: disparatado, desatinado :: **completely** —, loco de remate.

CREAK [KRIK] *n.* chirrido :: canto :: *vn.* rechinar :: crujir, gruñir :: chirriar, cantar.

CREAM [KRIM] *n.* crema :: nata :: *(fig.)* la flor y nata :: — **bun**, buñuelo de viento :: **whipped** —, crema batida :: — **cheese**, requesón, queso de nata.

CREAMY [KRÍMI] *adj.* natoso :: lleno de crema o nata.

CREASE [KRIS] *n.* pliegue, plega-

dura :: arruga :: *va.* plegar, doblar, hacer pliegues, arrugar.

CREATE [KRIÉIT] *va.* crear, producir, hacer, criar :: ocasionar, originar.

CREATION [KRIÉISHON] *n.* creación :: obra.

CREATURE [KRÍTIUR] *n.* criatura, ser :: hechura.

CREDENTIALS [KRIDÉNSHALS] *n. pl.* credenciales, nombre, nombradía.

CREDIBLE [KRÉDIBL] *adj.* creíble, verosímil.

CREDIT [KRÉDIT] *adj. (balance)* activo :: crédito :: fe, creencia :: *(examen)* notable :: **to do** — **to**, honrar :: **on** —, al fiado, a plazos :: *va.* creer, dar fe :: dar crédito :: *(com.)* abonar.

CREDITABLE [KRÉDITABL] *adj.* loable.

CREDITOR [KRÉDITAER] *n.* acreedor.

CREDULOUS[*] [KRÉDIULOS] *adj.* crédulo :: **to be** —, comulgar con ruedas de molino.

CREED [KRID] *n.* credo :: creencia :: religión, doctrina.

CREEP [KRIP] *vn.* arrastrarse :: deslizarse, insinuarse :: — **up**, trepar :: **to give the** —**s to**, horripilar.

CREEPER [KRÍPA] *n.* planta (rastrera, trepadora, enredadera).

CREPT [KREPT] *pret. & p.p. de* **to creep**.

CRESCENT [KRÉSENT] *n.* creciente :: media luna.

CREST [KREST] *n. (orn.)* cresta, penacho, copete :: cimera :: cima.

CRESTFALLEN [KRÉSTFOLEN] *adj.* cabizbajo, alicaído, abatido.

CREVICE [KRÉVIS] *n.* grieta, abertura, resquicio.

CREW [KRU] *n.* tripulación :: banda, horda.

CRIB [KRIB] *n.* cuna :: pesebre :: granero, arcón :: *va.* enjaular.

CRICK [KRIK] *n.* tortícolis.

CRICKET [KRÍKET] *n.* grillo.

CRIME [KRAIM] *n.* crimen :: delito :: criminalidad.

CRIMINAL[*] [KRÍMINAL] *adj.* criminal :: *n.* reo :: **state** —, reo de traición.

CRIMSON [KRÍMSON] *adj.* carmesí.

CRIPPLE [KRÍPL] *n.* cojo, inválido :: contrecho :: tullido :: **to be a** —, ser cojo :: *va.* mutilar, lisiar :: estropear, baldar.

CRISIS [KRÁISIS] *n.* crisis.

CRISP[*] [KRISP] *adj.* crespo, rizado :: erizado :: tostado :: cortado, decidido, vigoroso :: mordaz :: *(tiempo)* fresco :: **to cook** —, achicar :: *va.* encrespar, rizar.

CRITERION [KRAITÍRION] *n.* criterio, juicio.

CRITICAL° [KRÍTIKAL] *adj.* crítico, difícil :: — **article,** crítica :: — **point,** crisis :: — **comment,** animadversión.

CRITICISM [KRÍTISISM] *n.* crítica :: juicio crítico.

CROAK [KROUK] *n.* graznido :: canto :: chirrido :: *vn.* graznar.

CROCKERY [KRÓKERI] *n.* loza, cacharros.

CROCODILE [KRÓKODAIL] *n.* cocodrilo.

CRONY [KRÓUNI] *n.* compadre, compinche :: camarada, compañero.

CROOK [KRUK] *n.* gancho, garfio :: cayado :: artificio, tramposo :: criminal :: *vn.* encorvarse.

CROOKED° [KRÚKID] *adj.* torcido :: curvo, encorvado :: falso, fraudulento.

CROP [KROP] *n.* cosecha, recolección, mieses :: *(de un ave)* buche :: *va. & n.* cosechar, recolectar :: rapar :: esquilar :: pacer.

CROSS [KROS] *n.* cruz :: **wayside** —, crucero :: **St. Andrew's** —, aspa :: aflicción :: *(biol.)* cruzamiento :: *adj.* atravesado :: opuesto :: de mal humor, arisco, picado :: mohíno :: *(dirección)* transversal :: **—bar,** barra, tranca, travesaño :: — **bred,** cruzado :: —**examination,** repreguntas :: —**eyed,** bizco :: —**grained,** desabrido :: **to be (get)** —, tener malas pulgas :: molestarse :: —**road,** atajo, trocha, travesía :: —**wise,** terciado :: *va.* atravesar, cruzar, (tras)pasar :: desbaratar :: vejar :: intersecarse :: — **out,** borrar, rayar :: **to** —**breed,** cruzar.

CROSSING [KRÓSING] *n.* cruce :: cruzamiento :: encrucijada, crucero :: travesía.

CROUCH [KRAUCH] *vn.* acurrucarse :: acuclillarse :: agacharse :: rebajarse.

CROW [KROU] *n.* corneja :: cuervo :: *(del gallo)* canto :: **as the** — **flies,** en derechura :: *vn.* **to** —, cacarear.

CROWBAR [KRÓUBAR] *n.* palanca.

CROWD [KRAUD] *n.* multitud, gentío, montón, turba :: rueda :: gente :: concurso :: tropa :: tropel :: —**s of,** una nube de :: **in** —**s, in a** —, a tropel :: *va.* amontonar :: *vn.* amontonarse :: **to** — **around,** (ar)remolinarse.

CROWDED [KRÁUDID] *adj.* atestado, lleno, apiñado.

CROWN [KRAUN] *n.* corona :: guirnalda :: *(anat.)* coronilla :: *(sombrero)* copa :: galardón :: cima :: *va.* coronar.

CRUCIBLE [KRÚSIBL] *n.* crisol.

CRUCIFIX [KRÚSIFIKS] *n.* crucifijo, Cristo.

CRUCIFY [KRÚSIFAI] *va.* crucificar :: atormentar.

CRUDE° [KRUD] *adj.* crudo, áspero, bruto, tosco, indigesto.

CRUEL° [KRÚEL] *adj.* cruel, fiero, duro, feroz :: sanguíneo, despiadado, bárbaro.

CRUELTY [KRÚELTI] *n.* crueldad.

CRUISE [KRUS] *n.* viaje por mar :: *vn.* navegar.

CRUISER [KRÚSA] *n.* crucero.

CRUMB [KROM] *n.* migaja, miaja :: *(fig.)* pizca :: *va.* desmenuzar.

CRUMBLE [KRAMBL] *va. & n.* desmigajar(se), desmenuzar(se) :: desmoronarse, derrumbarse.

CRUMPLE [KRAMPL] *va.* arrugar, manosear, ajar :: — **up,** consentirse, deshacerse, desplomarse.

CRUNCH [KRANCH] *va.* cascar :: *vn.* crujir.

CRUSADE [KRUSÉID] *n.* cruzada :: *vn.* hacer una campaña, hacer una cruzada.

CRUSH [KRASH] *n.* choque :: aplastamiento :: machacadura :: gentío, agolpamiento :: *va.* aplastar, machacar, moler, quebrantar :: prensar, estrujar :: apretar, comprimir :: abrumar, trastornar, aniquilar, hundir :: ajar, deslucir.

CRUST [KRAST] *n.* costra :: capa :: corteza, cuscurro :: **a** — **of bread,** un mendrugo de pan, un cantero.

CRUTCH [KRACH] *n.* muleta, muletilla.

CRY [KRAI] *n.* grito :: clamor :: lamento :: aullido :: vagido :: *va.* gritar :: exclamar :: llorar :: lamentar :: pregonar :: *vn.* llorar :: — **out,** gritar :: — **down,** rebajar, desacreditar :: — **up,** encarecer :: **to** — **out loudly,** poner el grito en el cielo.

CRYPTIC [KRÍPTIK] *adj.* oculto, enigmático.

CRYSTAL [KRÍSTL] *n.* cristal :: —**clear,** cristalino, claro.

CUB [KOB] *n.* cachorro :: **bear** —, osezno :: **wolf** —, lobato.

CUBE [KIUB] *n.* cubo :: — **root,** *(math.)* raíz cúbica :: *va.* cubicar.

CUCKOO [KÚKU] *n.* cuclillo.

CUCUMBER [KIÚKOMBA] *n.* pepino, cohombro :: **cool as a** —, fresco como una lechuga.

CUDDLE [KODL] *va.* acariciar, abrazar.

CUDGEL [KÓCHL] *n.* garrote, porra, palo :: *va.* apalear, aporrear :: **to** — **one's brains,** devanarse los sesos.

CUE [KIU] *n.* cola, extremidad, apunte :: *(de billar)* taco :: *(theat.)* pie.

CUFF [COF] *n.* *(de la camisa)* puño :: revés, sopapo, bofetada :: —**links,** gemelos :: *va.* dar una bofetada.

CULMINATE [KÓLMINEIT] *vn.* culminar :: conseguir.

CULPABLE [KÓLPABL] *adj.* culpable, culpado.

CULPRIT [KÓLPRIT] *n.* culpado, acusado, delincuente.

CULTIVATE [KÓLTIVEIT] *va.* cultivar, lab(o)rar :: beneficiar :: estudiar.

CULTIVATED [KÓLTIVEITID] *adj.* cultivado :: culto.

CULTIVATION [KOLTIVÉISHON] *n.* cultivo :: cultura.

CULTURE [KÓLTIUR] *n.* cultura, civilización :: urbanidad :: luz.

CULTURED [KÓLTIURD] *n.* culto :: cultivado.

CUMBERSOME [KÓMBERSOM] *adj.* embarazoso, incómodo :: abultado.

CUMULATIVE [KIÚMIULATIV] *adj.* acumulativo.

CUNNING° [KÓNING] *adj.* astuto, mañoso :: artero, solapado, socarrón, sabio, bellaco :: — **skill,** malas artes :: *n.* astucia, treta, ardid :: cautela, sutileza, socaliña.

CUP [KAP] *n.* taza :: trago :: copa trofeo :: cáliz :: jícara :: capullo, cúpula :: —**bearer,** copero :: **in one's** —**s,** bebido :: **many a slip between** — **and lip,** de la mano a la boca desaparece la sopa.

CUPBOARD [KÓBERD] *n.* armario :: alhacena :: —**love,** amor interesado.

CUPOLA [KIÚPOLA] *n.* cúpula :: cimborrio.

CURATE [KIÚREIT] *n.* coadjutor, cura.

CURB [KERB] *n.* brocal (de pozo) :: *(del caballo)* freno, brida :: orilla :: *va.* refrenar, contener, reprimir, cortar.

CURD [KERD] *n.* cuajada, requesón :: *pl.* cuajada :: *va. & n.* cuajar(se).

CURDLE [KERDL] *vr.* cortarse, cuajar :: *(la sangre)* helar(se).

CURE [KIÚR] *n.* cura(ción) :: remedio :: —**all**, panacea :: *va. & n.* curar(se) :: recuperarse :: *(alimentos)* conservar :: ahumar, salar.

CURFEW [KOÉRFIU] *n.* toque de queda.

CURIO [KIÚRIOU] *n.* curiosidad, objeto raro y curioso.

CURIOSITY [KIURIÓSITI] *n.* curiosidad, rareza.

CURIOUS [KIÚRIOS] *adj.* curioso, preguntón, entremetido :: raro, peregrino, delicado, primoroso.

CURL [KERL] *n.* rizo, bucle, tirabuzón :: *(de madera)* alabeo :: *va. & n.* rizar, encrespar, retortijar :: — **up**, acurrucarse :: — **around**, enroscar(se) :: *(los labios)* fruncir.

CURLEW [KÉRLIU] *n.* chorlito.

CURLY [KÉRLI] *adj.* rizo, rizoso, rizado, crespo.

CURRANT [KÓRANT] *n.* pasa de Corinto :: grosella.

CURRENCY [KÓRENSI] *n.* moneda en circulación, medio circulante :: circulación :: **paper** —, papel moneda :: divisas.

CURRENT° [KÓRENT] *adj.* corriente, común, en boga :: popular, de actualidad :: — **year**, el año en curso :: *n. (de aire, agua)* corriente :: curso, marcha :: *vn.* **to be** —, correr, ser de actualidad.

CURRY [KÓRI] *va.* curtir, adobar *(el cuero)* :: zurrar:: *(horse)* almohazar :: — **favour**, adular :: *n.* curry.

CURSE [KERS] *n.* maldición, juramento :: vituperio, reniego, injuria, improperio :: **taco** :: *va. & n.* maldecir, echar maldiciones :: renegar, vituperar, execrar, denostar, echar pestes.

CURSED° [KÉRSID] *n.* maldito, condenado, aborrecible.

CURSING [KÉRSING] *n.* maldiciente.

CURSORY [KÉRSORI] *adj.* precipitado, sumario, por encima, de carrera.

CURT° [KERT] *adj.* seco, breve, conciso.

CURTAIL [KERTÉIL] *va.* cortar, abreviar, cercenar, restringir, circuncidar.

CURTAIN [KÉRTIN] *n.* cortina :: *(theat.)* telón :: **to draw a** — **over**, correr un velo sobre.

CURVATURE [KÉRVACHIUR] *n.* curvatura.

CURVE [KERV] *n.* curva, serpenteo, recodo :: *va.* encorvar, torcer(se).

CUSHION [KÚSHON] *n.* cojín, almohadilla :: *(del billar)* banda :: *(mech.)* cojinete.

CUSTARD [KÓSTERD] *n.* natillas, leche, crema :: flan.

CUSTODY [KÓSTODI] *n.* custodia, guardia :: encierro, cárcel.

CUSTOM [KÓSTOM] *n.* costumbre, moda, usanza, procedimiento, uso :: impuesto :: clientela, despacho :: *pl.* aduana :: — **duties**, impuestos de aduana :: **local** —, costumbre local :: — **officer**, aduanero :: —**house**, oficina de aduanas.

CUSTOMARY [KÓSTOMARI] *adj.* acostumbrado, usual, comun, ritual, reglamentario, habitual.

CUSTOMER [KÓSTOMA] *n.* parroquiano, cliente.

CUT [KAT] *n.* corte, tajo, cortadura, tajada :: herida, incisión :: *(de la baraja)* corte :: desaire :: *(de un traje)* hechura, corte :: **short** —, atajo, trocha :: *va. & n.* cortar :: tallar, cincelar :: partir, dividir :: *(la baraja)* alzar, cortar :: — **down**, segar :: — **off**, cortar :: — **out**, recortar :: suprimir, imposibilitar, cortar :: — **short**, truncar, imposibilitar, interrumpir, atajar :: — **up**, cortar :: surcar, lastimar :: **to** — **dead**, desairar :: **to** — **both ways**, ser una arma de dos filos :: **to** — **across fields**, ir a campo travieso :: **to** — **a figure**, hacer (un) papel :: **to** — **one's way through**, abrirse paso :: — **off**, cortado, recortado, incomunicado, aislado.

CUTLASS [KÁTLAS] *n.* machete, alfanje.

CUTLERY [KÁTLARI] *n.* cuchillería :: cubiertos.

CUTLET [KÓTLET] *n.* chuleta.

CUTOFF [KÁTOF] *n.* atajo.

CYCLONE [SÁILKOUN] *n.* ciclón, huracán.

CYLINDER [SÍLINDA] *n.* cilindro.

CYNICAL° [SÍNIKAL] *adj.* impasible, frío, indiferente :: cínico :: desdeñoso.

CYNICISM [SÍNISISM] *n.* cinismo.

CYPRESS [SÁIPRES] *n.* ciprés.

CYST [SÍST] *n.* quiste.

CZAR [SA] *n.* zar, jefe.

D

DAFFODIL [DÁFODIL] *n. (bot.)* narciso.

DAGGER [DÁGA] *n.* puñal :: daga.

DAHLIA [DÁLIAE] *n. (bot.)* dalia.

DAILY [DÉILI] *adj.* diario, cotidiano :: *adv.* diariamente, todos los días, de un día a otro.

DAINTY [DÉINTI] *adj.* delicado :: donoso :: gracioso :: regalado :: sabroso :: *n.* golosina :: gollería.

DAIRY [DÉIRI] *adj.* lechería.

DAISY [DÉISI] *n. (bot.)* margarita, maya.

DALE [DEIL] *n.* cañada, hoya, hoyada, valle.

DAM [DAM] *n.* presa, represa :: dique :: pantano :: *va.* represar, embalsar, tapar.

DAMAGE [DÁMICH] *n.* daño :: perjuicio, deterioro, menoscabo :: avería :: pérdida :: *pl. (ley)* daños y perjuicios.

DAMASK [DÁMASK] *adj.* adamascado, damasquino :: *n.* damasco :: *va.* damasquinar.

DAME [DEIM] *n.* dama, señora :: **old** —, vieja.

DAMN [DAM] *va.* condenar, reprobar, maldecir.

DAMNATION [DAMNÉISHON] *n.* condenación.

DAMP [DAMP] *adj.* húmedo :: mojado :: *n.* humedad :: *va.* humedecer :: desanimar, apagar.

DAMPEN [DAEMPN] *va.* mojar, humedecer :: desalentar :: amortiguar.

DAMPNESS [DAÉMPNES] *n.* humedad.

DAMSEL [DAÉMSEL] *n.* damisela.

DANCE [DANS] *n.* baile :: danza :: **formal** —, baile de etiqueta :: **St. Vitus'** —, baile de San Vito :: *vn.* bailar, danzar :: **to** — **attendance on,** no dejar a sol ni a sombra.

DANCER [DÁNSA] *n.* danzante :: bailarín(a).

DANDELION [DAÉNDILAIEN] *n. (bot)* diente de león.

DANDRUFF [DAÉNDROEF] *n.* caspa.

DANGER [DÉINCHA] *n.* peligro, riesgo, trance :: **without** —, sobre seguro.

DANGEROUS [DÉINCHEROS] *adj.* apretado, aventurado :: expuesto :: peligroso, arriesgado :: *(enfermo)* grave.

DANGLE [DANGL] *va. & n.* colgar, suspender, guindar :: bambolearse.

DAPPER [DÁPA] *adj.* apuesto :: gentil, gallardo.

DARE [DÉAER] *va.* arrostrar, desafiar :: retar :: *vn.* atreverse, osar :: **I** — **say,** me figuro.

DARING [DÉRING] *adj.* atrevido, osado :: arriesgado, temerario :: *n.* osadía, bravura, atrevimiento.

DARK [DARK] *adj.* obscuro, opaco :: sombrío, hosco :: fúnebre, ciego :: —**haired,** moreno :: — **lantern,** linterna sorda :: **the** —, *n. pl.* tinieblas :: **in the** —, a ciegas, a oscuras, a tientas :: **to be left in the** —, quedarse a buenas noches :: **to grow** —, anochecer, oscurecer :: **to keep** —, ocultar.

DARKEN [DARKN] *va.* obscurecer(se) :: nublarse.

DARKNESS [DÁRKNIS] *n.* obscuridad :: tinieblas :: sombra.

DARLING [DÁRLING] *adj.* querido, amado :: *n.* favorito, predilecto :: *(Amer.) (fam.)* chata :: **my** —, mi reina, amor mío.

DARN [DARN] *n.* remiendo, zurcido :: *va.* zurcir, remendar.

DART [DART] *n.* flecha :: dardo :: venablo :: *va. & vr.* lanzar(se), arrojar(se) :: despedir, flechar.

DASH [DASH] *n.* ataque, arremetida :: *(de las olas)* embate, choque :: *(gram.)* guión, raya :: mezcla, sabor :: coraje, garbo :: fogosidad :: **to make a** —, tirarse :: *va. & vr.* lanzar(se), arrojar(se) :: hundir :: acometer :: **to** — **to pieces,** hacer(se) añicos, estrellarse :: estallar :: **to** — **to and fro,** trajinar, arremeter.

DASHING [DÁSHING] *adj.* brillante, fogoso :: garboso :: *(fam.)* curro :: *n.* embate :: arremetida.

DATA [DÉITA] *n. pl.* datos.

DATE [DEIT] *n.* fecha :: dátil :: —**coloured,** datilado :: **out of** —, desusado, pasado de moda :: **up to** —, al día, al tanto :: *va.* datar, poner la fecha, fechar.

DAUGHTER [DÓATA] *n.* hija :: **grand**—, nieta :: —**in-law,** nuera, hija política :: **god** —, ahijada.

DAUNT [DAUNT] *va.* intimidar, asustar, espantar :: desanimar.

DAUNTLESS [DOANTLES] *adj.* intrépido, impávido.

DAWDLE [DOADL] *vn.* gastar tiempo, pasar el rato.

DAWN [DOAN] *n.* alba, amanecer :: **at** —, de madrugada :: **from** — **to dusk,** de sol a sol :: **to get up**

with the —, madrugar :: *vn.* amanecer, romper el día, alborear, apuntar.

DAY [DEI] *n.* día :: jornada :: — **book,** diario :: **by** —, de día :: **the** — **before,** la víspera :: **the** — **before yesterday,** anteayer :: **the** — **after tomorrow,** pasado mañana :: **a** — **off,** un día de asueto :: — **in** — **out,** día tras día :: —**boy,** externo :: — **school,** externado :: — **labourer,** jornalero :: **every other** —, cada tercer día, un día sí y otro no.

DAYBREAK [DÉIBREIK] *n.* amanecer, alba :: **at** —, al amanecer, al romper el día.

DAYLIGHT [DÉILAIT] *n.* sol :: luz del día.

DAYTIME [DÉITAIM] *n.* día *(duración de la luz solar)* :: **in the** —, durante el día :: de día.

DAZE [DEIS] *n.* aturdimiento :: deslumbramiento :: **to be in a** —, estar aturdido :: *va.* aturdir :: ofuscar :: deslumbrar.

DAZZLE [DASL] *va.* deslumbrar, ofuscar.

DEAD [DED] *adj.* muerto :: difunto :: *(sonido)* sordo :: inorgánico :: seguro :: — **stop,** parada en seco :: **in the** — **of night,** en las altas horas :: — **certainty,** certeza absoluta :: — **drunk,** perdido :: — **end,** callejón sin salida :: — **shot,** tirador certero :: — **weight,** peso muerto.

DEADEN [DEDN] *va.* amortiguar :: apagar.

DEADLY [DÉDLI] *adj.* mortal :: letal :: fatal :: — **sin,** pecado capital.

DEAF [DEF] *adj.* sordo :: **to pretend to be** —, hacerse el sueco :: — **and dumb,** sordomudo :: **stone** —, sordo como una tapia.

DEAFEN [DEFN] *va.* ensordecer, aturdir.

DEAFENING [DÉFNING] *adj.* ensordecedor, estruendoso.

DEAFNESS [DÉFNES] *n.* sordera.

DEAL [DIL] *n.* cantidad, porción :: pino en tablas :: negocio, trato :: **a great** —, mucho :: **a good** —, bastante :: *va. & n.* distribuir :: *(cartas)* dar :: tratar, negociar :: **to** — **in,** comerciar :: **to** — **with,** tratar de, versar sobre.

DEALER [DÍLA] *n.* comerciante, expendedor :: *(en las cartas)* mano.

DEALINGS [DÍLINGS] *n. pl.* relaciones *(comerciales o amistosas)* :: comercio, tratos :: negocios.

DEALT [DELT] *pret. & p.p. de* to **deal.**

DEAN [DIN] *n. (eccl.)* deán :: decano.

DEAR [DÍAER] *adj.* costoso, caro :: querido, predilecto.

DEARTH [DERZ] *n.* carestía, escasez.

DEATH [DEZ] *n.* muerte, fallecimiento, defunción :: parca :: **the pags of** —, agonía :: **war to the** —, guerra sin cuartel :: — **dealing,** *adj.* fatal, mortífero :: — **certificate,** partida de defunción :: —**bed,** lecho mortuorio.

DEBAR [DIBÁR] *va.* excluir, privar, alejar.

DEBASE [DIBÉIS] *va.* rebajar, envilecer, prostituir, pervertir :: depreciar :: *vr.* humillarse.

DEBATE [DIBÉIT] *n.* debate :: discusión, contienda, controversia :: *va. & n.* debatir :: contender, disputar :: deliberar.

DEBAUCH [DIBÓACH] *n.* crápula, orgía :: *va.* corromper :: relajar, sobornar.

DEBAUCHERY [DIBÓACHERI] *n.* crápula, lujuria, mal vivir.

DEBILITATE [DIBÍLITEIT] *va.* debilitar.

DEBILITY [DIBÍLITI] *n.* debilidad, atonía, inanición, extenuación.

DEBIT [DÉBIT] *n.* debe, débito, cargo :: *va.* cargar.

DEBRIS [DEBRÍ] *n.* escombros :: ruinas.

DEBT [DET] *n.* deuda.

DEBTOR [DÉTA] *n.* deudor.

DEBUNK [DIBÁNK] *va.* desbaratar :: desenmascarar.

DECADENCE [DÉKADENS] *n.* ocaso, decadencia.

DECAMP [DIKÁMP] *vn.* huir, escaparse, decampar :: *(sl.)* zafarse.

DECANTER [DIKÁNTA] *n.* garrafa, botellón.

DECAY [DIKÉI] *n.* decadencia :: decaecimiento :: mengua :: podredumbre, putrefacción seca :: *vn.* decaer, declinar :: empeorar, extenuarse, pudrir :: venir a menos, degenerar :: *(los dientes)* cariarse.

DECEASE [DISÍS] *n.* fallecimiento, defunción :: *vn.* morir, fallecer.

DECEASED [DISÍST] *adj. & n.* muerto, difunto.

DECEIT [DISÍT] *n.* fraude, engaño :: impostura, duplicidad, trampa, camelo.

DECEITFUL [DISÍTFUL] *adj.* falso, engañoso :: artificioso, bellaco, solapado.

DECEIVE [DISÍV] *va.* engañar, defraudar, burlar, camelar, embaucar.

DECEMBER [DISÉMBA] *n.* diciembre.

DECENCY [DÍSENSI] *n.* decencia :: honestidad, pudor, recato.

DECENT [DÍSENT] *adj.* decente, acomodado, honrado :: aseado.

DECEPTION [DISÉPSHON] *n.* decepción, desengaño, desilusión.

DECEPTIVE [DISÉPTIV] *adj.* engañoso, falaz, ilusorio.

DECIDE [DISÁID] *va. & n.* decidir, resolver :: — **on,** optar por :: *vr.* decidirse, resolverse.

DECIDED [DISÁIDID] *adj.* decidido, resuelto :: asegurado :: categórico :: patente.

DECIMAL [DÉSIMAEL] *adj.* decimal :: *n.* decimal, fracción decimal.

DECIMATE [DÉSIMEIT] *va.* diezmar.

DECIPHER [DISÁIFA] *va.* descifrar :: aclarar :: deletrear.

DECISION [DISÍSHON] *n.* decisión, resolución, firmeza.

DECISIVE [DISÁISIV] *adj.* decisivo, crítico, concluyente.

DECK [DEK] *n. (naut.)* cubierta :: plataforma :: baraja :: —**chair,** silla de tijera :: *va.* adornar(se), ataviar(se).

DECLAIM [DIKLÉIM] *va. & n.* declamar, recitar, perorar, arengar.

DECLARATION [DEKLARÉISHON] *n.* declaración, manifestación, manifesto.

DECLARE [DIKLÉAER] *va.* declarar, manifestar :: afirmar, testificar :: *vr.* pronunciarse.

DECLINE [DIKLÁIN] *n.* declinación, decadencia :: mengua, menoscabo :: *va.* rehusar, rechazar :: *vn.* excusarse, evitar.

DECOMPOSE [DIKOMPÓUS] *va.* descomponer, pudrir :: *vn.* descomponerse.

DECORATE [DÉKOREIT] *va.* (con)decorar, adornar, hermosear.

DECORATION [DEKORÉISHON] *n.* (con)decoración :: adorno, ornato, embellecimiento.

DECORATIVE [DÉKERETIV] *adj.* decorativo :: ornamental.

DECOROUS [DÉKOROS] *adj.* decoroso, púdico.

DECOY [DÍKOI] *n.* señuelo :: — **pigeon,** cimbel, señuelo :: *va.* atraer con señuelo, embaucar.

DECREASE [DIKRÍS] *n.* disminución, mengua :: merma :: menguado :: *va. & n.* disminuir, menguar.

DECREE [DIKRÍ] *n.* decreto, estatuto :: pragmática, ley :: *va.* decretar, ordenar.

DECREPIT [DIKRÉPIT] *adj.* decrépito.

DECRY [DIKRÁI] *va.* desacreditar, afear :: rebajar :: zaherir.

DEDICATE [DÉDIKEIT] *va.* dedicar, consagrar, aplicar, dar(se) a.

DEDUCE [DIDIUS] *va.* deducir :: **I** —, that, me imagino que, deduzco que.

DEDUCT [DIDÓKT] *va.* deducir :: descontar :: *(math.)* restar.

DEDUCTION [DIDÓKSHON] *n.* deducción, reducción :: descuento :: **absurd** —, contrasentido.

DEED [DID] *n.* acción :: hecho, acto :: hazaña :: proeza :: *pl.* mocedades :: *(ley)* escritura :: documento.

DEEM [DIM] *va. & n.* juzgar, creer, considerar.

DEEP [DIP] *adj.* profundo, serio :: hondo :: recóndito :: *(amor)* fuerte :: *(mus.)* grave :: *(color)* obscuro :: — **chested,** ancho de pecho :: — **spot,** n. pozo :: hondanada :: pliego, fondo del mar, alta mar :: **to go** —, *vn.* ahondar, profundizar.

DEEPEN [DIPN] *va.* profundizar :: *(la voz)* ahuecar.

DEER [DÍAER] *n.* ciervo, venado.

DEFACE [DIFÉIS] *va.* estropear, afear :: mutilar :: desfigurar.

DEFAME [DIFÉIM] *va.* amenguar, difamar, calumniar, infamar, menoscabar.

DEFAULT [DIFÓALT] *n.* falta, omisión :: culpa :: defecto :: **by** —, por ausencia :: en rebeldía :: *va.* faltar, no cumplir :: *vn.* ponerse en mora.

DEFEAT [DIFÍT] *n.* derrota :: descalabro, anulación :: *va.* derrotar, frustrar :: vencer :: **which** —**s its own purpose,** *adj.* contraproducente.

DEFECT [DIFÉKT] *n.* defecto, vicio :: imperfección, tacha.

DEFECTIVE [DIFÉKTIV] *adj.* defectuoso, defectivo, imperfecto :: escaso.

DEFENCE, DEFENSE [DIFÉNS] *n.* defensa, apoyo, escudo, sostén :: apología.

DEFENCELESS, DEFENSELESS [DIFÉNSLES] *adj.* indefenso, inerme, desamparado.

DEFEND [DIFÉND] *va.* defender, vindicar, amparar :: *vr.* parapetarse :: (res)guardar(se).

DEFENDANT [DIFÉNDAENT] *n.* acusado, demandado, procesado.

DEFENDER [DIFÉNDA] *n.* defensor, abogado :: protector, campeón :: apologista.

DEFENSIVE [DIFÉNSIV] *n.* defensiva :: **to be on the** —, estar a la defensiva.

DEFER [DIFOÉR] *va. & n.* diferir, aplazar, postergar, posponer, postergar :: **to**, deferir, ceder.

DEFERENCE [DÉFERENS] *n.* deferencia, respeto, consideración.

DEFIANCE [DIFÁIANS] *n.* provocación :: reto :: rebeldía :: **in** — **of**, a despecho de :: **to bid** —, desafiar.

DEFICIENCY [DIFÍSHENSI] *n.* deficiencia, insuficiencia, falta.

DEFICIENT° [DIFÍSHENT] *adj.* deficiente, defectuoso, incompleto.

DEFICIT [DÉFISIT] *n.* déficit.

DEFILE [DIFÁIL] *n.* desfiladero, hoz :: *va.* manchar, profanar, ensuciar :: infeccionar.

DEFINE [DIFÁIN] *va.* definir, determinar, delimitar.

DEFINITE° [DÉFINIT] *adj.* definido, rotundo, determinante :: *(promesa, etc.)* formal :: categórico :: **quite** —, indudable.

DEFINITION [DEFINÍSHON] *n.* definición :: precisión.

DEFINITIVE° [DIFÍNITIV] *adj.* definitivo.

DEFLATE [DIFLÉIT] *va.* desinflar.

DEFLECT [DIFLÉKTI] *va. & n.* desviar, separar del camino :: *vr.* desviarse, apartarse.

DEFLECTION [DIFLÉKSHON] *n.* desvío :: declinación, torcimiento.

DEFORM [DIFÓARM] *va.* desfigurar, deformar.

DEFORMED° [DIFÓRMD] *adj.* deforme, disforme :: deformado :: desfigurado.

DEFORMITY [DIFÓRMITI] *n.* deformidad :: deformación.

DEFRAUD [DIFRÓAD] *va.* defraudar, engañar :: frustrar.

DEFRAY [DIFRÉI] *va.* costear, sufragar (los gastos).

DEFT° [DEFT] *adj.* diestro, hábil, mañoso.

DEFY [DIFÁI] *va.* desafiar, retar.

DEGRADATION [DEGRADÉISHON] *n.* degradación :: descenso.

DEGRADE [DIGRÉID] *va.* degradar, envilecer :: hollar :: humillar.

DEGREE [DIGRÍ] *n.* grado, escalón :: casta, estirpe :: licenciatura :: doctorado :: **of low** —, *adj.* plebeyo.

DEHUMANIZE [DIJIÚMAENAIS] *va.* deshumanizar.

DEIGN [DEIN] *vn.* dignarse, servirse, condescender.

DEJECT [DIYÉKT] *va.* abatir, afligir, contristar.

DEJECTION [DIYÉKSHON] *n.* abatimiento, desaliento :: postra-

ción.

DELAY [DILÉI] *n.* tardanza, retardo, demora :: retraso :: **without** —, en seguida, sin demora :: *va.* aplazar, (re)tardar, posponer :: demorarse, tardarse.

DELEGATION [DELIGUÉISHON] *n.* delegación, diputación.

DELETE [DILÍT] *va.* borrar, tachar.

DELETERIOUS [DILITÍRIOS] *adj.* deletéreo.

DELETION [DILÍSHON] *n.* borradura :: cancelación, supresión.

DELIBERATE° [DILÍBEREIT] *adj.* circunspecto :: compasado, pausado, lento, deliberado :: *vn.* deliberar, discurrir.

DELIBERATION [DELIBERÉISHON] *n.* deliberación.

DELICACY [DÉLIKASI] *n.* delicadeza, elegancia :: refinamiento :: esmero :: escrupulosidad :: flaqueza :: filigrana :: bocado de rey, manjar.

DELICATE° [DÉLIKEIT] *adj.* tierno, delicado :: *(gusto)* exquisito :: pudoroso :: enfermizo, alfeñique :: suave, gentil, ligero :: deleznable, quebradizo.

DELICIOUS° [DILÍSHOS] *adj.* delicioso, exquisito :: *(alimento)* rico, sabroso.

DELIGHT [DILÁIT] *n.* encanto, placer, delicia :: gozo :: atractivo :: *va.* seducir, encantar, recrear :: deleitarse, gozar :: complacerse.

DELIGHTED [DILÁITID] *adj.* encantado :: **to be** — **to**, alegrarse de, tener mucho gusto en (o de).

DELIGHTFUL° [DILÁITFUL] *adj.* delicioso, ameno, deleitoso, encantador, gracioso, regalado, sabroso.

DELIRIOUS° [DILÍRIOS] *adj.* delirante.

DELIRIUM [DILÍRIOM] *n.* delirio, desvarío.

DELIVER [DILÍVA] *va.* entregar :: librar, libertar :: *(un discurso)* pronunciar :: *(un puñetazo)* asestar :: :: **to be** — **ed**, parir :: *vr.* desahogarse.

DELIVERANCE [DILÍVERANS] *n.* liberación, rescate.

DELIVERY [DILÍVERI] *n.* entrega, liberación :: parto :: elocuencia :: — **service**, servicio de entrega :: — **truck**, camión de reparto.

DELUDE [DILIÚD] *va.* engañar, alucinar.

DELUGE [DÉLIUSH] *n.* diluvio :: *va.* inundar, abrumar.

DELUSION [DILIÚSHON] *n.* error, engaño :: ilusión.

DELVE [DELV] *va.* cavar :: ahondar.

DEMAND [DIMÁND] *n.* demanda, reclamación, pedido, solicitud :: *va.* pedir, exigir, demandar, reclamar.

DEMANDING [DIMÁNDING] *adj.* exigente.

DEMEAN [DIMÍN] *vr.* degradarse, rebajarse.

DEMEANOR, DEMEANOUR [DIMÍNER] *n.* conducta, porte.

DEMIJOHN [DÉMIDYON] *n.* damajuana.

DEMISE [DIMÁIS] *n.* fallecimiento, defunción :: óbito :: *va.* legar, transferir, dar en arriendo.

DEMOCRACY [DEMÓKRAESI] *n.* democracia.

DEMOCRATIC [DEMOUKRÁTIK] *adj.* democrático.

DEMOLISH [DIMÓLISH] *va.* demoler, derribar :: arruinar, batir, derrocar :: reventar.

DEMON [DÍMON] *n.* demonio, diablo.

DEMONSTRATE [DÉMONSTREIT] *va.* demostrar, probar, manifestar.

DEMONSTRATION [DEMONSTRÉISHON] *n.* demostración :: prueba :: manifestación.

DEMUR [DIMÉR] *n.* vacilación, duda :: *vn.* vacilar, temporizar, poner inconvenientes.

DEMURE° [DIMIÚAER] *adj.* recatado, modesto.

DEN [DEN] *n.* madriguera, caverna :: antro :: *(fam.)* cuchitril :: escondrijo, rincón.

DENIAL [DINÁIAL] *n.* denegación, negación :: repudio.

DENIGRATE [DÉNIGREIT] *va.* calumniar :: ennegrecer.

DENIM [DÉNIM] *n.* tela de algodón, dril.

DENOTE [DINÓUT] *va.* denotar, significar, señalar.

DENOUNCE [DINÁUNS] *va.* denunciar, acusar, delatar.

DENSE° [DENS] *adj.* denso, espeso :: compacto, cerrado :: tupido :: *(pers.)* lerdo, torpe.

DENSITY [DÉNSITI] *n.* densidad.

DENT [DENT] *n.* hoyo :: abolladura :: *va.* abollar :: **to make a** — **in**, hacer mella en.

DENTAL [DÉNTAL] *adj.* dental :: *n.* dental, consonante dental.

DENTIST [DÉNTIST] *n.* dentista :: *(pop.)* sacamuelas.

DENUDE [DINIÚD] *va.* despojar, desnudar, desnudar.

DENY [DINÁI] *va.* negar, refutar, renegar, renunciar, negarse a :: desdecirse.

DEODORANT [DIÓUDERENT] *n.* desodorante.

DEPART [DIPÁRT] vn. salir, irse, marcharse :: fallecer :: desviarse, apartarse :: **the departed,** los difuntos.

DEPARTMENT [DIPÁRTMENT] n. departamento :: sección :: rama, ramo, división.

DEPARTURE [DIPÁRTIUR] n. salida, partida, ida, marcha :: desviación.

DEPEND [DIPÉND] vn. pender, colgar :: depender :: contar con :: confiar en :: estar seguro :: apoyarse :: **that** —s, según y cómo :: **to** — **on,** depender de :: **to** — **upon someone,** contar con uno.

DEPENDABLE [DIPÉNDABL] adj. seguro, fidedigno, digno de confianza.

DEPENDENT* [DIPÉNDENT] adj. dependiente :: subordinado :: n. dependiente, familiar.

DEPICT [DIPÍKT] va. describir, pintar, representar.

DEPILATE [DÉPILEIT] va. depilar.

DEPLETE [DIPLÍT] va. agotar :: vaciar :: mermar.

DEPLORABLE [DIPLÓRAEBL] adj. deplorable, lamentable.

DEPLORE [DIPLÓAER] va. deplorar, lamentar, llorar, dolerse de.

DEPORT [DIPÓRT] va. deportar, extrañar, desterrar :: vn. conducirse, portarse.

DEPORTMENT [DIPÓRTMENT] n. porte, conducta, proceder.

DEPOSE [DIPÓUS] va. deponer :: vn. dar testimonio.

DEPOSIT [DIPÓSIT] n. depósito, sedimento :: (com.) arras, prenda :: yacimiento :: va. depositar :: ingresar (dinero) :: (chem.) precipitar.

DEPOSITION [DIPOSÍSHON] n. deposición, declaración.

DEPOT [DÍPOU] n. almacén :: muelle.

DEPRAVE [DIPRÉIV] va. depravar, pervertir :: estragar.

DEPRECATE [DÉPRIKEIT] va. rogar :: lamentar :: vn. oponerse.

DEPRECIATE [DIPRÍSHIEIT] va. depreciar :: bajar de precio :: abaratar(se) :: menospreciar.

DEPREDATION [DEPRIDÉISHON] n. depredación, saqueo.

DEPRESS [DIPRÉS] va. deprimir, bajar, desanimar :: sumir, abismar.

DEPRESSED [DIPRÉST] adj. abatido, decaído.

DEPRESSING [DIPRÉSING] adj. deprimente.

DEPRESSION [DIPRÉSHON] n. abati-

miento :: depresión :: hueco, buche.

DEPRIVATION [DEPRIVÉISHON] n. pérdida, privación, carencia.

DEPRIVE [DIPRÁIV] va. privar (de), quitar (a), destituir.

DEPTH [DEPZ] n. profundidad :: fondo :: (de los sonidos) gravedad :: (de los colores) viveza :: —s, abismo :: entrañas :: **the** —s **of,** lo hondo de :: **out of** **one's** —, sin dar pie.

DEPUTY [DÉPIUTI] n. delegado, suplente, diputado :: comisionado.

DERANGE [DIRÉINCH] va. desarreglar :: trastornar.

DERELICT [DÉRILIKT] adj. abandonado.

DERIDE [DIRÁID] va. ridiculizar, burlarse (de), mofarse (de).

DERISION [DIRÍSHON] n. irrisión :: mofa, escarnio :: **subject of** —, ludibrio.

DERISIVE* [DIRÁISIV] adj. irrisorio, burlesco.

DERIVE [DIRÁIV] va. derivar, deducir.

DEROGATORY [DIRÓGATORI] adj. derogatorio.

DERRICK [DÉRIK] n. grúa :: torre (para la exportación de petróleo).

DESCEND [DISÉND] vn. descender, bajar :: declinar :: **to** — **to,** rebajarse a :: **to** — **upon,** caer sobre :: **to** — **from,** descender de.

DESCENDANT, DESCENDENT [DISÉNDANT, DISÉNDENT] n. descendiente, vástago.

DESCENT [DISÉNT] n. origen, descenso :: cuna, abolengo, estirpe :: descendencia :: posteridad :: descendimiento :: pendiente, declive :: bajada :: (mil.) incursión.

DESCRIBE [DISKRÁIB] va. describir, pintar, definir.

DESCRIPTION [DISKRÍPSHON] n. descripción, reseña :: género, clase :: **personal** —, pl. señas personales.

DESECRATE [DÉSIKREIT] va. profanar.

DESERT [DÉSERT] adj. desierto :: despoblado :: solitario :: n. páramo, yermo, desierto :: soledad :: merecimiento :: [DESÉRT]va. & n. desertar :: abandonar, dejar, desamparar :: **to get one's** —s, llevar su merecido.

DESERTER [DISÉRTA] n. desertor, tránsfuga.

DESERTION [DISÉRSHON] n. aban-

dono :: (mil.) deserción.

DESERVE [DISÉRV] va. merecer, ser digno de :: incurrir (en).

DESERVING* [DISÉRVING] adj. meritorio :: merecedor.

DESIGN [DISÁIN] n. designio, proyecto, plan, dibujo :: trazo, patrón :: mira, propósito, va. dibujar :: proponerse, idear :: delinear :: vn. tener un designio.

DESIGNER [DISÁINA] n. diseñador :: dibujante :: proyectista :: intrigante.

DESIGNING* [DISÁINING] adj. insidioso, intrigante.

DESIRABLE [DISÁIRABL] adj. deseable :: agradable :: conveniente.

DESIRE [DISÁIR] n. deseo :: antojo :: afán, comezón, aspiración, hambre :: voluntad :: va. desear, anhelar, ambicionar :: suspirar por :: suplicar, rogar.

DESIROUS* [DISÁIROS] adj. deseoso.

DESIST [DISÍST] vn. desistir de, dejar de, cesar de.

DESK [DESK] n. pupitre :: escritorio, papelera :: bufete :: caja.

DESOLATE* [DÉSOLEIT] adj. desolado, solitario, despoblado :: va. talar, devastar.

DESOLATION [DESOLÉISHON] n. desolación :: soledad.

DESPAIR [DISPÉR] n. desesperación :: va. & n. desesperar(se).

DESPAIRING* [DISPÉAERING] adj. desesperado, sin esperanza.

DESPATCH, DISPATCH [DISPÁCH] n. prisa, expedición :: mensaje, billete, pliego :: (mil.) parte :: va. mandar, enviar, despachar, expedir :: endilgar.

DESPERATE* [DÉSPEREIT] adj. desesperado :: furioso, arrojado, temerario, desesperanzado.

DESPERATION [DESPERÉISHON] n. desesperación :: temeridad.

DESPICABLE [DESPÍKABL] adj. despreciable, vil, ruin, infame.

DESPISE [DISPÁIS] va. despreciar, echar a mal, menospreciar.

DESPITE [DISPÁIT] n. despecho :: malignidad :: prep. a pesar de, no obstante.

DESPOIL [DISPÓIL] va. despojar, robar.

DESPOND [DISPÓND] vn. desalentarse, abatirse, decaer, decaer de ánimo.

DESPONDENCY [DISPÓNDENSI] n. desaliento, desabrimiento, abatimiento.

DESPONDENT* [DISPÓNDENT] adj. abatido, decaído, desalentado, desesperanzado.

DESPOT [DÉSPOT] *n.* déspota, tirano.

DESPOTIC [DESPÓTIK] *adj.* despótico.

DESSERT [DISÉRT] *n.* postres :: dulce :: fruta.

DESTINATION [DESTINÉISHON] *n.* destino, paradero, meta.

DESTINE [DÉSTIN] *va.* destinar, designar, predestinar.

DESTINY [DÉSTINI] *n.* suerte, destino, sino, hada.

DESTITUTE [DÉSTITIUT] *adj.* desamparado, desprovisto, necesitado, desvalido.

DESTITUTION [DESTITIÚSHON] *n.* desamparo, abandono, miseria.

DESTROY [DISTRÓI] *va.* destruir, romper :: destrozar, arrasar, devastar :: exterminar, extirpar :: acabar con.

DESTRUCTIBLE [DISTRÁKTIBL] *adj.* destructible.

DESTRUCTION [DISTRÓKSHON] *n.* destrucción, demolición :: desbarate, mortandad :: estrago.

DESTRUCTIVE* [DISTRÓKTIV] *adj.* destructor, ruinoso :: dañino.

DESULTORY [DÉSOLTORI] *adj.* pasajero, mudable, inconstante, irregular, discontinuo.

DETACH [DITÁCH] *va.* separar, desprender, despegar.

DETACHABLE [DITÁCHABL] *adj.* de quita y pon.

DETACHMENT [DITÁCHMENT] *n.* separación :: desprendimiento :: desapego, despego, alejamiento :: *(mil.)* destacamento.

DETAIL [DITÉIL] *n.* detalle :: punto, pormenor :: **the smallest** —, prolijidad, ápice :: **excessive** —, nimiedad :: *(mil.)* destacamento :: *vn.* detallar, especificar.

DETAIN [DITÉIN] *va.* detener, arrestar.

DETECT [DITÉKT] *va.* descubrir, averiguar.

DETECTIVE [DITÉKTIV] *n.* policía, detective :: *adj.* —**story**, novela policíaca.

DETENTION [DITÉNSHON] *n.* detención.

DETER [DITÉR] *va.* desviar, disuadir, impedir :: desanimar.

DETERIORATE [DITÍRIOUREIT] *va.* empeorar, deteriorar :: *vn.* empeorarse, deteriorarse.

DETERIORATION [DITIRIORÉISHON] *n.* deterioro.

DETERMINE [DITÉRMIN] *va.* determinar, fijar, decidir, cerciorarse, señalar :: *vn.* resolver(se), determinarse, decidirse.

DETERMINED [DITÉRMIND] *adj.* determinado, decidido, resuelto.

DETEST [DITÉST] *va.* detestar, aborrecer, execrar, odiar.

DETHRONE [DIZROUN] *va.* destronar.

DETOUR [DITÚR] *n.* vuelta, rodeo.

DETRACT [DITRÁKT] *va.* quitar :: disminuir :: denigrar, maldecir :: *vn.* menguar.

DETRIMENTAL* [DETRIMÉNTAL] *adj.* perjudicial, desventajoso, nocivo.

DEVASTATE [DÉVASTEIT] *va.* devastar, asolar.

DEVELOP [DIVÉLOP] *va.* desarrollar, explotar, fomentar, descubrir, echar :: *(phot.)* revelar :: *vr.* hacerse :: desarrollarse.

DEVELOPMENT [DIVÉLOPMENT] *n.* desarrollo :: evolución, fomento.

DEVIATE [DÍVIEIT] *vn.* desviarse, disentir, volver, variar.

DEVIATION [DIVIÉISHON] *n.* desviación, desvío, extravío.

DEVICE [DIVÁIS] *n.* invención :: expediente, recurso, ingenio, ardid :: leyenda, lema, mote.

DEVIL [DÉVL] *n.* el diablo, demonio.

DEVILISH* [DÉVLISH] *adj.* diabólico :: endiablado :: travieso.

DEVILRY, DEVILTRY [DÉVILRI] [DÉVILTRI] *n.* diablura.

DEVIOUS* [DÍVIOES] *adj.* desviado :: tortuoso :: indirecto.

DEVISE [DIVÁIS] *va.* trazar, proyectar, idear, inventar.

DEVOID [DIVÓID] *adj.* libre, exento, privado.

DEVOTE [DIVÓUT] *va.* dedicar, consagrar :: *vr.* entregarse, consagrarse.

DEVOTED* [DIVÓUTID] *adj.* devoto, dedicado, consagrado :: apegado :: — **friend**, amigo fiel o leal.

DEVOTION [DIVÓUSHON] *n.* devoción :: piedad :: afecto :: lealtad.

DEVOUR [DIVÁUR] *va.* devorar, engullir, tragar, consumir.

DEVOUT* [DIVÁUT] *adj.* devoto, fervoroso, piadoso :: — **lady**, beata.

DEW [DIU] *n.* rocío, relente.

DEWDROP [DIUDROP] *n.* gota de rocío.

DEWY [DIÚI] *adj.* rociado, húmedo de rocío.

DEXTERITY [DEKSTÉRITI] *n.* destreza.

DEXTEROUS* [DÉKSTEROS] *adj.* diestro, hábil, ducho.

DIAGNOSE [DAIAGNÓUS] *va.* diagnosticar.

DIAGONAL* [DAIÁGONAL] *n.* diago-

nal.

DIAGRAM [DÁIAGRAM] *n.* mapa :: dibujo, plan, esquema.

DIAL [DÁIAL] *n.* esfera :: **sun**—, reloj de sol, cuadrante :: **to** —, va. marcar, llamar, telefonear.

DIALECT [DÁIALEKT] *n.* dialecto, habla.

DIALOGUE [DÁIALOG] *n.* diálogo :: coloquio :: **to speak in** —, *vn.* dialogar.

DIAMETER [DAIÁMITA] *n.* diámetro.

DIAMOND [DÁIAMOND] *n.* diamante.

DIAPER [DÁIAPA] *n.* pañal.

DIARRHEA [DAIARÍA] *n. (med.)* diarrea.

DIARY [DÁIARI] *n.* diario, memorandum :: dietario :: libro de efemérides.

DICE [DAIS] *n. pl.* dados :: —**box,** cubilete de dados.

DICTATE [DÍKTEIT] *n.* precepto, dictado, máxima :: *va. & n.* dictar, mandar.

DICTATION [DIKTÉISHON] *n.* dictado :: mando absoluto :: **to take** —, escribir al dictado.

DICTATOR [DÍKTEITAER] *n.* dictador.

DICTATORSHIP [DIKTÉITAERSHIP] *n.* dictadura.

DICTIONARY [DÍKSHONARI] *n.* diccionario, léxico.

DID [DID] *pret.* **de** *to* **do**.

DIE [DAI] *n. (print.)* cuño :: matriz :: *vn.* morir, fallecer :: — **down,** extinguirse :: **to be dying to,** tener muchas ganas de, anhelar :: **the** — **is cast,** la suerte está echada.

DIET [DÁIET] *n.* dieta, alimento, régimen.

DIFFER [DIFA] *vn.* diferenciar, diferir, ser distinto, ser otro :: no estar de acuerdo, no estar conforme, discrepar.

DIFFERENCE [DÍFERENS] *n.* diferencia, desemejanza, disensión :: **it makes no** —, es igual, igual da.

DIFFERENT* [DÍFERENT] *adj.* diferente, vario, diverso, distinto :: **to be** —, *vn.* contrastar.

DIFFICULT* [DÍFIKALT] *adj.* difícil, arduo :: intratable :: premioso :: enrevesado, peliagudo :: apurado, penoso.

DIFFICULTY [DÍFIKALTI] *n.* dificultad :: apuro, aprieto.

DIFFIDENCE [DÍFIDENS] *n.* timidez :: desconfianza en sí mismo.

DIFFIDENT* [DÍFIDENT] *adj.* tímido, apocado, huraño.

DIFFUSE* [DIFIÚS] *adj.* difundido, difuso :: prolijo :: *va.* difundir, propagar :: verter :: propagar.

DIFFUSION [DIFIÚSHON] *n.* difusión :: diseminación.

DIG [DIG] *va.* cavar, ahondar, escarbar :: — **up**, excavar :: *vn.* — **deeper**, profundizar.

DIGEST [DÁIYEST] *n.* recopilación, resumen :: [DIYÉST]*va.* digerir, rumiar :: ordenar, clasificar :: asimilar.

DIGESTION [DIYÉSTION] *n.* digestión, asimilación.

DIGESTIVE [DIYÉSTIV] *adv.* digestivo.

DIGNIFIED [DÍGNIFAID] *adj.* grave, serio, honorable.

DIGNITARY [DÍGNITARY] *n.* dignatario, dignidad.

DIGNITY [DÍGNITI] *n.* dignidad, mesura, nobleza :: *(oficial)* cargo :: rango.

DIGRESSION [DIGRÉSHON] *n.* digresión.

DIKE [DAIK] *n.* dique, malecón, presa.

DILAPIDATED [DILÁPIDEITID] *adj.* en ruina, arrumbado, derruido.

DILAPIDATION [DILAPIDÉISHON] *n.* dilapidación.

DILATE [DAILÉIT] *va.* dilatar, extender, amplificar :: — **upon**, *vn.* explayarse.

DILATORY [DÍLATORI] *adj.* tardo, lento :: pesado.

DILEMMA [DILÉMA] *n.* dilema, apuro.

DILIGENCE [DÍLICHENS] *n.* industria, diligencia, aplicación :: cuidado, solicitud.

DILIGENT [DÍLICHENT] *adj.* diligente, aplicado, activo, hacendoso, laborioso, solícito, servicial.

DILUTE [DAILIÚT] *va.* diluir, aguar :: enrarecer.

DIM [DIM] *adj.* obscuro, opaco, tenue :: confuso :: empañado :: pobre :: vago :: *va.* obscurecer :: empañar.

DIME [DAIM] *n.* moneda de diez centavos.

DIMENSION [DIMÉNSHON] *n.* medida :: —s, tamaño.

DIMINISH [DIMÍNISH] *va.* disminuir, amenguar, achicar, mermar, rebajar :: *vn.* declinar, disminuirse.

DIMNESS [DÍMNES] *n.* ofuscamiento, deslustre :: obscuridad.

DIMPLE [DIMPEL] *n.* hoyuelo :: *va.* & *vn.* formar hoyuelos :: ondear.

DIN [DIN] *n.* ruido, estrépito :: baraúnda :: *va.* clamorear, asordar :: **to make a** —, *vn.* meter bulla :: **to** — **it in**, *vn.* machacarlo.

DINE [DAIN] *vn.* comer, cenar.

DINER [DÁINAER] *n.* coche-comedor :: comensal.

DINGY [DÍNCHI] *adj.* empañado, sucio :: deslustrado :: borroso, obscuro.

DINING [DÁINING] *n.* — **car**, coche-comedor :: —**room**, comedor :: — **suite**, comedor.

DINNER [DÍNA] *n.* comida, cena :: banquete :: **after** —, charlas de sobremesa :: — **jacket**, smoking :: — **wagon**, carrito de comedor.

DIP [DIP] *n.* inmersión, baño :: bujía :: inclinación, hoyo :: *va.* mojar, bañar, chapuzar, sumergir :: mojar :: *(con la bandera)* saludar :: hojear :: *vn.* bajar :: inclinarse.

DIPLOMACY [DIPLÓUMASI] *n.* diplomacia, cautela :: tacto.

DIRECT [DÁIREKT] *adj.* directo, derecho :: seguido :: claro, franco :: *adv.* derecho, sin vacilar :: *va.* dirigir, apuntar :: encaminar :: regir, sugestionar :: encargar :: orientar :: encauzar.

DIRECTION [DIRÉKSHON] *n.* curso, rumbo :: dirección :: gobierno, mandato :: indicación :: señas :: sesgo :: sentido :: **from this** —, de este lado :: **a common** —, convergencia :: *pl.* instrucciones.

DIRECTIVE [DAIRÉKTIV] *adj.* directivo :: *n.* orden, mandato.

DIRECTOR [DIRÉKTA] *n.* director, administrador :: **board of** —**s**, consejo de administración.

DIRECTORY [DIRÉKTORI] *n.* guía (de calles, de teléfonos).

DIRIGIBLE [DÍRIYIBL] *adj.* & *n.* dirigible.

DIRT [DERT] *n.* cieno, lodo :: mugre :: barro :: miseria, porquería :: basura :: — **cheap**, *adj.* tirado :: — **road**, camino de barro.

DIRTY [DÉRTI] *adj.* sucio, inmundo, asqueroso, indecente :: — **joke**, chiste verde :: — **trick**, cochinada :: *va.* ensuciar, enlodar, manosear.

DISABILITY [DISABÍLITI] *n.* inhabilitación, incapacidad.

DISABLE [DISÉIBL] *va.* imposibilitar, incapacitar, inutilizar :: indisponer.

DISADVANTAGE [DISADVÁNTICH] *n.* desventaja :: detrimento, menoscabo.

DISAGREE [DISAGRÍ] *vn.* discrepar, no estar de acuerdo :: diferir, disentir :: *(la comida)* sentar(le) mal (a uno).

DISAGREEEABLE [DISAGRÍABL] *adj.* desagradable, repugnante :: ingrato, antipático.

DISAGREEMENT [DISAGRÍMENT] *n.* desavenencia, desacuerdo :: disensión :: discordia :: discordancia.

DISALLOW [DISALÁU] *va.* & *n.* desaprobar :: rechazar.

DISAPPEAR [DISAPÍAER] *vn.* desaparecer.

DISAPPEARANCE [DISAPÍARENS] *n.* desaparición.

DISAPPOINT [DISAPÓINT] *va.* chasquear :: frustrar :: desilusionar.

DISAPPOINTING [DISAPÓINTING] *adj.* decepcionante, desilusionante, desengañador.

DISAPPOINTMENT [DISAPÓINTMENT] *n.* desilusión, desengaño, decepción :: chasco :: contrariedad.

DISAPPROVAL [DISAPRÚVAL] *n.* desaprobación.

DISAPPROVE [DISAPRÚV] *va.* & *n.* desaprobar.

DISARRAY [DISARÉI] *n.* desarreglo, confusión, desorden :: *va.* desarreglar, desordenar.

DISASTER [DISÁSTA] *n.* desastre, siniestro :: catástrofe, calamidad :: azar.

DISASTROUS [DISÁSTROS] *adj.* desastroso, funesto :: fulminante, calamitoso.

DISAVOW [DISAVÁU] *va.* repudiar, desautorizar, retractar.

DISBELIEVE [DISBELÍV] *va.* & *n.* descreer, no creer.

DISCARD [DISKÁRD] *va.* despedir, renunciar :: descartar, desechar.

DISCERN [DISÉRN] *va.* percibir, columbrar, discernir, distinguir, entrever.

DISCERNMENT [DISÉRNMENT] *n.* discernimiento, criterio, gusto, percepción.

DISCHARGE [DISCHÁRCH] *va.* descargar :: relevar, absolver, *(mil.)* licenciar :: *(hospital)* dar de alta :: separar :: *(de un trabajo)* despedir, desacomodar :: *(un deber)* cumplir, desempeñar, actuar de.

DISCIPLE [DISÁIPL] *n.* discípulo, alumno, apóstol.

DISCIPLINE [DÍSIPLIN] *n.* disciplina, enseñanza :: orden, castigo :: *va.* disciplinar, educar, corregir.

DISCLAIM [DISKLÉIM] *va.* rechazar, negar, desconocer, repudiar, recusar.

DISCLOSE [DISKLÓUS] *va.* descubrir, desabrochar, revelar, exponer, propalar.

DISCLOSURE [DISKLÓUSHUR] *n.* descubrimiento, revelación.

DISCOMFIT [DISKÓMFIT] *va.* frustrar, desbaratar.

DISCOMFORT [DISKÓMFORT] *n.* incomodidad :: malestar :: *va.* incomodar, molestar.

DISCONNECT [DISCONÉKT] *va.* desconectar :: desunir, disociar.

DISCONTENT [DISKONTÉNT] *va.* descontentar, desagradar :: *n.* descontento, desagrado :: disgusto, malestar, desacomodo.

DISCONTINUE [DISKONTÍNIU] *va.* interrumpir, cesar, suspender.

DISCORD [DÍSKOARD] *n.* discordia, rencilla, disensión :: desacuerdo :: **to sow** —, cizañar, enzarzar.

DISCOUNT [DISKÁUNT] *n.* descuento, rebaja :: *va.* descontar, rebajar :: desconfiar de.

DISCOURAGE [DISKÓRICH] *va.* desanimar, disuadir.

DISCOURAGEMENT [DISKÓRICHMENT] *n.* desaliento, abatimiento.

DISCOURSE [DISKÓRS] *n.* discurso, plática :: declamación :: raciocinio :: *va. & n.* discurrir, hablar, pronunciar, razonar.

DISCOURTEOUS• [DISKÓARTIOS] *adj.* descortés, grosero :: poco fino.

DISCOURTESY [DISKOÉRTISI] *n.* descortesía, desatención.

DISCOVER [DISKÓVA] *va.* descubrir, hallar, revelar.

DISCOVERER [DISKÓVAERAER] *n.* descubridor.

DISCOVERY [DISKÓVERI] *n.* descubrimiento, hallazgo, revelación :: averiguación.

DISCREET• [DISKRÍT] *adj.* discreto, circunspecto :: sano, sesudo.

DISCREPANCY [DISKRÉPANSI] *n.* desacuerdo :: discrepancia, desajuste.

DISCRETION [DISKRÉSHON] *n.* discreción :: prudencia.

DISCRIMINATE [DISKRÍMINEIT] *va.* diferenciar, distinguir, entresacar.

DISCUSS [DISKÓS] *va.* discutir, ventilar, debatir :: versar (sobre).

DISCUSSION [DISKÓSHON] *n.* discusión.

DISDAIN [DISDÉIN] *n.* desdén, menosprecio :: desprecio :: altivez :: *va.* desdeñar, despreciar.

DISDAINFUL• [DISDÉINFUL] *adj.* desdeñoso, altanero, despreciativo :: hurón.

DISEASE [DISÍS] *n.* enfermedad :: mal, achaque.

DISEASED [DISÍSD] *adj.* enfermo.

DISENGAGED [DISENGUEÍCH] *adj.* desocupado, suelto :: desconectado.

DISENTANGLE [DISENTÁNGL] *va.* desenredar, desligar.

DISFIGURE [DISFÍGUIUA] *va.* desfigurar, afear.

DISGRACE [DISGRÉIS] *n.* ignominia, desvergüenza, afrenta :: oprobio :: baldón, mancha :: *va.* deshonrar, envilecer.

DISGRACEFUL• [DISGRÉISFUL] *adj.* vergonzoso, escandaloso.

DISGUISE [DISGÁIS] *n.* máscara, disfraz :: *(theat.)* embozo :: *va.* disfrazar, tapar, enmascarar :: disimular.

DISGUST [DISGÓST] *n.* sinsabor, disgusto, hastío :: aversión, desgana :: *va.* repugnar, enfadar, hastiar, sublevar.

DISH [DISH] *n.* plato, fuente :: consumición :: **cold** —, plato frío :: —**cloth,** estropajo :: —**water,** agua de lavar los platos :: **fruit** —, compotera :: *(pl.)* —**es,** vajilla :: *va.* servir.

DISHEARTEN [DISJÁRTN] *va.* desanimar, descorazonar, abatir.

DISHEVEL [DISCHÉVEL] *va.* desgreñar, desmelenar.

DISHEVELLED [DISHÉVELD] *adj.* greñudo, desmelenado.

DISHONEST• [DISÓNIST] *adj.* fraudulento, engañoso, falso, malo.

DISHONESTY [DISÓNESTI] *n.* fraude, falta de honradez.

DISHONOR, DISHONOUR [DISÓNA] *n.* deshonor :: ignominia :: mancha :: *va.* deshonrar, afrentar, profanar.

DISHONO(U)RABLE [DISÓNAERAEBL] *adj.* deshonroso :: infame.

DISHWASHER [DÍSCHUAESCHER] *n.* lavaplatos.

DISILLUSION [DISILÚSHON] *n.* desilusión, decepción, desengaño :: *va.* desilusionar, decepcionar, desengañar.

DISINCLINATION [DISINKLINÉISHON] *n.* aversión :: desgana, desamor.

DISINFECT [DISINFÉKT] *va.* desinfectar, descontagiar.

DISINHERIT [DISINHÉRIT] *va.* desheredar.

DISINTERESTED• [DISÍNTAERESTID] *adj.* desinteresado.

DISJOINT [DISYÓIN] *va.* desarticular, descoyuntar, dislocar.

DISK [DISK] *n.* disco :: —**brake,** freno de disco.

DISLIKE [DISLÁIK] *n.* aversión, antipatía, repugnancia :: *va.* no gustar de :: **I — him,** no me gusta :: me es antipático :: me repugna.

DISLOCATE [DISLÓKEIT] *va.* dislocar, descoyuntar.

DISLODGE [DISLÓCH] *va. & n.* desalojar.

DISLOYAL• [DISLÓIAL] *adj.* desleal, infiel, pérfido, alevoso.

DISMAL• [DÍSMAL] *adj.* triste, lúgubre, lóbrego.

DISMANTLE [DISMAÉNTL] *va.* desmantelar :: desmontar, desarmar.

DISMAY [DISMÉI] *n.* espanto, desaliento, pavor, consternación, congoja :: *va.* aterrar, desanimar, aplanar, espantar :: **to be filled with** —, estar apurado :: desesperarse.

DISMISS [DISMÍS] *va.* despedir, deponer, destituir, echar, despachar :: licenciar.

DISMISSAL [DISMÍSAL] *n.* despedida, expulsión, destitución.

DISMOUNT [DISMÁUNT] *vn.* apearse, bajar :: *va.* desmantelar, desmontar :: desarmar.

DISOBEDIENT• [DISOBÍDIENT] *adj.* desobediente, rebelde, insumiso, desmandado.

DISOBEY [DISOUBÉI] *va.* desobedecer :: no cumplir.

DISORDER [DISÓARDA] *n.* desorden, descompostura, desarreglo, trastorno, barullo, confusión :: indisposición, destemplanza :: **in** —, (en) (de) tropel :: enajenación, enfermedad mental.

DISORDERLY [DISÓRDAERLI] *adj.* desordenado :: desarreglado :: revoltoso :: escandaloso :: *adv.* desordenadamente.

DISOWN [DISÓUN] *va.* repudiar :: (re)negar, renunciar.

DISPARAGE [DISPÁRICH] *va.* rebajar, menospreciar, desacreditar.

DISPATCH [DISPÁCH] *n.* prisa, prontitud :: pliego, billete, mensaje :: *va.* consignar, expedir, mandar :: despachar :: acabar con.

DISPEL [DISPÉL] *va.* disipar :: dispersar.

DISPENSARY [DISPÉNSARI] *n.* dispensario, clínica.

DISPENSATION [DISPENSÉISHON] *n.* dispensa :: exención.

DISPENSE [DISPÉNS] *va.* dispensar, dar :: repartir, distribuir :: *(justicia)* administrar :: despachar :: **to — from,** eximir de, dispensar :: **to — with,** omitir :: pasarse sin.

DISPERSAL [DISPOÉRSAEL] *n.* dispersión :: desbandada.

DISPERSE [DISPÉRS] *va.* desparramar, disgregar :: *vn.* dispersar :: disipar(se).

DISPLACE [DISPLÉIS] *va.* desalojar :: desplazar :: poner fuera de su lugar :: suplantar.

DISPLAY [DISPLÉI] *n.* ostentación :: fausto :: exposición, exhibición :: derroche :: *adj.* — **case**, vitrina :: — **window**, escaparate, muestrario :: *va.* lucir, ostentar, exhibir, presentar :: hacer alarde de, hacer gala de.

DISPLEASE [DISPLÍS] *va.* desagradar, ofender, enojar, disgustar :: **to be displeasing**, desagradar, no gustar.

DISPLEASURE [DISPLÉSHUAER] *n.* disgusto, pena, desagrado, sinsabor.

DISPOSAL [DISPÓUSAL] *n.* disposición, arreglo :: distribución, reparto :: venta :: **I am at your** —, estoy a su disposición.

DISPOSE [DISPÓUS] *va.* distribuir, disponer :: dirigir, colocar, arreglar :: — **of**, desprenderse de :: vender, enajenar.

DISPROVE [DISPRÚV] *va.* refutar.

DISPUTABLE [DISPIÚTABL] *adj.* contencioso, controvertible.

DISPUTE [DISPIÚT] *n.* pleito, litigio :: riña, querella :: disputa, contienda :: debate :: *va.* disputar :: argumentar, discutir, litigar :: pelear.

DISQUALIFY [DISKUÓLIFAI] *va.* inhabilitar, incapacitar :: descalificar.

DISQUIET [DISKUÁIET] *n.* inquietud, malestar :: *va.* (per)turbar, molestar, ocupar.

DISREGARD [DISRIGÁRD] *n.* desprecio :: desatención, desaire :: **with complete** — **(for)**, sin poner la menor atención (a) :: *va.* desatender, descuidar :: prescindir de :: omitir.

DISREPUTE [DISRIPIÚT] *n.* descrédito, ignominia :: **in** —, mal considerado.

DISRESPECT [DISRISPÉKT] *n.* incivilidad, falta de atención, falta de respeto :: *va.* desairar.

DISRESPECTFUL [DISRISPÉKTFUL] *adj.* irrespetuoso.

DISRUPT [DISRÁPT] *va.* desbaratar, romper.

DISSATISFIED [DISÁTISFAID] *adj.* descontento, malcontento, malsatisfecho.

DISSATISFY [DISÁTISFAI] *va.* desagradar, descontentar, no satisfacer.

DISSECT [DISÉKT] *va.* hacer la disección, anatomizar :: disecar, analizar :: — **ing knife**, escalpelo.

DISSEMBLE [DISÉMBL] *va. & n.* disimular, fingir.

DISSENSION [DISÉNSHON] *n.* disensión, discordia.

DISSENT [DISÉNT] *n.* disentimiento :: *vn.* disentir, diferir, no estar conforme.

DISSIMILAR [DISÍMILAR] *adj.* diferente, desigual, desemejante.

DISSIMULATION [DISIMIULÉISHON] *n.* disimulo.

DISSIPATE [DÍSIPEIT] *va.* disipar, desperdiciar, desparramar :: malgastar :: esparcirse, evaporarse, desaparecer.

DISSIPATION [DISIPÉISHON] *n.* disipación, derroche, desperdicio.

DISSOLUTE [DÍSOLIUT] *adj.* disoluto, crapuloso, licencioso, libertino.

DISSOLUTION [DISOLIÚSHON] *n.* disolución.

DISSOLVE [DISÓLV] *va.* deshacer, derretir, disolver :: anular, abrogar :: *vn.* disolverse, derretirse, evaporarse, deshacerse :: **to** — **into tears**, deshacerse en lágrimas.

DISSUADE [DISUÉID] *va.* disuadir, desaconsejar, retraer, apartar.

DISTANCE [DÍSTANS] *n.* distancia, lejanía :: **in the** —, a lo lejos, en la lontananza :: **from a** —, de lejos :: **to keep one's** —, mantenerse a distancia :: **What's the** — **from A to B?**, ¿Cuánto hay de A a B? :: **the** — **between**, intervalo, espacio.

DISTANT [DÍSTANT] *adj.* distante, lejano, apartado :: *(pers.)* huraño, esquivo, frío :: lejano.

DISTASTE [DISTÉIST] *n.* disgusto, aversión, repugnancia.

DISTASTEFUL [DISTÉISTFUL] *adj.* desagradable, poco grato, ingrato, enfadoso, malsonante.

DISTEMPER [DISTÉMPA] *n.* enfermedad :: mal humor :: *(paint.)* templa, temple :: *va.* pintar al temple.

DISTEND [DISTÉND] *va.* dilatar, ensanchar.

DISTIL [DISTÍL] *va.* destilar, alambicar :: *vn.* gotear, destilar.

DISTILLATION [DISTILÉISHON] *n.* destilación.

DISTILLERY [DISTÍLAERI] *n.* destilería.

DISTINCT [DISTÍNKT] *adj.* distinto, diferente :: preciso, claro :: *(tendencia, etc.)* fuerte :: **a** — **advantage**, una gran ventaja.

DISTINCTION [DISTÍNKSHON] *n.* distinción, honor, fama, brillo :: discernimiento :: *(calificación)* sobresaliente.

DISTINCTIVE [DISTÍNKTIV] *adj.* distintivo.

DISTINGUISH [DISTÍNGÜISH] *va.* discernir, percibir, distinguir :: señalar, clasificar :: honrar :: *vn.* caracterizar :: *vr.* singularizarse.

DISTINGUISHED [DISTÍNGÜISHT] *adj.* distinguido.

DISTINGUISHING [DISTÍNGÜISHING] *adj.* distintivo, característico.

DISTORT [DISTÓART] *va.* torcer, desfigurar, tergiversar, deformar.

DISTRACT [DISTRÁKT] *va.* distraer, enloquecer, confundir.

DISTRACTION [DISTRÁKSHON] *n.* distracción, diversión :: perturbación :: **to drive to** —, volver loco.

DISTRESS [DISTRÉS] *n.* miseria :: zozobra, apuro, pena, angustia :: **in** —, en peligro :: *(pers.)* desamparado :: *va.* afligir, desolar, poner en aprieto, angustiar, acongojar.

DISTRIBUTE [DISTRÍBIUT] *va.* distribuir, repartir, suministrar.

DISTRIBUTION [DISTRIBIÚSHON] *n.* distribución :: repartimiento.

DISTRIBUTOR [DISTRÍBIUTAER] *n.* distribuidor.

DISTRICT [DÍSTRIKT] *n.* distrito, cantón, región, término, comarca, territorio :: barrio.

DISTRUST [DISTRÓST] *n.* desconfianza, recelo :: *va.* desconfiar, sospechar :: *vn.* escamar.

DISTRUSTFUL [DISTRÓSTFUL] *adj.* desconfiado, sospechoso, receloso.

DISTURB [DISTÉRB] *va.* perturbar, estorbar, revolver, incomodar, alterar, excitar, interrumpir.

DISTURBANCE [DISTERBANS] *n.* disturbio :: perturbación :: desorden :: alboroto :: molestia.

DISUSE [DISIÚS] *n.* desuso :: **to fall into** —, caducar :: pasar de moda.

DITCH [DICH] *n.* zanja, foso :: acequia :: cuneta.

DIVE [DAIV] *n.* buceo :: *(sl.)* garito, tasca :: *adj.* — **bombing**, bombardeo en picado :: *vn.* zambullirse, bucear.

DIVER [DÁIVAER] *n.* buzo :: zambullidor.

DIVERGE [DIVÉRCH] *vn.* divergir,

desviarse.

DIVERGENCE [DIVÉRYENS] *n.* divergencia :: diferencia *(de opiniones)*.

DIVERSE [DIVÉRS] *adj.* diferente, diverso, multiforme.

DIVERSION [DIVÉRSHON] *n.* diversión, holganza, entretenimiento, cambio, ocio :: deporte :: desviación.

DIVERSITY [DIVÉRSITI] *n.* diversidad, diferencia, variedad.

DIVERT [DAIVÉRT] *va.* desviar, apartar, divertir :: distraer, entretener.

DIVEST [DIVÉST] *va.* despojar, desnudar.

DIVIDE [DIVÁID] *va. & n.* dividir, compartir :: deslindar :: separarse :: comediar :: repartir.

DIVIDEND [DÍVIDEND] *n.* dividendo.

DIVINE° [DIVÁIN] *adj.* divino, sublime :: *n.* teólogo :: *vn.* adivinar, vaticinar.

DIVINITY [DIVÍNITI] *n.* divinidad :: deidad :: teología.

DIVISION [DIVÍSHON] *n.* división, (re)partición, distribución :: ramo :: tabique :: votación, escisión :: *(mil.)* división.

DIVORCE [DIVÓRS] *n.* divorcio, separación, repudio :: *va.* divorciar.

DIVULGE [DIVÓLCH] *va.* divulgar, propalar, publicar :: *(coll.)* cantar.

DIZZINESS [DÍSINES] *n.* vahído o vaguido, desvanecimiento, mareo, vértigo.

DIZZY [DÍSI] *adj.* mareado, desvanecido :: **to make** —, marear.

DO [DU] *va. & n.* hacer, obrar, ejecutar, practicar, despachar :: *(un deber, etc.)* cumplir con :: estrenar :: — **up**, envolver :: — **well**, lucir :: **to have to** — **with**, habérselas con, tener que ver con :: — **to death**, matar :: **to** — **away with**, suprimir :: — **with**, componérselas :: — **without**, prescindir de, pasar sin :: **to say how** — **you** — **to**, saludar a :: **how** — **you** —? ¿Cómo está usted? :: **that will** —, eso sirve, eso basta :: **that won't** —, eso no sirve, no cuenta, no conviene :: **now I've done it**, metí la pata :: **Well done!** ¡bien! :: **well done**, bien asado :: *n.* *(sl.)* cuchipanda.

DOCILE [DÓSIL] *adj.* dócil, sumiso.

DOCK [DOK] *n.* dársena, dique :: *(en un juicio)* banquillo :: **dry** —, astillero :: *va.* cortar, reducir, cercenar :: poner en dique.

DOCTOR [DÓKTA] *n.* doctor, médico, facultativo :: *va.* recetar :: curar.

DOCTRINE [DÓKTRIN] *n.* doctrina.

DOCUMENT [DÓKIUMENT] *n.* documento, expediente :: **the present** —, el presente.

DODGE [DOCH] *n.* evasiva :: *(fam.)* truco :: *va.* evadir, regatear :: *vn.* tergiversar :: **to** — **the consequences**, escurrir el bulto :: **to be dodging about**, andar a saltos.

DOG [DOG] *n.* perro :: — **star**, sirio, can, canícula :: — **days**, canícula :: — **Latin**, latín macarrónico :: — **watch**, guardia de cuartillo :: — **in the manger**, perro del hortelano :: — **rose**, rosa silvestre, zarzarrosa :: — **'s eared** *(un libro)*, sobado, muy usado :: **gay** —, calavera :: **gay old** —, viejo verde :: **lazy** —, pasante, zángano :: **every** — **has his day**, a cada puerco su San Martín :: *va.* seguir, perseguir.

DOGMA [DÓGMAE] *n.* dogma.

DOINGS [DÚINGS] *n. pl.* hechos, acciones, acontecimientos :: **great** —, mucha actividad, fiesta, función.

DOLE [DOUL] *n.* reparto gratuito *(de dinero o alimento)* :: ración, limosna :: subsidio de desempleo :: *va.* repartir gratuitamente.

DOLEFUL° [DÓULFUL] *adj.* lastimero, triste, adusto, lúgubre.

DOLL [DOL] *n.* muñeca :: *va.* — **up**, ataviar, endomingar.

DOLPHIN [DÓLFIN] *n.* delfín.

DOMAIN [DOMÉIN] *n.* dominio, imperio, territorio, señorío, heredad, finca.

DOME [DOUN] *n.* cúpula, cimborio.

DOMESTIC [DOMÉSTIK] *adj.* doméstico, casero :: *(animal)* manso, de corral :: nacional :: *n.* criado.

DOMICILE [DÓMISIL] *n.* domicilio.

DOMINANT [DÓMINAENT] *adj.* dominante.

DOMINATE [DÓMINEIT] *va.* mandar, dominar.

DOMINEER [DOMINÍAER] *vn.* dominar, señorear.

DOMINEERING [DOMINÍAERING] *adj.* dominador, mandón, imperioso, tiránico.

DON [DON] *n.* *(título)* don :: caballero :: *va.* poner, vestir, llevar.

DONATE [DÓUNEIT] *va.* donar, regalar, hacer donación.

DONATION [DOUNÉISHON] *n.* donación, dádiva.

DONE [DAN] *p.p. de* **to do**, hecho

:: terminado, acabado :: **to be** — **in**, estar rendido de cansancio :: **the meat is well** —, está bien asada la carne.

DONKEY [DÓNKI] *n.* asno, burro, borrico, rucio :: — **ride**, borricada.

DONOR [DÓUNA] *n.* donador.

DOOM [DUM] *n.* condena, juicio :: suerte, hado, sino :: ruina :: **the crack of** —, el juicio final.

DOOR [DOR] *n.* puerta, entrada :: *(carruaje)* portezuela :: puerta cochera :: puerta practicable :: **trap** —, trampa :: — **handle (knob)**, picaporte, aldaba :: **back** —, puerta trasera :: **to lay at someone's** —, echar la culpa a :: **behind** — **s**, a puerta cerrada :: **to be at death's** —, estar a dos dedos de la muerte :: **you make a better** — **than a window**, no te clareas.

DOORBELL [DÓRBEL] *n.* campanilla o timbre.

DOORKNOB [DÓRKNOB] *n.* tirador de puerta, manija.

DOORMAN [DÓRMAEN] *n.* portero.

DOORSTEP [DÓRSTEP] *n.* escalón de la puerta :: umbral.

DOORWAY [DÓRWEI] *n.* puerta, entrada :: vano *(de la puerta)*.

DOPE [DÓUP] *n.* narcótico :: opio :: droga :: menjunje, medicamento :: información :: — **fiend**, drogadicto, morfinómano :: **he is a** —, es un zoquete :: *va.* narcotizar :: **to** — **out**, adivinar, conjeturar :: **to** — **oneself up**, medicinarse demasiado.

DORMANT [DÓRMANT] *adj.* durmiente, inactivo.

DORMITORY [DÓRMITORI] *n.* dormitorio.

DOSE [DOUS] *n.* porción, dosis :: trago :: *va.* dosificar :: administrar una dosis.

DOT [DOT] *n.* punto :: **on the** —, en punto :: *va.* puntear.

DOUBLE [DOBL] *n.* doble :: *(theat.)* contrafigura :: *adj.* doble, falso :: duplicado :: — **bass**, violón :: — **check**, contramarca :: — **intent**, sorna :: — **meaning**, segunda intención :: **at the** —, al trote :: — **dealing**, doblez, fraude :: — **faced**, hipócrita :: — **Dutch**, algarabía :: *va. & n.* duplicar, doblar.

DOUBT [DAUT] *n.* reparo, incertidumbre, escepticismo :: duda :: **no** —, no cabe duda :: **without** —, a punto fijo :: *va. & n.* dudar, desconfiar :: temer.

DOUBTFUL° [DÁUTFUL] *adj.* dudoso :: dudable.

DOUBTLESS[*] [DÁUTLES] adj. indudable, cierto, seguro :: adv. sin duda :: indudablemente :: probablemente.

DOUGH [DÓU] n. masa, pasta, amasijo :: (sl.) dinero, pasta.

DOUGHNUT [DÓUNAT] n. bollito o buñuelo en rosca, "donut".

DOVE [DOV] n. paloma :: — cot(e), palomar.

DOWN [DAUN] n. plumón, pelo, vello :: bozo :: n. pl. **ups** and **—s**, vaivenes, altibajos :: prep. & adv. abajo, hacia abajo :: **— stream**, río abajo :: **—stairs**, abajo :: adj. pendiente, descendente :: **to come — in the world**, venir a menos :: **to be — in the mouth**, (estar) cariacontecido :: va. derribar, echar por tierra :: **to — tools**, declararse en huelga.

DOWNCAST [DÁUNKAST] adj. cabizbajo, abatido :: **with — the eyes**, con los ojos bajos.

DOWNFALL [DÁUNFOL] n. caída, ruina.

DOWNPOUR [DÁUNPOAER] n. aguacero, chaparrón.

DOWNRIGHT [DÁUNRAIT] adj. claro, positivo, categórico, absoluto :: **— foolishness**, solemne disparate :: adv. enteramente :: absolutamente.

DOWNSTAIRS [DÁUNSTAERS] adv. abajo :: en el piso bajo :: adj. del piso bajo :: n. piso bajo, piso inferior.

DOWNSTREAM [DÁUNSTRIM] adv. río abajo, aguas abajo :: con la corriente.

DOWN-TO-EARTH [DÁUNTUOERZ] adj. sensato :: práctico.

DOWNTOWN [DÁUNTAUN] adv. al centro, en el centro de la ciudad :: adj. del centro :: n. centro.

DOWNWARD [DÁUNUARD] adj. descendente :: inclinado :: adv. (=downwards) hacia abajo.

DOWRY [DÁURI] n. dote, arras.

DOZE [DOUS] vn. dormitar.

DOZEN [DOSN] n. docena :: **to talk twenty to the —**, hablar más que siete :: **baker's —**, docena de fraile.

DRAB [DRAB] adj. pardusco :: gris :: monótono :: n. burra :: ramera.

DRAFT [DRAFT] n. expediente :: plano, dibujo, delineación :: borrador :: (mil.) quinta :: giro, libranza :: trago :: **—horse**, caballo de tiro :: va. trazar, diseñar :: destacar, expedir.

DRAFTSMAN [DRAÉFTSMAEN] n. dibujante, delineante.

DRAG [DRAG] n. draga :: traba, obstáculo :: va. dragar :: arrastrar :: vn. arrastrarse, rastrearse :: **to — into**, sacar a colación :: **— behind**, ir a la zaga.

DRAGON [DRÁGON] n. dragón.

DRAIN [DREIN] n. desagüe, albañal :: alcantarilla :: zanja :: va. desaguar :: apurar, desecar, escurrir :: avenar :: **— (grief) to dregs**, apurar el cáliz del dolor :: **to — off**, agotar, chorrear.

DRAINAGE [DRÉINICH] n. desagüe, drenaje :: desaguadero :: desecamiento, desecación.

DRAKE [DREIK] n. pato :: **to play ducks and —s**, hacer cabrillas.

DRAMA [DRÁMAE] n. drama.

DRAMATIC [DRAMÁTIK] adj. dramático.

DRAPE [DREIP] n. colgadura, cortina, tapiz :: va. colgar, entapizar, adornar con tapices :: cubrir, revestir.

DRAPERY [DRÉIPAERI] n. tapicería, colgaduras, cortinas :: pañería, paños, géneros.

DRASTIC [DRÁSTIK] adj. severo, duro, enérgico.

DRAUGHT [DRAFT] n. corriente (de aire) :: tiro (de chimenea) :: trazo, boceto :: (naut.) calado :: trago, sorbo, pócima :: brebaje :: tracción :: **—horse**, caballo de tiro :: pl. juego de damas.

DRAUHTSMAN [DRÁFTSMAN] n. dibujante.

DRAW [DROA] n. tirada :: sorteo :: (en deportes, juegos) empate :: va. tirar :: atraer :: dibujar :: perfilar :: desenvainar :: cobrar :: librar, girar :: (una cortina) descorrer :: tender :: destripar :: **to — along**, arrastrar :: **to — out**, sacar, sonsacar :: **to — up** (documentos) levantar, extender, formalizar :: **to — off**, substraer :: **to — together** (sew.) zurcir :: **to — a veil over**, correr el velo sobre :: echar (a suertes) :: librar, pagar :: vn. tirar :: empatar :: **to — back**, retirarse :: **to — up to**, arrimar(se) a :: **to — near**, acercarse a.

DRAWBACK [DRÓABAK] n. desventaja, inconveniente.

DRAWER [DRÓAER] n. (com.) girador, tirador :: gaveta, cajón :: pl. calzoncillos :: pantalones (de mujer) :: **chest of —s**, cómoda.

DRAWING [DRÓAING] n. dibujo, plan :: (de lotería, etc.) extracción :: saca :: **—board**, tablero

de dibujo.

DRAWL [DROAL] n. voz lánguida :: vn. arrastrar las palabras.

DRAWN [DROAN] p.p. de to **draw**.

DREAD [DRED] adj. horrible, pavoroso, tremendo, temible :: n. asombro, miedo, pavor, terror :: va. temer, tener miedo a.

DREADFUL[*] [DRÉDFUL] adj. terrible, temible, horroroso, horrendo, aterrador, horripilante :: **penny —**, cuento de miedo.

DREAM [DRIM] n. sueño :: imaginación :: ensueño :: quimera :: va. & n. soñar, fantasear.

DREAMLAND [DRÍMLAEND] n. tierra de ensueño :: región de los cuentos.

DREAMT [DREMT] = **dreamed**.

DREAMY [DRÍMI] adj. soñoliento :: soñador :: melancólico :: como un sueño :: **a — recollection**, un vago recuerdo.

DREARY [DRÍAERI] adj. triste, lúgubre, monótono :: pesado.

DREDGE [DRECH] n. draga :: va. dragar.

DREGS [DREGS] n. poso, sedimento, hez (pl. heces) :: solada :: (del vino) madre :: escoria, desperdicio :: canalla, gentuza :: **to drink to the —**, apurar hasta las heces.

DRENCH [DRENCH] va. mojar, empapar, calar, recalar.

DRESS [DRES] n. vestido(s) :: traje, arreos :: **evening —**, traje de etiqueta :: **in full —**, de gala, de tiros largos :: va. ataviar, componer, vestir, adornar :: vendar :: adobar, aliñar :: vr. **to — up**, atusarse, endomingarse, componerse :: adj. **— rehearsal**, ensayo general :: **— circle** (theat.) anfiteatro :: **in — clothes**, de smoking, de etiqueta.

DRESSING [DRÉSING] n. adorno :: salsa, adobo :: hila, vendaje :: **—case**, necesser :: **—gown**, bata :: **— table**, tocador.

DRESSMAKER [DRÉSMEIKA] n. costurera, modista.

DREW [DRU] pret. de to **draw**.

DRIBBLE [DRIBL] va. & n. gotear :: dejar caer en gotas :: babear :: n. goteo :: chorrito.

DRIBLET [DRÍBLIT] n. gota, gotita :: **in —s**, gota a gota :: en pequeñas cantidades.

DRIED [DRAID] pret. & p.p. de to **dry** :: adj. seco.

DRIFT [DRIFT] n. rumbo :: giro :: impulso :: **—ice**, hielo a deriva :: **snow —**, ventisca, ventisquero :: **—wood**, madera a la deriva :: vn. impeler, amontonar :: (naut.) derrotar, derivar :: dejarse (llevar, arrastrar), ir a la deriva.

DRILL [DRIL] n. surco :: ejercicio :: taladro :: (tela) dril :: va. taladrar, barrenar, horadar :: (mil.) instruir :: vn. ejercer :: (mil.) hacer el ejercicio.

DRILY [DRÁILI] adv. secamente.

DRINK [DRINK] n. bebida :: trago :: sorbo :: cordial :: **to have a —,** tomar una copita :: va. & n. beber :: trincar, brindar (a) :: (coll.) empinar :: ser bebedor :: (ab)sorber, embeber.

DRIP [DRIP] adj. — **spout,** chorrera :: n. gota, gotera :: — **drop,** chorrillo :: va. & n. gotear, verter gota a gota, manar.

DRIVE [DRAIV] n. paseo en coche :: (de tenis, etc.) saque :: ímpetu, viveza, urgencia, pujanza :: va. impeler, impulsar, empujar, inducir, guiar :: conducir :: hincar :: vn. ir en coche :: **to — a mine under,** zarpar :: **to — on,** acuciar :: — **away,** disipar, ahuyentar :: — **back,** rechazar :: — **out,** expulsar :: **to — mad,** volver loco.

DRIVE-IN [DRÁIV-IN] n. autocine, cine al aire libre donde se sirve al cliente en su automovil.

DRIVEN [DRÍVN] p.p. de **to drive.**

DRIVER [DRÁIVA] n. cochero, carretero :: conductor, chófer :: maquinista.

DRIVEWAY [DRÁIVGÜEI] n. calzada o carretera de entrada.

DRIZZLE [DRISL] n. llovizna, calabobos, rocío : vn. lloviznar :: chispear.

DROLL [DRÓUL] adj. gracioso, raro, chistoso, chusco.

DRONE [DROUN] n. zángano :: holgazán :: zumbido :: avión sin piloto :: vn. zumbar :: hablar con monotonía :: holgazanear, perder el tiempo.

DROOP [DRUP] n. caída :: vn. entristecerse, desanimarse :: cabecear :: consumirse, marchitarse.

DROP [DROP] n. gota, lágrima :: chispa :: caída, pendiente :: — **curtain,** telón de boca :: — **by —,** gota a gota :: va. & n. gotear, caer gota a gota :: renunciar a, desistir de :: derribar :: bajar :: destilar :: caer, dejar caer :: **to — flat,** caer a plomo :: **to — into,** tumbarse :: — **off,** quedar dormido :: dispersarse :: — **a hint,** soltar (una indirecta)

:: — **a subject,** cambiar (de asunto), (de disco) :: — **a line,** escribir, poner dos letras.

DROPSY [DRÓPSI] n. hidropesía.

DROUGHT [DRÁUT] n. sequía, seca.

DROVE [DROUV] n. rebaño :: manada, arria :: piara :: recua :: gentío.

DROWN [DRAUN] va. ahogar, inundar :: anegar :: sofocar :: vn. ahogarse.

DROWSINESS [DRÁUSINES] n. modorra, somnolencia.

DROWSY [DRÁUSI] adj. soñoliento :: **to grow —,** amodorrarse.

DRUDGERY [DRÓCHARI] n. trabajo penoso, faena, trabajo reventador.

DRUG [DRAG] n. droga :: plaga :: — **store,** farmacia :: va. mezclar drogas :: narcotizar.

DRUGGIST [DRÁGUIST] n. droguista, farmacéutico.

DRUGSTORE [DRÁGSTOAER] n. botica, droguería, farmacia.

DRUM [DRAM] n. (mil.) tambor, atabal :: (com.) bidón, cuñete :: (anat.) tímpano :: zambomba :: adj. — **head,** parche :: va. redoblar :: — **in,** into, machacar, insistir.

DRUMMER [DRÁMAER] n. tambor, tamborilero :: viajante de comercio, agente.

DRUNK [DRANGK] adj. borracho, embriagado :: — **as a lord,** borracho como una cuba :: **to get —,** emborracharse.

DRUNKARD [DRÁNKAERD] n. borracho, borrachón, beodo, bebedor.

DRUNKEN [DRANKN] adj. borracho, ebrio.

DRUNKENNESS [DRÁNKNES] n. borrachera, embriaguez.

DRY [DRAI] adj. seco :: reseco :: enjuto :: ávido :: — **nurse,** aya seca :: — **shod,** a pie enjuto :: va. secar, desecar :: (lágrimas) enjugar :: vn. secarse.

DRYNESS [DRÁINES] n. sequedad :: aridez.

DUBIOUS [DIÚBIOS] adj. incierto, dudoso, irresoluto, problemático.

DUCHESS [DÁCHIS] n. duquesa.

DUCK [DAK] n. ánade, pato :: **to play — s and drakes,** hacer cabrillas, hacer la rana :: va. chapuzar :: agacharse :: vn. zambullir.

DUCKLING [DÓKLING] n. patito, anadeja.

DUE [DIÚ] adj. debido, vencido,

cumplido :: propio, oportuno, legítimo, justo, conveniente :: **it is — to him,** se debe a él :: **it is his —,** le compite :: — **respect,** consideración :: **to fall —,** correr, vencer :: n. deuda, obligación :: pl. derechos.

DUEL [DIÚEL] n. duelo, lance de honor :: **challenge to —,** desafío :: **to engage in —,** batirse.

DUG [DAG] pret. & p.p. de **to dig.**

DUGOUT [DÁGAUT] n. piragua.

DUKE [DIÚK] n. duque.

DUKEDOM [DIÚKDAEM] n. ducado.

DULL [DOL] adj. obtuso :: (pers.) lelo, lerdo :: (discurso, etc) aburrido, pesado :: (superficie) mate :: (vista) opaco :: (estilo) prosaico :: (sonido) apagado, sordo :: (gusto) soso :: embotado :: (luz) apagado :: flojo, tardo :: (color) bajo, obscuro :: (de oído) duro :: sordo :: lerdo, estúpido :: va. embotar :: apagar, mitigar :: empañar.

DULLNESS [DÓLNES] n. falta de brillo :: estupidez, torpeza:: falta de punta o filo :: aburrimiento :: pesadez.

DULY [DIÚLI] adv. debidamente, a su tiempo.

DUMB [DAM] adv. mudo, callado :: **deaf and —,** sordomudo :: — **waiter,** montacargas :: — **show,** pantomima :: va. **to strike —,** pasmar, asombrar.

DUMBFOUND [DAMFÁUND] va. plantar, aturdir.

DUMBNESS [DAMNES] n. mudez :: mutismo :: estupidez.

DUMMY [DÁMI] adj. postizo, fingido :: n. testaferro :: papagayo :: chupete :: maniquí.

DUMP [DOMP] n. escorial :: vertedero :: pl. modorra, morriña :: va. descargar de golpe, vaciar.

DUNE [DIÚN] n. duna o médano ::

DUNG [DONG] n. estiércol :: vn. estercolar.

DUNGEON [DÓNCHEN] n. calabozo, mazmorra.

DUPE [DIUP] n. (fig.) primo, simple, simplón :: va. engañar, embaucar.

DUPLICATE [DIÚPLIKEIT] n. duplicado, copia :: va. duplicar, copiar.

DUPLICITY [DIUPLÍSITI] n. duplicidad, doblez.

DURABLE [DIÚRABL] adj. durable, resistente, duradero.

DURATION [DIURÉISHON] n. duración.

DURING [DIÚRING] prep. durante, por.

DUSK (DASK) *adj.* obscuro :: *n.* crepúsculo, anochecer.

DUSKY (DÓSKY) *adj.* obscuro, negruzco :: sombrío.

DUST (DOST) *n.* polvo :: basura :: :: harina :: escombros :: restos mortales, cenizas :: *adj.* — **cover**, guardapolvo :: —**pan**, basurero, cogedor :: **to knock the — out of**, sacudir el polvo a :: *va.* sacudir el polvo.

DUSTER (DÁSTA) *n.* trapo, plumero :: guardapolvo :: borrador.

DUSTY (DÁSTI) *adj.* polvoriento :: empolvado, lleno de polvo.

DUTIFUL° (DIÚTIFUL) *adj.* obediente, sumiso, respetuoso, honrado.

DUTY (DIÚTI) *n.* deber, obligación :: faena :: función :: imposición :: carga :: *(mil.)* deber, servicio :: *pl.* derechos :: **as in — bound**, honradamente :: **to be on —**, estar (de servicio, de guardia).

DWARF (DUOARF) *n.* enano :: *va.* empequeñecer, achicar.

DWELL (DUEL) *vn.* morar, permanecer, habitar, residir :: anidar :: **to — (on, upon)**, explayarse, hacer hincapié (sobre), espaciarse (en, sobre) :: ensimismarse en.

DWELLER (DUÉLA) *n.* habitante, morador.

DWELLING (DUÉLING) *n.* morada, habitación, domicilio.

DWINDLE (DUINDL) *vn.* disminuirse, consumirse, mermar, menguar.

DYE (DAI) *adj.* —**works**, tintorería :: **fast —**, tinte fijo :: *n.* tinte, color :: *va.* teñir.

DYER (DÁIA) *n.* tintorero.

DYING (DÁIING) *adj.* moribundo :: agonizante.

DYNAMIC (DAINAÉMIK) *adj.* dinámico :: enérgico :: —**s**, *n.* dinámica.

DYNAMO (DÁINAMO) *n.* dínamo.

DYNASTY (DÁINASTI) *n.* dinastía.

E

EACH [IICH] *pron. & adj.* cada, cada uno, todo :: **one** —, sendos.

EAGER [ÍIGA] *adj.* deseoso, ávido, vehemente, impaciente.

EAGERNESS [ÍGAERNES] *n.* anhelo, ansia, deseo vehemente :: ahínco :: ardor.

EAGLE [IGL] *n.* águila :: —**eyed**, ojos de lince.

EAR [IAERI, [OERL] *n. (anat.)* oreja :: *(sentido)* oído :: **inner** —, oído :: —**drum**, tímpano :: —**ring**, pendiente, zarcillo :: **arete** :: **to have a good** —, tener buen oído :: **to play by** —, tocar de oído :: **to turn a deaf** —, hacerse el sordo :: —**ache**, dolor de oídos :: *pl.* —**down**, orejas gachas.

EARL [OERL] *n.* conde.

EARLY [ÉRLI] *adj.* temprano :: precoz :: matutino :: adelantado, temprano :: *adv.* temprano, con tiempo :: — **in the morning**, de madrugada :: **as** — **as possible**, lo más pronto posible.

EARN [ERN] *va.* ganar, obtener, merecer :: lucrarse :: granjear :: mantenerse, sostenerse.

EARNEST [ÉRNEST] *adj.* serio, formal :: cuidadoso, diligente :: *n.* arras, prenda, señal :: seriedad :: **in good** —, a fe, a conciencia :: **not in** —, de broma.

EARNESTNESS [ÉRNESTNES] *n.* seriedad :: celo :: solicitud :: sinceridad :: **in all** —, con todo ahinco :: con toda formalidad :: con toda sinceridad.

EARNINGS [ÉRNINGS] *n.* ganancias :: sueldo, salario, paga.

EARTH [ERZ] *n.* Tierra, globo :: madriguera :: tierra.

EARTHENWARE [ÉRZENUAERI] *n.* loza de barro :: trastos, cacharros.

EARTHLY [ÉRZLI] *adj.* terrenal, terrestre, mundano :: terreno :: **to be of no** — **use**, no servir para nada.

EARTHQUAKE [ÉRZKUEIK] *n.* terremoto, temblor de tierra.

EARTHWORM [ÉRZUOERK] *n.* lombriz.

EASE [IIS] *n.* quietud, ocio, comodidad, holgura :: libertad :: soltura, rapidez :: tranquilidad, regalo :: **at** —, a pierna suelta, a sus anchas, descansadamente :: **ill at** —, incómodo :: *va.* aliviar, aligerar, suavizar, descargar :: **to take one's** —, espaciarse.

EASEL [ÍSL] *n.* caballete.

EASILY [ÍSILI] *adv.* fácilmente :: sin dificultad :: cómodamente.

EAST [IST] *n.* Este, oriente :: **Near** —, Oriente Próximo :: **Middle** —, Oriente Medio :: **Far** —, Extremo o Lejano Oriente :: — **wind**, levante.

EASTER [ÍSTA] *n.* Pascua (de resurrección, florida).

EASTERN [ÍSTERN] *adj.* oriental :: del Este.

EASTWARD [ÍSTUARD] *adv. & adj.* hacia el Este u Oriente.

EASY [ÍSI] *adj.* fácil, cómodo, complaciente, negligente :: despacio :: suelto :: — **to please**, contentadizo :: — **as wink**, burla burlando :: cosa de coser y cantar :: —**going**, plácido :: imprevisor :: como una seda, ancho de conciencia :: — **chair**, butaca, sillón.

EAT [IT] *va. & n.* comer :: roer :: — **away**, carcomer :: *(las rentas, etc.)* mermar :: — **into**, minar :: — **up**, comer, morder.

EATABLE [ÍTABLI] *n.* comestible :: *adj.* comestible.

EATEN [ÍTAEN] *p.p. de* **to eat**.

EBB [EB] *n.* reflujo :: bajamar :: *vn.* bajar.

EBONY [ÉBONI] *n.* ébano.

ECCENTRIC [EKSÉNTRIK] *adj.* excéntrico, estrafalario, raro, extravagante.

ECHELON [ÉCHELON] *n.* escalón.

ECHO [ÉKOU] *n.* eco :: *va. & n.* resonar, repercutir, repetir.

ECLIPSE [IKLÍPS] *n.* eclipse :: *va.* eclipsar, superar.

ECONOMICS [IKONÓMIKS] *n.* economía política.

ECONOMIST [IKÓNOMIST] *n.* economista.

ECONOMY [IKÓNOMI] *n.* economía :: *pl.* ahorros.

ECSTASY [ÉKSTASI] *n.* éxtasis, exaltación, arrobamiento, rapto :: **in** —, transportado.

EDDY [ÉDI] *n.* remolino :: *va.* arremolinarse.

EDGE [ECHI] *n.* filo, borde :: *(río)* orilla :: hilo, corte :: *(del libro, mesa, etc.)* canto :: lado, extremidad :: extremo, esquina :: **on its** —, de canto :: **to set one's teeth on** —, dar dentera :: *va.* afilar :: *(sew.)* ribetear :: guarnecer :: *vn.* — **along**, avanzar de lado.

EDGEWISE [ÉCHUAIS] *adv.* de lado :: de filo.

EDIBLE [ÉDIBLI] *adj. & n.* comestible.

EDIFICE [ÉDIFIS] *n.* edificio.

EDIFY [ÉDIFAI] *va.* edificar, ilustrar.

EDIT [ÉDIT] *va.* redactar, dirigir un periódico.

EDITOR [ÉDITAER] *n.* redactor :: director de un periódico :: revisor *(de manuscritos)*.

EDUCATE [ÉDIUKEIT] *va.* instruir, educar.

EDUCATION [EDIUKÉISHON] *n.* educación :: enseñanza :: cultura :: **Ministry of** —, Ministerio (de Instrucción Pública, de Educación) :: **higher** —, enseñanza superior :: **secondary** —, segunda enseñanza, secundaria :: **elementary** —, primera enseñanza, primaria.

EDUCATIONAL [EDIUKÉISHONAL] *adj.* educativo, docente :: pedagógico.

EEL [IL] *n.* anguila :: **conger** —, congrio.

EFFACE [EFÉIS] *va.* borrar, tachar, testar.

EFFECT [EFÉKT] *n.* efecto, impresión, consecuencia :: fuerza :: resultado :: *va.* efectuar, ejecutar, llevar a cabo :: **to take** —, salir bien, producir su efecto :: **to feel the** — **of**, estar resentido de.

EFFECTIVE [EFÉKTIV] *adj.* efectivo, real, eficaz :: de mucho efecto.

EFFEMINATE [EFÉMINEIT] *adj.* afeminado :: — **man**, marica :: *va. & n.* afeminar, afeminarse.

EFFETE [IFÍT] *adj.* usado, gastado.

EFFICACIOUS [EFIKÉISHOS] *adj.* eficaz.

EFFICACY [ÉFIKASI] *n.* eficacia.

EFFICIENCY [EFÍSHAENSI] *n.* eficiencia :: eficacia.

EFFICIENT [EFÍSHENT] *adj.* capaz, eficaz, competente.

EFFORT [ÉFORT] *n.* esfuerzo, empeño, gestión, conato :: forcejeo :: **to make an** —, esforzarse :: **by one's own** —**s**, por sus puños.

EFFUSIVE [EFIÚSIV] *adj.* efusivo, demostrativo, expansivo.

EGG [EG] *n.* huevo :: **beaten** —, huevo batido :: **fried** —, huevo frito o estrellado :: **poached** —**s**, huevos escalfados :: **hard-boiled** —, huevo cocido o duro :: **soft-boiled** —, huevo pasado por agua :: **scrambled** —**s**, huevos revueltos :: —**shell**, cáscara :: *vn.* **to** — **on**, instigar, provocar, incitar.

EGGPLANT [ÉGPLAENT] *n.* berenjena.

EGOTISM [ÍGOUTISM] *n.* egotismo, egoísmo.

EIGHT [EIT] *adj. & n.* ocho.

EITHER [ÁIDA] *conj.* o, sea :: en todo caso :: tampoco :: *pron.* uno u otro.

EJACULATE [ICHAÉKIULEIT] *va.* eyacular.

EJECT [IICHÉKT] *va.* arrojar, expulsar, excluir, vomitar.

EJECTION [ICHÉKSHON] *n.* explusión :: — **seat,** asiento lanzable.

ELABORATE[*] [ILÁBOREIT] *adj.* detallado, complicado, primoroso, rebuscado, esmerado :: *va.* elaborar, labrar.

ELAPSE [ILÁPS] *vn.* pasar, transcurrir, andar.

ELASTIC [ILAÉSTIK] *adj.* elástico :: *n.* elástico :: goma elástica :: cordón elástico :: liga elástica.

ELASTICITY [ILAESTÍSITI] *n.* elasticidad.

ELATE [ILÉIT] *va. & n.* regocijar (se), exaltar, endiosar, engreír.

ELATED[*] [ILÉITID] *adj.* exaltado, gozoso, alborozado.

ELBOW [ÉLBOU] *n.* codo, *(fig.)* recodo :: *va. & n.* codear, dar codazos, formar recodos.

ELDER [ÉLDA] *adj.* mayor :: *n.* saúco :: *pl.* — **and betters,** mayores.

ELDERLY [ÉLDERLI] *adj.* de cierta edad, mayor.

ELDEST [ÉLDEST] *adj.* el mayor :: — **son,** primogénito.

ELECT [ILÉKT] *va.* elegir, escoger.

ELECTION [ILÉKSHON] *n.* elección.

ELECTORAL [ILÉKTORAL] *adj.* electoral.

ELECTRIC [ILÉKTRIK] *adj.* eléctrico.

ELECTRICIAN [ILEKTRÍSHAEN] *n.* electricista.

ELECTRICITY [ILEKTRÍSITI] *n.* electricidad.

ELECTRIFY [ILÉKTRIFAI] *va.* electrizar :: entusiasmar.

ELECTROCUTE [ILÉKTROKIUT] *va.* electrocutar.

ELECTRON [ILÉKTRON] *n.* electrón :: — **microscope,** microscopio electrónico.

ELECTRONICS [ILEKTRÓNIKS] *n.* electrónica.

ELEGANCE [ÉLIGANS] *n.* elegancia, refinamiento, gala, gracia, donaire.

ELEGANT[*] [ÉLIGANT] *adj.* elegante, gallardo, apuesto, garboso.

ELEMENT [ÉLIMENT] *n.* elemento :: *(chem.)* cuerpo simple :: *pl.*

principios :: nociones.

ELEMENTARY [ELIMÉNTARI] *adj.* elemental.

ELEPHANT [ÉLIFANT] *n.* elefante.

ELEVATE [ÉLIVEIT] *va.* elevar, exaltar :: encumbrar :: alzar.

ELEVATED [ÉLIVEITID] *adj.* excelso, levantado, encumbrado.

ELEVATOR [ÉLIVEITAER] *n.* ascensor :: elevador.

ELICIT [ILÍSIT] *va.* extraer, sacar, sonsacar :: **to — admiration,** despertar admiración :: **to — applause,** suscitar el aplauso.

ELIGIBLE [ÉLICHIBL] *adj.* elegible.

ELIMINATE [ILÍMINEIT] *va.* eliminar, quitar, suprimir.

ELIMINATION [ILIMINÉISHON] *n.* eliminación.

ELITE [ELÍT] *n.* la flor y nata, lo mejor, la élite :: lo selecto :: lo escogido.

ELK [ELK] *n.* alce.

ELM [ELM] *n.* olmo :: — **grove,** olmedo.

ELOPE [ILÓUP] *vn.* fugarse :: escaparse, huir.

ELOQUENCE [ÉLOKUENS] *n.* elocuencia.

ELOQUENT[*] [ÉLOKUENT] *adj.* elocuente.

ELSE [ELS] *pron.* otro :: *adv.* (ade)más :: **or —,** en otro caso, de otro modo :: **nobody —,** ningún otro :: **nothing —,** nada más :: **somebody —,** algún otro, otra persona :: **what —?** ¿qué más?

ELSEWHERE [ÉLSGÜEAER] *adv.* en otra parte, a otra parte.

ELUCIDATE [ILIÚSIDEIT] *va.* aclarar, ilustrar, delucidar.

ELUCIDATION [ILIUSIDÉISHON] *n.* elucidación, esclarecimiento, explicación.

ELUDE [ILIÚD] *va.* eludir, evitar, substraerse.

ELUSIVE[*] [ILIÚSIV] *adj.* evasivo, fugaz, esquivo, huraño.

EMACIATE [IMÉISIEIT] *va. & n.* extenuar, adelgazar :: **to become —d,** demacrarse.

EMACIATED [IMÉISIEITID] *adj.* demacrado, escuálido, macilento.

EMANATE [ÉMANEIT] *vn.* emanar, proceder.

EMANCIPATE [IMÁNSIPEIT] *va.* emancipar, libertar.

EMBALM [IMBÁM] *va.* embalsamar.

EMBANKMENT [IMBÁNKMENT] *n.* malecón :: terraplén :: presa, dique :: ría.

EMBARGO [IMBÁRGOU] *n.* embargo :: traba.

EMBARK [IMBÁRK] *va. & n.* embarcar(se), lanzarse.

EMBARRASS [EMBÁRAS] *va.* turbar, desconcertar, avergonzar, poner en aprieto.

EMBARRASSING [EMBÁRASING] *adj.* embarazoso, penoso :: desconcertante :: angustioso.

EMBARRASSMENT [EMBÁRASMENT] *n.* turbación, vergüenza, desconcierto :: aprieto, apuro, dificultad :: estorbo, embarazo.

EMBASSY [ÉMBASI] *n.* embajada.

EMBELLISH [EMBÉLISH] *va.* embellecer, hermosear, esmaltar, guarnecer.

EMBER [ÉMBER] *n.* ascua, rescoldo, chispazo.

EMBEZZLE [EMBÉSL] *va.* apropiarse, desfalcar.

EMBEZZLEMENT [EMBÉSULMENT] *n.* desfalco, peculado.

EMBITTER [EMBÍTA] *va.* agriar, irritar, amargar.

EMBODY [EMBÓDI] *va.* incorporar.

EMBOLDEN [EMBÓULDN] *va.* envalentonar.

EMBOSS [EMBÓS] *va.* realzar, grabar en relieve.

EMBRACE [EMBRÉIS] *n.* abrazo :: *va. & n.* abrazar :: abarcar :: ceñir :: encerrar, aceptar.

EMBROIDER [EMBRÓIDA] *va.* bordar, recamar.

EMBROIDERY [EMBRÓIDERI] *n.* bordado :: bordadura :: recamo.

EMBROIL [EMBRÓIL] *va.* embrollar, confundir, enredar.

EMERALD [ÉMERALD] *n.* esmeralda.

EMERGE [IMÉRCH] *vn.* surgir, brotar, aparecer :: **to — with credit,** salir airoso.

EMERGENCY [IMÉRCHENSI] *n.* caso fortuito :: aprieto :: urgencia :: emergencia.

EMIGRANT [ÉMIGRANT] *adj. & n.* emigrante.

EMIGRATE [ÉMIGREIT] *vn.* emigrar.

EMINENCE [ÉMINENS] *n.* eminencia :: *(geog.)* altura :: encumbramiento.

EMINENT[*] [ÉMINENT] *adj.* eminente, ilustre, distinguido, esclarecido, eximio, prestigioso.

EMIT [IMÍT] *va.* emitir :: exhalar, arrojar :: despedir *(olor, humo, etc.).*

EMOTION [IMÓUSHON] *n.* emoción, sentimiento :: alteración.

EMOTIONAL [IMÓUSHONAL] *adj.* emocional :: emotivo :: sentimental :: sensible.

EMPEROR [ÉMPERA] *n.* emperador.

EMPHASIS [ÉMFASIS] *n.* fuerza, énfasis, intensidad.

EMPHASIZE [ÉMFASAIS] *va.* dar énfasis :: hacer hincapié en :: subrayar, recalcar :: acentuar.

EMPHATIC [ENFÁTIK] *adj.* enfático :: recalcado :: —ally, *adv.* enfáticamente, con énfasis.

EMPIRE [ÉMPAIR] *adj.* imperial :: *n.* imperio.

EMPLOY [EMPLÓI] *n.* empleo :: *vn.* emplear, ocupar, colocar :: servirse, valerse de.

EMPLOYEE [EMPLÓI] *n.* empleado.

EMPLOYER [EMPLÓIA] *n.* patrón, amo, principal, empresario.

EMPLOYMENT [EMPLÓIMENT] *n.* empleo, ocupación.

EMPOWER [EMPÁUAER] *va.* autorizar :: apoderar *(dar poder a un abogado).*

EMPRESS [ÉMPRES] *n.* emperatriz.

EMPTY [ÉMPTI] *adj.* vacío, vacuo :: frívolo, hueco :: desocupado, vacante :: *va.* vaciar, desaguar, verter, descargar.

EMULATE [ÉMIULEIT] *va.* emular, rivalizar.

EMULATION [EMIULÉISHON] *n.* emulación, rivalidad, envidia.

ENABLE [ENÉIBL] *va.* habilitar, poner en capacidad, facilitar, permitir.

ENACT [ENÁKT] *va.* decretar, ejecutar :: legislar :: realizar, desempeñar, desarrollar.

ENAMEL [ENÁMEL] *n.* esmalte :: *va.* esmaltar.

ENCHANT [ENCHÁNT] *va.* encantar :: ensalmar, hechizar :: deleitar, fascinar.

ENCHANTMENT [ENCHÁNTMENT] *n.* encanto :: encantamiento :: hechicería.

ENCIRCLE [ENSÉRKL] *va.* cercar, rodear :: ceñir.

ENCLOSE [ENKLÓUS] *va.* cerrar, cercar, encerrar, circunscribir.

ENCLOSURE [ENKLÓUSHUR] *n.* cerca :: cercado, anexo, coto, recinto :: barrera, valla(do), tapia.

EMCOMPASS [ENKÁMPAS] *va.* abarcar :: encuadrar :: rodear, ceñir, circundar.

ENCORE [ANKÓR] *n.* repetición :: *excl.* ¡que se repita!

ENCOUNTER [ENKÁUNTA] *n.* encuentro, choque, pelea, refriega :: *va. & n.* encontrar, acometer :: tropezar con.

ENCOURAGE [ENKÓRICH] *va.* animar, alentar, esforzar, fortalecer, nutrir, reforzar.

ENCOURAGEMENT [ENKÓRICHMENT] *n.* aliento, ánimo :: estímulo :: fomento.

ENCROACH [ENKRÓUCH] *va.* usurpar, pasar los límites.

ENCUMBER [ENKÓMBA] *va.* estorbar, embarazar, sobrecargar.

ENCUMBRANCE [ENKÓMBRANS] *n.* impedimento, estorbo, traba.

END [END] *n.* extremo, fin, cabo, remate :: fenecimiento :: *(treat.)* desenlace :: *(de un cigarro)* colilla :: bocacalle :: *(de la cama, etc.)* cabecera :: **at the — of,** al cabo de :: **in the —,** en definitiva :: **towards the — of,** a últimos de :: **from — to —,** de cabo a rabo :: **to come to an —,** terminar(se) :: **to make an — of,** acabar con :: **to have at one's finger-ends,** saber al dedillo :: *va. & n. —* **in, by,** acabar, terminar, terminarse, cerrar.

ENDANGER [ENDÉINCHA] *va.* poner en peligro, comprometer.

ENDEAR [ENDÍAER] *va.* hacer amar, hacer querer :: **to — oneself,** hacerse querer.

ENDEARMENT [ENDÍMENT] *n.* requiebro, ternura, encariñamiento.

ENDEAVOR, ENDEAVOUR [ENDÉVA] *n.* esfuerzo, empeño, seguimiento :: *vn.* esforzarse, tratar de, pretender, procurar.

ENDEMIC [ENDÉMIK] *adj.* endémico.

ENDING [ÉNDING] *n.* final :: terminación :: conclusión.

ENDLESS° [ÉNDLES] *adj.* sin fin, infinito, eterno, continuo, inagotable.

ENDORSE [ENDÓARS] *va.* endosar, respaldar :: rubricar.

ENDORSEMENT [ENDÓRSMENT] *n.* endoso, endose :: respaldo :: garantía, apoyo.

ENDOW [ENDÁU] *va.* dotar, fundar.

ENDURANCE [ENDIÚRANS] *n.* paciencia, duración, fortaleza, sufrimiento :: **past all —,** inaguantable.

ENDURE [ENDIÚR] *va. & n.* soportar, resistir, aguantar, (sobre)llevar :: continuar, durar.

ENEMY [ÉNEMI] *n.* enemigo, adversario.

ENERGETIC [ENERYÉTIK] *adj.* activo, enérgico, esforzado.

ENERGY [ÉNERYI] *n.* energía, vigor, viveza, nervio.

ENERVATE [ÉNERVEIT] *va.* enervar, debilitar.

ENFEEBLE [ENFÍBL] *va.* debilitar.

ENFORCE [ENFÓRS] *va.* hacer cumplir, obligar, imponer, poner en vigor.

ENFORCEMENT [ENFÓRSMENT] *n.* coacción :: cumplimiento forzoso (de una ley).

ENGAGE [ENGUÉICH] *va. & n.* ajustar, apalabrar, comprometer :: *(una batalla)* librar :: *(en matrimonio)* comprometerse :: emplear :: *(mech.)* engranar :: empeñarse, dar palabra :: entretener, ocupar.

ENGAGED [ENGUÉICHD] *adj.* ocupado :: obligado :: prometido :: *(en matrimonio)* comprometido.

ENGAGEMENT [ENGUÉICHMENT] *n.* compromiso :: combate :: ajuste :: noviazgo :: empeño :: contrato :: cita, compromiso.

ENGAGING° [ENGUÉIYING] *adj.* atractivo, agraciado, simpático.

ENGINE [ÉNYIN] *n.* máquina :: ingenio :: locomotora :: —driver, maquinista.

ENGINEER [ENYINÍAER] *n.* ingeniero :: mecánico :: *va.* gestionar.

ENGINEERING [ENYINÍAERING] *n.* ingeniería.

ENGRAVE [ENGRÉIV] *va.* grabar, burilar, esculpir, entallar.

ENGRAVING [ENGRÉIVING] *n.* grabado :: estampa, lámina :: **wood —,** grabado en madera, xilografía.

ENGROSS [ENGRÓUS] *va. (com.)* poner en limpio :: absorber, monopolizar.

ENGROSSED [ENGRÓUSID] *adj.* absorto, ensimismado.

ENGULF [ENGÁLF] *va.* engolfar, absorber, tragar, sumergir.

ENHANCE [ENJÁNS] *va.* encarecer, mejorar, realzar.

ENIGMA [INÍGMA] *n.* enigma.

ENJOIN [ENYÓIN] *vn.* mandar, ordenar :: **to — from,** prohibir, vedar.

ENJOY [ENYÓI] *va.* saborear, divertirse, pasarlo bien, gozar de, lograr :: paladear.

ENJOYABLE [ENYÓIABL] *adj.* agradable, deleitable.

ENJOYMENT [ENYÓIMENT] *n.* gozo :: gusto, placer :: goce :: fruición :: usufructo.

ENLARGE [ENLÁRCH] *va. & n.* ensanchar, agrandar, aumentar :: **— upon,** explayar :: engrosar.

ENLARGEMENT [ENLÁRCHMENT] *n.* aumento :: ampliación :: ensanche :: expansión.

ENLIGHTEN [ENLÁITN] *va.* iluminar, ilustrar, instruir.

ENLIST [ENLÍST] *va. & n.* enganchar, alistarse, sentar plaza.

ENLISTMENT [ENLÍSTMENT] *n.* reclutamiento :: alistamiento.

ENLIVEN [ENLÁIVN] *va.* animar, alegrar, avispar, regocijar, vivificar.

ENMITY [ÉNMITI] *n.* enemistad, hostilidad.

ENORMOUS* [ENÓARMOS] *adj.* enorme, descomunal.

ENOUGH [INÓF] *adv.* bastante, harto :: **to be more than** —, sobrar.

ENRAGE [ENRÉICH] *va.* exasperar, ensañar :: enfurecer :: **to become enraged**, embravecerse.

ENRAPTURE [ENRÁPCHE] *va.* transportar, arrobar, enajenar.

ENRICH [ENRÍCH] *va.* enriquecer, fertilizar, fecundar :: abonar.

ENROLL [ENRÓUL] *va.* alistar(se) :: matricular(se) :: inscribir(se) :: hacerse miembro.

ENROLLMENT [ENRÓULMENT] *n.* alistamiento :: registro, matrícula.

ENSEMBLE [ANSÁMBL] *n. (mus.)* conjunto musical :: traje armonioso.

ENSIGN [ÉNSAIN] *n.* bandera, enseña :: *(mil.)* alférez, abanderado.

ENSLAVE [ENSLÉIV] *va.* esclavizar.

ENSNARE [ENSNÉAER] *va.* enredar, entrampar, embaucar.

ENSUE [ENSIÚ] *vn.* seguir(se), sobrevenir.

ENTAIL [ENTÉIL] *n.* vinculación, herencia :: *va.* vincular, legar.

ENTANGLE [ENTÁNGL] *va.* enmarañar, embrollar :: **to be —d in**, enfrascarse en.

ENTER [ÉNTA] *va. & n.* entrar, introducir(se) :: anotar :: ingresar en :: matricularse :: *(theat.)* salir :: **to — upon**, emprender, empezar.

ENTERPRISE [ÉNTERPRAIS] *n.* empresa.

ENTERPRISING [ÉNTERPRAISING] *adj.* emprendedor.

ENTERTAIN [ENTERTÉIN] *va.* entretener, divertir :: hospedar, agasajar :: tomar en consideración, agasajar :: *(ideas)* concebir.

ENTERTAINING* [ENTERTÉINING] *adj.* entretenido, divertido, chistoso.

ENTERTAINMENT [ENTERTÉINMENT] *n.* entretenimiento :: pasatiempo :: diversión :: fiesta :: convite.

ENTHUSIASM [ENZIÚSIASM] *n.* entusiasmo, fervor, ánimo.

ENTHUSIAST [ENZIÚSIAST] *n.* entusiasta.

ENTHUSIASTIC [ENZIUSIÁSTIK] *adj.* entusiasta, entusiástico :: **to be —**, estar entusiasmado.

ENTICE [ENTÁIS] *va.* atraer, seducir, tentar.

ENTIRE* [ENTÁIR] *adj.* entero, perfecto, total, cabal, íntegro.

ENTIRETY [ENTÁIAERTI] *n.* totalidad, entereza :: conjunto :: todo.

ENTITLE [ENTÁITL] *va.* intitular, dar derecho.

ENTRAILS [ÉNTREILS] *n. pl.* entrañas :: tripas.

ENTRANCE [ÉNTRANS] *n.* entrada :: *(de un río)* embocadura :: ingreso :: — **fee**, cuota :: [INTRÁNS] *vn.* extasiar, hechizar.

ENTREAT [ENTRÍT] *va. & n.* suplicar, rogar, implorar.

ENTRENCH [ENTRÉNCH] **= intrench.**

ENTRUST [ENTRÓST] *va.* confiar, cometer, encargar, fiar :: vr. encomendarse.

ENTRY [ÉNTRI] *n.* entrada, ingreso :: derecho de ingreso :: minuta :: **to make an —**, entrar :: **no —**, prohibida la entrada.

ENUMERATE [INIÚMEREIT] *va.* enumerar, puntualizar, detallar.

ENVELOP [INVÉLOP] *va.* envolver, poner bajo sobre, cubrir.

ENVELOPE [ÉNVELOP] *n.* sobre :: envoltura.

ENVIABLE [ÉNVIAEBL] *adj.* envidiable.

ENVIOUS* [ÉNVIOS] *adj.* envidioso.

ENVIRONMENT [ENVÁIRAENMAENT] *n.* ambiente, medio ambiente.

ENVIRONS [ENVÁIRONS] *n. pl.* alrededores, contornos, inmediaciones, cercanías.

ENVISAGE [ENVÍSICH] *va.* prever :: encararse con.

ENVOY [ÉNVOI] *n.* enviado, mensajero.

ENVY [ÉNVI] *n.* ojeriza, envidia :: *va.* envidiar.

EPHEMERAL [IFÉMAERAEL] *adj.* efímero.

EPIDEMIC [EPIDÉMIK] *n.* epidemia.

EPISODE [ÉPISOUD] *n.* episodio, lance :: *pl.* peripecias.

EPISTLE [IPÍSL] *n.* epístola, carta, misiva.

EPOCH [ÉPOK] *n.* época, edad, tiempo.

EQUAL* [ÍKUAL] *adj.* igual, equivalente :: justo :: **to be — to**, igualarse a, ser a propósito para, empatar, saber cumplir.

EQUALITY [IKUÓLITI] *n.* igualdad, uniformidad.

EQUALIZE [ÍKUAELAIS] *va. & n.* igualar :: emparejar :: equilibrar :: nivelar.

EQUATION [IKUÉISHON] *n.* ecuación.

EQUATOR [IKUÉITA] *n.* ecuador.

EQUILIBRIUM [IKUILÍBRIOM] *n.* equilibrio.

EQUIP [IKUÍP] *va.* aprestar, aparejar, pertrechar.

EQUIPMENT [IKUÍPMAENT] *n.* equipo :: aparatos :: avíos :: habilitación.

EQUITABLE [ÉKUITABL] *adj.* justo, equitativo.

EQUITY [ÉQUITI] *n.* equidad :: justicia.

EQUIVALENT* [IKUÍVALENT] *adj. & n.* equivalente.

EQUIVOCAL* [IKUÍVOKAEL] *adj.* equívoco, ambiguo.

ERA [ÍRA] *n.* era, época, período.

ERADICATE [IRÁDIKEIT] *va.* extirpar, desarraigar.

ERASE [IRÉIS] *va.* borrar, rayar, tachar.

ERASER [IRÉISA] *n.* borrador, goma.

ERASURE [IRÉISAER] *n.* borradura, raspadura.

ERECT [IRÉKT] *adj.* derecho, erguido, enhiesto :: *va. & n.* erigir, erguir, levantar, enderezar :: *(mech.)* montar.

ERMINE [ÉRMIN] *n.* armiño.

ERODE [IRÓUD] *va.* erosionar.

EROSION [IRÓUSHON] *n.* erosión :: desgaste.

EROTIC [IRÓTIK] *adj.* erótico.

ERR [ER] *vn.* errar, engañarse, equivocarse, no dar en el blanco :: pecar de.

ERRAND [ÉRAND] *n.* recado, mensaje, encargo.

ERRANT [ÉRANT] *adj.* errante :: **knight—**, caballero andante.

ERRATIC [ERÁTIK] *adj.* errático, excéntrico.

ERRONEOUS* [ERÓUNIOS] *adj.* erróneo, falso, errado.

ERROR [ÉROR] *n.* error, yerro :: equivocación, desacierto :: desatino :: **hideous —**, herejía.

ERUPT [IRÁPT] *va.* arrojar.

ERUPTION [IRÁPSHON] *n.* erupción.

ESCALATE [ÉSKAELEIT] *va.* aumentar :: intensificar.

ESCAPADE [ÉSKAPEID] *n.* trapisonda, travesura.

ESCAPE [ESKÉIP] *n.* fuga, escape, huida :: derrame :: *va. & n.* escapar(se), evadirse, huir de, rehuir :: desprenderse :: **to — notice**, pasar inadvertido.

ESCORT [ÉSKOART] *n.* escolta :: pareja :: *va.* escoltar, convoyar, acompañar.

ESPECIAL* [ESPÉSHAL] *adj.* especial, particular, singular :: notable, excelente, inmejorable.

ESPIONAGE [ESPIONACH] *n.* espionaje.

ESPOUSE [ESPÁUS] *va. & n.* patrocinar :: casarse.

ESSAY [ESÉI] *n.* ensayo, composición :: *va.* ensayar, tentar.

ESSENCE [ÉSENS] n. esencia.

ESSENTIAL° [ESÉNSHAL] adj. esencial, constitutivo, radical, de rigor, imprescindible, indispensable, preciso, capital.

ESTABLISH [ESTÁBLISH] va. establecer, fundar, acreditar, plantear :: (argumentos) sentar :: verificar.

ESTABLISHMENT [ESTÁBLISHMENT] n. establecimiento.

ESTATE [ESTÉIT] n. finca, hacienda, bienes, herencia, (de caza) coto :: real —, bienes raíces.

ESTEEM [ESTÍM] n. estima, consideración, acatamiento, aprecio :: va. honrar, estimar, apreciar, tener (en, por).

ESTIMABLE [ÉSTIMABL] adj. estimable.

ESTIMATE [ÉSTIMIT] va. estimar, valuar, apreciar, calcular, calificar, reputar, opinar.

ESTIMATION [ESTIMÉISHON] n. estimación :: juicio, opinión :: estima.

ESTRANGE [ESTRÉINCH] va. alejar, apartar, enajenar.

ETCH [ECH] va. grabar al aguafuerte.

ETCHING [ÉCHING] n. grabado.

ETERNAL° [ITÉRNAL] adj. eterno, sempiterno, perpetuo.

ETERNITY [ITÉRNITI] n. eternidad.

ETHER [ÍZER] n. éter.

ETHICAL° [ÉZIKAEL] adj. ético, moral.

ETHICS [ÉZIKS] n. ética, moral.

ETIQUETTE [ÉTIKET] n. etiqueta (regla de conducta social).

ETYMOLOGY [ETIMÓLOCHI] n. etimología.

EUPHEMISM [IÚFIMISM] n. eufemismo.

EUPHORIA [IUFÓRIAE] n. euforia.

EVACUATE [IVÁKIUEIT] va. evacuar, vaciar :: desocupar :: hacer del cuerpo.

EVADE [IVÉID] va. & n. escapar, rehuir, esquivar, burlar, evadir.

EVALUATE [IVAÉLIUEIT] va. valorar, avaluar.

EVAPORATE [IVÁPOREIT] va. & n. evaporar(se), disipar.

EVAPORATION [IVAPORÉISHON] n. evaporación.

EVASION [IVÉISHON] n. evasión, subterfugio :: escape, rodeo.

EVASIVE° [IVÉISIV] n. evasivo, esquivo.

EVE [IIV] n. víspera, tarde :: on the — of, la víspera de.

EVEN° [ÍVEN] adj. unido, igual, plano :: liso :: sereno :: (número) redondo :: adv. aún, hasta,

todavía, tan siquiera :: not—, ni siquiera :: va. igualar, aplanar, nivelar :: to get — with, desquitarse.

EVENING [ÍVNING] adj. crepuscular, vespertino :: (theat.) de la noche :: n. tarde, noche, atardecer, anochecer.

EVENNESS [ÍVENNES] n. lisura :: igualdad :: — of temper, suavidad o apacibilidad de genio.

EVENT [IVÉNT] n. acontecimiento, suceso, caso :: at all —s, en todo caso, sea lo que fuere :: in the — of, en caso de.

EVENTFUL [IVÉNTFUL] adj. lleno de sucesos :: importante, memorable.

EVENTUAL° [IVÉNCHIUAL] adj. último, final, terminal :: adv. finalmente, por fin, con el tiempo :: eventualmente.

EVER [ÉVAER] adv. siempre, jamás :: en cualquier grado :: for —, para siempre :: for — and —, por siempre jamás :: — since, desde entonces :: as —, como siempre.

EVERLASTING° [EVAERLÁSTING] adj. sempiterno, eterno, perpetuo :: duradero :: n. eternidad :: sempiterna :: (bot.) siempreviva.

EVERMORE [EVAERMÓAER] adv. para siempre :: for —, para siempre jamás.

EVERY [ÉVRI] adj. cada, todo :: — day, todos los días, cada día :: —body, todo el mundo :: — mother's son, cada hijo de vecino :: — other day, cada dos días.

EVERYBODY [ÉVRIBADI] pron. todos, todo el mundo.

EVERYDAY [ÉVRIDEI] adj. diario, cotidiano, de todos los días :: ordinario.

EVERYONE [ÉVRIUAN] pron. todos :: todo el mundo :: cada uno.

EVERYTHING [ÉVRIZING] pron. todo.

EVERYWHERE [ÉVRIUEAER] adv. por (o en) todas partes :: a todas partes.

EVICT [IVÍCT] va. desalojar :: expulsar.

EVIDENCE [ÉVIDENS] n. prueba(s) :: evidencia :: a piece of —, una prueba :: to give —, dar testimonio, deponer :: va. evidenciar, probar, mostrar.

EVIDENT° [ÉVIDENT] adj. evidente, aparente, visible :: palmario :: quite —, notorio :: to be —, constar, resaltar :: to make —, demostrar.

EVIL° [IIVL] adj. malo, maligno,

perverso :: —smelling, maloliente :: —sounding, malsonante :: — eye, aojo, mal de ojo :: n. mal, malignidad, maldad :: —doer, malhechor.

EVOKE [IVÓUK] va. evocar.

EVOLVE [IVÓLV] va. & n. desenvolver, desarrollar :: hacer evolución.

EWE [IU] n. oveja.

EXACT° [EGSÁKT] adj. exacto, preciso :: concreto, cortado, cabal :: va. exigir, imponer.

EXACTING [EGSÁKTING] adj. exigente.

EXAGGERATE [EGSÁCHEREIT] va. exagerar :: ponderar.

EXAGGERATION [EGSÁCHERÉISHON] n. exageración, encarecimiento :: beyond all —, sobre todo encarecimiento, hasta no más.

EXALT [EGSÓALT] va. elevar, exaltar, ensalzar.

EXALTATION [EGSOLTÉISHON] n. exaltación.

EXAMINATION [EGSAMINÉISHON] n. examen, verificación :: oposiciones :: indagación :: registro.

EXAMINE [EGSÁMIN] va. examinar, verificar, probar, requerir :: (una cuestión) ventilar :: escudriñar, indagar.

EXAMPLE [EGSÁMPL] n. ejemplo, modelo, dechado :: caso, lección, demostración :: for —, por ejemplo.

EXASPERATE [EGSÁSPEREIT] va. exasperar, irritar, sacar (de tino, de quicio).

EXCAVATE [ÉKSKAVEIT] va. cavar, excavar.

EXCAVATOR [ÉKSKAVEITAER] n. excavadora.

EXCEED [EKSÍD] va. exceder, pasar :: superar :: propasarse :: rebasar.

EXCEEDING° [EKSÍDING] adj. excesivo, excedente.

EXCEL [EKSÉL] va. & n. sobresalir, superar, sobrepasar, señorear, resplandecer.

EXCELENCE [ÉKSELENS] n. excelencia.

EXCELLENT° [ÉKSELENT] adj. excelente, preciso, admirable.

EXCEPT [EKSÉPT] va. & n. exceptuar, excluir, omitir :: hacer caso omiso de :: prep. & adv. excepto, a menos que, salvo, menos, fuera de.

EXCEPTING [EKSÉPTING] prep. excepto, salvo, menos, exceptuando.

EXCEPTION [EKSÉPSHON] n. excepción :: objeción :: with the — of.

a excepción de, con excepción de :: **to take —**, objetar :: ofenderse.

EXCEPTIONAL [EKSÉPSHONAL] *adj.* exceptional.

EXCESS [EKSÉS] *n.* exceso, sobrante, sobra :: desmán, desafuero :: **— of care,** nimiedad :: **to be in —**, sobrar.

EXCESSIVE* [EKSÉSIV] *adj.* excesivo :: desmedido :: *adv.* excesivamente, en exceso, demasiado.

EXCHANGE [EKSCHÉINCH] *n.* cambio :: intercambio :: Bolsa :: trueque :: lonja :: canje :: oficina de teléfonos :: *va.* cambiar :: canjear :: conmutar.

EXCHEQUER [EKSCHÉKA] *n.* hacienda pública, erario, fisco, tesorería del Estado, bolsa, recursos pecuniarios.

EXCITABLE [EKSÁITABL] *adj.* neurasténico, entusiasta.

EXCITE [EKSÁIT] *va.* excitar, provocar, incitar, ocasionar, sobreexcitar :: **to get excited (about)**, alborotarse, acalorarse, entusiasmarse :: agitarse.

EXCITED* [EKSÁITID] *adj.* excitado, acalorado :: animado :: **to get —**, entusiasmarse•:: sobreexcitarse :: acalorarse :: *adv.* acaloradamente, agitadamente.

EXCITEMENT [EKSÁITMENT] *n.* excitación :: acaloramiento :: agitación, alboroto :: animación.

EXCITING* [EKSÁITING] *adj.* estimulante, provocativo, conmovedor, apasionante, apasionado, incitante.

EXCLAIM [EKSKLÉIM] *vn.* exclamar, gritar.

EXCLAMATION [EKSKLAMÉISHON] *n.* exclamación, grito :: **— mark,** punto de admiración.

EXCLUDE [EKSKLÚD] *va.* excluir, exceptuar.

EXCLUSION [EKSKLÚSHON] *n.* exclusión.

EXCLUSIVE* [EKSKLÚSIV] *adj.* exclusivo, privativo :: **— rights,** la exclusiva.

EXCOMMUNICATE [EKSKOMIÚNIKEIT] *va.* excomulgar.

EXCOMMUNICATION [EKSKOMIUNIKÉISHON] *n.* excomunión.

EXCREMENT [EKSKREMENT] *n.* excremento :: caca.

EXCRUCIATING* [EKSKRÚSHIEITING] *adj.* agudísimo :: sobremanera.

EXCURSION [EKSKÉRSHON] *n.* excursión, gira :: caminata :: día de campo.

EXCUSABLE [EKSKIÚSABL] *adj.* ex-

EXHILARATE [EGSÍLAREIT] *va.* regocijarse, alborozar, exaltar, excitar.

EXILE [ÉGSAIL] *n.* destierro :: desterrado :: *va.* desterrar, proscribir, expatriar.

EXIST [EGSÍST] *vn.* existir.

EXISTENCE [EGSÍSTENS] *n.* existencia, vivir, ser.

EXISTENT [EGSÍSTENT] *adj.* existente.

EXIT [ÉKSIT] *n.* salida :: partida :: *(theat.)* hace(n) mutis, va(n)se. cusable, disculpable.

EXCUSE [EKSKIÚS] *n.* excusa, disculpa :: salvedad, pretexto, salida :: *va.* excusar, disculpar :: dispensar :: disimular :: perdonar, eximir.

EXECUTE [ÉKSIKIUT] *va.* ejecutar :: llevar a cabo, cumplir :: *(theat.)* trabajar, desempeñar :: ajusticiar :: otorgar.

EXECUTION [EKSIKIÚSHON] *n.* ejecución :: desempeño :: **— wall,** paredón.

EXECUTIONER [EKSIKIÚSHONA] *n.* verdugo.

EXECUTIVE [EKSÉKIUTIV] *adj.* ejecutivo :: *n.* ejecutivo, poder ejecutivo :: gerente, administrador.

EXECUTOR [EKSÉKIUTAE] *n.* albacea, ejecutor testamentario.

EXEMPLARY [EGSÉMPLARI] *adj.* ejemplar.

EXEMPT [EGSÉMPT] *adj.* exento, executado, libre :: *va.* exceptuar, excusar, libertar, dispensar.

EXEMPTION [EGSÉMPSHON] *n.* exención :: franquicia :: inmunidad.

EXERCISE [ÉKSERSAIS] *n.* ejercicio :: práctica, ensayo :: *va. & n.* ejercitar(se) :: hacer ejercicios :: practicar :: atarear, preocupar :: ejercer.

EXERT [EGSÉRT] *va.* ejercer :: **to — oneself,** esforzarse, hacer esfuerzos, empeñarse.

EXERTION [EGSÉRSHON] *n.* esfuerzo.

EXHAUST [EGSÓAST] *n.* escape :: *va.* agotar, gastar, fatigar, postrar :: vaciar.

EXHAUSTIVE* [EGSÓASTIV] *adj.* agotador :: minucioso, exhaustivo.

EXHAUSTION [EGSÓSCHON] *n.* agotamiento, fatiga, postración.

EXHIBIT [EGSÍBIT] *va.* exhibir, mostrar, exponer :: presentar, ofrecer :: *n.* exposición.

EXHIBITION [EGSIBÍSHON] *n.* exhibición :: exposición :: demostración :: **to make an — of oneself,** ponerse en ridículo.

EXONERATE [EGSÓNEREIT] *va.* exonerar, disculpar, aliviar.

EXORBITANT* [EKSÓARBITANT] *adj.* exorbitante, excesivo, desproporcionado.

EXOTIC [EKSÓTIK] *adj.* exótico :: raro, extraño.

EXPAND [EKSPÁND] *va. & n.* extender, ensanchar :: engrosar, dilatarse.

EXPANSION [EKSPÁNSHON] *n.* expansión :: dilatación :: ensanche :: desarrollo.

EXPECT [EKSPÉKT] *va.* esperar :: contar con :: suponer.

EXPECTATION [EKSPEKTÉISHON] *n.* expectación, expectativa, esperanza.

EXPEDIENT [EKSPÍDIENT] *adj.* oportuno, conveniente, prudente :: *n.* expediente :: medio, recurso.

EXPEDITE [ÉKSPIDAIT] *va.* facilitar :: despachar.

EXPEDITION [EKSPIDÍSHON] *n.* expedición.

EXPEL [EKSPÉL] *va.* arrojar, despedir, expulsar, echar.

EXPENDITURE [EKSPÉNDICHIUR] *n.* gasto :: desembolso.

EXPENSE [EKSPÉNS] *n.* gasto :: desembolso :: **at any —**, a toda costa.

EXPENSIVE* [EKSPÉNSIV] *adj.* costoso, caro, dispendioso.

EXPENSIVENESS [EKSPÉNSIVNES] *n.* carestía :: coste elevado.

EXPERIENCE [EKSPÍRIENS] *n.* experiencia, práctica :: experimento :: tentativa :: aventura :: *va.* experimentar, sentir.

EXPERIENCED [EKSPÍRIENSD] *adj.* experimentado :: ducho, perito, experto.

EXPERIMENT [EKSPÉRIMENT] *n.* experimento, ensayo :: *va.* experimentar, hacer experimentos, probar.

EXPERIMENTAL* [EKSPERIMÉNTAL] *adj.* experimental.

EXPERT* [ÉKSPERT] *adj.* experto, perito, hábil, autorizado :: *n.* conocedor de, perito, trujimán.

EXPIRATION [EKSPIRÉISHON] *n.* terminación :: vencimiento :: espiración.

EXPIRE [EKSPÁIR] *va. & n.* expirar, fallecer :: expeler :: *(com.)* vencer, cumplir(se).

EXPLAIN [EKSPLÉIN] *va.* explicar, exponer, interpretar, ilustrar :: plantear :: *vr.* sincerarse.

EXPLANATION [EKSPLANÉISHON] *n.* explicación, aclaración, interpretación.

EXPLANATORY [EKSPLÁNATORI] *adj.*

explicativo.

EXPLICIT• [EKSPLÍSIT] *adj.* explícito, formal, categórico.

EXPLODE [EKSPLÓUD] *va. & n.* volar, hacer saltar :: reventar, desbaratar :: estallar :: hacer explosión.

EXPLOIT [ÉKSPLOIT] *n.* hazaña :: proeza :: **youthful** —, mocedad :: *va.* explotar.

EXPLOITATION [EKSPLOITÉISHON] *n.* explotación.

EXPLORE [EKSPLÓR] *va.* explorar :: buscar, sondar.

EXPLORER [EKSPLÓRAER] *n.* explorador.

EXPLOSION [EKSPLÓUSHON] *n.* explosión, estallido.

EXPLOSIVE [EKSPLÓUSIV] *adj. & n.* explosivo.

EXPORT [EKSPÓRT] *n.* exportación :: *va.* exportar, extraer.

EXPOSE [EKSPÓUS] *va.* exponer, exhibir, manifestar :: divulgar.

EXPOSITION [EKSPOSÍSHON] *n.* exposición :: explicación.

EXPOSTULATE [EKSPÓSTIULEIT] *vn.* altercar :: **to — with,** reprochar.

EXPOSURE [EKSPÓUSHUR] *n.* divulgación :: escándalo :: **north** —, orientación al norte :: *(phot.)* exposición.

EXPOUND [EKSPÁUND] *va.* exponer, manifestar :: explicar, comentar, explanar, desarrollar.

EXPRESS [EKSPRÉS] *adj.* expreso :: formal, terminante, categórico :: rápido :: de encargo :: — **train,** tren expreso :: — **letter,** continental, carta enviada por empresa de mensajería :: *va.* expresar, manifestar :: denotar :: explicarse :: **to — one's sorrow,** dar el pésame.

EXPRESSION [EKSPRÉSHON] *n.* expresión, manifestación :: semblante :: término, vocablo.

EXPULSION [EKSPÓLSHON] *n.* expulsión.

EXQUISITE• [EKSKUÍSIT] *adj.* exquisito, excelente, esmerado, primoroso, rico :: elegante.

EXQUISITENESS [EKSKUÍSITNES] *n.* exquisitez :: primor.

EXTEMPORE [EKSTÉMPORI] *adj.* improvisado :: *adv.* sin preparación :: **to speak** —, improvisar.

EXTEND [EKSTÉND] *va.* extender, ensanchar, ampliar, prolongar, tender, ofrecer, otorgar :: estirar :: *vn.* tener correa :: extenderse :: estirarse.

EXTENDED• [EKSTÉNDID] *adj.* extenso :: prolongado :: extendido.

EXTENSION [EKSTÉNSHON] *n.* extensión :: prolongación :: prórroga :: añadidura :: anexo.

EXTENSIVE• [EKSTÉNSIV] *adj.* extenso, vasto :: extensivo, extendido, dilatado.

EXTENT [EKSTÉNT] *n.* extensión, alcance, amplitud, capacidad :: **to some** —, hasta cierto punto.

EXTENUATE [EKSTÉNIUEIT] *va.* disminuir, minorar, atenuar, paliar.

EXTERIOR [EKSTÍRIA] *adj.* exterior, externo :: *n.* **rough** —, corteza.

EXTERMINATE [EKSTÉRMINEIT] *va.* exterminar, extirpar.

EXTERNAL• [EKSTÉRNAL] *adj.* externo :: — **trade,** comercio exterior.

EXTINCT [EKSTÍNKT] *adj.* extinto :: extinguido, abolido.

EXTINGUISH [EKSTÍNGUISH] *va.* extinguir, apagar :: suprimir.

EXTOL [EKSTÓUL] *va.* enaltecer :: ensalzar.

EXTORT [EKSTÓART] *va.* arrancar, arrebatar.

EXTORTION [EKSTÓRSHON] *n.* extorsión.

EXTRA [ÉKSTRA] *adj.* suplementa-

rio, extraordinario :: de repuesto :: *adv.* de sobra :: *n.* exceso :: recargo, extra :: *(theat.)* comparsa, extra :: contrafuerte.

EXTRACT [EKSTRÁCT] *n.* extracto :: resumen :: *va.* extraer :: sacar :: arrancar.

EXTRAORDINARY [EKSTRAÓRDINARI] *adj.* extraordinario.

EXTRAVAGANCE [EKSTRÁVAGANS] *n.* despilfarro, derroche, gasto excesivo :: lujo excesivo :: extravagancia, capricho.

EXTRAVAGANT• [EKSTRÁVAGANT] *adj.* extravagante, exorbitante :: disparatado, pródigo, manirroto.

EXTREME• [EKSTRÍM] *adj.* extremo :: sumo :: riguroso :: *n.* extremo, extremidad.

EXTRICATE [ÉKSTRIKEIT] *va. & n.* desembarazar(se), zafar(se), librar(se).

EXUBERANT [EGSIÚBERANT] *adj.* exhuberante.

EXULT [EGSÁLT] *vn.* alborozarse, regocijarse.

EYE [AI] *n.* ojo :: —**ball,** globo del ojo :: *(sew.)* corcheta :: *(bot.)* yema :: *(mech.)* ojal :: mirada :: —**brow,** ceja :: —**lash,** pestaña :: —**lid,** párpado :: **one-eyed,** tuerto :: —**shade,** visera :: —**socket,** cuenca :: —**tooth,** colmillo :: **evil** —, mal de ojo :: **to be all** —**s,** ser todo ojos :: **to cry one's** —**s out,** llorar (a mares, a moco tendido) :: **to keep an —on,** vigilar :: **to give black** — **to,** poner el ojo como un tomate :: **up to one's** —**s in,** hasta las cejas :: **with one's** —**s open,** con conocimiento de causa :: **blue-eyed,** zarco :: *va.* mirar (detenidamente), ojear.

EYESIGHT [ÁISAIT] *n.* vista :: **poor** —, mala vista.

F

FABLE [FÉIBEL] *n.* fábula, conseja, argumento, apólogo.

FABRIC [FÁBRIK] *n.* tejido, paño, fábrica :: textura :: edificio.

FABULOUS [FÁBIULOS] *adj.* fabuloso.

FAÇADE [FASÁD] *n.* portada, fachada.

FACE [FEIS] *n.* cara, semblante, rostro :: superficie :: frente :: *(coll.)* facha :: *(sl.)* pinta :: *(de la tierra)* faz :: **smiling** —, cara de Pascua(s) :: **sullen, gloomy** —, — **of misery**, cara de viernes :: *(minería)* tajo :: — **to** —, cara a cara :: — **upwards**, boca arriba :: — **downwards**, boca abajo, de bruces :: — **guard**, careta :: descaro, desfachatez :: mueca :: — **value**, valor nominal :: **to shut door in someone's** —, darle con la puerta en las narices :: *va.* afrontar, enfrentar, arrostrar, hacer (cara a, frente a) :: *(sew.)* guarnecer, revestir :: *vn.* dar a :: **to** — **up to**, arrostrar, enfrentar, dar el pecho :: **to** — **the music**, pagar el pato, arrostrar las consecuencias :: **not to** — **the music**, escurrir el bulto.

FACET [FÁSET] *n.* faceta,

FACILITATE [FASÍLITEIT] *va.* facilitar, allanar, posibilitar :: conseguir.

FACILITY [FASÍLITI] *n.* facilidad, instalación.

FACT [FAKT] *n.* hecho, realidad, dato :: **in** —, en realidad, de hecho :: **the** — **of the matter**, la pura verdad.

FACTION [FÁKSHON] *n.* facción, bando, partido, pandilla.

FACTOR [FÁKTAER] *n.* factor :: elemento :: agente :: *va.* *(math.)* descomponer en factores.

FACTORY [FÁKTORI] *n.* fábrica, taller :: factoría, manufactura.

FACULTY [FÁKULTI] *n.* facultad, potencia, poder, privilegio :: *(universidad)* profesorado.

FAD [FAED] *n.* novedad :: manía :: moda.

FADE [FEID] *vn.* marchitar(se), desmejorarse :: — **away**, — **out**, morir, extinguirse, ajarse.

FAIL [FEIL] *n.* *(examen)* suspenso :: **without** —, sin falta :: sin remedio :: *va.* abandonar, faltar a :: suspender :: *vn.* abortar, frustrarse, no lograr :: fracasar ::

hacer bancarrota :: *(examen)* dar calabazas :: — **to**, dejar de.

FAILING [FÉILING] *n.* debilidad, falta, defecto.

FAILURE [FÉILIURI] *n.* fracaso, quiebra, malogro, falla :: *(examen)* suspenso.

FAINT [FEINT] *adj.* imperceptible, tenue :: débil :: n. deliquio, soponcio, desmayo :: —**hearted**, pusilánime :: *vn.* desanimarse, desvanecerse, desmayarse.

FAINTNESS [FÉINTNES] *n.* languidez, debilidad, desfallecimiento :: falta de claridad :: vaguedad.

FAIR [FÉAER] *adj.* claro, limpio :: bello, hermoso :: honesto, honrado, justo :: blondo, rubio :: próspero :: razonable :: regular :: — **play**, juego limpio :: **to make a** —**copy of**, poner en limpio :: *n.* feria :: —**ground**, real.

FAIRNESS [FÉAERNES] *n.* justicia, equidad, imparcialidad :: *(de la tez)* blancura :: belleza.

FAIRY [FÉRI] *n.* hada :: — **tale**, cuento de hadas.

FAITH [FEIZ] *n.* fe, lealtad :: religión :: crédito :: **as an article of** —, a pies juntillas :: **to break** —, faltar a la palabra.

FAITHFUL [FÉIZFUL] *adj.* fiel :: leal :: *adv.* fielmente :: con fidelidad :: puntualmente :: —**ly yours**, siempre suyo, suyo afectísimo.

FAITHFULNESS [FÉIZFULNES] *n.* fidelidad :: lealtad :: exactitud.

FAITHLESS [FÉIZLES] *adj.* infiel :: sin fe :: desleal :: falso.

FAKE [FEIK] *adj.* falso, postizo :: — **jewelry**, bisutería.

FALCON [FÓALKN] *n.* halcón.

FALL [FOAL] *n.* caída :: bajada, declive, desnivel, descenso :: desliz :: *(US)* otoño :: *(de agua)* salto, cascada :: decadencia, degradación :: *(de precios)* baja :: *(mus.)* cadencia :: inclinación :: *vn.* caer, bajar :: disminuir, rendirse :: corresponderle :: echar por tierra :: inmutarse :: **to** — **asleep**, dormirse :: — **in love**, enamorarse :: **to** — **to**, tocar :: — **away**, enflaquecer, desfallecer :: — **back**, retroceder, hacerse atrás :: — **back on**, recurrir a :: — **down**, caerse :: desplomarse, desprenderse :: — **due**, vencer :: — **headlong**, caer de bruces :: — **ill**, indisponerse :: — **in**, coincidir (con) :: — **into**, dar en, sumirse (en), incurrir :: — **out (with)**, extrañarse (con), indisponerse (con) :: —

on, acometer :: echarse sobre, asaltar :: — **short**, escasear :: — **through**, fracasar, naufragar.

FALLACY [FALASI] *n.* engaño, falacia, error.

FALLEN [FOLN] *p.p.* **de** **to fall**.

FALLOUT [FÁLAUT] *n.* lluvia radiactiva.

FALSE [FOALS] *adj.* falso, fementido, traidor, pérfido, ilegal, hipócrita, postizo.

FALSEHOOD [FÓALSJUD] *n.* falsedad, embuste :: mentira.

FALSENESS [FÓLSNES] *n.* falsedad

FALSIFY [FÓALSIFAI] *va.* falsificar falsear, forjar.

FALSITY [FÓLSITI] *n.* falsedad mentira.

FALTER [FÓALTA] *vn.* temblar, vacilar, titubear :: balbucir.

FAME [FEIM] *n.* fama, renombre honra, gloria, prestigio, nombradía :: posteridad.

FAMED [FEIMD] *adj.* afamado, famoso, renombrado.

FAMILIAR [FAMÍLIAER] *adj.* conocido, íntimo :: presumido, fresco :: — **with**, conocedor de.

FAMILIARITY [FAMILÍARITI] *n.* familiaridad :: confianza, franqueza

FAMILY [FÁMILI] *adj.* familiar, casero :: *n.* familia, linaje, estirpe.

FAMINE [FÁMIN] *n.* hambre, carestía.

FAMISH [FÁMISH] *vn.* morir de hambre :: **to be** —**ed**, comerse los codos de hambre.

FAMOUS [FÉIMOS] *adj.* famoso célebre, celebrado, eximio, prestigioso, preclaro.

FAN [FAN] *n.* abanico :: *(coll.)* aficionado, entusiasta :: *va.* abanicar, ventilar, aventar, soplar.

FANATIC [FANÁTIK] *adj.* & *n.* fanático.

FANATICISM [FANÁTISISM] *n.* fanatismo.

FANCIFUL [FÁNSIFUL] *adj.* fantástico :: caprichoso :: imaginario.

FANCY [FÁNSI] *n.* fantasía :: imaginación, quimera :: idea, ilusión :: *(fam.)* magín :: — **dress**, disfraz, traje de fantasía :: — **foods**, comestibles de lujo :: — **goods**, objetos de fantasía :: — **jewelry**, joyas de fantasía, bisutería :: — **work**, labor (ornamental) :: *vn.* imaginarse, creer :: *va.* figurarse, antojarse, encapricharse por :: **to strike** (**to catch**) **one's** —, antojársele a uno :: **to take a** — **to**, prenderse de.

FANG [FANG] *n.* colmillo, garra.

FANTASTIC [FANTÁSTIK] *adj.* fantástico, quimérico, ilusorio.

FANTASY [FÁNTASI] *n.* fantasía, ensueño, imaginación.

FAR [FAR] *adj.* lejano, distante, remoto :: *adv.* lejos, de lejos, a lo lejos, en alto grado :: **as — as**, en tanto que :: **as — as I know**, que yo sepa :: **—away**, lejano, distante, remoto :: *(fig.)* distraído, abstraído :: **by —**, con mucho :: **—fetched**, traído de muy lejos, traído por los pelos, forzado :: **—flung**, extenso, dilatado, vasto :: **— from**, lejos de :: **— off**, a lo lejos, remoto, a gran distancia :: **— reaching**, trascendental, de mucho alcance :: **—seeing**, perspicaz, precavido :: **—sighted**, présbita, sagaz, precavido :: **—thest**, más lejano, más remoto, más lejos :: **from —**, de(sde) lejos.

FARCE [FARS] *n.* farsa, sainete, entremés.

FARE [FÉAER] *n.* pasaje, precio (del billete) :: **—s**, tarifa :: vianda, comida :: **bill of —**, lista de platos :: *vn.* pasarlo, suceder, acontecer.

FAREWELL [FÉRGÜEL] *adj.* de despedida :: *n.* adiós :: **to bid —**, despedirse (de).

FARM [FARM] *n.* granja :: cortijo :: **—hand**, gañán, labrador :: **—house**, alquería, granja, casa :: **—yard**, corral :: *va.* cultivar, labrar la tierra, dar en arriendo.

FARMER [FÁRMA] *n.* labrador, cultivador, colono, hacendado, agricultor.

FARMING [FÁRMING] *n.* labranza, agricultura, cultivo de los campos :: *adj.* agrícola.

FARTHER [FÁRDZAER] *adv.* más lejos, más allá :: además :: **— on**, más adelante :: *adj.* más remoto, más lejano.

FASCINATE [FÁSINEIT] *va.* fascinar, encantar, embelesar.

FASCINATING [FÁSINEITING] *adj.* hechicero, fascinante.

FASCINATION [FASINÉISHON] *n.* fascinación.

FASHION [FÁSHON] *n.* manera, forma, moda :: buen tono :: uso :: **to be in —**, estilarse :: **in —**, de moda :: **out of —**, pasado de moda :: *va.* formar, dar forma, ajustar :: forjar :: modelar.

FASHIONABLE [FÁSHONABL] *adj.* de moda :: de buen tono :: elegante.

FAST [FAST] *n.* vigilia :: **— day**, día de abstinencia :: *adj.* firme

:: apretado, rápido, veloz :: fijo, insoluble, inalterable :: constante, duradero :: ligero :: *adv.* de prisa, rápidamente :: *(un reloj)* adelantado :: **to be — friends**, ser uña y carne :: *va.* **to make —**, trincar, sujetar, asegurar :: *vn.* ayunar.

FASTEN [FÁSN] *va.* fijar, afirmar, asegurar :: pegar :: atarugar :: **— down**, sujetar :: amarrar :: **— on**, cebarse en :: **— belt**, abrocharse el cinturón :: *vn.* agarrarse, asirse, cerrarse.

FASTENER [FÁSNAER] *n.* broche, abrochador.

FASTIDIOUS[°] [FASTÍDIOS] *adj.* delicado :: quisquilloso :: exigente :: descontentadizo, melindroso.

FAT[°] [FAT] *adj.* gordo, grasiento :: grueso :: lerdo :: opulento, lucrativo :: pingüe :: **to get —**, engordar, echar carnes :: *n.* grasa :: sebo :: unto.

FATAL[°] [FÉITL] *adj.* fatal, funesto, mortal :: **— moment**, hora menguada.

FATE [FEIT] *n.* hado, destino, suerte :: **awful —**, fatalidad.

FATHER [FÁDAE] *n.* padre :: **— in law**, suegro :: *va.* prohijar, reconocer :: **to — upon**, achacar, imputar.

FATHERLAND [FÁDAERLAEND] *n.* patria.

FATHERLY [FÁDAERLI] *adv.* paternal.

FATHOM [FÁDOM] *n.* braza, toesa, brazada :: *va.* sondar, sondear, tantear.

FATHOMLESS [FÁDOMLES] *adj.* insondable.

FATIGUE [FATÍG] *n.* fatiga, cansancio :: pesadez :: *(mil.)* faena :: *va.* fatigar, rendir, reventar.

FATNESS [FÁTNES] *n.* gordura.

FATTEN [FATN] *va.* engordar.

FATTY [FÁTI] *adj.* grasiento :: seboso :: gordinflón.

FAUCET [FÓSET] *n.* grifo, llave, espita, canilla.

FAULT [FOALT] *n.* falta :: culpa :: desliz, tropiezo :: *(geol.)* falla :: defecto, lunar, imperfección :: **to find — with**, tachar.

FAULTLESS [FÓLTLIS] *adj.* intachable, sin tacha, perfecto.

FAULTY [FÓLTI] *adj.* defectuoso, imperfecto.

FAVOR, FAVOUR [FÉIVA] *n.* favor, servicio, gracia :: honra :: protección :: **popular —**, aura popular :: *va.* favorecer :: sufragar, secundar.

FAVO(U)RABLE [FÉIVAERAEBL] *adj.*

favorable.

FAVO(U)RABLY [FÉIVAERAEBLI] *adv.* favorablemente.

FAVO(U)RITE [FÉIVAERIT] *adj. & n.* favorito.

FAVO(U)RITISM [FÉIVAERITISEM] *n.* favoritismo.

FAWN [FOAN] *n.* cervato :: *va.* **— on**, acariciar, adular, lisonjear.

FEAR [FÍAER] *n.* miedo, recelo, aprensión, espanto, pavor :: **— of God**, temor de Dios :: **for —**, por miedo :: *va.* temer :: *vn.* tener miedo.

FEARFUL[°] [FÍAERFUL] *adj.* terrible, espantoso :: temible, temeroso :: miedoso.

FEARLESS[°] [FÍAERLIS] *adj.* sin temor, intrépido, atrevido, arrojado.

FEASIBLE [FÍSIBL] *adj.* factible, posible, practicable, hacedero.

FEAST [FIST] *n.* fiesta, festín :: *(relig.)* pascua :: banquete :: *va. & n.* festejar, agasajar, comer opíparamente.

FEAT [FÍT] *n.* hazaña, hecho, proeza.

FEATHER [FÉDAER] *n.* pluma :: **— brained**, casquivano, ligero de casco(s) :: **—brain**, *n.* badaluque, cabeza de chorlito :: **— quilt**, **— duster**, plumazo :: *va.* adornar con plumas, emplumar.

FEATHERY [FÉDAERI] *adj.* plumoso :: ligero como una pluma.

FEATURE [FÍTIUR] *n.* facción :: rasgo, característica :: *pl.* semblante.

FEBRUARY [FÉBRUARI] *n.* febrero.

FED [FED] *pret. & p.p. de* **to feed** :: **to be — up**, estar harto, estar hasta la coronilla.

FEDERATION [FEDERÉISHON] *n.* federación.

FEE [FI] *n.* honorarios :: gratificación :: derechos :: **membership —**, cuota :: **entrance —s**, matrícula :: *va.* pagar, retener.

FEEBLE [FIBL] *adj.* débil, lánguido, endeble :: impotente, flojo.

FEED [FID] *n.* comida :: *(sl.)* comilona :: pienso :: **—back**, realimentación :: *va.* alimentar, dar de comer a :: cebar :: *vn.* mantenerse :: pacer :: **— upon**, comer.

FEEL [FIL] *n.* tacto, tocamiento :: sensación :: *va.* sentir, tocar, palpar, percibir :: experimentar :: **to — for**, (con)dolerse de :: buscar a tientas :: **— around**, tantear, tentar :: *vn. (enfermo)* encontrarse, hallarse :: **— like**, tener ganas de.

FEELER [FÍLAER] *n.* tentáculo, *(biol.)* antena :: tiento :: propuesta.

FEELING* [FÍLING] *n.* tacto :: sensación :: sentimiento :: emoción :: pasión :: compasión :: ternura :: **to hurt someone's —s,** ofender la sensibilidad de alguien :: *adj.* sensible, compasivo.

FEET [FIT] *pl. de* **foot.**

FEIGN [FEIN] *va. & n.* fingir, simular, disimular.

FEINT [FEINT] *n.* ficción, treta, artificio :: *(esgrima)* finta :: *vn.* hacer finta.

FELL [FEL] *adj.* cruel :: *n.* piel :: páramo :: *va.* derribar :: talar :: tumbar, tronchar :: acogotar.

FELLOW [FÉLOU] *n.* compañero, compadre :: camarada :: individuo :: **young —**, chico —, tío :: *(coll.)* tipo :: **— guest,** comensal :: **— countryman,** compatriota :: **— townsman,** paisano :: **— member,** consocio :: contertuliano :: **— creature,** semejante, prójimo :: **— partner,** consocio :: **— me-lad,** chulo :: **to have a — feeling for,** simpatizar con.

FELLOWSHIP [FÉLOUSCHIP] *n.* compañerismo :: unión :: confraternidad :: sociedad :: beca :: **to get a —,** obtener una beca.

FELONY [FÉLONI] *n.* crimen.

FELT [FELT] *n.* fieltro :: **— tip pen,** rotulador :: *adj.* **deeply —,** sentido.

FEMALE [FÍMEIL] *adj.* femenino, propio de la hembra :: *n.* mujer, hembra.

FEMININE [FÉMININ] *adj.* femenino, femenil, mujeril.

FEMININITY [FEMINÍNITI] *n.* feminidad.

FEN [FEN] *n.* pantano, marjal.

FENCE [FENS] *n.* cerca, valla, defensa :: estacada :: seto :: esgrima :: *va. & n.* defender, encerrar, cercar :: esgrimir :: **to sit on the —,** ver venir, estar entre dos aguas.

FENCING [FÉNSING] *n.* esgrima :: valladar.

FENDER [FÉNDAER] *n.* guardabarros.

FERMENT [FÉRMENT] *n.* fermento :: levadura :: agitado :: *va. & n.* fermentar, revenirse.

FERMENTATION [FERMENTÉISHON] *n.* fermentación.

FERN [FERN] *n. (bot.)* helecho.

FEROCIOUS* [FIRÓUSHOS] *adj.* feroz, fiero, salvaje.

FEROCITY [FIRÓSITI] *n.* ferocidad, fiereza.

FERRET [FÉRET] *n. (zool.)* hurón :: *va.* huronear, indagar :: **— out,** husmear.

FERRY [FÉRI] *n.* pasaje, embarcadero :: **—boat,** barca :: barcaza :: *vn.* **— across,** cruzar *(un río).*

FERTILE [FÉRTAIL] *adj.* fértil :: feraz :: imaginativo.

FERTILITY [FERTÍLITI] *n.* fertilidad.

FERTILIZE [FÉRTILAIS] *va.* fertilizar :: abonar :: fecundar.

FERTILIZER [FÉRTILAISAER] *n.* abono.

FERVENT* [FÉRVENT] *adj.* fervoroso, fogoso, ardiente.

FERVOR, FERVOUR [FÉRVAER] *n.* fervor :: ardor.

FESTER [FÉSTA] *vn.* ulcerar(se) :: enconar(se).

FESTIVAL [FÉSTIVL] *n.* fiesta, festividad.

FESTIVE* [FÉSTIV] *adj.* festivo, regocijado, de fiesta.

FESTIVITY [FESTÍVITI] *n.* júbilo, regocijo :: festividad.

FETCH [FECH] *va.* ir a traer, recoger, ir por :: venderse por.

FETISH [FÍTISCH] *n.* fetiche.

FETTER [FÉTA] *n. pl.* grillos, cadenas, prisiones, esposas :: *va.* encadenar, trabar.

FETUS [FÍTOS] *n.* feto.

FEUD [FIUD] *n.* feudo :: enemigar :: riña, enemistad, pendencia, rencilla :: *vn.* reñir, pelear.

FEUDAL [FIÚDAEL] *adj.* feudal.

FEVER [FÍVA] *n.* fiebre :: calentura, dengue :: **typhoid —,** tifoidea :: **quartan —,** cuartana :: sobreexcitación.

FEVERISH* [FÍVAERISCH] *adj.* calenturiento, febril.

FEW [FIU] *adj.* pocos :: **quite a —,** algún que otro :: **the —,** los menos :: **—er,** menos.

FIANCÉ [FIANSÉI] *n.* novio.

FIANCÉE [FIANSÉI] *n.* novia.

FIBER, FIBRE [FÁIBA] *n.* fibra, hebra.

FIBROUS [FÁIBROES] *adj.* fibroso.

FICKLE [FIKL] *adj.* voluble, inconstante, novelero, veleidoso, antojadizo.

FICTION [FIKSHON] *n.* fábula, ficción :: embuste.

FICTITIOUS* [FIKTÍSHOS] *adj.* imaginario, falso :: contrahecho.

FIDDLE [FIDL] *n.* violín :: *va.* tocar el violín :: **to — around,** malgastar el tiempo :: juguetear.

FIDELITY [FIDÉLITI] *n.* fidelidad, lealtad.

FIDGET [FÍCHET] *va. & n.* molestar, inquietar, afanarse :: **don't —!,** ¡estáte quieto!

FIDGETY [FÍCHETI] *adj.* inquieto,

agitado, impaciente.

FIELD [FILD] *n.* campo, campaña :: prado, pradera :: **ice—,** banco de hielo :: **wheat—,** trigal :: **sports —,** campo de deportes :: **— mouse,** ratón, campañol :: *va.* recoger *(la pelota).*

FIEND [FIND] *n.* demonio, diablo :: arpía.

FIERCE* [FÍAERS] *adj.* feroz, torvo :: acérrimo, furioso, fogoso.

FIERCENESS [FÍAERSNES] *n.* ferocidad :: fiereza :: vehemencia.

FIERY [FÁIERI] *adj.* fogoso, ardiente, caliente, vehemente, furibundo, brioso, fiero.

FIFTEEN [FIFTÍN] *adj.* quince.

FIFTY [FÍFTI] *adj.* cincuenta :: **about —,** una cincuentena :: unos cincuenta.

FIG [FIG] *n.* higo :: **early —,** breva :: **—tree,** higuera :: **to be not worth a —,** no valer un bledo :: *(fig.)* — **leaf,** hoja de parra.

FIGHT [FAIT] *n.* pelea, lucha, combate :: **sea —,** combate :: *va. & n.* luchar, batirse, combatir :: **— with bare fists,** luchar a brazo partido :: **to — to,** pugnar por, batallar.

FIGHTER [FÁITAER] *n.* luchador :: combatiente :: guerrero.

FIGHTING [FÁITING] *n.* lucha, combate, pelea :: *adj.* combatiente :: luchador.

FIGURE [FIGUIUR] *n.* forma, figura, cuerpo :: tipo, talla :: **lay —,** figurín :: *va.* figurar, dar forma, representar :: **to cut a —,** hacer papel.

FILAMENT [FÍLAEMENT] *n.* filamento.

FILE [FÁIL] *n. (mech.)* lima :: expediente, legajo :: carpeta :: *(mil.)* fila :: *va.* limar :: archivar, legajar :: *(mil.)* desfilar :: ensartar.

FILL [FIL] *n.* terraplén :: abundancia, hartura :: colmo :: *va.* llenar :: saturar :: hartar :: **— in, up,** terraplenar, llenar un hueco :: colmar :: llenar, cubrir :: imbuir :: **— a vacancy,** cubrir una vacante.

FILLET [FÍLAET] *n.* filete :: cinta, lista de adorno.

FILLING [FÍLING] *n.* relleno :: *(dental)* empaste :: **gold —,** orificación.

FILM [FILM] *n.* película :: cinta :: *(de suciedad)* capa :: *vn. (una película)* rodar :: **to — over,** empañar.

FILTER [FÍLTAER] *n.* filtro :: *va.* filtrar(se).

FILTH [FILZ] *n.* suciedad :: basura, inmundicia, roña, mugre :: miseria :: cochinería, porquería.

FILTHY [FÍLZI] *adj.* sucio :: puerco, cochino :: mugriento.

FIN [FIN] *n.* aleta.

FINAL [FÁINAL] *adj.* final, decisivo, definitivo, terminante :: — **exam,** *(universidad)* reválida.

FINANCE [FAINÁENS] *n.* hacienda :: fondos :: **Minister of —,** Ministerio de Hacienda :: *va. & n.* administrar o manejar las rentas o fondos de, financiar, procurar o proporcionar los fondos para.

FINANCIAL [FINÁNSHAL] *adj.* financiero, bancario, rentístico :: bursátil.

FINANCING [FINÁENSING] *n.* financiamiento,, financiación.

FIND [FAIND] *n.* hallazgo :: *va.* encontrar, hallar, descubrir, dar con :: abastecer, surtir :: — **out,** hallar, llegar a saber, enterarse :: **I found out,** supe :: averigüé.

FINDING [FÁINDING] *n.* descubrimiento :: hallazgo :: fallo, decisión :: —**s,** resultados, datos.

FINE [FÁIN] *adj.* bello, primoroso, hermoso :: fino, refinado, escogido, elegante :: — **work,** *(sew.)* labor fina :: tenue, sutil :: agudo :: — **arts,** bellas artes :: *n.* multa :: *va.* multar :: purificarse.

FINESSE [FINÉS] *n.* finura :: fineza :: primor :: excelencia, perfección.

FINGER [FÍNGA] *n.* dedo :: **fore —,** dedo índice :: **middle —,** dedo del corazón :: **ring —,** dedo anular :: **little —,** dedo meñique :: —**nail,** uña :: —**prints,** huellas (dactilares, digitales) :: —**stall,** dedil :: **light —ed,** ligero de manos :: **to have at one's —tips,** saber al dedillo :: *va.* pulsar, tañer :: manosear, sisar.

FINISH [FÍNISH] *n.* fin, final :: remate :: brillo :: colmo :: *va.* acabar, completar, rematar :: *(mil.)* cumplir el servicio :: — **off,** rematar, ultimar, completar :: acabar con :: *(vulg.)* despachar :: dar la última mano a.

FINISHED [FÍNISCHD] *adj.* acabado :: pulido, pulimentado :: excelente.

FIR [FER] *n.* abeto.

FIRE [FÁIR] *n.* fuego :: incendio :: lumbre :: ardor, viveza :: descarga, tiro :: —**arm,** arma de fuego :: — **brand,** incendiario :: —**eater,** matamoros :: —**engine,** bomba de incendios :: —**escape,** escala de incendios :: —**proof curtain,** telón de incen-

dios :: —**screen,** pantalla :: **to set on —,** inflamar, incendiar :: **to set — to,** pegar fuego a :: **to get on —,** prender fuego, quemarse :: encenderse :: *va.* abrasar, quemar, enardecer :: tirar :: **to — on,** disparar sobre, hacer fuego sobre :: *(fig.)* enfadarse, descargar.

FIREARM [FÁIRARM] *n.* arma de fuego.

FIREBRAND [FÁIRBRAN] *n.* tizón :: pavesa.

FIRECRACKER [FÁIRKRAEKAER] *n.* triquitraque.

FIREFLY [FÁIRFLAI] *n.* luciérnaga.

FIREMAN [FÁIRMAEN] *n.* bombero :: fogonero.

FIREPLACE [FÁIRPLEIS] *n.* chimenea, hogar.

FIREPROOF [FÁIRPRUF] *adj.* incombustible :: a prueba de incendio :: *va.* hacer incombustible.

FIRESIDE [FÁIRSAID] *n.* hogar.

FIREWOOD [FÁIRUUD] *n.* leña.

FIREWORKS [FÁIRUERKS] *n.* fuegos artificiales :: pirotecnia.

FIRING PIN [FÁIRING PINI] *n.* percutor.

FIRM [FERM] *adj.* firme, fuerte, seguro, estable, sólido :: consistente :: tenaz :: *n.* casa de comercio :: empresa :: entidad.

FIRMAMENT [FÉRMAMENT] *n.* firmamento.

FIRMNESS [FÉRMNES] *n.* firmeza :: estabilidad.

FIRST [FERST] *adj.* primero :: original :: — **aid,** primeros auxilios :: — **night performance,** estreno :: — **kick, turn** *(en juegos),* saque :: — **fruit,** primicia :: — **class,** de primera (clase) :: sobresaliente :: — **cousin,** primo hermano :: *adv.* en primer lugar :: — **and foremost,** principalmente :: **at — blush,** a primera vista, de primer intento :: — **hand,** de primera mano.

FISH [FISH] *n.* pez :: pescado :: **flying—,** pez volador :: —**hook,** anzuelo, hamo :: **neither — nor flesh,** ni es chicha ni limonada :: *va.* pescar.

FISHER [FÍSHAER] *n.* pescador.

FISHERMAN [FÍSHAERMAEN] *n.* pescador.

FISHERY [FÍSHAERI] *n.* pesquera :: pesquería, pesca.

FISHING [FÍSHING] *n.* pesca :: — **rod,** caña de pescar :: — **tackle,** aparejo de pescar.

FISSURE [FÍSHUR] *n.* grieta, hendidura, raja, resquebrajo.

FIST [FIST] *n.* puño :: —**ful,** puñado :: **with —s,** a bofetadas.

FIT [FIT] *adj.* conveniente, propio, apto, bueno, adecuado, apropiado, compatible :: — **to eat,** comedero :: — **to drink,** potable :: **to be —,** estar fuerte, en buenas condiciones :: *n.* ataque, acceso :: ajuste :: encaje :: *(deseo repentino)* arranque :: ímpetu :: desmayo, síncope :: **by —s and starts,** a tontas y a locas :: **subject to —s,** cataléptico :: *va.* ajustar, acomodar, adaptar :: disponer :: *(un vestido)* estallar :: *vn.* cuajar :: convenir, venir bien :: ser a propósito :: — **in (into),** caber :: — **in with,** cuadrar :: — **into,** entrar en :: — **closely,** ceñir, entallar :: — **perfectly,** venir como anillo al dedo :: — **out** *(naut.),* armar.

FITNESS [FÍTNES] *n.* aptitud :: capacidad :: conveniencia :: propiedad :: **physical —,** buena salud.

FITTING [FÍTING] *adj.* conveniente, adecuado, digno, propio :: *n.* ajuste, entalladura :: — **on,** prueba :: — **out,** habilitación :: *pl.* guarniciones.

FIX [FIKS] *n. (sl.)* lío :: **to be in a —,** hallarse en un (apuro, aprieto) :: *va.* colocar :: estampar :: fijar :: señalar :: colgar :: tasar :: precisar, puntualizar :: calar :: imprimir :: — **on,** señalar, determinar :: — **up,** componer, arreglar :: — **up (with),** citarse, arreglarlo (con).

FIXED [FIKSD] *adj.* fijo, firme.

FIXTURE [FÍKSCHIUR] *n.* accesorio fijo :: persona firmemente establecida (sitio, empleo) :: **electric lights —s,** instalaciones eléctricas.

FLABBY [FLÁBI] *adj.* flojo, lacio, blanducho.

FLAG [FLAG] *n.* bandera, estandarte :: banderín :: pabellón, colores :: —**stone,** losa, baldosa :: — **staff,** asta de bandera :: **to strike the —,** arriar la bandera :: *vn.* flaquear.

FLAGRANT [FLÉIGRANT] *adj.* notorio, flagrante, público.

FLAIR [FLEAER] *n.* instinto, penetración, cacumen :: disposición o aptitud natural.

FLAKE [FLEIK] *n.* cascajo, hojuela :: *(de nieve)* copo :: escama.

FLAMBOYANT [FLAMBÓIANT] *adj.* rimbombante :: flameante.

FLAME [FLEIM] *n.* llama :: fuego :: *va. & n.* llamear, flamear, encenderse, inflamarse.

FLAMING [FLÉIMING] *adj.* llameante :: flameante :: encendido :: ardiente, apasionado :: — **red**, rojo encendido.

FLANGE [FLANCH] *n.* pestaña :: reborde, brida, oreja.

FLANK [FLANK] *n. (mil.)* flanco :: costado :: ijar, ijada :: *va.* orillar :: *(mil.)* flanquear :: *vn.* lindar con.

FLANNEL [FLÁNL] *n.* franela.

FLAP [FLAP] *n.* falda, faldilla :: *(mech.)* lengüeta, *(aer.)* flap, alerón :: *va.* batir, agitar :: — **wings**, *vn.* aletear.

FLARE [FLÉAER] *n. (sew.)* ensanche, vuelo :: — **up**, arrebato de cólera :: *vn.* resplandecer, fulgurar :: — **up**, encolerizarse.

FLASH [FLASH] *n.* relámpago :: llamarada :: rasgo de ingenio :: ráfaga, destello :: fogonazo :: *va.* & *n.* relampaguear, destellar, centellear, fulgurar.

FLASHING [FLÁSHING] *n.* relampagueo, centello :: *adj.* relumbrante :: flameante.

FLASHLIGHT [FLÁSHLAIT] *n.* linterna eléctrica.

FLASHY [FLÁSCHI] *adj.* relumbrante :: llamativo, ostentoso :: *(color)* chillante, chillón.

FLASK [FLASK] *n.* frasco, redoma, ma, pomo.

FLAT [FLAT] *adj.* llano, raso, liso :: igual :: insípido, soso :: monótono :: **to sing** —, desafinar :: *n.* llano, llanura :: *(de la mano)* palma :: *(mus.)* bemol :: plano, piso, cuarto :: —**iron**, plancha.

FLATNESS [FLÁTNES] *n.* llanura :: lisura :: insipidez :: *(mus.)* desafinamiento.

FLATTEN [FLÁTNI] *va.* aplastar, apisonar :: aplanar, nivelar :: igualar :: achatar, deprimir :: *(pop.)* reventar :: *vn.* aplanarse.

FLATTER [FLÁTER] *va.* lisonjear, adular, requebrar, dar coba a.

FLATTERER [FLÁTAERAER] *n.* lisonjero, adulador.

FLATTERING[*] [FLÁTAERING] *adj.* lisonjero, halagüeño, adulador.

FLATTERY [FLÁTAERI] *n.* lisonja, halago :: adulación.

FLATULENCE [FLÁTIULENS] *n.* hinchazón, flatulencia.

FLAVOR, FLAVOUR [FLÉIVA] *n.* sabor :: olor :: *(del habla)* dejo :: *va.* saborear, sazonar.

FLAW [FLOA] *n.* tacha, imperfección :: deficiencia :: lunar :: grieta :: falla.

FLAWLESS [FLÓLES] *adj.* sin tacha :: intachable, irreprochable :: perfecto.

FLAX [FLAKS] *n.* lino.

FLEA [FLI] *n.* pulga.

FLEE [FLI] *va.* huir de, esquivar :: *vn.* huir, fugarse.

FLEECE [FLIIS] *n.* vellón :: **Golden** —, vellocino de oro :: *va.* esquilar, despojar.

FLEET [FLIT] *adj.* veloz, ligero :: — **footed**, rápido :: n. flota :: armada.

FLEETING[*] [FLÍTINGLI] *adj.* fugaz, transitorio, pasajero, efímero.

FLESH [FLESH] *n.* carne :: *(fruta)* pulpa :: —**pot**, olla.

FLESHY [FLÉSHI] *adj.* carnoso :: gordo, gordinflón.

FLEXIBILITY [FLEKSIBÍLITI] *n.* flexibilidad.

FLEXIBLE [FLÉKSIBL] *adj.* flexible, dúctil, plástico.

FLICKER [FLÍKA] *n.* parpadeo :: *vn.* vacilar, fluctuar, aletear.

FLIER [FLÁIAER] *n.* volador :: aviador :: tren rápido :: octavilla.

FLIGHT [FLAIT] *n.* vuelo :: huida, fuga :: trayecto :: descarga :: *(de aviones)* escuadrilla :: bandada :: ilusión, exaltación.

FLIMSY [FLÍMSI] *adj.* endeble, sutil, baladí, frívolo.

FLINCH [FLINCH] *vn.* vacilar, retroceder, acobardarse, titubear.

FLING [FLING] *n.* tiro :: brinco :: bravata :: *va.* lanzar, arrojar, botar :: — **away**, tirar :: — **out**, tender :: zaherir :: — **oneself**, tirarse, arrojarse :: — **oneself down**, tumbarse :: **to have a** —, correrla.

FLINT [FLINT] *n.* pedernal.

FLIP [FLIP] *va.* arrojar, lanzar al aire :: sacudir.

FLIPPANT[*] [FLÍPANT] *adj.* poco serio, ligero, petulante.

FLIRT [FLERT] *n.* coqueta :: maja :: *vn.* coquetear :: camelar, pelar la pava :: burlarse.

FLOAT [FLOUT] *n.* cosa que flota, balsa, boya :: corcho, bote :: carromato :: *va.* mantener a flote :: poner en circulación :: *vn.* *(pers.)* hacer la plancha, flotar.

FLOCK [FLOK] *n.* rebaño, hato :: bandada :: *(relig.)* grey :: *vn.* congregarse, juntarse.

FLOG [FLOG] *va.* azotar, vapular.

FLOOD [FLOD] *n.* inundación, diluvio, riada, avenida :: *(fig.)* plétora :: — **tide**, pleamar :: — **gates**, compuertas :: *va.* inundar.

FLOOR [FLOR] *n.* piso, suelo, pavimento :: fondo :: **ground**—,

planta baja :: **first** —, piso principal :: pista :: *va.* tumbar :: derrotar, aplanar.

FLOP [FLOP] *vn.* caer o colgar flojamente :: aletear :: menearse :: lanzar :: dejar caer :: fracasar :: fallar :: **to** — **down**, dejarse caer :: desplomarse, tumbarse :: **to** — **over**, voltear(se) :: dar vueltas :: *n.* fracaso.

FLORID[*] [FLÓRID] *adj.* florido :: *(color)* bermejo, colorado, vivo.

FLORIST [FLÓRIST] *n.* florista.

FLOUNCE [FLAUNS] *n.* volante, fleco :: *vn.* brincar (de impaciencia).

FLOUNDER [FLÁUNDAER] *vn.* patalear :: forcejear :: revolcarse :: tropezar, cometer errores :: *n. (biol.)* platija.

FLOUR [FLÁURI] *n.* harina.

FLOURISH [FLÓRISH] *n.* boato, gallardía :: trompeteo :: prosperidad, vigor :: rasgo :: *va.* blandir, menear, vibrar :: *vn.* florecer, prosperar :: preludiar :: rasguear.

FLOUT [FLAUT] *va.* & *vn.* burlarse de :: ridiculizar :: despreciar.

FLOW [FLOU] *n.* curso, corriente :: flujo :: caudal :: copia :: *vn.* fluir, correr :: dimanar, proceder :: **to** — **into**, desaguar, desembocar :: — **together**, confluir.

FLOWER [FLÁUA] *n.* flor :: —**bed**, cuadro, arriate :: —**pot**, tiesto :: canastillo :: *vn.* florecer.

FLOWERY [FLÁUERI] *adj.* florido.

FLOWING [FLÓUUING] *adj.* fluido, corriente, fluente :: suelto, ondeante.

FLOWN [FLOUN] *p.p. de* **to fly**.

FLU [FLU] *n.* influenza, gripe.

FLUCTUATE [FLÓKTIUEIT] *vn.* fluctuar :: balancearse.

FLUCTUATION [FLOKCHUÉISHON] *n.* fluctuación.

FLUE [FLU] *n. (de chimenea)* cañón :: tubo de escape.

FLUENCY [FLÚENSI] *n.* fluidez :: *(en el habla)* soltura, facilidad :: afluencia.

FLUENT[*] [FLÚENT] *adj.* corriente, abundante :: copioso :: *(lenguaje)* fluido, suelto, fácil.

FLUID [FLUID] *adj.* & *n.* fluido.

FLUNG [FLANG] *pret.* & *p.p. de* **to fling**.

FLURRY [FLÓRI] *n.* conmoción :: barullo :: *(viento, nieve)* ráfaga, racha :: *va.* agitar, aturrullar.

FLUSH [FLOSH] *adj.* ras, nivelado :: adinerado :: *n.* flujo :: sonrojo, rubor :: abundancia, copia :: *va.* inundar :: *vn.* brotar :: ruborizarse, sonrojarse :: engreírse.

FLUSTER [FLÓSTA] *va.* bullir :: embriagar, aturdir.

FLUTE [FLUT] *n.* flauta :: acanaladura :: *(arch.)* estría.

FLUTTER [FLÓTA] *n.* batir de alas :: agitación :: *va.* menear, agitar :: *vn.* mover sin ton ni son :: agitarse :: — **around**, revolotear.

FLY [FLAI] *n.* mosca :: —**leaf**, anteportada :: —**wheel**, rueda volante :: *(theat.)* bambalina :: *vn.* escaparse, huir :: volar, saltar :: precipitarse :: **to** — **into passion**, montar en cólera :: — **off**, desprenderse :: **to let** —, descargar.

FOAM [FOUM] *n.* espuma :: *vn.* echar espuma.

FOCUS [FÓUKOS] *n.* foco :: distancia focal :: *va.* enfocar(se).

FODDER [FÓDA] *n.* forraje.

FOE [FOU] *n.* enemigo, adversario.

FOG [FOG] *n.* bruma :: niebla :: neblina :: cerrazón.

FOGGY [FÓGUI] *adj.* brumoso, nublado :: obscuro, confuso.

FOIL [FOIL] *n.* florete :: *va.* frustrar, deshacer, chasquear.

FOLD [FÓULD] *n.* pliegue, doblez :: majada :: corral, redil :: *va.* arrugar, plegar :: envolver :: doblar :: enlazar :: **to** — **one's arms**, cruzar los brazos.

FOLDER [FÓULDAER] *n.* folleto, circular :: papelera :: plegadera.

FOLDING [FÓULDING] *adj.* plegadizo :: —**chair**, silla plegadiza, de tijera :: — **machine**, plegadora :: — **screen**, biombo.

FOLIAGE [FÓULIICH] *n.* follaje, copa.

FOLK [FOUK] *n.* gente, gentes :: raza, pueblo :: —**song**, canción popular.   /

FOLLOW [FÓLOU] *va.* seguir, acompañar :: seguir la pista a :: perseguir :: *(una profesión)* ejercer :: acatar :: copiar :: *vn.* resultar, sobrevenir, suceder :: — **suit**, *(en juegos de cartas)* asistir.

FOLLOWER [FÓLOUUAER] *n.* seguidor :: imitador :: partidario.

FOLLOWING [FÓLOUUING] *n.* séquito, comitiva, partidarios :: *adj.* siguiente :: subsiguiente.

FOLLY [FÓLI] *n.* necedad, tontería, insensatez :: disparate :: locura.

FOMENT [FOMÉNT] *va.* fomentar :: nutrir :: provocar.

FOND[*] [FOND] *adj.* aficionado, muy dado a, tierno, cariñoso :: **to be** — **of**, querer :: ser amigo de :: **I am** — **of coffee**, me gusta el café.

FONDLE [FÓNDL] *va.* acariciar, arrullar.

FONDNESS [FÓNDNIS] *n.* ternura, terneza, inclinación, afición, pasión, afecto, apego.

FOOD [FUD] *n.* alimento :: pasto :: comida, víveres, provisiones :: — **stuff**, alimento, producto alimenticio :: comestibles.

FOOL [FUL] *n.* necio, tonto, loco, imbécil, idiota :: *(theat.)* gracioso :: **to play the** —, hacer el oso :: *va.* engañar, hacer (el bobo, el ridículo) :: **to make a** — **of oneself**, ponerse en ridículo :: **all** —**s' day**, día de inocentes.

FOOLISH[*] [FÚLISCH] *adj.* tonto, necio, bobo.

FOOLISHNESS [FÚLISCHNES] *n.* tontería, necedad, bobería.

FOOT [FUT] *n.* pie :: pata :: *(mil.)* infantería :: — **rule**, medida de doce pulgadas :: **to put one's** — **in it**, meter la pata, colarse :: **on, by** —, a pie, en marcha :: **to trample under** —, pisotear, atropellar :: —**bridge**, pasadera :: —**fall**, pisada, paso :: —**hill**, falda :: —**hold**, asidero, arraigo, puesto establecido :: —**loose**, andariego :: —**mark**, huella :: —**note**, nota al pie de una página :: —**pad**, salteador de caminos :: —**path**, senda, vereda :: —**sore**, con pies doloridos :: — **step**, pisada, paso, huella :: —**stool**, escabel, tarima, banquete :: —**wear**, calzado.

FOOTBALL [FÚTBOAL] *n.* fútbol.

FOOTING [FÚTING] *n.* base :: posición firme :: **to be on a friendly** — **with**, tener relaciones amistosas con :: **to lose one's** —, perder pie.

FOOTPRINT [FÚTPRINT] *n.* huella, pisada.

FOR [FOR] *prep.* por, para, a causa de :: *conj.* porque, por cuanto, pues :: **as** —, tocante a :: — **ever**, para siempre :: — **cash**, al contado :: — **oneself**, por su cuenta.

FORAGE [FÓRICH] *n.* forraje :: *vn.* forrajear.

FORAY [FÓREI] *n.* correría, incursión :: saqueo :: *va.* pillar, saquear.

FORBADE [FORBÁED] *pret. de* **to forbid**.

FORBEAR [FORBÉAER] *n.* antepasado, abuelo :: *va. & n.* abstenerse de, no mencionar :: sufrir con paciencia, reportarse :: no poder menos de.

FORBEARANCE [FORBÉRANS] *n.* in-

dulgencia, paciencia, sobriedad.

FORBID [FORBÍD] *va.* prohibir :: — **entry**, vedar, negar :: **God** —, no quiera Dios.

FORBIDDEN[*] [FORBÍDN] *adj.* prohibido :: vedado :: *p.p. de* **to forbid**.

FORCE [FORS] *n.* fuerza, vigor :: impulso, vehemencia :: validez :: — **motive** —, fuerza motriz :: **to be in** —, regir, imperar, estar vigente :: *va.* precisar, forzar, obligar, hacer :: violentar :: **to join** —**s with**, relacionarse con.

FORCED[*] [FOURST] *adj.* forzado.

FORCEFUL [FÓRSFUL] *adj.* contundente, potente.

FORCEPS [FÓRSEPS] *n.* gatillo *(para extraer muelas)* :: tenazas :: pinzas.

FORCIBLE [FÓRSIBL] *adj.* violento :: enérgico, recio :: fuerte :: — **entry**, entrada a viva fuerza.

FORD [FORD] *n.* vado :: *va.* vadear, pasar a vado.

FOREARM [FÓURARM] *n.* antebrazo.

FOREBODING [FORBÓUDING] *n.* presentimiento, presagio, amago.

FORECAST [FÓRKAST] *n.* pronóstico :: predicción, previsión :: *va.* prever :: proyectar.

FOREFATHER [FÓRFADAER] *n.* antepasado.

FOREFINGER [FÓURFINGER] *n.* dedo índice.

FOREGO [FORGÓU] *va.* renunciar a, ceder.

FOREGONE [FORGÓN] *p.p. de* **to forego**.

FOREGROUND [FÓRGRAUND] *n.* primer término, primer plano.

FOREHEAD [FÓRJED] *n.* frente, sienes.

FOREIGN [FÓRIN] *adj.* extranjero, extraño, ajeno :: advenedizo :: — **trade**, comercio exterior :: — **Office**, Ministerio (de Estado, de Asuntos Exteriores).

FOREIGNER [FÓRINAER] *n.* extranjero :: forastero.

FOREMAN [FÓRMAEN] *n.* capataz :: mayoral, encargado.

FOREMOST [FÓRMOUST] *adj.* delantero, principal.

FORENOON [FÓRNUN] *n.* (la) mañana.

FORERUNNER [FÓRANAER] *n.* precursor :: presagio.

FORESAW [FÓRSO] *pret. de* **to foresee**.

FORESEE [FORSÍ] *va.* prever, barruntar.

FORESIGHT [FÓRSAIT] *n.* previsión, sagacidad :: **lack of** —, imprevisión.

FOREST [FÓREST] n. bosque :: selva.

FORESTALL [FÓRSTOAL] va. anticipar :: prevenir :: acaparar.

FORETELL [FORTÉL] va. predecir, pronosticar :: conjeturar.

FORETHOUGHT [FÓRZOAT] n. prevención, premeditación :: precaución :: presciencia :: **lack of** —, imprevisión :: **lacking in** —, imprevisor.

FORETOLD [FORDTÓLD] pret. & p.p. de to **foretell.**

FOREVER [FORÉVAER] adv. por (para) siempre.

FOREWARN [FORUÓRN] va. prevenir, intimar :: avisar, precautelar.

FORFEIT [FÓRFIT] n. multa :: pena :: prenda perdida :: **game of** — **s,** juego de prendas :: va. perder, perder el derecho a.

FORGE [FORCHI n. fragua :: va. forjar, fraguar :: (fig.) falsificar, contrahacer :: tramar.

FORGERY [FÓRCHERI] n. falsificación.

FORGET [FORGUET] va. olvidar :: vn. olvidarse, distraerse :: **to** — **oneself,** perder los estribos :: **I completely forgot it,** me quedó en el tintero.

FORGETFUL [FORGUÉTFUL] adj. olvidadizo :: negligente.

FORGET-ME-NOT [FORGUÉIT-MI-NOT] n. (bot.) nomeolvides.

FORGIVE [FORGUÍV] va. perdonar, remitir, dispensar.

FORGIVEN [FORGÍVN] p.p. de to **forgive.**

FORGIVING [FORGUÍVIN] adj. perdonador, misericordioso, de buen corazón.

FORGOT [FORGÓT] pret. & p.p. de to **forget.**

FORGOTTEN [FORGÓTN] p.p. de to **forget.**

FORK [FOARK] n. tenedor :: (de jardín) horca :: bifurcación :: confluencia.

FORLORN [FORLÓARN] adj. abandonado, desamparado, olvidado.

FORM [FOARM] n. forma, figura :: talle :: manera :: formalidad :: estilo :: sombra :: (asiento) banco :: va. & n. formar, componer, dar forma :: formarse :: — **an association,** coligarse.

FORMAL [FÓARMAL] adj. formal, en regla :: (estilo) plástico :: (baile) de etiqueta :: ceremonioso, afectado.

FORMATION [FOARMÉISHON] n. formación :: desarrollo.

FORMER [FÓARMA] adj. primero :: anterior, precedente :: pron. aquél.

FORSAKE [FORSÉIK] va. abandonar, desamparar, renegar de.

FORKSAKEN [FORSÁKN] p.p. de to **forsake** :: adj. desamparado, abandonado.

FORSOOK [FORSÚK] pret. de to **forsake.**

FORT [FORT] n. fuerte, fortín.

FORTH [FORZ] adv. en adelante, hacia adelante :: fuera :: **and so** —, y así de lo demás, así sucesivamente.

FORTHCOMING [FORZKÁMING] adj. venidero, próximo.

FORTIFICATION [FOARTIFIKÉISHON] n. fortificación.

FORTIFY [FÓARTIFAI] va. fortificar :: corroborar :: reforzar.

FORTITUDE [FÓARTITIUD] n. fortaleza, valor, entereza, firmeza.

FORTNIGHT [FÓARTNAIT] n. quincena.

FORTRESS [FÓRTRES] n. fortaleza, fuerte.

FORTUITOUS [FORTIÚITOES] adj. fortuito :: inopinado, inesperado.

FORTUNATE [FÓARTIUNET] adj. afortunado, feliz, venturoso.

FORTUNE [FÓARTIUN] n. fortuna :: bienandanza :: suerte :: peculio :: **to cost a** —, valer un sentido :: —**teller,** pitonisa.

FORTY [FÓARTI] adj. núm. cuarenta.

FORWARD [FÓARUARD] n. (en deporte) delantero :: adj. delantero :: precoz :: atrevido, audaz :: (fam.) desahogado, descarado, impertinente :: adv. adelante :: **to be** —, tener mucho copete :: **to go** —, adelantarse, avanzar :: va. promover :: favorecer :: adelantar :: expedir, encaminar :: remitir, expedir.

FOSTER [FÓSTA] adj. —**brother,** hermano de leche :: — **brothers,** hermanos colactáneos :: va. criar, alimentar :: mimar :: promover, fomentar.

FOUGHT [FOT] pret. & p.p. de to **fight.**

FOUL [FÁUL] adj. sucio, indecente :: (aire) viciado :: asqueroso, puerco :: — **play,** juego sucio, trampa :: —**smelling,** hediondo :: va. ensuciar, deshonrar :: manchar :: vn. ensuciarse.

FOUND [FAUND] va. fundar, establecer, basar, cimentar :: originar.

FOUNDATION [FAUNDÉISHON] n.

fundamento :: raíz :: fundación :: base, cimiento :: **to lay the** — **s,** asentar los cimientos :: — **stone,** primera piedra.

FOUNDER [FÁUNDA] n. fundador.

FOUNDLING [FÁUNDLING] n. (niño) expósito :: hijo del agua :: inclusero :: —**s' home,** inclusa, cuna.

FOUNDRY [FÁUNDRI] n. fundición.

FOUNTAIN [FÁUNTIN] n. surtidor, fuente :: —**pen,** pluma estilográfica.

FOUR [FOR] adj. cuatro :: —**sided,** cuadrangular :: **on all** —**s,** a gatas.

FOURSCORE [FÓRSKOAER] adj. cuatro veintenas, ochenta.

FOURTH [FORZ] adj. cuarto :: n. cuarto, cuarta parte.

FOWL [FÁUL] n. ave de corral :: volatería.

FOX [FOKS] n. raposo, zorro :: — **hound,** sabueso :: —**glove,** (bot.) digital, delantera.

FRACTION [FRÁKSHON] n. fracción :: quebrado.

FRACTURE [FRÁKTIUR] n. quebradura, rotura :: fractura :: va. quebrar, romper, fracturar.

FRAGILE [FRÁCHIL] adj. frágil, quebradizo, deleznable.

FRAGMENT [FRÁGMENT] n. fragmento, retazo, trozo.

FRAGRANCE [FRÉIGRANS] n. fragancia, aroma, perfume.

FRAGRANT [FRÉIGRANT] adj. fragante, perfumado, aromático, odorífero.

FRAIL [FREIL] adj. frágil, endeble, delicado.

FRAME [FREIM] n. forma :: marco :: bastidor :: estructura :: — **work,** armadura :: contextura, enrejado :: — **of mind,** talante :: va. formar :: enmarcar :: ajustar, arreglar :: inventar.

FRAMEWORK [FRÉIMUOERK] n. armazón, esqueleto :: estructura.

FRANCHISE [FRÁNCHAIS] n. franquicia :: derecho o privilegio político :: sufragio, voto.

FRANK [FRANK] adj. franco, liberal, campechano :: va. franquear.

FRANKNESS [FRÁNKNES] n. franqueza, sinceridad.

FRANTIC [FRÁNTIK] adj. frenético, furioso.

FRATERNAL [FRATÉRNAL] adj. fraternal.

FRATERNITY [FRATÉRNITI] n. fraternidad :: confraternidad.

FRAUD [FROAD] n. fraude, engaño, impostura, trama, petardo, superchería.

FRAUDULENT° [FRÓDIULENT] *adj.* fraudulento.

FRAY [FREI] *n.* querella ruidosa, trifulca.

FRAYED [FREID] *adj.* raído, deshilachado.

FREAK [FRIK] *n.* capricho, fantasía, extravagancia :: fenómeno, aborto.

FRECKLE [FREKL] *n.* peca.

FRECKLED [FREKLD] *adj.* pecoso.

FREE° [FRI] *adj.* libre, desocupado :: suelto :: franco :: expedito :: limpio, despejado :: independiente, autónomo :: *(de tasas, etc.)* exento :: liberal :: desatado :: de balde :: **— and easy,** fácil, desahogado :: **— hand drawing,** dibujo a mano alzada :: **—trade,** libre cambio :: **—will,** albedrío :: *va.* libertar, librar, poner en libertad :: eximir :: quitar, desembarazar :: **to be — with one's money,** ser manirroto :: **to make — with,** no gastar cumplidos.

FREEDOM [FRÍDOM] *n.* libertad :: libre uso :: exención.

FREEZE [FRIS] *va.* helar, congelar :: *vn.* helarse, congelarse :: **to — to death,** morir de frío.

FREEZING [FRÍSING] *adj.* congelado, helado :: **— point,** punto de congelación.

FREIGHT [FREIT] *n.* carga :: flete.

FRENZY [FRÉNSI] *n.* frenesí, furor, manía.

FREQUENCY [FRÍKUENSI] *n.* frecuencia.

FREQUENT° [FRIKUÉNT] *adj.* frecuente, común, habitual :: *va.* frecuentar.

FRESH° [FRESH] *adj.* fresco, nuevo, reciente :: tierno :: **— water,** agua dulce :: *(aire)* puro :: novicio :: *n.* riada.

FRESHEN [FRÉSCHN] *vn.* refrescar(se).

FRESHNESS [FRÉSHNES] *n.* frescura, verdor.

FRET [FRET] *va.* rozar, irritar, molestar :: inquietarse, torturarse, apurarse.

FRETFUL° [FRÉTFUL] *adj.* descontentadizo, malhumorado, enojadizo :: nervioso.

FRIAR [FRÁIAER] *n.* fraile, monje.

FRICTION [FRÍKSHON] *n.* roce, frote, refregón, rozadura.

FRIDAY [FRÁIDEI] *n.* viernes :: **Good —,** viernes santo.

FRIED [FRÁID] *adj.* frito :: *p.p. de* **to fry.**

FRIEND [FREND] *n.* amigo, allega-

do, compañero :: **—!,** gente de paz :: **boy—,** novio :: **girl—,** novia :: **to have a — at court,** tener al padre alcalde.

FRIENDLINESS [FRÉNDLINES] *n.* afabilidad, amistad.

FRIENDLY [FRÉNDLI] *adj.* amistoso, afable, amigable :: propicio, favorable :: *adv.* amistosamente.

FRIENDSHIP [FRÉNSCHIP] *n.* amistad.

FRIGHT [FRAIT] *n.* susto, espanto, temor, pavor, terror :: **a —,** estantigua :: **she looks a —,** ¡qué facha!

FRIGHTEN [FRÁITN] *va.* espantar, asustar, aterrorizar, sobresaltar :: **to — away,** ahuyentar.

FRIGHTENED [FRÁITND] *adj.* espantado, asustado.

FRIGHTFUL° [FRÁITFUL] *adj.* espantoso, terrible, horroroso, aterrador, horrible, monstruoso :: **— deed,** enormidad :: **how —!** ¡qué barbaridad!

FRIGID° [FRÍCHID] *adj.* frígido, frío, helado.

FRINGE [FRINCH] *n.* orla, franja :: cenefa, borde :: fleco :: flequillo :: *va.* franjear, orillar, orlar.

FRISKY [FRÍSKI] *adj.* juguetón, vivaracho :: enrevesado.

FRITTER [FRÍTA] *n.* buñuelo :: fragmento :: *va.* hacer pedazos :: disipar.

FRIVOLITY [FRIVÓLITI] *n.* frivolidad.

FRIVOLOUS° [FRÍVOLOS] *adj.* frívolo, trivial, liviano.

FROCK [FROK] *n.* vestido :: **— coat,** levita.

FROG [FROG] *n.* rana :: carraspera :: **the big — in the little pond,** en tierra de ciegos el tuerto es el rey :: "**Froggie**", gabacho.

FROLIC [FRÓLIK] *n.* gira :: retozo :: *vn.* retozar, juguetear.

FROM [FROM] *adv.* **— afar,** de lejos, desde lejos, de (indicando procedencia) :: **to and —,** hacia adelante y hacia atrás :: *prep.* de, desde, para, de parte de.

FRONT [FRONT] *n. (polit. & mil.)* frente :: *(theat.)* delantera :: pechera :: fachada :: **in — of,** delante de :: *va.* hacer frente a.

FRONTIER [FRÓNTIER] *n.* frontera :: **— district,** marco :: **— guard (officer),** carabinero.

FROST [FROAST] *n.* helada :: escarcha :: **—bitten,** helado :: *va.* **to — over,** deslustrar :: **—bite,** congelación(es).

FROSTING [FRÓSTING] *n.* escarcha, confitura.

FROSTY [FRÓSTI] *adj.* escarchado, cubierto de escarcha :: helado.

FROTH [FROZ] *n.* espuma :: *vn.* espumar, hacer espuma :: echar espuma :: **to — at the mouth,** echar espumarajos por la boca :: enfurecerse.

FROWN [FRAUN] *n.* ceño :: entrecejo :: *va.* mirar con ceño :: *vn.* fruncir el ceño, arrugar la frente.

FROZE [FROUS] *pret. de* **freeze.**

FROZEN [FROUSN] *p.p. de* **freeze.**

FRUGAL° [FRÚGAL] *adj.* frugal, económico :: sobrio.

FRUIT [FRUT] *n.* fruta, fruto :: fruto, provecho, resultado :: compota :: **to yield —,** dar frutos, **to give —,** fructificar :: *vn.* producir fruta :: dar fruto.

FRUITFUL° [FRÚTFUL] *adj.* fructífero :: productivo :: provechoso.

FRUITLESS° [FRÚTLNES] *adj.* infructuoso, improductivo, estéril.

FRUSTRATE [FRÓSTREIT] *va.* frustrar, burlar, defraudar.

FRY [FRAI] *n.* pececillos **small —,** morralla :: gentecilla :: *va.* freír.

FUEL [FIÚEL] *n.* combustible :: *(de las llamas)* pasto, pábulo.

FUGITIVE [FLIÚCHITIV] *adj.* fugitivo, fugaz :: *n.* prófugo, tránsfuga.

FULFIL, FULFILL [FULFÍL] *n.* cumplir, desempeñar, llenar :: verificar :: **to — orders,** ejecutar pedidos, órdenes.

FULL [FUL] *adj.* lleno, completo, cabal, amplio, harto, pleno, plenario :: *(río)* caudaloso :: *(falda)* de mucho vuelo :: *(vehículo)* completo :: extenso, detallado :: maduro :: **— house,** está lleno :: **— up,** de bote en bote :: **the place is —,** no cabe(n) más :: **—dress,** uniforme de gala :: **—grown,** crecido :: **— length,** de tamaño natural, tan largo como (es) :: **— moon,** plenilunio :: **— powers,** plenos poderes :: *adv.* del todo.

FULLNESS [FÚLNIS] *n.* plenitud :: amplitud :: preñez :: holgura.

FULSOME° [FÚLSOM] *adj.* grosero, indecente :: repugnante, asqueroso :: hipócrita.

FUME [FIUM] *va.* exhalar vapor o gas :: rabiar :: **—s,** *n. pl.* vapores, emanaciones, gases.

FUMIGATE [FIÚMIGUEIT] *va.* fumigar, humear.

FUN [FAN] *n.* diversión, buen humor, gracia :: **in —,** de broma :: **to be —,** ser divertido :: **to make — of,** burlarse de.

FUNCTION [FÓNKSHON] *n.* función :: desempeño :: *vn.* marchar, andar, funcionar :: *sl.* pitar.

FUND [FOND] *n.* fondo, capital :: **sinking** —, fondo de amortización.

FUNDAMENTAL° [FONDAMÉNTL] *adj.* fundamental :: radical :: preliminar :: *n.* principio fundamental.

FUNERAL [FIÚNERAL] *adj.* funeral, fúnebre :: *n.* entierro, funerales :: duelo.

FUNNEL [FÓNL] *n.* embudo :: chimenea.

FUNNY [FÁNI] *adj.* chistoso, cómico, gracioso, divertido :: extraño, raro :: **the funnies,** sección cómica de un periódico.

FUR [FER] *n.* piel :: — **coat,** abrigo de pieles.

FURIOUS° [FIÚRIOS] *adj.* furioso, furibundo, frenético, sañudo, airado :: **to be** —, ensañarse, enfurecerse.

FURLOUGH [FOÉRLOU] *n.* licencia militar :: *va.* dar licencia militar.

FURNACE [FÉRNIS] *n.* horno :: **blast** —, alto horno.

FURNISH [FÉRNISCH] *va.* suministrar, equipar, surtir, proveer :: amueblar :: proporcionar, deparar.

FURNITURE [FÉRNITIUR] *n.* muebles, mueblaje :: armatoste.

FURROW [FÁROU] *n.* surco :: **first** —, besana :: arruga :: *va.* surcar, abrir surcos.

FURTHER [FÁRDAER] *adj.* ulterior, adicional :: *adv.* además :: aun :: más allá :: **in** — **support,** por más señas :: *va.* promover, adelantar, fomentar :: servir.

FURTHERMORE [FÁRDAERMOR] *adv.* además.

FURTHEST [FÁRDEST] *adj.* el más lejano, el más remoto :: *adv.* más lejos.

FURTIVE° [FÉRTIV] *adj.* oculto, furtivo.

FURY [FIÚRI] *n.* rabia, furor, saña berrinche :: braveza.

FUSE [FIÚS] *n.* mecha :: *(elect.* plomo, fusible, corta-circuitos :: espoleta :: *va. & n.* fundir :: fundirse.

FUSELAGE [FIÚSELICH] *n.* fuselaje.

FUSION [FIÚSHON] *n.* fusión :: **nuclear** —, fusión nuclear.

FUSS [FOS] *n.* alboroto, ruido, desasosiego, remilgos.

FUSSY [FÓSI] *adj.* melindroso :: minucioso :: inquieto, nervioso.

FUSTY [FÓSTI] *adj.* mohoso, rancio.

FUTILE [FIÚTIL] *adj.* vano, fútil, frívolo.

FUTURE [FIÚCHER] *adj.* futuro, venidero :: *n.* futuro, porvenir :: **for (in) the** —, en adelante.

FUZZY [FÁSI] *adj.* velloso :: cubierto de plumón fino :: cubierto de pelusa.

G

GABBLE [GAÉBL] *n.* algarabía, charla :: *vn.* charlar, farfullar.

GADGET [GAÉCHET] *n.* adminículo, artefacto, chisme.

GAG [GAG] *n.* mordaza :: timo :: *va.* amordazar, hacer callar :: *(theat.)* meter morcillas.

GAIETY [GUÉITI] *n.* alegría, gozo, vivacidad, festividad.

GAIN [GUEIN] *n.* ganancia, ventaja :: logro :: beneficio :: *va.* ganar, conseguir, cobrar :: vencer :: *vn.* crecer, medrar.

GAIT [GUEIT] *n.* porte, andar(es), paso :: **at a good** —, a buen paso.

GALE [GUEIL] *n.* ventarrón, viento fresco, ráfaga, temporal :: vendaval.

GALL [GOAL] *n.* bilis, hiel :: sinsabor :: amargura :: *va.* irritar, rozar, atormentar, hostigar.

GALLANT° [GÁLÁNT] *adj.* valiente, intrépido, valeroso, garboso, galano, majo :: *n.* galán, guapo.

GALLANTRY [GÁLANTRI] *n.* bravura, valentía, bizarría, heroísmo :: galanteo, cortesanía.

GALLERY [GÁLARI] *n.* galería :: corredor, tribuna :: *(theat.)* paraíso.

GALLON [GAÉLAEN] *n.* galón *(aproximadamente 4 litros).*

GALLOP [GÁLOP] *n.* galope :: **at a** —, a uña de caballo :: **at full** —, a galope tendido, a rienda suelta :: *vn.* galopar.

GALLOWS [GÁLOUS] *n.* horca, patíbulo :: —**bird**, carne de horca.

GAMBLE [GAMBL] *vn.* jugar(se).

GAMBLER [GÁMBLA] *n.* jugador, tahúr.

GAMBOL [GÁMBL] *n.* cabriola, retozo, travesura :: *vn.* hacer cabriolas, retozar.

GAME [GUEIM] *adj.* valiente :: cojo :: *n.* juego :: partido :: partida :: caza :: **big** —, caza mayor :: **small** —, caza menor :: *(de caza)* pieza :: — **of chance,** juego de azar :: —**keeper,** guardabosque, guarda de coto :: — **pouch,** escarcela, morral :: **to return to old** —, volver a las andadas :: **to make** — **of,** tomar el pelo a.

GAMUT [GÁMAT] *n.* *(mús.)* gama, escala.

GANG [GANG] *n.* tropa, pandilla, banda :: horda :: tanda :: *va.* agrupar(se).

GANGPLANK [GÁNGPLANK] *n.* plancha, pasamano, pasarela.

GANGWAY [GÁNGUEI] *n.* paso, pasadizo :: plancha, pasamano :: *(naut.)* portalón.

GAP [GAP] *n.* portillo, brecha :: quebradura :: vacío, hueco, claro :: —**toothed,** mellado.

GAPE [GUEIP] *n.* boqueada :: hendidura :: *vn.* bostezar :: embobarse.

GARB [GARB] *n.* vestido, vestidura, traje.

GARBAGE [GÁRBICH] *n.* basura, inmundicia(s).

GARDEN [GAADN] *n.* jardín :: huerto :: huerta :: **pleasure** —, cigarral :: **nursery** —, criadero.

GARDENER [GÁADINAER] *n.* jardinero, hortelano, horticultor.

GARGLE [GARGL] *n.* gárgara :: *va.* hacer gárgaras.

GARLIC [GÁRLIK] *n.* ajo :: **clove of** —, diente de ajo.

GARMENT [GÁRMENT] *n.* prenda, vestido, traje.

GARNET [GÁRNET] *n.* granate *(piedra y color).*

GARNISH [GÁRNISH] *n.* aderezo, guarnición :: *va.* aderezar, guarnecer :: adornar.

GARRET [GÁRET] *n.* guardilla, desván, zaquizamí.

GARRISON [GÁRISN] *n.* guarnición :: presidio :: *va.* acantonar, presidiar, guarnecer :: **to be on** — **duty,** estar de guarnición.

GARRULITY [GARÚLITY] *n.* locuacidad, garrulería.

GARRULOUS [GÁRULOS] *adj.* garrulo, locuaz, boquirroto.

GARTER [GÁRTA] *n.* liga :: **Order of the** —, orden de la Jarretera.

GAS [GAS] *n.* gas :: — **fire,** estufa de gas :: — **jet,** mechero de gas.

GASEOUS [GÁSIOES] *adj.* gaseoso.

GASH [GASH] *n.* herida, incisión, cortadura :: cuchillada, chirlo :: *va.* dar cuchilladas a.

GASP [GASP] *n.* suspiro, agonía :: **last** —, boqueada :: *vn.* boquear :: jadear.

GATE [GUEIT] *n.* puerta :: **garden** —, verja :: barrera :: —**way,** portal :: **to** — **crash,** colarse.

GATHER [GÁDAER] *n.* pliegue :: *va.* coger, amontonar :: cosechar :: colegir, inferir :: cobrar, tomar fuerzas :: recaudar :: *(sew.)* fruncir :: *vn.* — **together,** reunirse, congregarse, condensarse.

GATHERING [GÁDAERING] *n.* asamblea, reunión :: muchedumbre ::

pliegue.

GAUDY [GÓADI] *adj.* chillón, brillante, lucido, suntuoso.

GAUGE [GUEICH] *n.* regla de medir, medida :: calibrador :: *va.* medir, computar, aforar, valuar :: *(naut.)* arquear.

GAUNT° [GOANT] *adj.* descarnado, flaco, delgado, triste, sombrío.

GAUNTLET [GÓANTLET] *n.* manopla, guantelete :: **to throw down the** —, arrojar el guante.

GAUZE [GOS] *n.* gasa :: cendal.

GAVE [GUEIV] *pret.* **de** *to* **give.**

GAY [GUEI] *adj.* alegre, gozoso, de de buen humor :: festivo :: guapo :: — **time,** fiesta.

GAZE [GUEIS] *n.* mirada :: *vn.* — **on, at,** mirar (fijamente), contemplar.

GAZETTE [GASÉT] *n.* gaceta, diario :: **official** —, boletín oficial.

GEAR [GUIR] *n.* *(mech.)* engranaje, encaje, mecanismo :: atavíos :: aperos, aparejo :: *(aut.)* cambio de marchas :: **to put into** —, engranar :: **in** —, en juego, encajado :: *va.* aparejar.

GEM [YEM] *n.* joya, piedra preciosa.

GENDER [YÉNDAER] *n.* género.

GENERAL° [YÉNERAL] *adj.* general, común, usual, de uso, de costumbre :: ordinario :: extendido :: **in** —, por lo común, por regla general :: **to become** —, extenderse, generalizarse :: *n.* general, jefe.

GENERALIZE [YÉNERALAIS] *va.* generalizar.

GENERATE [YÉNEREIT] *va.* producir :: *(elect.)* generar.

GENERATION [YENERÉISHON] *n.* generación, raza :: casta :: **the coming** —, la posteridad.

GENERIC [YINÉRIK] *adj.* genérico.

GENEROSITY [YENERÓSITI] *n.* liberalidad, largueza :: bizarría, caballerosidad.

GENEROUS° [YÉNEROS] *adj.* generoso, franco, liberal, pródigo, holgado, amplio, abundante.

GENIAL° [YÍNIAL] *adj.* genial, afable, campechano, cordial.

GENIUS [YÍNIOS] *n.* genio, numen.

GENTEEL° [YENTÍL] *adj.* elegante, apuesto, gentil, decente :: **over** —, cursi.

GENTLE [YENTL] *adj.* benigno, dulce, manso, blando, apacible, tranquilo, pausado.

GENTLEMAN [YÉNTLMAEN] *n.* caballero.

GENTLENESS [YÉNTLNIS] *n.* suavidad, dulzura, apacibilidad :: mansedumbre.

GENTLY [YÉNTLI] *adv.* suavemente, pasito, despacio, qued(it)o.

GENUINE [YÉNIUIN] *adj.* genuino, auténtico, legítimo, verdadero :: típico :: corriente y moliente :: —ly national, castizo.

GEOGRAPHY [YIÓGRAFI] *n.* geografía.

GEOLOGY [YIÓLOYI] *n.* geología.

GEOMETRY [YIÓMITRI] *n.* geometría.

GERM [YERM] *n.* germen, renuevo, embrión, yema :: microbio.

GERMINATE [YÉRMINEIT] *vn.* germinar, apimpollarse.

GESTICULATE [YESTÍKIULEIT] *vn.* gesticular, accionar.

GESTICULATION [YESTIKIULÉISHON] *n.* gesticulación.

GESTURE [YÉSTIUR] *n.* gesto, acción :: rasgo :: ademán :: mueca.

GET [GUET] *va.* (ob)tener, recibir, conseguir, adquirir, llevar, hacer que, procurar, agenciar, contraer :: proporcionar :: *(coll.)* cazar, flechar :: — **away from here!** ¡Largo de aquí! :: — **going!** ¡Largo! ¡fuera! :: — **off!** ¡Suéltame! ¡sal! :: — **out!** ¡Fuera! :: — **up!** ¡Arre! :: **he cannot — along without her,** no puede pasar sin ella :: — **about,** divulgarse, levantarse *(un convaleciente)* :: — **across,** tener éxito, *(pop.)* sentir afecto :: — **aground,** *(naut.)* encallar :: — **ahead,** hallarse bien, pasarlo bien :: — **a job,** encontrar empleo :: — **along,** marcharse, ir tirando, llevarse bien :: — **along with,** congeniar con :: — **angry,** enfadarse :: — **around,** divulgarse, difundirse :: — **at,** averiguar, descubrir, llegar a, ir a :: — **away,** escaparse, irse :: — **back,** recobrar :: — **back to,** regresar :: — **behind,** atrasarse, penetrar, apoyar, respaldar :: — **better,** mejorar de salud :: — **busy,** emprender, moverse, ocuparse en algo :: — **by,** arreglárselas, burlar :: — **dark,** oscurecer :: — **down,** bajar, apearse, descolgarse :: — **free,** quedarse libre, zafarse :: — **going,** emprender, fomentar, activar :: — **hold of,** apropiarse de, coger :: — **home,** llegar a casa :: — **in,** hacer entrar, insinuarse, *(fig.)* encajar un golpe :: — **into,** introducirse, entrar ::

— **loose,** zafarse :: — **near,** aproximarse, acercarse :: — **off,** deshacerse de, escapar :: — **old,** envejecer :: — **on,** subir a un coche, montar a caballo, poner encima de, ponerse :: — **on well,** llevarse bien :: — **out,** salir, sacar, quitar, divulgarse, publicar, apearse, bajar :: — **out of,** hacer confesar :: — **out of the way,** apartarse del camino :: — **over,** vencer obstáculos, dominar, vencer :: — **punished,** ser castigado :: — **ready,** aprestar, estar preparado :: — **rich,** enriquecerse :: — **rid of,** zafarse de, deshacerse de :: — **round,** persuadir, rodear :: — **the best of,** quedar vencedor :: — **there,** *(pop.)* salirse con la suya :: — **the worse of,** quedar malparado :: — **through,** pasar, penetrar :: — **to,** llegar a, aprender a :: — **together,** ir de acuerdo, juntar(se) :: — **to work,** ponerse a trabajar :: — **under,** ponerse debajo de :: — **up,** levantarse, subir, construir, vestir :: — **well,** curar, sanar :: — **wind of,** recibir aviso, oír decir :: — **in emergency,** improvisar :: *vn.* ponerse :: meterse :: — **clear (of),** salir bien, librarse de :: — **even with,** desquitarse :: — **into a passion,** montar en cólera :: — **out of order,** descomponerse :: — **the better of,** llevar ventaja a :: — **to know,** enterarse de :: — **used to,** avezarse.

GHASTLY [GÁSTLI] *adj.* lívido, cadavérico, horrible, horripilante.

GHOST [GOUST] *n.* sombra :: alma :: espíritu :: fantasma, espectro, aparecido :: **not the — of a doubt,** ni asomo de (duda).

GHOSTY [GÓUSTI] *adj.* como un espectro :: de espectros :: de aparecidos.

GIANT [YÁIANT] *n. & adj.* gigante.

GIBBET [YÍBET] *n.* horca, patíbulo.

GIBE [YAIB] *n.* escarnio, burla :: *va.* escarnecer, mofarse (de), burlar.

GIDDINESS [GUÍDINES] *n. (med.)* vértigo, vahído :: devaneo :: vaivén.

GIDDY [GUÍDI] *adj.* vertiginoso, atolondrado, veleidoso :: aturdido :: casquivano.

GIFT [GUIFT] *n.* don :: **Christmas —,** aguinaldo :: regalo, presente :: donativo :: genio, don, ingenio, gracia :: —**s,** cualidades, dotes :: *va.* **to make a — of,** hacer merced :: **it's a —** *(coll.)* es

una cucaña, está tirado :: **I wouldn't take it as a —,** no lo quiero ni regalado :: *va.* dotar, dar.

GIFTED [GUÍFTID] *adj.* prendado, talentoso.

GIGANTIC [YAIGÁNTIK] *adj.* gigantesco, titánico, colosal.

GIGGLE [GUIGL] *n.* falsa risa :: retozo de risa :: *vn.* reírse.

GILD [GUILD] *va.* dorar, dar brillo a :: **to — the pill,** dorar la píldora.

GILL [GUIL] *n. (zool.)* agalla, branquia.

GILT [GUILT] *adj.* áureo :: —**edged stock,** valores de toda confianza :: *n.* dorado.

GIMMICK [GUÍMIK] *n.* adminículo.

GIN [YIN] *n.* ginebra :: *(mech.)* trampa.

GINGER [YÍNYER] *n.* jengibre.

GIPSY [YÍPSI] *n.* gitano.

GIRAFFE [YIRÁF] *n.* jirafa.

GIRD [GUERD] *va.* ceñir, rodear :: **to — oneself,** prepararse para.

GIRDLE [GUERDL] *n.* cinto, ceñidor :: faja :: corsé :: *va.* ceñir, rodear.

GIRL [GUEL] *n.* niña, chica, moza, muchacha :: criada, doncella :: *(Amer.)* china :: —**friend,** novia.

GIRLHOOD [GUÉLJUD] *n.* niñez :: mocedad, juventud.

GIRLISH [GUÉLISCH] *adj.* pueril :: de niña, de muchacha :: juvenil.

GIRTH [GUERZ] *n.* cincha :: grueso, corpulencia.

GIVE [GUIV] *va.* dar, otorgar, conceder :: regalar :: prestar :: pegar, arrear :: esperanzar :: explicar :: largar :: (coll.) propinar :: empeñar :: — **and take,** toma y daca :: *vn.* tener correa :: — **a discount,** conceder descuento :: — **a look,** mirar :: — **away,** dar, regalar, desprenderse de, enajenar :: — **back,** (de)volver, ceder, retirarse :: — **birth to,** dar a luz :: — **chase,** dar caza :: — **comfort (to),** confortar :: — **evidence,** testificar :: — **forth,** publicar, divulgar, proferir :: — **ground, place,** ceder terreno :: — **in,** ceder, darse por vencido :: — **notice,** avisar, notificar :: — **off,** echar, despedir :: — **oneself up,** *(a la autoridad)* entregarse :: — **out,** revelar :: agotarse, fallar :: repartir :: — **over,** cesar, rendir, entregar :: — **pause,** dar que pensar :: — **rise to,** prestarse a, ocasionar, causar :: — **room,** hacer lugar, apartarse :: — **time,** ampliar el plazo :: — **trouble,** incomodar :: — **up,**

andar, funcionar :: *(coll.)* pitar :: — **on!** ¡Vamos! ¡adelante! :: **let's** —, vamos :: — **about**, intentar :: rodear, ponerse a :: — **abroad**, divulgarse una cosa :: — **across**, cruzar, pasar :: — **after**, *va.* seguir la pista de :: — **against**, oponerse, contradecir :: — **along**, continuar :: — **along with one**, acompañar :: — **apart**, dividirse :: — **around**, rodear :: — **astray**, extraviarse :: — **at**, atacar, embestir :: — **away**, marcharse, irse :: largarse :: — **ahead**, continuar, seguir, no parar :: — **back**, retroceder, volverse atrás :: — **back on**, desdecirse :: — **bakwards**, retroceder :: — **bad**, estropearse :: — **before**, adelantarse, preceder :: — **behind**, seguir, engañar :: — **better**, llevar ventaja a :: — **between**, interponerse :: — **by**, pasar por (alto) :: atenerse a :: — **down**, descender, bajar :: — **for**, ir en busca de, favorecer :: *(coll.)* meterse con :: — **for nothing**, no valer nada :: — **forth**, publicarse :: — **forward**, adelantar :: — **from**, separarse :: — **halves**, ir a medias :: — **hard with**, pasarlo mal :: — **in**, entrar, encajar :: — **in for**, favorecer, apoyar :: — **into**, entrar, participar en, investigar :: — **in with**, asociarse con :: — **mad**, volverse loco :: — **near**, acercarse :: — **off**, marcharse, largar, dispararse :: — **on**, seguir, continuar, progresar :: — **out**, salir :: — **out to meet**, salir al encuentro de :: **out of fashion**, pasar de moda :: — **over**, repasar, recorrer, atravesar, pasarse a :: — **shopping**, ir de compras :: — **through**, atravesar, escudriñar, sufrir, pasar por, registrar :: — **to**, servir para :: — **to, towards**, concurrir, contribuir :: — **to pot**, arruinarse :: — **toward**, encaminarse, dirigirse :: — **up**, subir :: — **well**, prosperar :: — **west**, morir :: — **with**, acompañar, estar de acuerdo :: *(la ropa)* hacer juego con :: — **well with**, armonizar con :: convenir (a), sentar bien (a) :: — **without**, pasarse (de, sin) :: — **without saying**, sobreentenderse :: — **wrong**, malograrse, fracasar :: **who goes there?** ¿quién vive? **on the** —, vivaracho :: **to be forever on the** —, trajinar :: **to let** —, soltar, dejar ir :: —-**ahead**, *adj.* emprendedor.

GIVER [GUÍVA] *n.* donador, dador.

GLACIER [GLÉISIAER] *n.* ventisquero, glaciar.

GLAD[•] [GLAD] *adj.* contento, alegre :: **to be** —, alegrarse.

GLADDEN [GLADN] *va.* dar gusto a, alegrar, regocijar, dar gusto a.

GLADE [GLEID] *n.* *(en un bosque)* claro.

GLADNESS [GLÁDNES] *n.* alegría, gozo, contentamiento.

GLAMOR, GLAMOUR [GLÁMOR] *n.* fascinación, hechizo.

GLAMO(U)ROUS [GLÁMOROES] *adj.* fascinador, hechicero.

GLANCE [GLANS] *n.* mirada :: ojeada, vistazo :: **at first** —, a primera vista :: *va.* — **at**, lanzar miradas a, echar la mirada sobre :: *vn.* — **back**, rebotar :: — **round**, echar una mirada atrás :: — **off**, resbalar, desviarse.

GLARE [GLER] *n.* resplandor :: fulgor, brillantez :: *va. & n.* deslumbrar, relumbrar :: echar fuego por los ojos.

GLARING[•] [GLÉRING] *adj.* deslumbrador, brillante :: notorio, manifiesto, chillón.

GLASS [GLAS] *n.* vidrio, cristal :: :: **looking** —, espejo :: *(de cerveza)* caña :: vaso, copa :: *pl.* gafas, lentes, anteojos :: quevedos :: **cut** —, cristal tallado :: **magnifying** —, lente de aumento :: **plate** —, luna, cristal de espejo :: **powdered** —, polvo de vidrio :: **spy**—, catalejo :: **stained** —, vidrio de color :: — **case**, vidriera, escaparate :: — **shop**, cristalería :: — **window**, vidriera :: — **full**, copa, vaso :: — **ware**, cristalería, vajilla de cristal.

GLASSY [GLÁSI] *n.* vidrioso, cristalino.

GLEAM [GLIM] *n.* fulgor :: destello, brillo, centelleo :: *vn.* lucir, brillar, resplandecer.

GLEANING [GLÍNING] *n.* rebusca.

GLEE [GLI] *n.* alegría, gozo, júbilo.

GLIB[•] [GLIB] *adj.* voluble, locuaz, pronto, prevenido.

GLIDE [GLAID] *vn.* deslizarse, resbalar suavemente :: — **away**, escurrirse.

GLIMMER [GLÍMA] *n.* vislumbre, claror :: *(coll.)* pizca :: **last** — **of**

day, las postrimerías :: *va.* vislumbrar :: *vn.* rielar :: alborear.

GLIMPSE [GLIMPS] *n.* ojeada, vistazo, vislumbre :: **to cath a** — **of**, vislumbrar.

GLINT [GLINT] *n.* reflejo :: *vn.* reflejar, brillar.

GLISTEN [GLÍSN] *vn.* brillar, relucir, resplandecer.

GLITTER [GLÍTA] *n.* brillo, esplendor :: *vn.* relucir, centellear, coruscar, titilar.

GLOAT [GLOUT] *vn.* gozar (con el daño ajeno).

GLOBE [GLOUB] *n.* globo, esfera, tierra, bulbo.

GLOOM [GLUM] *n.* obscuridad, tenebrosidad :: tristeza, hosquedad.

GLOOMY [GLÚMI] *adj.* obscuro, tenebroso, sombrío :: hosco, lóbrego, tétrico.

GLORIFY [GLOURIFÁI] *va.* glorificar, exaltar.

GLORIOUS[•] [GLÓRIOS] *adj.* glorioso, soberbio, ilustre, espléndido.

GLORY [GLÓRI] *n.* gloria, esplendor :: fama, honor :: honra :: *vn.* — **in**, gloriarse, jactarse :: **to be in one's** —, estar en sus glorias.

GLOSS [GLOS] *n.* lustre, viso :: glosa :: *va. & n.* glosar, comentar, apostillar :: — **over**, *va.* cohonestar, paliar :: **to put a** — **on**, sacar brillo a.

GLOSSY [GLÓSI] *adj.* lustroso :: pulido.

GLOVE [GLOV] *n.* guante :: **to be hand in** — **with**, ser uña y carne con :: **to put** —**s on**, calzarse los guantes.

GLOW [GLOU] *n.* brillo, trasluz, resplandor, refulgencia :: arrebol :: calor :: —**worm**, luciérnaga, gusanillo de luz :: *vn.* brillar, relucir.

GLOWING[•] [GLÓUUING] *adj.* encendido, ardiente.

GLUE [GLU] *n.* cola :: *va.* encolar, pegar.

GLUM [GLOM] *adj.* malhumorado :: — **face**, cara de viernes.

GLUTTON [GLOTN] *n.* glotón, comilón.

GNARLED [NARLD] *adj.* nudoso.

GNASH [NASH] *va. & n.* rechinar *(los dientes).*

GNAT [NAT] *n.* mosquito :: cínife, jején.

GNAW [NOA] *va. & n.* roer, carcomer, morder.

GO [GOU] *n.* energía :: giro :: **it's all the** —, hace furor :: *vn.* ir, marchar, andar :: encaminarse ::

abandonar, renunciar, ceder, dimitir, devolver :: — **up hope** *(med.)* desahuciar :: — **warning**, advertir :: — **way**, plegar :: ceder :: resignarse :: *n.* elasticidad.

GOAD [GOUD] *n.* aguijón :: garrocha, puya :: *va.* picar, excitar, incitar.

GOAL [GOUL] *n.* blanco, objetivo, término :: meta, portería :: tanto :: — **keeper,** portero :: —**net,** posto, portería.

GOAT [GOUT] *n.* cabra, chivo :: **he**—, macho cabrío, cabrón.

GOATHERD [GÓUTJERD] *n.* cabrero.

GOBBLE [GOBL] *va.* tragar, engullir :: **to** — **up,** engullirse.

GO-BETWEEN [GÓUBITUIN] *n.* mediador, intermediario :: tercero.

GOBLET [GÓBLET] *n.* copa.

GOBLIN [GÓBLIN] *n.* duende.

GOD [GOD] *n.* Dios :: —**s,** *(theat.)* paraíso.

GODDESS [GÓDES] *n.* diosa.

GODFATHER [GÓDFADAER] *n.* padrino.

GODLIKE [GÓDLAIK] *adj.* divino.

GODMOTHER [GÓDMADAER] *n.* madrina.

GOGGLES [GOGLS] *n. pl.* antiparras, gafas.

GOING [GOUING] *n.* paso, andadura, marcha, ida :: salida :: —**s on,** zaragata, tejemaneje.

GOITER, GOITRE [GÓITA] *n.* bocio, papera.

GOLD [GOULD] *n.* oro :: —**bearing,** aurífero :: —**beater,** batihoja :: — **standard,** patrón de oro :: **to be as good as** —, ser más bueno que el pan.

GOLDEN [GOULDN] *adj.* de oro :: áureo, dorado.

GOLDFISH [GÓULDFISCH] *n.* carpa dorada, pez de colores.

GONE [GON] *p.p. de* **to go** & *adj.* ido, perdido :: **he is** —, se fue :: **it is all** —, se acabó.

GOOD [GUD] *adj.* bueno :: conveniente, adecuado :: bondadoso, amable :: hábil :: piadoso :: **a** — **turn,** un favor :: **in** — **time,** a tiempo, previamente :: **all in** — **time,** paciencia :: **to hold** —, valer, subsistir :: **to make** —, indemnizar :: cumplir :: salir bien, llevar a cabo :: **he's no** —, es un farsante :: **a** — **while,** un buen rato :: — **for nothing,** paseante, farsante :: —**will,** buena voluntad, clientela :: —**looking,** bien parecido, guapo :: —**natured,** bueno, bonachón, amable :: — **old,** famoso :: — **standing,** crédito :: **with right** — **will,** con buena voluntad :: *n.* bien, provecho :: *pl. (com.)* géneros, mercancías :: surtido :: mercancías :: —**s and chattels,** bienes muebles, bártulos :: **for** — **and all,** de una vez para siempre.

GOODNESS [GÚDNES] *n.* bondad :: —! ¡Dios mío! ¡cielos!

GOOSE [GUS] *n.* oca, ganso, ánade :: —**flesh,** carne de gallina.

GOOSEBERRY [GÚSBERI] *n.* grosella (blanca), uva espín.

GORE [GÓAER] *n.* cornada :: cuchillo :: sangre :: *va.* cornear, coger.

GORGE [GOARCH] *n.* garganta, cañada, hoz, abra, barranco :: *va.* & *n.* engullir, tragar, atiborrar, hartarse.

GORGEOUS[*] [GÓARCHOS] *adj.* espléndido, magnífico, suntuoso.

GOSPEL [GÓSPL] *n.* evangelio.

GOSSAMER [GÓSAMA] *adj.* ligero, sutil, delgado :: *n.* telaraña :: cendal, gasa.

GOSSIP [GÓSIP] *n.* charla, murmuración, habladuría, chismografía :: correveidile, chismoso, comadre :: **scraps of** —, habilla(s), gacetilla :: —**column,** gacetilla :: *vn.* charlar, chismear, comadrear.

GOSSIPY [GÓSIPI] *adj.* chismoso.

GOTTEN [GÓTEN] *p.p. de* **to get.**

GOUT [GAUT] *n. (med.)* gota :: podagra.

GOVERN [GÓVERN] *va.* gobernar, regir, comandar, regentar :: moderar :: *vn.* comedirse.

GOVERNMENT [GÓVERNMENT] *n.* gobierno.

GOVERNOR [GÓVERNAER] *n.* gobernador.

GOWN [GAUN] *n.* traje de noche, vestido :: toga.

GRAB [GRAB] *va.* asir, coger, agarrar :: arrebatar, posesionarse de.

GRACE [GREIS] *n.* gracia, bondad :: elegancia :: galantería :: cortapisa :: indulgencia :: **good** —**s,** valimiento :: *va.* adornar, agraciar, favorecer.

GRACEFUL[*] [GRÉISFUL] *adj.* gracioso, agraciado, garboso.

GRACEFULNESS [GRÉISFULNES] *n.* gracia, donaire, gallardía, garbo.

GRACIOUS[*] [GRÉISHOS] *adj.* benigno, benévolo, afable.

GRADATION [GRADÉISHON] *n.* gradación, graduación.

GRADE [GREID] *n.* grado, escalón :: *(mil.)* promoción :: *va.* graduar :: explanar.

GRADIENT [GRÉDIENT] *n.* desnivel, pendiente, declive, rampa, inclinación.

GRADUAL[*] [GRÁDIUAL] *adj.* gradual.

GRADUATE [GRÁDIUEIT] *adj.* graduado :: *va.* graduar(se).

GRADUATION [GRADIUÉISHON] *n.* graduación.

GRAFT [GRAFT] *n.* injerto, plantón :: (hacer) chanchullos :: *va.* & *n.* injertar, ingerir, insertar.

GRAFTER [GRÁFTAER] *n.* malversador, estafador.

GRAIN [GREIN] *n.* grano :: *(de la madera)* veta :: **against the** —, a contrapelo :: *va.* granular, granear.

GRAMMAR [GRÁMA] *n.* gramática, retórica.

GRANARY [GRÁNARI] *n.* granero.

GRAND[*] [GRAND] *adj.* grande, sublime :: — **piano,** piano de cola.

GRANDCHILD [GRÁNDCHAILD] *n.* nieto.

GRANDCHILDREN [GRANCHÍLDREN] *n. pl.* nietos.

GRANDDAUGHTER [GRANDÓTAER] *n.* nieta.

GRANDFATHER [GRANDFÁDAER] *n.* abuelo.

GRANDMOTHER [GRÁNDMADAER] *n.* abuela.

GRANDPARENT [GRANDPÁRENT] *n.* abuelo, abuela :: —**s,** abuelos.

GRANDSON [GRÁNDSAN] *n.* nieto.

GRANGE [GREINCH] *n.* granja, cortijo, alquería.

GRANNY [GRÁNI] *n.* abuelita :: viejecita.

GRANT [GRANT] *n.* concesión, privilegio :: beca :: subvención :: *va.* hacer merced de conceder, otorgar :: admitir, importar.

GRAPE [GREIP] *n.* uva :: — **juice,** mosto :: —**vine,** vid, parra.

GRAPEFRUIT [GRÉITFRUT] *n.* toronja :: pomelo.

GRAPHIC [GRÁFIK] *adj.* gráfico, pintoresco, a lo vivo.

GRAPPLE [GRAPL] *va.* & *n.* agarrar, amarrar, aferrarse :: — **with,** forcejear.

GRASP [GRASP] *n.* apretón :: *(fig.)* dominio :: *va.* agarrar :: empuñar :: prender :: estrechar, asir :: *vn.* echar la zarpa.

GRASPING [GRÁSPING] *adj.* avaro, codicioso :: ávido.

GRASS [GRAS] *n.* hierba, césped, gramínea :: — **eating,** herbívoro.

GRASSHOPPER [GRÁSJOPAER] *n.* saltamontes.

GRASSROOTS [GRÁSRUTS] *adj.* del pueblo :: de la gente.

GRATE [GREIT] *n.* reja, verja :: parrilla :: *va.* & *n.* rallar, raspar, cortar.

GRATEFUL[*] [GRÉITFUL] *adj.* reconocido, agradecido :: **to be** —

for, agradecer :: reconocer.

GRATEFULNESS [GRÉITFULNES] *n.* gratitud, agradecimiento.

GRATIFICATION [GRATIFIKÉISHON] *n.* satisfacción, complacencia :: recompensa.

GRATIFY [GRÁTIFAI] *va.* satisfacer, agradar, complacer, dar gusto a.

GRATING° [GRÉITING] *adj.* rechinante, discordante :: ofensivo, áspero :: *n.* verja, reja.

GRATITUDE [GRÁTITIUD] *n.* gratitud, agradecimiento, reconocimiento.

GRATUITOUS° [GRATIÚITOS] *adj.* gratuito, innecesario.

GRATUITY [GRATIÚITI] *n.* gratificación, propina.

GRAVE° [GREIV] *adj.* grave, serio, compasado, ponderoso :: *n.* tumba, hoya, sepulcro :: — **stone**, lápida mortuaria :: **beyond the** —, ultratumba :: —**digger**, sepulturero, enterrador.

GRAVEL [GRÁVEL] *n.* grava, guijo, cascajo :: *va.* cubrir con grava.

GRAVEYARD [GRÉIVYARD] *n.* cementerio.

GRAVITATE [GRÁVITEIT] *vn.* gravitar.

GRAVITY [GRÁVITI] *n.* gravedad, pesantez, mesura, seriedad :: **specific** —, peso específico.

GRAVY [GRÉIVI] *n.* salsa, jugo.

GRAY [GREI] *adj.* gris, cano :: —**headed**, canoso :: *va.* & *n.* encanecer, poner(se) gris.

GRAYNESS [GRÉINES] *n.* grisura, gris, calidad de gris :: encanecimiento.

GRAZE [GREIS] *n.* roce :: *va.* rozar :: raspar :: *vn.* pacer, pastar.

GREASE [GRIS] *n.* grasa :: mugre :: *va.* engrasar :: untar :: — **the palms of**, untar las manos a.

GREASY [GRÍSI] *adj.* grasiento :: craso :: untuoso.

GREAT° [GREIT] *adj.* grande, grueso, eminente, sumo :: — **hall**, paraninfo :: — **age**, edad avanzada.

GREATNESS [GRÉITNES] *n.* grandeza, amplitud :: nobleza.

GREED [GRID] *n.* voracidad :: codicia, concupiscencia, rapacidad.

GREEDILY [GRÍDILI] *adv.* vorazmente :: con avaricia :: con gula.

GREEDINESS [GRÍDINES] *n.* codicia, avaricia :: gula :: voracidad.

GREEDY [GRÍDI] *adj.* codicioso, avaro :: goloso :: voraz.

GREEN [GRIN] *n.* lo verde, verdura, pradera :: —**s**, verdura(s), hierbas, hortalizas :: *adj.* verde,

fresco :: **sea**—, glauco :: **bright** —, verde limón, verdegay :: —. *(sl.)* novel :: —**house**, conservatorio, invernadero.

GREENHORN [GRÍNJORN] *n.* novato, pipiolo.

GREET [GRIT] *va.* & *n.* saludar, felicitar, dar la bienvenida a.

GREETING [GRÍTING] *n.* salutación, saludo, recado :: —**s**, *(en las cartas)* un abrazo, saludos (cariñosos) :: felicitaciones navideñas.

GRENADE [GRINÉID] *n.* granada, bomba.

GREW [GRU] *pret. de* **to grow**.

GREY [GREI] *adj.* gris :: —**brown**, pardo :: —**beard**, barbicano.

GREYHOUND [GRÉIJAUND] *n.* lebrel, galgo.

GRIEF [GRIF] *n.* pena, dolor, pesadumbre, tristeza, sentimiento.

GRIEVANCE [GRÍVANS] *n.* agravio, perjuicio, ofensa.

GRIEVE [GRIV] *va.* agraviar, oprimir :: lastimar :: contristar, penar :: *vn.* afligirse, entristecerse, gemir, apenarse :: **it** —**s me to say…**, me cuesta decir…

GRIEVED [GRIVD] *adj.* penado.

GRIEVOUS° [GRÍVOS] *adj.* gravoso, cruel, sensible, aflictivo.

GRILL [GRIL] *va.* asar en parrillas, sollamar.

GRIM° [GRIM] *adj.* torvo, ceñudo :: odioso, horroroso.

GRIMACE [GRIMÉIS] *n.* mueca, visaje, mohín.

GRIME [GRAIM] *n.* tizne, mugre.

GRIN [GRIN] *n.* mueca, visaje :: risa :: *vn.* sonreírse.

GRIND [GRAIND] *n.* rutina :: *va.* moler, triturar, dar vueltas :: —**out**, mascullar :: —**down**, agobiar :: *vn.* rozar, frotar.

GRINDER [GRÁINDAER] *n.* moledor :: molinillo de café :: afilador :: *(para afilar)* muela :: *(anat.)* muela.

GRIP [GRIP] *n.* apretón :: asidero, puño :: maletín :: *va.* & *n.* agarrar, empuñar :: coger.

GRIT [GRIT] *n.* arena, cascajo :: impureza :: firmeza, ánimo, entereza.

GRITTY [GRÍTI] *adj.* arenoso :: valeroso, firme.

GRIZZLY [GRÍSLI] *adj.* grisáceo, pardusco :: — **bear**, oso pardo.

GROAN [GROUN] *n.* gemido, gruñido :: *vn.* gemir, gruñir, suspirar.

GROCER [GRÓUSA] *n.* especiero, tendero (de ultramarinos, de comestibles).

GROCERY [GRÓUSARI] *n.* tienda de

comestibles :: *pl.* ultramarinos.

GROOM [GRUM] *n.* mozo de caballos, lacayo :: **head** —, caballerizo :: *va.* cuidar (los caballos) :: acicalar.

GROOVE [GRUV] *n.* muesca, acanaladura :: surco :: ranura, hoyo :: estría :: *va.* acanalar.

GROPE [GROUP] *vn.* andar a tientas, palpar, tentar.

GROSS° [GROUS] *adj.* grueso :: craso :: denso :: bruto :: descortés, pesado :: *n.* gruesa :: **by the** —, por gruesas.

GROTESQUE° [GROUTÉSK] *adj.* & *n.* grotesco.

GROTTO [GRÓTOU] *n.* gruta.

GROUCH [GRAUCH] *n.* mal humor, gruñón, refunfuñón, cascarrabias :: **to have a** — **against someone**, tenerle ojeriza a alguien :: guardarle rencor a alguien :: *va.* & *n.* gruñir, refunfuñar :: estar de mal humor.

GROUND [GRAUND] *n.* tierra :: terreno :: piso, suelo :: solar, heredad :: motivo, pie, fundamento :: **back** —, fondo :: **fore** —, primer término :: **stony** —, cantorral :: *pl.* haces, sedimentos :: terrenos :: **to fall to the** —, venirse abajo :: malograrse :: *adj.* — **floor**, (planta, piso) bajo :: *va.* & *n.* funda(menta)r, cimentar :: embarrancar, encallar.

GROUNDLESS° [GRÁUNDLES] *adj.* infundado.

GROUP [GRUP] *n.* grupo :: reunión, corro :: peña, tertulia :: cuadrilla :: caserío :: comparsa :: conjunto :: *va.* agrupar.

GROVE [GRÓUV] *n.* arboleda, bosquecillo.

GROVEL [GRÓVL] *vn.* arrastrarse :: envilecerse.

GROW [GRÓU] *va.* cultivar :: *vn.* crecer, brotar :: desarrollarse :: hacerse, llegar a :: — **green**, (re)verdecer :: — **overproud**, encumbrarse.

GROWL [GRAUL] *n.* gruñido :: *vn.* gruñir :: regañar.

GROWLER [GRÁULAER] *n.* gruñón :: regañón.

GROWN [GROUN] *p.p. de* **to grow** & *adj.* crecido :: desarrollado :: — **man**, hombre maduro.

GROWTH [GROUZ] *n.* crecimiento, desarrollo, aumento, progreso :: generación :: vegetación.

GRUDGE [GROCH] *n.* rencor, resentimiento :: ojeriza, envidia, mala gana :: *va.* envidiar, codiciar :: regatear.

GRUEL [GRÚEL] *n.* avenate :: atole :: gachas.

GRUESOME [GRÚSON] adj. horrendo, horripilante, horrible.

GRUFF [GROF] adj. brusco, áspero, de mal humor, ceñudo.

GRUMBLE [GROMBL] n. regaño :: queja :: vn. quejarse :: refunfuñar, murmurar.

GRUNT [GRONT] n. gruñido :: vn. gruñir, refunfuñar.

GUARENTEE [GARANTÍ] n. abono :: fianza :: seguridad :: va. garantizar, dar fianza, patrocinar.

GUARD [GARD] n. guarda, guardia :: (mil.) vigilia :: cazoleta :: — sman, guardia :: dragón :: —rail, contracarril :: to be on one's —, estar alerta, to be off one's —, estar desprevenido :: rear—, retaguardia :: —'s van, furgón :: va. preservar(se), guardar, vigilar :: (res)guardarse.

GUARDED [GÁRDID] adj. circunspecto, cauteloso, precavido.

GUARDIAN [GÁRDIAN] adj. tutelar :: — angel, ángel custodio :: ángel de la guarda :: n. guardián, custodio, tutor.

GUARDIANSHIP [GÁRDIANSHIP] n. tutela :: guarda, custodia.

GUARDRAIL [GÁRDREIL] n. baranda.

GUESS [GUES] n. conjetura :: sospecha :: va. & n. adivinar, columbrar, conjeturar :: atinar :: brujulear.

GUEST [GUEST] n. huésped, convidado :: to have —(s), tener visita(s) :: —house, hospedería :: fellow —, comensal.

GUIDANCE [GÁIDANS] n. conducta, guía, gobierno.

GUIDE [GAID] n. guía, conductor :: — post, hito :: norte :: va. guiar, orientar, conducir, dirigir :: gobernar.

GUIDEBOOK [GÁIDBUK] n. guía del viajero :: railway —, guía de ferrocarriles.

GUIDELINE [GÁIDLAIN] n. norma, pauta :: precepto.

GUILE [GAIL] n. dolo, engaño, artificio, sorna.

GUILT [GUILT] n. delito, crimen, culpa :: delincuencia :: culpabilidad.

GUILTY [GUÍLTI] adj. culpable, delincuente, convicto :: not —, inocente, inculpable :: to plead —, confesarse culpable.

GUISE [GAIS] n. modo, manera :: aspecto, apariencia :: pretexto :: forma :: under the — of, so color de, so capa de.

GUITAR [GUITÁR] n. guitarra :: — player, guitarrista.

GULF [GOLF] n. golfo :: abismo, sima :: G— Stream, corriente del golfo.

GULP [GOLP] n. trago :: (fam.) chisguete :: va. tragar, engullir.

GUM [GOM] n. goma :: (anat.) encía :: chewing —, chicle :: va. engomar.

GUN [GON] n. arma de fuego, fusil :: escopeta :: cañón :: machine—, ametralladora :: — barrel, cañón :: — carriage, cureña.

GUNNER [GÁNAER] n. artillero, cañonero :: ametrallador.

GUNPOWDER [GÁNPAUDAER] n. pólvora.

GURGLE [GUERGL] n. gorgoteo :: vn. murmurar, gorgotear.

GUSH [GOSH] n. chorro, borbotón :: buey de agua :: efusión :: vn. brotar, manar, borbotar, borbollar.

GUST [GOST] n. ráfaga, racha, bocanada de viento, borrasca.

GUT [GAT] n. tripa, intestino :: cuerda de tripa :: to have —s, tener agallas.

GUTTER [GÓTA] n. gotera, canal :: canalón :: arroyo :: va. & n. acanalar.

GUY [GAI] n. hazmerreír, adefesio, sujeto, tio, tipo, individuo.

GYMNASIUM [YIMNÉISIOM] n. gimnasio.

GYMNASTICS [YIMNÁSTIKS] n. gimnasia.

GYPSY [YÍPSI] n. & adj. gitano.

H

N. B. — La **H** debe aspirarse siempre, excepto en las voces marcadas §.

HABIT [HÁBIT] *n.* práctica, costumbre, rutina, hábito :: hábito, vestido :: **riding** —, traje de montar :: **monk's** —, cogulla :: *pl.* costumbres, mañas :: **bad** —**s,** malas costumbres :: **to form the** —, contraer la costumbre :: soler.

HABITABLE [HÁBITABL] *adj.* habitable.

HABITUAL° [HABÍTIUAL] *adj.* habitual, acostumbrado.

HACK [HAK] *n.* brecha, corte :: cuártago, rocín :: *va.* — **at,** tajar, picar, cortar.

HACKNEYED [HÁKNID] *adj.* trillado.

HAD [HAD] *pret. & p.p. de* **to have.**

HAGGARD° [HÁGARD] *n.* macilento, ojeroso, trasnochado :: zahareño.

HAGGLE [HAGL] *vn.* regatear.

HAIL [HEIL] *n.* granizo :: llamada :: **within** —, al habla :: *va. & n.* saludar, llamar.

HAIR [HER] *n.* pelo, cabello :: melena, cabellera :: vello :: hebra :: —**brush,** cepillo de cabeza :: —**dresser,** peluquero :: — **shirt,** cilicio, sambenito :: — **less,** calvo :: —**raising,** horripilante :: **to a** —, al pelo :: —**cut,** corte de pelo :: —**pin,** horquilla :: — **splitting,** quisquilloso, puntilloso :: *n.* ergotista.

HAIRDO [HÉRDU] *n.* peinado.

HAIRY [HÉRI] *adj.* peludo, cabelludo :: hirsuto, velloso, velludo.

HAKE [HEIK] *n.* merluza.

HALE [HEIL] *adj.* robusto, sano.

HALF [HAF] *adj.* medio :: casi :: *adv.* a medias :: **to go halves,** ir a medias :: —**awake,** — **asleep,** entre sueños :: **better** —, cara mitad, costilla :: — **baked,** a medio cocer :: — **blood,** —**breed,** mestizo :: — **hearted,** flojo, desanimado :: —**hour,** media hora :: —**length,** de medio cuerpo :: —**open(ed),** entreabierto, entornado :: — **price,** a mitad de precio :: — **statement,** indirecta :: —**way,** a medio camino, no del todo :: — **and** —, mitad y mitad :: — **witted,** imbécil :: **to** — **open,** entreabrir :: **to** — **close,** entornar :: **to be** —**way between,**

mediar entre :: *n.* mitad.

HALIBUT [HÁLIBAT] *n.* mero :: hipogloso.

HALL [HOAL] *n.* salón :: **entrance**—, recibimiento, vestíbulo :: **lecture** —, aula :: sala :: **great** —, paraninfo :: —**mark,** distintivo.

HALLO [HALÓU] = **hello.**

HALLOW [HÁLOU] *va.* consagrar, bendecir, santificar.

HALLUCINATION [HALIUSINÉISHON] *n.* alucinación, error, ilusión.

HALT [HOALT] *adj.* cojo, lisiado :: *n.* alto :: paradero :: apeadero :: parada :: *va. & n.* detenerse, hacer alto :: parar.

HALVE [HAV] *va.* dividir en dos, partir por mitad, dimidiar.

HALVES [HAVS] *pl. de* **half :: to go** —, ir a medias.

HAM [HAM] *n.* jamón, pernil.

HAMLET [HÁMLET] *n.* aldea, caserío, villorrio.

HAMMER [HÁMA] *n.* martillo, maza :: almadana :: **sledge**—, macho :: **tuning** —, templado :: rastrillo :: *va.* amartillar, forjar, golpear.

HAMMOCK [HÁMOK] *n.* hamaca.

HAMPER [HÁMPA] *n.* canasto, cesta, canasta, capacho :: *va.* embarazar, estorbar.

HAND [HAND] *n.* mano :: palmo :: :: mano de obra, obrero :: *(del reloj)* aguja, manecilla :: letra :: *(de cartas)* mano, juego :: — **bag,** bolso, saco de noche :: — **basin,** (al)jofaina :: —**book,** compendio, manual :: — **breadth,** palmo :: — **made,** hecho a mano :: — **writing,** letra, carácter :: — **shake,** apretón de manos :: —**guard,** cazoleta :: **at** —, a mano, al lado :: **by** —, a mano :: **in** —, entre manos :: **on** —, entre manos :: presente, disponible :: **on the one** —, por una parte :: **on the other** —, al contrario, en cambio :: por otra parte :: **to have** — **in,** tener parte en, participar :: — **to** —, cuerpo a cuerpo :: **to lend a** —, echar una mano, arrimar el hombro :: — **to mouth existence,** vida (arrastrada, precaria) :: **to go** — **in** —, concertarse :: ir de mano con :: **to be** — **in glove with,** ser uña y carne con :: **second**—, de segunda mano, de lance :: *va.* dar la mano a :: alargar, pasar :: — **over,** entregar :: transmitir :: — **out,** *(coll.)* propinar, largar :: — **in,** entre-

gar.

HANDCUFF [HÁNDKAF] *va.* maniatar :: —**s,** esposas, manillas de hierro.

HANDFUL [HÁNDFUL] *n.* manojo, puñado.

HANDICAP [HÁNDIKAP] *n.* desventaja, estorbo, impedimento, obstáculo :: ventaja o desventaja :: — **race,** carrera de obstáculos :: *va.* estorbar, poner trabas a.

HANDIWORK [HÁNDIUOERK] *n.* labor, trabajo hecho a mano :: artefacto.

HANDKERCHIEF [HÁNKERCHIF] *n.* pañuelo.

HANDLE [HANDL] *n.* mango, asa :: agarradero, cogedero, tirador :: *va.* manejar :: manosear :: trazar :: dirigir :: tratar :: maniobrar.

HANDSAW [HÁNSO] *n.* serrucho.

HANDSOME° [HÁNSÒM] *adj.* hermoso, guapo, bello :: garrido :: generoso :: distinguido.

HANDWRITTING [HÁNDRAITING] *n.* letra, escritura.

HANDY [HÁNDI] *adj.* a la mano, próximo :: hábil, diestro :: manuable, fácil de manejar.

HANG [HANG] *n.* caída :: **pot to care a** —, no importar un pepino :: *va.* colgar, suspender :: ahorcar :: enarbolar :: *vn.* colgar :: pender :: ser ahorcado :: zozobrar :: — **about streets,** callejear :: rondar :: — **on to,** pegarse a, agarrarse a.

HANGAR [HÁNGAR] *n.* hangar, cobertizo.

HANGING [HÁNGING] *n.* muerte en la horca :: —**s,** colgaduras :: *adj.* colgante :: colgado.

HANGMAN [HÁNGMAEN] *n.* verdugo.

HANGOVER [HÁNGOVAER] *n.* sobrante, remanente, resto.

HANKER [HÁNGKA] *va.* — **after,** ansiar, anhelar, ambicionar.

HAPHAZARD [HÁPHAESAERD] *adv.* al azar, al acaso, a la ventura, a la buena de Dios :: *adj.* casual, impensado.

HAPLESS [HÁPLES] *adj.* desventurado, desgraciado.

HAPPEN [HAPN] *vn.* suceder, ocurrir, acontecer, caer :: **as if nothing had** —**ed,** como si tal cosa :: **as it happens,** da la casualidad.

HAPPENING [HÁPNING] *n.* acontecimiento, suceso.

HAPPILY [HÁPILI] *adv.* felizmente :: afortunadamente.

HAPPINESS [HÁPINES] *n.* felicidad, ventura, gozo.

HAPPY [HÁPI] *adj.* dichoso, alegre, bienaventurado, feliz, afortunado, oportuno :: **to make** —, encantar, alegrar :: **to be** —, alegrarse :: **—go-lucky,** atolondrado :: **— birthday,** feliz cumpleaños.

HARASS [HARÁS] *va.* acosar, vejar :: *(mil.)* hostigar, merodear :: apretar :: incomodar :: **to be — ed,** zozobrar.

HARBINGER [HÁRBINCHA] *n.* precursor :: heraldo.

HARBOR, HARBOUR [HÁRBR] *n.* puerto, asilo :: albergue :: *va.* abrigar, amparar :: acariciar, abrigar.

HARD [HARD] *adj.* duro, firme :: tieso :: difícil, penoso :: riguroso, severo :: áspero, ímprobo, rudo :: *(agua)* cruda, gorda :: **— of hearing,** duro de oído :: **— hearted,** sin entrañas :: **— fisted,** agarrador :: **— headed,** terco, duro de mollera :: perspicaz :: **— set,** rígido :: **— working,** aplicado, trabajador, hacendoso :: **— wearing,** resistente, duradero, sufrido :: **— weather,** inclemencia :: **— words,** injurias :: **— to please,** mal contentadizo :: **— to hold,** escurridizo :: *adv.* **to drink** —, beber de firme :: **to look — at,** mirar (de hito en hito, de cerca, detenidamente) :: **to be — up,** estar a la cuarta pregunta, estar mal de dinero :: difícilmente, con (ahinco, empeño), duro.

HARDEN [HARDN] *va.* endurecer :: curtir :: templar :: *vn.* endurecerse.

HARDENING [HÁRDNING] *n.* endurecimiento.

HARDNESS [HÁRDNES] *n.* dureza :: rigor, penuria.

HARDSHIP [HÁRDSHIP] *n.* penalidad, fatiga :: **to experience great — s,** pasar apuros.

HARDWARE [HÁRDUEAER] *n.* ferretería, quincalla, quincallería :: *(en computación)* soporte material, hardware.

HARDY [HÁRDI] *adj.* fuerte, bravo, robusto, endurecido, resistente.

HARE [HERI] *n.* liebre :: **—brained,** descabellado.

HARLOT [HÁRLOT] *n.* ramera, prostituta.

HARM [HARM] *n.* mal, daño, ofensa :: *va.* hacer daño, dañar, maleficiar.

HARMFUL [HÁRMFUL] *adj.* dañoso :: dañiño, nocivo, perjudicial.

HARMLESS [HÁRMLES] *adj.* inocuo :: inofensivo :: no dañoso, inocente.

HARMONIOUS [HARMÓUNIOS] *adj.* armonioso, sonoro, inocente.

HARNESS [HÁRNES] *n.* arnés, arrero, guarniciones :: *va.* enjaezar.

HARP [HARP] *n.* arpa :: *vn.* tocar el arpa, porfiar :: **— on,** machacar, recalcar(se) *(un tema)*.

HARPOON [HARPÚN] *n.* arpón :: cloque :: *va.* arponear.

HARROW [HÁROU] *n.* traílla :: *va.* atormentar, perturbar, conmover.

HARROWING [HÁROUING] *adj.* horrendo, horripilante, que pone los pelos de punta :: espeluznante.

HARSH [HARSH] *adj.* áspero, agrio, acerbo :: duro, ingrato, cruel, sacudido :: **— words,** regaño :: *(color)* chillón.

HARSHNESS [HÁRSCHNES] *n.* aspereza :: tosquedad :: severidad.

HARVEST [HÁRVEST] *n.* cosecha, siega, agosto :: vendimia :: *va.* cosechar, segar :: vendimiar.

HASTE [HEIST] *n.* prisa, premura, diligencia, precipitación, impaciencia :: **to make** —, apresurarse, darse prisa.

HASTEN [HEISN] *vn.* apresurar(se), precipitarse(se) :: darse prisa.

HASTILY [HÉISTILI] *adv.* apresuradamente, de prisa, de manos a boca.

HASTY [HÉISTI] *adj.* apresurado :: precipitado.

HAT [HAT] *n.* sombrero :: **shovel** —, sombrero de teja :: **threecornered** —, tricornio, sombrero de tres picos :: **to put on one's** —, cubrirse.

HATCH [HACH] *n.* pollada :: portezuela :: cuartel :: *va. & n.* incubar, empollar :: tramar.

HATCHET [HÁCHET] *n.* hacha, destral.

HATE [HEIT] *n.* odio, aversión :: *va.* odiar, detestar, aborrecer :: **I — it,** me repugna.

HATEFUL [HÉITFUL] *adj.* odioso, aborrecible, infame :: **— thing,** abominación.

HAUGHTY [HÓATI] *adj.* altivo, arrogante, imperioso, orgulloso, entonado, empingorotado, encopetado.

HAUL [HOAL] *n.* (es)tirón :: arrastre :: hala :: *va.* tirar, arrastrar :: *(naut.)* halar :: acarrear :: **—**

down, arriar.

HAUNCH [HAUNCH] *n.* anca, culada, grupa.

HAUNT [HAUNT] *n.* sitio preferido, guarida, nido, escondrijo, querencia :: *va.* rondar, frecuentar :: obsesionar.

HAVE [HAV] *va.* tener, poseer :: obtener :: tomar :: pasar :: **to — made, etc.,** mandar hacer, hacer que :: **to — to,** tener que, haber de :: **to — about one,** llevar consigo :: **to — out (with)** decir(le) cuatro verdades, pedir(le) cuentas a, arreglárselas con :: despachar (a).

HAVEN [HEIVN] *n.* asilo, abrigo, refugio :: puerto.

HAVERSACK [HÁVERSAK] *n.* mochila, morral.

HAVOC [HÁVOK] *n.* ruina, estrago (s), destrozo(s).

HAWK [HOAK] *n.* halcón :: **sparrow** —, gavilán :: **—nosed,** de nariz aguileña.

HAWKER [HÓAKA] *n.* vendedor ambulante, buhonero :: revendedor.

HAWTHORN [HÓAZOARN] *n.* espino, acerolo.

HAY [HEI] *n.* heno :: **—stack,** almiar, montón de heno o paja :: **—fork,** horca :: **to make — while the sun shines,** cuando pasan rábanos, hacer su agosto.

HAZARD [HÁSERD] *n.* acaso, azar :: riesgo :: *va. & n.* arriesgar, aventurarse.

HAZARDOUS [HÁSAERDOES] *adj.* peligroso.

HAZE [HEIS] *n.* bruma, niebla, neblina.

HAZEL [HEISL] *adj.* garzo :: *n.* avellano :: **— plantation,** avellaneda.

HAZELNUT [HEISLNOT] *n.* avellana.

HAZY [HÉISI] *adj.* brumoso :: confuso, borroso :: elemental.

HE [HI] *pron. pers.* él :: **— who,** el que, quien :: **he-goat,** macho cabrío.

HEAD [HED] *adj.* principal :: **— dress,** tocado, toca :: *n.* cabeza, *(fam.)* crisma :: *(de un árbol)* copa :: *(cama, mesa)* cabecera :: puño :: jefe :: cabo :: res :: *(de pelo)* mata :: *(de agua)* salto :: capitel :: **—s and tails,** cara y cruz :: **a, per** —, por barba :: **from — to foot,** de pies a cabeza :: **neither — nor tail,** ni pies ni cabeza :: **to fall — over heels,** caer patas arriba :: enamorarse perdidamente :: **to bring to a** —, ultimar, provocar :: **to fall —**

first, caer de cabeza :: *va.* encabezar :: mandar.

HEADACHE [HÉDEIK] *n.* dolor de cabeza :: *(fig.)* quebradero de cabeza.

HEADING [HÉDING] *n.* encabezamiento, título, epígrafe.

HEADLAND [HÉDLAND] *n.* cabo, promontorio.

HEADLIGHT [HÉDLAIT] *n.* linterna delantera, faro delantero.

HEADLINE [HÉDLAIN] *n.* epígrafe, encabezamiento, título.

HEADQUARTERS [HÉDKUOARTAS] *n.* cuartel general :: casa central.

HEADSET [HÉDSET] *n.* auriculares.

HEADSTRONG [HÉDSTRONG] *adj.* obstinado, testarudo, aferrado, voluntarioso, impetuoso.

HEADWAY [HÉDUEI] *n.* progreso, avance :: **to make —,** avanzar, adelantar, progresar.

HEAL [HIL] *va.* curar, componer, sanar :: *vn.* curarse.

HEALING [HÍLING] *adj.* sanativo :: *n.* curación.

HEALTH [HELZ] *n.* salud :: **— officer,** médico de sanidad.

HEALTHY [HÉLZI] *adj.* sano, robusto :: saludable, bueno.

HEAP [HIP] *n.* montón, tropel, hacina, cúmulo :: **in a —,** a granel :: *va.* amontonar, apilar :: **— up,** colmar :: **— favours upon,** colmar de favores.

HEAR [HAR] *va. & n.* oír, sentir, hacer caso :: oír decir.

HEARD [HERD] *pret. & p.p. de* **to hear.**

HEARER [HIARER] *n.* oyente.

HEARING [HÍRING] *n.* oído :: audiencia :: examen de testigos :: **hard of —,** medio sordo, algo sordo :: **within —,** al alcance del oído :: **— aid,** aparato auditivo.

HEARSAY [HÍRSEI] *n.* rumor, dicho, voz pública :: **by —,** de oídas.

HEARSE [HERS] *n.* carro fúnebre, coche mortuorio, féretro.

HEART [HART] *n.* corazón :: *(palo de la baraja)* copas :: cogollo :: riñón :: **at —,** en el fondo :: **to one's —'s content,** a pedir de boca, a gusto :: **by —,** de memoria :: **to take to —,** tomar a pecho :: **to have one's — in one's mouth,** tener el alma en un hilo :: **—ache,** aflicción, congoja :: **—beat,** latido :: **— failure,** colapso cardíaco :: **— of hearts,** entretelas del corazón :: **big-hearted,** magnánimo :: **weak of —,** cardíaco.

HEARTH [HARZ] *n.* hogar :: horno.

HEARTILY [HÁRTILI] *adv.* de corazón, cordialmente :: de buena gana :: **to eat —,** comer con apetito :: comer bien (o mucho).

HEARTLESS° [HÁRTLES] *adj.* de mal corazón :: cruel :: insensible.

HEAT [HIT] *n.* calor :: ardor, fuego, acaloramiento :: temperatura :: vivacidad :: **—stroke,** insolación :: *va.* **— up,** (re)calentar :: *vn.* acalorarse.

HEATH [HIZ] *n.* brezo, brezal, matorral.

HEATHEN [HIDEN] *n. & adj.* pagano, idólatra.

HEATHER [HÉDA] *n.* brezo.

HEATING [HÍTING] *n.* calefacción.

HEAVE [HIV] *n.* esfuerzo :: levantamiento, henchidura :: náusea, basca :: *va.* cargar, alzar, levantar :: exhalar :: *vn.* suspirar, jadear.

HEAVEN [HEVN] *n.* cielo :: paraíso :: **seventh —,** gloria, éxtasis :: **good —s!** ¡hombre! :: **the —s have burst,** se ha venido el cielo abajo.

HEAVENLY [HÉVNLI] *adj.* celeste, angélico.

HEAVILY [HÉVILI] *adj.* pesadamente, lentamente :: copiosamente, excesivamente.

HEAVINESS [HÉVINES] *n.* pesadez, peso :: pesadumbre :: modorra :: torpeza :: opresión.

HEAVY [HÉVI] *adj.* pesado, fuerte, denso :: lento, torpe, lerdo :: recargado :: indigesto :: opresivo :: nutrido :: **to make heavier,** agravar :: **— weather,** cargazón.

HEAVYWEIGHT [HÉVIUEIT] *n. & adj.* peso pesado.

HECTIC [HÉKTIK] *adj.* febril :: inquieto.

HEDGE [HECH] *n.* seto vivo, valla.

HEDGEHOG [HÉCHJOG] *n.* erizo.

HEED [HID] *n.* cuidado, guardia, atención :: **to take —,** precaverse :: **to pay no — to,** desoír :: *va. & n.* atender, escuchar, prestar atención a, hacer caso de.

HEEDFUL° [HÍDFUL] *adj.* cuidadoso, atento, vigilante.

HEEDLESS° [HÍDLES] *adj.* distraído, atolondrado :: desatento.

HEEL [HIL] *n.* talón :: calcañal :: tacón :: **high —s, stiletto —s,** tacones altos, **Achilles' —,** tendón de Aquiles :: **to take to one's —s, to show a clean pair of —s,** tomar las de Villadiego :: **to be down at —s,** andar de capa caída :: *vn.* **to —over,** zo-

zobrar, recalcar.

HEIGHT [HAIT] *n.* altura :: altitud :: estatura, talla :: elevación :: alzada :: cumbre :: eminencia, cerro :: extremo :: **what is (your) —?** ¿cuánto mide?

HEIGHTEN [HÁITEN] *va.* realzar, poner en relieve :: avivar, perfeccionar.

HEINOUS° [HÉINOS] *adj.* atroz, grave, odioso, nefando.

§**HEIR** [ER] *n.* heredero, sucesor :: **—s,** sucesión :: **— apparent,** heredero presunto.

§**HEIRESS** [ÉAERES] *n.* heredera.

§**HEIRLOOM** [ÉRLUM] *n.* herencia :: cosa heredada.

HELL [HEL] *n.* infierno, abismo :: *(poet.)* averno.

HELM [HELM] *n.* timón :: yelmo :: **to be at the —,** timonear.

HELMET [HÉLMIT] *n.* casco, yelmo.

HELP [HELP] *n.* ayuda, socorro :: apoyo, auxilio, favor :: servidumbre :: **there is no — for it,** no hay remedio :: *va.* servir, ayudar, auxiliar :: socorrer :: remediar :: **he cannot — it,** no lo puede remediar, no puede menos de.

HELPER [HÉLPAER] *n.* ayudante, asistente.

HELPFUL [HÉLPFUL] *adj.* útil, servicial :: provechoso.

HELPING [HÉLPING] *n.* ayuda :: porción.

HELPLESS° [HÉLPLES] *adj.* desamparado :: desvalido :: imposibilitado :: incapaz :: perplejo, indeciso.

HEM [HEM] *n.* dobladillo, borde, orla :: *va.* bastillar, dobladillar, repulgar.

HEMISPHERE [HÉMISFIAR] *n.* hemisferio.

HEMLOCK [HÉMLOK] *n.* cicuta :: tsuga (abeto americano).

HEMP [HEMP] *n.* cáñamo.

HEN [HEN] *n.* gallina.

HENCE [HENS] *adv.* de aquí, por ende :: por tanto, luego.

HENCEFORTH [HENSFÓRZ] *adv.* de aquí, (hoy) en adelante, en lo sucesivo.

HER [HER] *pron.* la :: le, a ella :: ella *(con preposición)* :: *adj.* su (sus), de ella.

HERALD [HÉRALD] *n.* heraldo, precursor :: *va.* anunciar.

HERB [HERB] *n.* hierba.

HERD [HERD] *n.* rebaño :: tropa :: banda :: manada :: piara :: **— instinct,** instinto gregario :: *va.* acorralar :: *vn.* vivir en rebaño, ir en manadas.

HERDSMAN [HÉRDSMAEN] *n.* vaquero, pastor.

HERE [HÍAER] *adv.* aquí, acá :: ¡presente! :: — **and there,** acá y allá :: — **I am,** heme aquí.

HEREABOUT(S) [HÍARABAUT(S)] *adv.* cerca de aquí, por aquí.

HEREAFTER [HIARÁFTA] *adv.* en lo futuro :: *n.* posteridad.

HEREBY [HIARBÁI] *adv.* por este medio :: mediante la presente, por la presente :: con estas palabras.

HEREDITARY [HIRÉDITARI] *adj.* hereditario.

HEREIN [HIARÍN] *adv.* aquí dentro :: en esto.

HERESY [HÉRISI] *n.* herejía.

HERETIC [HÉRITIK] *n.* hereje.

HEREWITH [HÍARUIZ] *adv.* aquí dentro, con esto, adjunto, incluso.

HERITAGE [HÉRITICH] *n.* herencia.

HERMIT [HÉRMIT] *n.* ermitaño, solitario, eremita.

HERMITAGE [HÉRMITICH] *n.* ermita :: rábida.

HERO [HÍROU] *n.* héroe.

HEROIC [HIRÓUIK] *adj.* heroico, épico.

HEROIN [HÉROUIN] *n.* heroína.

HEROISM [HÉROISM] *n.* heroísmo, heroicidad.

HERRING [HÉRING] *n.* arenque.

HERS [HERS] *pron. pos.* suyo (suya, suyos, suyas), de ella :: el suyo (la suya, los suyos, las suyas) :: el (la, los, las) de ella.

HERSELF [HERSÉLF] *pron.* ella misma :: *(reflexivo)* se :: **by** —, sola, por sí sola.

HESITATE [HESITEIT] *vn.* vacilar, dudar.

HESITATING [HÉSITEITING] *adj.* vacilante :: indeciso :: irresoluto :: *adv.* con vacilación.

HESITATION [HESITÉISHON] *n.* vacilación, duda :: escrúpulo :: balbuceo.

HEW [HIU] *va.* tajar, hachear, debastar :: abatir.

HICCUP, HICCOUGH [HÍKAP] *n.* hipo :: *vn.* hipar, tener hipo.

HICKORY [HÍKORI] *n.* nogal americano :: — **nut,** nuez.

HID [HID] *pret. & p.p. de* to hide.

HIDDEN* [HÍDN] *p.p. de* to hide :: *adj.* oculto, escondido.

HIDE [HAID] *n.* piel, cuero :: **bundle of** —**s,** pelambre :: *va. & n.* ocultar(se), esconder(se).

HIDEOUS* [HÍDIOS] *adj.* horroroso, horrible, espantoso.

HIDING [HÁIDING] *n.* **a good** —, zurra, paliza :: **in** —, escondido, a

escondite :: —**place,** escondite, escondrijo.

HIERARCHY [HÁIRARKI] *n.* jerarquía.

HIGH* [HAI] *adj.* alto :: elevado :: subido :: *(viento)* tempestuoso :: *(comida)* pasado, podrido :: *(mus.)* agudo :: —**hat,** *sl.* (en)copetado :: —**born,** linajudo :: —**handed,** arbitrario :: — **road,** camino real, carretera :: —**sounding,** altisonante, ostentoso :: —**spirited,** bullicioso, bizarro :: — **tide,** pleamar :: — **and mighty,** encopetado, arrogante :: — **table,** mesa presidencial :: — **and dry,** en seco, varado :: **to be** —, oliscar :: *adv.* — **and low,** por todas partes.

HIGHLAND [HÁILAND] *n.* tierra montañosa :: **the Highlands,** las montañas de Escocia.

HIGHLIGHT [HÁILAIT] *n.* lo más notable.

HIGHWAY [HÁIUEI] *n.* autopista :: camino real :: —**man,** salteador, bandido, bandolero, forajido.

HIKE [HAIK] *n.* caminata, paseo largo :: *vn.* dar una caminata.

HILL [HIL] *n.* alto, cerro, colina :: peñascal :: monte :: cuesta :: **up**—, cuesta arriba :: **down**—, cuesta abajo.

HILLOCK [HÍLOK] *n.* collado, otero, tecillo.

HILLTOP [HÍLTOP] *n.* cumbre, cima.

HILLY [HÍLI] *adj.* montuoso :: accidentado.

HILT [HILT] *n.* empuñadura, guarnición, puño :: **up to the** —, hasta las cachas.

HIM [HIM] *pron.* le :: lo :: él *(con preposición).*

HIMSELF [HIMSÉLF] *pron.* él mismo :: se *(como reflexivo)* :: a sí mismo.

HIND [HAIND] *adj.* trasero, posterior :: *n.* cierva.

HINDER [HÍNDA] *va.* impedir, obstruir, estorbar, negar.

HINDRANCE [HÍNDRANS] *n.* obstáculo, impedimento, estorbo, quite, rémora.

HINGE [HINCH] *n.* gozne, bisagra :: *vn.* (de)pender.

HINT [HINT] *n.* indirecta, indicación, insinuación, sugestión :: **with a** — **of,** con asomo de, con (sus) ribetes de :: **to take a** —, darse por entendido :: *va. & n.* apuntar, insinuar, aludir.

HIP [HIP] *n.* cadera.

HIRE [HAIR] *n.* alquiler, arriendo :: jornal :: *va.* alquilar, arrendar, contratar :: ajustar.

HIS [HIS] *pron. pos.* suyo (suya, suyos, suyas), de él :: el suyo (la suya, los suyos, las suyas) :: el (la, los, las), de él :: *adj.* su (sus), de él.

HISS [HIS] *n.* silbido :: *va. & n.* silbar :: rechiflar :: *(theat.)* chichear.

HISTORICAL* [HISTÓRIKAL] *adj.* histórico.

HISTORY [HÍSTORI] *n.* historia, narrativa.

HIT [HIT] *n.* golpe, choque :: **a** — **(at),** una indirecta :: acierto :: *va.* pegar, golpear :: atinar, acertar :: chocar :: — **the mark,** dar en el blanco, dar en el clavo :: **to** — **it off with,** hacer buenas migas con.

HITCH [HICH] *va.* atar, amarrar :: enganchar :: uncir :: dar un tirón :: *n.* tirón :: obstáculo, impedimento, tropiezo :: enganche, enganchamiento.

HITCH-HIKE [HICH-HÁIK] *vn.* viajar de gorra, hacer dedo, ir a dedo, viajar en auto-stop.

HITHER [HÍDA] *adv.* acá :: — **and thither,** de aquí para allá.

HITHERTO [HÍDERTU] *adv.* hasta aquí, hasta ahora, hasta hoy.

HIVE [HAIV] *n.* colmena :: *va.* enjambrar.

HOAR [HÓR] *adj.* blanco, cano :: — **frost,** escarcha.

HOARD [HÓRD] *n.* montón, tesoro :: repuesto :: *va.* — **up,** atesorar, amontonar, almacenar :: recoger.

HOARSE* [HORS] *adj.* ronco, bronco.

HOAX [HOUKS] *n.* mistificación, mentira :: burla, timo :: *va.* mistificar, engañar.

HOBBLE [HOBL] *n.* cojera :: manea, traba :: *vn.* cojear :: — **along,** renquear.

HOBBY [HÓBI] *n.* tema, manía, afición, hobby.

HODGEPODGE [HÓCHPOCH] *n.* mezcolanza, baturrillo.

HOE [HOU] *n.* azada, azadón, sacho :: *va.* cavar, azadonar, sachar.

HOG [HOG] *n.* puerco, marrano :: *(fig.)* guarro :: —'**s hair,** cerda.

HOIST [HOIST] *n.* cabría, grúa, montacargas :: *va.* — **up,** levantar, elevar, eslingar.

HOLD [HOULD] *n.* asidero :: mango, asa :: presa, agarro :: dominio :: *(naut.)* bodega :: **to lay** — **of,** agarrar, adueñarse de :: *va.* tener, coger, agarrar :: tener cabida para :: — **back,** contener.

refrenar, reprimir :: — **down**, sujetar :: — **fast**, asegurar(se) :: — **forth**, perorar :: — **in high respect**, estimar :: — **one's tongue**, callarse (el pico) :: — **out**, proponer :: mantenerse firme :: — **out against**, resisitir :: — **over**, tener suspendido :: aplazar :: — **to a course**, singlar :: — **up**, levantar :: apoyar :: atracar :: parar :: saltear :: mantener, sostener :: — **with**, convenir con, estar de acuerdo con :: — **within**, encerrar.

HOLDER [HÓULDA] n. poseedor, dueño :: (de un cigarro) boquilla :: mango, estuche.

HOLDING [HÓULDING] n. posesión, pertenencia.

HOLDUP [HÓULDAP] n. asalto, atraco.

HOLE [HOUL] n. hueco, agujero, orificio, boquerón :: roto, descosido :: **button—**, presilla :: **filthy—**, zaquizamí.

HOLIDAY [HÓLIDEI] n. día de fiesta, día festivo, festividad :: asueto :: **half —**, media fiesta :: pl. vacaciones :: **summer —**, veraneo :: **to spend the summer —**, veranear.

HOLINESS [HÓULINIS] n. santidad.

HOLLOW [HÓLOU] adj. hueco :: vacío :: **—eyed**, ojos hundidos :: n. concavidad, hueco :: oquedad :: (en colinas) nava.

HOLLY [HÓLI] n. acebo.

HOLY [HÓULI] adj. santo, pío, sagrado :: — **water**, agua bendita.

HOMAGE [HÓMICH] n. homenaje, culto :: va. **to do —**, acatar, rendir homenaje, honrar.

HOME [HOUM] n. hogar, casa :: hospedería :: nido :: morada, solar :: casa solariega :: hospicio :: asilo :: — **address**, domicilio :: adj. doméstico :: solariego :: natal :: indígena :: — **country**, patria :: — **loving**, hogareño :: —**made**, casero, de fabricación casera :: — **Office**, Ministerio de la Gobernación :: — **thrust**, estocada certera :: **at —**, adv. en casa, en su casa :: **to strike —**, dar en el blanco :: herir en lo vivo.

HOMELAND [HÓUMLAND] n. tierra natal, suelo patrio.

HOMELESS [HÓUMLES] adj. sin casa :: destituido.

HOMELIKE [HÓUMLAIK] adj. hogareño, cómodo.

HOMEMADE [HÓUMEID] adj. hecho en casa :: doméstico, nacional, del país.

HOMESICK [HÓUMSIK] adj. nostálgico.

HOMEWARD [HÓUMUERD] adv. hacia la casa :: de regreso.

HOMEWORK [HÓUMUERK] n. trabajo de casa :: trabajo hecho en casa.

HOMICIDE [HÓMISAID] n. homicidio :: homicida, asesino.

§**HONEST°** [ÓNEST] adj. honrado, sincero :: honesto :: leal, íntegro, bueno, equitativo :: — **man**, hombre de bien :: — **to goodness**, corriente y moliente.

§**HONESTY** [ÓNESTI] n. honradez, lealtad, sinceridad, rectitud.

HONEY [HÁNI] n. miel :: **to make —**, melar :: **—ed (words)**, azucarado, àlmibarado.

HONEYCOMB [HÁNICAUB] n. panal.

HONEYMOON [HÁNIMUN] n. luna de miel :: viaje de novios, viaje de bodas :: va. pasar la luna de miel.

§**HONOR, HONOUR** [ÓNA] n. honor :: honra :: fama, dignidad, gloria :: honestidad, pudor, castidad :: dignidad, cargo :: lauro :: va. honrar, venerar :: enaltecer :: condecorar :: honrar :: **maid of —**, camarista :: dama :: **in — of**, en obsequio de :: **affair of —**, lance de honor :: **bringing —**, honroso.

§**HONO(U)RABLE** [ÓNERABL] adj. honorable :: ilustre :: honrado :: honorífico.

HOOD [HÚD] n. capucha, caperuza, toca :: capirote :: (mech.) cubierta :: **Little Red Riding —**, Caperucita Roja :: vn. encapuchar.

HOODLUM [HÚDLOEM] n. maleante :: antisocial.

HOODWINK [HÚDUINGK] va. vendar los ojos, engañar.

HOOF [HUF] n. casco :: pezuña.

HOOK [HUK] n. gancho, garfio :: colgadero :: prendedero :: hoz :: garabato :: zancadilla :: — **and eye**, corchete :: **by — or by crook**, a tuertas o a derechas :: va. enganchar, engatusar, pescar.

HOOP [HUP] n. aro :: círculo, anillo, sortija.

HOOT [HUT] n. grita, rechifla :: vn. gritar :: ulular.

HOP [HOP] n. brinco, salto :: (bot.) lúpulo :: vn. danzar, brincar, saltar.

HOPE [HOUP] n. esperanza, expectativa :: vn. — **for**, esperar :: vn. **to give —**, dar esperanzas, confiar.

HOPEFUL° [HÓUPFUL] adj. esperanzado, lleno de esperanza.

HOPELESS° [HÓUPLES] adj. sin esperanza, falto de esperanza, desesperanzado :: desesperado :: irremediable.

HORIZON [HORÁISON] n. horizonte.

HORN [HOARN] n. cuerno, asta :: trompa, corneta :: bocina :: colodra :: calzador :: —**shaped**, corniforme :: —**thrust**, cornada :: —**s of a dilemma**, términos de un dilema.

HORNET [HÓARNET] n. avispa, moscardón.

HORRIBLE [HÓRIBL] adj. horrible, horroroso, espantoso.

HORRID° [HÓRID] adj. horroroso, horrendo, horrible.

HORRIFY [HÓRIFAI] va. horrorizar, horripilar, aterrorizar, espantar.

HORROR [HÓROR] n. horror, espanto, pavor :: detestación, repugnancia.

HORSE [HOARS] n. caballo, caballería :: **to be on high —**, ensoberbecerse :: —**fly**, tábano :: —**hair**, cerda :: — **laugh**, risotada :: —**racing**, concurso(s) hípico(s) :: — **sense**, gramática parda :: — **power**, caballo :: — **shoe**, herradura :: **clothes—**, tendedor :: pl. **white —**, cabrillas.

HORSEBACK [HÓRSBAK] n. lomo de caballo :: **to ride —**, montar a caballo, cabalgar.

HORSEMAN [HÓRSMAEN] n. jinete.

HORSEPOWER [HÓRSPAUAER] n. caballo de fuerza.

HOSE [HOUS] n. medias :: **men's half—**, calcetín :: manguera, manga de riego.

HOSIERY [HÓUSIERI] n. medias :: calcetines :: — **shop**, calcetería.

HOSPITABLE [HOSPÍTABL] adj. hospitalario, acogedor.

HOSPITAL [HÓSPITAL] n. hospital :: **field —**, hospital de campaña :: **emergency —**, hospital de sangre.

HOST [HOUST] n. hospedero, patrón, mesonero :: anfitrión :: hueste :: huésped :: (relig.) hostia :: **to elevate the —**, alzar la hostia.

HOSTAGE [HÓSTICH] n. rehén.

HOSTELRY [HÓSTELRI] n. hotel, parador, hostería :: pensión.

HOSTESS [HÓUSTES] n. patrona, huéspeda, ama, señora.

HOSTILE° [HÓSTIL] adj. hostil, enemigo.

HOSTILITY [HOSTÍLITI] n. hostilidad.

HOT° [HOT] adj. cálido :: ardiente

:: caliente :: caluroso :: acalorado :: picante :: **to be**—, tener calor.

HOTEL [HOTÉL] *n.* hotel :: —**keeper**, hotelero.

HOTHOUSE [HÓTJAUS] *n.* invernadero.

HOUND [HAUND] *n.* sabueso, podenco :: *va.* **to** — **down**, acosar, perseguir.

§**HOUR** [ÁUER] *n.* hora :: **critical** —, trance :: **by the** —, por horas :: **the small** —s, las altas horas.

§**HOURLY** [ÁUERLI] *adv.* por horas :: a cada hora :: a menudo :: *adj.* frecuente :: por horas.

HOUSE [HAUS] *n.* casa, habitación :: empresa, casa de comercio :: **boarding**—, pensión, casa de huéspedes :: **chop**—, figón :: **public**—, taberna :: — **of Commons**, Congreso :: Cámara de los Comunes :: — **of Lords**, Cámara de los Lores :: — **coat**, bata :: *va. & n.* albergar, almacenar, residir.

HOUSEHOLD [HÁUSJOULD] *n.* casa, familia :: *adj.* casero :: doméstico.

HOUSEKEEPING [HÁUSKIPING] *n.* gobierno de casa :: quehaceres domésticos.

HOUSEWIFE [HÁUSUAIF] *n.* mujer de su casa :: madre de familia :: ama de casa.

HOUSEWORK [HÁUSUOERK] *n.* trabajo de casa :: quehaceres domésticos.

HOUSING [HÁUSING] *n.* viviendas :: programa de construcción de viviendas.

HOVEL [HÓVL] *n.* cobertizo, cabaña, choza, casucha, tugurio.

HOVER [HÓVA] *vn.* revolotear :: cerner(se).

HOW [HAU] *adv.* como :: — **dull!**, ¡qué aburrido! :: — **are things?** ¿qué tal? :: — **much?** ¿cuánto? :: — **many?** ¿cuántos? :: **to say** — **do you do to**, saludar a :: **the** — **and the why**, el cómo y el porqué.

HOWL [HAUL] *n.* grito, aullido, bramido :: alarido :: *vn.* aullar, gritar, ulular, rugir, mugir.

HUB [HOB] *n.* eje :: cubo.

HUDDLE [HODL] *n.* tropel, montón :: *va. & n.* mezclar(se), amontonar(se), arracimar(se).

HUE [HIU] *n.* color, matiz, tinte :: — **and cry**, alarida.

HUG [HOG] *n.* abrazo :: *va.* abrazar, acariciar.

HUGE [HIUCH] *adj.* enorme, inmen-

so, tremendo, ingente.

HULK [HOLK] *n.* casco de navío :: armatoste.

HULL [HOL] *n. (naut.)* casco :: cáscara, corteza.

HUM [HOM] *n.* zumbido, murmullo :: *vn.* zumbar, susurrar :: *va. & n.* canturrear, tararear.

HUMAN [HIÚMAN] *adj.* humano :: **to become** —, humanizarse.

HUMANE• [HIUMÉIN] *adj.* humanitario, compasivo.

HUMANISM [HIÚMANISM] *n.* humanismo.

HUMANITARIAN [HIUMANITÉRIAN] *adj.* humanitario :: *n.* filántropo.

HUMANITY [HIUMÁNITI] *n.* humanidad :: —**ies**, humanidades.

HUMBLE [HOMBL] *adj.* humilde, modesto :: sumiso :: **to make** —, humillar :: **to eat** — **pie**, achicarse :: *va.* abatir, humillar :: — **oneself**, doblar la cerviz.

HUMIDIFY [HIUMÍDIFAI] *va.* humedecer.

HUMIDITY [HIUMÍDITI] *n.* humedad.

HUMILIATE [HIUMÍLIEIT] *va.* humillar, abatir :: mortificar, mortiferar.

HUMILIATION [HIUMILIÉISHON] *n.* humillación, degradación.

HUMMINGBIRD [HÁMINGBERD] *n.* colibrí.

HUMOR, HUMOUR [HIÚMA] *n.* humor :: índole :: genio :: sal, agudeza :: *va.* complacer, dar gusto, mimar.

HUMO(U)RIST [HIÚMAERIST] *n.* humorista, chistoso.

HUMO(U)ROUS• [HIÚMEROS] *adj.* festivo, jocoso, divertido, chistoso.

HUMP [HOMP] *n.* joroba :: giba :: —**backed**, jorobado, giboso.

HUNCH [HANCH] *n.* joroba, giba :: presentimiento, corazonada :: *va.* encorvar.

HUNCHBACK [HÁNCHBAK] *n.* joroba :: jorobado.

HUNDRED [HÁNDRED] *adj.* cien(to) :: *n.* cien(to) :: **in** —s, a centenares.

HUNG [HANG] *pret. & p.p. de* **to hang**.

HUNGER [HÁNGA] *n.* hambre :: *vn.* tener hambre :: — **for**, ansiar, anhelar.

HUMGRILY [HÁNGRILI] *adv.* con hambre, ansiosamente.

HUNGRY [HÁNGRI] *adj.* hambriento, famélico, con hambre :: **I am** —, tengo hambre, tengo ganas.

HUNK [HANK] *n.* pedazo grande :: mendrugo de pan.

HUNT [HANT] *n.* caza, cacería ::

va. cazar, perseguir :: — **for**, buscar, ir en busca de :: ansiar :: *vn.* cazar, ir de caza.

HUNTER [HÁNTAER] *n.* cazador :: buscador :: perro de caza, perro de busca.

HURDLE [HORDL] *n.* zarzo, encañado :: valla.

HURL [HERL] *n.* tiro :: *va.* lanzar :: precipitar, derrocar :: — **away**, tirar :: — **back**, rechazar :: — **oneself on**, abalanzarse sobre, precipitarse sobre, arrojarse a.

HURRAH [HURÁ] *interj.* ¡hurra! ¡viva! :: *va. & n.* vitorear.

HURRICANE [HÓRIKAN] *n.* huracán.

HURRY [HÁRI] *n.* prisa, priesa, precipitación :: *va.* apurar, apresurar, urgir :: *vn.* apretar el paso, apresurarse, darse prisa, apurarse, triscar :: **to be in a** —, llevar (tener) prisa.

HURT [HERT] *n.* daño, herida :: **to get** —, lastimarse :: *adj.* picado, indignado, herido :: tullido, lastimado, herido :: *va.* herir, hacer (daño, mal) a, dañar.

HURTFUL• [HÉRTFUL] *adj.* nocivo, pernicioso, dañino.

HUSBAND [HÁSBAND] *n.* marido, esposo, consorte, cónyuge :: *va.* medir, economizar.

HUSH [HOSH] *n.* quietud, silencio :: *va. & n.* sosegar, hacer callar, callarse :: —! *excl.* ¡chist!, ¡chito!, ¡chitón!

HUSK [HOSK] *n.* vaina, cáscara :: vainilla.

HUSKY [HÓSKI] *adj.* ronco :: forzudo, fuerte :: cascarudo.

HUSTLE [HOSL] *n.* actividad :: *va.* empujar :: mezclar :: *vn.* triscar, menearse, andar a empellones.

HUT [HOT] *n.* cobertizo :: choza, cabaña, borda :: tugurio.

HYACINTH [HÁIASINZ] *n.* jacinto.

HYBRID [HÁIBRID] *adj.* híbrido.

HYDRANT [HÁIDRANT] *n.* boca de riego.

HYDRAULIC [HAIDRÓLIK] *adj.* hidráulico.

HYDROPHOBIA [HAIDROFÓUBIA] *n.* hidrofobia.

HYGIENE [HÁICHIN] *n.* higiene.

HYMN [HIM] *n.* himno.

HYPHEN [HÁIFEN] *n.* guión.

HYPOCRISY [HIPÓKRISI] *n.* hipocresía, disimulación, gazmoñería.

HYPOCRITE [HÍPOKRIT] *n.* hipócrita, mojigato, camandulero, comediante :: *(relig.)* beata.

HYPOCRITICAL• [HIPOKRÍTIKAL] *adj.* hipócrita.

HYSTERICAL [HISTÉRIKAL] *adj.* histérico.

I

I [AI] *pron. pers.* yo.

ICE [AIS] *n.* hielo :: —**box,** nevera :: —**cream,** helado, mantecado :: —**field,** banca de hielo :: —**merchant's,** nevería :: *va.* helar, congelar :: **to break the** —, romper el hielo.

ICEBERG [ÁISBERG] *n.* montaña de hielo, témpano, iceberg.

ICICLE [ÁISIKL] *n.* carámbano.

ICY [ÁISI] *adj.* helado, glacial, álgido.

IDEA [AIDÍA] *n.* idea, noción, ocurrencia :: imagen :: plan.

IDEAL [AIDÍAL] *n. & adj.* ideal, utópico :: modelo.

IDEALISM [AIDÍALISM] *n.* idealismo.

IDEALIST [AIDÍALIST] *n.* idealista.

IDENTICAL [AIDÉNTIKAL] *adj.* idéntico.

IDENTIFICATION [AIDENTIFIKÉISHON] *n.* identificación.

IDENTIFY [AIDÉNTIFAI] *va.* identificar.

IDENTITY [AIDÉNTITI] *n.* identidad :: — **card,** cédula personal.

IDEOLOGY [AIDIÓLOYI] *n.* ideología.

IDIOCY [ÍDIOSI] *n.* idiotez.

IDIOM [ÍDIOM] *n.* idioma :: modismo, locución, giro.

IDIOSYNCRASY [IDIOSÍNKRASI] *n.* idiosincrasia.

IDIOT [ÍDIOT] *n.* idiota, imbécil, cretino.

IDLE [AIDL] *adj.* ocioso, perezoso, desocupado :: fútil :: haragán :: — **fellow,** zángano, majadero :: **to be** —, cruzarse de brazos, estar (con) los brazos cruzados :: vagar :: *va.* holgazanear, holgar, gastar.

IDLENESS [ÁIDLNES] *n.* ociosidad :: ocio, desocupación :: pereza, holgazanería.

IDOL [ÁIDOL] *n.* ídolo.

IDOLATRY [AIDÓLATRI] *n.* idolatría.

IDOLIZE [ÁIDOLAIS] *va.* idolatrar.

IDYLL [ÁIDIL] *n.* idilio.

IF [IF] *conj.* si, con tal que, como que, como si.

IGNITE [IGNÁIT] *va.* encender, poner fuego a, inflamar :: *vr.* inflamarse.

IGNITION [IGNÍSHON] *n.* ignición, encendido *(del motor)* :: — **switch,** interruptor de encendido.

IGNOBLE [IGNÓUBL] *adj.* innoble :: afrentoso, indigno :: plebeyo.

IGNOMINIOUS [IGNÓMÍNIOS] *adj.* ignominioso, afrentoso.

IGNOMINY [IGNÓMINI] *n.* oprobio, infamia.

IGNORANCE [ÍGNORANS] *n.* ignorancia :: desconocimiento.

IGNORE [IGNÓR] *va.* hacer caso omiso :: desconocer :: desairar.

ILL [IL] *n.* mal, desgracia :: *adj.* malo, enfermo :: **to fall** —, ponerse enfermo :: **to make** —, marear :: *adv.* mal, malamente :: —**bred,** mal criado :: — **breeding,** mala crianza :: — **favoured,** feo :: —**favoured wench,** maritornes :: —**mannered,** grosero :: — **manners,** grosería :: —**omened,** infausto :: — **starred,** malogrado :: — **tempered,** malhumorado :: — **timed,** intempestivo :: — **jest,** chanza pesada.

ILLEGAL [ILÍGAL] *adj.* ilegal, indebido.

ILLEGIBLE [ILÉYIBL] *adj.* ilegible, borroso.

ILLEGITIMATE [ILIYÍTIMIT] *adj.* ilegítimo, bastardo.

ILLICIT [ILÍSIT] *adj.* ilícito.

ILLITERACY [ILÍTERASI] *n.* analfabetismo.

ILLITERATE [ILÍTEREIT] *adj.* indocto, iletrado, analfabeto.

ILLNESS [ÍLNES] *n.* mal, enfermedad.

ILLOGICAL [ILÓYIKL] *adj.* ilógico, descabellado.

ILLUMINATE [ILIÚMINEIT] *va.* iluminar :: alumbrar :: esclarecer.

ILLUMINATION [ILIUMINÉISHON] *n.* iluminación :: alumbrado.

ILLUSION [ILÚSHON] *n.* ilusión, ensueño :: engaño, quimera, espejismo.

ILLUSIVE [ILÚSIV] *adj.* ilusorio, engañoso.

ILLUSTRATE [ÍLASTREIT] *va.* explicar, ilustrar, (a)clarar.

ILLUSTRATION [ILASTRÉISHON] *n.* ilustración :: *(moral)* ejemplo :: lámina.

ILLUSTRIOUS [ILÁSTRIOS] *adj.* célebre, ilustre, glorioso, ínclito, preclaro.

IMAGE [ÍMICH] *n.* imagen, figura, impresión, representación, trasunto :: **the very** — **of,** pintiparado.

IMAGERY [ÍMIYAERI] *n.* conjunto de imágenes, figuras :: fantasía.

IMAGINATION [IMAYINÉISHON] *n.* imaginación, magín :: inventiva.

IMAGINATIVE [IMÁYINATIV] *adj.* imaginativo.

IMAGINE [IMÁYIN] *va.* imaginar,

imaginarse, figurarse, suponer.

IMBECILE [ÍMBISIL] *n.* imbécil, idiota.

IMBIBE [IMBÁIB] *va.* (ab)sorber, (em)beber.

IMBUE [IMBIÚ] *va.* imbuir, inspirar :: calar.

IMITATE [ÍMITEIT] *va.* imitar, copiar, remedar, contrahacer.

IMITATION [IMITÉISHON] *n.* imitación :: remedo :: *adj.* imitado, de imitación.

IMITATOR [ÍMITEITAER] *n.* imitador :: remedador.

IMMACULATE [IMÁKIULIT] *adj.* inmaculado, puro, depurado.

IMMATERIAL [IMATÍRIAL] *adj.* inmaterial, de poca importancia.

IMMATURE [ÍMATIUR] *adj.* inmaduro, verde, prematuro :: lampiño, imberbe, impúbero.

IMMEDIATE [IMÍDIET] *adj.* inmediato, próximo, cercano :: urgente :: directo.

IMMENSE [IMÉNS] *adj.* inmenso, ilimitado, infinito, vasto.

IMMENSITY [IMÉNSITI] *n.* inmensidad.

IMMERSE [IMÉRS] *va.* sumergir, zambullir.

IMMIGRANT [ÍMIGRAENT] *adj. & n.* inmigrante.

IMMIGRATE [ÍMIGREIT] *vn.* inmigrar.

IMMIGRATION [IMIGRÉISHON] *n.* inmigración.

IMMINENT [ÍMINENT] *adj.* inminente.

IMMODERATE [IMÓDERET] *adj.* inmoderado, excesivo, desmesurado.

IMMORAL [IMÓRAL] *va.* inmoral, depravado, pervertido.

IMMORTAL [IMÓRTAL] *adj. & n.* inmortal.

IMMOVABLE [IMÚVABL] *adj.* inmóvil, inmovible, fijo, firme.

IMMUNE [IMIÚN] *adj.* inmune.

IMMUNITY [IMIÚNITI] *n.* inmunidad.

IMP [IMP] *n.* demonio, diablillo, duende, gnomo :: — **of the devil,** piel del diablo.

IMPACT [ÍMPAKT] *n.* choque, golpe.

IMPAIR [IMPÉR] *va.* perjudicar, disminuir, lastimar, deteriorar.

IMPAIRMENT [IMPÉRMENT] *n.* menoscabo :: perjuicio :: deterioro.

IMPART [IMPÁRT] *va.* comunicar, conceder, hacer saber :: prestar :: impartir.

IMPARTIAL [IMPÁRSHAL] *adj.* imparcial, indiferente.

IMPARTIALITY [IMPARSHIÁLITI] *n.* imparcialidad.

IMPASSABLE [IMPÁSSABL] *adj.* impracticable, intransitable.

IMPASSIBLE [IMPÁSIBL] *adj.* impasible.

IMPASSIONED [IMPÁSHIONID] *adj.* apasionado, vehemente, ardiente.

IMPASSIVE* [IMPÁSIV] *adj.* impasible, insensible.

IMPATIENCE [IMPÉISHENS] *n.* impaciencia, desasosiego.

IMPATIENT* [IMPÉISHENT] *adj.* impaciente, mal sufrido.

IMPEACH [IMPÍCH] *va.* acusar :: residenciar :: poner en tela de juicio.

IMPEDE [IMPÍD] *va.* impedir, estorbar :: dificultar.

IMPEDIMENT [IMPÉDIMENT] *n.* impedimento, obstáculo, embarazo, cortapisa.

IMPEL [IMPÉL] *va.* impeler, empujar, obligar, incitar.

IMPENDING [IMPÉNDING] *adj.* inminente, próximo :: **to be** —, amenazar.

IMPERATIVE* [IMPÉRATIV] *adj.* imperativo :: imperioso, urgente :: *n.* imperativo.

IMPERFECT* [IMPÉRFEKT] *adj.* imperfecto, defectuoso, manco.

IMPERFECTION [IMPERFÉKSHON] *n.* imperfección, deficiencia, tacha.

IMPERIAL* [IMPÍRIAL] *adj.* imperial.

IMPERIALISM [IMPÍRIALISM] *n.* imperialismo.

IMPERIL [IMPÉRIL] *va.* poner en peligro, arriesgar.

IMPERIOUS* [IMPÍRIOS] *adj.* imperioso, perentorio.

IMPERISHABLE [IMPÉRISHABL] *adj.* imperecedero.

IMPERSONATE [IMPÉRSONEIT] *va.* personificar, contrahacer :: representar.

IMPERTINENCE [IMPÉRTINENS] *n.* impertinencia, descaro :: *(pop.)* frescura.

IMPERTINENT* [IMPÉRTINENT] *adj.* impertinente, malintencionado :: desvergonzado :: *(pop.)* fresco :: **to be (very)** —, tener (mucho) copete.

IMPERVIOUS* [IMPÉRVIOS] *adj.* impenetrable.

IMPETUOSITY [IMPETIUÓSITI] *n.* impetuosidad, viveza, ímpetu.

IMPETUOUS* [IMPÉTIUOS] *adj.* impetuoso, arrebatado, fogoso.

IMPETUS [ÍMPITOS] *n.* ímpetu, impulsión.

IMPIOUS* [ÍMPIOS] *adj.* impío, sacrílego.

IMPLEMENT [ÍMPLIMENT] *n.* herramienta, utensilio :: —**s**, enseres, trastos :: *va.* cumplir.

IMPLICATE [ÍMPLIKEIT] *va.* comprometer, embarazar.

IMPLICIT* [IMPLÍSIT] *adj.* implícito, tácito :: ciego.

IMPLORE [IMPLÓR] *va.* implorar, suplicar, deprecar.

IMPLY [IMPLÁI] *va.* implicar, significar, envolver, connotar, dar a entender :: sobreentender.

IMPOLITE* [IMPOLÁIT] *adj.* descortés, mal educado, poco fino.

IMPORT [ÍMPORT] *n.* importancia :: significado :: *(com.)* importación :: *va.* importar :: significar :: convenir.

IMPORTANCE [IMPÓRTANS] *n.* importancia, peso, consecuencia :: **of** —, de bulto :: **of some** —, de categoría :: **to be of some** —, importar :: **of little** —, de poco fuste.

IMPORTANT [IMPÓRTANT] *adj.* importante :: calificado, de categoría.

IMPORTUNATE* [IMPÓRTIUNIT] *adj.* importuno, insistente :: porfiado :: urgente :: — **request,** clamoreo.

IMPOSE [IMPÓUS] *va.* imponer, cargar :: **to** — **on,** embaucar :: molestar.

IMPOSING [IMPÓUSING] *adj.* considerable, importante :: imponente :: **to be** —, imponer.

IMPOSSIBLE [IMPÓSIBL] *adj.* imposible.

IMPOSTOR [IMPÓSTR] *n.* impostor, engañador, embustero.

IMPOTENCE [ÍMPOTENS] *n.* impotencia.

IMPOVERISH [IMPÓVERISH] *va.* empobrecer :: esquilmar.

IMPREGNABLE [IMPRÉGNABL] *adj.* invulnerable, inexpugnable.

IMPREGNATE [IMPRÉGNEIT] *va.* impregnar :: imbuir.

IMPRESS [ÍMPRES] *n.* huella, impresión :: *va.* — **on,** imprimir, inculcar, hacer mella :: — **on mind,** grabar.

IMPRINT [ÍMPRINT] *n.* imprenta, impresión :: huella :: pisada :: pie de imprenta :: *va.* imprimir, grabar :: impresionar :: estampar.

IMPRISON [IMPRÍSN] *va.* encarcelar, aprisionar.

IMPROBABLE [IMPRÓBABL] *adj.* improbable, inverosímil.

IMPROPER* [IMPRÓPA] *adj.* impropio, inconveniente :: indecoroso.

IMPROPRIETY [IMPROPRÁIETI] *n.* inconveniencia :: indecoro.

IMPROVE [IMPRÚV] *va.* mejorar, perfeccionar :: reformar, aventajar, beneficiar :: *vn.* mejorarse, ganar, avanzar hacer progresos.

IMPROVEMENT [IMPRÚVMENT] *n.* mejoramiento :: mejora :: progreso, adelanto :: mejoría.

IMPROVIDENT* [IMPRÓVIDENT] *adj.* impróvido, imprevisor, desprevenido.

IMPRUDENT* [IMPRÚDENT] *adj.* imprudente, indiscreto, incauto temerario.

IMPUDENCE [ÍMPIUDENS] *n.* desvergüenza, descaro, procacidad, cinismo :: desenvoltura.

IMPUDENT* [ÍMPIUDENT] *adj.* impúdico, descarado, insolente :: cínico :: fresco.

IMPULSE [ÍMPOLS] *n.* impulsión, ímpetu :: impulso, arranque :: corazonada.

IMPULSIVE* [IMPÁLSIV] *adj.* impulsivo.

IMPUNITY [IMPIÚNITI] *n.* impunidad, falta o exención de castigo.

IMPURE* [IMPIÚR] *adj.* impuro, sucio :: adulterado :: deshonesto.

IMPURITY [IMPIÚRITI] *n.* impureza :: adulteración :: torpeza.

IMPUTE [IMPIÚT] *va.* imputar, reprochar, achacar.

IN [IN] *adv.* adentro, dentro :: *prep.* en, a, para, por, sobre :: — **the afternoon,** por la tarde :: — **the night,** de noche :: **to know the** —**s and outs of a question,** conocer los recovecos de una cuestión :: — **law,** político.

INABILITY [INABÍLITI] *n.* incapacidad, impotencia.

INACCESSIBLE [INAKSÉSIBL] *adj.* inaccesible, inabordable.

INACCURACY [INÁKIURASI] *n.* inexactitud :: descuido.

INACCURATE* [INÁKIURET] *adj.* inexacto, impreciso, erróneo.

INACTIVE* [INÁKTIV] *adj.* inactivo :: inerte.

INACTIVITY [INAKTÍVITI] *n.* inactividad, inacción, inercia.

INADEQUATE* [INÁDIKUIT] *adj.* inadecuado, insuficiente, incluso, deficiente.

INADVERTENT* [INADVÉRTENT] *adj.* inarvertido :: descuidado.

INADVISABLE [INADVÁISABL] *adj.* imprudente.

INANE [INÉIN] *adj.* vano, vacío, soso :: — **remark,** sandez.

INASMUCH [INÁSMOCH] *adv.* como (quiera) que, en vista de :: (por, en), cuanto.

INAUDIBLE [INÓADIBL] *adj.* bajo,

inaudible.

INAUGURATE [INÓAGUIUREIT] *va.* inaugurar :: estrenar, iniciar.

INBORN [INBOARN] *adj.* innato, ingénito.

INCANDESCENT [INKANDÉSENT] *adj.* incandescente, candente.

INCAPABLE [INKÉIPABL] *adj.* incapaz, inhábil, incompetente :: **to be, make —**, incapacitar.

INCAPACITATE [INKAPÁSITEIT] *va.* incapacitar, debilitar, imposibilitar.

INCAPACITY [INKAPÁSITI] *n.* ineptitud, insuficiencia.

INCAUTIOUS° [INKÓASHOS] *adj.* indiscreto, negligente, descuidado.

INCENSE [INSENS] *n.* perfume, incienso :: *va.* incensar :: irritar.

INCENTIVE [INSÉNTIV] *n.* incentivo, cebo, estímulo.

INCESSANT° [INSÉSANT] *adj.* incesante, continuo.

INCH [INCH] *n.* pulgada :: **— by —**, palmo a palmo.

INCIDENCE [ÍNSIDENS] *n.* incidencia.

INCIDENT [ÍNSIDENT] *n.* acontecimiento, episodio, suceso, lance :: *adj.* incidente.

INCIDENTAL° [INSIDÉNTL] *adj.* accidental, incidental.

INCIPIENT° [INSÍPIENT] *adj.* incipiente, principiante.

INCISION [INSÍSHON] *n.* incisión, tajo, corte.

INCITE [INSÁIT] *va.* incitar, instigar, estimular, espolear, concitar.

INCIVILITY [INSIVÍLITI] *n.* incivilidad, desacato, descortesía.

INCLINATION [INKLINÉISHON] *n.* inclinación, predilección, tendencia, gana(s) :: declive :: reverencia.

INCLINE [INKLÁIN] *n.* rampa, talud, declive, pendiente :: *va.* inclinar :: ladear :: *vn. & vr.* ladearse :: inclinarse, estar dispuesto a :: **— towards,** tirar a.

INCLUDE [INKLÚD] *va.* incluir, comprender, abrazar, envolver.

INCLUSIVE° [INKLÚSIV] *adj.* inclusivo.

INCOME [INKOM] *n.* ingreso(s), renta(s) :: **person living on —**, rentista :: **— tax,** impuesto sobre la renta.

INCOMPARABLE [INKÓMPARABL] *adj.* incomparable, sin par, sin igual.

INCOMPATIBLE [INKOMPÁTIBL] *adj.* incompatible.

INCOMPETENT° [INKÓMPITENT] *adj.* incompetente, incapaz, insuficiente :: **— person,** nulidad.

INCOMPLETE° [INKOMPLÍT] *adj.* in-

completo, imperfecto, inconcluso.

INCOMPREHENSIBLE [INKOMPRIJÉN-SIBL] *adj.* incomprensible.

INCONCEIVABLE [INKONSÍVABL] *adj.* inconcebible.

INCONGRUOUS° [INKÓNGRUOS] *adj.* incongruo, absurdo, incongruente.

INCONSIDERABLE [INKONSÍDERABL] *adj.* insignificante.

INCONSIDERATE° [INKONSÍDERIT] *adj.* desconsiderado.

INCONSISTENCY [INKONSÍSTENSI] *n.* inconsecuencia :: falta de uniformidad.

INCONSISTENT° [INKONSÍSTENT] *adj.* inconsecuente, incompatible, contradictorio, disparatado.

INCONSPICUOUS [INKONSPÍKIUOES] *adj.* poco llamativo.

INCONSTANT° [INKÓNSTANT] *adj.* inconstante, mudable, vario.

INCONTESTABLE [INKONTÉSTABL] *adj.* incontestable.

INCONVENIENCE [INKONVÍNIENS] *n.* incomodidad, inconveniencia :: molestia :: *va.* causar inconveniencias, molestar, incomodar.

INCONVENIENT° [INKONVÍNIENT] *adj.* inconveniente, incómodo, molesto, inoportuno.

INCORPORATE [INKÓRPOREIT] *adj.* incorporado :: *va. & n.* incorporar, incorporarse, asociarse, reunir(se).

INCORRECT° [INKORÉKT] *adj.* incorrecto, informal :: falso, erróneo.

INCORRIGIBLE [INKÓRIYIBL] *adj.* incorregible.

INCREASE [INKRÍS] *n.* aumento :: crecido :: ganancia :: *va.* aumentar :: acrecer :: cargar :: *vn.* tomar cuerpo.

INCREASINGLY [INKRÍSINGLI] *adv.* más y más :: cada vez más.

INCREDIBLE [INKRÉDIBL] *adj.* increíble.

INCREDULITY [INKREDIÚLITI] *n.* incredulidad.

INCREDULOUS [INKRÉDIULOS] *adj.* incrédulo.

INCREMENT [ÍNKRIMENT] *n.* incremento.

INCRIMINATE [INKRÍMINEIT] *va.* incriminar.

INCUBATOR [ÍNKIUBEITAER] *n.* incubadora.

INCULCATE [INKÁLKEIT] *va.* inculcar, infundir.

INCUR [INKÉR] *va.* incurrir en :: atraerse :: contraer.

INCURABLE [INKIÚRABL] *n. & adj.*

incurable.

INCURSION [INKÉRSHON] *n.* correría.

INDEBTED [INDÉTID] *adj.* endeudado :: reconocido.

INDEBTEDNESS [INDÉTIDNES] *n.* deuda :: obligación.

INDECENT° [INDÍSENT] *n.* indecente, obsceno, grosero.

INDECISION [INDISÍSHON] *n.* indecisión, irresolución.

INDECOROUS° [INDÉKOROS] *adj.* indecoroso.

INDEED [INDÍD] *adv.* en verdad, verdaderamente, de veras.

INDEFATIGABLE [INDIFÁTIGABL] *adj.* infatigable.

INDEFENSIBLE [INDIFÉNSIBL] *adj.* indefensible.

INDEFINITE° [INDÉFINIT] *adj.* indefinido, indeterminado.

INDELIBLE [INDÉLIBL] *adj.* indeleble.

INDELICATE [INDÉLIKIT] *adj.* indelicado, indecoroso.

INDEMNIFY [INDÉMNIFAI] *va.* indemnizar, resarcir, compensar.

INDEMNITY [INDÉMNITI] *n.* resarcimiento, indemnización.

INDEPENDENCE [INDIPÉNDENS] *n.* independencia :: holgura.

INDEPENDENT° [INDIPÉNDENT] *adj.* independiente :: libre, acomodado, adinerado :: **to form an — group,** *(pop.)* hacer rancho aparte.

INDESCRIBABLE [INDISKRÁIBABL] *adj.* indescriptible.

INDEX [ÍNDEX] *n.* índice, **— hand,** manecilla :: **— mark,** llamada :: señal.

INDICATE [ÍNDIKEIT] *va.* indicar, denotar, significar, señalar :: intimar.

INDICATION [INDIKÉISHON] *n.* indicación, indicio :: señal :: asomo.

INDICATIVE [INDÍKAETIV] *adj. & n.* indicativo.

INDICT [INDÁIT] *va.* procesar, demandar, enjuiciar, formar causa a.

INDICTMENT [INDÁITMENT] *n.* acusación, denuncia, proceso judicial.

INDIFFERENCE [INDÍFERENS] *n.* indiferencia :: imparcialidad, despego :: apatía, desvío.

INDIFFERENT° [INDÍFERENT] *adj.* indiferente, imparcial, igual.

INDIGENT [ÍNDIYENT] *adj. & n.* indigente.

INDIGESTIBLE [INDICHÉSTIBL] *adj.* indigesto.

INDIGESTION [INDICHÉSTION] *n.* indigestión, ahíto.

INDIGNANT• [INDÍGNANT] *adj.* indignado.

INDIGNATION [INDIGNÉISHON] *n.* indignación.

INDIGNITY [INDÍGNITI] *n.* indignidad, afrenta :: baldón, oprobio.

INDIGO [ÍNDIGOU] *n.* índigo, añil :: — **blue**, azul añil.

INDIRECT• [INDIRÉKT] *adj.* indirecto, extraviado, desleal, tortuoso.

INDISCREET• [INDISKRÍT] *adj.* indiscreto, imprudente, malaconsejado.

INDISCRETION [INDISKRÉISHON] *n.* indiscreción.

INDISCRIMINATE• [INDISKRÍMINET] *adj.* confuso, indistinto.

INDISPENSABLE [INDISPÉNSABL] *adj.* indispensable, imprescindible, forzoso.

INDISPOSE [INDISPÓUS] *va.* indisponer.

INDISPOSED [INDISPÓUSD] *adj.* indispuesto.

INDISPOSITION [INDISPOUSÍSHON] *n.* indisposición :: malestar.

INDISPUTABLE [INDISPIÚTABL] *adj.* indiscutible, indisputable, incontestable.

INDISTINCT• [INDISTÍNKT] *adj.* indistinto, confuso, vago.

INDIVIDUAL• [INDIVÍDIUAL] *adj.* individual :: particular :: único, singular :: *n.* individuo, sujeto, tío.

INDIVIDUALISM [INDIVÍDIUALISM] *n.* individualismo.

INDIVIDUALIST [INDIVÍDIUALIST] *n.* individualista.

INDIVIDUALITY [INDIVIDIUÁLITI] *n.* individualidad :: individuo, persona.

INDIVISIBLE [INDIVÍSIBL] *adj.* indivisible.

INDOCTRINATE [INDÓKTRINEIT] *va.* adoctrinar.

INDOLENCE [ÍNDOLENS] *n.* indolencia, desidia, apatía.

INDOLENT• [ÍNDOLENT] *adj.* indolente, haragán, dejado, desmañado.

INDOMITABLE [INDÓMITABL] *adj.* indomable.

INDOOR [ÍNDOR] *adv.* —**s**, en casa, dentro (de casa).

INDUCE [INDIÚS] *va.* inducir, persuadir, convidar, inclinar, inspirar, conciliar.

INDUCT [INDÁKT] *va.* introducir :: iniciar :: *(en un cargo)* instalar.

INDUCTION [INDÁKSHON] *n.* inducción :: instalación.

INDULGE [INDÓLCH] *va.* consentir :: condescender, gratificar, entregarse a :: acariciar :: seguir(le).

INDULGENCE [INDÓLCHENS] *n.* indulgencia :: complacencia.

INDULGENT• [INDÓLCHENT] *adj.* indulgente, complaciente.

INDUSTRIAL• [INDÁSTRIAL] *adj.* industrial.

INDUSTRIALIST [INDÁSTRIALIST] *n.* industrial :: fabricante.

INDUSTRIOUS• [INDOSTRIOS] *adj.* laborioso, industrioso, aprovechado, hacendero.

INDUSTRY [ÍNDOSTRI] *n.* industria :: actividad, diligencia, aplicación.

INEDIBLE [INÉDIBL] *adj.* incomestible.

INEFFECTIVE• [INEFÉKTIV] *adj.* ineficaz, inútil.

INEFFICIENT• [INEFÍSHENT] *adj.* ineficaz, incapaz.

INELIGIBLE [INÉLIYIBL] *adj.* inelegible.

INEPT• [INÉPT] *adj.* inepto.

INEQUALITY [INIKÚOLITI] *n.* desigualdad, diferencia, disparidad :: aspereza.

INERT• [INÉRT] *adj.* inerte, inactivo.

INERTIA [INÉRSHIA] *n.* inercia.

INESCAPABLE [INESKÉIPABL] *adj.* forzoso, inevitable.

INESTIMABLE [INÉSTIMABL] *adj.* incalculable.

INEVITABLE [INÉVITABL] *adj.* inevitable.

INEXHAUSTIBLE [INEGSÓUSTIBL] *adj.* inagotable.

INEXORABLE [INÉKSORABL] *adj.* inexorable :: severo.

INEXPENSIVE• [INEKSPÉNSIV] *adj.* barato, módico.

INEXPERIENCE [INEKSPIÉRIENS] *n.* inexperiencia :: falta de experiencia.

INEXPERIENCED [INEKSPIÉRIENST] *adj.* inexperto, novel.

INEXPLICABLE [INEKSPLÍKABL] *adj.* inexplicable.

INFALLIBLE [INFÁLIBL] *adj.* infalible, cierto, indefectible.

INFAMOUS• [ÍNFAMOS] *adj.* infame, indigno, vil, odioso.

INFAMY [ÍNFAMI] *n.* infamia, deshonra, baldón.

INFANCY [INFANSI] *n.* infancia, menoredad :: **to be in one's** —, estar en pañales.

INFANT [ÍNFANT] *n.* niño, nene, crío, criatura, infante :: — **school**, escuela de párvulos.

INFANTILE [ÍNFANTAIL] *adj.* infantil.

INFANTRY [ÍNFANTRI] *n.* infantería.

INFATUATION [INFATIUÉISHON] *n.* fatuación, apasionamiento, encaprichamiento.

INFECT [INFÉKT] *va.* infectar, contagiar, contaminar, inficionar, pegar.

INFECTION [INFÉKSHON] *n.* infección :: contagio.

INFECTIOUS• [INFÉKSHOS] *adj.* infeccioso, pestilencial, infecto, contagioso.

INFER [INFÉR] *va.* concluir, deducir, inferir.

INFERIOR [INFÍRIOR] *adj. & n.* inferior, subalterno.

INFERIORITY [INFIRIÓRITI] *n.* inferioridad :: — **complex**, complejo de inferioridad.

INFERNAL• [INFÉRNAL] *adj.* infernal.

INFERNO [INFÉRNOU] *n.* infierno.

INFEST [INFÉST] *va.* infestar, plagar :: atormentar.

INFIDEL [ÍNFIDEL] *n.* infiel, pagano.

INFILTRATE [ÍNFILTREIT] *va.* infiltrar(se).

INFINITE• [ÍNFINIT] *adj. & n.* infinito.

INFINITIVE [INFÍNITIV] *adj. & n.* infinitivo.

INFINITY [INFÍNITI] *n.* infinidad :: infinito.

INFIRM [INFÉRM] *adj.* débil, achacoso :: poco firme.

INFIRMARY [INFÉRMARI] *n.* enfermería, hospital.

INFIRMITY [INFÉRMITI] *n.* enfermedad, achaque :: flaqueza.

INFLAME [INFLÉIM] *va.* encender, inflamar, acalorar, enardecer :: *vn.* inflamarse.

INFLAMMABLE [INFLÁMABL] *adj.* inflamable :: deflagrante.

INFLAMMATION [INFLAMÉISHON] *n.* inflamación.

INFLATE [INFLÉIT] *va.* inflar, hinchar.

INFLATION [INFLÉISHON] *n.* inflación :: hinchazón.

INFLECTION [INFLÉKSHON] *n.* inflexión.

INFLEXIBLE [INFLÉKSIBL] *adj.* rígido, terco, tieso.

INFLICT [INFLÍKT] *va.* infligir, imponer.

INFLUENCE [ÍNFLUENS] *n.* influjo, ascendiente :: influencia :: *(coll.)* enchufe :: *va.* influir, inclinar, sugestionar.

INFLUENTIAL• [INFLUÉNSHAL] *adj.* influyente.

INFLUENZA [INFLUÉNSA] *n.* gripe, dengue.

INFORM [INFÓARM] *va. & n.* informar, comunicar, notificar :: instruir :: — **against**, denunciar.

INFORMAL• [INFÓRMAL] *adj.* informal, sin ceremonia :: — **visit**, visita de confianza.

INFREQUENT [INFRÍKUENT] *adj.* infrecuente, raro, contado.

INFRINGE [INFRÍNCH] *va.* infringir, violar, quebrantar.

INFURIATE [INFIÚRIEIT] *va.* enfurecer.

INFUSE [INFIÚS] *va.* infundir, inspirar.

INGENIOUS [INCHÍNIOS] *adj.* ingenioso, discreto, inventivo, artificioso.

INGENUITY [INCHINIÚITI] *n.* ingeniosidad, inventiva :: maña, industria.

INGRATIATE [INGRÉISHIEIT] *vr.* congraciarse, insinuarse.

INGRATITUDE [INGRÁTITIUD] *n.* ingratitud.

INGREDIENT [INGRÍDIENT] *n.* ingrediente :: —s, adobo.

INHABIT [INHÁBIT] *va.* habitar.

INHABITANT [INHÁBITANT] *n.* habitante.

INHALE [INHÉIL] *va.* respirar, aspirar.

INHERENT [INHIERENT] *adj.* inherente, natural, intrínseco.

INHERIT [INHÉRIT] *va.* heredar.

INHERITANCE [INHÉRITANS] *n.* herencia.

INHIBIT [INHÍBIT] *va.* inhibir, cohibir, refrenar, reprimir :: impedir.

INHIBITION [INHIBÍSHON] *n.* inhibición, cohibición :: prohibición, restricción.

INHOSPITABLE [INHÓSPITABL] *adj.* inhospitalario.

INHUMAN [INHIUMAN] *adj.* inhumano, atroz, despiadado.

INIMITABLE [INÍMITABL] *adj.* inimitable.

INIQUITOUS [INÍKUITOS] *adj.* inicuo, malvado.

INIQUITY [INÍKUITI] *n.* iniquidad, maldad.

INITIAL [INÍSHAL] *adj.* inicial.

INITIATE [INÍSHIEIT] *va.* iniciar, comenzar :: entablar.

INITIATIVE [INÍSHIATIV] *n.* iniciativa.

INJECT [INCHÉKT] *va.* inyectar, introducir.

INJECTION [INCHÉKSHON] *n.* inyección.

INJUDICIOUS [INCHIUDÍSHOS] *adj.* indiscreto, imprudente.

INJUNCTION [INCHÓNGKSHON] *n.* requerimiento, precepto.

INJURE [ÍNCHER] *va.* dañar, lastimar :: perjudicar, ofender :: descalabrar.

INJURIOUS [INCHUERIOS] *adj.* nocivo, dañoso, pernicioso.

INJURY [ÍNCHERI] *n.* daño, herida, lesión :: perjuicio, deterioro ::

ofensa, injuria, afrenta.

INJUSTICE [INCHÓSTIS] *n.* injusticia, entuerto.

INK [INK] *n.* tinta :: —**stain**, chapón :: —**pot**, tintero.

INKLING [ÍNKLING] *n.* indicación, indicio, idea, sospecha, noción vaga.

INKSTAND [ÍNKSTAND] *n.* tintero, escribiente.

INLAID [ÍNLEID] *adj.* incrustado, embutido :: — **work**, incrustación :: *pret. & p.p. de* **to inlay**.

INLAND [ÍNLAND] *n.* interior :: *adv.* tierra adentro.

INLET [ÍNLET] *n.* entrada, vía :: abra, ensenada :: ría.

INMATE [ÍNMEIT] *n.* inquilino, huésped :: interno.

INMOST [ÍNMOUST] *adj.* íntimo, recóndito.

INN [IN] *n.* posada, mesón. fonda :: venta.

INNATE [INÁT] *adj.* innato, connatural.

INNER [ÍNAER] *adj.* interior :: íntimo, recóndito.

INNING [ÍNING] *n.* entrada, turno.

INNKEEPER [ÍNKIPAER] *n.* ventero, mesonero, posadero.

INNOCENCE [ÍNOSENS] *n.* inocencia.

INNOCENT [ÍNOSENT] *adj.* inocente, simple, libre.

INNOCUOUS [INÓKIUOES] *adj.* innocuo, inofensivo.

INNOVATION [INOVÉISHON] *n.* innovación, novedad.

INNUENDO [INIUÉNDOU] *n.* insinuación, indirecta.

INNUMERABLE [INIÚMAERAEBL] *adj.* innumerable.

INOCULATE [INÓKIULEIT] *va.* inocular, inficionar :: imbuir.

INOFFENSIVE [INOFÉNSIV] *adj.* inofensivo, discreto.

INOPPORTUNE [INÁPATIUN] *adj.* inoportuno, inconveniente, intempestivo.

INQUEST [ÍNKUEST] *n.* indagación, pesquisa :: sumario.

INQUIRE [INKUÁIR] *vn.* inquirir, preguntar, informarse, examinar, enterarse.

INQUIRY [INKUÁIRI] *n.* pregunta, examen, indagación, encuesta.

INQUISITION [INKUISÍSHON] *n.* Santo Oficio, inquisición.

INQUISITIVE [INKUÍSITIV] *adj.* curioso, preguntón.

INSANE [INSÉIN] *adj.* insano, loco, insensato, frenético.

INSANITY [INSÁNITI] *n.* locura, demencia.

INSATIABLE [INSÉISHIABL] *adj.* insaciable.

INSCRIPTION [INSKRÍPSHON] *n.* inscripción, leyenda, letrero.

INSECT [ÍNSEKT] *n.* insecto.

INSENSIBLE [INSÉNSIBL] *adj.* insensible :: sordo :: inconsciente.

INSEPARABLE [INSÉPARABL] *adj.* inseparable :: **to be** —, ser uña y carne.

INSERT [ÍNSERT] *va.* insertar, introducir, intercalar.

INSERTION [INSÉRSHON] *n.* inserción :: introducción.

INSIDE [INSÁID] *adj.* interior :: *adv.* en el interior, dentro :: — **out**, al revés :: *n.* interior :: *pl.* entrañas.

INSIDIOUS [INSÍDIOS] *adj.* insidioso, engañoso, solapado.

INSIGHT [ÍNSAIT] *n.* conocimiento, perspicacia, penetración.

INSIGNIFICANT [INSIGNÍFIKANT] *adj.* insignificante, despreciable.

INSINCERE [INSINSÍR] *adj.* disimulado, falso, hipócrita.

INSINUATE [INSÍNIUEIT] *va.* insinuar, sugerir :: *vn.* insinuarse.

INSIPID [INSÍPID] *adj.* insípido, desabrido.

INSIST [INSÍST] *vn.* insistir en, porfiar, afirmar, exigir.

INSISTENCE [INSÍSTENS] *n.* insistencia, empeño, porfía.

INSISTENT [INSÍSTENT] *adj.* insistente :: porfiado, persistente.

INSOLENCE [ÍNSOLENS] *n.* insolencia, procacidad, descaro.

INSOLENT [ÍNSOULENT] *adj.* insolente, atrevido, descomedido.

INSPECT [INSPÉKT] *va.* examinar, inspeccionar, registrar.

INSPECTION [INSPÉKSHON] *n.* inspección :: registro.

INSPECTOR [INSPÉKTOR] *n.* inspector.

INSPIRATION [INSPIRÉISHON] *n.* inspiración, numen :: *(poet.)* estro.

INSPIRE [INSPÁIR] *va.* inspirar, animar, imbuir, sugerir, inflar.

INSTALL [INSTÓL] *va.* instalar.

INSTALLATION [INSTOLÉISHON] *n.* instalación.

INSTAL(L)MENT [INSTÓALMENT] *n.* entrega :: **by** —, a plazos.

INSTANCE [ÍNSTANS] *n.* ejemplo, caso, circunstancia :: instancia :: **for** —, por ejemplo :: *va.* poner (por caso, por ejemplo).

INSTANT [ÍNSTANT] *adj.* urgente, presente, perentorio :: *n.* momento, instante, punto :: **the 5th inst.**, el 5 del corriente.

INSTEAD [INSTÉD] *prep.* en lugar de, en cambio, en vez de.

INSTEP [ÍNSTEP] *n.* empeine.

INSTIGATE [ÍNSTIGUEIT] *va.* instigar, incitar, soliviantar, fomentar.

INSTIL(L) [INSTÍL] *va.* instilar, inculcar, infundir.

INSTINCT [ÍNSTINKT] *adj.* animado, impulsado, movido por :: *n.* instinto :: **fine** —, hidalguía.

INSTINCTIVE° [INSTÍNKTIV] *adj.* instintivo.

INSTITUTE [ÍNSTITIUT] *n.* instituto, precepto :: *va.* instituir, establecer :: entablar, iniciar.

INSTRUCT [INSTRÓKT] *va.* instruir :: (a)doctrinar :: enterar.

INSTRUCTION [INSTRÁKSHON] *n.* instrucción :: enseñanza :: **lack of** —, falta de saber o conocimientos :: —**s**, órdenes, instrucciones.

INSTRUCTIVE° [INSTRÁKTIV] *adj.* instructivo.

INSTRUMENT [ÍNSTRUMENT] *n.* instrumento, herramienta :: agente.

INSTRUMENTAL° [INSTRUMÉNTAL] *adj.* instrumental.

INSUBORDINATE [INSUBÓRDINEIT] *adj.* insubordinado :: **to be** —, insubordinarse.

INSUFFERABLE [INSÚFERABL] *adj.* intolerable, insoportable, inaguantable.

INSUFFICIENCY [INSUFÍSHENSI] *n.* insuficiencia :: incompetencia :: falta, escasez.

INSUFFICIENT° [INSUFÍSHENT] *adj.* insuficiente, incapaz.

INSULATE [ÍNSIULEIT] *va.* aislar.

INSULATION [INSIULÉISHON] *n.* aislamiento :: aislación.

INSULATOR [INSIULÉITAER] *n.* aislante, aislador.

INSULT [ÍNSOLT] *n.* insulto, ofensa, indignidad, humillación, agravio, atropello, ultraje :: *va.* insultar, ofender, atropellar, denostar.

INSURANCE [INSHÚRANS] *n. (com.)* seguro :: garantía :: seguridad :: **fire** —, seguro de incendio.

INSURE [INSHÚR] *va.* asegurar :: garantizar, abonar.

INSURGENT [INSOÉRYENT] *adj. & n.* insurgente, insurrecto.

INSURMOUNTABLE [INSOERMÁUNTABL] *adj.* insuperable.

INSURRECTION [INSERRÉKSHON] *n.* insurrección, sublevación, motín.

INTACT [INTÁKT] *adj.* intacto.

INTEGRAL° [ÍNTIGRAL] *adj.* integral :: integrante :: *n.* integral.

INTEGRATE [ÍNTIGREIT] *va.* integrar.

INTEGRITY [INTÉGRITI] *n.* integridad, entereza.

INTELLECTUAL [INTELÉKCHUAL] *adj. & n.* intelectual.

INTELLIGENCE [INTÉLICHENS] *n.* sagacidad, talento, inteligencia :: noticia, acuerdo :: **piece of** —, aviso, noticia.

INTELLIGENT° [INTÉLICHENT] *adj.* inteligente, sesudo, hábil, talentoso.

INTELLIGIBLE [INTÉLICHIBL] *adj.* inteligible.

INTEMPERATE [INTÉMPERET] *adj.* inmoderado, intemperante, desenfrenado, bebedor.

INTEND [INTÉND] *va.* querer pensar, tener intención, proponerse.

INTENSE° [INTÉNS] *adj.* intenso, vehemente, fuerte :: extremado, reconcentrado.

INTENSIFY [INTÉNSIFAI] *va.* intensificar.

INTENSITY [INTÉNSITI] *n.* intensidad.

INTENSIVE° [INTÉNSIV] *adj.* intenso :: intensivo.

INTENT° [INTÉNT] *adj.* asiduo, dedicado, atento, preocupado :: *n.* intento, designio, propósito :: **to all** —**s and purposes**, para todos los fines y efectos.

INTENTION [INTÉNSHON] *n.* intención.

INTENTIONAL° [INTÉNSHONAL] *adj.* intencional.

INTER [INTÉR] *va.* enterrar, dar sepultura a.

INTERCEDE [INTAERSÍD] *vn.* interceder.

INTERCEPT [INTERSÉPT] *va.* interceptar, atajar, captar.

INTERCEPTION [INTERSÉPSHON] *n.* interceptación.

INTERCESSION [INTERSÉSHON] *n.* intercesión.

INTERCHANGE [ÍNTERCHEINCH] *n.* intercambio, correspondencia :: *va.* cambiar, permutar :: canjear.

INTERCOURSE [ÍNTERKORS] *n.* comunicación, comercio, tráfico :: trato, roce, relaciones.

INTERDICT [ÍNTERDIKT] *va.* prohibir, vedar.

INTEREST [ÍNTEREST] *n.* interés, beneficio, ganancia :: emoción :: **to take an** — **(in)**, interesarse (en, por) :: **to take a great** —, preocuparse :: **to take no** —, desinteresarse, hacerse el sueco :: *va.* interesar.

INTERESTED° [ÍNTERESTID] *adj.* interesado :: **to be (o become)** — **in**, interesarse en (o por).

INTERESTING [ÍNTERESTING] *adj.* interesante.

INTERFERE [INTERFÍR] *vn.* (entre) meterse, inmiscuirse, mezclarse :: estorbar.

INTERFERENCE [INTERFÍRENS] *n.* intervención, injerencia :: obstáculo.

INTERIOR [INTÍRIOR] *n. & adj.* interior :: tierra adentro.

INTERJECTION [INTERYÉKSHON] *n.* interjección, exclamación :: intercalación.

INTERLACE [INTERLÉIS] *va.* entrelazar, enlazar, entretejer.

INTERLOCK [INTERLÓK] *vn.* entrelazar(se) :: trabar(se).

INTERLOPER [INTERLÓUPA] *n.* entrometido, intruso.

INTERLUDE [INTERLIÚD] *n.* intermedio, entremés :: rato, descanso.

INTERMEDIATE° [INTERMÍDIET] *adj.* intermedio.

INTERMINABLE [INTÉRMINABL] *adj.* interminable, inacabable.

INTERMINGLE [INTERMÍNGL] *va.* entremezclar(se), entreverar(se) :: mezclar(se).

INTERMISSION [INTERMÍSHON] *n.* pausa, tregua, intermitencia :: *(theat.)* descanso, entreacto.

INTERMITTENT° [INTERMÍTENT] *adj.* intermitente, entrecortado.

INTERN [INTÉR] *va.* internar, confinar, encerrar :: *n.* practicante, médico interno.

INTERNAL° [INTÉRNL] *adj.* interno.

INTERNATIONAL° [INTERNÁSHONAL] *adj.* internacional.

INTERPOSE [INTERPÓUS] *va. & n.* interponer(se).

INTERPRET [INTÉRPRET] *va.* interpretar, descifrar :: ilustrar.

INTERPRETATION [INTERPRETÉISHON] *n.* interpretación.

INTERPRETER [INTÉRPRETAER] *n.* intérprete.

INTERROGATE [INTÉROGUEIT] *va. & n.* interrogar, preguntar :: *va.* articular.

INTERROGATION [INTEROGUÉISHON] *n.* interrogación.

INTERRUPT [INTERÁPT] *va. & n.* interrumpir, quebrar, (entre)cortar.

INTERRUPTION [INTERÁPSHON] *n.* interrupción.

INTERSECT [ÍNTERSEKT] *va. & n.* cortar(se) :: cruzar(se).

INTERSECTION [INTERSÉKSHON] *n.* intersección :: **street** —, boca-calle.

INTERSPERSE [INTESPÉRS] *va.* entremezclar, esparcir.

INTERSTICE [INTÉRSTIS] *n.* intersticio.

INTERTWINE (INTETUÁIN) *va.* entrelazar, entretejer, trenzar.

INTERVAL (ÍNTERVL) *n.* intervalo, espacio :: *(theat.)* descanso :: recreo :: **at —s,** a trechos :: **bright —,** clara.

INTERVENE (INTERVÍN) *vn.* intervenir, meter baza :: sobrevenir, acontecer.

INTERVENTION (INTERVÉNSHON) *n.* intervención.

INTERVIEW (ÍNTERVIU) *n.* entrevista, conferencia :: *va. & n.* ver, consultar con, entrevistarse con.

INTESTINE (INTÉSTIN) *n.* intestino :: *adj.* intestino, interno.

INTIMACY (ÍNTIMASI) *n.* intimidad, familiaridad, confianza.

INTIMATE° (ÍNTIMEIT) *adj.* íntimo, entrañable, estrecho, de mucha confianza :: *va.* intimar, anunciar :: requerir.

INTIMATION (INTIMÈISHON) *n.* intimación, aviso :: indirecta, pulla :: requerimiento.

INTIMIDATE (INTÍMIDEIT) *va.* intimidar, amedrentar, acobardar.

INTO (ÍNTU) *prep.* en, entre, adentro.

INTOLERABLE (INTÓLERABL) *adj.* insufrible, insoportable, inaguantable.

INTOLERANCE (INTÓLERANS) *n.* intolerancia.

INTOLERANT° (INTÓLERANT) *adj.* intolerante.

INTOXICATE (INTÓKSIKEIT) *va.* embriagar, excitar :: envenenar.

INTOXICATION (INTOKSIKÉISHON) *n.* embriaguez :: envenenamiento, intoxicación.

INTRANSIGENT (INTRÁNSIYENT) *adj.* intransigente.

INTRAVENOUS° (INTRAVÍNOES) *adj.* intravenoso.

INTRENCH (INTRÉNCH) *va.* atrincherar :: **to — oneself,** atrincherarse.

INTREPID° (INTRÉPID) *adj.* intrépido, impertérrito, arrojado, impávido.

INTRICATE° (ÍNTRIKET) *adj.* complicado, enredado, revuelto.

INTRIGUE (INTRÍG) *n.* intriga, trama :: **love —,** galanteo, lío :: *(theat.)* enredo :: *vn.* intrigar, tramar.

INTRIGUER (INTRÍGAER) *n.* intrigante.

INTRINSIC (INTRÍNSIK) *adj.* intrínseco, real.

INTRODUCE (INTRODIÚS) *va.* introducir, meter :: ingerir :: presentar a alguien.

INTRODUCTION (INTRODÁKSHON) *n.* introducción :: presentación.

INTRODUCTORY (INTRODÓKTORI) *adj.* preliminar.

INTROSPECTION (INTROSPÉKSHON) *n.* introspección.

INTROVERT (INTROVÉRT) *n.* introvertido.

INTRUDE (INTRÚD) *vn.* entremeterse, mezclarse.

INTRUDER (INTRÚDAER) *n.* intruso, entremetido.

INTRUSION (INTRÚSHON) *n.* intrusión, entremetimiento.

INTRUSIVE° (INTRÚSIV) *adj.* intruso.

INTUITION (INTIUÍSHON) *n.* intuición.

INUNDATION (INONDÉISHON) *n.* inundación, desbordamiento.

INURE (INIÚR) *va.* acostumbrar, habituar, hacer a.

INVADE (INVÉID) *va.* invadir, usurpar.

INVADER (INVÉIDAER) *n.* invasor.

INVALID (ÍNVALID) *adj. & n.* inválido, enfermo.

INVALUABLE (INVÁLIUABL) *adj.* precioso, inestimable, imprescindible, no tener precio.

INVARIABLE (INVÉRIABL) *adj.* invariable, fijo, constante.

INVASION (INVÉISHON) *n.* invasión, usurpación.

INVENT (INVÉNT) *va.* inventar, crear, componer, tramar.

INVENTION (INVÉNSHON) *n.* invención :: invento :: inventiva, facultad para inventar.

INVENTIVE (INVÉNTIV) *adj.* inventivo.

INVENTORY (ÍNVENTORI) *n.* inventario :: *va.* inventariar.

INVERSE° (INVÉRS) *adj.* inverso.

INVERT (INVÉRT) *va.* invertir, volver (al revés), trastrocar.

INVEST (INVÉST) *va.* invertir :: poner cerco a :: **— with,** revestir, investir :: condecorar.

INVESTIGATE (INVÉSTIGUEIT) *va.* investigar, explorar, buscar, examinar :: *vn.* inquerir, ahondar.

INVESTIGATION (INVESTIGUÉISHON) *n.* investigación :: indagación.

INVESTIGATOR (INVÉSTIGUEITAER) *n.* investigador :: indagador.

INVESTMENT (INVÉSTMENT) *n.* cerco, sitio :: *(com.)* inversión, empleo.

INVETERATE° (INVÉTERIT) *adj.* inveterado, encarnizado, arraigado.

INVIDIOUS° (INVÍDIOS) *adj.* odioso, aborrecible.

INVIGORATE (INVÍGOREIT) *va.* fortificar, fortalecer.

INVINCIBLE (INVÍNSIBL) *adj.* invencible.

INVISIBLE (INVÍSIBL) *adj.* invisible.

INVITATION (INVITÉISHON) *n.* invitación :: convite.

INVITE (INVÁIT) *va.* invitar :: convidar :: sacar a bailar :: atraer, pedir, requerir.

INVITING° (INVÁITING) *adj.* atractivo :: seductivo, tentador.

INVOCATION (INVOKÉISHON) *n.* invocación.

INVOICE (ÍNVOIS) *n.* factura :: *va.* facturar.

INVOKE (INVÓUK) *va.* invocar, implorar, rogar.

INVOLUNTARY (INVÓLONTARI) *adj.* involuntario, sin querer.

INVOLVE (INVÓLV) *va.* envolver, traer consigo :: implicar.

INWARD (ÍNUED) *adj.* interno, interior :: oculto :: *adv.* hacia adentro, al centro.

IRE (ÁIAER) *n.* cólera, ira.

IRIDESCENT (IRIDÉSENT) *adj.* iridiscente, tornasolado, irisado.

IRKSOME° (ÉRKSOM) *adj.* molesto, fastidioso, penoso, tedioso, enfadoso.

IRON (ÁIERN) *adj.* férreo :: **— ore,** mineral de hierro :: **—work,** obra de hierro :: *n.* hierro :: **corrugated —,** hierro en carrujado :: **clothes —** plancha :: **—s,** grillos, grilletes :: *va.* planchar :: aplanchar :: aherrojar :: **to strike while the — is hot,** a hierro caliente, batir de repente.

IRONICAL° (AIRÓNIKL) *adj.* irónico.

IRONY (ÁIRONI) *n.* ironía, sorna, guasa.

IRRADIATE (IRÉIDIEIT) *va.* irradiar.

IRRATIONAL° (IRÁSHONAL) *adj.* irracional.

IRRECONCILABLE (IREKONSÁILABL) *adj.* incompatible, intransigente.

IRREFUTABLE (IRIFIÚTABL) *adj.* irrefutable.

IRREGULAR° (IRÉGUIULAR) *adj.* irregular.

IRRELEVANT° (IRÉLIVANT) *adj.* fuera de propósito :: desatinado, ajeno, traído por los pelos :: **to be —,** no hacer al caso.

IRRELIGIOUS° (IRILÍDYOES) *adj.* irreligioso, impío.

IRREMEDIABLE (IRIMÍDIABL) *adj.* irremediable :: incurable.

IRREPROACHABLE (IRIPRÓUCHABL) *adj.* irreprochable, intachable.

IRRESISTIBLE (IRESÍSTIBL) *adj.* irresistible, hechicero.

IRRESOLUTE° (IRÉSOLIUT) *adj.* irresoluto, indeciso.

adj. irreprochable, intachable.

IRRESISTIBLE [IRESÍSTIBL] *adj.* irresistible, hechicero.

IRRESOLUTE* [IRÉSOLIUT] *adj.* irresoluto, indeciso.

IRRESPONSIBLE [IRISPÓNSIBL] *adj.* irresponsable, inconsecuente.

IRRETRIEVABLE [IRITRÍVABL] *adj.* inapelable.

IRREVERENCE [IRÉVERENS] *n.* irreverencia, desacato.

IRREVERENT* [IRÉVERENT] *adj.* irreverente, irrespetuoso.

IRRIGATE [ÍRIGUEIT] *va.* regar.

IRRIGATION [IRIGUÉISHON] *n.* riego :: irrigación :: — **canal**, acequia.

IRRITABLE [ÍRITABL] *adj.* irritable, irascible, nervioso.

IRRITATE [ÍRITEIT] *va.* irritar, molestar, exasperar, exacerbar, azuzar :: poner (furioso, etc.).

IRRITATING [ÍRITEITING] *adj.* irritante.

IRRITATION [IRITÉISHON] *n.* irritación.

ISLAND [ÁILAND] *n.* isla.

ISLANDER [ÁILANDAER] *n.* isleño.

ISLE [ÁIL] *n.* isleta :: islote.

ISOLATE [ÁISOLEIT] *va.* aislar, apartar.

ISOLATION [AISOLÉISHON] *n.* aislamiento.

ISOLATIONISM [AISOLÉISHONISM] *n.* aislamiento.

ISSUE [ÍSHIU] *n.* resultado, salida, conclusión :: decisión :: prole :: emisión :: éxito :: impresión, tirada, entrega :: pérdida de sangre :: **point at** —, punto en cuestión :: **to avoid the** —, esquivar la pregunta :: *va.* publicar :: promulgar :: emitir :: *vn.* manar :: salir, brotar, terminarse.

IT [IT] *pron. neutro* lo, la :: ello, él, ella *(después de una preposi-*

— ción).

ITALIC [ITÁLIK] *adj.* itálico :: *n.* —**s**, letra cursiva.

ITCH [ICH] *n.* sarna :: comezón, prurito :: *vn.* picar :: sentir comezón, antojarse, comerse.

ITCHY [ICHI] *adj.* sarnoso :: **to feel** —, sentir comezón.

ITEM [ÁITEM] *n.* artículo :: detalle :: noticia.

ITEMIZE [ÁITEMAIS] *va.* pormenorizar, detallar :: hacer una lista.

ITINERANT [AITÍNERANT] *adj.* ambulante, viandante, peripatético.

ITINERARY [AITÍNERARI] *n.* itinerario :: ruta : guía de viajeros.

ITS [ITS] *pron. neutro,* su (sus), de él, de ella, de ello.

ITSELF [ITSÉLF] *pron. neutro,* mismo, misma :: **by** —, por sí, de por sí, por sí solo :: solo, aislado :: **in** —, en sí.

IVORY [ÁIVORI] *n.* marfil.

IVY [ÁIVI] *n.* hiedra.

J

JACK [YAK] *n. (mech.)* gato :: mozo, sujeto :: *(en naipes)* sota :: macho de algunos animales :: *(naut.)* bandera de proa :: *va.* to — up, levantar con el gato.

JACKAL [YÁKOAL] *n.* chacal.

JACKASS [YÁKAS] *n.* asno :: bestia, imbécil.

JACKET [YÁKET] *n.* americana :: smoking :: chaqueta, jubón :: calesera :: *(de un libro)* cubierta.

JACK-KNIFE [YÁKNAIF] *n.* navaja.

JADE [YEID] *n.* rocín :: *(min.)* jade, nefrita :: *va.* cansar :: *vn.* desalentarse.

JAGGED [YÁGUID] *adj.* serrado, dentado.

JAIL [YEIL] *n.* calabozo, prisión :: —bird, presidiario.

JAILER [YÉILAER] *n.* carcelero.

JAM [YAM] *n.* confitura, conserva, compota :: congestión, aglomeración (de tráfico) :: *sl.* lío :: what a—! ¡qué lío! :: *va.* apretar, oprimir, estrujar, entallar.

JANITOR [YÁNITAER] *n.* conserje :: portero :: casero.

JANUARY [YÁNIUARI] *n.* enero.

JAR [YAR] *n.* cántaro :: vasija :: botijo :: jarra, terraza :: pote :: choque, sacudida :: chirrido :: *va. & n.* sacudir, hacer vibrar :: agitar, trepidar, vibrar, chocar.

JARGON [YÁRGAEN] *n.* jerga, jerigonza.

JASMINE [YÁSMIN] *n. (bot.)* jazmín.

JASPER [YÁSPAER] *n.* jaspe.

JAUNT [YOANT] *va. & n.* corretear, ir y venir :: *n.* excursión, paseo :: to go for a —, ir de excursión.

JAW [YOA] *n.* quijada :: mandíbula :: maxilar :: —bone, mandíbula.

JEALOUS [YÉLOS] *adj.* celoso, envidioso, suspicaz.

JEALOUSY [YÉLOSI] *n.* celos :: envidia.

JEER [YIR] *n.* befa, escarnio, injuria :: *va.* mofar(se), escarnecer :: — at, burlarse de :: mofarse de.

JELLY [YÉLI] *n.* jalea, gelatina :: *vn.* convertir(se) en jalea, hacer(se) gelatinoso.

JEOPARDY [YÉPERDI] *n.* riesgo, peligro.

JERK [YERK] *n.* sacudida, tirón :: brinco, respingo :: *va.* arrojar, dar un tirón, sacudir :: atasajar.

JEST [YEST] *n.* chanza, burla, guasa :: *vn.* chancearse, reírse.

JESTER [YÉSTA] *n.* burlón, chancero, bufón :: *(theat.)* gracioso.

JET [YET] *n.* azabache :: surtidor, chorro :: *(gas)* boquilla :: *va.* arrojar :: *vn.* to — out, sobresalir, proyectar :: — plane, — reactor, avión (a chorro, a reacción).

JETTY [YÉTI] *n.* muelle, malecón, rompeolas.

JEW [YU] *n.* judío :: converted —, converso.

JEWEL [YIÚEL] *n.* joya, alhaja, presea :: prenda.

JEWELRY [YIÚELRI] *n.* joyas, alhajas, pedrería :: — store, joyería.

JIG [YIG] *n.* jiga :: — saw, sierra mecánica :: —saw puzzle, rompecabezas.

JIGGLE [YIGL] *va.* zangolotear(se), zarandear(se).

JILT [YILT] *n.* coqueta :: *va. & n.* plantar, dar calabazas a.

JINGLE [YINGL] *n.* retintín, cascabel :: *va. & n.* hacer retintín, rimar.

JOB [YOB] *n.* trabajo, puesto, empleo :: quehacer :: ocupación :: enchufe :: **odd** —, chapuza :: to get a —, colocarse.

JOCULAR [YÓKIULAR] *adj.* guasón, burlesco.

JOIN [YÓIN] *va.* juntar, unir, maridar :: reunir, trabar, aunar :: fundir :: empalmar :: — **forces with**, relacionarse con :: — **up with**, unirse con :: *(mil.)* — **up**, alistarse.

JOINER [YÓINA] *n.* carpintero, ebanista.

JOINT [YOINT] *n.* juntura :: unión :: *(bot.)* nudo :: coyuntura, articulación :: *adj.* unido, combinado, junto, asociado, colectivo :: copartícipe :: — **appearance**, conjunción :: — **owner**, condueño :: — **stock company**, compañía por acciones :: *vn.* unirse por articulación.

JOKE [YOUK] *n.* chanza :: chiste, gracia :: chocarrería :: broma, humorada :: broma pesada :: fiambre.

JOKER [YÓUKAER] *n.* bromista, chancero, guasón :: *(en naipes)* comodín.

JOKINGLY [YÓUKINGLI] *adv.* en (o de) chanza, en (o de) broma :: de chiste.

JOLLY [YÓLI] *adj.* alegre, divertido.

JOLT [YOULT] *n.* traqueteo, sacudida :: *va. & n.* traquetear, sa-

cudir, sacar de quicio, dar sacudidas.

JOSTLE [YOSL] *va.* dar empellones, empujar.

JOT [YOT] *n.* jota, pizca :: *va.* to — down, apuntar, tomar apuntes.

JOURNAL [YÉRNAL] *n.* periódico, diario.

JOURNALIST [YÉRNALIST] *n.* periodista.

JOURNEY [YÉRNII] *n.* viaje :: tránsito, camino :: —man, jornalero :: *vn.* viajar :: ir de viaje, recorrer.

JOVIAL [YÓUVIAL] *adj.* jovial, festivo.

JOY [YOI] *n.* alegría, delicia, regocijo, gozo, gusto :: what —!, ¡albricias!

JOYFUL [YÓIFUL] *adj.* regocijado, jubiloso :: alegre.

JOYOUS [YÓIOES] *adj.* jubiloso, alegre, gozoso.

JUBILANT [YÚBILANT] *adj.* alborozado.

JUBILEE [YUBILÍ] *n.* jubileo :: júbilo.

JUDGE [YOCH] *n.* juez :: *(arch.)* oidor :: conocedor :: *va.* juzgar :: medir :: *vn.* estimar :: conceptuar, opinar.

JUDG(E)MENT [YÓCHMENT] *n.* juicio, dictamen, entendimiento, opinión, sentencia :: discernimiento :: Day of —, Día del Juicio :: to the best of one's —, según el leal saber y entender de uno.

JUDICIAL [YUDÍSHIAL] *adj.* judicial.

JUDICIOUS [YUDÍSHOS] *adj.* juicioso, cuerdo, sesudo, sensato :: fino.

JUG [YOG] *n.* cántara, cántaro :: botija, botijo :: jarro.

JUGGLE [YOGL] *n.* juego de manos, escamoteo :: *vn.* escamotear, hacer juegos de manos.

JUGGLER [YÓGLA] *n.* juglar, titiritero, jugador de manos, ilusionista, histrión.

JUICE [YUS] *n.* jugo, zumo :: **gastric** —, jugo gástrico :: **orange** —, jugo (zumo) de naranja.

JUICY [YÚSI] *adj.* jugoso, suculento.

JUKEBOX [YÚKBOKS] *n.* tragamonedas.

JULY [YULÁI] *n.* julio.

JUMBLE [YOMBL] *n.* mezcla, revoltijo, enredo :: cajón de sastre :: tropel :: *va.* revolver, enredar, confundir.

JUMP [YOMP] *n.* salto, brinco :: — over, *va.* saltar, salvar, brincar, dar un salto, dar saltos (brincos).

JUMPER [YÓMPAER] *n.* saltador :: chaquetón holgado :: vestido sin mangas, jersey.

JUMPY [YÓMPI] *adj.* saltón :: asustadizo :: nervioso.

JUNCTION [YÓNGKSHON] *n.* unión, trabadura :: confluente :: empalme.

JUNCTURE [YÓNKCHIUR] *n.* juntura :: coyuntura.

JUNE [YUN] *n.* junio.

JUNGLE [YONGL] *n.* selva.

JUNIOR [YÚNIOR] *adj.* más joven :: *n.* menor, joven, hijo.

JUNK [YONK] *n.* basura, desperdicios :: trastos viejos :: cosa inservible :: *va.* desechar, echar a la basura.

JURISDICTION [YURISDÍKSHON] *n.* jurisdicción, fuero :: poderío.

JURY [YÚRI] *n.* jurado :: los jurados :: —box, tribuna.

JUST° [YAST] *adj.* justo, justiciero, razonable, exacto, cabal,

honrado, fiel :: **to have** —, acabar de :: — **out**, *adj.* reciente.

JUSTICE [YÓSTIS] *n.* justicia :: juez :: magistrado.

JUSTIFICATION [YOSTIFIKÉISHON] *n.* justificación.

JUSTIFY [YÓSTIFAI] *va.* justificar.

JUT [YOT] *vn.* —**out**, proyectar, sobresalir :: combarse.

JUVENILE [YÚVINAIL] *adj.* juvenil, joven :: — **Court**, Tribunal de Menores.

K

KANGAROO [KANGARÚ] *n.* *(zool.)* canguro.

KEEL [KIL] *n.* quilla :: *va.* surcar el mar, dar carena.

KEEN* [KIN] *adj.* agudo, penetrante :: ladino :: sutil :: mordaz, incisivo :: —**edged,** cortante, afilado.

KEENNESS [KÍNES] *n.* agudeza, perspicacia :: aspereza :: entusiasmo.

KEEP [KIP] *n.* alcázar, guardia, torre :: manutención, pensión, subsistencia :: *va.* guardar, tener, mantener :: quedarse con, preservar :: llevar la casa :: celebrar :: retener :: *vn.* quedar, conservarse, guardarse :: — **away,** mantener(se) a distancia :: — **back,** retener, reservar, suprimir :: — **up,** mantener, mantenerse firme, no cejar :: — **someone waiting,** dar (a uno) un plantón :: — **accounts,** llevar los libros :: **to** — **someone (too long),** entretener :: — **up appearances,** salvar las apariencias :: — **to one's bed,** guardar cama :: — **at bay,** mantener a raya :: — **time,** marcar el compás.

KEEPER [KÍPAER] *n.* guardián, custorio :: **jail** —, carcelero.

KEEPING [KÍPING] *n.* custodia :: mantenimiento :: preservación, conservación :: **in** — **with,** en armonía con.

KEG [KEG] *n.* tonel, barril.

KENNEL [KÉNEL] *n.* perrera.

KEPT [KEPT] *pret. & p.p. de* **to keep.**

KERNEL [KÉRNL] *n.* almendra :: pepita :: meollo :: copra.

KETTLE [KETL] *n.* caldera :: caldero, tetera, palma.

KEY [KI] *n.* llave :: — **to cipher, code,** contracifra :: *(piano)* tecla :: *(mech.)* cuña :: *(mus.)* clave :: tono :: **latch**—, llavín :: **master** —, llave maestra, ganzúa :: — **hole,** ojo de la cerradura.

KEYBOARD [KÍBORD] *n.* teclado.

KEYNOTE [KÍNOUT] *n.* nota tónica :: idea o principio fundamental.

KEYSTONE [KÍSTOUN] *n.* clave :: base, fundamento principal.

KHAKEE [KÁKI] *n.* caqui :: *adj.* de caqui.

KICK [KIK] *n.* patada, puntapié :: respingo, protesta :: coz :: *va. & n.* dar (coces, puntapiés), co-

cear :: patalear :: — **against the pricks,** dar coces contra el aguijón :: respingar :: — **over the traces,** mostrar las herraduras.

KID [KID] *n.* cabrit(ill)o :: cabritilla, antílope joven :: niño(a), chico(a), muchacho(a).

KIDNAP [KÍDNAEP] *va.* secuestrar, raptar.

KIDNAPPER [KÍDNAEPAER] *n.* secuestrador :: robachicos, ladrón de niños.

KIDNAPPING [KÍDNAEPING] *n.* rapto, secuestro.

KIDNEY [KÍDNI] *n.* riñón, lomo :: índole :: — **bean,** judía blanca, habichuela, alubia.

KILL [KIL] *va.* matar, destruir, neutralizar :: acogotar :: birlar :: despachar :: **to** — **two birds with one stone,** matar dos pájaros de un tiro.

KILLER [KÍLAER] *n.* matador :: asesino.

KILN [KILN] *n.* horno.

KIN [KIN] *adj.* pariente, emparentado, aliado, análogo, afín, allegado :: *n.* parentesco, vínculo :: parientes :: **next of** —, pariente próximo.

KIND* [KAIND] *adj.* amable, cariñoso, bondadoso :: propicio :: **very** —, angélico, muy amable :: —**hearted,** benévolo, bondadoso :: *n.* género, especie, clase, suerte :: *(com.)* **in** —, en especie.

KINDLE [KINDL] *va.* encender, iluminar, inflamar :: *vn.* prender, arder, encenderse, inflamarse.

KINDNESS [KÁINDNES] *n.* bondad, benevolencia, amabilidad, gracia.

KINDRED [KÍNDRED] *adj.* consanguíneo :: congenial :: *n.* parentela, afinidad.

KING [KING] *n.* rey :: **the three** —**s,** los reyes magos :: —**cup,** botón de oro.

KINGDOM [KÍNGDAEM] *n.* reino.

KINSHIP [KÍNSCHIP] *n.* parentesco :: afininidad :: semejanza.

KINSMAN [KÍNSMAEN] *n.* pariente, deudo.

KISS [KIS] *n.* beso :: ósculo :: **to cover with** —**es,** besuquear :: *va.* besar :: **to** — **the ground,** morder el polvo.

KIT [KIT] *n.* cubo, caja de herramientas :: avíos.

KITCHEN [KÍCHEN] *n.* cocina :: — **garden,** huerta :: —**maid,** fregona :: — **range,** cocina económica.

KITE [KAIT] *n.* milano :: cometa, birlocha.

KITTEN [KITN] *n.* gatito.

KITTY [KÍTI] *n.* gatito, minino.

KNACK [NAK] *n.* maña, habilidad, ingenio, tino, acierto :: **knick**—, chuchería.

KNAPSACK [NÁPSAK] *n.* mochila.

KNAVE [NEIV] *n.* pícaro, bribón, bellaco :: *(en naipes)* sota.

KNEAD [NID] *va.* amasar.

KNEE [NI] *n.* *(anat.)* rodilla :: *(arch.)* hinojo :: *(mech.)* codillo :: **on one's** —**s,** de rodillas :: — **breeches,** calzón corto.

KNEEL [NIL] *vn.* arrodillarse, hincar la rodilla, ponerse (de rodillas, *(arch.)* de hinojos.

KNELL [NEL] *n.* tañido fúnebre, clamoreo :: *va.* doblar.

KNELT [NELT] *pret. & p.p. de* **to kneel.**

KNEW [NIU] *pret. de* **to know.**

KNICKERS [NÍKERS] *n. pl.* bragas.

KNIFE [NAIF] *n.* cuchillo :: cuchilla :: cuchillo de monte :: navaja :: cortaplumas.

KNIGHT* [NAIT] *n.* caballero :: *(en ajedrez)* caballo :: — **Templar,** hospitalario, templario :: *va.* armar caballero.

KNIGHTHOOD [NÁITJUD] *n.* caballería, orden de la caballería.

KNIT [NIT] *va. & n.* hacer (punto, calceta), anudar, ligar :: entretejer :: fruncir (el ceño).

KNITTING [NÍTING] *n.* calceta, punto :: obra de punto.

KNIVES [NÁIVS] *pl. de* **knife.**

KNOB [NOB] *n.* prominencia, nudo, botón :: *(de la puerta)* tirador.

KNOCK [NOK] *n.* golpe :: aldabazo :: —**kneed,** zambo, befo :: *va. & n.* golpear, llamar a la puerta :: — **off,** *va.* rebajar :: — **down,** derribar, abatir, atropellar, rematar :: — **further in,** remachar.

KNOLL [NOUL] *n.* loma, otero, prominencia :: *va. & n.* doblar, tocar a muerto.

KNOT [NOT] *n.* nudo :: atadura :: moño :: corro, corrillo :: **running** —, lazo escurridizo :: **slip** —, lazo :: *va. & n.* anudar, echar nudos, atar.

KNOTTY [NÓTI] *adj.* nudoso :: dificultoso, enredado.

KNOW [NOU] *va.* saber :: conocer :: — **how,** saber :: — **by sight,** conocer de vista :: **to be in the** —, estar enterado :: **to get to** —, llegar a saber, enterarse de :: relacionarse con :: **he knows more than Old Nick,** sabe más

que Lepe :: **to — better than to,** guardarse de :: **for all I —,** que yo sepa :: a mi juicio.
KNOWINGLY (NÓUINGLI) *adv.* a sabiendas :: adrede.

KNOWLEDGE (NÓULICH) *n.* conocimiento(s), saber, instrucción :: **with —,** a ciencia cierta :: **to the best of my —,** según mi leal saber y entender.

KNOWN (NOUN) *p.p. de* **to know.**
KNUCKLE (NOKL) *n.* nudillo, artejo :: **—bones,** taba :: *vn.* **to — under,** someterse, doblarse.

L

LABEL [LEIBL] *n.* rótulo, etiqueta, letrero :: tarjeta :: *va.* rotular, marcar.

LABOR, LABOUR [LÉIBA] *n.* trabajo, labor, obra :: mano de obra :: *(med.)* dolores de parto :: **hard** —, trabajos forzados :: — **party**, partido laborista :: *va.* trabajar, elaborar, fabricar :: *vn.* afanarse, esforzarse, forcejear.

LABORATORY [LABÓRATORI] *n.* laboratorio, taller.

LABO(U)RER [LÉIBARA] *n.* trabajador, obrero :: jornalero, peón.

LABORIOUS[*] [LABÓRIOS] *adj.* laborioso, penoso, ímprobo :: asiduo.

LABYRINTH [LÁBIRINZ] *n.* laberinto.

LACE [LEIS] *n.* encaje :: cordón :: **shoe**—, cordón :: *va.* hacer encaje :: bordar :: — **up**, atar.

LACK [LAK] *n.* necesidad, escasez, falta, carencia :: ausencia :: — **of spirit**, pobreza de espíritu :: — **of movement**, inacción :: — **of taste, tact, etc.**, desacierto :: — **of enthusiasm**, tibieza :: *va.* tener necesidad de :: *vn.* carecer, faltar.

LACKEY [LÁKI] *n.* lacayo.

LACKING [LÁKING] *adj.* falto, carente.

LACQUER [LÁKA] *n.* laca, barniz :: *va.* barnizar.

LAD [LAD] *n.* joven, muchacho, chiquillo, rapaz, chaval, pollo :: **young-fellow-me-**—, pollito.

LADDER [LÁDA] *n.* escala, escalera :: carrera :: **rope** —, escala de cuerda.

LADE [LAD] *va.* cargar :: *vn.* tomar cargamento.

LADEN [LÉDIN] *adj.* cargado :: agobiado, abrumado :: *va.* cargar :: agobiar.

LADLE [LEIDL] *n.* cucharón, cazo.

LADY [LÉIDI] *n.* dama, señora :: **fine young** —, damisela :: — **in waiting**, menina :: — **killer**, tenorio :: — **ship**, señoría.

LAG [LAG] *n.* retraso :: *va.* — **behind**, rezagarse, quedarse atrás.

LAID [LEID] *pret. & p.p. de* to **lay** :: **to be** — **up**, estar incapacitado o estropeado.

LAIR [LER] *n.* guarida, madriguera :: escondrijo, cubil.

LAKE [LEIK] *adj.* lacustre :: *n.* lago :: estanque.

LAMB [LAMI] *n.* cordero, borrego.

LAME[*] [LEIM] *adj.* cojo, cojuelo ::

tullido :: débil :: *va.* estropear, lisiar :: **to walk** —, cojear.

LAMENT [LAMÉNT] *n.* queja, lamento :: llanto :: *va. & n.* deplorar, lamentarse, quejarse, sentir.

LAMENTABLE [LAMÉNTABL] *adj.* lamentable.

LAMENTATION [LAMENTÉISHON] *n.* lamentación, lamento.

LAMINATE [LÁMINEIT] *va.* laminar.

LAMP [LAMP] *n.* lámpara :: quemador :: **oil** —, candil :: **street** —, farol :: — **glass**, tubo de lámpara :: — **shade**, pantalla.

LANCE [LANS] *n.* lanza :: *(med.)* lanceta :: — **wound**, lanzada :: *va.* lancear, atravesar, cortar.

LAND [LAND] *n.* tierra :: terreno(s) :: país :: comarca :: terreno limítrofe :: *va. & n.* desembarcar :: tomar tierra :: aterrizar :: *va. (coll.)* propinar, arrear.

LANDHOLDER [LÁNDHOULDAER] *n.* terrateniente, propietario, hacendado.

LANDING [LÁNDING] *n.* desembarco, desembarque :: aterrizaje :: desembarcadero :: *(de una escalera)* descansillo :: — **field**, campo de aterrizaje :: aeropuerto :: — **strip**, pista de aterrizaje.

LANDLADY [LÁNDLEIDI] *n.* patrona, casera, dueña.

LANDLORD [LÁNDLORD] *n.* amo, patrón, propietario, dueño :: casero.

LANDMARK [LÁNDMARK] *n.* mojón, señal :: marca :: suceso culminante.

LANDOWNER [LÁNDOUNAER] *n.* terrateniente, propietario, hacendado.

LANDSCAPE [LÁNDSKEIP] *n.* paisaje.

LANDSLIDE [LÁNDSLAID] *n.* derrumbe, derrumbamiento, desplome :: gran mayoría de votos.

LANE [LEIN] *n.* callejuela, callejón :: camino vecinal, senda.

LANGUAGE [LÁENGÜICH] *n.* lengua, idioma :: lenguaje.

LANGUID[*] [LÁENGÜID] *adj.* lánguido, débil, lacio.

LANGUISH [LÁENGÜISH] *vn.* languidecer, extenuarse, consumirse.

LANK[*] [LANK] *adj.* flaco, delgado :: lacio.

LANTERN [LÁNTERN] *n.* linterna :: farola :: farolillo :: **magic** —, linterna mágica :: linterna sorda.

LAP [LAP] *n.* falda, seno, regazo :: — **dog**, perro faldero :: *va. & n.* sobreponer, plegar :: envolver :: lamer.

LAPEL [LAPÉL] *n.* solapa.

LAPIDARY [LÁPIDERI] *n. & adj.* lapidario.

LAPSE [LAPS] *n.* lapso, transcurso :: traspié, falta :: *vn.* pasar, transcurrir :: caducar, (re)caer en.

LARCENY [LÁRSENI] *n.* hurto :: ratería.

LARD [LARD] *n.* manteca (de cerdo).

LARDER [LÁRDA] *n.* despensa, repostería.

LARGE[*] [LARCH] *adj.* grande, grueso, amplio :: nutrido :: extenso :: holgado :: — **headed**, cabezudo :: — **hearted**, desprendido :: — **scale**, en gran escala.

LARK [LARK] *n.* alondra :: *(coll.)* holgorio.

LARVA [LÁRVA] *n.* larva.

LASCIVIOUS[*] [LASÍVIOES] *adj.* lascivo.

LASH [LASH] *n.* látigo :: latigazo :: coletazo :: azote :: **eye** —, pestaña :: *va. & n.* azotar :: amarrar, dar coletazos.

LASS [LAS] *n.* chaval, moza, doncella, muchacha :: — **bonny** —, moza garrida :: **country** —, zagala.

LASSITUDE [LÁSITIUD] *n.* dejadez, flojedad, decaimiento de fuerzas.

LASSO [LÁSOU] *n.* lazo, reata :: mangana :: *va.* (en)lazar.

LAST[*] [LAST] *adj.* último, postrero :: supremo :: pasado :: último, otro :: — **night**, anoche :: — **but one**, penúltimo :: — **man in** *(juego)*, porra :: **at** —, en fin, finalmente :: *adv.* **at the** — a la zaga, al fin :: **at long** —, a la postre :: **to the** —, hasta lo último :: *(mil.)* — **post**, retreta :: **on one's** — **legs**, a no poder más :: — **moments**, postrimerías :: *n.* horma :: *vn.* (per)durar :: — **out**, subsistir :: sostenerse.

LASTING[*] [LÁSTING] *adj.* duradero :: perdurable.

LATCH [LACH] *n.* aldaba, aldabilla, picaporte, cerrojo :: — **key**, llavín.

LATE [LEIT] *adj.* tardío :: retrasado :: — **king**, el difunto rey :: tardo, lento :: reciente :: — **hours**, altas horas :: **to be** —, llegar (tarde, retrasado), retrasarse, llevar un retraso de :: **of** —, **lately**, recientemente, de poco tiempo acá, últimamente :: **too** —, demasiado tarde :: **as** — **as Monday**, el lunes mismo, el lunes sin ir más lejos.

LATENT [LÉITENT] *adj.* oculto, latente, secreto.

LATER [LÉITA] *adv. & adj.* más tarde :: después, luego :: más reciente :: posterior.

LATERAL° [LÁTERAL] *adj.* lateral.

LATEST [LÉITEST] *adv. & adj.* más tarde :: más reciente, más nuevo :: último :: **the — fashion,** la última moda, las últimas novedades :: **the — news,** las noticias más recientes :: **at the —,** a más tardar.

LATHE [LEIZ] *n. (mech.)* torno.

LATHER [LÁDA] *n.* espuma de jabón :: *va.* enjabonar :: hacer espuma.

LATITUDE [LÁTITIUD] *n.* latitud, extensión :: **in the — of,** en las alturas de.

LATTER° [LÁTA] *adj.* último, éste, posterior :: **the — part,** la segunda parte.

LATTICE [LÁTIS] *n.* celosía :: enrejado, rejilla, retículo.

LAUDABLE [LÓADABL] *adj.* loable.

LAUGH [LAF] *n.* risa :: *vn.* reír :: **— at,** reírse de, ridiculizar :: **to — out loud,** reír a carcajadas :: **to — up one's sleeve,** reírse por dentro.

LAUGHABLE [LÁFABL] *adj.* risible :: ridículo.

LAUGHINGSTOCK [LÁFINGSTOK] *n.* hazmerreír.

LAUGHTER [LÁFTAER] *n.* risa.

LAUNCH [LOANCH] *n.* botadura, lanzamiento :: lancha :: *va.* lanzar, botar al agua :: *vn.* arrojarse, lanzarse, acometer.

LAUNDER [LÓNDAER] *va.* lavar y planchar.

LAUNDRY [LÓNDRI] *n.* lavandería :: lavado :: ropa lavada.

LAUREL [LÓREL] *n.* laurel :: gloria, honor.

LAVATORY [LÁVATORY] *n.* lavatorio, lavadero :: retrete.

LAVENDER [LÁVENDA] *n.* espliego, alhucema.

LAVISH° [LÁVISH] *adj.* lujoso, fastuoso, manirroto, pródigo :: *va.* prodigar.

LAW [LOA] *n.* ley :: derecho :: constitución :: **canon —,** derecho canónico :: **civil —,** derecho civil :: **commercial —,** derecho mercantil :: **criminal —,** derecho penal :: **— student,** estudiante de derecho :: **beyond the —,** fuera de la ley :: *pl.* **the — of,** las leyes de :: **according to the —,** según la ley :: **— officer,** policía :: golilla :: **brother-in-—,** cu-

ñado :: **mother-in-—,** suegra :: **daughter-in-—,** nuera :: **to go to —,** poner pleito :: **to take the — into one's own hands,** tomarse la justicia por su mano :: **— abiding,** pacífico, morigerado.

LAWFUL° [LÓFUL] *adj.* legal :: lícito :: válido :: permitido.

LAWLESS° [LÓLES] *adj.* sin ley :: ilegal :: desenfrenado :: revoltoso :: licencioso.

LAWMAKER [LÓMEIKA] *n.* legislador.

LAWN [LOAN] *n.* césped :: *(sew.)* linón.

LAWSUIT [LÓSUT] *n.* pleito, litigio.

LAWYER [LÓYAER] *n.* abogado, jurisconsulto.

LAX° [LAKS] *adj.* flojo :: suelto :: relajado.

LAXATIVE [LÁKSATIV] *adj. & n.* laxante, purgante.

LAXITY [LÁKSITI] *n.* flojedad, flojera :: relajamiento.

LAY [LEI] *va.* poner, colocar, (ex)tender :: echar, acabar con :: poner *(huevos)* :: sosegar, aquietar :: achacar :: apostar :: apuntar :: *vn.* **— about one,** dar palos de ciego :: **— aside,** poner a un lado, desechar :: arrinconar :: guardar :: **— bare,** revelar :: **— before,** exponer *(ante los ojos)* :: **— down,** posar :: acostar, deponer :: dictar, sentar, establecer, imponer :: enterrar :: **— (oneself) open,** exponer(se) a, descubrir :: **— out,** trazar :: **— out (corpse),** amortajar :: **— out (money),** invertir :: gastar.

LAYER [LÉIA] *n.* capa, yacimiento.

LAYMAN [LÉIMAEN] *n.* lego, seglar, laico.

LAZILY [LÉISILI] *adj.* perezosamente.

LAZINESS [LÉISINES] *n.* pereza.

LAZY [LÉISI] *adj.* perezoso, descuidado, lánguido :: **— dog,** paseante.

LEAD [LED] *n.* plomo :: *(naut.)* sonda, plomada.

LEAD [LID] *n.* primer lugar, primacía :: *(theat.)* protagonista, primer actor :: *(en juegos de naipes)* mano :: *va.* llevar, guiar :: ir a la cabeza :: encauzar, inducir :: capitanear :: *vn.* llevar la delantera :: tender :: *(naipes)* ser mano :: **— into error,** inducir a error :: **— to,** salir a :: **to take the —,** adelantarse, tomar la delantera.

LEADEN [LEDN] *adj.* plomizo :: aplomado, color de plomo :: pesado.

LEADER [LÍDAER] *n.* jefe, caudillo :: líder :: director :: guía :: **—s,** puntos suspensivos.

LEADERSHIP [LÍDAERSHIP] *n.* dirección, mando :: iniciativa.

LEADING [LÍDING] *adj.* principal :: delantero :: **— man,** *(theat.)* primer actor.

LEAF [LIF] *n.* hoja :: *(tabaco)* en rama :: pala :: *(de la puerta)* ala, batiente :: oro batido :: **to turn over a new —,** enmendarse, volver la hoja.

LEAFLET [LÍFLET] *n.* hojilla :: folleto, circular.

LEAFY [LÍFI] *adj.* frondoso.

LEAGUE [LIG] *n.* liga :: confederación :: legua :: *vn.* ligarse, confederarse.

LEAK [LIK] *n.* gotera, escape :: *vn.* gotear, hacer agua, rezumar :: **— out,** trascender.

LEAN [LIN] *adj.* flaco, magro, enjuto :: *n.* carne magra :: **— to,** colgadizo, cobertizo :: *va. & n.* inclinar(se), apoyar(se) :: **— back,** reclinarse :: **— against,** arrimar(se) a.

LEAP [LIP] *n.* salto, brinco :: corcovo :: **— year,** año bisiesto :: *pl.* **by —s and bounds,** a pasos agigantados :: *va. & n.* saltear, brincar :: latir :: **— over,** salvar.

LEAPT [LEPT] *pret. & p.p. de* **to leap.**

LEARN [LERN] *va. & n.* aprender, darse cuenta :: enterarse de, averiguar.

LEARNED° [LÉRNID] *adj.* docto, erudito :: versado en :: sabio :: culto.

LEARNER [LÉRNA] *n.* escolar, estudiante :: aprendiz :: principiante.

LEARNING [LÉRNING] *n.* saber :: **superficial —,** erudición a la violeta.

LEARNT [LERNT] *pret. & p.p. de* **learn.**

LEASE [LIS] *n.* arriendo, arrendamiento :: *va.* arrendar, dar en arriendo.

LEAST [LIST] *adj.* ínfimo, el menor :: *adv.* lo menos :: **at —,** por lo menos :: **when you — expect it,** cuando menos se piensa :: de hoy a la mañana :: **not in the —,** de ningún modo, ni mucho menos.

LEATHER [LÉDA] *n.* cuero :: **Spanish —,** cordobán.

LEAVE [LIV] *n.* permiso, licencia :: **by your —,** con perdón, con su permiso :: **without so much as by your —,** de buenas a primeras :: *va.* dejar, abandonar :: irse, salir :: legar :: — **out**, omitir :: — **the priesthood**, colgar los hábitos.

LEAVEN [LEVN] *n.* levadura, fermento :: *va.* fermentar.

LEAVINGS [LÍVINGS] *n.* sobras, desperdicios.

LECTURE [LÉKTIUR] *n.* conferencia, discurso :: reprimenda :: — **hall**, aula, salón :: *va.* dar (una) conferencia :: sermonear, regañar.

LECTURER [LÉKTIURA] *n.* conferenciante.

LED [LED] *pret. & p.p. de* to **lead**.

LEDGE [LECH] *n.* borde, capa :: saliente :: **window**—, alféizar.

LEDGER [LÉCHA] *n. (en contabilidad)* libro mayor.

LEECH [LICH] *n.* sanguijuela.

LEER [LIR] *n.* mueca :: mirada de soslayo, mirada lujuriosa :: *vn.* mirar de soslayo :: mirar con lujuria.

LEEWARD [LÍUAERD] *n. & adv.* sotavento.

LEFT [LEFT] *adj.* izquierdo :: — **handed**, zurdo :: — **hand**, siniestra :: **to be** —, quedar :: — **behind**, rezagado :: **on the** —, a la izquierda :: — **out**, omitido :: olvidado :: *pret. & p.p. de* to **leave**.

LEFTIST [LÉFTIST] *n.* izquierdista.

LEFTOVER [LEFTÓUVAER] *adj.* sobrante :: —**s**, *n. pl.* sobras.

LEFTWING [LÉFTUING] *adj.* izquierdista.

LEG [LEG] *n.* pierna :: pantorrilla :: pata :: **long** —, zanca :: **on one's last** —**s**, a la cuarta pregunta :: **to pull one's** —, tomarle el pelo.

LEGACY [LÉGASI] *n.* legado, herencia.

LEGAL• [LÍGAL] *adj.* legal, legítimo, judicial, constitucional.

LEGALIZE [LÍGALAIS] *va.* legalizar :: sancionar.

LEGATION [LIGUÉISHON] *n.* legación :: embajada.

LEGEND [LÉCHEND] *n.* leyenda, fábula :: letrero.

LEGENDARY [LÉCHENDARI] *adj.* legendario.

LEGGINGS [LÉGUINGS] *n. pl.* polainas.

LEGIBLE [LÉCHIBL] *adj.* legible.

LEGION [LÍCHON] *n.* legión, multitud.

LEGISLATE [LÉCHISLEIT] *vn.* hacer leyes, legislar.

LEGISLATION [LECHISLÉISHON] *n.* legislación.

LEGISLATIVE [LÉCHISLEITIV] *adj.* legislativo.

LEGISLATOR [LÉCHISLEITA] *n.* legislador.

LEGISLATURE [LÉCHISLEICHIUR] *n.* legislatura, asamblea legislativa.

LEGITIMACY [LECHÍTIMASI] *n.* legitimidad.

LEGITIMATE• [LECHÍTIMET] *adj.* legítimo.

LEISURE [LÉSHER] *n.* ocio, holganza, desocupación, comodidad :: **at** —, holgado, a gusto :: **to be at** —, holgar, estar (libre, desocupado) :: — **time**, ratos perdidos.

LEISURELY [LÉSHERLI] *adj.* lento, deliberado, pausado :: *adv.* sin prisa, despacio, a sus anchas.

LEMON [LÉMON] *n.* limón :: — **coloured**, cetrino.

LEMONADE [LEMONEID] *n.* limonada.

LEND [LEND] *va.* prestar :: — **at interest**, prestar a crédito :: — **a hand**, echar una mano :: — **oneself**, prestarse.

LENDER [LÉNDA] *n.* prestador :: — **money** —, prestamista.

LENGTH [LENGZ] *n.* longitud, extensión :: espacio, duración :: *(de tela)* corte :: **to go to great** —**s**, extremar :: **at** —, a la larga :: **full** —, de cuerpo entero.

LENGTHEN [LENGZN] *va.* alargar, extender, crecer.

LENGTHWISE [LÉNGZUAIS] *adv.* a lo largo :: longitudinalmente :: *adj.* longitudinal.

LENGTHY [LÉNGZI] *adj.* difuso, prolongado, extenso.

LENIENCY [LÍNIENSI] *n.* clemencia, lenidad.

LENIENT• [LÍNIENT] *adj.* clemente, benigno.

LENS [LENS] *n.* lente :: luneta :: **contact** —**es**, lentillas.

LENT [LENT] *n.* cuaresma.

LENTIL [LÉNTIL] *n.* lenteja.

LEPER [LÉPA] *n.* leproso, lazarino.

LEPROSY [LÉPROSI] *n.* lepra.

LESS [LES] *adj. & adv.* menor, menos :: **to grow** —, decrecer.

LESSEN [LESN] *va.* disminuir, mermar :: *vn.* disminuirse :: aminorar :: amainar.

LESSER [LÉSAR] *adj.* menor, más pequeño.

LESSON [LESN] *n.* lección :: enseñanza :: reprimenda :: moraleja :: **to teach a** — **to**, aleccionar.

LET [LET] *n.* estorbo :: *va.* dejar :: alquilar :: *vn.* — **into**, dejar entrar :: enterar :: — **fly, free, loose**, soltar, desencadenar :: — **off**, disparar :: perdonar :: —

out, aflojar, soltar, largar :: **to know**, hacer saber, advertir, hacer presente.

LETDOWN [LÉTDAUN] *n.* aflojamiento :: desilusión.

LETHARGY [LÉZARDYI] *n.* letargo :: **to fall into a** —, aletargarse.

LETTER [LÉTA] *n.* carta :: letra :: carácter :: **small** —, minúscula :: —**writing**, correspondencia, epistolería :: — **perfect**, al pie de la letra :: —**box**, buzón.

LETTUCE [LÉTIS] *n.* lechuga.

LEVEL [LÉVL] *adj.* igual, plano, lleno, liso :: *n.* nivel :: **above sea**—, sobre el nivel del mar :: — **crossing**, paso a nivel :: *va.* nivelar, allanar, explanar :: arrasar :: — **at**, apuntar.

LEVER [LÉVA] *n.* palanca :: **control** —, palanca de mando.

LEVITY [LÉVITI] *n.* ligereza, liviandad :: risa.

LEVY [LÉVI] *n.* leva, enganche :: exacción de tributos :: *va.* reclutar :: imponer, exigir (tributos).

LEXICAL [LÉKSIKAL] *adj.* léxico.

LEXICON [LÉKSIKON] *n.* léxico.

LIABILITY [LAIABÍLITI] *n.* responsabilidad, compromiso :: *pl. (com.)* pasivo :: tendencia.

LIABLE [LÁIABL] *adj.* responsable :: expuesto :: propenso a :: **to become** —, incurrir en.

LIAISON [LIÉISN] *n.* enlace :: unión, ligue.

LIAR [LÁIA] *n.* embustero, mentiroso.

LIBEL [LÁIBEL] *n.* libelo, difamación :: *va.* difamar, calumniar, infamar.

LIBERAL• [LÍBERAL] *adj.* liberal, generoso, largo, desprendido.

LIBERALISM [LÍBERALISM] *n.* liberalismo.

LIBERALIZE [LÍBERALAIS] *va. & n.* liberalizar(se).

LIBERATE [LÍBEREIT] *va.* libertar, librar, redimir.

LIBERATION [LIBERÉISHON] *n.* liberación.

LIBERATOR [LÍBEREITA] *n.* libertador.

LIBERTINE [LÍBERTIN] *adj. & n.* libertino.

LIBERTY [LÍBERTI] *n.* libertad :: libre albedrío :: licencia, desembarazo.

LIBIDO [LIBÍDOU] *n.* libido.

LIBRARIAN [LAIBRÉRIAN] *n.* bibliotecario.

LIBRARY [LÁIBRERI] *n.* biblioteca.

LICE [LÁIS] *pl. de* louse.

LICENSE [LÁISENS] *n.* licencia, permiso :: título, diploma :: libertinaje, desenfreno :: *va.* autorizar, conceder (un permiso, una licencia).

LICENTIOUS• [LAISÉNSHOS] *adj.* licencioso, desahogado.

LICK [LIK] *va.* lamer :: pegar, *(coll.)* cascar.

LID [LID] *n.* tapadera, tapa :: **eye —,** párpado.

LIE [LAI] *n.* mentira, embuste, falsedad :: **white —,** mentirilla :: caída :: *vn.* mentir :: ubicar :: **—about,** estar esparcido, desparramado, tumbado :: **— against,** arrimarse a :: **— between,** mediar :: **— down,** echarse, acostarse, tenderse :: **— in wait for,** acechar :: **— low,** agacharse :: **— on,** pesar sobre :: yacer :: **to give the — to,** dar el mentís, desmentir, contradecir.

LIEUTENANT [LIUTÉNANT] *n.* teniente :: **second —,** alférez :: **—colonel,** teniente coronel.

LIFE [LAIF] *n.* vida :: vivacidad :: vivir, conducta :: **to the —,** al vivo :: **for —,** vitalicio, de por vida :: **painted from —,** pintado del natural :: **—belt,** salvavidas :: **—boat,** lancha de socorro, bote salvavidas.

LIFELESS [LÁIFLES] *adj.* sin vida :: muerto :: exánime :: inanimado :: desanimado.

LIFELIKE [LÁILAIK] *adj.* como la vida :: natural, que parece vivo.

LIFELONG [LÁIFLONG] *adj.* perpetuo, de toda la vida.

LIFETIME [LÁIFTAIM] *n.* vida, transcurso de la vida.

LIFT [LIFT] *n.* elevación, alzamiento :: *(mech.)* ascensor, montacargas :: *va.* levantar, elevar, subir :: *(coll.)* sisar.

LIGHT [LAIT] *adj.* ligero, liviano, fácil :: *n.* luz, claridad :: **signal —,** farol :: *(met.)* **shining —,** lumbrera :: iluminar :: *va.* encender :: *vn.* encenderse :: **— on,** posarse.

LIGHTEN [LAITN] *va.* aligerar :: iluminar :: aclarar :: relampaguear :: alegrar.

LIGHTER [LÁITA] *n.* encendedor.

LIGHTHOUSE [LÁITJAUS] *n.* faro.

LIGHTING [LÁITING] *n.* iluminación :: alumbrado.

LIGHTLY [LÁITLI] *adv.* ligeramente :: levemente :: frívolamente :: sin seriedad.

LIGHTNESS [LÁITNES] *n.* ligereza :: frivolidad :: claridad.

LIGHTNING [LÁITNING] *n.* relámpago, rayo :: **— conductor,** pararrayos.

LIGHTWEIGHT [LÁITUEIT] *n.* peso liviano :: peso ligero.

LIKABLE [LÁIKABL] *adj.* agradable, simpático, placentero.

LIKE [LAIK] *adj.* semejante, parecido :: igual :: *n.* semejante, igual :: *adv.* como, del mismo modo :: a semejanza de :: **what I —,** de mi agrado :: **— it or not,** mal que le pese :: **— father – son,** cual padre tal hijo :: *va. & n.* gustar, gustar de, estimar, apreciar, simpatizar con :: **to be —,** semejar a, parecerse a.

LIKELY [LÁIKLI] *adj. & adv.* probable, posible, idóneo, verosímil, a propósito :: **— as not,** a lo mejor :: **to be — to,** deber de :: **it isn't —,** es improbable :: **not —!** claro que no.

LIKEN [LÁIKN] *va.* asemejar, comparar.

LIKENESS [LÁIKNES] *n.* semejanza, parecido, retrato, semejante :: **to be a good —,** estar parecido :: **family —,** aire de familia.

LIKEWISE [LÁIKUAIS] *adv.* también, del mismo modo, igualmente.

LIKING [LÁIKING] *n.* gusto, agrado, inclinación, afición.

LILAC [LÁILAK] *n.* lila :: *adj.* lila, morado claro.

LILY [LILI] *n.* lirio :: **water—,** nenúfar :: **—white,** *adj.* blanquísimo :: puro :: racialmente segregado.

LIMB [LIM] *n.* miembro :: rama.

LIME [LAIM] *n.* cal :: lima *(fruta)* :: tilo :: *(Amer.)* limón :: **— tree,** limero, tilo.

LIMELIGHT [LÁIMLAIT] *n.* candilejas :: proscenio.

LIMESTONE [LÁIMSTOUN] *n.* piedra caliza.

LIMIT [LÍMIT] *n.* límite :: término :: **—s,** frontera :: **that's the —,** es el colmo :: **to the —,** hasta no más :: *va.* limitar, circunscribir.

LIMITATION [LIMITÉISHON] *n.* limitación :: restricción.

LIMITED• [LÍMITID] *adj.* limitado :: restringido.

LIMITING [LÍMITING] *adj.* limítrofe.

LIMITLESS [LÍMITLES] *adj.* ilimitado, sin límites :: desmedido.

LIMP [LIMP] *adj.* flojo, lacio :: *n.* cojera :: *vn.* cojear, claudicar.

LIMPID [LÍMPID] *adj.* límpido :: claro, transparente.

LINE [LAIN] *n.* línea, fila :: *(print.)* renglón :: verso :: raya :: surco :: *(mil.)* **behind the —s,** a la retaguardia :: *va.* alinear, revestir :: forrar :: **—up,** alinear.

LINEAGE [LÍNIECH] *n.* raza, linaje, abolengo :: genealogía :: hidalguía.

LINEAR [LÍNIAER] *adj.* lineal.

LINED [LAIND] *adj.* rayado :: forrado.

LINEN [LÍNEN] *n.* lino, lienzo :: ropa blanca.

LINER [LÁINA] *n.* transatlántico.

LINGER [LÍNGUER] *vn.* tardar, demorarse, ir despacio.

LINGERIE [LAENCHAERÍ] *n.* ropa interior de mujer.

LINGUIST [LÍNGÜIST] *n.* lingüista.

LINING [LÁINING] *n.* forro.

LINK [LINK] *n.* eslabón :: enlace :: **cuff —s,** gemelos :: *va.* eslabonar(se) :: enlazar(se).

LINNET [LÍNET] *n.* jilguero.

LINSEED [LÍNSID] *n.* linaza :: **— oil,** aceite de linaza.

LINT [LINT] *n.* hilas :: hilachas.

LION [LÁIAEN] *n.* león.

LIONESS [LÁIAENES] *n.* leona.

LIP [LIP] *n.* labio.

LIPSTICK [LÍPSTIK] *n.* lápiz de labios.

LIQUID [LÍKUID] *adj.* líquido :: *n.* líquido.

LIQUIDATE [LÍKUIDEIT] *va.* liquidar, saldar :: poner término a.

LIQUIDATION [LIKUIDÉISHON] *n.* liquidación :: saldo de cuentas.

LIQUOR [LÍKAER] *n.* licor.

LISP [LISP] *n.* ceceo :: *va. & n.* cecear :: balbucir.

LIST [LIST] *n.* lista :: registro :: *(naut.)* escora :: *va.* alistar :: registrar, poner o apuntar en una lista :: hacer una lista de :: *(naut.)* escorar, inclinarse a la banda.

LISTEN [LISN] *va. & n.* escuchar :: atender, dar oídos, prestar atención :: **—!,** ¡oye! ¡escucha! ¡oiga! :: **to — in,** escuchar por radio :: escuchar a escondidas.

LISTENER [LÍSNAER] *n.* escuchador, oyente :: **radio —,** radioescucha, radioyente.

LISTLESS• [LÍSTLES] *adj.* abstraído :: indiferente :: indolente :: desatento.

LIT [LIT] *pret. & p.p. de* **to light** :: *adj.* alumbrado :: algo borracho.

LITERAL• [LÍTERAL] *adj.* literal, al pie de la letra.

LITERARY [LÍTAERARI] *adj.* literario.

LITERATURE [LÍTERATIUR] *n.* literatura :: bellas letras :: **light —,** literatura amena.

LITIGATION [LITIGUÉISHON] *n.* litigio, pleito.

LITTER [LITA] *n.* litera :: andas, camilla :: palanquín :: *(animal)* cría

:: desorden, basura, desperdicios :: *(para animales)* cama de paja.

LITTLE [LITL] *adj.* poco, pequeño, chico :: escaso, limitado :: *adv.* poco, escasamente.

LIVE [LAIV] *adj.* vivo, ardiente, brillante :: *(elect.)* cargado :: — **coal**, ascua, brasa :: *vn.* vivir, subsistir, morar, habitar :: — **on**, subsistir :: — **up to**, corresponder :: **to manage to** —, vivir de milagro, vivir al día.

LIVELIHOOD [LÁIVLIJUD] *n.* vida, alimento, subsistencia, manutención.

LIVELINESS [LÁIVLINES] *n.* viveza, animación :: agilidad.

LIVELONG [LÍVLONG] *adj.* todo :: absolutamente todo.

LIVELY [LÁIVLI] *adj.* vivo :: vivaz :: animado, alegre :: airoso :: *adv.* vivamente :: de prisa.

LIVER [LÍVA] *n.* hígado :: vividor.

LIVERY [LÍVAERI] *n.* librea :: caballeriza.

LIVES [LÁIVS] *pl. de* **life.**

LIVESTOCK [LÁIVSTOK] *n.* ganado.

LIVID [LÍVID] *adj.* lívido, amoratado, cárdeno, pálido.

LIVING [LÍVING] *adj.* viviente, vivo :: *n.* **to earn one's** —, sostenerse :: *(eccl.)* beneficio :: — **together**, convivencia :: **to purchase a** —, beneficiar :: — **in**, *adj.* interno.

LIZARD [LÍSAERD] *n.* lagarto :: **small** —, lagartija.

LOAD [LOUD] *n.* carga :: peso :: fardo :: *va.* cargar, cubrir.

LOAF [LOUF] *n.* pan :: bollo :: *vn.* :: bribonear, haraganear, zanganear.

LOAFER [LÓUFA] *n.* desocupado, holgazán, vago, gandul.

LOAN [LOUN] *n.* préstamo :: (em)préstito :: uso :: *va.* prestar.

LOATH [LOUZ] *n.* maldispuesto, renuente :: **to be** — **to**, repugnarle a uno.

LOATHE [LOUDZ] *va.* detestar, cobrar aversión a, aborrecer, repugnar(se).

LOATHSOME* [LÓUDZSOM] *adj.* repugnante, aborrecible, asqueroso.

LOAVES [LOUFS] *pl. de* **loaf.**

LOBBY [LÓBI] *n.* pasillo, corredor :: pórtico, antecámara.

LOBE [LOUB] *n.* lóbulo :: lobo.

LOBSTER [LÓBSTA] *n.* langosta.

LOCAL* [LÓUKAEL] *adj.* local :: — **train**, ordinario.

LOCALITY [LOUKÁLITI] *n.* localidad :: comarca.

LOCALIZE [LÓUKALAIS] *va.* localizar.

LOCATE [LÓUKEIT] *va.* situar, establecer :: localizar, averiguar la posición de :: avecindarse, radicarse, establecerse.

LOCATION [LOUKÉISHON] *n.* situación :: sitio, localidad.

LOCK [LOK] *n.* cerradura :: esclusa :: rizo, bucle :: *va. & n.* cerrar con llave :: trabar(se), juntar(se) :: entrelazar(se) :: **to** — **in**, encerrar :: **to** — **out**, cerrar la puerta *(a alguien)*, dejar afuera :: **to** — **up**, encerrar :: encarcelar.

LOCKER [LÓKAER] *n.* alacena :: armario.

LOCKOUT [LÓKAUT] *n.* paro, desempleo :: cierre de fábrica.

LOCKSMITH [LÓKSMIZ] *n.* cerrajero.

LOCOMOTIVE [LÓUKOMOUTIV] *n.* locomotora :: — **engineer**, maquinista.

LOCUST [LÓUKAST] *n.* langosta, saltamontes :: cigarra :: — **tree**, algarrobo :: falsa acacia.

LODGE [LOCH] *n.* logia :: casita accesoria :: casa de campo :: pabellón :: *va.* alojar, albergar, acomodar :: **to** — **a complaint**, presentar una queja :: *vn.* habitar, fijarse, posar.

LODGER [LÓYA] *n.* huésped, inquilino.

LODGING [LÓYING] *n.* hospedaje, habitación, vivienda :: acomodo :: pensión :: — **house**, casa de huéspedes :: posada, pensión.

LOFTY [LÓFTI] *adj.* elevado :: sublime :: altivo.

LOG [LOG] *n.* leño, tronco :: *(naut.)* — **book**, cuaderno de bitácora :: **to sleep like a** —, dormir como un tronco.

LOGIC [LÓYIK] *n.* lógica.

LOGICAL* [LÓYIKAL] *adj.* lógico.

LOIN [LOIN] *n.* lomo, ijar :: filete, solomillo :: — **cloth**, taparrabo.

LOITER [LÓITA] *vn.* holgazanear, mangonear, hacer tiempo, vagar.

LOLL [LOL] *vn.* recostarse, apoyarse, tenderse :: colgar, sacar *(la lengua)*.

LONE [LOUN] *adj.* solo, solitario.

LONELINESS [LÓUNLINES] *n.* soledad.

LONELY [LÓUNLI] *adj.* solitario.

LONESOME* [LÓUNSAM] *adj.* solo, solitario :: triste, nostálgico.

LONG* [LONG] *adj.* largo, extendido, extenso :: lento, tardo, pausado :: **in the** — **run**, a la larga, al fin y al cabo :: **so** — *(coll.)*, hasta luego :: — **winded**, proli-

jo :: — **suffering**, sufrido :: *adv.* largo tiempo, largo rato :: **as** — **as**, mientras :: **before** —, en breve, sin tardar (mucho), si se descuida :: — **lived**, duradero :: *vn.* tener nostalgia :: — **for**, suspirar por :: apetecer :: antojarse :: — **to have**, codiciar.

LONGER [LÓNGA] *adj.* más largo :: *adv.* más, más tiempo :: **no** —, ya no :: **not... any** —, ya no :: **no... más.**

LONGEVITY [LONYÉVITI] *n.* longevidad.

LONGING* [LÓNGUING] *n.* anhelo, añoranza, nostalgia :: adj. anhelante, anheloso, nostálgico.

LONGITUDE [LÓNCHITIUD] *n.* longitud.

LONGSHOREMAN [LONGSHÓARMAEN] *n.* estibador, cargador.

LONGTERM [LÓNGTERM] *adj.* a largo plazo.

LOOK [LUK] *n.* mirada :: aire, aspecto, parecer :: *(coll.)* facha, pinta, traza :: ceño :: ojeada, vistazo :: *va. & n.* mirar :: contemplar :: aparentar :: **to** — **well**, tener buena cara :: — **alive** *(coll.)*, darse prisa :: — **at**, mirar :: — **intently at**, mirar de hito en hito :: — **after**, cuidar de, requerir :: mirar por, atender :: — **down on**, dominar :: despreciar :: — **for**, buscar :: — **on**, estimar, considerar :: — **on to**, mirar a, dar a :: — **into**, examinar, inquerir :: — **out of**, asomarse a :: — **over**, mirar por encima :: revisar, repasar, hojear :: — **like**, parecerse a :: — **here!** oiga :: — **out!** ¡cuidado! ¡atención!

LOOKING GLASS [LÚKING GLAS] *n.* espejo.

LOOKOUT [LÚKAUT] *n.* vigía :: atalaya :: mirador :: vista, perspectiva :: **to be on the** —, estar alerta.

LOOM [LUM] *n.* telar :: *vn.* mostrarse, aparecer, amenazar.

LOOP [LUP] *n.* lazo, ojal, lazada :: vuelta :: rizo :: *va.* asegurar, formar festones, curvas :: hacer el rizo.

LOOPHOLE [LÚPJOUL] *n.* agujero, abertura :: salida :: escapatoria.

LOOSE* [LUS] *adj.* suelto, flojo, holgado :: relajado :: — **fitting**, ancho :: — **living**, incontinente, relajado :: remiso, descuidado :: *va.* aflojar, soltar, desatar :: **to break** —, desatarse, zafarse :: estallar :: **to work** —, aflojarse, desprenderse.

LOOSEN [LUSN] va. & n. soltar(se) :: aflojar(se) :: desatar(se) :: to — one's hold, desasirse, soltarse.

LOOSENESS [LÚSNES] n. soltura :: flojedad :: flojera :: holgura :: relajación :: flujo.

LOOT [LUT] n. botín :: va. & n. saquear, pillar.

LOP [LOP] va. descabezar, cortar :: podar :: —off, cercenar, truncar.

LOQUACIOUS* [LOKUÉISHOS] adj. locuaz, hablador.

LORD [LOARD] n. señor :: lord :: — Chamberlain, camarero mayor :: —'s Prayer, padre nuestro :: vn. — it over, señorear.

LORDSHIP [LÓRDSHIP] n. señoría :: señorío, dominio.

LORRY [LÓRI] n. camión, tractor.

LOSE [LUS] va. extraviar, perder, malograr, desperdiciar :: — sight of, perder de vista :: — patience, temper, salirse de sus casillas :: — self-control, perder los estribos :: — oneself, abstraerse.

LOSS [LOS] n. pérdida :: extravío :: disipación :: daño :: menoscabo :: quiebra :: perdición :: profit and —, pérdidas y ganancias :: at a —, perplejo, indeciso.

LOST [LOST] adv. extraviado :: descarriado :: malogrado :: desperdiciado :: inaccesible, ignoto :: to get —, perderse, extraviarse :: to be —, enajenarse :: — to, insensible a.

LOT [LOT] n. suerte :: lote :: porción :: solar :: a — of, mucho, la mar de :: to cast —s, echar suertes :: it fell to his —, le tocó.

LOTION [LÓUSHON] n. loción.

LOTTERY [LÓTERI] n. lotería, rifa.

LOUD* [LAUD] adj. alto, recio :: ruidoso, estrepitoso :: (color) subido, chillón :: chabacano.

LOUDSPEAKER [LAUDSPÍKAER] n. altavoz.

LOUNGE [LAUNCH] n. salón :: — suit, traje :: vn. holgazanear :: ponerse cómodo.

LOUSE [LAUS] n. piojo.

LOUSY [LÁUSI] adj. piojoso :: asqueroso. ·

LOVABLE [LÁVABL] adj. amable.

LOVE [LAV] n. amor, pasión, devoción, galanteo :: — of, afición a, cariño por :: — lady —, querida, novia, dama :: — at first sight, flechazo :: — affair, relaciones amorosas, (coll.) plan :: for — or money, por las buenas o las malas :: — token, prenda de amor :: to make — to, galantear, requerir (de amores), enamorar, pelar la pava :: to be in —, estar enamorado de, beber los vientos por :: va. amar, querer :: tener afición a, entusiasmarse, deleitarse.

LOVELINESS [LÁVLINES] n. belleza, hermosura :: amabilidad.

LOVELY [LÁVLI] adj. amable :: lindo, bello :: exquisito :: encantador :: ameno.

LOVER [LÓVA] n. amante.

LOVING* [LÓVING] adj. amante, amoroso, cariñoso, afectuoso.

LOW [LOU] adj. bajo :: hondo :: común, innoble, rastrero :: despreciable, ruín :: deprimido, abatido, amilanado :: humilde, sumiso :: —necked, escotado :: — spirits, abatimiento :: — type, chulo :: — trick, mala pasada :: adv. bajo, en voz baja, quedo :: n. mugido :: va. mugir, berrear.

LOWER [LÓUAER] adj. más bajo :: inferior :: — case letter, letra minúscula :: va. bajar :: disminuir :: rebajar :: abatir :: humillar.

LOWLAND [LÓULAND] n. tierra baja.

LOWLINESS [LÓULINES] n. bajeza :: humildad.

LOWLY [LÓULI] adj. bajo, humilde :: inferior :: adv. humildemente.

LOWNESS [LÓUNES] n. bajeza :: humildad :: abatimiento :: gravedad (de tono) :: debilidad (de un sonido) :: baratura.

LOYAL* [LÓIAL] adj. leal, fiel.

LOYALTY [LÓIALTI] n. lealtad, fidelidad.

LUBRICANT [LIÚBRIKANT] adj. & n. lubricante.

LUBRICATE [LIÚBRIKEIT] va. lubricar.

LUCID* [LIÚSID] adj. luminoso, claro :: lúcido, límpido.

LUCK [LAK] n. fortuna, azar :: suerte :: good —, buena sombra, buena suerte :: to be in —, tener suerte :: to try one's —, probar (ventura, fortuna).

LUCKILY [LÁKILI] adv. afortunadamente, por fortuna.

LUCKY [LÁKI] adj. feliz, dichoso, afortunado.

LUCRATIVE* [LIÚKRATIV] adj. lucrativo, ventajoso.

LUDICROUS* [LIÚDIKROS] adj. burlesco, ridículo, cómico, risible.

LUGGAGE [LÁGUICH] n. equipaje :: — van, furgón :: left — office,

consigna :: — rack, red, rejilla.

LUKEWARM* [LIÚKUOAM] adj. tibio :: templado :: indiferente.

LULL [LOL] va. arrullar, adormecer :: calmar, sosegar :: to be —ed, apaciguarse, arrullarse.

LULLABY [LÓLABAI] n. arrullo, canción de cuna.

LUMBER [LÓMBA] n. tablas :: tablones :: madera de construcción :: (fig.) piece of —, trasto :: — room, trastera.

LUMINOUS* [LIÚMINOS] adj. luminoso :: perspicuo.

LUMP [LOMP] n. bulto, masa :: hinchazón :: (en la garganta) nudo :: (de azúcar) terrón.

LUMPY [LÓMPI] adj. aterronado.

LUNATIC [LÚNATIK] adj. lunático :: orate :: raving —, loco de atar.

LUNCH [LONCH] n. almuerzo :: colación :: merienda :: — basket, fiambrera :: vn. almorzar.

LUNCHEON [LÓNCHEON] n. almuerzo :: merienda.

LUNG [LANG] n. pulmón :: pl. bofes :: at the top of one's —s, a voz en cuello.

LURCH [LERCH] n. sacudida, vaivén :: embarazo :: (naut.) bandazo :: to leave in the —, dejar en las astas del toro.

LURE [LIÚR] n. señuelo, cebo :: va. tentar, inducir.

LURID [LIÚRID] adj. lívido, espeluznante, hórrido.

LURK [LERK] vn. ocultarse, acechar.

LUSCIOUS* [LÓSHOS] adj. sabroso, delicioso, meloso.

LUST [LOST] n. codicia, lujuria :: concupiscencia :: vn. codiciar.

LUSTER, LUSTRE [LÓSTRI] n. reflejo, lustre, brillo :: esplendor :: take the — off, empañar.

LUSTROUS [LÓSTROS] adj. lustroso.

LUTE [LUT] n. laúd :: (ant.) vihuela.

LUXURIANT* [LOKSURIANT] adj. lozano, frondoso, exuberante.

LUXURIOUS* [LOKSÚRIOS] adj. lujoso :: suntuoso :: exuberante :: (coll.) de postín :: dado al lujo.

LUXURY [LÓKSHERI] n. lujo, fausto :: molicie.

LYE [LAI] n. lejía.

LYING* [LÁIING] adj. mentiroso :: lying-in-hospital, casa de maternidad.

LYNCH [LINCH] va. linchar.

LYNX [LINKS] n. lince.

LYRIC [LÍRIK] n. poema lírico :: adj. lírico.

LYRICISM [LÍRISISM] n. lirismo.

M

MACARONI [MAKARÓUNI] *n.* macarrones.

MACE [MEIS] *n.* maza, porra.

MACHINE [MASHÍN] *n.* máquina, artefacto :: aparato :: **—gun**, ametralladora :: **— made**, hecho a máquina.

MACHINERY [MASHÍNERI] *n.* mecanismo, maquinaria.

MACKEREL [MÁKEREL] *n.* caballa :: **— sky**, cielo aborregado.

MACKINTOSH [MÁKINTOSH] *n.* impermeable.

MAD° [MAD] *adj.* loco, furioso :: rabioso :: demente, maniático :: **quite —**, loco rematado :: **to go —**, enloquecer(se).

MADAM [MÁDAM] *n.* señora.

MADDEN [MADN] *va. & n.* enloquecer, volver loco.

MADE [MEID] *pret. & p.p. de* to make :: **to be — of**, estar hecho de :: ser de :: **to have something —**, mandar hacer algo :: **made-up**, fingido, falso :: artificial, pintado.

MADNESS [MÁDNES] *n.* locura :: rabia.

MAGAZINE [MAGASÍN] *n.* almacén :: polvorín :: *(naut.)* santabárbara (recinto de la pólvora) :: revista.

MAGIC [MÁYIK] *n.* magia :: **— lantern**, sombras chinescas :: **— formula**, polvo de la madre Celestina :: **by —**, por ensalmo.

MAGICIAN [MAYÍSHIAN] *n.* mago :: prestidigitador.

MAGISTRATE [MÁYISTREIT] *n.* magistrado, juez.

MAGNANIMOUS° [MAGNÁNIMOS] *adj.* magnánimo, generoso.

MAGNET [MÁGNET] *n.* imán.

MAGNETIC [MAGNÉTIK] *adj.* magnético :: **— pole**, polo magnético :: **— tape**, cinta magnetofónica.

MAGNIFICENCE [MAGNÍFISENS] *n.* magnificencia.

MAGNIFICENT° [MAGNÍFISENT] *adj.* magnífico, soberbio, real, regio, rumboso.

MAGNIFY [MÁGNIFAI] *va.* amplificar, aumentar :: magnificar, engrandecer.

MAGNITUDE [MÁGNITIUD] *n.* magnitud, grandeza :: importancia, extensión.

MAGPIE [MÁGPAI] *n.* urraca, picaza, marica.

MAHOGANY [MAJÓGANI] *n.* caoba.

MAID [MEID] *n.* doncella, virgen ::

muchacha, criada :: sirvienta :: **— of honour**, camarista :: **lady's —**, camarera :: **old —**, soltera, solterona.

MAIDEN [MEIDN] *n.* doncella :: virgen :: mozuela :: soltera :: **— lady**, mujer soltera.

MAIL [MEIL] *n.* correo :: **—bag**, valija :: **— coach**, coche correo :: **— train**, tren correo :: cota de malla :: **air—**, correo aéreo.

MAILBOX [MÉILBOKS] *n.* buzón.

MAILMAN [MÉILMAN] *n.* cartero.

MAIM [MEIM] *va.* estropear, lisiar, mutilar.

MAIN° [MEIN] *adj.* principal, primero, mayor, maestro :: **— mast**, palo mayor :: **— road**, carretera :: **— street**, calle mayor.

MAINLAND [MÉINLAND] *n.* continente, tierra firme.

MAINSPRING [MÉINSPRING] *n.* origen.

MAINTAIN [MEINTÉIN] *va.* guardar, mantener, conservar :: sostener :: alegar.

MAINTENANCE [MÉINTENANS] *n.* mantenimiento, conservación, sostén :: entretenimiento.

MAIZE [MEIS] *n.* maíz.

MAJESTIC [MAYÉSTIK] *adj.* majestuoso, augusto :: pomposo.

MAJESTY [MÁYESTI] *n.* majestad, soberanía.

MAJOR [MÉIYOR] *adj.* mayor, principal :: *n.* comandante.

MAJORITY [MAYÓRITI] *n.* mayoría, mayor edad :: mayor parte.

MAKE [MEIK] *n. (trajes)* hechura, confección :: **— of**, marca, fábrica, fabricación :: *va.* hacer, producir :: elaborar :: causar :: inclinar a, completar :: pronunciar :: sacar :: trovar :: *vn.* **to — believe**, fingir, aparentar :: **to — clear**, patentizar, poner en limpio, dejar establecido :: **to — for**, dirigirse, encaminarse a :: **to — good**, subsanar, resarcir :: cumplir, salir airoso de :: **to — known**, comunicar :: **to — little of**, sacar poco (mucho) en claro :: hacer poco caso de :: **to — much of**, festejar, apreciar :: **to — merry**, divertirse, trasnochar :: **to — most of**, sacar el mayor partido de :: **to — off**, huir, largarse :: **to — off with**, llevarse, hurtar, quedarse con :: **to — one's way**, abrirse paso, salir bien, medrar :: **to — out**, distinguir, columbrar, vislumbrar, otear :: sacar (en limpio, en claro), descifrar :: **to — over**, tras-

pasar, transferir :: **to —up**, componer, pintar, completar, subsanar, ajustar, decidirse, fabricar, empaquetar :: **to — it up**, componérselas, hacer las paces :: **to — up to**, congraciarse con.

MAKESHIFT [MÉIKSCHIFT] *adj.* provisional.

MAKE-UP [MÉIK-AP] *n.* compostura, composición, hechura :: naturaleza, carácter :: **facial —**, cosmético :: maquillaje.

MALADY [MÁLADI] *n.* enfermedad, dolencia.

MALE [MEIL] *n. & adj.* macho :: masculino.

MALICE [MÁLIS] *n.* malicia, malignidad, ruindad.

MALICIOUS° [MALÍSHOS] *adj.* malicioso, maligno, rencoroso, pícaro.

MALIGN° [MALÁIN] *adj.* maligno, dañino :: *va.* difamar, calumniar.

MALIGNANT° [MALÍGNANT] *adj.* malvado, maligno, sañudo, virulento.

MALLET [MÁLET] *n.* mazo, maceta.

MALT [MOLT] *n.* malta :: **—ed milk**, leche malteada.

MALTREAT [MALTRÍT] *va.* maltratar.

MAMMAL [MÁMAL] *n.* mamífero.

MAN [MAN] *n.* hombre :: **a real —**, muy hombre :: **— of the world**, hombre de mundo :: **merchant—**, buque mercante :: **to a —**, todos a uno :: *va.* equipar, tripular.

MANAGE [MÁNICH] *va.* manejar, conducir, regir :: regentar, administrar :: **to —**, lograr :: procurar :: gestionar :: *vn.* ingeniarse (para), componérselas :: **— to live**, vivir de milagro.

MANAGEABLE [MÁNIYABL] *adj.* manejable :: domable, dócil.

MANAGEMENT [MÁNICHMENT] *n.* manejo :: dirección :: gobierno, administración :: gerencia.

MANAGER [MÁNIYAERI] *n.* gerente :: director :: administrador :: empresario.

MANDATE [MÁNDEIT] *n.* mandato, orden.

MANE [MEIN] *n.* crin, guedeja.

MANEUVER, MANEUVRE [MANÚVAER] *n.* maniobra :: gestión :: *va. & n.* maniobrar :: manipular, manejar.

MANGER [MÉINCHA] *n.* pesebre, comedero :: **dog in the —**, perro del hortelano.

MANGLE [MANGL] *n.* calandria ::

va. mutilar, despedezar, desgarrar :: alisar.

MANGROVE [MÁNGROUV] *n. (bot.)* mangle.

MANHOOD [MÁNJUD] *n.* virilidad :: edad viril :: hombres.

MANIA [MÉINIA] *n.* manía, obsesión.

MANIAC [MÉINIAK] *n.* maníaco.

MANIFEST° [MÁNIFEST] *adj.* manifiesto, patente, notorio :: *va.* manifestar, demostrar, patentizar.

MANIFOLD [MÁNIFOULD] *adj.* numeroso, múltiple.

MANIKIN [MÁNIKIN] *n.* maniquí, muñeco :: hombrecillo.

MANILA [MANÍLA] *n. (bot.)* abacá :: — **paper**, papel de Manila.

MANIPULATE [MANÍPIULEIT] *va.* manipular, manejar.

MANKIND [MANKÁIND] *n.* humanidad, género humano :: los hombres.

MANNER [MÁNA] *n.* manera, método, procedimiento :: hábito :: género :: aire :: *pl.* modales, trato :: **good** —**s**, corrección, buen tono, finura, buena educación :: **in a** —, en cierto modo, hasta cierto punto.

MANOEUVER, MANOEUVRE [MANÚVER] *n.* maniobra :: evolución, manejo :: *va. & n.* maniobrar.

MANOR [MÁNOR] *n.* casa solariega, quinta, solar.

MANSION [MÁNSHON] *n.* mansión, residencia, morada :: castillo.

MANSLAUGHTER [MÁNSLOTAER] *n.* homicidio impremeditado o casual.

MANTELPIECE [MÁNTLPIS] *n.* cornisa, repisa.

MANTLE [MANTL] *n.* manto, capa, saya :: manguito incandescente, camisa :: *va. & n.* cubrir.

MANUFACTURE [MANIUFÁKTIUR] *n.* fabricación :: confección :: preparado :: producto :: *va.* fabricar, labrar.

MANUFACTURER [MANIUFÁKCHOERAER] *n.* fabricante.

MANUFACTURING [MANIUFÁKCHOERING] *n.* fabricación :: *adj.* manufacturero.

MANURE [MANIÚR] *n.* abono, estiércol :: *va.* abonar, estercolar.

MANUSCRIPT [MÁNIUSKRIPT] *n.* manuscrito, códice.

MANY [MÉNI] *adj.* varios, muchos :: —**coloured**, multicolor, abigarrado :: *n.* muchedumbre :: las masas.

MAP [MAP] *n.* mapa, carta, plano.

MAPLE [MEIPL] *n.* arce.

MAR [MAR] *va.* echar a perder, desfigurar :: frustrar, malear.

MARBLE [MARBL] *adj.* marmóreo, jaspeado :: *n.* mármol.

MARCH [MARCH] *n.* marzo :: marcha :: *va. & n.* hacer marchar, marchar :: lindar.

MARE [MÉAER] *n.* yegua.

MARGIN [MÁRCHIN] *n.* borde :: margen :: extremidad :: *(com.)* reserva, sobrante.

MARGINAL° [MÁRCHINAL] *adj.* marginal :: — **note**, nota marginal, acotación.

MARINE [MARÍN] *adj.* marino :: *n.* soldado de marina :: **merchant** —, marina mercante.

MARINER [MÁRINA] *n.* marinero.

MARK [MARK] *n.* tacha, borrón :: señal, indicio :: amago :: indicación, huella :: blanco, nivel :: marca :: mojón :: distinción :: *(moneda)* marco :: *(en juegos)* tanto :: nota, calificación :: cuño :: **beside the** —, incongruente :: **to hit the** —, atinar, dar en el blanco :: **to make one's** —, firmar con una cruz :: señalarse :: *va.* señalar, rotular :: observar :: marcar :: — **out**, trazar :: calificar :: — **time**, marcar el paso.

MARKER [MÁRKAER] *n.* marcador :: marca, señal :: jalón.

MARKET [MÁRKET] *n.* mercado :: **to go to** —, ir a la plaza :: — **town**, plaza :: — **place**, mercado, plaza :: **black** —, estraperlo :: **black** —**eer**, estraperlista.

MARMALADE [MÁRMALEID] *n.* mermelada.

MAROON [MARÚN] *n. & adj.* rojo obscuro, marrón.

MAROONED [MARÚNID] *adj.* abandonado :: aislado :: **to get** —, encontrarse aislado, perdido o incomunicado.

MARQUIS [MARKÍ] *n.* marqués.

MARRIAGE [MÁRICH] *n.* matrimonio :: enlace, casamiento :: *(poet.)* himeneo :: boda, bendición.

MARRIED [MÁRID] *adj.* casado :: conyugal :: — **couple**, matrimonio, cónyuges :: pareja de casados :: **to get** —, casarse.

MARROW [MÁROU] *n.* meollo, tuétano, médula.

MARRY [MÁRI] *va.* casar :: *vn.* contraer matrimonio :: casarse, enlazarse (con).

MARSH [MARSH] *n.* pantano, ciénaga, marjal :: marisma.

MARSHAL [MÁRSHAL] *n.* mariscal :: bastonera.

MARSHMALLLOW [MÁRSHMALOU] *n.* malvavisco, altea :: caramelo blando, "nube", "esponja".

MARSHY [MÁRSCHI] *adj.* pantanoso, cenagoso.

MART [MART] *n.* mercado, feria, emporio.

MARTIAL° [MÁRSHAL] *adj.* marcial, bélico :: **court**—, consejo de guerra.

MARTYR [MÁRTAER] *n.* mártir.

MARTYRDOM [MÁRTAERDAEM] *n.* martirio.

MARVEL [MÁRVL] *n.* maravilla, portento :: *vn.* maravillarse, asombrarse, pasmarse.

MASCULINE° [MÁSKIULIN] *adj.* masculino, varonil.

MASH [MASCH] *va.* majar, amasar :: machacar, magullar :: —**ed potatoes**, puré de patatas.

MASK [MASK] *n.* máscara :: embozo :: carátula :: disfraz :: capa, color, pretexto :: *va.* enmascarar, ocultar, encubrir :: disfrazar :: *vn.* disfrazarse.

MASON [MEISON] *n.* albañil, cantero :: **Free**—, masón.

MASONRY [MÉISONRI] *n.* albañilería, mampostería :: masonería.

MASQUERADE [MASKERÉID] *n.* mascarada, comparsa :: *vn.* enmascararse, disfrazarse de.

MASS [MAS] *n.* misa :: **high** —, misa mayor :: **Christmas** —, misa del gallo :: **to go to** —, oír misa :: masa, montón, mole, cúmulo :: —**es of**, miles de, montones de :: *va.* juntar(se) en masas.

MASSACRE [MÁSAKER] *n.* carnicería, matanza, mortandad :: *va.* destrozar.

MASSAGE [MASÁCH] *n.* masaje.

MASSIVE° [MÁSIV] *adj.* macizo, sólido :: abultado :: coposo.

MAST [MAST] *n.* palo, mástil :: **at half** —, a media asta.

MASTER [MÁSTA] *n.* maestro :: amo, dueño :: *(naut.)* capitán, patrón :: **young** —, el señorito :: jefe :: **school**—, maestro, preceptor :: diestro, perito :: — **key**, llave maestra :: **to be** — **of**, dominar, poseer :: *va.* dominar, domar, conocer bien, poseer :: sobreponerse a.

MASTERPIECE [MÁSTERPIS] *n.* obra maestra.

MASTICATE [MÁSTIKEIT] *va.* mascar.

MASTIFF [MÁSTIF] *n.* mastín, alano.

MAT [MAT] *n.* estera, felpudo :: *vn.* desgreñar.

MATCH [MACH] *n.* cerilla, fósforo :: partida, partido :: pareja, competidor :: **a good** —, buena pareja :: **to be no** —, no tener nada que hacer, ser inferior ::*va.* igualar, emparejar, casar, competir :: equiparar :: corresponder :: *vn.* hacer juego.

MATCHLESS [MÁCHLES] *adj.* incomparable, sin par.

MATE [MEIT] *n.* pareja, cónyuge :: compañero :: **school**—, **class**—, compañero de clase, condiscípulo :: *(naut.)* oficial :: *vn.* aparear :: igualar :: casar :: *(en ajedrez)* dar mate.

MATERIAL [MATÍRIAL] *adj.* material :: considerable :: *n.* material, materia, materiales :: *(sew.)* avío (de coser) :: género, tela :: **raw** —, materia prima.

MATHEMATICS [MAZIMÁTIKS] *n.* matemáticas.

MATRIMONY [MÁTRIMONI] *n.* matrimonio.

MATTER [MÁTA] *n.* cuestión :: consecuencia :: *(med.)* pus :: materia, substancia, asunto :: **it's a — of...**, se trata de... :: **What is the**—? ¿Qué pasa? :: *vn.* importar, convenir :: hacer :: **it doesn't** —, no importa :: **it doesn't** — **a bit**, no tiene la menor importancia :: **the heart of the** —, el meollo de la cuestión.

MATTING [MÁTING] *n.* esterado.

MATTRESS [MÁTRES] *n.* colchón.

MATURE [MATIÚR] *adj.* maduro :: asentado, juicioso :: *va. & n.* madurar.

MATURITY [MATIÚRITI] *n.* madurez :: sazón :: vencimiento.

MAUL [MOAL] *va.* aporrear, maltratar :: manosear.

MAXIM [MÁKSIM] *n.* máxima, apotegma, sentencia :: axioma.

MAXIMUM [MÁKSIMOM] *n.* máximo.

MAY [MEI] *m.* mayo :: *(bot.)* espino blanco.

MAYBE [MÉIBI] *adv.* quizá, tal vez, acaso.

MAYOR [MÉIOR] *n.* alcalde, corregidor.

MAZE [MEIS] *n.* laberinto :: enredo :: perplejidad.

ME [MI] *pron. pers.* me :: mí *(después de preposición)* :: **for** —, para mí :: **with** —, conmigo.

MEADOW [MÉDOU] *n.* pradera, prado.

MEAGER, MEAGRE [MÍGA] *adj.* escaso, deficiente, mezquino :: flaco, magro.

MEAL [MIL] *n.* comida :: refrige-

rio, colación :: harina.

MEAN [MINI] *adj.* agarrado, tacaño :: humilde, basto :: ruin, indigno, menguado, despreciable :: trivial, mediocre, mezquino :: *n.* término medio :: *pl.* recursos, medios, bienes, fondos :: medio, recurso :: **by all** —**s**, de todos modos, positivamente :: no faltaba más :: por todos los medios :: **by no** —**s**, de ninguna manera, de ningún modo :: **by** — **of**, por conducto (medio) de :: **to live on one's** —, vivir de sus rentas :: *va.* querer decir, significar :: dar a entender :: pretender, intentar :: hacer :: *vn.* tener intención.

MEANING [MÍNING] *n.* significado, sentido :: significación :: propósito, intención :: **—ful**, *adj.* significativo :: **well-meaning**, bien intencionado.

MEANINGLESS [MÍNINGLIS] *adj.* sin sentido.

MEANT [MENT] *pret. & p.p.* de **to mean.**

MEANTIME [MÍNTAIM] *adv.* mientras tanto, entretanto :: *n.* entretanto :: **in the** —, en el ínterin, mientras tanto.

MEANWHILE [MÍNUAIL] = **meantime.**

MEASLES [MÍSLS] *n.* sarampión.

MEASURE [MÉSHA] *n.* medida :: colodra :: capacidad, cuantía :: *(mus.)* compás :: **in good** —, con creces :: **in abundant** —, a fanegadas :: *va.* medir, tomar medidas, graduar :: **to** — **one's length,** caer cuan largo se es.

MEASUREMENT [MÉSHMENT] *n.* medida :: dimensión :: tamaño :: medición.

MEAT [MIT] *n.* vianda, carne :: **cold** —, fiambre :: conserva :: **minced** —, picadillo :: — **chopper,** cortante :: — **ball,** croqueta.

MEATY [MÍTI] *adj.* carnoso :: sustancioso.

MECHANIC [MIKÁNIK] *n.* mecánico, artesano, menestral.

MECHANISM [MÉKANISM] *n.* mecanismo.

MEDAL [MÉDAL] *n.* medalla, condecoración.

MEDDLE [MEDL] *vn.* curiosear, mezclarse, entremeterse.

MEDDLER [MÉDLAER] *n.* entremetido.

MEDDLESOME [MÉDELSOM] *adj.* curioso, importuno, oficioso.

MEDICAL [MÉDIKL] *adj.* médico.

MEDICINE [MÉDISIN] *n.* medicina ::

medicamento :: — **man,** curandero.

MEDIEVAL [MIDIÍVAL] *adj.* medieval.

MEDIOCRE [MÍDIOUKR] *adj.* mediano, vulgar.

MEDIOCRITY [MIDIÓKRITI] *n.* mediocridad, medianía.

MEDITATE [MÉDITEIT] *vn.* pensar :: meditar :: proyectar, tramar :: — **on,** contemplar.

MEDIUM [MÍDIOM] *adj.* mediano, regular :: corriente :: *n.* medio, órgano, manera :: intermediario.

MEEK [MIK] *adj.* dulce, manso, dócil.

MEET [MIT] *va.* encontrar, hallar, chocar, tocar :: afrontar :: satisfacer, honrar, saldar, sufragar :: conocer a alguien :: refutar, combatir :: **to arrange to** —, citar :: **to** — **the eye,** saltar a la vista :: *vn.* juntarse, reunirse, encontrarse, concurrir :: confluir :: **to go to** —, ir (salir) al encuentro de :: **that doesn't** — **the case,** no hace al caso.

MEETING [MÍTING] *n.* reunión :: mitin :: sesión :: asamblea :: encuentro.

MELANCHOLY [MELÁNKOLI] *adj.* lúgubre, desconsolado, deprimente :: *n.* melancolía, hipocondria.

MELLOW [MÉLOU] *adj.* maduro, sazonado, blando, madurado, dulce, jugoso :: *va. & n.* madurar.

MELODIOUS [MELÓUDIOS] *adj.* melodioso, armonioso.

MELODY [MÉLODI] *n.* melodía, aire :: copla.

MELON [MÉLON] *n.* melón :: **water** —, sandía, melón de agua.

MELT [MELT] *va. & n.* derretir :: fundir :: deshacer(se), enternecerse, desvanecer.

MEMBER [MÉMBA] *n.* miembro :: cofrade :: tertuliano :: socio, individuo :: **voting** —, socio vocal :: **full** —, socio de número :: — **of Parliament,** diputado :: — **ship fee,** cuota.

MEMBERSHIP [MÉMBERSCHIP] *n.* número de miembros o socios :: asociación.

MEMBRANE [MÉMBREIN] *n.* membrana.

MEMENTO [MIMÉNTOU] *n.* memento, memoria :: recuerdo.

MEMOIR [MÉMUAR] *n.* memoria, informe, reseña.

MEMORANDUM [MEMORÁNDOM] *n.* nota, memorandum, prontuario.

MEMORIAL [MIMÓURIAL] *adj.* conmemorativo :: *n.* memorial.

MEMORY [MÉMORI] *n.* memoria, retentiva :: recuerdo :: conmemoración :: **from** —, de memoria.

MEN [MEN] *pl. de* **man**.

MENACE [MÉNIS] *n.* amenaza :: *vn.* amenazar.

MEND [MEND] *va.* arreglar, componer :: remendar :: *(med.)* mejorar :: *vn.* reformarse, restablecerse :: — **one's ways**, reformarse :: **he's on the** —, está restableciéndose.

MENIAL* [MÍNIAL] *adj.* doméstico, servil.

MENSTRUATION [MENSTRUÉISHON] *n.* menstruo o menstruación.

MENTAL* [MÉNTAL] *adj.* mental, intelectual.

MENTION [MÉNSHON] *n.* mención, alusión :: *va.* hacer mención, mencionar, mentar, nombrar.

MENU [MÉNIU] *n.* lista de platos, menú.

MERCANTILE [MÉRKANTAIL] *adj.* mercantil, mercante.

MERCENARY [MÉRSINERI] *adj.* mercenário.

MERCHANDISE [MÉRCHANDAIS] *n.* mercancía(s), géneros.

MERCHANT [MÉRCHANT] *n.* comerciante, negociante, mercader.

MERCIFUL* [MÉRSIFUL] *adj.* misericordioso, compasivo, piadoso.

MERCILESS* [MÉRSILES] *adj.* sin piedad, despiadado, incompasivo.

MERCURY [MÉRKIURI] *n.* azogue :: mercurio.

MERCY [MÉRSI] *n.* misericordia :: gracia :: piedad, compasión :: **no** — **shown,** guerra sin cuartel.

MERE* [MIR] *adj.* solo, sencillo, mero :: *n.* charca.

MERGE [MERCH] *va.* sumergir :: fundir :: *vn.* sumergirse, absorberse, perderse, hundirse.

MERGER [MÉRCHER] *n.* fusión, concentración comercial.

MERIT [MÉRIT] *n.* mérito, excelencia :: *va.* merecer.

MERITORIOUS* [MERITÓRIOS] *adj.* meritorio, benemérito.

MERMAID [MÉRMEID] *n.* sirena (del mar).

MERRIMENT [MÉRIMENT] *n.* alegría, gozo :: fiesta, festividad :: alborozo.

MERRY* [MÉRI] *adj.* alegre, divertido, festivo, bullicioso, gozoso, chancero :: — **making**, alborozo, zambra :: holgorio :: festividad :: fiesta :: **to be** —, echar una cana al aire :: —**maker**, bro-

mista :: —**-go-round**, tiovivo.

MESH [MESH] *n.* malla :: trampa :: *(mech.)* engranaje.

MESS [MES] *n. (mil.)* ración, rancho :: lío, confusión :: desorden :: mamarracho, revoltijo :: **what a** —!, ¡qué birria! ¡qué lío! :: **to get into a** —, liarse :: **to** — **up,** manosear, ensuciar :: desbaratar.

MESSAGE [MÉSICH] *n.* mensaje, comunicación :: recado, aviso, nota.

MESSENGER [MÉSENCHA] *n.* mensajero, recadero.

METAL [MÉTAL] *n.* metal.

METALLIC [METÁLIK] *adj.* metálico.

METEORITE [MÍTIORAIT] *n.* meteorito.

METEOROLOGY [MITIORÓLOCHI] *n.* meteorología.

METER, METRE [MÍTAER] *n.* metro :: contador, medidor.

METHOD [MÉZOD] *n.* método, procedimiento, práctica :: orden.

METRIC [MÉTRIK] *adj.* métrico :: — **system,** sistema métrico.

METROPOLIS [MITRÓPOLIS] *n.* metrópoli.

MEW [MIU] *n.* maullido, maúllo, miau :: *vn.* maullar.

MICE [MAIS] *pl. de* **mouse**.

MICROFILM [MÁIKROFILM] *n.* microfilm.

MICROPHONE [MÁIKROFOUN] *n.* micrófono.

MICROSCOPE [MÁIKROSKOUP] *n.* microscopio.

MIDDLE [MIDL] *n.* punto medio, centro :: mediados :: **the** — **Ages,** la edad media :: — **aged,** de edad madura :: — **class,** *n.* burguesía :: *adj.* burgués :: — **East,** Oriente medio.

MIDGET [MÍDCHET] *n.* enanillo.

MIDNIGHT [MÍDNAIT] *n.* medianoche :: — **Mass,** misa del gallo.

MIDSHIPMAN [MÍDSCHIPMAN] *n.* guardiamarina.

MIDST [MIDST] *n.* punto medio :: medio :: **in the** — **of,** en medio de, entre.

MIDSUMMER [MÍDSAMAER] *n.* pleno verano, solsticio estival, la mitad del verano.

MIDTERM [MÍDTERM] *n.* — **examination,** examen a mitad de curso.

MIDWAY [MÍDGÜEI] *adj.* situado a medio camino :: equidistante :: *adv.* a medio camino :: en medio del camino.

MIDWIFE [MÍDGÜAIF] *n.* comadrona, matrona, comadre, partera.

MIEN [MIN] *n.* semblante, porte,

empaque, figura.

MIGHT [MAIT] *n.* poder, fuerza :: **with** — **and main,** a todo trapo, a más no poder.

MIGHTY [MAITI] *adj.* poderoso, vigoroso, soberbio.

MIGRATE [MÁIGREIT] *vn.* emigrar, transplantarse.

MIKE [MAIK] = **microphone.**

MILD* [MAILD] *adj.* benigno, suave, dulce, manso :: tierno :: discreto :: moderado.

MILDEW [MÍLDIU] *n.* moho, tizón :: roya.

MILDNESS [MÁILDNES] *n.* suavidad :: mansedumbre :: apacibilidad :: templanza, dulzura.

MILE [MAIL] *n.* milla :: — **stone,** mojón.

MILEAGE [MÁILICH] *n.* número de millas :: recorrido *(en millas).*

MILITARY [MÍLITARI] *adj.* militar, castrense :: guerrero, marcial :: *n.* tropa(s), militares.

MILK [MILK] *n.* leche :: *va.* ordeñar :: apurar.

MILKMAID [MÍLKMEID] *n.* lechera.

MILKMAN [MÍLKMAN] *n.* lechero.

MILKY [MÍLKI] *adj.* lechoso, dulce :: — **Way,** vía láctea :: camino de Santiago.

MILL [MIL] *n.* molino :: fábrica :: — **dam,** esclusa, represa :: — **pond,** alberca :: — **race,** caz :: *va.* moler, desmenuzar.

MILLER [MÍLAER] *n.* molinero :: mariposa nocturna.

MILLINER [MÍLINA] *n.* modista.

MILLINERY [MÍLINERI] *n.* sombrerería.

MILLION [MÍLION] *n.* millón.

MILLIONAIRE [MÍLIONEIR] *adj. & n.* millonario.

MILLIONTH [MÍLIAENZ] *n.* muela o piedra de molino :: carga pesada, millonésimo.

MIMIC [MÍMIK] *adj.* mímico, imitativo :: *n.* mimo, remedador :: *va.* remedar, imitar, contrahacer.

MINCE [MINS] *va.* desmenuzar, hacer picadillo, (re)picar :: **he doesn't** — **words,** no se muerde la lengua :: —**meat,** picadillo.

MIND [MAIND] *n.* entendimiento, inteligencia, espíritu :: *(fam.)* magín :: mente :: parecer :: deseo :: propensión, afición :: **to call to** —, recordar :: **to go out of one's** —, volverse loco :: **to give someone a piece of one's** —, decirle cuántas son cinco :: **to bear in** —, tener presente :: **to put in** — **of,** recordar :: **to change one's** —, cambiar de opinión :: **presence of** —, pre-

sencia de ánimo :: **to make up
one's** —, decidirse :: *va.* tratar
de, cuidar (de), atender a, velar,
ocuparse :: *vn.* tener deseo ::
escuchar :: atender, acordarse
:: **I don't** —, me es igual :: lo
mismo me da :: **to** — **one's p's
and q's,** poner los puntos sobre
las íes.
MINDFUL• [MÁINDFUL] *adj.* atento
:: cuidadoso.
MINE [MAIN] *n.* mina :: *pron.* mío ::
va. & n. cavar, socavar, minar,
destruir, zapar :: *(metales)* extraer.
MINER [MÁINAER] *n.* minero.
MINERAL [MÍNERAL] *n. & adj.* mineral.
MINGLE [MINGL] *va.* mezclar :: in-
corporar(se) :: confundir :: *vn.*
mezclarse en, entremeterse.
MINIMAL [MÍNIMAL] *adj.* mínimo.
MINIMIZE [MÍNIMAIS] *va.* empequeñecer.
MINIMUM [MÍNIMOM] *adj. & n.* mínimo.
MINING [MÁINING] *n.* minería, explotación de minas :: *adj.* minero :: — **engineer,** ingeniero de
minas.
MINISKIRT [MÍNISKERT] *n.* minifalda.
MINISTER [MÍNISTA] *n.* ministro ::
vn. administrar, servir :: *(eccl.)*
oficiar, celebrar.
MINISTRY [MÍNISTRI] *n.* ministerio
:: comisión, sacerdocio, clero.
MINK [MINK] *n.* visón.
MINOR [MÁINA] *n.* menor (de
edad).
MINORITY [MINÓRITI] *n.* menor
edad :: minoría.
MINSTREL [MÍNSTREL] *n.* trovador,
cantor, juglar.
MINT [MINT] *n.* casa de moneda,
ceca :: *(bot.)* menta, hierbabuena, *va.* (a)cuñar.
MINUS [MÁINOS] *adv.* menos.
MINUTE• [MINIÚT] *adj.* minucioso,
nimio, escrupuloso, menudo ::
— **detail(s),** menudencia(s) :: *n.*
expediente :: minuta :: *(time)*
minuto :: — **book,** libro de mi-
nutas.
MIRACLE [MÍRAKL] *n.* milagro ::
portento, prodigio :: *(theat.)*
auto.
MIRACULOUS• [MIRÁKIULOS] *adj.*
milagroso.
MIRAGE [MIRÁCH] *n.* espejismo.
MIRE [MAIR] *n.* fango, lodo.
MIRROR [MÍROR] *n.* espejo, cristal
:: *va.* reflejar.
MIRTH [MERZ] *n.* alegría, alborozo,
jovialidad.
MISBEHAVE [MISBIJÉIV] *vn.* portar-

se mal, obrar mal.
MISCARRIAGE [MÍSKARICH] *n.* aborto, malparto :: mal éxito :: extravío.
MISCELLANEOUS• [MISELÉINIOS]
adj. misceláneo, diverso.
MISCHIEF [MÍSCHIF] *n.* daño, mal ::
diablura, picardía :: travesura.
MISCHIEVOUS• [MÍSCHIVOS] *adj.*
dañino, malicioso :: pícaro, travieso :: chismoso.
MISCONDUCT [MISKÓNDAKT] *n.* mala conducta :: mala administración :: *va.* maladministrar, manejar mal :: **to** — **oneself,** portarse mal, conducirse mal.
MISDEED [MISDÍD] *n.* fechoría, mala acción.
MISDEMEANOR [MISDIMÍNAER] *n.*
mal comportamiento :: fechoría.
MISER [MÁISA] *n.* avaro, tacaño,
roñoso.
MISERABLE [MÍSERABL] *adj.* miserable, desgraciado, calamitoso ::
menguado, mísero, lastimoso.
MISERY [MÍSERI] *n.* desdicha, infortunio, miseria :: desgracia ::
aflicción, infelicidad.
MISFORTUNE [MISFÓRCHIUN] *n.* infortunio, desgracia, desastre.
MISGIVING [MISGUÍVING] *n.* mal presentimiento, aprensión, recelo,
temor.
MISGUIDED [MISGÁIDID] *adj.* mal
aconsejado.
MISHAP [MÍSJAEP] *n.* desgracia,
contratiempo, accidente.
MISLEAD [MISLÍD] *va.* guiar por
mal camino :: extraviar, descarriar :: engañar.
MISLED [MISLÍD] *pret. & p.p. de* to
mislead.
MISPLACE [MISPLÉIS] *va.* extraviar,
poner fuera de su sitio, colocar
mal :: traspapelar.
MISPRINT [MÍSPRINT] *n.* errata, error
tipográfico, error de imprenta.
MISREPRESENT [MISREPRISÉNT] *va.*
falsear, falsificar :: tergiversar.
MISS [MIS] *n.* extravío, malogro,
fracaso :: señorita :: *va. & n.* fallar, perder :: errar :: echar de
menos, faltar (a) :: malograr ::
— **out,** omitir, pasar por alto.
MISSILE [MÍSIL] *n.* proyectil.
MISSING [MÍSING] *adj.* ausente ::
perdido :: desaparecido.
MISSION [MÍSHON] *n.* misión.
MISSPELL [MISPÉL] *va.* escribir con
mala ortografía, deletrear mal.
MIST [MIST] *n.* niebla, neblina ::
vapor, vaho.
MISTAKE [MISTÉIK] *n.* error, yerro,
equivocación :: errata :: **to ma-**

ke a —, equivocarse :: *va.* equivocar.
MISTAKEN• [MISTÉIKN] *p.p. de* to
mistake :: *adj.* equivocado ::
errado :: erróneo, incorrecto ::
to be —, estar equivocado,
equivocarse, errar.
MISTLETOE [MÍSLTOU] *n. bot.* muér-
dago.
MISTOOK [MISTÚK] *pret. de* to mistake.
MISTRESS [MÍSTRES] *n.* dueña, señora :: querida, concubina ::
maestra, profesora.
MISTRUSTFUL• [MISTRÁSFUL] *adj.*
desconfiado, sospechoso, receloso.
MISTY [MÍSTI] *adj.* nebuloso, brumoso.
MISUNDERSTAND [MISANDERSTÁND]
va. & n. comprender mal :: entender mal :: interpretar mal ::
no comprender.
MISUNDERSTANDING [MISANDERS-
TÁNDING] *n.* equivocación :: mala interpretación, malentendido
:: desavenencia.
MISUNDERSTOOD [MISANDERSTÚD]
pret. & p.p. de to misunderstand.
MISUSE [MISIÚS] *n.* abuso :: mal
uso :: malversación :: *va.* abusar de :: maltratar :: usar o emplear mal :: malversar *(fondos).*
MITIGATE [MÍTIGUEIT] *va.* mitigar,
ablandar, moderar, suavizar.
MITRE [MÁITA] *n.* mitra.
MITTEN [MITN] *n.* mitón *(guante).*
MIX [MIKS] *n.* mezcla :: *va.* mezclar :: aderezar :: confundir ::
combinar :: *vn.* inmiscuirse, meterse, entremeterse.
MIXTURE [MÍKSCHIUR] *n.* mezcla ::
mezcolanza.
MIXUP [MÍKSAP] *n.* equívoco :: enredo.
MOAN [MOUN] *n.* gemido, lamento, lamentarse :: *va.* lamentar,
deplorar.
MOAT [MOUT] *n.* foso, fonsado.
MOB [MOB] *n.* populacho, turba ::
canalla, chusma :: *va.* atropellar, promover alborotos.
MOBILE [MÓUBILI] *adj.* móvil :: movedizo, inestable.
MOCCASIN [MÓKASIN] *n.* mocasín.
MOCK [MOK] *adj.* imitado, falso,
postizo :: *n.* burla :: *va.* — **at,**
mofar(se de), escarnecer, ridiculizar, burlar, remedar :: señalar con el dedo :: burlarse de,
reírse de.
MOCKUP [MÓKAP] *n.* maqueta ::
modelo.
MODE [MOUD] *n.* manera, modo,

uso :: *(mus.)* modo :: moda.
MODEL [MODL] *n.* modelo :: parangón, tipo, prototipo :: horma :: figurín :: — **of perfection**, dechado :: *va.* modelar, formar, bosquejar.
MODERATE° [MÓDEREIT] *adj.* moderado :: módico :: comedido, regular, suave :: *va. & n.* moderar(se), entibiar, morigerar, templar, reprimir, serenarse.
MODERATION [MODERÉISHON] *n.* moderación, mesura :: frugalidad.
MODERN [MÓDERN] *adj.* moderno, reciente, actual :: — **languages**, lenguas vivas.
MODEST° [MÓDIST] *adj.* modesto, recatado, pudoroso, honesto :: moderado, decente, regular.
MODIFY [MÓDIFAI] *va.* modificar, templar, moderar :: circuncidar.
MOHAMMEDAN [MOUJÁMEDAN] *adj. & n.* mahometano, árabe, moro :: morisco.
MOIST [MOIST] *adj.* húmedo, mojado.
MOISTEN [MOISN] *va.* humedecer, mojar.
MOISTURE [MÓISCHAER] *n.* humedad.
MOLASSES [MOLÁSES] *n.* melaza, miel de caña.
MO(U)LD [MOULD] *n.* molde, matriz :: moho :: tierra vegetal :: *va.* moldear, amoldar :: modelar :: enmohecer(se), cubrir(se) de moho.
MO(U)LDY [MÓULDI] *adj.* mohoso.
MOLE [MOUL] *n.* topo :: lunar, mancha :: muelle, rompeolas, malecón.
MOLEST [MOLÉST] *va.* molestar, vejar, estorbar :: incomodar, acosar, perseguir.
MOLLIFY [MÓLIFAI] *va.* ablandar, suavizar, apaciguar.
MOLTEN [MOULTN] *adj.* fundido, derretido.
MOMENT [MÓUMENT] *n.* momento, rato, ocasión :: **of great —**, de gran importancia.
MOMENTOUS° [MOUMÉNTOS] *adj.* trascendente, grave, importante.
MOMENTUM [MOUMÉNTOM] *n.* impulsión, momento, ímpetu.
MONARCH [MÓNARK] *n.* monarca, rey.
MONARCHY [MÓNARKI] *n.* monarquía.
MONASTERY [MÓNASTERI] *n.* monasterio.
MONDAY [MÁNDEI] *n.* lunes.

MONEY [MÁNI] *n.* dinero, plata, moneda :: fondos :: —**box**, hucha, alcancía :: — **lender**, prestamista :: —**order**, giro.
MONGREL [MÓNGREL] *n. & adj.* mestizo, cruzado :: *(dog)* callejero.
MONK [MONK] *n.* monje, religioso.
MONKEY [MÓNKI] *n.* mono, mico.
MONOGRAM [MÓNOUGRAM] *n.* monograma.
MONOPOLY [MONÓPOLI] *n.* monopolio, exclusiva.
MONOTONOUS° [MONÓTONOS] *adj.* monótono.
MONSTER [MÓNSTA] *n.* monstruo, aborto, prodigio :: **foul —**, vestigio.
MONSTROSITY [MONSTRÓSITI] *n.* monstruosidad :: monstruo.
MONSTROUS° [MÓNSTROS] *adj.* monstruoso :: prodigioso :: horrendo, disforme :: inaguantable :: — **thing**, enormidad.
MONTH [MONZ] *n.* mes.
MONTHLY [MÓNZLI] *adj.* mensual :: *n.* publicación mensual :: *adv.* mensualmente.
MONUMENT [MÓNIUMENT] *n.* monumento :: recuerdo.
MOOD [MUD] *n.* modo :: estado de ánimo, humor :: genio :: **(not) to be in the —**, (no) tener ganas.
MOON [MUN] *n.* luna :: **full —**, plenilunio.
MOONLIGHT [MÚNLAIT] *n.* luz de luna.
MOOR [MÚAER] *n.* páramo, paramera, marjal :: *(pers.)* moro :: *va. & n.* anclar, amarrar.
MOP [MOP] *n.* estropajo, fregona :: *va. & n.* lavar, limpiar, fregar :: *(mil.)* **to — up**, liquidar.
MOPE [MOUP] *va.* dormitar, atontar, estar cabizbajo.
MORAL° [MÓRAL] *adj.* moral, virtuoso :: *n.* moral :: moraleja :: moralidad :: *pl.* costumbres, honestidad.
MORALE [MORÁL] *n.* moral, entereza de ánimo.
MORASS [MORÁS] *n.* ciénaga, aguazal, marisma.
MORBID° [MÓARBID] *adj.* mórbido, malsano, enfermizo, morboso.
MORE [MÓR] *adj. & adv.* más :: — **and —**, cada vez más, más y más :: — **or less**, poco más o menos, tal cual.
MOREOVER [MÓUROUVER] *adv.* además.
MORNING [MÓARNING] *adj.* matutino :: *n.* mañana :: **early —**, ma-

drugada :: — **coat**, levita.
MOROSE° [MORÓUS] *adj.* malhumurado, triste, arisco.
MORPHIA [MÓARFIA] **MORPHINE** [MÓRFIN] *n.* morfina.
MORSEL [MÓARSEL] *n.* bocado :: pedazo :: presa :: **dainty —**, bocado de rey.
MORTAL° [MOARTL] *adj. & n.* mortal :: — **man**, humanidad.
MORTALITY [MORTÁLITI] *n.* mortalidad :: mortandad.
MORTAR [MÓARTAER] *n.* mezcla, argamasa :: mortero :: almirez, pilón.
MORTGAGE [MÓARGUICH] *n.* hipoteca :: *va.* hipotecar.
MORTUARY [MÓARTIUARI] *adj.* mortuorio :: *n.* osario, cementerio.
MOSAIC [MOUSÉIIK] *adj. & n.* mosaico.
MOSQUE [MOSK] *n.* mezquita.
MOSQUITO [MOSKÍTOU] *n.* mosquito, cínife :: — **net**, mosquitero.
MOSS [MOS] *n.* musgo, moho.
MOST° [MOÚST] *adj. & adv.* lo más, la mayor parte, muy sumamente :: *n.* la mayor parte :: la mayoría de :: **at —**, a lo sumo :: **to make the — of**, sacar todo el partido posible de.
MOTH [MOZ] *n.* polilla, mariposa nocturna.
MOTHER [MÓDER] *adj.* materno, nativo :: *n.* madre :: —**in-law**, suegra, madre política :: — **Superior**, Madre Superiora, prelada :: **step—**, madrastra.
MOTHERHOOD [MÓDERJUD] *n.* maternidad.
MOTION [MÓUSHON] *n.* movimiento, moción :: ademán :: **in —**, en marcha :: — **picture**, película cinematográfica :: *vn.* hacer señas.
MOTIONLESS [MÓUSHONLES] *adj.* inmóvil, sin mover.
MOTIVE [MÓUTIV] *adj.* motor :: — **power**, fuerza motriz :: *n.* motivo :: principio :: margen :: móvil :: pie.
MOTLEY [MÓTLI] *adj.* abigarrado, multicolor, de diversos colores :: variado, mezclado :: *n.* mezcla, mezcolanza.
MOTOR [MÓUTA] *n.* motor :: — **car**, automóvil :: —**cycle**, motocicleta :: —**bike**, motocicleta pequeña :: moto.
MOTTLED [MOTLD] *adj.* moteado, jaspeado, manchado.
MOTTO [MÓTOU] *n.* divisa, lema, epígrafe.
MOULD [MOULD] *n.* molde, matriz :: forma, horma :: tierra vege-

tal, mantillo :: moho, verdín, mancha de orín.

MOULT [MOULT] vn. mudar de pluma.

MOUND [MAUND] n. montículo, terrón, terraplén :: baluarte.

MOUNT [MAUNT] n. monte, caballería, cabalgadura, montura :: va. montar :: armar :: engarzar :: subir a :: elevarse :: vn. subir :: ascender a.

MOUNTAIN [MÁUNTIN] n. montaña :: — range, cordillera, sierra :: —bred, montañés.

MOURN [MOARN] va. deplorar, lamentar, llorar :: vn. llorar, afligirse, estar de luto.

MOURNFUL° [MÓRNFUL] adj. fúnebre :: lúgubre :: lastimero :: triste.

MOURNING [MÓRNING] n. luto :: duelo :: lamentación :: to be in —, estar de luto, estar de duelo :: adj. de luto.

MOUSE [MAUS] n. ratón, ratoncito :: field —, campañol.

MOUSTACHE [MÚSTASH] n. mostacho, bigote :: heavily —ed, bigotudo.

MOUTH [MAUZ] n. boca :: hocido :: entrada, abertura :: mueca :: embocadura :: down in the —, deprimido, alicaído :: to make one's — water, hacerse agua la boca :: —wash, enjuagadientes, enjuague bucal :: by word of —, de palabra :: golden —ed, pico de oro.

MOUTHFUL [MÁUZFUL] n. bocado.

MOUTHPIECE [MÁUZPIS] n. (mus.) boquilla :: portavoz.

MOVABLE [MÚVABL] adj. movible, móvil :: n. pl. mobiliario.

MOVE [MUV] n. movimiento :: bold —, temeridad :: juego, jugada :: on the —, en marcha :: vn. moverse :: marchar(se) :: trasladarse, obrar :: va. mover, agitar :: mudar de :: (un debate) presentar :: agitar, excitar, inclinar, conmover, enternecer :: to — along, correr :: to — away, alejarse, quitar :: to — on (hacer) circular :: to — (a) round, dar vueltas, rodar.

MOVEMENT [MÚVMENT] n. movimiento :: maniobra :: meneo :: acción :: mecanismo, movimiento :: evacuación.

MOVIE [MÚVI] n. cine, película :: —s, cine.

MOW [MOU] va. segar, guadañar.

MOWER [MÓUUAER] n. segador :: segadora, cortadora mecánica :: máquina segadora.

MUCH [MACH] adj. & adv. mucho, abundante :: as —, tanto :: as — as, tanto como :: so — the better, tanto mejor :: as — more, otro tanto más :: to make — of, festejar.

MUCOUS [MIÚKOS] adj. mucoso :: — membrane, membrana mucosa.

MUD [MAD] n. lodo, fango, cieno :: — wall, tapia.

MUDDLE [MODL] va. enturbiar, entontecer :: vn. estar atontado.

MUDDY [MÁDI] adj. fangoso, lodoso :: turbio :: confuso :: va. enlodar, ensuciar :: enturbiar.

MUFFIN [MÁFIN] n. bollo, panecillo.

MUFFLE [MOFL] va. envolver, embozar :: (un sonido) apagar :: — d, adj. embozado :: (ruido) sordo.

MUFFLER [MÓFLA] n. bufanda, tapaboca, embozo.

MULATTO [MIULÁTOU] n. cuarterón, mulato.

MULBERRY [MÓLBERI] n. mora :: —tree, morera.

MULE [MIUL] n. mula :: pack—, acémila.

MULTIPLY [MÓLTIPLAI] va. multiplicar :: vn. pulular.

MULTITUDE [MÓLTITIUD] n. multitud, sinnúmero, muchedumbre :: chusma.

MUMBLE [MAMBL] n. murmullo :: va. & n. murmu rar, hablar entre dientes :: mascullar :: to talk in a —, mascullar las palabras, hablar entre dientes.

MUMMY [MÓMI] n. momia :: (coll.) mamá.

MUNCH [MONCH] va. & n. mascar a dos carrillos.

MUNIFICENT° [MIUNÍFISENT] adj. liberal, munífico, generoso.

MUNITION [MIUNÍSHON] n. municiones, pertrechos.

MURDER [MÁRDA] n. asesinato :: homicidio :: va. asesinar, matar.

MURDERER [MÁRDERAER] n. asesino, homicida.

MURDEROUS° [MÉRDEROES] adj. asesino, homicida.

MURKY [MÉRKI] adj. sombrío, obscuro, tenebroso, lóbrego.

MURMUR [MÉRMER] n. rumor, murmullo :: susurro :: murmuración :: va. & n. murmurar, susurrar :: quejarse de.

MUSCLE [MASEL] n. músculo.

MUSE [MIUS] n. musa :: vn. meditar, musitar :: cavilar :: distraerse.

MUSEUM [MIUSÍOM] n. museo.

MUSH [MASCH] n. potaje espeso de maíz :: masa de maíz :: masa blanda :: sentimentalismo.

MUSHROOM [MÓSHRUM] n. seta, hongo.

MUSIC [MIÚSIK] n. música :: melodía :: —stand, atril :: — stool, taburete :: not to face the —, escurrir el bulto :: to face the —, pagar el pato.

MUSICIAN [MIUSÍSHON] n. músico.

MUSKET [MÓSKET] n. fusil, mosquete.

MUSLIN [MÓSLIN] n. muselina, percal.

MUST [MOST] vn. deber, necesitar.

MUSTACHE [MOSTÁSCHI] n. bigote, mostacho.

MUSTARD [MÓSTARD] n. mostaza.

MUSTER [MÓSTA] n. revista, reunión, lista :: vn. pasar revista, mostrar, exhibir :: reunir.

MUTATION [MIUTÉISHON] n. mutación.

MUTE [MIUT] adj. mudo, callado, silencioso :: n. (mus.) sordina.

MUTILATE [MIÚTILEIT] va. mutilar, estropear, truncar, tronchar.

MUTINEER [MIUTINÁAER] n. rebelde, amotinado.

MUTINOUS° [MIÚTINOS] adj. sedicioso, turbulento.

MUTINY [MIÚTINI] n. motín, insurrección :: vn. amotinarse, alzarse.

MUTTER [MÓTA] n. murmullo :: gruñido :: va. & n. murmurar, gruñir, refunfuñar, rezongar, decir entre dientes.

MUTTON [MOTN] n. carne de (carnero, cordero) :: to sell — as lamb, dar gato por liebre.

MUTUAL° [MIÚTIUAL] adj. mutuo, recíproco.

MUZZLE [MOSL] n. bozal, mordaza :: hocico, morro :: (de un arma de fuego) boca :: va. embozalar, amordazar.

MY [MAI] adj. mi (mis).

MYRIAD [MÍRIAD] n. miríada, diez mil :: millares, gran cantidad.

MYRTLE [MERTL] n. mirto, arrayán.

MYSELF [MAISÉLF] pron. yo mismo, me (como reflexivo) :: a mí mismo :: by —, solo.

MYSTERIOUS° [MISTÍRIOS] adj. misterioso.

MYSTERY [MÍSTERI] n. misterio, arcano :: — play, misterio, auto religioso.

MYSTIFY [MÍSTIFAI] va. mistificar, confundir, desconcertar.

MYTH [MIZ] n. mito, fábula, ficción.

MYTHOLOGY [MIZÓLOYI] n. mitología.

N

NAG [NAG] *n.* rocín :: *va.* regañar, hostigar.

NAIL [NEIL] *n.* clavo :: uña :: **wire** —, punta de París :: **to hit the — on the head,** dar en el clavo :: —**file,** lima para las uñas :: *va.* clavar, clavetear :: **to — down,** sujetar con clavos.

NAIVE [NAÍV] *adj.* cándido, ingenuo.

NAKED [NÉIKID] *adj.* desnudo, en cueros, en pelota :: descubierto :: pelado :: simple :: — **eye,** a simple vista.

NAME [NEIM] *n.* nombre :: **Christian —,** nombre de pila :: **sur—,** apellido :: prestigio, reputación, fama :: razón social :: denominación :: **nick—,** apodo :: **to give a dog a bad —,** tildar :: **in the — of,** en nombre de :: **to call —s,** injuriar, poner motes a :: *va.* nombrar, apellidar, llamar, designar :: indicar :: señalar :: fijar.

NAMELY [NÉIMLI] *adv.* a saber, esto es, es decir.

NAP [NAP] *n.* siesta, sueño ligero :: **to have a —,** descabezar el sueño :: borra, lanilla :: vello :: **to catch napping,** coger desapercibido.

NAPE [NEIP] *n.* nuca, cogote.

NAPKIN [NÁPKIN] *n.* servilleta :: culero, pañal.

NARRATE [NARÉIT] *va.* contar, narrar, referir, relatar.

NARRATIVE [NÁRATIV] *adj.* narrativo :: *n.* narrativa, cuento, relación.

NARROW [NÁROU] *adj.* estrecho, angosto, escaso :: apretado :: tacaño, mezquino :: — **minded,** apocado, mojigato :: — **gauge,** vía estrecha :: *va. & n.* estrechar, limitar :: encogerse.

NARROWNESS [NÁROUNES] *n.* estrechez, estrechura, angostura :: limitación :: intolerancia.

NASTINESS [NÁSTINES] *n.* suciedad, porquería :: grosería.

NASTY [NÁSTI] *adj.* sucio, asqueroso :: indecente, desagradable, malintencionado :: sórdido :: *n.* zaíno, sabandija.

NATION [NÉISHON] *n.* nación, pueblo, país.

NATIONALITY [NASHONÁLITI] *n.* nacionalidad.

NATIVE [NÉTIV] *adj.* natural, nativo, oriundo (de), originario (de) :: habitante (de) :: natal :: *n.* indígena, natural.

NATURAL [NÁCHIURAL] *adj.* natural, nato, sencillo.

NATURALIZE [NÁSCHIURALAIS] *va.* naturalizar.

NATURE [NÉICHIUR] *n.* naturaleza, índole, constitución :: condiciones :: natural, temperamento :: género, laya :: **from —,** del natural :: **good —d,** afable, bueno, bondadoso, llano.

NAUGHT [NOAT] *n.* nada, cero :: **to come to —,** malograr, naufragar, fracasar.

NAUGHTY [NÓATI] *adj.* malo, travieso, perverso, pícaro.

NAUSEA [NÓASIA] *n.* náusea, mareo, asco.

NAUSEATE [NÓASIEIT] *va.* dar naúseas, dar bascas, asquear, dar asco :: sentir náuseas :: **to be —ed,** tener náuseas.

NAUSEATING [NÓSIETING] *adj.* nauseabundo, asqueroso.

NAUTICAL [NÓATIKL] *adj.* náutico.

NAVIGATE [NÁVIGUEIT] *va. & n.* navegar.

NAVIGATION [NAVIGUÉISHON] *n.* navegación.

NAVIGATOR [NÁVIGUEITA] *n.* navegante.

NAVY [NÉIVI] *n.* armada, flota :: — **blue,** azul marino.

NAY [NEI] *adv.* no :: no sólo... sino (que) también :: *n.* no, voto negativo.

NEAR [NÍAER] *adj.* cercano, próximo :: inmediato, vecino :: estrecho :: *adv.* cerca :: **to be — (age),** frisar con :: **on the — side,** citerior :: — **by,** al lado, a mano :: — **East,** Oriente Próximo :: *va. & n.* acercar, acercarse.

NEARBY [NÍARBAI] *adv.* cerca, a la mano :: *adj.* cercano, próximo.

NEARNESS [NÍARNES] *n.* cercanía, proximidad.

NEAT [NIT] *adj.* neto, limpio, hermoso, aseado, cuidadoso, repulido :: mañoso, hábil, diestro :: puro.

NEATNESS [NÍTNES] *n.* pulcritud, aseo :: limpieza :: esmero :: claridad.

NECESSARILY [NESISÉRILI] *adv.* necesariamente :: forzosamente.

NECESSARY [NÉSISARI] *adj.* necesario, preciso, esencial, reglamentario, indispensable.

NECESSITATE [NISÉSITEIT] *va.* necesitar, ser necesario, requerir.

NECESSITY [NISÉSITI] *n.* necesidad, precisión :: exigencia :: indigencia.

NECK [NEK] *n.* cuello, pescuezo :: garganta :: gollete :: — **of land,** istmo :: **low —,** escote :: **stiff —,** tortícolis.

NECKLACE [NÉKLES] *n.* collar :: gargantilla.

NECKTIE [NÉKTAI] *n.* corbata.

NEED [NID] *n.* necesidad :: penuria :: falta :: **bodily —s,** menesteres :: *va.* necesitar, requerir, tener necesidad de, ser necesario, exigir :: carecer de :: **I — it,** me falta, me hace falta :: **in —,** necesitados :: **in — of,** falto de.

NEEDLE [NIDL] *n.* aguja :: brújula :: **to be on pins and —s,** estar en brasas.

NEEDLEPOINT [NÍDLPOINT] *n.* encaje de mano.

NEEDLESS [NÍDLES] *adj.* innecesario, inútil.

NEEDLEWORK [NÍDLUOERK] *n.* labor, bordado :: costura.

NEEDY [NÍDI] *adj.* necesitado, pobre, indigente.

NEGATIVE [NÉGATIV] *n.* negativa :: *adj.* negativo :: *va.* negar, rechazar, desaprobar.

NEGLECT [NEGLÉKT] *n.* descuido, negligencia :: abandono, desaliño :: **to fall into —,** caer en desuso :: *va.* descuidar, dejar de, desatender :: arrinconar.

NEGLIGENCE [NÉGLIYENS] *n.* descuido, omisión :: incuria :: dejadez :: desaliño.

NEGOTIATE [NIGÓUSHIEIT] *va.* negociar, agenciar.

NEGOTIATION [NIGOUSHIÉISHON] *n.* negociación, negocio, gestión.

NEIGH [NEI] *n.* relincho :: *vn.* relinchar.

NEIGHBOR, NEIGHBOUR [NÉIBA] *n.* (con)vecino, prójimo :: matrona.

NEIGHBO(U)RHOOD [NÉIBORJUD] *n.* vecindad :: vecindario :: inmediación.

NEITHER [NÁIDA] *conj.* ni... ni :: *pron.* ni uno ni otro :: tampoco.

NEPHEW [NÉVIU] *n.* sobrino.

NEPOTISM [NÉPOTISM] *n.* nepotismo.

NERVE [NERV] *n.* (*med.*) nervio :: vigor, valor, fortaleza :: descaro :: *pl.* nerviosidad, ataque de nervios.

NERVOUS [NÉRVOS] *adj.* temeroso, miedoso, tímido.

NERVOUSNESS [NÉRVOSNES] *n.* nerviosidad :: agitación.

NEST [NEST] *n.* nido :: — **of tables,**

juego de mesas :: va. & n. anidar, alojar(se).

NESTLE [NESL] vn. anidarse, apiñarse, acurrucarse.

NET [NET] n. red :: malla :: tul :: manga :: drag—, boliche :: almadraba.

NETT [NET] adj. neto, puro, sin descuento :: líquido :: — **weight**, peso neto.

NETTLE [NETL] n. ortiga :: va. picar.

NETWORK [NÉTUOERK] n. red :: malla.

NEUTRAL° [NIÚTRAL] adj. neutro, neutral, indiferente.

NEUTRALIZE [NIÚTRALAIS] va. neutralizar.

NEVER [NÉVA] adv. nunca, jamás :: en la vida :: — **again**, nunca jamás :: — **failing**, inagotable.

NEW° [NIU] adj. nuevo :: distinto :: **brand** —, nuevecito, flamante.

NEWCOMER [NIUKÁMAER] n. recién llegado.

NEWS [NIUS] n. noticia(s) :: novedad :: — **film**, — **reel**, (película de) actualidades :: **to spread** —, divulgar la noticia :: dar un cuarto al pregonero :: **piece of** —, noticia.

NEWSPAPER [NIÚSPEIPA] n. periódico.

NEXT [NEKST] adj. próximo, siguiente, que sigue, inmediato :: adv. luego, en seguida, después :: — **door**, contiguo, de al lado :: — **day**, día siguiente :: — **to**, junto a, al lado de.

NIBBLE [NIBL] n. mordisco :: va. mordiscar, mordisquear :: picar, morder.

NICE° [NAIS] adj. agradable, delicado, primoroso :: simpático :: minucioso :: fino, sutil, escrupuloso :: — **looking**, guapo.

NICKNAME [NÍKNEIM] n. apodo, mote, sobrenombre :: va. motejar, apodar.

NIECE [NIS] n. sobrina.

NIGGARD° [NÍGARD] adj. mezquino, ruin, tacaño.

NIGHT [NAIT] adj. nocturno :: — **cap**, gorro de dormir :: n. noche :: tinieblas :: **at**, **by** —, de noche :: **last** —, anoche :: **to**—, esta noche :: **sleepless** —, noche toledana :: — **bird**, trasnochador :: **to be a** —**bird** (fam.), correrla :: — **dress**, camisón.

NIGHTFALL [NÁITFOL] n. anochecer, caída de la tarde, anochecida.

NIGHTGOWN [NÁITGAUN] n. camisón.

NIGHTINGALE [NÁITINGUEIL] n. ruiseñor.

NIMBLE [NIMBL] adj. ágil, activo, pronto, veloz, ligero :: — **witted**, vivo, despierto.

NINTH [NAINZ] adj. nono, noveno.

NIP [NIP] n. pellizco :: rasguño :: va. morder, pellizcar.

NIPPLE [NIPL] n. teta, pezón.

NO [NOU] adj. ninguno :: adv. no :: — **one** (fam.), maldito :: nadie.

NOBILITY [NOUBÍLITI] n. nobleza, hidalguía :: dignidad :: caballerosidad :: **to prove** —, calificarse.

NOBLE [NOUBL] adj. noble, hidalgo, ilustre, generoso.

NOBLEMAN [NÓUBLMAEN] n. noble.

NOBODY [NÓUBODI] pron. nadie, ninguno :: nulidad.

NOD [NOD] n. seña, signo :: cabezada :: saludo :: **a** — **is as good as a wink**, por el hilo se saca el ovillo :: vn. hacer señas con la cabeza :: cabecear, dar cabezadas (de sueño).

NOISE [NOIS] n. ruido, clamor, estrépito, alboroto :: rumor :: va. **to** — **abroad**, propalar.

NOISELESS° [NÓISLES] adj. sin ruido, silencioso, quieto.

NOISY [NÓISI] adj. ruidoso, turbulento.

NOMINATE [NÓMINEIT] va. nombrar, designar, señalar.

NONE [NAN] pron. ninguno(s) :: nada :: adv. no, de ningún modo.

NONSENSE [NÓNSENS] n. necedad, contrasentido, impertinencia, disparate, desatino, absurdo, adefesio :: **what** —! ¡quiá!.

NOOK [NUK] n. rincón(cito).

NOON [NUN] n. mediodía.

NOONTIDE [NÚNTAID] n. mediodía.

NOONTIME [NÚNTAIM] n. mediodía.

NOOSE [NUS] n. lazo corredizo :: dogal.

NOR [NOAR] conj. ni :: — **neither**, tampoco.

NORM [NORM] n. norma.

NORMAL° [NÓRMAL] adj. normal, usual, regular :: **to become** —, normalizarse.

NORTH [NORZ] n. norte :: adj. del Norte, septentrional :: — **Star**, la estrella polar.

NORTHEAST [NORZÍST] adj. & n. nordeste :: adv. hacia el Nordeste, rumbo al Nordeste.

NORTHERLY [NÓRZAERLI] adj. septentrional, del Norte :: adv. desde el Norte.

NORTHWEST [NORZUÉST] adj. & n. Noroeste :: adv. hacia el Noroeste.

NOSE [NOUS] n. nariz, narices :: (zool.) hocico :: olfato :: **with large** —, narigudo :: — **bag**, morral, cebadera.

NOSTRIL [NÓSTRIL] n. ventana de la nariz, fosas nasales.

NOT [NOT] adv. no :: — **at all**, de ningún modo.

NOTABLE [NÓUTABL] adj. notable, relevante, subido, insigne, aventajado :: — **person**, notabilidad.

NOTATION [NOUTÉISHON] n. notación :: apunte :: anotación.

NOTCH [NOCH] n. muesca, ranura :: hendidura :: va. ranurar, hacer una ranura en.

NOTE [NOUT] n. nota :: observación :: tono :: marca :: (mus.) tecla :: billete :: apunte :: **to take** —**s**, sacar apuntes :: va. notar, anotar, observar, advertir, reparar.

NOTEBOOK [NÓUTBUK] n. libreta, cuaderno, libro de apuntes.

NOTEWORTHY [NÓUTUERDZI] adj. notable, célebre.

NOTHING [NÓZING] n. nada :: **for** —, de balde :: — **at all**, nonada :: friolera :: **a bit of** —, fruslería :: **to come to** —, fracasar, malograrse.

NOTICE [NÓUTIS] n. noticia, advertencia :: comunicación, anuncio :: consideración, conocimiento :: aviso, letrero :: —**board**, tablón de avisos :: **to take** — **of**, notar :: va. notar, caer en la cuenta (de) :: observar, percatarse, hacer caso de :: **it's worth** —**ing**, es de notar :: **to give** —, advertir, avisar :: **at the shortest** —, en el plazo más breve :: tan pronto como sea posible.

NOTICEABLE [NÓUTISABL] adj. notable.

NOTIFY [NÓUTIFAI] va. notificar, dar parte, prevenir, avisar.

NOTION [NÓUSHON] n. noción, idea, concepto :: ocurrencia.

NOTORIETY [NOUTORÁITI] n. notoriedad, fama.

NOTORIOUS° [NOTÓURIOS] adj. muy conocido :: famoso, de mala fama, ruin.

NOTWITHSTANDING [NOTUIDSTÁNDING] prep. & conj. no obstante, empero, sin embargo, a despecho de :: bien que.

NOUGHT [NOUT] n. cero, nada.

NOUN [NAUN] *n.* nombre, sustantivo.

NOURISH [NÓRISH] *va.* alimentar :: cebar :: sustentar, abrigar.

NOURISHING [NÓRISHING] *adj.* nutritivo, alimenticio.

NOURISHMENT [NÓRISHMENT] *n.* nutrimento, sustento, alimento :: nutrición.

NOVEL [NÓVL] *adj.* original :: *n.* novela.

NOVELIST [NÓVELIST] *n.* novelista.

NOVELTY [NÓVELTI] *n.* novedad, **fond of** —**ies,** novelero.

NOVEMBER [NOUVÉMBA] *n.* noviembre.

NOVICE [NÓVIS] *n. (relig.)* novicio :: principiante :: neófito, aprendiz, novato.

NOW [NAU] *adv.* ahora :: ya :: **by** —, ya :: **from** — **on,** de hoy en adelante :: — **and then,** de cuando en cuando :: **every** — **and then,** a cada momento :: **just** —, ahora mismo :: — **that,** ya que, puesto que.

NOWADAYS [NÁUADEIS] *adv.* hoy día, en la actualidad.

NOWHERE [NOÚHUER] *adv.* en ninguna parte.

NOXIOUS• [NÓKSHOS] *adj.* nocivo :: dañino :: pernicioso, pestífero, malsano.

NUCLEUS [NIÚKLIOS] *n.* núcleo.

NUDE• [NIUD] *adj.* desnudo :: escueto, conciso.

NUDGE [NOCH] *n.* codal, codazo :: *va.* dar codazos a.

NUGGET [NÁGUET] *n.* pepita :: pedazo.

NUISANCE [NIÚSENS] *n.* incomodidad, molestia, estorbo, contravención :: **what a** —! ¡qué fastidio!

NULL [NOL] *adj.* nulo, sin valor, inválido.

NUMB [NOM] *adj.* aterido, entumecido, entorpecido :: *va.* entumecer, entorpecer.

NUMBER [NÓMBA] *n.* número :: cifra :: suma :: *(de una revista)* ejemplar :: *va.* contar, numerar :: sumar.

NUMBERLESS [NÓMBERLES] *adj.* innumerable, innúmero.

NUMERAL• [NIÚMERAL] *n.* número, cifra, guarismo :: *adj.* numeral.

NUMEROUS• [NIÚMEROS] *adj.* numeroso, muchos.

NUN [NON] *n.* monja, religiosa.

NUNNERY [NÓNERI] *n.* convento.

NUPTIAL [NÁPSCHAL] *adj.* nupcial :: —**s,** nupcias, bodas.

NURSE [NERS] *n.* enfermera :: nodriza, ama, aya :: **wet** —, ama de leche :: —**s home,** enfermera :: —**maid,** niñera :: *va.* amamantar, criar :: cuidar :: *(met.)* fomentar, abrigar.

NURSERY [NÉRSERI] *n.* cuarto de niños :: almáciga :: *(bot.)* pimpollar, criadero, vivero :: —**maid,** niñera :: — **rhymes,** cuentos, canciones de niños.

NURTURE [NÉRCHIUR] *n.* crianza :: nutrimento :: *va.* criar :: nutrir :: cuidar :: fomentar.

NUT [NOT] *n.* nuez :: *(mech.)* hembra, tuerca :: *(sl.)* crisma :: — **brown,** castaño, trigueño :: **to go** —**ting,** coger nueces :: **in a** —**shell,** en pocas palabras.

NUTCRACKER [NÓTKRAKAER] *n.* cascanueces.

NUTMEG [NÓTMEG] *n.* nuez moscada.

NUTRIMENT [NIÚTRIMENT] *n.* alimento, nutrición.

NUTRITIOUS• [NIUTRÍSHOS] *adj.* nutritivo, alimenticio.

NUTSHELL [NÓTSCHEL] *n.* cáscara de nuez :: **in a** —, en suma, en breve, en pocas palabras.

O

OAK [OUK] *n.* roble :: encina :: — **forest, clump of** —s, robledo.

OAR [ÓAER] *n.* remo :: **to rest on one's** —s, cesar de trabajar.

OARSMAN [ÓURSMAN] *n.* remero, remador.

OASIS [OUÉISIS] *n.* oasis.

OAT [OUT] *n.* —s, avena :: —**field, avenal** :: **to sow one's wild** —s, correrla.

OATH [OUZ] *n.* juramento :: taco, improperio, blasfemia :: **to take** —, prestar juramento.

OATMEAL [ÓUTMIL] *n.* harina de avena :: gachas de avena.

OBDURATE° [ÓBDIUREIT] *adj.* obstinado, inflexible, impertinente, terco.

OBEDIENCE [OBÍDIENS] *n.* obediencia, sumisión.

OBEDIENT° [OBÍDIENT] *adj.* obediente, sumiso, dócil.

OBELISK [ÓBILISK] *n.* obelisco.

OBESITY [OBÍSISTI] *n.* obesidad, gordura.

OBEY [OBÉI] *va.* obedecer :: observar :: cumplir con.

OBITUARY [OBÍTIUARI] *n.* — **notice,** necrología :: esquela.

OBJECT [ÓBYEKT] *n.* objeto, cosa, asunto :: fin, propósito, intento :: *(gram.)* complemento :: *va. & n.* objetar, oponer :: oponerse :: poner reparos (a), poner tacha (a).

OBJECTION [OBYÉKSHON] *n.* objeción, reparo :: inconveniente.

OBJECTIVE° [OBYÉKTIV] *adj.* objetivo :: *n.* objetivo :: fin, propósito.

OBLIGATION [OBLIGUÉISHON] *n.* obligación, deber, compromiso :: **to be under an** — **(to),** deber favores :: agradecer.

OBLIGATORY [OBLÍGATORI] *adj.* obligatorio, forzoso, imprescindible.

OBLIGE [OBLÁICH] *va.* obligar, compeler, precisar :: complacer, agradar, servir :: **to be** —**d to,** no poder menos de :: **I am** —**d to,** me toca :: **I am much** —**d to you,** le estoy muy agradecido.

OBLIGING° [OBLÁICHING] *adj.* obsequioso, cortés, atento, servicial.

OBLIQUE° [OUBLÍK] *adj.* oblicuo.

OBLITERATE [OBLÍTEREIT] *va.* borrar, cancelar, tachar :: arrasar, destruir :: **to be** —**d,** extinguirse, apagarse.

OBLIVION [OBLÍVION] *n.* olvido.

OBLIVIOUS° [OBLÍVIOS] *adj.* distraído, olvidadizo :: inconsciente (de).

OBNOXIOUS° [OBNÓKSHOS] *adj.* dañoso, nocivo, impertinente, ofensivo.

OBSCENE° [OBSÍN] *adj.* obsceno, indecente, grosero, verde, sucio.

OBSCURE [OBSKÍUR] *adj.* obscuro, vago, confuso :: tenebroso :: enigmático, revesado :: humilde :: *va.* borrar, enturbiar :: anublar, obscurecer.

OBSCURITY [OBSKIÚRITI] *n.* obscuridad.

OBSEQUIOUS° [OBSÍKUIOS] *adj.* obsequioso :: servil, zalamero.

OBSERVANCE [OBSÉRVANS] *n.* observancia :: ceremonia, rito.

OBSERVANT [OBSÉRVANT] *adj.* perspicaz, alerto, atento, vigilante.

OBSERVATION [OBSERVÉISHON] *n.* observación :: examen :: reparto :: **to be under** —, estar vigilado.

OBSERVATORY [OBSÉRVATORI] *n.* observatorio.

OBSERVE [OBSÉRV] *va.* observar, notar :: apuntar, marcar :: decir, comentar :: vigilar :: celebrar :: cumplir.

OBSERVER [OBSÉRVAER] *n.* observador.

OBSESS [OBSÉS] *va.* obsesionar.

OBSESSION [OBSÉSHON] *n.* obsesión :: idea fija.

OBSOLETE [ÓBSOLIT] *adj.* inusitado, arcaico, anticuado :: pasado de moda :: atrofiado.

OBSTACLE [ÓBSTAKL] *n.* obstáculo, tropezón, contrariedad, inconveniente, estorbo.

OBSTETRICS [OBSTÉTRIKS] *n.* obstreticia.

OBSTINACY [ÓBSTINASI] *n.* obstinación, terquedad, porfía.

OBSTINATE° [ÓBSTINIT] *adj.* obstinado, aferrado, tozudo, contumaz, testarudo, rebelde.

OBSTRUCT [OBSTRÓKT] *va.* obstruir, poner obstáculos (a) :: baldar, estorbar, dificultar :: atorar.

OBSTRUCTION [OBSTRÓKSHON] *n.* obstáculo, obstrucción, estorbo, dificultad.

OBTAIN [OBTÉIN] *va.* obtener, conseguir :: lograr :: facilitar :: *vn.* existir, prevalecer.

OBSTRUSIVE° [OBSTRÚSIV] *adj.* importuno, intruso.

OBVIATE [ÓBVIEIT] *va.* obviar, alla-nar, impedir, evitar.

OBVIOUS° [ÓBVIOS] *adj.* obvio, evidente, manifiesto, palpable, transparente.

OCCASION [OKÉSHON] *n.* ocasión :: oportunidad, coyuntura :: sazón, tiempo :: causa :: motivo, pie :: **on** —, en caso necesario, a su debido tiempo :: **on the** — **of,** con motivo de :: **to fit the** —, venir a cuento :: *va.* ocasionar, mover, causar, dar lugar a, acarrear.

OCCASIONAL° [OKÉISHONAL] *adj.* ocasional :: infrecuente, poco frecuente :: —**ly,** *(adv.)* de vez en cuando, a veces.

OCCIDENTAL [OKSIDÉNTAL] *adj. & n.* occidental.

OCCLUSIVE [OKLÚSIV] *adj. & n.* oclusivo.

OCCULT [OKÓLT] *adj.* oculto :: ignoto.

OCCUPATION [OKIUPÉISHON] *n.* ocupación, empleo, oficio.

OCCUPY [ÓKIUPAI] *va.* ocupar :: emplear :: entretener :: *vn.* ocuparse, atarearse.

OCCUR [OKÉR] *vn.* ocurrir, acontecer, suceder.

OCCURRENCE [OKÉRENS] *n.* ocurrencia, suceso, caso, acontecimiento.

OCEAN [ÓUSHANI] *n.* océano.

OCHER, OCHRE [ÓUKER] *n.* ocre.

OCTAVE [ÓKTEIV] *n.* octava.

OCTOBER [OKTÓUBA] *n.* octubre.

OCTOPUS [ÓKTOPUS] *n.* pulpo.

OCULIST [ÓKIULIST] *n.* oculista.

ODD° [OD] *adj.* raro, extravagante, fantástico, singular, curioso, estrafalario :: extraño :: impar :: suelto :: **an** — **volume,** un tomo suelto :: —**s and evens,** pares o nones :: **at** — **moments,** de rato en rato :: **at** —**s,** reñido :: —**s and ends,** chismes, menudencias :: —**job,** chapuza.

ODDITY [ÓDITI] *n.* rareza.

ODDS [ODS] *n.* diferencia, disparidad :: ventaja, puntos de ventaja.

ODIOUS° [ÓUDIOS] *adj.* odioso, detestable, infame.

ODOR, ODOUR [ÓUDA] *n.* olor, perfume.

ODOROUS [ÓUDOROS] *adj.* oloroso.

OF [OV] *prep.* de, con, tocante a, según :: — **late,** últimamente.

OFF [OF] *prep.* distante de :: **day** —, día libre :: *adv.* lejos, a distancia :: fuera :: a la altura de :: **well** —, acomodado :: — **print,** suelto, separata.

OFFENCE [OFÉNS] *n.* ofensa, culpa, delito :: atentado :: **to take** —, incomodarse.

OFFEND [OFÉND] *va.* ofender, enfadar, fastidiar, irritar :: desagradar, herir :: *vn.* pecar, cometer faltas, disgustar, enojar, deshonrar.

OFFENDER [OFÉNDAER] *n.* ofensor :: transgresor, delincuente.

OFFENSIVE• [OFÉNSIV] *adj.* ofensivo, injurioso :: — **remark**, impertinencia :: *n.* ofensiva.

OFFER [OFA] *n.* oferta :: propuesta, proposición :: **to make free** — **of**, franquear :: *va.* ofrecer, prometer :: presentar :: brindar :: *va.* ofrecerse, presentarse, prestarse.

OFFERING [OFERING] *n.* ofrenda, obsequio :: oblación :: ex-voto :: **burnt** —, holocausto.

OFFHAND [OFHJAND] *adv.* de improviso, por el momento, sin pensarlo, impensadamente :: *adj.* impensado, hecho de improviso :: descuidadamente.

OFFICE [OFIS] *n.* oficina, despacho :: empleo :: oficio :: *(eccl.)* oficios :: **in** —, en el poder :: **box** —, contaduría :: **booking** —, taquilla :: **Home** —, Ministerio del Interior (en Inglaterra) :: **Foreign** —, Ministerio de Asuntos Exteriores (en Inglaterra).

OFFICER [OFISA] *n. (mil.)* oficial :: funcionario :: **body of** —**s**, oficialidad.

OFFICIAL• [OFISHAL] *adj.* oficial :: — **price**, precio de tasa :: *n.* funcionario, empleado.

OFFICIOUS• [OFISHOS] *adj.* oficioso, entremetido.

OFFSET [OFSET] *n. (typ.)* offset :: *va.* compensar por :: contrapesar.

OFFSHORE [OFSHÓAER] *adj. & adv. (wind)* terral :: lejos de la playa :: extraterritorial.

OFFSPRING [OFSPRING] *n.* prole, linaje, vástago.

OFFSTAGE [OFSTEICH] *adv. & adj.* entre bastidores.

OFT, OFTEN [OFT, OFEN] *adv.* frecuentemente, a menudo, comúnmente.

OGRE [OUGAER] *n.* ogro, gigante, monstruo.

OIL [OIL] *n.* aceite :: crisma :: grasa :: — **painting**, pintura (cuadro) al óleo :: *va.* engrasar :: untar.

OINTMENT [OINTMENT] *n.* ungüento, untura.

OK [OUKÉI] *adj.* bueno :: corriente, convenido :: *adv.* bien :: *va.* dar el visto bueno, aprobar.

OLD [OULD] *adj.* viejo :: antiguo :: — **wine**, vino añejo :: **very** —, rancio :: —**fashioned**, pasado de moda, anticuado :: — **timer**, antiguo residente :: — **world**, muy chapado a la antigua :: usado, gastado :: — **man**, anciano :: — **Joe** *(etc.)*, el "tío" fulano :: **to grow** —, envejecer :: **to be** —, peinar canas.

OLEANDER [OULIANDAER] *n.* adelfa.

OLFACTORY [OLFÁKTORI] *adj.* olfatorio, olfativo.

OLIVE [OLIV] *n.* olivo, aceituna, oliva :: — **grove**, olivar :: — **oil**, aceite de oliva :: — **coloured**, aceitunado :: — **branch**, rama de oliva.

OMELET [OMLET] *n.* tortilla.

OMEN [OUMEN] *n.* agüero, augurio, presagio, portento :: **ill-omened**, fatídico.

OMINOUS• [OMINOS] *adj.* ominoso, siniestro, nefasto, aciago.

OMISSION [OMISHON] *n.* omisión.

OMIT [OMIT] *va.* omitir, suprimir, prescindir, pasar por alto, pasar en claro, hacer caso omiso de.

OMNIBUS [OMNIBAS] *n.* omnibús.

OMNIPOTENT [OMNIPOTENT] *adj.* omnipotente, todo poderoso.

ON [ON] *adv.* sobre, encima :: (en) adelante :: **and so** —, y así sucesivamente :: *prep.* según :: por parte de :: **later** —, más tarde :: **what's** —? *(theat.)* ¿qué ponen?

ONCE [UANS] *adv.* una vez :: antiguamente :: **at** —, de una vez, sin demora, en el acto, desde luego :: **all at** —, de (un) golpe :: — **for all**, de una vez :: **for** —, una vez siquiera :: — **upon a time...** érase una vez...

ONE [UAN] *adj. & pron.* uno, solo, único, cierto :: —**armed**, manco :: —**eyed**, tuerto :: **to be the** — **to**, ser el más indicado para :: — **for each**, sendos :: **such a** —, un tal.

ONEROUS• [ONEROS] *adj.* oneroso, pesado.

ONESELF [UANSÉLF] *pron.* se *(reflexivo)* :: **to speak to** —, hablar consigo mismo :: **by** —, solo :: por sí, por sí solo.

ONGOING [ONGOING] *adj.* que está haciéndose :: corriente :: que cursa.

ONION [ONION] *n.* cebolla.

ONLY [OUNLI] *adv.* solamente, sólo :: *adj.* solo, único.

ONSET [ONSET] *n.* embestida, ata-que :: impulso inicial, primer ímpetu.

ONSLAUGHT [ONSLOAT] *n.* arremetida, asalto.

ONTO [ONTU] *prep.* a :: sobre.

ONWARD [ONUAERD] *adv.* hacia adelante.

OOZE [US] *n.* fango, légamo, limo :: *vn.* rezumar, filtrar, manar.

OPAQUE• [OPÉIK] *adj.* opaco :: mate.

OPEN• [OUPN] *adj.* abierto :: extendido :: franco, llano :: dispuesto a :: susceptible :: **half** —, entreabierto, entornado :: **wide** —, de par en par :: — **house**, puerta franca :: — **secret**, secreto a voces :: — **minded**, sin prejuicio :: **in the** —, al aire libre, al raso :: **to force** —, violentar :: *va.* abrir :: inaugurar :: empezar :: revelar :: — **out**, ensanchar :: — **up**, franquear :: *vn.* abrirse :: asomarse :: — **on to**, dar a, salir a.

OPENING [OUPNING] *adj.* primero :: *n.* abertura :: apertura, comienzo :: claro *(en un bosque)* :: puesto vacante :: oportunidad.

OPERA [OPERA] *n.* ópera :: **comic** —, ópera bufa :: — **hat**, clac :: — **glasses**, gemelos.

OPERATE [OPEREIT] *va.* manejar, gobernar :: efectuar, producir :: explotar :: *vn.* obrar, funcionar :: *(med.)* operar.

OPERATION [OPERÉISHON] *n. (med.)* operación :: acción, efecto :: *(mech.)* funcionamiento.

OPERATOR [OPEREITA] *n.* operador, operario.

OPINION [OPINION] *n.* opinión, parecer, persuasión :: juicio :: fama, estimación :: **other people's** —, el qué dirán :: **he said that in his** —, daba a entender que.

OPOSSUM [OPÓSOM] *n.* zarigüeya.

OPPONENT [OPÓUNENT] *n.* antagonista, contrario, rival :: opositor.

OPPORTUNE• [OPORTIÚN] *adj.* oportuno, conveniente.

OPPORTUNITY [OPORTIÚNITI] *n.* ocasión, tiempo, caso, coyuntura :: pie.

OPPOSE [OPÓUS] *va.* oponer, combatir :: hacer frente a :: impugnar :: *vn.* oponerse.

OPPOSING [OPÓUSING] *adj.* opuesto, contrario.

OPPOSITE• [OPOSIT] *adj.* opuesto :: al frente :: encontrado, adverso :: **directly** —, frente por frente.

OPPOSITION [OPOSÍSHON] *n.* oposición, contradicción, repugnancia :: **in —**, en contra, en contraste.

OPPRESS [OPRÉS] *va.* oprimir, acongojar, agobiar, sofocar, vejar, abrumar.

OPPRESSION [OPRÉSHON] *n.* opresión, yugo :: ahogo, pesadez.

OPPRESSIVE• [OPRÉSIV] *adj.* opresivo, abrumador :: sofocante.

OPTICIAN [OPTÍSHAN] *n.* óptico.

OPTIMISM [ÓPTIMISM] *n.* optimismo.

OPTIMIST [ÓPTIMIST] *n.* optimista.

OPTION [ÓPSHON] *n.* opción, derecho de escoger :: alternativa.

OPULENCE [ÓPIULENS] *n.* opulencia, riquezas.

OPULENT• [ÓPIULENT] *adj.* rico, pudiente, acaudalado :: abundante, exuberante.

OR [OR] *conj.* o, sea.

ORACLE [ÓRACL] *n.* oráculo.

ORANGE [ÓRINCH] *n.* naranja :: naranjo :: **— blossom**, azahar.

ORANGEADE [ORENYÉID] *n.* naranjada.

ORATION [ORÉISHON] *n.* discurso, peroración, arenga.

ORATOR [ÓRATA] *n.* orador :: **eloquent —**, pico de oro.

ORATORY [ÓRÁTORI] *n.* oratoria, elocuencia :: *(eccl.)* oratorio.

ORB [ORB] *n.* orbe, esfera.

ORBIT [ÓRBIT] *n.* órbita.

ORCHARD [ÓRCHERD] *n.* huerto, vergel.

ORCHESTRA [ÓRKISTRA] *n.* orquesta :: **— stall**, platea.

ORCHESTRATE [ÓRKISTREIT] *va.* orquestar.

ORCHID [ÓRKID] *n.* orquídea.

ORDAIN [ORDÉIN] *va.* ordenar, establecer, decretar :: **to be —ed**, *(sacerdote)* ordenarse.

ORDEAL [ÓRDIAL] *n.* prueba rigurosa.

ORDER [ÓARDA] *n.* orden :: método, arreglo :: mandado :: clase, medida :: régimen :: pedido :: **— of St. James**, hábito de Santiago :: **Jesuit —**, Compañía de Jesús :: **in good —**, en buen estado :: en regla :: **till further —s**, hasta nueva orden :: **out- of —**, descompuesto, no funciona :: desarreglado :: *pl.* **standing —**, reglamento :: *va.* ordenar, arreglar :: *(mil.)* mandar :: disponer :: *(com.)* pedir, encargar :: **to put in —**, ordenar, reglamentar :: **to be the — of the day**, imperar :: **to give —s**, mandar, preceptuar.

ORDERLY [ÓRDERLI] *adj.* ordenado :: en orden, bien arreglado :: bien disciplinado :: *n.* ordenanza :: asistente de hospital.

ORDINAL [ÓRDINAL] *adj.* ordinal :: **— number**, número ordinal.

ORDINARY [ÓARDINERI] *adj.* ordinario, vulgar, trivial, común :: corriente.

ORDNANCE [ÓARDNANS] *n.* artillería.

ORE [OR] *n.* mineral, ganga :: **— deposit**, yacimiento.

ORGAN [ÓARGAN] *n.* órgano :: **— player**, organista :: **— blower**, entonador :: **barrel —**, organillo, manubrio.

ORGANIC [ORGÁNIK] *adj.* orgánico :: constitutivo, fundamental.

ORGANISM [ÓRGANISM] *n.* organismo.

ORGANIZATION [ORGANISÉISHON] *n.* organización :: organismo :: entidad :: sociedad.

ORGY [ÓARCHI] *n.* orgía.

ORIENT [ÓRIENT] *n.* Oriente, levante :: *va.* orientar.

ORIENTAL [ORIÉNTAL] *adj. & n.* oriental.

ORIENTATION [ORIENTÉISHON] *n.* orientación.

ORIFICE [ÓRIFIS] *n.* orificio.

ORIGIN [ÓRICHIN] *n.* origen, principio, precedencia, procedencia, cuna, raíz :: **—s**, ascendencia.

ORIGINAL• [ORÍCHINAL] *adj. & n.* original.

ORIGINATE [ORÍCHINEIT] *va. & n.* originar, causar, provenir :: **— from**, derivar de, provenir de.

ORNAMENT [ÓARNAMENT] *n.* ornamento :: adorno, decoración :: **hanging —**, colgante :: *va.* adornar :: embellecer.

ORNAMENTAL• [OARNAMÉNTAL] *n.* ornamental, decorativo.

ORNATE [ORNÉIT] *adj.* ornado, adornado en exceso :: **— style**, estilo florido.

ORPHAN [ÓARFAN] *n.* huérfano, inclusero.

ORTHODOX [ÓRZODOKS] *adj.* ortodoxo :: admitido.

ORTHOGRAPHY [ORZÓGRAFI] *n.* ortografía.

OSCILLATE [ÓSILEIT] *vn.* oscilar, vibrar, desviar(se).

OSTENTATION [OSTENTÉISHON] *n.* ostentación, boato.

OSTENTATIOUS• [OSTENTÉISHOS] *adj.* ostentoso, suntuoso, fastuoso, pomposo, aparatoso.

OSTRICH [ÓSTRICH] *n.* avestruz.

OTHER [ÓDA] *pron. & adj.* otro ::

every — day, un día sí y otro no :: **this, that and the —**, esto, lo otro y lo de más allá.

OTHERWISE [ÓDAUAIS] *adv.* de otro modo :: en otros respetos :: *adj.* otro, diferente.

OTTER [ÓTAER] *n.* nutria :: piel de nutria.

OUGHT [OAT] *vn.* deber, convenir, ser menester.

OUNCE [AUNS] *n.* onza.

OUR [AUR] *adj. pos.* nuestro.

OURS [ÁURS] *pron. pos.* nuestro :: el nuestro.

OURSELVES [ÁURSELVS] *pron.* nosotros, nosotros mismos.

OUST [AUST] *va.* echar, expulsar.

OUT [AUT] *adv.* fuera, afuera :: *prep.* fuera de :: *adj.* terminado, publicado :: **just —**, reciente :: **— and —**, de cabo a rabo, acérrimo, incondicional, redomado :: **— of**, sin, por :: **— of doors**, al fresco :: **— of hand**, al momento :: **six — of seven**, de cada siete, seis :: **— of sight**, fuera del alcance de la vista :: **— of sorts**, indispuesto :: **— going**, ida :: **to be —**, estar fuera :: haberse acabado :: haberse apagado :: publicarse :: **to be — of office**, ser un cesante :: **to be — of print**, estar agotado :: **to speak —**, hablar claro :: **— of place**, inadecuado, impropio :: **— of the question**, inadmisible :: **— of the way**, extraordinario, raro, inaccesible :: **— of the way places**, andurriales.

OUTBREAK [ÁUTBREIK] *n.* erupción :: motín, insurrección, tumulto :: ataque, arranque.

OUTBURST [ÁUTBOEST] *n.* explosión :: estallido :: arranque :: erupción.

OUTCAST [ÁUTKAEST] *adj.* excluido, desechado :: desterrado :: *n.* paria.

OUTCOME [ÁUTKAM] *n.* resultado, consecuencia.

OUTCRY [ÁUTCRAI] *n.* grito :: clamor.

OUTDOOR [ÁUTDOR] *adj.* externo :: fuera de la casa :: **— games**, juegos al aire libre.

OUTDOORS [OUTDÓRS] *adv.* puertas afuera, fuera de casa, al aire libre, al raso :: *n.* aire libre, campo raso, campiña.

OUTFIT [ÓUTFIT] *n.* equipo :: pertrechos :: *va.* equipar, habilitar :: aviar.

OUTGOING [ÁUTGOING] *adj.* saliente :: extrovertido.

OUTGUESS [ÁUTGUES] *va.* anticipar

:: madrugar.

OUTLAW [ÁUTLO] *n.* forajido, bandido :: prófugo, fugitivo :: *va.* proscribir, declarar ilegal.

OUTLET [ÁUTLET] *n.* salida :: desagüe :: escurridero.

OUTLIVE [ÁUTLIV] *va.* sobrevivir.

OUTLYING [ÁUTLAING] *adj.* circundante, exterior, remoto.

OUT-OF-DATE [AUT OF DEIT] *adj.* pasado de moda, anticuado.

OUTPOST [ÁUTPOST] *n.* avanzada.

OUTPUT [ÁUTPUT] *n.* rendimiento :: producción total :: *va. (comput.)* imprimir.

OUTRAGE [ÁUTREICH] *n.* ultraje :: *va.* ultrajar.

OUTRAGEOUS* [AUTRÉICHOS] *adj.* afrentoso :: atroz.

OUTRIGHT [ÁUTRAIT] *adv. & adj.* sin rodeo :: cabal :: completo.

OUTSET [ÁUTSET] *n.* comienzo, principio.

OUTSIDE [ÁUTSAID] *adj.* exterior :: externo :: foráneo, extranjero :: *adv.* fuera, afuera :: fuera de casa :: *prep.* fuera de :: *n.* exterior, parte exterior :: superficie :: lado de afuera :: **to close on the** —, cerrar por fuera.

OUTSIDER [ÁUTSAIDAER] *n.* foráneo, persona de fuera :: extraño.

OUTSKIRTS [ÁUTSKERT] *n. pl.* alrededores, arrabales, cercanías.

OUTSPOKEN [ÁUTSPOUKEN] *adj.* franco.

OUTSTANDING [AUTSTANDING] *adj.* sobresaliente :: destacado, notable :: — **bills,** cuentas por cobrar :: — **debts,** deudas por pagar.

OUTSTRETCHED [AUTSTRÉCHIT] *adj.* extendido :: **with** — **arms,** con los brazos abiertos.

OUTWARD* [ÁUTUARD] *adj.* exterior, externo :: aparente :: superficial :: *adv.* fuera, hacia fuera :: — **bound,** que sale, de salida :: para fuera, para el extranjero.

OUTWEIGH [AUTUÉI] *va.* exceder en peso o valor :: sobrepujar.

OVAL [ÓUVL] *n.* óvalo :: *adj.* ovalado, oval.

OVATION [OUVÉISHON] *n.* ovación, aplausos.

OVEN [ÁVEN] *n.* horno.

OVER [ÓUVA] *prep.* sobre, encima de :: al otro lado de :: *adv.* sobre, de sobra :: además :: pasado, excesivamente :: — **and —,** repetidas veces :: — **again,** de nuevo :: **to be** —, terminar :: **to**

be — **and done with,** terminar.

OVERBOARD [ÓUVERBORD] *adv.* al mar, al agua.

OVERCAME [ÓUVERKEIM] *pret. de* **to overcome.**

OVERCAST [OUVERKÁST] *adj.* encapotado, nublado :: **to become** —, encapotarse, nublarse :: nublar o anublar :: *(sew.)* sobrehilar :: *pret. & p.p. de* **to overcast.**

OVERCHARGE [OUVERCHÁRCH] *va.* cargar demasiado :: cobrar demasiado.

OVERCOAT [ÓUVAERKOUT] *n.* sobretodo, abrigo.

OVERCOME [OUVAERKÁM] *va.* vencer :: rendir :: *p.p. & adj.* vencido :: rendido :: agobiado :: **to be** — **by weariness,** estar rendido de fatiga.

OVERDUE [OUVAERDIÚ] *adj.* atrasado :: vencido sin pago.

OVEREXCITE [OUVAEREKSÁIT] *va.* sobreexcitar.

OVERFLOW [ÓUVAERFLOU] *n.* derrame, desbordamiento :: inundación :: superabundancia :: *va. & n.* derramarse, desbordarse :: rebosar :: inundar.

OVERGROWN [OUVAERGRÓUN] *adj.* denso, frondoso, poblado :: — **boy,** muchachón.

OVERHANG [ÓUVAERHANG] *va.* colgar por encima de :: proyectarse o sobresalir por encima de :: adornar con colgaduras :: amenazar.

OVERHAUL [OUVAERHOL] *va.* reparar :: remendar :: alcanzar.

OVERHEAD [OUVAERHÉD] *adv.* encima de la cabeza, arriba :: en lo alto :: *adj.* de arriba :: elevado :: *n.* gastos generales.

OVERHEAR [OUVAERHIAER] *va.* oír por casualidad, alcanzar a oír, acertar a oír.

OVERHEARD [OUVAERHIAERD] *pret. & p.p. de* **to overhear.**

OVERHEAT [OUVAERHIT] *vn.* recalentar(se) :: calentar(se) demasiado.

OVERLOAD [OUVAERLÓUD] *va.* sobrecargar :: *n.* sobrecarga.

OVERLOOK [OUVAERLÚK] *va.* mirar a *(desde lo alto)* :: dar a, tener vista a :: pasar por alto, omitir :: perdonar :: descuidar, no notar :: inspeccionar, examinar.

OVERLY [ÓUVAERLI] *adv.* excesivamente.

OVERNIGHT [OUVAERNÁIT] *adv.* durante la noche :: toda la noche

:: *adj.* de noche :: nocturno :: — **bag,** saco de noche :: — **trip,** viaje de una noche.

OVERPOWER [OUVAERPÁUAER] *va.* subyugar, abrumar, vencer.

OVERRIDE [OUVAERÁID] *va.* anular :: invalidar.

OVERRULE [OUVAERÚL] *va.* anular.

OVERRUN [OUVAERÁN] *va. & n.* desbordarse, inundar :: sobrepasar :: infestar, invadir.

OVERSEA [ÓUVAERSI] *adv.* en ultramar, allende los mares :: *adj.* de ultramar.

OVERSEE [OUVAÉRSI] *va.* dirigir :: vigilar.

OVERSEER [OUVAERSÍAER] *n.* sobrestante, capataz :: inspector, superintendente.

OVERSIGHT [OUVAERSÁIT] *n.* inadvertencia, negligencia, descuido.

OVERTHROW [OUVAERZRÓU] *n.* derrocamiento :: derrota, destrucción :: caída :: *va.* derrocar :: derribar :: echar abajo, volcar :: destronar.

OVERTHROWN [OUVAERZRÓUN] *p.p. de* **to overthrow.**

OVERTIME [ÓUVAERTAIM] *adv. & adj.* en exceso de las horas estipuladas, horas extraordinarias :: — **pay,** sobresueldo.

OVERTURN [OUVAERTÓRN] *va.* volcar(se) :: trastornar :: derribar :: echar abajo.

OVERWHELM [OUVAERGÜÉLM] *va.* abrumar, agobiar :: oprimir :: arrollar.

OVERWHELMING [OUVAERGÜÉLMING] *adj.* abrumador :: opresivo :: arrollador, irresistible, poderoso.

OVERWORK [OUVAERUOÉRK] *va. & n.* atarearse, afanarse más de lo debido, trabajar demasiado :: *n.* exceso de trabajo.

OWE [OU] *va.* deber, adeudar.

OWING [ÓUING] *adj.* — **to,** debido a, a causa de, con motivo de :: **it is** — **to him,** le compite :: es por causa de él.

OWL [AUL] *n.* búho, mochuelo.

OWN [OUN] *adj.* propio, suyo propio :: peculiar :: real :: *va.* poseer :: confesar :: reconocer.

OWNER [ÓUNA] *n.* dueño, propietario, patrón, poseedor, teniente :: **joint** —, condueño.

OX [OKS] *n.* buey.

OXIDE [ÓKSID, ÓKSAIS] *n.* óxido.

OXIDIZE [ÓKSIDAIS] *va.* oxidar.

OYSTER [ÓISTA] *n.* ostra.

P

PACE [PEIS] *n.* paso :: marcha, velocidad :: *va. & n.* recorrer, medir a pasos, andar al paso :: **to mend one's —**, apretar el paso.

PACIFIC [PASÍFIK] *adj.* pacífico.

PACIFY [PÁSIFAI] *va.* pacificar, amansar, apaciguar, sosegar.

PACK [PAK] *n.* paquete, fardo, lío :: *(de naipes)* baraja :: mochila :: *(sl.)* farándula :: recua :: jauría :: *va.* empacar, empaquetar, enfardelar, envasar :: atestar, colmar :: embaular :: *vn.* hacer el equipaje :: **— up,** hacer la maleta :: **— off,** despachar :: **to — up one's traps,** liar el petate, coger el hatillo.

PACKAGE [PÁKICH] *n.* paquete :: fardo, bulto :: cajetilla *(de tabaco).*

PACKER [PÁKAER] *n.* empacador :: embalador, envasador.

PACKET [PÁKET] *n.* paquete, fardo pequeño :: **-boat,** paquebote :: *(de tabaco)* cajetilla.

PACKING [PÁKING] *n.* embalaje, envase, empaque :: **— case,** envase :: relleno :: **to send —,** enviar a paseo, despedir con cajas destempladas.

PACT [PAKT] *n.* (con)trato, pacto :: *va.* pactar.

PAD [PAD] *n.* cojinete, cojinillo, colchoncillo :: peto :: **writing —,** bloque :: **scribbing —,** borrador, *va.* forrar, rellenar.

PADDING [PÁDING] *n.* relleno :: guata :: ripio, palabras o frases inútiles.

PADDLE [PADL] *n.* canalete :: raqueta :: **— wheel,** rueda de paleta :: *vn.* impeler, remar, chapotear.

PADDOCK [PÁDOK] *n.* dehesa, cercado.

PADLOCK [PÁDLOK] *n.* candado.

PAGAN [PÉIGAN] *n.* pagano, idólatra.

PAGE [PEICH] *n.* página :: *(de un periódico)* plana :: paje :: **— boy,** botones :: *va.* paginar, numerar.

PAGEANT [PÁCHENT] *n.* espectáculo, procesión, pompa.

PAID [PEID] *pret. & p.p.* de **to pay.**

PAIL [PEIL] *n.* balde, cubo, cubeta.

PAIN [PEIN] *n.* dolor :: pena :: angustia :: tristeza :: castigo, pena :: *pl.* trabajo, fatiga, incomo-

didad, sinsabores :: solicitud :: **to feel —,** sentir dolor, padecer, sufrir, adolecer :: **to be at great —s,** esmerarse, apurarse, afanarse :: **it —s me,** siento (en el alma) :: *va.* doler, afligir :: costar, molestar.

PAINFUL* [PÉINFUL] *adj.* doloroso :: penoso :: arduo.

PAINLESS [PÉINLES] *adj.* sin dolor :: libre de dolor.

PAINSTAKING [PÉINSTEIKING] *adj.* esmerado, cuidadoso :: aplicado.

PAINT [PEINT] *n.* pintura, color :: colorete, arrebol, pigmento :: *va. & n.* pintar, pintarse :: colorear.

PAINTER [PÉINTAER] *n.* pintor.

PAINTING [PÉINTING] *n.* pintura.

PAIR [PEAR] *n.* par, pareja :: yunta :: *va. & n.* emparejar, acoplar, igualar.

PAJAMAS [PACHÁMAS] *n. pl.* pijama.

PAL [PAL] *n.* compañero, camarada.

PALACE [PÁLES] *n.* palacio.

PALATABLE [PÁLATABL] *adj.* sabroso, apetitoso, aceptable :: *(pop.)* potable.

PALATE [PÁLIT] *n.* paladar.

PALE* [PEIL] *adj.* pálido, mortecino, claro :: *n.* estaca :: palizada :: **to go beyond the —,** pasar de la raya :: *va.* palidecer.

PALENESS [PÉILNES] *n.* palidez.

PALISADE [PALISÉID] *n.* palizada, estacada :: **—s,** riscos, acantilados.

PALLIATIVE [PÁLIATIV] *adj. & n.* paliativo.

PALLID [PÁLID] *adj.* pálido.

PALLOR [PÁLA] *n.* palidez.

PALM [PAM] *n. (de la mano)* palma :: palmera :: **— Sunday,** Domingo de Ramos :: *va.* escamotar :: engañar, colar.

PALPABLE [PÁLPABL] *adj.* palpable, tangible :: evidente.

PALPITATE [PÁLPITEIT] *vn.* palpitar, latir.

PALTRY [PÓALTRI] *adj.* mezquino, bajo, despreciable, pobre.

PAMPER [PÁMPA] *va.* mimar, regalar, consentir.

PAMPHLET [PÁMFLET] *n.* folleto, opúsculo, impreso.

PAN [PAN] *n.* cacerola, caldero, olla, paila :: **stew —,** cazuela :: **frying—,** sartén :: **dust —,** cogedor :: **warming—,** calentador :: *(de una balanza)* platillo :: cazoleta.

PANCAKE [PÁNKEIK] *n.* tortita de harina, panqueque.

PANE [PEIN] *n.* hoja de vidrio, vidriera :: *(de la ventana)* cristal.

PANEL [PÁNEL] *n.* entrepaño, tablero.

PANG [PANG] *n.* angustia, tormento, congoja :: remordimiento, dolor.

PANHANDLE [PÁNHAENDL] *n.* mango de la sartén :: *vi.* mendigar, pedir limosna.

PANIC [PÁNIK] *n.* pánico, consternación.

PANSY [PÁNSI] *n. (bot.)* pensamiento.

PANT [PANT] *n.* resuello :: *vn.* jadear, resollar, palpitar, echar el bofe :: **to — for,** suspirar por, ansiar.

PANTHER [PÁNZER] *n.* pantera, leopardo.

PANTING [PÁNTING] *n.* jadeo, palpitación :: *adj.* jadeante.

PANTRY [PÁNTRI] *n.* despensa.

PANTS [PANTS] *n. pl. (Brit.)* calzoncillos :: *(USA)* pantalones :: bragas.

PAPACY [PÉIPASI] *n.* papado.

PAPAL* [PÉIPL] *adj.* pontifical, papal:: **— jurisdiction,** la curia romana.

PAPER [PÉIPA] *n.* papel :: periódico :: **brown —,** papel de estraza, papel de añafea :: **— knife,** cortapapel :: **—weight,** pisapapeles :: **in — covers,** en rústica :: *va.* empapelar.

PAPERBACK [PÉIPABAK] *n. & adj.* libro en rústica.

PAPERWORK [PÉIPAUOERK] *n.* papeleo.

PAR [PAR] *n.* par :: **at —,** a la par :: **to be on a — with,** correr parejas con :: **below —,** debajo de la par.

PARABLE [PÁRABL] *n.* parábola.

PARACHUTE [PÁRASHUT] *n.* paracaídas.

PARADE [PARÉID] *n.* desfile, parada, fasto :: revista :: ostentación, alarde, lucimiento :: *va. & n.* desfilar :: hacer gala, alardear, lucir, pasear.

PARADISE [PÁRADAIS] *n.* paraíso, edén.

PARADOX [PÁRADOKS] *n.* paradoja.

PARAGRAPH [PÁRAGRAF] *n.* párrafo :: *va.* dividir en párrafos.

PARALLEL [PÁRALEL] *adj.* paralelo, igual :: *n.* paralelo, semejanza :: copia :: *va.* correr parejas con :: cotejar.

PARALYSIS [PARÁLISIS] *n.* paráli-

sis, perlesía.
PARALYTIC [PARALÍTIK] *adj.* paralítico.
PARALYZE [PÁRALAIS] *va.* paralizar.
PARAMETER [PARÁMITA] *n.* parámetro.
PARAMOUNT [PÁRAMAUNT] *adj.* importantísimo, superior, supremo, máximo.
PARASITE [PÁRASAIT] *n.* parásito.
PARATROOPS [PÁRATRUPS] *n.* tropas paracaidistas.
PARCEL [PÁRSEL] *n.* paquete, lío :: porción :: *va.* — out, repartir :: — up, liar, empaquetar.
PARCHED [PACHT] *adj.* abrasado, quemado :: mustio.
PARCHMENT [PÁCHMENT] *n.* pergamino, vitela.
PARDON [PÁDN] *n.* perdón, indulto, gracia :: *va.* perdonar, disculpar, dispensar :: — me, dispénseme.
PARENT [PÁRENT] *n.* padre, madre :: origen :: —s, padres.
PARENTAGE [PÁRENTICH] *n.* linaje :: padres.
PARENTAL [PARÉNTAL] *adj.* parental.
PARENTHESIS [PARÉNZISIS] *n.* paréntesis.
PARISH [PÁRISH] *n.* parroquia :: — priest, párroco, cura.
PARK [PAK] *n.* parque, jardín.
PARLEY [PÁRLI] *n.* plática, parlamento :: *va.* parlamentar.
PARLIAMENT [PÁRLEMENT] *n.* parlamento, cortes :: **member of** —, miembro, diputado.
PARLOR, PARLOUR [PÁRLA] *n.* sala de recibo, salón :: locutorio.
PAROCHIAL [PARÓUKIAL] *adj.* parroquial.
PAROLE [PARÓUL] *n.* palabra de honor :: **to put on** —, dejar libre bajo palabra de honor.
PARROT [PÁROT] *n.* loro, cotorra, papagayo.
PARRY [PÁRI] *n.* parada, quite, reparo :: *va.* parar :: evitar.
PARSIMONIOUS [PARSIMÓUNIOS] *adj.* parco, frugal, tacaño.
PARSLEY [PÁRSLI] *n.* perejil.
PARSON [PÁRSN] *n.* clérigo, sacerdote.
PART [PART] *n.* parte, porción :: :: *(de un libro)* entrega :: *(theat.)* papel :: lugar, sitio :: cuidado, deber :: *pl.* mucho valor :: **for my** —, por mi parte :: **for the most** —, por la mayor parte :: **in good** —, en buena parte :: *va.* partir :: *(en el pelo)* hacer la raya :: *vn.* separarse, desprender-

se, despedirse :: **to** — **with,** deshacerse de.
PARTAKE [PARTÉIK] *va. & n.* tomar parte, tener parte, participar.
PARTIAL [PÁRSHAL] *adj.* parcial :: — **to,** aficionado (a).
PARTIALITY [PARSHIÁLITI] *n.* parcialidad.
PARTICIPATE [PARTÍSIPEIT] *vn.* participar.
PARTICIPATION [PARTISIPÉISHON] *n.* participación.
PARTICIPLE [PÁRTISIPL] *n.* participio :: **present** —, gerundio.
PARTICLE [PÁRTIKL] *n.* partícula.
PARTICULAR [PARTÍKIULAR] *adj.* particular :: exacto, cuidadoso :: quisquilloso :: singular :: predilecto :: detallado :: *n.* particularidad, detalle, pormenor :: **to be very** —, hilar fino, esmerarse, cuidarse.
PARTING [PÁRTING] *n.* separación :: despedida :: *(del pelo)* raya :: bifurcación.
PARTISAN, PARTIZAN [PÁRTISAN] *adj.* partidario :: parcial :: *n.* partidario :: secuaz, seguidor, guerrillero, partisano.
PARTITION [PARTÍSHON] *n.* partición, división :: reparto :: tabique :: *va.* partir, repartir, cortar.
PARTLY [PÁRTLI] *adv.* en parte.
PARTNER [PÁRTNA] *n.* socio, compañero :: comanditario :: *(de baile)* pareja :: consorte, cónyuge.
PARTNERSHIP [PÁRTNERSHIP] *n.* sociedad, compañía.
PARTOOK [PARTÚK] *pret. de* to **partake.**
PARTRIDGE [PÁRTRICH] *n.* perdiz.
PARTY [PAS] *n.* invitación, convite :: reunión, fiesta de sociedad :: partida, función, velada :: partido, bando político :: **hunting** —, partida de caza :: *(mil.)* pelotón, destacamento :: parte :: facción :: — **to,** partícipe en :: **evening** —, tertulia, velada, sarao :: parcialidad :: **gay dinner** —, *(coll.)* cuchipanda.
PASS [PAS] *n. (de montaña)* puerto, desfiladero, hoz, paso :: *(esgrima)* pase, estocada :: permiso, salvoconducto, pase :: *(theat.)* billete de favor :: *(examen)* aprobado :: **critical** —, coyuntura, estorbo :: *vn.* pasar, llevar :: aventajar, superar :: consentir, tolerar :: *(el tiempo)* pasar :: *(sentencia)* dictar :: *(un examen)* aprobar :: colar :: — **on,** cursar :: — **over,** postergar :: *(montañas)* cruzar :: — **by,**

pasar de largo :: cruzar, alcanzar :: — **off as,** dar como legítimo :: — **on,** decidir sobre :: — **the can,** escurrir el bulto :: — **through,** atravesar :: traspasar :: atravesar :: saltar, omitir :: *vn.* — **away,** fallecer, expirar :: **to come to** —, acaecer, acontecer.
PASSABLE [PÁSABL] *adj.* transitable :: pasadero, regular, mediano.
PASSAGE [PÁSICH] *n.* paso, pasaje, entrada :: travesía :: tránsito :: pasillo :: episodio, capítulo :: —**way,** pasadizo, corredor.
PASSENGER [PÁSENCHAER] *n.* pasajero, viajero.
PASSERBY [PÁSERBAI] *n.* transeúnte, viandante.
PASSION [PÁSHON] *n.* pasión, ardor, cólera, coraje, enardecimiento, furor :: — **play,** misterio, auto.
PASSIONATE [PÁSHONIT] *adj.* apasionado, ardiente, colérico.
PASSIVE [PÁSIV] *adj.* pasivo :: *n.* voz pasiva.
PASSPORT [PÁSPORT] *n.* pasaporte.
PASSWORD [PÁSUOERD] *n.* consigna, contraseña, santo y seña.
PAST [PAST] *adj.* pasado, último :: — **master,** consumado :: *n.* pasado, historia :: *prep.* más de :: — **hope,** sin esperanza :: desahuciado.
PASTE [PEIST] *n.* pasta :: argamasa :: **sugar** —, alfeñique :: *va.* pegar.
PASTEBOARD [PÉISTBORD] *n.* cartón :: — **box,** caja de cartón.
PASTIME [PÁSTAIM] *n.* pasatiempo, recreo, recreación.
PASTOR [PÁSTAER] *n.* pastor, clérigo, cura.
PASTORAL [PÁSTAERAEL] *adj.* pastoril :: pastoral :: *n.* pastoral, carta pastoral :: pastorela, idilio.
PASTRY [PÉISTRI] *n.* pastelería :: pasteles :: pastas :: **puff** —, hojaldre.
PASTURE [PÁSTIUR] *n.* dehesa, pradera, pasto :: *va.* pastar.
PAT [PAT] *adj.* oportuno :: **to come**—, venir como anillo al dedo :: *n.* caricia :: *va.* acariciar, pasar la mano por, tentar.
PATCH [PACH] *n.* remiendo, parche :: lunar postizo :: **elbow** —, codera :: parcela :: *va.* remendar, pegar.
PATENT [PÁTENT] *n.* patente, privilegio, diploma :: *adj.* patente, visible, manifiesto :: palmario :: — **leather,** charol, hule :: *va.* dar

privilegio, patente.

PATERNAL [PATÉRNAL] *adj.* paternal, paterno.

PATERNITY [PATÉRNITI] *n.* paternidad.

PATH [PAZ] *n.* sendero, senda :: vereda :: *(fig.)* paso, huella, camino, trayecto :: **bridle** —, camino de herradura.

PATHETIC [PAZÉTIK] *adj.* patético, tierno, conmovedor.

PATHOLOGY [PAZÓLOCHI] *n.* patología.

PATHWAY [PÁZUEI] *n.* senda, vereda, vía.

PATIENCE [PÉISHENS] *n.* paciencia, sufrimiento.

PATIENT [PÉISHENT] *adj.* paciente, sufrido, sumiso :: *n.* enfermo.

PATRIARCH [PÉITRIARK] *n.* patriarca.

PATRICIAN [PATRÍSHAN] *n.* patricio.

PATRIOT [PÉITRIOT] *n.* patriota.

PATRIOTIC [PEITRIÓTIK] *adj.* patriótico.

PATRIOTISM [PÉITRIAETISM] *n.* patriotismo.

PATROL [PATRÓUL] *n.* patrulla :: ronda :: *va. & n.* rondar, hacer la ronda :: *(mil.)* patrullar.

PATRON [PÉITRAEN] *n.* patrón, patrono, benefactor :: cliente, parroquiano :: — **saint**, santo patrón.

PATTER [PÁTAER] *va.* golpear ligeramente :: talonear :: charlar, parlotear :: *n.* golpeteo, golpecitos :: charla, parloteo.

PATTERN [PÁTERN] *n.* modelo, tipo, ejemplar :: muestra :: *(sew.)* patrón :: diseño, dibujo :: *va. & n.* modelarse sobre.

PAUCITY [PÓSITI] *n.* escasez, falta.

PAUPER [PÓAPR] *n.* pobre (de solemnidad).

PAUSE [POAS] *n.* pausa :: hesitación :: *(mus.)* calderón :: *vn.* hacer una pausa, parar(se) :: detenerse, reflexionar, interrumpirse.

PAVE [PEIV] *va.* pavimentar, adoquinar, enlosar :: — **the way**, preparar el terreno.

PAVEMENT [PÉIVMENT] *n.* pavimento :: acera :: andén.

PAVILION [PAVÍLION] *n.* pabellón, quiosco, cenador.

PAW [POA] *n.* pata :: garra, zarpa :: *va. & n.* piafar :: **to** — **about**, manosear.

PAWN [POAN] *n.* prenda, empeño :: *(en ajedrez)* peón :: —**shop**, casa de préstamos, monte de piedad :: *va.* empeñar, dar en prenda.

PAY [PEI] *n.* paga :: jornal :: sueldo :: *(mil.)* paga :: *va.* pagar :: saldar :: abonar(se) :: — **attention to**, parar mientes en, prestar atención a, atender :: — **back**, reembolsar, devolver (con creces) :: desquitar(se) :: — **in advance**, adelantar, pagar adelantado :: — **respects**, ofrecer :: — **off**, amortizar, desquitarse :: — **the piper**, pagar el pato :: — **out**, largar :: ajustarle a uno las cuentas.

PAYABLE [PÉIABL] *adj.* pagadero.

PAYMENT [PÉIMENT] *n.* pago :: — **in full**, pago total.

PEA [PI] *n.* guisante :: —**nut**, cacahuete, maní.

PEACE [PIS] *n.* paz, sosiego, reposo, serenidad :: — **on this house**, Ave María :: *n.* —**maker**, *adj.* —**making**, conciliador :: **to hold one's** —, guardar silencio, callarse.

PEACEFUL [PÍSFUL] *adj.* pacífico :: tranquilo, quieto, sosegado.

PEACH [PICH] *n.* melocotón, durazno :: —**tree**, pérsico, melocotonero, alberchiguero.

PEACOCK [PÍKOK] *n.* pavo real, pavón :: **to act the** —, pavonear.

PEAK [PIK] *n.* cumbre, cima, peña :: pico, picacho :: visera :: cúspide.

PEAR [PÉAR] *n.* pera :: —**tree**, — **orchard**, peral.

PEARL [PERL] *n.* perla :: margarita :: — **shell**, margente :: **mother of** —, nacre, nácar :: **to cast** —**s before swine**, echar margaritas a los puercos.

PEASANT [PÉSANT] *n.* campesino, labriego, aldeano :: villano.

PEBBLE [PEBL] *n.* guija, china, guijarro.

PECK [PEK] *n.* picotazo :: *va.* picotear.

PECULIAR [PIKIÚLIA] *adj.* singular, peculiar :: propio, privativo, particular.

PECULIARITY [PIKIULIÁRITI] *n.* peculiaridad :: particularidad :: rareza.

PEDAGOGY [PÉDAGOCHI] *n.* pedagogía.

PEDAL [PÉDAEL] *n.* pedal :: *va. & n.* pedalear, mover los pedales.

PEDANT [PÉDAENT] *n.* pedante.

PEDANTIC [PIDÁNTIK] *adj.* pedante(sco).

PEDDLE [PEDL] *va.* ir vendiendo de puerta en puerta :: **to** — **gossip**, chismear.

PEDDLER [PÉDLAER] *n.* buhonero :: vendedor ambulante.

PEDESTAL [PÉDESTAL] *n.* pedestal, basa.

PEDESTRIAN [PIDÉSTRIAN] *adj.* pedestre, rastrero :: *n.* caminante :: — **crossing**, paso a peatones.

PEDIGREE [PÉDIGRI] *n.* genealogía, linaje, ejecutoria, *(perros)* pedigrí.

PEEK [PIK] *n.* atisbo :: *vn.* atisbar, espiar.

PEEL [PIL] *n.* cáscara, pellejo :: corteza :: peladuras :: piel :: *va. & n.* pelar, mondar.

PEEP [PIP] *n.* *(aves)* pío :: atisbo, ojeada :: —**show**, retablo, espectáculo erótico :: *vn.* mirar, atisbar, asomarse :: piar.

PEER [PERI] *n.* par, noble :: *va.* — **at**, escudriñar, fisgar.

PEERLESS [PERLES] *adj.* incomparable, sin par, sin igual.

PEEVISH [PÍVISH] *adj.* malhumorado, displicente, enojadizo, mohíno, quisquilloso, bronco, desabrido.

PEG [PEG] *n.* *(mus.)* clavija :: pretexto :: colgadero :: **clothes** —, pinza :: — **leg**, pata de palo :: — **top**, peonza.

PELLET [PÉLET] *n.* perdigón, bola, pelotilla :: píldora.

PELL-MELL [PELMÉL] *adv.* confusamente, a troche y moche, (en) (de) tropel.

PELVIS [PÉLVIS] *n.* *(anat.)* pelvis.

PEN [PEN] *n.* pluma :: **fountain** —, pluma estilográfica :: **pig** —, pocilga :: **bull** — *(in ring)*, toril :: — **holder**, mango de pluma, plumero :: **child's play** —, pollera :: — **in**, *va.* enjaular, encerrar, acorralar.

PENAL [PÍNAL] *adj.* penal.

PENALIZE [PÍNALAIS] *va.* penar, aplicar sanción.

PENALTY [PÉNALTI] *n.* castigo :: multa :: penalty.

PENANCE [PÉNANS] *n.* penitencia, castigo.

PENCIL [PÉNSIL] *n.* lápiz :: —**box**, lapicero.

PENDANT [PÉNDANT] *n.* pendiente :: *adj.* pendiente.

PENDING [PÉNDING] *adj.* pendiente, colgado :: *prep.* durante.

PENDULUM [PÉNDIULOM] *n.* péndulo.

PENETRATE [PÉNITREIT] *va.* pasar por, entrar a, atravesar :: calar :: penetrar :: horadar :: *vn.* penetrar :: — **inland**, internarse.

PENGUIN [PÉNGÜIN] *n.* pinguino.

PENINSULA [PENÍNSIULA] *n.* península.

PENITENT [PÉNITENT] *n. & adj.* penitente, compungido.

PENKNIFE [PÉNAIF] *n.* cortaplumas, navaja.

PENMANSHIP [PÉNMANSCHIP] *n.* escritura, caligrafía.

PENNANT [PÉNANT] *n.* banderola, gallardete.

PENNILESS [PÉNILES] *adj.* sin blanca :: sin dinero :: *(pop.)* a la cuarta pregunta.

PENNY [PÉNI] *n.* centavo :: **to cost a pretty** —, costar un ojo de la cara, costar un dineral.

PENSION [PÉNSHON] *n.* pensión, subvención :: alimentos :: **life** —, pensión vitalicia :: cesantía :: *(mil.)* retiro :: va. pensionar.

PENSIVE[*] [PÉNSIV] *adj.* pensativo, meditabundo :: triste.

PENTHOUSE [PÉNTJAUS] *n.* azotea, ático.

PEOPLE [PIPL] *n.* pueblo, gente :: plebe, gentuza, vulgo :: **my** —, mi familia :: **the (French)** —, el pueblo (francés) :: *va.* poblar.

PEPPER [PÉPA] *n.* pimienta :: **red** —, guindilla :: *va.* condimentar, sazonar con pimienta.

PEPPERMINT [PÉPARMINT] *n.* menta :: pastilla o bombón de menta.

PER [PAER] *prep.* por :: — **capita**, por cabeza :: — **cent**, por ciento :: — **year**, al año.

PERAMBULATOR [PERAMBIULÉITA] *n.* cochecito para niños.

PERCEIVE [PERSÍV] *va.* notar, percibir :: entender.

PERCENTAGE [PERSÉNTICH] *n.* porcentaje, tanto por ciento.

PERCEPTIBLE [PERSÉPTIBL] *adj.* perceptible.

PERCEPTION [PERSÉPSHON] *n.* percepción, idea, perspicacia.

PERCH [PERCH] *n.* percha :: pértiga :: *va. & n.* posar(se), encaramarse, pararse.

PERCHANCE [PERCHÁNS] *adv.* por ventura, acaso, quizá(s).

PERCOLATE [PÉRKOLEIT] *va. & n.* colar, filtrar, rezumarse.

PERCUSION [PERKÁSHON] *n.* percusión.

PEREMPTORY [PERÉMPTORI] *adj.* perentorio, terminante, absoluto.

PERENNIAL[*] [PERÉNIAL] *adj.* perenne :: continuo :: perpetuo.

PERFECT[*] [PÉRFEKT] *adj.* perfecto, completo :: acabado, cabal, consumado :: maduro, en su punto :: *va.* perfeccionar, completar, redondear.

PERFECTION [PERFÉKSHON] *n.* perfección.

PERFIDIOUS[*] [PERFÍDIOS] *adj.* pérfido, fementido, traidor.

PERFIDY [PERFIDAI] *n.* perfidia.

PERFORM [PERFÓARM] *va.* ejecutar, realizar, desempeñar, llevar a cabo :: practicar :: *(theat.)* representar :: *(mus.)* tocar.

PERFORMANCE [PERFÓRMANS] *n.* ejecución :: desempeño, cumplimiento :: funcionamiento :: función, representación :: acto, acción.

PERFUME [PÉRFIUM] *n.* perfume :: fragancia :: *va.* perfumar.

PERHAPS [PERJÁPS] *adv.* tal vez, acaso.

PERIL [PÉRIL] *n.* peligro, riesgo.

PERILOUS[*] [PÉRILOS] *adj.* peligroso.

PERIOD [PÍRIOD] *n.* período, época :: término :: punto final.

PERIPHERY [PERÍFERI] *n.* periferia.

PERISH [PÉRISH] *vn.* perecer, fenecer.

PERISHABLE [PÉRISHABL] *adj.* perecedero, marchitable, frágil.

PERJURE [PÉRCHUR] *va. & n.* **to — oneself**, perjurar.

PERJURY [PÉRCHIURI] *n.* perjurio.

PERMANENCE [PÉRMANENS] *n.* permanencia.

PERMANENT[*] [PÉRMANENT] *adj.* permanente, estable, duradero, fijo.

PERMEATE [PÉRMIEIT] *va.* penetrar, calar, impregnar.

PERMISSION [PERMÍSHON] *n.* permiso, permisión, tolerancia, licencia.

PERMISSIVE[*] [PERMÍSIV] *adj.* permisivo.

PERMIT [PÉRMIT] *n.* permiso, licencia, pase, guía :: *va.* permitir, consentir, dejar, autorizar, sancionar.

PERNICIOUS[*] [PERNÍSHOS] *adj.* pernicioso, pestilente, funesto.

PERPENDICULAR[*] [PERPENDÍKIULA] *adj.* perpendicular, a plomo.

PERPETRATE [PÉRPITREIT] *va.* perpetrar, cometer.

PERPETUAL[*] [PERPÉTIUAL] *adj.* perpetuo, perenne, incesante, — **motion**, movimiento continuo.

PERPLEX [PERPLÉKS] *va.* confundir, aturdir, embrollar, causar perplejidad.

PERPLEXED [PERPLÉKST] *adj.* perplejo, confuso.

PERPLEXITY [PERPLÉKSITI] *n.* perplejidad, confusión.

PERSECUTE [PÉRSIKIUT] *va.* perseguir, hostigar, acosar :: molestar, vejar, acuciar.

PERSECUTION [PERSIKIÚSHON] *n.* persecución.

PERSEVERANCE [PERSIVÍRANS] *n.* persistencia, constancia, firme-

za, perseverancia.

PERSEVERE [PERSIVÍAER] *vn.* perseverar, persistir.

PERSIST [PERSÍST] *vn.* persistir :: porfiar :: — **in**, obstinarse en, empeñarse en.

PERSON [PÉRSON] *n.* persona :: individuo :: *(coll.)* tipo, cristiano, sujeto :: *(theat.)* personaje :: **responsible** — **in charge**, encargado.

PERSONAGE [PÉRSAENICH] *n.* personaje.

PERSONAL[*] [PÉRSONAL] *adj.* personal, en persona.

PERSONALITY [PERSONÁLITI] *n.* personalidad :: persona, personaje :: alusión personal.

PERSONNEL [PERSONÉL] *n.* personal.

PERSONIFY [PERSÓNIFAI] *va.* personificar.

PERSPECTIVE [PERSPÉKTIV] *n.* perspectiva.

PERSPIRATION [PERSPIRÉISHON] *n.* sudor.

PERSPIRE [PERSPÁIR] *vn.* sudar, transpirar.

PERSUADE [PERSUÉID] *va.* persuadir, convencer :: inducir.

PERSUASION [PERSUÉISHON] *n.* persuasión, creencia.

PERSUASIVE[*] [PERSUÉISIV] *adj.* persuasivo.

PERT[*] [PERT] *adj.* listo, vivo :: respondón, fresco, petulante, impertinente.

PERTAIN [PERTÉIN] *vn.* pertenecer :: competer, incumbir.

PERTINENT[*] [PÉRTINENT] *adj.* pertinente, oportuno, atinado.

PERTURB [PERTÉRB] *va.* perturbar, inquietar, solivantar.

PERUSAL [PERÚSAL] *n.* lectura.

PERUSE [PERÚS] *va.* recorrer, leer, examinar.

PERVERSE[*] [PERVÉRS] *adj.* perverso, endiablado, avieso, contumaz, intratable, travieso.

PERVERT [PERVÉRT] *va.* pervertir, depravar, viciar, infectar, malear :: desnaturalizar.

PESSIMISM [PÉSIMISM] *n.* pesimismo.

PEST [PEST] *n.* peste :: plaga.

PESTER [PÉSTA] *va.* importunar, molestar, cansar, atormentar :: *(coll.)* dar la lata a.

PESTICIDE [PÉSTISAID] *n. & adj.* insecticida.

PESTILENCE [PÉSTILENS] *n.* pestilencia.

PET [PET] *n.* animal de compañía, mascota :: *va.* mimar, acariciar.

PETAL [PÉTL] *n.* pétalo, hoja.

PETITION [PETÍSHON] *n.* solicitud, recurso, instancia :: petición :: *va.* suplicar :: demandar, hacer petición.

PETRIFY [PÉTRIFAI] *va. & n.* petrificar(se).

PETROL [PÉTROL] *n.* gasolina, esencia, bencina.

PETROLEUM [PETRÓULIOMI] *n.* petróleo, aceite mineral.

PETTICOAT [PÉTIKOUT] *n.* saya, enaguas, combinación :: —s, bajos.

PETTY [PÉTI] *adj.* pequeño, mezquino, despreciable :: insignificante :: — **thief,** ratero :: — **cash,** gastos menores :: — **larceny,** hurto :: — **officer,** subalterno de marina.

PEWTER [PIÚTA] *n.* peltre, vajilla de estaño.

PHALANX [FÉLANKS, FÁLANKS] *n.* falange.

PHANTOM [FÁNTOM] *n.* fantasma, coco, espectro, sombra.

PHARMACY [FÁRMASI] *n.* farmacia, botica.

PHASE [FEIS] *n.* fase, aspecto.

PHEASANT [FÉSANT] *n.* faisán.

PHENOMENON [FINÓMINON] *n.* fenómeno.

PHILANTHROPY [FILÁNZROPI] *n.* filantropía.

PHILATELY [FILÁTELI] *n.* filatelia.

PHILHARMONIC [FILHARMÓNIK] *adj.* filarmónico.

PHILOLOGY [FILÓLOCHI] *n.* filología.

PHILOSOPHER [FILÓSOFA] *n.* filósofo.

PHILOSOPHY [FILÓSOFI] *n.* filosofía.

PHLEGM [FLEM] *n.* flema.

PHONE [FOUN] *n.* teléfono :: *va. & n.* telefonear.

PHONEME [FÓUNIM] *n.* fonema.

PHONETICS [FÓUNETIKS] *n.* fonética.

PHONOGRAPH [FÓUNOGRAF] *n.* fonógrafo.

PHOTO [FÓUTOU] *n.* fotografía, retrato :: foto.

PHOTOELECTRIC [FOUTOUILÉKTRIK] *adj.* fotoeléctrico.

PHOTOGRAPH [FÓUTOGRAF] *n.* foto(grafía) :: retrato :: **to have one's — taken,** retratarse :: *va.* fotografiar.

PHOTOGRAPHER [FOUTÓGRAFA] *n.* fotógrafo.

PHOTOGRAPHY [FOUTÓGRAFI] *n.* fotografía.

PHOTOSYNTHESIS [FOUTOUSÍNZESIS] *n.* fotosíntesis.

PHRASE [FREIS] *n.* frase, locución :: **stock —,** frase hecha.

PHYSIC [FÍSIK] *n.* purga, purgante :: medicina :: *va.* purgar.

PHYSICAL• [FÍSIKAL] *adj.* físico.

PHYSICIAN [FÍSISHAN] *n.* médico, físico, facultativo.

PHYSICIST [FÍSISIT] *n.* físico.

PHYSIOLOGY [FISIÓLOCHI] *n.* fisiología.

PHYSIQUE [FISÍK] *n.* físico, constitución física.

PIANO [PIÁNOU] *n.* piano :: **upright —,** piano vertical :: **grand —,** piano de cola.

PICK [PIK] *n.* **—axe,** pico, azadón :: *(fig.)* la flor y nata, lo escogido :: *va.* picar :: escoger :: — **out,** entresacar :: — **up,** recoger :: pescar :: espigar :: — **one's nose,** hurgarse las narices :: — **clean,** mondar, roer :: *vn.* arrancar.

PICKAX [PÍKAKS] *n.* pico, zapapico.

PICKET [PÍKET] *n.* piquete :: *va.* estacionar piquetes cerca de.

PICKLE [PÍKL] *n.* escabeche, adobo, salmuera :: *(sl.)* enredo, lío :: *pl.* encurtido :: *va.* escabechar, adobar.

PICKPOCKET [PÍKPOKET] *n.* ratero :: *(Amer.)* carterista.

PICNIC [PÍKNIK] *n.* comida de campo, merienda :: **to have a —,** merendar :: *vn.* merendar.

PICTURE [PÍKCHER] *n.* pintura :: lienzo :: cuadro, tela :: grabado, imagen :: retrato :: **the —s,** el cine :: **word —,** semblanza :: *va.* pintar, imaginarse.

PICTURESQUE [PIKCHERÉSK] *adj.* pintoresco.

PIE [PAI] *n.* pastel :: empanada :: **to have finger in —,** meter (cuchara, baza).

PIECE [PIS] *n.* pieza :: pedazo, fragmento :: cacho :: retal :: añicos :: *(coll.)* **smart little —,** pizpireta :: — **of news,** noticia :: — **of advise,** consejo :: — **of ground,** solar :: **to take to —s,** desmontar.

PIER [PÍAER] *n.* muelle, malecón, embarcadero :: *(arch.)* estribo.

PIERCE [PIRS] *va.* atravesar, penetrar, taladrar, clavar :: acribillar :: conmover.

PIETY [PÁIETI] *n.* piedad, devoción :: **lack of —,** impiedad.

PIG [PIG] *n.* marrano, cerdo :: puerco :: — **killing,** matanza :: **guinea —,** conejo de Indias.

PIGEON [PÍCHON] *n.* pichón, paloma :: **carrier —,** paloma mensajera.

PIGEONHOLE [PÍCHONHOUL] *n.* casilla :: *va.* encasillar.

PIGMY [PÍGMI] *n.* pigmeo.

PIKE [PAIK] *n.* pica, lanza :: *(zool.)* lucio.

PILE [PAIL] *n.* estaca :: *(de la ropa)* pelo, pelillo :: pila, montón, cúmulo :: **building —,** zampa :: *va.* apilar, amontonar :: poner en pabellón.

PILFER [PÍLFAE] *va. & n.* hurtar, ratear :: sisar.

PILGRIM [PÍLGRIM] *n.* peregrino, romero.

PILGRIMAGE [PÍLGRIMICH] *n.* peregrinación, romería :: **to make a —,** peregrinar.

PILL [PIL] *n.* píldora :: sinsabor.

PILLAGE [PÍLICH] *n.* pillaje :: rapiña :: *va. & n.* saquear, entrar a saco.

PILLAR [PÍLA] *n.* pilar, columna :: sostén :: **from — to post,** de la Ceca a la Meca :: de Herodes a Pilatos :: —**box,** buzón.

PILLOW [PÍLOU] *n.* almohada :: cojin(ete).

PILOT [PÁILOT] *n.* piloto, práctico :: *va.* pilotear, timonear.

PIMPLE [PIMPL] *n.* grano, botón.

PIN [PIN] *n.* alfiler :: **like a new —,** como una patena :: **safety—,** imperdible :: clavija :: **it's not worth two —s,** no vale un comino :: **to be on —s,** estar, impaciente, sobre ascuas :: **to have —s and needles,** tener agujetas :: *va.* prender con alfileres.

PINAFORE [PÍNAFOR] *n.* delantal *(de niña).*

PINCERS [PÍNSERS] *n. pl.* tenazas, pinzas, tenacillas.

PINCH [PINCH] *n.* pellizco :: aprieto, apuro :: **at a —,** en caso de apuro :: *va.* pellizcar :: *(sl.)* sisar, hurtar :: escatimar :: *vn.* privarse.

PINE [PAIN] *n.* pino :: — **wood,** pinar :: — **cone,** piña, pinocho :: — **kernel,** piñón :: *vn.* desfallecer, languidecer :: — **for,** anhelar, perecerse (por).

PINEAPPLE [PÁINAPEL] *n.* piña, anana.

PINK [PINK] *adj.* rosado :: *n.* clavel.

PINNACLE [PINAKL] *n.* pináculo :: *(arch.)* remate :: cumbre, pico :: *va.* coronar, poner en un pedestal.

PINT [PAINT] *n.* pinta *(aprox. medio litro).*

PIONEER [PAIONÍR] *n.* *(mil.)* zapador :: explorador, colonizador.

PIOUS• [PÁIOS] *adj.* pío, piadoso, religioso, devoto.

PIPE [PAIP] *n.* tubo, tubería, cañón

:: pipa, cachimba :: añafil :: **bag**—, gaita :: carral :: *vn.* silbar :: tocar el caramillo.

PIPER [PÁIPAER] *n.* gaitero, flautista.

PIPING [PÁIPING] *n.* cañería, tubería :: *(sew.)* cordoncillo :: chillido, silbido :: — **hot,** muy caliente :: hirviendo.

PIRATE [PÁIRIT] *n.* pirata :: *va.* piratear, robar, pillar :: *(lit.)* contrahacer.

PISTOL [PÍSTL] *n.* pistola.

PISTON [PÍSTEN] *n.* pistón, émbolo.

PIT [PIT] *n.* foso, hoyo :: *(theat.)* patio :: *(de la fruta)* hueso :: **arm**—, sobaco :: **coal** —, mina :: —-**a-pat,** tic-tac.

PITCH [PICH] *n.* pez *(fem.),* betún, resina :: tono :: inclinación :: saque, tiro :: extremo :: *va.* embrear :: tirar, arrojar :: **to** — **forwards,** caer (de cabeza, de bruces) :: *vn. (naut.)* cabecear.

PITCHER [PÍCHA] *n.* cántaro :: *(en béisbol)* botador, lanzador, tirador.

PITCHFORK [PÍCHFORK] *n.* horca, horquilla.

PITEOUS• [PÍTIOS] *adj.* lastimoso, lastimero, clamoroso.

PITH [PIZ] *n.* meollo, médula :: esencia, sustancia.

PITIFUL• [PÍTIFUL] *n.* compasivo :: lastimoso, lastimero.

PITILESS• [PÍTILES] *adj.* desapiadado, encarnizado, cruel, implacable.

PITY [PÍTI] *n.* compasión, piedad :: **what a** —! ¡qué lástima! :: *va.* compadecer, apiadarse de.

PIVOT [PÍVOT] *n.* gorrón, eje, espigón.

PLACARD [PLÁKARD] *n.* cartel.

PLACE [PLEIS] *n.* lugar, sitio :: puesto :: empleo :: *(theat.)* localidad :: butaca :: *(fortificada)* plaza :: solar :: *(en la mesa)* cubierto :: *(de trabajo)* puesto :: **dwelling**—, hogar, domicilio :: espacio, asiento :: **out of** —, impertinente :: **to give** — **to,** ceder el paso :: **to take** —, tener lugar, verificarse :: *va.* colocar, fijar, poner :: *(en ajedrez)* entablar :: acomodar :: cifrar en.

PLACID• [PLÁSID] *adj.* plácido :: tranquilo, soñoliento.

PLAGIARISM [PLÉICHIARISM] *n.* plagio.

PLAGUE [PLEIG] *n.* peste, plaga :: pestilencia :: **bubonic** —, peste negra :: *va.* atormentar :: dar guerra, atufar.

PLAIN• [PLEIN] *adj.* llano, plano ::

claro, sin adornos, evidente :: sencillo :: humilde, bueno :: feo, ordinario :: — **and simple,** liso y llano :: *(mil.)* **in** — **clothes,** de paisano :: — **truth,** pura verdad :: **to speak** — **English,** hablar claro, hablar en romance, en cristiano :: *n.* llano, llanura, vega :: *(Amer.)* pampa.

PLAINTIFF [PLÉINTIF] *n.* demandante.

PLAINTIVE• [PLÉINTIV] *adj.* lastimero, triste.

PLAIT [PLEIT] *n.* pliegue :: *(peinado)* trenza :: *va.* trenzar, (entre)tejer, plegar.

PLAN [PLAN] *n.* plan, esquema, proyecto :: *(coll.)* combinación :: **rough** —, bosquejo :: trazado :: *va.* proyectar :: contemplar :: urdir, trazar, bosquejar.

PLANE [PLEIN] *n.* plano :: *(carp.)* cepillo :: avión :: —**tree,** plátano :: *va.* allanar :: acepillar, desbastar.

PLANET [PLÁNET] *n.* planeta.

PLANK [PLANK] *n.* tablón, tabla, madero.

PLANT [PLANT] *n.* planta :: — **pot,** maceta :: instalación :: *va.* plantar, establecer :: comarcar :: sentar.

PLANTATION [PLANTÉISHON] *n.* plantación :: hacienda :: plantío :: sembrado :: **coffee** —, cafetal :: **cotton** —, algodonal.

PLANTER [PLÁNTA] *n.* plantador, cultivador.

PLASMA [PLÁSMA] *n.* plasma.

PLASTER [PLÁSTA] *n.* yeso, emplasto :: **sticking** —, esparadrapo :: — **of Paris,** yeso mate, — **saint,** santurrón :: *va.* enyesar.

PLASTIC [PLÁSTIK] *adj. & n.* plástico.

PLATE [PLEIT] *n.* plato :: tabla :: plancha :: cromo :: placa :: lámina :: *va.* platear, planchear.

PLATEAU [PLATÓU] *n.* antiplanicie, mesa, meseta.

PLATFORM [PLÁTFOARM] *n.* plataforma :: *(railw.)* andén :: tablado, tribuna, estrado.

PLATINUM [PLÁTINOM] *n.* platino.

PLAY [PLEI] *n.* juego, recreo :: *(theat.)* comedia, pieza :: *(alegórico)* auto :: *(mech.)* operación :: **free** —, movimiento libre, libertad :: reflejo :: juego de palabras :: **fair** —, juego limpio :: **foul** —, trampa :: **to give free** — **to,** dar rienda suelta a, dar cuerda a :: *va. (theat.)* hacer un papel, representar :: *(mus.)* ejecutar, tocar :: — **a trick,** engañar,

hacer una jugada :: — **truant,** hacer novillos :: *vn.* jugar, divertirse, chancear, holgar.

PLAYER [PLÉIAER] *n.* jugador :: músico :: cómico, actor :: artista.

PLAYGROUND [PLÉIGRAUND] *n.* patio de recreo.

PLAYMATE [PLÉIMEIT] *n.* compañero de juego.

PLAYTHING [PLÉIZING] *n.* juguete.

PLAYWRIGHT [PLÉIRAIT] *n.* dramaturgo.

PLEA [PLI] *n.* súplica :: ruego :: alegato, defensa :: pretexto :: **on the** — **that,** con el pretexto de que.

PLEAD [PLID] *vn.* abogar, argüir, pleitear :: — **for,** abogar por.

PLEASANT• [PLÉSANT] *adj.* agradable, alegre :: ameno :: entretenido :: gustoso, grato :: simpático :: **very** —, encantador :: — **journey!** ¡feliz viaje!

PLEASANTRY [PLÉSANTRI] *n.* chanza, broma, chiste, humorada.

PLEASE [PLIS] *va.* gustar, complacer, contentar, caer en gracia, encantar, causar agrado :: *vn.* gustar de :: querer, agradar, dignarse :: — *(request),* sírvase, haga el favor de :: **easy to** —, bien contentadizo :: **hard to** —, mal contentadizo.

PLEASING• [PLÍSING] *adj.* agradable, amable :: deleitoso, grato :: armonioso :: placentero :: **to be** — **to,** complacer.

PLEASURE [PLÉSHER] *n.* placer, deleite, gusto, agrado, satisfacción.

PLEBEIAN [PLIBÍAN] *adj. & n.* plebeyo.

PLEDGE [PLECH] *n.* empeño, prenda :: arras, rehén :: brindis :: *va.* empeñar, dar en prenda, prendar :: brindar.

PLENTY [PLÉNTI] *n.* abundancia, copia, caudal, raudal, fertilidad :: — **of,** mucho, bastante.

PLIABLE [PLÁIABL] *adj.* flexible, plegable :: dócil.

PLIANT• [PLÁIANT] *adj.* flexible :: dócil, sumiso.

PLIERS [PLÁIERS] *n. pl.* alicates, tenazas.

PLIGHT [PLAIT] *n.* condición, apuro, aprieto.

PLOD [PLOD] *va.* andar con dificultad, adelantar laboriosamente.

PLOT [PLOT] *n.* lote, terreno :: conjuración, complot :: enredo, acción, trama, intriga :: *va. & n.* tramar, intrigar :: trazar.

PLOUGH [PLAU] *n.* arado :: *va. &* arar, labrar :: *(coll.)* catear, dar

PLOW [PLAU] = **plough**.

PLUCK [PLOK] *n.* resolución, ánimo, valor :: *va. (flores)* (re)coger :: desplumar, pelar :: *(mus.)* pulsar :: — **out violently**, arrancar :: — **up courage**, recobrar el ánimo.

PLUG [PLOG] *n.* taco :: tapón :: **spark** —, bujía :: *(elect.)* enchufe :: *va.* tapar :: — **in**, *(elect.)* enchufar.

PLUM [PLOM] *n.* ciruela.

PLUMAGE [PLÚMEICH] *n.* plumaje.

PLUMB [PLOM] *adj.* aplomo, recto :: —**line**, plomada :: *va.* aplomar :: sond(e)ar.

PLUMBER [PLÓMA] *n.* fontanero.

PLUMP [PLOMP] *adj.* gordo, regordete, rollizo :: cachetudo.

PLUNDER [PLÓNDA] *n.* pillaje, botín :: *va.* pillar, despojar, saquear, entrar a saco.

PLUNDERER [PLÓNDERA] *n.* saqueador.

PLUNGE [PLONCH] *n.* zambullida :: *va.* sumergir :: chapuzar :: *vn.* sumergirse, zambullirse.

PLURAL [PLÚRAL] *adj. & n.* plural.

PLURALITY [PLURÁLITI] *n.* pluralidad.

PLUS [PLAS] *n.* más, signo más :: — **quantity**, cantidad positiva.

PLY [PLAI] *n.* pliegue :: inclinación :: *va.* ejercer :: menear :: conducir :: importunar :: *vn.* trabajar, ocuparse :: — **between...**, hacer el servicio entre.

PNEUMATIC [NIUMÁTIK] *adj.* neumático.

PNEUMONIA [NIUMÓUNIA] *n.* pulmonía.

POACH [PÓACH] *vn.* cazar en vedado.

POCKET [PÓKET] *n.* bolsillo :: receptáculo :: **in** —, con ganancia, — **size**, portátil :: —**book**, portamonedas, cartera :: *va.* embolsar.

POCKETKNIFE [PÓKETNAIV] *n.* navaja, cortaplumas.

POD [POD] *n.* vaina, cápsula.

POEM [PÓUEM] *n.* poema :: poesía, rima :: **medieval heroic** —, cantar de gesta.

POET [POUET] *n.* poeta, vate, bardo.

POETIC [POUÉTIC] *adj.* poético :: —**s**, *n.* arte poética.

POETRY [PÓUETRI] *n.* poesía :: poética :: **troubadour** —, gaya ciencia.

POIGNANT[*] [PÓINANT] *adj.* intenso :: picante.

POINT [POINT] *n.* punto :: punta ::

cabo :: fin, propósito :: toque :: rasgo :: espigón, punzón :: sazón, momento :: *(en juegos)* tanto :: **knotty** —, punto espinoso, *(coll.)* busilis :: *pl. (railw.)* agujas :: **in** —, al caso, a propósito :: **on the** — **of**, a pique de, a punto de :: **to the** —, acertado :: **to come to the** —, dejar de historias, andar sin ambages, ir al grano :: **to keep to the** —, concretarse :: **to see the** —, caer en la cuenta :: *va.* apuntar :: afilar, sacar punta :: — **at**, señalar con el dedo :: —**to**, señalar.

POINTBLANK [PÓINTBLANK] *adj.* a quema ropa.

POINTED[*] [PÓINTID] *adj.* puntiagudo, agudo :: satírico :: apto :: a propósito, al caso.

POINTER [PÓINTA] *n.* puntero :: indicador, señalador :: indicación, consejo.

POISE [POIS] *n.* aplomo, equilibrio :: contrapeso :: *vn.* balancear, equilibrar.

POISON [POISN] *n.* veneno, tósigo :: *va.* envenenar.

POISONOUS [PÓISNOS] *adj.* venenoso, ponzoñoso.

POKE [POUK] *va.* hurgar :: *(el fuego)* atizar :: *vn.* andar a tientas :: — **about**, hurgar :: — **one's nose into**, (entre)meterse, meter el hocico.

POLARIZATION [POULARISÉISHON] *n.* polarización.

POLE [POUL] *adj.* — **star**, norte :: *n.* vara, palo :: percha :: **greasy** —, cucaña :: **north** —, polo norte :: **under bare** —**s**, a palo seco.

POLICE [POLÍS] *n.* policía :: guardia :: **traffic** —, agente :: **shock** —, guardias de asalto :: **revenue or frontier** —, carabinero.

POLICEMAN [POLÍSMAN] *n.* policía, vigilante, gendarme, carabinero.

POLICY [PÓLISI] *n.* sistema :: prudencia :: política :: **insurance** —, póliza de seguros.

POLISH [PÓLISH] *adj.* polaco :: pulir :: *n.* lustre, brillo, acabado.

POLITE[*] [POLÁIT] *adj.* cortés, atento, bien educado, correcto.

POLITENESS [POLÁITNES] *n.* cortesía :: fineza, urbanidad.

POLITICIAN [POLITÍSHAN] *n.* político.

POLITICS [PÓLITIKS] *n.* política.

POLL [POUL] *n.* lista, matrícula :: elección, votación :: padrón :: lista electoral :: *va.* descabezar :: registrar, votar.

POLLEN [PÓLEN] *n.* polen.

POLLINATE [PÓLINEIT] *va.* polinizar.

POLLUTE [POLIÚT] *va.* corromper, contaminar, viciar.

POLLUTION [POLÚSHON] *n.* contaminación.

POLYGLOT [PÓLIGLOT] *n.* políglota.

POMEGRANATE [PÓMGRANET] *n.* granada.

POMP [POMP] *n.* pompa, fasto, ostentación.

POMPOUS[*] [PÓMPOS] *adj.* pomposo, ostentoso.

POND [POND] *n.* estanque :: charca, alberca :: **fish** —, vivero.

PONDER [PÓNDA] *va. & n.* meditar, pesar :: — **on**, meditar sobre.

PONDEROUS[*] [PÓNDEROS] *adj.* pesado.

PONTIFF [PÓNTIF] *n.* pontífice.

PONTOON [PONTÚN] *n.* pontón, chata, barco chato :: — **bridge**, puente flotante.

PONY [PÓUNI] *n.* poni, jaca, caballito.

POODLE [PUDL] *n.* perro de lanas.

POOL [PUL] *n.* charca, pozo :: *(en juegos de cartas, etc.)* polla :: **swimming** —, piscina.

POOP [PUP] *n.* popa.

POOR[*] [PUR] *adj.* pobre :: escaso :: humilde, infeliz :: mezquino :: inútil, viciado :: — **spirited**, apocado.

POP [POP] *adj.* — **eyes**, ojos saltones :: — **gun**, cerbatana :: — **corn**, palomitas de maíz :: *n.* taponazo, ruido seco :: *va.* espetar, disparar :: — **in**, *(coll.)* caer por.

POPE [POUP] *n.* papa, su santidad.

POPLAR [PÓPLAER] *n.* álamo :: **white** —, álamo blanco :: **black** —, chopo.

POPPY [PÓPI] *n.* amapola, adormidera.

POPULAR[*] [PÓPIULAR] *adj.* estimado, apreciado :: predilecto :: concurrido :: popular.

POPULATE [PÓPIULEIT] *va.* poblar.

POPULATION [POPIULÉISHON] *n.* población.

PORCELAIN [PÓRSELIN] *n.* porcelana.

PORCH [PORCH] *n.* pórtico :: porche :: *(eccl.)* atrio :: entrada, portal.

PORE [POR] *n.* poro :: *vn.* — **over**, quemarse las cejas.

PORK [PORK] *n.* carne de cerdo :: —**sausage**, longaniza.

PORNOGRAPHY [PORNÓGRAFI] *n.* pornografía.

PORRIDGE [PÓRICH] *n.* gachas (de avena) :: polenta.

PORT [PORT] n. puerto, ensenada :: — **hole**, tronera :: — **side**, babor.

PORTABLE [PÓRTABL] adj. portátil.

PORTEND [POARTÉND] va. pronosticar :: amenazar, amagar.

PORTENTOUS• [PORTÉNTOS] adj. prodigioso, portentoso.

PORTER [PÓRTA] n. conserje :: portero :: bedel.

PORTFOLIO [PORTFÓULIOU] n. cartapacio, carpeta :: cartera.

PORTION [PÓRSHON] n. parte, porción :: consumición :: cuota :: va. (re)partir.

PORTLY [PÓRTLI] adj. corpulento, grueso :: majestuoso, grave.

PORTMANTEAU [PORTMÁNTOU] n. baúl :: portamanteo.

PORTRAIT [PÓRTRIT] n. retrato :: **word** —, semblanza :: **to make a** — **of**, retratar a.

PORTRAY [PORTRÉI] vn. retratar, pintar, dibujar, representar.

PORTRAYAL [PORTRÉIAL] n. retrato, delineación, representación.

POSE [POUS] n. postura, posición :: suposición :: pose :: va. poner, embarazar, proponer :: vn. darse importancia, fingir, echárselas de.

POSITION [POSÍSHON] n. posición :: puesto, situación, colocación :: circunstancia :: categoría.

POSITIVE• [PÓSITIV] adj. positivo, absoluto, cierto, categórico :: n. (phot.) positiva.

POSSESS [POSÉS] va. poseer, tener, haber :: reunir.

POSSESSOR [POSÉSER] n. poseedor.

POSSIBILITY [POSIBÍLITI] n. posibilidad, contingencia.

POSSIBLE [PÓSIBL] adj. posible :: dable :: permitido.

POSSIBLY [PÓSIBLI] adv. quizá, acaso, tal vez.

POST [POUST] n. correo :: poste, pilar :: puesto, colocación, destino :: (mil.) puesto, avanzada :: — **card**, (tarjeta) postal :: — **office**, casa de correos, posta, correos :: **small** — **office**, estafeta :: — **office box number**, apartado :: **from pillar to** —, de Herodes a Pilatos :: **by return of** —, a vuelta de correo :: — **free**, franco de porte :: — **haste**, apresurado, con toda urgencia :: va. echar al correo :: (mil.) mandar :: pegar :: anunciar :: **to keep** —ed **about**, tener al corriente :: vn. viajar en silla de posta.

POSTAGE [PÓUSTICH] n. porte, franqueo :: — **stamp**, sello de correo, timbre.

POSTAL [PÓUSTAL] adj. postal :: — **card**, tarjeta postal :: — **money order**, giro postal.

POSTCARD [PÓSTCARD] n. tarjeta postal.

POSTERITY [POSTÉRITI] n. posteridad.

POSTHUMOUS• [PÓSTIUMOS] adj. póstumo.

POSTMAN [PÓUSMAN] n. cartero.

POSTMASTER [PÓUSTMASTA] n. administrador de correos.

POSTURE [PÓSTIUR] n. postura, actitud, ademán.

POT [POT] n. olla, marmita, puchero :: **any old** —, cacharro :: **to take** — **luck**, hacer penitencia :: **flower**—, tiesto :: **to wash the** —**s**, lavar la vajilla :: va. envasar :: tirar.

POTATO [POTÉITOU] n. patata :: **sweet** —, batata, papa, camote.

POTENCY [PÓUTENSI] n. potencia, poder, fuerza.

POTENT• [PÓUTENT] adj. potente, fuerte, poderoso :: influyente.

POTENTIAL• [POUTÉNSHAL] adj. & n. potencial.

POTION [PÓUSHON] n. poción, brebaje, pócima.

POTPOURRI [POPURÍ] n. popurrí.

POTTERY [PÓTERI] n. alfarería :: loza :: cacharros.

POUCH [PAUCH] n. bolsa, zurrón :: **game** —, escarcela :: **mail** —, valija.

POULTICE [PÓULTIS] n. cataplasma, compresa, bizma.

POULTRY [PÓULTRI] n. volatería, aves de corral.

POUNCE [PAUNS] vn. caer sobre, calar.

POUND [PAUND] n. libra (moneda) :: depósito :: va. moler, machacar :: taporrear :: majar.

POUR [POR] va. derramar, verter :: escanciar :: esparcir :: — **out**, vaciar :: — **out (over)**, volcar :: vn. llover a cántaros, a chuzos :: diluviar :: echarse.

POUT [PAUT] n. pucherito :: mueca :: vn. amohinarse, hacer pucheros.

POVERTY [PÓVERTI] n. pobreza :: miseria :: carencia, poquedad :: — **of speech**, cortedad :: — **stricken**, miserable :: **the** — **stricken**, los pobres de solemnidad.

POWDER [PÁUDA] n. polvo(s) :: **gun**—, pólvora :: — **bowl**, polvera :: **to reduce to** —, pulverizar, polvorizar :: convertirse en polvo :: vr. ponerse polvos.

POWER [PÁUA] n. poder :: energía :: potestad :: vehemencia :: influjo, poderío :: mando :: facultad :: fuero :: empuje, pujanza :: potencia :: fuerza motriz :: **reigning** —, potentado :: **Great** —**s**, grandes potencias :: **all in one's** —, lo posible :: — **of attorney**, apoderamiento, poder, procuración :: **angelic** —**s**, potestades.

POWERFUL• [PÁUARFUL] adj. poderoso.

PRACTICABLE [PRÁKTIKABL] adj. practicable :: factible, hacedero, práctico :: — **road**, camino practicable.

PRACTICAL• [PRÁKTIKL] adj. práctico.

PRACTICE [PRÁKTIS] n. práctica, costumbre, uso :: clientela :: formalidad :: **to put into** —, poner en obra.

PRACTICED [PRÁKTIST] adj. práctico, experimentado, experto, perito.

PRACTISE [PRÁKTIS] va. practicar :: profesar :: ejercer.

PRACTITIONER [PRAKTÍSHONA] n. práctico, practicante, médico.

PRAIRIE [PRÉIRIE] n. pradera, llanura.

PRAISE [PREIS] n. elogio, alabanza :: ponderación :: (arch.) loor :: va. elogiar, celebrar, alabar :: ponderar :: — **to the škies**, encarecer, poner por las nubes.

PRAISEWORTHY [PRÉISUERDZI] adj. loable, digno de alabanza, honroso, notable, plausible.

PRANCE [PRANS] vn. encabritarse, hacer corvetas, saltar.

PRAY [PREI] vn. rezar :: vn. rogar, pedir :: suplicar.

PRAYER [PRÉIR] n. rezo, oración :: ruego :: súplica :: petición :: — **book**, horas, devocionario.

PREACH [PRICH] va. & n. predicar :: sermonear.

PREACHER [PRÍCHAER] n. predicador.

PREARRANGED [PRIARÉNCHID] adj. arreglado de antemano.

PRECARIOUS• [PRIKÉRIOS] adj. precario, inseguro, azaroso.

PRECAUTION [PRIKÓASHON] n. precaución, cuidado, cautela :: desconfianza.

PRECEDE [PRISÍD] va. preceder, antepasar :: vn. ir delante.

PRECEDENCE [PRÉSIDENS] n. precedencia, prioridad.

PRECEDENT• [PRÉSIDENT] adj. precedente, anterior :: *n.* precedente.

RECEPT [PRÍSEPT] *n.* precepto, regla, mandato.

RECINCT [PRISINKT] *n.* límite, lindero :: recinto.

RECIOUS* [PRÉSHOS] *adj.* precioso :: rebuscado.

RECIPICE [PRÉSIPIS] *n.* precipicio, despeñadero.

RECIPITATE [PRESÍPITEIT] *adj.* precipitado, apresurado, atropellado :: *n.* precipitado :: *va. & n.* precipitar(se).

PRECIPITATION [PRISIPITÉISHON] *n.* precipitación :: lluvia :: cantidad de agua pluvial.

PRECIPITOUS [PRISÍPITOES] *adj.* precipitoso, excarpado :: precipitado.

PRECISE* [PRISÁIS] *adj.* preciso, exacto, puntual :: escrupuloso :: singular :: clavado.

PRECISION [PRISÍSHON] *n.* precisión, exactitud.

PRECLUDE [PRIKLÚD] *va.* excluir :: impedir.

PRECOCIOUS* [PRIKÓUSHOS] *adj.* precoz.

PRECURSOR [PRIKÉRSAER] *n.* precursor.

PREDECESSOR [PRIDESÉSA] *n.* predecesor, antecesor.

PREDICAMENT [PREDÍKAMENT] *n.* predicamento, apuro, trance, compromiso :: categoría.

PREDICT [PRIDÍKT] *va.* predecir, pronosticar, vaticinar.

PREDICTION [PRIDÍKSHON] *n.* predicción, profecía, pronóstico :: adivinanza.

PREDILECTION [PRIDILÉKSHON] *n.* predilección, preferencia.

PREDISPOSE [PRIDISPÓUS] *va.* predisponer.

PREDOMINANCE [PRIDÓMINANS] *n.* predominio :: ascendiente.

PREDOMINANT [PRIDÓMINANT] *adj.* predominante.

PREEMINENT* [PRIÉMINENT] *adj.* preeminente, supremo, distinguido :: sobresaliente, preclaro.

PREFACE [PRÉFIS] *n.* prefacio, preámbulo, prólogo :: proemio :: *va.* poner prólogo a :: introducir.

PREFECT [PRÍFEKT] *n.* prefecto.

PREFER [PRIFÉR] *va.* preferir, anteponer :: ascender.

PREFERABLE [PRÉFERABL] *adj.* preferible :: preferente.

PREFERENCE [PRÉFERENS] *n.* inclinación, preferencia, predilección.

PREFERRED [PRÉFERED] *p.p. & adj.*

preferido :: — **shares,** acciones preferentes.

PREFIX [PRIFÍKS] *n.* prefijo :: *va.* prefijar, anteponer.

PREGNANCY [PRÉGNANSI] *n.* preñez, embarazo.

PREGNANT [PRÉGNANT] *adj.* preñada, encinta :: grávida :: copioso, abundante.

PREJUDICE [PRÉCHIUDIS] *n.* prejuicio, prevención :: daño, perjuicio :: preocupación :: **lack of —,** imparcialidad :: *va.* perjudicar, prevenir, indisponer.

PREJUDICIAL* [PRECHUDÍSHAL] *adj.* perjudicial, nocivo.

PRELATE [PRÉLIT] *n.* prelado.

PRELIMINARY [PRILÍMINARI] *adj.* preliminar.

PRELUDE [PRÉLIUD] *n.* preludio :: *(theat.)* loa :: *va. & n.* preludiar.

PREMATURE* [PRÍMATIUR] *adj.* prematuro, precoz :: temprano.

PREMEDITATED [PRIMÉDITEITID] *adj.* premeditado.

PREMIER [PREMIA] *adj.* primero :: *n.* primer ministro :: presidente (del consejo de ministros).

PREMISE [PRÉMIS] *n.* premisa :: —**s,** terrenos :: local.

PREMIUM [PRÍMIOM] *n.* premio :: prima :: **at a —,** estar sobre la par.

PRENATAL [PRINÉITAL] *adj.* prenatal.

PREOCCUPY [PRIÓKIUPAI] *va.* preocupar :: ocupar de antemano.

PREPAID [PRIPÉID] *adj.* pagado de antemano :: **to send —,** enviar porte pagado, enviar franco de porte.

PREPARATION [PREPARÉISHON] *n.* preparación, apresto :: habitación :: guiso :: confección :: —**s,** preparativos.

PREPARE [PRIPÉIR] *va.* preparar :: hacer, guisar :: acondicionar :: — **quickly,** aprontar :: *vn.* prepararse, aprestarse, disponerse a.

PREPAREDNESS [PRIPÉARIDNES] *n.* preparación.

PREPONDERANCE [PRIPÓNDERANS] *n.* preponderancia.

PREPONDERANT [PRIPÓNDERANT] *adj.* preponderante.

PREPOSSESSING [PRIPOSÉSING] *adj.* atractivo, bonito, cautivador.

PREPOSTEROUS* [PRIPÓSTEROS] *adj.* absurdo, descabellado.

PREROGATIVE [PRIRÓGATIV] *n.* prerrogativa.

PRESAGE [PRESÉICHI] *n.* presagio :: *va.* presagiar.

PRESCRIBE [PRISKRÁIB] *va.* prescri

bir, ordenar :: *(med.)* recetar.

PRESCRIPTION [PRISKRÍPSHON] *n.* prescripción, orden :: receta.

PRESENCE* [PRÉSENS] *n.* presencia :: asistencia :: empaque :: **fine —,** buena planta :: — **of mind,** entereza, serenidad :: **in the — of,** delante de, ante.

PRESENT [PRÉSENT] *adj.* presente :: *n.* regalo, presente :: agasajo :: aguinaldo :: presente, actualidad :: — **day,** actual :: **those —,** los presentes, la asistencia :: **at —,** actualmente, al presente :: **to be —,** *vn.* estar (presente), concurrir :: presentarse :: **to be — at,** *va.* presenciar, asistir :: — **and future,** habido(s) y por haber :: — **company excepted,** con perdón de los presentes, mejorando lo presente :: *va.* dar, ofrecer :: presentar :: — **with,** obsequiar :: hacer un obsequio :: deparar :: exponer, manifestar :: *(armas)* presentar :: — **itself,** ofrecerse.

PRESENTATION [PRESENTÉISHON] *n.* presentación :: regalo, obsequio.

PRESENTIMENT [PRISÉNTIMENT] *n.* presentimiento :: **to have a —,** presentir.

PRESERVATION [PRISERVÉISHON] *n.* conservación.

PRESERVE [PRISÉRV] *n.* conserva, confitura :: —**s,** coto :: *va.* conservar, preservar.

PRESIDE [PRISÁID] *va.* presidir :: llevar la batuta.

PRESIDENCY [PRÉSIDENSI] *n.* presidencia.

PRESIDENT [PRÉSIDENT] *n.* presidente :: —**'s chair,** presidencia.

PRESS [PRESS] *n.* prensa :: prisa, urgencia :: — **cutting,** recorte de periódico :: —**stud,** botón de presión :: *va.* apretar, abrumar, obligar, apremiar :: hacer levas :: prensar :: planchar :: instar, apretar :: imprimir :: *vn.* urgir :: — **down,** apretar, pisar.

PRESSING [PRÉSING] *adj.* apremiante, urgente.

PRESSURE [PRÉSHER] *n.* presión, urgencia :: apremio :: empuje, impulso :: —**gauge,** probeta.

PRESTIGE [PRÉSTICH] *n.* prestigio.

PRESUME [PRISIÚM] *va.* presumir, suponer, atreverse.

PRESUMPTION [PRISÓMPSHON] *n.* presunción, arrogancia, orgullo, soberbia :: tufo, humos.

PRESUMPTUOUS* [PRISÓMPTIUOS] *adj.* presuntuoso, pretencioso, presumido.

PRETENCE [PRITÉNS] *n.* pretensión :: pretexto :: colorido :: designio :: **it is a complete** —, es una comedia :: **under** — **of**, bajo pretexto de, so capa de :: **on false** —**s**, ilegalmente.

PRETEND [PRITÉND] *va. & n.* aparentar, pretextar, fingir :: pretender :: **to** — **to be**, hacerse (el tonto).

PRETENTIOUS• [PRITÉNSHOS] *adj.* pretencioso, presumido, cursi.

PRETEXT [PRITÉKST] *n.* pretexto :: título :: especie :: **under** — **of**, so color de, con motivo de.

PRETTINESS [PRÍTINES] *n.* lindeza, gracia.

PRETTY [PRÍTI] *adj.* bonito :: lindo, precioso, mono :: — **thing**, prenda :: *adv.* bastante, un poco, algo.

PREVAIL [PRIVÉIL] *vn.* prevalecer, predominar, influir, reinar, preponderar :: — **upon**, influir, valer, convencer.

PREVAILING [PRIVÉILING] *adj.* predominante :: en boga.

PREVALENT• [PRÉVALENT] *adj.* predominante, corriente.

PREVENT [PRIVÉNT] *va.* impedir, evitar, obstar, imposibilitar, estorbar.

PREVENTIVE [PRIVÉNTIV] *adj.* impeditivo, preventivo.

PREVIEW [PRÍVIU] *n.* vista previa, preestreno.

PREVIOUS• [PRÍVIOS] *adj.* previo, anterior, temprano.

PREY [PREI] *n.* presa :: **bird of** —, ave de rapiña :: *vn.* — **on**, pillar, devorar, consumir, remorder, agobiar.

PRICE [PRAIS] *n.* precio, valor :: **controlled** —, precio de tasa :: **current** —, cotización :: **at a high** —, caro :: **without** —, inapreciable :: — **list**, tarifa :: **to set** — **to**, valuar :: **of great** —, de gran coste :: **at any** —, cueste lo que cueste.

PRICELESS [PRÁISLES] *adj.* sin precio, inapreciable.

PRICK [PRIK] *n.* punzada :: alfilerazo :: **to kick against the** —, dar coces contra el aguijón :: *va.* picar, estimular :: aguzar, avivar :: — **up one's ears**, aguzar las orejas.

PRICKLY [PRÍKLI] *adj.* espinoso, lleno de espinas :: lleno de púas.

PRIDE [PRAID] *n.* orgullo :: soberbia, fiereza, altivez :: jactancia :: dignidad :: *vr.* — **oneself on**, preciarse de.

PRIEST [PRIST] *n.* sacerdote :: cura

párroco :: preste :: — **in charge**, vicario.

PRIM [PRIM] *adj.* afectado, estirado, peripuesto :: — **and proper**, relamido, almidonado.

PRIMARY [PRÁIMARI] *adj.* primario, originario.

PRIME• [PRAIM] *adj.* principal, primero :: escogido, selecto :: primitivo.

PRIMER [PRÁIMAER] *n.* abecedario, cartilla de lectura :: compendio.

PRIMEVAL [PRAIMÍVAL] *adj.* primitivo.

PRIMITIVE• [PRÍMITIV] *adj.* primitivo, primordial :: radical.

PRIMROSE [PRÍMROUS] *n. (bot.)* prímula o primavera :: color amarillo pálido.

PRINCE [PRINS] *n.* príncipe.

PRINCELY [PRÍNSLI] *adj.* de príncipe, munífico, noble, magnífico, regio.

PRINCIPAL• [PRÍNSIPAL] *adj.* principal, primario, cardinal :: *n.* director.

PRINCIPLE [PRÍNSIPL] *n.* principio, fundamento :: axioma, máxima :: **in** —, en principio.

PRINT [PRINT] *n.* impresión, marca :: grabado :: **in** —, en letras de molde, impreso :: **foot** —, huella :: **out of** —, agotado :: **printed matter**, impresos :: estampados :: *va.* imprimir :: *(copias)* tirar :: estampar :: publicar, dar a la estampa.

PRINTER [PRÍNTAER] *n.* impresor.

PRINTING [PRÍNTING] *n.* imprenta :: impresión :: tipografía :: — **office**, imprenta :: — **press**, prensa.

PRIOR [PRÁIOR] *adj.* anterior :: previo :: — **to**, antes de :: *n.* prior.

PRIORITY [PRAIÓRITI] *n.* prioridad, precedencia, antelación.

PRISON [PRISN] *n.* cárcel :: prisión :: **to put in** —, encarcelar, llevar a la cárcel.

PRISONER [PRÍSONA] *n. (mil.)* sionero :: preso :: **no** —**s taken**, sin cuartel.

PRIVACY [PRÁIVASI] *n.* retiro :: secreto.

PRIVATE• [PRÁIVIT] *adj.* privado :: — **room**, reservado :: particular :: secreto, clandestino :: vedado :: individual, particular :: esotérico :: — **home**, casa particular :: — **road**, camino reservado :: —!, prohibida la entrada :: **in** —, en secreto :: particularmente :: **in** — **life**, en la intimidad :: *n.* soldado raso.

PRIVATION [PRAIVÉISHON] *n.* priva-

ción, pérdida, estrechez.

PRIVILEGE [PRÍVILECH] *n.* privilegio, título, prerrogativa :: —**s**, honores.

PRIVY [PRÍVI] *adj.* privado :: enterado de :: *n.* excusado exterior.

PRIZE [PRAIS] *n.* premio :: galardón :: presa.

PROBABILITY [PROBABÍLITI] *n.* probabilidad.

PROBABLE [PRÓBABL] *adj.* probable, verosímil.

PROBATION [PROUBÉISHON] *n.* prueba, ensayo :: probación.

PROBE [PROUB] *n.* tienta, sonda :: *va.* sondar, tentar :: indagar.

PROBLEM [PRÓBLEM] *n.* problema, cuestión :: **what a** —! ¡qué lío!

PROCEDURE [PROSÍDIUR] *n.* procedimiento, proceder :: protocolo.

PROCEED [PROSÍD] *vn.* seguir, avanzar, adelantar :: portarse :: ponerse a :: —**against**, *va.* procesar :: — **from**, provenir :: — **to**, recurrir a :: — **gingerly**, andar con pies de plomo.

PROCEEDING [PROSÍDING] *n.* procedimiento :: transacción :: —**s**, actas :: **to** — **to**, proceder a, comenzar a, ponerse a.

PROCEEDS [PROSÍDS] *n. pl.* productos, renta :: rédito.

PROCESS [PRÓUSES] *n.* proceso :: **progress** —, procedimiento :: obra :: **in** — **of time**, con el tiempo.

PROCESSION [PROSÉSHON] *n. (relig.)* procesión :: desfile :: *(mil.)* convoy :: cortejo.

PROCLAIM [PROKLÉIM] *va.* proclamar, declarar, publicar :: declararse.

PROCLAMATION [PROKLAMÉISHON] *n.* bando, edicto :: proclamación.

PROCLIVITY [PROKLÍVITI] *n.* inclinación, propensión.

PROCRASTINATION [PROKRASTINÉISHON] *n.* dilación, tardanza, demora.

PROCURE [PROKIÚR] *va.* procurar, lograr, obtener, gestionar.

PROD [PROD] *n.* empuje :: *va.* punzar, picar, señalar con el dedo.

PRODIGAL• [PRÓDIGAL] *adj. & n.* pródigo :: manirroto, derrochador.

PRODIGIOUS• [PRODÍCHOS] *adj.* prodigioso, portentoso, ingente.

PRODIGY [PRÓDICHI] *n.* prodigio, portento, pasmo.

PRODUCE [PRODIÚS] *n.* producto :: fruto :: resultado :: víveres :: *va.* producir, hacer, llevar, rendir :: motivar :: fabricar :: dar frutos :: *(theat.)* poner en escena, dirigir.

PRODUCT [PRÓDAKT] *n.* producto, efecto, resultado :: rendimiento :: **farm —**, frutos.

PRODUCTION [PRODÁKSHONI] *n.* producción :: producto :: obra, composición :: representación teatral.

PRODUCTIVE [PRODÁKTIV] *adj.* productivo.

PROFANE° [PROFÉIN] *adj.* profano :: impío, sacrílego :: *va.* profanar :: desprestigiar.

PROFESS [PROFÉS] *va. & n.* profesar :: manifestar :: asegurar, declarar :: hacer profesión de.

PROFESSION [PROFÉSHONI] *n.* profesión.

PROFESSOR [PROFÉSA] *n.* profesor, catedrático.

PROFICIENCY [PROFÍSHENSI] *n.* pericia, aprovechamiento.

PROFICIENT° [PROFÍSHENT] *adj.* aventajado, diestro, experimentado, perito.

PROFILE [PRÓUFAIL] *n.* perfil :: corte :: silueta.

PROFIT [PRÓFIT] *n.* provecho, beneficio, ganancia, fruto :: utilidad :: partido :: **— and loss,** ganancias y pérdidas :: **to make —,** beneficiarse :: **to take his —,** hacer su agosto :: *va.* aprovechar, mejorar :: servir :: fructificar :: **— by,** sacar partido de.

PROFITABLE [PRÓFITABL] *adj.* provechoso :: lucrativo.

PROFITEER [PROFITÍAERI] *n.* extorsionista, carero, explotador :: *va. & n.* extorsionar, explotar, cobrar más de lo justo.

PROFLIGATE° [PRÓFLIGUET] *adj. & n.* libertino, relajado, calavera.

PROFOUND° [PROFÁUND] *adj.* profundo :: pasado :: hondo :: recóndito.

PROFUSE° [PROFIÚS] *adj.* abundante, profuso, pródigo.

PROGNOSIS [PROGNÓUSIS] *n.* pronóstico.

PROGNOSTICATE [PROGNÓSTIKEIT] *va.* pronosticar, predecir, presagiar.

PROGRAMME, PROGRAM [PRÓU-GRAMI] *n.* programa.

PROGRESS [PRÓGRES] *n.* progreso :: marcha :: mejoramiento, carrera :: *vn.* avanzar, adelantar, hacer progresos, progresar, marchar.

PROHIBIT [PROUHÍBIT] *va.* prohibir.

PROHIBITION [PROUHIBÍSHONI] *n.* proscripción, interdicto :: prohibición.

PROJECT [PROCHÉKT] *n.* proyecto, designio :: plan :: *vn.* idear, proyectar :: *vn.* destacarse, sobresalir :: resaltar.

PROJECTILE [PROCHÉKTIL] *n.* proyectil :: *adj.* arrojadizo :: **— weapon,** arma arrojadiza.

PROJECTOR [PROCHÉTAERI] *n.* proyector.

PROLETARIAN [PROLITÉIRIAN] *adj. & n.* proletario.

PROLOGUE [PRÓULOG] *n.* prólogo, proemio, prefacio :: loa.

PROLONG [PROLÓNG] *va.* prolongar, alargar, dilatar.

PROLONGATION [PROLONGUÉISHONI] *n.* prolongación.

PROMENADE [PROMENÁD] *n.* paseo.

PROMINENT° [PRÓMINENT] *adj.* prominente, saliente :: distinguido, notable :: conspicuo.

PROMISCUOUS° [PROMÍSKIUOS] *adj.* promiscuo :: confuso, mezclado.

PROMISE [PRÓMIS] *n.* promesa :: estipulación, palabra :: esperanza :: *va.* prometer :: pronosticar, augurar, asegurar, ofrecer :: brindar, dar la palabra.

PROMISING [PRÓMISING] *adj.* prometedor.

PROMISSORY [PRÓMISORI] *adj.* promisorio :: **— note,** pagaré.

PROMOTE [PROMÓUT] *va.* promover, fomentar, adelantar :: suscitar, acalorar :: gestionar, facilitar :: *(mil.)* ascender.

PROMOTION [PROMÓUSHONI] *n.* promoción :: fomento :: ascenso.

PROMPT° [PROMPT] *adj.* pronto, presto, veloz :: puntual :: resuelto :: diligente :: *va.* sugerir, soplar, incitar, inspirar :: *(theat.)* apuntar.

PROMPTNESS [PRÓMPTNES] *n.* prontitud, presteza :: puntualidad.

PROMULGATE [PROMÁLGUEIT] *va.* promulgar, proclamar.

PRONE [PROUN] *adj.* inclinado, dispuesto, propenso :: tumbado, postrado.

PRONOUNCE [PRONÁUNS] *va.* pronunciar, declarar :: *(una sentencia)* fallar.

PRONOUNCED [PRONÁUNST] *adj.* pronunciado, marcado.

PRONUNCIATION [PRONANSIÉISHON] *n.* pronunciación :: articulación :: **science of —,** ortología.

PROOF [PRUF] *n.* prueba, ensayo :: evidencia :: probanza, prueba, cabión, demostración, confirmación :: toque :: impenetrabilidad :: **—reader,** corrector :: *adj.* **—**

against, a prueba de.

PROPAGANDA [PROPAGÁNDA] *n.* propaganda.

PROPAGATE [PRÓPAGUEIT] *va. & n.* propagar :: propalar, diseminar.

PROPEL [PROPÉL] *va.* impulsar, propulsar, impeler.

PROPELLER [PROPÉLAERI] *n.* hélice :: propulsor, impulsor.

PROPER° [PRÓPA] *adj.* propio, idóneo, conveniente :: a propósito, adecuado, acertado :: pulcro :: decente :: **prim and —,** relamido :: **what is —,** lo que está bien :: **to have a sense of what is —,** tener vergüenza.

PROPERTY [PRÓPERTI] *n.* propiedad, bienes, hacienda :: dominio :: cualidad :: **man of —,** hacendado :: *(theat.)* aderezo :: **real —,** bienes inmuebles.

PROPHECY [PRÓFISI] *n.* profecía, predicción.

PROPHESY [PRÓFISAI] *va. & n.* profetizar.

PROPHET [PRÓFET] *n.* profeta.

PROPITIOUS° [PROPÍSHOS] *adj.* propicio, feliz.

PROPORTION [PROPÓRSHONI] *n.* porción, relación, medida.

PROPOSAL [PROPÓUSAL] *n.* proposición, oferta, propuesta :: *(de matrimonio)* declaración.

PROPOSE [PROPÓUS] *va.* ofrecer, proponer :: pensar :: *vn.* declararse.

PROPOSITION [PROPOSÍSHONI] *n.* proposición :: oferta :: propósito.

PROPRIETOR [PROPRÁIETA] *n.* propietario, dueño, señor.

PROPRIETY [PROPRÁIETI] *n.* conveniencia, decoro, decencia, vergüenza :: corrección.

PROPULSION [PROPÁLSHONI] *n.* propulsión.

PROSCRIBE [PROSKRÁIB] *va.* proscribir, reprobar.

PROSE [PROUS] *adj.* en prosa :: *n.* prosa :: **—writer,** prosista.

PROSECUTE [PRÓSIKIUT] *va.* (pro)seguir :: continuar :: enjuiciar :: procesar :: encausar.

PROSECUTION [PROSIKIÚSHON] *n.* causa, proceso :: acusación.

PROSECUTOR [PRÓSIKIUTAI] *n.* acusador, actor :: **public—,** fiscal.

PROSELYTE [PRÓSILAIT] *n.* prosélito.

PROSPECT [PRÓSPEKT] *n.* vista :: perspectiva :: probabilidad :: esperanza :: **— south,** orientación al Sur :: *va. & n.* explorar.

PROSPECTIVE° [PROSPÉKTIV] *adj.* probable, por venir, anticipado.

PROSPECTOR [PRÓSPEKTAER] *n.* explorador, buscador.

PROSPER [PRÓSPA] *va.* favorecer :: *vn.* prosperar, medrar.

PROSPERITY [PROSPÉRITI] *n.* prosperidad.

PROSPEROUS [PRÓSPEROES] *adj.* próspero.

PROSTITUTE [PRÓSTITIUT] *n.* prostituta, ramera, zorra :: *va.* prostituir, vender.

PROSTRATE [PRÓSTREIT] *adj.* postrado, tendido, abatido :: *va.* humillar, abatir, postrar :: *vn.* postrarse, prosternarse.

PROSTRATION [PROSTRÉISHON] *n.* postración, abatimiento.

PROTECT [PROTÉKT] *va.* proteger, defender, garantizar :: — from, resguardar, poner al abrigo de.

PROTECTION [PROTÉKSHON] *n.* protección, defensa, apoyo, amparo :: — from, resguardo :: patrocinio :: to claim —, ampararse.

PROTECTIVE [PROTÉKTIV] *adj.* protector.

PROTEST [PRÓTEST] *n.* protesta :: *va. & n.* protestar.

PROTOTYPE [PRÓUTOTAIP] *n.* prototipo.

PROTRACT [PROTRÁKT] *va.* alargar, extender, prolongar.

PROTRUDE [PROTRÚD] *vn.* salir fuera, asomarse, sobresalir.

PROTUBERANCE [PROTIÚBERANS] *n.* protuberancia.

PROUD [PRAUD] *adj.* orgulloso, soberbio, engreído, encopetado :: altanero, envanecido :: to grow over —, encumbrarse.

PROVE [PRUV] *va.* (com)probar, demostrar, acreditar, experimentar, poner a prueba :: *vn.* dar fe :: — to be, mostrarse :: encontrarse :: ser :: salir, resultar :: to — the rule, confirmar la regla.

PROVERB [PRÓVERB] *n.* refrán, proverbio, dicho, apotegma.

PROVIDE [PROVÁID] *va.* proporcionar, ofrecer, surtir, apercibir, prevenir :: proveer :: — against, precaver :: *vn.* abastecer :: *vr.* proveerse.

PROVIDED [PROVÁIDID] *conj.* con tal (de) que, a condición (de) que :: — that, con tal (de) que.

PROVIDENCE [PRÓVIDENS] *n.* providencia :: provisión.

PROVIDENT [PRÓVIDENT] *adj.* previsor, prudente, providente, próvido.

PROVIDENTIAL [PROVIDÉNSHAL] *adj.* providencial.

PROVIDER [PROVÁIDAER] *n.* proveedor.

PROVINCE [PRÓVINS] *n.* provincia :: jurisdicción :: competencia :: to fall within one's —, incumbir a.

PROVISION [PROVÍSHON] *n.* provisión :: disposición :: —s, abastecimiento, comestibles.

PROVISO [PROVÁISOU] *n.* condición, estipulación.

PROVOCATION [PROVOKÉISHON] *n.* provocación.

PROVOKE [PROVÓUK] *va.* provocar, excitar, irritar, incitar :: indignar :: promover :: *vn.* enojar.

PROW [PRAU] *n. (naut.)* proa.

PROWESS [PRÁUES] *n.* valor.

PROWL [PRAUL] *vn.* rondar, vagar, merodear.

PROXIMITY [PROKSÍMITI] *n.* proximidad, cercanía, inmediación.

PROXY [PRÓKSI] *n.* procuración, poder :: apoderado, comisionado :: to marry by —, casarse por poderes.

PRUDENCE [PRÚDENS] *n.* prudencia.

PRUDENT [PRÚDENT] *adj.* prudente.

PRUDERY [PRÚDERI] *n.* mojigatería, gazmoñería, remilgo.

PRUDISH [PRÚDISH] *adj.* gazmoño, mojigato.

PRUNE [PRUN] *n.* ciruela :: ciruela pasa :: *va. & n.* podar, recortar.

PRY [PRAI] *vn.* espiar, acechar, curiosear, fisgar.

PSALM [SAM, SALM] *n.* salmo.

PSEUDONYM [SIÚDONIM] *n.* seudónimo.

PSYCHIATRY [SAIKÁIATRI] *n.* psiquiatría.

PSYCHOLOGY [SAIKÓLOCHI] *n.* psicología.

PSYCHOSIS [SAIKÓUSIS] *n.* psicosis.

PUBLIC [PÁBLIK] *adj.* público, notorio :: —house, taberna :: — spirit, civismo :: *n.* público.

PUBLICATION [PABLIKÉISHON] *n.* publicación :: edición.

PUBLISH [PÁBLISH] *va.* publicar, dar a luz, promulgar, sacar a luz.

PUBLISHER [PÁBLISHA] *n.* editor.

PUCKER [PÁKA] *n.* arruga, pliegue :: buche :: *va.* fruncir :: plegar.

PUDDING [PÚDING] *n.* budín, pudín.

PUFF [PAF] *n.* soplo, bufido :: bocanada :: racha :: *va. & n.* soplar, hinchar :: bufar :: jadear.

PULL [PUL] *n.* sacudida, tirón :: a stiff —, estirón :: the — of the..., la llamada :: bell —, tirador :: *va.* tirar :: — along, arrastrar :: — down, hundir :: — away, off, up, tirar, arrancar :: — out, extraer, sacar, estirar :: — up, extraer :: — up, pararse

:: — on *(naut.)*, halar :: — on, remar :: *vn.* tirar :: dar un tirón :: — away, remar fuerte :: the blankets —, se (le) pegan (a uno) las sábanas :: — down, derrocar, derribar :: abatir :: — to pieces, despedazar, hacer cisco :: — up, atajar :: — through, salir :: — one's leg, tomar el pelo.

PULP [PALP] *n.* pulpa, pasta :: carne.

PULPIT [PÚLPIT] *n.* púlpito, tribuna.

PULSE [PALS] *n.* pulso, pulsación :: to feel the —, tomar el pulso.

PUMICE [PÁMIS] *n.* piedra pomez.

PUMP [PAMP] *n.* bomba :: pompa :: village —, mentidero :: *vn.* bombear :: sonsacar.

PUMPKIN [PÁMPKIN] *n.* calabaza.

PUN [PAN] *n.* equívoco, retruécano :: chiste, juego de palabras.

PUNCH [PANCH] *n.* puñetazo, revés :: punzón :: ponche :: — and Judy show, títeres :: — and Judy showman, titiritero :: *va.* horadar :: picar :: dar puñetazos a.

PUNCTILIOUS [PANKTÍLIOS] *adj.* puntilloso, etiquetero.

PUNCTUAL [PÁNKTIUAL] *adj.* puntual, preciso, a la hora.

PUNCTUALITY [PANKTIUÁLITI] *n.* puntualidad.

PUNCTUATE [PÁNKTIUEIT] *va.* puntuar.

PUNCTUATION [PANKTIUÉISHON] *n.* puntuación.

PUNCTURE [PÁNKTIUR] *n.* puntura, punzadura :: pinchazo :: punción :: *va.* punzar :: pinchar, picar.

PUNGENCY [PÁNCHENSI] *n.* resquemor, mordacidad.

PUNGENT [PÁNCHENT] *adj.* picante, áspero :: lapidario, corrosivo :: acre.

PUNISH [PÁNISH] *va.* castigar :: escarmentar.

PUNISHMENT [PÁNISHMENT] *n.* castigo, pena :: capital —, pena capital.

PUNT [PANT] *n.* barco llano, batea :: *vn.* ir en barco llano.

PUNY [PIÚNI] *adj.* pequeño :: ruin, mezquino.

PUP [PAP] *n.* cachorro.

PUPIL [PIÚPIL] *n. (del ojo)* niña, pupila :: alumno, discípulo :: colegial.

PUPPET [PÁPET] *n.* títere, muñeca, fantocha :: —master, titiritero :: — show, títeres, retablo.

PUPPY [PÁPI] *n.* cachorrito.

PURCHASE [PÉRCHIS] *n.* compra ::

(mech.) aparejo :: *va.* comprar, lograr.

PURCHASER [PÉRCHISA] *n.* comprador.

PURE° [PIÚR] *adj.* puro, casto, virgen :: depurado :: castizo :: genuino :: refinado :: platónico.

PUREE [PIURÉI] *n.* puré.

PURGE [PERCH] *va.* purgar, purificar, acrisolar :: *vr.* purgarse.

PURIFY [PIÚRIFAI] *va.* purificar :: clasificar :: refinar :: defecar :: purgar, expiar :: acrisolar :: *vn.* purificarse.

PURIST [PIÚRIST] *n.* purista.

PURITY [PIÚRITI] *n.* pureza, honra.

PURPLE [PERPL] *adj.* purpúreo, de púrpura :: **dark** —, morado :: *n.* púrpura :: **the** —, la púrpura (dignidad).

PURPORT [PERPÓRT] *n.* intención, intento :: sentido, tenor :: substancia :: *va.* significar :: dar a entender :: pretender.

PURPOSE [PÉRPOS] *n.* intención, voluntad, propósito :: **on** —, de propósito, de intento :: **all to no** —, en vano :: en balde :: *va. & n.* proyectar, determinar, proponer(se).

PURPOSELY [PÉRPOSLI] *adv.* a(de) propósito, adrede, expresamente.

PURSE [PERS] *n.* bolsa, bolsillo :: portamonedas :: —**strings**, cordones de la bolsa.

PURSUANT [PERSIÚANT] *adv.* conforme :: de acuerdo con.

PURSUE [PERSIÚ] *va.* perseguir, proseguir, seguir, seguir la pista de, cazar :: acosar :: ensañarse en.

PURSUIT [PERSIÚT] *va.* persecución, seguimiento, busca :: interés :: **in** — **of**, en pos de.

PURVEYOR [PERVÉIA] *n.* abastecedor, proveedor.

PUSH [PUSH] *n.* empujón, impulso :: energía :: *(mil.)* ofensiva, avance :: —**cart**, carretilla de mano :: *va.* empujar :: promover, activar, urgir :: apretar :: *vn.* dar un empujón, esforzarse :: apresurarse :: — **away**, apartar, rechazar :: — **in**, encajar, meter.

PUSHING [PÚSHING] *adj.* agresivo, emprendedor, entremetido.

PUSSY [PÚSI] *n.* minino, gatito :: — **willow**, especie de sauce americano, *Salix discolor.*

PUT [PUT] *adj.* puesto :: — **away**, arrinconado, guardado :: — **out**, escamado :: — **out**, estupefacto :: — **out**, enojado, incomodado :: **to be** — **out**, incomodarse :: *va.* poner :: colocar :: redactar :: — **aside**, deponer :: — **away**, arrinconar :: apartar :: guardar :: — **back**, retardar :: devolver :: — **between**, interponer :: — **by**, poner aparte :: — **by**, ahorrar :: — **down**, soltar :: reprimir :: deprimir :: anotar ::

rebajar :: — **forth**, poblarse, brotar, alargar :: publicar :: — **in**, insertar, introducir, *(naut.)* tocar en :: presentar, poner (por escrito) :: — **off**, aplazar, demorar, diferir, posponer, desechar, molestar, quitar, entretener :: — **on**, poner(se), calzar, imponer, echárselas de :: — **out**, alargar, asomar(se), sacar, apagar, matar, dislocar, fastidiar, contrariar, enojar, desconcertar, sacar de quicio :: — **right**, arreglar, componer :: — **to sea**, hacerse a la vela, tomar la mar :: — **two and two together**, atar cabos :: — **up**, construir, subir, hospedarse :: — **up to**, incitar, instigar :: *va.* — **up with**, tolerar, aguantar, acomodarse :: — **a stop to**, poner coto a :: — **to the test**, poner a prueba, acrisolar :: — **together**, articular.

PUTRID [PIÚTRID] *adj.* podrido, putrefacto, corrompido :: — **matter**, podredumbre.

PUTTY [PÁTI] *n.* masilla :: *va.* tapar o rellenar con masilla.

PUZZLE [PASL] *n.* problema, enigma :: adivinanza :: rompecabezas :: **word** —, anagrama :: **crossword** —, palabras cruzadas, crucigrama :: *va.* confundir, embarazar, enmarañar.

PYJAMAS [PICHÁMAS] *n.* pijama.

PYRAMID [PIRAMID] *n.* pirámide.

PYTHON [PÁIZON] *n.* serpiente boa.

Q

QUACK [KUAK] *n.* charlatán, curandero, saltimbanqui :: grazni-do :: *vn.* graznar.

QUAGMIRE [KUÁGMAIR] *n.* tremedal, cenagal.

QUAIL [KUEIL] *n.* codorniz :: *vn.* temblar, acobardarse.

QUAINT• [KUEINT] *adj.* raro, típico, pintoresco, anticuado.

QUAKE [KUEIK] *n.* temblor :: *vn.* temblar, trepidar.

QUAKER [KUÉIKA] *n.* cuáquero.

QUALIFICATION [KUOLIFIKÉISHON] *n.* calificación, requisito :: capacidad :: restricción.

QUALIFY [KUÓLIFAI] *va.* calificar, moderar :: limitar :: habilitar :: *vn.* capacitarse, llenar los requisitos.

QUALITY [KUÓLITI] *n.* clase, calibre, calidad :: cualidad :: carácter :: **first-class** —, de la mejor calidad, *(pop.)* de marca mayor :: *pl.* calidades.

QUALM [KUAM] *n.* escrúpulo.

QUANDARY [KUÓNDARI] *n.* incertidumbre, apuro, perplejidad.

QUANTIFY [KUÓNTIFAI] *va.* cuantificar.

QUANTITY [KUÓNTITI] *n.* cantidad, número :: **unknown** —, incógnita.

QUARANTINE [KUÓRANTIN] *n.* cuarentena :: *va.* poner en cuarentena, aislar.

QUARREL [KUÓREL] *n.* pendencia, reyerta :: querella, altercado, disputa :: desavenencia :: *vn.* pelear, querellarse, disputar :: batirse :: — **with**, meterse con.

QUARRELSOME• [KUÓRELSOM] *adj.* pendenciero, querelloso.

QUARRY [KUÓRI] *n.* cantera :: *(de caza)* presa.

QUART [KUOART] *n.* cuarta, media azumbre :: cuarto de quintal.

QUARTER [KUÓARTA] *n.* cuarta parte, cuarto :: arroba, cuartillo :: cuartel :: *pl.* vivienda, morada :: *(mil.)* cuartel, alojamiento :: barrio :: trimestre :: — **deck**, al-cázar :: *va.* descuartizar :: *(mil.)* acuartelar :: hospedar, alojar.

QUARTERLY [KUÓRTERLI] *adv.* trimestralmente, por trimestres :: *adj.* trimestral :: *n.* publicación trimestral.

QUARTET [KUOARTÉT] *n.* cuarteto.

QUASH [KUOSH] *va.* anular :: sofocar.

QUAVER [KUÉIVA] *n.* temblor, vibración :: *vn.* gorjear, trinar :: vibrar.

QUAY [KI] *n.* muelle, malecón.

QUEEN [KUIN] *n.* reina :: — **bee**, abeja reina :: *(en naipes)* caballo.

QUEER• [KUIR] *adj.* bizarro, extraño, original, raro :: extravagante :: extrafalario :: — **fellow**, extravagante.

QUELL [KUEL] *va.* domar, reprimir :: aquietar.

QUENCH [KUENCH] *va.* apagar, extinguir :: ahogar :: calmar.

QUERULOUS• [KUÉRULOS] *adj.* quejoso, quejumbroso.

QUERY [KUÍRI] *n.* pregunta, cuestión :: *va.* & *n.* preguntar, inquirir.

QUEST [KUEST] *n.* perquisa, busca, búsqueda.

QUESTION [KUÉSTYON] *n.* cuestión, pregunta :: asunto :: **burning** —, cuestión candente :: **out of the** —, descartado :: *va.* & *n.* preguntar :: interrogar :: poner en duda, desconfiar de :: cuestionar.

QUESTIONABLE [KUÉSCHONABL] *adj.* dudoso :: discutible.

QUESTIONER [KUÉSCHONAER] *n.* interrogador, preguntador.

QUESTIONING [KUÉSCHONING] *adj.* interrogativo :: *n.* interrogatorio.

QUESTIONNAIRE [KUESCHONÉIR] *n.* cuestionario, lista de preguntas, interrogatorio.

QUEUE [KIU] *n.* cola :: coleta :: *vn.* hacer la cola.

QUIBBLE [KUIBL] *n.* retruécano, juego de palabras :: sutileza :: *vn.* argüir :: jugar del vocablo.

QUICK• [KUIK] *adj.* rápido, pronto :: vivo, ágil, vivaz :: **the** —, lo(s) vivo(s) :: —**tempered**, de genio vivo :: **to cut to the** —, herir en lo vivo :: *n.* carne viva.

QUICKEN [KUIKN] *va.* & *n.* acelerar (se) :: avivar(se) :: aguzar.

QUICKNESS [KUÍKNES] *n.* rapidez :: presteza, prontitud : viveza :: agudeza.

QUICKSAND [KUÍKSAND] *n.* arena movediza.

QUICKSILVER [KUÍKSILVAER] *n.* mercurio, azogue.

QUIET• [KUÁIET] *adj.* quieto, reposado, tranquilo :: pausado :: sencillo :: suave, retirado :: **all** —, sin novedad :: **on the** —, a la sordina :: *n.* tranquilidad, holganza :: *va.* calmar, tranquilizar :: — **down**, *va.* callar :: *vn.* reposarse.

QUIETNESS [KUÁITNES] *n.* quietud :: sosiego, calma.

QUILL [KUIL] *n.* pluma :: púa.

QUILT [KUILT] *n.* sobrecama, edredón, cobertor :: colcha :: *va.* estofar, acolchar.

QUIRK [KOUERK] *n.* chifladura, extragancia, capricho :: peculiaridad mental.

QUIT [KUIT] *adj.* libre :: absuelto :: *n.* —**s**, en paz :: *va.* quitar, dejar, desocupar :: absolver.

QUITE [KUAIT] *adv.* enteramente, completamente :: bastante, harto, totalmente :: — **a man**, todo un hombre.

QUIVER [KUÍVA] *n.* temblor :: *vn.* (re)temblar, palpitar :: estremecer(se).

QUIZ [KUIS] *n.* examen :: interrogatorio :: cuestionario :: *va.* examinar, interrogar, hacer preguntas.

QUOTA [KUÓUTA] *n.* cuota, contingente.

QUOTATION [KUOUTÉISHON] *n.* cita, citación :: acotación :: cotización.

QUOTE [KUOUT] *va.* citar :: cotizar :: *pl.* **between** —**s**, entre comillas.

QUOTIENT [KUÓUSHAENT] *n.* cociente.

R

RABBIT [RÁBIT] *n.* conejo :: — **warren**, conejera.

RABBLE [RABL] *n.* canalla, chusma, gentuza, populacho :: — **rouser**, demagogo.

RABID° [RÁBID] *adj.* rabioso, furioso, fanático.

RABIES [RÉIBIS] *n.* rabia, hidrofobia.

RACCOON [RAKÚN] *n.* mapache.

RACE [REIS] *n.* raza :: casta :: linaje :: carrera :: **horse** —, concurso hípico :: **mill**—, caz :: — **horse**, caballo de carrera :: — **course**, hipódromo :: *vn.* correr :: competir, luchar contra.

RACER [RÉISA] *n.* corredor :: caballo de carrera :: auto de carrera.

RACISM [RÉISOM] *n.* racismo.

RACK [RAK] *n.* colgadero, tendedor :: astillero :: potro, tortura :: *va.* torturar, atormentar :: trasegar :: vejar :: — **one's brains**, calentarse (devanarse) los sesos.

RACKET [RÁKIT] *n.* raqueta :: estrépito, baraúnda :: cesta, cremallera :: grupo de extorsionistas.

RACKETEER [RAKITÁER] *n.* trapacista, trapacero, extorsionista :: *vn.* trapacear, extorsionar.

RACY [RÉISI] *adj.* chispeante, fuerte, rancio.

RADIANT° [RÉIDIANT] *adj.* radiante, alborozado, resplandeciente.

RADIATE [RÉIDIEIT] *vn.* radiar, centellear.

RADIATOR [RÉIDIEITAER] *n.* radiador :: calorífero.

RADICAL° [RÁDIKAL] *adj. & n.* radical.

RADIO [RÉIDIOU] *n.* radio :: — **station**, radio, emisora.

RADIOACTIVE [REIDIOÁKTIV] *adj.* radiactivo.

RADISH [RÁDISH] *n.* rábano.

RADIUS [RÉIDIOS] *n.* radio.

RAFFLE [RAFL] *n.* lotería, rifa :: tómbola :: *va.* rifar, sortear.

RAFT [RAFT] *n.* balsa.

RAFTER [RÁFTAER] *n.* viga.

RAG [RAG] *n.* trapo, harapo :: broma :: **in** —**s**, harapiento :: **bundle of** —**s**, estropajo :: — **and bone man**, trapero :: — **market**, Rastro :: **from** —**s to riches**, de la pobreza a la riqueza.

RAGE [REICH] *n.* rabia, saña, cólera :: enojo :: *vn.* rabiar, enfurecerse, encolerizarse.

RAGGED° [RÁGUID] *adj.* andrajoso, haraposo, harapiento, desharrapado, roto.

RAID [REID] *n.* incursión, irrupción, correría :: **air** —, ataque aéreo.

RAIL [REIL] *n.* barrera :: reja :: baranda, cerca :: rail :: *va. & n.* cercar :: — **against**, injuriar :: burlarse de.

RAILING° [RÉILING] *n.* baranda, barandilla :: pasamano, balaustrada, barrera :: rieles :: *adj.* injurioso, ultrajante.

RAILROAD [RÉILROUD] *n.* ferrocarril :: *adj.* ferroviario :: de ferrocarril.

RAILWAY [RÉILUEI] *n.* ferrocarril, vía férrea :: — **company**, compañía ferroviaria :: —**man**, ferroviario.

RAIMENT [RÉIMENT] *n.* vestidos, ropaje.

RAIN [REIN] *n.* lluvia :: chaparrón :: aguacero :: —**storm**, chubasco :: —**bow**, arco iris :: *vn.* llover :: lloviznar :: — **cats and dogs**, **bucketfuls, torrents**, llover a cántaros, a chuzos :: *(sl.)* menudear.

RAINCOAT [RÉINKOUT] *n.* impermeable.

RAINDROP [RÉINDROP] *n.* gota de agua.

RAINFALL [RÉINFOL] *n.* lluvia, lluvias :: cantidad de agua pluvial :: aguacero.

RAINY [RÉINI] *adj.* lluvioso.

RAISE [REIS] *va.* alzar :: poner en pie, enderezar :: erguir :: enarbolar :: levantar, erigir :: promover, suscitar :: excitar, dar lugar a :: hablar alto :: criar, educar :: ascender :: levantar :: subir :: — **up**, levantar :: *vr.* **to** — **oneself up**, incorporarse.

RAISIN [REISN] *n.* uva pasa.

RAKE [REIK] *n.* rastro, rastrillo :: calavera :: *va.* rastrillar :: rastrear, hurgar :: barrer.

RALLY [RÁLI] *n.* reunión :: manifestación :: *va. & n.* reunir(se), reanimar(se) :: *(mil.)* replegarse.

RAM [RAM] *n.* morueco :: carnero :: *(mil.)* ariete :: *va.* atacar :: — **down**, apisonar, meter a viva fuerza.

RAMBLE [RAMBL] *n.* paseo, excursión :: *vn.* vagar, divagar, discurrir, andarse por las ramas :: salir de excursión.

RAMPAGE [RÁMPEICH] *n.* alboroto.

RAMPANT [RÁMPANT] *adj.* exuberante :: desenfrenado :: rampante.

RAMPART [RÁMPART] *n.* terraplén :: muralla.

RAN [RAN] *pret. de* **to run**.

RANCH [RANCH] *n.* hacienda, rancho.

RANCID [RÁNSID] *adj.* rancio.

RANCOR, RANCOUR [RÁNKA] *n.* rencor, inquina, encono.

RANDOM [RÁNDOM] *n.* ventura, acaso :: **at** —, al azar, a la ventura, impensado, al buen tuntún.

RANG [RANG] *pret. de* **to ring**.

RANGE [REINCH] *n.* extensión, alcance :: surtido :: recorrido :: carrera :: **cooking**—, hornillo, cocina económica :: fila :: **mountain** —, cordillera, sierra :: **within** — **of**, al alcance de :: — **finder**, telémetro :: *va.* ordenar, arreglar, alinear :: recorrer :: *vn.* alinearse :: variar :: alcanzar.

RANK° [RANK] *n.* condición, calidad :: rango, grado :: *(mil.)* promoción :: fila :: honores :: *adj.* vigoroso :: tupido :: fétido, rancio :: *va. & n.* alinear :: alinearse :: — **with**, equipararse con :: **to** — **over**, tener derecho de procedencia sobre.

RANSACK [RÁNSAK] *va.* saquear, pillar :: rebuscar.

RANSOM [RÁNSOM] *n.* rescate :: redención :: *va.* rescatar, redimir.

RAP [RAP] *n.* golpe :: *va. & n.* golpear :: **to take the** —, pagar el pato.

RAPACIOUS° [RAPÉISHOS] *adj.* rapaz.

RAPE [REIP] *n.* violación :: *va.* violar.

RAPID° [RÁPID] *adj.* rápido :: veloz :: *n.* catarata.

RAPIDITY [RAPÍDITI] *n.* rapidez, velocidad.

RAPIER [RÉIPIA] *n.* espadín :: florete :: estoque.

RAPTURE [RÁPTIUR] *n.* transporte, arrebato, rapto, éxtasis, embeleso.

RARE° [RÉAER] *adj.* raro, exquisito, precioso :: medio crudo.

RARITY [RÁERITI] *n.* rareza, fenómeno.

RASCAL [RÁSKL] *n.* bribón, pícaro, galopín, pillo.

RASH [RASH] *adj.* imprudente, arrojado, temerario :: arrebatado :: precipitado, aventurado :: *n.* erupción.

RASHNESS [RÁSHNES] *n.* temeridad.

RASPBERRY [RÁSBERI] *n.* frambuesa.

RAT [RAT] *n.* rata :: **I smell a —,** aquí hay gato encerrado :: **to smell a —,** oler el poste.

RATE [REIT] *n.* tasa :: proporción, precio :: impuesto, contribución :: **at the — of,** a razón de :: **at any —,** de todos modos, en todo caso :: *va.* valuar, tasas.

RATHER [RÁDA] *adv.* mejor, primero, más bien :: un poco, algo, bastante :: **—!** *excl.* ¡claro que sí!

RATIFY [RÁTIFAI] *va.* ratificar, sancionar.

RATING [RÉITING] *n.* clasificación :: rango, grado :: clase.

RATIO [RÉISHIO] *n.* razón, proporción :: relación.

RATION [RÉISHON] *n.* ración :: **— card,** cartilla de racionamiento :: **—s,** suministro.

RATIONAL [RÁSHONAL] *adj.* racional :: cuerdo.

RATIONALIZE [RÁCHONALAIS] *va.* racionalizar :: buscar excusas.

RATTLE [RATL] *n.* ruido :: matraca :: rataplán :: sonajero :: **death —,** estertor :: *va.* castañetear :: zurrir :: *vn.* rechinar, hacer ruido :: **— on,** parlotear sin parar :: **— snake,** serpiente cascabel.

RAVAGE [RÁVICH] *n.* destrozo :: estrago :: *va.* asolar, destrozar, talar.

RAVE [REIV] *vn.* delirar, desvariar, encolerizarse :: **— about,** morirse por.

RAVEN [REIVN] *n.* cuervo :: *adj.* negro lustroso.

RAVENOUS [RÁVENOS] *adj.* voraz, hambriento, rapaz.

RAVINE [RAVÍN] *n.* barranca, garganta, quebrada.

RAVING [RÉIVING] *adj.* furioso, alocado :: **— mad,** loco rematado, loco de atar :: *n.* delirio.

RAVISH [RÁVISH] *va.* forzar, violar :: arrebatar, embelesar.

RAW [ROA] *adj.* crudo :: verde :: en rama :: **— material,** materia prima :: **— recruit,** soldado bisoño, soldado raso :: **— boned,** huesudo :: *(clima)* desapacible, crudo :: **— flesh,** carne viva :: **—hide,** cuero crudo.

RAY [REI] *n.* rayo :: **—fish,** raya.

RAZE [REIS] *n.* arrasar, asolar :: borrar :: desmantelar.

RAZOR [RÉISA] *n.* navaja, máquina de afeitar.

REACH [RICH] *n.* extensión, alcance, capacidad :: *(mil.)* potencia :: **within — of,** al alcance de ::

va. lograr, alcanzar :: cumplir :: morir :: **to — out,** alargar, tender la mano.

REACT [RIÁKT] *vn.* reaccionar.

REACTION [RIÁKSHON] *n.* reacción.

READ [RID] *va.* & *n.* leer, descifrar :: estudiar, cursar :: *p.p. de* **to be well —,** ser ilustrado :: **to — out,** leer en alta voz.

READER [RÍDAER] *n.* lector :: libro de lectura.

READILY [RÉDILI] *adv.* de buena gana, fácilmente, pronto.

READINESS [RÉDINES] *n.* prontitud, buena disposición, desembarazo. ::

READING [RÍDING] *n.* lectura :: *(de un termómetro, barómetro, etc.)* indicación :: **— room,** sala de lectura.

READJUST [RIADYÁST] *va.* reajustar, ajustar de nuevo :: arreglar de nuevo :: readaptar.

READJUSTMENT [RIADYÁSTMENT] *n.* reajuste :: readaptación :: nuevo arreglo.

READY [RÉDI] *adj.* listo, pronto, preparado, a (la) mano, dispuesto :: fácil :: **— for action,** lanza en ristre :: **—made,** hecho, confeccionado :: *(dinero)* contante :: **to be —,** estar a punto, estar dispuesto :: **to be — for,** estar a la expectativa.

REAL [RÍAL] *adj.* real, verdadero, positivo, verídico, auténtico :: **not —,** teórico.

REALISM [RÍALISM] *n.* realismo.

REALIST [RÍALIST] *n.* realista.

REALITY [RIÁLITI] *n.* realidad.

REALIZE [RÍELAIS] *va.* darse cuenta de, hacerse cargo de :: realizar, efectuar :: convertir en dinero.

REALM [RELM] *n.* reino.

REAP [RIP] *va.* & *n.* segar, cosechar :: **— the harvest,** hacer su agosto, recolectar.

REAPER [RÍPAER] *n.* segador :: segadora, máquina segadora.

REAPPEAR [RIAPÍAR] *vn.* reaparecer.

REAR [RÍAER] *adj.* posterior, trasero, último :: *n.* *(mil.)* retaguardia :: parte de atrás :: **in the —,** *(mil.)* en la retaguardia :: a la zaga :: *va.* criar, cultivar :: *vn.* encabritarse :: levantarse.

REASON [RISN] *n.* razón, argumento :: motivo :: **for that —,** por lo mismo :: **to be the — for,** consistir :: **to bring to —,** meter en cintura :: **I see no — why... not,** no veo inconveniente :: *va.* & *n.* razonar.

REASONABLE [RÍSNABL] *adj.* razo-

nable, discreto, decente :: módico.

REASONING [RÍSNING] *n.* razonamiento, raciocinio.

REASSURE [RIASCHÚR] *va.* alentar, tranquilizar :: *vn.* animarse.

REBATE [RIBEÍT] *n.* rebaja :: *va.* rebajar.

REBEL [RÉBL] *n.* rebelde, faccioso, insurgente :: *vn.* rebelarse, sublevarse.

REBELLION [RIBÉLION] *n.* rebelión.

REBELLIOUS [RIBÉLIOES] *adj.* rebelde.

REBIRTH [RÍBERZ] *n.* renacimiento.

REBOUND [RIBÁUND] *n.* rebote :: **on the —,** de rechazo :: *vn.* rebotar.

REBUFF [RIBÁF] *n.* desaire, repulsa :: *va.* rechazar, desairar.

REBUILD [RIBÍLD] *va.* reconstruir, reedificar.

REBUILT [RIBÍLT] *pret.* & *p.p. de* **to rebuild.**

REBUKE [RIBIÚK] *n.* represión, censura, reproche :: *va.* reprender, increpar, castigar.

RECALL [RIKOAL] *n.* aviso, llamada :: *va.* revocar, hacer presente :: **— to mind,** recordar :: deponer.

RECAPITULATE [RIKAPÍTIULEIT] *va.* recapitular.

RECEDE [RISÍD] *vn.* retirarse, retroceder.

RECEIPT [RISÍT] *n.* recibo :: entrada :: receta :: **—book,** libro talonario :: **—s,** ingresos :: *va.* dar recibo :: **to acknowledge —,** acusar recibo.

RECEIVE [RISÍV] *va.* recibir, aceptar, admitir, acoger :: cobrar.

RECEIVER [RISÍVAER] *n.* receptor :: recibidor, depositario, síndico :: recipiente, receptáculo.

RECENT [RÍSENT] *adj.* reciente :: nuevo :: **most —,** último.

RECEPTACLE [RISÉPTAKL] *n.* recipiente.

RECEPTION [RISÉPSHON] *n.* recepción, audiencia, recibo :: **Royal —,** besamanos.

RECESS [RISÉS] *n.* retiro :: receso :: recreo :: nicho :: **innermost — of mind,** recoveco :: **hidden —,** entraña, escondrijo :: *(mech.)* ranura.

RECESSION [RISÉSHON] *n.* retroceso :: contracción económica.

RECIPE [RÉSIPI] *n.* receta, récipe :: *(med.)* fórmula.

RECIPROCAL [RISÍPROKAL] *adj.* recíproco, mutuo.

RECIPROCATE [RISÍPROKEIT] *va.* & *n.* usar de reciprocidad, corresponder, alternar :: *(mech.)* oscilar.

RECITAL [RISÁITAL] *n.* narración :: referencia :: *(mus.)* concierto, recital.

RECITE [RISÁIT] *va.* referir, narrar, relatar :: declamar.

RECKLESS° [IRÉKLES] *adj.* atolondrado, descuidado, temerario, precipitado.

RECKLESSNESS [RÉKLESNES] *n.* temeridad, osadía, descuido.

RECKON [REKN] *va.* & *n.* contar, calcular, tantear :: − **up**, computar :: − **on**, fiar(se de), contar con :: estimar.

RECKONING [RÉKNING] *n.* cuenta :: ajuste de cuentas :: cálculo :: **the day of** −, el día del Juicio.

RECLAIM [RIKLÉIM] *va.* recobrar, aprovechar :: utilizar :: pedir la devolución, tratar de recobrar.

RECLINE [RIKLÁIN] *va.* & *n.* reclinar(se) :: recostar(se).

RECLUSE [RÉKLUS] *n.* recluso, solitario :: eremita.

RECOGNITION [REKOGNÍSHON] *n.* reconocimiento.

RECOGNIZE [RÉKOGNAIS] *va.* reconocer.

RECOIL [RIKÓIL] *n.* rechazo, reculada :: rebufo :: *vn.* recular, retroceder :: rebufar.

RECOLLECT [REKOLÉKT] *va.* recordar :: hacer memoria, acordarse de :: *vn.* recobrarse, volver en sí.

RECOLLECTION [REKOLÉKSHON] *n.* recuerdo, reminiscencia, memoria.

RECOMMEND [REKOMÉND] *va.* recomendar, encarecer, encomendar.

RECOMPENSE [RÉKOMPENS] *n.* retribución, recompensa :: *va.* recompensar, gratificar, indemnizar.

RECONCILE [RÉKONSAIL] *va.* & *n.* reconciliar, componer, avenir(se), compaginar, acomodar(se), allanar(se).

RECONCILIATION [REKONSILIÉISHON] *n.* reconciliación :: ajuste, conciliación :: conformidad, resignación.

RECONNOITRE [REKONÓITAER] *va.* reconocer, explorar :: hacer un reconocimiento o exploración.

RECONSIDER [RIKONSÍDAER] *va.* reconsiderar.

RECONSTRUCT [RIKONSTRÁKT] *va.* reconstruir, reedificar.

RECONSTRUCTION [RIKONSTRÁKSHON] *n.* reconstrucción.

RECORD [RÉKORD] *n.* registro :: recuerdo, acta :: disco :: récord, marca :: *pl.* archivos :: *va.* registrar, hacer constar, apuntar :: **to break a** −, batir el récord.

RECORDING [RIKÓRDING] *n.* grabación.

RECOUNT [RIKÁUNT] *n.* recuento, segunda cuenta :: *va.* contar, narrar, relatar, referir :: recontar, volver a contar.

RECOURSE [RÍKORS] *n.* recurso, refugio :: **to have** − **to**, recurrir, apelar a.

RECOVER [RIKÓVA] *vn.* restablecerse, convalecer, sanar :: *va.* (re)cobrar :: recuperar :: rescatar, redimir :: reembolsarse, cobrar.

RECOVERY [RIKÁVAERI] *n.* recobro :: recuperación :: cobranza :: reivindicación.

RECREATION [REKRIÉISHON] *n.* recreación :: esparcimiento, entretenimiento, recreo :: distracción.

RECRUIT [RIKRÚT] *n.* recluta :: **raw** −, bisoño :: *va.* reclutar :: alistar :: *vn.* rehacerse.

RECTANGLE [RÉKTANGL] *n.* rectángulo.

RECTIFY [RÉKTIFAI] *va.* rectificar, corregir.

RECTOR [RÉKTA] *n.* rector :: párroco.

RECTUM [RÉKTOM] *n.* recto.

RECUMBENT [RIKÓMBENT] *adj.* recostado, reclinado :: yacente.

RECUPERATE [RIKÚPEREIT] *va.* recuperar, recobrar :: *vn.* restablecerse.

RECUR [RIKÉR] *vn.* repetirse, presentarse de nuevo, acudir.

RED [RED] *adj.* & *n.* rojo, encarnado, colorado, encendido :: − **wine**, vino tinto :: −**hot**, candente, extremo :: **infra**−, infrarrojo :: − **tape**, formalidades burocráticas, papeleo :: **to grow** −, colorear, ponerse colorado.

REDDEN [REDN] *va.* & *n.* enrojecer (se) :: ruborizarse, ponerse rojo :: teñir de rojo.

REDDISH [RÉDISCH] *adj.* rojizo.

REDEEM [RIDÍM] *va.* redimir, rescatar, resarcir :: amortizar.

REDEEMER [RIDÍMAER] *n.* salvador, redentor.

REDEMPTION [RIDÉMPSHON] *n.* redención, rescate :: amortización :: **beyond** −, sin esperanza.

REDNESS [RÉDNES] *n.* rojez o rojura :: inflamación.

REDOUBLE [RIDÓBL] *va.* redoblar, reduplicar.

REDRESS [RIDRÉS] *n.* reparación :: satisfacción :: *va.* reparar, desagraviar, rectificar :: enderezar.

REDUCE [RIDIÚS] *va.* reducir, disminuir, menguar :: mermar, contraer, marchitar, escatimar :: sintetizar :: − **to fact**, concretar :: − **to ranks**, degradar.

REDUCTION [RIDÁKSHON] *n.* reducción :: rebaja :: contracción :: conquista.

REDUNDANT° [RIDÁNDANT] *adj.* sobrante, superfluo, redundante, excesivo.

REED [RID] *n.* junco, caña :: − **pipe**, caramillo :: *(mus.)* lengüeta.

REEF [RIF] *n.* arrecife :: *va.* rizar.

REEL [RIL] *n.* devanadera :: carrete :: *va.* devanar :: *vn.* titubear, bambolear, tambalear, hacer eses.

RE-ELECT [RIELÉKT] *va.* reelegir.

RE-ELECTION [RIILÉKSHON] *n.* reelección.

RE-ENTER [RIÉNTAER] *va.* volver a entrar.

RE-ESTABLISH [RIESTÁBLISH] *va.* restablecer.

REFER [RIFÉR] *va.* referir :: deferir :: *vn.* referirse (a), hacer alusión (a), concernir, acudir a :: − **to**, mentar.

REFEREE [REFERÍ] *n.* árbitro :: ponente, tercero.

REFERENCE [RÉFERENS] *n.* referencia, alusión :: −**book**, libro de consulta :: **terms of** −, puntos de consulta.

REFILL [RIFÍL] *n.* repuesto, relleno :: *va.* rellenar.

REFINE [RIFÁIN] *va.* refinar, purificar :: clarificar :: acendrar.

REFINED [RIFÁIND] *adj.* refinado :: pulido, fino, culto.

REFINEMENT [RIFÁINMENT] *n.* refinamiento, finura :: buena crianza :: purificación :: perfeccionamiento.

REFLECT [RIFLÉKT] *va.* reflejar :: mirar :: reverberar :: *vn.* reflejarse :: reflexionar :: meditar.

REFLECTION [RIFLÉKSHON] *n.* reflexión :: reflejo, imagen :: tacha, discrédito :: **on** −, después de reflexionarlo.

REFLECTIVE° [RIFLÉKTIV] *adj.* reflexivo, pensativo, meditabundo.

REFLEXIVE° [RIFLÉKSIV] *adj.* reflexivo.

REFORM [RIFÓARM] *n.* reforma :: mejora :: *va.* reformar, reconstituir :: *vn.* reformarse, volver la hoja.

REFORMATION [RIFORMÉISHON] *n.* reforma.

REFORMATORY [RIFÓRMATORI] *n.* reformatorio.

REFORMER [RIFÓRMAER] *n.* reformador :: reformista.

REFRACTORY [RIFRÁKTORI] *adj.* refractario :: terco, obstinado, rebelde.

REFRAIN [RIFRÉIN] *n.* refrán :: estribillo :: *va.* contener, reprimir :: *vn.* abstenerse, guardarse, reportarse.

REFRESH [RIFRÉSH] *va.* refrescar :: aliviar :: *vr.* cobrar nuevas fuerzas.

REFRESHING [RIFRÉSHING] *adj.* refrescante :: renovador :: placentero.

REFRESHMENT [RIFRÉSHMENT] *n.* refresco :: —**room**, cantina.

REFRIGERATION [RIFRICHERÉISHON] *adj.* refrigeración, enfriamiento.

REFRIGERATOR [RIFRÍCHAREITA] *n.* nevera :: frigorífico.

REFUGE [RÉFIUCH] *n.* refugio, puerto, amparo, abrigo, albergue :: *(relig.)* retiro, asilo :: **to take** —, refugiarse, acogerse.

REFUGEE [REFIUCHÍ] *n.* refugiado, expatriado.

REFUND [RÍFAND] *va.* devolver, reembolsar, restituir.

REFURBISH [RIFÉRBISH] *va.* retocar.

REFUSAL [RIFIÚSAL] *n.* repulsa, negativa, negación, desaire :: opción.

REFUSE [RÍFIUS] *n.* desecho, desperdicio :: inmundicia, basura :: *va.* negarse (a) :: renunciar a, rehusar, resistirse :: *vr.* privarse.

REFUTE [RIFIÚT] *va.* refutar, impugnar, rebatir.

REGAIN [RIGUÉIN] *va.* recobrar :: ganar de nuevo.

REGAL [RÍGAL] *adj.* real, regio.

REGALE [RIGUÉIL] *va.* regalar, festejar, agasajar.

REGALIA [RIGÁLIA] *n. pl.* galas, decoraciones, insignias.

REGARD [RIGÁRD] *n.* miramiento :: consideración, respeto :: aprecio, estimación :: observancia :: **to have** — **for,** considerar :: *pl.* recuerdos, respetos :: **as** —**s,** bajo el aspecto :: **with, in** — **to,** con relación a, con respecto a, por lo que :: *va.* estimar, respetar :: observar, considerar :: — **as,** mirar como :: **as privilege,** honrarse de.

REGARDING [RIGÁRDING] *prep.* tocante a, con respecto a, respecto de, relativo de.

REGARDLESS [RIGÁRDLES] *adj.* — **of,** sin hacer caso de, prescindiendo de.

REGENERATE [RICHÉNEREIT] *adj.* regenerado :: *va.* regenerar.

REGENT [RÍCHENT] *n.* regente.

REGIMENT [RÉCHIMENT] *n.* regimiento :: tercio.

REGION [RÍCHON] *n.* región :: territorio :: comarca, provincia :: **in the** — **of,** alrededor de.

REGISTER [RÉCHISTA] *n.* registro, inscripción :: *va.* inscribir, registrar :: certificar, facturar :: recomendar :: matricular.

REGISTRAR [RÉCHISTRAR] *n.* registrador, archivero.

REGISTRATION [RECHISTRÉISHON] *n.* registro, inscripción :: certificación.

REGISTRY [RÉCHISTRI] *n.* registro, asiento :: *(naut.)* matrícula.

REGRET [RIGRÉT] *n.* pesar, sentimiento :: remordimiento :: *va.* sentir (pena), lamentar.

REGRETFUL [RIGRÉTFUL] *adj.* deplorable.

REGRETTABLE [RIGRÉTABL] *adj.* lamentable.

REGULAR [RÉGUIULAR] *adj.* regular, ordinario, uniforme :: asiduo, metódico.

REGULARITY [REGUIULÁRITI] *n.* regularidad.

REGULATE [RÉGUILEIT] *va.* reglamentar, ordenar, gobernar, ajustar, reglar, regular :: tasar.

REGULATION [REGUIULÉISHON] *adj.* de reglamento, de rigor :: *n.* reglamento, arreglo.

REHABILITATE [RIHABÍLITEIT] *va.* rehabilitar.

REHEARSAL [RIHÉRSAL] *n.* ensayo :: recitación :: **dress** —, ensayo general.

REHEARSE [RIHÉRS] *va.* ensayar, repasar, recitar.

REIGN [REIN] *n.* reinado :: *vn.* reinar :: prevalecer.

REIMBURSE [RIIMBÉRS] *va.* reembolsar.

REIMBURSEMENT [RIIMBÉRSMENT] *n.* reembolso, reintegro.

REIN [REIN] *n.* rienda, freno :: **to give free** — **to,** dar rienda suelta a.

REINDEER [RÉINDIAER] *n.* reno.

REINFORCE [RIINFÓRS] *va.* reforzar :: estrechar.

REINFORCEMENT [RIINFÓRSMENT] *n.* refuerzo.

REINSTATE [RIINSTÉIT] *va.* restablecer, rehabilitar.

REITERATE [RÍITEREIT] *va.* reiterar, repetir.

REJECT [RÍCHEKT] *va.* rechazar, desechar, renunciar a, descartar.

REJOICE [RICHÓIS] *va. & n.* regocijar(se), alegrar(se).

REJOICING [RICHÓISING] *n.* regocijo, fiesta, júbilo.

REJUVENATE [RICHÚVINEIT] *va.* rejuvenecer, remozar.

RELAPSE [RÍLAPS] *n.* recaída :: *vn.* recaer, reincidir.

RELATE [RILÉIT] *va.* referir :: narrar, contar :: relatar :: *vn.* relacionarse con, referirse, emparentar con.

RELATED [RILÉITID] *adj.* relatado, narrado :: emparentado.

RELATION [RILÉISHON] *n.* pariente :: trato, comunicación :: respelato :: **near**—, **distant** —, cercano, lejano.

RELATIONSHIP [RILÉISHONSHIP] *n.* relación :: parentesco.

RELATIVE [RÉLATIV] *adj.* relativo :: *n.* pariente.

RELAX [RILÁKS] *va.* relajar :: aflojar :: *vn.* relajarse, aflojarse, ceder.

RELAXATION [RILAKSÉISHON] *n.* expansión, esparcimiento :: aflojamiento o relajamiento :: solaz, recreo.

RELAY [RÍLEI] *n.* relevo, remuda :: *va.* transmitir, despachar :: hacer cundir *(una noticia).*

RELEASE [RILÍS] *n.* escape :: soltura, libertad :: *va.* libertar, absolver, soltar :: desapretar :: desprender :: aflojar.

RELEGATE [RÉLEGUEIT] *va.* relegar.

RELENT [RILÉNT] *vn.* ablandarse, enternecerse :: cejar.

RELENTLESS [RILÉNTLES] *adj.* implacable.

RELEVANT [RÉLIVANT] *adj.* pertinente, a propósito.

RELIABILITY [RILAIABÍLITI] *n.* formalidad :: puntualidad :: integridad, confianza.

RELIABLE [RILÁIABL] *adj.* digno de confianza, de fiar :: serio :: puntual :: de buena ley :: fidedigno :: **he is** —, es de fiar.

RELIANCE [RILÁIANS] *n.* confianza.

RELIC [RÉLIK] *n.* resto, vestigio, rastro :: reliquia.

RELIEF [RILÍF] *n.* socorro, alivio, consuelo :: *(mil.)* relevo :: **public** —, auxilio social :: **to throw into high** —, hacer resaltar :: *(paint.)* relieve, realce.

RELIEVE [RILÍV] *va. (mil.)* relevar :: aliviar :: socorrer :: aligerar.

RELIGION [RILÍCHON] *n.* religión.

RELIGIOUS [RILÍCHOS] *adj.* religioso, devoto, concienzudo :: — **house,** convento :: *n.* monje.

RELINQUISH [RILÍNKUISH] *va.* abandonar, ceder, renunciar, desistir de.

RELISH [RÉLISH] *n.* sabor :: fruición, goce :: *va.* saborear :: gustar de, relamerse, saber bien, ser sabroso.

RELOCATE [RÍLOKEIT] *va.* restablecer.

RELUCTANCE [RILÓKTANS] *n.* repugnancia, renuencia, desgana :: **with** —, de mala gana, con reservas, a su pesar.

RELUCTANT• [RILÓKTANT] *adj.* recalcitrante :: reacio, maldispuesto :: **to be** —, tener pocas ganas, estar poco dispuesto.

RELY [RILÁI] *vn.* — **on**, descansar en, contar con, (con)fiar de.

REMAIN [RIMÉIN] *n. pl.* restos :: vestigios :: sobras :: desperdicios :: cadáver :: ruinas :: *vn.* permanecer, quedar, quedarse.

REMAINDER [RIMÉINDAER] *n.* resto :: restante :: residuo.

REMAINS [RIMÉINS] *s. pl.* restos :: reliquias :: sobras.

REMAKE [RIMÉIK] *va.* rehacer, hacer de nuevo.

REMARK [RIMÁRK] *n.* observación :: *pl.* comentario :: **pointed** —, animadversión, reparo :: *va. & n.* observar, notar :: — **unfavourably on,** poner reparos en, hacer notar.

REMARKABLE [RIMÁRKABL] *adj.* notable, considerable :: insigne :: marcado.

REMEDY [RÉMIDI] *n.* remedio :: cura, medicamento :: *va.* remediar, sanar :: reparar.

REMEMBER [RIMÉMBA] *va.* acordarse de, recordar :: hacer memoria, tener presente :: — **me to her,** déle recuerdos míos.

REMEMBRANCE [RIMÉMBRANS] *n.* recuerdo, conmemoración, memoria.

REMIND [RIMÁIND] *va.* recordar, avisar, hacer presente.

REMINDER [RIMÁINDAER] *n.* recordatorio, recordativo, memorándum, memoria :: advertencia.

REMINISCENCE [REMINÍSENS] *n.* reminiscencia, memoria, recuerdo.

REMISS [RIMÍS] *adj.* descuidado, negligente.

REMIT [RIMÍT] *n.* cometido, deber :: *va.* perdonar :: enviar, remitir, girar.

REMITTANCE [RIMÍTANS] *n.* remisión, envío, remesa.

REMNANT [RÉMNANT] *n.* resto, residuo :: retal, retazo :: *pl.* bazofia.

REMONSTRATE [RIMÓNSTREIT] *va.* protestar :: objetar, poner repa-

ros, reconvenir.

REMORSE [RIMÓARS] *n.* remordimiento :: **to feel** —, compungirse.

REMOTE [RIMÓUT] *adj.* remoto, ajeno, lejano, apartado :: leve.

REMOVAL [RIMÚVAL] *n.* eliminación, separación :: transporte :: mudanza :: extirpación :: apartamiento.

REMOVE [RIMÚV] *va.* quitar, trasladar :: obviar :: sacar, apartar, extraer, substraer :: *vn.* mudarse :: alejarse.

REMOVED [RIMÚVID] *adj.* remoto, distante.

RENAISSANCE [RÉNEISANS] *n.* renacimiento.

REND [REND] *va.* desgarrar, hender :: rasgar :: rajar :: lacerar.

RENDER [RÉNDAER] *va.* dar :: entregar :: hacer :: ejecutar :: interpretar :: traducir :: **to** — **an account of,** rendir o dar cuenta de :: **to** — **homage,** rendir homenaje :: **to** — **thanks,** rendir gracias, dar las gracias :: **to** — **useless,** inutilizar, incapacitar.

RENDITION [RENDÍSHON] *n.* rendición :: traducción, ejecución.

RENEW [RINIÚ] *va.* renovar :: reanudar.

RENEWAL [RINIÚAL] *n.* renovación, prolongación, renuevo, reanudación.

RENOUNCE [RINÁUNS] *va.* renunciar a, abnegarse, abjurar.

RENOVATE [RÉNOVEIT] *va.* renovar, rehacer.

RENOWN [RINÁUN] *n.* (re)nombre, fama, gloria, nombradía.

RENT [RENT] *n.* desgarradura, raja, desgarrón :: renta, alquiler :: *va.* alquilar, arrendar.

REOPEN [RIÓUPN] *va.* reabrir(se), volver a abrir(se).

REPAIR [RIPÉR] *n.* reparación :: restauración :: remiendo :: *va.* rehabilitar, reparar :: remendar, arreglar :: subsanar :: *vn.* encaminarse, recorrer (a).

REPARATION [REPARÉISHON] *n.* reparación, satisfacción.

REPARTEE [REPARTÍ] *n.* réplica, agudeza, ocurrencia.

REPAY [RIPÉI] *va.* resarcir :: compensar, reembolsar :: *vn.* pagar.

REPAYMENT [RIPÉIMENT] *n.* reintegro, pago, devolución, restitución.

REPEAL [RIPÍL] *n.* revocación, abrogación :: *va.* revocar, abrogar, alzar.

REPEAT [RIPÍT] *va.* repetir :: decorar :: repasar.

REPEATED• [RIPÍTID] *n.* repetido.

REPEL [RIPÉL] *va.* repeler, rechazar.

REPELLENT [RIPÉLENT] *n.* repelente :: impermeable.

REPENT [RIPÉNT] *vn.* arrepentirse, dolerse (de).

REPENTANCE [RIPÉNTANS] *n.* arrepentimiento.

REPENTANT• [RIPÉNTANT] *adj.* arrepentido :: penitente.

REPETITION [REPITÍSHON] *n.* repetición, vuelta :: insistencia.

REPLACE [RIPLÉIS] *va.* reemplazar :: reponer.

REPLACEABLE [RIPLÉISABL] *adj.* reemplazable :: substituible.

REPLACEMENT [RIPLÉISMENT] *n.* reposición :: reemplazo :: devolución, restitución :: substitución.

REPLENISH [RIPLÉNISH] *va.* llenar, colmar.

REPLICA [RÉPLIKA] *n.* reproducción, copia exacta.

REPLY [RIPLÁI] *n.* respuesta, réplica :: *va. & n.* contestar, replicar, responder.

REPORT [RIPÓRT] *n.* informe, relación, rumor, voz :: *(mil.)* parte :: memoria :: crónica :: estampido, cañonazo, estallido :: reputación :: *va. & n.* referir, informar, divulgar, manifestar :: dar parte de, denunciar :: **it is** —**ed,** corre la voz, se dice.

REPORTER [RIPÓRTA] *n.* redactor :: cronista, reportero.

REPOSE [RIPOUS] *n.* reposo :: *va. & n.* — **upon,** descansar sobre :: *vr.* reclinarse.

REPRESENT [RÉPRISENT] *va.* representar, significar, figurarse, suponer.

REPRESENTATION [REPRISENTÉISHON] *n.* representación.

REPRESENTATIVE• [REPRISÉNTATIV] *adj.* representativo :: representante :: típico :: *n.* representante :: delegado, diputado.

REPRESSION [RIPRÉSHON] *n.* represión.

REPRIEVE [RIPRÍV] *n.* aplazamiento, indulto, suspensión :: *va.* indultar, aliviar.

REPRIMAND [REPRIMÁND] *n.* regaño, censura, reprensión :: *va.* reprender, reñir, regañar.

REPRINT [RIPRÍNT] *n.* reimpresión :: *va.* reimprimir.

REPRISAL [RIPRÁISAL] *n.* represalia.

REPROACH [RIPRÓUCH] *n.* reproche, reconvención :: baldón, *va.* reprochar, increpar, zaherir, dar en cara.

REPRODUCE [RIPRODIÚS] *va.* reproducir.

REPRODUCTION [RIPRODÁKSHON] *n.* reproducción :: copia :: traslado.

REPROOF [RIPRÚF] *n.* reproche :: reprimenda.

REPROVE [RIPRÚV] *va.* reprender :: reprobar, censurar, refregar, reñir.

REPTILE [RÉPTAIL] *n.* reptil.

REPUBLIC [RIPLÁBLIK] *n.* república.

REPUDIATE [RIPIÚDIEIT] *va.* repudiar, rechazar, desechar.

REPUGNANT* [RIPÁGNANT] *adj.* repugnante, antipático, opuesto, incompatible :: **to be** —, repugnar.

REPULSE [RIPÁLS] *n.* repulsa, rechazo :: *va.* rechazar, repulsar, repeler.

REPULSIVE* [RIPÁLSIV] *adj.* repugnante :: hediondo.

REPUTABLE [RÉPIUTABL] *adj.* de buena reputación.

REPUTATION [REPIUTÉISHON] *n.* reputación, fama, prestigio, nombre, honor, honra.

REPUTE [RIPIÚT] *n.* reputación, estimación :: **of ill** —, de mala fama :: *va.* reputar, tener por.

REQUEST [RIKUÉST] *n.* demanda, solicitud, súplica, mandato :: — **stop**, parada discrecional :: *va.* demandar, solicitar, pedir, suplicar.

REQUIRE [RIKUÁIR] *va.* requerir, pedir, exigir, solicitar.

REQUIREMENT [RIKUÁIAMENT] *n.* requerimiento, requisito :: exigencia :: necesidad.

REQUISITE* [RÉKUISIT] *adj.* necesario, indispensable :: preciso :: *n.* requisito, formalidad.

RESCIND [RISÍND] *va.* anular, abrogar.

RESCUE [RÉSKIU] *n.* rescate, salvamento, socorro :: *va.* rescatar, salvar, libertar.

RESEARCH [RISÉRCH] *n.* investigación, indagación :: *va.* investigar.

RESEMBLANCE [RISÉMBLANS] *n.* semejanza, parecido.

RESEMBLE [RISÉMBL] *va.* semejar, parecerse a, salir a.

RESENT [RISÉNT] *va.* **I — his remark**, me (hiere, molesta) su observación :: ofenderse por.

RESENTFUL [RISÉNTFUL] *adj.* resentido :: rencoroso.

RESERVATION [RESERVÉISHON] *n.* reserva, restricción :: salvedad.

RESERVE [RISÉRV] *n.* reserva :: *va.* reservar, guardar, retener.

RESERVED* [RISÉRVD] *adj.* retraído, discreto, modesto.

RESERVOIR [RÉSORVOAR] *n.* depósito, surtidero, pantano, alcubilla.

RESIDE [RISÁID] *vn.* residir, habitar, morar.

RESIDENCE [RÉSIDENS] *n.* residencia, domicilio, vivienda, morada.

RESIDENT [RÉSIDENT] *adj.* residente :: *n.* habitante, inquilino, vecino.

RESIDENTIAL [RESIDÉNSHAL] *adj.* residencial.

RESIDUE [RÉSIDIU] *n.* residuo :: resto.

RESIGN [RISÁIN] *va.* renunciar, ceder :: dimitir :: *vn.* darse de baja :: — **oneself**, conformarse, resignarse.

RESIGNATION [RESIGNÉISHON] *n.* renuncia, dimisión :: resignación.

RESILIENCE [RISÍLIENS] *n.* elasticidad.

RESIN [RÉSIN] *n.* resina.

RESIST [RISÍST] *va.* resistir, oponerse a, soportar :: sufrir.

RESISTANCE [RISÍSTANS] *n.* resistencia.

RESISTANT [RESÍSTANT] *adj.* resistente.

RESOLUTE* [RÉSOLIUT] *adj.* resuelto, resoluto, denodado.

RESOLUTION [RÉSOLIÚSHON] *n.* resolución, fortaleza, tesón :: propósito :: acuerdo, solución.

RESOLVE [RISÓLV] *n.* determinación :: *va. & n.* resolver(se), decidir(se), tomar un acuerdo, aprobar :: dar solución a.

RESONANCE [RÉSONANS] *n.* resonancia.

RESONANT [RÉSONANT] *adj.* resonante.

RESORT [RISÓART] *n.* concurso :: sitio :: recurso, medio :: **holiday** —, lugar de veraneo :: *va.* acudir, concurrir :: — **to**, acudir a, tener recurso a, recurrir a, echar mano de.

RESOUND [RISÁUND] *va.* repercutir :: *vn.* resonar, formar eco.

RESOURCE [RISÓRS] *n.* recurso, expediente :: inventiva, ingenio :: *pl.* recursos, medios.

RESPECT [RISPÉKT] *n.* respecto, respeto :: **out of** — **for**, en obsequio de, en consideración de :: **due** —, **to treat with** —, considerar :: *va.* respetar, acatar, guardar.

RESPECTABLE [RISPÉKTABL] *adj.* respetable.

RESPECTFUL* [RISPÉKTFUL] *adj.* respetuoso.

RESPECTING [RISPÉKTING] *prep.* con

respecto a, tocante a.

RESPECTIVE* [RISPÉKTIV] *adj.* respectivo.

RESPIRATION [RESPIRÉISHON] *n.* respiración, respiro.

RESPITE [RÉSPAIT] *n.* tregua, plazo :: respiro.

RESPOND [RISPÓND] *vn.* (cor)responder :: obedecer :: replicar.

RESPONSE [RISPÓNS] *n.* respuesta, réplica :: acogida :: —**s**, *(relig.)* responso.

RESPONSIBILITY [RISPONSIBÍLITI] *n.* responsabilidad.

RESPONSIBLE [RISPÓNSIBL] *adj.* responsable :: cumplidor :: — **person**, encargado :: **to be** — **for**, cargar con.

REST [REST] *n.* reposo :: descanso :: residuo :: **at** —, reposado :: resto :: alto, parada :: apoyo, base :: los demás :: *vn.* reposar, holgar, descansar :: apoyarse :: — **upon**, estribar sobre :: — **on**, residir en :: **to set at** —, tranquilizar.

RESTAURANT [RÉSTORANT] *n.* restaurante, fonda.

RESTFUL* [RÉSTFUL] *adj.* reposado, sosegado, tranquilo.

RESTITUTION [RESTITIÚSHON] *n.* restitución :: devolución.

RESTLESS [RÉSTLES] *adj.* inquieto, intranquilo.

RESTLESSNESS [RÉSTLESNES] *n.* inquietud, desasosiego, intranquilidad.

RESTORATION [RESTORÉISHON] *n.* restauración :: restitución :: renovación.

RESTORE [RISTÓR] *va.* restaurar, restituir, devolver, reintegrar :: reanimar :: **to be** —**d**, rehacerse.

RESTRAIN [RISTRÉIN] *va.* refrenar, moderar, contener, coartar, comprimir.

RESTRAINT [RISTRÉINT] *n.* restricción :: reserva, circunspección :: moderación :: cohibición.

RESTRICT [RISTRÍKT] *va.* restringir, contener, ceñir(se) a.

RESTRICTION [RISTRÍKSHON] *n.* restricción, limitación :: cortapisa.

RESULT [RISÁLT] *n.* resultado :: fruto, éxito, secuela, consiguiente :: —**s**, fruto :: **as a** —, por consiguiente :: *vn.* resultar :: — **in**, montar a :: parar en.

RESUME [RISIÚM] *va.* volver a empezar :: reanudar, resumir.

RESURGENT [RISOÉRCHENT] *adj.* resurgente.

RESUSCITATE [RISÁSITEIT] *va. & n.* resucitar :: revivir.

RETAIL [RÍTEIL] *n.* al por menor :: *va.* revender :: vender al por menor.

RETAILER [RÍTEILAER] *n.* detallista, revendedor, comerciante al por menor.

RETAIN [RITÉIN] *va.* retener, guardar, quedarse con, conservar :: ajustar.

RETALIATE [RITÁLEIT] *vn.* tomar represalias, desquitarse.

RETALIATION [RITALIÉISHON] *n.* desquite :: desagravio :: represalia, venganza.

RETARD [RITÁRD] *va.* retardar, demorar.

RETENTION [RITÉNSHON] *n.* retención.

RETICENCE [RÉTISENS] *n.* reserva.

RETINUE [RÉTINIU] *n.* séquito, comitiva.

RETIRE [RITÁIR] *va.* recoger, retirar :: *vn.* retirarse, recogerse :: jubilarse.

RETIREMENT [RITÁIAMENT] *n.* retiro :: jubilación.

RETORT [RITÓART] *n.* réplica :: *(chem.)* retorta :: *va. & n.* redargüir, replicar.

RETOUCH [RITÁCH] *n.* retoque :: *va.* retocar.

RETRACE [RITRÉIS] *va.* repasar :: volver a trazar :: **to — one's steps,** volver sobre sus pasos, retroceder.

RETRACT [RITRÁKT] *va. & n.* volver atrás, cantar la palinodia, desmentirse, retractar(se), encoger.

RETREAT [RITRÍT] *n.* retirada :: *(mil.)* retreta :: *(relig.)* retiro, clausura :: encierro, refugio :: *vn.* retirarse :: *(mil.)* batirse en retirada :: retroceder :: retraerse, refugiarse.

RETRENCH [RITRÉNCH] *va.* cercenar, reducir, disminuir :: economizar.

RETRIEVE [RITRÍV] *vn.* cobrar la caza :: *va.* recobrar, recuperar :: reparar.

RETROACTIVE [RETROÁKTIV] *adj.* retroactivo.

RETROSPECT [RÉTROSPEKT] *n.* retrospección :: **in —,** retrospectivamente.

RETURN [RITÉRN] *n.* vuelta, regreso, llegada :: recompensa, paga :: — **ticket,** billete de ida y vuelta :: restitución :: renta :: desagravio :: *(mil.)* relación :: rendimiento :: reaparición :: censo :: **by — of post,** a vuelta de correo :: *va.* devolver :: pagar :: remitir :: corresponder :: rendir :: *vn.* volver, regresar :: reaparecer :: responder.

REUNION [RIYÚNIAEN] *n.* reunión :: junta.

REUNITE [RIYUNÁIT] *va. & n.* reunir (se), volver a unirse :: reconciliar(se).

REVEAL [RIVÍL] *va.* revelar, patentizar, propalar, manifestar, hacer patente.

REVEL [RÉVEL] *n.* orgía :: *vn.* regocijarse :: entregarse a (la alegría).

REVELATION [REVELÉISHON] *n.* revelación.

REVELRY [RÉVELRI] *n.* jaleo, juerga, jarana.

REVENGE [RIVÉNCH] *n.* venganza :: desagravio, desquite :: *va.* vengarse, desquitarse.

REVENGEFUL° [RIVÉNCHFUL] *adj.* vengativo.

REVENUE [RÉVINIU] *n.* renta(s), rédito, ingreso(s), entrada :: — **police,** carabinero(s).

REVERE [RIVÍR] *va.* reverenciar, honrar, acatar.

REVERENCE [RÉVERENS] *n.* reverencia :: veneración :: *va.* reverenciar, venerar.

REVEREND [RÉVEREND] *adj.* reverendo.

REVERSE [RIVÉRS] *n.* revés, contrariedad, mudanza, trastorno :: dorso, reverso :: **the —,** lo contrario, lo opuesto :: *va.* trastocar, invertir, revocar, volcar.

REVERT [RIVÉRT] *vn.* revertir, volver atrás, retroceder.

REVIEW [RIVIÚ] *n.* revista, examen :: *(lit.)* reseña :: *va.* inspeccionar, repasar :: *(mil.)* pasar revista, revistar.

REVILE [RIVÁIL] *va.* injuriar, ultrajar, denigrar, denostar.

REVISE [RIVÁIS] *va.* revisar, corregir, rever :: repasar :: refundir.

REVISION [RIVÍSHON] *n.* revisión, repaso.

REVIVAL [RIVÁIVAL] *n.* renovación :: revivificación :: renacimiento :: nueva presentación.

REVIVE [RIVÁIV] *va.* reanimar, resucitar, avivar, rehacer :: *vn.* reverdecer :: regenerar :: despertar :: volver en sí.

REVOKE [RIVÓUK] *va.* revocar :: *(en juegos de naipes)* renunciar.

REVOLT [RIVÓLT] *n.* rebelión, revuelta, levantamiento, pronunciamiento :: *va.* indignar :: repugnar :: *vn.* pronunciarse, rebelarse, levantarse, amotinarse, sublevar.

REVOLTING [RIVÓULTING] *adj.* repugnante :: asqueroso.

REVOLUTION [REVOLIÚSHON] *n.* revolución :: vuelta.

REVOLUTIONARY [REVOLIÚSHONARI] *adj. & n.* revolucionario.

REVOLUTIONIST [REVOLIÚSHONIST] *n.* revolucionario.

REVOLVE [RIVÓLV] *va. & n.* dar vueltas :: girar, revolver :: depender de.

REVOLVER [RIVÓLVA] *n.* revólver.

REWARD [RIUÓARD] *n.* recompensa :: gratificación :: premio, galardón :: *va.* recompensar, remunerar, premiar.

REWRITE [RIRÁIT] *va.* volver a escribir :: refundir.

RHEUMATISM [RÚMATISM] *n.* reumatismo.

RHUBARB [RÚBARD] *n.* ruibarbo.

RHYME [RAIM] *n.* rima, poesía, versos :: **without — or reason,** sin ton ni son, a tontas y a locas :: *va. & n.* rimar.

RHYTHM [RIDAEM] *n.* ritmo.

RHYTHMICAL° [RÍZMIKAL] *adj.* rítmico, acompasado, cadencioso.

RIB [RIB] *n.* costilla :: nervadura :: viga :: *(de paraguas)* varilla.

RIBBON [RÍBON] *n.* cinta, galón :: filete.

RICE [RAIS] *n.* arroz :: — **field,** arrozal.

RICH° [RICH] *adj.* rico, opulento :: precioso, suntuoso, exquisito :: fértil :: pudiente :: pingüe :: suculento :: empalagoso :: copioso :: **to grow —,** enriquecerse.

RICKETY [RÍKETI] *adj.* desvencijado :: destartalado :: *(med.)* raquítico :: **to be —,** *(un mueble, etc.)* cojear.

RID [RID] *va.* desembarazar, librar :: **to get — of,** desembarazarse de, zafarse de, quitarse de encima.

RIDDEN [RIDN] *p.p. de* to ride.

RIDDLE [RIDL] *n.* adivinanza, logogrifo :: enigma :: tamiz, criba :: *va.* cribar :: **to — with bullets,** acribillar a balazos.

RIDE [RAID] *n.* paseo (caballo, coche, bicicleta) :: **to take for a —,** pasear :: *va.* montar :: surcar :: *vn.* montar, ir a caballo, cabalgar, ir en bicicleta :: — **down,** atropellar, pisotear :: — **roughshod over,** imponerse, atropellar.

RIDER [RÁIDAER] *n.* jinete :: pasajero :: motociclista :: aditamento, cláusula añadida.

RIDGE [RICH] *n.* lomo :: cerro, cresta :: **mountain** —, sierra, serranía :: *(del tejado)* caballete.

RIDICULE [RÍDIKIUL] *n.* ridículo :: burla, ridiculez :: *va.* ridiculizar, mofarse de, rechiflar.

RIDICULOUS [RIDÍKIULOS] *adj.* grotesco :: ridículo :: — **pretensions**, cursilería :: — **person**, adefesio.

RIFLE [RAIFL] *n.* fusil, rifle :: *va.* pillar, robar :: rayar, estriar.

RIFT [RIFT] *n.* hendedura, grieta, rendija.

RIG [RIG] *n.* aparejo, equipo :: aparato :: atavío, traje :: *va.* aparejar, equipar :: enjarciar :: **to** — **oneself up**, emperifollarse, ataviarse.

RIGGING [RÍGUING] *n.* aparejo.

RIGHT [RAIT] *adj.* correcto, justo, exacto :: sincero, razonable :: indicado, conveniente :: verdadero, genuino, legítimo :: derecho :: honrado :: cuerdo :: — **angle**, ángulo recto :: — **side**, lado derecho :: **all** —, conforme, bueno, bien :: *adv.* bien, exacto, en derechura :: — **or wrong**, a tuerto o a derecho, con razón o sin ella :: **just** —, acertado :: *(comida)* en su punto :: *n.* derecho :: derecha :: justicia :: rectitud, dominio :: título :: autoridad :: privilegio :: **by** —, de derecho :: **to the** —, a la derecha :: **to put to** —s, arreglar, reconciliar :: *va.* enderezar, hacer justicia :: ajustar :: **to** — **a wrong**, corregir un abuso :: *excl.* de acuerdo, muy bien.

RIGHTEOUS [RÁICHOES] *adj.* recto, justo, virtuoso.

RIGHTEOUSNESS [RÁICHOESNES] *n.* rectitud, virtud.

RIGHTHAND [RÁITHAND] *adj.* derecho, de la mano derecha :: — **man**, brazo derecho.

RIGHTWING [RÁITUING] *adj.* derechista.

RIGID [RÍCHID] *adj.* rígido, tieso :: austero, estricto.

RIGIDITY [RICHÍDITI] *n.* rigidez :: tiesura.

RIGOR, RIGOUR [RÍGA] *n.* rigor :: *(del tiempo)* inclemencia :: dureza :: exactitud :: tesón.

RIM [RIM] *n.* canto, borde, margen.

RIND [RAIND] *n.* peladura, corteza, piel, cáscara.

RING [RING] *n.* sortija, anillo :: aro, argolla :: rizo :: circo, arena ::

plaza, ruedo :: círculo :: *(de montañas)* circo :: ojera :: *(de gente)* corro :: camarilla :: llamada :: *(de campanas)* tañido, repique :: *va.* cercar :: tañer, repicar :: *(la campana)* tocar :: *vn.* sonar, resonar :: *(los oídos)* zumbar :: *(por teléfono)* llamar.

RINGLET [RÍNGLET] *n.* rizo, bucle :: pequeña sortija.

RINSE [RINS] *va.* enjuagar.

RIOT [RÁIOT] *n.* motín, asonada, bullanga, alboroto :: bullicio :: *vn.* alborotar(se), amotinarse.

RIOTOUS [RÁIOTOS] *adj.* revoltoso.

RIP [RIP] *n.* rasgadura :: descosido :: *va.* rasgar, desgarrar :: descoser, arrancar.

RIPE [RAIP] *adj.* maduro :: — **for picking**, cogedero, en sazón.

RIPEN [RÁIPN] *va.* & *n.* madurar(se), sazonar(se).

RIPENESS [RÁIPNES] *n.* madurez, sazón.

RIPPLE [RIPL] *n.* onda :: rizo :: murmullo :: *vn.* encresparse, cabrillear, rizarse.

RISE [RAIS] *n.* cuesta, subida, elevación, altura :: ascenso :: aumento :: fuente, origen, principio :: **sun**—, amanecer :: **to give** — **to**, motivar, ocasionar :: *vn.* subir :: ponerse (en) (de) pie, levantarse :: nacer :: suscitarse, surgir :: alzarse, sublevarse :: ascender, medrar :: hincharse :: madrugar :: — **above**, sobreponerse a :: — **to**, estar a la altura de.

RISEN [RISN] *p.p. de* **rise**.

RISK [RISK] *n.* riesgo, peligro :: **without** —, a mansalva :: *va.* arriesgar, exponer(se a).

RISKY [RÍSKI] *adj.* arriesgado, peligroso, aventurado.

RITE [RAIT] *n.* rito :: **funeral** —**s**, exequias.

RITUAL [RÍTIUAL] *adj.* & *n.* ritual, ceremonial.

RIVAL [RÁIVAL] *n.* rival :: contrincante, competidor :: *va.* rivalizar (con), competir, emular.

RIVALRY [RÁIVALRI] *n.* rivalidad.

RIVER [RÍVA] *adj.* fluvial :: *n.* río :: **up, down** —, río arriba, abajo.

RIVET [RÍVET] *n.* remache :: *va.* remachar :: fijar.

RIVULET [RÍVIULET] *n.* riachuelo, arroyuelo.

ROAD [ROUD] *n.* camino, vía, ruta :: carretera :: calle :: calzada, camino vecinal :: paso, curso :: *pl. (naut.)* rada, ensenada :: **by**

—, atajo, trocha :: **cross**—, encrucijada :: —**house**, parador :: **no** —, paso prohibido :: —**side**, orilla, borde del camino.

ROAM [ROUM] *vn.* vagar, andar al acaso, errar :: — **the streets**, callejear.

ROAR [RÓAER] *n.* rugido, bramido :: estruendo :: gritería :: *vn.* rugir, bramar.

ROAST [ROUST] *adj.* & *n.* asado :: guiso :: *va.* asar, tostar.

ROB [ROB] *va.* robar, hurtar, quitar.

ROBBER [RÓBAER] *n.* ladrón :: **highway** —, salteador.

ROBBERY [RÓBERI] *n.* robo, hurto :: latrocinio.

ROBE [ROUB] *n.* manto, vestido :: vestidura :: toga :: —**s**, ropaje, hábito :: *(eccles.)* vestimentas :: *va.* & *n.* vestir(se) de gala, de ceremonia.

ROBIN [RÓBIN] *n.* petirrojo.

ROBUST [ROBÓST] *adj.* robusto, vigoroso, recio, fornido.

ROCK [ROK] *n.* roca, peña, peñasco :: **to be on the** —**s**, estar a la cuarta pregunta :: **on the** —**s**, con hielo :: *va.* mecer, arrullar :: bambolear :: balancear.

ROCKER [RÓKAER] *n.* mecedora.

ROCKET [RÓKET] *n.* cohete.

ROCKING [RÓKING] *n.* balanceo :: *adj.* oscilante :: — **chair**, silla mecedora.

ROCKY [RÓKI] *adj.* roqueño, rocoso, rocalloso, peñascoso :: pedregoso :: movedizo :: tembloroso :: débil, desvanecido.

ROD [ROD] *n.* varilla, baqueta :: *(de pescar)* caña, vara :: férula, disciplinas :: *(mech.)* barra.

RODENT [RÓUDENT] *n.* roedor.

ROGUE [ROUG] *n.* bribón, pícaro.

ROLE [ROUL] *n. (theat.)* papel, parte.

ROLL [ROUL] *n.* panecillo :: rollo :: rodillo :: vuelta :: *(de nombres)* lista :: escalafón :: mecha :: redoble :: retumbo :: balanceo :: *va. (cigarrillos)* liar :: *(los ojos)* entornar, poner en blanco :: saborear :: vibrar :: — **around**, **above**, **back**, arrollar :: — **up**, arrollar, envolver :: — **up sleeves**, arremangarse :: — **out**, desenrollar :: *vn.* rodar :: girar :: dar vueltas :: envolverse :: redoblar :: — **about (in)**, revolcarse.

ROLLER [RÓULAER] *n.* rodillo, cilindro :: apisonadora :: oleada :: — **coaster**, montaña rusa.

ROMANCE [ROUMÁNS] *n.* novela, historia, fábula, cuento :: idilio amoroso.

ROMANTIC [ROUMÁNTIK] *adj.* romántico :: novelesco.

ROMANTICISM [ROUMÁNTISISM] *n.* romanticismo.

ROMANTICIST [ROUMÁNTISIST] *n.* romántico, escritor romántico.

ROOF [RUF] *n.* tejado, techo :: techumbre :: — **of the mouth**, paladar :: **flat** —, azotea :: *(fig.)* techo, hogar :: **he hasn't a** — **to his head**, no tiene dónde caerse muerto :: *va.* techar.

ROOK [RUK] *n.* grajo :: *(en ajedrez)* torre, roque.

ROOM [RUM] *n.* cuarto, habitación, pieza :: sala :: aposento, cámara :: sitio, espacio, cabida :: motivo, ocasión :: margen :: **bed**—, habitación, alcoba :: **lecture** —, aula :: **to make** —, hacer lugar :: abrir paso, dar cabida a :: **there is** —, cabe(n) :: —**mate**, compañero de cuarto.

ROOMY [RÚMI] *adj.* espacioso, amplio, holgado.

ROOST [RUST] *n.* gallinero :: *vn.* acurrucarse *(las aves en la percha)* :: pasar la noche.

ROOSTER [RÚSTAER] *n.* gallo.

ROOT [RUT] *n.* raíz, origen, cimiento, base :: *va.* arraigar, echar raíces :: — **out**, estirpar.

ROPE [ROUP] *n.* cuerda :: soga :: *(naut.)* maroma :: cable :: — **of**, ristra, sarta :: **to know the** —**s**, *(coll.)* conocer el tinglado :: *va.* amarrar.

ROSE [ROUS] *n.* rosa :: —**bush (tree)**, rosal :: — **window**, rosetón :: — **bay**, adelfa :: **dog**—, zarzarrosa, rosal silvestre.

ROSEBUD [RÓUSBAD] *n.* capullo o botón de rosa, yema, pimpollo.

ROSEMARY [RÓUSMARI] *n.* romero.

ROSTRUM [RÓSTROM] *n.* tribuna.

ROSY [RÓUSI] *adj.* rosado, color de rosa, sonrosado :: lisonjero.

ROT [ROT] *n.* podredumbre :: disparate :: *vn.* pudrir, pudrirse (o podrir).

ROTARY [RÓUTARI] *adj.* rotatorio, giratorio, rotativo.

ROTATE [RÓUTIT] *va.* girar, rodar.

ROTATION [ROUTÉISHON] *n.* rotación, vuelta.

ROTTEN [ROTN] *adj.* pútrido, podrido, corrompido, carcomido.

ROUGE [RUSH] *n.* colorete, arrebol :: *vr.* arrebolarse, darse colorete.

ROUGH• [RAF] *adj.* quebrado, fragoso, desnivelado :: rudo, duro, agrio, áspero :: bruto, crudo, grosero, inculto, brusco, tosco :: *(tiempo)* borrascoso, desapacible, tempestuoso :: aproximado, general, borroso :: — **hewn**, — **and ready**, desbastado, de brocha gorda :: — **exterior**, corteza :: *n.* **in the** —, en bruto, sin pulir :: — **draft**, boceto, croquis, borrador :: *vn.* — **it**, pasar apuros.

ROUGHEN [RAFN] *va. & n.* hacer o poner áspero :: picar, rascar :: rajarse, agrietarse *(la piel)*.

ROUGHNESS [RÁFNES] *n.* aspereza :: escabrosidad :: rudeza :: tosquedad.

ROUND• [RAUND] *adj.* redondo :: rollizo :: circular, categórico :: sonoro :: cabal, completo, todo un :: — **shouldered**, cargado de espaldas :: *adv.* alrededor :: a la redonda :: **to go** — **and** — **a question**, dar vueltas a la noria :: *n.* descarga, disparo :: vuelta, giro :: ronda, turno :: **to go the** —**s**, rondar, ir de ronda :: *va.* doblar :: — **off**, dar cima a :: — **out**, redondear :: — **up**, acorralar.

ROUNDABOUT [RÁUNDABAUT] *adj.* indirecto :: *n.* glorieta, cruce.

ROUNDNESS [RÁUNDNES] *n.* redondez.

ROUND-UP [RÁUNDAP] *n.* rodeo :: redada :: *va.* repuntar.

ROUSE [RAUS] *va.* despertar, animar, excitar, provocar, levantar.

ROUT [RAUT] *n.* derrota, rota, asonada :: sarao :: *va.* derrotar.

ROUTE [RUT] *n.* ruta, rumbo, vía, derrotero.

ROUTINE [RUTÍN] *n.* rutina.

ROW [ROU] *n.* fila :: hilera :: *va.* remar :: querella, pendencia :: bronca, alboroto :: barullo, escándalo, estrépito :: *vn.* pelearse con.

ROWBOAT [RÓUBOUT] *n.* bote de remos, lancha.

ROYAL• [RÓIAL] *adj.* real, regio, soberano.

ROYALIST [RÓIALIST] *n.* realista.

ROYALTY [RÓIALTI] *n.* realeza, soberanía real :: persona o personas reales :: derechos de autor.

RUB [RAB] *n.* frotamiento, roce :: dificultad :: *va. & n.* frotar :: — **against**, rozar :: restregar :: — **out**, borrar :: — **up against**, rozar :: — **shoulders with**, rozarse con :: — **the wrong way**, frotar a contrapelo.

RUBBER [RÁBAER] *n.* caucho, goma :: goma de borrar :: *(en juegos de naipes)* partida, jugada decisiva :: —**s**, chanclos :: *adj.* de goma, de caucho, de hule.

RUBBISH [RÁBISH] *n.* porquería, basura, desperdicio :: desatino, disparate.

RUBBLE [RABL] *n.* escombros :: ripio, cascajo.

RUDDER [RÁDAER] *n.* timón, gobernalle.

RUDE• [RUD] *adj.* ofensivo, descortés :: rudo, basto, grosero, tosco :: informal.

RUDENESS [RÚDNES] *n.* rudeza :: grosería, descortesía :: tosquedad.

RUDIMENT [RÚDIMENT] *n.* —**s**, nociones, elementos.

RUEFUL• [RÚFUL] *adj.* triste :: lastimoso, lamentable.

RUFFLE [RAFL] *n.* arruga :: golilla :: *va. (sew.)* fruncir, rizar :: arrugar :: agitar, descomponer, perturbar.

RUG [RAG] *n.* alfombra :: alfombrilla :: felpo, tapete :: **travelling** —, manta.

RUGGED• [RÁGUID] *adj.* escabroso, escarpado, abrupto :: tosco, robusto.

RUIN [RÚIN] *n.* ruina, pérdida, caída, perdición :: —**s**, escombros :: *va.* arruinar, perder :: asolar, destruir, matar :: estragar :: estropear, echar a perder.

RUINOUS• [RÚINOES] *adj.* ruinoso :: desastroso.

RULE [RUL] *n.* mando, dominio, régimen :: regla, norma, pauta, precepto :: reglamento, estatuto :: costumbre :: regularidad :: **as a** —, por regla general :: *va.* gobernar, regir, mandar :: establecer :: reglar, trazar rayas :: — **out**, no admitir, desestimar.

RULER [RÚLA] *n.* gobernador, potentado, soberano :: *(instrumento)* regla.

RULING [RÚLING] *adj.* predominante, prevaleciente :: principal :: *n.* fallo, decisión :: gobierno.

RUM [RAM] *n.* ron, aguardiente.

RUMBLE [RAMBL] *n.* ruido sordo, estruendo :: *vn.* retumbar.

RUMINANT [RÚMINANT] *n.* rumiante.

RUMINATE [RÚMINEIT] *va. & n.* rumiar :: reflexionar, meditar.

RUMMAGE [RÁMICH] *va. & n.* revolver (buscando), registrar, escudriñar.

RUMOR, RUMOUR [RÚMA] *n.* rumor :: ruido, fábula :: decir, hablilla, voz :: **it is** —**ed**, corre la voz, se dice.

RUMP [RAMP] *n.* anca :: trasero.

RUMPUS [RÁMPOES] *n.* barullo, alharaca, boruca, batahola.

RUN [RAN] *n.* carrera, curso, dirección :: recorrido :: *(naut.)* singladura :: duración :: libre uso :: — **of luck,** racha de suerte :: **chicken**—, corral :: *(theat.)* **to have a** —, representarse :: *(theat.)* mantenerse en el cartel :: **in the long** —, a la larga, tarde o temprano :: *va.* dirigir, sostener :: pasar :: *vn.* correr :: funcionar, andar :: verter, manar, fluir, gotear :: — **across, into,** topar con, tropezar con :: — **up against,** dar contra, chocar con :: — **after,** seguir, perseguir :: — **aground,** encallar :: — **ahead,** adelantarse :: — **away,** huir, escaparse, *(un caballo)* desbocarse, *(un coche)* dispararse :: — **away with,** arrebatar, fugarse con :: — **counter to,** contrariar a, ir en contra :: — **down,** quebrantar, difamar, atropellar, acorralar, acabarse la cuerda :: — **into,** extenderse :: sumar :: chocar con :: — **off,** vaciar(se) :: imprimir :: — **out,** salirse :: escurrirse :: — **out of,** acabarse, agotarse :: — **over,** atropellar, derramarse, repasar :: — **through,** hojear, derrochar, disipar, espetar, penetrar :: — **to,** acudir a :: **tender** :: alcanzar a :: sumar :: — **up,** enmendar, incurrir en, izar.

RUNAWAY [RÁNAUEI] *adj.* fugitivo :: — **horse,** caballo desbocado :: *n.* fugitivo :: fuga.

RUNNER [RÁNAER] *n.* corredor :: tapete.

RUNNING [RÁNING] *n.* corrida, carrera :: dirección, manejo :: flujo :: **to be out of the** —, estar fuera de combate :: *adj.* corriente :: — **board,** estribo :: — **expenses,** gastos corrientes :: — **knot,** nudo corredizo :: — **water,** agua corriente :: **in** — **condition,** en buen estado :: **for ten days** —, por diez días seguidos.

RUNWAY [RÁNUEI] *n.* senda :: vía :: *(de aterrizaje)* pista.

RUPTURE [RÁPCHIUR] *n.* ruptura :: quebradura :: desavenencia :: *(med.)* hernia :: *va. & n.* romper :: quebrar(se), reventar(se).

RURAL• [RÚRAL] *adj.* rural, campestre, rústico.

RUSH [RASH] *n. (bot.)* junco :: precipitación, ímpetu :: embestida :: prisa, apuro :: tropel, agolpamiento :: *vn.* arrojarse, precipitarse, lanzarse :: apurar :: — **against,** embestir :: — **at,** arremeter :: agolparse :: *va.* activar, despachar al momento.

RUST [RAST] *n.* orín, herrumbre, moho :: *va. & n.* enmohecerse.

RUSTIC [RÁSTIK] *adj.* rústico, campestre, agreste, aldeano :: *n.* patán, labriego, gañán, palurdo, villano.

RUSTLE [RASL] *vn.* crujir :: rechinar :: susurrar, murmurar.

RUSTY [RÁSTI] *adj.* mohoso, cubierto de orín, oxidado :: rojizo :: entorpecido, falto de uso :: falto de práctica.

RUT [RAT] *n.* carril :: rodada :: surco :: bache :: *(fig.)* rutina :: *vn.* estar en celo.

RUTHLESS• [RÚZLES] *adj.* despiadado, cruel, brutal.

RUTHLESSNESS [RÚZLESNES] *n.* fiereza, falta de miramiento, truculencia, crueldad.

RYE [RAI] *n.* centeno.

S

SABER, SABRE [SÉIBAER] n. sable.

SABOTAGE [SÁBOTACH] n. sabotaje :: va. & n. sabotear.

SACK [SAK] n. saco, costal, talego :: saqueo :: va. saquear :: embolsar, ensacar, envasar :: despedir :: (coll.) mandar a paseo.

SACRAMENT [SÁKRAMENT] n. sacramento :: **Holy** —, Eucaristía :: **to receive the** —, comulgar, recibir los (santos) sacramentos.

SACRED° [SÉIKRID] adj. sagrado, (sacro)santo.

SACRIFICE [SÁKRIFAIS] n. sacrificio :: víctima :: renunciación :: va. inmolar, sacrificar :: vn. sacrificarse, abnegarse.

SACRILEGE [SÁKRILICH] n. sacrilegio.

SACROSANCT [SÁKROSANKT] adj. sacrosanto.

SAD° [SADI] adj. triste, melancólico, sombrío, pesado :: lastimoso, lastimero :: lóbrego :: aciago.

SADDEN [SADN] va. & n. entristecer(se).

SADDLE [SADL] n. silla (de montar), sillín :: **pack**—, albarda :: collado :: —**bag**, alforja :: va. ensillar :: — **with**, cargar con.

SADISTIC [SADÍSTIK] adj. sádico, cruel.

SADNESS [SÁDNES] n. tristeza.

SAFE° [SEIF] adj. seguro, salvo :: ileso, intacto, imperdible :: — **conduct**, salvoconducto :: — **and sound**, sano y salvo :: n. caja de caudales :: guardacomidas, fresquera.

SAFEGUARD [SÉIFGARD] n. salvaguardia :: resguardo, defensa :: va. resguardar, proteger, salvaguardar.

SAFETY [SÉIFTI] adj. de seguridad :: — **device**, mecanismo de seguridad :: — **pin**, imperdible, alfiler de seguridad :: n. seguridad :: protección :: **in** —, con seguridad, sin peligro ::

SAFFRON [SÁFRAEN] n. azafrán :: adj. azafranado, color de azafrán.

SAG [SAG] vn. doblegarse, combarse, hundirse :: aflojar(se), flaquear.

SAGACIOUS° [SAGUÉISHOS] adj. sagaz, perspicaz, avisado.

SAGACITY [SAGÁSITI] n. sagacidad :: astucia.

SAGE° [SEICH] adj. sabio :: prudente, cuerdo, sagaz :: n. sabio :: (bot.) salvia.

SAID [SED] pret. & p.p. de **to say**.

SAIL [SEIL] n. vela :: (de un molino) aspa :: excursión (paseo) en barco :: **to set** —, hacerse a la vela :: vn. darse a la vela :: zarpar, navegar, flotar :: cernerse.

SAILBOAT [SÉILBOUT] n. barco de vela.

SAILOR [SÉILA] n. marino, marinero.

SAINT [SEINT] adj. santo, bendito.

SAINTLY [SÉINTLI] adj. santo :: pío, devoto.

SAKE [SEIK] n. causa, objeto :: **for God's** —, por (el) amor de Dios :: **for mercy's** —, por piedad :: **for the** — **of**, por, por amor de, en obsequio (atención) a.

SALAD [SÁLAD] n. ensalada, ensaladilla.

SALARY [SÁLARI] n. sueldo, honorario, paga.

SALE [SEIL] n. venta :: realización :: **bargain** —, saldo :: **public** —, almoneda, remate :: **ready** —, venta fácil :: **auction** —, subasta :: **on** —, se vende.

SALESMAN [SÉILSMAN] n. vendedor :: dependiente :: **traveling** —, viajante de comercio.

SALESWOMEN [SÉILSUUMAN] n. vendedora, dependienta (de una tienda).

SALIENT [SÉILIENT] adj. saliente, sobresaliente :: prominente :: (mil.) posición avanzada.

SALINE [SÉILAIN] adj. salino.

SALIVA [SALÁIVA] n. saliva.

SALLOW [SÁLOU] n. sauce :: adj. cetrino, lívido, amarillento, pálido.

SALMON [SÁMON] n. salmón.

SALOON [SALÚN] n. salón :: taberna, bar :: (naut.) cámara.

SALT [SOALT] adj. salado :: salobre :: n. sal :: — **mine**, — **pit**, — **lagoon**, salina :: (met.) ingenio :: va. salar :: curado con sal :: sazonar.

SALTPETER, SALTPETRE [SÓLTPITAER] n. salitre, nitro :: — **mine**, salitral, salitrera.

SALTY [SÓLTI] adj. salado, salobre.

SALUTARY [SÁLIUTERI] adj. saludable.

SALUTE [SALÚT] n. saludo :: va. saludar :: (mil.) cuadrarse.

SALVAGE [SÁLVICH] n. salvamento.

SALVATION [SALVÉISHON] n. salvación, redención.

SALVO [SÁLVOU] n. salva.

SAME [SEIM] adj. mismo, idéntico :: idem, igual :: **the** —, igual :: **the** — **to you**, igualmente :: **to be the** — **as**, valer :: **all the** —, con todo, sin embargo.

SAMPLE [SAMPL] n. muestra, modelo, ejemplar, prueba :: va. probar.

SANCTIFY [SÁNKTIFAI] va. santificar.

SANCTIMONIOUS° [SANKTIMÓUNIOS] adj. devoto :: mojigato, beato.

SANCTION [SÁNKSHON] n. sanción, beneplácito :: va. sancionar, ratificar, autorizar.

SANCTITY [SÁNKTITI] n. santidad.

SANCTUARY [SÁNKTIUARI] n. santuario :: refugio, sagrado :: **to take** —, acogerse a sagrado.

SAND [SAND] n. arena :: —**bank**, arenal, barra :: —**shoe**, playera.

SANDAL [SANDL] n. sandalia :: abarca :: playera :: **hemp-soled** —, alpargata :: — **factory**, alpargatería :: —**wood**, sándalo.

SANDPAPER [SÁNDPEIPAER] n. papel de lija :: va. lijar, pulir o alisar con papel de lija.

SANDSTONE [SÁNDSTOUN] n. piedra arenisca.

SANDWICH [SÁNDUICH] n. bocadillo, emparedado, sándwich.

SANDY [SÁNDI] adj. arenoso :: arenisco :: — **hair**, pelo rojizo.

SANE° [SEIN] adj. sano, cuerdo.

SANGUINE° [SÁNGÜIN] adj. sanguíneo :: confiado, esperanzado.

SANITARIUM [SANITÉRIOEM] n. sanatorio.

SANITARY [SÁNITARI] adj. sanitario.

SANITATION [SANITÉISHON] n. saneamiento :: salubridad :: sanidad.

SANITY [SÁNITI] n. razón, juicio :: cordura :: salud mental.

SANK [SANK] pret. de **to sink**.

SAP [SAP] n. savia, jugo, zumo :: va. & n. zapar, socavar :: minar :: restar.

SAPPHIRE [SÁFAIR] n. zafiro :: color de zafiro.

SARCASM [SÁRKASM] n. sarcasmo.

SARCASTIC [SARKÁSTIK] adj. sarcástico, mordaz, intencionado.

SARCOPHAGUS [SARKÓFAGOS] n. sarcófago.

SARDINE [SARDÍN] n. sardina.

SARDONIC [SARDÓNIK] adj. burlón :: sarcástico.

SASH [SASH] n. faja :: banda ::

cinturón, ceñidor :: cíngulo :: — **frame**, bastidor :: **window** —, marco de ventana corrediza.

SAT [SAT] *pret. & p.p. de* **to sit**.

SATCHEL [SÁCHEL] *n.* valija, maletín, maleta, saco.

SATEEN [SATÍN] *n.* satén.

SATELLITE [SÁTELAIT] *n.* satélite.

SATIATE [SÉISHIEIT] *va.* saciar, hartar, ahitar.

SATIN [SÁTIN] *adj.* de raso :: *n.* raso.

SATIRE [SÁTAIR] *n.* sátira.

SATIRICAL° [SATÍRIKAL] *adj.* satírico.

SATIRIZE [SÁTIRAIS] *va. &* *n.* satirizar.

SATISFACTION [SATISFÁKSHON] *n.* satisfacción, agrado, complaciencia :: paga, recompensa :: desquite :: **to give — for**, desagraviar.

SATISFACTORY [SATISFÁKTORI] *adj.* satisfactorio, suficiente.

SATISFIED [SATISFÍD] *adj.* satisfecho, contento.

SATISFY [SÁTISFAY] *va.* satisfacer, contentar, gratificar, dar gusto a, hartar :: cumplir con.

SATURATE [SÁTIUREIT] *va.* saturar :: *vr.* impregnar :: empaparse.

SATURDAY [SÁTERDI] *n.* sábado.

SAUCE [SOS] *n.* salsa :: aderezo :: *(coll.)* impertinencia :: **—boat**, salsera.

SAUCEPAN [SÓSPAN] *n.* cacerola.

SAUCER [SÓASA] *n.* platillo :: **flying —**, platillo volante.

SAUCINESS [SÓSINES] *n.* descaro, insolencia.

SAUCY [SÓASI] *n.* *(coll.)* respondón, deslenguado, descarado, impudente.

SAUNTER [SÓANTA] *va.* vagar, pasearse.

SAUSAGE [SÓSICH] *n.* salchicha, salchichón, embutido :: longaniza, chorizo :: morcilla :: butifarra.

SAVAGE° [SÁVICH] *adj.* salvaje, feroz, fiero :: bárbaro, inculto, inhumano :: *n.* salvaje :: indígena.

SAVAGERY [SÁVICHERI] *n.* salvajismo :: crueldad, fiereza.

SAVE [SEIV] *va.* salvar :: redimir :: *(del peligro)* preservar, guardar :: economizar, ahorrar :: **— for**, excepto, salvo, fuera de.

SAVER [SÉIVAERI] *n.* salvador :: libertador :: ahorrador :: **life —**, salvavidas.

SAVING(S) [SÉIVING(S)] *n.* ahorro(s), economía(s) :: **—s bank**, caja de ahorros.

SAVIOR, SAVIOUR [SÉIVIA] *n.* salvador.

SAVOR, SAVOUR [SÉIVA] *n.* sabor :: gust(ill)o :: *va.* saborear :: gustar :: *vn.* **— of**, saber a.

SAVO(U)RY [SÉIVARI] *adj.* apetitoso, rico, sabroso, salado.

SAW [SO] *n.* sierra :: dicho, refrán, proverbio :: *va.* serrar.

SAWDUST [SÓDAST] *n.* aserrín, serrín.

SAWMILL [SÓMIL] *n.* aserradero.

SAWN [SON] *p.p. de* **say**.

SAXOPHONE [SÁKSOFOUN] *n.* saxófono :: saxofón.

SAY [SEI] *n.* palabra, dicho :: turno :: *va.* decir :: recitar :: *(una inscripción)* rezar :: **— to oneself**, decir para sí, decir para su capa.

SAYING [SÉIING] *n.* dicho, refrán, proverbio.

SCAB [SKAB] *n.* *(med.)* costra :: roña :: esquirol :: *vn.* encostrarse, cubrirse con una costra *(una herida)*.

SCABBARD [SKÁBED] *n.* vaina (de sable).

SCABBY [SKÁBI] *adj.* costroso :: roñoso, sarnoso, tiñoso.

SCAFFOLD [SKÁFOULD] *n.* cadalso :: andamio.

SCALD [SKOALD] *n.* escaldadura :: *va.* escaldar, quemar.

SCALE [SKÉIL] *n.* escala :: escama :: platillo de balanza :: *(mus.)* escala :: **— of charges**, tarifa :: **pair of —s**, balanza, báscula :: *va.* balancear, pesar :: escalar :: **— down**, rebajar :: graduar.

SCALLOP [SKÓLAP] *n.* onda, pico :: molusco bivalvo, vieira :: **—s**, festón :: *va.* festonear :: empanar.

SCALP [SKALP] *n.* cuero cabelludo :: *va.* escalpar.

SCALY [SKÉILI] *adj.* escamoso, lleno de escamas :: **— with rust**, mohoso.

SCAMPER [SKÁMPA] *n.* fuga, escapada :: *vn.* **— off**, escabullirse.

SCAN [SKAN] *va.* escudriñar :: medir :: hojear.

SCANDAL [SKÁNDAL] *n.* escándalo :: calumnia :: ignominia :: **— monger**, correveidile.

SCANDALOUS° [SKÁNDALOS] *adj.* escandaloso, indecente, vergonzoso.

SCANT [SKANT] *adj.* escaso :: corto :: insuficiente :: *va.* escatimar, limitar.

SCANTY [SKÁNTI] *adj.* exiguo, reducido, estrecho, escaso, poco.

SCAR [SKARI] *n.* cicatriz :: costu-

rón :: raya, marca :: farallón :: *va.* cicatrizar.

SCARCE° [SKÉRS] *adj.* raro, escaso, contado.

SCARCITY [SKÉRSITI] *n.* escasez, inopia, carestía :: rareza.

SCARE [SKÉRI] *n.* susto, sobresalto :: **to have a —**, llevar un susto :: *va.* asustar, atemorizar, espantar :: **— out of wits**, horripilar :: **to — away**, ahuyentar.

SCARECROW [SKÉRKROU] *n.* espantajo :: espantapájaros.

SCARF [SKAF] *n.* bufanda, banda, tapabocas, pañuelo.

SCARLET [SKÁRLET] *n. & adj.* escarlata, grana.

SCARY [SKÉRI] *adj.* espantadizo, asustadizo, miedoso.

SCATTER [SKÁTA] *va.* dispersar, esparcir, diseminar, derramar :: sembrar :: *vn.* dispersarse, huir.

SCENE [SIN] *n.* escena :: perspectiva :: panorama :: incidente, escándalo :: **— of events**, teatro :: **— of action**, escenario :: cuadro, escena :: **—shifter**, tramoyista :: **behind the —s**, entre bastidores.

SCENERY [SÍNERI] *n.* paisaje, vista :: *(theat.)* decorado.

SCENT [SENT] *n.* olor, perfume :: rastro, pista :: **—bottle**, pomar, frasco de perfume :: **to catch — of**, olfatear :: *va.* perfumar :: ventear :: **— out**, olfatear.

SCEPTER, SCEPTRE [SÉPTA] *n.* cetro.

SCEPTIC [SKÉPTIK] *adj. & n.* escéptico.

SCEPTICISM [SKÉPTISISEM] *n.* escepticismo.

SCHEDULE [SKÉDIUL] *n.* horario :: cédula, inventario, plan :: anexo.

SCHEME [SKIM] *n.* proyecto, designio, plan :: intriga, ardid :: **grandiose —**, máquina :: **well-laid —**, sabia combinación :: *va.* proyectar, plantear :: tramar, intrigar :: *vn.* urdir, planear.

SCHISM [SKISEM, SISEM] *n.* cisma.

SCHOLAR° [SKÓLA] *n.* escolar, estudiante :: erudito, sabio.

SCHOLARSHIP [SKÓLARSHIP] *n.* erudición :: beca.

SCHOLASTIC [SKOLÁSTIK] *adj.* escolástico :: escolar.

SCHOOL [SKUL] *n.* escuela :: **boarding —**, colegio de internos :: **grammar —**, instituto :: **— book**, libro de texto :: *(de pescado)* majal, banco :: *va.* enseñar, amaestrar.

SCHOOLBOY [SKÚLBOI] *n.* colegial,

escolar.

SCHOOLGIRL [SKÚLGERL] *n.* colegiala, escolar.

SCHOOLING [SKÚLING] *n.* instrucción :: enseñanza, educación.

SCHOOLMATE [SKÚLMEIT] *n.* condiscípulo, compañero de escuela.

SCHOOLROOM [SKÚLRUM] *n.* clase, aula.

SCHOOLTEACHER [SKÚLTICHAER] *n.* maestro de escuela.

SCHOONER [SKÚNAER] *n.* goleta :: vaso grande para cerveza :: **prairie** —, galera con toldo.

SCIENCE [SÁIENS] *n.* ciencia, sabiduría :: pericia :: arte (de).

SCIENTIFIC [SAIENTÍFIK] *adj.* científico.

SCIENTIST [SÁIENTIST] *n.* científico, hombre de ciencia.

SCINTILLATE [SÍNTILEIT] *vn.* centellear :: chispear.

SCION [SÁION] *n.* vástago.

SCISSORS [SISÉRS] *n. pl.* tijeras.

SCOFF [SKOF] *va. & n.* burlarse (de), escarnecer, mofarse (de).

SCOLD [SKOULD] *va.* reprender, regañar, reñir, increpar.

SCOLDING [SKÓULDING] *adj.* regañón :: *n.* regaño, represión.

SCOOP [SKUP] *n.* cuchara, cucharón :: pala :: palada, cucharada :: *va.* cavar, excavar :: ahuecar :: *(agua)* achicar.

SCOOTER [SKÚTAER] *n.* motoneta :: monopatín :: moto.

SCOPE [SKOUP] *n.* designio :: espacio, campo de acción :: importancia, radio, extensión, alcance :: **full** —, amplio campo :: carta blanca.

SCORCH [SKOARCH] *va.* quemar, chamuscar, tostar :: agostar, abrasar.

SCORE [SKÓAER] *n.* muesca, entalladura :: motivo :: *(de juego)* tanteo, veintena :: **to pay off old** —**s**, ajustar cuentas viejas :: *va. (carp.)* escoplear :: *(en juegos)* hacer puntos :: marcar :: — **out**, rayar :: **to** — **over**, llevar una ventaja.

SCORN [SKOARN] *n.* desdén, desprecio :: escarnio, mofa :: *va.* desdeñar, despreciar, menospreciar.

SCORNFUL° [SKÓRNFUL] *adj.* desdeñoso.

SCORPION [SKÓRPION] *n.* escorpión, alacrán.

SCOUNDREL [SKÁUNDREL] *n.* bribón, pícaro, malvado, canalla.

SCOUR [SKÁUAR] *va.* fregar, estregar, rascar.

SCOURGE [SKERCH] *n.* azote :: disciplinas :: plaga, calamidad :: castigo :: *va.* azotar, hostigar.

SCOUT [SKAUT] *n.* explorador, batidor :: **Boy** —, explorador :: *va. & n.* explorar, reconocer :: desdeñar.

SCOWL [SKAUL] *n.* ceño :: sobrecejo :: *vn.* mirar con ceño.

SCRAMBLE [SKRAMBL] *n.* subida :: pendencia :: *vn.* — **up**, trepar, subir gateando :: *(huevos)* revolver :: —**d eggs,** huevos revueltos.

SCRAP [SKRAP] *n.* pedazo :: mendrugo, cacho, fragmento :: — **iron**, chatarra :: **not a** —, ni pizca :: *(fam.)* maldito :: *pl.* despojos, sobras, desperdicios :: — **book**, álbum de recortes :: *va.* deshacerse de, desechar.

SCRAPE [SKREIP] *n.* raedura, raspadura :: embarazo, lío, apuro, aprieto :: *va.* raer, rascar :: escarbar.

SCRAPER [SKRÉIPA] *n.* raspador :: tacaño.

SCRATCH [SKRACH] *n.* rasguño, araño :: arañazo :: estría, raya :: *va.* raspar :: arañar, rasguñar :: escarbar :: rayar :: — **out**, borrar.

SCRAWL [SKROL] *n.* garabato :: *va. & n.* hacer garabatos, escribir mal.

SCRAWNY [SKRÓNI] *adj.* huesudo, flaco.

SCREAM [SKRIM] *n.* chillido :: *vn.* chillar.

SCREECH [SKRICH] *n.* chillido :: — **owl**, lechuza :: *vn.* chillar.

SCREEN [SKRIN] *n.* biombo :: mampara :: pantalla :: antipara :: cancel :: reja :: criba, tamiz :: *va.* abrigar, ocultar :: resguardar :: cribar.

SCREW [SKRU] *n.* tornillo :: — **driver**, destornillador :: — **eye**, armella :: — **nut**, tuerca :: — **propeller**, hélices :: — **thread**, roscas :: *va.* atornillar :: torcer, retorcer :: **to** — **up one's courage**, cobrar ánimo.

SCRIBBLE [SKRIBL] *va.* garrapatear, hacer garabatos, borronear, escribir mal o de prisa :: *n.* garabato.

SCRIPT [SKRIPT] *n.* letra cursiva, escritura :: manuscrito :: guión.

SCRIPTURE [SKRÍPTIUR] *n.* la Sagrada Escritura, la Biblia.

SCROLL [SKRÓUL] *n.* rollo de pergamino o papel :: voluta, adorno en espiral :: rúbrica.

SCRUB [SKRAB] *n.* maleza :: *va.* fro-

tar, fregar :: *vn.* darse trabajo.

SCRUPLE [SKRUPL] *n.* escrúpulo :: rescoldo, aprensión :: *vn.* tener escrúpulos, vacilar.

SCRUPULOUS° [SKRÚPIULOS] *adj.* escrupuloso, delicado, fino, riguroso, concienzudo :: exacto :: **not very** —, ancho de conciencia.

SCRUTINIZE [SKRÚTINAIS] *va.* escudriñar :: escrutar.

SCRUTINY [SKRÚTINI] *n.* escrutinio.

SCULPTOR [SKÁLPTA] *n.* escultor.

SCULPTURE [SKÁLPTIUR] *n.* escultura :: estatuaria :: *va.* esculpir, cincelar.

SCUM [SKAM] *n.* nata, capa, espuma :: escoria :: residuo, desechos :: canalla, gente baja :: *va.* espumar.

SCURF [SKORF] *n.* caspa, costra.

SCURRILOUS° [SKÁRILOS] *adj.* chabacano, procaz, deslenguado.

SCURRY [SKÁRI] *n.* apresuramiento :: corrida, carrera :: *vn.* escabullirse :: echar a correr :: apresurarse.

SCUTTLE [SKATL] *n.* escotillón :: **coal**—, cubo de carbón :: *va.* barrenar, echar a pique :: *vn.* echar a correr.

SCYTHE [SAIZ] *n.* guadaña :: *va.* guadañar.

SEA [SII] *n.* mar, océano :: oleada, marejada, golpe de mar :: **open** —, piélago :: **at** —, en el mar :: perplejo, perdido :: —**horse**, hipocampo :: —**dog**, lobo de mar :: —**fight**, combate naval.

SEAL [SIL] *n.* sello :: *(zool.)* foca :: *va.* sellar :: estampar :: lacrar.

SEAM [SIM] *n.* costura :: sutura :: filón, veta :: *va.* coser.

SEAMAN [SÍMAN] *n.* marino, marinero.

SEAMSTRESS [SÍMSTRES] *n.* costurera.

SEAPLANE [SÍPLEIN] *n.* hidroavión.

SEAPORT [SÍPORT] *n.* puerto de mar.

SEAR [SÍAER] *adj.* reseco, marchito :: *va. & n.* chamuscar(se), tostar(se) :: resecar(se) :: herrar, marcar con hierro candente.

SEARCH [SERCH] *n.* busca, pesquisa :: indagación, búsqueda, demanda :: registro :: **in** — **of**, en busca de, en demanda de :: *va. & n.* buscar, examinar, indagar, tentar :: — **below sea-surface**, bucear :: — **for arms**, cachear.

SEARCHLIGHT [SÉRCHLAIT] *n.* reflector.

SEASICK [SÍSICK] *adj.* mareado ::

to get —, marearse.

SEASICKNESS [SÍSIKNES] *n.* mareo.

SEASIDE [SÍSAID] *n.* costa, litoral, playa, orilla del mar.

SEASON [SÍSN] *n.* estación, sazón :: hora :: temporada :: época :: **out of** —, fuera de sazón :: **close** —, veda :: — **ticket**, abono :: — **ticket holder**, abonado :: *va.* sazonar :: habituar :: condimentar, aliñar.

SEASONING [SÍSNING] *n.* condimento, adobo.

SEAT [SIT] *n.* silla, asiento, sitio :: —**s**, gradería :: *(theat.)* localidad :: **judgment** —, tribunal :: **country** —, quinta :: *va.* (a)sentar, colocar, fijar.

SECEDE [SISÍD] *vn.* secesionarse, separarse *(de una federación o unión).*

SECLUDE [SIKLIÚD] *va.* recluir, apartar, aislar :: **to** — **oneself from**, recluirse en, apartarse de.

SECLUDED [SIKLÚDID] *adj.* apartado, recogido, desviado.

SECLUSION [SIKLÚSHON] *n.* retiro, retraimiento, reclusión, soledad, recogimiento :: **to live in** —, encerrarse.

SECOND [SÉKOND] *n.* segundo :: — **in a duel**, padrino *(en un duelo)* :: *adj.* segundo :: —**sight**, clarividencia :: —**hand dealer**, prendero :: —**hand market** *(Madrid)*, Rastro :: — **lieutenant**, subteniente :: *va.* secundar, apoyar :: *(en un duelo)* apadrinar.

SECONDARY [SÉKONDERI] *adj.* secundario :: — **education**, segunda enseñanza :: — **school**, escuela secundaria, escuela de segunda enseñanza.

SECONDHAND [SÉKONDJAND] *adj.* de segunda mano :: usado :: de ocasión :: indirecto, por intermedio de otro.

SECONDLY [SÉKONDLI] *adv.* en segundo lugar.

SECRECY [SÍKRISI] *n.* secreto, discreción, sigilo, misterio.

SECRET [SÍKRET] *adj.* secreto, clandestino :: recóndito, privado, oculto :: *n.* secreto :: **dark** —, busilis :: **confided** —, confidencia.

SECRETARY [SÉKRETARI] *n.* secretario.

SECRETE [SIKRÍT] *va. (med.)* secretar :: esconder, ocultar, reservar.

SECRETION [SIKRÍSHON] *n.* secreción.

SECRETIVE [SÍKRITIV] *adj.* reservado, callado :: — **gland**, glándula secretora.

SECT [SEKT] *n.* secta :: partido, pandilla.

SECTION [SÉKSHON] *n.* sección :: trozo :: tajada :: región :: *(de ley)* artículo :: **cross**—, corte.

SECULAR [SÉKIULA] *adj.* secular, temporal :: *n.* secular, seglar, laico, profano.

SECURE [SIKIÚR] *adj.* seguro, fijo :: confiado, descuidado :: firme :: *va.* asegurar, amarrar, poner en lugar seguro :: obtener, lograr, conseguir, procurar :: hacerse con :: afianzar.

SECURITY [SIKIÚRITI] *n.* seguridad :: protección :: afianzamiento, prenda :: **to stand** — **for**, salir fiador por :: *pl.* títulos, valores.

SEDATE [SIDÉIT] *adj.* sosegado :: tranquilo, sereno :: serio.

SEDATION [SIDÉISHON] *n.* sedación.

SEDATIVE [SÉDATIV] *adj. & n.* calmante, sedativo.

SEDENTARY [SÉDENTARI] *adj.* sedentario :: inactivo.

SEDIMENT [SÉDIMENT] *n.* sedimento, asiento, depósito, poso.

SEDITION [SIDÍSHON] *n.* sedición, tumulto, rebeldía, levantamiento.

SEDITIOUS [SIDÍSHOS] *adj.* sedicioso, turbulento.

SEDUCE [SIDIÚS] *va.* seducir, pervertir, burlar :: deshonrar.

SEDUCTION [SIDÁKSHON] *n.* seducción.

SEE [SI] *n.* Holy —, Santa Sede :: *va. & n.* ver :: columbrar, vislumbrar :: percibir :: comprender :: **to** — **that**, procurar, cuidar de que :: — **about, to**, encargarse de :: atender a :: reflexionar :: cuidar de :: — **into**, examinar, informarse de :: — **off**, despedir(se de) :: — **through**, calar.

SEED [SID] *n.* grano, semilla, simiente :: germen :: —**bed**, sementera :: —**time**, siembra :: *vn.* granar, despepitar :: **to sow** —, sembrar.

SEEDLING [SÍDLING] *n.* planta de semillero :: arbolillo.

SEEDY [SÍDI] *adj.* lleno de semillas :: raído :: desaseado.

SEEK [SIK] *va. & n.* buscar, solicitar :: tratar de, intentar :: pretender :: acudir.

SEEM [SIM] *vn.* parecer :: — **like**, parecerse a, sonar a.

SEEMING [SÍMING] *adj.* aparente, parecido, similar :: *n.* apariencia :: apariencia falsa.

SEEMLY [SÍMLI] *adj.* propio, decente, decoroso.

SEEN [SIN] *p.p. de* **to see**.

SEEP [SIP] *vn.* escurrirse, rezumarse, colarse, filtrarse.

SEETHE [SIZ] *vn.* hervir, bullir.

SEGMENT [SÉGMENT] *n.* segmento.

SEGREGATE [SÉGRIGUEIT] *va. & n.* segregar.

SEIZE [SIS] *va.* agarrar, coger, asir :: apoderarse de :: prender :: incautar, secuestrar.

SEIZURE [SÍSHER] *n.* secuestro, captura.

SELDOM [SÉLDOM] *adv.* raramente, rara vez, de cuando en cuando.

SELECT [SILÉKT] *adj.* selecto, escogido :: exquisito :: *va.* escoger, elegir, seleccionar :: optar por.

SELECTION [SILÉKSHON] *n.* selección, elección, surtido :: muestra.

SELF [SELF] *pron.* mismo, sí mismo :: idéntico, puro :: automático :: —**same**, mismo, mismísimo :: —**command**, dominio sobre sí mismo :: — **satisfied**, pagado, engreído :: **to have** —**respect**, tener vergüenza :: —**evident**, patente :: — **possession**, sangre fría :: —**sacrifice**, abnegación.

SELFISH [SÉLFISH] *adj.* egoísta.

SELFISHNESS [SÉLFISHNES] *n.* egoísmo.

SELL [SEL] *n. (col.)* chasco :: *va. & n.* vender, despachar, traficar, comerciar :: — **cheap**, malbaratar :: **tickets are sold out**, están agotadas las localidades.

SELLER [SÉLAER] *n.* vendedor.

SEMBLANCE [SÉMBLANS] *n.* apariencia, semejanza, semblante :: **outward** —, exterior :: vislumbre :: cariz :: máscara, ficción.

SEMICIRCLE [SÉMISERKL] *n.* semicírculo.

SEMICOLON [SEMIKÓULON] *n.* punto y coma.

SENATE [SÉNIT] *n.* senado :: *(Univ.)* profesorado :: junta directiva.

SENATOR [SÉNATAER] *n.* senador.

SEND [SEND] *va.* enviar, mandar, remitir :: — **away**, despedir, echar fuera :: — **back**, devolver :: — **down**, suspender, expedir :: expulsar :: — **out**, emitir, arrojar :: despachar, publicar :: — **packing**, mandar a paseo :: **to** — **word**, mandar recado.

SENDER [SÉNDAER] *n.* remitente :: transmisor.

SENILE [SÉNIL, SÍNAIL] *adj.* senil, caduco.

SENILITY [SINÍLITI] *n.* senectud :: chochera o chochez.

SENIOR [SÍNIA] *n. & adj.* mayor, de mayor edad, decano :: más antiguo.

SENSATION [SENSÉISHON] *n.* sensación, sentimiento, emoción :: escándalo.

SENSATIONAL [SENSÉICHONAL] *adj.* sensacional :: emocionante.

SENSE [SENS] *n.* sentido, razón :: juicio :: **common**—, sentido común :: **out of one's —s**, trastornado :: **in any** —, por ningún concepto.

SENSELESS° [SÉNSLES] *adj.* sin sentido :: insensato, absurdo :: insensible, privado de sentido.

SENSIBILITY [SENSIBÍLITI] *n.* sensibilidad.

SENSIBLE [SÉNSIBL] *adj.* sensato, razonable, juicioso, cuerdo :: **to be — of**, estar persuadido de.

SENSITIVE° [SÉNSITIV] *adj.* sensible, sensitivo :: sentido, impresionable, tierno :: quisquilloso :: susceptible.

SENSITIVENESS [SÉNSITIVNES] *n.* sensibilidad.

SENSITIZE [SÉNSITAIS] *va.* sensibilizar.

SENSUAL° [SÉNSHUAL] *adj.* sensual, carnal.

SENSUALITY [SENSHUÁLITI] *n.* sensualidad :: lujuria.

SENT [SENT] *pret. & p.p. de* **to send**.

SENTENCE [SÉNTENS] *n. (gram.)* frase, cláusula, período, oración :: condenación :: fallo, sentencia, juicio :: *va.* dar sentencia :: sentenciar.

SENTIMENT [SÉNTIMENT] *n.* sentimiento, afecto :: opinión, concepto :: emoción.

SENTIMENTAL° [SENTIMÉNTAL] *adj.* sentimental.

SENTINEL [SÉNTINEL] *n.* centinela.

SENTRY [SÉNTRI] *n.* centinela, plantón :: **—box**, garita.

SEPARATE° [SÉPAREIT] *adj.* separado :: independiente, aparte, distinto :: *va. & vn.* segregar, separar, desprender :: alejar, apartar :: separarse, desprenderse, desasociarse.

SEPARATION [SEPARÉISHON] *n.* separación, escisión, desunión.

SEPTEMBER [SEPTÉMBA] *n.* septiembre.

SEPULCHER, SEPULCHRE, [SÉPAL-KAER] *n.* sepulcro, sepultura.

SEQUEL [SÍKUEL] *n.* secuela, consecuencia :: continuación.

SEQUENCE [SÍKUENS] *n.* serie, continuación, sucesión.

SERENADE [SERENÉIDI] *n.* serenata :: **serenading party**, ronda.

SERENE° [SIRÍN] *adj.* sereno :: despejado, sosegado, apacible :: impávido, impertérrito.

SERENITY [SIRÉNITI] *n.* serenidad :: calma.

SERGEANT [SÁRYENT] *n.* sargento.

SERIAL [SÍRIAL] *adj.* en serie :: **— story**, novela por entregas :: *n.* publicación periódica.

SERIES [SÍRIS] *n.* serie :: encadenamiento :: *(math.)* progresión :: *(book)* colección.

SERIOUS° [SÍRIOS] *adj.* serio, grave, importante, de peso.

SERIOUSNESS [SÍRIOSNES] *n.* seriedad :: gravedad.

SERMON [SÉRMON] *n.* sermón, prédica, plática.

SERPENT [SÉRPENT] *n.* serpiente, sierpe.

SERUM [SÍROM] *n.* suero.

SERVANT [SÉRVANT] *n.* criado :: servidor.

SERVE [SERV] *va. & n.* servir :: asistir :: notificar :: ser útil :: *(el vino)* escanciar, abastecer :: *(una condena)* cumplir :: militar :: sacar :: **to — one right**, estarle a uno bien empleado.

SERVICE [SÉRVIS] *n.* servicio :: uso, auxilio :: **at your —**, servidor de usted :: **dinner —**, vajilla.

SERVICEABLE [SÉRVISABL] *adj.* útil, práctico.

SERVILE° [SÉRVAIL] *adj.* servil, abyecto, adulador, rastrero.

SERVITUDE [SÉRVITIUD] *n.* esclavitud :: servidumbre :: **penal —**, trabajos forzados.

SESSION [SÉSHON] *n.* sesión, junta.

SET [SET] *adj.* reglamentario :: prescrito :: resuelto, terco :: colocado :: rígido :: yerto :: *n.* serie, juego :: pandilla, compañía, grupo, los medios :: surtido :: ocaso :: curso :: tendencia, inclinación :: conjunto :: **toilet —**, perfume —, juego de tocador :: *(theat.)* decoración :: **radio —**, receptor :: *(de joyas)* aderezo :: **— of circumstances**, conjunción :: **to have a real —to**, *(pop.)* armarse la de San Quintín :: *va.* poner, colocar :: fijar :: establecer :: precisar, definir :: reducir :: triscar :: componer :: engarzar :: *(mus.)* poner en :: *vn.* congelar(se) :: endurecerse :: *(el sol)* ponerse :: **— about**, ponerse a :: emprender :: **— against**, enemistar :: **— aside**, hacer a un

lado :: orillar, apartar, dar de mano :: destinar :: desechar :: guardar :: **— at loggerheads**, *va.* liar :: **— before**, presentar :: **— down**, establecer, formalizar :: poner por escrito :: poner en tierra :: **— fire to**, pegar fuego a :: **— forth**, salir :: manifestar, exponer :: **— going**, operar :: poner en marcha, echar a andar :: **— in**, ir a más :: **— off**, salir :: poner de relieve, realzar :: arrancar :: **— on**, azuzar :: incitar :: **— in**, comenzar :: **— out**, ponerse en camino, salir, emprender :: exponer :: señalar :: **— over**, tener autoridad sobre :: dominar :: **— right**, rectificar, encarrilar, enmendar :: enderezar, colocar bien :: **— sail**, largarse, hacerse a la vela :: **— to**, aplicarse, darse a :: **— up**, basar, instalar, erigir, instituir, levantar :: *(gritos)* pegar :: instalarse :: poner tienda :: poner casa :: **— up as**, constituirse en :: echárselas de :: **— upon**, acometer.

SETBACK [SÉTBAK] *n.* atraso, revés, retroceso.

SETTEE [SETÍ] *n.* canapé, sofá.

SETTING [SÉTING] *n. (de una joya)* engaste :: escena, escenario :: *(del sol, etc.)* puesta :: **— sun**, sol poniente.

SETTLE [SETL] *n.* escaño :: *va.* fijar, establecer, colocar :: concertar, ajustar :: saldar :: arreglar :: sosegar :: **— on**, dotar :: avecinar :: poblar :: *vn.* establecerse, instalarse :: posarse, fijarse, echar raíces :: *(chem.)* depositar, sedimentar :: **— down**, normalizarse, arraigarse.

SETTLEMENT [SÉTELMENT] *n.* establecimiento :: colonia :: poblado :: población :: colonización :: asignación o traspaso :: ajuste, arreglo :: pago :: saldo, finiquito, liquidación :: **— house**, casa de beneficencia :: **marriage —**, dote.

SETTLER [SÉTLER] *n.* colono, poblador :: **— of disputes**, zanjador de disputas.

SETUP [SÉTAP] *n.* arreglo :: organización.

SEVER [SÉVA] *va.* separar :: cortar :: romper :: cercenar :: *vn.* separarse.

SEVERAL° [SÉVERAL] *adj.* varios, diversos, distintos.

SEVERE° [SIVÍR] *adj.* severo, rígido, austero, recio, áspero, fuerte, intenso.

SEVERITY [SIVÍRITI] *n.* severidad,

rigor, exactitud.

SEW [SOU] va. & n. coser :: — **up**, zurcir :: — **on**, pegar.

SEWER [SÓUAER] n. costurera.

SEWING [SÓUING] n. costura :: modo de coser :: — **machine**, máquina de coser :: — **room**, cuarto de costura.

SEWN [SOUN] p.p. de **to sew**.

SEX [SEKS] n. sexo :: **fair** —, bello sexo.

SEXUAL• [SÉKSIUAL] adj. sexual.

SHABBY [SHÁBI] adj. raído, mal trajeado, desharrapado :: gastado, muy usado :: ruin :: poco honrado.

SHACK [SHAK] n. cabaña, choza.

SHADE [SHEID] n. sombra :: penumbra :: medio tono :: matiz, tono :: un poco :: (lámpara) pantalla :: fantasma :: **to put in the** —, hacer sombra a :: vn. sombrear, dar sombra, resguardar :: amparar.

SHADOW [SHÁDOU] n. sombra :: oscuridad :: aparecido :: pizca :: amparo :: va. & n. anublar, obscurecer(se) :: ensombrecer :: — **forth**, anunciar :: espiar.

SHADOWY [SHÁDOUI] adj. lleno de sombras, tenebroso :: vago, indistinto.

SHADY [SHÉIDI] adj. sombreado, sombrío, umbroso :: sospechoso.

SHAFT [SHAFT] n. flecha :: vara, eje :: mango :: árbol :: tiro :: pozo :: asta :: (de una columna) fuste :: virote :: manguera :: (de luz) rayo.

SHAKE [SHEIK] n. sacudida, meneo, zarandeo :: agitación, vibración :: **hand** —, apretón de manos :: va. & n. sacudir, menear :: (la espada) blandir :: (re)temblar :: (la cabeza) mover, menear :: cimbrear :: debilitar, desalentar, amilanar :: **to** — **hands**, estrechar las manos :: vn. **to** — **with fear**, estremecerse, temblar de miedo :: **to** — **with laughter**, desternillarse de risa :: **to** — **with cold**, tiritar de frío :: bambolear :: — **off**, sacudir(se), zafarse de, deshacerse de :: — **up**, remover, descomponer :: **difficult to** — **off**, pegajoso.

SHAKEN [SHEIKN] p.p. de **to shake**.

SHAKE-UP [SHÉIKAP] n. reorganización.

SHAKY [SHÉIKI] adj. tembloroso :: vacilante.

SHALL [SHAL] v. aux. del futuro del indicativo en las primeras

personas (I, we); en las demás expresa mayor énfasis, mandato u ogligación :: **he** — **not do it**, no lo hará, no ha de hacerlo.

SHALLOW [SHÁLOU] adj. poco profundo, vadoso :: superficial, baladí, ligero :: n. bajío.

SHALLOWNESS [SHÁLOUNES] n. poca hondura, poca profundidad :: superficialidad :: ligereza de juicio.

SHAM [SHAM] adj. fingido :: supuesto, postizo :: n. impostura, simulacro :: va. & n. fingir(se), simular.

SHAMBLES [SHAMBLS] n. desorden.

SHAME [SHEIM] n. vergüenza, infamia, bochorno :: baldón, afrenta :: **to be covered with** —, abochornarse :: **to lose all sense of** —, perder la vergüenza :: va. avergonzar.

SHAMEFUL• [SHÉIMFUL] adj. vergonzoso.

SHAMELESS• [SHÉIMLES] adj. desvergonzado, descarado.

SHAMELESSNESS [SHÉIMLESNES] n. desvergüenza :: descaro, desfachatez.

SHAMPOO [SHAMPÚ] n. champú.

SHAMROCK [SHÁMROK] n. trébol.

SHANTY [SHÁNTI] n. choza, cabaña, casucha.

SHAPE [SHEIP] n. forma, figura :: configuración, contorno :: cuerpo :: sesgo :: **to give** —, configurar :: va. formar, figurar(se), modelar :: dirigir :: forjar, labrar :: ajustar.

SHAPELESS [SHÉIPLES] adj. informe, sin forma.

SHARE [SHÉAER] n. (com.) acción :: parte, porción :: participación :: cuota :: va. & n. dividir, (com.) partir, participar de, alcanzar :: — **out among**, repartir :: — **in**, tener parte en, terciar :: — **with**, unirse con :: — **all with**, contigo pan y cebolla :: **to go** —**s with**, ir a (medias, partes iguales) con.

SHAREHOLDER [SHÉAERJOULDAER] n. accionista.

SHARK [SHARK] n. tiburón :: (fig.) estafador.

SHARP• [SHARP] adj. agudo :: puntiagudo :: afilado, cortante :: (dolor) agudo, punzante :: listo, fino, vivo :: astuto, mañoso :: picante, desabrido, agrio, acre :: incisivo, mordaz :: (sonido) penetrante, fino :: definido :: acerbo :: duro :: (mus.) sostenido :: — **eyed**, lince.

SHARPEN [SHARPN] va. & n. afilar

(se) :: sacar punta a :: aguzar(se) :: amolar.

SHARPNESS [SHÁRPNES] n. agudeza :: sutileza :: mordacidad :: rigor :: aspereza :: acidez.

SHATTER [SHÁTA] va. hacer pedazos, romper, reventar, estrellar :: vn. estrellarse, hacerse pedazos, añicos :: (la salud) quebrantar.

SHAVE [SHEIV] va. afeitar, hacer la barba a :: — **off**, rapar :: vn. afeitarse, hacerse la barba :: (fig.) pasar rozando.

SHAVEN [SHÉIVAEN] p.p. de **to shave** :: **clean-shaven**, bien afeitado.

SHAVING [SHÉIVING] n. afeitado, afeitada :: viruta :: acepilladura :: pl. —**s**, raspaduras, virutas :: cizalla.

SHAWL [SHOAL] n. toquilla, chal :: mantón (de Manila) :: **head**—, mantilla.

SHE [SHI] pron. pers. ella :: — **who**, la que :: n. hembra.

SHEAF [SHIF] n. haz, gavilla :: fajo, lío, pliego :: (papers) fajo.

SHEAR [SHÍAER] n. —**s**, cizalla :: va. esquilar :: recortar, rapar.

SHEARING [SHÍAERING] n. cizalladura :: esquileo.

SHEARS [SHÍAERS] n. pl. tijeras grandes.

SHEATH [SHIZ] n. vaina, funda, cubierta :: forro.

SHED [SHED] n. cobertizo, colgadizo, tinglado, sombreja :: **water**—, vertiente :: va. derramar, esparcir :: mudar :: despojarse de.

SHEEP [SHIP] n. oveja :: ganado de lana :: carnero :: **flock of** —, rebaño :: —**fold**, aprisco, majado :: —**like**, ovejuno :: —**dog**, perro de pastor.

SHEEPISH• [SHÍPISH] adj. vergonzoso, encogido, tímido.

SHEER [SHÍAER] adj. puro, claro, completo, consumado :: escarpado, cortado a pico :: **of** — **old age**, de puro viejo :: adv. de una vez, completamente :: vn. — **off**, alejarse, virar, desviar, zafarse.

SHEET [SHIT] n. hoja :: sábana :: (de agua, hielo) extensión :: (de metal) lámina, plancha :: cuartilla :: **ballad** —**s**, pliegos de cordel.

SHELF [SHELF] n. anaquel :: pl. estantería.

SHELL [SHEL] n. concha :: cáscara, cascarón :: **scallop**—, venera :: caparazón :: (mil.) bala (de cañón), bomba, granada :: *(de hortalizas)* vaina :: **—fish,** crustáceo :: *va.* pelar, mondar, descortezar :: bombardear.

SHELLAC [SHELÁK] *n.* laca, goma laca :: *va.* lacar.

SHELTER [SHÉLTA] *n.* abrigo :: resguardo :: cobertizo :: cotarro :: **air-raid —,** refugio :: albergue :: *(met.)* hogar :: **to take —,** cobijarse :: *va.* abrigar, resguardar :: encubrir :: acoger, albergar :: proteger :: **— from,** guarecerse de, abrigarse de.

SHELVE [SHELV] *va.* poner o guardar en un estante :: poner a un lado, arrinconar, arrumbar.

SHELVES [SHELVS] *n. pl.* estantes, anaqueles :: estantería.

SHEPHERD [SHÉPERD] *n.* pastor :: **chief —,** mayoral.

SHERBET [SHÉRBAET] *n.* sorbete.

SHERIFF [SHÉRIF] *n.* alguacil mayor, sheriff.

SHERRY [SHÉRI] *n.* vino de Jerez :: manzanilla.

SHIELD [SHILD] *n.* escudo :: adarga :: resguardo, defensa :: *va.* proteger, defender, escudar, resguardar :: **— oneself,** abroquelarse.

SHIFT [SHIFT] *n.* cambio, desviación :: recurso :: equipo, tanda :: artificio :: astucia :: trueque :: *va.* cambiar :: transportar :: *vn.* variar, mudar :: girar :: **— for oneself,** bandearse, arreglárselas como pueda, **to make — with,** apañarse, ingeniarse.

SHIN [SHIN] *n.* canilla, espinilla :: **—bone,** tibia.

SHINE [SHAIN] *n.* brillo, resplandor :: *va.* sacar brillo a :: *vn.* brillar, lucir, coruscar, relumbrar :: sobresalir.

SHINING [SHÁINING] *adj.* brillante :: resplandeciente.

SHINY [SHÁINI] *adj.* brillante :: lustroso.

SHIP [SHIP] *n.* buque, barco :: **war—,** navío, buque :: **merchant —,** buque mercante :: *va. & n.* embarcar, transportar.

SHIPMENT [SHÍPMENT] *n.* embarque :: cargamento :: despacho, envío :: remesa.

SHIPPER [SHÍPAER] *n.* embarcador :: remitente.

SHIPPING [SHÍPING] *n.* embarque :: despacho, envío :: flota :: **—charges,** gastos de embarque :: **— clerk,** dependiente de muelle :: dependiente encargado de embarques.

SHIPWRECK [SHÍPREK] *n.* naufragio :: *va.* echar a pique, hacer naufragar :: *vn.* naufragar, ir a pique.

SHIPYARD [SHÍYARD] *n.* astillero.

SHIRK [SHERK] *va.* eludir, rehuir, esquivar, evitar :: **— consequences,** escurrir el bulto.

SHIRT [SHERT] *n.* camisa :: **—front,** pechera :: **—maker's shop,** camisería :: **stuffed —,** *(sl.)* persona estirada :: **in — sleeves,** en mangas de camisa.

SHIVER [SHÍVA] *n.* temblor :: **the —s,** escalofrío :: **to break into —s,** romper en pedazos, en fragmentos :: *va. & n.* tiritar, temblar :: cascar(se), quebrantar :: estrellar(se), hacer(se) añicos, astillas.

SHOAL [SHOUL] *n.* bajío, banco de arena :: banco *(de peces).*

SHOCK [SHOK] *n.* choque, sacudida :: *(med.)* shock :: sobresalto :: *(de pelo)* guedeja, madeja, mata :: **— troops,** tropas de asalto :: *va. & n.* chocar, causar, sobresaltar :: horrorizar :: **to be —ed,** asombrarse, *(pop.)* quedar hecho polvo.

SHOCKING [SHÓKING] *adj.* chocante, ofensivo, repugnante :: espantoso, escandaloso.

SHOE [SHU] *n.* zapato :: herradura :: **—horn,** calzador :: *va.* calzar :: herrar :: **— shine (boy),** *n.* limpiabotas.

SHOEBLACK [SHÚBLAK] *n.* limpiabotas.

SHOELACE [SHÚLEIS] *n.* lazo, cinta, cordón de zapato.

SHOEMAKER [SHÚMEIKA] *n.* zapatero.

SHOESTRING [SHÚSTRING] *n.* lazo, cinta, cordón de zapato.

SHONE [SHOUN] *pret. & p.p. de* **to shine.**

SHOOK [SHUK] *pret. de* **to shake.**

SHOOT [SHUT] *n.* retoño, plantón, vástago :: artesa inclinada :: *va.* disparar, tirar :: pasar por las armas, fusilar :: **— down,** derribar :: **— off,** disparar :: **— out,** arrojar :: **— up,** *vn.* brotar, dar un estirón :: *(el dolor)* punzar :: *(el cerrojo)* correr, echar.

SHOOTER [SHÚTAER] *n.* tirador.

SHOOTING [SHÚTING] *n.* tiroteo :: **— pain,** punzada, dolor agudo :: **— star,** estrella fugaz.

SHOP [SHOP] *n.* tienda :: almacén :: **back —,** trastienda :: **— boy,** dependiente, mancebo :: *vn.* hacer compras.

SHOPKEEPER [SHÓPKIPAER] *n.* tendero.

SHOPPER [SHÓPAER] *n.* comprador.

SHOPPING [SHÓPING] *n.* compra, compras :: **to go —,** ir de compras, ir de tiendas, ir a la plaza.

SHORE [SHÓAER] *n.* playa :: costa, ribera :: orilla, margen.

SHORN [SHORN] *p.p. de* **to shear.**

SHORT° [SHOART] *adj.* corto, reducido, limitado :: escaso, breve, sucinto :: seco, brusco :: próximo :: flaco :: quebradizo, vidrioso :: **— breathed,** corto de resuello :: **— cut,** atajo :: **to go by — cuts,** atrochar :: **— lived,** efímero :: **—sighted,** corto de vista :: **—sightedness,** miopía :: *(fig.)* falta de alcances :: **— tempered,** enojadizo :: *adv.* **in —,** en resumen, en una palabra, en suma :: **in a — time,** luego, pronto :: **— of cash,** escaso de medios :: **— while,** rato :: **to cut —,** cortar en seco, para abreviar, atajar :: cercenar :: abreviar :: **to fall — of,** no alcanzar, no corresponder :: quedarse corto :: **to be —,** faltar :: *n. (elect.)* corte.

SHORTAGE [SHÓRTICH] *n.* escasez, carestía :: déficit :: falta.

SHORTCOMING [SHÓRTKAMING] *n.* falta, defecto.

SHORTHAND [SHORTHAND] *n.* taquigrafía.

SHORTEN [SHORTN] *va. & n.* acortar(se), abreviar(se), disminuir(se).

SHORTENING [SHÓRTNING] *n.* manteca, grasa :: acortamiento :: abreviación.

SHORTNESS [SHÓRTNES] *n.* cortedad, brevedad :: pequeñez :: escasez, deficiencia.

SHORTS [SHORTS] *n. pl.* calzoncillos, pantalones cortos.

SHOT [SHOT] *adj.* tornasolado, :: *n.* tiro, descarga :: jugada :: perdigones.

SHOTGUN [SHÓTGAN] *n.* escopeta.

SHOULD [SHUD] *v. aux. que forma el condicional* :: **I said that I — go,** dije que iría :: *forma el imperfecto de subjuntivo* :: **if it — rain,** si lloviera :: *indica deber* :: **you — not do it,** no debiera (o no debería) hacerlo.

SHOULDER [SHÓULDA] *n.* hombro espalda :: *(de una montaña)* lomo :: **— blade,** omoplato, espaldilla :: **— joint,** codillo, articulación del hombro :: **— pad,** hombrera :: **— yoke,** charretera :: **broad —ed,** ancho de espaldas :: **round —ed,** cargado de hoombros :: *va.* echar, cargar al hombro :: cargar con :: **to set one's – to the wheel,** arrimar el hombro, tomar sobre sí.

SHOUT [SHAUT] *n.* grito, exclamación :: *vn.* gritar, vociferar, exclamar, dar gritos, hablar a gritos, huchear.

SHOVE [SHAV] *n.* empujón, empellón :: empuje :: *va. & n.* empujar, dar empellones :: **to – aside,** echar a un lado, rechazar :: **to – off,** partir, zarpar :: salir, irse.

SHOVEL [SHAVL] *n.* pala :: *va.* traspalar.

SHOW [SHOU] *n. (theat.)* función, espectáculo :: exposición :: exhibición :: ostentación, boato, aparato :: manifestación, promesa, apariencia :: demostración :: pretexto :: **trade –,** feria de muestras :: **–case,** vitrina, escaparate :: **–room,** sala de exposición :: **to make a – of,** hacer gala de :: *va.* mostrar, enseñar, probar, demostrar :: manifestar :: exponer, exhibir :: guiar :: **to – to advantage,** lucir :: *vn.* parecer :: aparecer :: dar señal de :: **– off,** lucir :: **– up,** descubrir, poner en ridículo :: aparecer :: **– through,** transparentarse.

SHOWCASE [SHÓUKEIS] *n.* vitrina, aparador, escaparate.

SHOWDOWN [SHÓUDAUN] *n.* arreglo terminante :: momento decisivo.

SHOWER [SHÁUA] *n.* aguacero, chaparrón :: rociada :: **a – of money,** un chorro de dinero :: **– bath,** ducha :: *va. & n.* hacer llover, llover :: derramar :: llenar.

SHOWN [SHOUN] *p.p. de* **to show.**

SHOWY [SHÓUI] *adj.* ostentoso :: vistoso, chillón.

SHRED [SHRED] *n.* jirón, jira :: ápice, triza, fragmento :: *va.* desmenuzar, hacer tiras :: **to wear oneself to a –,** hacerse añicos.

SHREW [SHRU] *n.* musaraña :: arpía, mujer brava, mujer de mal genio.

SHREWD [SHRUD] *adj.* astuto, sagaz, agudo.

SHRIEK [SHRIK] *n.* grito penetrante, alarido, chillido :: *vn.* dar chillidos, chillar.

SHRILL [SHRIL] *adj.* penetrante, agudo :: chillón :: *va.* chillar.

SHRIMP [SHRIMP] *n.* camarón :: gamba :: hombrecillo insignificante.

SHRINE [SHRAIN] *n.* relicario, urna,

templo, capilla.

SHRINK [SHRINK] *vn.* encoger(se) :: marchitar(se), contraer(se) :: *(met.)* retroceder, rehuir.

SHRINKAGE [SHÍNKICH] *n.* encongimiento :: contracción :: merma.

SHRIVEL [SHRÍVIL] *va. & n.* arrugar(se), encoger, avellanarse.

SHROUD [SHRAUD] *n.* sudario :: mortaja :: *va.* amortajar.

SHRUB [SHRAB] *n.* arbusto, mata, matorral, maleza.

SHRUG [SHRAG] *n.* encogimiento de hombros :: *va.* encogerse de hombros.

SHRUNK [SHRÁNK] *pret. & p.p. de* **to shrink.**

SHRUNKEN [SHRÁNKEN] *p.p. de* **to shrink.**

SHUDDER [SHÓDA] *n.* temblor, estremecimiento :: escalofrío :: *vn.* (re)temblar, estremecerse.

SHUFFLE [SHOFL] *n.* evasiva, embuste :: *(de naipes)* barajadura :: *va. & n. (los naipes)* barajar :: eludir :: revolver :: arrastrar los pies.

SHUN [SHAN] *va.* esquivar, eludir, rehuir de, retraerse de.

SHUT [SHAT] *va.* cerrar :: entornar :: **– in,** (en)cerrar :: **– out,** excluir :: negar la entrada :: **– up,** obstruir :: callar(se) :: tapar la boca :: encerrar :: recluir :: **to – one's eyes to,** hacer la vista gorda a.

SHUTTER [SHÁTAER] *n.* postigo, contraventana, puerta ventana :: hoja :: *(phot.)* obturador.

SHUTTLE [SHATL] *n.* lanzadera :: *vn.* ir y venir acompasadamente.

SHY [SHAI] *adj.* tímido, asustadizo, huraño, esquivo, hurón, asombradizo, corto :: recatado :: *vn.* asustarse, respingarse.

SHYNESS [SHÁINES] *n.* reserva, timidez, recato, cortedad, esquivez.

SICK [SIK] *adj.* enfermo, malo :: mareado :: **–bay,** enfermería :: **– of,** fastidiado, harto :: **to be –,** vomitar :: estar enfermo, mareado, marearse.

SICKEN [SIKN] *va.* enfermar(se), poner(se) enfermo :: dar asco :: tener asco :: sentir naúseas.

SICKENING [SÍKNING] *adj.* nauseabundo, repugnante :: lastimoso.

SICKLE [SIKL] *n.* hoz.

SICKNESS [SÍKNES] *n.* enfermedad :: malestar :: náusea.

SIDE [SAID] *adj.* lateral, de lado :: **– door,** puerta lateral :: **– saddle,** a sentadillas, a mujerie-

gas :: *n.* lado, costado :: fase, cara :: orilla, margen :: ladera, vertiente :: *(naut.)* banda :: bando, parte, facción, lado :: *(en billar)* efecto :: **by the – of,** al lado :: **on all –s,** por todas partes :: *vn.* **– with,** tomar partido, ponerse al lado de :: decidirse por.

SIDEBOARD [SÁIDBORD] *n.* aparador.

SIDE SLIP [SÁIDSLIP] *n.* deslizamiento lateral.

SIDETRACK [SÁIDTRAK] *va.* desviar :: echar a un lado.

SIDEWALK [SÁIDUOK] *n.* acera :: andén.

SIDEWAYS [SÁIDUEIS] *adv.* de lado, oblicuamente, al través.

SIEGE [SICH] *n.* sitio, asedio, cerco.

SIEVE [SIV] *n.* cedazo, tamiz, criba, harnero :: **to carry water in a –,** coger agua en cesto :: *va.* cribar.

SIFT [SIFT] *va.* cerner, cribar, tamizar :: separar :: examinar, indagar.

SIGH [SAI] *n.* suspiro :: *vn.* suspirar :: **– for,** anhelar, ansiar.

SIGHT [SAIT] *n.* vista :: espectáculo, escena :: cuadro :: puntería :: **at –,** a primera vista :: **by –,** de vista :: **to lose – of,** perder de vista :: **–s,** mira :: **what a –!,** *(coll.)* ¡qué facha!, ¡qué mamarracho!, ¡qué birria! :: *va.* avistar :: poner miras (al fusil) :: **to catch –of,** divisar.

SIGHTSEEING [SÁITSIING] *n.* turismo :: **– tour,** recorrido para visitar puntos de interés.

SIGN [SAIN] *n.* signo :: asomo, indicio, señal, indicación, prueba :: rastro :: sombra :: letrero :: **electric –,** anuncio luminoso :: **with authority to –,** apoderado :: **by –s and spells,** por arte de birlibirloque :: *va. & n.* firmar, poner firma, rubricar.

SIGNAL* [SÍGNL] *adj.* señalado, insigne :: *n.* señal, seña, signo :: *(railw.)* banderín.

SIGNATURE [SÍGNATIUR] *n.* firma, rúbrica.

SIGNER [SÁINAER] *n.* firmante.

SIGNIFICANCE [SIGNÍFIKANS] *n.* significación :: significado.

SIGNIFICANT* [SIGNÍFIKANT] *adj.* significante, considerable, enfático, de peso.

SIGNIFY [SÍGNIFAI] *va.* significar, importar, manifestar, hacer saber, dar a entender, simbolizar.

SILENCE [SÁILENS] *n.* silencio :: **to**

maintain —, guardar silencio :: — **gives consent,** quien calla, otorga :: *va.* silenciar, *(mandar, hacer)* callar.

SILENT [SÁILENT] *adj.* callado, mudo, sordo, silencioso, tácito :: **to be** —, callar(se) :: **to become** —, enmudecer.

SILHOUETTE [SILUÉT] *n.* silueta.

SILK [SILK] *n.* seda :: —**worm,** gusano de seda :: — **hat,** sombrero de copa.

SILKEN [SILKN] *adj.* sedoso :: de seda.

SILLY [SILI] *adj.* tonto, necio, bobo, imbécil, idiota, abobado, simple.

SILO [SÁILOU] *n.* silo.

SILT [SILT] *n.* cieno.

SILVER [SILVA] *adj.* plateado, argentino, de plata :: *n.* plata :: — **work,** orfebrería :: *va.* platear :: azogar.

SILVERSMITH [SÍLVAERSMIZ] *n.* platero.

SILVERWARE [SÍLVAEUEAE] *n.* vajilla de plata :: cuchillos, cucharas y tenedores *(de plata o plateados).*

SILVERY [SÍLVÁERI] *adj.* plateado :: argentino.

SIMILAR• [SÍMILA] *adj.* semejante, igual :: parejo, parecido.

SIMILARITY [SIMILÁRITI] *n.* semejanza, parecido.

SIMILE [SÍMILI] *n.* símil.

SIMMER [SÍMAER] *vn.* hervir a fuego lento.

SIMPLE [SIMPL] *adj.* simple :: mero :: ordinario :: sencillo, fácil :: simple, bueno, cándido :: bobo, tonto :: llano, sencillo :: familiar.

SIMPLETON [SIMPLETON] *n.* simplón, papanatas, bobalicón.

SIMPLICITY [SIMPLÍSITI] *n.* sencillez :: simpleza :: simplicidad :: inocencia :: llaneza :: modestia.

SIMPLIFY [SÍMPLIFAI] *va.* simplificar.

SIMPLY [SÍMPLI] *adv.* simplemente :: sencillamente :: solamente.

SIMULATE [SÍMIULEIT] *va.* simular.

SIMULTANEOUS• [SIMOLTÉINIOS] *adj.* simultáneo.

SIN [SIN] *n.* pecado, transgresión, falta :: **deadly** —, pecado capital :: *vn.* pecar, faltar.

SINCE [SINS] *adv.* desde (que) :: *conj.* puesto que, como que :: *prep.* después.

SINCERE• [SINSÍR] *adj.* sincero, leal, franco, cordial :: hondo, verdadero :: formal.

SINCERITY [SINSÉRITI] *n.* sinceridad.

SINECURE [SÁINIKIUR, SÍNIKIUR] *n.* sinecura.

SINEW [SÍNIU] *n.* nervio, tendón :: fibra.

SINEWY [SÍNIUUI] *adj.* nervudo, nervioso o nervoso :: fuerte, vigoroso.

SINFUL• [SÍNFUL] *adj.* pecaminoso :: pecador.

SING [SING] *n.* —**song,** sonsonete :: *va.* & *n.* cantar :: *(los oídos)* zumbar :: **to** — **out of tune,** desafinar, desentonar :: **to** — **to sleep,** arrullar.

SINGE [SINCH] *va.* chamuscar, sollamar :: quemar las puntas del pelo.

SINGER [SÍNGAER] *n.* cantor, —ora :: cantante.

SINGLE [SINGL] *adj.* singular :: aislado, individual :: único :: célibe, soltero :: sencillo :: solo, solitario :: — **handed,** sin ayuda, solo :: *va.* — **out,** separar, escoger :: particularizar.

SINGULAR• [SÍNGUIULAR] *adj.* singular, insólito, peculiar.

SINISTER [SINISTA] *adj.* siniestro :: aciago, funesto.

SINK [SINK] *n.* pila, fregadero :: desagüe, albañal :: *va.* hundir :: *(un barco)* hundir, echar a pique :: *(un pozo)* abrir, cavar :: — **in,** hincar, clavar :: grabar :: *vn.* hundirse, sumirse :: naufragar, perderse, zozobrar :: — **down,** hundirse, derrumbarse :: —**into,** penetrar, grabarse :: caer(se) en :: — **in,** deprimir, abatir :: *(el sol)* ponerse :: menguar.

SINNER [SÍNAER] *n.* pecador.

SINUOUS [SÍNYUOES] *adj.* sinuoso, tortuoso :: con vueltas y rodeos.

SIP [SIP] *n.* sorbo, sorbito :: *va.* & *n.* sorber, chupar, saborear.

SIR [SER] *n.* señor.

SIREN [SÁIREN] *n.* sirena :: — **suit,** mono.

SIRLOIN [SÉRLOIN] *n.* solomillo.

SIRUP [SÍROEP] *n.* jarabe.

SISTER [SÍSTA] *n.* hermana :: —**in-law,** cuñada, hermana política.

SIT [SIT] *vn.* sentarse, estar sentado :: empollar :: celebrar sesión :: *(la ropa)* sentar (bien) :: — **down,** sentarse :: descansar :: — **up,** incorporarse :: velar :: trasnochar :: *va.* sentar, colocar en un asiento.

SITE [SAIT] *n.* sitio, situación, asiento, planta, local :: **building** —, solar, terrenos :: *va.* situar.

SITTING [SÍTING] *n.* sesión :: sentada :: **at one** —, de una sentada

:: *adj.* sentado :: — **hen,** gallina ponedora :: — **room,** antesala, sala de espera.

SITUATED [SÍTIUEITID] *adj.* situado, sito :: **to be** —, ubicarse, estar, hallarse.

SITUATION [SITIUÉISHON] *n.* situación :: sitio, lugar :: posición :: colocación, puesto :: peripecia :: **the** — **being what it is,** (a, en) estas alturas.

SIX [SIKS] *num.* seis :: **to set at sixes and sevens,** aturrullar.

SIZE [SAIS] *n.* tamaño :: talla :: grandor :: *(del calzado)* número :: *va.* colar :: clasificar por tamaños.

SIZZLE [SISL] *vn.* chisporrotear :: *n.* chisporroteo.

SKATE [SKEIT] *n.* patín :: **roller**—**s,** patines de ruedas :: *vn.* patinar.

SKELETON [SKÉLITON] *n.* esqueleto :: armazón :: esquema :: — **key,** ganzúa.

SKEPTIC [SKÉPTIC] = **sceptic.**

SKETCH [SKECH] *n.* bosquejo, delineación, traza, dibujo, boceto, diseño :: *va.* diseñar :: bosquejar, delinear, apuntar.

SKI [SKI] *n.* esquí :: *vn.* esquiar, patinar con esqués.

SKID [SKID] *vn.* patinar :: arrastrar.

SKILFUL, SKILLFUL• [SKÍLFUL] *adj.* práctico, diestro, hábil, sabio, inteligente, ingenioso, redomado, apañado :: industrioso.

SKILL [SKIL] *n.* maña, habilidad, destreza :: artificio, arte, maestría, soltura :: sutileza, gracia :: conocimiento :: **lack of** —, impericia.

SKILLED [SKILD] *adj.* experto, práctico, experimentado, hábil.

SKILLET [SKÍLET] *n.* sartén :: cacerola.

SKIM [SKIM] *va.* desnatar, quitar la nata a :: espumar, quitar la espuma a :: leer superficialmente :: **to** — **over the surface,** rozar la superficie.

SKIMPY [SKÍMPI] *adj.* escaso :: tacaño.

SKIN [SKIN] *n.* piel, tez, pellejo :: cuero :: odre :: cáscara :: nata :: — **tight,** ajustado como un guante :: **to save one's** —, salvar el pellejo :: *va.* desollar :: pelar, mondar :: **to** — **alive,** desollar vivo :: *vn.* **to** — **over,** cicatrizar.

SKINNY [SKÍNI] *adj.* flaco :: descarnado.

SKIP [SKIP] *n.* salto, brinco :: *va.* saltar, omitir, pasar por alto :: *vn.* saltar a la cuerda.

SKIPPER [SKÍPA] *n.* patrón, capitán :: saltador.

SKIRMISH [SKERMISH] *n.* escaramuza, refriega :: *vn.* escaramuzar.

SKIRT [SKERT] *n.* falda, saya :: brial :: miriñaque :: **under—**, enagua :: faldillas :: cenefa, orilla :: *va.* orillar, ladear :: poner cenefa.

SKULL [SKAL] *n.* cráneo, calavera.

SKUNK [SKANK] *n.* hediondo.

SKY [SKÁI] *n.* cielo, firmamento :: **—scraper,** rascacielos :: **—high,** por las nubes.

SKYLARK [SKÁILARK] *n.* alondra, calandria.

SKYLIGHT [SKÁILAIT] *n.* claraboya, tragaluz.

SLAB [SLAB] *n.* losa :: plancha, tabla.

SLACK [SLAK] *adj.* flojo :: negligente, remiso, descuidado :: ancho :: *n.* cisco :: flojedad.

SLACKEN [SLÁKN] *va. & n.* aflojar(se) :: flojear :: retardar(se) :: disminuir.

SLAIN [SLÉIN] *p.p. de* **to slay.**

SLAM [SLAM] *n.* golpazo :: claridad, grosería :: **— of a door,** portazo :: **to make a grand —,** ganar todas las bazas :: *va.* cerrar(se) de golpe :: dejar caer de golpe :: **to — someone,** decirle a alguien una grosería :: **to — the door,** dar un portazo.

SLANDER [SLÁNDA] *n.* calumnia, murmuración :: denigración :: *va.* calumniar, difamar.

SLANDEROUS[*] [SLÁNDEROES] *adj.* calumnioso, maldiciente.

SLANG [SLANG] *n.* jerga, jerigonza :: vulgarismo.

SLANT [SLANT] *n.* oblicuidad, sesgo, declive :: *va. & n.* inclinar, sesgar, inclinarse.

SLAP [SLAP] *n.* manotada, palmada :: bofetada, cachete :: revés :: *(coll.)* torta :: *va.* abofetear :: pegar :: **—dash,** *adj.* de brocha gorda.

SLAPSTICK [SLÁPSTIK] *adj.* de golpe y porrazo.

SLASH [SLASH] *n.* cuchillada :: latigazo :: *va.* acuchillar :: *vn.* tirar tajos.

SLATE [SLEIT] *n.* pizarra :: color de pizarra :: lista de candidatos :: **— pencil,** pizarrín.

SLAUGHTER [SLÓATA] *n.* mortandad, carnicería, matanza :: degüello, degollación :: **—house,** matadero :: *(pop.)* degollina :: *va.* matar, degollar.

SLAVE [SLÉIV] *n.* esclavo :: **freed —,** liberto :: **— traffic,** trata ::

vn. trabajar como un negro, sudar tinta.

SLAVERY [SLÉIVERI] *n.* esclavitud.

SLAY [SLEI] *va.* matar, asesinar.

SLED [SLED] *n.* trineo, rastra.

SLEDGE [SLECH] *n.* trineo.

SLEEK[*] [SLIK] *adj.* liso, suave :: pulcro, zalamero :: *va.* alisar, pulir.

SLEEP [SLIP] *n.* sueño, reposo :: **light —,** duermevela :: **— walker,** sonámbulo :: *vn.* dormir(se), descansar :: **to — like a top,** dormir como un lirón :: **to — over, on,** consultar con la almohada.

SLEEPER [SLÍPAER] *n.* durmiente, traviesa :: cochecama, cochedormitorio.

SLEEPILY [SLÍPILI] *adv.* con somnolencia.

SLEEPINESS [SLÍPINES] *n.* sueño, modorra, somnolencia.

SLEEPING [SLÍPIING] *adj.* durmiente :: dormido :: **— car,** cochecama :: **— pills,** píldoras para dormir.

SLEEPLESS [SLÍPLES] *adj.* desvelado, insomne, sin sueño.

SLEEPY [SLÍPI] *adj.* soñoliento :: amodorrado :: **to be —,** tener sueño.

SLEEVE [SLIV] *n.* manga :: **to laugh up one's —,** reírse con disimulo.

SLEIGH [SLÉI] *n.* trineo.

SLEIGHT [SLAIT] *n.* habilidad, pericia, astucia, maña :: **— of hand,** prestidigitación, escamoteo, juego de manos.

SLENDER[*] [SLÉNDA] *adj.* delgado, sutil, fino, débil, escaso, corto, limitado, remoto.

SLEPT [SLEPT] *pret. & p.p. de* **to sleep.**

SLEUTH [SLUZ] *n.* detective.

SLICE [SLAIS] *n.* tajada, rebanada :: rodaja :: raja :: *va.* cortar en lonjas :: rebanar :: **to — into,** tajar.

SLIDE [SLAID] *n.* resbalón :: *(mech.)* muesca, encaje :: *(geol.)* falla :: *(phot.)* placa :: *vn.* resbalar, deslizarse.

SLIGHT[*] [SLAIT] *adj.* ligero, leve, limitado, fútil, liviano, tenue, flojo :: **—est,** mínimo :: **only —ly,** poco :: *n.* desaire, desprecio :: *va.* desairar, desatender, desdeñar, menospreciar.

SLIM [SLIM] *adj.* delgado, esbelto, fino, tenue, escaso.

SLIME [SLAIM] *n.* limo, cieno, fango :: baba, secreción viscosa.

SLIMY [SLÁIMI] *adj.* viscoso, fan-

goso.

SLING [SLING] *n.* honda :: *(para el brazo)* cabestrillo :: *va.* lanzar :: poner en cabestrillo, eslingar :: terciar.

SLIP [SLIP] *n.* resbalón, traspié :: error, lapso :: desliz, equivocación :: hoja :: tira :: *(bot.)* esqueje, vástago :: *(naut.)* grada :: **knot,** lazo corredizo :: **pillow—,** funda :: **— of the tongue,** lapsus linguae :: **to give the — to,** dar esquinazo a :: **a — between cup and lip,** de la mano a la boca desaparece la sopa :: *va.* **— in,** deslizar :: **— off,** soltar :: dislocarse :: *vn.* resbalarse, irse los pies :: patinar :: salirse :: cometer un desliz :: equivocarse :: largarse :: **— away,** escurrirse :: **— down,** dejarse caer :: **— into,** introducirse, caer en, insinuarse :: **— in,** colarse :: **— off,** quitarse :: escabullirse.

SLIPPER [SLÍPA] *n.* zapatilla, babucha :: chinela, chancleta.

SLIT [SLIT] *n.* hendedura, quebradura, hendido :: raja :: resquicio :: *va.* rajar, hender, cortar, rasgar :: desgarrar.

SLOGAN [SLÓUGAN] *n.* lema, eslogan.

SLOPE [SLOUP] *n.* declive, pendiente, inclinación :: bajada :: sesgo :: falda, ladera, vertiente :: *va. & n.* sesgar :: formar en declive :: inclinarse, declinar.

SLOPPY [SLÓPI] *adj.* puerco, sucio, cochino :: desaseado :: mal hecho.

SLOT [SLOT] *n.* ranura, muesca.

SLOTH [SLOUZ] *n.* pereza :: *(zool.)* perezoso.

SLOVENLY [SLÓVNLI] *adj.* desaliñado, dejado, desastroso, descuidado.

SLOW[*] [SLOU] *adj.* lento, pausado :: despacio :: torpe, pesado, lerdo :: premioso :: atrasado, tardo :: **—witted,** lelo, cerrado de mollera :: **— in the uptake,** duro de mollera :: *(el reloj),* **it goes —,** atrasa :: *va.* retardar, ir más despacio.

SLUGGISH[*] [SLÁGUISH] *adj.* perezoso, indolente :: poltrón :: tardo, lento, pesado.

SLUICE [SLUS] *n.* compuerta :: caño, canal :: **—gate,** compuerta.

SLUM [SLAM] *n.* barrio bajo :: *vn.* visitar los barrios bajos.

SLUMBER [SLÁMBA] *n.* sueño :: **heavy —,** modorra :: *vn.* dormir.

SLUMP [SLAMP] *n.* desplome, hundimiento, bajón, baja repentina *(de precios o valores)* :: *vn.* hundirse :: desplomarse :: bajar repentinamente *(los precios o valores).*

SLUR [SLER] *n.* borrón, mancha :: reparo :: *va.* manchar :: — **over,** pasar por encima, desatender, comerse (sílabas, etc.).

SLUSH [SLASH] *n.* nieve a medio derretir :: lodazal, fango :: desperdicios :: sentimentalismo.

SLY [SLAI] *adj.* astuto, bellaco, malicioso, socarrón :: redomado :: taimado :: insidioso :: pícaro, cuco :: furtivo :: **on the** —, a hurtadillas :: **to get in on the** —, colarse :: — **bird,** pajarraco.

SMACK [SMAK] *n.* cachete :: chasquido, restallido :: gusto, sabor :: *(en la voz)* dejo :: *va.* & *n.* saborear :: saborearse :: relamerse :: castañetear :: — **of,** saber a.

SMALL [SMOAL] *adj.* pequeño, chico, menudo, diminuto :: poco :: corto, de poco bulto :: — **fry,** gente menuda :: — **hours,** altas horas :: — **change,** suelto :: — **talk,** vulgaridades.

SMALLNESS [SMÓLNES] *n.* pequeñez :: bajeza.

SMALLPOX [SMÓLPOKS] *n.* viruelas.

SMART [SMART] *adj.* vivo, listo, despejado, hábil :: *(sabor)* picante :: acerbo :: *(dolor)* punzante :: de buen tono, elegante :: majo :: *vn.* escoger, doler, resquemar, picar :: — **for,** quedar resentido.

SMASH [SMASH] *n.* destrozo :: fracaso :: choque :: *va.* quebrantar, romper :: aplastar :: destrozar :: hacer pedazos :: romperse, saltar en pedazos :: *(com.)* fracasar, quebrar.

SMATTERING [SMÁTERING] *n.* tintura :: erudición a la violeta, conocimiento somero.

SMEAR [SMÍAER] *n.* mancha :: *va.* embarrar, untar, manchar :: **to** — **with paint,** pintorrear, pintarrajear.

SMELL [SMEL] *n.* olfato :: olor :: vaho :: traza :: **to give out (offensive)** —, apestar :: *va.* oler, olfatear :: **to** — **a rat,** oler el poste, ver venir un peligro :: — **out,** husmear :: percibir :: — **of,** oler a.

SMELLY [SMÉLI] *adj.* oloroso :: hediondo.

SMELT [SMELT] *va.* fundir, derretir.

SMILE [SMAIL] *n.* sonrisa :: *vn.* sonreír :: — **on,** favorecer.

SMILING [SMÁILING] *adj.* risueño, sonriente.

SMITE [SMAIT] *vn.* golpear, herir :: asolar :: *vn.* aplastar :: *(la conciencia)* remorder.

SMITH [SMIZ] *n.* herrero :: forjador :: artífice.

SMITHY [SMÍZI] *n.* herrería, fragua, forja.

SMITTEN [SMÍTAEN] *p.p. de* **to smite** :: *adj.* afligido :: castigado :: enamorado :: **to be** — **with a disease,** darle a uno una enfermedad.

SMOKE [SMOUK] *n.* humo :: — **screen,** cortina de humo :: **to end in** —, volverse (humo, agua de cerrajas) :: **to have a** —, echar un pitillo :: *va.* fumar :: ahumar :: sahumar :: *vn.* humear, echar humo.

SMOKER [SMÓUKAER] *n.* fumador :: vagón de fumar :: reunión o tertulia de fumadores.

SMOKESTACK [SMÓUKSTAK] *n.* chimenea.

SMOKING [SMÓUKING] *adj.* humeante :: de fumar :: para fumadores :: — **car,** vagón para fumadores :: — **room,** cuarto de fumar.

SMOKY [SMÓUKI] *adj.* humeante, lleno de humo, ahumado :: **to be** —, humear.

SMOOTH [SMUDZ] *adj.* llano, plano :: *(pelo)* liso :: pulido, terso :: unido, igual :: armonioso :: fácil, suave :: untuoso, fluido, meloso :: —**chinned,** barbilampiño :: — **shaven,** (bien) afeitado :: *va.* allanar, igualar :: pulir, alisar :: desbastar :: facilitar :: pacificar, ablandar :: — **running,** corredizo.

SMOOTHNESS [SMÚDZNES] *n.* lisura, igualdad, uniformidad :: suavidad :: afabilidad :: tranquilidad :: facilidad :: fluidez.

SMOTHER [SMÁDZA] *va.* extinguir, ahogar :: apagar :: *vn.* ahogarse, asfixiarse.

SMUDGE [SMACH] *n.* tizón, mancha de tizne :: humareda, nube espesa de humo :: *va.* tiznar, manchar o ensuciar con tizne :: ahumar.

SMUG [SMAG] *adj.* relamido, presumido, comodín.

SMUGGLE [SMAGL] *va.* pasar de contrabando.

SMUGGLER [SMÁGLAER] *n.* contrabandista.

SNACK [SNAK] *n.* merienda, refresco, tentempié.

SNAG [SNAG] *n.* tocón :: raigón :: tropiezo, obstáculo :: **to hit a** —,

tropezar con un obstáculo :: *va.* rasgar, enredar.

SNAIL [SNEIL] *adj.* — **pace,** paso de tortuga :: *n.* caracol.

SNAKE [SNEIK] *n.* culebra, serpiente.

SNAP [SNAP] *n.* mordisco :: *(de un broche)* cierre :: *(de los dientes)* castañeteo :: *(de los dedos)* chasquido :: vigor, viveza :: *(phot.)* instantánea :: *adj.* de golpe, repentino :: —**shot,** rápido, sin apuntar :: *va.* chasquear :: romper :: *(phot.)* sacar una instantánea :: *vn.* partirse, saltar, quebrarse :: estallar :: — **at,** mordisquear.

SNAPPY [SNÁPI] *adj.* mordedor :: violento, vivo :: elegante :: — **eyes,** ojos chispeantes.

SNAPSHOT [SNAPSHOT] *n.* instantánea, fotografía instantánea :: *va.* sacar una instantánea.

SNARE [SNÉR] *n.* trampa, lazo :: red, trapisonda :: orzuelo :: asechanza, artimaña :: *va.* poner trampas, enmarañar, enredar.

SNARL [SNARL] *n.* gruñido :: *vn.* regañar, gruñir.

SNATCH [SNACH] *va.* — **away, up,** arrebatar, quitar, raptar.

SNEAK [SNIK] *n.* soplón, hombre vil :: *vn.* — **away, off,** arrastrarse, escabullirse :: — **in,** colarse.

SNEER [SNÍR] *n.* desdén, mofa, escarnio :: *vn.* hablar desdeñosamente :: — **at,** escarnecer, burlarse de.

SNEEZE [SNIS] *n.* estornudo :: *vn.* estornudar.

SNIFF [SNIF] *n.* sorbo por la nariz, inhalación :: *va.* — **out,** husmear, olfatear :: *vn.* husmear :: sorberse los mocos.

SNIFFLE [SNIFL] *vn.* sorber por las narices.

SNIPE [SNAIP] *va.* & *n.* tirar, disparar desde un escondite.

SNIPER [SNÁIPAER] *n.* francotirador :: tirador emboscado.

SNOB [SNOB] *n.* esnob.

SNOOZE [SNUS] *vn.* dormitar, sestear :: *n.* siestecita :: **to take a** —, echar un sueñecito o siestecita :: descabezar el sueño.

SNORE [SNÓR] *n.* ronquido :: *vn.* roncar.

SNORT [SNOART] *n.* bufido, refunfuño :: *vn.* resoplar, refunfuñar.

SNOUT [SNAUT] *n.* hocico, trompa, morro.

SNOW [SNOU] *n.* nieve :: —**storm,** nevasca :: —**drift,** ventisquero :: *vn.* nevar :: — **gently,** neviscar.

SNOWBALL [SNÓUBOL] *n.* bola de nieve :: *va.* tirar bolas de nieve.

SNOWFALL [SNÓUFOL] *n.* nevada.

SNOWFLAKE [SNÓUFLEIK] *n.* copo de nieve.

SNOWY [SNÓUI] *adj.* nevado :: níveo, blanco como la nieve.

SNUB [SNAB] *n.* desaire :: **— nosed,** chato :: *va.* desairar.

SNUFF [SNAF] *va.* olfatear, husmear, ventear :: *(por la nariz)* aspirar :: despabilar :: **to — at,** olfatear, ventear :: **to — out,** apagar, extinguir :: **to — up,** sorber *(por la nariz)* :: *n.* sorbo *(por la nariz)* :: rapé, tabaco en polvo :: pabilo, mecha quemada *(de una vela).*

SNUG [SNAG] *adj.* abrigado, cómodo :: ajustado.

SO [SOU] *adv.* así :: tan :: así como :: **— big,** tamaño, así de grande :: **— long** *(fam.),* hasta luego :: **— that,** de modo que, de forma que, de suerte que :: **— and —,** un tal :: **Mr. — and —,** don fulano de tal :: zutano :: **and —,** conque.

SOAK [SOUK] *va. & n.* remojar, saturar, empapar :: macerar :: poner a remojo :: **— up,** chupar, absorber, coger :: **— through,** calar.

SOAP [SOUP] *n.* jabón :: *va.* dar jabón.

SOAPY [SÓUPI] *adj.* jabonoso.

SOAR [SÓAER] *vn.* cernerse, remontarse, elevarse, encumbrarse.

SOB [SOB] *n.* sollozo, suspiro :: *vn.* sollozar, suspirar.

SOBER° [SÓUBA] *adj.* sobrio, serio, parco, templado :: abstemio :: *(color)* sombrío, apagado.

SOBERNESS [SÓUBERNES] *n.* sobriedad :: seriedad.

SOBRIETY [SOBRÁIETI] *n.* sobriedad :: cordura.

SOCIABLE [SÓUSHIABL] *adj.* sociable.

SOCIAL [SÓUSHAL] *adj.* social :: sociable :: tratable, de buen trato :: *n.* reunión social :: tertulia.

SOCIALISM [SÓUSHALISM] *n.* socialismo.

SOCIALIST [SÓUSHALIST] *n.* socialista.

SOCIETY [SOSÁITI] *n.* sociedad, asociación, consorcio :: compañía.

SOCK [SOK] *n.* calcetín.

SOCKET [SÓKIT] *n.* *(del ojo)* cuenca :: alvéolo :: *(de la clavícula)* hoyuela :: *(elect.)* enchufe.

SOD [SOD] *n.* césped :: *(de tierra)* terrón :: *va.* cubrir de césped.

SODA [SÓUDA] *n.* soda, sosa :: **— water,** agua de soda :: **baking —,** bicarbonato de sodio.

SODOMY [SÓDAEMI] *n.* sodomía.

SOFT° [SOFT] *adj.* suave, blando, muelle, mullido, quedo :: tocado de la cabeza :: **— water,** agua dulce :: dúctil :: manso :: débil :: afeminado :: **— as silk,** como una seda :: **— drink,** bebida no alcohólica.

SOFTEN [SOFN] *va. & n.* ablandar(se) :: suavizar(se) :: enternecer(se) :: temblar :: **to — one's voice,** bajar la voz, hablar quedo.

SOFTNESS [SÓFTNES] *n.* suavidad, blandura, dulzura :: ductilidad :: molicie.

SOGGY [SÓGUI] *adj.* remojado :: empapado.

SOIL [SOIL] *n.* terreno, tierra, suelo :: *va.* ensuciar :: manchar, empañar.

SOJOURN [SÓUYERN] *n.* estada, estancia, permanencia :: *vn.* permanecer :: estarse, residir por una temporada.

SOLACE [SÓLIS] *n.* solaz, alivio :: *va.* solazar, consolar.

SOLD [SOULD] *pret. & p.p. de* **to sell** :: **to be — on an idea,** estar convencido de una idea.

SOLDER [SÓLDAER] *n.* soldadura :: *va.* soldar.

SOLDIER [SOULCHA] *n.* soldado, militar, guerrero :: **— of Foreign Legion,** legionario.

SOLE° [SOUL] *adj.* solo, único :: mero :: absoluto :: **— right,** exclusiva :: *n. (de zapato)* suela :: *(zool.)* lenguado :: *va.* poner suela, solar.

SOLEMN° [SÓLEM] *adj.* solemne, ponderoso.

SOLEMNITY [SOLÉMNITI] *n.* solemnidad.

SOLICIT [SOLÍSIT] *va.* solicitar, pedir, implorar, importunar, demandar.

SOLICITOR [SOLÍSITAER] *n.* representante, agente :: abogado :: notario.

SOLICITOUS° [SOLÍSITOES] *adj.* solícito, atento :: ansioso, ávido.

SOLICITUDE [SOLÍSITIUD] *n.* solicitud, diligencia.

SOLID° [SÓLID] *adj.* sólido, duro, firme, macizo.

SOLIDARITY [SOLIDÁRITI] *n.* solidaridad.

SOLIDIFY [SOLÍDIFAI] *va. & n.* solidificar(se).

SOLIDITY [SOLÍDITI] *n.* solidez.

SOLITARY [SÓLITERI] *adj.* solitario,

señero :: retirado, aislado, único :: **in — confinement,** incomunicado.

SOLITUDE [SÓLITIUD] *n.* soledad.

SOLSTICE [SÓLSTIS] *n.* solsticio.

SOLUBLE [SÓLIUBL] *adj.* soluble, que se disuelve fácilmente.

SOLUTION [SOLIÚSHON] *n.* solución.

SOLVE [SOLV] *va.* dissolver, resolver, aclarar :: adivinar.

SOMBER, SOMBRE° [SÓMBER] *adj.* tétrico, sombrío, lóbrego.

SOME [SAM] *adj.* algún, alguno :: **— sort of,** tal cual, un poco de :: *pron.* algunos :: alguna persona.

SOMEBODY [SÁMBODI] *pron.* alguien.

SOMEHOW [SÁMJAU] *adv.* de algún modo, de alguna manera :: **— or other,** de una manera u otra :: por alguna razón.

SOMEONE [SÁMUAN] *pron.* alguno, alguien.

SOMERSAULT [SÁMERSOLT] *n.* salto mortal, vuelco, tumbo.

SOMETHING [SÁMZING] *n.* algo, alguna cosa :: un poco :: **— else,** alguna otra cosa, otra cosa.

SOMETIME [SÁMTAIM] *adv.* algún día :: alguna vez :: en algún tiempo :: **—s,** *adv.* a veces, algunas veces, de vez en cuando.

SOMEWHAT [SÁMJUOT] *n.* algo, alguna cosa, un poco :: *adv.* algo, un tanto.

SOMEWHERE [SÁMJUEAER] *adv.* en alguna parte :: **— else,** en alguna otra parte.

SON [SAN] *n.* hijo :: **— and heir,** mayorazgo :: **—in-law,** yerno.

SONG [SONG] *n.* canto, cantar, cantiga, canción, copla :: *(de las aves)* gorjeo :: **—book,** cancionero :: **— of —s,** Cantar de los Cantares.

SONOROUS° [SONÓROES] *adj.* sonoro.

SOON [SUN] *adv.* pronto, prontamente, presto :: **as — as,** en cuanto, así que, no bien :: **some time —,** un día de éstos, temprano.

SOOT [SUT] *n.* hollín :: tizne.

SOOTHE [SÚDZ] *va.* calmar, ablandar, acariciar :: aliviar.

SOOTHSAYER [SÚDZSEIAER] *n.* adivino.

SOP [SOP] *n.* sopa :: soborno, regalo :: *va.* empapar :: **to — up,** absorber :: **to be sopping wet,** estar hecho una sopa, estar mojado hasta los huesos.

SOPHISTICATED [SOFÍSTIKEITID] *adj.*

mundano :: **exento de simplici-dad.**

SOPHOMORE [SÓFOMAER] *n.* estu-diante de segundo año.

SORCERER [SÓRSERA] *n.* hechice-ro, brujo, encantador.

SORCERY [SÓRSERI] *n.* hechicería, brujería.

SORDID° [SÓARDID] *adj.* sórdido, mezquino, asqueroso, sucio, avariento, interesado.

SORE° [SOR] *adj.* dolorido :: re-sentido, quejoso :: delicado :: *n.* llaga, úlcera.

SORENESS [SÓRNES] *n.* dolor, do-lencia, inflamación.

SORROW [SÓROU] *n.* dolor, pena, aflicción :: cuita :: pesar, senti-miento :: **to my —,** con gran sentimiento mío :: **—stricken,** agobiado de dolor :: **to express —,** dar el pésame :: *vn.* afligir-se, apenarse.

SORROWFUL° [SÓROUFUL] *adj.* afli-gido, pesaroso, desconsolado.

SORRY [SÓRI] *adj.* triste, descon-solado, apenado, funesto :: ra-quítico, ruin, despreciable :: **I am —,** lo siento, me pesa :: us-ted dispense :: **to be — for,** compadecer.

SORT [SOART] *n.* suerte, clase, es-pecie, condición :: **a good —,** un buen tipo, buen elemento :: **af-ter a —,** de cierto modo :: **out of —s,** indispuesto, malhumo-rado, deprimido, malucho :: *va.* clasificar, separar, repartir, es-coger :: arreglar.

SOUGHT [SOT] *pret. & p.p. de* **to seek.**

SOUL [SOUL] *n.* alma, espíritu, áni-ma :: esencia :: corazón :: cria-tura, ser :: *(fam.)* cristiano, hijo de Dios :: **All —s Day,** día de las ánimas.

SOUND° [SAUND] *adj.* sano, ileso, perfecto, bueno, entero :: auto-rizado :: seguro, firme, válido :: cabal :: **safe and —,** sano y sal-vo :: *n.* sonido, son :: *(naut.)* es-tuario, ría :: **— wave,** onda so-nora :: *va.* sonar :: tocar :: en-tonar :: *(med.)* auscultar :: fon-dear, sond(e)ar :: *(fig.)* tentar el pulso, tantear :: *vn.* sonar, re-sonar.

SOUNDNESS [SÁUNDNES] *n.* solidez :: cordura, buen juicio, rectitud :: validez :: **— of body,** buena salud corporal.

SOUP [SUP] *n.* sopa.

SOUR° [SÁUR] *adj.* agrio, ácido :: *(fig.)* acre, áspero :: desabrido, rancio :: *va. & n.* agriar(se), *(la* *leche)* cortarse :: torcerse :: ma-learse :: indisponer.

SOURCE [SORS] *n.* fuente, origen, manantial, germen, proceden-cia, cuna, foco :: **reliable —,** buena tinta.

SOURNESS [SÁURNES] *n.* acidez, desabrimiento.

SOUTH [SAUZ] *adj.* meridional, austral :: *n.* Sur, mediodía.

SOUTHEAST [SAUZÍST] *n. & adj.* sudeste :: *adv.* hacia el sudeste.

SOUTHERN [SÁZAERN] *adj.* meridio-nal, del sur, austral, sureño.

SOUTHWARD [SÁUZUAERD] *adv.* hacia el sur, rumbo al sur.

SOUTHWEST [SAUZUÉST] *n. & adj.* sudoeste, suroeste, del suroes-te.

SOUVENIR [SUVENÍR] *n.* recuerdo.

SOVEREIGN° [SÁVERIN] *adj.* sobe-rano, supremo, singular :: *n.* so-berano, potentado, monarca :: *(moneda)* soberano.

SOVEREIGNTY [SÁVERINTI] *n.* sobe-ranía.

SOW [SOU] *va.* sembrar, esparcir, desparramar :: sementar :: **to — wild oats,** correrla.

SOWN [SOUN] *p.p. de* **to sow.**

SPACE [SPEIS] *n.* espacio, exten-sión :: intervalo :: cabida :: pla-za :: huelgo :: ocasión, sazón :: *va.* espaciar.

SPACECRAFT [SPÉISCRAFT] *n.* nave espacial :: astronave.

SPACEMAN [SPÉISMAEN] *n.* astro-nauta.

SPACIOUS° [SPÉISHOS] *adj.* espa-cioso, extenso, amplio, holga-do.

SPADE [SPEID] *n.* azada :: *(mil.)* za-pa, pala :: **to call a — a —,** lla-mar al pan pan y al vino vino.

SPAN [SPAN] *n.* palmo :: *(de un puente)* ojo, luz :: tramo, trecho :: lapso de tiempo :: instante :: envergadura :: *va.* medir (a pal-mos) :: alcanzar, cruzar :: ten-der, extender(se).

SPANGLE [SPÁNGL] *n.* lentejuela :: *va.* adornar con lentejuelas :: brillar, centellear.

SPANIEL [SPÁNIEL] *n.* perro de aguas.

SPAR [SPAR] *n. (naut.)* palo, ber-linga, verga :: *(min.)* espato :: lucha, riña.

SPARE [SPÉR] *adj.* escaso :: enjuto :: flaco, descarnado :: mezqui-no :: sobrante :: de sobra :: de repuesto :: disponible :: suple-mentario :: de reserva :: sobrio :: **— time,** tiempo libre, ratos perdidos :: **— parts,** piezas de recambio :: *va. & n.* ahorrar :: escatimar :: prescindir de, pa-sarse sin hacer gracia de :: *(tiempo)* dedicar :: disponer de :: desistir :: refrenarse.

SPARING° [SPÉRING] *adj.* escaso, frugal, parco :: **to be —,** esca-sear, escatimar, ser frugal.

SPARK [SPARK] *n.* chispa, cente-lla, chispazo :: **—plug,** bujía.

SPARKLE [SPARKL] *n.* chisporro-teo :: centelleo, destello :: *vn.* chisporrotear, centellear, relam-paguear, rutilar.

SPARKLING° [SPÁRKLING] *adj.* cen-telleante :: reluciente :: chis-peante :: **— wine,** vino espumo-so.

SPASM [SPASM] *n.* espasmo.

SPATTER [SPÁTA] *va.* salpicar, ro-ciar.

SPEAK [SPIK] *va. & n.* hablar :: ar-ticular :: proferir :: arengar :: conversar :: interceder por :: ex-plicarse :: **you may —,** usted tiene la palabra :: **— ill of,** mur-murar de :: **X speaking,** X al ha-bla :: **— out,** hablar claro :: **— up,** hablar alto.

SPEAKER [SPÍKAER] *n.* orador :: conferenciante :: el que habla :: **loud—,** altavoz.

SPEAR [SPÍR] *n.* lanza :: venablo :: arpón :: *va. & n.* alancear :: bro-tar.

SPEARMINT [SPÍRMAEN] *n.* yerba-buena, hierbabuena, menta.

SPECIAL° [SPÉSHAL] *adj.* especial, particular :: notable :: privativo :: predilecto :: sumo, subido.

SPECIALIST [SPÉSHALIST] *n.* espe-cialista.

SPECIALIZATION [SPESHALISÉISHON] *n.* especialización.

SPECIALIZE [SPÉSHALAIS] *va. & n.* especializar(se).

SPECIALTY [SPÉSHIALTI] *n.* espe-cialidad, particularidad.

SPECIES [SPÍSHIES] *n.* especie, gé-nero.

SPECIFIC [SPISÍFIK] *adj.* específico :: peculiar, característico :: **— ally,** *adv.* específicamente :: particularmente, en particular.

SPECIFY [SPÉSIFAI] *va.* especificar, detallar.

SPECIMEN [SPÉSIMEN] *n.* ejemplar, muestra.

SPECIOUS° [SPÍSHOS] *adj.* artifi-cioso :: **— arguments,** retórica.

SPECK [SPEK] *n.* mota, mancha, mácula, chispa :: peca :: pizca :: *va.* manchar :: espolvorear.

SPECKLE [SPEKL] *n.* manchita :: mota :: *va.* motear, salpicar de motas :: manchar.

SPECKLED [SPEKLD] *adj.* moteado :: — **with freckles,** pecoso.

SPECTACLE [SPÉKTAKL] *n.* espectáculo, exhibición.

SPECTACLES [SPÉKTAKLS] *n. pl.* anteojos, lentes, gafas :: quevedos.

SPECTACULAR [SPEKTÁKIULAR] *adj.* espectacular, ostentoso, aparatoso.

SPECTATOR [SPEKTÉITA] *n.* espectador :: **–s,** concurrencia, auditorio, público.

SPECTRE [SPÉKTR] *n.* espectro, visión, fantasma.

SPECULATE [SPÉKIULEIT] *va.* especular, considerar, reflexionar.

SPECULATION [SPEKIULÉISHON] *n.* especulación :: reflexión.

SPECULATIVE° [SPÉKIULEITIV] *adj.* especulativo :: teórico.

SPECULATOR [SPÉKIULEITAER] *n.* especulador.

SPEECH [SPICH] *n.* idioma, habla, lengua :: oración, discurso :: *(theat.)* parlamento :: lenguaje :: **local** –, habla :: **to lose one's** –, perder el habla :: **after dinner** –, brindis :: **part of** –, parte de la oración.

SPEECHLESS [SPÍCHLES] *adj.* sin habla :: mudo :: estupefacto.

SPEED [SPÍD] *n.* velocidad, prisa :: rapidez, expedición, celeridad, diligencia :: marcha, carrera, andar :: **at full** –, a toda velocidad :: a carrera tendida :: de corrida, a todo correr :: **to make** –, apresurarse, darse prisa :: *va.* despachar :: expedir :: ayudar :: **to** — **up,** acelerar, activar :: *vn.* apresurarse :: progresar.

SPEEDILY [SPÍDILI] *adv.* velozmente, rápidamente :: a todo correr :: de prisa, con prontitud.

SPEEDOMETER [SPIDÓMITAER] *n.* velocímetro.

SPEEDY [SPÍDI] *adj.* veloz, rápido.

SPELL [SPEL] *n.* hechizo, ensalmo :: fascinación :: prestigio :: turno, tanda :: rato, temporada :: —**bound,** hechizado, arrobado, embobado :: *va.* deletrear.

SPELLER [SPÉLAER] *n.* silabario :: deletreador.

SPELLING [SPÉLING] *n.* ortografía :: deletreo :: — **book,** silabario.

SPELT [SPELT] *pret.* & *p.p. de* to **spell.**

SPEND [SPEND] *va.* gastar, disipar, emplear, consumir(se) :: — **oneself against,** estrellarse contra :: *(el tiempo)* pasar.

SPENDTHRIFT [SPÉNDZRIFT] *n.* derrochador, gastador, pródigo.

SPENT [SPENT] *pret.* & *p.p. de* to **spend.**

SPERM [SPERM] *n.* esperma.

SPHERE [SFÍR] *n.* esfera, bola, orbe :: astro.

SPHERICAL° [SFÍRIKAL] *adj.* esférico.

SPHYNX [SFINKS] *n.* esfinge.

SPICE [SPAIS] *n.* condimento :: especia :: picante :: *va.* condimentar, aliñar, sazonar.

SPICY [SPÁISI] *adj.* sazonado con especias :: picante, aromático.

SPIDER [SPÁIDA] *n.* araña.

SPIGOT [SPÍGOT] *n.* espita, grifo, canilla.

SPIKE [SPAIK] *n.* espiga :: espigón :: clavo :: *va.* clavar, afianzar.

SPILL [SPIL] *n.* vuelco, caída :: *va.* & *n.* derramar, verter, esparcir :: — **over,** *vn.* rebosar :: volcarse en.

SPIN [SPIN] *va.* hilar :: torcer :: bailar :: hacer girar :: *vn.* — **out,** alargar :: girar :: — **round,** remolinarse.

SPINACH [SPÍNICH] *n.* espinaca.

SPINAL [SPÁINL] *adj.* espinal :: — **column,** columna vertebral.

SPINDLE [SPINDL] *n.* huso :: eje.

SPINE [SPAIN] *n.* espinazo, espina dorsal.

SPINNER [SPÍNAER] *n.* hilandero, hilandera :: máquina de hilar.

SPINNING [SPÍNING] *n.* hilandería, arte de hilar :: — **machine,** máquina de hilar :: — **mill,** hilandería :: — **trop,** trompo :: — **wheel,** torno de hilar.

SPINSTER [SPÍNSTA] *n.* soltera, solterona.

SPIRAL° [SPÁIRL] *adj.* espiral :: *(arch.)* salomónico :: — **staircase,** escalera de caracol.

SPIRE [SPÁIR] *n.* aguja, flecha.

SPIRIT [SPÍRIT] *m.* espíritu, alma :: alma, sombra :: ánimo, aliento, brío :: viveza, fogosidad :: visión, aparecido, espíritu :: temple, talento :: **to undertake with** —, apechugar :: *pl.* licor, aguardiente :: **good** —, buen humor :: **low** —, desalentado :: **to pick up** —, cobrarse ánimos :: *va.* — **away,** arrebatar, hacer desaparecer.

SPIRITED [SPÍRITID] *adj.* vivo, brioso, fogoso.

SPIRITUAL° [SPÍRICHIUAL] *adj.* espiritual :: *n.* espiritual *(canción).*

SPIT [SPIT] *vn.* escupir :: chispear.

SPITE [SPAIT] *n.* despecho, ojeriza, rencilla, rencor :: **(in)** — **of,** a pesar de, a despecho de :: **in** — **of myself,** a pesar mío :: *va.* vejar, causar pena.

SPITEFUL° [SPÁITFUL] *adj.* rencoroso.

SPLASH [SPLASH] *n.* salpicadura :: chispa :: *va.* estrellar, salpicar :: chapotear.

SPLEEN [SPLIN] *n.* bazo :: esplín, melancolía.

SPLENDID° [SPLÉNDID] *adj.* espléndido, heroico :: magnífico, fastuoso, lucido :: ilustre.

SPLENDOR, SPLENDOUR [SPLÉNDAERI] *n.* esplendor, brillantez, magnificencia, refulgencia :: gloria, fausto.

SPLICE [SPLAIS] *n.* empalme, junta :: *va. empalmar, unir, juntar.*

SPLINT [SPLINT] *n.* astilla.

SPLINTER [SPLÍNTA] *n.* astilla :: **to put on a** —, entablar :: *va.* entablillar :: *va.* romperse en astillas.

SPLIT [SPLIT] *adj.* partido, hendido :: *n.* hendedura :: grieta :: resquebradura :: raja :: división, rompimiento :: *va.* tajar, hender, rajar :: partir :: dividir, resquebrajar :: *vn.* agrietarse, hendirse :: abrirse, estrellarse.

SPOIL [SPOIL] *n.* despojo, botín, trofeo :: gajes del oficio :: *va.* estropear :: arruinar, dañar, estragar :: ajar :: desbaratar, dar al traste con :: echar a perder, perderse :: mimar, consentir :: despojar, robar :: manosear.

SPOKE [SPOUK] *pret. de* to **speak.**

SPOKEN [SPÓUKEN] *p.p. de* to **speak.**

SPOKESMAN [SPÓUKSMAN] *n.* portavoz.

SPONGE [SPONCH] *n.* esponja :: **to thow in the** —, **to give up the** —, *(coll.)* rajarse :: *va.* pasar la esponja, lavar con esponja :: — **on,** comer *(etc.)* de gorra.

SPONGY [SPÓNCHI] *adj.* esponjoso, esponjado.

SPONSOR [SPÓNSR] *n.* fiador :: padrino :: patrocinador.

SPONTANEITY [SPONTANÍITI] *n.* espontaneidad.

SPONTANEOUS° [SPONTÉINIOS] *adj.* espontáneo.

SPOOL [SPUL] *n.* carrete :: bobina.

SPOON [SPUN] *n.* cuchara :: curita, cucharilla :: cucharón.

SPOONFUL [SPÚNFUL] *n.* cucharada.

SPORT [SPORT] *n.* deporte :: recreo :: jolgorio :: diversión :: juego :: *va. (coll.)* gastar :: *vn.* holgar.

SPORTSMAN [SPÓRTSMAN] *n.* deportista.

SPOT [SPOT] *n.* sitio, lugar, paraje :: mancha, lunar, tacha :: baldón, tacha :: **on the —**, en el acto, al punto :: *va.* abigarrar, manchar :: salpicar :: notar, descubrir.

SPOTLESS [SPÓTLES] *adj.* sin mancha, limpio.

SPOTLIGHT [SPÓTLAIT] *n.* foco, reflector, proyector :: *va.* iluminar :: destacar.

SPOTTED [SPÓTID] *adj.* manchado, moteado.

SPOUSE [SPAUS] *n.* esposo.

SPOUT [SPAUT] *n.* caño, cañería, tubo :: surtidor :: chorro :: pico :: **water —**, tromba :: *va. & n.* lanzar, arrojar :: chorrear.

SPRAIN [SPREIN] *n.* torcedura :: *va.* torcer :: *vn.* dislocarse.

SPRANG [SPRANG] *pret. de* **to spring.**

SPRAWL [SPROAL] *vn.* tenderse, tumbarse (cuan largo es).

SPRAY [SPREI] *n.* espuma :: rociada :: pulverizador :: ramita de árbol :: *va.* rociar :: pulverizar.

SPREAD [SPRED] *adj.* extendido, desparramado :: *n.* extensión, dilatación, amplitud :: desarrollo :: difusión, diseminación :: ramaje :: envergadura :: festín, cuchipanda :: **bed—**, cobertor :: *va.* extender, esparcir :: *(las alas)* desplegar, desenvolver :: *(la mesa)* poner :: sembrar, difundir, propalar :: *vn.* extenderse, popularizarse, generalizarse :: cundir :: explayarse :: — **abroad**, esparcirse, propalar :: — **over, with**, untar, dar una capa de :: — **out**, separar, extender, distanciar :: ramificarse :: *vr.* esparcirse, ponerse a sus anchas.

SPREE [SPRI] *n.* juerga, parranda, jolgorio :: **to go on a —**, ir de juerga.

SPRIGHTLY [SPRÁITLI] *adj.* vivo, vivaz, despejado, listo, vivaracho.

SPRING [SPRING] *adj.* primaveral :: elástico :: *n.* primavera :: *(mech.)* resorte, muelle :: salto, bote :: fuente, venero, manantial :: móvil, germen :: —**board**, trampolín :: *va.* soltar :: volar :: *(arch.)* arrancar :: presentar de golpe :: — **over**, pasar saltando, saltar por encima :: — **a leak**, hacer agua :: *vn.* saltar, brincar :: manar :: provenir, seguirse, hacer :: levantar(se), elevarse ::

— **at**, lanzarse sobre :: — **back**, saltar atrás, recular :: — **forth**, brotar, precipitarse :: — **up**, brotar, desarrollarse, surgir.

SPRINGTIME [SPRÍNGTAIM] *n.* primavera.

SPRINKLE [SPRINKL] *va.* asperjar, rociar, salpicar.

SPRINT [SPRINT] *n.* carrera, carrerilla, colocar delante :: *vn.* echar una carrera.

SPROUT [SPRAUT] *n.* **Brussels —**, col de Bruselas :: renuevo, botón :: vástago :: *vn.* brotar, germinar :: surgir.

SPRUCE [SPRUS] *n.* abeto :: *adj.* pulcro, aseado, pulido :: elegante :: *vn.* **to — up**, asearse, componerse, emperifollarse.

SPRUNG [SPRANG] *pret. & p.p. de* **to spring.**

SPUN [SPAN] *pret. & p.p. de* **to spin.**

SPUR [SPER] *n.* espuela :: *(del gallo)* garrón, espolón :: estribación, risco :: estímulo :: *va.* espolear :: impelar, instar, incitar.

SPURIOUS[*] [SPÍURIOES] *adj.* espúreo, bastardo :: falso, ilegítimo.

SPURN [SPERN] *va.* desdeñar, despreciar, hollar.

SPURT [SPERT] *va.* salir a borbotones :: chorrear :: echar chorros :: hacer un repentino esfuerzo :: *n.* borbotón, chorro repentino :: — **of anger**, arranque de ira :: —**s of flame**, llamaradas.

SPUTTER [SPÁTAER] *va.* chisporrotear :: refunfuñar :: *n.* chisporroteo :: refunfuño.

SPUTUM [SPIÚTOM] *n.* esputo.

SPY [SPAI] *n.* espía :: —**glass**, catalejo :: *va. & n.* espiar :: columbrar :: — **on**, acechar :: — **out**, explorar, reconocer.

SPYGLASS [SPÁIGLAS] *n.* anteojo.

SQUABBLE [SKUÓBL] *n.* reyerta :: *vn.* reñir, disputar.

SQUAD [SKUOD] *n.* escuadra, patrulla, partida.

SQUADRON [SKUÓDRAN] *n.* escuadra, escuadrón.

SQUALID[*] [SKUÓLID] *adj.* inmundo, mugriento, escuálido, tiñoso.

SQUALL [SKUOAL] *n.* chillido :: borrasca, aguacero, racha :: *vn.* chillar.

SQUALOR [SKUÓLAR] *n.* escualidez, porquería.

SQUANDER [SKUÓNDA] *va.* malgastar, disipar, prodigar, despilfarrar, tirar.

SQUARE[*] [SKUÉAER] *adj.* cuadrado :: justo, redondo, íntegro :: —

built, cuadrado :: — **dealing**, honrado :: — **root**, raíz cuadrada :: **to get — with**, desquitarse :: **four — feet**, cuatro pies cuadrados :: **to be —**, estar justo, saldado :: **to be all —**, estar iguales :: *n. (math.)* cuadro, cuadrado :: plaza :: *(en juegos)* casilla :: *(mil.)* cuadro :: *va.* cuadrar :: elevar al cuadrado :: *(com.)* saldar :: ajustar, arreglar :: *(fam.)* sobornar :: *vn.* encajar.

SQUASH [SKUOSH] *n.* zumo :: apiñamiento :: calabaza :: *(sport)* squash :: *va.* aplastar, magullar.

SQUAT [SKUOT] *adj.* rechoncho :: *vn.* agacharse, ponerse en cuclillas, acurrucarse :: establecerse.

SQUAWK [SKUOK] *vn.* graznar :: chillar :: quejarse :: *n.* graznido, chillido, queja.

SQUEAK [SKUIK] *n.* chirrido :: *vn.* crujir, chirriar :: restallar :: **to have a narrow —**, escaparse por un pelo.

SQUEAMISH[*] [SKUÍMISCH] *n.* escrupuloso, delicado, remilgado.

SQUEEZE [SKUIS] *n.* presión, apretón :: *(fam.)* **tight —**, aprieto :: *va.* apretar, comprimir, oprimir, estrujar :: — **out**, exprimir :: — **in**, *vn.* recalcar :: — **into**, pasar apretando.

SQUELCH [SKUELCH] *va.* aplastar, acallar, imponer silencio :: reprender :: **to — a revolt**, sofocar o apagar una revuelta.

SQUID [SKUID] *n.* calamar.

SQUINT [SKUINT] *adj.* bizco :: *n.* estrabismo, mirada bizca :: *vn.* bizquear, mirar de través.

SQUIRE [SKUÁIER] *n.* escudero :: *va.* acompañar, escoltar.

SQUIRREL [SKUIRL] *n.* ardilla.

SQUIRT [SKUERT] *n.* chorro :: jeringazo :: jeringa :: *va.* jeringar, hacer saltar a chorros.

STAB [STAB] *n.* herida, puñalada :: estocada :: *va.* dar de puñaladas, apuñalar.

STABILITY [STABÍLITI] *n.* estabilidad :: firmeza, solidez.

STABLE [STEIBL] *adj.* estable, firme, fijo :: inalterable :: *n.* establo, caballeriza, cuadra :: *va.* poner en la cuadra.

STACK [STACK] *n.* pila :: montón :: pabellón :: *(de la chimenea)* cañón :: *va.* hacinar.

STADIUM [STÉIDIOEN] *n.* estadio.

STAFF [STAF] *n.* báculo, porra :: cayado :: *(de la bandera)* asta :: bastón :: apoyo, sostén :: *(mil.)* estado mayor :: servidumbre ::

plantilla, personal :: profesorado.

STAG [STAG] *n.* ciervo, venado.

STAGE [STEICH] *n.* escenario, tablas :: teatro :: tablado, plataforma, estrado :: punto :: etapa, jornada, estado :: fase :: *(en una promoción)* escalón :: — **coach**, diligencia :: —**manager**, director de escena :: **in** —**s**, a tragos, por etapas :: **by short** —**s**, a cortas jornadas, poco a poco :: *va.* poner en escena, representar.

STAGGER [STÁGA] *vn.* hacer eses, tambalear, vacilar, titubear.

STAGNANT [STÁGNANT] *adj.* estancado :: **to become** —, estancarse.

STAGNATE [STÁGNEIT] *vn.* estancar(se), detener(se).

STAID• [STEID] *adj.* sosegado, (a)sentado, almidonado :: serio, grave.

STAIN [STEIN] *n.* mancha, lunar, mácula, tinte, tintura :: *(de aceite)* lámpara :: *va. & n.* manchar, teñir :: mancharse :: ensuciar, desdorar, empañar.

STAINLESS [STÉINLES] *adj.* sin mancha, inmaculado, limpio :: — **steel**, acero inoxidable.

STAIR [STÉAER] *n.* peldaño, grada :: *pl.* escalera :: **spiral** —, escalera de caracol :: **flight of** —**s**, tramo :: **up**—**s**, arriba, en el piso superior :: **down**—**s**, abajo, en el piso inferior.

STAIRCASE [STÉRKEIS] *n.* escalera.

STAIRWAY [STÉRUEI] *n.* escalera.

STAKE [STEIK] *n.* estaca, poste :: postura :: apuesta, parada, puesta :: pira :: **at** —, en peligro, en juego :: *va.* estacar :: apostar :: parar :: arriesgar.

STALE [STEIL] *adj.* pasado, rancio :: viejo :: gastado, improductivo.

STALEMATE [STÉILMEIT] *n.* punto muerto :: estancación.

STALK [STOALK] *n.* tallo :: tronco, pedúnculo :: pezón :: *va.* acechar, seguir la pista de :: *vn.* — **along, up**, andar, taconear, dar zancadas.

STALL [STOAL] *n.* pesebre :: establo :: *(theat.)* butaca (de patio), luneta :: barraca, puesto :: —**s**, *(eccl.)* sillería :: *va.* encerrar en establo, poner obstáculos a :: atascar(se), pararse.

STALLION [STÁLIAEN] *n.* caballo de cría, semental.

STALWART [STÓALUERT] *adj.* forzudo, fornido :: leal.

STAMINA [STÁMINA] *n.* resistencia.

STAMMER [STÁMA] *vn.* tartamudear, trabarse la lengua, balbucir.

STAMMERER [STÁMERAER] *n.* tartamudo.

STAMMERING [STÁMERING] *adj.* tartamudo :: *n.* tartamudeo.

STAMP [STAMP] *n.* sello, timbre :: estampa, impresión, marca :: cuño :: pisada :: temple, suerte, calaña :: — **duty**, de timbre :: — **collecting**, filatelia :: *va.* timbrar, sellar :: imprimir :: acuñar :: señalar :: poner, pegar un sello :: patear :: patalear :: taconear :: triturar :: — **on**, pisar, hollar :: — **on**, *(en la mente)* grabar :: — **down**, apisonar :: — **out**, extirpar, sofocar.

STAMPEDE [STAMPÍD] *n.* estampida :: *va.* ahuyentar, salir de estampida.

STAND [STÁND] *n.* puesto :: estrado, tribuna :: tarima, plataforma :: sostén :: pedestal, peana :: parada, alto :: oposición, resistencia :: *(fig.)* situación, actitud, posición :: **to take a firm** —, resistir, mantenerse firme :: *va.* resistir, aguantar, tolerar, someterse a :: colocar (de pie) :: — **up**, poner derecho, poner de pie, de canto :: **I can't** — **him**, no le puedo ni ver :: *va.* estar de pie :: levantarse, erguirse :: resistir :: detenerse, pararse, quedar suspenso :: estar situado :: (per)durar, quedar en pie :: — **against**, hacer frente a :: — **aloof**, mantenerse apartado :: — **aside**, apartarse, quitarse de en medio :: — **back**, estar apartado, retroceder :: — **by**, apoyar, sostener :: — **for**, representar, significar :: presentarse :: tolerar :: — **in need**, necesitar :: — **in good stead**, servir, militar en (su) favor :: — **in way**, impedir, dificultar, cerrar el paso :: — **on**, estar (colocado) sobre :: interesar :: picarse de :: — **on ceremony**, hacerse pedir :: — **on end**, ponerse de punta :: mantenerse derecho :: — **out**, sobresalir, destacar(se), resaltar :: oponerse :: separarse :: — **up**, levantarse, ponerse de pie :: — **up for**, abogar por, volver por :: abrazar :: — **still**, estarse quieto :: estancarse.

STANDARD [STÁNDARD] *adj.* normal, ejemplar :: típico, clásico, de ley :: *n.* modelo, patrón, orma, tipo :: nivel :: poste, pilar

:: pabellón :: calificación :: **gold** —, patrón oro :: — **bearer**, abanderado :: jefe.

STANDARDIZATION [STÁNDARDISÉISHON] *n.* normalización, uniformación, igualación.

STANDARDIZE [STÁNDARDAIS] *va.* normalizar, uniformar, estandarizar.

STANDING [STÁNDING] *adj.* de pie, derecho :: duradero, constante :: vigente :: — **water**, agua estancada :: — **room**, *(theat.)* sitio para estar de pie :: — **committee**, comisión permanente :: *n.* posición :: reputación, crédito, rango :: sitio :: duración :: **to be** —, estar de pie :: **be still** —, quedar todavía :: **to remain** —, tenerse en pie.

STANDPOINT [STÁNDPOINT] *n.* punto de vista.

STANDSTILL [STÁNDSTIL] *n.* alto :: pausa :: **to come to a** —, pararse :: hacer alto.

STAPLE [STEIPL] *adj.* corriente, principal :: *n.* grapa :: aro :: — **product**, artículo principal, elemento, materia prima.

STAR [STARI] *n.* estrella, astro :: sino :: *(decoración)* cruz :: **shooting** —, estrella fugaz :: exhalación :: **under the** —**s**, al sereno, a cielo raso.

STARBOARD [STÁRBORD] *n.* estribor.

STARCH [STARCH] *n.* almidón :: fécula :: *va.* almidonar.

STARE [STÉR] *n.* mirada fija :: *vn.* mirar :: saltar a la vista :: — **at**, ojear, clavar los ojos en :: — **straight at**, mirar de hito en hito.

STARFISH [STÁRFISCH] *n.* estrella de mar.

STARK• [STARK] *adj.* tieso :: escueto :: — **folly**, pura tontería :: *adv.* completamente, totalmente :: — **mad**, loco de remate :: — **naked**, enteramente desnudo, en cueros.

STARLIGHT [STÁRLAIT] *n.* luz estelar, luz de las estrellas.

STARLING [STÁRLING] *n.* estornino.

STARRY [STÁRI] *adj.* estrellado, sembrado de estrellas :: como estrellas, brillante.

START [START] *n.* sobresalto, bote, respingo :: comienzo, principio :: salida, arranque :: delantera, ventaja :: **by** —**s**, a saltos :: **for a** —, para empezar :: *va.* empezar, comenzar :: iniciar :: poner en marcha, hacer andar, funcionar :: suscitar :: levantar :: *vn.* sobrecogerse, dar un salto :: botar, sobresaltarse :: *(un vehículo)* arrancar :: principiar, salir :: emprender :: originar, iniciarse :: — **back,** emprender el regreso :: — **for,** ponerse en marcha hacia :: — **off,** marcharse :: — **up,** empezar a funcionar.

STARTER [STÁRTAER] *n. (mech.)* arranque :: arrancador :: iniciador :: primero de la serie :: **self—,** arranque automático.

STARTLE [STARTL] *va.* asustar, espantar, sobresaltar.

STARTLING [STÁRTLING] *adj.* sobrecogedor, pasmoso, asombroso, sorprendente.

STARVATION [STARVÉISHON] *n.* muerte de hambre, inanición.

STARVE [STARV] *va. & n.* matar, morir de hambre.

STATE [STEIT] *n.* estado, situación, condición :: fausto, gala :: **in great —,** con gran pompa :: — **paper,** documento de estado :: **to lie in —,** yacer (estar) en capilla ardiente :: *va.* exponer, explicar, manifestar, afirmar, declarar, citar :: plantear, sentar :: consignar, poner de bulto.

STATELY [STÉITLI] *adj.* majestuoso, imponente.

STATEMENT [STÉITMENT] *n.* declaración :: exposición :: informe, relato :: cuenta, estado de cuentas.

STATESMAN [STÉITSMAN] *n.* estadista, hombre de estado.

STATIC [STÁTIK] *adj.* estático :: *n.* estática.

STATION [STÉISHON] *n. (railw.)* estación :: puesto, situación :: **field dressing—,** hospital de campaña :: *(mil.)* apostadero :: — **of Cross,** estaciones (del Calvario) :: *va.* apostar, colocar :: *vr.* situarse.

STATIONARY [STÉISHONARI] *adj.* estacionario, fijo.

STATIONERY [STÉISHONARI] *n.* útiles de escritorio :: papelería.

STATISTICS [STATÍSTIKS] *n.* estadística.

STATUARY [STÁSHUARI] *n.* arte de hacer estatuas :: colección de estatuas.

STATUE [STÁTIU] *n.* estatua :: *(esp. relig.)* imagen.

STATURE [STÁSHIUR] *n.* estatura.

STATUS [STÉITOES] *n.* estado, condición :: posición social o profesional.

STATUTE [STÁSHIUT] *n.* estatuto, ordenanza.

STAUNCH [STOANCH] *adj.* fiel, acé-rrimo :: *va.* restañar, estancar.

STAY [STEI] *n.* estancia, visita :: sobreseimiento temporal :: freno :: apoyo, sostén, demora :: *pl.* corsé, ballenas de corsé :: *va.* impedir, contener, detener, sostener :: diferir :: *vn.* quedar(se) :: visitar, pasar una temporada, parar :: — **at,** hospedarse en :: — **away,** ausentarse :: — **up,** velar.

STEAD [STED] **in her (his) —,** en su lugar :: **to stand one in good —,** servirle a uno, ser de provecho para uno.

STEADFAST• [STÉDFAST] *adj.* firme, estable, fijo, resuelto.

STEADILY [STÉDILI] *adv.* constantemente :: firmemente :: sin parar, de continuo :: sin vacilar.

STEADINESS [STÉDINES] *n.* firmeza :: constancia :: estabilidad.

STEADY [STÉDI] *adj.* constante, fijo, estable, regular :: formal :: quieto, compasado, sentado :: *va.* fijar, sostener.

STEAK [STEIK] *n.* filete :: tajada.

STEAL [STIL] *va. & n.* robar, hurtar :: — **away, along,** deslizarse, escurrirse :: — **into,** insinuarse :: colarse.

STEALTH [STELZ] *n.* cautela, recato :: **by —,** a hurtadillas, a escondidas :: — **aircraft,** avión no detectable por radar.

STEALTHY [STÉZI] *adj.* cauteloso, furtivo, secreto.

STEAM [STIM] *n.* vapor :: vaho :: *va. & n.* cocer al vapor :: echar vapor.

STEAMBOAT [STÍMBOUT] *n.* buque de vapor.

STEAMER [STÍMA] *n.* (buque de) vapor.

STEAMSHIP [STÍMSHIP] *n.* vapor, buque de vapor.

STEED [STID] *n.* corcel, caballo de combate :: caballo brioso.

STEEL [STIL] *n.* acero :: — **cold —,** arma blanca :: **cast —,** acero fundido :: *adj.* acerado :: de acero :: *va.* acerar :: fortalecer.

STEEP [STIP] *adj.* escarpado, en declive :: pendiente, abrupto, acantilado, empinado :: *va.* remojar, empapar.

STEEPLE [STIPL] *n.* campanario :: aguja :: —**chase,** carrera con obstáculos.

STEEPNESS [STÍPNES] *n.* inclinación abrupta :: lo empinado, lo escarpado :: altura *(de precios).*

STEER [STÍR] *n.* novillo :: *va.* dirigir, conducir :: gobernar, timonear :: *vn.* hacer rumbo a, na-vegar :: —**ing wheel,** *n.* volante.

STELLAR [STÉLAR] *adj.* estelar.

STEM [STEM] *n.* tronco, tallo :: **from — to stern,** de cabo a rabo :: *va.* oponerse a :: resistir, restañar :: contener :: navegar contra la corriente.

STENCH [STENCH] *n.* hediondez, hedor, pestilencia.

STENCIL [STÉNSIL] *n.* patrón :: esténcil.

STENOGRAPHER [STENÓGRAFA] *n.* estenógrafa, taquígrafa.

STEP [STEP] *n.* paso :: peldaño :: grada :: estribo :: umbral :: **sound of —,** pisada :: **mark of —,** huella :: —**child,** hijastro :: — **father,** padrastro :: — **mother,** madrastra :: *pl.* diligencias, gestiones :: gradería :: escalinata :: **first —,** pinitos :: **at every —,** a cada momento, a cada trinquete :: *va.* poner, sentar el pie :: plantar :: — **on,** pisar :: *vn.* dar un paso, pisar :: avanzar :: — **aside,** apartarse :: — **down,** bajar :: darse de baja :: — **out,** apretar el paso :: — **up,** *(elect.)* elevar la tensión.

STERILE [STÉRIL] *adj.* estéril, infecundo, yermo.

STERLING [STÉRLING] *adj.* esterlino, de buena ley :: **pound —,** libra esterlina :: — **silver,** plata de ley.

STERN• [STERN] *adj.* grave, serio, severo, austero, rígido :: *n.* popa.

STEVEDORE [STÍVADOR] *n.* estibador, cargador.

STEW [STIU] *n.* guisado, guisote, cocido, platillo :: olla :: *va. & n.* guisar, estofar.

STEWARD [STIÚUERD] *n.* mayordomo :: ranchero :: camarero :: auxiliar de vuelo.

STICK [STIK] *n.* caña, bastón :: báculo :: vara, estaca :: porra, garrote :: **broom —,** mango :: **blind man's —,** tiento :: *pl.* leña :: *va.* pegar, unir, fijar :: — **out,** asomarse, sacar :: — **into,** hundir, clavar :: hincar :: pinchar, picar, punzar :: — **together,** pegar, juntar :: *va.* estar (prendido, pegado) :: — **at,** persistir :: **not to — at trifles,** no reparar en pelillos, no tener escrúpulos :: — **in,** atreverse (le) :: — **in the mud,** atascarse :: atollarse :: — **to,** pegarse :: persistir :: — **out,** proyectar, (sobre) salir.

STICKER [STÍKAER] *n.* marbete engomado :: etiqueta.

STICKY [STÍKI] *adj.* pegajoso.

STIFF• [STIF] *adj.* tieso, duro, rígido, tenso :: difícil, fuerte :: *(músculo)* resentido :: aterido, entumecido :: torpe, entorpecido :: formal, almidonado, estirado, entonado :: duro, terco :: espeso :: —**necked,** estirado, terco, erguido.

STIFFEN [STÍFN] *va. & n.* atiesar(se), poner(se) tieso :: entumecer(se) :: endurecer(se) :: espesar(se), subir de punto, *(la resistencia)* aumentar.

STIFFNESS [STÍFNES] *n.* tiesura :: rigidez :: dureza :: rigor :: terquedad.

STIFLE [STAIFL] *va.* sofocar, ahogar :: apagar :: suprimir.

STILL [STIL] *adj.* inmóvil, fijo, quieto :: apacible, quedo, suave, sordo, silencioso, sereno :: — **life,** bodegón :: —**born,** aborto :: *adv.* todavía, hasta ahora, siempre, no obstante, aun :: *n.* quietud, calma, sosiego :: *va.* acallar, enmudecer, apaciguar, calmar, tranquilizar, detener.

STILLNESS [STÍLNES] *n.* quietud, calma, silencio.

STIMULATE [STÍMIULEIT] *va.* estimular, incitar, esforzar, excitar, avivar.

STIMULUS [STÍMIULOS] *n.* estímulo.

STING [STING] *n.* aguijón, picadura :: espigón :: remordimiento :: *va.* picar, punzar :: *(sl.)* clavar, hincar la uña.

STINK [STINK] *n.* mal olor, peste :: *vn.* apestar.

STIPULATE [STÍPIULEIT] *vn.* estipular, pactar.

STIPULATION [STIPIULÉISHON] *n.* estipulación, condición.

STIR [STER] *n.* movimiento, agitación :: bulla, alboroto :: *va.* mover, remover :: revolver, agitar :: — **up,** concitar :: — **up,** levantar, fomentar, suscitar, solivantar :: *vn.* menearse, agitarse.

STIRRUP [STÍROP] *n.* estribo.

STITCH [STICH] *va.* coser :: dar puntadas :: *n.* puntada :: punzada :: **to be in** —**es,** desternillarse de risa.

STOCK [STOK] *n.* estirpe :: tronco :: caja :: mango :: collarín :: ganadería :: provisión, surtido, existencias, acopio :: *(fin.)* valor, acción :: — **broker,** bolsista, corredor de bolsa :: — **farm,** rancho :: — **farmer,** ranchero, ganadero :: — **phrase,** lugar común, muletilla :: **rolling** —, material móvil :: *pl.* cepo :: *va.* proveer, abastecer, surtir :: — **up,**

almacenar :: **to take** —, hacer inventario, asesorarse de.

STOCKADE [STOKEID] *n.* estacada, empalizada, vallado :: *va.* empalizar, rodear de empalizadas.

STOCKHOLDER [STÓKJOULDAER] *n.* accionista.

STOCKING [STÓKING] *n.* media :: calceta.

STOIC [STÓUIK] *adj. & n.* estoico.

STOKE [STOUK] *va.* cargar.

STOLID• [STÓLID] *adj.* estólido, insensible, imperturbable.

STOMACH [STÓMAK] *n.* estómago :: *va.* digerir, aguantar.

STONE [STOUN] *adj.* pétreo, de piedra :: *n.* piedra :: canto :: **grave** —, lápida :: pedrusco :: *(de la fruta)* hueso :: —**mason,** picapedrero :: —**deaf,** sordo como una tapia :: **corner**—, piedra angular :: **stepping**—, pasadera :: — **fight,** pedrea :: —**work,** mampostería :: **to leave no** —**unturned,** revolver Roma con Santiago :: *va.* apedrear, lapidar.

STONY [STÓUNI] *adj.* pedregoso, petreo, de piedra :: duro.

STOOD [STUD] *pret. & p.p. de* **to stand.**

STOOL [STUL] *n.* taburete, escabel, banqueta :: tajuela :: bufete.

STOOP [STUP] *n.* cargazón de espaldas :: inclinación :: *vn.* inclinarse, ir encorvado, agacharse :: someterse :: ser cargado de espaldas.

STOP [STOP] *n.* **bus** —, parada de autobús :: **request** —, parada discrecional :: cesación :: alto :: paro :: obstáculo, embarazo :: *(mus.)* tecla :: **full** —, punto final :: **to put a** — **to,** poner (coto, fin) a :: **to come to a** —, venir a parar, estancarse :: **dead** —, parada en seco :: *va.* parar, detener, interrumpir, terminar, contener, cesar de :: suspender :: restañar :: tapar, cegar, obturar :: atascar :: empastar :: *vn.* parar(se), plantarse :: hacer un alto :: acabarse :: — **at,** hospedarse a, alojarse :: — **short,** quedarse cortado.

STOPOVER [STÓPOUVAER] *n.* parada, escala :: **to make a** — **in,** hacer escala en.

STOPPAGE [STÓPICH] *n.* detención :: obstrucción :: **work** —, paro.

STOPPER [STÓPA] *n.* tapadura, tapón.

STORE [STÓR] *n.* almacén, tienda :: provisión, abundancia :: es-

condrijo :: — **room,** bodega :: *(naut.)* pañol :: *pl.* pertrechos, provisiones :: *va.* proveer, surtir, almacenar :: — **up,** amontonar :: — **away,** archivar.

STOREHOUSE [STÓRJAUS] *n.* almacén, depósito.

STOREKEEPER [STÓRKIPAER] *n.* tendero :: almacenista :: guardalmacén.

STOREROOM [STÓRUM] *n.* almacén :: bodega :: despensa.

STORK [STOARK] *n.* cigüeña.

STORM [STOARM] *n.* temporal, tormenta :: tempestad :: **snow**—, nevasca :: — **in a teacup,** tempestad en un vaso de agua :: **to take by** —, expugnar :: *va.* tomar por asalto :: — **at,** fulminar.

STORMY [STÓARMI] *adj.* tempestuoso, borrascoso.

STORY [STÓRI] *n.* historia, cuento, leyenda, relación :: fábula :: rondalla :: *(sl.)* patraña.

STOUT• [STAUT] *adj.* grueso :: robusto :: gordo, panzudo :: recio, forzudo :: resuelto, animoso.

STOVE [STOUV] *n.* estufa :: cocina de gas, cocina eléctrica :: *pret. & p.p. de* **to stave.**

STOW [STOU] *va.* meter, guardar :: esconder :: estibar, acomodar la carga de un barco :: rellenar :: **to** — **away on a ship,** embarcarse clandestinamente, esconderse en un barco.

STOWAWAY [STÓUAUEI] *n.* polizón.

STRADDLE [STRAEDL] *vn.* ponerse o estar a horcajadas :: ponerse a caballo, cabalgar :: *(en un pleito)* favorecer a ambos lados.

STRAGGLE [STRAGL] *vn.* vagar, extraviarse, rezagarse.

STRAIGHT• [STREIT] *adj.* derecho, recto :: tieso :: —, pelo lacio :: — **ahead,** seguido :: *adv.* directo, — **ahead,** enfrente :: — **away,** de buenas a primeras :: **in a** — **line,** rectamente.

STRAIGHTEN [STREITN] *va.* enderezar(se) :: arreglar, poner en orden.

STRAIGHTFORWARD [STREIFÓRUARD] *adj.* derecho, recto :: honrado :: franco, sincero :: *adv.* directamente, en linea recta.

STRAIGHTWAY [STREIUÉI] *adv.* luego, inmediatamente, en seguida.

STRAIN [STREIN] *n.* tensión :: *(mus.)* tonada, aire :: estilo :: tema :: *(de locura)* vena :: raza :: torcedura :: *va. & n.* colar, filtrar :: esforzar(se) :: lastimar, torcer, forzar.

STRAINER [STRÉINA] *n.* colador, filtro, cedazo, tamiz.

STRAIT° [STREIT] *n.* estrecho :: aprieto, apuro :: —**jacket,** camisa de fuerza.

STRAITLACED [STRÉITLEISD] *adj.* estricto.

STRAND [STRAND] *n.* ribera, playa :: hebra, hilo :: — **of hair,** guedeja :: trenza :: — **of pearls,** hilera de perlas :: *va. & n.* encallar :: dejar perdido, dejar aislado, extraviar :: **to be —ed,** estar encallado :: estar extraviado, estar aislado, andar perdido.

STRANGE° [STREINCH] *adj.* extraño, raro, fantástico, sorprendente, peregrino, desconocido :: esquivo.

STRANGENESS [STRÉINCHNES] *n.* extrañeza, rareza.

STRANGER [STRÉINCHA] *n.* extraño, forastero, desconocido, profano :: **to be a — to,** desconocer.

STRANGLE [STRÁNGLAER] *va.* estrangular, dar garrote a, ahogar.

STRAP [STRAP] *n.* correa, faja, tira :: precinto :: sobrecarga :: tirante, tirador.

STRATAGEM [STRÁTACHEM] *n.* estratagema.

STRATEGIC [STRATÍCHIK] *adj.* estratégico.

STRATOSPHERE [STRÁTOSFIAER] *n.* estratosfera.

STRAW [STROA] *adj.* pajizo :: de paja :: *n.* paja :: **that's the last —,** es el colmo :: **I don't care a —,** no me importa un bledo (un pito) :: — **loft,** pajar :: — **coloured,** pajizo.

STRAWBERRY [STRÓABERI] *n.* fresa.

STRAY [STREI] *adj.* extraviado, descarriado :: *(animal)* mostrenco :: *vn.* descarriarse, extraviarse :: divagar.

STREAK [STRIK] *n.* raya, lista :: rayo :: *va.* rayar, listar :: abigarrar.

STREAKY [STRÍKI] *adj.* abigarrado :: listado, rayado.

STREAM [STRIM] *n.* corriente :: afluente :: arroyo :: chorro :: flujo :: —**lined,** aerodinámico :: **up—,** agua arriba, contra corriente :: *vn.* fluir, manar, correr, salir a torrentes.

STREAMER [STRÍMAER] *n.* banderola :: gallardete :: listón, cinta.

STREAMLINED [STRÍMLAIND] *adj.* aerodinámico.

STREET [STRIT] *n.* calle :: **by —,**

callejuela :: **cross—,** bocacalle :: — **lamp,** farol.

STREETCAR [STRÍTKAR] *n.* tranvía.

STRENGTH [STRENGZ] *n.* fuerza, vigor :: fortaleza, energía, solidez, pujanza :: brío :: *(del vino)* cuerpo :: nervio, nervosidad :: alma :: **to gather —,** cobrar fuerzas :: **by the — of one's arm,** a pulso :: **on the — of,** en atención a :: respaldado por, fiándose de.

STRENGTHEN [STRÉNGZEN] *va.* fortalecer(se) :: reforzar(se).

STRENUOUS° [STRÉNIUOS] *adj.* fuerte, activo, enérgico :: agotador.

STRESS [STRES] *n.* fuerza, peso, entidad, acento :: tensión, estrés :: coacción :: carga :: **to lay — on,** insistir en, hacer hincapié en.

STRETCH [STRECH] *n.* extensión :: ensanche :: ensanchamiento :: tirada :: **at a —,** de una tirada :: llano :: *va.* (ex)tender :: alargar :: ensanchar, forzar :: — **out,** tender :: *vn.* extenderse, desperezarse, estirarse :: — **out,** tenderse.

STRETCHER [STRÉCHAER] *n.* estirador, ensanchador, dilatador :: camilla para heridos.

STREWN [STRUN] *p.p.* de **to strew** :: regado de, cubierto de.

STRICKEN [STRAIKN] *p.p.* de **to strike** :: *adj.* herido :: afligido :: agobiado :: atacado.

STRICT° [STRIKT] *adj.* estricto, severo, premioso, riguroso.

STRIDE [STRAID] *n.* tranco, zancada :: *vn.* — **along,** trancar, pasar a zancadas, andar a trancos, caminar.

STRIFE [STRAIF] *n.* lucha, contienda, contención, altercado :: disensión :: porfía.

STRIKE [STRAIK] *n.* huelga :: *va.* golpear, pegar, herir :: arriar :: encender :: acuñar :: sacar lumbre :: asumir :: desmontar :: — **up,** entablar :: — **up against,** chocar con, tropezar con, dar (con, contra), estrellarse contra :: **it strikes me,** se me ocurre :: **it strikes home,** me toca de cerca, da en lo vivo :: **to go on —,** declararse en huelga :: *vn.* golpear :: chocar :: sonar :: embarrancar :: arraigar :: — **at,** acometer :: **to — blind,** cegar de repente :: — **down,** derribar :: — **off,** borrar, tachar :: cercenar :: cerrar :: — **out for,** arrojarse :: through, traspasar, atravesar :: — **up,** *(mus.)* tañer, iniciar.

STRIKER [STRÁIKA] *n.* golpeador :: huelguista.

STRIKING [STRÁIKING] *adj.* notable :: llamativo :: conspicuo, manifiesto :: sorprendente :: extraordinario :: que está de huelga.

STRING [STRING] *n.* cuerda, cordón, hilo :: fila :: ristra, horca :: sarta :: retahíla :: *va.* encordar, ensartar.

STRIP [STRIP] *n.* banda :: tira :: lonja :: *(de terreno)* lengua :: tira, jirón :: *va.* despojar, quitar, desnudar :: *(mech.)* desmontar :: *vn.* desguarnecer, desnudarse, ponerse en cueros.

STRIPE [STRAIP] *n.* raya, lista, banda :: *(mil.)* galón, galoncillo :: veta :: cardenal :: *va.* rayar.

STRIPED [STRAIPD] *adj.* listado.

STRIVE [STRAIV] *vn.* esforzarse, forcejear, competir, afanarse, apurarse.

STRODE [STROUD] *pret.* de **to stride.**

STROKE [STROUK] *n.* golpe :: pase :: latigazo :: — **of a bell,** campanada :: *(med.)* ataque fulminante :: caricia :: rasgo :: *(paint.)* pincelada :: plumada :: *va.* acariciar.

STROLL [STROUL] *n.* paseo :: **to take a —,** dar una vuelta.

STRONG° [STRONG] *adj.* fuerte, vigoroso, nervioso, recio :: intenso, emocionante :: violento :: vivo, brillante :: *(acento)* marcado, pronunciado :: generoso :: *(de color)* subido :: cargado :: — **minded,** de creencias arraigadas :: — **willed,** voluntarioso :: cabezota, cabezudo.

STRONGHOLD [STRÓNGJOULD] *n.* fuerte, plaza fuerte.

STRUCK [STRAK] *pret. & p.p.* de **to strike** :: **to be — with a disease,** darle a uno una enfermedad :: **to be — with terror,** quedar sobrecogido de terror.

STRUCTURAL [STRÁKTIURAL] *adj.* estructural, relativo a la estructura.

STRUCTURE [STRÁKTIURI] *n.* construcción, edificio, estructura.

STRUGGLE [STRAGL] *n.* lucha, esfuerzo :: conflicto :: *vn.* luchar, debatirse, esforzarse, pugnar :: — **against,** resistir.

STRUNG [STRANG] *pret. & p.p.* de **to string.**

STRUT [STRAT] *n.* tirante :: *vn.* pavonearse, contonearse.

STUBBORN° [STÁBERN] *adj.* obstinado, terco, tenaz, testarudo, pertinaz, porfiado :: inexpugnable.

STUBBORNNESS [STÁBERNES] *n.* terquedad, testarudez, porfía, obstinación.

STUCCO [STÁKOU] *n.* estuco :: *va. & n.* estucar, cubrir de estuco.

STUCK [STAK] *pret. & p.p. de* **to stick** [STIK] *adj.* pegado :: atorado :: atascado :: — **full of holes**, agujereado :: —**up**, tieso, estirado, orgulloso.

STUD [STAD] *n.* tachón, tachuela de adorno :: botón postizo para camisa :: perno :: *va.* tachonar :: clavetear.

STUDENT [STIÚDENT] *n.* estudiante, alumno :: investigador :: cursante :: — **band**, — **wake**, — **merry-making**, estudiantina.

STUDIO [STIÚDIOU] *n.* taller, estudio.

STUDIOUS° [STIÚDIOS] *adj.* estudioso, aplicado.

STUDY [STÁDI] *n.* estudio :: despacho, oficina, taller :: investigación :: ensayo :: **to be in a brown** —, ensimismarse :: *va. & n.* estudiar, aplicarse :: — **law**, cursar leyes :: — **hard**, empollarse.

STUFF [STAF] *n.* tela :: material :: paño :: cosa, chisme :: *va.* henchir, llenar, atiborrar, atestar :: embutir :: rellenar :: — **away**, zampar :: — **up**, atorar :: *vn.* atracarse, llenarse.

STUFFING [STÁFING] *n.* relleno :: material para rellenar.

STUMBLE [STAMBL] *n.* traspié, tropezón :: desliz :: *vn.* dar traspiés, tropezar (con).

STUMP [STAMP] *n.* tocón :: raigón :: muñón :: — **of a tail**, rabo :: **to be up a** —, hallarse en un apuro, estar perplejo :: *vn.* cojear, renquear :: *va.* dejar confuso, confundir.

STUN [STAN] *va.* aturdir, anonadar, pasmar.

STUNNING [STÁNING] *adj.* aplastante :: elegante, bellísimo.

STUNT [STANT] *va.* achaparrar, impedir el desarrollo de, no dejar crecer :: hacer suertes :: hacer piruetas :: *n.* suerte :: pirueta, maniobra gimnástica :: hazaña sensacional.

STUPEFY [STIÚPIFAI] *va.* atontar, atolondrar :: causar estupor, pasmar.

STUPENDOUS° [STIUPÉNDOS] *adj.* prodigioso, sorprendente, estupendo.

STUPID° [STIÚPID] *adj.* estúpido, torpe, lelo, abobado, insensato

:: **to make** —, entorpecer :: — **action**, gansada :: — **remark**, sandez.

STUPIDITY [STIUPÍDITI] *n.* estupidez, insensatez, idiotez, bobería.

STUPOR [STIÚPAER] *n.* letargo, modorra :: sopor :: aturdimiento :: **in a** —, aletargado.

STURDY [STÉRDI] *adj.* fornido, rollizo, robusto :: atrevido, vigoroso, porfiado.

STUTTER [STÁTA] *n.* tartamudeo :: *va.* balbucear :: *vn.* tartamudear.

STUTTERER [STÁTAERER] *n.* tartamudo.

STUTTERING [STÁTAERING] *adj.* tartamudo :: *n.* tartamudeo.

STY [STAI] *n.* pocilga :: orzuelo.

STYLE [STAIL] *n.* estilo :: lenguaje :: género :: manera :: tono :: tratamiento :: moda :: **dignified** —, empaque :: **she has** —, tiene elegancia.

STYLISH [STÁILISH] *adj.* elegante, a la moda.

SUBCONSCIOUS [SABKÓNSHOES] *adj.* subconsciente.

SUBDUE [SABDIÚ] *va.* subyugar, someter, dominar :: amansar.

SUBDUED [SABDIÚD] *p.p. de* **to subdue** :: *adj.* sumiso :: sujeto :: manso :: suave :: tenue :: — **light**, luz tenue.

SUBJECT [SÁBCHEKT] *adj.* sujeto, expuesto :: supeditado :: — **to**, sin prejuicio de :: propenso a :: *n.* súbdito :: materia, asignatura :: tema, materia :: argumento, asunto :: — **to fits**, cataléptico :: **to be** — **to**, adolecer de :: *va.* sujetar, someter, sojuzgar :: supeditar, subordinar.

SUBJECTION [SABCHÉKSHON] *n.* sujeción, sumisión, yugo.

SUBJECTIVE° [SABCHÉKTIV] *adj.* subjetivo.

SUBJUGATE [SÁBCHUGUEIT] *va.* subyugar, sojuzgar.

SUBLIMATE [SÁBLIMEIT] *va.* sublimar.

SUBLIME [SABLÁIM] *adj.* sublime, excelso, exaltado.

SUBMARINE [SABMARÍN] *adj.* submarino :: *n.* submarino.

SUBMERGE [SABMÉRCH] *va.* sumergir, inundar.

SUBMISSION [SABMÍSHON] *n.* sumisión, obediencia :: sometimiento, humillación.

SUBMISSIVE° [SABMÍSIV] *adj.* sumiso.

SUBMIT [SABMÍT] *vn.* someter :: presentar :: exponer :: — **to**, de-

ferir :: *vn.* someterse, conformarse, doblarse :: ceder, rendirse :: sujetarse a.

SUBORDINATE° [SABÓRDINEIT] *adj.* inferior, subordinado :: subalterno :: **to be** — **to**, depender de :: *va.* posponer.

SUBSCRIBE [SABSKRÁIB] *va. & n.* subscribir(se) :: abonarse a.

SUBSCRIBER [SABSKRÁIBAER] *n.* suscriptor, abonado :: infrascrito, firmante.

SUBSCRIPTION [SABSKRÍPSHON] *n.* suscripción, cuota, abono.

SUBSEQUENT° [SABSIKUENT] *adj.* siguiente, subsecuente, posterior.

SUBSERVIENT [SABSÉRVIENT] *adj.* servil :: subordinado.

SUBSIDE [SABSÁID] *vn.* apaciguarse, calmarse :: *(de nivel)* bajar :: hundirse.

SUBSIDIARY [SABSÍDIARI] *n.* subsidiario :: sucursal.

SUBSIDIZE [SÁBSIDAIS] *va.* subvencionar.

SUBSIDY [SÁBSIDI] *n.* subvención.

SUBSIST [SABSÍST] *vn.* subsistir :: vivir, perdurar.

SUBSTANCE [SÁBSTANS] *n.* sustancia :: materia :: esencia, ser, médula :: **soft** —, plasta :: hacienda, bienes.

SUBSTANTIAL° [SABSTÁNSHAL] *adj.* substancial, importante, de pro :: sólido :: valioso :: cuantioso :: esencial.

SUBSTANTIATE [SABSTÁNSHIEIT] *va.* comprobar, justificar, atestar, substanciar, fundamentar.

SUBSTANTIVE° [SÁBSTANTIV] *adj. & n.* sustantivo.

SUBSTITUTE [SÁBSTITIUT] *n.* suplente, sustituto :: interino, reemplazo :: **to act as** —, reemplazar, hacer las veces (de) :: *va.* sustituir, suplir.

SUBSTITUTION [SABSTITÚSHON] *n.* sustitución :: reemplazo.

SUBTERFUGE [SÁBTERFIUCH] *n.* escapatoria :: subterfugio.

SUBTLE [SATL] *adj.* astuto :: penetrante, mañoso, ingenioso :: sutil, tenue, fino :: refinado.

SUBTLETY [SÁTLTI] *n.* sutileza :: agudeza.

SUBTRACT [SABTRÁKT] *va.* sustraer, quitar :: *(math.)* restar.

SUBURB [SÁBERB] *n.* suburbio, arrabal :: —**s**, afueras.

SUBURBAN [SABÉRBAN] *adj. & n.* suburbano.

SUBVERSIVE [SAVÉRSIV] *adj.* subversivo :: trastornador, destructivo.

SUBWAY [SÁBUEI] *n.* galería, paso, subterráneo, túnel.

SUCCEED [SOKSÍD] *va.* suceder, reemplazar a :: *vn.* salir bien, vencer, tener éxito, lograr, conseguir.

SUCCESS [SOKSÉS] *n.* éxito, prosperidad, bienandanza, triunfo.

SUCCESSFUL• [SOKSÉSFUL] *adj.* afortunado :: próspero :: **to be** —, tener éxito.

SUCCESSION [SOKSÉSHON] *n.* sucesión.

SUCCESSOR [SOKSÉSA] *n.* sucesor, heredero.

SUCCOR, SUCCOUR [SÁKOER] *n.* socorro, asistencia :: *(mil.)* refuerzo :: *va.* socorrer, ayudar, asistir, acudir.

SUCCUMB [SAKÁM] *vn.* sucumbir.

SUCH [SACH] *adj.* tal :: semejante, — **and** —, un tal.

SUCK [SAK] *va.* — **up, away, in,** chupar :: sorber :: — **up,** absorber, aspirar :: libar :: **to give** —, amamantar.

SUCKER [SÁKAER] *n.* ventosa :: *(bot.)* mamón :: *(caramelo)* dulce :: *(fig.)* primo.

SUCKLE [SAKL] *va.* & *n.* mamar :: amamantar, dar de mamar.

SUCTION [SÁKSHON] *n.* succión :: chupada, aspiración.

SUDDEN• [SADN] *adj.* repentino, súbito, imprevisto.

SUDDENNESS [SÁDNNIS] *n.* precipitación, rapidez.

SUE [SIU] *va.* & *n.* demandar :: **to** — **for damages,** demandar por daños y perjuicios :: **to** — **for peace,** pedir la paz.

SUFFER [SÁFAER] *va.* comportar, sufrir :: aguantar :: — **from,** aquejar, adolecer (de) :: — **from the effects of,** resentirse (de) :: *vn.* sufrir, tener dolor :: consentir.

SUFFERER [SÁFAERAER] *n.* sufridor.

SUFFERING [SÁFAERING] *n.* sufrimiento, padecimiento :: *adj.* doliente :: sufrido, paciente.

SUFFICE [SAFÁIS] *vn.* bastar, llegar, alcanzar.

SUFFICIENT• [SAFÍSHENT] *adj.* suficiente :: harto, competente :: **to be** —, alcanzar, bastar.

SUFFIX [SÁFIKS] *n.* sufijo.

SUFFOCATE [SÁFOKEIT] *va.* sofocar, asfixiar :: *vn.* asfixiarse.

SUFFOCATION [SAFOKÉISHON] *n.* asfixia, sofoco.

SUGAR [SHÚGA] *n.* azúcar :: — **cane,** caña, —**cube,** —**lump,** terrón de azúcar :: **lump** —, azúcar en terrones :: — **bowl,** azucarero :: *va.* azucarar, endulzar :: **to** — **the truth,** dorar la píldora.

SUGGEST [SACHÉST] *va.* sugerir, soplar, insinuar, intimar.

SUGGESTION [SACHÉSTION] *n.* sugestión, sugerencia :: indicación.

SUGGESTIVE [SAGYÉSTIV] *adj.* sugestivo.

SUICIDE [SIÚISAID] *n.* suicidio :: suicida :: **to commit** —, quitarse la vida.

SUIT [SUT] *n.* *(de la baraja)* palo :: serie :: instancia :: pleito, petición :: galanteo :: petición :: traje :: **to follow** —, jugar el mismo palo :: seguir el ejemplo :: *va.* convenir, cuajar :: sentar bien, favorecer :: acomodar :: contentar :: corresponder :: concertar :: *vn.* hacer juego.

SUITABLE [SÚTABL] *adj.* propio, conveniente, debido, a propósito, apropiado, adecuado.

SUITABLY [SÚTABLI] *adv.* propiamente, adecuadamente, convenientemente.

SUITCASE [SÚTKEIS] *n.* maleta, valija.

SUITE [SUIT] *n.* serie :: séquito, comitiva :: **three-piece** —, tresillo.

SUITOR [SIÚTAER] *n.* pretendiente, galán :: *(en un pleito)* demandante.

SULKY [SÁLKI] *adj.* mohíno, hosco, malhumorado :: **to be** —, tener murria.

SULLEN• [SÁLAEN] *adj.* hosco, cazurro, sombrío, tétrico.

SULLY [SÁLI] *va.* manchar, ensuciar :: empañar.

SULPHUR [SÓLFR] *n.* azufre.

SULTRY [SÁLTRI] *adj.* bochornoso, sofocante.

SUM [SAM] *adj.* — **total,** total :: *n.* suma, total :: cifra :: *va.* adicionar, sumar :: — **up,** concretar, recapitular :: *adv.* **to** — **up,** en resumidas cuentas.

SUMMARIZE [SÁMARAIS] *va.* resumir, compendiar.

SUMMARY [SÁMARI] *n.* sumario, recopilación.

SUMMER [SÁMA] *adj.* estival, veraniego, de verano :: *n.* verano :: estío :: **Indian** —, veranillo de San Martín.

SUMMIT [SÁMIT] *n.* cumbre, cima, cresta, picacho :: altura, cúspide.

SUMMON [SÁMAEN] *va.* citar, emplazar, convocar :: — **up,** requerir.

SUMMONS [SÁMAENS] *n.* citación, requerimiento, intimación, llamamiento.

SUMPTUOUS• [SÁMPTIUOS] *adj.* suntuoso, regio :: opíparo.

SUN [SAN] *n.* sol :: —**beam,** rayo de sol :: — **blind,** toldo :: —**dial,** cuadrante solar, reloj de sol :: — **stroke,** insolación :: *va.* **to** — **oneself,** tomar el sol.

SUNBURN [SÁNBERN] *n.* quemadura de sol :: *va.* asolear(se) :: quemar(se) al sol, tostar(se) al sol.

SUNDAY [SÁNDI] *n.* domingo :: **Palm** —, de Ramos.

SUNDRY [SÁNDRI] *adj.* varios, diversos :: **sundries,** varios, géneros diversos.

SUNFLOWER [SÁNFLAUER] *n.* girasol :: tornasol.

SUNG [SANG] *pret.* & *p.p. de* **to sing.**

SUNGLASSES [SÁNGLASIS] *n.* gafas de sol.

SUNK [SANK] *pret.* & *p.p. de* **to sink.**

SUNKEN [SÁNKN] *adj.* hundido, sumiso.

SUNLIGHT [SÁNLAIT] *n.* luz del sol, luz solar.

SUNNY [SÁNI] *adj.* asoleado o soleado :: alegre, risueño, resplandeciente :: — **day,** día de sol.

SUNRISE [SÁNRAIS] *n.* salida del sol, amanecer, amanecida.

SUNSET [SÁNSET] *n.* puesta del sol.

SUNSHINE [SÁNSHAIN] *n.* luz del sol, solana.

SUNSTROKE [SÁNSTROUK] *n.* insolación.

SUP [SAP] *n.* sorbo :: *va.* & *n.* sorber :: cenar.

SUPERB• [SIUPÉRB] *adj.* soberbio :: magnífico, excelente :: *(coll.)* estupendo :: genial.

SUPERFICIAL• [SIUPERFÍSHAL] *adj.* superficial.

SUPERFLUOUS• [SIUPÉRFLUOS] *adj.* superfluo :: excusado :: **to be** —, estar de más.

SUPERHUMAN [SIUPERJIÚMAN] *adj.* sobrehumano.

SUPERINTENDENT [SIUPERINTÉNDENT] *n.* superintendente :: inspector :: capataz.

SUPERIOR• [SIUPÍRIA] *adj.* superior :: soberbio.

SUPERIORITY [SIUPIRIÓRITI] *n.* superioridad.

SUPERMARKET [SIUPERMÁRKIT] *n.* supermercado.

SUPERNATURAL• [SIUPERNÁCHIURAL] *adj.* sobrenatural :: **the** —, lo sobrenatural.

SUPERSEDE [SIUPERSÍD] *va.* reemplazar.

SUPERSTITION [SIUPERSTÍSHON] *n.* superstición.

SUPERSTITIOUS° [SIUPERSTÍSHOS] *adj.* supersticioso.

SUPERVISE [SIÚPERVAIS] *va.* dirigir, inspeccionar, vigilar.

SUPERVISOR [SIÚPERVAISAER] *n.* superintendente, inspector, interventor.

SUPPER [SÁPAER] *n.* cena.

SUPPLANT [SOPLÁNT] *va.* suplantar.

SUPPLE [SAPL] *adj.* flexible, cimbreante.

SUPPLEMENT [SÁPLIMENT] *n.* suplemento, apéndice :: *va.* suplementar, completar.

SUPPLIANT [SÁPLIANT] *adj. & n.* suplicante.

SUPPLICATION [SAPLIKÉISHON] *n.* súplica, plegaria :: ruego.

SUPPLY [SUPLÁI] *n.* suministro, provisión, abastecimiento :: — **and demand,** oferta y demanda :: *pl.* pertrechos, víveres, provisiones, existencias :: *va.* surtir, abastecer, suministrar :: facilitar :: suplir :: — **with,** proveer de.

SUPPORT [SUPÓRT] *n.* sostén, apoyo, sustento, socorro :: respaldo, favor :: *(arch.)* soporte, estribo, pilar :: **in** — **of,** en apoyo de :: *va.* sostener, apoyar :: proveer :: entretener, mantener :: respaldar, patrocinar, secundar :: abogar por :: fortalecer.

SUPPORTER [SUPÓRTAER] *n.* defensor :: partidario :: mantenedor :: sostén, apoyo.

SUPPOSE [SUPÓUS] *va.* suponer, figurarse, imaginarse, presumir, poner por caso.

SUPPOSED° [SUPÓUSD] *adj.* supuesto :: presunto.

SUPPOSITION [SAPOUSÍSHON] *n.* suposición, supuesto.

SUPPRESS [SUPRÉS] *va.* suprimir, sofocar :: ahogar, contener.

SUPPRESSION [SUPRÉSHON] *n.* supresión :: represión.

SUPREMACY [SIUPRÉMASI] *n.* supremacía, dominio.

SUPREME° [SIUPRÍM] *adj.* supremo.

SURE° [SHÚAER] *adj.* seguro, cierto, positivo :: imperdible, certero, firme :: **to make** —, cerciorarse de.

SURETY [SHÚRAETI] *n.* fiador, garante :: fianza, garantía :: **to stand** — **for,** abonar, salir garante.

SURF [SERF] *n.* olas rompientes :: espuma :: resaca :: *vn.* hacer surf.

SURFACE [SÉRFIS] *n.* superficie :: sobrehaz.

SURGE [SERCH] *n.* oleada, oleaje :: *vn.* agitarse, hinchar(se) :: surgir.

SURGEON [SÉRCHAEN] *n.* cirujano.

SURGERY [SÉRCHAERI] *n.* cirujía.

SURGICAL [SÉRCHIKAL] *adj.* quirúrgico.

SURLY [SÉRLI] *adj.* rudo, hosco, malhumorado.

SURMISE [SERMÁIS] *n.* conjetura, suposición :: *va.* conjeturar, suponer, presumir.

SURMOUNT [SERMÁUNT] *va.* superar, vencer :: coronar.

SURNAME [SÉRNEIM] *n.* sobrenombre, apellido :: *va.* apellidar, llamar.

SURPASS [SERPÁS] *va.* sobrepasar, superar, sobrepujar, exceder, aventajar.

SURPASSING [SERPÁSING] *adj.* sobresaliente, excelente.

SURPLUS [SÉRPLAES] *n.* sobra, sobrante, exceso, excedente :: superávit :: *adj.* sobrante, excedente :: de sobra.

SURPRISE [SERPRÁIS] *n.* sorpresa :: *va.* sorprender.

SURPRISING° [SERPRÁISING] *adj.* sorprendente, asombroso, :: sobresaliente, excelente.

SURRENDER [SERÉNDAER] *va. & n.* rendir(se), entregar(se), darse :: ceder :: *n.* rendición :: entrega :: cesión :: sumisión.

SURROUND [SERÁUND] *va.* rodear, cercar, circundar.

SURROUNDING [SERÁUNDING] *adj.* circundante, circunvecino, circunstante.

SURROUNDINGS [SERÁUNDINGS] *n. pl.* alrededores, inmediaciones, cercanías :: ambiente.

SURVEY [SÉRVEI] *n.* examen, reconocimiento, inspección, estudio :: informe :: *va.* inspeccionar, examinar, reconocer, medir.

SURVEYOR [SERVÉIAER] *n.* agrimensor :: topógrafo.

SURVIVAL [SERVÁIVAL] *n.* supervivencia :: vestigio :: resto.

SURVIVE [SERVÁIV] *vn.* sobrevivir :: quedar vivo, salvarse.

SURVIVOR [SERVÁIVAER] *n.* superviviente.

SUSCEPTIBLE [SESÉPTIBL] *adj.* susceptible :: — **of proof,** capaz de probarse :: — **to,** propenso a.

SUSPECT [SESPÉKT] *n.* sospechoso :: *va.* sospechar.

SUSPEND [SESPÉND] *va.* suspender.

SUSPENDERS [SESPÉNDAERS] *n.* tirantes *(del pantalón).*

SUSPENSION [SESPÉNSHON] *n.* suspensión :: — **bridge,** puente colgante.

SUSPICION [SESPÍSHON] *n.* sospecha.

SUSPICIOUS° [SOSPÍSHOS] *adj.* sospechoso :: suspicaz, desconfiado :: maleante :: **to be** — **of,** recelar.

SUSTAIN [SOSTÉIN] *va.* sostener, mantener :: resistir, sufrir :: apoyar, animar, alimentar.

SUSTENANCE [SÓSTENANS] *n.* sostenimiento, sustancia, subsistencia :: sustento, manutención, alimentos.

SWAB [SUAB] *n.* escobillón.

SWAGGER [SUÁGAER] *n.* fanfarronada :: *vn.* fanfarronear, dárselas de.

SWALLOW [SUÓLOU] *n.* golondrina :: sorbo :: trago :: bocado :: *va.* tragar, engullir :: ingerir :: sorber, deglutir, beber :: aguantar :: — **one's words,** desdecirse :: **to** — **the bait,** tragar el anzuelo.

SWAM [SUAM] *pret. de* **to swim.**

SWAMP [SUOMP] *n.* pantano, cenagal :: *(Amer.)* manigua :: *va.* sumergir, encenagar, hundir, empantanar, echar a pique.

SWAMPY [SUÓMPI] *adj.* pantanoso, cenagoso, fangoso.

SWAN [SUON] *n.* cisne :: —**song,** canto del cisne.

SWARM [SUOARM] *n.* enjambre :: hormiguero, gentío :: *vn.* enjambrar, hervir, pulular, hormiguear :: — **up,** trepar a.

SWAY [SUEI] *n.* poder, dominio, imperio :: influjo :: vaivén, balanceo :: *va.* inclinar, influir, inducir :: llevar (tras sí) :: cimbrear :: *vn.* inclinarse :: moverse :: oscilar, mecerse.

SWEAR [SUÉAER] *n.* —**word,** taco, juramento, blasfemia :: *vn.* jurar :: renegar :: — **at,** maldecir.

SWEAT [SUET] *n.* sudor :: *(fig.)* trabajo, fatiga :: *va.* sudar.

SWEATER [SUÉTAER] *n.* suéter :: sudador, el que suda.

SWEATY [SUÉTI] *adj.* sudoroso.

SWEEP [SUIP] *n.* extensión, recorrido :: curso, carrera :: vuelta :: barrida :: **a clean** —, limpieza :: **chimney**—, deshollinador :: envergadura :: *va. & n.* —**away, up, out,** barrer :: arrollar, arrebatar, arrastrar :: — **along,** pasar (al vuelo, volando, arrastrándose majestuosamente) ::

— **the boards,** *(en los naipes)* dar capote :: — **chimneys,** deshollinar, barrer.

SWEEPER [SUÍPAER] *n.* barrendero.

SWEEPING [SUÍPING] *n.* barrido :: —**s,** basura :: *adj.* abarcador, que lo abarca todo, vasto :: asolador.

SWEET [SUIT] *adj.* dulce, azucarado :: sabroso :: grato :: bonito :: suave, amable, encantador :: *(fig.)* rico :: **honey** —, meloso :: —**toothed,** goloso :: — **maker,** confitero :: — **shop,** confitería :: — **tongued,** melifluo :: —**smelling,** odorífero, fragante :: *n.* dulzura, deleite :: *pl.* dulces, confites, golosinas.

SWEETEN [SUITN] *va. & n.* endulzar(se), dulcificar(se), suavizar.

SWEETHEART [SUÍTJART] *n.* querida, novia, prometida, amante, querido, galán, novio.

SWEETNESS [SUÍTNES] *n.* dulzura :: melosidad :: suavidad.

SWELL [SUEL] *n.* hinchazón :: oleada, marejada, oleaje :: mar de fondo :: prominencia :: *(fam.)* guapo, majo :: *va.* hinchar, henchir :: engrosar :: *vn.* — **out,** hincharse, crecer, subir, dilatarse :: enorgullecerse, envanecerse.

SWELLING [SUÉLING] *n.* hinchazón, inflación, tumefacción, bollo :: chichón.

SWELTER [SUÉLTAER] *va.* sofocarse de calor.

SWEPT [SUEPT] *pret. & p.p. de* **to sweep.**

SWERVE [SUERV] *n.* esguince :: viraje repentino :: *va. & n.* desviar(se) :: apartarse, torcer.

SWIFT [SUIFT] *adj.* veloz, ligero, presto, raudo, vivo, diligente,

repentino :: *n.* vencejo.

SWIFTNESS [SUÍFTNES] *n.* velocidad, rapidez, presteza, prontitud.

SWIM [SUIM] *vn.* nadar, flotar, sobrenadar :: tener vértigo :: — **across,** pasar a nado.

SWIMMER [SUÍMMA] *n.* nadador.

SWINDLE [SUINDL] *n.* estafa, timo :: superchería :: *va.* timar, estafar, engañar, dar un timo.

SWINDLER [SÚINDLA] *n.* estafador, timador.

SWINE [SUAIN] *n.* marrano, puerco, cerdo, cochino.

SWING [SUING] *n.* balanceo, oscilación, vaivén :: columpio :: **in full** —, en plena operación :: — **bridge,** puente giratorio :: *va.* balancear, mecer, columpiar :: blandir :: *vn.* vibrar, oscilar, columpiarse, balancearse.

SWITCH [SUICH] *n.* varilla, bagueta :: *(elect.)* conmutador, interruptor :: *(railw.)* cambiavía :: apartadero :: botón :: *(pelo)* añadido, postizo :: *va.* azotar, fustigar :: *(railw.)* desviar :: — **on,** dar la luz :: encender :: — **off,** apagar la luz :: *(una cuenta)* cerrar :: — **over,** conmutar.

SWITCHBOARD [SUÍCHBORD] *n.* cuadro o tablero de distribución :: cuadro conmutador :: centralita telefónica.

SWOLLEN [SUOLN] *p.p. de* **to swell.**

SWOON [SUUN] *n.* desvanecimiento :: desmayo, soponcio :: deliquio :: *(relig.)* rapto :: *vn.* desvanecerse, desmayarse.

SWORD [SORD] *n.* espada, acero :: espadín :: poder militar :: — **stick,** estoque :: **to put to the** —, pasar a cuchillo.

SWORE [SUÓAER] *pret de* **to swear.**

SWORN [SUONI] *p.p. de* **to swear.**

SYLLABLE [SÍLABL] *n.* sílaba.

SYMBOL [SIMBL] *n.* símbolo, emblema :: carácter.

SYMBOLIC [SIMBÓLIK] *adj.* simbólico.

SYMBOLISM [SÍMBOLISM] *n.* simbolismo.

SYMMETRICAL [SIMÉTRIKAL] *adj.* simétrico.

SYMMETRY [SÍMITRI] *n.* simetría, proporción.

SYMPATHETIC [SIMPAZÉTIK] *adj.* compadecido :: simpático :: cariñoso :: afín :: **to feel — with,** compadecer con, simpatizar(se) con.

SYMPATHIZE [SÍMPAZAIS] *va.* compadecer(se), condolerse.

SYMPATHY [SÍMPAZI] *n.* simpatía :: compasión, sentimiento :: **to be in — with,** simpatizar :: **to express** —, dar el pésame, condolerse.

SYMPTOM [SÍMPTOM] *n.* síntoma.

SYNCHRONIZE [SÍNKRONAIS] *va.* sincronizar.

SYNDICATE [SÍNDIKIT] *n.* sindicato :: *va. & n.* sindicar(se).

SYNDROME [SÍNDROMI] *n.* síndrome.

SYNONYMOUS [SINÓNIMOS] *adj.* sinónimo.

SYNTAX [SÍNTAKS] *n.* sintáxis.

SYNTHESIZE [SÍNZISAIS] *va.* sintetizar.

SYNTHETIC [SINZÉTIK] *adj.* sintético.

SYRINGE [SIRÍNCH] *n.* jeringa :: lavativa, clister :: *va.* jeringar, poner lavativas.

SYRUP [SÍROP] *n.* jarabe :: **fruit** —, arrope.

SYSTEM [SÍSTEM] *n.* sistema, régimen :: orden, clasificación.

SYSTEMATIC [SISTEMÁTIK] *adj.* sistemático.

T

TABLE [TEIBL] *n.* mesa :: catálogo, elenco :: cuadro sinóptico :: tabla, tablero :: **— of contents,** índice de materias :: **—cloth,** mantel :: **—spoon,** cuchara sopera :: **—land,** altiplanicie, meseta :: *va.* catalogar :: presentar.

TABLET [TÁBLET] *n.* tabla, tableta :: bloc :: lápida :: pastilla.

TABLEWARE [TÉIBLUAER] *n.* vajilla, servicio de mesa.

TABOO, TABU [TABÚ] *n.* tabú.

TABULATE [TÁBIULEIT] *va.* formar listas o tablas.

TACITURN [TÁSITOERN] *adj.* taciturno, silencioso.

TACK [TAK] *n.* tachuela :: hilván :: bordada o cambio de rumbo :: amura, jarcia :: **to change —,** cambiar de rumbo :: *va.* clavetear con tachuelas :: coser, hilvanar :: pegar, clavar :: juntar, unir :: virar, cambiar de rumbo :: zigzaguear.

TACKLE [TAKL] *n.* aparejo, maniobra, jarcia :: **fishing —,** avíos de pescar :: *va.* agarrar, asir :: emprender :: apechugar :: *(en fútbol)* atajar.

TACT [TAKT] *n.* tacto, discreción, tino, ten con ten.

TACTFUL° [TÁKTFUL] *adj.* cauto, prudente, diplomático.

TACTICS [TÁKTIKS] *n.* táctica.

TACTLESS [TÁKTLES] *adj.* falto de tacto o de tino :: imprudente, incauto.

TAIL [TEIL] *n.* cola, rabo :: **bushy —,** hopo :: *(peinado)* trenza :: *(del pavo real)* copete :: *(de una cometa)* cabellera :: **coat —s,** faldillas :: **to turn —,** volver la espalda.

TAILOR [TÉILAER] *n.* sastre :: **—made,** de hechura, hecho a medida.

TAINT [TEINT] *n.* mancha, infección, borrón :: *va.* manchar, viciar, corromper.

TAKE [TEIK] *n.* toma :: ingresos :: **— off,** caricatura :: *va.* tomar, coger, llevar :: percibir, cobrar :: *(en ajedrez)* comer :: posesionarse :: prender :: adoptar :: considerar :: necesitar :: coger, atrapar :: *(phot.)* sacar :: *(ejercicios)* hacer :: *(un obstáculo)* saltar :: *vn.* pegar, prender, ser eficaz :: **— after,** parecerse a :: **— aim at,** apuntar :: **— away,**

quitar, remover :: *(math.)* restar :: **— care of,** cuidar de :: **— charge of,** encargarse de :: **— down,** descolgar :: *(mech.)* desmontar :: humillar, quitar los humos a :: **— for,** tomar por :: **— for granted,** dar por sentado :: **— from,** quitar, privar de :: **— in,** acomodar :: abarcar :: engañar, timar :: **— notice,** tomar nota :: darse por enterado :: **— off,** *(el sombrero)* quitarse :: remedar :: *(un avión)* despegar :: **— out,** sacar de paseo :: quitar :: **— place,** sobrevenir, tener lugar, ocurrir :: acontecer :: **— as prize,** apresar :: **— root,** prender :: **— refuge,** guarecerse, abrigarse :: **— seriously,** tomar a pecho :: **— to,** tomar afición a, ponerse a, darse a :: **— to pieces,** desmontar, desarmar :: **— a stroll,** tomar el fresco, dar un paseo :: **— turns,** turnar :: **— in tow,** remolcar :: **— up,** *(un espacio)* ocupar :: abarcar, comprender :: tomar posesión de :: censurar :: empezar :: **— up short,** cortar la palabra :: **— upon trust,** tomar a crédito :: **— upon oneself,** tomar (a su cargo, por su cuenta), asumir :: **— an hour to get there,** tardar una hora en llegar.

TAKEN [TEIKN] *p.p. de* **to take** :: **to be — ill,** caer enfermo.

TALE [TEIL] *n.* cuento, relación, fábula, historia, historieta, ficción :: embuste :: **—teller,** cuentista :: soplón :: **— telling,** chismorreo :: hablilla.

TALENT [TÁLENT] *n.* talento, capacidad, ingenio.

TALENTED [TÁLENTID] *adj.* talentoso :: de talento.

TALK [TOAK] *n.* conversación, charla :: plática :: habla :: coloquio :: habladuría :: rumor, voz común, fama :: **big —,** fanfarronada :: **it was the subject of much —,** fue muy comentado :: *va.* **— Spanish,** hablar cristiano :: **— nonsense,** decir disparates, desbarrar :: *vn.* hablar, charlar, conversar :: platicar :: **— in whispers,** cuchichear :: **— into,** convencer :: **— one's head off, through one's ears,** hablar por los codos :: **— loudly,** hablar alto :: **— for talking's sake,** hablar por hablar :: **— out of,** disuadir :: **— without rhyme or reason,** hablar a tontas y a locas :: **— on,** seguir hablando ::

— to, reprender :: **— too much,** hablar (más que siete, por los codos).

TALKATIVE [TÓAKATIV] *adj.* locuaz, parlero, parlanchín, parlador, charlatán.

TALKER [TÓKAER] *n.* hablador :: conversador :: platicador :: orador.

TALL [TOL] *adj.* alto, elevado, grande.

TALLOW [TÁLOU] *n.* sebo.

TALLY [TÁLI] *n.* chapa :: **—stick,** tara :: *va. & n.* llevar la cuenta :: cuadrar, casar, concordar.

TALON [TÁLON] *n.* garra, presa.

TAME° [TEIM] *adj.* manso :: doméstico, domesticado :: amansado, domado :: *va.* domesticar :: domar, amansar, desbravar.

TAMPER [TÁMPA] *vn.* entremeterse.

TAN [TAN] *n.* bronceado :: color tostado :: casca *(corteza de árbol)* :: *va.* curtir, adobar, aderezar :: *(la piel)* tostar(se).

TANGERINE [TANCHARÍN] *n.* mandarian, clementina.

TANGIBLE [TÁNCHIBL] *adj.* tangible, real.

TANGLE [TANGL] *n.* nudo, ovillo :: *(fig.)* embrollo, enredo :: *va.* enredar, embrollar, enmarañar.

TANK [TANK] *n.* tanque, depósito de agua, alcubilla :: **rain—,** cisterna, aljibe :: *(mil.)* tanque.

TANNER [TÁNAER] *n.* curtidor.

TANNERY [TÁNAERI] *n.* curtiduría, tenería.

TANTALIZE [TÁNTALAIS] *va.* molestar :: hacer desesperar :: exasperar.

TANTAMOUNT [TÁNTAMAUNT] *adj.* equivalente.

TAP [TAP] *n.* grifo, llave, espita :: **water—,** grifo :: *va.* interceptar, perforar, *vn.* dar palmaditas :: **to —dance,** zapatear.

TAPE [TEIP] *n.* cinta :: galón :: **— measure,** cinta métrica :: esparadrapo :: cinta magnetofónica :: *va.* cerrar con una cinta :: grabar en cinta.

TAPER [TÉIPA] *n.* bujía, candela, cirio :: *va.* afilar, ahusar.

TAPESTRY [TÁPESTRI] *n.* tapicería :: **— worker, — maker,** tapicero.

TAPEWORM [TÉIPUOEM] *n.* tenia, solitaria.

TAR [TAR] *n.* alquitrán, pez, brea :: *va.* alquitranar, embrear.

TARDINESS [TÁDINES] *n.* lentitud, indolencia, tardanza.

TARDY [TÁDI] *adj.* tardío, lento, rezagado, pasado.

TARGET [TÁGUET] *n.* blanco :: — **practice**, tiro al blanco.

TARIFF [TÁRIF] *adj.* arancelario :: *n.* tarifa :: arancel.

TARNISH [TÁNISH] *va.* deslustrar, deslucir :: empañar, mancillar :: *vn.* deslucirse, deslustrarse.

TARPAULIN [TAPÓALIN] *n.* lienzo alquitranado, encerado.

TART [TAT] *adj.* acre, agrio, ácido :: mordaz :: *n.* tarta, pastel.

TASK [TASK] *n.* tarea, faena, tanda :: — **work**, destajo :: **to take to** —, reprender, regañar.

TASSEL [TÁSEL] *n.* borla, campanilla.

TASTE [TEIST] *n.* gusto :: sabor :: sorbo :: dejo :: pizca :: muestra :: prueba :: — **for**, afición a, inclinación :: — **of**, sabor a :: paladar :: **in poor** —, de mal gusto :: cursi :: *va.* gustar de :: saborear, paladear :: catar :: probar :: *vn.* tener gusto.

TASTELESS [TÉISTLES] *adj.* insípido :: desabrido :: de mal gusto.

TASTY [TÉISTI] *adj.* sabroso, rico, apetitoso, suculento.

TATTER [TÁTA] *n.* andrajo, harapo :: trapo :: **in** —**s**, andrajoso, harapiento, desastrado.

TATTOO [TATÚ] *n. (mil.)* retreta :: tatuaje :: *va.* tatuar.

TAUGHT [TOT] *pret. & p.p. de* **to teach**.

TAUNT [TOANT] *n.* befa, insulto, reprimenda, vituperio, improperio :: *va.* vilipendiar, vituperar.

TAVERN [TÁVEN] *n.* taberna, mesón :: *(fam.)* tasca :: —**keeper**, bodegonero, tabernero, mesonero.

TAWDRY [TÓADRI] *adj.* charro :: deslucido, cursi :: indigno, vergonzoso.

TAX [TAKS] *n.* contribución(es), impuesto, tributo :: —**collector**, recaudador :: *va.* imponer contribuciones, tasar :: *(fig.)* cargar, acusar, tachar :: — **with**, imputar.

TAXI [TÁKSI] *n.* taxi :: *va.* rodar *(un avión)* por la pista de despegue.

TAXICAB [TÁKSIKAB] = **taxi**.

TAXPAYER [TÁKSPEIAR] *n.* contribuyente.

TEA [TI] *n.* té :: **to have** —, tomar (el) té :: **afternoon** —, merienda :: —**set**, servicio, juego de té :: —**party**, té :: —**pot**, tetera :: —**spoon**, cucharilla.

TEACH [TICH] *va.* enseñar, ins-

truir, inculcar, aleccionar, — **a lesson to**, escarmentar :: *vn.* ejercer el magisterio.

TEACHER [TÍCHAER] *n.* maestro, maestra.

TEACHING [TÍCHING] *n.* instrucción, enseñanza :: doctrina.

TEACUP [TÍKAKP] *n.* taza de té.

TEAM [TIM] *n. (mulas, etc.)* pareja, par :: *(de jugadores)* equipo :: *va. & n.* uncir, enganchar :: formar pareja :: acarrear, transportar :: **to** — **up**, unirse, formar un equipo.

TEAPOT [TÍPOT] *n.* tetera.

TEAR [TÍAER] *n.* lágrima.

TEAR [TÉAER] *n.* rasgón, roto, descosido :: rasgadura :: **wear and** —, desgaste, desmejoramiento :: *va.* romper, rasgar :: desgarrar :: lacerar :: rasguñar :: — **off**, **away**, arrancar :: desgajar :: — **down**, demoler, derribar :: *vn.* rasgarse :: — **along**, **on**, **up**, volar por, correr a todo trapo :: — **up**, romper.

TEARFUL [TÍAERFUL] *adj.* lloroso.

TEASE [TIS] *va.* enojar, importunar :: atormentar, molestar :: cardar :: *(coll.)* jorobar.

TEASPOON [TÍSPUN] *n.* cucharilla, cucharita.

TECHNICAL [TÉKNIKAL] *adj.* técnico.

TECHNICIAN [TEKNÍSHAN] *n.* técnico.

TECHNIQUE [TÉKNIK] *n.* técnica.

TECHNOLOGY [TEKNÓLOCHI] *n.* tecnología.

TEDIOUS [TÍDIOS] *adj.* pesado, prolijo, aburrido, cansado, fatigoso.

TEDIOUSNESS [TÍDIOSNES] *n.* tedio.

TEDIUM [TÍDIOM] *n.* tedio.

TEEM [TIM] *vn.* hormiguear, pulular, rebosar.

TEENAGER [TÍNEICHAER] *n.* adolescente.

TEENS [TINS] *n. pl.* edad de adolescencia.

TEETH [TIZ] *n. pl de* **tooth**.

TELEGRAM [TÉLIGRAM] *n.* telegrama.

TELEGRAPH [TÉLIGRAF] *n.* telégrafo :: *va.* telegrafiar.

TELEGRAPHIC [TELIGRÁFIK] *adj.* telegráfico.

TELEGRAPHY [TELÉGRAFI] *n.* telegrafía.

TELEPHONE [TÉLIFOUN] *n.* teléfono :: —**call**, llamada :: **longdistance** — **call**, conferencia :: *va.* telefonear, llamar por teléfono.

TELESCOPE [TÉLISKOUP] *n.* telescopio, catalejo.

TELEVISION [TÉLIVISHON] *n.* televisión :: — **viewer**, televidente.

TELL [TEL] *va.* decir :: contar, referir :: participar, manifestar, determinar, distinguir :: — **off**, despachar :: reñir :: instruir :: *vn.* — **one's hidden thoughts**, **etc.**, franquearse :: **it tells**, tiene su efecto.

TEMERITY [TIMÉRITI] *n.* temeridad.

TEMPER [TÉMPA] *n.* mal genio :: índole, humor, genio, natural, disposición :: **bad** —, mal genio, coraje, berrinche :: *(metal)* temple :: *va.* templar, moderar, mitigar, atemperar.

TEMPERAMENT [TÉMPERAMENT] *n.* temperamento.

TEMPERANCE [TÉMPERANS] *n.* sobriedad :: templanza.

TEMPERATE [TÉMPERIT] *adj.* morigerado, abstemio, sobrio :: *(clima)* templado :: benigno.

TEMPERATURE [TÉMPERATIUR] *n.* temperatura :: **high** —, calentura :: **he has a high** —, tiene fiebre.

TEMPEST [TÉMPEST] *n.* tempestad, tormenta :: temporal.

TEMPESTUOUS [TEMPÉSCHUOS] *adj.* tempestuoso, borrascoso.

TEMPLE [TEMPL] *n.* templo, iglesia.

TEMPORAL [TÉMPORAL] *adj.* temporal.

TEMPORARY [TÉMPORARI] *adj.* provisional, interino, improvisado.

TEMPT [TEMPT] *va.* tentar, poner a prueba :: inducir :: provocar.

TEMPTATION [TEMPTÉISHON] *n.* tentación.

TENABLE [TÉNABL] *adj.* sostenible, defendible.

TENACIOUS [TINÉISHOS] *adj.* tenaz, porfiado.

TENACITY [TINÁSITI] *n.* tenacidad, tesón, porfía.

TENANT [TÉNANT] *n.* arrendatario, inquilino :: habitante.

TEND [TEND] *va.* cuidar :: velar, vigilar :: guardar :: — **to**, tirar a, llevar, dar en, tender a :: — **towards**, dirigirse a.

TENDENCY [TÉNDENSI] *n.* tendencia, inclinación, giro, propensión :: **natural** —, proclividad.

TENDER [TÉNDA] *adj.* tierno, blando :: cariñoso :: amable, benigno :: — **hearted**, compasivo :: — **spot**, sensible :: — **of**, cuidadoso de, solícito de :: *n.* propuesta, oferta :: *(naut.)* falúa :: *va.* ofrecer, presentar, proponer :: presentar :: *(las gracias)* dar.

TENDERNESS [TÉNDAERNES] *n.* ternura, delicadeza.

TENEMENT [TÉNIMENT] *n.* — **house**, casa de vecindad.

TENNIS [TÉNIS] *n.* tenis :: — **court**, cancha de tenis.

TENOR [TÉNOR] *n.* tenor.

TENSE [TENS] *n. (gram.)* tiempo :: *adj.* tenso, tirante, tieso :: crítico, de mucha emoción.

TENSION [TÉNSHON] *n.* tensión, tirantez.

TENT [TENT] *n.* tienda :: **bell**—, pabellón :: toldo.

TENTACLE [TÉNTAKL] *n.* tentáculo.

TENTATIVE° [TÉNTATIV] *adj.* de prueba, de ensayo :: provisional, experimental :: *n.* prueba, tanteo, ensayo.

TENUOUS [TÉNIUOES] *adj.* tenue.

TENURE [TÉNIUR] *n.* tenencia, posesión, pertenencia.

TEPID [TÉPID] *adj.* tibio, templado.

TERM [TERM] *n.* término, vocablo, voz técnica :: plazo, período :: raya, límite :: trimestre :: condena :: *pl.* condiciones, estipulaciones :: honorarios :: condiciones :: relaciones :: familiaridad :: **set**—, términos escogidos :: **to be on good** —**s with**, llevarse bien con :: **to come to** —**s**, llegar a un arreglo, hacer las paces :: *va.* nombrar.

TERMINAL° [TÉRMINAL] *adj.* terminal, final, último :: *n.* término, fin :: estación terminal :: **electric** —, toma de corriente :: *(elect.)* borne.

TERMINATE [TÉRMINEIT] *va. & n.* terminar, rematar, poner fin a.

TERMINATION [TERMINÉISHON] *n.* terminación, fin :: *(gram.)* desinencia.

TERMINUS [TÉRMINOS] *n.* término :: estación final.

TERRACE [TÉRIS] *n.* terraplén :: plataforma, terraza :: escalinata, gradería :: grada :: **sun** —, solana.

TERRESTRIAL [TERÉSTRIAL] *adj.* terrestre, terreno, terrenal.

TERRIBLE [TÉRIBL] *adj.* terrible, tremendo, aterrador, pavoroso, hórrido.

TERRIFIC [TERÍFIK] *adj.* tremendo, estupendo, bárbaro, fabuloso.

TERRIFY [TÉRIFAI] *va.* aterrar, espantar, azorar, amilanar.

TERRITORY [TÉRITORI] *n.* territorio, comarca, región :: dominio.

TERROR [TÉROR] *n.* terror, espanto, pavor.

TERRORIST [TÉRORIST] *n.* terrorista.

TERSE° [TERS] *adj.* conciso, sucinto, breve.

TEST [TEST] *n.* prueba, ensayo,

examen :: tentativa :: piedra de toque :: —**tube**, probeta :: **to put to the** —, poner a prueba :: **to stand the** —, soportar la prueba :: *va.* probar, ensayar, someter a prueba :: graduar.

TESTAMENT [TÉSTAMENT] *n.* testamento.

TESTICLE [TÉSTIKL] *n.* testículo.

TESTIFY [TÉSTIFAI] *va.* atestiguar, atestar.

TESTIMONY [TÉSTIMONI] *n.* testimonio.

TETHER [TÉDZA] *n.* traba, atadura, correa :: **to be at the end of one's** —, no saber ya qué hacer.

TEXT [TEKST] *n.* texto :: tema :: tesis :: —**book**, libro de texto.

TEXTILE [TÉKSTAIL] *adj.* textil.

TEXTURE [TÉKSTIUR] *n.* tejido, (con)textura.

THAN [DZAN] *conj.* que.

THANK [ZANK] *n. pl.* gracias :: agradecimiento :: *va.* dar gracias, agradecer :: — **God**, a Dios gracias.

THANKFUL° [ZÁNKFUL] *adj.* agradecido.

THANKFULNESS [ZÁNKFULNES] *n.* gratitud, agradecimiento.

THANKLESS [ZÁNKLES] *adj.* ingrato :: — **task**, tarea ingrata o infructuosa.

THANKSGIVING [ZÁNKSGUIVING] *n.* acción de gracias.

THAT [DZAT] *adj.* ese, aquel :: *pron.* ése, aquél :: — **is**, es decir, a saber :: *conj.* que, a fin de que, para que :: *relat.* que.

THATCH [ZACH] *n.* paja :: barda :: techo de paja :: *va.* poner techo de paja.

THAW [ZOA] *n.* deshielo :: *va. & n.* deshelar, derretir.

THE [DZI, DZE] *art.* el, la :: lo :: los, las :: *adv.* — **more**... — **less**, cuanto más... tanto menos.

THEATER, THEATRE [ZÍATA] *n.* teatro :: arte dramático.

THEE [DZI] *pron.* te.

THEFT [ZEFT] *n.* hurto, robo :: latrocinio.

THEIR [DZEAER] *adj.* su (sus), de ellos, de ellas.

THEIRS [DZEAERS] *pron. pos.* suyo (suya, suyos, suyas), de ellos, de ellas :: el suyo (la suya, los suyos, las suyas) :: el (la, los, las) de ellos.

THEM [DZEM] *pron.* los, las :: les :: ellos, ellas *(con preposición)*.

THEME [ZIM] *n.* tema, materia, tesis :: motivo.

THEMSELVES [DZEMSÉLVS] *pron.*

ellos mismos, ellas mismas :: se *(como reflexivo)* :: **to** —, a sí mismos.

THEN [DZEN] *adv.* entonces, en aquel tiempo :: luego, después :: *conj.* pues, en tal caso :: por consiguiente, por tanto :: **now** —, ahora bien :: — **and there**, en seguida, en el acto :: **so** —, conque.

THENCE [DZENS] *adv.* de allí, por eso, luego, desde aquel momento.

THEOLOGY [ZIÓLOCHI] *adj.* teología.

THEORETICAL° [ZIORÉTIKAL] *adj.* teórico.

THEORY [ZÍORI] *n.* teoría :: **in** —, teóricamente.

THERAPY [ZÉRAPI] *n.* terapia.

THERE [DZÉAER] *adv.* allí, allá, ahí :: **here and** —, acá y acullá, de allá para acá :: — **is, — are,** hay.

THEREABOUTS [DZÉAERABOUTS] *adv.* por allí, por ahí :: aproximadamente.

THEREAFTER [DZEAERÁFTAER] *adv.* después de eso, de allí en adelante.

THEREBY [DZAERBÁI] *adv.* en relación con eso :: así, de ese modo :: por allí cerca.

THEREFORE [DZÉARFOR] *adv.* por eso, por consiguiente, por lo tanto.

THEREIN [DZÉAERIN] *adv.* en eso, en ello :: allí dentro.

THEREOF [DZÉAEROV] *adv.* de eso, de ello.

THEREON [DZÉAERON] *adv.* encima :: encima de (o sobre) él, ella, ello, etc.

THEREWITH [DZÉAERUIZ] *adv.* con eso, con ello, con esto :: luego, en seguida.

THERMOMETER [ZERMÓMITER] *n.* termómetro.

THERMOS [ZÉRMOS] *n.* — **bottle**, termo.

THESE [DZIS] *adj.* estos, estas :: *pron.* éstos, éstas.

THESIS [ZÍSIS] *n.* tesis.

THICK° [ZIK] *adj.* espeso :: grueso, corpulento :: fuerte, recio :: tupido, apretado :: denso :: poblado, crecido :: basto, tosco :: torpe :: borroso, apagado :: *(fam.)* íntimo :: exagerado :: — **set**, rechoncho :: espeso :: **skinned**, de pellejo espeso :: **through** — **and thin**, incondicionalmente :: **to be as** — **as thieves**, ser uña y carne :: *n.* grueso, espesor.

THICKEN [ZIKN] *va. & n.* espesar-

(se) :: engrosar.

THICKET [ZÍKET] *n.* espesura, maleza, matorral.

THICKNESS [ZIKNES] *n.* espesor :: espesura, grueso, grosor :: densidad.

THIEF [ZIF] *n.* ladrón :: **petty —**, pillo, ratero.

THIEVE [ZIV] *vn.* hurtar, robar.

THIEVES [ZÍVS] *pl. de* thief.

THIGH [ZAI] *n.* muslo.

THIMBLE [ZIMBL] *n.* dedal.

THIN° [ZIN] *adj.* delgado, fino, tenue, sutil :: flaco, magro :: raro, claro, ligero, enrarecido :: **very —**, consumido :: *(fam.)* chupado :: **as — as a rake**, ser un hueso :: **to grow —**, enflaquecer :: afilarse :: **to make —**, adelgazar :: **— skinned**, sensible :: *va.* enrarecer :: aclarar :: entresacar :: *vn.* adelgazar :: aclararse.

THINE [DZAIN] *pron. pos.* tuyo (tuya, tuyos, tuyas) :: el tuyo (la tuya, los tuyos, las tuyas) :: *adj.* tu, tus.

THING [ZING] *n.* cosa, objeto, asunto, hecho :: tipo :: **for one —**, en primer lugar :: **no such —**, no hay tal cosa :: **with one — and another**, entre unas cosas y otras :: **as —s stand**, tal como están las cosas.

THINK [ZINK] *va.* pensar (en), creer, estimar, meditar, contemplar :: discurrir :: opinar :: *vn.* **— on, of, over**, pensar (en), acordarse de :: figurarse :: pensar, proponerse :: **— little of**, tener en poco :: **— well of**, tener buen concepto de :: **as you — fit**, como Vd. quiera :: **one might —**, podría creerse :: **I should — so**, ya lo creo.

THINKER [ZÍNKAER] *n.* pensador.

THINNESS [ZÍNNES] *n.* delgadez :: flacura :: raleza *(del cabello)* :: enrarecimiento *(del aire)*.

THIRD [ZERD] *n.* tercero :: *(mus.)* tercera :: **— part**, tercio :: **— party rights**, tercería.

THIRST [ZERST] *n.* sed :: *vn.* tener sed :: **— for**, ansiar, codiciar.

THIRSTY [ZÉRSTI] *adj.* sediento :: **to be —**, tener sed.

THIS [ZIS] *adj.* este, esta :: *pron.* éste, ésta, esto.

THISTLE [ZISL] *n.* cardo.

THITHER [DZÍDZAER] *adv.* allí, allá :: **hit her and —**, acá y allá.

THONG [ZONG] *n.* correa.

THORN [ZOAN] *n.* espina, púa, abrojo :: **— brake**, espinar.

THORNY [ZÓNI] *adj.* espinoso ::

arduo, difícil.

THOROUGH° [ZÓROU] *adj.* completo, formal, acabado, perfecto, concienzudo :: **— paced**, redomado.

THOROUGHBRED [ZÓROBRED] *adj.* de casta pura, de pura raza :: bien nacido :: *n.* animal o persona de casta :: caballo de casta.

THOROUGHFARE [ZÓROFEAER] *n.* vía pública, carretera, camino real :: pasaje.

THOSE [DZOUS] *adj.* esos, aquellos :: *pron.* ésos, aquéllos.

THOU [DZAU] *pron.* tú.

THOUGH [DZOU] *conj.* aunque :: bien que, sin embargo, si bien :: **as —**, como si.

THOUGHT [ZOAT] *part.* **to have —**, tener pensado :: *n.* pensamiento, reflexión, meditación :: idea :: intención :: recuerdo :: solicitud :: **on second —s**, pensándolo mejor.

THOUGHTFUL° [ZÓTFUL] *adj.* pensativo :: considerado, atento, solícito, cuidadoso :: **to be — of others**, pensar en los demás, tener consideración o solicitud por los demás.

THOUGHTFULNESS [ZÓTFULNES] *n.* consideración, atención, cuidado, solicitud.

THOUGHTLESS° [ZÓTLES] *adj.* desconsiderado :: descuidado :: irreflexivo, atolondrado.

THOUGHTLESSNESS [ZÓTLESNES] *n.* irreflexión, inadvertencia, descuido, atolondramiento.

THOUSAND [ZÁUSAND] *adj. num.* mil, un millar :: **— things**, la mar de cosas.

THRASH [ZRASH] *va. & n.* trillar, desgranar :: *(fam.)* zurrar.

THREAD [ZRED] *n.* hilo, hebra :: filete :: *va.* enhebrar :: ensartar.

THREADBARE [ZRÉDBEAER] *adj.* raído, gastado.

THREAT [ZRET] *n.* amenaza, amago.

THREATEN [ZRETN] *va.* amenazar :: amagar.

THREATENING [ZRÉTNING] *adj.* amenazante, amenazador.

THRESHOLD [ZRÉSHOULD] *n.* umbral.

THREW [ZRU] *pret. de* to throw.

THRICE [ZRAIS] *adv.* tres veces.

THRIFT [ZRIFT] *n.* ahorro, economía, frugalidad.

THRIFTY [ZRÍFTI] *adj.* parco, frugal, económico, aprovechado.

THRILL [ZRIL] *n.* exaltación, excitación, seducción, emoción ::

estremecimiento, temblor :: *va.* excitar, emocionar :: embelesar :: *vn.* sentir pasión por :: temblar, estremecerse, conmoverse.

THRIVE [ZRAIV] *vn.* prosperar, medrar.

THROAT [ZROUT] *n.* garganta, cuello :: **sore —**, dolor de garganta :: **to cut the — of**, degollar.

THROB [ZROB] *n.* latido, pulsación :: *vn.* latir, palpitar, vibrar.

THRONE [ZROUN] *n.* trono :: solio :: corona.

THRONG [ZRONG] *n.* tropel, turba :: hervidero :: *va. & n.* atestar, apretar :: amontonarse, apiñarse.

THROTTLE [ZROTL] *n.* gaznate :: *(mech.)* gollete :: *va.* estrangular, ahogar, sofocar.

THROUGH [ZRU] *prep.* por, entre, a través de, de un lado a otro, por medio de :: *adv.* (de, al) través, de parte a parte :: **— and —**, de pies a cabeza, de cabo a rabo, de una parte a otra :: **to carry —**, llevar a cabo :: **to fall —**, fracasar.

THROUGHOUT [ZRUÁUT] *prep.* por todo :: por todas partes de :: desde el principio :: hasta el fin de :: *adv.* por todas partes :: en todas partes :: en todo :: desde el principio hasta el fin.

THROW [ZROU] *n.* tiro, tirada :: jugada, lance :: azar :: *va.* arrojar, tirar, echar, lanzar :: **— away**, tirar, arrojar :: desperdiciar :: desechar :: **— back**, devolver :: **— down**, derribar, tender, echar (abajo, por tierra) :: **— off**, sacudir(se), quitarse, despedir :: **— open**, abrir de par en par :: **— out**, proferir :: excluir :: **— up**, echar al aire :: renunciar a :: vomitar :: **— up**, colgar los hábitos.

THROWN [ZROUN] *p.p. de* to throw.

THRUSH [ZRASH] *n.* tordo.

THRUST [ZRAST] *n. (arch.)* empuje :: estocada :: arremetida :: impulso :: *va.* empujar, impeler :: **— into**, introducir, hundir :: clavar :: **— aside**, rechazar :: **— out**, echar fuera, sacar :: **— through**, atravesar de parte a parte :: **— upon**, imponer.

THUD [ZAD] *n.* ruido sordo :: golpazo.

THUG [ZAG] *n.* ladrón, salteador.

THUMB [ZAM] *n.* pulgar.

THUMP [ZAMP] *n.* golpazo, porrazo, trastazo :: golpe sordo :: *va. & n.* golpear, aporrear, dar un porrazo.

THUNDER [ZÁNDAER] *n.* trueno :: estampido, estruendo :: *va.* & *n.* tronar :: fulminar, retumbar.

THUNDERBOLT [ZÁNDAERBOULT] *n.* rayo.

THUNDEROUS [ZÁNDAEROES] *adj.* atronador, estruendoso.

THUNDERSTORM [ZÁMDAERSTORM] *n.* tronada, tormenta o tempestad de truenos.

THURSDAY [ZÉRSDI] *n.* jueves.

THUS [DZAS] *adv.* así, de este modo, en esos términos, siendo así.

THWART [ZUOART] *va.* contrarrestar, desbaratar, impedir, frustrar.

THY [DZAI] *adj.* tu, tus.

THYME [TAIM] *n.* tomillo.

THYSELF [DZAISÉLF] *pron.* tú mismo :: a tí mismo :: te *(como reflexivo)* .

TICK [TIK] *n.* golpecito :: señal, marca :: momento.

TICKET [TÍKET] *n.* billete, localidad :: entrada :: rótulo, etiqueta :: **single** —, billete sencillo :: **return** —, billete de ida y vuelta :: **season** —, abono :: — **office**, taquilla, despacho.

TICKLE [TIKL] *va.* hacer cosquillas :: halagar :: divertir, recrear.

TICKLISH [TÍKLISH] *adj.* cosquilloso :: peliagudo, espinoso :: **to be** —, tener cosquillas.

TIDAL [TÁIDAL] *adj.* de marea.

TIDE [TAID] *n.* marea :: flujo, marcha :: **time and** —, tiempo y sazón :: **high** —, pleamar, marea alta :: **low** —, bajamar.

TIDEWATER [TÁIDUOATAER] *adj.* costero.

TIDINGS [TÁIDINGS] *n. pl.* noticias, nuevas.

TIDY [TÁIDI] *adj.* pulcro, decente, aseado, ordenado :: **to** — **up**, arreglar.

TIE [TAI] *n.* corbata :: lazo :: apego, vínculo :: empate :: *va.* atar, ligar, enlazar, unir :: — **up**, abordar, envolver.

TIER [TÍAER] *n.* fila, ringlera :: —**s**, gradería.

TIGER [TÁIGA] *n.* tigre :: —**nut**, chufa.

TIGHT [TAIT] *adj.* estrecho, tirante :: bien cerrado :: apretado :: ajustado :: premioso :: **water**—, impermeable :: **air**—, herméticamente cerrado :: — **rope dancer**, equilibrista :: **to be in a** — **spot**, estar en un aprieto.

TIGHTEN [TAITN] *va.* & *n.* apretar :: estrechar :: estirar, poner ti-

rante.

TIGHTNESS [TÁITNES] *n.* estrechez :: tirantez, tensión :: mezquindad, tacañería.

TIGRESS [TÁIGRES] *n.* tigresa.

TILE [TAIL] *n.* teja, baldosa :: azulejo :: *va.* enlosar, tejar.

TILL [TIL] *n. (para dinero)* caja, cajón, gaveta :: *va.* — **the soil**, labrar, cultivar.

TILLAGE [TÍLICH] *n.* labranza, cultivo, labor.

TILLER [TÍLAER] *n.* labrador :: *(naut.)* caña del timón.

TILT [TILT] *n.* inclinación :: tienda, toldillo :: torneo :: *va.* inclinar :: ladear :: justar.

TIMBER [TÍMBA] *n.* madera *(de construcción)* , árbol(es) de monte, bosque.

TIME [TAIM] *n.* tiempo, época :: plazo :: vez, turno :: momento :: *(mus.)* compás :: **what** — **is it?**, ¿qué hora es? :: **at** —**s**, a veces :: **many** —**s**, a menudo :: **in** —, a tiempo :: **from** — **to** —, de cuando en cuando, a ratos :: **at one** —, de una vez, de una tirada :: **in good** —, con tiempo :: **in (his) own good** —, a (su) tiempo :: — **limit**, plazo :: — **spent in**, temporada :: —**table**, horario :: **for some** — **past**, de algún tiempo a esta parte :: **at any** —, a cualquier hora :: **at that** —, entonces, en aquel tiempo :: **this** — **a month hence**, de aquí a un mes :: **for the** — **being**, de momento, por ahora :: **behind** —, atrasado, retardado :: **behind the** —**s**, atrasado :: **to keep** —, guardar (el) compás :: **to beat** —, marcar el compás :: **to have a lovely** —, divertirse (horrores) :: *va.* medir el tiempo.

TIMELESS [TÁIMLES] *adj.* eterno, infinito.

TIMEPIECE [TÁIMPIS] *n.* reloj :: cronómetro.

TIMID• [TÍMID] *adj.* tímido, medroso, espantadizo, corto :: temeroso, miedoso.

TIMING [TÁIMING] *n.* medida del tiempo, cronometraje :: selección del momento oportuno :: sincronización.

TIMOROUS• [TÍMAEROES] *adj.* timorato, tímido, miedoso.

TIN [TIN] *n.* estaño :: hoja de lata, hojalata :: lata :: *va.* estañar :: envasar en lata, enlatar :: —**ned goods**, conservas.

TINCTURE [TÍNKTIUR] *n.* tinte, tintura :: *va.* teñir, impregnar.

TINGE [TINCH] *n.* tinte, matiz, dejo :: punta :: *va.* teñir, matizar.

TINGLE [TINGL] *vn.* sentir picazón, hormiguear.

TINKER [TÍNKAER] *vn.* ocuparse vanamente.

TINKLE [TINKL] *va.* & *n.* hacer sonar, sonar.

TINSEL [TÍNSEL] *n.* oropel.

TINT [TINT] *n.* tinta, tinte :: media tinta :: *va.* teñir, matizar.

TINY [TÁINI] *adj.* minúsculo, menudo :: — **fragment of**, poquísimo :: — **tots**, *(fam.)* gente menuda.

TIP [TIP] *n.* punta, extremidad, cabo :: *(de la lengua)* punta :: *(del dedo)* yema :: propina, gratificación :: botón :: cuerno :: cúspide :: aviso :: **on** —**toe**, a hurtadillas :: **to go on** —**toe**, andar de puntillas :: *va.* ladear, inclinar :: — **over**, volcar :: dar propina :: dar informes confidenciales.

TIRE [TAIR] *n.* neumático :: *va.* & *n.* fatigar(se) :: aburrir, fastidiar :: — **out**, rendirse de cansancio, reventar.

TIRELESS [TÁIAERLES] *adj.* incansable, infatigable.

TIRESOME [TÁIRSOM] *adj.* cansado, aburrido, molesto, fastidioso :: **to be** —, molestar, fastidiar.

TISSUE [TÍSHIU] *n.* tejido :: — **paper**, papel de seda.

TITHE [TAIDZ] *n.* diezmo.

TITLE [TAITL] *n.* título, denominación :: epígrafe, rótulo :: — **page**, portada, frontispicio :: (to) derecho :: **to give a** — **to**, intitular :: titular.

TITTER [TÍTAER] *n.* risa entre dientes, risita :: *vn.* reír entre dientes.

TO [TU] *prep.* a, hacia, de, que, hasta, en comparación con.

TOAD [TOUD] *n.* sapo, escuerzo.

TOAST [TOUST] *n.* tostada :: brindis :: *va.* tostar :: brindar, beber a la salud de.

TOASTER [TÓUSTAER] *n.* tostador.

TOBACCO [TOBÁKOU] *n.* tabaco :: **loose** —, tabaco picado :: — **firm (industry)**, compañía, (industria) tabacalera :: — **kiosk**, estanco :: — **pouch**, petaca.

TODAY [TUDÉI] *adv.* hoy, actualmente.

TOE [TOU] *n.* dedo del pie :: pezuña :: *(del zapato, del calcetín, etc.)* punta.

TOENAIL [TÓUNEIL] *n.* uña del dedo del pie.

TOFFEE [TÓFI] *n.* dulce, caramelo.

TOGETHER [TUGUÉDA] *adv.* junto, juntamente, al unísono :: a la vez :: de seguida, seguido :: *va.* **to get** —, reunir :: *vn.* **to come (get)** —, convergir, reunirse :: **to work** —, colaborar.

TOIL [TOIL] *n.* faena, labor, pena, afán(es) :: *vn.* sufrir, sudar, afanarse, matarse.

TOILET [TÓILET] *n.* retrete, excusado, inodoro :: — **articles,** artículos de tocador :: — **case,** neceser :: — **paper,** papel higiénico.

TOKEN [TOUKN] *n.* indicación, señal, muestra :: prenda :: prueba, favor :: recuerdo.

TOLD [TOULD] *pret. & p.p. de* **to tell.**

TOLERABLE [TÓLERABL] *adj.* pasadero, soportable, llevadero :: regular, pasable.

TOLERANCE [TÓLERANS] *n.* tolerancia.

TOLERANT[*] [TÓLERANT] *adj.* tolerante, paciente, tbién :: despreocupado :: **to be** — **of,** admitir.

TOLERATE [TÓLEREIT] *va.* tolerar, aguantar :: consentir.

TOLL [TOUL] *n.* peaje, portazgo :: :: *(de campanas)* clamor, doble, tañido :: *va. & n.* sonar, tañer, doblar.

TOMATO [TOMÁTOU, TOMÉITOU] *n.* tomate.

TOMB [TUM] *n.* tumba, sepulcro, sepultura.

TOMBSTONE [TÚMSTOUN] *n.* lápida sepulcral.

TOMCAT [TÓMKAT] *n.* gato (macho).

TOMORROW [TUMÓROU] *n.* mañana :: **the day after** —, pasado mañana.

TON [TAN] *n.* tonelada.

TONE [TOUN] *n.* tono, timbre, tónico :: metal :: *pl. (paint.)* matices.

TONGS [TONGS] *n. pl.* tenazas, pinzas, tenacillas.

TONGUE [TANG] *n.* lengua :: habla :: *(fam.)* la sin hueso :: idioma :: *(mech.)* lengüeta :: **to hold one's** —, callarse, *(coll.)* callar el pico :: —**twister,** trabalenguas :: —**tied,** premioso :: **loose** —**ed,** suelto de lengua.

TONIC [TÓNIK] *n.* tónico.

TONIGHT [TUNÁIT] *adv.* esta noche.

TONNAGE [TÁNICH] *n.* tonelaje.

TONSIL [TÓNSIL] *n.* amígdala.

TOO [TU] *adv.* demasiado :: asimismo, también, igualmente :: — **much,** excesivo :: — **well,** de sobra :: **to be** — **(kind),** pecar de (generoso).

TOOK [TUK] *pret. de* **to take.**

TOOL [TUL] *n.* herramienta, utensilio, instrumento :: *pl.* útiles, aperos, aparejos, bártulos.

TOOTH [TUZ] *n.* diente, muela :: :: *(de un peine)* púa :: **eye** —, colmillo :: **to have a sweet**—, ser goloso :: — **and nail,** con tesón.

TOOTHACHE [TÚZEIK] *n.* dolor de muelas.

TOOTHBRUSH [TÚZBRASH] *n.* cepillo de dientes.

TOOTHED [TUZD] *adj.* dentado.

TOOTHLESS [TÚZLES] *adj.* desdentado.

TOOTHPASTE [TÚZPEIST] *n.* pasta de dientes, pasta dentífrica.

TOOTHPICK [TÚZPIK] *n.* mondadientes, palillo de dientes.

TOP [TOP] *n.* cima, pico, cumbre :: punta, cúspide :: remate :: coronilla :: tapa :: *(del árbol)* copa :: coronamiento :: imperial :: primero, cabeza :: auge :: **spinning** —, peonza :: **from** — **to bottom,** de arriba abajo :: —**hat,** chistera :: —**boots,** botas de campaña :: — **floor,** ático :: *va.* descabezar :: — **off,** rematar :: aventajar.

TOP-HEAVY [TÓPJEAVI] *adj.* más pesado arriba que abajo :: falto de equilibrio.

TOPIC [TÓPIK] *n.* asunto, tópico, tema, materia.

TOPPLE [TOPL] *va.* derribar :: *vn.* caer, volcarse, venirse abajo.

TOPSYTURVY [TOPSITÉRVI] *adj. & adv.* patas arriba :: en confusión :: trastornado :: enrevesado, al revés.

TORCH [TOARCH] *n.* antorcha, hacha, tea.

TORE [TOR] *pret. de* **to tear.**

TORMENT [TÓARMENT] *n.* tormento, martirio, tortura, suplicio :: *va.* atormentar, afligir, dar guerra.

TORN [TORN] *p.p. de* **to tear** :: *adj.* roto, rasgado.

TORNADO [TOARNÉIDOU] *n.* huracán, torbellino.

TORPEDO [TOARPIDOU] *n.* torpedo :: *va.* torpedear.

TORPOR [TÓARPAER] *n.* letargo, estupor :: torpeza.

TORRENT [TÓARENT] *n.* torrente, raudal.

TORRID [TÓARID] *adj.* tórrido, ardiente.

TORSION [TÓRSHON] *n.* torsión.

TORTOISE [TÓARTAES] *n.* tortuga :: —**shell,** concha :: —**shell glasses,** quevedos.

TORTUOUS[*] [TÓRCHIUOS] *adj.* tortuoso.

TORTURE [TÓARTIUR] *n.* tortura :: tormento, suplicio :: *va.* torturar, crucificar.

TOSS [TOS] *n.* meneo, sacudimiento, sacudida :: *(de una moneda)* cara o cruz :: **I don't care a** —, no me importa un bledo :: *va.* tirar, lanzar al aire :: mantear :: menear, agitar, sacudir :: *vn.* — **up,** jugar a cara o cruz.

TOTAL[*] [TÓUTAL] *n.* total :: *adj.* entero, todo :: **sum** —, **(of people)** colectividad :: *va.* sumar, ascender a.

TOTALITARIAN [TOUTALITÉIRIAN] *adj.* totalitario.

TOTTER [TÓTA] *vn.* vacilar, tambalearse, bambolear.

TOUCH [TACH] *n.* tacto, toque, tiento, contacto :: *(en arte)* ejecución, pincelada :: *(de dolor)* punzada :: punta, sombra :: prueba, examen :: tacto :: **with a** — **of,** con sus ribetes de :: **final** —, remate :: **to put the final** — **to,** ultimar :: **in** — **with,** en contacto con :: *va.* tocar :: palpar, manosear :: rozar :: alcanzar :: *(mus.)* pulsar, tocar :: enternecer, conmover :: aguijonear :: — **up,** adornar, embellecer :: *vn.* hacer escala, tocar puerto :: — **off,** descargar.

TOUCHING[*] [TÁCHING] *adj.* conmovedor, enternecedor.

TOUCHY [TÁCHI] *adj.* irritable, quisquilloso, vidrioso, receloso.

TOUGH[*] [TAF] *adj.* duro, arduo, recio, sufrido, tenaz :: duradero :: coriáceo :: resistente.

TOUGHEN [TAFN] *va. & n.* curtir(se) :: endurecer(se), fortalecer(se) :: hacer(se) correoso.

TOUGHNESS [TÁTFNES] *n.* dureza :: flexibilidad :: tenacidad :: resistencia :: dificultad.

TOUR [TUR] *n.* viaje, vuelta, gira, excursión.

TOURISM [TÚRISM] *n.* turismo.

TOURNAMENT [TÚRNAMENT] *n.* torneo :: certamen, concurso.

TOW [TOU] *n.* estopa :: remolque :: *va.* **to take in** —, remolcar.

TOWARDS [TÓUAERDS] *prep.* hacia, del lado de, para con, cosa de.

TOWEL [TÁUEL] *n.* toalla :: **roller** —, toalla sin fin.

TOWER [TÁUAER] *n.* torre :: torreón :: *vn.* elevarse, descollar, dominar.

TOWERING [TÁUAERING] *adj.* encumbrado :: elevado; muy alto, sobresaliente.

TOWN [TAUN] *n.* ciudad :: población, pueblo :: lugar :: **my home** —, mi pueblo :: — **council,** cabildo, municipio :: — **dweller,** ciudadano :: — **hall,** casa consistorial, casa del concejo.

TOWNSHIP [TÁUNSHIP] *n.* municipio :: término municipal :: pueblo.

TOXIN [TOKSÍN] *n.* toxina.

TOY [TOI] *n.* juguete :: chuchería :: *vn.* — **with,** jugar, juguetear con, divertirse.

TRACE [TREIS] *n.* rastro, pista :: huella, pisada :: señal, indicio, pizca :: *pl.* guarniciones :: *va.* rastrear, seguir la pista :: trazar, delinear :: — **exactly,** calcar :: imputar, achacar, inferir :: descubrir.

TRACK [TRAK] *n.* ruta, rastro, vestigio :: *(railw.)* vía :: *(de carretas, etc.)* pista :: **wheel** —, rodada :: **to set on right** —, encarrilar :: *va.* — **down,** rastrear, seguir la pista (a).

TRACT [TRAKT] *n.* trecho, región :: serie :: folleto.

TRACTION [TRÁKSHON] *n.* tracción.

TRACTOR [TRÁKTAER] *n.* tractor.

TRADE [TREID] *n.* comercio, industria, oficio :: **he is a ( ) by** —, es ( ) de oficio :: **free** —, libre cambio :: — **winds,** vientos generales :: — **union,** gremio, sindicato :: *vn.* traficar, comerciar, negociar.

TRADEMARK [TRÉIDMARK] *n.* marca de fábrica, marca registrada.

TRADER [TRÉIDAER] *n.* mercader, comerciante, negociante, traficante.

TRADESMAN [TRÉIDSMAEN] *n.* mercader, comerciante, traficante :: tendero.

TRADING [TRÉIDING] *adj.* mercantil :: *n.* comercio :: — **house,** casa, factoría.

TRADITION [TRADÍSHON] *n.* tradición.

TRADITIONAL° [TRADÍSHONAL] *adj.* tradicional :: solariego.

TRAFFIC [TRÁFIK] *n.* tráfico, comercio :: circulación :: *vn.* comerciar.

TRAGEDY [TRÁCHIDI] *n.* tragedia.

TRAGIC [TRÁCHIK] *adj.* trágico.

TRAIL [TREIL] *n.* huella, rastro :: pista :: cola :: sendero :: — **of powder,** reguero de pólvora :: *va.* seguir la pista :: arrastrarse.

TRAIN [TREIN] *n.* tren :: **through** —, tren directo :: **mail, excursion, goods, passenger and goods** —, tren correo, de recreo, de mercancías, mixto ::

recua :: séquito :: *(de un vestido)* cola :: *va.* disciplinar, amaestrar, adiestrar, *vn.* entrenarse.

TRAINER [TRÉINAER] *n.* amaestrador, entrenador.

TRAINING [TRÉINING] *n.* adiestramiento, disciplina :: educación :: — **camp,** campo de entrenamiento.

TRAIT [TREIT] *n.* rasgo, característica :: cualidad.

TRAITOR [TRÉITA] *n.* traidor :: faccioso.

TRAM [TRAM] *n.* vagoneta.

TRAMP [TRAMP] *n.* vagabundo, polizón :: marcha, ruido de pisadas.

TRAMPLE [TRAMPL] *va.* — **on,** — **underfoot,** pisar, hollar, pisotear :: *vn.* pisar.

TRANCE [TRANS] *n.* catalepsia :: *(relig.)* arrobamiento, éxtasis.

TRANQUIL° [TRÁNKUIL] *adj.* tranquilo, apacible, sosegado, suave.

TRANQUILITY [TRANKUÍLITI] *n.* tranquilidad.

TRANQUILIZER [TRÁNKUILAISAER] *n.* tranquilizanter.

TRANSACT [TRANSÁKT] *va. & n.* llevar a cabo, tramitar, desempeñar :: — **business,** despachar.

TRANSACTION [TRANSÁKTSHON] *n.* gestión, negociación, transacción, negocio, trámite :: *pl.* memorias.

TRANSATLANTIC [TRANSATLÁNTIK] *adj.* transatlántico.

TRANSCEND [TRANSÉND] *vn.* trascender, ir más allá de.

TRANSCONTINENTAL [TRANSKONTINÉNTAL] *adj.* transcontinental.

TRANSCRIBE [TRANSKRÁIB] *va.* transcribir, copiar.

TRANSFER [TRANSFER] *n.* transporte :: alienación, traspaso :: transbordo :: cesión :: *va.* transferir, transbordar, enajenar, traspasar.

TRANSFERABLE [TRANSFÉRABL] *adj.* transferible.

TRANSFORM [TRANSFÓARM] *va.* transformar :: demudar, transfigurar :: convertir :: *vn.* transformarse, parar en.

TRANSFORMATION [TRANSFORMÉISHON] *n.* transformación.

TRANSGRESS [TRANSGRÉS] *va. & n.* transgredir, violar, quebrantar, pecar :: **to** — **the bounds of,** traspasar los límites de.

TRANSGRESSION [TRANSGRÉSHON] *n.* transgresión, violación de

una ley :: pecado.

TRANSIENT° [TRÁNSIENT] *adj.* transeúnte :: transitorio, pasajero :: *n.* transeúnte.

TRANSIT [TRÁNSIT] *n.* tránsito :: **in** —, en tránsito, de paso :: — **circle,** anteojo de pasos :: **surveyor's** —, teodolito.

TRANSITION [TRANSÍSHON] *n.* transición :: tránsito, paso.

TRANSITORY [TRÁNSITORI] *adj.* transitorio, pasajero.

TRANSLATE [TRANSLÉIT] *va.* traducir, volver, verter.

TRANSLATION [TRANSLÉISHON] *n.* traducción :: traslado.

TRANSLATOR [TRANSLÉITA] *n.* traductor.

TRANSLUCENT [TRANSLIÚSEN] *adj.* translúcido :: **to be** —, traslucirse.

TRANSMISSION [TRANSMÍSHON] *n.* transmisión :: caja de velocidades.

TRANSMIT [TRANSMÍT] *va.* transmitir, remitir :: *(órdenes)* cursar.

TRANSMITTER [TRANSMÍTAER] *n.* transmisor :: emisor.

TRANSPARENT° [TRÁNSPERENT] *adj.* transparente :: cristalino :: franco :: **to be** —, clarear.

TRANSPLANT [TRANSPLÁNT] *va.* trasplantar.

TRANSPIRE [TRANSPÁIR] *vn.* transpirar, sudar :: divulgarse.

TRANSPORT [TRÁNSPORT] *n.* transporte :: conducción, acarreo :: transporte, éxtasis :: acceso :: *(místico)* rapto.

TRANSPORTATION [TRANSPORTÉISHON] *n.* transportación, transporte :: boleto, pasaje.

TRANSPOSE [TRANSPÓUS] *va.* transponer.

TRAP [TRAP] *n.* trampa, cepo :: celada, asechanza :: zancadilla :: **to lay a** —, tender una red :: —**s,** *(sl.)* equipaje :: —**door,** escotillón :: **to be caught in a** —, caer en la trampa :: *va.* coger en trampa.

TRAPPINGS [TRÁPINGS] *n. pl.* arreos, guarniciones.

TRASH [TRASH] *n.* basura :: hojarasca :: cachivaches :: gentuza, plebe.

TRAUMA [TRÓMAE] *n.* trauma.

TRAUMATIC [TROMÁTIK] *adj.* traumático.

TRAVEL [TRAVL] *n.* viaje :: *vn.* viajar :: caminar :: ir :: — **empty,** ir de vacío.

TRAVELER [TRÁVAELAER] *n.* viajero.

TRAVELING [TRÁVAELING] *adj.* de viaje, para viaje :: — **expenses,**

gastos de viaje :: – **salesman**, viajante de comercio.

TRAVERSE [TRÁVES] *va.* atravesar, cruzar :: pasar por, recorrer.

TRAVESTY [TRÁVESTI] *n.* parodia :: *va.* parodiar, falsear.

TRAY [TREI] *n.* bandeja, batea.

TREACHEROUS* [TRÉCHEROS] *adj.* traicionero, traidor, alevoso.

TREACHERY [TRÉCHERI] *n.* traición, perfidia, defección :: deslealtad.

TREAD [TRED] *n.* pisada, paso :: *va.* – **down**, hollar :: – **on**, pisotear, pisar :: *vn.* dar pasos.

TREASON [TRISON] *n.* traición.

TREASURE [TRÉSHER] *n.* tesoro :: caudal :: *va.* atesorar.

TREASURER [TRÉSHERA] *n.* tesorero.

TREASURY [TRÉSHERI] *n.* tesoro, tesorería :: Hacienda Pública :: – **bill**, vale de tesorería.

TREAT [TRIT] *n.* trato, convite :: *(fam.)* convidada :: *va. & n.* tratar, negociar :: *(mil.)* parlamentar :: festejar :: – **with**, *(chem.)* tratar con :: – **on**, – **of**, versar sobre.

TREATISE [TRÍTIS] *n.* tratado.

TREATMENT [TRÍTMENT] *n.* trato :: *(med.)* tratamiento :: procedimiento.

TREATY [TRÍTI] *n.* tratado, asiento, pacto.

TREBLE [TREBL] *adj.* triple :: *n.* triple :: – **clef**, *(mus.)* clave de sol :: *va. & n.* triplicar.

TREE [TRI] *n.* árbol :: **fruit** –, árbol frutal.

TREETOP [TRÍTOP] *n.* copa de árbol.

TREMBLE [TREMBL] *vn.* temblar, estremecerse :: trepidar, vibrar.

TREMENDOUS* [TRIMÉNDOS] *adj.* tremendo, formidable, estupendo.

TREMOR [TRÉMAER] *n.* temblor.

TREMULOUS* [TRÉMIULOS] *adj.* tembloroso, trémulo.

TRENCH [TRENCH] *n.* *(mil.)* trinchera :: cauce :: zanja :: acequia :: *va.* excavar, atrincherar.

TREND [TREND] *n.* tendencia, inclinación, giro.

TRESPASS [TRÉSPAS] *n.* transgresión :: *vn.* – **upon**, violar :: abusar de :: faltar, delinquir.

TRIAL [TRÁIAL] *n.* esfuerzo :: prueba, tentativa :: cata :: toque :: juicio, proceso, vista :: experiencia :: desgracia, aflicción :: **on** –, a prueba :: – **shot**, tiento :: – **trip**, viaje de prueba.

TRIANGLE [TRÁIANGL] *n.* triángu-

lo.

TRIBE [TRAIB] *n.* tribu, casta :: horda.

TRIBULATION [TRIBIULÉISHON] *n.* tribulación.

TRIBUNAL [TRAIBIÚNAL] *n.* tribunal, juzgado, mesa presidencial.

TRIBUTARY [TRÍBIUTARI] *adj.* tributario :: *n.* afluente.

TRIBUTE [TRÍBIUT] *n.* tributo :: impuesto.

TRICK [TRIK] *n.* trampa, engaño :: timo, fraude, estafa, superchería :: ardid, maniobra, truco :: *(de cartas)* baza :: **smart** –, suerte, faena :: **skilful** –, habilidad, maña :: **dirty** –, cochinada :: **low** –, burla pesada, pillería :: *va.* engañar, burlar :: estafar :: camelar :: timar :: – **out**, ataviar :: – **out of**, defraudar.

TRICKERY [TRÍKERI] *n.* engaños, malas mañas, astucia.

TRICKLE [TRIKL] *n.* reguero :: *vn.* escurrir, gotear.

TRICKY [TRÍKI] *adj.* tramposo :: intrincado, complicado.

TRIED [TRAID] *p.p. de* **to try** *& adj.* probado.

TRIFLE [TRAIFL] *n.* bagatela, fruslería, niñería, miseria, nada, cosita, insignificancia :: **a mere** –, tortas y pan pinto :: **not to stop at** –**s**, no reparar en pelillos :: *vn.* chancear(se) :: no tomar en serio :: – **with**, jugar con, burlarse de.

TRIFLING* [TRÁIFLING] *adj.* insignificante, baladí, fútil.

TRIGGER [TRÍGA] *n.* gatillo, disparador :: fiador.

TRILL [TRIL] *n.* *(mus.)* quiebro :: trino, gorjeo :: *vn.* trinar, gorjear.

TRIM [TRIM] *adj.* aseado, limpio, pulcro, acicalado :: *n.* adorno, ribete, franja, guarnición :: *va.* ajustar, guarnecer, adornar :: atusar :: recortar :: podar, mondar :: despabilar :: ganarle a uno :: **to** – **up**, adornar, componer.

TRIMMING [TRÍMING] *n.* guarnición, adorno :: desbaste :: poda.

TRINKET [TRÍNKET] *n.* baratija, bagatela, miriñaque.

TRIP [TRIP] *n.* viaje, excursión :: tropezón, zancadilla :: **to go on a** –, viajar, hacer excursiones :: *va.* hacer caer :: echar la zancadilla :: *vn.* tropezar, dar un tropezón :: descuidarse.

TRIPLE [TRIPL] *adj. & n.* triple :: *va.* triplicar.

TRIUMPH [TRÁIOMF] *n.* triunfo ::

victoria :: *vn.* triunfar, vencer, sobreponerse a.

TRIVIAL* [TRÍVIAL] *adj.* trivial, frívolo, baladí.

TRODDEN [TRODN] *p.p. de* **to tread**.

TROLLEY [TRÓLI] *n.* carretilla, carro :: trole :: tranvía de trole :: – **bus**, trolebús.

TROMBONE [TROMBÓUN] *n.* trombón.

TROOP [TRUP] *n.* banda, grupo :: turba :: cuadrilla :: *(de actores)* compañía :: *vn.* reunirse :: formar tropa :: ir en tropel.

TROPHY [TRÓUFI] *n.* trofeo.

TROPIC [TRÓPIK] *n.* trópico :: – **of Cancer**, trópico de Cáncer :: – **of Capricorn**, trópico de Capricornio :: *adj.* tropical.

TROPICAL* [TRÓPIKAL] *adj.* tropical.

TROT [TROT] *n.* trote :: *vn.* trotar :: andar al trote.

TROUBLE [TROBL] *n.* confusión, trastorno :: desazón, desconsuelo :: sinsabor, disgusto, aflicción, pena :: molestia, incomodidad, apuro :: **to be in** –, estar afligido, verse en un apuro :: *va.* turbar, trastornar, desazonar, incomodar, enfadar :: molestar.

TROUBLEMAKER [TRÁBLMEIKAER] *n.* agitador, alborotador, elemento perturbador.

TROUBLESOME [TRÁBLSAEM] *adj.* molesto, fastidioso, enfadoso, dificultoso :: penoso.

TROUGH [TROF] *n.* depresión, hoyo :: canal :: **food** –, comedero :: **kneading** –, artesa :: **drinking** –, abrevadero.

TROUSERS [TRÁUSERS] *n.* pantalón(es).

TROUT [TRAUT] *n.* trucha.

TRUANT [TRÚANT] *adj.* gandul, vago :: ausente :: novillero :: **to play** –, hacer novillos.

TRUCE [TRUS] *n.* tregua :: suspensión de hostilidades.

TRUCK [TRAK] *n.* camión :: – **farmer**, hortelano.

TRUCULENT* [TRÁKIULENT] *adj.* cruel, truculento.

TRUDGE [TRACH] *vn.* andar trabajosamente.

TRUE [TRU] *adj.* verdadero, positivo :: hecho y derecho :: verídico :: a plomo :: genuino, leal :: legítimo.

TRUISM [TRÚISM] *n.* perogrullada :: axioma.

TRULY [TRÚLI] *adv.* verdaderamente, en verdad :: en realidad :: exactamente, correctamente ::

fielmente :: **very** – **yours,** su seguro servidor.

TRUMPERY [TRÁMPERI] *n.* engaño, fraude :: hojarasca :: baratija.

TRUMPET [TRÁMPET] *n.* trompa, trompeta, corneta de llaves :: *va.* pregonar.

TRUNCHEON [TRÁNSHON] *n.* porra.

TRUNK [TRANK] *n.* tronco :: *(de elefante)* trompa :: baúl :: – **call,** conferencia.

TRUST [TRAST] *n.* confianza :: crédito :: cometido :: fideicomiso :: asociación de compañías, monopolio :: obligación :: **in** –, en administración :: **on** –, a ojos cerrados :: *va. & n.* confiar, tener confianza :: fiarse, dar crédito.

TRUSTEE [TRASTÍ] *n.* fideicomisario, administrador.

TRUSTFUL° [TRÁSTFUL] *adj.* confiado.

TRUSTING° [TRÁSTING] *adj.* confiado.

TRUSTWORTHY [TRÁSTUERDZI] *adj.* digno de confianza :: fidedigno, de mucha confianza :: – **servant,** confidente.

TRUSTY [TRÁSTI] *adj.* fidedigno :: honrado, leal :: *n.* recluso de confianza.

TRUTH [TRUZ] *n.* verdad :: fidelidad, veracidad :: **the honest** –, la pura verdad :: **in** –, en verdad, de veras.

TRUTHFUL [TRÚZFUL] *adj.* verdadero, verídico :: veraz.

TRUTHFULNESS [TRÚZFULNES] *n.* veracidad.

TRY [TRAI] *n.* prueba, ensayo, tentativa :: *va.* ensayar, probar, tratar de :: procurar :: poner a prueba, fatigar :: (in)tentar :: conocer, procesar :: juzgar :: – **on,** probar :: estrenar :: – **to,** tratar (de), esforzarse (en), hacer (por) :: – **one's luck,** probar fortuna.

TUBE [TIUB] *n.* tubo :: caño, conducto :: metro.

TUCK [TAK] *n.* pliegue, (re)cogido :: filete :: alforza :: provisiones, comestibles :: *va.* – **up,** arremangar :: – **into,** zampar :: – **up,** subirse la falda :: *vn.* plegar, hacer alforzas.

TUESDAY [TIÚSDI] *n.* martes.

TUFT [TAFT] *n.* penacho, borla :: cresta :: manojo, mechón.

TUG [TAG] *n.* (es)tirón :: remolcador :: *va. & n.* remolcar :: tirar de, halar.

TUITION [TIUÍSHON] *n.* instrucción, enseñanza.

TULIP [TIÚLIP] *n.* tulipán.

TUMBLE [TAMBL] *n.* caída, tumbo :: *va. & n.* caer, dar en tierra :: venirse abajo, derrumbarse :: caer en la cuenta, entender.

TUMBLER [TÁMBLAER] *n.* vaso :: acróbata.

TUMOR, TUMOUR [TIÚMOR] *n.* tumor, apostema.

TUMULT [TIÚMALT] *n.* tumulto, alboroto, revuelta :: conmoción, fragor, bullanga, gritería, motín.

TUMULTUOUS° [TIUMALTIUOES] *adj.* tumultuoso.

TUNA [TIÚNA] *n.* atún.

TUNE [TIUN] *n.* tono :: tonadilla :: tonada :: **out of** –, destemplado :: **in** –, templado, afinado :: *va.* afinar, templar :: acordar, concertar.

TUNEFUL [TIÚNFUL] *adj.* melodioso, armonioso.

TUNIC [TIÚNIK] *n.* túnica, blusa.

TUNNEL [TÁNAEL] *n.* túnel.

TUNNY [TÁNI] *n.* atún :: **striped** –, bonito.

TURBINE [TÉRBAIN] *n.* turbina.

TURBOPROP [TÉRBOPROP] *n.* turbopropulsor.

TURBULENT° [TÉRBIULENT] *adj.* turbulento, revoltoso, faccioso.

TURF [TERF] *n.* césped :: el hipódromo :: *va.* encespedar.

TURKEY [TÉRKI] *n.* pavo.

TURMOIL [TÉRMOIL] *n.* estruendo, distubio, baraúnda.

TURN [TERN] *n.* vuelta :: paseo :: *(mech.)* revolución, giro, vuelta :: turno, vez, tanda :: *(en los naipes)* mano :: mudanza, marcha :: genio, inclinación :: sesgo, giro :: giro, idiotismo :: rodeo :: cambio :: hechura :: proceder :: pasada, jugada :: **good** –, favor, servicio :: **to do an ill** –, hacer un flaco servicio :: **at every** –, a cada instante :: **to take** –**s,** alternar :: *va.* volver, dar vueltas a, hacer (rodar, girar) :: *(años)* cumplir :: trastornar :: *(a la deriva)* abandonar :: *(el estómago)* revolver, causar asco :: – **one's coat,** cambiar de casaca :: – **aside,** desviar :: trasladar :: – **away,** despedir, apartar :: – **down,** doblar :: *(gas)* bajar :: *(fam.)* dar calabazas a :: – **into,** transformar en :: – **off,** cerrar :: – **on,** abrir :: depender de :: volverse contra :: – **out,** despedir :: producir :: – **over,** volver :: revolver :: *(en la mente)* dar vueltas a :: volcar :: volver :: rodar :: – **up,** revolver :: arremangarse :: presen-

tarse :: – **upside down,** revolver, trastornar, volver patas arriba :: – **upon,** fundarse en :: recaer sobre :: **P.T.O.,** a la vuelta, véase al dorso :: *vn.* volver :: torcer, desviarse :: hacerse, venir a ser :: *(la marea)* repuntar :: – **away,** apartarse :: – **out,** salir :: – **out to be,** resultar :: – **round,** volverse :: – **round and round,** dar vueltas :: – **up,** (a)parecer, personarse :: – **upon,** depender de :: – **over,** revolverse :: – **to,** recurrir a :: tirar hacia.

TURNIP [TÉRNIP] *n.* nabo.

TURNOVER [TÉRNOUVAER] *n.* vuelco *(de un coche)* :: cambio *(de empleados)* :: **apple** –, pastel de manzana :: **business** –, movimiento de mercancías, número de transacciones, facturación :: **labor** –, movimiento de obreros, cambio frecuente de trabajadores :: – **collar,** cuello vuelto.

TURNSTILE [TÉRNSTAIL] *n.* torniquete.

TURNTABLE [TÉRNTEIBL] *n.* plato giratorio.

TURPENTINE [TÉRPENTAIN] *n.* trementina :: aguarrás.

TURRET [TÉRET] *n.* torreón, mirador, torre :: **ship's gun**–, cúpula.

TURTLE [TERTL] *n.* tortuga :: –**dove,** tórtola.

TUSK [TASK] *n.* colmillo.

TUSSLE [TASL] *n.* lucha, pelea.

TUTOR [TIÚTA] *n.* tutor :: ayo :: *va.* instruir :: hacer de tutor.

TUXEDO [TAKSÍDOU] *n.* esmoquin.

TWANG [TUANG] *n.* tañido, punteado :: nasalidad, gangosidad :: *va.* rasguear.

TWEED [TUID] *n.* mezcla de lana :: – **suit,** traje de lana.

TWEEZERS [TUÍSAERS] *n. pl.* pinzas, tenacillas.

TWELFTH [TUELFZ] *num.* duodécimo :: – **Night,** epifanía, noche de Reyes.

TWICE [TUAIS] *adj.* dos veces.

TWIG [TUIG] *n.* ramo, varilla, vara :: verga.

TWILIGHT [TUÁILAIT] *n.* crepúsculo :: **in the** –, entre dos luces.

TWIN [TUIN] *adj.* mellizo, gemelo.

TWINE [TUAIN] *n.* cuerda, hilo, pita :: guita :: *va. & n.* enroscar(se).

TWINGE [TUINCH] *n.* dolor punzante, punzada :: *vn.* sentir dolor.

TWINKLE [TUINKL] *n.* titilación, centelleo :: *vn.* titilar, rutilar, centellear.

TWIRL [TUERL] *n.* giro, vuelta :: *va.* enroscar :: *vn.* girar, dar vueltas.

TWIST [TUIST] *n.* torsión, quiebro, sacudida :: tirón :: *va.* torcer, retorcer, enroscar, trenzar, entretejer :: *vn.* retorcerse.

TWITCH [TUICH] *n.* contracción nerviosa :: tirón, sacudida :: *va.* crispar :: *vn.* crispar(se), tirar.

TWITTER [TUÍTAER] *n.* gorjeo :: *vn.* gorjear, trinar.

TWO [TU] *num.* dos, —edged, de dos filos :: —faced, de dos caras :: —headed, bicéfalo :: —syllabled, bisílabo :: to put — and — together, atar cabos.

TWOFOLD [TÚFOULD] *adj.* doble.

TWOWAY [TÚUEI] *adj.* de dos sentidos.

TYPE [TAIP] *n.* tipo, modelo, ejemplar :: *(print.)* carácter, tipo :: —writer, máquina de escribir.

TYPEWRITE [TÁIPRAIT] *va.* & *n.* escribir a máquina.

TYPEWRITER [TÁIPRITAE] *adj.* máquina de escribir.

TYPEWRITING [TÁIPRAITING] *n.* mecanografía :: trabajo de mecanógrafo.

TYPICAL[*] [TÍPIKAL] *adj.* típico, característico :: castizo.

TYPIST [TÁIPIST] *n.* mecanógrafa.

TYPOGRAPHICAL[*] [TAIPOGRÁFIKAL] *adj.* tipográfico :: — error, error de máquina, error tipográfico.

TYRANNICAL[*] [TIRÁNIKAL] *adj.* tiránico, tirano.

TYRANNY [TÍRANI] *n.* tiranía.

TYRANT [TÁIRANT] *n.* tirano, déspota.

TYRE [TÁIAER] *n.* neumático :: llanta, calce :: cubierta.

U

UBIQUITOUS [IUBÍKUITOES] *adj.* ubicuo, omnipresente.

UGLINESS [ÁGLINES] *n.* fealdad, deformidad :: perversidad.

UGLY [ÁGLI] *adj.* feo, mal parecido :: repugnante :: peligroso :: fiero.

ULCER [ÁLSAER] *n.* úlcera, llaga.

ULTERIOR [ALTÍRIOR] *adj.* ulterior, posterior.

ULTIMATE• [ÁLTIMIT] *adj.* último, postrimero :: primario :: esencial.

ULTRAMODERN [ALTRAMÓDAEN] *adj.* ultramoderno.

ULTRAVIOLET [ALTRAVÁIOLET] *adj.* ultravioleta.

UMBILICAL [AMBÍLIKAL] *adj.* umbilical :: — **cord**, cordón umbilical.

UMBRELLA [AMBRÉLA] *n.* paraguas :: sombrilla.

UMPIRE [ÁMPAIAER] *n.* árbitro, arbitrador :: *va.* arbitrar.

UN— [AN] *prefijo negativo* sin, no, in-, des-.

UNABASHED [ANABÁSHT] *adj.* descocado, cínico, fresco.

UNABLE [ANÉIBL] *adj.* incapaz, impotente :: **to make** —, incapacitar.

UNACCEPTABLE [ANAKSÉPTAEBL] *adj.* inaceptable, incompatible, inadmisible.

UNACCOUNTABLE [ANAKÁUNTAEBL] *adj.* inexplicable, irresponsable, extraño.

UNACCUSTOMED [ANAKÁSTAEMD] *adj.* desacostumbrado :: insólito, inusitado.

UNAFFECTED• [ANAFÉKTID] *adj.* llano, natural, no afectado, indiferente.

UNALTERABLE [ANÓLTARAEBL] *adj.* inalterable.

UNANIMITY [IUNANÍMITI] *n.* unanimidad.

UNANIMOUS• [IUNÁNIMOS] *adj.* unánime.

UNANSWERABLE [ANÁNSERAEBL] *adj.* indisputable, incontrovertible, incontestable.

UNARMED [ANÁRMD] *adj.* inerme, desarmado.

UNASSAILABLE [ANASÉILAEBL] *adj.* entero, inexpugnable, irrebatible.

UNATTACHED [ANATÁCHD] *adj.* suelto :: libre :: no embargado.

UNAVOIDABLE [ANAEVÓIDAEBL] *adj.* inevitable, ineludible, ineluctable.

UNAWARE [ANAUÉAER] *adj.* inconsciente, sin percatarse :: **to be** — **of**, ignorar :: *adv.* —**s**, por sorpresa, inopinadamente, de improviso :: **to catch** —, sorprender.

UNBALANCED [ANBÁLAENST] *adj.* desequilibrado :: — **account**, cuenta no saldada.

UNBEARABLE [ANBÉRAEBL] *adj.* insoportable, insufrible, inaguantable.

UNBECOMING• [ANBIKÓMING] *adj.* impropio, que sienta mal.

UNBELIEF [ANBILÍF] *n.* incredulidad.

UNBELIEVABLE [ANBILÍVAEBL] *adj.* increíble.

UNBELIEVER [ANBILÍVA] *n.* incrédulo :: descreído :: heterodoxo.

UNBELIEVING [ANBILÍVING] *adj.* descreído, incrédulo.

UNBEND [ANBÉND] *va. & n.* enderezar :: soltarse.

UNBENDING [ANBÉNDING] *adj.* inflexible, estirado.

UNBIASED [ANBÁIAST] *adj.* imparcial, libre de prejuicio.

UNBOUND [ANBÁUND] *adj.* desencuadernado :: suelto, desatado.

UNBOUNDED [ANBÁUNDID] *adj.* ilimitado, infinito, inconmesurable.

UNBREAKABLE [ANBRÉIKAEBL] *adj.* irrompible.

UNBROKEN [ANBRÓUKN] *adj.* intacto, entero :: indómito :: ininterrumpido, continuo.

UNBURDEN [ANBÉRDN] *va.* descargar :: aliviar(se) :: **to** — **oneself**, franquearse, explayarse, desahogarse.

UNBUTTON [ANBÁTN] *va.* desabotonar, desabrochar.

UNCALLED [ANKÓALD] *adj.* — **for**, indebido :: gratuito :: impropio.

UNCANNY [ANKÁNI] *adj.* pavoroso :: incauto.

UNCERTAIN• [ANSÉRTIN] *adj.* incierto, perplejo, dudoso, indeciso, equívoco :: indeterminado :: precario, irresoluto.

UNCERTAINTY [ANSÉRTINTI] *n.* incertidumbre :: falta de certeza.

UNCHANGEABLE [ANCHÉINCHAEBL] *adj.* inmutable, inalterable, invariable.

UNCHANGED [ANCHÉINCHD] *adj.* inalterado, igual.

UNCHARITABLE [ANCHÁRITAEBL] *adj.* duro, falto de caridad.

UNCIVIL [ANSÍVIL] *adj.* incivil, descortés, grosero.

UNCLE [ANKL] *n.* tío.

UNCLEAN• [ANKLÍN] *adj.* sucio, desaseado :: impuro.

UNCOMFORTABLE [ANKÓMFORTAEBL] *adj.* incómodo, molesto, penoso.

UNCOMMON• [ANKÓMON] *adj.* desusado, poco común, raro.

UNCOMPROMISSING [ANKÓMPROMAISING] *adj.* intransigente :: inflexible.

UNCONCERN [ANKONSÉRN] *n.* indiferencia, desapego.

UNCONDITIONAL• [ANKONDÍSHONL] *adj.* incondicional.

UNCONGENIAL• [ANKONCHÍNIAL] *adj.* incompatible, antipático.

UNCONQUERABLE [ANKÓNKERAEBL] *adj.* invencible, inconquistable.

UNCONQUERED [ANKÓNKERD] *adj.* no conquistado, no vencido.

UNCONSCIOUS• [ANKÓNSHOS] *adj.* inconsciente, insensible :: sin sentido.

UNCONSCIOUSNESS [ANKÓNSHOESNES] *n.* inconsciencia :: insensibilidad.

UNCONTROLLABLE [ANKONTROÚLABL] *adj.* indomable, irrefrenable.

UNCONVENTIONAL• [ANKONVÉNSHONAL] *adj.* informal, despreocupado.

UNCORK [ANKÓARK] *va.* descorchar, destapar.

UNCOUPLE [ANKÁPL] *va.* desacoplar.

UNCOUTH• [ANKÚZ] *adj.* torpe, desmañado :: tosco, grotesco :: extraño.

UNCOVER [ANKÓVA] *va. & n.* descubrir(se), desnudar.

UNCTUOUS [ÁNKCHUOES] *adj.* untuoso.

UNCULTIVATED [ANKÁLTIVEITID] *adj.* inculto, sin cultivar, baldío, yermo.

UNDAUNTED• [ANDÓANTID] *adj.* intrépido, impávido.

UNDECIDED [ANDISÁIDID] *adj.* indeciso, caviloso.

UNDEFILED [ANDIFÁILD] *adj.* impoluto, inmaculado, virgen.

UNDENIABLE [ANDINÁIBL] *adj.* innegable.

UNDER [ÁNDA] *adj.* inferior, subalterno, bajo :: *adv.* debajo, abajo, más abajo, menos :: *prep.* debajo de :: menos de :: en tiempo de :: conforme a :: según :: — **him**, a su mando, a sus órdenes :: — **age**, menor de edad :: — **arms**, bajo las armas :: — **cover**, a cubierto :: — **cover of**, al abrigo de :: — **consideration**, en consideración.

UNDERBRUSH [ÁNDABRASCH] n. maleza.

UNDERCLOTHES [ÁNDAKLOUS] n. pl. ropa interior.

UNDERDEVELOPED [ANDADIVÉLOPT] adj. subdesarrollado.

UNDERDOG [ÁNDADOG] n. desvalido :: el que está perdiendo :: víctima.

UNDERESTIMATE [ANDARÉSTIMEIT] va. menospreciar :: salir corto en un cálculo.

UNDERFED [ANDAFÍD] adj. malnutrido.

UNDERGO [ANDAGÓU] va. experimentar, sufrir, padecer.

UNDERGRADUATE [ANDAGRÁDIUET] n. estudiante de bachillerato :: — course, cursos o asignaturas para el bachillerato.

UNDERGROUND [ÁNDAGRAUND] adj. subterráneo :: clandestino :: adv. bajo tierra :: oculto :: — railway, metro :: n. subterráneo.

UNDERGROWTH [ÁNDAGROUZ] n. maleza.

UNDERHAND [ÁNDAJAND] adj. clandestino :: solapado, poco limpio :: adv. clandestinamente, bajo cuerda.

UNDERLINE [ÁNDALAIN] va. subrayar.

UNDERLYING [ÁNDALAING] adj. fundamental.

UNDERMINE [ÁNDAMAIN] va. minar, socavar.

UNDERNEATH [ANDAENÍZ] adv. debajo.

UNDERPINNING [ÁNDAEPINING] n. apuntalamiento.

UNDERRATE [ANDAERÉIT] va. rebajar, menospreciar.

UNDERSCORE [ANDAESKÓAER] va. subrayar.

UNDERSELL [ANDAESÉL] va. malbaratar :: vender a menos precio que.

UNDERSIGNED [ANDAESÁIND] n. firmante, infrascrito :: el que suscribe.

UNDERSIZED [ANDASÁIST] adj. achaparrado, de tamaño inferior a lo normal.

UNDERSTAFFED [ANDASTÁFT] adj. falto de personal.

UNDERSTAND [ANDASTÁND] va. entender, comprender, concebir, conocer, sobrentender :: sacar en limpio :: vn. comprender, caer en la cuenta, tener entendido :: **that is understood,** (está) entendido, por supuesto.

UNDERSTANDABLE [ANDAESTÁND-AEBL] adj. comprensible.

UNDERSTANDING [ANDAESTÁNDING] n. comprensión :: entendimiento, inteligencia :: acuerdo :: adj. comprensivo.

UNDERSTOOD [ANDAESTÚD] pret. & p.p. de **to understand** :: adj. entendido :: convenido :: sobrentendido.

UNDERTAKE [ANDAETÉIK] va. & vn. emprender :: tratar de, intentar :: comprometerse a.

UNDERTAKER [ÁNDAETEIKA] n. director de pompas fúnebres.

UNDERTAKING [ÁNDAETEIKING] n. empresa.

UNDERTONE [ÁNDAETOUN] n. voz baja :: rumor :: resabio.

UNDERWATER [ÁNDAEUOTAER] adj. submarino :: subacuático.

UNDERWEAR [ÁNDAEUER] n. ropa interior.

UNDERWORLD [ÁNDAEUOELD] n. infierno :: hampa, bajos fondos de la sociedad :: clase criminal.

UNDERWRITE [ÁNDAERAIT] va. asegurar :: subscribir.

UNDESERVED [ANDISÉVD] adj. inmerecido.

UNDESIRABLE [ANDISÁIRAEBL] adj. indeseable.

UNDIGNIFIED [ANDÍGNIFAID] adj. poco digno, ordinario, sin dignidad.

UNDIMINISHED [ANDIMÍNISHT] adj. íntegro, completo, sin disminución.

UNDISMAYED [ANDISMÉID] adj. impertérrito.

UNDISTURBED [ANDISTÉRBD] adj. impasible, tranquilo, sereno.

UNDO [ANDÚ] va. deshacer, arruinar :: afligir.

UNDOING [ANDÚING] n. destrucción pérdida.

UNDOUBTED [ANDÁUTID] adj. fuera de duda, indubitable, indudable.

UNDRESS [ANDRÉS] n. desabillé :: paños menores :: (mil.) traje de cuartel :: va. & n. desnudar, desnudarse.

UNDUE [ANDIÚ] adj. indebido, desmedido :: injusto.

UNDULATE [ÁNDIULEIT] vn. ondular, ondear.

UNDULY [ANDIÚLI] adv. indebidamente.

UNEARTH [ANÉRZ] va. desenterrar.

UNEASILY [ANÍSILI] adv. intranquilamente, inquietamente, con inquietud :: incómodamente.

UNEASINESS [ANÍSINES] n. malestar, inquietud, intranquilidad, desasosiego.

UNEASY [ANÍSI] adj. desasosegado, inquieto, intranquilo, molesto :: trabajoso.

UNEDUCATED [ANÉDIUKEITID] adj. poco instruido, sin educación, lego :: indocto :: inculto.

UNEMPLOYED [ANEMPLÓID] adj. parado :: sin empleo :: cesante :: desocupado.

UNEMPLOYMENT [ANEMPLÓIMENT] n. desocupación, paro :: cesantía.

UNEQUAL [ANÍKUAL] adj. desigual :: insuficiente, ineficaz.

UNEQUALLED [ANÍKUALD] adj. inmejorable.

UNEQUIVOCAL [ANIKUÍVOKAL] adj. inequívoco.

UNERRING [ANÉRING] adj. infalible :: seguro.

UNEVEN [ANÍVN] adj. desigual, desnivelado, escabroso, quebrado :: impar.

UNEVENNESS [ANÍVANNES] n. desigualdad :: desnivel, irregularidad, escabrosidad.

UNEVENTFUL [ANIVÉNTFUL] adj. sin novedad.

UNEXPECTED [ANEKSPÉKTID] adj. inesperado, imprevisto, repentino, inopinado, impensado.

UNFAILING [ANFÉILING] adj. infalible, indefectible, inagotable.

UNFAIR [ANFÉR] adj. doble, falso, injusto, sin equidad :: (juego) sucio.

UNFAITHFUL [ANFÉIZFUL] adj. infiel, pérfido.

UNFAMILIAR [ANFAMÍLIAR] adj. poco familiar :: desconocido :: **to be — with,** no tener conocimiento de :: no estar al tanto de, ignorar :: no conocer bien.

UNFASTEN [ANFÁSN] va. soltar, aflojar, desatar.

UNFATHOMABLE [ANFÁZAEMAEBL] adj. insondable, sin fondo.

UNFAVOURABLE [ANFÉIVORABL] adj. desfavorable, contrario, adverso.

UNFINISHED [ANFÍNISHD] adj. inacabado, inconcluso :: sin terminar, sin acabar :: sin barnizar, sin pulir.

UNFIT [ANFÍT] adj. impropio :: inepto :: incapaz, inhábil, inoportuno :: va. descalificar.

UNFOLD [ANFÓULD] va. desplegar :: desdoblar :: desarrollar :: exponer, explanar.

UNFORESEEN [ANFOARSÍN] adj. imprevisto, inopinado.

UNFORGETTABLE [ANFORGUÉTAEBL] adj. inolvidable.

UNFORTUNATE [ANFÓARTIUNET] adj. infortunado, desgraciado,

desafortunado :: infeliz, desdichado, malogrado :: inconveniente, funesto, malhadado.
UNFOUNDED• [ANFÁUNDID] *adj.* sin fundamento :: infundado.
UNFREQUENTED• [ANFRIKUÉNTID] *adj.* poco frecuentado.
UNFRIENDLY [ANFRÉNDLI] *adj.* poco amistoso, hostil.
UNFURL [ANFÉRL] *va.* desplegar.
UNGAINLY [ANGUÉINLI] *adj.* torpe, sin gracia, desmañado.
UNGRATEFUL• [ANGRÉITFUL] *adj.* ingrato, desagradecido.
UNGUARDED• [ANGÁRDID] *adj.* desguarnecido :: indefenso :: desprevenido, desapercibido :: incauto.
UNHAPPINESS [ANHÁPINES] *n.* desdicha, infortunio, pena, desgracia.
UNHAPPY [ANHÁPI] *adj.* infeliz, desdichado, desgraciado :: infausto, aciago.
UNHARMED [ANHÁRMD] *adj.* sin daño, ileso.
UNHEALTHY [ANHÉLZI] *adj.* malsano :: achacoso.
UNHEARD [ANHÉD] *adj.* — of, inaudito.
UNHEEDED [ANHÍDID] *adj.* inadvertido.
UNHINGE [ANHÍNCH] *va.* desquiciar :: sacar de quicio, quitar los goznes.
UNHOLY [ANHÓULI] *adj.* limpio, malo.
UNHURT [ANHÉRT] *adj.* indemne, ileso.
UNIFORM [IÚNIFOAM] *n.* librea :: *(mil.)* uniforme :: *adj.* igual, uniforme :: constante.
UNIFORMITY [IUNIFÓMITI] *n.* uniformidad.
UNIFY [IÚNIFAI] *va.* unificar, unir.
UNILATERAL [IUNILÁTERAL] *adj.* unilateral.
UNIMPAIRED [ANIMPÉRD] *adj.* inalterado, sin menoscabo, ileso.
UNIMPORTANT [ANIMPÓRTANT] *adj.* insignificante, poco importante.
UNINTELLIGIBLE [ANINTÉLICHIBL] *adj.* ininteligible.
UNINTENTIONAL• [ANINTÉNSHONAL] *adj.* involuntario.
UNION [IÚNION] *n.* unión, fusión, enlace :: trabazón :: mancomunidad :: gremio, nudo.
UNIQUE• [IUNÍK] *adj.* único, excepcional, singular, fénix, sin par.
UNISON [IÚNISAN] *n.* **in a** —, al unísono *(en el mismo tono)* :: en el mismo compás.
UNIT [IÚNIT] *n.* unidad.

UNITE [IUNÁIT] *va. & n.* combinar, juntar(se), unir(se), coaligarse.
UNITY [IÚNITI] *n.* unidad, unión, concordia.
UNIVERSAL• [IUNIVÉRSL] *adj.* universal, católico.
UNIVERSE [IÚNIVERS] *n.* universo.
UNIVERSITY [IUNIVÉRSITI] *n.* universidad.
UNJUST• [ANCHÁST] *adj.* injusto, inicuo.
UNJUSTIFIABLE [ANCHASTIFÁIBL] *adj.* injustificable, injustificado.
UNKEMPT [ANKÉMPT] *adj.* desaseado, desaliñado :: desgreñado.
UNKIND• [ANKÁIND] *adj.* áspero, poco amable, antipático, poco generoso, cruel.
UNKNOWN [ANNÓUN] *adj.* desconocido :: incógnito :: ignorado :: inédito.
UNLAWFUL• [ANLÓAFUL] *adj.* ilegal, ilegítimo :: — **interest**, usura.
UNLESS [ANLÉS] *conj.* a menos que :: a no ser que, salvo.
UNLIKE [ANLÁIK] *adj.* diferente, distinto, desemejante, dispar.
UNLIKELY [ANLÁIKLI] *adj.* improbable, remoto :: inverosímil.
UNLIMITED [ANLÍMITID] *adj.* ilimitado.
UNLOAD [ANLÓUD] *va.* descargar.
UNLOCK [ANLÓK] *va.* abrir :: dar libre acceso :: revelar.
UNLOOKED-FOR [ANLÚKTFO] *adj.* imprevisto, inesperado.
UNLUCKY [ANLÁKI] *adj.* desgraciado, desdichado, infeliz, desafortunado, malogrado :: funesto, nefasto.
UNMANAGEABLE [ANMÁNICHAEBL] *adj.* inmanejable, ingobernable, intratable, indomable.
UNMAN [ANMÁN] *adj.* desguarnecer.
UNMANNERLY [ANMÁNAERLI] *adj.* descortés, grosero, mal educado.
UNMARRIED [ANMÁRID] *adj.* soltero, célibe.
UNMASK [ANMÁSK] *va. & n.* desenmascarar.
UNMERCIFUL• [ANMÉRSIFUL] *adj.* despiadado, inclemente.
UNMISTAKABLE [ANMISTÉIKAEBL] *adj.* claro, neto, inequívoco, inconfundible.
UNMOVED [ANMÚVD] *adj.* fijo, impasible, sordo.
UNNATURAL• [ANNÁCHIURL] *adj.* desnaturalizado, antinatural, monstruoso, inhumano, forzado, facticio.
UNNECESSARY [ANÉSESARI] *adj.*

innecesario, superfluo, gratuito, excusado :: **to make** —, obviar :: **to be** —, estar de más.
UNNERVE [ANNÉRV] *va.* enervar, desalentar :: aturdir.
UNNOTICED [ANNÓUTIST] *adj.* desapercibido, inadvertido.
UNOBLIGING [ANOBLÁICHING] *adj.* poco complaciente, descortés, descomedido.
UNOBSERVED [ANOBSÉRVD] *adj.* inadvertido :: sin ser visto.
UNOBTAINABLE [ANOBTÉINAEBL] *adj.* agotado, que no se puede conseguir :: inasequible, inaccesible.
UNOBTRUSIVE [ANOBTRÚSIV] *adj.* discreto :: sin ser visto.
UNOCCUPIED [ANÓKIUPAID] *adj.* desocupado, vacante, vacío, vacuo.
UNOFFICIAL [ANOFÍSHAL] *adj.* no oficial, extraoficial.
UNORGANIZED [ANÓRGANAISD] *adj.* sin organización, desorganizado.
UNORIGINAL [ANORÍCHINAL] *adj.* trivial :: ordinario.
UNORTHODOX [ANÓRZODOKS] *adj.* heterodoxo.
UNPACK [ANPÁK] *va.* desempaquetar, deshacer :: desembalar.
UNPAID [ANPÉID] *adj.* no pagado :: sin pagar :: — **bills**, cuentas por pagar.
UNPARDONABLE [ANPÁRDONAEBL] *adj.* imperdonable.
UNPLEASANT• [ANPLÉSANT] *adj.* desagradable, malsonante, desabrido, enfadoso, ingrato :: escabroso.
UNPLEASANTNESS [ANPLÉSANTNES] *n.* manera desagradable, antipatía :: desazón :: desavenencia, disgusto.
UNPOPULAR [ANPÓPIULA] *adj.* antipático :: malquisto :: impopular.
UNPRECEDENTED [ANPRÉSIDENTID] *adj.* inaudito, sin precedentes.
UNPREPARED [ANPRIPÉIRD] *adj.* sin preparación, desprevenido, descuidado.
UNPRETENTIOUS [ANPRITÉNSHOS] *adj.* modesto :: sin pretensiones.
UNPRINTABLE [ANPRÍNTABL] *adj.* que no puede imprimirse.
UNPRODUCTIVE• [ANPRODÁKTIV] *adj.* improductivo, estéril, infructuoso.
UNPROFESIONAL [ANPROFÉSHONAL] *adj.* no profesional.
UNPROFITABLE [ANPRÓFITAEBL] *adj.* infructuoso, inútil :: poco provechoso, no lucrativo, impro-

ductivo.

UNPROTECTED [ANPROTÉKTID] *adj.* indefenso, desvalido.

UNPUBLISHED [ANPÁBLISHT] *adj.* inédito, no publicado.

UNQUALIFIED• [ANKUÓLIFAID] *adj.* incompetente :: inepto.

UNQUENCHABLE [ANKUÉNCHAEBL] *adj.* inapagable, inextinguible.

UNQUESTIONABLE [ANKUÉSTIONAEBL] *adj.* incuestionable, indubitable, indiscutible.

UNRAVEL [ANRÁVL] *va.* desenredar, desenmarañar, deshilar.

UNREAL [ANRÍAL] *adj.* irreal :: ilusorio, imaginario.

UNREASONABLE [ANRÍSONAEBL] *adj.* inmoderado :: irracional, inconsecuente, exorbitante.

UNRECOGNIZABLE [ANRÉKOGNAISAEBL] *adj.* irreconocible, no conocible, incapaz de reconocerse :: desconocido.

UNRELENTING [ANRILÉNTING] *adj.* inexorable.

UNRELIABLE [ANRILÁIABL] *adj.* caprichoso, poco serio.

UNRESERVED [ANRISÉRVD] *adj.* ingenuo, sin reserva, comunicativo.

UNREST [ANRÉST] *n.* inquietud, intranquilidad, desazón.

UNRESTRAINED [ANRISTRÉIND] *adj.* desenfrenado :: *adv.* a rienda suelta.

UNRESTRICTED [ANRISTRÍKTID] *adj.* sin restricción.

UNRIPE [ANRÁIP] *adj.* verde, crudo, inmaturo.

UNROLL [ANRÓUL] *va.* desarrollar, desenvolver.

UNRULY [ANRÚLI] *adj.* indócil, rebelde, levantisco :: indomable :: revoltoso.

UNSAFE• [ANSÉIF] *adj.* inseguro.

UNSATISFACTORY [ANSATISFÁKTORI] *adj.* insuficiente, inconcluso, poco convincente.

UNSCRUPULOUS• [ANSKRÚPIULOS] *adj.* poco escrupuloso, desaprensivo, sin miramientos.

UNSEASONABLE [ANSÍSNAEBL] *adj.* intempestivo, inoportuno.

UNSEAT [ANSÍT] *va.* destituir.

UNSEEMLY [ANSÍMLI] *adj.* indecoroso, indecente.

UNSEEN [ANSÍN] *adj.* invisible, inadvertido.

UNSELFISH• [ANSÉLFISH] *adj.* desinteresado, desprendido, abnegado.

UNSELFISHNESS [ANSÉLFISHNES] *n.* desinterés, abnegación.

UNSETTLED [ANSÉTLD] *adj.* inestable, inconstante :: incierto :: va-

riable :: pendiente, revuelto.

UNSHAKEN [ANSHÉIKN] *adj.* inmóvil, impertérrito, firme.

UNSIGHTLY [ANSÁITLI] *adj.* repugnante, feo, antiestético.

UNSKILLED [ANSKÍLD] *adj.* inhábil, imperito, lego, torpe.

UNSKILLFUL• [ANSKÍLFUL] *adj.* inhábil, desmañado, inexperto.

UNSOCIABLE [ANSÓUSHIAEBL] *adj.* insociable, huraño, intratable :: — **person**, búho.

UNSOUND [ANSÁUND] *adj.* insano, defectuoso :: heterodoxo :: erróneo :: **of — mind**, extraviado :: podrido :: inseguro.

UNSPARING• [ANSPÉRING] *adj.* pródigo, liberal :: implacable.

UNSPEAKABLE [ANSPÍKABL] *adj.* indecible :: inefable :: atroz.

UNSTABLE [ANSTÉIBL] *adj.* inestable.

UNSTEADY [ANSTÉDI] *adj.* inestable, inseguro, vacilante, cambiante :: incierto :: movedizo, poco firme.

UNSUCCESSFUL• [ANSAKSÉSFUL] *adj.* infeliz, sin efecto, fracasado, desgraciado :: **to be** —, tener (poco, ningún) éxito.

UNSUITABLE [ANSIÚTAEBL] *adj.* inconveniente, inadecuado, impropio, indigno, incongruo.

UNSURPASSED [ANSERPÁST] *adj.* insuperado, inmejorable.

UNSUSPECTED [ANSASPÉKTID] *adj.* insospechado.

UNSUSPECTING [ANSASPÉKTING] *adj.* desprevenido :: confiado, sin recelo.

UNSYMPATHETIC• [ANSIMPAZÉTIK] *adj.* poco simpático, antipático, poco amable.

UNTAMED [ANTÉIMD] *adj.* bravío, indomado.

UNTENABLE [ANTÉNAEBL] *adj.* insostenible.

UNTHINKABLE [ANZÍNKAEBL] *adj.* impensable.

UNTHINKING• [ANZÍNKING] *adj.* descuidado, desatento.

UNTIDY [ANTÁIDI] *adj.* desaliñado :: estrafalario :: desarreglado, desordenado.

UNTIE [ANTÁI] *va.* soltar, desatar.

UNTIL [ANTÍL] *prep. & conj.* hasta, hasta que.

UNTIMELY [ANTÁIMLI] *adj.* intempestivo :: inoportuno :: prematuro, inesperado.

UNTIRING [ANTÁIRING] *adj.* incansable.

UNTOLD [ANTÓULD] *adj.* no dicho, incalculable :: **to leave** —, dejar en el tintero.

UNTOUCHED [ANTÁCHT] *adj.* incólume, sin tocar.

UNTRANSLATABLE [ANTRANSLÉITAEBL] *adj.* intraducible.

UNTRIED [ANTRÁID] *adj.* no probado, no ensayado, no experimentado.

UNTRODDEN [ANTRÓDN] *adj.* no pisado.

UNTROUBLED [ANTRÁBLD] *adj.* sosegado, tranquilo, quieto.

UNTRUE [ANTRÚ] *adj.* falso, mendaz :: pérfido.

UNTRUSTWORTHY [ANTRÁSTUERDZI] *adj.* indigno de confianza.

UNTRUTH [ANTRÚZ] *n.* mentira, falsedad.

UNUSED [ANYÚSD] *adj.* no usado :: desacostumbrado.

UNUSUAL• [ANIÚSHUAL] *adj.* insólito, inusitado, extraordinario, excepcional.

UNVARNISHED [ANVÁRNISHT] *adj.* sin barnizar :: sin adornos.

UNVEIL [ANVÉL] *va.* descubrir.

UNWARRANTED [ANUÓRANTID] *adj.* no justificado.

UNWARRY [ANUÉRI] *adj.* incauto.

UNWASHED [ANUÓSHD] *adj.* no lavado, sin lavar :: sucio.

UNWELCOME [ANUÉLKAM] *adj.* importuno, mal acogido.

UNWELL [ANUÉL] *adv.* indispuesto.

UNWIELDY [ANUÍLDI] *adj.* pesado, ingente :: — **object**, armatoste.

UNWILLING• [ANUÍLING] *adj.* renuente, maldispuesto, reacio :: **to be** — **to**, no querer, no estar dispuesto a.

UNWILLINGNESS [ANUÍLINGNES] *n.* renuencia, falta de voluntad :: mala gana.

UNWISE• [ANUÁIS] *adj.* imprudente, indiscreto.

UNWITTINGLY [ANUÍTINGLI] *adv.* sin saber :: a ciegas, ignorantemente.

UNWORTHY [ANUOÉRDZI] *adj.* indigno.

UNWRAP [ANRÁP] *va.* desenvolver.

UNWRITTEN [ANRÍTN] *adj.* no escrito :: — **letters**, cartas por escribir.

UNYIELDING [ANYÍLDING] *adj.* implacable, refractario, inquebrantable, terco.

UP [AP] *adj.* levantado, derecho :: **well** — **in**, bien enterado :: a la altura de :: —**train**, tren ascendente :: *adv.* (hacia) arriba, en lo alto, (en, de) pie :: encima :: — **to**, dispuesto para :: capaz de :: hasta :: **what's** —? ¿qué pasa?, ¿de qué se trata? :: **to sit —**, incorporarse :: **it's all —**, todo se acabó :: **drink it —**, bébelo todo :: **—hill**, cuesta arriba :: trabajoso :: **— stream**, río arriba :: **—stairs**, arriba :: **—todate**, al día :: **— and down**, por todas partes, arriba y abajo :: *interj.* arriba :: *n.* **—s and downs**, altibajos, peripecias :: *prep.* hacia arriba, en lo alto de :: **—country**, en el interior del país, tierra adentro :: **to go —country**, internarse :: **to sail — a river**, remontar un río.

UPBRAID [ÁPBREID] *va.* reprochar, reconvenir, echar en cara, zaherir.

UPDATE [ÁPDEIT] *va.* poner al día.

UPGRADE [APGRÉID] *va.* adelantar :: mejorar.

UPHEAVAL [APJÍVL] *n.* trastorno :: sublevación.

UPHELD [APJÉLD] *pret. & p.p. de* **to uphold.**

UPHILL [ÁPJIL] *adj.* trabajoso :: *adv.* cuesta arriba.

UPHOLD [APHÓULD] *va.* sostener, proteger, apoyar.

UPHOLSTER [APÓULSTAER] *va.* tapizar.

UPHOLSTERY [APÓULSTERI] *n.* tapicería.

UPKEEP [ÁPKIP] *n.* entretenimiento.

UPLAND [ÁPLAND] *n.* tierras altas, tierra adentro :: **bare —s**, estepa.

UPLIFT [APLÍFT] *va.* levantar, alzar :: inspirar, edificar.

UPON [APÓN] *prep.* sobre, encima, en, cerca de :: **— oath**, bajo juramento :: **— pain of death**, so pena de muerte.

UPPER [ÁPA] *adj.* superior, más alto :: **— House**, cámara alta :: **— Orinoco**, el alto Orinoco :: *pl. (del calzado)* pala.

UPRIGHT [ÁPRAIT] *adj.* vertical, derecho, a plomo :: *(pers.)* pro-

bo, íntegro, honrado.

UPRISING [ÁPRAISING] *n.* levantamiento, pronunciamiento.

UPROAR [ÁPRORI] *n.* tumulto, grita :: batahola, alboroto :: **to cause —**, escandalizar, alborotar.

UPROOT [APRÚT] *va.* desarraigar, arrancar de cuajo.

UPSET [APSÉT] *adj.* trastornado, escamado, preocupado :: contrariado :: *n.* trastorno :: vuelco :: contrariedad :: *va.* trastornar, turbar, alterar, inquietar :: volcar, tumbar.

UPSTAGE [APSTÉICH] *va.* quitarle la escena a uno.

UPTAIRS [APTÉRS] *adv.* arriba, en el piso de arriba :: *adj.* de arriba :: *n.* piso de arriba.

UPSTART [APSTÁRT] *n.* advenedizo.

UP-TO-DATE [AP-TU-DEIT] *adj.* moderno :: al corriente, al tanto.

UPWARDS [ÁPUAERDS] *adv.* hacia arriba, en adelante :: en alto.

URBAN [ÉRBAEN] *adj.* ciudadano, urbano.

URCHIN [ÉRCHIN] *n.* pillo, pilluelo, granuja, golfillo.

URGE [ERCH] *n.* impulso :: *va.* urgir, apremiar, instigar, estimular :: **— on**, instar, incitar, apresurar :: importunar.

URGENCY [ÉRCHENSI] *n.* urgencia, premura.

URGENT [ÉRCHAENT] *adj.* urgente, premioso, apremiante, perentorio, importante.

URINATE [IÚRINEIT] *va.* orinar.

URINE [IÚRIN] *n.* orina.

URN [ERN] *n.* urna.

US [AS] *pron.* nos :: nosotros *(con preposición).*

USAGE [IÚSICH] *n.* usanza :: uso :: **hard —**, uso constante.

USE [YUS] *n.* uso, costumbre, hábito, práctica, empleo :: provecho, disfrute :: usufructo :: **out of —**, inusitado, fuera de moda :: **to be of —**, hacer uso de, ser-

virse de, valerse de :: **to make good — of**, aprovecharse de :: **to make no good — of**, desaprovechar :: **to put to —**, poner en uso, sacar partido de :: **to put to full —**, explotar :: *va.* usar, emplear, gastar, estilar, valerse de :: hacer uso de :: tratar :: **to — up**, gastar, agotar :: *vn.* acostumbrar :: soler.

USEFUL° [IÚSFUL] *adj.* útil, cómodo, provechoso.

USEFULNESS [IÚSFULNES] *n.* utilidad.

USELESS° [IÚSLES] *adj.* inútil :: inválido :: *(pers.)* inepto, ocioso :: excusado, vano.

USELESSNESS [YÚSELESNES] *n.* inutilidad.

USHER [ASHAER] *n.* ujier, conserje :: *(theat.)* acomodador :: *va.* introducir :: acomodar.

USUAL° [IÚSHIUAL] *adj.* usual, acostumbrado, corriente, ordinario.

USURP [IUSÉRP] *va.* usurpar :: arrogarse.

USURY [IÚSHURI] *n.* usura :: logro.

UTENSIL [IUTÉNSIL] *n.* utensilio, apero, herramienta.

UTILITARIAN [IUTILITÉRIAEN] *adj.* utilitario.

UTILITY [IUTÍLITI] *n.* utilidad, beneficio, partido, provecho.

UTILIZE [IÚTILAIS] *va.* utilizar, aprovechar.

UTMOST [ÁTMOUST] *adj.* extremo :: el mayor, sumo :: más distante, más grande :: más alto.

UTOPIA [IUTÓUPIA] *n.* utopía.

UTTER [ÁTAER] *va.* proferir :: decir, expresar :: **to — a cry**, dar un grito :: *adj.* completo, total :: absoluto.

UTTERANCE [ÁTAERAENS] *n.* declaración, expresión :: modo de hablar.

UTTERMOST [ÁTAERMOUST] = **utmoust.**

V

VACANCY [VÉIKANSI] *n.* vacío, hueco :: vacuidad :: vacante.

VACANT• [VÉIKANT] *adj.* vacante, desocupado, libre, vacío, hueco :: vago, estólido.

VACATE [VÉIKEIT] *va.* evacuar :: vaciar :: dejar, dejar vacante.

VACATION [VEKÉISHON] *n.* vacación, asueto :: vacaciones.

VACCINATE [VÁKSINEIT] *va.* vacunar.

VACCINATION [VAKSINÉISHON] *n.* vacunación.

VACCINE [VÁKSIN] *n.* vacuna.

VACUUM [VÁKIUOM] *n.* vacuo :: vacío :: — **flask,** termo :: — **cleaner,** aspirador.

VAGABOND [VÁGABOND] *adj.* vagabundo, errante, gandul :: *n.* vago, vagabundo.

VAGINA [VACHÁINA] *n.* vagina.

VAGRANCY [VÉIGRANSI] *n.* vagancia.

VAGRANT [VÉIGRANT] *adj.* vago, vagabundo, errante :: *n.* vago, vagabundo.

VAGUE• [VEIG] *adj.* vago, confuso, indefinido, brumoso, dudoso.

VAIN• [VEIN] *adj.* vano, vanidoso, presumido, presuntuoso :: confiado :: ostentoso :: vano, inútil :: hueco, fútil :: in —, en vano, de balde :: **to grow** —, envanecerse.

VALE [VEIL] *n.* valle, cañada :: — **of tears,** valle de lágrimas.

VALENTINE [VÁLENTAIN] *n.* tarjeta o regalo del día de San Valentín :: novio, -a.

VALET [VÁLET] *n.* criado :: ayuda de cámara.

VALIANT• [VÁLIANT] *adj.* valiente, valeroso, alentado, esforzado.

VALID• [VÁLID] *adj.* válido, valedero.

VALIDITY [VALÍDITI] *n.* validez.

VALISE [VALÍS] *n.* valija, maleta.

VALLEY [VÁLI] *n.* valle :: **high** —, nava :: **river** —, cuenca.

VALOR, VALOUR [VÁLAER] *n.* valor, valentía, coraje, ánimo, animosidad, braveza, brío, bizarría.

VALUABLE [VÁLIUAEBL] *adj.* valioso, costoso, preciado, precioso.

VALUATION [VALIUÉISHON] *n.* valuación :: valía :: tasa(ción), justiprecio, estimación :: aforo.

VALUE [VÁLIU] *n.* valor, valía, mérito :: importe, monta :: aprecio, estimación :: **of great** —, de

gran coste, valiosísimo :: *va.* evaluar, valorar, tasar :: estimar, apreciar, tener en mucho, dar importancia a.

VALUELESS [VÁLIULES] *adj.* sin valor.

VALVE [VALV] *n.* válvula :: **safety** —, válvula de escape.

VAMPIRE [VÁMPAIR] *n.* vampiro :: *(coll.)* vampiresa.

VAN [VAN] *n.* camión :: carro :: (railw.) furgón :: *(mil.)* vanguardia.

VANDAL [VÁNDAEL] *n.* vándalo.

VANE [VEIN] *n.* veleta :: aspa *(de un molino de viento)* :: paleta *(de hélice).*

VANGUARD [VÁNGUARD] *n.* vanguardia.

VANILLA [VANÍLA] *n.* vainilla.

VANISH [VÁNISH] *vn.* desvanecerse, disiparse, desaparecer.

VANITY [VÁNITI] *n.* vanidad, hinchazón :: humos :: fatuidad, presunción, engreimiento :: alarde.

VANQUISH [VÁNKUISH] *va.* vencer, conquistar, rendir.

VANTAGE [VÁNTACH] *n.* ventaja :: **point of** —, lugar estratégico.

VAPOR, VAPOUR [VÉIPR] *n.* vapor :: vaho, exhalación :: hálito.

VAPORIZE [VÉIPARAIS] *va.* vaporizar.

VARIABLE [VÁRIABL] *adj.* variable, vario, inconstante, mudable :: veleidoso, versátil.

VARIANCE [VÁRIANS] *n.* variación, cambio :: desavenencia :: **to be at** —, estar desavenidos :: no estar de acuerdo.

VARIANT [VÁRIANT] *n.* variante.

VARIATION [VARIÉISHON] *n.* variación, cambio, variedad.

VARIED [VÁRID] *adj.* ameno.

VARIEGATED [VÁRIGUEITID] *adj.* abigarrado, matizado, jaspeado.

VARIETY [VARÁIETI] *n.* variedad, diversidad :: surtido :: **to add pleasant** — **to,** amenizar.

VARIOUS• [VÁRIOS] *adj.* vario, diverso :: mudable.

VARNISH [VÁRNISH] *n.* barniz :: *va.* barnizar :: vidriar :: encubrir.

VARY [VÁRI] *va. & n.* variar, modificar, cambiar :: discrepar, estar en desacuerdo.

VASE [VEIS] *n.* vaso, jarrón.

VASSAL [VÁSAL] *adj. & n.* vasallo.

VAST• [VASTI] *adj.* vasto, enorme, inmenso, ilimitado, dilatado.

VASTNESS [VÁSTNES] *n.* inmensidad.

VAT [VAT] *n.* tina, tanque.

VAULT [VOALT] *n.* bóveda :: cripta :: bodega :: *va. & n.* abovedar.

VEAL [VIL] *n.* carne de ternera :: — **cutlet,** chuleta de ternera.

VEER [VIR] *vn.* — **round,** virar, girar, dirigir.

VEGETABLE [VÉCHITAEBL] *n.* vegetal, legumbre, hortaliza :: — **seller,** verdulera :: **green** —**s,** verduras :: — **garden,** huerta.

VEGETARIAN [VECHITÉIRIAN] *n.* vegetariano.

VEGETATE [VÉCHITEIT] *vn.* vegetar.

VEGETATION [VECHITÉISHON] *n.* vegetación.

VEHEMENCE [VÍIMENS] *n.* vehemencia.

VEHEMENT [VIIMENT] *adj.* vehemente, impetuoso, vivo, caluroso, acalorado, fogoso.

VEHICLE [VIIKL] *n.* vehículo :: carruaje.

VEIL [VEIL] *n.* velo :: cortina :: **to take the** —, tomar el hábito, profesar :: *va.* velar, esconder, disfrazar, encubrir, disimular.

VEIN [VEIN] *n. (anat.)* vena :: veta, filón :: *vn.* vetear.

VELLUM [VÍLAEM] *n.* pergamino, vitela.

VELOCITY [VELÓSITI] *n.* velocidad, celeridad.

VELVET [VÉLVIT] *adj.* aterciopelado :: *n.* terciopelo.

VELVETEEN [VÉLVITIN] *n.* pana.

VELVETY [VÉLVITI] *adj.* aterciopelado.

VENDOR [VÉNDAER] *n.* vendedor :: buhonero, vendedor ambulante.

VENEER [VINÍR] *n.* chapa :: capa exterior, baño, barniz :: *va.* (en)chapar :: revestir :: tapar.

VENERABLE [VÉNAERABL] *adj.* venerable.

VENERATE [VÉNAEREIT] *va.* venerar.

VENERATION [VENAERÉISHON] *n.* veneración, culto.

VENEREAL [VINÍRIAL] *adj.* venéreo.

VENGEANCE [VÉNCHANS] *n.* venganza.

VENIAL• [VÍNIAL] *adj.* venial, leve.

VENISON [VÉNISN] *n.* (carne de) venado.

VENOM [VÉNM] *n.* veneno, ponzoña :: *(fig.)* rencor, inquina.

VENOMOUS• [VÉNOMOS] *adj.* venenoso, ponzoñoso :: maligno, rencoroso.

VENT [VENT] *n.* respiradero :: tronera, lumbrera :: resolladero :: fogón :: venteo :: **to give** — **to,** dar (rienda suelta a, expresión, salida a), dejar escapar :: expresar, desahogar(se) :: *va.* descargar, desahogar :: ensañarse en.

VENTILATE [VÉNTILEIT] *va.* ventilar, airear, orear.

VENTILATION [VENTILÉISHON] *n.* ventilación.

VENTILATOR [VÉNTILEITAER] *n.* ventilador.

VENTRILOQUIST [VENTRÍLOKUIST] *n.* ventrílocuo.

VENTURE [VÉNTIUR] *n.* riesgo, peligro :: empresa :: albur :: **at a —**, al azar, a la ventura :: *va.* & *n.* aventurar :: osar, aventurarse, atreverse, arriesgarse :: **— on**, arrojarse a, probar suerte.

VENTUROUS• [VÉNCHIUROS] *adj.* aventurado.

VERACITY [VERÁSITI] *n.* veracidad.

VERANDA [VERÁNDA] *n.* cenador :: galería, balcón.

VERB [VERB] *n.* verbo.

VERBAL• [VÉRBAL] *adj.* verbal, oral.

VERBATIM [VERBÉITIM] *adj.* literal :: *adv.* palabra por palabra, al pie de la letra.

VERBOSE• [VERBÓUS] *adj.* verboso, locuaz, hinchado, difuso.

VERDANT [VÉRDANT] *adj.* verde, fresco.

VERDICT [VÉRDIKT] *n.* decisión, juicio :: fallo, sentencia.

VERGE [VERCH] *n.* borde, margen :: **on the —**, a punto de, a dos dedos de, en vísperas de.

VERGER [VÉRCHA] *n.* sacristán.

VERIFY [VÉRIFAI] *va.* verificar, comprobar, cerciorarse de :: depurar :: cumplir.

VERITABLE [VÉRITAEBL] *adj.* verdadero.

VERMILION [VERMÍLYON] *n.* bermellón, bermejo.

VERMIN [VÉRMIN] *n.* bichos, sabandijas :: ratones :: parásitos :: alimañas.

VERNACULAR [VERNÁKIULAER] *adj.* vernáculo, nativo.

VERSATILE [VÉRSATAIL] *adj.* versátil, voluble.

VERSE [VERS] *n.* verso :: versículo :: **blank —**, verso suelto :: aleluya :: **to make —s**, rimar.

VERSED [VERST] *adj.* versado :: práctico :: **well — in**, curtido, conocedor de.

VERSION [VÉRSHON] *n.* versión, traducción.

VERTEBRATE [VÉRTIBRIT] *adj.* vertebrado.

VERTICAL• [VÉRTIKAEL] *adj.* vertical :: *(geom.)* cenital.

VERTIGO [VÉRTIGOU] *n.* vértigo.

VERY [VÉRI] *adj.* mismo :: mismísi-

mo :: verdadero· real, idéntico :: **— clean**, relimpio :: **this — night**, esta misma noche :: **that — moment**, aquel mismísimo momento :: *adv.* muy, sumamente :: **— much**, muchísimo.

VESSEL [VÉSL] *n.* barco, buque, bajel, navío :: nao :: recipiente, vaso.

VEST [VEST] *n.* corpiño :: **under—**, camiseta :: *va.* **— in**, conferir :: **— with**, revestir de.

VESTIGE [VÉSTICH] *n.* vestigio, rastro, huella, señal.

VESTMENT [VÉSTMENT] *n.* vestidura :: *(eccl.)* vestimenta.

VESTRY [VÉSTRI] *n.* sacristía :: vestuario.

VETERAN [VÉTERAN] *n.* veterano.

VETERINARY [VÉTERINARI] *adj.* veterinario.

VETO [VÍTOU] *n.* veto :: *va.* poner el veto, vetar :: vedar, prohibir.

VEX [VEKS] *va.* vejar, molestar, enfadar, hostigar, fatigar, marear, apesadumbrar, atufar, contrariar, baquetear :: **to be vexed**, incomodarse, picarse, estar enfadado.

VEXATION [VEKSÉISHON] *n.* vejación, irritación, aflicción, enfado, sofoco, quemazón.

VEXATIOUS• [VEKSÉISHOS] *adj.* vejatorio, enfadoso, molesto, engorroso.

VIA [VÁIA] *prep.* por, por la vía de.

VIABLE [VÁIABL] *adj.* viable.

VIADUCT [VÁIADAKT] *n.* viaducto.

VIAL [VÁIAL] *n.* frasco, redoma.

VIBRATE [VÁIBREIT] *vn.* vibrar, oscilar :: trepidar, retemblar.

VIBRATION [VAIBRÉISHON] *n.* vibración, vaivén, trepidación.

VICAR [VÍKA] *n.* vicario.

VICARAGE [VÍKERICH] *n.* casa del cura.

VICE [VAIS] *n.* *(mech.)* tornillo, prensa :: vicio :: defecto :: *(pref.)* vice.

VICEPRESIDENT [VAISPRÉSIDENT] *n.* vicepresidente.

VICEREGAL [VAISRÍGAL] *adj.* virreinal.

VICEROY [VÁISROI] *n.* virrey.

VICE VERSA [VAISIVÉRSA] *n.* viceversa.

VICINITY [VISÍNITI] *n.* vecindad, proximidad, cercanía, contorno, alrededores.

VICIOUS• [VÍSHOS] *adj.* vicioso, resabiado, depravado, rencoroso :: *(caballo)* zaíno, resabiado.

VICIOUSNESS [VÍSHOSNES] *n.* resabio, vicio.

VICISSITUDE [VISÍSITIUD] *n.* vicisi-

tud, peripecia.

VICTIM [VÍKTIM] *n.* víctima :: herido :: interfecto :: **to be — of hoax**, caer en la trampa.

VICTIMIZE [VÍKTIMAIS] *va.* inmolar :: engañar.

VICTOR [VIKTAER] *n.* vencedor.

VICTORIOUS• [VIKTÓRIOS] *adj.* vencedor, triunfante :: **to be —**, triunfar.

VICTORY [VÍKTORI] *n.* victoria, triunfo.

VICTUAL [VITL] *n.* víveres, comestibles :: *va.* abastecer, avituallar.

VIE [VAI] *vn.* **— with**, disputar (con) (a), competir (con), rivalizar (con).

VIEW [VIU] *n.* ojeada, mirada, inspección :: vista, escena, panorama, paisaje, perspectiva :: idea, opinión, parecer :: fase :: mira, intento, propósito :: **sectional —**, corte :: *(polit.)* plataforma :: **in — of**, en vista de, en atención a :: **on —**, a la vista, se expone :: **with a — to**, con vistas a, pensando en, con miras a :: **at first —**, a primera vista :: **point of —**, punto de vista :: **to have a commanding — over**, (pre)dominar :: *va.* contemplar, considerar, mirar.

VIEWPOINT [VIÚPOINT] *n.* punto de vista.

VIGIL [VÍCHIL] *n.* vela, vigilia, desvelo.

VIGILANCE [VÍCHILANS] *n.* desvelo, vigilancia, precaución.

VIGILANT• [VÍCHILANT] *adj.* vigilante, despabilado, desvelado, alerta.

VIGOR, VIGOUR [VÍGAER] *n.* vigor, fuerza, brío, energía, braveza :: ardor.

VIGOROUS• [VÍGOROS] *adj.* vigoroso, recio, fuerte, enérgico, nervioso, nervudo :: esforzado.

VILE• [VAIL] *adj.* vil, infame, soez, despreciable, ruin.

VILIFY [VÍLIFAI] *va.* envilecer, vilipendiar.

VILLAGE [VÍLICH] *n.* pueblo, aldea, lugar.

VILLAGER [VÍLICHA] *n.* aldeano, lugareño.

VILLAIN [VÍLEN] *n.* malvado, villano, bellaco, pícaro.

VILLAINOUS• [VÍLANOS] *adj.* villano, vil, ruin.

VILLAINY [VÍLANI] *n.* villanía, vileza.

VINDICATE [VÍNDIKEIT] *va.* vindicar, justificar :: *vr.* sincerarse.

VINDICATION [VINDIKÉISHON] *n.* vindicación, justificación, desagravio.

VINDICTIVE[•] [VINDÍKTIV] *adj.* vengativo.

VINE [VAIN] *n.* vid, parra :: — **dresser**, viñador :: —**grower**, vinicultor :: — **disease**, filoxera :: — **stock**, cepa :: — **shoot**, codal.

VINEGAR [VÍNEGA] *n.* vinagre.

VINEYARD [VÍNIARD] *n.* viñedo, viña.

VINTAGE [VÍNTICH] *n.* vendimia, cosecha.

VIOLATE [VÁIOLEIT] *va.* violar, infringir, violentar, quebrantar :: forzar :: *(en una ciudad)* entrar a degüello :: atropellar, profanar.

VIOLATION [VAIOLÉISHON] *n.* violación :: infracción.

VIOLENCE [VÁIOLENS] *n.* violencia, fuerza, ímpetu :: **to do oneself** —, violentarse.

VIOLENT[•] [VÁIOLENT] *adj.* violento, arrebatado, furioso, vehemente :: severo, fulminante.

VIOLET [VÁIOLET] *n.* violeta.

VIOLIN [VAIOLÍN] *n.* violín.

VIOLINIST [VAIOLÍNIST] *n.* violinista.

VIOLONCELLO [VIOLONCHÉLOU] *n.* violonchelo.

VIPER [VÁIPA] *n.* víbora.

VIRGIN [VÉRCHIN] *adj.* virginal, virgen :: casto :: *n.* virgen, doncella.

VIRGINAL [VÉRCHINAL] *adj.* virginal.

VIRILE [VÍRIL] *adj.* viril, varonil, hombruno, de pelo en pecho.

VIRTUAL[•] [VÉRTIUAL] *adj.* virtual.

VIRTUE [VÉRTIU] *n.* virtud :: **by** — **of**, en virtud de.

VIRTUOUS[•] [VÉRTIUOS] *adj.* virtuoso, púdico, honesto.

VIRULENT[•] [VÍRULENT] *adj.* virulento, maligno.

VISA [VÍSA] *n.* visado.

VISIBLE [VÍSIBL] *adj.* visible, patente, palmario, manifiesto.

VISION [VÍSHON] *n.* visión, vista :: ensueño :: perspectiva :: fantasma.

VISIONARY [VÍSIONARI] *adj.* visionario :: imaginario :: *n.* visionario,

iluso, soñador.

VISIT [VISÍT] *n.* visita, inspección :: *va. & n.* visitar, inspeccionar, ir de visita, ir a saludar.

VISITOR [VÍSITA] *n.* visita, visitante :: forastero :: **to be a** —, estar de paso.

VISTA [VÍSTA] *n.* vista, paisaje.

VISUAL[•] [VÍSHIUAL] *adj.* visual, óptico.

VISUALIZE [VÍSIUALAIS] *va.* visualizar, imaginarse :: prever.

VITAL[•] [VÁITL] *adj.* vital, esencial.

VITALITY [VAITÁLITI] *n.* vitalidad, vida.

VITALIZE [VÁITALAIS] *va.* vitalizar.

VITAMIN [VÁITAMIN] *n.* vitamina.

VIVACIOUS[•] [VIVÉISHOS] *adj.* animado, vivaz, resalado, vivaracho, despejado.

VIVACITY [VIVÁSITI] *n.* vivacidad, despejo, viveza, vida.

VIVID[•] [VÍVID] *adj.* vívido, gráfico :: intenso, brillante.

VIVIFY [VÍVIFAI] *va.* vivificar.

VOCABULARY [VOUKÁBIULAERI] *n.* vocabulario, léxico.

VOCAL[•] [VÓUKAL] *adj.* vocal :: oral :: — **cords**, cuerdas vocales :: **to be** —, hablar, expresarse.

VOCALIST [VÓUKALIST] *n.* cantor, cantante.

VOCATION [VOUKÉISHON] *n.* vocación, carrera, profesión.

VOCIFEROUS[•] [VOSÍFEROS] *adj.* vocinglero, clamoroso, chillón.

VOGUE [VOUG] *n.* moda, boga.

VOICE [VOIS] *n.* voz, voto :: habla :: *(met.)* portavoz :: **loss of** —, afonía :: **with one** —, al unísono :: *va.* expresar, interpretar, hacerse eco de.

VOICELESS [VÓISLES] *adj.* mudo :: sin voz :: — **consonant**, consonante sorda.

VOID [VOID] *adj.* vacío, hueco :: inválido, nulo :: *n.* vacío.

VOLATILE [VÓLATIL] *adj.* volátil :: inconstante.

VOLCANIC [VOLKÁNIK] *adj.* volcánico.

VOLCANO [VOLKÉINOU] *n.* volcán.

VOLLEY [VÓLI] *n.* descarga, salva

:: *(en el tenis)* volea.

VOLT [VOULT] *n.* voltio.

VOLTAGE [VÓULTICH] *n.* voltaje.

VOLUBLE [VÓLIUBL] *adj.* voluble, versátil.

VOLUME [VÓLIUM] *n.* volumen :: masa :: bulto :: *(libro)* tomo, volumen :: cuantía.

VOLUMINOUS[•] [VOLIÚMINOS] *adj.* voluminoso, abultado.

VOLUNTARY [VÓLAENTARI] *adj.* voluntario, espontáneo.

VOLUNTEER [VOLAENTÍAERI] *n.* voluntario :: *vn.* ofrecerse, servir como voluntario.

VOLUPTUOUS[•] [VOLÁPTIUOS] *adj.* voluptuoso, injurioso.

VOMIT [VÓMIT] *n.* vómito :: *va.* volver, rendir, arrojar, vomitar :: *vn.* vomitar.

VORACIOUS[•] [VORÉISHOS] *adj.* voraz, tragón.

VORTEX [VÓARTEKS] *n.* vórtice, remolino, torbellino.

VOTE [VOUT] *n.* voto :: sufragio :: **general** —, plebiscito :: **to put to the** —, poner a votación :: **casting** —, voto decisivo :: *va. & n.* votar, sufragar.

VOTER [VÓUTA] *n.* votante, elector.

VOUCH [VAUCH] *va. & n.* atestiguar, afirmar, comprobar, testificar :: — **for**, salir garante de, responder de.

VOUCHER [VÁUCHA] *n.* resguardo :: talón, vale.

VOUCHSAFE [VÁUCHSEIF] *va.* otorgar, conceder.

VOW [VAU] *n.* voto, ofrenda :: **to take religious** —**s**, profesar :: *va. & n.* hacer votos, jurar.

VOWEL [VÁUAEL] *n. & adj.* vocal.

VOYAGE [VÓIICH] *n.* viaje :: **sea** —, navegación, travesía :: *vn.* navegar, viajar por mar.

VULGAR[•] [VÁLGAR] *adj.* vulgar, común, cursi, chabacano, ordinario :: grosero, tabernario.

VULNERABLE [VÁLNAERAEBL] *adj.* vulnerable.

VULTURE [VÁLTAE] *n.* buitre.

VULVA [VÁLVA] *n.* vulva.

W

WABBLE [UOBL] *vn.* tambalear(se), bambolear(se) :: vacilar :: temblar :: *n.* tambaleo, bamboleo :: balanceo.

WAD [UOD] *n.* taco :: estopa, guata :: taco, tapón :: lío, fajo :: *va.* rellenar.

WADDLE [UODL] *va.* anadear.

WADE [UEID] *vn.* — **across,** vadear.

WAFER [UÉIFAER] *n.* galleta, barquillo, oblea :: hostia consagrada.

WAG [UAG] *n.* bromista, ganso :: *va.* mover, agitar :: sacudir, menear, colear :: *vn.* moverse, agitarse.

WAGE [UEICH] *n.* paga, jornal :: — **earner,** jornalero, obrero :: trabajador :: *va.* hacer *(guerra)* :: librar *(batalla).*

WAGER [UÉICHA] *n.* apuesta :: *va. & n.* apostar.

WAGGON [UÁGAEN] *n.* carro, carreta, coche :: vagón :: furgón.

WAIF [UEIF] *n.* niño (desamparado, huérfano, sin hogar, extraviado).

WAIL [UEIL] *n.* gemido, lamento :: *va.* llorar, lamentar :: *vn.* quejarse, gimotear, clamar.

WAINSCOT [UÉINSKOT] *n.* friso, entablado :: *va.* enmaderar.

WAIST [UEIST] *n.* cintura, talle :: *(sew.)* corpiño.

WAISTCOAT [UÉISKOUT] *n.* chaleco.

WAISTLINE [UÉISTLAIN] *n.* talle.

WAIT [UEIT] *n.* espera :: pausa, dilación, tardanza :: murga :: **in** —, al acecho :: **to lie in** —, acechar, asechar :: *va.* — **for,** esperar, aguardar :: *vn.* esperar, estar en expectativa, estar listo :: *(la mesa)* servir :: — **on,** servir, presentar sus respetos a :: despachar :: velar por :: — **and see,** paciencia y barajar.

WAITER [UÉITAER] *n.* mozo, camarero, sirviente.

WAITING [UÉITING] *n.* espera :: — **room,** sala de espera.

WAITRESS [UÉITRES] *n.* camarera.

WAIVE [UEIV] *va.* no tomar en cuenta, desistir de, renunciar a.

WAIVER [UÉIVAER] *n.* renuncia.

WAKE [UEIK] *n. (de un barco)* estela :: velatorio :: verbena, romería :: *va.* despertar :: *vn.* velar :: — **up,** despertarse, despabilarse.

WAKEFUL• [UÉIKFUL] *adj.* desvelado, despierto :: insomne.

WALK [UOAK] *n.* paseo, vuelta, :: *(del caballo)* paso :: paseo, alameda :: carrera :: tipo de vida :: **to go for a** —, ir de paseo :: **dar una vuelta :: to take for a** —, *va.* pasear :: *(sacar a)* pasear :: *(al caballo)* llevar al paso :: *vn.* andar, caminar, ir a pie, pasear, ir al paso :: portarse :: — **away with,** llevarse :: — **quickly,** apretar el paso :: — **the streets,** callejear :: — **to and fro,** andar de un lado para otro.

WALL [UOAL] *n.* muro :: pared :: **dry** —, albarrada :: **mud** —, **garden** —, tapia :: tabique :: muralla.

WALLET [UÓLET] *n.* bolsa :: cartera :: zurrón.

WALLOW [UÓLOU] *vn.* revolcarse :: *(en el lodo)* chapotear.

WALLPAPER [UÓLPEIPAER] *n.* papel de empapelar.

WALNUT [UÓALNAT] *n.* nuez :: — **tree,** nogal :: — **grove,** nogueral.

WAN• [UOAN] *adj.* pálido, descolorido, desmayado, mortecino.

WAND [UOND] *n.* vara, varita :: **magic** —, varita mágica.

WANDER [UÓANDA] *vn.* —**about,** vagar, errar, andar sin objeto :: delirar :: salirse (del asunto).

WANDERER [UÓNDERAER] *n.* vago, vagabundo.

WANE [UEIN] *vn.* decrecer :: desvanecerse :: menguar.

WANT [UOANT] *n.* necesidad :: falta, carencia :: escasez, apuro :: privación, indigencia :: estrechez :: solicitud :: **to be in** —, estar necesitado (de) :: **for** — **of,** por falta de :: *va.* necesitar :: carecer de :: desear, querer :: exigir :: *vn.* estar necesitado :: faltar :: **wanted,** se solicita, se necesita.

WANTING [UÓNTING] *adj.* falto :: deficiente :: necesitado.

WANTON• [UÓNTON] *adj.* desenfrenado, voluntarioso :: travieso :: lascivo, salaz :: suelto :: atrevido :: inconsiderado :: *n.* prostituta.

WAR [UOAR] *n.* guerra :: — **without quarter,** guerra a muerte :: —**horse,** corcel de guerra :: *vn.* guerrear.

WARBLE [UOARBL] *n.* trino :: *va. & vn.* trinar, gorjear.

WARD [UOARD] *n.* pupilo :: pupilaje :: tutela :: guarda, guardián ::

barrio :: cuadra :: *va.* proteger, guardar :: — **off,** evitar, desviar, rechazar, conjurar.

WARDEN [UORDN] *n.* guardián :: alcaide :: **prison** —, alcaide de una prisión.

WARDROBE [UÓRDROUB] *n.* guardarropa, ropero, armario :: vestuario :: ropa.

WAREHOUSE [UÉRHAUS] *n.* almacén, depósito :: *va.* almacenar.

WARES [UÉRS] *n. pl.* artículos, mercancías, mercaderías, efectos.

WARFARE [UÓRFEAER] *n.* guerra.

WARHEAD [UÓRHID] *n.* cabeza de combate.

WARINESS [UÉRINES] *n.* prudencia, precaución, suspicacia.

WARLIKE [UÓRLAIK] *adj.* guerrero, bélico.

WARM• [UOARM] *adj.* caliente :: caluroso, ardiente :: acalorado :: fervoroso, ardiente :: vivo :: fogoso :: **to be** —, tener calor :: hacer calor :: **to get** —, calentarse :: acalorarse :: —**hearted,** generoso :: *va.* **to** —, (re)calentar :: encender :: **to** — **up,** refocilar.

WARMTH [UOARMZ] *n.* calor :: *(fig.)* simpatía, cordialidad, fervor, encarecimiento, ardor.

WARN [UOARN] *va.* prevenir :: avisar, advertir, intimar :: encargar, amonestar :: — **against,** precaver :: *vn.* servir de escarmiento.

WARNING [UOÁRNING] *n.* advertencia :: amonestación :: escarmiento :: reparo :: **to give** —, advertir.

WARP [UOAP] *n.* alabeo, torcedura :: urdimbre :: *va. & n.* alabear, torcer :: alabearse, encorvarse, combarse.

WARRANT [UÓRANT] *n.* auto :: autorización :: orden, boletín, mandato :: patente, testimonio, fianza, garantía :: *va.* garantizar, asegurar, fijar :: justificar :: dar pie a.

WARRIOR [UÓRIA] *n.* guerrero.

WARSHIP [UÓSHIP] *n.* buque de guerra, acorazado.

WART [UOT] *n.* verruga.

WARY [UÉRI] *adj.* prudente, cauto :: cauteloso :: suspicaz, precavido, escaldado :: astuto.

WAS [UOS] *pret. de* **to be** *(primera y tercera persona del singular).*

WASH [UOASH] *n.* lavado :: ropa *(para lavar)* :: loción :: *(paint.)* lavado :: —**bowl,** jofaina, palan-

gana :: —**leather,** gamuza :: —
stand, lavabo, aguamanil :: **it
will all come out in the** —, todo
saldrá en la colada :: *va.* lavar
:: bañar :: dar un baño :: *(paint.)*
lavar :: fregar :: *vn.* lavarse :: —
one's hands of, lavarse las manos de, desentenderse.
WASHEDOUT [UÓASHDAUT] *adj.*
desteñido :: agotado, sin fuerzas.
WASHER [UÓSCHAER] *n.* lavadora ::
máquina de lavar :: *(mech.)*
arandela :: — **woman,** lavandera.
WASHING [UÓSCHING] *n.* lavado ::
ropa sucia para lavar :: ropa lavada :: — **machine,** lavadora.
WASP [UOASP] *n.* avispa :: —**'s
nest,** avispero.
WASTE [UEIST] *adj.* desechado ::
superfluo :: baldío, desolado,
desierto :: *n.* despilfarro, derroche :: disipación :: mengua,
consunción :: desgaste, merma
:: derrame, desagüe :: desperdicios, despojos, restos :: consumo :: estrago :: desbarate,
asolamiento, destrozo :: páramo, estepa, yermo :: *(Amer.)*
bleak —, puna :: —**paper basket,** cesto :: *va.* malgastar, desperdiciar, tirar :: derrochar, derramar :: consumir :: echar a
perder :: desbaratar :: dar al
traste (con) :: *vn.* (des)gastar-
se :: — **away,** atrofiarse, mermar :: demacrarse, consumirse.
WASTEFUL° [UÉISTFUL] *adj.* despil-
farrado :: pródigo, malgastador.
WATCH [UOCH] *n. (mil.)* vigilia ::
(naut.) cuarto, guardia :: vela ::
desvelo, cuidado, vigilancia ::
ronda, patrulla :: vigilante, guardia, sereno, atalaya :: reloj ::
wrist—, reloj de pulsera :: **pocket**—, reloj de bolsillo ::
stop—, cronómetro :: — **tower,**
atalaya, vigía :: **to be on the** —,
estar a la mira :: *va.* mirar, observar :: ver, mirar :: *(mil.)* hacer guardia :: asechar :: — **over,**
velar, vigilar :: guardar, celar ::
vn. velar.
WATCHFUL° [UÓCHFUL] *adj.* alerto,
vigilante.
WATCHMAKER [UÓCHMEIKAER] *n.*
relojero.
WATCHMAN [UÓCHMAEN] *n.* vigilante, guardía, sereno.
WATCHTOWER [UÓCHTAUER] *n.*
atalaya, mirador.
WATER [UÓATRI *adj.* acuático :: *n.*
agua :: **drinking** —, agua potable :: **cold** —, agua fresca :: **rain**

—, agua de lluvia :: **spring** —,
agua de manantial :: **mineral** —,
(agua) gaseosa :: **salt** —, agua
salada :: **high** —, pleamar, marea alta :: **low** —, bajamar :: **running** —, agua corriente :: —
bottle, cantimplora :: — **closet,**
(w.c.), retrete, excusado :: —
carrier, aguador :: — **colour,**
acuarela :: —**course,** arroyo ::
madre, lecho :: — **jar,** tinaja, jarro :: — **jug,** aguamanil :: — **lily,**
nenúfar :: — **line,** *(naut.)* línea
de flotación :: — **mark,** filigrana :: nivel del agua :: — **power,**
fuerza hidráulica :: —**proof,** impermeable :: — **shed,** vertiente
:: — **tank,** aljibe, cisterna :: —
wheel, azud, noria :: **to carry** —
in a sieve, coger agua en cesta
:: *va.* regar, humedecer :: abre-
var :: aguar :: **my mouth** —**s,** se
me hace agua la boca.
WATERFALL [UÓTAERFOL] *n.* cascada, catarata, caída de agua.
WATERFRONT [UÓTAERFRONT] *n.*
terreno ribereño.
WATERING [UÓTAERING] *n.* riego,
irrigación :: —**can,** regadera ::
—**place,** balneario.
WATERMELON [UÓTAERMELAEN] *n.*
sandía.
WATERPROOF [UÓTAERPRUF] *adj. &
n.* impermeable :: *va.* hacer impermeable.
WATERY [UÓTAERI] *adj.* aguado ::
acuoso :: mojado, húmedo.
WAVE [UEIV] *n.* ola, onda :: **tidal**
—, aguaje :: **permanent** —, ondulación permanente :: movimiento, agitación :: ola :: onda
sonora :: —**length,** longitud de
onda :: **short** —, onda corta ::
va. menear :: agitar :: *vn.* flotar,
ondear, tremolar.
WAVER [UÉIVA] *vn.* vacilar, titubear :: tambalearse.
WAVY [UÉIVI] *adj.* rizado, ondulado :: ondulante.
WAX [UAKS] *n.* cera :: **shoemaker's** —, cerote :: *(del oído)* cerilla :: **sealing** —, lacre :: *va.* encerar :: *vn.* — **strong,** crecer ::
desarrollarse :: aumentar :: —
warm, enardecerse.
WAY [UEI] *n.* vía, camino, paso ::
distancia :: rumbo, curso, dirección :: marcha, andar, velocidad
:: modo, medio, manera :: uso,
hábito :: conducta :: comportamiento :: — **in,** entrada :: —
out, salida :: — **through,** paso
:: **to make one's** —, orientarse,
caminar :: abrirse camino :: **make** —!, ¡paso! :: **to get one's**

(own) —, imponerse, salirse
con la suya :: **to get in the** —,
estorbar, estar de más :: **to get
out of the** —, apartarse :: **to go
out of one's** — **to,** desvivirse
por :: **there is no** — **out,** no hay
salida :: **any** —, de cualquier
modo :: **come this** —, ven por
acá :: **in a** —, hasta cierto punto, en cierto modo :: **across
(over) the** —, (justo) enfrente,
al otro lado :: **by the** —, a propósito, dicho sea de paso :: **on
the** —, en camino :: **on the** —
to, en camino de, con rumbo a
:: para, en vías de :: **out of the**
—, apartado, aislado, arrinconado, insólito, raro :: **in every** —,
a todas luces :: *pl.* —**s and
means,** combinaciones.
WAYSIDE [UÉISAID] *n.* borde del
camino :: — **inn,** posada al borde del camino.
WAYWARD [UÉIUAERD] *adj.* voluntarioso, desobediente.
WE [UI] *pron.* nosotros, nosotras.
WEAK° [UIK] *adj.* débil, enteco,
flojo, flaco :: delicado, lánguido
:: alicaído :: cardíaco.
WEAKEN [UIKN] *va. & n.* debilitar-
(se), desmayar, flaquear, perder
ánimo.
WEAKNESS [UÍKNES] *n.* debilidad,
flaqueza.
WEAL [UÍL] *n.* bienestar, felicidad
:: **common**—, bien público ::
cardenal.
WEALTH [UELZ] *n.* riqueza, oro ::
caudal :: opulencia :: **worldly**
—, poderío.
WEALTHY [UÉLZI] *adj.* rico, opulento, acaudalado.
WEAPON [UÉPN] *n.* arma.
WEAR [UÉR] *n.* uso, desgaste, deterioro :: — **and tear,** uso, desgaste :: **for evening** —, para llevar de noche :: **the worse for**
—, bien usado :: *va.* llevar, ponerse :: estrenar :: ceñir :: exhibir :: — **out,** gastar, usar, desgastar :: cansar :: (per)durar ::
extenuar :: mermar, marchitar
:: *vn.* — **out, away,** deteriorarse, consumirse :: — **oneself
out,** matarse.
WEARILY [UIAÉRILI] *adj.* penosa-
mente, con cansancio, con fatiga, fatigadamente.
WEARINESS [UIAÉRINES] *n.* fatiga,
lasitud, cansancio :: fastidio.
WEARING [UÉRING] *adj.* cansado,
aburrido, fastidioso.
WEARISOME° [UÍRISOM] *adj.* fatigoso, molesto, fastidioso.
WEARY [UÍRI] *adj.* cansado, fatiga-

do, rendido :: fastidioso :: abrumado :: *va.* moler, cansar :: empalagar.

WEASEL [UISL] *n.* comadreja.

WEATHER [UÉDZAER] *n.* tiempo :: intemperie :: **—beaten,** curtido :: **—vane,** veleta :: *vn.* aguantar, sobrevivir a :: secar al aire :: doblar.

WEAVE [UIV] *va.* tejer, entretejer :: trenzar, urdir :: tramar.

WEAVER [UÍVAER] *n.* tejedor.

WEB [UEB] *n.* tela, tejido :: urdimbre :: **—footed** :: *adj.* palmípedo :: **cob—,** tela de araña, telaraña.

WED [UED] *va. & n.* casar, casarse con.

WEDDING [UÉDING] *n.* boda, casamiento :: **— ring,** anillo de boda.

WEDGE [UECH] *n.* cuña, calce :: chaveta :: *va.* meter cuñas, atarugar, calzar.

WEDLOCK [UÉDLOK] *n.* matrimonio, himeneo :: **out of —,** ilegítimo.

WEDNESDAY [UÉNSDI] *n.* miércoles.

WEED [UID] *n.* mala hierba, cizaña :: **— patch,** maleza :: **—s,** ropa de luto :: *va.* desyerbar.

WEEDY [UÍDI] *adj.* herboso, lleno de malas hierbas.

WEEK [UIK] *n.* semana :: **—day,** día (de trabajo, laborable) :: **— end,** fin de semana.

WEEKLY [UÍKLI] *adj.* semanal, semanario :: *adv.* semanalmente, por semana :: *n.* semanario, periódico o revista semanal.

WEEP [UIP] *va. & n.* llorar :: lamentar.

WEEPING• [UÍPING] *adj.* llorón :: lloroso :: **— willow,** sauce llorón :: *n.* llanto, lloro, lágrimas.

WEIGH [UEI] *va. & n.* pesar :: sopesar :: **— down,** gravitar :: *(fig.)* agobiar :: **— anchor** :: *vn.* levar anclas.

WEIGHT [UEIT] *n.* peso :: carga :: momento :: **gross —,** peso bruto :: **by —,** al peso :: **—s and measures,** pesos y medidas :: **to give short —,** sisar :: **to lend — to,** militar en (su) favor :: *va.* cargar.

WEIGHTY [UÉITI] *adj.* pesado, grave, ponderoso :: importante, sesudo, poderoso.

WEIR [UÍR] *n.* esclusa, presa.

WEIRD [UÍRD] *adj.* ominoso, inquietante :: siniestro :: extraño, fantástico.

WELCOME [UÉLKOM] *adj.* bienvenido :: grato :: *interj.* ¡bienvenido!

:: *n.* bienvenida, buena acogida :: recibimiento :: enhorabuena :: *va.* dar la bienvenida.

WELD [UELD] *n.* soldadura :: *va. & n.* soldar(se).

WELFARE [UÉLFER] *n.* bienestar, felicidad, prosperidad.

WELL [UEL] *adv.* pues, bien :: **as —,** también :: **very —,** a fondo :: de primera :: **— built, — done,** bien hecho :: **—to-do,** acomodado, pudiente :: **— worn,** cansado :: **— and good,** enhorabuena :: *n.* pozo :: manantial :: **— maker,** pocero :: *va. & n.* verter, manar.

WEND [UEND] *vn.* encaminarse.

WENT [UENT] *pret. de* **to go.**

WEPT [UEPT] *pret. & p.p. de* **to weep.**

WERE [UOER] *pret. de* **to be** *(en el plural y en la segunda persona del singular del indicativo; es además el imperfecto del subjuntivo).*

WEST [UÉST] *adj.* occidental :: *n.* oeste, occidente :: poniente, ocaso :: **— wind,** poniente.

WESTERN [UÉSTERN] *adj.* occidental, del oeste.

WESTWARD [UÉSTUAERD] *adv.* hacia el oeste :: *adj.* occidental, oeste.

WET [UET] *adj.* mojado, húmedo, lluvioso :: **to be — through,** estar empapado, hecho una sopa :: *n.* humedad, lluvia :: *va.* mojar, empapar.

WETBACK [UÉTBAK] *n.* espalda mojada.

WETNESS [UÉTNES] *n.* humedad.

WHALE [HUEIL] *n.* ballena, cachalote :: **—bone,** barba de ballena :: *vn.* pescar ballenas.

WHARF [HUOARF] *n.* muelle, andén :: malecón :: cargadero.

WHAT [HUOT] *pron. rel.* que :: *interj.* **— a ...!,** ¡qué ...! :: **— a lot!,** ¡cuánto! :: *interrog.* ¿qué?.

WHATEVER [HUOTÉVA] *pron.* cualquiera que, todo lo que.

WHEAT [HUIT] *n.* trigo.

WHEEDLE [HUIDL] *va.* halagar :: sonsacar, embromar, engatusar.

WHEEL [HUIL] *n.* rueda :: torno :: *va. & n.* hacer rodar, rodar.

WHEELBARROW [HUÍLBAROU] *n.* carretilla.

WHEEZE [HUIS] *n.* resuello ruidoso.

WHEN [HUEN] *adv.* cuando :: al tiempo que, tan pronto como.

WHENCE [HUÉNS] *adv.* de donde :: de que.

WHENEVER [HUENÉVAER] *adj. & conj.* cuando, siempre que, cada vez que.

WHERE [HUÉR] *adv.* donde.

WHEREABOUTS [HUÉRABAUTS] *n.* paradero :: *adv. interr.* ¿dónde?

WHEREAS [HUERÉS] *conj.* mientras que :: puesto que, visto que, considerando que.

WHEREBY [HUARBÁI] *adv.* por donde, por lo cual :: con lo cual.

WHEREOF [HUERÓF] *adv.* de que :: de donde :: de quien, de quienes.

WHEREVER [HUERÉVA] *adv.* dondequiera que.

WHET [HUET] *va.* amolar, afilar :: aguzar :: *(el apetito)* abrir.

WHETHER [HUÉDZA] *conj.* si, sea que.

WHICH [HUICH] *pron. rel.* el que, el cual, que :: **— ?,** ¿cuál?.

WHICHEVER [HUICHÉVAER] *pron. & adj.* cualquiera (que), cualesquiera (que) :: el que, la que.

WHIFF [HUIF] *n.* soplo :: fumada, bocanada :: repentino olor o hedor :: *vn.* soplar :: echar bocanadas.

WHILE [HUAIL] *n.* rato, temporada :: *conj.* en tanto que :: a la vez que :: *va.* **— away,** entretener, pasar (el rato).

WHILST [HUAILST] *conj.* mientras, mientras que.

WHIM [HUIM] *n.* capricho, antojo, fantasía, manía.

WHIMPER [HUIMPA] *n.* quejido, queja :: *vn.* lloriquear, gimotear, plañir.

WHIMSICAL• [HUÍMSIKAL] *adj.* caprichoso.

WHINE [HUAIN] *n.* quejido :: *vn.* quejarse :: lloriquear, piar.

WHIP [HUIP] *n.* látigo, zurriago :: **— stroke, — lash,** latigazo :: *va. & n.* azotar, flagelar, zurrar, fustigar :: *(crema)* batir.

WHIPPING [HUÍPING] *n.* tunda, zurra, paliza :: **— cream,** nata para montar.

WHIRL [HUERL] *n.* giro :: remolino :: *va. & n.* girar, revolotear, voltear, arremolinar(se).

WHIRLPOOL [HUÉRLPUL] *n.* remolino, vorágine, vórtice.

WHIRLWIND [HUÉRLUIND] *n.* remolino, torbellino.

WHISK [HUISK] *n.* **— broom,** escobilla :: **with a — of the broom,** de un escobillazo :: *va.* barrer :: desempolvar :: *(huevos)* batir :: **to — away,** barrer de prisa :: llevarse de prisa, arrebatar :: irse de prisa, escaparse.

WHISKERS [HUÍSKERS] *n.* patillas :: barbas :: *(del gato)* bigotes.

WHISKEY [HUÍSKI] *n.* whisky.

WHISPER [HUÍSPA] *n.* cuchicheo :: susurro :: hablilla :: *va.* soplar :: *vn.* cuchichear :: musitar :: susurrar.

WHISTLE [HUISL] *n.* silbato :: pito :: silbo, silbido :: rechifla :: **to wet one's** —, remojar el gaznate :: *va.* — **at,** silbar, rechiflar :: *vn.* silbar.

WHITE [HUAIT] *adj.* blanco :: pálido, lívido :: cándido :: *(her.)* plata :: —**hot,** candente :: — **lie,** mentirilla :: — **hair,** canas :: — **horses,** cabrillas :: *n. (de huevo)* clara :: *(del ojo)* blanco :: blancura :: **half**—, cuarterón :: **to go** —, blanquearse :: palidecer.

WHITEN [HUAITN] *va.* blanquear :: *vn.* emblanquecer(se), palidecer, ponerse pálido.

WHITENESS [HUÁITNES] *n.* blancura :: palidez :: pureza.

WHITEWASH [HUÁITUOASH] *n.* jalbegue :: blanqueo, blanquete :: *va.* blanquear, encubrir, encalar, enjalbegar :: — **oneself,** santificarse.

WHITHER [HUÍDZA] *adv.* adonde :: hacia :: ¿hasta dónde?.

WHITISH [HUÁITISCH] *adj.* blancuzco, blanquecino.

WHITSUNTIDE [HUÍTSONTAID] *n.* Pascua de Pentecostés.

WHIZ [HUIS] *vn.* zumbar :: *n.* zumbido, silbido :: **to be a** —, ser un águila, ser muy listo.

WHO [JU] *pron. rel.* quien, quienes, que, el que, la que, los que, las que :: *pron. interr.* ¿quién? ¿quiénes?

WHOEVER [HUÉVA] *pron.* quienquiera que, cualquiera que.

WHOLE [HAEUL] *adj.* todo, total, entero, intacto, íntegro :: sano :: **as a** —, en conjunto :: **the** — **blessed day,** todo el santo día :: *n.* todo :: conjunto, totalidad.

WHOLESALE [HAEULSEIL] *n.* venta al por mayor :: *adj.* al por mayor, en grandes cantidades :: — **dealer,** comerciante al por mayor :: mayorista :: — **slaughter,** matanza :: — **trade,** comercio al por mayor :: *adv.* al por mayor :: *vn.* vender al por mayor.

WHOLESOME [HÓULSOM] *adj.* saludable, sano :: salubre.

WHOM [HUM] *pron. pers.* a quien, a quienes :: que :: al que (a la que, a los que, etc.) :: al cual (a la cual, a los cuales, etc.) :: **for** —, para quien.

WHOOP [HUP] *n.* alarido :: *vn.* gritar.

WHOOPING [HUÚPING] *adj.* — **cough,** tosferina.

WHORE [HÓAER] *n.* puta, ramera.

WHOSE [HUS] *pron.* cuyo.

WHOSOEVER [HUSOÉVA] *pron.* quienquiera que.

WHY [HUAI] *conj. adv.* ¿por qué?, ¿para qué? :: *interj.* ¡cómo!, ¡vaya! .

WICK [UIK] *n.* mecha.

WICKED [UÍKID] *adj.* malvado, perverso, impío, inicuo :: enorme :: malicioso, travieso.

WICKEDNESS [UÍKIDNES] *n.* maldad, perversidad :: malicia :: vicio, impiedad.

WICKER [UÍKAER] *n.* mimbre :: — **chair,** silla de mimbre.

WIDE [UAID] *adj.* ancho, amplio :: holgado, dilatado :: **one foot** —, un pie de ancho :: *adv.* lejos, a gran distancia :: errado :: allá por los cerros de Ubeda :: — **open,** de par en par.

WIDEN [UAIDN] *va.* & *n.* ensanchar(se), ampliar(se), dilatar(se).

WIDESPREAD [UÁISPRED] *adj.* muy esparcido, muy extensivo :: bien difundido :: extendido :: general, extendido por todas partes.

WIDOW(ER) [UÍDOU] *n.* viuda, viudo.

WIDTH [UIDZ] *n.* anchura, ancho :: holgura :: amplitud.

WIELD [UILD] *va.* manejar, esgrimir :: empuñar.

WIFE [UAIF] *n.* esposa, mujer, cónyuge :: *(fam.)* costilla.

WIG [UIG] *n.* peluca.

WIGGLE [UIGL] *va.* menear(se) :: *n.* meneo.

WILD [UAILD] *adj.* salvaje, agreste, desierto, inculto, despoblado :: silvestre, campestre :: selvático :: salvaje, bravo :: fiero :: feroz, montés :: impetuoso, violento, desenfrenado :: furibundo, loco :: descabellado, loco, desatinado, estrafalario, extravagante :: alocado, disparatado, insensato :: cerril, bravío, zahareño :: alborotado, desenfrenado, desordenado :: —**est,** las más lisonjeras.

WILDCAT [UÁILKAT] *n.* gato montés :: — **scheme,** empresa arriesgada.

WILDERNESS [UÍLDERNES] *n.* desierto, páramo, yermo.

WILDEYED [UÍLAID] *adj.* de ojos huraños.

WILDNESS [UÁILDNES] *n.* salvaje :: ferocidad, fiereza :: locura.

WILE [UAIL] *n.* fraude, superchería, astucia, treta :: *va.* engatusar, embaucar.

WILFUL [UÍLFUL] *adj.* voluntarioso, impetuoso, testarudo :: arbitrario, intencionado, premeditado.

WILL [UIL] *n.* voluntad, querer :: discreción, placer :: resolución, ánimo :: testamento :: **free** —, libre albedrío :: **at** —, a voluntad, a discreción :: **against** —, a la fuerza :: — **power,** fuerza de voluntad :: — **o' the wisp,** fuego fatuo :: *va.* & *n.* legar, dejar en testamento :: querer, resolver :: disponer.

WILLING [UÍLING] *adj.* gustoso, dispuesto :: deferente :: complaciente :: **to be** —, querer :: estar dispuesto.

WILLINGNESS [UÍLINGNES] *n.* buena voluntad, complacencia.

WILLOW [UÍLOU] *n.* sauce :: — **weeping** —, sauce llorón.

WILT [UILT] *va.* & *n.* marchitar(se) :: ajar(se) :: desmayar :: languidecer.

WILY [UÁILI] *adj.* astuto, marrullero.

WIN [UIN] *va.* & *n.* ganar :: vencer :: lograr :: *(la lotería)* tocar(le a uno) :: captar :: *(pers.) (sl.)* soplar :: cazar :: — **over,** conquistar, ganar :: granjear :: — **round,** sonsacar :: *vn.* triunfar.

WINCE [UINS] *vn.* estremecerse.

WINCH [UINCH] *n.* malacate, cabrestante.

WIND [UIND] *n.* viento.

WIND [UAIND] *va.* devanar :: dar cuerda a :: dar vueltas a :: — **around,** enrollar, liar :: tejer :: *vn.* — **around,** enroscarse, serpentear, (re)torcerse :: ir con rodeos :: hacer meandros.

WINDFALL [UÍNDFOL] *n.* golpe de fortuna, ganancia repentina, herencia inesperada.

WINDING [UÁINDING] *adj.* sinuoso, tortuoso, que da vueltas :: — **staircase,** escalera de caracol.

WINDMILL [UÍNDMIL] *n.* molino de viento.

WINDOW [UÍNDOU] *n.* ventana :: **show** —, vidriera :: **display** —, muestrario :: escaparate :: — **blinds,** persianas :: — **glass,** cristal :: —**sill,** alféizar :: — **frame,** bastidor, marco.

WINDOWPANE [UÍNDOUPEIN] *n.* cristal de ventana, vidriera.

WINDPIPE [UÍNDPAIP] *n.* tráquea,

gaznate.

WINDSHIELD [UÍNDSHILD] *n.* parabrisas :: — **wiper,** limpiaparabrisas.

WIND TUNNEL [UÍND TANL] *n.* túnel aerodinámico.

WINDWARD [UÍNDUAERD] *n.* barlovento.

WINDY [UÍNDI] *adj.* airoso :: ventoso :: **it is** —, hace aire, sopla el viento.

WINE [UAIN] *n.* vino :: **red** —, vino tinto :: —**shop,** taberna :: *(fam.)* tasca :: —**skin,** bota, odre, pellejo.

WING [UING] *n.* ala :: *(mil.)* flanco :: —**s,** nadadera :: **in the** —**s,** *(theat.)* entre bastidores :: **on the** —, al vuelo :: en marcha.

WINK [UINK] *n.* guiño, parpadeo :: *vn.* guiñar :: parpadear :: titilar :: **as easy as** —, es cosa de coser y cantar :: **not to have a** — **of sleep,** no cerrar los ojos, pasar la noche de claro en claro :: **to** — **at,** hacer la vista gorda.

WINNER [UÍNAER] *n.* ganador :: vencedor :: — **of a prize,** agraciado, premiado.

WINNING [UÍNING] *adj.* gananancioso :: triunfante, victorioso :: atractivo, encantador :: —**s,** *n. pl.* ganancias.

WINSOME [UÍNSOM] *adj.* atractivo, simpático, salado.

WINTER [UÍNTA] *adj.* invernal, de invierno :: *n.* invierno :: *vn.* invernar.

WINTRY [UÍNTRI] *adj.* invernal, de invierno :: frío, helado.

WIPE [UAIP] *va.* limpiar, secar, frotar :: — **dry,** enjugar, restregar :: — **out, off,** borrar :: extirpar :: — **the floor with,** poner como un trapo.

WIRE [UAIR] *n.* alambre :: telegrama :: —**work,** filigrana :: **barbed** —, espino artificial :: *va.* alambrar :: *va. & n.* telegrafiar.

WIRELESS [UÁIRLES] *adj.* — **telegraphy,** telegrafía sin hilos :: — **set,** radio.

WIRE TAPPING [UÁIR TAPING] *n.* secreta conexión interceptora de teléfono.

WIRY [UÁIRI] *adj.* de alambre :: como alambre :: nervudo.

WISDOM [UÍSDM] *n.* sabiduría, prudencia, buen criterio :: erudición.

WISE [UAIS] *adj.* sabio, docto :: cuerdo, prudente :: **the three** — **men,** los reyes magos :: **to be no** —**r,** quedarse en albis, quedarse en ayunas.

WISECRACK [UÁISKRAK] *n.* bufonada, dicho agudo o chocarrero, dicharacho.

WISH [UISH] *n.* deseo, anhelo :: súplica, ruego :: *va. & n.* desear, querer, anhelar :: **just as one would** —, a pedir de boca :: **I wish!** ¡ojalá —!

WISHFUL [UÍSHFUL] *adj.* ansioso, anhelante, deseoso.

WISTFUL [UÍSTFUL] *adj.* anhelante, pensativo, tierno.

WIT [UIT] *n.* chiste, rasgo de ingenio, dicho gracioso :: ingenio, gala, sal, gracia, agudeza :: *(pers.)* conceptista :: **to keep one's** —**s about one,** tener ojo :: **to lose one's** —**s,** perder la razón :: **to** —, a saber :: esto es :: **to live on one's** —**s,** vivir a salto de mata.

WITCH [UICH] *n.* bruja, hechicera.

WITCHCRAFT [UÍCHKRAFT] *n.* brujería, hechicería, fascinación.

WITH [UIDZ] *prep.* con, de, en, acompañado de.

WITHDRAW [UIDZDRÓ] *va. & n.* retirar(se) :: apartar(se) :: separar(se) :: **to** —**a statement,** retractarse.

WITHDRAWAL [UIDZDRÓAL] *n.* retirada, retiro.

WITHER [UÍDZA] *va. & n.* marchitar, ajar :: marchitarse.

WITHHELD [UIDZHÉLD] *pret. & p.p. de* to withhold.

WITHHOLD [UIDZJÓULD] *va.* retener :: detener :: **to** — **one's consent,** negarse a dar su consentimiento.

WITHIN [UIDZÍN] *prep.* dentro de :: — **call,** al alcance de la voz :: **it is** — **my power,** está en mi mano :: *adv.* dentro, adentro.

WITHOUT [UIDZÁUT] *prep.* sin :: *adv.* fuera, afuera.

WITHSTAND [UIDZSTÁND] *va.* resistir :: aguantar, padecer.

WITHSTOOD [UIDZSTÚD] *pret. & p.p. de* to withstand.

WITNESS [UÍTNES] *n.* testigo :: declarante :: espectador :: **in** — **thereof,** en fe de lo cual :: **eye**—, testigo ocular :: *va. & n.* declarar, dar testimonio (como testigo), atestiguar :: presenciar :: ver :: concurrir a.

WITTICISM [UÍTSISM] *n.* rasgo de ingenio, chiste, agudeza, donaire.

WITTY [UÍTI] *adj.* chistoso, agudo, ingenioso, ocurrente, chancero :: conceptista.

WIVES [UAIVS] *n. pl. de* wife.

WIZARD [UÍSERD] *adj. (sl.)* estupendo :: *n.* hechicero, brujo.

WOBBLE [UOBL] *n.* bamboleo.

WOE [UOU] *n.* dolor, pesar :: pena, aflicción :: calamidad, miseria.

WOEFUL [UÓUFUL] *adj.* miserable :: abatido.

WOKE [UOUK] *pret. de* to wake.

WOLF [UUF] *n.* lobo :: —**cub,** lobato :: —**hound,** alano.

WOMAN [UÚMAN] *n.* mujer :: hembra.

WOMANHOOD [UÚMANJUD] *n.* estado de mujer :: la mujer :: condición femenina :: feminidad.

WOMANKIND [UÚMANKAIND] *n.* la mujer, las mujeres, el sexo femenino.

WOMANLY [UÚMANLI] *adj.* femenil, mujeril, femenino :: *adv.* femeninamente, como mujer.

WOMB [UUM] *n.* útero, matriz, madre :: entrañas.

WON [UAN] *pret. & p.p. de* to win.

WONDER [UÁNDAER] *n.* milagro, maravilla :: portento :: espanto, admiración, prodigio :: **to work** —**s,** hacer milagros :: —**struck,** pasmado, atónito :: *va.* desear saber, extrañar, preguntarse :: *vn.* maravillarse.

WONDERFUL [UÁNDERFUL] *adj.* maravilloso, sorprendente, pasmoso, peregrino, prodigioso.

WONDROUS [UÁNDROES] *adj.* maravilloso, pasmoso, extraño.

WOO [UU] *va.* cortejar, hacer la corte a, requerir de amores a :: pretender :: festejar :: arrullar.

WOOD [UUD] *n.* madera :: bosque, monte :: **fire**—, leña :: **dead**—, broza :: —**cut,** grabado en madera :: — **cutter,** leñador :: —**louse,** cochinilla.

WOODED [UÚDID] *adj.* arbolado, poblado de árboles.

WOODEN [UUDN] *adj.* de madera, de palo :: tieso.

WOODLAND [UÚDLAND] *n.* monte, bosque, selva.

WOODMAN [UÚDMAN] *n.* leñador :: habitante del bosque.

WOODPECKER [UÚDPEKAER] *n.* pájaro carpintero.

WOODWORK [UÚDUOERK] *n.* maderamen :: labrado en madera :: obra de carpintería.

WOODY [UÚDI] *adj.* leñoso :: arbolado :: *(poet.)* nemoroso.

WOOL [UUL] *n.* lana :: — **dealer, merchant,** lanero :: **to be** — **gathering,** estar en Babia :: ensimismado, distraído :: **dyed in the** —, acérrimo.

WOOL(L)EN [UÚLAEN] *adj.* de lana :: lanudo :: *n.* tejido de lana ::

género o paño de lana.

WOOL(LY) [UÚLI] *adj.* lanudo, lanoso :: lanar :: borroso, vago.

WORD [UERD] *n.* palabra, vocablo :: *(de una canción)* letra :: **by — of mouth,** de palabra :: **to send —,** mandar recado :: **on the — of a,** palabra de, a fuer de :: **to get a — in,** meter baza :: **not to lose a single —,** no perder ripio :: **fine —s,** galantería :: **wild and whirring —s,** galimatías :: *va.* redactar :: expresar, enunciar.

WORDING [UÉRDING] *n.* fraseología, redacción, términos.

WORDY [UOÉRDI] *adj.* palabrero, verboso, ampuloso.

WORE [UOR] *pret. de* **to wear.**

WORK [UERK] *n.* trabajo, faena, tarea :: obra maestra :: *(sew.)* labor :: quehaceres domésticos :: acto, ocupación :: **—men,** obreros :: **fine —,** labor fina :: *pl.* engranaje, motor :: fábrica, taller :: **dramatic —,** teatro :: *va.* trabajar :: *(una mina)* explotar :: bregar, amasar :: laborar :: *(sew.)* bordar :: tallar :: *(una máquina)* operar, manejar, hacer funcionar :: poner en juego :: obrar, elaborar :: **— on,** influir, trabajar :: *vn.* trabajar, surtir efecto, obrar :: *(mech.)* funcionar, andar, marchar :: obrar, ser eficaz, tener fuerza :: *(coll.)* pitar :: **— one's way,** abrirse camino :: **— one's head off,** devanarse los sesos :: **— one's way into,** ingerirse :: **— out,** agotar :: ejecutar :: subir :: **— through,** horadar :: estudiar *(etc.),* trabajosamente :: **— up,** trabajar :: excitar :: **— oneself up,** exaltarse :: **— upon,** obrar sobre :: estar ocupado en :: mover a.

WORKABLE [UOÉRKABL] *adj.* practicable :: explotable.

WORKER [UOÉRKAER] *n.* trabajador :: obrero :: operario.

WORKING [UOÉRKING] *n.* funcionamiento, operación :: cálculo :: explotación :: *adj.* obrero, trabajador :: **— class,** clase trabajadora :: **— hours,** horas de trabajo.

WORKINGMAN [UOÉRKINGMAN] *n.* trabajador :: obrero.

WORKMAN [UOÉRKMAN] *n.* trabajador, obrero, operario.

WORKMANSHIP [UOÉRKMANSHIP] *n.* hechura :: trabajo :: mano de obra.

WORKSHOP [UOÉRKSHOP] *n.* taller.

WORLD [UOERLD] *n.* mundo :: **in this —,** de tejas abajo :: *(relig.)* **in the —,** en el siglo :: **— without end,** para siempre jamás.

WORLDLY [UOÉRLDLI] *adj.* mundanal, mundano :: profano.

WORM [UOERMI] *n.* gusano, lombriz :: **book —,** polilla :: **—eaten,** carcomido :: apolillado :: *va.* **— out of,** sonsacar :: sacar a (uno) el buche :: *vn.* **— way along,** insinuarse, arrastrarse.

WORN [UORN] *p.p. de* **to wear :: wornout,** gastado, roto :: rendido de fatiga.

WORRY [UOÉRI] *n.* cuidado, molestia, zozobra :: preocupación, carcoma :: quebradero de cabeza :: *va.* inquietar, molestar, zozobrar, perturbar :: solicitar :: apurar :: ensañarse :: *vn.* apurarse, preocuparse.

WORSE [UOERS] *adj. & adv.* peor :: ínfimo :: **from bad to —,** de mal en peor, cada vez peor.

WORSHIP [UOÉRSHIP] *n.* *(relig.)* culto :: veneración :: adoración :: *va.* adorar, honrar :: rendir culto.

WORSHIPER [UOÉRSHIPAER] *n.* adorador :: **the —s,** los fieles.

WORST [UOERST] *n.* lo peor, lo más malo :: **at the —,** en el peor de los casos :: **to get the — of,** llevar la peor parte :: *va.* aventajar, vencer.

WORSTED [UOÉRSTID] *n.* estambre :: **— stockings,** medias de estambre.

WORTH [UOERZ] *n.* valor, mérito, valía :: preciosidad :: entidad, monta :: *adj.* equivalente a :: **well — seeing,** digno de verse, notable :: **it is (not) — while,** (no) vale la pena :: **it is — noting,** es de notar.

WORTHLESS [UOÉRZLES] *adj.* sin valor :: inútil :: despreciable.

WORTHY [UOÉRZI] *adj.* digno :: valioso, apreciable :: meritorio, merecedor :: *n.* benemérito, hombre ilustre.

WOULD-BE [UÚDBI] *adj.* supuesto, que presume de, presunto.

WOUND [UUND] *n.* herida :: llaga :: ofensa :: **knife —,** cuchillada :: **sabre —,** sablazo :: *va.* herir, lastimar :: agraviar.

WOUND [UAUND] *pret. & p.p.* **to wind.**

WOVEN [UOUVN] *p.p. de* **to weave.**

WRANGLE [RANGL] *n.* reyerta, camorra, altercado :: *vn.* reñir.

WRAP [RAP] *n.* manta :: bata :: *va.* envolver :: **— around,** enroscar :: **— up,** empapelar, envolver :: **— oneself up,** arrebujarse.

WRAPPER [RÁPA] *n.* envoltura, funda, cubierta :: *(de un periódico)* faja.

WRAPPING [RÁPING] *n.* envoltura :: **— paper,** papel de envolver.

WRATH [ROAZ] *n.* cólera, furor.

WRATHFUL° [RÁZFUL] *adj.* colérico, rabioso, iracundo.

WREATH [RIZ] *n.* guirnalda :: corona (fúnebre).

WREATHE [RIDZ] *va.* tejer, enguirnaldar :: hacer (guirnalda) :: enroscar(se).

WRECK [REK] *n.* desecho, ruina :: naufragio :: **I am a —,** estoy hecho un desastre :: *va.* hacer naufragar, echar a pique :: *vn.* naufragar, zozobrar.

WRENCH [RENCH] *va.* torcer, retorcer :: arrancar, arrebatar :: *n.* torcedura, torsión :: tirón, arranque.

WREST [REST] *va.* arrebatar, arrancar :: usurpar.

WRESTLE [RESL] *vn.* luchar a brazo partido, combatir :: **— with,** bregar :: forcejear.

WRESTLER [RÉSLAER] *n.* luchador *(a brazo partido).*

WRETCH [RECH] *n.* desgraciado, miserable, menguado.

WRETCHED [RÉCHID] *adj.* miserable :: afligido :: desdichado, infeliz :: bajo, vil, malísimo.

WRIGGLE [RIGL] *vn.* menearse, retorcerse.

WRING [RING] *va.* (re)torcer(se) :: escurrir, estrujar :: **— out,** exprimir :: forzar.

WRINKLE [RINKL] *n.* arruga, surco :: *va. (el ceño)* fruncir :: arrugar :: *vn.* arrugarse.

WRIST [RIST] *n.* muñeca :: **— watch,** reloj de pulsera.

WRIT [RIT] *n.* escrito, mandamiento, orden :: auto :: notificación, ejecución :: **Holy —,** Sagrada Escritura.

WRITE [RAIT] *va.* escribir :: redactar, componer :: tener correspondencia con :: poner por escrito :: **something/nothing to — home about,** *(coll.)* cosa (nada) del otro jueves.

WRITER [RÁITA] *n.* escritor, autor :: literato :: **the present —,** el que esto escribe.

WRITHE [RAIDZ] *vn.* (re)torcer, contorcerse.

WRITING [RÁITING] *n.* escritura, letra :: escrito, documento :: redacción :: **— case,** cartera :: **— desk,** papelera :: **in one's own —,** de puño y letra.

WRITTEN [RITN] *p.p. de* **to write.**

WRONG [RONG] *adj.* equivocado, erróneo, falso :: injusto :: inoportuno :: — **side,** envés, revés, vuelta :: — **side out,** al revés :: *adv.* mal, sin causa, al revés :: **to go** —, extraviarse, malearse, torcerse :: **right or** —, a tuertas o a derechas :: *n.* injuria, agravio :: desaguisado, entuerto ::

mal, daño :: culpa :: error :: **to be (in the)** —, no tener razón, estar equivocado :: equivocarse :: —**doer,** malhechor :: *va.* injuriar :: perjudicar, causar perjuicio, ofender.

WROTE [ROUT] *pret. de* **to write.**

WROTH [ROAZ] *adj.* colérico.

WROUGHT [ROT] *pret. & p.p. de*

to work :; *adj.* labrado, forjado :: — **iron,** hierro forjado :: — **silver,** plata labrada :: **to be wrought-up,** estar sobreexcitado.

WRUNG [RANG] *pret. & p.p. de* **to wring.**

WRY• [RÁI] *adj.* torcido :: — **face,** mueca :: — **mouthed,** boquituerto.

X

X-RAY [ÉKS-REI] *n.* rayo(s) X.

Y

YACHT [YOT] *n.* yate.

YARD [YARD] *n.* yarda :: vara :: corral, patio :: *(naut.)* verga.

YARDSTICK [YÁRDSTIK] *n.* yarda :: medida :: patrón, norma.

YARN [YARN] *n.* hilaza, hilo :: *(coll.)* cuento.

YAWN [YOAN] *n.* bostezo :: *vn.* bostezar.

YAWNING [YÓANING] *adj.* muy abierto, grande :: *n.* bostezo :: **the — gulf,** el abismo abierto.

YEAR [YÍR] *n.* año :: **this** —, hogaño :: **leap** —, año bisiesto.

YEARLING [YÍRLING] *adj.* primal, añal, añojo :: — **lamb,** borrego.

YEARLY [YÍRLI] *adj.* anual :: *adv.* anualmente, una vez al año.

YEARN [YERN] *vn.* anhelar, ambicionar, suspirar por.

YEARNING [YÉRNING] *n.* anhelo.

YEAST [YIST] *n.* levadura.

YELL [YEL] *va.* gritar, dar gritos, vociferar :: *n.* grito, alarido.

YELLOW [YÉLOU] *adj.* amarillo, gualdo.

YELLOWISH [YÉLOUISCH] *adj.* amarillento.

YELP [YELP] *vn.* aullar, ladrar :: *n.* aullido, ladrido.

YES [YES] *adv.* sí :: — **it is,** sí tal :: **to say** —, dar el sí.

YESTERDAY [YÉSTERDEI] *adv.* ayer :: **the day before** —, anteayer.

YET [YET] *conj.* aunque, sin embargo, con todo :: *adv.* todavía, hasta ahora, hasta aquí :: **not** —, todavía no.

YEW [YU] *n.* tejo.

YIELD [YILD] *n.* rendimiento, rédito :: beneficio :: cosecha, cogida :: *va.* producir, rendir :: rentar, dar de sí :: dar, ceder :: deferir :: enfregar, devolver conceder :: *vn.* rendir, ceder, sucumbir :: conformarse, consentir :: doblegarse.

YOKE [YOUK] *n.* yugo :: —**strap,** coyunda :: *va.* enyugar, uncir, coyundar :: someter al yugo, oprimir :: **to throw off the** —, sacudir el yugo.

YOKEL [YÓUKL] *n.* patán, palurdo.

YOLK [YOULK] *n.* yema.

YOU [YU] *pron. pers.* tú, usted, vosotros, ustedes :: te, le, la, lo, os, las, los :: **to** —, a ti, a us-

ted, a vosotros, a ustedes :: te, le, les :: *pron. impers.* se, uno.

YOUNG [YANG] *adj.* joven :: juvenil :: tierno, verde, fresco :: **very** —, imberbe :: — **man, fellow,** *(coll.)* joven :: — **blood,** pimpollo :: —**er son,** segundón :: **with** —, encinta, preñada :: *n.* cría :: los jóvenes.

YOUNGSTER [YÁNGSTAER] *n.* mocito :: jovencito :: —**s,** gente menuda.

YOUR [YÚAER] *adj.* suyo, de usted :: vuestro.

YOURS [YÚAERS] *pron.* el suyo de Vd., el vuestro.

YOURSELF [YUAERSÉLF] *pron.* te, se *(como reflexivo)* :: **to** —, a ti mismo :: a usted mismo :: **you** —, tú mismo :: usted mismo.

YOURSELVES [YUAERSÉLVS] *pron.* os, se *(como reflexivo)* :: **to** —, a vosotros mismos :: a ustedes mismos :: **you** —, vosotros mismos :: ustedes mismos.

YOUTH [YUZ] *n.* juventud, mocedad :: *(pers.)* joven, mozo :: pollo, pollito :: **country** —, zagal.

YOUTHFUL [JÚZFUL] *adj.* joven :: juvenil.

Z

ZEAL [SIL] *n.* celo, ardor :: furia.
ZEALOUS• [SÉLOS] *adj.* celoso, fervoroso :: apasionado :: hacendoso.
ZEBRA [SÍBRA] *n.* cebra.
ZENITH [SÉNIZ] *n.* cenit :: **at the — of,** al apogeo de.

ZEPHYR [SÉFAER] *n.* céfiro.
ZERO [SÍROU] *n.* cero :: **below —,** bajo cero.
ZEST [SEST] *n.* gusto, sabor, deleite :: aliciente.
ZINC [SINK] *n.* zinc.
ZIP [SIP] *n. cremallera : silbido.*
ZIP CODE [SIP KOUD] *n.* código pos-

tal.
ZIPPER [SÍPAER] *n.* cremallera.
ZODIAC [SÓUDIAK] *n.* zodíaco.
ZONE [SOUN] *n.* zona.
ZOO [SU] *n.* jardín zoológico.
ZOOLOGICAL• [SOUOLÓCHIKAL] *adj.* zoológico.
ZOOLOGY [SOUÓLOCHI] *n.* zoología.

A

A [AH] first letter of the Spanish alphabet :: *prep.* to, in at, according to, against, with, toward, if, upon, on, by, for, of.

ABACERÍA [AHBAHTHAYREEAH] *f.* grocer's shop, grocery.

ABACERO [AHBAHTHAYRO] *m.* grocer.

ÁBACO [AHBAHCO] *m.* abacus.

ABAD [AHBAHD] *m.* abbot.

ABADEJO [AHBAHDAYHO] *m.* codfish.

ABADESA [AHBAHDAYSAH] *f.* abbess.

ABADÍA [AHBAHDEEAH] *f.* abbey.

ABAJO [AHBAHHO] *adv.* under, below :: downstairs.

ABALANZAR [AHBAHLAHNTHAR] *va.* to balance, to weigh :: *vr.* to rush on :: — **sobre**, to hurl oneself on.

ABANDERADO [AHBANDAYRAHDO] *m.* standard-bearer :: *adj.* standard-bearing.

ABANDERAR [AHBANDAYRAR] *va.* to register *(un barco)* :: *(mil.)* to conscript.

ABANDONADO [AHBANDONAHDO] *adj.* helpless :: abandoned, forsaken :: careless, negligent :: slovenly, shiftless :: profligate.

ABANDONAR [AHBANDONAR] *va.* to abandon, give up, leave, desert.

ABANDONO [AHBANDONO] *m.* abandonment, desertion.

ABANICAR [AHBAHNEECAR] *va.* to fan.

ABANICO [AHBAHNEECO] *m.* fan :: ventilator.

ABARATAR [AHBAHRAHTAR] *va.* to cheapen :: to abate :: to fall in price.

ABARCAR [AHBARCAR] *va.* to clasp :: to take in :: to embrace :: to monopolize, to contain.

ABARROTAR [AHBARROTAR] *va.* to stow a cargo :: to overstock.

ABASTECEDOR [AHBASTAYTHAYDOR] *m.* caterer, provider :: purveyor, supplier :: *adj.* catering, providing, purveying, supplying.

ABASTECER [AHBASTAYTHAIR] *va.* to supply, purvey.

ABASTECIMIENTO [AHBAHSTAYTHEMEENTO] *m.* supply :: *pl.* supplies, provisions.

ABASTO [AHBASTO] *m.* supply :: **no dar — a**, to be unable to cope with.

ABATE [AHBAHTAY] *m.* abbé, minor cleric.

ABATIDO [AHBAHTEEDO] *adj.* depressed, dejected :: spiritless :: dull :: crestfallen.

ABATIMIENTO [AHBAHTEMEENTO] *m.* depression :: discouragement, lowness of spirits.

ABATIR [AHBAHTEER] *va.* to knock down :: to discourage, depress :: to humble.

ABDICACIÓN [ABDECAHTHEON] *f.* abdication, renouncing.

ABDICAR [ABDEKAR] *va.* & *n.* to abdicate :: to renounce.

ABDOMEN [ABDOHMEN] *m.* abdomen.

ABECEDARIO [ABAYTHAYDAHREO] *m.* alphabet :: primer.

ABEDUL [AHBAYDOOL] *m.* birch.

ABEJA [AHBAYHAH] *f.* bee :: — **reina**, queen-bee.

ABEJÓN [AHBAYHON] *m.* bumblebee drone.

ABERRACIÓN [AHBAIRRAHTHEON] *f.* aberration :: error.

ABERTURA [AHBAIRTOORAH] *f.* opening, crevice :: aperture, fissure.

ABETO [AHBAYTO] *m.* fir.

ABIERTO [AHBEAIRTO] *adj.* open, frank :: candid.

ABIGARRADO [AHBEGARRAHDO] *adj.* motley :: multicolored :: variegated.

ABIGARRAR [AHBEGARRAR] *va.* to fleck, variegate, streak :: to paint in several colors.

ABISMAL [AHBISMAHL] *adj.* abysmal.

ABISMAR [AHBISMAR] *va,* to depress :: *vr.* — **en**, to lose one's in.

ABISMO [AHBEESMO] *m.* abyss, gulf :: hell :: depths.

ABJURACIÓN [ABHOORAHTHEON] *f.* abjuration, abjurement :: recantation.

ABJURAR [AHBHOORAR] *va.* to abjure, forswear.

ABLANDAR [AHBLAHNDAR] *va.* to soften :: to mollify :: to mitigate.

ABLUCIÓN [AHBLOOTHEON] *f. (relig.)* ablutions.

ABNEGACIÓN [ABNAYGAHTHEON] *f.* abnegation, self-sacrifice, self-denial.

ABNEGADO [ABNAYGAHDO] *adj.* self-sacrificing.

ABNEGAR [ABNAYGAR] *vr.* to renounce, sacrifice one's.

ABOBADO [AHBOBAHDO] *adj.* silly, stupid, stupefied.

ABOCAR [AHBOCAR] *va.* to bite :: to bring near :: to flow into.

ABOCHORNAR [AHBOCHORNAR] *va.* to overheat :: to embarrass ::

—**se**, to get overheated, to blush, to be embarrased.

ABOFETEAR [ABOFAYTAYAR] *va.* to box :: to cuff.

ABOGACÍA [AHBOGAHTHEEAH] *f.* the legal proffesion :: a law career.

ABOGADO [AHBOGAHDO] *m.* lawyer, advocate, barrister.

ABOGAR [AHBOGAR] *vn.* — **por**, to advocate, plead support.

ABOLENGO [AHBOLENGO] *m.* ancestry, lineage :: inheritance.

ABOLICIÓN [AHBOLETHEON] *f.* abolition, extinction.

ABOLIR [AHBOLEER] *va.* to abolish, annul.

ABOLLADO [AHBOLLYAHDO] *adj.* dented :: bumped :: bruised.

ABOLLADURA [AHBOLLYADOORAH] *f.* dent, bump.

ABOLLAR [AHBOLLYAR] *va.* to emboss, dent.

ABOMINABLE [ABOMENAHBLAY] *adj.* abominable, detestable.

ABOMINACIÓN [AHBOMENAHTHEON] *f.* abomination, detestation :: execration.

ABOMINAR [AHBOMENAR] *va.* to abominate, abhor, detest.

ABONADO [AHBONAHDO] *m.* subscriber, season-ticket holder :: *adj.* well-accredited.

ABONAR [AHBONAR] *va.* to credit :: to subscribe :: to stand surety for :: manure.

ABONO [AHBONO] *m.* guarantee :: manure :: season-ticket.

ABORDAR [AHBORDAR] *va.* to board, to tie up *(un barco)* :: to accost *(una persona)*.

ABORDAJE [AHBORDO] *m. (naut.)* boarding, attack.

ABORIGEN [AHBOREEHEN] *adj.* aboriginal, indigenous, native.

ABORRECER [AHBORRAYTHAIR] *va.* to hate, abhor.

ABORRECIBLE [ABORRAYTHEEBLAY] *adj.* hateful.

ABORTAR [AHBORTAR] *va.* to miscarry, have a miscarriage :: to give birth prematurely :: to fail.

ABORTO [AHBORTO] *m.* miscarriage, abortion :: monster.

ABOTONAR [AHBOTONAR] *va.* to button :: *vn.* to bud.

ABOVEDADO [AHBOVAYDAHDO] *adj.* arched, vaulted.

ABRASADOR [ABRAHSAHDOR] *adj.* burning, very hot.

ABRASAR [AHBRAHSAR] *va.* to burn :: *vr.* to be consumed *(de pasión)*.

ABRAZAR [AHBRAHTHAR] *va.* to embrace, clasp :: to comprise, include.

ABRAZO [AHBRAHTHO] *m.* embrace, hug, clasp.

ABRELATAS [AHBRAYLAHTAHS] *m.* can opener.

ABREVADERO [AHBRAYVAHDAYRO] *m.* drinking trough :: watering place for cattle.

ABREVIAR [AHBRAYVEAR] *va.* to abbreviate, cut short, shorten, abridge :: to hasten.

ABREVIATURA [AHBRAYVEEAHTOORAH] *f.* abbreviation.

ABRIGAR [AHBREGAR] *va.* to shelter, cover, shield :: to cherish *(esperanzas, etc.).*

ABRIGO [AHBREEGO] *m.* shelter, protection, cover :: overcoat :: **al — de**, protected by, under (the) shelter of.

ABRIL [AHBREEL] *m.* April.

ABRILLANTAR [AHBRELLYANTAR] *va.* to cut *(diamantes)* :: to polish, brighten.

ABRIR [AHBREER] *va.* to open :: to unfold :: to begin :: to cleave :: to unlock a door.

ABROCHAR [AHBROCHAR] *va.* to button fasten.

ABROGAR [AHBROGAR] *va.* to repeal, annul.

ABROJO [AHBROHO] *m. (bot.)* thistle :: thorn.

ABRUMADO [AHBROOMAHDO] *adj.* weary, oppressed, overwhelmed.

ABRUMADOR [AHBROOMAHDOR] *adj.* crushing, overwhelming :: oppressive :: fatiguing.

ABRUMAR [AHBROOMAR] *va.* to overwhelm, crush, weigh down.

ABRUPTO [AHBROOPTO] *adj.* abrupt, steep.

ABSCESO [AHBSTHAYSO] *m.* abscess.

ÁBSIDE [ABSEDAY] *m. (arch.)* apse, apsis.

ABSOLUCIÓN [AHBSOLOOTHEON] *f.* absolution, acquittal.

ABSOLUTISMO [ABSOLOOTEESMO] *m.* absolutism, despotism :: autocracy.

ABSOLUTO [AHBSOLOOTO] *adj.* absolute :: **en —**, not at all, certainly not.

ABSOLVER [AHBSOLVAIR] *va.* to absolve, acquit.

ABSORBENTE [ABSORBENTAY] *adj.* absorbent.

ABSORBER [AHBSORBAIR] *va.* to absorb, imbibe, take in.

ABSORCIÓN [ABSORTHEON] *f.* absorption.

ABSORTO [ABSORTO] *adj.* absorbed, engrossed :: amazed.

ABSTEMIO [AHBSTAYMEO] *adj.* abstemious.

ABSTENCIÓN [ABSTENTHEON] *f.* abstention :: forbearance.

ABSTENERSE [AHBSTAYNAIRSAY] *vr.* to abstain, refrain.

ABSTINENCIA [AHBSTENENTHEAH] *f.* abstinence, forbearance :: **dia de —**, fast day.

ABSTRACCIÓN [ABSTRACTHEON] *f.* abstraction, reverie.

ABSTRACTO [ABSTRACTO] *adj.* abstract.

ABSTRAER [AHBSTRAHAIR] *va.* to abstract, to refrain from :: *vr.* to become thoughtful.

ABSTRAÍDO [ABSTRAEEDO] *adj.* lost in thought, absentminded :: aloof.

ABSUELTO [AHBSOOELTO] *adj.* acquitted, absolved.

ABSURDO [AHBSOORDO] *adj.* absurd, stupid, pointless :: *m.* absurdity.

ABUELA [AHBOOAYLAH] *f.* grandmother.

ABUELO [AHBOOAYLO] *m.* grandfather :: *pl.* **—s**, grandparents.

ABULTADO [AHBOOLTAHDO] *adj.* bulky, swollen.

ABULTAR [AHBOOLTAR] *va.* to bulge :: to be bulky :: to enlarge.

ABUNDANCIA [AHBOONDANTHEAH] *f.* abundance, plenty.

ABUNDANTE [AHBOONDAHNTAY] *adj.* abundant, plentiful copious.

ABUNDAR [AHBOONDAR] *vn.* to abound, be full, plenty of.

ABURRIDO [AHBOOREEDO] *adj.* bored :: boring, tiresome :: weary.

ABURRIMIENTO [AHBOORREMEENTO] *m.* weariness, dullness, boredom.

ABURRIR [AHBOORRER] *va.* to bore, annoy, weary :: *vr.* to become weary.

ABUSAR [AHBOOSAR] *vn.* to take undue advantage of, trespass, misuse :: to abuse.

ABUSO [AHBOOSO] *m.* misusage, misuse :: abuse.

ABYECTO [AHBYAYKTO] *adj.* abject.

ACÁ [AHKAH] *adv.* here, hither :: **— y allá**, here and there.

ACABADO [AHKAHBAH] *adj.* perfect, faultless.

ACABAR [AHKAHBAR] *va. & n.* to finish, to conclude, to end; **— de**, to have just :: **— en**, to end (in, by).

ACADEMIA [AHKAHDAYMEAH] *f.* academy.

ACADÉMICO [AHKAHDAYMECO] *m.* academician, member of an academy :: *adj.* academic.

ACAECER [AHKAHAYTHAIR] *vn.* to happen, fall out.

ACALORADO [AHKALORAHDO] *adj.* heated, excited, angry.

ACALORAR [AHKAHLORAR] *va.* to warm, heat :: to inflame, promote :: *vr.* to grow excited.

ACALLAR [AHKAHIYAR] *va.* to silence :: to assuage *(el dolor).*

ACAMPAR [AHKAHMPAHR] *va.* to encamp.

ACANALADO [AHCAHNAHLAHDO] *adj.* channeled, striated, grooved, corrugated.

ACANTILADO [AHKAHNTELAH] *m.* cliff :: *adj.* steep.

ACANTONAR [AHKAHNTONAR] *va.* to quarter troops.

ACAPARADOR [AHCAHPAHRAHDOR] *m.* monopolizer, forestaller :: *adj.* monopolizing.

ACAPARAR [AHKAHPAHRAR] *va.* to monopolize :: to gather in.

ACARICIAR [AHKAHRETHEAR] *va.* to caress, fondle :: to cherish *(ideas, etc.).*

ACARREAR [AHKARRAYAR] *va.* to carry, transport :: to occasion :: to cause.

ACARREO [AHKARRAYO] *m.* transport :: conveyance.

ACASO [AHKAHSO] *adv.* perhaps, by chance :: *m.* chance, destiny.

ACATAR [AHKAHTAR] *va.* to revere, respect :: to pay homage.

ACATARRARSE [AHKAHTARRARSAY] *vr.* to catch cold.

ACAUDALADO [AHKAHOODAHLAHDO] *adj.* rich, wealthy.

ACCEDER [AHKTHAYDAIR] *vn.* to agree, accede :: to comply.

ACCESIBLE [AHKTHAYSEEBLAY] *adj.* accesible, approachable.

ACCESO [AHKTHAYSO] *m.* access.

ACCESORIO [AHKTHAYSOREO] *adj.* accessory, incidental.

ACCIDENTADO [ACTHEDENTAHDO] *adj.* seized with a fit :: injured :: rough, uneven *(terreno).*

ACCIDENTAL [ACTHEDENTAHL] *adj.* accidental, causal.

ACCIDENTARSE [ACTHEDENTARSAY] *vr.* to have an accident.

ACCIDENTE [ACTHEDENTAY] *m.* accident, mishap :: chance, sudden fit, swoon.

ACCIÓN [AHKTHEON] *f.* action :: feat :: battle :: stock :: lawsuit :: **— de gracias**, thanksgiving.

ACCIONAR [AHKTHEONAR] *va.* to gesticulate.

ACCIONISTA [AHKTHEONISTAH] *m.* shareholder.

ACECHAR [AHTHAYCHAR] *va.* to

waylay :: *vn.* to lie in ambush, wait *(una oportunidad).*

ACEBO [AHTHAYBO] *m. (bot.)* hollytree.

ACECHO [AHTHAYCHO] *m.* ambush :: spying :: **al** *(or en)* —, waiting in ambush, lying in wait.

ACEITAR [AHTHAYETAR] *va.* to oil, grease.

ACEITE [AHTHAYETAY] *m.* oil :: — **mineral,** petroleum.

ACEITERA [AHTHAYETAYRAH] *f.* oil can :: oil cruet.

ACEITOSO [AHTHAYETOSO] *adj.* oily, greasy.

ACEITUNA [AHTHAYETOONAH] *f.* olive.

ACELERACIÓN [AHTHAYLAYRAHTHEON] *f.* acceleration.

ACELERADOR [AHTHAYLAYRAHDOR] *m.* accelerator.

ACELERAR [AHTHAYLAYRAR] *va.* to accelerate, hurry, expedite.

ACENDRADO° [AHTHENDRAHDO] *adj.* pure, without blemish :: purified.

ACENDRAR [AHTHENDRAR] *va.* to refine *(metales)* :: to purify.

ACENTO [AHTHENTO] *m.* accent, stress.

ACENTUACIÓN [AHTHENTOOAHTHEON] *f.* accentuation.

ACENTUAR [AHTHENTOOAR] *va.* to accentuate, lay stress on.

ACEPCIÓN [AHTHEPTHEON] *f.* meaning, acceptation.

ACEPTABLE° [AHTHEPTAHBLAY] *adj.* acceptable :: admissible, palatable.

ACEPTACIÓN [AHTHEPTAHTHEON] *f.* acceptation :: acceptance :: approbation.

ACEPTAR [AHTHEPTAR] *va.* to accept, agree.

ACEQUIA [AHTHAYKEATH] *f.* irrigation ditch, drain, canal.

ACERA [AHTHAYRAH] *f.* sidewalk.

ACERADO [AHTHAYRAHDO] *adj.* steel :: caustic *(comentario).*

ACERAR [AHTHAYRAR] *va.* to steel.

ACERBO [AHTHAIRBO] *adj.* bitter :: sharp, cruel, harsh.

ACERCA [AHTHAIRKAH] *prep.* about, relating to, concerning.

ACERCAMIENTO [AHTHAIRKAHMEENTO] *m.* approach :: approaching.

ACERCAR [AHTHAIRKAR] *va.* to approach :: put, place near, bring near :: *vr.* — **a,** to come near.

ACERO [AHTHAYRO] *m.* steel, sword :: — **fundido,** cast steel.

ACÉRRIMO° [AHTHAIRREMO] *adj.* fierce, out-and-out, staunch.

ACERTADO° [AHTHAIRTAHDO] *adj.* just right, to the point, correct.

ACERTAR [AHTHAIRTAR] *va.* to hit the mark :: to succeed :: to be right, successful.

ACERTIJO [AHTHERTEEHO] *m.* riddle.

ACERVO [AHTHAIRVO] *m.* heap, store.

ACIAGO [AHTHEAHGO] *adj.* unfortunate, of ill omen, ill-starred, lowering.

ACÍBAR [AHTHEEBAR] *m.* aloes :: bitterness.

ACICALAR [AHTHEKAHLAR] *va.* to polish :: *vr.* to spruce up.

ACICATE [AHTHECAHTAY] *m.* spur :: incentive.

ACIDEZ [AHTHEDETH] *f.* acidity :: sourness.

ÁCIDO [AHTHEDO] *m.* acid :: *adj.* sour, tart.

ACIERTO [AHTHEAIRTO] *m.* success, knack :: good hit.

ACLAMACIÓN [AHKLAHMAHTHEON] *f.* acclamation applause :: **por** —, unanimously.

ACLAMAR [AHKLAHMAR] *va.* to applaud, acclaim.

ACLARACIÓN [AHKLAHRAHTHEN] *f.* explanation.

ACLARAR [AHKLAHRAR] *va.* to make clear, explain :: to clarify.

ACLIMATAR [AHKLEMAHTAHR] *va.* to acclimatize.

ACOBARDAR [AHKOBARDAR] *va.* to intimidate, daunt.

ACOGEDOR [AHCOHAYDOR] *adj.* friendly :: hospitable.

ACOGER [AHKOHAIR] *va.* to receive :: to admit :: *vr.* to take refuge, shelter.

ACOGIDA [AHKOHEEDAH] *f.* reception, welcome.

ACOMETER [AHKOMAYTAIR] *va.* to assault, attack :: to undertake.

ACOMETIDA [AHKOMAYTEEDAH] *f.* attack :: assault.

ACOMODADO [AHKOMODAHDO] *adj.* well-to-do.

ACOMODAR [AHKOMODAR] *va.* to accommodate :: to make comfortable, to reconcile.

ACOMODO [AHKOMODO] *m.* accommodation :: employment :: compromise, arrangement.

ACOMPAÑANTE [AHCOMPAHNYANTE] *m.* companion, escort :: attendant :: accompanist (mus.).

ACOMPAÑAR [AHKOMPAHNI] *va.* to accompany, go with :: to keep company :: to attend.

ACONDICIONADO [AHCONDETHEONAHDO] *adj.* conditioned :: comfortable :: **aire** —, air-conditioned.

ACONDICIONAR [AHKONDETHEONAR] *va.* to arrange, prepare.

ACONGOJAR [AHKONGOHAR] *va.* to afflict, oppress, grieve.

ACONSEJAR [AHKONSAYHAR] *va.* to advise, counsel.

ACONTECER [AHKONTAYTHAIR] *vn.* to happen, occur.

ACONTECIMIENTO [AHKONTAYTHEMEENTO] *m.* event.

ACOPIAR [AHCOPEAR] *va.* to gather, accumulate, store up.

ACOPIO [AHCOPEO] *m.* storing :: accumulation :: stock, store, supply.

ACOPLAMIENTO [AHCOPLAHMEENTO] *m.* coupling :: joint, connection.

ACOPLAR [AHCOPLAR] *va.* to couple, connect :: to join together :: to yoke :: to pair, mate.

ACORAZADO [AHKORAHTHAHDO] *m.* armored ship, battleship.

ACORAZAR [AHKORAHTHAR] *va.* to armor.

ACORDAR [AHKORDAR] *va.* to agree to :: to concert :: to tune :: *vr.* — **de,** to remember, recollect.

ACORDE° [AHKORDAY] *adj.* in conformity with :: *m.* chord.

ACORDEÓN [AHCORDAYON] *m.* accordion.

ACORDONAR [AHCORDONAR] *va.* to lie with a cord, string, or rope.

ACORRALAR [AHCORRAHLAR] *va.* to corral :: to surround.

ACORTAMIENTO [AHCORTAHMEENTO] *m.* shortening.

ACORTAR [AHKORTAR] *va.* to shorten, cut short.

ACOSAR [AHKOHSAR] *va.* to pursue closely :: to importune, harass.

ACOSTADO [AHCOSTAHDO] *adj.* reclining, lying down, in bed :: tilted.

ACOSTAR [AHKOSTAR] *va.* to lay down :: put to bed :: *vr.* to go to bed, to lie down.

ACOSTUMBRADO° [AHCOSTOOMBRADO] *adj.* accustomed, used, usual, habitual.

ACOSTUMBRAR [AHKOSTOOMRAR] *vn.* to use, to accustom :: to be in the habit :: *vr.* — **a,** to get used to.

ACOTACIÓN [AHKOTAHTHEON] *f.* marginal note :: annotation.

ACOTAR [AHKOTAR] *va.* to set the bounds.

ACRE° [AHKRAY] *adj.* bitter, sour :: acrid :: mordant :: *m.* acre.

ACRECENTAR [AHCRAYTHENTAR] *va.* to increase :: to advance, promote.

ACREDITAR [AHKRAYDETAR] *va.* to credit :: to give assurance :: to establish, answer for :: to prove.

ACREEDOR [AHKRAYAYDOR] *m.* creditor :: — **de**, worthy of, deserving.

ACRIBILLAR [AHCREBILLYAR] *va.* to riddle :: to perforate :: to pierce.

ACRITUD [AHCRETOOD] *f.* sourness :: mordancy, bitterness.

ACRÓBATA [AHCROBATAH] *m. & f.* acrobat.

ACTA [AHKTAH] *f.* record, minute :: election return :: *pl.* **libro de —s**, minute-book :: **levantar —**, draw up affidavit.

ACTITUD [AHKTETOOD] *f.* attitude.

ACTIVAR [AHKTEVAR] *va.* to speed up, set in motion.

ACTIVIDAD [AHKTEVIDAHD] *f.* activity :: quickness.

ACTIVO* [AHKTEEVO] *adj.* active :: diligent, nimble :: *m.* assets, credit-balance.

ACTO [AHCTO] *m.* act :: action, deed :: ceremony :: — **seguido**, immediately after :: **en el —**, immediately.

ACTOR [AHKTOR] *m.* actor :: plaintiff, claimant.

ACTRIZ [AHKTREETH] *f.* actress.

ACTUACIÓN [AHKTOOAHTHEON] *f.* acting, performance of judicial or legal acts, role.

ACTUAL* [AHKTOOAHL] *adj.* present-day, topical :: current.

ACTUALIDAD [ACTOOAHLEDAD] *f.* present time :: **—es**, latest news, fashions, or events :: **de —**, current, up-to-date.

ACTUAR [AHKTOOAR] *va.* to act :: discharge :: to put in action.

ACUARELA [AHKOOAHRAYLAY] *f.* water-colour.

ACUARIO [AHCOOAHREO] *m.* aquarium.

ACUÁTICO [AHCOOAHTECO] *adj.* aquatic :: **deportes —s**, water sports.

ACUCIAR [AHCOOTHEAR] *va.* to stimulate, hasten, hurry, goad :: to crave, desire :: to harass.

ACUCHILLAR [AHCOOCHEELLYAR] *va.* to knife :: to stab :: to slash.

ACUDIR [AHKOODEER] *vn.* to have recourse to :: to gather around :: *va.* to assist, succour :: to come.

ACUEDUCTO [AHKOOAYDOOKTO] *m.* aqueduct.

ACUERDO [AHKOOAIRDO] *m.* agreement :: decree :: resolution :: **¡de —** !, Right!

ACUMULACIÓN [AHCOOMOOLAHTEON] *f.* accumulation.

ACUMULAR [AHKOOMOOLAR] *va.* to accumulate :: to heap up.

ACUÑAR [AHCOONYAR] *va.* to mint, coin :: to wedge.

ACUOSO [AHCOOOSO] *adj.* watery.

ACURRUCARSE [AHKOORROOKARSAY] *vr.* to curl up.

ACUSACIÓN [AHKOOSAHTHEON] *f.* accusation, charge.

ACUSADO [AHCOOSAHDO] *adj.* accused :: *m.* defendant.

ACUSAR [AHKOOSAR] *va.* to accuse, blame :: — **recibo**, to acknowledge receipt.

ACÚSTICA [AHKOOSTEKAH] *f.* acoustics.

ACÚSTICO [AHCOOSTECO] *adj.* acoustic.

ACHACAR [AHCHAHKAR] *va.* to impute, blame, lay blame on.

ACHACOSO [AHCHAHKOSO] *adj.* sickly, full of ailments, ailing.

ACHAQUE [AHCHAHKAY] *m.* ailment :: habitual indisposition :: weakness.

ACHICAR [AHCHEKAR] *va.* to diminish :: *vr.* to eat humble pie.

ACHICORIA [AHCHEKOREAH] *f.* chicory.

ACHICHARRAR [AHCHECHARRAR] *va.* to fry, roast, scorch :: to overhead :: to bother :: *vr.* —**se**, to become overheated.

ACEPTAR [AHTHEPTAR] *va.* to accept, agree.

ADAGIO [AHDAHHEO] *m.* adage, proverb, wise saying.

ADALID [AHDAHLEED] *m.* leader, champion.

ADAPTACIÓN [AHDAHPTAHTHEON] *f.* adaptation.

ADAPTAR [AHDAPTAR] *va.* to adapt, fit, adjust.

ADECUADO* [AHDAYKOOAHDO] *adj.* adequate, fit, appropriate, seemly.

ADECUAR [AHDAYCOOAR] *va.* to fit, adapt.

ADEFESIO [AHDAYFAYSEO] *m.* nonsense :: ridiculous person.

ADELANTADO* [AHDAYLAHNTHADO] *adj.* advanced :: *m.* governor of province.

ADELANTAR [AHDAYLAHNTAH] *va.* to advance, go ahead :: *vr.* to go forward, before.

ADELANTE [AHDAYLAHNTAY] *adv.* forward, onward :: Come in! :: **en —**, henceforth, from now on.

ADELANTO [AHDAYLAHNTO] *m.* advance :: advancement, pogress :: betterment.

ADELGAZAR [AHDELGAHTHAR] *va.* to attenuate, make thin, slim.

ADEMÁN [AHDAYMAHN] *m.* gesture, look :: *pl.* manners.

ADEMÁS [AHDAYMAHS] *adv.* besides, moreover, further.

ADENTRO [AHDENTRO] *adv.* inside, within.

ADEPTO [AHDEPTO] *m.* adept.

ADEREZAR [AHDAYRAYTHAR] *va.* to prepare, adorn, make ready.

ADEREZO [AHDAYRAYTHO] *m.* dressing :: set of jewels.

ADEUDADO [AHDAYOODAHDO] *adj.* indebted :: in debt.

ADEUDAR [AHDAYOODAR] *va.* to owe :: to debit, charge :: —**se**, to run into debt.

ADEUDO [AHDAYOODO] *m.* debt, indebtedness :: customs duty :: debit, charge.

ADHERENCIA [ADAYRENTHEAH] *f.* adherence :: attachment.

ADHERIR [AHDAYREER] *vn.* to adhere, stick.

ADHESIÓN [AHDAYSEON] *f.* adhesion :: support.

ADICIÓN [AHDETHEON] *f.* addition, sum.

ADICTO [AHDECKTO] *adj.* addicted, attached :: *m.* supporter.

ADIESTRADO [AHDEESTRADO] *adj.* trained, skilled.

ADIESTRAMIENTO [AHDEESTRAMEENTO] *m.* training :: drill.

ADIESTRAR [AHDEESTRAR] *va.* to train :: to teach :: to make skilful.

ADINERADO [AHDENAYRAHDO] *adj.* wealthy, moneyed.

¡ADIÓS! [AHDEOS] *int.* good-bye, adieu.

ADIVINANZA [AHDEVENANTHAH] *f.* conundrum, riddle.

ADIVINAR [AHDEVENAR] *va.* to foretell the future, guess :: to solve a riddle.

ADIVINO [AHDEVEENO] *m.* fortuneteller :: soothsayer.

ADJETIVO [ADHAYTEEVO] *m. & adj.* adjective.

ADJUDICAR [ADHDHOODEKAR] *va.* to allot, to adjudge, award.

ADJUNTAR [ADHOONTAHR] *va.* to put with :: to bring together :: to enclose *(en una carta)*.

ADJUNTO [AHDHOONTO] *adj.* joined, attached, enclosed *(en carta)* :: *m.* adjunct.

ADMINISTRACIÓN [AHDMENISTRAHTHEON] *f.* management, administration :: **en —**, in trust.

ADMINISTRADOR [ADMENISTRAHDOR] *m.* administrator, manager.

ADMINISTRAR [AHDMENISTRAR] *va.* to manage, govern, administer.

ADMINISTRATIVO* [ADMENISTRAHTEEVO] *adj.* administrative.

ADMIRABLE* [AHDMERAHBLAY] *adj.* admirable.

ADMIRACIÓN [ADMERAHTHEON] *f.*

admiration :: wonder.

ADMIRADOR [ADMERAHDOR] *m.* admirer.

ADMIRAR [AHDMERARI] *va.* to admire :: to astonish :: *vr.* to be surprised.

ADMISIBLE [AHDMESEEBLAY] *adj.* admissible.

ADMISIÓN [ADMESEON] *f.* admission :: acceptance :: acknowledgment.

ADMITIR [AHDMETEERI] *va.* to admit, concede :: to receive.

ADMONICIÓN [AHDNOMETHEON] *f.* warning.

ADOBAR [AHDOBARI] *va.* to dress, to to pickle *(los alimentos)*.

ADOBE [AHDOBAY] *m.* adobe, sun-dried mud brick.

ADOCENADO [AHDOTHAYNAHDO] *adj.* ordinary, vulgar, common :: counted by the dozen.

ADOLECER [AHDOLAYTHAIR] *vn.* to ail, be ill :: to fail in :: to be subject to :: to suffer from.

ADOLESCENCIA [AHDOLESTHENTHEA] *f.* adolescence.

ADOLESCENTE [AHDOLESTHENTAY] *adj.* adolescent.

ADONDE [AHDONDAY] *adv.* whither, where.

ADOPCIÓN [AHDOPTHEON] *f.* adoption.

ADOPTAR [AHDOPTARI] *va.* to adopt.

ADOPTIVO [AHDOPTEEVO] *adj.* adoptive, adopted.

ADOQUÍN [AHDOKEEN] *m.* paving stone, sett.

ADORABLE [AHDORAHBLAY] *adj.* adorable.

ADORACIÓN [AHDORAHTHEON] *f.* adoration, worship.

ADORAR [AHDORARI] *va.* to adore, worship.

ADORMECER [AHDORMAYTHAIR] *va.* to lull one asleep :: *vn.* to fall asleep.

ADORMILADO [AHDORMEELADO] *adj.* drowsy.

ADORNAR [AHDORNARI] *va.* to adorn, ornament :: to garnish.

ADORNO [AHDORNO] *m.* adornment, ornament, decoration.

ADQUIRIR [AHDKEREERI] *va.* to acquire, get.

ADQUISICIÓN [ADKESETHEON] *f.* acquisition :: attainment.

ADREDE [AHDRAYDAY] *adv.* on purpose, purposely.

ADSCRIBIR [AHDSKREBEER] *va.* to ascribe :: to appoint.

ADUANA [AHDOOAHNAH] *f.* customhouse :: customs.

ADUANERO [AHDOOAHNAYRO] *adj.* customs :: *m.* customs-officer.

ADUCIR [AHDOOTHEER] *va.* to bring forward, adduce cite.

ADUEÑARSE [AHDOOAYNYARSAY] *vr.* to take possession of, lay hold of :: to seize.

ADULACIÓN [AHDOOLAHTHEON] *f.* flattery.

ADULADOR [AHDOOLAHDOR] *m.* flatterer.

ADULAR [AHDOOLAR] *va.* to flatter.

ADULTERAR [AHDOOLTAYRAR] *vr.* to adulterate, falsify, corrupt.

ADULTERIO [AHDOOLTAYREO] *m.* adultery.

ADÚLTERO [AHDOOLTAYRO] *m.* adulterer.

ADULTO [AHDOOLTO] *m.* adult, grown up.

ADUSTO [AHDOOSTO] *adj.* gloomy, doleful :: austere, severe.

ADVENEDIZO [AHDVAYNAYDEETHO] *m.* upstart, newcomer :: *adj.* parvenu, foreign, upstart.

ADVENIMIENTO [AHDVAYNEMEENTO] *m.* advent, arrival, coming.

ADVERBIO [ADVERBEO] *m.* adverb.

ADVERSARIO [AHDVAIRSAHRE] *m.* opponent, adversary.

ADVERSIDAD [AHDVAIRSEDAHD] *f.* misfortune, calamity.

ADVERSO [ADVERSO] *m.* adverse :: contrary :: unfavorable.

ADVERTENCIA [AHDVAIRTENTHEAH] *f.* advice, warning :: *(en un libro)* foreword.

ADVERTIR [AHDVAIRTEERI] *va.* to advise, warn :: to notice, note :: to instruct, give warning.

ADVIENTO [ADVEENTO] *m. (eccl.)* advent.

ADYACENTE [AHDFYAHTHENTAY] *adj.* adjacent.

AÉREO [AHAYRAYO] *adj.* aerial :: airy :: correo —, air mail.

AERODINÁMICO [AHAYRODENAHMECO] *adj.* aerodynamic :: *f.* aerodynamics.

AERÓDROMO [AHAYRODROMO] *m.* aerodrome, airport, airfield.

AERONÁUTICA [AHAYRONAHOOTECAH] *f.* aeronautics.

AEROPLANO [AHAYROPLAHNO] *m.* airplane.

AEROPUERTO [AHAYROPOOERRTO] *m.* airport.

AEROSOL [AHAYRSOL] *m.* aerosol.

AFABILIDAD [AHFAHBELEDAHD] *f.* affability, courtesy, courteousness, kindliness.

AFABLE [AHFAHBLAY] *adj.* courteous, affable, condescending.

AFAMADO [AHFAHMAHDO] *adj.* renowned, celebrated, famous.

AFÁN [AHFAHNI] *m.* anxiety, solicitude :: eagerness, desire.

AFANAR [AHFAHNAR] *vn.* to try hard, strive :: to toil, labour.

AFANOSO [AHFAHNOSO] *adj.* laborious :: hardworking.

AFASIA [AHFAHSEEA] *f.* aphasia.

AFEAR [AHFAYAR] *va.* to deform, make ugly :: to condemn, decry.

AFECCIÓN [AHFEKTHEON] *f.* fondness :: disease, trouble.

AFECTADO [AHFEKTAHDO] *adj.* conceited, impressed, moved, affected.

AFECTAR [AHGECTAR] *va.* to affect, move :: to pretend to have or feel.

AFECTO [AHFECTO] *m.* affection :: *adj.* fond :: — a, fond of :: given to :: prone to.

AFECTUOSO [AHFEKTOOOSO] *m.* loving, affectionate.

AFEITAR [AHFAYETAR] *va.* to shave :: to make up :: to embellish.

AFEITE [AHFAYETAY] *m.* cosmetic, paint, make-up.

AFEMINADO [AHFAYMENAHDO] *adj.* effeminate.

AFERRAR [AHFAIRRARI] *va.* to grapple, grasp :: to furl.

AFIANZAR [AHFEAHNTHAR] *va.* to fasten, fix :: to secure, go fast :: to guarantee.

AFICIÓN [AHFETHEON] *f.* interest :: liking, affection.

AFICIONADO [AHFETHEONAH] *m.* amateur, fan :: *adj.* fond of, interested in.

AFICIONARSE [AHFETHEONARSAY] *vr.* to become fond of.

AFILADO [AHFELAHDO] *adj.* keen, sharp :: tapering.

AFILADOR [AHFELAHDOR] *m.* grinder, sharpener.

AFILAR [AHFELAR] *va.* to sharpen :: to whet :: to taper.

AFÍN [AHFEEN] *adj.* related, akin :: *m.* relation by affinity.

AFINAR [AHFENAR] *va.* to make fine, purify :: *(mus.)* to tune.

AFINIDAD [AHFENEDAHD] *f.* affinity :: resemblance.

AFIRMACIÓN [AHFEERMAHTHEON] *f.* affirmation, assertion.

AFIRMAR [AHFEERMARI] *va.* to affirm, state positively, insist :: to make fast :: to sit more firmly.

AFLICCIÓN [AHFLEEKTHEON] *f.* grief, sorrow, anguish.

AFLIGIR [AHFLEHEER] *va.* to grieve, afflict, pain.

AFLOJAR [AHFLOHAR] *va.* to loosen, relax, slacken.

AFLUENCIA [AHFLOOENTHEAH] *f.* affluence :: plenty, abundance :: flowing, influx.

AFLUENTE [AHFLOOENTAY] *adj.* copious :: *m.* tributary, stream.

AFLUIR [AHFLOOEER] *vn.* to flow in, run into :: to stream :: to congregate.

AFONÍA [AHFONEEAH] *f. (med.)* aphonia.

AFORISMO [AHFOREESMO] *m.* aphorism.

AFORRAR [AHFORRAR] *va.* to line :: to back *(un libro)* :: *vr.* to put on heavy clothing.

AFORTUNADO[*] [AHFORTOONAHDO] *adj.* lucky, fortunate, happy.

AFRENTA [AHFRENTAH] *f.* affront, insult, disgrace.

AFRENTAR [AHFRENTAR] *va.* to affront, abuse.

AFRONTAR [AHFRONTAR] *va.* to face :: to confront.

AFUERA [AHFOOAYRAH] *adv.* outside, abroad :: *f. pl.* outskirts, environs, suburbs.

AGACHARSE [AHGAHCHARSAY] *vr.* to stoop, squat, crouch.

AGALLA [AHGALLYAH] *f.* gill :: tonsil :: **tener —s,** to have guts, have courage.

AGARRAR [AHGARRAR] *va.* to grasp, seize, lay hold of, grip.

AGARROTAR [AHGARROTAR] *va.* to bind :: to compress tightly :: to strangle :: *vr.* **—se,** to become stiff or numb.

AGASAJAR [AHGAHSAHHAR] *va.* to entertain, regale, fête.

AGASAJO [AHGAHSAHHO] *m.* kind reception, present, hospitality, party.

AGAZAPAR [AHGAHTHAHPAR] *va.* to nab, seize :: **—se,** to crouch, to squat.

AGENCIA [AHHENTHEAH] *f.* agency.

AGENCIAR [AHHENTHEAR] *va.* to manage :: to get :: to negotiate.

AGENDA [AHHENDAH] *f.* notebook.

AGENTE [AHHENTAY] *m.* agent :: traffic policeman :: **— de cambios,** stockbroker :: **— de policía,** policeman.

ÁGIL [AHHEEL] *adj.* agile, nimble, limber.

AGILIDAD [AHHELEDAD] *f.* agility, nimbleness.

AGITACIÓN [AHHETAHTHEON] *f.* agitation, disturbance, uneasiness.

AGITAR [AHHERTAR] *va.* to agitate :: ruffle :: to wave :: *vr.* to upset :: to flutter.

AGLOMERACIÓN [AHGLOMAYRAHTHEON] *f.* conglomeration, heap, pile, mass.

AGLOMERAR [AHGLOMAYRAR] *va.* to agglomerate, heap up.

AGLUTINANTE [AHGLOOTENANTAY] *m.* cement :: *adj.* agglutinanting, agglutinative.

AGNÓSTICO [AGNOSTECO] *m. & adj.* agnostic.

AGOBIAR [AHGOBEAR] *va.* to oppress, weigh down.

AGOLPARSE [AHGOLPARSAY] *vr.* to crowd together.

AGONÍA [AHGONEEAH] *f.* agony, violent pain :: death pangs.

AGONIZAR [AHGONETHAR] *va.* to be dying.

AGORERO [AHGORAYRO] *adj.* ominous, of bad omen :: prophetic :: *m.* augur, prophet, fortuneteller.

AGOSTO [AHGOSTO] *m.* august, harvest.

AGOTAMIENTO [AHGOTAHMEENTO] *m.* exhaustion :: draining.

AGOTAR [AHGOTAR] *va.* to exhaust :: to drain off :: *vr.* to be sold out.

AGRACIADO [AHGRAHTHEAHDO] *adj.* graceful :: *m.* winner *(premio, lotería).*

AGRACIAR [AHGRAHTHEAR] *va.* to grace :: to adorn.

AGRADABLE[*] [AHGRAHDAHBLAY] *adj.* agreeable, enjoyable, pleasant.

AGRADAR [AHGRAHDAR] *va.* to please :: to like :: to gratify.

AGRADECER [AHGRAHDAYTHAIR] *va.* to thank, be grateful, thankful for.

AGRADECIDO [AHGRAHDAYTHEEDO] *adj.* thankful, grateful.

AGRADECIMIENTO [AHGRAHDAYTHEEMEENTO] *m.* gratefulness, gratitude, thanks.

AGRADO [AHGRAHDO] *m.* pleasure :: agreeableness :: **de mi —,** what I like.

AGRANDAR [AHGRAHNDAR] *va.* to enlarge, increase.

AGRARIO [AHGRAHREO] *adj.* of the land, agrarian.

AGRAVAR [AHGRAHVAR] *va.* to make heavier :: to aggravate.

AGRAVIAR [AHGRAHVEAR] *va.* to wrong, offend.

AGRAVIO [AHGRAHVEO] *m.* offense, insult, affront.

AGREDIR [AHGRAYDEER] *va.* to attack, assault.

AGREGAR [AHGRAYGAR] *va.* to add, aggregate.

AGRESIÓN [AHGRAYSEON] *f.* assault, attack.

AGRESIVO[*] [AHGRAYSEEVO] *adj.* aggressive, offensive.

AGRESOR [AHGRAYSOR] *m.* aggressor, assailant.

AGRESTE [AHGRESTAY] *adj.* rustic :: wild.

AGRIAR [AHGREAR] *va.* to make sour :: *vr.* to become sour.

AGRÍCOLA [AHGREECOLAH] *f.* agricultural.

AGRICULTOR [AHGREKOOLTOR] *m.* husbandman, farmer.

AGRICULTURA [AHGRECOOLTOORAH] *f.* agriculture.

AGRIETARSE [AHGREAYTARSAY] *vr.* to crack, to chap.

AGRIMENSOR [AHGREMENSOR] *m.* surveyor.

AGRIO [AHGREO] *adj.* sour :: rough :: bitter, tart.

AGRONOMÍA [AHGRONOMEEAH] *f.* agronomy.

AGRUPACIÓN [AHGROPAHTHEON] *f.* group :: bunch :: grouping :: gathering.

AGRUPAR [AHGROOPAR] *va.* to group, cluster.

AGUA [AHGOOAH] *f.* water :: **— dulce,** fresh water :: **— potable,** drinking water :: **— salada,** salt water :: **— de manantial,** springwater.

AGUACERO [AHGOOAHTHAYRO] *m.* heavy shower, squall.

AGUADO [AHGOOAHDO] *adj.* watered.

AGUANTAR [AHGOOAHNTAR] *va.* to endure, bear :: *vr.* to contain one's, to put up with.

AGUANTE [AHGOOAHNTAY] *m.* endurance, fortitude, resistance.

AGUARDAR [AHGOOARDAR] *va.* to wait, expect, await.

AGUARDIENTE [AHGOOARDEENTAY] *m.* aquavite, brandy, whisky.

AGUARRÁS [AHGOOARRAHS] *m.* turpentine.

AGUDEZA [AHGOODAYTHAT] *f.* sharpness, keenress :: subtlety :: witticism, repartee.

AGUDO[*] [AHGOODO] *adj.* sharp, keen :: witty :: penetrating.

AGÜERO [AHGOOAYRO] *m.* omen, prognostication.

AGUIJÓN [AHGEHONE] *m.* prick :: sting :: spur, goad.

ÁGUILA [AHGELAH] *f.* eagle.

AGUILEÑO [AHGHEELAYNYO] *adj.* aquiline, hawk-nosed.

AGUILUCHO [AHGELOOCHO] *m.* eaglet.

AGUINALDO [AHGHEENAHLDO] *m.* Christmas or Epiphany present.

AGUJA [AHGOOHAH] *f.* needle :: hand *(del reloj)* :: switch :: steeple.

AGUJEREAR [AHGGOHAYRAYAR] *va.* to make holes :: to bore, pierce.

AGUJERO [AHGOOHAYRO] *m.* hole.

AGUZAR [AHGOOTHAR] *va.* to sharpen :: — **las orejas**, to prick up the ears.

¡AH! [AH] *interj.* Ah!

AHÍ [AHEE] *adv.* there :: **por —**, over there.

AHIJADO [AHEHAHDO] *m.* godson.

AHIJAR [AHEHAR] *va.* to adopt.

AHÍNCO [AHEENKO] *m.* earnestness, eagerness, ardour.

AHITO [AHEETO] *m.* indigestion :: surfeit :: *adj.* gorged, stuffed :: bored, fed up.

AHOGAR [AHOGAR] *va.* to suffocate, smother, drown :: to quench :: *vr.* to be drowned.

AHOGO [AHOGO] *m.* anguish, affliction.

AHONDAR [AHONDAR] *vn.* to go deep, investigate.

AHORA [AHORAH] *adv.* now, at present :: **por —**, for the moment.

AHORCAR [AHORKAR] *va.* to hang.

AHORRAR [AHORRAR] *va.* to save.

AHORRO [AHORRO] *m.* saving, thrift :: **caja de —s**, savings bank.

AHUECAR [AHOOAYKAR] *va.* to hollow, to make hollow :: to deepen *(la voz)*.

AHUMADO [AHOOMAHDO] *adj.* smoked :: smoky.

AHUMAR [AHOOMAR] *va.* to smoke.

AHUYENTAR [AHOOYENTAR] *va.* to drive away, banish.

AIRADO [AHERAHDO] *adj.* furious, wrathful.

AIRE [AHERAY] *m.* air, aspect, look :: **al — libre**, in the open air.

AIREAR [AHERAYAR] *va.* to air, ventilate.

AIROSO [AHEROSO] *adj.* windy :: airy :: graceful, elegant :: lively, spirited.

AISLADO [AHISLAHDO] *adj.* isolated :: insulated.

AISLAMIENTO [AHISLAHMEENTO] *m.* isolation :: insulation.

AISLAR [AHISLAR] *va.* to isolate, to insulate.

AJAR [AHHAR] *va.* to fade, tarnish :: to spoil.

AJEDREZ [AHHAYDRETH] *m.* chess.

AJENO [AHHAYNO] *adj.* another's :: foreign, strange, remote.

AJETREO [AHHAYTRAYO] *m.* bustle, hustle :: hubbub :: fuss :: fatigue.

AJO [AHHO] *m.* garlic.

AJUAR [AHHOOAR] *m.* apparel, household furniture :: trousseau.

AJUSTADO [AHHOOSTAHDO] *adj.* exact, right :: *(un traje)* close-fitting, tight.

AJUSTAR [AHHOOSTAR] *va.* to adjust :: to fit tight :: to regulate :: to

tighten :: **—se**, to come to an agreement.

AJUSTE [AHHOOSTAY] *m.* adjustment, fit :: agreement.

AJUSTICIAR [AHHOOSTETHEAR] *va.* to put to death, execute.

AL [AL] *contr.* of **A** and **EL** :: to the.

ALA [AHLAH] *f.* wing :: brim *(del sombrero)*.

ALABANZA [AHLAHBAHNTHAH] *f.* praise.

ALABAR [AHLAHBAR] *va.* to praise, extol.

ALABASTRO [AHLAHBAHSTRO] *m.* alabaster.

ALACENA [AHLAHTHAYNAH] *f.* cupboard, closet, locker.

ALACRÁN [AHLAHKRAHN] *m.* scorpion.

ALADO [AHLAHDO] *adj.* winged :: feathered :: light.

ALAMBICAR [AHLAHMBEKAR] *va.* to distil.

ALAMBIQUE [AHLAMBEEKAY] *m.* still.

ALAMBRADA [AHLAMBRADA] *f.* wire, entanglement.

ALAMBRE [AHLAHMBRAY] *m.* wire :: **— para cercas**, fencing **— :: — erizado**, barbed **—**.

ALAMEDA [AHLAHMAYDAH] *f.* grove, promenade, avenue.

ÁLAMO [AHLAHMO] *m.* poplar :: **— temblón**, aspen.

ALARDE [AHLARDAY] *m.* ostentation, boasting :: **hacer — de**, to boast of, show off, display.

ALARDEAR [AHLARDAYAR] *vn.* to boast, brag.

ALARGAR [AHLARGAR] *va.* to lengthen :: to prolong :: to put out *(la mano)*.

ALARIDO [AHLAHREEDO] *m.* shout, outcry :: *f.* hue and cry.

ALARMA [AHLARMAH] *m.* alarm.

ALARMAR [AHLARMAR] *va.* to alarm.

ALBA [AHLBAH] *f.* dawn.

ALBACEA [ALBAHTHAYAH] *m.* executor.

ALBAÑAL [AHLBAHNYEEL] *m.* sewer.

ALBAÑIL [AHLBAHNYELL] *m.* mason, bricklayer.

ALBARDA [AHLBARDAH] *f.* packsaddle.

ALBARICOQUE [AHLBARECOKAY] *m.* apricot.

ALBEDRÍO [ALBAYDREEO] *m.* freewill.

ALBERCA [AHLBAIRKAH] *f.* pond, pool, tank, vat.

ALBERGAR [AHLBAIRGAR] *va.* to lodge, shelter, harbour *(esperanzas)*.

ALBINO [ALBEENO] *m.* albino.

ALBO [AHLBO] *adj.* snow white.

ALBÓNDIGA [ALBONDEGAH] *f.* meat or fish ball.

ALBOR [AHLBOR] *m.* witheness ::

dawn.

ALBORADA [ALBORAHDAH] *f.* dawn :: reveille.

ALBOREAR [ALBORAYAR] *vn.* to dawn.

ALBORNOZ [ALBORNOTH] *m.* terry cloth :: burnous.

ALBOROTADOR [ALBOROTAHDOR] *m.* agitator, troublemaker.

ALBOROTAR [AHLBOROTAR] *va.* to disturb, make noise :: *vr.* to get excited, riot.

ALBOROTO [AHLBOROTO] *m.* hubbub, tumult, row, riot, noisy scenes.

ALBOROZAR [ALBOROTHAR] *va.* to gladden :: **—se**, to rejoice.

ALBOROZO [ABLBOROTHO] *m.* merriment :: noisy joy, merrymaking.

ALBRICIAS [AHLBREETHEAHS] *f. pl.* reward for good news :: *interj.* what joy!

ÁLBUM [AHLBOOM] *m.* album.

ALCACHOFA [AHLKAHCHOFAH] *f.* artichoke.

ALCAHUETE [AHLKAHOOAYTAY] *m.* pimp, procurer :: *f.* bawd.

ALCALDE [AHLKAHLDAY] *m.* mayor.

ALCALDESA [ALCALDAYSAH] *f.* wife of a mayor, mayoress.

ALCALDÍA [ALCALDEEAH] *f.* office and jurisdiction of a mayor.

ALCANCE [AHLKAHNTHAY] *m.* overtaking :: deficit :: reach :: range :: supplement :: **al — de**, within reach of :: *pl.* capacity.

ALCANFOR [ALCANFORE] *m.* camphor.

ALCANTARILLA [AHLKAHNTAHREE-LYAH] *f.* drain :: sewer.

ALCANTARILLADO [ALCANTAHREEL-LYAHDO] *m.* sewage system.

ALCANZAR [AHLKAHNTHAR] *va.* to reach :: to attain, obtain :: to overtake :: to be sufficient.

ALCATRAZ [AHLKAHTRATH] *m.* pelican.

ALCAYATA [ALCAHYAHTAH] *f.* wall hook :: meat hook.

ALCÁZAR [AHLKAHTHAR] *m.* castle :: fortress :: quarter-deck.

ALCOBA [AHLKOBAH] *f.* bedroom :: alcove.

ALCOHOL [AHLKOOL] *m.* alcohol.

ALCORNOQUE [AHLKORNOKAY] *m.* cork-tree :: blockhead.

ALCURNIA [ALCOORNEAH] *f.* ancestry, family, lineage.

ALDABA [AHLDAHBAH] *f.* knocker, door handle, latch.

ALDEA [AHLDAYAH] *f.* village, hamlet.

ALDEANO [ALDAYAHNO] *m.* villager, countryman.

ALEACIÓN [AHLAYAHTHEON] *f.* alloy.

ALEAR [AHLAYAR] *va.* to alloy, mix *(metales)* :: *vn.* to flutter, flap the wings, arms, etc.

ALECCIONAR [AHLECTHEONAR] *va.* to coach :: to teach, instruct :: to train :: to drill.

ALEDAÑOS [AHLAYDAHNYOS] *m. pl.* borders, frontiers.

ALEGACIÓN [AHLAYGAHTHEON] *f.* argument :: allegation.

ALEGAR [AHLAYGAR] *va.* to allege, maintain, adduce.

ALEGATO [AHLAYGAHTO] *m.* allegation :: assertion.

ALEGÓRICO° [AHLAYGORECO] *adj.* allegorical.

ALEGRAR [AHLAYGRAR] *va.* to make merry, enliven :: *vr.* to rejoice, be happy, be glad.

ALEGRE° [AHLAYGRAY] *adj.* merry, gay, in high spirits.

ALEGRÍA [AHLAYGREEAH] *f.* merriment, mirth, joy.

ALEJAMIENTO [AHLAYHAHMEENTO] *m.* removal, withdrawal.

ALEJAR [AHLAYHAR] *va.* to remove to a distance, take away, separate :: *vr.* to go away.

ALELUYA [AHLAYLOOYAH] *m.* & *f.* hallelujah :: *m.* easter season :: *f.* poor verse, doggerel :: *(bot.)* wood sorrel :: *interj.* hallelujah!

ALEMÁN [AHLAYMAHN] *f.* *adj.* German.

ALENTADO° [AHLENTAHDO] *adj.* brave, spirited :: encouraged.

ALENTAR [AHLENTAR] *va.* to breathe :: to encourage, cheer.

ALERGIA [AHLEHRHEAH] *f.* allergy.

ALERO [AHLAYRO] *m.* eaves, gableend :: mudguard *(de un coche).*

ALERÓN [AHLAYRONE] *m.* aileron :: flap.

ALERTA [AHLERTAH] *f. (mil.)* watchword, alert :: *adv.* alertly, vigilantly :: *interj.* watch out! look out! :: **estar** —, to be on the watch.

ALETA [AHLAYTAH] *f.* small wing :: *(zool.)* fin.

ALETARGADO [AHLAYTARGAHDO] *adj.* drowsy, sluggish.

ALETARGARSE [AHLAYTARGARSAY] *vr.* to fall into a state of lethargy :: to become drowsy.

ALETEAR [AHLAYTAYAR] *vn.* to flap, flutter.

ALETEO [AHLAYTAYO] *m.* flapping, flutter.

ALEVE° [AHLAYVAY] *adj.* treacherous, perfidious.

ALEVOSÍA [AHLAYVOSEEAH] *f.* treachery.

ALEVOSO° [AHLAYVOSO] *adj.* treacherous.

ALFABETO [ALFAHBAYTO] *m.* alphabet.

ALFARERÍA [ALFAHRAYREEAH] *f.* pottery.

ALFARERO [ALFAHRAYRO] *m.* potter.

ALFÉREZ [AHLFAYRETH] *m.* ensign, 2nd Lieutenant :: standard bearer.

ALFIL [ALFEEL] *m.* bishop *(ajedrez).*

ALFILER [AHLFELAIR] *m.* pin.

ALFOMBRA [AHLFOMBRAH] *f.* carpet :: floor carpet.

ALFORJA [AHLFORHAH] *f.* saddlebag :: provisions.

ALGA [AHLGAH] *f.* seaweed :: alga.

ALGARABÍA [AHLGAHRAHBEEAH] *f.* gabble, jargon.

ALGARADA [ALGAHRAHDAH] *f.* loud cry :: sudden attack.

ALGARROBA [ALGARROBAH] *f. (bot.)* carob-bean :: vetch.

ALGARROBO [ALGARROBO] *m. (bot.)* carob.

ALGAZARA [AHLGAHTHAHRAH] *f.* noise of a crowd, hubbub.

ÁLGEBRA [AHLHAYBRAH] *f.* algebra.

ALGO [AHLGO] *pron.* something, *adv.* somewhat.

ALGODÓN [AHLGODON] *m.* cotton, cotton wool :: **géneros de** —, cotton goods.

ALGUACIL [AHLGOOAHTHILL] *m.* constable.

ALGUIEN [AHLGEEEN] *pron.* somebody, someone.

ALGÚN [ALGOON] *adj. indef.* some :: — **tanto**, somewhat, a little.

ALGUNO [AHLGOONO] *pron. & adj.* some person, some thing :: some :: alguna vez, sometimes :: — **que otro**, a few, quite a few.

ALHAJA [AHLAHHAH] *f.* jewel.

ALIADO [AHLEAHDO] *m.* ally.

ALIANZA [AHLEAHNTHAH] *f.* alliance, league.

ALIAR [AHLEAR] *va.* to ally :: to unite :: —**se**, to form an alliance :: to unite.

ALIAS [AHLEAHS] *adv.* otherwise, alias.

ALICATES [AHLEKAHTES] *m. pl.* pincers.

ALICIENTE [AHLETHEENTAY] *m.* incitement, inducement.

ALIENACIÓN [AHLEAYNAHTHEON] *f.* alienation.

ALIENAR [AHLEAYNAR] *va.* to alienate.

ALIENTO [AHLEENTO] *m.* breath :: courage.

ALIGERAR [AHLEHAYRAR] *va.* to alleviate, lighten.

ALIJO [AHLEEHO] *m. (naut.)* unloading :: smuggled goods.

ALIMAÑA [AHLEMAHNYAH] *f.* small predatory animal :: varmint, animal.

ALIMENTACIÓN [AHLEMENTAHTHEON] *f.* nourishment, food, nutrition :: feeding.

ALIMENTAR [AHLEMENTAR] *va.* to feed, nourish.

ALIMENTO [AHLEMENTO] *m.* food, nourishment, nutriment :: *pl.* alimony, pension.

ALINEAR [AHLENAYAR] *va.* to line up :: to align, aline, fall in line.

ALIÑAR [AHLEENYAR] *va.* to dress, season *(comida)* :: to arrange.

ALIÑO [AHLEENYO] *m.* dress, preparation :: condiment :: cleanliness.

ALISAR [AHLESAR] *va.* to plane, to polish, smooth :: to slick *(el pelo).*

ALISO [AHLEESO] *m.* alder.

ALISTAR [AHLISTAR] *va. & r.* to prepare, make ready :: to enlist.

ALIVIAR [AHLEVEAR] *va.* to lighten, alleviate, soothe.

ALIVIO [AHLEEVEO] *m.* alleviation, ease :: recovery, relief.

ALJIBE [AHLHEEBAY] *m.* raintank, rainwater cistern.

ALJOFAINA [AHLHOFAHENAH] *f.* hand-basin, wash-basin.

ALMA [AHLMAH] *f.* soul, strength :: inhabitant :: **llegar al** —, to strike home.

ALMACÉN [AHLMAHTHEN] *m.* store, shop :: warehouse, depository :: magazine.

ALMACENAR [AHLMAHTHAYNAR] *va.* to store, board.

ALMANAQUE [AHLMAHNAHKAY] *m.* almanac.

ALMEJA [ALMAYHAH] *f.* mussel.

ALMENDRA [AHLMENDRAH] *f.* almond, kernel :: *pl.* — **garapiñadas**, sugared almonds :: — **de cacao**, cocoa beans.

ALMENDRO [AHLMENDRO] *m.* almond-tree.

ALMIAR [AHLMEAR] *m.* haystack.

ALMÍBAR [ALMEEBAR] *m.* sugar syrup :: preserved fruit.

ALMIDÓN [AHLMEDON] *m.* starch, fecula.

ALMIDONAR [ALMEDONAR] *va.* to starch.

ALMIRANTE [AHLMERAHNTAY] *m.* admiral.

ALMIREZ [ALMERETH] *m.* metal mortar.

ALMOHADA [AHLMOAHDAH] *f.* pillow, cushion :: **almohadón**, *m.* bolster.

ALMOHADILLA [AHLMOAHDEELYAH] *f.* cushion :: pad :: hassock.

ALMONEDA [AHLMONAYDAH] *f.* auction.

ALMORRANAS [ALMORRAHNAS] *f. pl.*

(med.) hemorrhoids, piles.

ALMORZAR |AHLMORTHAR| *vn.* to breakfast :: to lunch.

ALMUERZO |AHLMOOAIRTHO| *m.* luncheon, breakfast.

ALOCADO• |AHLOKAHDO| *adj.* crazed, wild.

ALOCUCIÓN |AHLOKOOTHEON| *f.* allocution.

ALOJAMIENTO |AHLOHAHMEENTO| *m.* lodging :: billet.

ALOJAR |AHLOHAR| *va.* to lodge :: to quarter troops.

ALONDRA |AHLONDRAH| *f.* lark.

ALPARGATA |AHLPARGAHTAH| *f.* hemp-soled sandal.

ALPINISMO |ALPENEESMO| *m.* mountain climbing.

ALPINISTA |ALPENEESTAH| *m. & f.* mountain climber.

ALPISTE |ALPEESTAY| *m.* canary grass :: alpist, birdseed.

ALQUERÍA |AHLKAYREEAH| *f.* grange, country house.

ALQUILAR |AHLKELAR| *va.* to let, hire, rent.

ALQUILER |AHLKELAIR| *m.* letting, hiring :: hire, rent.

ALQUITRÁN |AHLKETRAHN| *m.* tar :: liquid pitch.

ALREDEDOR |AHLRAYDAYDOR| *adv.* around, about :: — de, about.

ALTA |AHLTAH| *f.* court dance :: dancing exercice :: fencing bout :: **dar de** —, to discharge :: **darse de** —, to enter a profession.

ALTANERÍA |ALTAHNAYREEAH| *f.* haughtiness.

ALTANERO |AHLTAHNAYRO| *adj.* haughty, arrogant, highhanded.

ALTAR |AHLTAR| *m.* altar.

ALTAVOZ |ALTAHVOTH| *m.* loud-speaker.

ALTERABLE |AHLTAYRAHBLAY| *adj.* alterable.

ALTERACIÓN |ALTAYRAHTHEON| *f.* alteration, change :: disturbance.

ALTERAR |AHLTAYRAR| *va.* to alter :: to upset, disturb :: *vr.* to be disconcerted.

ALTERCADO |AHLTAIRKAHDO| *m.* controversy, wrangle, quarrel :: strife.

ALTERNAR |AHLTAIRNAR| *va. & n.* to alternate, take turns.

ALTERNATIVA• |ALTERNAHTEEVAH| *f.* alternative, choice, option.

ALTERNO |ALTERNO| *adj.* alternate.

ALTEZA |AHLTAYTHAH| *f.* highness :: sublimity, excellence.

ALTIBAJO |ALTEBAHHO| *m.* downward thrust *(esgrima)* :: —**s**, ups and downs :: uneven ground.

ALTIPLANO |ALTEPLAHNO| *m. Amer.* high plateau.

ALTITUD |ALTETOOD| *f.* altitude.

ALTIVEZ |AHLTEVETH| *f.* haughtiness, pride.

ALTIVO• |AHLTEEVO| *adj.* haughty, proud, arrogant.

ALTO |AHLTO| *adj.* high, tall, elevated :: loud :: *m.* height :: halt :: **pasar por** —, to omit, overlook.

ALTURA |AHLTOORAH| *f.* height :: *pl.* **en las** — **de**, in the latitude of :: **a estas** —, the situation being what it is.

ALUBIA |AHLOOBEAH| *f.* kidney bean, French bean.

ALUCINACIÓN |AHLOOTHENAHTHEON| *f.* hallucination.

ALUCINAR |AHLOOTHENAR| *va.* to hallucinate :: to delude, deceive, fascinate :: *vr.* to be deluded or dazzled.

ALUD |AHLOOD| *m.* avalanche.

ALUDIR |AHLOODEER| *vn.* to allude, refer to.

ALUMBRADO |AHLOOMBRAHDO| *m.* lighting :: *adj.* lit, lighted, tipsy.

ALUMBRAMIENTO |AHLOOMBRAH-MEENTO| *m.* chidbirth :: lighting.

ALUMBRAR |AHLOOMBRAR| *va.* to light, enlighten.

ALUMINIO |AHLOOMEENEO| *m.* aluminium.

ALUMNO |AHLOOMNO| *m.* pupil, student.

ALUSIÓN |AHLOOSEON| *f.* allusion, reference.

ALUVIÓN |AHLOOVEON| *m.* alluvium :: alluvion.

ALVÉOLO |ALVAYOLO| *m.* *(anat. zool.)* alveolus.

ALZA |AHLTHAH| *f.* rise, advance in price :: sights *(un rifle)*.

ALZADA |AHLTHAHDAH| *f.* height *(de un caballo)* :: **juez de** —**s**, judge of appeal.

ALZAMIENTO |AHITHAHMEENTO| *m.* the act of lifting :: uprising, revolt.

ALZAR |AHLTHAR| *va.* to raise, lift up :: to repeal :: to cut *(naipes)* :: to elevate *(la Hostia sagrada)* :: *vr.* to rise in rebellion :: to get up.

ALLÁ |ALLYAH| *adv.* there, yonder.

ALLANAR |AHLYAHNAR| *va.* to make even, level :: to remove difficulties :: *vr.* to acquiesce.

ALLEGADO |AHLYAYGAHDO| *m.* close, allied :: relative.

ALLEGAR |AHLYAYGAR| *va.* to gather, collect.

ALLENDE |ALLYENDAY| *adv.* on the other side :: beyond :: — **el mar**, across the sea, overseas.

ALLÍ |ALLYEE| *adv.* there :: in that place.

AMA |AHMAH| *f.* mistress of a house, landlady :: — **de llaves**, housekeeper.

AMABILIDAD |AHMABELEDAHD| *f.* kindness, courtesy.

AMABLE• |AHMAHBLAY| *adj.* kind.

AMAESTRAR |AHMAHESTRAR| *va.* to train, teach :: to break in *(animales)*.

AMAGAR |AHMAHGAR| *va.* to presage, threaten, portend.

AMAGO |AHMAHGO| *m.* threat :: indication.

AMAINAR |AHMAHENAR| *va.* to relax :: to lower the sails :: *vn.* to lessen *(el viento)*.

AMALGAMA |AHMALGAHMAH| *f.* amalgam.

AMAMANTAR |AHMAHMAHNTAR| *va.* to give suck, nurse.

AMANECER |AHMAHNAYTHAIR| *vn.* to dawn :: **al** —, at daybreak.

AMANERADO |AHMAHNAYRAHDO| *adj.* affected, mannered.

AMANSAR |AHMAHNSAR| *va.* to tame :: to pacify.

AMANTE |AHMAHNTAY| *m. & f.* lover.

AMANUENSE |AHMAHNOOENSAY| *m. & f.* amanuensis.

AMAPOLA |AHMAHPOLAH| *f.* poppy.

AMAR |AHMAR| *va.* to love, be fond of, cherish.

AMARGAR |AHMARGAR| *va.* to make bitter :: to embitter.

AMARGO |AHMARGO| *adj.* bitter :: acrid :: embittered.

AMARGURA |AHMARGOORAH| *f.* bitterness :: affliction.

AMARILLO |AHMAHREELYO| *adj.* yellow.

AMARRA |AHMARRAH| *f.* cable :: rope :: strap.

AMARRAR |AHMARRAR| *va.* to lash, fasten :: to bind :: to tie up *(un barco)*.

AMARTELAR |AHMARTAYLAR| *va.* to enamour, court.

AMASAR |AHMAHSAR| *va.* to knead.

AMASIJO |AHMAHSEEHO| *m.* dough :: kneading :: medley, hodgepodge :: intrigue.

AMATISTA |AHMAHTISTAH| *m.* amethyst.

AMBAGES |AMBAHHES| *m. pl.* circumlocutions.

ÁMBAR |ABMBAR| *m.* amber.

AMBICIÓN |AMBETHEON| *f.* ambition :: aspiration.

AMBICIONAR |AHMBETHEONAR| *va.* to covet, desire strongly.

AMBICIOSO• |AHMBETHEOSO| *adj.* ambitious, aspiring.

AMBIENTE |AMBEENTAY| *m.* atmosphere, environment.

AMBIGÜEDAD |AHMBEGOOAYDAHD|

_f._ ambiguity, double meaning.

AMBIGUO [AMBEGOOO] _adj._ ambiguous :: uncertain, doubtful.

ÁMBITO [AMBETO] _m._ precinct, enclosure.

AMBOS [AMBOS] _adj. pl._ both :: the one and the other.

AMBULANCIA [AMBOOLAHNTHEAH] _f._ ambulance :: field hospital.

AMBULANTE [AMBOOLAHNTAY] _adj._ walking :: itinerant :: moving :: wandering.

AMEDRENTAR [AHMAYDRENTAR] _va._ to frighten, intimidate.

AMÉN [AHMEN] _m. & interj._ amen.

AMENAZA [AHMAYNAHTHAH] _f._ menace, threat.

AMENAZAR [AHMAYNAHTHAR] _va._ to threaten :: to be impending.

AMENIDAD [AHMAYNEDAHD] _f._ amenity, agreeableness.

AMENIZAR [AHMAYNEETHAR] _va._ to make pleasant, cheer, brighten.

AMENO [AHMAYNO] _adj._ pleasant, delightful :: varied.

AMETRALLADORA [AHMAYTRALLYAH-DORAH] _f._ machine gun.

AMIANTO [AHMEAHNTO] _m. (min.)_ asbestos.

AMIGABLE [AHMEGAHBLAY] _adj._ friendly :: affable, pleasant.

AMÍGDALA [AHMEEGDAHLAH] _f._ tonsil.

AMIGO [AHMEEGO] _m._ friend.

AMILANAR [AHMELAHNAR] _va._ to terrify, cow.

AMINORAR [AHMENORAR] _va._ to lessen.

AMISTAD [AHMISTAHD] _f._ friendship :: amity.

AMNISTÍA [AMNISTEEAH] _f._ amnesty.

AMO [AHMO] _m._ master, proprietor :: overseer, boss.

AMODORRAR [AHMODORRAR] _va._ to make drowsy :: —**se,** to become drowsy.

AMOLDAR [AHMOLDAR] _va._ to mould, fashion :: _vr._ to adapt one's, fit into.

AMONESTACIÓN [AHMONESTAHTHEON] _f._ admonition, advice, warning.

AMONESTAR [AHMONESTAR] _va._ to warn, admonish.

AMONÍACO [AHMONEEAHCO] _m._ ammonia.

AMONTONAR [AHMONTONAR] _va._ to heap up, hoard.

AMOR [AHMOR] _m._ love affection :: fondness :: — **propio,** conceit.

AMORATADO [AHMORAHTAHDO] _adj._ livid.

AMORDAZAR [AHMORDAHTHAR] _va._ to gag :: to muzzle.

AMOROSO [AHMOROSO] _adj._ loving, affectionate.

AMORTAJAR [AHMORTAHHAR] _va._ to

shroud.

AMORTIGUADOR [AHMORTEGOOAH-DOR] _m._ shock absorber :: silencer, muffler.

AMORTIGUAR [AHMORTEGOOAR] _va._ to temper, weaken :: _vn._ to deaden.

AMORTIZAR [AHMORTETHAR] _va._ to pay on account :: to liquidate, pay _(una deuda)_ :: to provide a sinking fund.

AMOTINAMIENTO [AHMOTENAHMEEN-TO] _m._ mutiny, rebellion, riot.

AMOTINAR [AHMOTENAR] _va._ to incite to rebelion :: —**se,** to mutiny, to riot.

AMPARAR [AHMPAHRAR] _va._ to shelter, protect :: _vr._ to claim protection.

AMPARO [AHMPAHRO] _m._ shelter, protection, asylum.

AMPLIACIÓN [AHMPLEAHTHEON] _f._ enlargement, broadening.

AMPLIAR [AHMPLEAR] _va._ to amplify, enlarge, extend.

AMPLIFICADOR [AMPLEFECAHDOR] _m._ amplifier.

AMPLIFICAR [AMPLEFECAR] _va._ to amplify, expand, extend, enlarge :: to magnify.

AMPLIO [AHMPLEO] _adj._ ample, wide, large, broad, full.

AMPLITUD [AMPLETOOD] _f._ breadth, extent, width.

AMPOLLA [AHMPOLYAH] _f._ blister :: cruet.

AMPUTAR [AMPOOTAR] _va._ to amputate, cut off.

AMUEBLAR [AHMOOAYBLAR] _va._ to furnish.

AMULETO [AHMOOLAYTO] _m._ amulet.

AMURALLADO [AHMOORALLYAHDO] _adj._ walled, surrounded by walls.

ANACORETA [AHNAHCORAYTAH] _f._ horn.

ANACRONISMO [AHNAHCRONEESMO] _m._ anachronism.

ÁNADE [AHNAHDAY] _m. & f._ duck.

ANAGRAMA [AHNAHGRAHMAH] _m._ anagram.

ANALES [AHNAHLES] _m. pl._ annals.

ANALFABETO [AHNAHLFAHBAYTO] _adj. & m._ illiterate.

ANALGÉSICO [AHNALHAYSECO] _adj._ analgesic.

ANÁLISIS [AHNAHLESIS] _f._ analysis.

ANALÍTICO [AHNAHLEETECO] _adj._ analytical.

ANALIZAR [AHNAHLETHAR] _va._ to analyze, examine.

ANALOGÍA [AHNAHLOHEEAH] _f._ analogy.

ANÁLOGO [AHNAHLOGO] _adj._ analogous, similar, comparable.

ANAQUEL [AHNAHKEL] _m._ shelf.

ANARQUÍA [AHNARKEEAH] _f._ anarchy.

ANATEMA [AHNAHTAYMAH] _m. & f._ anathema, curse :: excommunication.

ANATOMÍA [AHNAHTOMEEAH] _f._ anatomy.

ANATÓMICO [AHNAHTOMECO] _adj._ anatomical.

ANCA [AHNKAH] _f._ croup :: rump, haunch.

ANCIANO [AHNTHEAHNO] _adj._ old, ancient :: _m._ old man.

ANCLA [AHNKLAH] _f._ anchor :: _pl._ **levar —s,** to weigh anchor.

ANCLAR [ANCLAR] _vn._ to anchor.

ANCHO [AHNCHO] _adj._ wide, broad :: loose-fitting, slack.

ANCHOA [AHNCHOAH] _f._ anchovy.

ANCHURA [AHNCHOORAH] _f._ width, breadth, extension, latitude.

ANDAMIO [AHNDAHMEO] _m._ scaffol-

ANDAMIO [AHNDAHMEO] _m._ scaffolding.

ANDANZAS [ANDAHNTHAHS] _f. pl._ rambles, wanderings.

ANDAR [AHNDAR] _vn._ to go, walk, move along :: to elapse :: **a poco —,** within a short time :: — **de cabeza,** to be topsy-turvy.

ANDÉN [AHNDEN] _m. (railw.)_ platform :: horse-path.

ANDRAJO [AHNDRAHHO] _m._ rag.

ANDRAJOSO [ANDRAHHOSO] _adj._ ragged, in rags.

ANÉCDOTA [AHNECDOTAH] _f._ anecdote, story.

ANEGAR [AHNAYGAR] _va._ to inundate, flood, drown _(de dolor)_.

ANEJO [AHNAYHO] _adj._ dependent, subsidiary.

ANESTESIA [AHNESTAYSEAH] _f._ anesthesia.

ANESTÉSICO [AHNESTAYSECO] _m. & adj._ anesthetic.

ANEXIÓN [AHNEXEON] _f._ annexation.

ANEXO [AHNEXO] _adj._ annexed :: _m._ schedule.

ANFIBIO [ANFEEBEO] _adj._ amphibian.

ANFITEATRO [ANFETAYAHTRO] _m._ amphitheater.

ANFITRIÓN [ANFETREON] _m._ generous host.

ÁNGEL [AHNHAYL] _m._ angel :: **tener —,** to be very charming, to have a certain 'something'.

ANGELICAL [ANHAYLECAHL] _adj._ angelic.

ANGINA [AHNHEENAH] _f._ quinsy :: pharyngitis.

ANGOSTO [AHNGOSTO] _adj._ narrow, limited :: strait.

ANGOSTURA [ANGOSTOORAH] _f._

narrowness, narrows.

ANGUILA [AHNGEELA] *f.* eel.

ANGULAR• [ANGOOLAR] *adj.* angular.

ÁNGULO [AHNGOOLO] *m.* angle, corner.

ANGULOSO [ANGOOLOSO] *adj.* angular, sharpcornered.

ANGUSTIA [ANGOOSTEAH] *f.* anguish, sorrow, grief, worry.

ANGUSTIAR [ANGOOSTEAR] *va.* to distress, grieve, worry.

ANGUSTIOSO [ANGOOSTEOSO] *adj.* anguished, worried, grievous :: distressing.

ANHELANTE [ANAYLAHNTAY] *adj.* anxious, desirous, longing :: panting.

ANHELAR [AHNAYLAR] *va.* to long :: to covet, desire.

ANHELO [AHNAYLO] *m.* longing, eagerness, desire.

ANIDAR [AHNEDAR] *vn.* to nest :: to nestle :: to dwell :: to shelter.

ANILLO [AHNEEYO] *m.* ring :: small hoop :: — **de boda,** wedding ring :: **venir como — al dedo,** to fit perfectly, to come pat.

ÁNIMA [AHNEMAH] *f.* soul, spirit.

ANIMACIÓN [AHNEMAHTHEON] *f.* animation, liveliness, life.

ANIMADO [AHNEMAHDO] *adj.* lively :: enthusiastic, keen.

ANIMAL [AHNEMAHL] *m.* animal :: brute :: blockhead.

ANIMAR [AHNEMAR] *va.* to encourage, incite, animate, enliven :: *vr.* to gain confidence, be reassured, take courage.

ÁNIMO [AHNEMO] *m.* courage :: mind, intention :: enthusiasm.

ANIMOSIDAD [AHNEMOSEDAHD] *f.* animosity, good will :: courage, energy.

ANIMOSO• [AHNEMOSO] *adj.* brave, courageous, enthusiastic spirited.

ANIQUILAR [AHNEKELAR] *va.* to annihilate, destroy, crush.

ANÍS [AHNES] *m.* aniseed :: anise :: anise liqueur.

ANIVERSARIO [AHNEVERSAHREO] *m.* anniversary.

ANO [AHNO] *m.* (anat.) anus.

ANOCHE [AHNOCHAY] *adv.* last night.

ANOCHECER [AHNOCHAYTHAIR] *vn.* to grow dark :: **al —,** at nighfall :: **anochece,** night is falling, it is growing dark.

ANODINO [AHNODEENO] *m.* anodyne :: *adj.* anodyne :: insignificant, innocuous.

ANOMALÍA [AHNOMAHLEEAH] *f.* anomaly :: irregularity.

ANONADAR [AHNONAHDAR] *va.* to annihilate, stun, overwhelm.

ANÓNIMO [AHNONEMO] *adj.* anonymous.

ANORMAL [AHNORMAHL] *adj.* abnormal.

ANOTACIÓN [AHNOTAHTHEON] *f.* annotation :: note.

ANOTAR [AHNOTAR] *va.* to note down :: to comment.

ANSIA [AHNSEAH] *f.* anxiety :: longing, ardent desire :: greediness.

ANSIAR [ANSEAR] *va.* to long for, desire eagerly.

ANSIEDAD [ANSEAYDAHD] *f.* anxiety :: worry.

ANSIOSO• [AHNSEOSO] *adj.* anxious :: desirous.

ANTAGONISMO [ANTAHGONEESMO] *m.* antagonism.

ANTAÑO [AHNTAHNYO] *adv.* last year :: in olden times, of old.

ANTÁRTICO [ANTARTECO] *adj.* antarctic.

ANTE [AHNTAY] *prep.* before :: — **todo,** to begin with, above all :: *m.* buckskin, suede.

ANTEANOCHE [AHNTAYAHNOCHAY] *adv.* night before last.

ANTEAYER [AHNTAYAHYAIR] *adv.* day before yesterday.

ANTEBRAZO [AHNTAYBRAHTHO] *m.* forearm.

ANTECÁMARA [AHNTAYKAHMAHRAH] *f.* ante-chamber :: lobby.

ANTECEDENTE [AHNTAYTHAYDENTAY] *m. & adj.* antecedent :: *adj.* previous, earlier.

ANTECEDER [ANTAYTHAYDER] *va.* to proceed, go before.

ANTECESORES [AHNTAYTHAYSORES] *m.* predecessor, forefather.

ANTELACIÓN [AHNTAYLAHTHEON] *f.* anteriority, previousness.

ANTEMANO [AHNTAYMAHNO] *adv.* beforehand :: **de —,** beforehand, previously.

ANTENA [ANTAYNAH] *f.* aerial (de radio) :: lateen yard (de un barco) :: **—s,** antennae, feelers.

ANTEOJOS [AHNTAYOHOS] *m.* spyglass :: *m. pl.* eyeglasses, spectacles.

ANTEPASADOS [AHNTAYPAHSAHDOS] *m. pl.* forefathers, ancestors.

ANTEPONER [AHNTAYPONAIR] *va.* to put before :: to prefer.

ANTERIOR• [AHNTAYREOR] *adj.* anterior, former, before, earlier, previous.

ANTES [AHNTES] *adv.* before :: rather.

ANTESALA [ANTAYSAHLAH] *f.* anteroom, waiting room.

ANTIAÉREO [ANTEAHAYRAYO] *adj.* antiaircraft.

ANTIBIÓTICO [ANTEBEOTECO] *adj. & m.* antibiotic.

ANTICIPACIÓN [ANTETHEPAHTHEON] *f.* anticipation, advance consideration :: **con —,** in advance.

ANTICIPADO• [ANTETHEPAHDO] *adj.* early, ahead of time :: advanced (pago) :: **por —,** in advance.

ANTICIPAR [AHNTETHEPAR] *va.* to anticipate :: to advance (dinero) :: to forestall.

ANTICIPO [ANTETHEEPO] *m.* advance, advance payment.

ANTICUADO [ANTECOOAHDO] *adj.* antiquated, out-of-date.

ANTICUARIO [ANTECOOAHREO] *m.* antique dealer :: antiquary, antiquarian :: *adj.* antiquarian.

ANTÍDOTO [ANTEEDOTO] *m.* antidote.

ANTIFAZ [ANTEFATH] *m.* veil, mask.

ANTIGUALLA [ANTEGOOAHLLYAH] *f.* antique :: anything old.

ANTIGÜEDAD [ANTEGOOAYDAHD] *f.* antiquity, ancient times :: **—es,** antique objects, antiques.

ANTIGUO• [ANTEEGOOO] *adj.* ancient, old :: antique.

ANTÍLOPE [ANTEELOPAY] *m.* antelope.

ANTIMONIO [ANTEMONEO] *m.* antimony.

ANTIPATÍA [ANTEPAHTEEAH] *f.* antipathy, dislike :: mutual antagonism.

ANTIPÁTICO [ANTEPAHTECO] *adj.* disagreeable :: unlikeable, unpleasant.

ANTÍPODA [ANTEEPODA] *m.* antipode :: *adj.* antipodal.

ANTISÉPTICO [ANTESEPTECO] *adj. & m.* antiseptic.

ANTÍTESIS [ANTEETAYSIS] *f.* antithesis.

ANTOJARSE [ANTOHARSAY] *vr.* to take a notion or fancy to :: to strike one's fancy :: to want, to desire.

ANTOJO [ANTOHO] *m.* whim, notion, fancy.

ANTOLOGÍA [ANTOLOHEEAH] *f.* anthology.

ANTORCHA [AHNTORCHAH] *f.* torch, taper.

ANTRO [AHNTRO] *m.* (poet.) grotto, cavern, cave :: (med.) antrum.

ANTROPOLOGÍA [ANTROPOLOHEEAH] *f.* anthropology.

ANTROPÓLOGO [ANTROPOLOGO] *m.* anthropologist.

ANUAL• [AHNOOAHL] *adj.* annual :: yearly.

ANUARIO [AHNOOAHREO] *m.* annual, yearbook.

ANUBLAR [AHNOOBLAR] *va.* to cloud :: to darken, obscure.

ANUDAR [AHNOODAR] *va.* to knot.

ANULACIÓN [AHNOLAHTHEON] *f.* voiding, cancellation.

ANULAR [AHNOOLAR] *va.* to annual, rescind :: *adj.* annular.

ANUNCIAR [AHNOONTHEAR] *va.* to announce, state :: to advertise.

ANUNCIO [AHNOONTHEO] *m.* announcement :: advertisement.

ANVERSO [ANVERSO] *m.* obverse.

ANZUELO [AHNTHOOAYLO] *m.* fishhook :: bait :: **tragar el —**, to be duped, swallow the bait.

AÑADIDURA [AHNYAHDEDOORAH] *f.* addition.

AÑADIR [AHNYAHDEER] *va.* to add, join.

AÑEJO [AHNYAYHO] *adj.* old, musty, rich old *(vino)*.

AÑICOS [AHNYEEKOS] *m. pl.* small pieces :: bits :: **hacerse —**, to wear oneself to a shred.

AÑIL [AHNYEEL] *m.* *(bot.)* indigo :: indigo blue.

AÑO [AHNYO] *m.* year :: **— bisiesto**, leap-year.

AÑORANZA [AHNYORAHNTHAT] *f.* homesickness, nostalgia, longing.

AÑORAR [AHNYORAHR] *va.* to long for, yearn for, be homesick for :: to make reminiscences.

AÑOSO [AHNYOSO] *adj.* aged, stricken in years.

APABULLAR [AHPAHBOOLLYAR] *va.* to crush, crumple.

APACENTAR [AHPAHTHENTAR] *va.* to graze, feed.

APACIBLE° [AHPAHTHEEBLAY] *adj.* affable, meek, gentle :: placid, still, quiet.

APACIGUAMIENTO [AHPATHEGOOAH-MEENTO] *m.* appeasement.

APACIGUAR [AHPAHTHEGOOAR] *va.* to pacify, calm, appease :: **—se**, to calm down.

APADRINAR [AHPAHDRENAR] *va.* to act as godfather, as second *(en un duelo)* :: to support.

APAGAR [AHPAHGAR] *va.* to put out, quench :: to soften *(colores)*.

APAGÓN [AHPAHGONE] *m.* blackout.

APALABRAR [AHPAHLAHBRAR] *va.* to agree verbally, to bespeak :: to engage beforehand.

APALEAR [AHPAHLAYAR] *va.* to beat, cudgel :: to winnow.

APAÑAR [AHPAHNYAR] *va.* to seize, grasp.

APARADOR [AHPAHRAHDOR] *m.* sideboard, buffet.

APARATO [AHPAHRAHTO] *m.* apparatus, instrument :: ostentation, show.

APARATOSO [AHPAHRAHTOSO] *adj.* pompous, ostentatious.

APAREAR [AHPAHRAYAR] *va.* to mate :: to match :: to pair :: **—se**, to mate.

APARECER [AHPAHRAYTHAIR] *vn.* to appear :: to come up, turn up.

APARECIDO [AHPAHRAYTHEEDO] *m.* ghost, specter, phantom.

APAREJAR [AHPAHRAYHAR] *va.* to prepare :: to harness :: to rig :: to equip.

APAREJO [AHPAHRAYHO] *m.* apparel, harness, gear :: *pl.* tools.

APARENTAR [AHPAHRENTAR] *va.* to appear, seem :: to pretend, feign, affect.

APARENTE° [AHPAHRENTAY] *adj.* apparent :: convenient, evident.

APARICIÓN [AHPAHRETHEON] *f.* apparition, ghost :: appearance.

APARIENCIA [AHPAHREENTHEAH] *f.* appearance, aspect.

APARTADO [AHPARTAHDO] *m.* compartment :: **— postal**, post office letter box.

APARTAMENTO [AHPARTAHMENTO] *m.* apartment.

APARTAMIENTO [AHPARTAMEENTO] *m.* separation :: retirement :: aloofnes :: retreat, refuge.

APARTAR [AHPARTAR] *va.* to separate, put (aside, on one side) :: to divide.

APARTE [AHPARTAY] *adv.* apart :: aside :: *m.* aside *(en un juego)* :: new paragrah.

APASIONADO° [AHPAHSEONAHDO] *adj.* passionate.

APASIONAR [AHPAHSEONAR] *va.* to arouse passion :: to fill with passion :: **—se**, to become impassioned :: to fall ardently in love.

APATÍA [AHPAHTEEAH] *f.* apathy.

APÁTICO [AHPAHTECO] *adj.* apathetic, indifferent, indolent.

APEADERO [AHPAYAHDAYRO] *m.* landing, alighting place :: block, horse-mount :: platform.

APEAR [AHPAYAR] *va.* to dismount, to get down, to lower, to take down.

APEDREAR [AHPAYDRAYAR] *va.* to stone.

APEGADO [AHPAYGAHDO] *adj.* devoted, attached.

APEGARSE [AHPAYGARSAY] *vr.* to adhere to :: to be much taken by a thing.

APEGO [AHPAYGO] *m.* attachment, fondness.

APELACIÓN [AHPAYLAHTHEON] *f.* appeal.

APELAR [AHPAYLAR] *va.* to appeal, have recourse to.

APELLIDAR [AHPELLYEDAR] *va.* to call, name :: **—se**, to be named,

to have the surname of.

APELLIDO [AHPAYLYEEDO] *m.* surname :: family name.

APENAR [AHPAYNAR] *va. & r.* to grieve, afflict :: **—se**, to be grieved.

APENAS [AHPAYNAS] *adj.* scarcely, hardly :: no sooner than.

APÉNDICE [AHPENDETHAY] *m.* appendix.

APERCIBIR [AHPAIRTHEBEER] *va.* to make ready :: to provide.

APERITIVO [AHPAYRETEE] *ajd.* & *m.* appetiser, aperitive.

APERO [AHPAYRO] *m.* equipment :: implements, tools.

APERTURA [AHPERTOORAH] *f.* opening.

APESADUMBRAR [AHPAYSAHDOOM-BRAR] *va.* to afflict :: grieve, vex.

APESTAR [AHPESTAR] *va.* *(med.)* to infect :: to emit offensive smell :: to nauseate.

APESTOSO [AHPESTOSO] *adj.* putrid, foul-smelling.

APETECER [AHPAHTAYTHAIR] *va.* to wish, long for, have a taste, urge (for, to).

APETECIBLE [AHPAHTAYTHEEBLAY] *adj.* desirable, tasty, appetising.

APETENCIA [AHPAYTENTHEAH] *f.* appetite, hunger, desire.

APETITO [AHPAHTEETO] *m.* appetite, hunger.

APETITOSO [AHPAYTETOSO] *adj.* appetizing :: gluttonous.

APIADARSE [AHPEAHDARSAY] *vr.* to pity, have mercy on.

ÁPICE [AHPETHAY] *m.* apex, summit :: smallest detail, shred.

APILAR [AHPELAR] *va.* to pile up, stack, heap.

APIÑAR [AHPENYAR] *va.* to cram together :: to crowd :: **—se**, to pile up, crowd together.

APIO [AHPEO] *m.* celery.

APISONADORA [AHPESONAHDORAH] *f.* road roller.

APISONAR [AHPESONAR] *va.* to pack down, flatten by pounding.

APLACAR [AHPLAHKAR] *va.* to placate, appease.

APLANAR [AHPLAHNAR] *va.* to make even, level, roll :: to dismay.

APLASTAR [AHPLAHSTAR] *va.* to crush, flatten :: to floor *(al oponente)*.

APLAUDIR [AHPLAHOODEER] *va.* to applaud.

APLAUSO [AHPLAHOOSO] *m.* applause, praise.

APLAZAMIENTO [AHPLAHTHAHMEEN-TO] *m.* postponement :: adjournment.

APLAZAR [AHPLAHTHAR] *va.* to adjourn, put off, postpone :: to make an appointment for the future.

APLICACIÓN [AHPLEKAHTHEON] *f.* assiduity, industry, diligence :: employment, use, application.

APLICADO* [AHPLEKAHDO] *adj.* industrious, diligent.

APLICAR [AHPLEKAR] *va.* to apply :: *vr.* to devote oneself to :: to put to use.

APLOMO [AHPLOMO] *m.* assurance, confidence, self-possession, serenity.

APOCADO [AHPOKAHDO] *adj.* pusillanimous, cowardly, spiritless, spineless.

APÓCRIFO [AHPOCREFO] *adj.* apo—cryphal.

APODAR [AHPODAR] *va.* to nickname :: to ridicule, scoff at.

APODERADO [AHPODAYRAHDO] *m.* attorney, proxy :: with authority to sign :: *adj.* empowered, authorized.

APODERAR [AHPODAYRAR] *va.* to empower, grant a power of attorney :: *vr.* to take possession of, seize.

APODO [AHPODO] *m.* nickname.

APOGEO [AHPOHAYO] *m.* apogee :: highest point, height *(de gloria).*

APOLILLADO [AHPOLEELLYAHDO] *adj.* moth-eaten :: worm-eaten.

APOLILLARSE [AHPOLELLYARSAY] *vr.* to become moth eaten.

APOLOGÍA [AHPOLOHEEAH] *f.* praise, apología.

APORREAR [AHPORRAYAR] *va.* to beat :: to maul.

APORTACIÓN [AHPORTAHTHEON] *f.* contribution.

APORTAR [AHPORTAR] *vn.* to bring :: to contribute :: to arrive in port.

APOSENTAR [AHPOSENTAR] *va.* to lodge :: *vr.* to take a lodging.

APOSENTO [AHPOSENTO] *m.* chamber, room, apartment.

APÓSITO [AHPOSETO] *m.* (med.) external application.

APOSTAR [AHPOSTAR] *va.* to bet :: to post soldiers :: *vr.* to emulate.

APOSTILLA [AHPOSTEELYAH] *f.* marginal note.

APÓSTOL [AHPOSTOL] *m.* apostle.

APÓSTROFE [AHPOSTROFAY] *m.* apostrophe.

APOTEOSIS [AHPOTAYOHSIS] *f.* apotheosis, deification.

APOYAR [AHPOYAR] *va.* to support, corroborate, back up :: *vr.* to rest on, lean :: to base.

APOYO [AHPOYO] *m.* support, protection, help, backing.

APRECIABLE* [AHPRAYTHEAHBLAY] *adj.* estimable, esteemed :: valuable :: appraisable :: noticeable.

APRECIACIÓN [AHPRAYTHEAHTHEON] *f.* appreciation :: valuation :: estimation.

APRECIAR [AHPRAYTHEAR] *va.* to appreciate, value, appraise, assess.

APRECIO [AHPRAYTHEO] *m.* esteem, high regard :: appraisal, valuation, estimate.

APREHENDER [AHPRAYENDAIR] *va.* to apprehend, seize.

APREHENSIÓN [AHPRAYENSEON] *f.* apprehension :: fear, dread :: seizure, arrest.

APREHENSIVO [AHPRAYENSEEVO] *adj.* apprehensive.

APREMIANTE [AHPRAYMEAHNTAY] *adj.* pressing, urgent.

APREMIAR [AHPRAYMEAR] *va.* to press, compel, urge.

APREMIO [AHPRAYMEO] *m.* pressure :: urgency.

APRENDER [AHPRENDAIR] *va.* to learn.

APRENDIZ [AHPRENDEETH] *m.* apprentice.

APRENDIZAJE [AHPRENDETHAHHAY] *m.* apprenticeship.

APRENSIÓN [AHPRENSEON] *f.* apprehension, scruple, unfounded fear, misapprehension.

APRENSIVO [AHPRENSEEVO] *adj.* apprehensive, fearful :: bashful.

APRESAR [AHPRAYSAR] *va.* (naut.) to seize, to grasp :: to capture.

APRESTAR [AHPRESTAR] *va.* to prepare :: *vr.* to get ready.

APRESURADO* [AHPRAYSOORAHDO] *adj.* hasty.

APRESURAR [AHPRAYSOORAR] *va.* to hurry, hasten :: —se, to hurry, hasten.

APRETADO* [AHPRAYTAHDO] *adj.* tight :: compact :: stingy, miserly :: difficult, dangerous.

APRETAR [AHPRAYTAR] *va.* to compress, tighten, press down :: (las manos) to squeeze, shake :: to harass, to constrain :: — el paso, to hurry on.

APRETÓN [AHPRAYTONE] *m.* sudden pressure :: squeeze :: dash, short run :: —de manos, hand-shake.

APRETURA [AHPRAYTOORAH] *f.* narrow, confined place :: crowd, crush :: narrowness :: anguish, distress :: straits.

APRIETO [AHPREAYTO] *m.* stringency :: (pop.) jam, difficulty :: hallarse en un —, to be in a fix.

APRISA [AHPRESAH] *adv.* hurriedly, fast, promptly.

APRISIONAR [AHPRESEONAR] *va.* to imprison :: to bind, confine.

APROBACIÓN [AHPROBAHTHEON] *f.* approbation, approval :: consent :: pass, passing grade.

APROBAR [AHPROBAR] *va.* to approve :: to pass *(un examen).*

APRONTAR [AHPRONTAR] *va.* to prepare quickly, get ready.

APROPIACIÓN [AHPROPEAHTHEON] *f.* appropriation :: confiscation.

APROPIADO* [AHPROPEAHDO] *adj.* appropriate, proper, fitting, suitable.

APROPIAR [AHPROPEAR] *va.* to appropriate :: *vr.* to appropriate.

APROVECHABLE [AHPROHVAYCHAHBLAY] *adj.* available :: usable, fit to use.

APROVECHADO* [AHPROVAYCHAHDO] *adj.* diligent, industrious.

APROVECHAMIENTO [AHPROVAYCHAHMEENTO] *m.* use, utilization :: exploitation :: profit, benefit :: progress.

APROVECHAR [AHPROVAYCHAR] *va.* to profit by, to take advantage of :: *vr.* to avail oneself, make good use of.

APROXIMADO* [AHPROXEMAHDO] *adj.* approximate :: near :: nearly correct.

APROXIMAR [AHPROKSEMAR] *va. & r.* to approach, draw on, draw nearer :: to be close to.

APTITUD [AHPTETOOD] *f.* aptitude, fitness, ability, gift (for).

APTO* [AHPTO] *adj.* apt, competent, able, likely, suitable.

APUESTA [AHPOOESTAH] *f.* bet, wager.

APUESTO* [AHPOOESTO] *adj.* spruce, genteel, handsome, good looking.

APUNTALAR [AHPOONTAHLAR] *va.* to prop :: to shore up.

APUNTAR [AHPOONTAR] *va.* to aim :: to point out :: to note, write down :: (theat.) to prompt.

APUNTE [AHPOONTAY] *m.* note :: *pl.* tomar —s, to take notes.

APUÑALAR [AHPOONYAHLAR] *va.* to stab.

APURADO* [AHPOORAHDO] *adj.* hard up :: in trouble :: exhausted :: distracted.

APURAR [AHPOORAR] *va.* to exhaust, consume, drain :: to urge, press :: to hurry, rush :: *vr.* to worry :: to strive, be at great pains to.

APURO [AHPOORO] *m.* want :: trouble :: quandary, dilemma, straits.

AQUEJAR [AHKAYHAR] *va.* to afflict, ail :: to suffer from.

AQUEL, AQUELLA [AHKEL, AHKELLYAH] *adj. dem.* that, that ... over here.

AQUÉL, AQUÉLLA [AHKEL, AHKELLYAH] *pron. dem.* that, that one, the former.

AQUÍ [AHKEE] *adv.* here, in this place :: **de — en adelante**, henceforth, hereafter :: **he —**, behold.

AQUIETAR [AHKEAYTAR] *va.* to quiet down, allay :: *vr.* to be quiet.

AQUILATAR [AHKELAHTAR] *va.* to assay :: to examine closely.

ARA [AHRAH] *f.* altar :: altar slab :: *(ornith.)* macaw.

ARADO [AHRAHDO] *m.* plough.

ARANCEL [AHRAHNTHEL] *m.* tariff.

ARANDELA [AHRANDAYLAH] *f.* candle socket or stand :: washer, axleguard :: rivet or collar plate.

ARAÑA [AHRAHNYAH] *f.* spider :: chandelier, lustre.

ARAÑAR [AHRAHNYAR] *va.* to scratch, scrabble.

ARAÑAZO [AHRAHNYAHTHO] *m.* big scratch.

ARAR [AHRAR] *va.* to plough.

ARBITRAJE [ARBETRAHHAY] *m.* arbitration, arbitrage.

ARBITRAR [ARBETRAR] *va.* to arbitrate :: to award :: to raise *(fondos)*.

ARBITRARIO[*] [ARBETRAHREO] *adj.* arbitrary.

ARBITRIO [ARBEETREO] *m.* free will :: expedient :: resource.

ÁRBITRO [ARBETRO] *m.* arbitrator :: arbiter :: *(deporte)* referee.

ÁRBOL [ARBOL] *m.* tree :: mast :: shaft.

ARBOLEDA [ARBOLAYDAH] *f.* grove.

ARBUSTO [ARBOOSTO] *m.* shrub.

ARCA [ARKAH] *f.* chest, coffer, safe :: ark.

ARCADA [ARKAHDAH] *f.* arcade :: nausea, arch *(de un puente)*.

ARCAICO [ARCAHECO] *adj.* archaic.

ARCÁNGEL [ARCAHNHEL] *m.* archangel.

ARCE [ARTHAY] *m.* maple-tree.

ARCILLA [ARTHEELYAH] *f.* clay.

ARCO [ARCO] *m.* arch :: bow :: violin bow :: **— iris**, rainbow.

ARCHIPIÉLAGO [ARCHEPEAYLAHGO] *m.* archipelago.

ARCHIVAR [ARCHEVAR] *va.* to file, deposit in an archive :: to store away.

ARCHIVO [ARCHEEVO] *m.* archives, file.

ARCO [ARKO] *m.* arch :: bow :: hoop :: **— iris**, rainbow.

ARDER [ARDAIR] *vn.* to burn, glow with fire.

ARDID [ARDEED] *m.* trick, stratagem.

ARDIENTE[*] [ARDEENTAY] *adj.* burning :: fervid.

ARDILLA [ARDEELYAH] *f.* squirrel.

ARDOR [ARDOR] *m.* ardour, enthusiasm, great heat, valour.

ARDUO [ARDOOO] *adj.* arduous, difficult.

ÁREA [AHRAYAH] *f.* area :: 100 square metres.

ARENA [AHRAYNAH] *f.* sand :: arena.

ARENAL [AHRAYNAHL] *m.* sand pit.

ARENGA [AHRENGAH] *f.* harangue, speech, address.

ARENISCA [AHRAYNEESCAH] *f.* sandstone :: *adj.* sandy :: gritty.

ARENOSO [AHRAYNOSO] *adj.* sandy :: gritty.

ARENQUE [AHRENKAY] *m.* herring.

ARGAMASA [ARGAHMAHSAH] *f.* mortar.

ARGOLLA [ARGOLYAH] *f.* iron ring.

ARGOT [ARGOT] *m.* slang, cant, jargon.

ARGUCIA [ARGOOTHEAH] *f.* subtilty, sophistry.

ARGÜIR [ARGOOEER] *vn.* to argue :: infer.

ARGUMENTAR [ARGOOMENTAR] *vn.* to argue, to dispute :: to conclude.

ARGUMENTO [ARGOOMENTO] *m.* argument :: plot *(de un libro)*.

ARIDEZ [AHREDETH] *f.* aridity :: dryness.

ÁRIDO[*] [AHREDO] *adj.* arid, dry.

ARISCO[*] [AHRISKO] *adj.* shy, wild, surly, unfriendly.

ARISTA [AHREESTAH] *f.* sharp edge :: ridge :: beard *(de cereales)*.

ARISTOCRACIA [AHRISTOCRAHTHEAH] *f.* aristocracy.

ARISTÓCRATA [AHRISTOCRAHTAH] *m. & f.* aristocrat.

ARISTOCRÁTICO[*] [AHRISTOCRAHTECO] *adj.* aristocratic.

ARITMÉTICA [AHRITTMAYTEKAH] *f.* arithmetic.

ARMA [ARMAH] *f.* arm, weapon.

ARMADA [ARMAHDAH] *f.* navy, fleet.

ARMADOR [ARMAHDOR] *m.* shipowner, ship-carterer :: assembler, adjuster :: jerkin.

ARMADURA [ARMAHDOORAH] *f.* armor :: armature :: framework :: mounting.

ARMAMENTO [ARMAHMENTO] *m.* armament :: equipment.

ARMAR [ARMAR] *va.* to arm :: to put together, mount :: to fit out *(un barco)* :: **— caballero**, to knight :: *vr.* to arm oneself.

ARMARIO [ARMAHREO] *m.* cupboard :: commode, cabinet.

ARMATOSTE [ARMAHTOSTAY] *m.* unwieldy object or machine :: clumsy thing :: heavy, clumsy fellow.

ARMAZÓN [ARMATHON] *f.* frame, skeleton.

ARMERÍA [ARMAYREEAH] *f.* armoury, arsenal.

ARMIÑO [ARMEENYO] *m.* ermine.

ARMISTICIO [ARMISTEETHEO] *m.* armistice.

ARMONÍA [ARMONEEAH] *f.* harmony.

ARMÓNICA [ARMONECAH] *f. (mus.)* harmonica, mouth organ.

ARMONIOSO[*] [ARMONEOSO] *adj.* harmonious, musical.

ARMONIZAR [ARMONETHAR] *va.* to harmonize.

ARNÉS [ARNES] *m.* harness, gear :: defensive armour.

ARO [AHRO] *m.* hoop :: rim *(de una rueda)*.

AROMA [AHROMAH] *m.* aroma, scent, fragrance.

AROMÁTICO [AHROMAHTECO] *adj.* aromatic, fragant, spicy.

ARPA [ARPAH] *f.* harp.

ARPÍA [ARPEEAH] *f.* shrew.

ARPILLERA [ARPEELLYAYRAH] *f.* sackloth, burlap.

ARPÓN [ARPON] *m.* harpoon, harping-iron.

ARQUEADO [ARKAYAHDO] *adj.* arched.

ARQUEAR [ARKAYAR] *va.* to arch.

ARQUEOLOGÍA [ARKAYOLOHEEAH] *f.* archaeology.

ARQUERO [ARKAYRO] *m.* treasurer, cashier :: archer, bowman :: bowmaker.

ARQUITECTO [ARKETEKTO] *m.* architect.

ARQUITECTURA [ARKETECTOORAH] *m.* architecture.

ARRABAL [ARRAHBAHL] *m.* suburb :: *pl.* outskirts.

ARRAIGAR [ARRAHEGAR] *vn.* to root, take root :: **—se**, to become rooted, attached :: **des—**, to uproot.

ARRANCAR [ARRAHNKAR] *va.* to uproot :: to pull out :: *vn.* to originate :: to proceed :: to set off *(un tren)*.

ARRANQUE [ARRAHNKAY] *m.* start :: pull :: uprooting.

ARRASAR [ARRAHSAR] *va.* to demolish, to level, to raze :: *vr.* **— en lágrimas**, to weep copiously, be blinded with tears.

ARRASTRAR [ARRAHSTRAR] *va.* to drag :: to carry away :: to lead a trump *(en naipes)* :: *vr.* to crawl.

ARREAR [ARRAYAR] *va.* to drive *(animales)*.

ARREBATADO• [ARRAYBAHTAHDO] *adj.* rapid :: rash, violent, impetuous.

ARREBATAR [ARRAYBAHTAR] *va.* to carry off, snatch :: *vr.* to be carried away by passion.

ARREBATO [ARRAYBAHTO] *m.* sudden attack :: surprise, start :: paroxysm :: sudden fit of passion, rapture.

ARRECIAR [ARRAYTHEAR] *vn.* to grow stronger, increase in strength *(la fiebre, el viento)*.

ARRECIFE [ARRAYTHEEFAY] *m.* causeway :: reef.

ARREGLADO [ARRAYGLAHDO] *adj.* in order, ordered, moderate :: arranged, settled.

ARREGLAR [ARRAYGLAR] *va.* to arrange, settle, regulate :: to mend, put right :: to make tidy, to tidy.

ARREGLO [ARRAYGLO] *m.* arrangement, settlement :: order :: **con** — **a**, according to.

ARREMANGADO [ARRAYMANGAHDO] *adj.* turned up.

ARREMANGAR [ARRAYMANGAR] *va.* to tuck up, turn up, roll up *(los pantalones, etc)* :: —**se**, to roll up one's sleeves.

ARREMETER [ARRAYMAYTAIR] *va.* to attack, assail, rush at.

ARREMETIDA [ARRAYMAYTEEDAH] *f.* thrust, push, attack.

ARREMOLINARSE [ARRAYMOLENARSE] *vr.* to whirl, swirl :: to eddy :: to mill around.

ARRENDAMIENTO [ARRENDAHMEENTO] *m.* renting :: lease :: rental, rent.

ARRENDAR [ARRENDAR] *va.* to rent, lease.

ARRENDATARIO [ARRENDAHTAHREO] *m.* tenant, lessee.

ARREO [ARRAYO] *m.* raiment :: ornament :: —**s**, trappings :: equipment :: finery :: *adv.* uninterruptedly, without interruption.

ARREPENTIDO• [ARRAYPENTEEDO] *adj.* repentant.

ARREPENTIMIENTO [ARRAYPENTE-MEENTO] *m.* repentance, regret.

ARREPENTIRSE [ARRAYPENTEERSAY] *vr.* to repent, regret, rue.

ARRESTADO [ARESTAHDO] *adj.* intrepid, daring, imprisoned.

ARRESTAR [ARRESTAR] *va.* to arrest, detain, imprison.

ARRESTO [ARRESTO] *m.* detention, close.

ARRIAR [ARREAR] *va.* to flood :: *(naut.)* to lower, dip, strike :: to loosen, slacken.

ARRIBA [ARREEBAH] *adv.* above, over, on top :: **de** — **abajo**, from top to bottom.

ARRIBAR [ARREBAR] *vn.* to arrive :: to put into a harbour.

ARRIENDO [ARREENDO] *m.* renting, letting, hiring, leasing :: rent.

ARRIERO [ARREAYRO] *m.* muleteer.

ARRIESGADO• [ARRESGAHDO] *adj.* risky, daring.

ARRIESGAR [ARREESGAR] *va.* to hazard, risk, venture :: *vr.* to expose oneself to danger :: to dare.

ARRIMAR [ARREMAR] *va.* to put close(-r) :: to lay aside :: — **el hombro**, to put one's shoulder to the wheel :: *vr.* to lean upon :: to draw up to *(al fuego, etc.)*.

ARRINCONAR [ARRINKONAR] *va.* to put in a corner :: to corner.

ARRISCAR [ARRISCAR] *va.* to risk, venture.

ARROBA [ARROBAH] *f.* quarter.

ARROBARSE [ARROBARSE] *vr.* to be entranced :: to be in a trance :: to be enraptured.

ARRODILLARSE [ARRODELYARSAY] *vr.* to kneel down.

ARROGANCIA [ARROGAHNTHEAH] *f.* arrogance.

ARROGANTE• [ARROGAHNTAY] *adj.* arrogant, haughty, proud.

ARROJADIZO [ARROHAHDEETHO] *adj.* missile.

ARROJADO• [ARROHAHDO] *adj.* daring, rash, intrepid.

ARROJAR [ARROHAR] *va.* to throw, throw away, fling :: to emit, shoot out :: *vr.* to venture on, hurl one's into.

ARROJO [ARROHO] *m.* boldness, intrepidity, fearlessness.

ARROLLADOR [ARROLLYAHDOR] *adj.* sweeping, overwhelming, violent.

ARROLLAR [ARROLYAR] *va.* to roll up, roll (round, along, back) :: to rout.

ARROPAR [ARROPAR] *va.* to wrap up well, swathe, dress.

ARROSTRAR [ARROSTRAR] *va.* to face, face up to, confront :: *vr.* con, to fight face to face.

ARROYO [ARROYO] *m.* rivulet, stream :: gutter.

ARROZ [ARROTH] *m.* rice.

ARRUGA [ARROOGAH] *f.* wrinkle, crease, line *(en la cara)* :: corrugation.

ARRUGAR [ARROOGAR] *va.* to wrinkle :: —**se**, to get wrinkled.

ARRUINAR [ARROENAR] *va.* to ruin, demolish.

ARRULLAR [ARROLLYAR] *va.* to lull :: to coo.

ARRULLO [ARROOLYO] *m.* lullaby :: cooing.

ARSENAL [ARSAYNAHL] *m.* arsenal :: navy yard.

ARSÉNICO [ARSAYNECO] *m.* arsenic.

ARTE [ARTAY] *m.* art. skill, ability :: *pl. f.* arts, means :: **malas** —**s**, trickery, cunning, skill :: **bellas** —**s**, fine arts.

ARTEFACTO [ARTAYFACTO] *m.* piece of workmanship, manufactured object :: handiwork :: contrivance.

ARTERIA [ARTAYREEAH] *f.* artery :: cunning :: artifice, stratagem.

ARTESANO [ARTAYSAHNO] *m.* artisan :: mechanic.

ARTESONADO [ARTAYSONAHDO] *adj.* caissoned :: *(arch.)* caissoned ceiling.

ÁRTICO [ARTEKO] *adj.* arctic.

ARTICULACIÓN [ARTECOOLAHTHEON] *f.* articulación :: pronunciation :: joint.

ARTÍCULO [ARTEKOLO] *m.* article, condition :: joint.

ARTÍFICE [ARTEEFETHAY] *m.* artisan, craftsman.

ARTIFICIAL [ARTEFETHEAHL] *adj.* artificial.

ARTIFICIO [ARTEFETHEO] *m.* artifice, trick :: workmanship, craft, skill.

ARTILLERÍA [ARTELYAYREEAH] *f.* artillery.

ARTIMAÑA [ARTEMAHNYAH] *f.* trap, snare.

ARTISTA [ARTEESTAH] *m. & f.* artist.

ARTÍSTICO• [ARTEESTECO] *adj.* artistic.

ARZOBISPO [ARTHOBISPO] *m.* archbishop.

AS [AHS] *m.* ace.

ASA [AHSAH] *f.* handle.

ASADO [AHSAHDO] *m.* roast, *adj.* roasted.

ASADOR [AHSAHDOR] *m.* spit.

ASALTAR [AHSALTAR] *va.* to assault, attack.

ASALTO [AHSAHLTO] *m.* surprise attack :: bout *(esgrima)* :: **guardias de** —, shock police.

ASAMBLEA [AHSAMBLAYAH] *f.* assembly, meeting.

ASAR [AHSAR] *vr.* to roast, to be roasting.

ASAZ [AHSATH] *adv.* enough, very.

ASBESTO [ASBESTO] *m.* asbestos.

ASCENDENCIA [ASTHENDENTHEAH] *f.* ancestry :: origin.

ASCENDENTE [ASTHENDENTAY] *adj.* ascendant, ascending, upward, rising.

ASCENDER [AHSTHENDAIR] *vn.* to be promoted, rise *(de rango)* :: — **a**, to amount to.

ASCENDIENTE [ASTHENDEENTAY] *m.* ancestor :: influence.

ASCENSIÓN [ASTHENSEON] *f.* ascension :: ascent.

ASCENSO [AHSTHENSO] *m.* promotion.

ASCENSOR [AHSTHENSOR] *m.* lift :: elevator.

ASCETA [ASTHAYTAH] *m. & f.* ascetic, hermit.

ASCÉTICO [ASTHAYTECO] *adj.* ascetic.

ASCO [AHSKO] *m.* disgust :: nausea :: **dar —**, to be revolting.

ASCUA [AHSCOOAH] *f.* ember.

ASEADO° [AHSAYAHDO] *adj.* clean, neat.

ASEAR [AHSAYAR] *va.* to clean :: to polish.

ASECHAR [AHSAYCHAR] *va.* to lie in ambush :: to watch.

ASEDIAR [AHSAYDEAR] *va.* to besiege, attack.

ASEDIO [AHSAYDEO] *m.* siege.

ASEGURAR [AHSAYGOORAR] *va.* to assure, ensure, secure, insure, fasten :: *vr.* to make sure, be certain.

ASEMEJAR [AHSAYMAYHAR] *va.* to liken, compare :: **—se a**, to resemble.

ASENTAR [AHSENTAR] *va.* to place, affirm, establish :: to book, book, enter :: to seat :: to settle :: to set down :: **— los cimientos**, to lay the foundations.

ASENTIMIENTO [AHSENTEMEENTO] *m.* assent, acquiescence, agreement.

ASENTIR [AHSENTEER] *vn.* to assent, acquiesce :: to be of the same opinion.

ASEO [AHSAYO] *m.* cleanliness, neatness.

ASÉPTICO [AHSAYPTEECO] *adj.* aseptic.

ASEQUIBLE [AHSAYKEEBLAY] *adj.* attainable, obtainable, available.

ASERCIÓN [AHSAIRTHEON] *f.* assertion.

ASERRADERO [AHSERRAHDAYRO] *m.* sawmill.

ASERRAR [AHSAIRRAR] *va.* to saw.

ASERTO [AHSAIRTO] *m.* assertion, the act of asserting, affirmation.

ASESINAR [AHSAYSENAR] *va.* to assassinate, murder.

ASESINATO [AHSAYSENAHTO] *m.* assassination, murder.

ASESINO [AHSAYSEENO] *m.* assassin, murderer :: *adj.* murderous.

ASESOR [AHSAYSOR] *m.* counsellor, legal advisor :: assessor :: *adj.* advising, counselling :: assesing.

ASESTAR [AHSESTAR] *va.* to aim, point :: to strike.

ASEVERACIÓN [AHSAYVAYRAHTHEON] *f.* assertion, affirmation, contention.

ASEVERAR [AHSAYVAYRAR] *va.* to assert, affirm.

ASFALTO [ASFAHLTO] *m.* asphalt.

ASFIXIA [ASFEEXEAH] *f.* suffocation.

ASFIXIAR [ASFIXEAR] *va.* to suffocate, smother.

ASÍ [AHSEE] *adv.* so, thus :: therefore :: **— que**, as soon as.

ASIÁTICO [AHSEAHTECO] *adj.* asiatic, asian.

ASIDERO [AHSEDAYRO] *m.* handle :: occasion, pretext.

ASIDUO° [AHSEDOOO] *adj.* assiduous, steady, regular.

ASIENTO [AHSEENTO] *m.* seat chair :: situation :: treaty :: sediment :: prudence.

ASIGNACIÓN [AHSIGNAHTHEON] *m.* assignment :: allowance.

ASIGNAR [AHSIGNAR] *va.* to assign, ascribe.

ASILAR [AHSEELAR] *va.* to house, shelter :: to put in an asylum.

ASILO [AHSEELO] *m.* asylum, shelter, home for aged.

ASIMILAR [AHSEMELAR] *va.* to assimilate :: to make one thing like another.

ASIMISMO [AHSEMEESMO] *adv.* equally, likewise.

ASIR [AHSEER] *va. & n.* to seize, take hold of.

ASISTENCIA [AHSISTENTHEAH] *f.* those present, audience :: help, assistance.

ASISTENTE [AHSISTENTAY] *m.* assistant :: helper :: military orderly.

ASISTIR [AHSISTEER] *vn.* to be present, to follow suit *(en naipes)* :: *va.* to help, assist :: to attend *(a un enfermo)*.

ASMA [AHSMAH] *f.* asthma.

ASNO [AHSNO] *m.* ass, donkey.

ASOCIACIÓN [AHSOTHEAHTHEON] *f.* association.

ASOCIADO° [AHSOTHEAHDO] *m.* associate.

ASOCIAR [AHSOTHEAR] *va.* to associate, put together :: *vr.* to associate with.

ASOLAR [AHSOLAR] *va.* to level with the ground, raze :: to make desolate, devastate.

ASOMAR [AHSOMAR] *vn.* to appear :: *vr.* to put stick, look out.

ASOMBRAR [AHSOMBRAR] *va.* to frighten :: to astonish, amaze.

ASOMBRO [AHSOMBRO] *m.* astonishment, amazement :: fright.

ASOMBROSO° [AHSOMBROSO] *adj.* astonishing, amazing.

ASOMO [AHSOMO] *m.* sign. token, hint, inkling, suspicion.

ASPA [AHSPAH] *f.* sail *(de molino)* :: St. Andrew's cross.

ASPAVIENTO [AHSPAHVEENTO] *m.* forced or exaggerated display.

ASPECTO [AHSPEKTO] *m.* aspect :: appearance, looks :: outlook :: **bajo el —**, as regards.

ASPEREZA [AHSPAYRO] *f.* asperity :: gruffness, harshness.

ÁSPERO° [AHSPAYRO] *adj.* rough, harsh, raw, severe.

ASPIRACIÓN [ASPERATHEON] *f.* aspiration, ambition, longing :: inhalation, breathing in.

ASPIRADORA [ASPERAHDORA] *f.* vacuum cleaner.

ASPIRANTE [ASPERAHNTAY] *m. & f.* applicant :: candidate.

ASPIRAR [AHSPERAR] *va.* to draw in breath :: to aspire :: to aim at, covet.

ASPIRINA [ASPEREENAH] *f.* aspirin.

ASQUEAR [ASKAYAR] *va.* to disgust, nauseate, sicken.

ASQUEROSO° [AHSKAYROSO] *adj.* nasty, disgusting, loathsome.

ASTA [AHSTAH] *f.* horn, antler :: staff, pole, flagstaff :: shaft *(de lanza, etc.)*.

ASTILLA [ASTEELLYAH] *f.* chip :: splinter :: splint.

ASTILLAR [ASTEELLYAR] *va.* to chip :: to splinter :: **—se**, to splinter :: break into splinters.

ASTILLERO [AHSTELYAYRO] *m.* shipwright's yard, dock-yard :: rack *(para lanzas, etc.)*.

ASTRINGENTE [ASTRINHENTAY] *adj. & m.* astringent.

ASTRO [AHSTRO] *m.* star, planet.

ASTROLOGÍA [ASTROLOHEEAH] *f.* astrology.

ASTRONAUTA [ASTRONAHOOTAH] *m. & f.* astronaut.

ASTRONOMÍA [ASTRONOMEEAH] *f.* astronomy.

ASTRÓNOMO [ASTRONOMO] *m.* astronomer.

ASTUCIA [AHSTOOTHEAH] *f.* cunning :: slyness.

ASTUTO° [AHSTOOTO] *adj.* astute, cunning, sly, crafty.

ASUETO [AHSOOAYTO] *m.* recess, vacation :: **día de —**, holiday.

ASUMIR [AHSOOMEER] *va.* to assume, take up, adopt.

ASUNTO [AHSOONTO] *m.* subject :: subject matter :: affair, business.

ASUSTADIZO [AHSOOSTAHDEETHO] *adj.* shy, scary, easily frightened, jumpy.

ASUSTAR [AHSOOSTAR] *va.* to frighten, startle, scare :: *vr.* to be frightened.

ATACANTE [AHTACANTAY] *m.* attacker :: *adj.* attacking.

ATACAR [AHTAHKAR] *va.* to attack, storm.

ATADO [AHTAHDO] *m.* bundle, parcel.

ATADURA [AHTAHDOORAH] *f.* tie, knot :: fastening.

ATAJAR [AHTAHHAR] *vn.* to take a short cut :: *va.* to intercept :: to obstruct :: to cut short.

ATAJO [AHTAHHO] *m.* short cut :: interception.

ATALAYA [AHTALAHYAH] *m.* lookout, watchtower :: *m.* lookout, watchman, guard.

ATAÑER [AHTAHNYAIR] *vn.* to appertain.

ATAQUE [AHTAHKAY] *m.* attack :: fit.

ATAR [AHTAR] *va.* to tie :: to bind :: **loco de** —, raving lunatic.

ATARDECER [AHTARDETHER] *m.* late afternoon.

ATAREADO [AHTAHRAYAHDO] *adj.* adj. exceedingly busy.

ATAREAR [AHTAHRAYAR] *va.* to overwork, load with work :: —**se**, to toil, work hard :: to be very busy.

ATASCAR [AHTASCAR] *va.* to stop up :: to jam, obstruct :: —**se**, to get stuck :: to stick :: to jam, get obstructed :: to stall.

ATAÚD [AHTAHOOD] *m.* coffin.

ATAVIAR [AHTAHVEAR] *va.* to attire, eck, adorn :: —**se**, to dress up, doll up.

ATAVÍO [AHTAHVEEO] *m.* embellishment :: dress, ornament.

ATEÍSMO [AHTAYEESMO] *m.* atheism.

ATEMORIZAR [AHTAYMORETHAR] *va.* to frighten, daunt.

ATEMPERAR [AHTEMPAYRAR] *va.* to temper, soften, mollify, assuage :: to accomodate :: to adjust.

ATENCIÓN [AHTENTHEON] *f.* attention :: civility :: care :: *interj.* Look out! Beware!

ATENDER [AHTENDER] *vn.* to heed, pay attention :: to attend to, take care of :: to take into account or consideration.

ATENEO [AHTAYNAYO] *m.* literary forum.

ATENERSE [AHTAYNERRSAY] *vr.* to rely (on) :: to accept, abide (by).

ATENTADO [AHTENTAHDO] *m.* offense, violation :: crime, violence.

ATENTAR [AHTENTAR] *va.* to attempt or to make an attempt on :: to attack.

ATENTO• [AHTENTO] *adj.* attentive, polite.

ATENUANTE [AHTAYNOOAHNTAY] *adj.* attenuating, extenuating.

ATENUAR [AHTAYNOOAR] *va.* to attenuate, extenuate, to diminish.

ATEO [AHTAYO] *m.* atheist :: *adj.* atheistic.

ATERIDO [AHTAYREEDO] *adj.* stiff with cold.

ATERIRSE [AHTAYREERSAY] *vr.* to become numb with cold.

ATERRADOR [AHTERRAHDOR] *adj.* terrifying, appalling.

ATERRAR [AHTAIRRAR] *va.* to frighten, scare.

ATERRIZAJE [AHTERRETHAHHAY] *m.* landing :: **pista de** —, landing strip.

ATERRIZAR [AHTERRETHAR] *vn.* to land *(un avión)*.

ATERRORIZAR [AHTAIRRORETHAR] *va.* to terrify, terrorize.

ATESORAR [AHTAYSORAR] *va.* to treasure :: to hoard, lay up, accumulate.

ATESTADO [AHTESTAHDO] *adj.* crowded, jammed, stuffed :: witnessed.

ATESTAR [AHTESTAR] *va.* *(legal)* to attest, testify, witness :: *(llenar)* to fill up, cram, stuff, crowd.

ATESTACIÓN [AHTESTAHTHEON] *f.* testimony, affidavit.

ATESTIGUAR [AHTESTEGOOAR] *va.* to testify, witness :: to attest.

ATIBORRAR [AHTEBORRAR] *va.* to stuff :: —**se**, to stuff oneself.

ÁTICO [AHTECO] *m.* attic :: *adj.* attic :: elegant.

ATINAR [AHTENAR] *vn.* to hit the mark:: to guess right.

ATISBAR [AHTISBAR] *va.* to pry :: to scrutinise :: to waylay.

ATISBO [AHTISBO] *m.* glimpse :: insight :: peek :: spying.

ATIZAR [AHTETHAR] *va.* to stir the fire :: to stir up, arouse.

ATLÁNTICO [ATLAHNTECO] *adj.* atlantic.

ATLAS [ATLAS] *m.* atlas.

ATLETA [ATLAYTA] *m.* & *f.* athlete.

ATLÉTICO [ATLAYTECO] *adj.* athletic.

ATLETISMO [ATLAYTEESMO] *m.* athletics.

ATMÓSFERA [AHTMOSFAYRAH] *f.* atmosphere, air.

ATMOSFÉRICO [ATMOSFAYRECO] *adj.* atmospheric.

ATOLONDRADO• [AHTOLONDRAHDO] *adj.* harebrained, thoughtless, giddy.

ATOLONDRAR [AHTOLONDRAR] *va.* to confuse, muddle, perplex :: to stun :: —**se**, to get muddled,

confused :: to get stunned.

ATOLLADERO [AHTOLLYAHDAYRO] *m.* deep miry place :: obstacle, impediment.

ATOLLARSE [AHTOLLYARSAY] *vr.* to be involved in difficulties.

ATÓMICO [AHTOMECO] *adj.* atomic.

ÁTOMO [AHTOMO] *m.* atom :: small particle, tiny bit.

ATÓNITO [AHTONETO] *adj.* amazed, astonished, stunned.

ÁTONO [AHTONO] *adj.* unstressed.

ATONTADO• [AHTONTAHDO] *adj.* stupefied, stupid, stunned.

ATONTAR [AHTONTAR] *va.* to stun :: to confound, confuse.

ATORAR [AHTORAR] *va.* to jam :: to stop up, clog :: —**se**, to get stuck *(en el barro)* :: to get clogged :: to get jammed :: to choke *(con comida)*.

ATORMENTAR [AHTORMENTAR] *va.* to torment :: torture, cause affliction.

ATORNILLAR [AHTORNELYAR] *va.* to screw.

ATOSIGAR [AHTOSEGAR] *v.* to harass, bother :: to poison.

ATRACAR [AHTRAHCAR] *va.* *(llenar)* to cram stuff :: *(amarrar)* to moor, to approach land :: *(atacar)* to hold up, assault :: — **al muelle**, to dock, moor to the wharf :: —**se**, to stuff oneself, overeat.

ATRACCIÓN [AHTRACTHEON] *f.* attraction.

ATRACO [AHTRAHCO] *m.* holdup, assault.

ATRACTIVO [AHTRACTEEVO] *adj.* attractive :: *m.* attractiveness, charm.

ATRAER [AHTRAHAIR] *va.* to attract, allure :: to draw in, bring in.

ATRAGANTARSE [AHTRAGANTARSAY] *vr.* to gobble up :: to choke.

ATRANCAR [AHTRAHNKAR] *va.* to bar a door :: to obstruct.

ATRAPAR [AHTRAHPAR] *va.* to trap, ensnare :: to seize, grab :: to overtake.

ATRÁS [AHTRAHS] *adv.* backwards :: behind :: *interj.* Stand back!

ATRASADO [AHTRAHSAHDO] *adj.* late :: behind time :: backward :: slow.

ATRASAR [AHTRAHSAR] *va.* to delay :: to be slow or behind time :: —**se**, to get behind, lose time.

ATRASO [AHTRAHSO] *m.* backwardness :: arrears.

ATRAVESAR [AHTRAHVAYSAR] *va.* to cross : to pass over :: to run through :: to go over, through.

ATRAYENTE [AHTRAHYENTAY] *adj.*

attractive.

ATREVERSE [AHTRAYVAYRSAY] *vr.* to dare, venture.

ATREVIDO° [AHTRAYVEEDO] *adj.* daring, bold :: insolent.

ATREVIMIENTO [AHTRAYVEMEENTO] *m.* boldness, daring :: insolence.

ATRIBUCIÓN [AHTREBOOTHEON] *f.* attribution, attribute :: assignment, function.

ATRIBUIR [AHTREBOOEER] *va.* to ascribe, to attribute, *vr.* to assume.

ATRIBUTO [AHTREBOOTO] *m.* attribute, quality.

ATRIL [AHTREEL] *m.* lectern, book rest, music stand *(con pie)*, music rest *(sin pie)*.

ATRINCHERAR [AHTRINCHAYRAR] *va.* to entrench, fortify with trenches :: **—se**, to entrench oneself.

ATRIO [AHTREO] *m.* porch *(de una iglesia)*, portico, courtyard.

ATROCIDAD [AHTROTHEDAHD] *f.* atrocity.

ATROFIA [AHTROFEAH] *f.* atrophy.

ATROFIAR [AHTROFEAR] *va. & vr.* to atrophy.

ATRONADOR [AHTRONAHDOR] *adj.* thunderous, deafening.

ATRONAR [AHTRONAR] *va.* to deafen, to stun.

ATROPELLAR [AHTROPAYLYAR] *va.* to run over :: knock down :: to beat down, insult :: *vr.* to be in haste.

ATROPELLO [AHTROPAYLLYO] *m.* violent act :: insult :: outrage :: trampling.

ATROZ [AHTROTH] *adj.* atrocious, inhuman, heinous.

ATÚN [AHTOON] *m.* tunna.

ATURDIDO° [AHTOORDEER] *adj.* thoughtless :: unnerved, dumbfounded, bewildered.

ATURDIR [AHTOORDEER] *va.* to stupefy, bewilder, render speechless.

ATURRULLAR [AHTOORROOLYAR] *va.* to confuse, set at sixes and sevens.

ATUSAR [AHTOOSAR] *va.* to trim *(el pelo)*.

AUDACIA [AHOODAHTHEAH] *f.* boldness, effrontery.

AUDAZ° [AHOODATH] *adj.* bold, audacious, fearless.

AUDIENCIA [AHOODEENTHEAH] *m.* audience, hearing :: court of justice.

AUDITORIO [AHOODETOREO] *m.* auditorium :: audience :: *adj.* auditory.

AUGE [AHOOHAY] *m.* great prospe-

rity :: acme, highest point :: **estar en —**, to be flourishing.

AUGURAR [AHOOGOORAR] *va.* to fortell, predict.

AUGUSTO [AHOOGOOSTO] *adj.* venerable :: majestic.

AULA [AHOOLAH] *f.* schoolroom, classroom :: lecture hall.

AULLAR [AHOOLYAR] *vn.* to howl.

AULLIDO [AHOOLYEEDO] *m.* howl, cry *(de dolor, miedo)*.

AUMENTAR [AHOOMENTAR] *m.* to increase, enlarge.

AUMENTO [AHOOMENTO] *m.* increase, advance, rise.

AÚN [AHOON] *adj.* yet, still, even further.

AUNAR [AHOONAR] *va.* to unite, join :: to assemble :: to incorporate :: to mix :: *vr.* **—se**, to be united or confederated.

AUNQUE [AHOONKAY] *conj.* nevertheless, yet, although.

ÁUREO [AHOORAYO] *adj.* golden.

AUREOLA [AHOORAUOLAH] *f.* aureole, halo.

AURICULAR [AHOOREKOOLAHR] *adj.* ear :: *m.* receiver *(del teléfono)*.

AURORA [AHOORORAH] *f.* dawn :: beginning :: **— boreal**, aurora borealis, northern lights.

AUSCULTAR [AHOOSCOOLTAR] *va.* to sound, examine by listering.

AUSENCIA [AHOOSENTHEAH] *f.* absence.

AUSENTARSE [AHOOSENTARSAY] *va.* to absent oneself, stay away.

AUSENTE [AHOOSENTAY] *adj.* absent.

AUSPICIOS [AHOOSPEETHEOS] *m. pl.* auspices, patronage :: omens.

AUSTERIDAD [AHOOSTAYREDAHD] *f.* austerity.

AUSTERO [AHOOSTAYRO] *adj.* austere, stern, stric :: harsh.

AUSTRAL [AHOOSTRAHL] *adj.* southern.

AUTÉNTICO° [AHOOTENTECO] *adj.* authentic, true, genuine.

AUTO [AHOOTO] *m.* judicial decree :: edict :: **— de prision**, warrant, writ :: **— sacramental**, allegorical play on the Eucharist :: (motor) car :: *pl.* proceedings *(legales)*.

AUTOBÚS [AHOOTOBOOS] *m.* bus, autobus.

AUTÓCTONO [AHOOTOCTONO] *adj.* indigenous, native.

AUTOMÁTICO [AHOOTOMAHTECO] *adj.* automatic.

AUTOMÓVIL [AHOOTOMOVEEL] *m.* automobile, auto.

AUTOMOVILISTA [AHOOTOMOVELEESTA] *m. & f.* motorist.

AUTONOMÍA [AHOOTONOMEEAH] *f.* autonomy.

AUTOPISTA [AHOOTOPEESTAH] *f.* expressway, superhighway, freeway, throughway, turnpike.

AUTOPSIA [AHOOTOPSEAH] *f.* autopsy, post-mortem, dissection.

AUTOR [AHOOTOR] *m.* author :: writer :: composer.

AUTORIDAD [AHOOTOREEDAHD] *f.* authority.

AUTORITARIO° [AHOOTORETAHREO] *adj.* authoritative :: authoritarian, domineering :: bossy.

AUTORIZACIÓN [AHOOTORETHATHEON] *f.* authorization, sanction.

AUTORIZAR [AHOOTORETHAR] *va.* to authorize :: to legalize :: to approve.

AUTOSERVICIO [AHOOTOSERVEETHEO] *m.* self-service.

AUXILIAR [AHOOXELEAR] *va.* to help, aid, assist :: *adj.* auxiliary :: *m.* assistant.

AUXILIO [AHOOXEELEO] *m.* aid, help :: assistance :: **— social**, Public assistance.

AVAL [AHVAHL] *m. (com.)* indorsement, backing :: guarantee, surety :: countersignature.

AVALORAR [AHVAHLORAR] *va.* to appraise, value.

AVANCE [AHVAHNTHE] *m.* advance, progress, headway :: advanced payment :: attack.

AVANZADA [AHVANTHAHDAH] *f.* advance guard :: outpost :: advanced unit, spearhead.

AVANZAR [AHVANHTHAR] *vn.* to advance :: go forward.

AVARICIA [AHVAHREETHEAH] *f.* avarice, greed.

AVARIENTO [AHVAHREENTO] *adj.* avaricious, niggard, miserly.

AVARO [AHVAHRO] *adj.* miserly, greedy :: *m.* miser.

AVASALLAR [AHVAHSALLYAR] *va.* to subject, dominate, subdue.

AVE [AHVAY] *f.* bird :: fowl :: **— de rapiña**, bird of prey.

AVECINARSE [AHVAYTHENARSAY] *vr.* to approach :: to take up residence.

AVELLANA [AHVAYLYANA] *f.* hazelnut, filbert.

AVENA [AHVAYNAH] *f.* oats.

AVENENCIA [AHVAYNENTHEAH] *f.* agreement, accord.

AVENIDA [AHVAYNEEDAH] *f.* flood, inundation :: avenue.

AVENIR [AHVAYNEER] *va.* to adjust :: to reconcile :: **—se a**, to adapt oneself to :: **—se con alguien**, to get along with someone.

AVENTAJAR [AHVENTAHHAR] *va.* to

surpass, excel :: to improve.

AVENTURA [AHVENTOORAH] *f.* adventure :: risk, danger :: chance.

AVENTURAR [AHVENTOORAR] *va.* to venture, risk :: —**se a**, to risk, run the risk of :: to dare.

AVENTURERO [AHVENTOORAYRO]*adj.* adventurous :: *m.* adventurer.

AVERGONZAR [AHVAIRGONTHAR] *va.* to shame :: *vr.* to feel ashamed, be ashamed.

AVERÍA [AHVAYREEAH] *f.* damage :: *(mech.)* breakdown, failure :: **— gruesa**, general average :: **— particular**, particular average.

AVERIAR [AHVAYREAR] *va.* to damage, spoil, hurt :: —**se**, to become damaged :: to spoil.

AVERIGUAR [AHVAYREGOOAR] *va.* to ascertain, find out, investigate.

AVERSIÓN [AHVAIRSEON] *f.* aversion :: reluctance :: **cobrar — a**, to loathe.

AVESTRUZ [AHVESTROOTH] *m.* ostrich.

AVEZADO [AHVAYTHADO] *adj.* accustomed :: trained, practiced.

AVIACIÓN [AHVEAHTHEON] *f.* aviation.

AVIADOR [AHVEAHDOR] *m.* aviator, flyer :: purveyor, provider.

AVIDEZ [AHVEDETH] *f.* covetousness, avidity.

ÁVIDO [AHVEDO] *adj.* greedy, covetous :: eager.

AVIESO [AHVEAYSO] *adj.* crooked :: perverse.

AVÍO [AHVEEO] *m.* preparation, provision; *pl.* utensils :: **— de coser**, sewing materials.

AVIÓN [AHVEON] *m.* aeroplane.

AVISADO [AHVESAHDO] *adj.* cautious, prudent, wise, sharp, clear-sighted.

AVISAR [AHVESAR] *va.* to inform, give notice, advise :: to announce :: to warm.

AVISO [AHVEESO] *m.* notice, information, announcement :: care.

AVISPA [AHVISPAH] *f.* wasp.

AVISPADO [AHVISPAHDO] *adj.* lively, keen, clever, wide-awake.

AVISPAR [AHVISPAR] *va.* to spur, incite :: —**se**, to be on the alert :: to be uneasy.

AVISTAR [AHVISTAR] *va.* to glimpse, catch sight of :: —**se**, to see each other, meet.

AVITUALLAR [AHVETOOALLYAR] *va.* & *vr.* to victual.

AVIVAR [AHVEVAR] *va.* to enliven, encourage, hasten :: to heighten *(colores)* :: *vn.* to revive.

AXILA [AXEELAH] *f. (anat.)* armpit :: *(bot.)* axilla.

¡AY! [AHE] *m.* Alas!

AYA [AHYAH] *f.* child's nurse, governess.

AYER [AHYAIR] *adv.* yesterday.

AYUDA [AHYOOHDAH] *f.* aid, help, assistance :: **— de cámara**, valet.

AYUDANTE [AHYOODAHNTAY] *m.* assistant.

AYUDAR [AHYOODAR] *va.* to aid, help.

AYUNAR [AHYOONAR] *vn.* to fast.

AYUNAS [AHYOONAS] *f. pl.* **en —**, fasting :: **en — de**, totally ignorant of.

AYUNO [AHYOONO] *m.* fast :: —**de**, wholly ignorant of.

AYUNTAMIENTO [AHYOONTAHMEENTO] *m.* municipal council or government :: town hall.

AZABACHE [AHTHAHBAHCHAY] *m.* jet.

AZADA [AHTHAHDAH] *f.* spade.

AZAFATA [AHTHAHFAHTAH] *f.* airline hostess.

AZAFRÁN [AHTHATFRAHN] *m.* saffron.

AZAR [AHTHAR] *m.* hazard, chance :: unforseen disaster :: unlucky throw *(naipes, etc.)* :: disappointment.

AZOGUE [AHTHOGAY] *m.* quicksilver :: **es un —**, he's a restless creature.

AZORAR [AHTHORAR] *va.* to confound, terrify.

AZOTAINA [AHTHOTAHENAH] *f. (coll.)* whipping, flogging, spanking.

AZOTAR [AHTHOTAR] *va.* to flog whip, flagellate.

AZOTE [AHTHOTAY] *m.* whip :: lash with a whip :: scourge :: affliction, calamity.

AZOTEA [AHTHOTAYAH] *f.* flat roof.

AZÚCAR [AHTHOOKAR] *m.* sugar :: **— de pilón**, lump sugar :: **— rosado**, caramel sugar.

AZUCARADO [AHTHOOKAHRAHDO] *adj.* sweetened, candied :: *(de palabra)* honeyed.

AZUCARAR [AHTHOOCARAR] *va.* to sugar :: to sweeten :: —**se**, to become sweet.

AZUCARERO [AHTHOOCARAYRO] *m.* sugar manufacturer, producer or dealer :: sugar bowl.

AZUCENA [AHTHOOSAYNAH] *f.* white lily.

AZUFRE [AHTHOOFRAY] *m.* sulphur, brimstone.

AZUL [AHTHOOL] *adj.* blue :: **— turqui**, indigo :: *m.* lapis lazuli.

AZULADO [AHTHOOLAHDO]*adj.* bluish.

AZULAR [AHTHOOLAR] *va.* to dye or color blue.

AZULEJO [AHTHOOLAYHO] *m.* glazed tile.

AZUZAR [AHTHOOTHAR] *va.* to set on :: to irritate.

B

BABA [BAHBAH] *f.* slaver, spittle, drivel.

BABEAR [BAHBAYAR] *vn.* to drivel :: to slobber.

BABERO [BAHBAYRO] *m.* baby's bib.

BABIA [BAHBEAH] *f.* place :: **estar en —**, to be wool-gathering.

BABOR [BAHBOR] *m.* larboard, port.

BABOSEAR [BAHBOSAYAR] *va.* to slaver, drivel :: to keep one's mouth open :: to act like a fool.

BABOSO [BAHBOSO] *adj.* driveling, slobbering :: slimy :: foolishly sentimental.

BABUCHA [BAHBOOCHAH] *f.* slipper.

BACALAO [BACHLAHO] *m.* codfish.

BACÍA [BAHTEEAH] *f.* shaving or wash-basin.

BACILO [BAHTHEELO] *m.* bacillus.

BACÍN [BAHTHEEN] *m.* pot, chamber pot.

BACTERIA [BACTAYREAH] *f.* bacterium :: **—s**, bacteria.

BACTERIOLOGÍA [BACTAYREOLOHEEAH] *f.* bacteriology.

BÁCULO [BAHCOOLO] *m.* staff, cane :: aid, support.

BACHE [BAHCHAY] *m.* pot-hole in a road.

BACHILLER [BAHCHILYAIR] *m.* B.A., bachelor :: prater, babbler.

BADAJO [BAHDAHHO] *m.* bell, clapper :: tongue-wagger.

BADANA [BAHDAHNAH] *f.* sheepskin.

BADÉN [BAHDEN] *m.* gully, gutter :: catch drain :: conduit.

BAGAJE [BAHGAHHAY] *m.* baggage.

BAGATELA [BAHGAHTAYLAH] *f.* trifle, bagatelle.

BAHÍA [BAHEEAH] *f.* bay.

BAILAR [BAHELAR] *vn.* to dance.

BAILARÍN [BAHELAHREEN] *m.* dancer.

BAILE [BAHELAY] *m.* dance, ball :: **— de San Vito**, St. Vitus's dance, chorea.

BAJA [BAHHAH] *f.* fall, diminution in price :: casualty *(en la guerra)* :: **darse de —**, to resign.

BAJADA [BAHHAHDAH] *f.* descent, slope.

BAJAMAR [BAHHAHMAR] *m.* low tide.

BAJAR [BAHHAR] *vn.* to decline, fall, come down, go down :: *va* to lower.

BAJEL [BAHHEL] *m.* vessel, craft.

BAJEZA [BAHHAYTHAH] *f.* vile act or remark :: meanness :: baseness :: degradation.

BAJO [BAHHO] *ad.* low, not tall,

mean, lowered :: *adv.* below :: **hablar —**, to speak softly :: *prep.* under :: *m.* bass :: *pl.* petticoats.

BAJÓN [BAHHON] *m.* bassoon, bassoon-player.

BALA [BAHLAH] *f.* bullet :: bale.

BALADA [BAHLAHDAH] *f.* ballad.

BALADÍ [BAHLAHDEE] *adj.* trifling, unimportant, worthless.

BALADRÓN [BAHLAHDRON] *m.* boaster.

BALANCE [BAHLAHNTHAY] *m.* equilibrium :: balance :: balance-sheet :: **echar un —**, to draw up a balance.

BALANCEAR [BAHLAHNTHAYAR] *va.* to balance, to settle accounts :: to rock, balance, dandle.

BALANCEO [BAHLANTHAYO] *m.* rocking, rolling :: swinging :: balancing :: wavering :: wobbling.

BALANCÍN [BAHLANTHEEN] *m.* splinter bar :: whippletree :: seesaw :: *(mech.)* balance beam :: walking beam :: *(naut.)* out-rigger.

BALANZA [BAHLAHNTHAH] *f.* scale :: pair of scales.

BALAR [BAHLAR] *vn.* to bleat.

BALAUSTRADA [BAHLAHOOSTRAHDAH] *f.* balustrade.

BALAZO [BAHLAHTHO] *m.* shot :: bullet-wound.

BALBUCEAR [BAHLBOOTHAYAR] *vn.* to babble, mumble, stutter, make first sounds.

BALBUCEO [BALBOOTHAYO] *m.* babble.

BALBUCIR [BALBOOTHEER] *vn.* to lisp, stammer, stutter :: to babble, prattle.

BALCÓN [BAHLKON] *m.* balcony, veranda.

BALDADO [BAHLDAHDO] *adj.* crippled :: *m.* cripple.

BALDAR [BAHLDAR] *va.* to cripple, obstruct :: to trump *(naipes).*

BALDE [BAHLDAY] *m.* widebottomed bucket :: **de —**, free, without paying :: **en —**, in vain.

BALDÍO [BAHLDEEO] *adj.* uncultivated :: idle :: *m.* waste land.

BALDÓN [BAHLDON] *m.* opprobrium, affront, blot on escutcheon.

BALDOSA [BAHLDOSAH] *f.* square paving tile :: flag-stone.

BALIDO [BAHLEEDO] *m.* bleating.

BALIZA [BAHLEETHA] *f. (naut.)* buoy, beacon.

BALNEARIO [BAHLNAYAHREO] *adj.* of baths :: *m.* wateringplace.

BALÓN [BAHLON] *m.* large bundle :: bale :: foot-ball.

BALSA [BAHLSAH] *f.* pool, lake ::

raft.

BÁLSAMO [BAHLSAHMO] *m.* balsam, balm.

BALUARTE [BAHLOOARTAY] *m.* bastion :: bulwark.

BALLENA [BAHLYAYNAH] *f.* whale :: whalebone.

BALLESTA [BAHLYESTAH] *f.* crossbow :: **a tiro de —**, a bow shot away.

BAMBOLEAR [BAHMBOLAYAR] *vn.* stagger, reel :: to oscillate :: totter.

BAMBOLLA [BAHMBOLYAH] *f. (coll.)* showiness, ostentation, swank.

BAMBÚ [BAHMBOO] *m.* bamboo :: bamboo-cane.

BANANA [BAHNAHNAH] *f.* banana.

BANASTA [BAHNAHSTAH] *f.* large basket.

BANCA [BAHNKAH] *f.* bench, long wooden seat :: Philippine canoe :: banking :: **— de hielo**, ice-field.

BANCARIO [BANCAHREO] *adj.* bank, pertaining to a bank.

BANCARROTA [BAHNKAHRROTAH] *f.* bankruptcy, failure.

BANCO [BAHNKO] *m.* bench, form :: bank :: shoal *(de peces).*

BANDA [BAHNDAH] *f.* band :: *(mil.)* band :: sash :: gang, party :: side *(de un barco)* :: cushion *(en billar).*

BANDADA [BAHNDAHDAH] *f.* flock covey, flight.

BANDEJA [BAHNDAYHAH] *f.* tray platter.

BANDERA [BANDAYRAH] *f.* banner, flag.

BANDERILLA [BAHNDAYREELYAH] *f.* barbed stick used in bullfighting.

BANDIDO [BAHNDEEDO] *m.* bandit, outlaw, highwayman.

BANDO [BAHNDO] *m.* proclamation, edict :: faction, side, persuasion.

BANDOLERO [BANDOLAYRO] *m.* bandit.

BANDURRIA [BANDOOREAH] *f. (mus.)* bandore, bandurria.

BANJO [BAHNHO] *m. (mus.)* banjo.

BANQUERO [BAHNKAYRO] *m.* banker, manager.

BANQUETA [BANKAYTAH] *f.* bench :: stool :: footstool.

BANQUETE [BAHNKAYTAY] *m.* banquet.

BANQUILLO [BANKEELYO] *m.* bench, stool :: dock *(acusados).*

BAÑADOR [BANYAHDOR] *m.* bather, bathing suit :: *adj.* bathing.

BAÑAR [BAHNYAR] *va.* to bathe, dip,

wash :: irrigate.

BAÑERA [BANNYAYRAH] *f.* bathtub.

BAÑISTA [BAHNYEESTAH] *m. & f.* bather.

BAÑO [BAHNYO] *m.* bath, bathing :: bath-tub :: coat *(de pintura, etc.)* :: **– de maría,** double boiler.

BAQUETA [BANKAYTAH] *f.* rod :: whip :: **–s,** drumsticks.

BAQUETEAR [BAHKAYTAYAR] *va.* to vex, annoy.

BAR [BAR] *m.* taproom, tavern.

BARAJA [BAHRAHHAH] *f.* pack of cards.

BARAJAR [BAHRAHHAR] *va.* to shuffle :: to mix, jumble together :: to wrangle.

BARANDA [BARAHNDAH] *f.* railing.

BARANDILLA [BAHRANDEELYAH] *f.* balustrade, rail, railing.

BARATA [BAHRAHTAH] *f.* barter, exchange.

BARATEAR [BAHRAHTAYAR] *vn.* to sell cheap :: to cheapen :: to cut the price of.

BARATIJA [BAHRAHTEEHAH] *f.* trifle, bauble :: toy, trinket.

BARATO [BAHRAHTO] *adj.* cheap, inexpensive :: *adv.* cheaply.

BARATURA [BAHRAHTOORAH] *f.* cheapness, little value.

BARAÚNDA [BAHRAHOONDAH] *f.* hubbub :: confusion, scrum.

BARBA [BARBAH] *f.* chin, beard :: actor who plays old men's parts :: **por –,** ahead, apiece :: **hacer la –,** to shave.

BARBACOA [BARBACOAH] *f. (Amer).* barbecue :: barbecued meat.

BARBARIDAD [BARBAHREDAHD] *f.* cruelty, brutality :: rudeness :: **¡que –!,** what nonsense! :: what an atrocity!

BARBARIE [BARBAHREAY] *f.* barbarism :: incivility.

BÁRBARO° [BARBAHRO] *m.* barbarian :: *adj.* barbarous, rough, rude, clumsy, crude :: *(pop.)* wizard, stunning.

BARBECHAR [BARBAYCHAR] *va.* to plow :: to fallow.

BARBECHO [BARBAYCHO] *m.* first plowing :: plowed land :: fallow, fallow land.

BARBERÍA [BARBAYREEAH] *f.* barbershop :: barbering.

BARBERO [BARBAYRO] *m.* barber.

BARBILLA [BARBEELYAH] *f.* chin.

BARBOTAR [BARBOTAR] *va.* to mutter, mumble.

BARCA [BARKAH] *f.* small boat, barge, ferry-boat.

BARCO [BARKO] *m.* boat, ship :: barge :: vessel.

BARDO [BARDO] *m.* bard, minstrel,

poet.

BARÍTONO [BAREETONO] *m.* baritone.

BARLOVENTO [BARLOVENTO] *m.* windward :: weather-side.

BARNIZ [BARNEETH] *m.* varnish :: superficial coat, veneer.

BARNIZAR [BARNETHAR] *va.* to varnish :: to glace.

BARÓMETRO [BAHROMAYTRO] *m.* barometer.

BARÓN [BAHRON] *m.* baron.

BARQUERO [BARKAYRO] *m.* boatman :: ferryman.

BARQUILLO [BARKEELYO] *m.* small boat :: sweet wafer.

BARRA [BARRAH] *f.* bar, stick, length :: iron lever :: metal ingot :: sand-bank.

BARRACA [BARRAHKAH] *f.* hut, cabin :: stall :: cottage :: barrack.

BARRANCA [BARRAHNKAH] *f.* precipice, difficulty.

BARRANCO [BARRAHNKO] *m.* gorge, ravine :: great difficulty.

BARREDURA [BARRAYDOORAH] *f.* sweepings.

BARRENA [BARRAYNAH] *f.* auger, drill :: gimlet :: spinning dive *(de un avión).*

BARRENAR [BARRAYNAR] *va.* to bore, drill :: *(naut.)* to scuttle.

BARRENDERO [BARRENDAYRO] *m.* sweeper.

BARRENO [BARRAYNO] *m.* large auger or borer :: bore hole, blast hole :: shot :: vanity :: pride.

BARREÑO [BARRAYNYO] *m.* earthen pan :: tub :: dishpan.

BARRER [BARRAIR] *va.* to sweep, sweep away, carry off the whole :: to rake.

BARRERA [BARRAYRAH] *f.* barrier :: obstacle.

BARRIADA [BAHREAHDAH] *f.* city ward, district, suburb.

BARRIDO [BARREDO] *m.* sweep, sweeping :: sweepings.

BARRIGA [BARREEGAH] *f.* belly, abdomen.

BARRIGUDO [BARREGOODO] *adj.* bigbellied.

BARRIL [BARREEL] *m.* barrel, water cask.

BARRIO [BARREO] *m.* ward, district, quarter, suburb.

BARRIZAL [BARRETHAHL] *m.* muddy place, clay pit, mire.

BARRO [BARRO] *m.* clay, mud :: **– cocido,** terra-cotta :: *pl.* pimples.

BARROTE [BARROTAY] *m.* short, thick bar :: brace :: rung *(de una silla).*

BARRUNTAR [BARROONTAR] *va.* to guess, anticipate, conjecture,

suspect.

BARRUNTO [BARROONTO] *m.* conjecture, foresight.

BÁRTULOS [BARTOOLOS] *m. pl.* tools, household goods, chattels.

BARULLO [BAHROOLLYO] *m.* hubbub, racket, disorder.

BASAMENTO [BAHSAHMENTO] *m. (arch.)* basement :: pedestal.

BASAR [BAHSAR] *vn.* to base, set up, found.

BÁSCULA [BAHSKOOLAH] *f.* lever scale, weighing scales.

BASE [BAHSAY] *f.* basis, foundation, ground.

BÁSICO [BAHSEECO] *adj.* basic.

BASÍLICA [BAHSEELECAH] *f.* basilica :: roman public hall :: *(anat.)* basilic vein.

BASTA [BAHSTAH] *interj.* enough :: halt, stop :: *f. (sew)* basting.

BASTANTE [BAHSTAHNTAY] *adv.* enough, sufficiently, quite, rather :: *adj.* sufficient.

BASTAR [BASTAR] *vn.* to be enough :: to suffice.

BASTARDILLA [BASTARDEELLYAH] *f.* italic type, italics.

BASTARDO [BAHSTARDO] *adj.* bastard, spurious :: *m.* bastard.

BASTIDOR [BAHSTEDOR] *m.* embroidery frame :: **entre bastidores** *(theat.),* in the wings.

BASTILLA [BASTEELLYAH] *f.* hem.

BASTO° [BAHSTO] *adj.* coarse :: *m.* club *(palo de la baraja)* :: *Amer.* saddle pad.

BASTÓN [BAHSTON] *m.* cane, stick.

BASURA [BAHSOORAH] *f.* sweepings, dung, refuse, garbage.

BASURERO [BAHSOORAYRO] *m.* dustman :: dust-pan, rubbish dump.

BATA [BAHTAH] *m.* dressing-gown, house-coat, wrap.

BATAHOLA [BAHTAHOLAH] *f.* bustle, damour.

BATALLA [BAHTAHLYAH] *f.* battle, fight.

BATALLAR [BAHTALLYAR] *vn.* to battle, fight, struggle.

BATALLÓN [BAHTALYIONE] *m.* battalion.

BATE [BAHTAY] *m.* baseball bat.

BATEA [BAHTAYAH] *f.* wooden, painted tray :: punt.

BATEADOR [BAHTAYAHDOR] *m.* batter *(de béisbol).*

BATEAR [BAHTAYAR] *va. & n.* to bat.

BATERÍA [BAHTAYREEAH] *f.* battery :: **– de cocina,** kitchen utensils.

BATIDA [BAHTEEDAH] *f.* hunting party :: battue.

BATIENTE [BAHTEENTAY] *m.* jamb, leaf, post *(de la puerta).*

BATIDOR [BAHTEDOR] *m.* beater :: scout.

BATIR [BAHTEER] *va.* to beat *(huevos, etc.)* :: clap :: demolish :: coin *(moneda)* :: *(mil.)* reconnoitre :: *vr.* to fight, engage in a duel.

BATISTA [BAHTISTAH] *f.* lawn, cambric.

BATUTA [BAHTOOTAH] *f.* orchestra conductor's baton or wand.

BAÚL [BAHOOL] *m.* trunk, chest, box.

BAUTISMO [BAHOOTISMO] *m.* baptism.

BAUTIZAR [BAHOOTETHAR] *va.* to baptize, christen.

BAUTIZO [BAHOOTEETHO] *m.* christening, baptism.

BAYA [BAHYAH] *f.* berry.

BAYETA [BAHYAYTAH] *f.* baize :: thick, rough woollen cloth.

BAYO [BAHYO] *adj.* bay :: yellowish colour.

BAYONETA [BAHYONAYTAH] *f.* bayonet :: — **calada,** fixed bayonet.

BAZA [BAHTHAH] *f.* trick *(en naipes)* :: **meter** —, to meddle :: to butt into a conversation :: **no dejar meter** —, not to let a person put a word in edgewise.

BAZAR [BAHTHAR] *m.* bazaar :: department store.

BAZO [BAHTHO] *m.* spleen.

BAZOFIA [BAHTHOFEAH] *f.* hogwash :: remnants.

BEATA [BAYAHTAH] *f.* pious old maid :: woman engaged in works of piety :: hypocrite :: church-goer :: very devout lady.

BEATITUD [BAYAHTETOOD] *f.* blessedness, holiness.

BEATO [BAYAHTO] *adj.* blessed, happy.

BEBÉ [BAYBAY] *m.* baby.

BEBEDERO [BAYBAYDAYRO] *m.* drinking trough :: watering place :: spout.

BEBEDOR [BAYBAYDOR] *adj.* drinker :: drunkard.

BEBER [BAYBAIR] *va. & vn.* to drink, swallow, imbibe :: — **los vientos por,** to be mad for love of.

BEBIDA [BAYBEEDAH] *f.* drink, beverage, potion.

BECA [BAYKAH] *f.* scholarship, grant, fellowship, allowance to a student.

BECADA [BAYKAHDAH] *f.* woodcock, scholarship holder.

BECARIO [BAYCAHREO] *m.* scholar, fellow, holder of a scholarship.

BECERRO [BAYTHAIRRO] *m.* year-

ling calf :: tanned calf-skin :: church register :: book bound in calf-skin :: — **marino,** seal.

BEDEL [BAYDEL] *m.* beadle, *(de universidad)* porter.

BELDAD [BELDAHD] *f.* beauty :: loveliness.

BÉLICO [BAYLEKO] *m.* warlike, martial.

BELICOSO [BAYLEKOSO] *adj.* warlike, pugnacious.

BELIGERANTE [BAYLEHAYRAHNTAY] *adj.* belligerent.

BELLACO [BAYLYAHKO] *m.* rogue, knave, sly one.

BELLAQUERÍA [BAYLYAHKAYREEAH] *f.* knavery, act of cunning.

BELLEZA [BAYLYAYTHAH] *f.* beauty, loveliness :: flourish, ornament.

BELLO [BAYLYO] *adj.* beautiful, handsome, fair, lovely.

BELLOTA [BAYLYOTAH] *f.* acorn.

BENDECIR [BANDAYTHEER] *va.* to bless, consecrate.

BENDICIÓN [BENDETHEON] *f.* benediction :: *pl.* marriage ceremony, blessing.

BENDITO [BENDEETO] *adj.* blessed :: *m.* simpleton :: saint.

BENEFACTOR [BAYNAYFACTOR] *m.* benefactor :: patron.

BENEFICENCIA [BAYNAYFETHENTHEAH] *f.* beneficence, kindness, charity :: — **pública,** welfare.

BENEFICIAR [BAYNAYFETHEAR] *va.* to benefit, cultivate, improve :: to reward :: to confer a sinecure :: to purchase a living :: *vr.* to make profit, to improve oneself.

BENEFICIO [BAYNAYFEETHEO] *m.* benefit, profit :: favour, kindness :: *(eccl.)* living.

BENEFICIOSO [BAYNAYFETHEOSO] *adj.* beneficial, advantageous.

BENÉFICO [BAYNAYFECO] *adj.* beneficent, good, kind.

BENEMÉRITO [BAYNAYMAYRETO] *adj.* worthy, meritorious :: *f.* Guardia Civil.

BENEPLÁCITO [BAYNAYPLAHTHETO] *m.* approbation, consent, good will.

BENEVOLENCIA [BAYNAYVOLENTHEAH] *f.* benevolence, kindness.

BENÉVOLO [BAYNAYVOLO] *adj.* kindhearted, amiable, benevolent.

BENIGNO [BAYNIGNO] *adj.* benign, clement, kind :: mild *(clima).*

BEODO [BAYODO] *m.* drunken, soused.

BERENJENA [BAYRENHAYNAH] *f.* eggplant.

BERGANTÍN [BAIRGAHNTEEN] *m.* brig. brigantine.

BERMEJO [BAIRMAYHO] *adj.* brigh? red, vermilion.

BERMELLÓN [BAIRMELLYON] *m.* ver milion.

BERREAR [BAIRRAYAR] *vn.* to low.

BERRIDO [BERREEDO] *m.* bellow, be llowing :: scream.

BERRINCHE [BAIRREENCHAY] *m.?* fury, temper.

BERRO [BAIRRO] *m.* water-cress.

BERZA [BAIRTHAH] *f.* cabbage :: — **lombarda,** red cabbage.

BESAR [BAYSAR] *va.* to kiss.

BESO [BAYSO] *m.* kiss.

BESTIA [BESTEAH] *f.* beast :: stupid person, clod, idiot.

BESTIAL [BESTEAHL] *adj.* bestial, brutish, brutal, irrational :: *(fig.?* enormous :: *(coll.)* terrific.

BESTIALIDAD [BESTEAHLEDAHD] *f.* bestiality, brutality.

BESUGO [BAYSOOGO] *m.* seabream.

BESUQUEAR [BAYSOOKAYAR] *va.* to? slobber over with kisses, cover with kisses.

BETÚN [BAYTOON] *m.* bitumen :: shoe-blacking.

BIBERÓN [BEBAYRON] *m.* feeding-bottle.

BIBLIA [BEEBLE] *f.* Bible.

BÍBLICO [BEEBLECO] *adj.* Biblical.

BIBLIOTECA [BEBLEOTAYKAH] *f.* library :: public library.

BIBLIOTECARIO [BEBLEOTAYCAHREO] *m.* librarian.

BICARBONATO [BECARBONAHTO] *m.* bicarbonate.

BICICLETA [BETHEKLAYTAH] *f.* bicycle.

BICHO [BEECHO] *m.* grub, grub, vermin :: *(coll.)* brat.

BIDÓN [BEEDON] *m.* beaker :: drum, tin can.

BIEN [BEEN] *m.* good, utility :: darling, loved one :: **no** —, as soon as :: *pl.* — **muebles,** goods and chattels :: —**s raíces,** real estate :: *adv.* well, right, indeed, easily, although.

BIENAL [BEAYNAHL] *adj.* biennial.

BIENANDANZA [BEENAHNDAHNTHAH] *f.* prosperity, fortune, success, good luck.

BIENAVENTURADO [BEENAHVENTOORAHDO] *adj.* happy, fortunate, blessed.

BIENESTAR [BEENESTAR] *m.* comfort, well-being.

BIENHECHOR [BEENAYCHOR] *m.* benefactor.

BIENIO [BEENEO] *m.* two-year space *or* period, the two years.

BIENVENIDA [BEENVAYNEEDAH] *f.* welcome :: **dar la** —, to welcome.

BIFURCACIÓN [BEFOORKAHTHEON] *f.*

forking, fork, branching.

BIFUCARSE [BEFOORCARSAY] vr. to fork, branch off, divide into two branches.

BIGAMIA [BEGAHMEAH] f. bigamy.

BIGOTE [BEGOTAY] m. moustache, whisker.

BILINGÜE [BELEENGOOAY] adj. bilingual.

BILINGÜISMO [BELEENGOOISMO] m. bilingualism.

BILIOSO [BELEOHSO] adj. bilious.

BILIS [BEELIS] f. bile.

BILLAR [BELYAR] m. billiards :: billiard table :: **sala de —**, billiard hall.

BILLETE [BELYAYTAY] m. note, brief letter, love-letter :: ticket :: **— de banco**, bank note :: **— sencillo**, single ticket :: **— de ida y vuelta**, return ticket.

BILLÓN [BELYONE] m. billion.

BINÓCULO [BENOKOOLO] m. binocular(s).

BIOGRAFÍA [BEOGRAHFEEAH] f. biography.

BIOLOGÍA [BIOLOHEEAH] f. biology.

BIOMBO [BEOMBO] m. folding screen.

BIPLANO [BEPLAHNO] m. biplane.

BIRLAR [BEERLAR] va. to bowl a second time :: to knock down :: to kill at one blow :: snatch away.

BIRLOCHA [BEERLOCHAH] f. paper kite.

BIRRETA [BEERRAYTAH] f. cardinal's red cap.

BIRRETE [BEERRAYTAY] m. academic cap :: mortarboard.

BISABUELO [BESAHBOOAYLO] m. & f. great-grandfather, great-grandmother.

BISAGRA [BESAHGRAH] f. hinge.

BISEL [BESEL] m. bevel, bevelled edge.

BISIESTO [BESEESTO] m. leap year.

BISONTE [BESONTAY] m. bison :: the american buffalo.

BISOÑO [BESONYO] adj. novice, inexperienced :: raw recruit.

BISTURÍ [BEESTOOREE] m. scalpel, surgical knife.

BIZARRÍA [BETHARREAH] f. gallantry, dash, swagger, liberality, splendidness.

BIZARRO* [BETHARRO] adj. gallant, dashing, brave :: generous :: rare.

BIZCO [BEETHKO] adj. squinteyes, cross-eyed.

BIZCOCHO [BITHKOCHO] m. sponge-cake, sponge-biscuit.

BIZMA [BEETHMAH] f. poultice.

BIZNIETO [BITHNEAYTO] m. & f. great-grandson :: great-granddaughter.

BLANCA [BLAHNKAH] f. (mus.) minim :: **sin —**, broke, without a bean.

BLANCO [BLAHNKO] adj. white :: m. lacuna, blank :: goal, target, aim :: white star or spot on horses :: **arma —a**, cold steel weapons :: **dar en el —**, to hit the mark :: **dejar en —**, to leave blank.

BLANCURA [BLANCOORAH] f. whiteness.

BLANCUZCO [BLANCOOTHCO] adj. whitish.

BLANDIR [BLANDEER] va. to brandish, flourish, swing.

BLANDO [BLAHNDO] adj. soft, pliant, mild, tractable, gentle, yielding.

BLANDURA [BLANDOORAH] f. softness :: mildness, gentleness.

BLANQUEAR [BLAHNKAYAR] va. to whiten :: to bleach :: to whitewash :: vn. to be bleached, go white.

BLANQUEO [BLANKAYO] m. whitening, bleach, bleaching.

BLASFEMAR [BLAHSFAYMAR] vn. to blaspheme :: to curse.

BLASFEMIA [BLASFAYMEAH] f. blasphemy.

BLASÓN [BLAHSON] m. heraldry, escutcheon, shield, armorial bearings :: pride, proud boast.

BLASONAR [BLAHSONAR] va. to blazon :: vn. to be ostentatious :: **— de**, to boast of.

BLEDO [BLAIDO] m. (bot.) blite :: prostrate pigweed :: (coll.) straw, pin :: **no me importa un —**, I don't give a straw.

BLINDAJE [BLINDAYHAY] m. armor, armor plating.

BLINDAR [BLINDAR] va. to armor.

BLOQUE [BLOKAY] m. block.

BLOQUEAR [BLOKAYAR] va. to blockade.

BLOQUEO [BLOKAYO] m. blockade.

BLUSA [BLOOSAH] f. blouse, smock.

BOATO [BOAHTO] m. show, flourish, pomp, panache, ostentation.

BOBADA [BOBAHDAH] f. foolishness, folly.

BOBALICÓN [BOBAHLEKON] m. blockhead.

BOBERÍA [BOBAYREEAH] f. stupidity :: foolishness, doltishness.

BOBINA [BOBEENAH] f. bobbin, reel :: electric coil.

BOBO [BOBO] m. dunce, dolt, clown, fool :: adj. silly, simple, innocent.

BOCA [BOKAH] f. mouth :: entrance, bung, hole :: nozzle :: **a — de jarro**, point-blank, very close :: **— arriba**, face upwards ::

— abajo, on one's face, face downwards :: **hacer —**, to take an appetiser :: **no decir esta — es mía**, to keep mum :: **de manos a —**, unexpectedly, out of the blue.

BOCACALLE [BOKAHKAHLYAY] f. crossing, junction, opening, end of street.

BOCADILLO [BOKAHDEELYO] m. sandwich :: "snack" :: narrow ribbon.

BOCADO [BOKAHDO] m. morsel bite :: **— de rey**, tibit, delicacy.

BOCANADA [BOKAHNAHDAH] f. puff, whiff :: **— de viento**, gust, blast.

BOCETO [BOTHAYTO] m. sketch, unfinished drawing.

BOCINA [BOTHEENAH] f. horn (de un coche), trumpet, megaphone, fog-horn.

BOCHORNO [BOCHORNO] m. sultry weather :: disgrace, stigma, obloquy, dishonour :: blush :: shame, blot.

BOCHORNOSO* [BOCHORNOSO] adj. sultry :: embarrassing.

BODA [BODAH] f. wedding, marriage ceremony.

BODEGA [BODAYGAH] f. cellar, wine-vault :: store-room :: (naut.) hold.

BODOQUE [BODOKAY] m. wad :: lump :: dunce.

BOFE [BOFAY] m. lung.

BOFETADA [BOFAYTAHDAH] f. slap :: pl. **a —s**, with his fists.

BOGA [BOGAH] f. rowing :: **estar en —**, to be fashionable :: m. rower in a canoe.

BOGAR [BOGAR] vn. to row.

BOHEMIO [BOAYMEO] adj. & m. bohemian.

BOICOT [BOECOT] m. boycott.

BOICOTEAR [BOECOTAYAR] va. to boycott.

BOINA [BOENAH] f. cap.

BOJ [BOH] m. box-tree, box-wood.

BOLA [BOLAH] f. ball :: bowl, bowling :: (coll.) lie :: (Arg.) weighted lariat.

BOLEAR [BOLAYAR] vn. to play billiards :: to bowl :: to lie, fib.

BOLERO [BOLAYRO] m. Spanish dance.

BOLETA [BOLAYTAH] f. ticket :: soldiers' billet.

BOLETÍN [BOLAYTEEN] m. official gazette, bulletin.

BOLICHE [BOLEECHAY] m. jack (en los bolos) :: cup-and ball (juego) :: drag-net.

BOLÍGRAFO [BOLEEGRAHFO] m. ball point pen.

BOLO [BOLO] m. one of the ninepins *(en bolos)* :: dunce, stupid fellow :: **–s**, bowls, bowling :: **jugar a los –s**, to bowl.

BOLSA [BOLSAH] *f.* purse :: money :: Exchange.

BOLSILLO [BOLSEELYO] *m.* pocket :: purse.

BOLSO [BOLSO] *m.* purse, bag :: **– de mano**, handbag.

BOLLO [BOLYO] *m.* small loaf, small cake :: dent, lump.

BOMBA [BOMBAH] *f.* pump :: bomb :: lamp-chimney.

BOMBACHO [BOMBACHO] *adj.* loose-fitting *(pantalones)*.

BOMBARDEAR [BOMBARDAYAR] *va.* to bomb.

BOMBARDEO [BOMBARDAYO] *m.* bombardment, bombing.

BOMBARDERO [BOMBARDAYRO] *m.* bombardier :: bomber.

BOMBEAR [BOMBAYAR] *va. (echar bombas)* to bomb :: *(alabar)* to praise, extol.

BOMBERO [BOMBAYRO] *m.* fireman.

BOMBILLA [BOMBEELYAH] *f.* (elect.) light bulb.

BOMBO [BOMBO] *m.* large drum :: bass drum :: player on a bass drum.

BOMBÓN [BOMBON] *m.* bonbon, candy.

BONACHÓN [BONAHCHONE] *adj.* good-natured :: naive, simple.

BONANZA [BONAHNTHAH] *f.* calm, fair weather at sea :: prosperity.

BONDAD [BONDAHD] *f.* goodness :: kindness.

BONDADOSO• [BONDAHDOSO] *adj.* good, kind.

BONETE [BONAYTAY] *m.* cap. bonnet *(eccl. & acad.)*.

BONITO [BONEETO] *adj.* pretty, nice, graceful :: *m.* striped tunny.

BONO [BONO] *m.* bond, certificate, security :: **– del tesoro**, exchequer bill, Treasury bill.

BOQUEAR [BOKAYAR] *va.* to gasp :: to breathe one's last.

BOQUETE [BOKAYTAY] *m.* gap. narrow entrance.

BOQUIABIERTO [BOKEBEAIRTO] *adj.* gaping, openmouthed :: *m.* gaper.

BOQUILLA [BOKEELYAH] *f. (mus.)* mouth-piece :: cigarette-holder :: gas-jet.

BOQUIRROTO [BOKEERROTO] *adj.* loquacious, garrulous.

BORBOTAR [BORBOTAR] *vn.* to bubble, flow in spurts.

BORBOTÓN [BORBOTON] *m.* bubbling, boiling.

BORCEGUÍ [BORTHAYGHEE] *m.* bus-kin :: laced boot.

BORDA [BORDAH] *f. (naut.)* hut, cottage :: gunwale.

BORDADO [BORDAHDO] *m.* embroidery.

BORDAR [BORDAR] *va.* to embroider.

BORDE [BORDAY] *m.* border, edge, fringe :: hem :: brim.

BORDEAR [BORDAYAR] *vn.* to skirt, go along the edge of.

BORDO [BORDO] *m.* **a –**, on board.

BORDÓN [BORDON] *m.* staff :: walking stick :: bass-string :: *(mus.)* refrain :: *pl.* outriggers.

BORLA [BORLAH] *f.* tassel, tuft :: *(acad.)* Doctor's bonnet :: **tomar la –**, to take a Doctorate.

BORRA [BORRAH] *f.* yearling ewe :: thick wool :: goat's hair :: **– de algodón**, cotton waste.

BORRACHERA [BORRANCHAYRAH] *f.* drunkenness :: drunken spree.

BORRACHO [BORRANCHO] *adj. & m.* drunk, intoxicated.

BORRADOR [BORRAHDOR] *m.* rough draft :: rough note-book, scribbling pad :: eraser, duster.

BORRAJEAR [BORRAHHAYAR] *vn.* to scribble, scrawl.

BORRAR [BORRAR] *va.* to cross out, rub out, scratch out :: to obscure, obliterate, smudge.

BORRASCA [BORRAHSKAH] *f.* squall, tempest.

BORRASCOSO [BORRASCOSO] *adj.* stormy.

BORREGO [BORRAYGO] *m.* yearling lamb :: simpleton.

BORRICA [BORREEKAH] *f.* she-ass.

BORRICO [BORREEKO] *m.* ass :: fool.

BORRÓN [BORRON] *m.* blot *(de tinta)*, blur :: blemish, blot *(en la reputación, etc.)*.

BORRONEAR [BORRONAYAR] *va.* to blot, blotch :: to scribble :: to blur :: to make a rough sketch.

BORROSO [BORROSO] *adj.* full of dregs, muddy :: thick, blurred.

BOSQUE [BOSKAY] *m.* wood, forest, grove.

BOSQUEJAR [BOSKAYHAR] *va.* to sketch, model.

BOSQUEJO [BOSKAYHO] *m.* sketch :: rough plan.

BOSTEZAR [BOSTAYTHAR] *vn.* to yawn, gape.

BOSTEZO [BOSTAYTHO] *m.* yawn.

BOTA [BOTAH] *f.* top boot :: leather wine-bag.

BOTADURA [BOTAHDOORAH] *f.* launching of a ship.

BOTÁNICA [BOTAHNEECAH] *f.* botany.

BOTAR [BOTAR] *va.* to fling :: squander :: to launch *(un barco)* :: to bounce.

BOTARATE [BOTAHRAHTAY] *m.* scatterbrain.

BOTE [BOTAY] *m. (naut.)* boat :: thrust :: jump :: rebound :: bounce *(de una bola)* :: **de – en –**, full up with people, chockfull.

BOTELLA [BOTAYLYAH] *f.* bottle, flask.

BOTICA [BOTEEKAH] *f.* chemist's shop, apothecary's shop, pharmacy.

BOTICARIO [BOTEKAHREO] *m.* chemist, pharmacist.

BOTIJA [BOTEEHAH] *f.* round earthenware jug.

BOTIJO [BOTEEHO] *m.* earthen jar with spout and handle.

BOTÍN [BOTEEN] *m.* buskin :: gaiter :: booty, spoils.

BOTIQUÍN [BOTEKEEN] *m.* medicine cabinet :: medicine kit.

BOTÓN [BOTON] *m.* button :: tip :: knob :: *(elect.)* switch :: bud :: sprout :: *pl.* "Buttons," pageboy.

BÓVEDA [BOVAYDAH] *f.* arched roof, vault :: cave.

BOVINO [BOVEENO] *m. & adj.* bovine.

BOXEADOR [BOXAYAHDOR] *m.* boxer.

BOXEAR [BOXAYAR] *vn.* to box, fight with the fists.

BOXEO [BOXAYO] *m.* boxing.

BOYA [BOYAH] *f.* buoy.

BOYANTE• [BOYAHNTAY] *adj.* buoyant :: "afloat," prosperous.

BOZAL [BOTHAHL] *m.* muzzle.

BOZO [BOTHO] *m.* down on the upper lip.

BRACEAR [BRAHTHAYAR] *vn.* to swing one's arms :: to struggle :: to crawl, swim with a crawl.

BRACERO [BRAHTHAYRO] *m.* day labourer :: **de –**, arm in arm.

BRAGAS [BRAHGAHS] *f.* breeches, knickerbockers, knickers.

BRAMANTE [BRAHMAHNTAY] *m.* hemp cord, hemp string :: Brabant linen :: *adj.* roaring, bellowing.

BRAMAR [BRAHMAR] *vn.* to roar, bellow, groan.

BRAMIDO [BRAHMEEDO] *m.* howl, roar, howling, roaring.

BRASA [BRAHSAH] *f.* live coal :: *pl.* **estar en –s**, to be like a cat on hot bricks.

BRASERO [BRAHSAYRO] *m.* brazier, fire pan.

BRAVATA [BRAHVAHTAH] *f.* boast, an 'act', showing off :: threat.

BRAVEAR [BRAHVAYAR] *vn.* to bluster :: to bully.

BRAVEZA [BRAHVAYTHAH] *f.* courage :: vigour :: ferocity :: fury (*del clima*).

BRAVÍO [BRAHVEEO] *adj.* savage, untamed.

BRAVO• [BRAHVO] *adj.* hardy, courageous, valiant :: wild :: **toro —**, bull for bull-fights :: *interj.* hurrah!

BRAVURA [BRAHVOORAH] *f.* courage :: manliness :: boastfulness.

BRAZA [BRAHTHAH] *f.* fathom.

BRAZADA [BRAHTHAHDAH] *f.* armful :: movement of the arms.

BRAZALETE [BRAHTHAHLAYTAY] *m.* armlet, bracelet.

BRAZO [BRAHTHO] *m.* arm :: branch :: — **secular**, temporal authority :: *pl.* **los — cruzados**, with folded arms :: **luchar a — partido**, to fight with bare fists :: **ser el — derecho de**, to be the right hand man of.

BREA [BRAYAH] *f.* pitch, tar :: coarse canvas.

BREBAJE [BRAYBAHHAY] *f.* medicine, draught, beverage :: (*naut.*) grog.

BRECHA [BRAYCHAH] *f.* breach, opening :: **batir en —**, to make a breach in.

BREGA [BRAYGAH] *f.* struggle, strife :: contest :: pun.

BREGAR [BRAYGAR] *vn.* to struggle :: to fight.

BREVE• [BRAYVAY] *m.* Apostolic brief :: *adj.* brief, short, concise :: (*mus.*) breve :: **en —**, soon.

BREVEDAD [BRAYVAYDAHD] *f.* brevity, shortness.

BREVIARIO [BRAYVEAHREO] *m.* breviary :: epitome.

BREZAL [BRAYTHAHL] *m.* heath, field of heather.

BREZO [BRAYTHO] *m.* heath :: heather.

BRIBÓN [BREBON] *m.* scoundrel, vagrant.

BRIDA [BREEDAH] *f.* bridle :: curb :: flange.

BRIGADA [BREGAHDAH] *f.* brigade.

BRILLANTE• [BRELYAHNTAY] *adj.* brilliant, bright :: *m.* brilliant, diamond.

BRILLANTEZ [BREELLYANTETH] *f.* brilliance, dazzle.

BRILLAR [BRELYAR] *vn.* to shine, glitter :: (*fig.*) to be outstanding in talent.

BRILLO [BREELLYO] *m.* luster, sparkle, shine.

BRINCAR [BRINKAR] *vn.* to frisk, hop, leap.

BRINCO [BREENCO] *m.* hop, skip, bounce, leap.

BRINDAR [BRINDAR] *vn.* to toast, drink to the health of :: to offer.

BRINDIS [BREENDIS] *m.* toast :: health.

BRÍO [BREEO] *m.* strength, fire :: nerve, spirit, liveliness.

BRIOSO• [BREOSO] *adj.* fiery, vigorous, lively.

BRISA [BREESAH] *f.* breeze, soft wind.

BRITÁNICO [BREETAHNEECO] *adj.* British.

BRIZNA [BREETHNAH] *f.* particle, fragment, chip :: blade, sprig.

BROCA [BROKAH] *f.* bobbin, reel :: drill bit :: shoemaker's tack.

BROCADO [BROKAHDO] *m.* brocade.

BROCHA [BROCHAH] *f.* painter's brush :: **de — gorda**, roughhewn, slap-dash, rough and ready fashion.

BROCHE [BROCHAY] *m.* clasp :: brooch :: hook and eye.

BROMA [BROMAH] *f.* practical joke, jest :: — **pesada**, joke taken too far :: **de —**, in fun, not in earnest.

BROMEAR [BROMAYAR] *vn.* to jest.

BROMISTA [BROMISTAH] *m.* merry jester :: practical joker.

BRONCA [BRONKAH] *f.* row :: **se armó una —**, there was no end of a shindy.

BRONCE [BRONTHAY] *m.* bronze, brass.

BRONCEADO [BRONTHAYAHDO] *adj.* bronzed :: broncecolored :: *m.* bronze finish.

BRONCO [BRONKO] *adj.* rough, coarse :: peevish :: hoarse.

BRONQUIO [BRONKEO] *m.* bronchus, bronchial tube.

BRONQUITIS [BRONKEETIS] *f.* bronchitis.

BROQUEL [BROKEL] *m.* buckler, shield.

BROTAR [BROTAR] *vn.* to shoot, sprout, bud :: to spring.

BROTE [BROTAY] *m.* shoot, bud :: pimples :: breaking out in a rash :: (*coll.*) bit, crumb.

BROZA [BROTHAH] *f.* thicket :: dead wood, rubbish :: idle talk :: printer's brush.

BRUCES [BROOTHES] *adv.* **de —**, face downwards, headlong.

BRUJA [BROOHAH] *f.* witch, hag, sorceress.

BRUJERÍA [BROOHAYREEAH] *f.* witchcraft.

BRUJO [BROOHO] *m.* sorcerer, wizard :: magician, conjurer.

BRÚJULA [BROOHOOLAH] *f.* compass :: sea-compass.

BRUMA [BROOMAH] *f.* mist, haze.

BRUÑIDO [BROONYEEDO] *m.* polish :: *adj.* burnished.

BRUÑIR [BROONYEER] *va.* to polish, burnish.

BRUSCO• [BROOSKO] *adj.* rude, forward, rough, sharp, brusque.

BRUTAL• [BROOTAHL] *adj.* brutal, vicious, savage.

BRUTALIDAD [BROOTAHLEDAHD] *f.* brutality, savageness.

BRUTO [BROOTO] *m.* brute :: ignorant person :: *adj.* unpolished, crude :: **peso —**, gross weight, **en —**, as grown, mined, etc., unrefined, undressed.

BUCAL [BOOCAL] *adj.* oral, pertaining to the mouth.

BUCEAR [BOOTHAYAR] *vn.* to dive :: to search below the surface.

BUCEO [BOOTHAYO] *m.* diving.

BUCLE [BOOKLAY] *m.* curl, ringlet.

BUCHE [BOOCHAY] *m.* maw, crop :: foal :: pucker in clothes :: **sacar a uno el —**, to worm secrets out of one.

BUEN, BUENO• [BOOEN, BOOAYNO] *adv.* well :: **de buenas a primeras**, straight away :: **a buenas**, with good will :: *adj.* good :: plain, simple, honest :: sound, healthy :: fit, appropriate.

BUENAVENTURA [BOOAYNAHVENTOORAH] *f.* good luck, fortune.

BUEY [BOOAYE] *m.* ox :: — **marino**, sea-calf :: — **de agua**, gush of water from spring, etc.

BÚFALO [BOOFAHLO] *m.* buffalo.

BUFANDA [BOOFAHNDAH] *f.* muffler, scarf.

BUFAR [BOOFAR] *vn.* to snort.

BUFETE [BOOFAYTAY] *m.* desk :: sideboard :: writing table :: lawyer's office :: **abrir —**, to set up as a lawyer.

BUFIDO [BOOFEEDO] *m.* snorting :: huff, h'mph!

BUFO [BOOFO] *m.* comic singer, harlequin :: *adj.* comic, farcical.

BUFÓN [BOOFON] *m.* buffoon :: *adj.* grotesque, comic.

BUFONADA [BOOFONAHDAH] *f.* buffoonery, jest, waggery, raillery.

BUHARDILLA [BOOARDEELYAH] *f.* garret.

BÚHO [BOOO] *m.* owl :: unsociable person :: **es un —**, he doesn't go anywhere.

BUHONERO [BOOONAYRO] *m.* hawker, cheap-jack, pedlar.

BUITRE [BOOEETRAY] *m.* vulture.

BUJÍA [BOOHEEAH] *f.* wax candle :: candlestick :: sparkplug :: candlepower.

BULA [BOOLAH] *f.* papal bull.

BULBO [BOOLBO] *m.* bulb :: globe.

BULEVAR [BOOLAYVAR] f. boulevard.

BULTO [BOOLTO] m. bundle :: bulk :: bale :: **a —**, wholesale :: indiscriminately :: **de —**, of importance :: **escurrir el —**, to shirk the consequences, to refuse to face the music.

BULLA [BOOLYAH] f. noise, clatter :: **meter —**, to make a din.

BULLANGA [BOOLYAHNGAH] f. tumult :: riot.

BULLICIO [BOOLYEETHEO] m. noise :: bustle.

BULLICIOSO [BOOLYETHEOSO] adj. boisterous, noisy :: gay, lively :: turbulent, stormy.

BULLIR [BOOLYEER] vn. to boil :: to bustle, fluster.

BUÑUELO [BOONYOOAYLO] m. bun, doughnut :: **— de viento**, light cream bun.

BUQUE [BOOKAY] m. large vessel, ship :: tomage :: **— de vapor**, steamship :: **— escuela**, training-ship :: **— de guerra**, warship.

BURBUJA [BOORBOOHAH] f. bubble.

BURDEL [BOORDEL] m. brothel.

BURDO [BOORDO] adj. coarse, ordinary.

BURGUÉS [BOORGES] adj. bourgeois, middle-class.

BURIL [BOOREEL] m. gravingtool :: pen-graver.

BURLA [BOORLAH] f. mockery, hoax :: jest :: **de —**, for fun, not seriously :: **— pesada**, low trick :: **— burlando**, with one jest or other, easily.

BURLAR [BOORLAY] vr. to mock, gibe, ridicule :: to frustrate, circumvent, get around, over, baffle, outwit :: to seduce :: to deceive.

BURLESCO [BOORLESKO] m. burlesque.

BURLÓN [BOORLON] m. wag, jester :: scoffer :: adj. scoffing, mocking, waggish.

BUROCRACIA [BOOROCRAHTHEAH] f. bureaucracy.

BURÓCRATA [BOOROCRAHTAH] m. bureaucrat.

BURRA [BOORRAH] f. she-ass.

BURRADA [BOORRAHDAH] f. blunder, "gaff," "howler."

BURRO [BOORRO] m. ass, donkey :: dolt.

BUSCA [BOOSKAH] f. search, pursuit :: pl. perquisites.

BUSCAR [BOOSKAR] va. to look for, hunt for :: to search :: vr. to bring upon oneself.

BUSCÓN [BOOSKON] m. seeker, pilferer.

BÚSQUEDA [BOOSKAYDAH] f. search.

BUSTO [BOOSTO] m. bust.

BUTACA [BOOTAHKAH] f. armchair, easy-chair :: stall (theat).

BUZO [BOOTHO] m. diver.

BUZÓN [BOOTHON] m. conduit :: letter-box, pillar-box :: bung.

C

CABAL° [KAHBAHL] *adj.* just :: perfect, consummate, complete, exact.

CABALGAR [CAHBALGAR] *vn.* to ride, mount :: to ride horseback.

CABALGATA [CAHBALGAHTAH] *f.* cavalcade :: parade.

CABALLA [CAHBAHLLYAH] *f.* horse mackerel.

CABALLAR [KAHBAHLYAR] *adj.* equine, of horses.

CABALLERESCO° [KAHBAHLYAYRESKO] *adj.* chivalrous, knightly.

CABALLERÍA [KAHBAHLYAYREEAH] *f.* a riding beast :: cavalry :: knighthood :: — **andante**, knight-errantry.

CABALLERIZA [KAHBAHLYAYREETHAH] *f.* stable, stud of horses.

CABALLERO [KAHBAHLYAYRO] *m.* knight, horseman :: nobleman :: gentleman :: — **andante**, knight errant :: — **de industria**, sharper, swindler.

CABALLEROSIDAD [CABALLYAYROSEDAHD] *f.* chivalry, gentlemanly conduct.

CABALLEROSO° [CAHBALLYAYROSO] *adj.* chivalrous, gentlemanly.

CABALLETE [KAHBAHLYAYTAY] *m.* painter's easel :: trestle :: ridge :: chimney-cowl :: bridge (de la nariz).

CABALLO [KAHBAHLYO] *m.* horse :: horse-power :: Queen (en naipes) :: knight (en ajedrez) :: **a —**, on horseback.

CABAÑA [KAHBAHNYAH] *f.* hut, hovel, cottage.

CABECEAR [KAHBAYTHAYAR] *vn.* to nod, droop :: to shake head (censurando) :: (naut.) to pitch.

CABECEO [CAHBAYTHAYO] *m.* nodding :: (naut.) pitching.

CABECERA [KAHBAYTHAYRAH] *f.* bed-head :: head :: upper end :: bolster or pillow.

CABECILLA [KAHBAYTHEELLYAH] *m. & f.* ringleader :: (coll.) rough, coarse person :: *f.* small head.

CABELLERA [KAHBAYLYAYRAH] *f.* hair :: long hair :: tail (de una cometa).

CABELLO [KAHBAYLYO] *m.* hair :: *pl.* — **de ángel**, conserve of fruits in form of fine threads :: **tomar la ocasión por los —**, to take time by the forelock.

CABELLUDO [KAHBAYLYOODO] *adj.* hairy, fibrous.

CABER [KAHBAIR] *vn.* to be contained in, have room for, fit in :: to be entitled to partake of :: **no — de gozo**, to be beside oneself with joy :: **no cabe más**, the place is full up :: **no cabe duda**, there is no doubt.

CABESTRILLO [CAHBESTREELLYO] *m.* sling.

CABESTRO [CAHBESTRO] *m.* halter :: leading ox.

CABEZA [KAHBAYTHAH] *f.* head :: beginning :: leader, chief :: upper part :: **de —**, headlong, decisively, thoroughly :: **romperse uno la —**, to wrack one's brains.

CABEZADA [KAHBAYTHAHDAH] *f.* blow with the head, nod :: halter :: **dar —s**, to nod drowsily.

CABEZAZO [CAHBAYTHAHTO] *m.* butt with the head :: bump on the head.

CABEZUDO [KAHBAYTHOODO] *adj.* large-headed :: obstinate, pig-headed.

CABIDA [KAHBEEDAH] *f.* content, capacity :: **dar — a**, to make room for.

CABILDO [KAHBEELDO] *m.* cathedral chapter :: town council.

CABINA [CAHBEENAH] *f.* cabin (de un avión).

CABIZBAJO [KAHBITHBAHHO] *adj.* crestfallen.

CABLE [KAHBLAY] *m.* cable :: — **metálico**, wire cable :: — **submarino**, submarine cable.

CABO [KAHBO] *m.* end stump :: handle :: cape, promontory :: (mil.) corporal :: **al — de**, at the end of :: **de — a rabo**, from end to end :: **llevar a —**, to finish, complete, succeed in doing.

CABOTAJE [KAHBOTAHHAY] *m.* coastal trade.

CABRA [KAHBRAH] *f.* goat :: **loco como una —**, as mad as a hatter.

CABRERO [CAHBRAYRO] *m.* goatherd.

CABRESTANTE [KAHBRESTAHNTAY] *m.* capstan.

CABRIA [KAHBREAH] *f.* crane, hoist-crane, winch.

CABRÍO [CAHBREEO] *m.* herd of goats :: *adj.* goatish, hircine.

CABRIOLA [KAHBREOLAH] *f.* caper, leap, jump.

CABRITO [KAHBREETO] *m.* kid.

CABRÓN [KAHBRON] *m.* buck, he-goat :: cuckold.

CACAHUETE [KAHKAHOOAYTAY] *m.* earth-nut :: peanut.

CACAO [KAHKAHO] *m.* cocoa-tree :: cocoa.

CACAREAR [KAHKAHRAYAR] *vn.* to cackle, crow :: to boast.

CACAREO [CAHCAHRAYO] *m.* cackle.

CACERÍA [KAHTHAYREEAH] *f.* hunting, hunt.

CACEROLA [KAHTHAYROLAH] *f.* saucepan, casserole dish.

CACIQUE [CAHTHEEKAY] *m.* chief :: political boss.

CACTO [KAHKTO] *m.* cactus.

CACHALOTE [KAHCHAHLOHTAY] *m.* (zool.) cachalot, sperm whale.

CACHARRO [KAHCHARRO] *m.* coarse earthen pot :: pots and pans :: **¡qué —!** what junk!

CACHAZA [CAHCHAHTHAH] *f.* slowness :: calm :: rum.

CACHAZUDO [CAHCHAHTHOODO] *adj.* slow, easy going.

CACHEAR [KAHCHAYAR] *va.* to search for, frisk.

CACHETE [KAHCHAYTAY] *m.* slap :: plump cheek.

CACHIPORRA [KAHCHEPORRAH] *f.* knobstick, knobkerrie.

CACHIVACHE [CAHCHEVAHCHAY] *m.* piece of junk :: worthless fellow.

CACHO [KAHCHO] *m.* piece, slice.

CACHORRO [KAHCHORRO] *m.* puppy :: cub, whelp.

CADA [KAHDAH] *adj.* each :: every :: — **uno**, each one.

CADALSO [KAHDAHLEO] *m.* scaffold.

CADÁVER [KAHDAHVAIR] *n.* corpse, cadaver.

CADEJO [KAHDAYHO] *m.* skein :: entangled lock of hair.

CADENA [KAHDAYNAH] *f.* chain :: — **perpetua**, life imprisonment.

CADENCIA [KAHDENTHEAH] *f.* cadence, rhythm.

CADENCIOSO° [CAHDENTHEOSO] *adj.* rhythmical.

CADERA [KAHDAYRAH] *f.* hip.

CADETE [KAHDAYTAY] *m.* (mil.) cadet.

CADUCAR [CAHDOOCAR] *vn.* to dote, be in one's dotage :: to lapse, expire :: to become extinc, fall into disuse.

CADUCO° [KAHDOOKO] *adj.* senile, decrepit :: lapsed.

CAER [KAHAIR] *vn.* to fall :: to fall off :: to happen :: — **en la cuenta**, to understand, notice :: — **bien**, to fit, suit :: — **en gracia**, to make a good impression, to please :: *vr.* — **de su peso**, to be self-evident.

CAFÉ [KAHFAY] *m.* coffee :: café.

CAFEÍNA [CAHFAYEENAH] *f.* caffein.

CAFETAL [CAHFAYTAHL] *m.* coffee plantation.

CAFETERA [KAHFAYTAYRAH] *f.* coffeepot, percolator.

CAFETERÍA [CAHFAYTAYREEAH] *f.* café, bar, lunchroom.

CAFETERO [KAHFAYTAYRO] *m.* coffee tree.

CAGAR [CAHGAR] *va. (coll.)* to spot stain :: *va. & n.* to defecate :: *vr.* to become frightened.

CAÍDA [KAHEEDAH] *f.* fall :: ruin :: — **del sol**, sunset.

CAIMÁN [CAHEMAHN] *m.* cayman, alligator.

CAIMIENTO [KAHEMEENTO] *m.* depression, decay :: fall.

CAJA [KAHHAH] *f.* box, case, chest :: coffin :: stock :: *(mil.)* drum :: cash :: — **de ahorros**, savings bank :: **libro de —**, cash book :: — **baja**, low case :: — **del cuerpo**, bust :: **despedir con —s destempladas**, to send packing.

CAJERO [KAHHAYRO] *m.* cashier.

CAJETILLA [KAHHAYTEELYAH] *f.* packet of cigarettes.

CAJÓN [KAHHON] *m.* chest :: drawer :: — **de sastre**, miscellany, jumble, medley.

CAL [KAHL] *f.* lime.

CALA [KAHLAH] *f.* small bay, cove :: *(naut.)* hold.

CALABAZA [KAHLAHBAHTHAH] *f.* pumpkin :: gourd :: fool :: **dar —s**, *va.* to plough :: to jilt, turn down.

CALABOZO [KAHLAHBOTHO] *m.* dungeon :: jail, "calaboose."

CALADO [KAHLAHDO] *m.* open work in metal, stone, etc :: depth *(de agua)* :: *adj.* soaked, steeped, wet through :: perforated, pieced.

CALAFATEAR [KAHLAHFAHTAYAR] *va.* to caulk.

CALAMAR [KAHLAHMAR] *m.* squid.

CALAMBRE [KAHLAHMBRAY] *m.* cramp :: contraction of muscles.

CALAMIDAD [KAHLAHMEDAHD] *f.* calamity, misfortune, unfortunate, unhappy.

CALAMITOSO[*] [KAHLAHMETOSO] *adj.* calamitous, miserable.

CALANDRIA [KAHLAHNDREAH] *f.* *(ornit.)* bunting, calander lark :: bangle, rolling press.

CALAÑA [KAHLAHNYAH] *f.* character, sort *(en el mal sentido)*.

CALAR [KAHLAR] *va.* to penetrate :: to drench, soak through :: to tumble to *(una idea)* :: to fix *(la bayoneta)*.

CALAVERA [KAHLAHVAYRAH] *f.* skull :: *m.* rake, wastrel, gay dog.

CALCAÑAL [KAHLKAHNYAHL] *m.* heel-bone :: heel.

CALCAR [KAHLKAR] *va.* to trace, copy :: to base on.

CALCE [KAHLTHAY] *m.* tyre :: wedge.

CALCETA [KAHLTHAYTAH] *f.* stocking :: **hacer —**, to knit.

CALCETÍN [KAHLTHAYTEEN] *m.* sock, half-hose.

CALCINA [KAHLTHEENAH] *f.* mortar, cement.

CALCINAR [KAHLTHENAR] *va.* to calcine, to burn, to roast.

CALCIO [KAHLTHEO] *m.* calcium.

CALCO [KAHLKO] *m.* counter-drawing, tracing :: copy.

CALCULADORA [CALCOOLAHDORAH] *f.* calculator :: — **electrónica**, computer.

CALCULAR [CALCOOLAR] *va.* to calculate, figure, estimate.

CÁLCULO [KAHLKOOLO] *m.* calculation, computation :: *(med.)* stone, gravel, calculus.

CALDA [KAHDAH] *f.* heating :: *pl.* hot thermal baths.

CALDEAR [KAHLDAYAR] *va.* to heat :: to weld.

CALDERA [KAHLDAYRAH] *f.* boiler, kettle, cauldron.

CALDERILLA [KAHLDAYREELYAH] *f.* copper coin :: small change.

CALDO [KAHLDO] *m.* broth :: *(com.)* wine, oil, vinegar.

CALEFACCIÓN [KAHLAYFAHKTHEON] *f.* heating.

CALENDARIO [KAHLENDAHREO] *m.* almanac, calendar.

CALENTADOR [KAHLENTAHDOR] *m.* hot-water bottle :: warming pan.

CALENTAR [KAHLENTAR] *va.* to warm, heat :: *vr.* to grow hot :: to grow heated.

CALENTURA [KAHLENTOORAH] *f.* fever :: temperature.

CALENTURIENTO [KAHLENTOOREENTO] *adj.* feverish.

CALESA [KAHLAYSAH] *f.* Spanish chaise.

CALETA [KAHLAYTAH] *f.* small bay, inlet, creek.

CALETRE [KAHLAYTRAY] *m.* smartness, shrewdness.

CALIBRAR [KAHLEBRAR] *va.* to gauge :: to measure the calibre.

CALIBRE [KAHLEEBRAY] *m.* calibre :: diameter :: quality.

CALICANTO [CAHLECAHNTO] *m.* stone masonry.

CALIDAD [KAHLEDAHD] *f.* quality :: condition :: rank :: *pl. (moral)* qualities :: gifts :: **en — de**, as, representing, in (his) (office) as.

CÁLIDO[*] [KAHLEDO] *adj. (clima)* hot.

CALIENTE [KAHLEENTAY] *adj. (objecto)* hot, warm :: *(argumento)* heated :: fiery.

CALIFICACIÓN [CAHLEFECAHTHEON]

f. qualification :: grade, mark :: judgment.

CALIFICAR [KAHLEFEKAR] *va.* to qualify :: to authorize :: to mark :: *vr.* to prove nobility of descent.

CALIGRAFÍA [CAHLEEGRAHFEEAH] *f.* penmanship.

CÁLIZ [KAHLITH] *m.* chalice :: **apurar el — del dolor**, to drain grief to the dregs.

CALIZA [KAHLEETHA] *f.* limestone.

CALIZO [KAHLEETHO] *adj.* calcareous, limy.

CALMA [KAHLMAH] *f.* calm :: ease of mind, composure :: dullness.

CALMANTE [KAHLMAHNTAY] *adj. & m.* sedative.

CALMAR [KAHLMAR] *va.* to calm, appease, soothe, quieten.

CALMOSO[*] [KAHLMOSO] *adj.* tranquil, slow.

CALÓ [KAHLO] *m.* gypsy cant, slang.

CALOR [KAHLOR] *m.* heat :: warmth :: **al — de**, encouraged by.

CALORÍA [CAHLOREEAH] *f.* calorie.

CALORÍFERO [KAHLOREEFAYRO] *m.* heating apparatus.

CALUMNIA [KAHLOOMNEAH] *f.* calumny, slander.

CALUMNIADOR [KAHLOOMNEAHDOR] *m.* slanderer.

CALUMNIAR [CAHLOOMNEAR] *va.* to slander.

CALUROSO [KAHLOOROSO] *adj.* warm, hot :: eager :: fervent.

CALVA [KAHLVAH] *f.* bald head.

CALVARIO [CALVAHREO] *m.* Calvary, place of the Cross :: suffering, tribulation.

CALVICIE [KAHLVEETHEAY] *f.* baldness.

CALVO [KAHLVO] *adj.* bald, hairless :: barren.

CALZA [KAHLTHAH] *f.* breeches :: stocking :: wedge.

CALZADA [KAHLTHAHDAH] *f.* causeway, road.

CALZADO [KAHLTHAHDO] *adj.* shod :: *m.* footwear.

CALZADOR [KAHLTHAHDOR] *m.* shoehorn.

CALZAR [KAHLTHAR] *va.* to put on *(zapatos, guantes, espuelas, etc.)*.

CALZONCILLOS [KAHLTHONTHEELYOS] *m. pl.* underdrawers.

CALLADO[*] [KAHLYAHDO] *adj.* silent, discreet, quiet.

CALLAR [KAHLYAR] *vn.* to be silent :: *va.* to quieten :: to omit :: to conceal :: **quien calla otorga**, silence gives consent.

CALLE [KAHLYAY] *f.* street, road.

CALLEJA [KAHLYAYHAH] *f.* narrow street, side-street.

CALLEJEAR [CALLYAYHAYAR] *vn.* to

walk the streets, ramble.

CALLEJERO [CAHLYAYHAYRO] *m.* street-rambler, street-stroller :: street-loiterer :: *adj.* fond of walking the streets :: rambling.

CALLEJÓN [CALLYAYHONE] *m.* alley :: lane :: narrow pass :: — **sin salida**, blind alley.

CALLEJUELA [KAHLYAYHOOAYLAH] *f.* alley-way.

CALLO [KAHLYO] *m.* corn, callosity :: ends of the horse shoe :: *pl.* tripe.

CALLOSO [KAHLYOSO] *adj.* callous, hard.

CAMA [KAHMAH] *f.* bed :: couch :: layer, stratum :: **guardar** —, to stay in bed, be bedridden.

CAMADA [CAHMAHDAH] *f.* litter :: brood.

CAMAFEO [KAHMAHFAYO] *m.* cameo.

CAMALEÓN [CAHMAHLAYON] *m.* chameleon.

CÁMARA [KAHMARAH] *f.* hall, chamber, cabin :: — **de comercio**, Chamber of Commerce.

CAMARADA [KAHMAHRAHDAH] *m.* comrade, companion, friend.

CAMARERA [KAHMAHRAYRAH] *f.* lady's maid :: waitress :: stewardess.

CAMARERO [CAHMAHRAYRO] *m.* waiter :: chamberlain :: steward :: valet.

CAMARILLA [KAHMAHREELYAH] *f.* cabal, clique :: small room.

CAMARÓN [KAHMAHRON] *m.* prawn, shrimp.

CAMAROTE [KAHMAHROTAY] *m.* berth :: cabin.

CAMBALACHE [CAMBAHLAHCHAY] *m.* swap, barter, exchange.

CAMBIANTE° [CAMBEAHNTAY] *adj.* changing :: exchanging.

CAMBIAR [KAHMBEAR] *va.* to change, exchange, barter.

CAMBIO [KAHMBEO] *m.* change :: exchange :: **libre** —, Free Trade :: **en** —, instead :: on the other hand.

CAMBISTA [KAHMBEESTAH] *m.* money changer :: broker, banker.

CAMELAR [KAHMAYLAR] *va.* to flirt, deceive, trick.

CAMELLO [KAHMAYLYO] *m.* camel.

CAMILLA [KAHMEELYAH] *f.* stretcher, litter.

CAMILLERO [CAHMEELYAYRO] *m.* stretcher, bearer.

CAMINANTE [KAHMENAHNTAY] *m.* traveller :: walker.

CAMINAR [KAHMENAR] *vn.* to go, walk, proceed.

CAMINATA [KAHMENAHTAH] *f.* march, walk, excursion, walking trip.

CAMINO [KAHMEENO] *m.* road :: way :: highway :: — **de herradura**, bridle path :: — **de Santiago**, Milky Way :: **ponerse en** —, to set out.

CAMIÓN [KAHMEON] *m.* truck, lorry.

CAMIONERO [CAHMEONAYRO] *m.* truck driver.

CAMIONETA [CAHMEONAYTAH] *f.* small truck :: station wagon.

CAMISA [KAHMEESAH] *f.* shirt :: chemise :: **meterse en** — **de once varas**, to meddle with other people's business.

CAMISETA [KAHMESAYTAH] *f.* vest.

CAMISÓN [CAHMESONE] *m.* long shirt :: *Amer.* nightgown :: gown, dress.

CAMORRA [KAHMORRAH] *f.* dispute, wrangle, set-to.

CAMORRISTA [KAHMORRISTAH] *m. & f.* noisy, quarrelsome person.

CAMPAMENTO [CAMPAHMENTO] *m.* encampment :: camp.

CAMPANA [KAHMPAHNAH] *f.* bell :: cup, cloche, cone :: **oír** —s **y no saber dónde**, to get hold of the wrong end of the stick.

CAMPANADA [KAHMPAHNAHDAH] *f.* bell stroke.

CAMPANARIO [KAHMPAHNAHREO] *m.* belfry, steeple, church tower.

CAMPANERO [KAMPAHNAYRO] *m.* bell founder :: bellman, bell ringer.

CAMPANILLA [KAMPAHNEELLYAH] *f.* small bell, door bell, hand bell :: small bubble :: *(bot.)* bellflower, bellbind :: *(anat.)* epiglottis, uvula.

CAMPAÑA [KAHMPAHNYAH] *f. (mil.)* campaign :: plain, level country.

CAMPAR [KAHMPAR] *vn.* to excel, surpass :: to camp.

CAMPEAR [CAMPAYAR] *vn.* to pasture :: to grow green :: to excel :: to be prominent, stand out :: to be in the field.

CAMPECHANO° [CAMPAYCHAHNO] *adj.* frank, open.

CAMPEÓN [KAHMPAYON] *m.* champion :: defender.

CAMPEONATO [CAMPAYONATO] *m.* championship.

CAMPESINO [KAHPAYSEENO] *adj.* rural, rustic :: *m.* peasant, countryman, farmer.

CAMPESTRE [CAMPESTRAY] *adj.* rural, rustic.

CAMPIÑA [KAHMPEENYAH] *f.* flat arable land, landscape, countryside.

CAMPO [KAHMPO] *m.* country, field :: range, scope :: — **de futbol**, football field :: — **de tenis**, tennis court :: — **santo**, cemetery

:: **ir a** — **travieso**, to cut across the fields.

CAMPOSANTO [CAHMPOSANTO] *m.* churchyard, cemetery.

CAMUFLAJE [CAHMOOFLAHHAY] *m.* camouflage.

CAN [KAHN] *m.* dog :: trigger :: corbel.

CANA [CAHNAH] *f.* white hair, grey hair :: **echar una** — **al aire**, to go out for a good time :: to go on a fling.

CANAL [KAHNAHL] *m.* channel :: canal :: — **de la Mancha**, English Channel :: *f.* gutter, drain pipe :: **abrir en** —, to slit open.

CANALIZAR [KAHNAHLETHAR] *va.* to canalize, channel :: to pipe :: to wire.

CANALÓN [KAHNAHLON] *m.* wide gutter.

CANALLA [KAHNAHLYAH] *f.* rabble, mob :: *m.* rotter, scoundrel.

CANANA [CAHNAHNAH] *f.* cartridge belt.

CANAPÉ [KAHNAHPAY] *m.* couch, sofa, settee.

CANARIO [KAHNAHREO] *m.* canary, Canary Islander :: *excl.* Well I'm blest!

CANASTA [KAHNAHSTAH] *f.* basket, hamper.

CANCELA [KANTHAYLAH] *f.* iron door or grating.

CANCELACIÓN [CANTHAYLAHTHEON] *f.* cancellation.

CANCELAR [KAHNTHAYLAR] *va.* to cancel, annul.

CÁNCER [KAHNTHAIR] *m.* cancer.

CANCILLER [KAHNTHEELYAIR] *m.* chancellor.

CANCIÓN [KAHNTHEON] *f.* song, tune, lyric :: — **de cuna**, lullaby.

CANCHA [CAHNCHAH] *f.* court *(de tenis, etc.)* :: sports ground or field :: cockpit, enclosure for cockfights.

CANDADO [KAHNDAHDO] *m.* padlock.

CANDELA [KAHNDAYLAH] *f.* candle :: fire :: chestnut blossom.

CANDELABRO [KAHNDAYLAHBRO] *m.* candelabrum.

CANDELERO [CANDAYLAYRO] *m.* candlestick.

CANDENTE° [KAHNDENTAY] *adj.* incandescent :: white-hot, glowing :: **cuestión** —, burning question.

CANDIDATO [KAHNDEDAHTO] *m.* candidate :: applicant, competitor :: pretender.

CANDIDATURA [CANEDAHTOORAH] *f.* candidacy.

CANDIDEZ [KAHNDEDETH] *f.* candour, ingenuousness.

CÁNDIDO° [KAHNDEDO] *adj.* candid :: simple :: white.

CANDIL [CANDEEL] *m.* lamp.

CANDILEJA [CANDELAYHAH] *f.* small oil lamp :: oil receptacle :: —s, *(theat.)* footlights, limelight.

CANDOR [KAHNDOR] *m.* candour, sincerity, frankness.

CANDOROSO [KANDOROSO] *adj.* candic, frank, ingenuous.

CANELA [KAHNAYLAH] *f.* cinnamon.

CANELÓN [KAHNAYLON] *m.* icide :: gutter :: cinnamon sweet meat.

CANGREJO [KAHNGRAYHO] *m.* crab-fish.

CANGURO [KAHNGOORO] *m.* kangaroo.

CANÍBAL [CANEEBAL] *m.* cannibal.

CANICA [CAHNEECAH] *f.* marble.

CANÍCULA [KANEECOOLAH] *f.* midsummer, dog-days.

CANIJO [KANEEHO] *m. (coll.)* sickly, weak person :: *adj.* sickly, weak.

CANILLA [KAHNEELYAH] *f.* shin-bone :: tap, plug :: spigot :: bobbin.

CANINO [KAHNEENO] *adj.* canine.

CANJE [KAHNHAY] *m.* exchange.

CANJEAR [CANHAYAR] *va.* to exchange, interchange.

CANO [KAHNO] *adj.* grey-haired :: hoary.

CANOA [KAHNOAH] *f.* canoe.

CANON [KAHNON] *m.* rule, precept :: noun :: model :: *pl.* canonical law.

CANÓNICO [KANONECO] *adj.* canonical.

CANÓNIGO [KANONEGO] *m.* canon, prebendary.

CANONIZACIÓN [KANONETHATHEON] *f.* canonization.

CANONIZAR [KANONETHAR] *va.* to canonize, saint.

CANOSO [CANOSO] *adj.* grey, grey-haired.

CANSADO° [KAHNSAHDO] *adj.* tired, fatigued :: tedious, boring :: well-worn.

CANSANCIO [CANSAHNTHEO] *m.* fatigue, weariness.

CANSAR [KAHNSAR] *va.* to tire :: to weary :: to bore :: *vr.* to become tired, weary.

CANTANTE [KAHNTANTAY] *m. & f.* singer, vocalist :: *adj.* singing.

CANTAR [KAHNTAR] *va.* to sing :: to chant, to divulge *(un secreto)*, ''squeal'' :: *vn.* to sing out :: to squeak :: to creak :: *m.* song :: **cantar de los —es**, Song of Songs :: **— de gesta**, medieval heroic poem.

CÁNTARA [KAHNTAHRAH] *f.* large pitcher :: liquid measure about 4-5 gallons.

CÁNTARO [CAHNTARO] *m.* pitcher, jug.

CANTATRIZ [KAHNTAHTREETH] *f.* singer.

CANTERA [KAHNTAYRAH] *f.* quarry.

CÁNTICO [CAHNTECO] *m.* canticle, religious song.

CANTIDAD [KAHNTEDAHD] *f.* quantity :: amount.

CANTIMPLORA [KAHNTIMPLORAH] *f. (mil.)* water-bottle.

CANTINA [KAHNTEENAH] *f.* cellar :: canteen :: railway buffet.

CANTINERO [KAHNTEENAYRO] *m.* butler :: canteen-keeper.

CANTO [KAHNTO] *m.* song :: stone :: end :: edge *(de la mesa, libro, etc.)* :: — **rodado**, boulder :: **de** —, on (its) edge, side :: rightside up :: **siempre de** —, this side up.

CANTÓN [KANTONE] *m.* canton, region :: corner.

CANTOR [KAHNTOR] *m.* singer.

CANTURREAR [KANTOORRAYARA] *vn.* to hum, sing softly .

CANTURREO [KANTOORRAYO] *m.* hum, humming.

CAÑA [KAHNYAH] *f.* cane, reed :: walking stick :: glass *(de cerveza)* :: — **de azúcar**, sugar-cane :: — **de pescar**, fishing-rod.

CAÑADA [KAHNYAHDAH] *f.* glen, narrow valley.

CAÑAMAZO [KAHNYAHMAHTHO] *m.* coarse canvas, burlap.

CÁÑAMO [KAHNYAHMO] *m.* hemp :: — **en rama**, raw, undressedd hemp.

CAÑAVERAL [KAHNYAHVAYRAHL] *m.* cane, field :: reed patch :: sugar-cane plantation.

CAÑERÍA [KAHNYAYREEAH] *f.* water or gas conduit :: pipe, piping, guttering.

CAÑO [KAHNYO] *m.* sewer :: pipe :: conduit :: narrow branch of river or sea.

CAÑÓN [KAHNYONI] *m.* cannon, gun :: quill.

CAÑONAZO [KAHNYONAHTHO] *m.* cannon-shot, report of gunshot.

CAÑONEAR [KAHNYONAYAR] *va.* to cannonade, bombard.

CAÑONEO [KAHNYONAYOI] *m.* cannonade :: bombardment.

CAÑONERO [KAHNYONAYRO] *m.* gun-boat.

CAOBA [KAHOBAH] *f.* mahogany.

CAOS [KAHOS] *m.* chaos, confusion.

CAPA [KAHPAH] *f.* cloak, mantle, cape :: layer, stratum, seam :: pretence :: **so — de**, under pre-tence of :: **andar (ir) de — caí-da**, to be dejected, off colour, down in the mouth.

CAPACIDAD [KAHPAHTHEDAHD] *f.* capacity :: authority :: talent, competence.

CAPACITAR [KAHPAHTHETAR] *vn.* to enable, prepare, fit, qualify.

CAPACHO [KAHPAHCHO] *m.* hamper, large basket, frail.

CAPAR [KAHPAR] *va.* to geld, castrate.

CAPARAZÓN [KAHPAHRAHTHON] *m.* caparison :: carcass of a fowl.

CAPATAZ [KAHPAHTAHTH] *m.* overseer :: foreman :: steward :: chief.

CAPAZ [KAHPATH] *adj.* capacious :: able, competent.

CAPCIOSO [KAHPTHEOSO] *adj.* captious.

CAPEAR [KAHPAYARI] *va.* to take the cape or cloak away from :: *(coll.)* to beguile, trick :: *(fig.)* to weather *(una crisis)* :: *vn.* to lay to.

CAPELLÁN [KAHPAYLYAHN] *m.* chaplain :: — **castrense**, army chaplain.

CAPERUZA [KAHPAYROOTHAH] *f.* pointed hood.

CAPILLA [KAHPEELYAH] *f.* chapel :: hood, cowl :: paged proofs :: — **ardiente**, funeral chapel :: **estar en** —, to be in the condemned cell :: to be on hot bricks.

CAPIROTE [KAHPEROTAY] *m.* doctor's hood :: cover of the head :: *(para el halcón)*, hood.

CAPITAL [KAHPETAHL] *adj.* capital, principal :: **pena** —, capital punishment :: death sentence :: *m.* capital :: fortune :: capital stock :: *f.* capital city.

CAPITALISMO [KAHPETAHLEESMO] *m.* capitalism.

CAPITALISTA [KAHPETAHLEESTAH] *m. & f.* capitalist :: *adj.* capitalistic.

CAPITALIZAR [KAHPETAHLETHAR] *va.* to capitalize.

CAPITÁN [KAHPETAHN] *m.* captain.

CAPITANEAR [KAHPETAHNAYAR] *va.* to command, lead.

CAPITANÍA [KAHPETAHNEEAH] *f.* captaincy.

CAPITEL [KAHPETEL] *m.* capital, cornice.

CAPITOLIO [KAHPETOLEO] *m.* capitol.

CAPITULACIÓN [KAHPETOOLAHTHEON] *f.* capitulation :: stipulation :: *pl.* articles of marriage.

CAPITULAR [KAHPETOOLAR] *vn.* to capitulate :: *adj.* chapter.

CAPÍTULO [KAHPEETOOLO] *m.* chapter.

CAPÓN [KAHPON] m. eunuch :: capon.

CAPOTA [KAHPOTAH] f. top (de un vehículo) :: short cloak :: head of the fuller's.

CAPOTE [KAHPOTAY] m. (toreo) short cloak :: **dar —a**, to sweep the board (en naipes) :: **decir para su —**, to keep something to oneself.

CAPRICHO [KAHPREECHO] adj. caprice, whim, notion.

CAPRICHOSO* [KAHPRECHOSO] adj. capricious, whimsical fanciful, unreliable.

CÁPSULA [KAHPSOOLAH] f. capsule :: metal cap (de botellas) :: cartridge.

CAPTAR [KAHPTAR] va. to captivate :: to win, obtain (simpatía, etc.).

CAPTURA [KAHPTOORAH] f. capture.

CAPTURAR [KAHPTOORAR] va. to capture, seize, arrest.

CAPUCHA [KAHPOOCHAH] f. hood, cowl.

CAPUCHINA [KAHPOOCHEENAH] f. nasturtium, Indian cress.

CAPULLO [KAHPOOLYO] m. bud :: cocoon :: acorn-cup.

CAQUI [KAHKE] adj. khaki.

CARA [KAHRAH] f. face, countenance :: appearance, look :: — **de Pascua**, smiling face :: — **de viernes**, sullen face :: — **y cruz**, heads and tails :: **dar en —**, to reproach.

CARABELA [KAHRAHBAYLAH] f. caravel.

CARABINA [KAHRAHBEENAH] f. carbine :: rifle, fowling-piece :: — **de Ambrosio**, ineffective or non-existent object :: white elephant.

CARABINERO [KAHRAHBENAYRO] m. carabineer, revenue police :: frontier officer.

CARACOL [KAHRAHKOL] m. snail :: **escalera de —**, spiral staircase :: pl. excl. Great Scott!

CARACOLEAR [KAHRAHKOLAYAR] vn. to caracole, twist about, twirl.

CARÁCTER [KAHRAHKTAIR] m. character :: disposition :: condition :: type, letter :: handwriting.

CARACTERÍSTICO* [KAHRACTAYREESTECO] adj. characteristic.

CARACTERÍSTICA [KAHRACTAYREESTECAH] f. characteristic, trait.

CARACTERIZAR [KAHRACTAYRETHAR] va. to characterize.

¡CARAMBA! [KAHRAHMBAH] interj. By Jove :: Well, I'm dashed!

CARÁMBANO [KAHRAHMBAHNO] m. icicle.

CARAMBOLA [KAHRAHMBOLAH] f. (billiar) cannon :: vn. **hacer —s**, to play billiards.

CARAMELO [KAHRAHMAYLO] m. caramel :: burnt sugar :: sweet, toffee, sweetmeat.

CARAMILLO [KAHRAHMEELYO] m. flageolet :: high-turned flute.

CARANTOÑA [KAHRANTONYA] f. (coll.) ugly face :: pl. caresses, fondling.

CARÁTULA [KAHRAHTOOLAH] f. (theat.) pasteboard mask :: small company of actors.

CARAVANA [KAHRAHVAHNAH] f. caravan.

CARAY [KAHRAHE] m. tortoise shell :: interj. gosh!.

CARBÓN [KARBON] m. charcoal :: coal :: — **de piedra**, coal, pit coal.

CARBONATO [KARBONAHTO] m. carbonate.

CARBONERA [KARBONAYRAH] f. coal bin :: coal cellar :: woman coal or charcoal vendor.

CARBONERO [KARBONAYRO] adj. coal :: m. coalman, coalmerchant.

CARBONIZAR [KARBONETHAR] va. & n. to carbonize, char.

CARBONO [KARBONO] m. carbon :: (elect.) charcoal.

CARBUNCLO [KARBOONKLO] m. (min.) carbuncle :: anthrax.

CARBURADOR [KARBOORAHDOR] m. carburetor.

CARCAJADA [KARKAHHAHDAH] f. burst of laughter.

CÁRCEL [KARTHEL] f. prison, jail, gaol.

CARCELERO [KARTHAYLAYRO] m. jailer, warder.

CARCOMA [KARKOMAH] f. dry rot :: death watch beetle :: worry.

CARCOMER [KARKOMAIR] va. to gnaw, eat away :: to corrode.

CARCOMIDO [KARCOMEEDO] adj. worm-eaten :: consumed :: impaired :: decayed, declined.

CARDAR [KARDAR] va. to card, comb (lana).

CARDENAL [KARDAYNAHL] m. cardinal :: weal, bruise.

CARDENILLO [KARDAYNEELYO] m. verdigris, Paris green.

CÁRDENO [KARDAYNO] adj. livid, discoloured.

CARDÍACO [KARDEEAHCO] m. cardiac :: adj. (med.) cardiac.

CARDINAL [KARDENAHL] adj. cardinal, fundamental.

CARDO [KARDO] m. thistle.

CAREAR [KAHRAYAR] va. to confront.

CARECER [KAHRAYTHAIR] vn. to be in need of :: to lack, not to have.

CARENA [KAHRAYNAH] f. careening.

CARENCIA [KAHRENTHEAH] f. lack :: need, want, absence.

CARENTE [KAHRAYNTAY] adj. lacking.

CAREO [KAHRAYO] m. confrontation.

CARESTÍA [KAHRESTEEAH] f. scarcity, want, shortage :: dearness, cost.

CARETA [KAHRAYTAH] f. paste-board mask, face-guard (en esgrima, etc.) :: deceitful appearance.

CARGA [KARGAH] f. load, burden, charge, responsibility :: cargo :: charge (de armas de fuego, etc.) :: impost duty.

CARGADERO [KARGAHDAYRO] m. loading place, wharf.

CARGADO* [KARGAHDO] adj. loaded :: strong (té o café) :: cloudy, sultry.

CARGADOR [KARGAHDOR] m. loader :: carrier.

CARGAMENTO [KARGAHMENTO] m. cargo :: freight.

CARGAR [KARGAR] va. to load, ship :: to stoke (un horno) :: to charge, attack :: to increase (precios) :: to charge (una cuenta) :: — **con**, to shoulder, take the weight of, look after (con la responsabilidad).

CARGAZÓN [KARGAHTHON] f. cargo :: freight of ship :: thick, heavy weather :: heaviness.

CARGO [KARGO] m. the act of loading :: burden :: cargo :: charge :: post office, dignity :: — **de conciencia**, remorse, compunction :: **hacerse — de**, to be responsible for :: to take into consideration, understand, realize.

CARGUERO [KARGAYRO] adj. load-carrying :: freight-carrying :: m. Amer. boast of burden.

CARIAR [KARIAR] va. to decay :: vr. to become decayed.

CARIBE [KAHREEBAY] m. & adj. Caribbean, savage.

CARICATURA [KAHRECAHTOORAH] f. caricature :: cartoon.

CARICIA [KAHREETHEAH] f. caress, stroke, pat, hug.

CARIDAD [KAHREDAHD] f. charity :: charitableness :: alms.

CARIES [KAHREES] f. caries, rot :: bone decay.

CARIÑO [KAHREENYO] m. fondness, tenderness, affection, love.

CARIÑOSO* [KAHRENYOSO] adj. loving, affectionate, tender, kind.

CARITATIVO* [KAHRETAHTEEVO] adj.

charitable, benevolent.

CARIZ [KAHREETH] *m.* aspect :: appearance, prospect :: **tener mal —**, to scowl.

CARMEN [KARMEN] *m.* villa, country house.

CARMESÍ [KARMAYSEE] *adj.* crimson.

CARMÍN [KARMEEN] *adj.* carmine :: *m.* cochineal.

CARNADA [KARNAHDAH] *f.* bait :: allurement.

CARNAL* [KARNAHL] *adj.* carnal, sensual.

CARNAVAL [KARNAHVAHL] *m.* carnival :: week before Lent.

CARNE [KARNAY] *f.* flesh :: meat :: **ser uña y — con**, to be as thick as thieves, be intimate, hand in glove with :: **echar — es**, to put on flesh :: **en — es**, naked.

CARNERO [KARNAYRO] *m.* sheep :: mutton.

CARNET [KARNET] *m.* identification card :: notebook.

CARNICERÍA [KARNETHAYREEAH] *f.* butcher's shop :: carnage, butchery.

CARNICERO [KARNETHAYRO] *adj.* carnivorous :: *m.* butcher.

CARNÍVORO [KARNEEVORO] *adj.* carnivorous.

CARNOSO [KARNOSO] *adj.* fleshy, carnous :: fleshy *(fruta).*

CARO [KAHRO] *adj.* dear, costly :: beloved :: *adv.* dearly, at a high price.

CARPA [KARPAH] *f.* carp.

CARPETA [KARPAYTAH] *f.* table cover :: folder.

CARPINTERÍA [KARPINTAYREEAH] *f.* carpentry :: carpenter's workshop.

CARPINTERO [KARPINTAYRO] *m.* carpenter, joiner :: **pájaro —**, woodpecker.

CARRAL [KARRAHL] *m.* wine barrel.

CARRASPEAR [KARRASPAYAR] *va.* to cough up :: to clear one's throat :: to be hoarse.

CARRASPERA [KARRAHSPAYRAH] *f.* hoarseness, huskiness, "frog."

CARRERA [KARRAYRAH] *f.* running :: race :: road :: course :: career, profession :: **a la —**, hurriedly.

CARRETA [KARRAYTAH] *f.* long narrow country cart.

CARRETADA [KARRAYTAHDAH] *f.* cartload.

CARRETE [KARRAYTAY] *m.* spool :: reel.

CARRETEAR [KARRAYTAYAR] *va.* to cart :: to drive a cart.

CARRETERA [KARRAYTAYRAH] *f.* highroad, main road.

CARRETERO [KARRAYTAYRO] *m.* carrier, waggoner, drayman, carter :: cartwright.

CARRETILLA [KARRAYTEELYAH] *f.* small cart :: wheel-barrow :: go-cart.

CARRETÓN [KARRAYTONE] *m.* go-cart :: cart, dray :: portable grinstone.

CARRIL [KARREEL] *m.* rut :: rail :: track :: cartway.

CARRILLO [KARREELYO] *m.* cheek, jowl.

CARRO [KARRO] *m.* cart :: chariot :: two-wheeled vehicle :: **— fúnebre**, hearse.

CARROCERÍA [KARROTHEREEA] *f.* chassis :: frame for a parade float.

CARROMATO [KARROMAHTO] *m.* covered cart, float.

CARROÑA [KARRONYAH] *f.* carrion, putrid flesh.

CARROZA [KARROTHAH] *f.* coach, carriage.

CARRUAJE [KARROOAHHAY] *m.* carriage.

CARTA [KARTAH] *f.* letter :: missive, epistle, note :: despatch :: map, chart :: **— blanca**, carte-blanche :: **— de aviso**, letter of advice :: **— de crédito**, letter of credit :: **— de marear**, sea-chart :: **— de pago**, acknowledgment of receipt :: **— (or patente) de sanidad**, bill of health :: **— canta**, the proof is in writing.

CARTAPACIO [KARTAHPAHTHEO] *m.* satchel, portfolio.

CARTEARSE [KARTAYARSAY] *vr.* to correspond by letter.

CARTEL [KARTEL] *m.* poster :: placard :: **se prohibe fijar —es** stick no bills.

CARTERA [KARTAYRAH] *f.* portfolio, writing-case :: note-book :: pocket book :: bills in hand :: **— Ministerial**, portfolio.

CARTERISTA [KARTAYREESTAH] *m.* pickpocket.

CARTERO [KARTAYRO] *m.* postman.

CARTILLA [KARTEELYAH] *f.* primer :: first reader.

CARTÓN [KARTON] *m.* pasteboard :: cardboard :: *(paint.)* cartoon.

CARTUCHERA [KARTOOCHAYRAH] *f.* cartridge-box, pouch.

CARTUCHO [KARTOOCHO] *m.* cartridge.

CARTULINA [KARTOOLEENAH] *f.* thin pasteboard, cardboard.

CASA [KAHSAH] *f.* house :: home :: private dwelling :: firm :: **—**

consistorial, town hall :: **— de campo**, country seat :: **— de vecindad**, tenement house :: **— de huéspedes**, lodging house :: **— solariega**, ancestral family home :: **— de empeños**, pawnbrokers' shop :: **poner —**, to set up house :: **echar la por la ventana**, to have a grand spread, entertain lavishly.

CASACA [KAHSAHKAH] *f.* dress-coat :: **volver —**, to turn one's coat.

CASADERO [KAHSAHDAYRO] *adj.* marriageable.

CASAMIENTO [KAHSAHMEENTO] *m.* marriage :: match :: wedding.

CASAR [KAHSAR] *m.* hamlet, village.

CASAR [KAHSAR] *va.* to marry :: to match *(colores)* :: to blend :: *vr.* to get married :: wed.

CASCABEL [KAHSKAHBEL] *m.* hawk-bell, jingle :: **serpiente de —**, rattlesnake.

CASCADA [KAHSKAHDAH] *f.* cascade, waterfall.

CASCAJO [KAHSKAHHO] *m.* gravel :: copper coin.

CASCANUECES [KAHSKAHNOOAYTHES] *m.* nut-cracker :: nutcrackers.

CASCAR [KAHSKAR] *va.* to crack, burst, crunch :: *(coll.)* to lick.

CÁSCARA [KAHSKAHRAH] *f.* peel, husk, rind :: shell.

CASCARÓN [KAHSKAHRON] *m.* egg-shell.

CASCARRABIAS [KASKARRAHBEAS] *m. & f.* crab, grouch, ill-tempered person :: *adj.* grouchy, cranky, irritable.

CASCO [KAHSKO] *m.* potsherd :: cask :: helmet :: hull *(de un barco)* :: skull :: **ligero de —s**, featherbrained.

CASCOTE [KAHSKOTAY] *m.* rubbish, refuse.

CASERÍO [KAHSAYREEO] *m.* hamlet :: cluster of houses in country.

CASERA [KAHSAYRAH] *f.* landlady :: housekeeper.

CASERO [KAHSAYRO] *adj.* domestic, homely :: homeloving :: homespun, home-bred :: **pan —**, homemade bread :: **traje —**, indoor suit.

CASETA [KAHSAYTAH] *f.* small house, cottage :: booth, stall.

CASI [KAHSE] *adv.* almost :: nearly.

CASILLA [KAHSEELYAH] *f.* small house :: lodge :: box-office :: *(cheques, etc.)* square :: **salirse de sus —s**, to lose temper, patience.

CASINO [KAHSEENO] m. club, society :: clubhouse :: recreation hall.

CASO [KAHSO] m. case, event, circumstance :: example :: opportunity :: **en todo —**, at any rate :: **no hacer al —**, to be irrelevant :: **hacer — de**, to notice, pay attention to.

CASPA [KAHSPAH] f. scurf, dandruff.

CASQUETE [KAHSKAYTAY] m. helmet :: cap :: wig.

CASQUIJO [KAHSKEEHO] m. gravel.

CASTA [KAHSTAH] f. caste, lineage, breed.

CASTAÑA [KAHSTAHNYAH] f. chestnut :: chignon :: **— pilonga**, dried chestnut.

CASTAÑETA [KAHSTAHNYAYTAH] f. castanet, snapping of the fingers.

CASTAÑETEAR [KASTANYAYTAYAR] vn. to rattle the castanets :: to chatter (los dientes) :: to crackle (las rodillas).

CASTAÑO [KAHSTAHNYO] m. chestnut tree :: **— de Indias**, horse-chestnut :: adj. auburn, nut-brown.

CASTAÑUELA [KASTANYOOAYLAH] f. castanet.

CASTIDAD [KAHSTEDAHD] f. chastity, purity.

CASTIGAR [KAHSTEGAR] va. to punish :: to mortify (el cuerpo) :: to correct (el estilo).

CASTIGO [KASTEEGO] m. punishment :: correction.

CASTILLO [KAHSTEELYO] m. castle, fort.

CASTIZO [KAHSTEETHO] adj. pure authentic, typical.

CASTO° [KAHSTO] adj. chaste, pure, continent.

CASTOR [KAHTOR] m. beaver.

CASTRACIÓN [KAHSTRATHEON] f. castration, gelding :: pruning.

CASTRAR [KAHSTRAR] va. to castrate.

CASTRENSE [KASTRENSAY] adj. pertaining to the military profession.

CASUAL° [KAHSOOAHL] adj. casual :: fortuitous.

CASUALIDAD [KAHSOOAHLEDAHD] f. accident, hazard, chance :: **por —**, by accident, by chance.

CASUCHA [KAHSOOCHAH] f. hovel.

CATA [KAHTAH] f. testing, trial, sampling.

CATACLISMO [KAHTAHCLEESMO] m. cataclysm, catastrophe :: deluge, inundation, upheaval.

CATADOR [KAHTAHDOR] m. taster sampler, connoisseur.

CATALEJO [KAHTAHLAYHO] m. telescope.

CATALOGAR [KAHTAHLOGAR] va. to catalogue.

CATÁLOGO [KAHTAHLOGO] m. catalogue.

CATAPLASMA [KAHTAHPLAHSMAH] f. poultice :: cataplasm.

CATAR [KAHTAR] va. to taste, try :: to look :: to bear in mind.

CATARATA [KAHTAHRAHTAH] f. cataract, waterfall.

CATARRO [KAHTARRO] f. catarrh :: head cold.

CATASTRO [KAHTAHSTRO] m. census of real property.

CATÁSTROFE [KAHTAHSTROFAY] f. catastrophe :: (theat.) dénouement.

CATAVIENTO [KAHTAHVEENTO] m. weathercock.

CATECISMO [KAHTAYTHEESMO] m. catechism.

CÁTEDRA [KAHTAYDRAH] f. university chair :: university lectureship :: course of study.

CATEDRAL [KAHTAYDRAHL] f. cathedral.

CATEDRÁTICO [KAHTAYDRAHTEKO] m. university professor.

CATEGORÍA [KAHTAYGOREEAH] f. category, rank :: kind, class.

CATEGÓRICO° [KAHTAHGOREKO] adj. categorical, absolute, definitive.

CATERVA [KAHTAIRVAH] f. great number of :: crowd :: swarm.

CATÓLICO [KAHTOLEKO] adj. catholic :: universal.

CATORCE [KAHTORTHAY] adj. fourteen.

CATRE [KAHTRAY] m. trucklebed, camp-bed :: **— de tijera**, folding bed, camp-bed.

CAUCE [KAHOOTHAY] m. (del río) bed :: drain, trench.

CAUCIÓN [KAHOOTHEON] f. precaution :: security, guarantee.

CAUCIONAR [KAHOOTHEONAR] va. to give bail.

CAUCHO [KAHOOCHO] m. rubber.

CAUDAL [KAHOODAHL] adj. abundant :: large :: m. estate, property :: riches :: abundance, plenty.

CAUDALOSO° [KAHOODAHLOSO] adj. abundant, full-flowing :: propertied, rich, wealthy.

CAUDILLO [KAHOODEELYO] m. head, chief, leader.

CAUSA [KAHOOSAH] f. cause :: motive :: lawsuit, process, trial :: **a — de**, because of.

CAUSAR [KAHOOSAR] va. to cause; :: to make :: to give rise to, bring about.

CÁUSTICO [KAHOOSTEKO] adj. caustic, bitter.

CAUTELA [KAHOOTAYLAH] f.° care, caution, prudence :: cunning.

CAUTELOSO [KAHOOTAYLOSO] adj. cautious, wary.

CAUTERIO [KAHOOTAYREO] m. cautery.

CAUTIVAR [KAHOOTEVAR] va. to make prisoner :: to captivate, charm.

CAUTIVERIO [KAHOOTEVAYREO] m. captivity.

CAUTIVO [KAHOOTEVO] m. captive, prisoner.

CAUTO° [KAHOOTO] adj. prudent, cautious.

CAVAR [KAHVAR] va. to dig :: to excavate.

CAVERNA [KAHVERNAH] f. cavern, cave.

CAVERNOSO [KAHVERNOSO] adj. cavernous, like a cavern :: hollow.

CAVIDAD [KAHVEDAHD] f. cavity, excavation.

CAVILACIÓN [KAHVELAHTHEON] f. hesitation, pondering.

CAVILAR [KAHVELAR] va. to ponder on, wonder (about, whether) :: to quibble.

CAVILOSO° [KAHVELOSO] adj. captious, doubtful, undecided, finicky.

CAYADO [KAHYAHDO] m. shepherd's crook, staff.

CAYO [KAHYO] m. low, rocky islet, shoal.

CAZ [KATH] m. irrigation channel.

CAZA [KAHTHAH] f. chase, hunting :: game :: **— mayor**, big game :: **— menor**, small game :: **partida de —**, hunting party.

CAZADOR [KAHTHAHDOR] m. hunter :: chaser.

CAZAR [KAHTHAR] va. to hunt, chase :: to pursue, catch :: to ''win.'' ''get.''

CAZO [KAHTHO] m. ladle :: gluepot, little saucepan.

CAZOLETA [KAHTHOLAYTAH] f. pan of a gun lock.

CAZUELA [KAHTHOOAYLAH] f. earthen pan, stewpan :: part of old theatre reserved for women :: ''pit.''

CAZURRO [KAHTHOORRO] adj. sulky :: vicious.

CEBA [THAYBAH] f. fattening of animals.

CEBADA [THAYBAHDAH] f. barley :: **— perlada**, pearl barley.

CEBAR [THAYBAR] va. to fatten up (animales), feed :: to nourish (una emoción) :: vr. **— en**, to batten on, to fasten on.

CEBO [THAYBO] m. fodder :: bait ::

allurement, incentive.

CEBOLLA [THAYBOLYAH] *f.* onion :: bulb :: **contigo pan y —**, to share one's all with, to marry.

CEBRA [THAYBRAH] *f.* zebra.

CECEAR [THAYTHAYAR] *vn.* to lisp :: to pronounce the s as c.

CECEO [THAYTHAYO] *m.* lisp, lisping.

CECINA [THAYTHENAH] *f.* salt hung beef, jerked beef.

CEDAZO [THAYDAHTHO] *m.* sieve, strainer.

CEDER [THAYDAIR] *va.* to give (up) (way) (in), cede, yield.

CEDRO [THAYDRO] *m.* cedar :: cedar wood.

CÉDULA [THAYDOOLAH] *f.* scrip :: schedule :: certificate :: warrant :: **— personal**, identity card.

CÉFIRO [THAYFERO] *m.* zephyr :: gentle breeze.

CEGAR [THAYGAR] *va.* to blind :: to block *(ventanas, etc.)* :: *vn.* to grow blind.

CEGUEDAD [THAYGAYDAHD] *f.* blindness, unreasonableness.

CEGUERA [THAYGAYRAH] *f. (med.)* blindness :: soreness of the eye.

CEJA [THAYHA] *f.* eyebrow :: **hasta las —s**, up to the eyebrows.

CEJAR [THAYHAR] *vn.* to yield, give way :: to give up, relax.

CELADA [THAYLAHDAH] *f.* helm :: ambush, trap.

CELADOR [THAYLAHDOR] *m.* curator :: warden, watcher, inspector.

CELAR [THAYLAR] *va.* to watch over :: to be careful, watch jealously :: to conceal.

CELDA [THELDAH] *f.* cell :: room.

CELEBRACIÓN [THAYLAYBRAHTHEON] *f.* celebration.

CELEBRAR [THAYLAYBRAR] *va.* to praise, applaud :: to celebrate :: to hold :: to be glad of.

CÉLEBRE[•] [THAYLAYBRAY] *adj.* celebrated, famous.

CELEBRIDAD [THAYLAYBREDAHD] *f.* fame, renown :: celebrity, famous person :: celebration.

CELERIDAD [THAYLAYREDAHD] *f.* celerity, velocity, speed.

CELESTE [THAYLESTAY] *adj.* celestial, heavenly :: **azul —**, sky-blue.

CELESTIAL [THAYLESTEAHL] *adj.* celestial, heavenly, divine.

CELIBATO [THAYLEBAHTO] *m.* celibacy :: bachelor.

CÉLIBE [THAYLEBAY] *adj.* bachelor, single.

CELO [THAYLO] *m.* zeal, interest :: *pl.* jealousy.

CELOSÍA [THAYLOSEEAH] *f.* Venetian blind, lattice window.

CELOSO[•] [THAYLOSO] *adj.* jealous :: zealous, careful.

CELTA [THELTAH] *m. & adj.* celtic.

CÉLULA [THAYLOOLAH] *f.* cell, cellule.

CELULOIDE [THAYLOOLOEDAY] *m.* celluloid.

CEMENTAR [THAYMENTAR] *va.* to cement :: to case harden.

CEMENTERIO [THAYMENTAYREO] *m.* churchyard, cemetery.

CEMENTO [THAYMENTO] *m.* cement, mortar.

CENA [THAYNAH] *f.* supper, dinner.

CENADOR [THAYNAHDOR] *m.* arbour, bower :: veranda.

CENAGAL [THAYNAHGAHL] *m.* quagmire, muddy ground, swamp.

CENAGOSO [THAYNAHGOSO] *adj.* muddy, miry.

CENAR [THAYNAR] *va.* to sup, have supper :: to dine.

CENCERRO [THENTHAIRRO] *m.* cowbell.

CENDAL [THENDAHL] *m.* sendal :: fine silk or linen cloth :: gossamer.

CENEFA [THAYNAYFAH] *f.* fringe, border, valance.

CENICERO [THAYNETHAYRO] *m.* ashtray.

CENICIENTO [THAYNETHEENTO] *adj.* ashgrey, ashen :: ash-coloured.

CENIT [THAYNEET] *m.* zenith.

CENIZA [THAYNEETHAH] *f.* ash, ashes :: **miércoles de —**, Ash Wednesday.

CENIZO [THAYNEETHO] *adj.* ash-coloured.

CENOBIO [THAYNOBEO] *m.* cenoby.

CENSO [THENSO] *m.* census :: annual pension, rental.

CENSOR [THENSOR] *m.* censor.

CENSURA [THENSOORAH] *f.* censure, criticism, disapproval :: censorship.

CENSURABLE [THENSOORAHBLAY] *adj.* censurable :: reprehesible.

CENSURAR [THENSOORAR] *va.* to censure, blame :: to criticize.

CENTAVO [THENTAHVO] *m.* cent, one hundredth.

CENTELLA [THENTAYLYAH] *f.* lightning :: flash, spark.

CENTELLEANTE [THENTELLYAYNTAY] *adj.* sparkling, flashing.

CENTELLEAR [THENTELLYAYAR] *vn.* to twinkle :: to sparkle, glitter :: to flash.

CENTELLEO [THENTELLYAYO] *m.* glitter, sparkle.

CENTENA [THENTAYNAH] *f.* hundred.

CENTENAR [THENTAYNAR] *m.* hundred :: **a —es**, (by) (in) hundreds.

CENTENARIO [THENTAYNAHREO] *m.* centennial, one hundredth anniversary :: *adj.* centennial :: old, ancient.

CENTENO [THENTAYNO] *m.* common rye.

CENTÉSIMO [THENTAYSEMO] *m.* hundredth part of, centesimal.

CENTÍGRADO [THENTEEGRAHDO] *adj.* centigrade.

CENTÍMETRO [THENTEEMAYTRO] *m.* centimeter.

CÉNTIMO [THENTEMO] *m.* centime, cent.

CENTINELA [THENTENAYLAH] *f.* sentry :: sentinel.

CENTRAL [THENTRAHL] *adj.* central, centric :: head office.

CENTRAR [THENTRAHR] *vn.* to center.

CÉNTRICO[•] [THENTRECO] *adj.* central.

CENTRO [THENTRO] *m.* centre :: middle point :: club.

CEÑIDO [THAYNYEEDO] *adj.* close-fitting :: very close.

CEÑIR [THAYNYEER] *va.* to fit closely :: to clasp :: to surround, encircle :: *vr.* to confine oneself to :: **— espada**, to gird on, to wear sword.

CEÑO [THAYNYO] *m.* frown, knitted brows, look of disapproval, displeasure.

CEÑUDO [THAYNYOODO] *adj.* frowning :: grim, gruff.

CEPA [THAYPAH] *f.* stub :: vinestock, root :: stock, origin, source :: **de buena —**, on good authority, of good stock.

CEPILLAR [THAYPEELLYAR] *va.* to plane :: to brush.

CEPILLO [THAYPEELYO] *m.* brush :: plane :: **— para ropa**, clothes-brush.

CEPO [THAYPO] *m.* bough, branch of a tree :: stock of an anvil.

CERA [THAYRAH] *f.* wax, beeswax :: wax candle.

CERÁMICA [THAYRAHMECAH] *f.* ceramics, pottery.

CERBATANA [THERBAHTAHNAH] *f.* blowgun, peashooter, popgun :: small culverin :: ear trumpet.

CERCA [THAIRKAH] *adv.* near, close by :: **— de**, close to, near to :: *f.* enclosure, fence.

CERCADO [THAIRKAHDO] *m.* fenced enclosure, paddock, enclosure.

CERCANÍA [THAIRKAHNEEAH] *f.* proximity :: *pl.* neighbourhood, vicinity.

CERCANO[•] [THAIRKAHNO] *adj.* near,

neighbouring.

CERCAR [THAIRKAR] *va.* to fence in, enclose :: to invest *(una ciudad).*

CERCENAR [THAIRTHAYNAR] *va.* to pare, lop off :: to reduce, lessen.

CERCIORAR [THERTHEORAR] *va.* to assure, affirm :: —se, to ascertain, find out.

CERCO [THAIRKO] *m.* enclosure :: investment :: blockade :: poner — **a,** to invest, besiege.

CERDA [THAIRDAH] *f.* horse-hair (hog-, badger-) bristle :: sow.

CERDO [THAIRDO] *m.* hog, pig, swine.

CERDOSO [THAIRDOSO] *adj.* bristly.

CEREAL [THAYRAYAHL] *m.* cereal, grain.

CEREBRO [THAYRAYBRO] *m.* brain, mind, talent.

CEREMONIA [THAYRAYMONEAH] *f.* ceremony.

CEREMONIAL [THAYRAYMONEAHL] *adj. & m.* ceremonial.

CEREMONIOSO° [THAYRAYMONEOSO] *adj.* ceremonious.

CERERO [THAYRAYRO] *m.* waxchandler.

CEREZA [THAYRAYTHAH] *f.* cherry.

CERILLA [THAYREELYAH] *f.* wax match, match :: wax taper.

CERNER [THAIRNAIR] *va.* to sift :: *vn.* to blossom :: *vr.* to hover.

CERO [THAYRO] *m.* zero, naught.

CEROTE [THAYROTAY] *m.* shoemaker's wax.

CERRADO° [THAIRRAHDO] *adj.* obscure :: concealed :: reserved :: secretive :: dense :: **barba —a,** heavy beard :: **a ojos —s,** blindly, on trust.

CERRADURA [THAIRRAHDOORAH] *f.* lock :: the act of closing :: — **de muelle,** spring-lock.

CERRAJERO [THAIRRAHHAYRO] *m.* locksmith.

CERRAR [THAIRRAR] *va.* to close, shut up :: to end :: to lock :: — **una carta,** to seal a letter :: — **una cuenta,** to close an account.

CERRAZÓN [THERRAHTHONE] *f.* cloudiness, darkness.

CERRIL° [THAIRREEL] *adj.* unbroken, wild :: rough, mountainous.

CERRO [THAIRRO] *m.* hill, ridge :: backbone *(de un animal)* :: **por los —s de Ubeda,** wide of the mark, in the air, off the point.

CERROJO [THAIRROHO] *m.* bolt, latch.

CERTAMEN [THAIRTAHMEN] *m.* literary competition :: exhibition.

CERTERO° [THERTAYRO] *adj.* accurate, exact :: well-aimed.

CERTEZA [THAIRTAYTHAH] *f.* certitude, assurance :: precise knowledge.

CERTIDUMBRE [THAIRTEDOOMBRAY] *f.* certainty.

CERTIFICADO [THAIRTEFEKAHDO] *m.* certificate, testimonial.

CERTIFICAR [THAIRTEFEKAR] *va.* to certify, attest :: — **una carta,** to register a letter.

CERVAL [THAIRVAHL] *adj.* pertaining to a deer, cervine :: **miedo —,** excessive timidity.

CERVATO [THAIRVAHTO] *m.* fawn.

CERVECERÍA [THAIRVAYTHAYREEAH] *f.* brewery :: bar.

CERVEZA [THAIRVAYTHAH] *f.* beer, ale.

CERVIZ [THERVEETH] *f. (anat.)* cervix :: neck, nape of the neck :: base of the brain.

CESACIÓN [THAYSAHTHEON] *f.* discontinuance, cessation.

CESAR [THAYSAR] *vn.* to cease :: to give up :: to discontinue, stop :: **sin —,** unendingly, without stop, ceasing, end.

CESE [THAYSAY] *m.* cease :: note denoting that pay is to cease :: pay stoppage, dismissal.

CESIÓN [THAYSEON] *f.* cession :: concession :: — **de bienes,** surrender of property.

CESIONARIO [THAYSEONAREO] *m.* grantee, transferee.

CÉSPED [THESPAYD] *m.* sod, grass, turf :: lawn.

CESTA [THESTAH] *f.* basket :: pannier :: racket.

CESTO [THESTO] *m.* waste-paper, **coger agua en —,** to carry water in a sieve.

CETÁCEO [THAYTAHTHAYO] *m. (zool.)* cetacean :: *adj.* cetaceous.

CETRERÍA [THAYTRAYREEAH] *f.* falconry.

CETRINO [THAYTREENO] *adj.* lemon-coloured :: jaundiced.

CETRO [THAYTRO] *m.* sceptre.

CIÁTICA [THEAHTEKAH] *f.* sciatica.

CICATERÍA [THEKAHTAYREEAH] *f.* stinginess, niggardliness.

CICATERO° [THEKAHTAYRO] *adj.* niggard, stingy.

CICATRIZ [THEKAHTREETH] *f.* scar, cicatrice.

CICATRIZAR [THECAHTRETHAR] *va.* to heal, close *(una herida).*

CICLISMO [THECLEESMO] *m.* cycling :: bicycle racing.

CICLISTA [THECLEESTAH] *m. & f.* cyclist :: bicycle racer.

CICLO [THEEKLO] *m.* cycle.

CICLÓN [THEKLON] *m.* hurricane, cyclone.

CIEGO° [THEAYGO] *adj. & m.* blind :: blocked up :: **a ciegas,** blindly, unwittingly.

CIELO [THEAYLO] *m.* heaven, paradise :: sky :: ceiling :: **a — raso,** under the stars :: **se ha venido el — abajo,** the very heaven has burst.

CIEN [THEEN] *adj.* one hundred, a hundred.

CIÉNAGA [THEENAHGAH] *f.* marsh, miry place, swamp.

CIENCIA [THEENTHEAH] *f.* science :: knowledge :: **a — cierta,** with knowledge, for a certainty :: **gaya —,** troubadour's art, poetry.

CIENO [THEENO] *m.* mud, slime :: bog.

CIENTÍFICO° [THEENTEEFECO] *adj.* scientific :: *m.* scientist.

CIENTO [THEENTO] *m.* one hundred :: **tres por —,** three per cent.

CIERNE [THEAIRNAY] **en cierne,** in blossom, in the beginning, in its infancy.

CIERRE [THEERRAY] *m.* clasp, fastener :: zipper :: closing, fastening, locking :: method of closing.

CIERTO° [THEAIRTO] *adj.* sure, positive, true :: certain :: **por —,** certainly, of course.

CIERVO [THEAIRVO] *m.* deer, stag.

CIERZO [THEAIRTHO] *m.* cold north wind.

CIFRA [THEEFRAH] *f.* figure, number :: cipher :: monogram.

CIFRAR [THEEFRAR] *va.* to write in code :: to summarize.

CIGARRA [THEGARRAH] *f.* cicada, grass-hopper.

CIGARRERA [THEGARRAYRAH] *f.* woman cigarette-maker :: cigarcase.

CIGARRILLO [THEGARREELYO] *m.* cigarette.

CIGARRO [THEGARRO] *m.* cigar.

CIGÜEÑA [THEGOOAYNYAH] *f.* white stork, crane.

CIGÜEÑAL [THEGOOAYNYAL] *m. (mech.)* winch, crank :: crankshaft.

CILÍNDRICO [THELEENDRECO] *adj.* cylindric.

CILINDRO [THELEENDRO] *m.* cylinder :: roller.

CIMA [THEEMAH] *f.* summit, top, peak :: completion :: *(met.)* pinnacle, crown, apex, sum :: **dar — a,** to finish successfully, to top off, put the finishing touch to.

CIMARRÓN [THEMARRON] *m.* maroon :: runaway slave.

CÍMBALO [THEEMBAHLO] *m.* cymbal :: small bell.

CIMBORIO [THIMBOREO] *m.* dome.

CIMBRAR [THIMBRAR] *vn.* to vibrate, to brandish, to shake, switch.

CIMENTAR [THEMENTAR] *va.* to lay the foundations :: to found :: to strengthen.

CIMIENTO [THEMEENTO] *m.* foundation :: bed :: ground-work, basis :: **abrir los** —s, to lay the foundations.

CINC [THINK] *m.* zinc.

CINCEL [THINTHEL] *m.* chisel :: burin.

CINCELAR [THINTHAYLAR] *va.* to engrave, chisel, cut.

CINCO [THINKO] *adj.* five :: **las** —, five o'clock.

CINCHA [THINCHAH] *f.* girth, cinch :: belt.

CINCHAR [THINCHAR] *va.* to cinch, tighten the saddle girth.

CINE [THEENAY] *m.* cinema.

CÍNGULO [THINGOOLO] *m.* girdle.

CÍNICO° [THEENECO] *adj.* cynical, sarcastic, sneering :: *m.* cynic.

CINTA [THINTAH] *f.* ribbon, tape, sash, film :: — **métrica**, tape measure :: **en** —, pregnant.

CINTO [THINTO] *m.* waist :: belt.

CINTURA [THINTOORAH] *f.* waist :: **meter en** —, to dominate, to bring to reason.

CINTURÓN [THINTOORON] *m.* wide belt, strap.

CIPRÉS [THEPRES] *m.* cypress.

CIRCO [THEERKO] *m.* circus, amphitheatre.

CIRCUIR [THEERKOOEER] *va.* to surround, encircle.

CIRCUITO [THEERKOOEETO] *m.* circuit, circumference.

CIRCULACIÓN [THEERCOOLAHTHEON] *f.* circulation :: traffic.

CIRCULAR [THEERKOOLAR] *f.* circular letter :: *adj.* circular, circulating :: *vn.* to move (on, to, about) :: to circulate :: *(el tráfico)* to pass (along), cross.

CÍRCULO [THEERKOOLO] *m.* circle :: club.

CIRCUNCIDAR [THEERKOONTHEDAR] *va.* to circumcise :: to curtail, modify.

CIRCUNCISIÓN [THEERCOONTHESEON] *f.* circumcision.

CIRCUNDANTE [THEERCOONDAHNTAY] *adj.* surrounding.

CIRCUNDAR [THEERKOONDAR] *va.* to surround, compass.

CIRCUNFERENCIA [THEERCOONFAYRENTHEAH] *f.* circumference.

CIRCUNFLEJO [THEERKOONFLAYHO] *adj.* circumflex *(acento)*.

CIRCUNLOQUIO [THEERKOONLOKEO] *m.* circumlocution, roundabout expression.

CIRCUNSPECCIÓN [THEERCOONSPECTHEON] *f.* circumspection.

CIRCUNSPECTO° [THEERKOONSPEKTO] *adj.* circumspect, cautious, careful, tactful.

CIRCUNSTANCIA [THEERKOONSTAHNTHEAH] *f.* circumstance :: condition :: **poesía de** —s, occasional poem.

CIRCUNSTANTE [THEERKOONSTAHNTAY] *m. pl.* bystanders, audience.

CIRCUNVECINO [THEERKOONVAYTHENO] *adj.* neighbouring, adjacent, contiguous.

CIRIO [THEEREO] *m.* long wax candle.

CIRRO [THEERRO] *m.* cirrus clouds.

CIRUELA [THEROOAYLAH] *f.* plum, prune :: — **pasa**, prune :: — **damascena**, damson.

CIRUGÍA [THEROOHEEAH] *f.* surgery.

CIRUJANO [THEROOHAHNO] *m.* surgeon.

CISCO [THISKO] *m.* coal-dust, slack :: **meter** —, to kick up a shindy.

CISMA [THISMAH] *m.* schism :: discord.

CISNE [THISNAY] *m.* swan :: **canto del** —, swan song, last work, **pollo de** —, cygnet.

CISTERNA [THISTERNAH] *f.* cistern.

CITA [THEETAH] *f.* appointment, rendezvous, meeting :: summons :: quotation, authority.

CITACIÓN [THETAHTHEON] *f.* summons :: quotation.

CITAR [THETAR] *va.* to quote :: to summon :: to make an arrangement :: to arrange to meet :: **el citado**, the said, above mentioned.

CÍTARA [THEETAHRA] *f.* zithern.

CITERIOR [THETAYREOR] *adj.* on the near side, nearer.

CÍTRICO [THEETRECO] *adj.* citric.

CIUDAD [THEOODAHD] *f.* city, town.

CIUDADANÍA [THEOODAHDANEEAH] *f.* citizenship.

CIUDADANO [THEOODAHDAHNO] *adj.* urban, civic :: *m.* citizen, townsman, city dweller.

CIUDADELA [THEOODAHDAYLAH] *f.* citadel, fortress, keep.

CÍVICO° [THEEVECO] *adj.* civic.

CIVIL [THEVEEL] *adj.* civil :: polite, courteous.

CIVILIDAD [THEVELEDAHD] *f.* civility, politeness, urbanity.

CIVILIZACIÓN [THEVELETHAHTHEON] *f.* civilization.

CIVILIZAR [THEVELETHAR] *va.* to civilize.

CIVISMO [THEVISMO] *m.* patriotism :: public spirit.

CIZALLA [THETHAHLYAH] *f.* metalcutters, shears :: metal shavings.

CIZAÑA [THETHAHNYAH] *f.* darnel :: discord, tares :: **meter** —, to show discord.

CLAC [KLAHK] *m.* opera-hat, crush hat.

CLAMAR [KLAHMAR] *va.* to call for :: to clamour, wail.

CLAMOR [KLAHMOR] *m.* clamour, outcry :: toll, tolling *(de campanas)*.

CLAMOREAR [KLAHMORAYAR] *va.* to pray anxiously :: to implore.

CLANDESTINO° [KLAHNDESTEENO] *adj.* clandestine, secret, undercover.

CLARA [KLAHRAH] *f.* white of egg.

CLARABOYA [KLAHRAHBOOYAH] *f.* sky-light :: transom :: bull's eye :: window.

CLAREAR [KLAHRAYAR] *vn.* to grow light, dawn :: to be transparent :: **no te clareas**, you make a better door than a window.

CLARETE [KLAHRAYTAY] *m.* claret.

CLARIDAD [KLAHREDAHD] *f.* clearness, brightness :: splendour :: distinctness, lucidity.

CLARIFICAR [KLAHREFEKAR] *va.* to clarify :: to refine.

CLARÍN [KLAHREEN] *m.* bugle :: clarion.

CLARINETE [KLAHRENAYTAY] *m.* clarinet :: clarinet-player.

CLARO° [KLAHRO] *adj.* clear, light, pale :: manifest, evident, frank, visible :: **azul** —, light blue :: **poner (sacar) en** —, to clear up, understand :: *m.* gap, lacuna :: interval, blank, light spot :: glade :: break :: *adv.* manifestly :: **a las claras**, evidently, clearly :: **pasar la noche de** — **en** —, not to have a wink of sleep :: *excl.* — **que sí (no)**, of course (not) :: — **está**, evidently, naturally :: of course.

CLAROSCURO [KLAHROSKOORO] *m.* chiaroscuro, combination of fine and heavy strokes.

CLASE [KLAHSAY] *f.* class :: kind, kin :: order :: rank :: quality.

CLÁSICO [KLAHSEKO] *adj.* classic, classical :: principal, notable.

CLASIFICACIÓN [CLAHSEFECAHTHEON] *f.* classification.

CLASIFICAR [CLAHSEFECAR] *va.* to classify.

CLAUDICAR [KLAHOODEKAR] vn. to limp :: to act in a disorderly way.

CLAUSTRO [KLAHOOSTRO] m. cloister :: monastic state :: teaching body, faculty.

CLÁUSULA [KLAHOOSOOLAH] f. clause, period, sentence.

CLAUSURA [KLAHOOSOORAH] f. closure :: religious retreat :: interior of a convent :: adjournment or closing scenes.

CLAUSURAR [KLAHOOSOORAR] va. to close, end, terminate :: to adjourn.

CLAVA [KLAHVAH] f. club, cudgel :: scupper.

CLAVAR [KLAHVAR] va. to nail :: to drive in :: to nail down :: to pierce :: to overcharge, "sting" :: — los ojos, to stare, fix one's eyes.

CLAVE [KLAHVAY] f. key, clef (mus.) :: code :: clavichord :: clue :: keystone.

CLAVEL [KLAHVEL] m. carnation, pink.

CLAVETEAR [CLAHVAYTAYAR] va. to nail :: to stud with nails.

CLAVICORDIO [KLAHVEKORDEO] m. clavichord.

CLAVÍCULA [KLAHVEEKOOLAH] f. collar-bone.

CLAVIJA [KLAHVEEHAH] f. pin, peg :: nog :: apretar las —s, (fig.) to put on the screws.

CLAVIJERO [CLAVEHAYRO] m. hat or clothes rack.

CLAVO [KLAHVO] m. nail, spike :: (med.) corn :: surgical lint :: clove :: dar en el —, to hit the nail on the head.

CLEMENCIA [KLAYMENTHEAH] f. clemency, mercy.

CLEMENTE° [KLAYMENTAY] adj. clement, merciful.

CLERECÍA [KLAYRAYTHEEAH] f. clergy, body or office of clergy.

CLERICAL [CLAYRECAHL] adj. clerical, of a clergyman or the clergy.

CLÉRIGO [KLAYREGO] m. clergyman, priest, clerk, cleric.

CLERO [KLAYRO] m. clergy.

CLIENTE [KLEENTAY] m. client, customer.

CLIENTELA [KLEENTAYLAH] f. patronage :: customer.

CLIMA [KLEEMAH] m. climate, atmosphere.

CLÍMAX [CLEEMAX] m. climax.

CLÍNICA° [KLEENEKAH] m. clinic, nursing-home (doctor's) surgery, dispensary.

CLISÉ [KLESAY] m. cliché :: exposure.

CLOACA [KLOAHKAH] f. sewer :: (en aves) large intestine.

CLOQUEAR [KLOKAYAR] vn. to cluck, cackle.

CLORO [CLORO] m. chlorine.

CLOROFILA [CLOROFEELAH] f. chlorophyll.

CLORURO [CLOROORO] m. chloride.

CLUB [KLOOB] m. club, political association, social institution.

COACCIÓN [KOAHKTHEON] f. coaction :: compulsion.

COADYUVAR [KOAHKYOOVAR] va. to help, assist.

COAGULAR [KOAHGOOLAR] va. & r. to coagulate, congeal, set.

COÁGULO [COAHGOOLO] m. coagulation, clot.

COALICIÓN [KOAHLETHEON] f. coalition, union, group.

COARTADA [KOARTAHDAH] f. alibi.

COARTAR [KOARTAR] va. to limit, restrict, restrain.

COBA [KOBAH] f. dar —, to flatter :: play up to, "butter up".

COBALTO [COBAHLTO] m. cobalt.

COBARDE° [KOBARDAY] adj. coward, timid :: m. poltroon, coward.

COBARDÍA [KOBARDEEAH] f. cowardice.

COBERTERA [KOBAIRTAYRAH] f. cover, saucepan-lid.

COBERTIZO [KOBAIRTEETHO] m. shed, shelter :: lean-to.

COBERTOR [COBERTOR] m. comforter, bedspread, quilt, counterpane.

COBERTURA [COBERTOORAH] f. cover, covering.

COBIJAR [KOBEHAR] va. to cover, protect :: vn. to take shelter.

COBRADOR [KOBRAHDOR] m. (de deudas) collector :: (de tranvía) conductor :: (de banco) teller :: (perro) retriever.

COBRANZA [KOBRAHNTHAH] f. recovery, collection (de deudas).

COBRAR [KOBRAR] va. to recover, collect (amounts due) :: to recuperate, obtain :: — ánimo, to gain courage, to pick up spirits :: — fuerzas, to gather strength.

COBRE [KOBRAY] m. copper :: brass.

COBRIZO [KOBREETHO] adj. of copper, coppery.

COBRO [KOBRO] m. cashing, collection.

COCAÍNA [COCAHEENAH] f. cocaine.

COCCIÓN [KOKTHEON] f. coction, cooking, boiling.

COCEAR [KOTHAYAR] vn. to kick, kick out, resist.

COCER [KOTHAIR] va. to cook, boil :: to bake.

COCIDO [KOTHEEDO] m. stew.

COCIENTE [COTHEENTAY] m. quotient.

COCIMIENTO [COTHEEMEENTO] m. cooking :: baking :: liquid concoction.

COCINA [KOTHEENAH] f. kitchen :: cookery :: — económica, cooking-range.

COCINAR [COTHENAR] va. to cook.

COCINERO [KOTHENAYRO] m. cook :: chef.

COCO [KOKO] m. coco-nut tree :: coco-nut :: bogeyman :: agua de —, coconut milk.

COCODRILO [KOKODREELO] m. crocodile.

COCHE [KOCHAY] m. car carriage, coach :: — de alquiler, hire car :: — de punto, cab, taxi :: — cama, sleeping car, coach :: — de San Francisco, old shank's pony, to walk it.

COCHERO [KOCHAYRO] m. coachman.

COCHINADA [COCHENAHDAH] f. filth, filthiness :: filthy act or remark :: dirty trick :: herd of swine.

COCHINERÍA [KOCHENAYREEAH] f. dirtiness, filth, foulness.

COCHINO [COCHEENO] m. hog, pig :: dirty person :: adj. filthy, dirty.

CODAZO [KODAHTHO] m. nudge, shove with elbow.

CODEAR [KODAYAR] va. & n. to elbow.

CÓDICE [KODETHAY] m. old MS., codex.

CODICIA [KODEETHEAH] f. covetousness, cupidity, greed.

CODICIAR [KODETHEAR] va. to covet :: look greedily at, long to have.

CODICIOSO° [KODETHEOSO] adj. & m. grasping, avaricious, greedy.

CÓDIGO [KODEGO] m. code.

CODILLO [KODEELYO] m. elbow or shoulder-joint (en animales) :: knee :: breech, foot-rule.

CODO [KODO] m. elbow :: cubit :: angle :: levantar el —, to "booze" :: comerse los codos de hambre, to be famished :: hablar por los codos, to talk one's head off, prattle, gossip.

CODORNIZ [KODORNEETH] f. quail.

COEFICIENTE [COAYFETHEENTAY] m. & adj. coefficient.

COERCIÓN [KOAIRTHEON] f. coercion, restraint.

COETÁNEO [KOAYTAHNAYO] adj. contemporary.

COEXISTIR [KOEXISTEER] vn. to coexist.

COFIA [KOFEAH] f. woman's indoor cap, hair-net :: cowl :: coif.

COFRADE [COFRAHDAY] m. & f. member, fellow member.

COFRADÍA [COFRAHDEEAH] *f.* brotherhood :: sisterhood :: guild :: trade union.

COFRE [KOFRAY] *m.* trunk, coffer.

COGEDOR [KOHAYDOR] *m.* dustpan, coal-shovel.

COGER [KOHAIR] *va.* to take, catch :: to soak up :: to gather :: to contain.

COGIDA [COHEEDAH] *f. (coll.)* gathering, picking, harvest.

COGOLLO [COGOLLYO] *m.* heart *(de una lechuga)*, head *(de una col)* :: shoot *(de una planta)* :: top *(de un árbol)* :: *(fig.)* pick, cream.

COGOTE [KOGOTAY] *m.* nape, "scruff" of neck.

COHABITAR [KOHABETAR] *vn.* to cohabit, live together.

COHECHAR [KOAYCHAR] *va.* to bribe, suborn, corrupt.

COHECHO [KOAYCHO] *m.* bribery.

COHERENTE [KOAYRENTAY] *adj.* coherent, consistent.

COHESIÓN [COAYSEON] *f.* cohesion.

COHETE [KOAYTAY] *m.* rocket, sky-rocket.

COHIBICIÓN [KOEBETHEON] *f.* prohibition, restraint.

COHIBIDO [COEBEDO] *adj.* inhibited :: embarrassed, uneasy.

COHIBIR [KOEBEER] *va.* to restrain.

COHONESTAR [KOONESTAR] *va.* to palliate, gloss over.

COINCIDENCIA [COINTHEDENTHEAH] *f.* coincidence.

COINCIDIR [KOINTHEDEER] *vn.* to coincide, fall in with, concur.

COITO [KOETO] *m.* coition, coitus.

COJEAR [KOHAYAR] *vn.* to limp, hobble, halt :: *(un mueble)* to be rickety.

COJERA [KOHAYRAH] *f.* lameness, limping.

COJÍN [COHEEN] *m.* cushion :: pad.

COJINETE [KOHENAYTAY] *m.* small cushion, pad :: *(mech.)* bearing.

COJO [KOHO] *m.* lame person.

COK [KOK] *m.* coque.

COL [KOL] *f.* cabbage.

COLA [KOLAH] *f.* tail :: cue :: queue :: extremity :: *(de un vestido)* train :: glue :: **de pescado**, isinglass :: **hacer la —**, to "queue".

COLABORACIÓN [COLAHBORAHTHEON] *f.* collaboration, mutual help.

COLABORADOR [COLAHBORAHDOR] *m.* collaborator :: *adj.* collaborating.

COLABORAR [KOLAHBORAR] *va.* to collaborate, work together :: to contribute.

COLACIÓN [KOLAHTHEON] *f.* conferment *(de grados, etc.)* :: collation :: light lunch or meal :: **sacar a —**, to bring up .

COLADA [KOLAHDAH] *f.* wash :: **todo saldrá en la —**, it will all come out in the wash.

COLADERA [COLAHDAYRAH] *f.* colander, straieer.

COLADOR [KOLAHDOR] *m.* strainer, colander.

COLADURA [KOLAHDOORAH] *f.* blunder.

COLAR [KOLAR] *va.* to strain, filter :: to wash with lye :: to pass :: *vr.* to slip in :: to get in on the sly, "gate-crash" :: to put one's foot in it.

COLCHA [KOLCHAH] *f.* quilt, coverlet.

COLCHÓN [KOLCHON] *m.* mattress :: **— de muelles**, spring mattress :: **— de plumas**, featherbed.

COLEAR [KOLAYAR] *vn.* to wag the tail.

COLECCIÓN [KOLEKTHEON] *f.* collection.

COLECCIONAR [COLECTHEONAR] *va.* to collect, make a collection.

COLECCIONISTA [COLECTHEONEESTA] *m.* & *f.* collector.

COLECTA [COLECTAH] *f.* collection of voluntary gifts :: assessment :: collect.

COLECTIVO [COLECTEEVO] *adj.* collective :: *m.* small bus (LAm.).

COLECTAR [KOLEKTAR] *va.* to collect *(tasas, etc.)*.

COLECTOR [KOLEKTOR] *m.* collector.

COLEGA [KOLAYGAH] *m.* colleague.

COLEGIAL [KOLAYHEAHL] *adj.* collegiate :: *m.* collegian, college student, schoolboy.

COLEGIO [KOLAYHEO] *m.* school :: college, seminary, high school.

COLEGIR [KOLAYHEER] *va.* to infer, draw conclusions.

CÓLERA [KOLAYRAH] *f.* anger :: *m.* cholera.

COLÉRICO• [KOLAYREKO] *adj.* angry, choleric, testy.

COLETA [KOLAYTAH] *f.* pigtail :: postscript :: **cortarse la —**, to give up bullfighting :: to throw up, retire from.

COLGADERO [KOLGAHDAYRO] *m.* hanger, peg, hook.

COLGADIZO [KOLGAHDEETHO] *m.* shed, lean-to, shelter.

COLGADURA [KOLGAHDOORAH] *f.* hanging, tapestry, bunting, drapes.

COLGANTE [COLGAHNTAY] *adj.* hanging :: dangling :: **puente —**, suspension bridge.

COLGAR [KOLGAR] *va.* to hang, suspend :: to blame :: to adorn with hangings :: to give a present :: **— los hábitos**, to leave the priesthood, abandon.

COLIBRÍ [COLEBREE] *m.* humming-bird.

CÓLICO [KOLEKO] *m.* stomach pains, colic, griping.

COLIFLOR [KOLEFLOR] *f.* cauliflower.

COLIGARSE [KOLEGARSAY] *vr.* to unite, form an association or confederation.

COLILLA [COLEELYAH] *f.* small tail :: butt, stub *(de cigarrillo)*.

COLINA [KOLEENAH] *f.* hill, hillock, slope.

COLINDANTE [KOLINDAHNTAY] *adj.* bordering, adjacent.

COLINDAR [COLINDAR] *vn.* to border on :: to be adjoining.

COLISEO [KOLESAYO] *m.* theatre, playhouse, coliseum.

COLISIÓN [COLESEON] *f.* collision, clash.

COLMAR [KOLMAR] *va.* to fill up, heap up, satisfy completely, fill to the brim :: **— de favores**, to heap favours upon.

COLMENA [KOLMAYNAH] *f.* beehive.

COLMILLO [KOLMEELYO] *m.* eyetooth, canine tooth :: fang :: tusk.

COLMO [KOLMO] *m.* plenty :: fill :: full measure :: complement :: top, highest pitch :: **es el —**, that's the limit, the last straw.

COLOCACIÓN [KOLOKAHTHEON] *f.* location, site :: placing, arranging, place :: employment, job, appointment.

COLOCAR [KOLOKAR] *va.* to place, arrange, fix, settle, put, locate :: to employ :: *vr.* to get a job.

COLONIA [KOLONEAH] *f.* colony :: dependency :: assembly, reunion :: narrow silk ribbon :: **agua de —**, eau de Cologne.

COLONIZACIÓN [COLONETHAHTHEON] *f.* colonization.

COLONIZADOR [COLONETHAHDOR] *m.* colonizer, colonist :: *adj.* colonizing.

COLONIZAR [KOLONETHAR] *va.* to colonize.

COLONO [KOLONO] *m.* colonist, colonizer :: planter, farmer.

COLOQUIO [KOLOKEO] *f.* conversation, talk :: literary dialogue.

COLOR [KOLOR] *m.* colour, hue :: paint :: pretence :: red :: **— quebrado**, faded hue :: **so — de**, under pretext of :: *pl.* national flag :: **mudar de —**, to change colour, lose colour.

COLORACIÓN [COLORAHTHEON] f. coloring.

COLORADO [KOLORAHDO] adj. red :: coloured :: **ponerse** —, to blush.

COLORANTE [COLORAHNTAY] adj. & m. coloring.

COLORAR [KOLORAR] va. to dye, paint, colour.

COLOREAR [KOLORAYAR] va. to touch up favourably, paint in favourable colours :: grow red.

COLORETE [KOLORAYTAY] m. rouge.

COLORIDO [COLOREEDO] m. coloring :: color :: adj. colored :: colorful.

COLOSAL [COLOSAHL] adj. colossal, huge.

COLOSO [KOLOSO] m. colossus.

COLUMBRAR [KOLOOMBRAR] va. to discern, perceive dimly, see afar off :: to guess, conjecture.

COLUMNA [KOLOOMNAH] f. column, support :: (arch.) — **salomónica**, twisted (spiral) column.

COLUMPIAR [KOLOOMPEAR] va. to swing.

COLUMPIO [COLOOMPEO] m. swing.

COLLADO [KOLYAHDO] m. hillock, fell :: col.

COLLAR [KOLYAR] m. necklace :: metal collar, dog-collar.

COMA [KOMAH] f. comma :: (med.) coma.

COMADRE [KOMAH] f. midwife :: gossip.

COMADREAR [KOMAHDRAYAR] vn. to gossip.

COMADREJA [COMAHDRAYHAH] f. weasel.

COMANDANCIA [COMANDAHNTHEAH] f. command :: position and headquarters of a commander.

COMANDANTE [COMANDAHNTAY] m. major :: commander.

COMANDAR [KOMAHNDAR] va. to command, govern, be in charge.

COMANDITA [KOMAHNDEETAH] f. silent partnership.

COMANDO [COMAHNDO] m. military command.

COMARCA [KOMARKAH] f. region, country, territory, district, area.

COMARCANO [KOMARKAHNO] adj. near, neighbouring, local.

COMBA [KOMBAH] f. warp :: curvature, bulge :: skipping, skipping-rope.

COMBAR [KOMBAR] va. to bend :: vr. to bulge, jut out :: warp.

COMBATE [KOMBAHTAY] m. fight, struggle, engagement.

COMBATIENTE [COMBAHTEENTAY] m. combatant, fighter.

COMBATIR [KOMBAHTEER] va. & n. to fight, combat :: to contend :: to dash.

COMBINACIÓN [COMBENAHTHEON] f. combination.

COMBINAR [KOMBENAR] va. to combine, unite, put together.

COMBUSTIBLE [COMBOOSTEEBLAY] adj. combustible :: m. fuel.

COMBUSTIÓN [COMBOOSTEON] f. combustion.

COMEDERO [KOMAYDAYRO] adj. fit to eat, for eating :: m. manger, eating-trough, food-box.

COMEDIA [COMAYDEAH] f. comedy :: farce.

COMEDIANTE [KOMAYDEAHNTAY] m. actor, comedian, player :: hypocrite :: — **de la legua**, strolling player.

COMEDIDO [KOMAYDEEDO] adj. obliging, courteous, restrained.

COMEDIRSE [KOMAYDEERSAY] vr. to be thoughtful, restrained.

COMEDOR [KOMAYDOR] m. dining-room :: dining-room suite.

COMENDADOR [KOMENDAHDOR] m. commander.

COMENSAL [COMENSAHL] m. & f. table companion :: dinner guest.

COMENTAR [KOMENTAR] va. to comment, expound, explain, gloss :: to write a commentary on :: **comentar el Quijote**, to annotate an edition of Don Quixote.

COMENTARIO [KOMENTAHREO] m. commentary :: comments, remarks.

COMENTARISTA [COMENTAREESTAH] m. & f. commentator.

COMENTO [KOMENTO] m. comment, explanation.

COMENZAR [KOMENTHAR] va. to commence, begin.

COMER [KOMAIR] m. eating :: va. to eat (on, up), dine, feed (upon) :: to spend :: vr. to itch :: take (en ajedrez).

COMERCIAL [COMERTHEAHL] adj. commercial.

COMERCIANTE [KOMAIRTHEAHNTAY] m. merchant, trader.

COMERCIAR [COMERTHEAR] va. to trade :: to have dealings with.

COMERCIO [KOMAIRTHEO] m. trade, business :: commerce, intercourse.

COMESTIBLE [COMESTEEBLAY] adj. edible, eatable :: —**s**, m. pl. food, groceries.

COMETA [KOMAYTAH] m. comet :: f. kite.

COMETER [KOMAYTAIR] va. to commit, entrust :: to perpetrate, make :: to commission.

COMETIDO [KOMAYTEEDO] m. charge, trust, commission, job, stint.

COMEZÓN [KOMAYTHON] m. itching, itch :: (fig.) longing, desire.

CÓMICO [KOMEKO] adj. comical, ludicrous, comic :: m. comedian, strolling player.

COMIDA [KOMEEDAH] f. food :: meal :: dinner.

COMIENZO [KOMEENTHO] m. beginning, commencement.

COMILÓN [KOMELON] adj. greedy, gluttonous :: m. glutton.

COMILLAS [KOMEELYAHS] f. pl. quotation marks :: inverted commas.

COMINO [COMEENO] m. cumin-seed.

COMISAR [KOMESAR] va. to confiscate.

COMISARÍA [KOMESAHREEAH] f. commissaryship, commissariat.

COMISARIO [KOMESAHREO] m. commissary :: — **de policía**, police-inspector.

COMISIÓN [KOMESEON] f. commission, ministry, trust.

COMISIONADO [COMESEONAHDO] adj. commissioned, charged, delegated :: m. commissioner.

COMISIONAR [COMESEONAR] va. to commission.

COMITÉ [COMETAY] m. committee, commission.

COMITIVA [KOMETEEVAH] f. retinue, suite, followers, following.

COMO [KOMO] adv. as, so, like as though :: **¿cómo?**, how?, in what way? :: **¡cómo!** interj. Why! :: — **que**, conj. so that, in as much as since, if.

CÓMODA [KOMODAH] f. chest of drawers.

COMODIDAD [KOMODEDAHD] f. comfort, ease :: convenience.

COMODÍN [COMODEEN] m. joker, wild card.

CÓMODO*** [KOMODO] adj. useful, handy, comfortable :: m. utility, convenience.

COMPACTO [KOMPAKTO] adj. compact, dense, solid.

COMPADECER [KOMPAHDAYTHAIR] va. to pity, be sorry for, sympathize with, feel sympathy for.

COMPADRE [KOMPAHDRAY] m. godfather :: acquaintance, "pal", friend.

COMPAGINAR [KOMPAHHENAR] va. to put in order :: arrange :: to compare, check, collate.

COMPAÑERISMO [COMPAHNYAYREESMO] m. good fellowship, companionship.

COMPAÑERO [KOMPAHNYAYRO] m. companion, partner, playmate, fellow :: — **de clase**, schoolmate.

COMPAÑÍA [KOMPAHNYEEAH] f. company, society :: troop :: partnership :: — **de Jesús**, Jesuit Order.

COMPARACIÓN [KOMPAHRAHTHEON] f. comparison, conferring.

COMPARAR [KOMPAHRAR] va. to compare, confer :: to confront.

COMPARATIVO [COMPAHRAHTEEVO] adj. comparative.

COMPARECER [KOMPAHRAYTHAIR] vn. to appear before a judge.

COMPARSA [KOMPARSAH] m. masquerade, group :: ''extra'', supernumerary :: company (de actores).

COMPARTIMIENTO [KOMPARTEEMEENTO] m. compartment :: division, department.

COMPARTIR [KOMPARTEER] va. to divide in parts, share.

COMPÁS [KOMPAHS] m. pair of compasses :: time, measure :: (mus.) beat :: **llevar el** —, to beat time.

COMPASIÓN [COMPAHSEON] f. compassion, pity.

COMPASIVO* [KOMPAHSEEVO] adj. merciful, tender-hearted, compassionate.

COMPATIBILIDAD [COMPAHTEBELEDAHD] f. compatibility.

COMPATIBLE [COMPAHTEEBLAY] adj. compatible, in harmony.

COMPATRIOTA [COMPAHTREOTAH] m. & f. compatriot, fellow countryman.

COMPELER [COMPAYLER] va. to compel, force.

COMPENDIAR [KOMPENDEAR] va. to sum up :: to abridge, summarize.

COMPENDIO [KOMPENDEO] m. summary :: hand-book, manual.

COMPENSACIÓN [COMPENSAHTHEON] f. compensation :: recompense.

COMPENSAR [KOMPENSAR] va. & m. to compensate, indemnify :: to make up for, make amends.

COMPETENCIA [KOMPAYTENTHEAH] f. competence, aptitude :: competition, rivalry.

COMPETENTE* [KOMPAYTENTAY] adj. competent :: adequate, suitable, apt.

COMPETICIÓN [COMPAYTETHEON] f. competition.

COMPETIDOR [COMPAYTEDOR] m. competitor :: rival :: adj. competing.

COMPETIR [KOMPAYTEER] vn. to vie, strive, compete with :: to rival.

COMPILACIÓN [COMPELAHTHEON] f. compilation, collection.

COMPILAR [COMPELAR] va. to compile.

COMPINCHE [KOMPEENCHAY] m. (coll.) pal, chum, crony.

COMPLACENCIA [KOMPLAHTHENTHEAH] f. complaisance, gratification, satisfaction.

COMPLACER [KOMPLAHTHAIR] va. to please, be pleasing (to) :: vr. to be pleased, delighted, be gracious to, take pleasure in.

COMPLACIENTE* [KOMPLAHTHEENTAY] adj. accommodating, amenable 'understanding'.

COMPLEJIDAD [COMPLAYHEEDAHD] f. complexity.

COMPLEJO [COMPLAYHO] adj. & m. complex.

COMPLEMENTAR [KOMPLAYMENTAR] va. to complement, complete.

COMPLEMENTARIO [KOMPLAYMENTAHREO] adj. complementary.

COMPLEMENTO [COMPLAYMENTO] m. complement :: object (de un verbo).

COMPLETAR [KOMPLAYTAR] va. to fill up :: to complete, finish off :: to accomplish.

COMPLETO* [KOMPLAYTO] adj. complete :: full up :: **por** —, absolutely.

COMPLEXIÓN [COMPLEXEON] f. constitution, make-up.

COMPLICACIÓN [KOMPLECAHTHEON] f. complication.

COMPLICADO [KOMPLECAHDO] adj. complicated, intricate, complex.

COMPLICAR [KOMPLEKAR] va. to complicate, make intricate, make difficult.

CÓMPLICE [KOMPLETHAY] m. accomplice, accessory.

COMPLICIDAD [KOMPLETHEDAHD] f. complicity.

COMPLOT [KOMPLOT] m. plot, conspiracy.

COMPONENTE [COMPONENTAY] adj. component, constituent :: m. component, essential part.

COMPONER [KOMPONAIR] va. to compose, mix :: to devise :: to heal, put right :: to mend :: to reconcile :: to calm (down) :: — **el semblante**, to compose one's features :: vr. to make up, dress up :: **componérselas**, to make it up.

COMPORTAMIENTO [COMPORTAHMEENTO] m. conduct, behavior.

COMPORTAR [KOMPORTAR] va. to suffer :: vr. to behave, act.

COMPOSICIÓN [KOMPOSETHEON] f. composition :: adjustment :: composure :: compromise.

COMPOSITOR [COMPOSETOR] m. composer.

COMPOSTURA [COMPOSTOORAH] f. (arreglo) repair :: settlement, adjustment :: (aseo) neatness, composition :: (dignidad) composure, dignity.

COMPOTA [KOMPOTAH] f. compote, preserves.

COMPRA [KOMPRAH] f. purchase :: **ir de** —**s**, to go shopping.

COMPRADOR [KOMPRAHDOR] m. buyer, purchaser.

COMPRAR [KOMPRAR] va. to buy, purchase.

COMPRENDER [KOMPRENDAIR] va. to understand, comprehend :: to comprise, contain, consist of.

COMPRENSIBLE [COMPRENSEEBLAY] adj. comprehensible, understandable.

COMPRENSIÓN [KOMPRENSEON] f. comprehension, understanding.

COMPRENSIVO [COMPRENSEEVO] adj. comprehensive :: understanding.

COMPRESA [KOMPRAYSAH] f. compress.

COMPRESIÓN [KOMPRAYSEON] f. compression :: (gram.) synaeresis.

COMPRIMIDO [COMPREMEEDO] adj. compressed :: m. medicinal tablet.

COMPRIMIR [KOMPREMEER] va. to press, squeeze :: to compress, condense :: to repress, restrain.

COMPROBACIÓN [COMPROBAHTHEON] f. confirmation, check, proof, test.

COMPROBAR [KOMPROBAR] va. to prove, verify, check.

COMPROMETER [KOMPROMAYTAIR] va. to expose, endanger, jeopardize :: to involve, concern :: vr. to engage oneself, commit oneself, undertake (to), accept responsibility.

COMPROMISO [COMPROMEESO] m. compromise :: engagement :: appointment :: predicament, trouble.

COMPUERTA [KOMPOOAIRTAH] f. half-door, hatch :: sluice-gate, flood gate.

COMPUESTO [KOMPOOESTO] adj. compound :: composite, complex, made up :: mended :: **bien** —, nicely got up :: m. compound.

COMPULSIÓN [COMPOOLSEON] f. compulsión.

COMPUNCIÓN [KOMPOONTHEON] f. compunction, pricking of conscience.

COMPUNGIRSE [KOMPOONHEERSAY] vr. to feel compunction, remorse.

COMPUTADORA [COMPOOTAHDORAH] f. computer.

COMPUTAR [KOMPOOTAR] va. to compute, reckon (up).

CÓMPUTO [COMPOOTO] m. computation, calculation.

COMULGAR [KOMOOLGAR] va. to administer Holy Communion :: vn. to receive the sacrament, to communicate :: – **con ruedas de molino**, to be credulous.

COMÚN• [KOMOON] adj. common, public, ordinary :: frequent, current :: customary :: vulgar, low, general :: **por lo** –, generally.

COMÚN [KOMOON] m. community :: water-closet.

COMUNAL [KOMOONAHL] adj. belonging to the community, public.

COMUNERO [KOMOONAYRO] m. commoner :: joint tenant of land :: rebel.

COMUNICACIÓN [COMOONECAHTHEON] f. communication.

COMUNICADO [KOMOONEKAHDO] m. (oficial) announcement :: (mil.) despatch.

COMUNICAR [KOMOONEKAR] va. to communicate, report, make known, impart :: inform :: vr. to adjoin, be united.

COMUNICATIVO• [COMOONECAHTEEVO] adj. communicative, talkative.

COMUNIDAD [KOMOONEDAHD] f. community :: corporation.

COMUNIÓN [COMOONEON] f. communion :: political party.

COMUNISMO [COMOONEESMO] m. communism.

CON [KON] prep. with, by :: – **tal que**, provided that :: – **que**, and so, why, then :: – **todo eso**, nevertheless.

CONATO [KONAHTO] m. endeavour, effort :: attempt :: sign :: – **de robo**, attempted robbery.

CÓNCAVO [KONKAHVO] adj. concave, hollow.

CONCEBIBLE• [CONTHAYBEEBLAY] adj. conceivable.

CONCEBIR [KONTHAYBEER] va. to conceive :: to entertain an idea, to understand :: to breed.

CONCEDER [KONTHAYDAIR] va. to grant, allow, bestow, give :: to admit.

CONCEJAL [KONTHAYHAHL] m. alderman, councillor, member of a council.

CONCEJO [KONTHAYHO] m. municipal council :: **casa del** –, town-hall, civic centre.

CONCENTRACIÓN [CONTHENTRAHTHEON] f. concentration.

CONCENTRAR [KONTHENTRAR] va. to concentrate.

CONCEPCIÓN [CONTHEPTHEON] f. conception.

CONCEPTO [KONTHEPTO] m. concept, notion :: conceit, witticism.

CONCEPTUAR [KONTHEPTOOAR] vn. to be of opinion, judge.

CONCERNIR [KONTHAIRNEER] vn. to apply to, refer to, concern.

CONCERTAR [KONTHAIRTAR] va. to contrive, arrange :: to settle, bring together, harmonize :: to covenant :: (mus.) to tune :: vn. to accord, come to an agreement :: vr. to go hand in hand.

CONCESIÓN [CONTHAYSEON] f. concession, grant :: granting :: acknowledgment.

CONCESIONARIO [KONTHESEONAHREO] m. concessionnaire :: grantee.

CONCIENCIA [KONTHEENTHEAH] f. conscience, conscientiousness :: **ancho de** –, easygoing, not very scrupulous :: **en** –, in good earnest.

CONCIENZUDO• [KONTHEENTHOODO] f. conscientious, scrupulous, thorough.

CONCIERTO [KONTHEAIRTO] m. agreement, contract :: good order :: harmony :: concert.

CONCILIAR [KONTHELEAR] va. to conciliate, to win :: to reconcile :: to induce (el sueño).

CONCILIO [KONTHEELEO] m. council, meeting.

CONCISIÓN [KONTHESEON] f. conciseness, brevity.

CONCISO• [KONTHEESO] adj. concise, brief.

CONCITAR [KONTHETAR] va. to incite, stir up.

CONCIUDADANO [KONTHEOODAHDAHNO] m. fellow-citizen.

CONCLUIR [KONKLOOEER] va. to finish, end, conclude :: to draw a conclusion, deduce.

CONCLUSIÓN [CONCLOOSEON] f. conclusion.

CONCLUYENTE• [KONKLOOYENTAY] adj. conclusive, convincing, decisive.

CONCORDANCIA [CONCORDAHNTHEAH] f. concord, agreement, harmony.

CONCORDAR [KONKORDAR] vn. to be in accord, agree :: va. to harmonize.

CONCORDATO [KONKORDAHTO] m. concordat.

CONCORDIA [CONCORDEAH] f. concord, harmony, agreement.

CONCRETAR [KONKRAYTAR] va. to reduce to fact, sum up :: vr. to confine oneself to :: to keep close to the point.

CONCRETO• [CONCRAYTO] adj. concrete, real, specific :: **en** –, concretely :: to sum up :: m. concrete.

CONCUBINA [CONCOOBEENAH] f. concubine, mistress.

CONCUPISCENCIA [CONCOOPISTHEENTHEA] f. concupiscence :: inordinate desire.

CONCURRENCIA [CONCOORRENTHEAH] f. gathering, audience :: concurence, simultaneous meeting or happening :: competition.

CONCURRIDO• [CONCOORREEDO] adj. well-patronized, well-attended, much frequented.

CONCURRIR [KONKOORREER] vn. to concur :: to meet, be present, attend, swarm.

CONCURSO [KONKOORSO] m. assembly, crowd :: competition contest :: co-operation.

CONCHA [KONCHAH] f. shell, shellfish :: tortoise-shell :: – **del apuntador**, prompter's box.

CONCHABAR [CONCHAHBAR] va. to unite, join.

CONDADO [KONDAHDO] m. earldom, county.

CONDE [KONDAY] m. count, earl.

CONDECORACIÓN [CONDAYCORAHTHEON] f. decoration :: badge, medal.

CONDECORAR [KONDAYKORAR] va. to decorate, confer.

CONDENA [KONDAYNAH] f. sentence :: term of imprisonment.

CONDENABLE [KONDAYNAHBLAY] adj. condemnable :: damnable.

CONDENACIÓN [KONDAYNAHTHEON] f. sentence, condemnation :: damnation.

CONDENADO [KONDAYNAHDO] m. & adj. condemned :: damned.

CONDENAR [KONDAYNAR] va. to sentence, condemn, pronounce judgment :: to stop up (ventanas, pasajes, etc).

CONDENSACIÓN [KONDENSAHTHEON] f. condensation.

CONDENSADOR [KONDENSAHDOR] m. condenser :: adj. condensing.

CONDENSAR [KONDENSAR] va. to make thicker :: to condense :: to abbreviate :: vr. to be condensed :: to gather.

CONDESCENDENCIA [CONDESTHENDENTHEAH] f. condescension, patronizing attitude.

CONDESCENDER [KONDESTHEN-DAIR] *vn.* to yield :: to condescend.

CONDESTABLE [KONDESTAHBLAY] *m.* constable.

CONDICIÓN [CONDETHEON] *f.* condition.

CONDICIONAL [KONDETHEONAL] *adj.* conditional, dependent.

CONDICIONAR [KONDETHEONAR] *va.* to condition :: to adjust :: to prepare s:: *vn.* to agree, fit.

CONDIMENTAR [KONDEMENTAR] *va.* to dress, season.

CONDIMENTO [CONDEMENTO] *m.* condiment, seasoning.

CONDISCÍPULO [KONDISTHEEPOOLO] *m.* schoolfellow, classmate.

CONDOLERSE [KONDOLAIRSAY] *vr.* to deplore, condole (with), sympathize in sorrow.

CONDONAR [KONDONAR] *va.* to condone, pardon.

CÓNDOR [KONDOR] *m. (ornith.)* condor.

CONDUCCIÓN [KONDOOKTHEON] *f.* conduction :: carriage, transport.

CONDUCIR [KONDOOTHEER] *va. & n.* to lead, guide, drive, direct :: *vr.* to behave, act.

CONDUCTA [KONDOOKTA] *f.* conduct, manners, behaviour :: management :: conveyance :: leading, driving *(de animales).*

CONDUCTO [KONDOOKTO] *m.* conduit, sewer :: **por — de,** by means of.

CONDUCTOR [KONDOOKTOR] *m.* conductor, guide :: driver, chauffeur.

CONECTAR [KONEKTAR] *va.* to connect.

CONEJO [KONAYHO] *m.* rabbit :: — **de Indias,** guinea-pig.

CONEXIÓN [KONEXEON] *f.* connection.

CONFABULACIÓN [KONFAHBOOLAH-THEON] *f.* confabulation, conversation, chat :: conspiracy, plot, collusion.

CONFECCIÓN [KONFEKTHEON] *f.* make, making, manufacture :: hand-work :: ready-made article.

CONFECCIONAR [KONFEKTHEONAR] *va.* to make, prepare, complete :: to make up.

CONFEDERACIÓN [CONFAYDAYRAH-THEON] *f.* confederation, alliance, league.

CONFEDERAR [CONFAYDAYRAR] *va.* to confederate :: **—se,** to confederate, form into a confederacy.

CONFERENCIA [KONFAYRENTHEAH] *f.* public lecture :: conference, interview :: trunk call *(telefónica).*

CONFERENCIANTE [CONFAYREN-THEAHNTAY] *m. & f.* lecturer.

CONFERIR [KONFAYREER] *va.* to grant, confer, award :: to deliberate.

CONFESAR [KONFAYSAR] *va.* to confess, admit, own.

CONFESIÓN [CONFAYSEON] *f.* confession.

CONFESIONARIO [KONFAYSEONAH-REO] *m.* confessionary, confession-box.

CONFESOR [CONFAYSOR] *m.* confessor.

CONFIADO° [KONFEAHDO] *adj.* vain, boastful :: confident, trusting, confiding.

CONFIANZA [KONFEAHNTHAH] *f.* confidence, trust, faith :: familiarity :: openness :: **de mucha** —, trustworthy, intimate, close.

CONFIAR [KONFEAR] *va.* to trust, entrust :: *vn.* to have confidence, be faithful :: — **en,** to rely on.

CONFIDENCIA [KONFEDENTHEAH] *f.* secret :: confidence, trust.

CONFIDENCIAL° [KONFEDENTHEAL] *adj.* confidential.

CONFIDENTE [KONFEDENTAY] *m.* confidant, confident, trustworthy servant.

CONFIGURACIÓN [KONFEGOORAH-THEON] *m.* configuration.

CONFÍN [KONFEEN] *m.* limit, border :: *pl.* boundaries.

CONFINAR [KONFENAR] *va.* to border upon :: to confine :: to banish.

CONFIRMACIÓN [CONFEERMAHTHEON] *f.* confirmation.

CONFIRMAR [KONFEERMAR] *va.* to confirm, corroborate, ratify.

CONFISCAR [CONFISCAR] *va.* to confiscate.

CONFITE [KONFETAY] *m.* sugarplum sweetmeat, candy.

CONFITERÍA [KONFETAYREEAH] *f.* confectionery :: sweet-shop.

CONFITERO [KONFETAYRO] *m.* confectioner :: sweet-maker.

CONFITURA [KONFETOORAH] *f.* jam, fruit jelly :: stewed fruit.

CONFLICTO [KONFLEEKTO] *m.* conflict :: struggle :: desperate situation.

CONFLUENCIA [CONFLOOENTHEAH] *f.* confluence.

CONFLUIR [KONFLOOEER] *vn.* to flow together :: to join.

CONFORMAR [KONFORMAR] *vn.* to conform :: to alter the shape of :: to adjust to fit :: *vr.* to submit to, agree, resign oneself, accept.

CONFORME [KONFORMAY] *adj.* alike :: in conformity with :: resigned :: ready to (accept), (agree) :: *adv.* according to :: — **amanezca,** as day breaks.

CONFORMIDAD [CONFORMEDAHD] *f.* conformity :: agreement, harmony :: compliance.

CONFORTABLE° [KONFORTAHBLAY] *adj.* comfortable :: comforting.

CONFORTAR [KONFORTAR] *va.* to console :: to comfort :: to give spirit.

CONFRATERNIDAD [KONFRAHTAIR-NEDAHD] *f.* confraternity, brotherhood.

CONFRONTAR [KONFRONTAR] *va.* to collate, confront :: to be adjoining.

CONFUNDIR [KONFOONDEER] *va.* to confound :: to confuse :: to mix up :: *vr.* to be mistaken, make a mistake.

CONFUSIÓN [CONFOSEON] *f.* confusion.

CONFUSO° [KONFOOSO] *adj.* confused, confounded :: obscure, jumbled, indistinct, vague.

CONFUTAR [KONFOOTAR] *va.* to confute, disprove.

CONGELACIÓN [KONHAYLAHTHEON] *f.* congealing :: freezing.

CONGELADO [CONHAYLAHDO] *adj.* frozen :: icy.

CONGELAR [KONHAYLAR] *va. & r.* to congeal, freeze, set, solidify, jell.

CONGENIAR [CONHAYNEAR] *vn.* to be congenial with :: to harmonize, be in harmony with.

CONGÉNITO [KONHAYNETO] *adj.* congenital.

CONGLOMERADO [KONGLOMAYRAH-DO] *m.* conglomerate :: *adj.* conglomerate, conglomerated.

CONGOJA [KONGOHAH] *f.* anguish, affliction :: dismay, anxiety.

CONGOJOSO [KONGOHOSO] *adj.* heart-rending.

CONGRACIARSE [KONGRAHTHEAR-SAY] *vr.* to ingratiate oneself, win the favour of.

CONGRATULAR [KONGRAHTOOLAR] *va.* to congratulate :: *vr.* to rejoice, be pleased at.

CONGREGACIÓN [CONGRAYGAH-THEON] *f.* congregation, assembly :: religious fraternity.

CONGREGAR [KONGRAYGAR] *va.* to congregate, assemble, gather together.

CONGRESO [KONGRAYSO] *m.* congress.

CONGRUENCIA [KONGROOENTHEAH] *f.* fitness, appropriateness.

CONGRUENTE [KONGROOENTAY] *adj.* congruent.

CÓNICO [KONEKO] *adj.* conic, conical.

CONJETURA [KONHAYTOORAH] *f.* conjecture, guess, guesswork.

CONJETURAR [CONHAYTOORAR] *va.* to conjecture, guess, surmise.

CONJUGACIÓN [CONHOOGAHTHEON] *f.* conjugation :: coupling, joining together.

CONJUGAR [CONHOOGAR] *va.* to conjugate.

CONJUNCIÓN [KONHOONTHEON] *f.* conjunction :: set of circumstances, joint appearance.

CONJUNTO° [KONHOONTO] *adj.* united :: *m.* ensemble, group, the (—) as a whole, the whole :: assembly, united body :: **en —**, as a whole, altogether.

CONJURADO [KONHOORAHDO] *adj.* conspirator, plotter.

CONJURAR [KONHOORAR] *vn.* to plot, conspire :: to conjure up :: to entreat.

CONJURO [KONHOORO] *m.* conjuration :: entreaty.

CONMEMORAR [KONMAYMORAR] *va.* to commemorate.

CONMIGO [KONMEEGO] *prep. & pron.* with me.

CONMISERACIÓN [KONMESAYRAH-THEON] *f.* commiseration, pity, compassion.

CONMOCIÓN [CONMOTHEON] *f.* commotion.

CONMOVEDOR [CONMOVAYDOR] *adj.* moving, touching :: stirring.

CONMOVER [CONMOVER] *va.* to move, touch, affect :: to stir.

CONMUTADOR [KONMOOTAHDOR] *m.* commutating switch :: *adj.* commutating.

CONMUTAR [KONMOOTAR] *va.* to commute, exchange, switch over, barter.

CONNATURALIZARSE [KONNAH-TOORAHLETHARSAY] *vr.* to get used to, grow accustomed to, acclimatize oneself.

CONNOTAR [KONNOTAR] *va.* to imply.

CONO [KONO] *m.* cone.

CONOCEDOR [KONOTHAYDOR] *m.* connoisseur, expert :: **— de**, familiar with, expert in.

CONOCER [KONOTHAIR] *va.* to know :: to be acquainted with :: to try.

CONOCIDO° [KONOTHEEDO] *adj.* known :: *m.* acquaintance.

CONOCIMIENTO [KONOTHEMEENTO] *m.* knowledge :: skill :: bill of lading :: **perder el —**, to lose consciousness :: **con — de causa**, with one's eyes open, alive to the situation.

CONQUISTA [KONKISTAH] *f.* conquest, winning.

CONQUISTADOR [KONKISTAHDOR] *m.* conqueror, adventurer.

CONQUISTAR [KONKISTAR] *va.* to conquer, win over.

CONSABIDO° [KONSAHBEEDO] *adj.* aforesaid, before-mentioned :: well known.

CONSAGRACIÓN [CONSAHGRATHEON] *f.* consecration.

CONSAGRAR [KONSAHGRAR] *va.* to consecrate, dedicate :: *vr.* to devote oneself :: to be hallowed.

CONSANGUÍNEO [KONSANGEENAYO] *adj.* consanguineous, cognate, kindred.

CONSCIENCIA [CONSTHEENTHIA] *f.* consciousness.

CONSCIENTE [KONSTHEENTAY] *adj.* conscious, aware, intentional.

CONSECUCIÓN [KONSAYKOOTHEON] *f.* attainment.

CONSECUENCIA [KONSAYKOOENTHE-AH] *f.* consequence, result :: importance :: **por —**, therefore.

CONSECUENTE° [KONSAYKOOENTAY] *adj.* following, consequent :: *m.* proposition dependent on the antecedent, effect.

CONSECUTIVO [CONSAYCOOTEEVO] *adj.* consecutive, successive.

CONSEGUIR [KONSAYGHEER] *va.* to get, achieve, attain, obtain.

CONSEJA [KONSAYHAH] *f.* fable, story, tale.

CONSEJERO [KONSAYHAYRO] *m.* counsellor, adviser.

CONSEJO [KONSAYHO] *m.* advice, opinion :: council :: **— de ministros**, cabinet :: **presidente del —**, Prime Minister.

CONSENTIMIENTO [KONSENTEMEEN-TO] *m.* consent, agreement.

CONSENTIR [KONSENTEER] *va.* to permit, allow :: to spoil *(mimar)* :: *vr.* to crumple up, break down.

CONSERJE [KONSAIRHAY] *m.* doorman, caretaker, attendant, concierge, janitor.

CONSERVA [KONSAIRVAH] *f.* preserve, jam :: tinned :: **sardinas en —**, tinned sardines.

CONSERVACIÓN [CONSERVAHTHEON] *f.* conservation.

CONSERVAR [KONSAIRVAR] *va.* to preserve, maintain, keep, take care of.

CONSIDERABLE° [CONSEDAYRAHBLAY] *adj.* considerable.

CONSIDERACIÓN [CONSEDAYRAH-THEON] *f.* consideration.

CONSIDERADO° [KONSEDAYRAHDO] *adj.* prudent, considerate, respected.

CONSIDERAR [CONSEDAYRAR] *va.* to consider :: to treat with consideration.

CONSIGNA [KONSIGNAH] *f.* watchword, password :: luggage office.

CONSIGNACIÓN [KONSIGNAHTHEON] *f.* consignment, deposit.

CONSIGNAR [KONSIGNAR] *va.* to consign, deposit :: to dispatch :: to entrust :: to state explicitly.

CONSIGNATARIO [CONSIGNAHTAHREO] *m.* consignatary :: *(com.)* consignee.

CONSIGO [KONSEEGO] *pron.* with himself, (herself, themselves, oneself, yourself).

CONSIGUIENTE [KONSEGHEEENTAY] *adj.* dependent, resultant, consequential :: **por —**, as a result, consequently.

CONSISTENCIA [KONSISTENTHEAH] *f.* solidity, firmness, consistence, consistency.

CONSISTENTE [CONSISTENTAY] *adj.* firm, substantial.

CONSISTIR [KONSISTEER] *vn.* to consist (in), be composed of :: to be the reason for.

CONSISTORIO [KONSISTOREO] *m.* consistory.

CONSOLACIÓN [CONSOLAHTHEON] *f.* consolation.

CONSOLAR [KONSOLAR] *va.* to console, soothe, comfort.

CONSOLIDACIÓN [KONSOLEDAHTHEON] *f.* consolidation.

CONSOLIDAR [CONSOLEDAR] *va.* to consolidate, make solid :: to unite, combine.

CONSONANCIA [KONSONAHNTHEAH] *f.* consonance :: harmony :: rhyme :: *(fig.)* conformity, congruency :: **en — con**, in accordance with.

CONSONANTE [KONSONAHNTAY] *f.* *(letra)* consonant :: rhyming word :: *adj.* concordant, consistent.

CONSORCIO [KONSORTHEO] *m.* partnership.

CONSORTE [KONSORTAY] *m. & f.* consort, companion :: husband, wife.

CONSPIRACIÓN [CONSPERAHTHEON]

f. conspiracy, plot.

CONSPIRADOR [CONSPERAHDOR] *m.* conspirator, plotter.

CONSPIRAR [KONSPERAR] *vn.* to plot, combine :: to conspire.

CONSTANCIA [KONSTAHNTHEAH] *f.* steadiness, stout-heartedness, constancy.

CONSTANTE• [CONSTAHNTAY] *adj.* constant :: continual :: firm, faithful.

CONSTAR [KONSTAR] *vn.* to be evident :: to be composed of, consist of :: **consta que**, let it be noted that :: **no consta**, not available.

CONSTATACIÓN [CONSTAHTAHTHEON] *f.* proof, check, evidence.

CONSTELACIÓN [CONSTAYLAHTHEON] *f.* constellation.

CONSTERNACIÓN [KONSTAIRNATHEON] *f.* consternation.

CONSTERNAR [KONSTAIRNAR] *va.* to cause fright, amazement.

CONSTIPADO [CONSTEPAHDO] *adj.* suffering from a cold :: *m.* cold in the head.

CONSTIPAR [CONSTEPAR] *va.* to stop up *(las vías nasales)* :: to cause a cold :; —**se**, to catch cold.

CONSTITUCIÓN [CONSTETOOTHEON] *f.* constitution.

CONSTITUCIONAL• [CONSTETOOTHEONAL] *adj.* constitutional.

CONSTITUIR [KONSTETOOEER] *va.* to constitute :: to establish :: *vr.* — **en**, to set up as.

CONSTREÑIR [CONSTRAYNYEER] *va.* to constrain :: to compel, oblige.

CONSTRUCCIÓN [CONSTROOCTHEON] *f.* construction :: structure :: building.

CONSTRUCTOR [KONSTROOCTOR] *m.* builder, constructor :: *adj.* building, constructing.

CONSTRUIR [KONSTROOEER] *va.* to construct, build :: to construe.

CONSUELO [KONSOOAYLO] *m.* consolation, comfort :: relief.

CÓNSUL [KONSOOL] *m.* consul.

CONSULADO [CONSOOLAHDO] *m.* consulate.

CONSULTA [KONSOOLTAH] *f.* consultation :: conference :: **horas de** —, consulting hours.

CONSULTAR [KONSOOLTAR] *va.* to consult :: to consider :: to take advice.

CONSULTIVO [KONSOOLTEEVO] *adj.* advisory.

CONSULTOR [KONSOOLTOR] *m.* counsel, counsellor.

CONSULTORIO [CONSOOLTORYO] *m.* office for consultation :: doctor's office or clinic.

CONSUMACIÓN [KONSOOMAHTHEON] *f.* consummation :: final satisfaction :: completion.

CONSUMADO• [KONSOOMAHDO] *adj.* consummate, perfect, accomplished :: *m.* consommé.

CONSUMAR [KONSOOMAR] *va.* to consummate, complete.

CONSUMIDO [KONSOOMEDO] *adj.* consumed :: *(coll.)* weak, thin, spent, exhausted.

CONSUMIDOR [KONSOOMEDOR] *m.* consumer :: *adj.* consuming.

CONSUMIR [KONSOOMEER] *va.* to consume :: to spend, waste :: *vr.* to wear out, waste away.

CONSUMO [KONSOOMO] *m.* consumption *(de alimentos, etc.),* waste :: *pl.* excise tax.

CONSUNCIÓN [KONSOONTHEON] *f.* consumption :: *(med.)* phthisis.

CONTABILIDAD [KONTAHBELEDAHD] *f.* book-keeping, accountancy.

CONTABLE [KONTAHBLAY] *m.* bookkeeper, accountant :: *adj.* countable.

CONTACTO [KONTAKTO] *m.* contact, touch.

CONTADO• [KONTAHDO] *adj.* rare, scarce :: **por des**—, of course :: **al** —, for cash, ready money :: **de** —, immediately.

CONTADOR [KONTAHDOR] *m.* purser, book-keeper :: desk :: meter.

CONTAGIAR [KONTAHHEAR] *va.* to infect :: to communicate *(una enfermedad)* :: *vr.* to become infected.

CONTAGIO [CONTAHHEO] *m.* contagion :: infection.

CONTAGIOSO [CONTAHHEOSO] *adj.* contagious :: infectious.

CONTAMINAR [KONTAHMENAR] *va.* to contaminate, infect :: to vitiate.

CONTANTE [KONTAHNTAY] *adj.* **dinero** —, ready cash.

CONTAR [KONTAR] *va.* to count :: to reckon on :: to narrate :: — **con**, to depend on, rely upon.

CONTEMPLACIÓN [CONTEMPLAHTHEON] *f.* contemplation :: gazing :: meditacion.

CONTEMPLAR [KONTEMPLAR] *va.* to gaze at :: to please :: to meditate, think over, plan.

CONTEMPORÁNEO [KONTEMPORAHNAYO] *adj. m.* contemporaneous :: contemporary.

CONTEMPORIZAR [KONTEMPORETHAR] *va.* to temporize.

CONTENCIÓN [KONTENTHEON] *f.* contention, strife.

CONTENDER [KONTENDER] *vn.* to contend, contest, dispute :: — **con**, to deal with.

CONTENDIENTE [KONTENDEENTAY] *m.* contestant, litigant, wrangler.

CONTENER [KONTAYNAIR] *va.* to contain, comprise, hold :: to refrain, stop, detain :: to restrain :: to restrict :: *vr.* to constrain oneself, hold back.

CONTENIDO [KONTAYNEEDO] *m.* contents.

CONTENTAR [KONTENTAR] *va.* to satisfy, content, please :: *vr.* to be pleased, delighted :: to be satisfied (with), happy (with).

CONTENTO [CONTENTO] *adj.* content, contented, satisfied, glad :: *m.* gladness, contentment.

CONTESTACIÓN [KONTESTAHTHEON] *f.* answer, reply.

CONTESTAR [KONTESTAR] *va.* to answer, reply.

CONTEXTO [KONTEXTO] *m.* contexture, context :: interweaving.

CONTEXTURA [KONTEXTOORAH] *f.* contexture :: structure of the human body.

CONTIENDA [KONTEENDAH] *f.* contest, strife, conflict.

CONTIGO [KONTEEGO] *prep. & pron.* with thee, with you.

CONTIGUO [KONTEEGOOO] *adj.* contiguous, adjoining, next.

CONTINENCIA [KONTENENTHEAH] *f.* continence, self-command :: chastity :: moderation.

CONTINENTAL [CONTENENTAHL] *adj.* continental.

CONTINENTE [KONTENENTAY] *adj.* continent :: chaste :: *m.* continent :: appearance, countenance.

CONTINGENCIA [KONTINHENTHEAH] *f.* contingency, emergency.

CONTINGENTE [CONTINHENTAY] *adj.* contingent, accidental :: *m.* quota :: military contingent.

CONTINUACIÓN [CONTENOOAHTHEON] *f.* continuation :: continuance :: **a** —, bellow, as follow.

CONTINUAR [KONTENOOAR] *va.* to continue, go ahead, go on :: to carry on.

CONTINUIDAD [CONTENOOEDAHD] *f.* continuity.

CONTINUO• [KONTEENOOO] *adj.* continuous :: incessant, endless :: uninterrupted :: **acto** —, immediately afterwards, without a break.

CONTONEARSE [CONTONAYARSAY] *vr.* to strut, swagger :: to waddle.

CONTONEO [CONTONAYO] *m.* strut :: waddle.

CONTORNO [KONTORNO] *m.* environs :: outline :: **en los —s**, around about, in the neighbourhood.

CONTORSIÓN [KONTORSEON] *f.* contortion, distortion, twist.

CONTRA [KONTRAH] *prep.* against :: **en —**, against, in opposition :: *f.* counter :: opposition :: windowsill.

CONTRABANDISTA [CONTRAHBANDEESTAH] *m.* smuggler.

CONTRABANDO [KONTRAHBAHNDO] *m.* contraband :: smuggling :: smuggled goods.

CONTRACCIÓN [CONTRACTHEON] *f.* contraction.

CONTRADANZA [KONTRAHDAHNTHAH] *f.* quadrille.

CONTRADECIR [KONTRAHDAYTHEER] *va.* to contradict, gainsay.

CONTRADICCIÓN [CONTRAHDICTHEON] *f.* contradiction.

CONTRADICTORIO [CONTRAHDICTOREO] *adj.* contradictory, contrary, opposing.

CONTRAER [KONTRAHAIR] *va.* to reduce, contract :: *(una enfermedad)* to get, catch :: acquire :: **— matrimonio**, to (be) get married, to marry :: *vr.* to confine oneself :: to reduce :: to shrink.

CONTRAHACER [KONTRAHAHTHAIR] *va.* to counterfeit, feign :: to pirate :: to impersonate.

CONTRAHECHO [KONTRAHAYCHO] *adj.* counterfeit :: forged :: deformed.

CONTRAMAESTRE [KONTRAHMAHESTRAY] *m.* overseer, foreman :: *(naut.)* boatswain.

CONTRAMANDAR [KONTRAHMAHNDAR] *va.* to countermand.

CONTRAORDEN [KONTRAHORDEN] *f.* countermand.

CONTRAPELO [KONTRAHPAYLO] *adj.* **a —**, against the grain.

CONTRAPESO [CONTRAHPAYSO] *m.* counterpoise, counterweight, counterbalance.

CONTRAPONER [KONTRAHPONAIR] *va.* to oppose.

CONTRARIAR [KONTRAHREAR] *va.* to oppose, run counter to :: to put out, vex.

CONTRARIEDAD [KONTRAHREAYDAHD] *f.* contrariety, obstacle :: disappointment.

CONTRARIO* [KONTRAHREO] *adj.* contrary, unfavourable, adverse :: **al —**, on the other hand, on the contrary :: llevar la contraria a, to contradict :: *m.* op-

ponent, antagonist.

CONTRARRESTAR [KONTRAHRRESTAR] *va.* to oppose, check.

CONTRASENTIDO [KONTRAHSENTEEDO] *m.* countersense, misinterpretation, opposed meaning :: contradiction :: nonsense.

CONTRASEÑA [KONTRAHSAYNYAH] *f.* countersign :: watchword :: counterfoil, ticket.

CONTRASTAR [KONTRAHSTAR] *va.* to contrast :: *vn.* to be different.

CONTRASTE [KONTRAHSTAY] *m.* contrast, opposition.

CONTRATA [KONTRAHTAH] *f.* contract, written agreement.

CONTRATACIÓN [KONTRAHTAHTHEON] *f.* trade, commerce, traffic :: undertaking, enterprise.

CONTRATANTE [KONTRAHTAHNTAY] *f.* contracting party.

CONTRATAR [KONTRAHTAR] *va.* to contract, agree, make a contract :: to hire.

CONTRATIEMPO [CONTRAHTEEMPO] *m.* accident, mishap.

CONTRATISTA [KONTRATEESTAH] *m.* & *f.* contractor :: patentee.

CONTRATO [KONTRAHTO] *m.* pact, agreement, contract :: **— de compraventa**, contract of bargain and sale :: **— de retro vendendo**, with reversion clause of bargain and sale.

CONTRAVENENO [KONTRAHVAYNAYNO] *m.* counterpoison, antidote.

CONTRAVENIR [KONTRAHVAYNEER] *va.* to contravene, transgress, break *(la ley).*

CONTRAVENTANA [KONTRAHVENTAHNAH] *f.* shutter.

CONTRIBUCIÓN [KONTREBOOTHEON] *f.* contribution :: tax.

CONTRIBUIR [KONTREBOOEER] *vn.* to contribute :: to supply, furnish.

CONTRIBUYENTE [CONTREBOOYENTAY] *m.* contributor :: tax-payer :: *adj.* contributing.

CONTRICIÓN [KONTRETHEON] *f.* contrition.

CONTRINCANTE [KONTRINKAHNTAY] *m.* competitor, rival.

CONTRISTAR [KONTRISTAR] *va.* to afflict, grieve.

CONTRITO [KONTREETO] *adj.* contrite :: repentant.

CONTROL [CONTROL] *m.* control.

CONTROLADOR [CONTROLAHDOR] *m.* controller.

CONTROLAR [CONTROLAR] *va.* to control.

CONTROVERSIA [CONTROVERSEAH] *f.* controversy.

CONTROVERTIR [KONTROVAIRTEER]

va. to dispute, argue against.

CONTUMACIA [CONTOOMAHTHEAH] *f.* stubbornness, obstinacy :: contempt of court, failure to appear in court :: rebelliousness.

CONTUMAZ [CONTOOMATH] *adj.* stubborn :: rebellious.

CONTUNDENTE* [KONTOONDENTAY] *adj.* forceful, powerful.

CONTURBAR [KONTOORBAR] *va.* to perturb, trouble.

CONTUSIÓN [CONTOOSEON] *f.* bruise.

CONTUSO [KONTOOSO] *adj.* contused, bruised.

CONVALECER [KONVAHLAYTHAIR] *vn.* to convalesce.

CONVECINO [KONVAYTHEENO] *adj.* neighbouring :: *m.* neighbour.

CONVENCER [KONVENTHAIR] *va.* to convince :: *vr.* to be assured, make certain (sure) :: to be satisfied.

CONVENCIMIENTO [KONVENTHEMEENTO] *m.* assurance, conviction :: persuasion.

CONVENCIÓN [CONVENTHEON] *f.* convention, assembly :: pact, agreement.

CONVENCIONAL [CONVENTHEONAHL] *adj.* conventional.

CONVENIENCIA [KONVAYNEENTHEAH] *f.* convenience :: utility, profit :: desirability.

CONVENIENTE* [KONVAYNEENTAY] *adj.* convenient :: agreeable :: appropriate :: desirable :: expedient.

CONVENIO [KONVAYNEO] *m.* agreement, pact.

CONVENIR [KONVAYNEER] *vn.* to agree, suit :: to contract :: to convene.

CONVENTO [KONVENTO] *m.* convent, nunnery :: religious house or community.

CONVERGENTE [CONVERHENTAY] *adj.* convergent, coming together.

CONVERSACIÓN [CONVERSAHTHEON] *f.* conversation.

CONVERSAR [KONVAIRSAR] *vn.* to talk, converse.

CONVERSIÓN [CONVERSEON] *f.* conversion.

CONVERSO [KONVAIRSO] *m.* convert.

CONVERTIBLE [KONVERTEEBLAY] *adj.* convertible, movable.

CONVERTIR [KONVAIRTEER] *va.* to convert, transform, change :: *vr.* to be converted.

CONVEXIDAD [KONVEXEDAHD] *f.* convexity.

CONVEXO [KONVEXO] *adj.* convex.

CONVICCIÓN [CONVICTHEON] *f.* conviction.

CONVICTO [KONVEEKTO] *adj.* guilty, convicted.

CONVIDADO [KONVEDAHDO] *m.* guest :: *adj.* invited.

CONVIDAR [KONVEDAR] *va.* to invite :: to induce :: *vn.* to lend to.

CONVINCENTE* [KONVINTHENTAY] *adj.* convincing, telling.

CONVITE [KONVEETAY] *m.* invitation :: banquet.

CONVOCACIÓN [CONVOCAHTHEON] *f.* convocation.

CONVOCAR [KONVOKAR] *va.* to summon, convoke, call together.

CONVOCATORIA [KONVOCAHTOREAH] *f.* letter of convocation, summons; call :: *adj.* convening.

CONVOY [KONVOE] *m.* convoy, conduct, escort, guard :: *(fig.)* cruet-stand :: *(coll.)* suite, retinue :: safeconduct.

CONVULSIÓN [CONVOOLSEON] *f.* convulsion.

CONYUGAL [KONYOOGAHL] *adj.* conjugal.

CÓNYUGE [KONYOOHE] *m.* consort, wife, husband.

COOPERACIÓN [COOPAYRAHTHEON] *f.* cooperation.

COOPERAR [KOOPAYRAR] *vn.* to cooperate, work (for) (together).

COORDINACIÓN [COORDENAHTHEON] *f.* coordination.

COORDINAR [KOORDENAR] *va.* to co-ordinate.

COPA [KOPAH] *f.* wine-glass, cup :: foliage *(sombrero)* :: *(palo de la baraja)* hearts.

COPAR [KOPAR] *va.* to cover :: to sweep, win :: *(coll.)* to corner :: *(mil.)* to cut off and make prisoner.

COPARTÍCIPE [KOPARTEETHEPAY] *m.* & *f.* participant, copartner.

COPETE [KOPAYTAY] *m.* aigret, toupee :: forelock :: tail *(del pavo real)* :: **tener mucho** —, to be impertinent, forward :: **de alto** —, of quality *(pers.)*.

COPIA [KOPEAH] *f.* abundance :: copy, imitation.

COPIAR [KOPEAR] *va.* to copy, imitate :: — **del natural**, to copy from life.

COPIOSO* [KOPEOSO] *adj.* copious, abundant, ample.

COPLA [KOPLAH] *f.* song, ballad :: stanza, verse, couplet :: —**s de ciego**, doggerel.

COPO [KOPO] *m.* tuft :: (de nieve) flake :: *(del árbol)* top :: small bundle, skein.

CÓPULA [KOPOOLAH] *f.* joining ::

connection, coupling.

COQUE [KOKAY] *m.* coke.

COQUETA [KOKAYTAH] *f.* flirt, coquette.

COQUETEAR [COKAYTAYARR] *vn.* to flirt.

COQUETERÍA [KOKAYTAYREEAH] *f.* flirtation, coquetry.

CORACERO [KORAHTHAYRO] *m.* cuirassier.

CORAJE [KORAHHAY] *m.* courage, dash :: passion, temper, 'state', fury.

CORAL [CORAHL] *m.* coral.

CORAZA [KORAHTHAH] *f.* cuirass :: armour plate, ship's armour.

CORAZÓN [KORAHTHON] *m.* heart :: courage :: **con el** — **en la mano**, openly, frankly :: **no le cabe el** — **en el pecho**, he is very jumpy, he is on tenterhooks.

CORAZONADA [CORAHTHONAHDAH] *f.* presentiment, foreboding :: hunch.

CORBATA [KORBAHTAH] *f.* necktie :: cravat.

CORBETA [KORBAYTAH] *f. (naut.)* corvette, small war wessel.

CORCEL [CORTHEL] *m.* charger, steed.

CORCOVADO [KORKOVAHDO] *m.* & *f.* hunchbak :: *adj.* hunchbacked, humpbacked :: curved.

CORCHETE [KORCHAYTAY] *m.* hook, clasp :: hook-and-eye :: bracket :: constable, bailiff.

CORCHO [KORCHO] *m.* cork, cork-bark.

CORDAJE [KORDAHHAY] *m.* rigging, cordage :: *(mus.)* strings of a guitar.

CORDEL [KORDEL] *m.* cord :: **a** —, in a straight line :: **mozo de** —, porter.

CORDERO [KORDAYRO] *m.* yearling lamb :: *(enlatado)* lambskin.

CORDIAL* [CORDEAHL] *adj.* cordial, friendly.

CORDIALIDAD [CORDEAHLEDAHD] *f.* cordiality, friendliness, warmth.

CORDILLERA [KORDELYAYRAH] *f.* mountain range, cordillera.

CORDÓN [KORDON] *m.* yarn, string, cord :: *(mil.)* cordon.

CORDURA [KORDOORAH] *f.* wisdom :: saneness, sanity :: sense.

COREOGRAFÍA [KORAYOGRAHFEEAH] *f.* choreography.

CORIÁCEO [KOREAHTHAYO] *adj.* coriaceous, hard as leather, tough.

CORISTA [KOREESTAH] *m.* & *f.* chorus singer, chorist.

CORNADA [KORNAHDAH] *f.* horn-thrust, goring.

CORNAMENTA [KORNAHMENTAH] *f.*

horns, antlers.

CORNEJA [KORNAYHAH] *f.* crow.

CORNETA [KORNAYTAH] *f.* horn, bugle :: — **de llaves**, trumpet, cornet.

CORNISA [CORNEESAH] *f.* cornice.

CORNUCOPIA [KORONOOCOPEAH] *f.* cornucopia, horn of plenty :: pier-glass with sconces.

CORNUDO [KORNOODO] *adj.* horned.

CORO [KORO] *m.* choir :: chorus :: **de** —, from memory.

CORONA [KORONAH] *f.* crown, diadem :: top of head, tonsure :: royalty, sovereignty.

CORONACIÓN [KORONAHTHEON] *f.* coronation, crowning :: end, completion, termination :: *(arch.)* crowning.

CORONAR [KORONAR] *va.* to crown :: to achieve :: *vr.* to be covered.

CORONEL [KORONEL] *m.* colonel.

CORONILLA [KORONEELYAH] *f.* top of the head :: **estar hasta la** —, to be fed up.

CORPIÑO [KORPEENYO] *m.* vest, bodice.

CORPORACIÓN [CORPORAHTHEON] *f.* corporation.

CORPORAL [KORPORAHL] *adj.* bodily, corporeal, corporal.

CORPÓREO [KORPORAYO] *adj.* corporeal, embodied.

CORPULENCIA [KORPOOLENTHEAH] *f.* corpulence, bulk.

CORPULENTO [CORPOOLENTO] *adj.* corpulent, fat, stout.

CORRAL [KORRAHL] *m.* yard :: poultry-yard :: *(arch.)* playhouse.

CORREA [KORRAYAH] *f.* leather belt, strap, leash :: **tener** —, to give, extend :: not to resist.

CORREAJE [KORRAYAHHAY] *m.* belting, heap of leather straps or thongs.

CORRECCIÓN [CORRECTHEON] *f.* correction :: correctness.

CORRECCIONAL [KORRECTHEONAHL] *m.* & *adj.* correctional.

CORRECTIVO [KORREKTEEVO] *m.* corrective :: *adj.* corrective :: *(gram.)* adversative :: restrictive.

CORRECTO* [KORREKTO] *adj.* correct, right, just.

CORRECTOR [KORREKTOR] *m.* corrector :: *adj.* correcting, corrective.

CORREDERA [KORRAYDAYRAH] *f.* race-ground :: small wicket.

CORREDIZO [CORRAYDEETHO] *adj.* sliding, slipping :: **nudo** —, slip knot.

CORREDOR [KORRAYDOR] *m.* runner :: broker :: corridor :: racehorse.

CORREGIDOR [KORRAYHEDOR] *m.* sheriff :: corregidor, magistrate.

CORREGIR [KORRAYHEER] *va.* to correct :: to amend, straighten :: to admonish.

CORRELACIÓN [KORRAYLAHTHEON] *f.* correlation, analogy.

CORREO [KORRAYO] *m.* courier :: mail, post :: post-office messenger.

CORREOSO [CORRAYOSO] *adj.* flexible :: leathery, tough.

CORRER [KORRAIR] *vn.* to run, flow, pass, race, be current :: —la *(fam.)*, to be a night-bird :: a todo —, at high speed.

CORRERÍA [KORRAYREEAH] *f.* foray, raid :: pleasure trip, excursion :: *pl.* youthful escapades :: travels.

CORRESPONDENCIA [KORRESPON-DENTHEAH] *f.* correspondence, letter-writing.

CORRESPONDER [KORRESPONDAIR] *va. & n.* to answer, correspond :: to communicate :: to respond :: to concern :: to live up to :: to be appropriate.

CORRESPONDIENTE [CORRESPON-DEENTAY] *adj.* corresponding, agreeing :: respective :: *m.* correspondent.

CORRESPONSAL [KORRESPON-SAHL] *m.* correspondent.

CORRETEAR [CORRAYTAYAR] *va.* to run aroung :: to roam, rove.

CORRIDA [KORREEDAH] *f.* course, race :: — de toros, bullfight :: de —, in haste one after the other.

CORRIDO [KORREDO] *adj.* experienced :: ashamed :: de —, fluently, easily.

CORRIENTE[*] [KORREENTAY] *adj.* usual :: present, current :: draught :: fluent, instant :: moneda —, currency :: — y moliente, honest-to-goodness, genuine :: estar al —, to be au fait :: *f.* running stream :: current.

CORRILLO [KORREELYO] *m.* knot of people talking.

CORRO [KORRO] *m.* group, knot of people.

CORROBORACIÓN [KORROBORAH-THEON] *f.* corroboration :: strengthening.

CORROBORAR [KORROBORAR] *va.* to corroborate :: to fortify, strengthen.

CORROER [KORROAIR] *va.* to corro-

de.

CORROMPER [KORROMPAIR] *va.* to vitiate, taint, corrupt, deprave.

CORROMPIDO [KORROMPEEDO] *adj.* corrupt :: spoiled :: putrid :: unsound.

CORRUPCIÓN [CORROOPTHEON] *f.* corruption.

CORRUPTELA [KORROOPTAYLAH] *f.* corruption :: abuse.

CORRUPTO [CORROOPTO] *adj.* corrupt, rotten.

CORRUPTOR [KORROPTOR] *adj.* corrupting :: *m.* corrupter.

CORSARIO [KORSAHREO] *m.* privateer :: corsair.

CORSÉ [KORSAY] *m.* corset, stays, girdle.

CORTADO [KORTAHDO] *adj.* cut :: abrupt :: exact :: abashed, ashamed.

CORTADURA [KORTAHDOORAH] *f.* cut silt, slash :: cutting :: incision.

CORTANTE [CORTAHNTAY] *adj.* cutting :: sharp.

CORTAPLUMAS [CORTAHPLOOMAS] *m.* penknife.

CORTAR [KORTAR] *va.* to cut (out, off, up), break :: to hew :: to sever :: to cut short :: to cut *(en naipes)* :: *vr.* to chap *(la piel)* :: to curdle, go off *(la leche, etc.)*.

CORTE [KORTAY] *m.* edge *(con cuchillo, etc.)* :: felling *(talar)* :: length *(un vestido, etc.)* :: sectional view :: cut :: *f.* court, king's residence :: royal household :: hacer la —, to pay court.

CORTEDAD [KORTAYDAHD] *f.* briefness :: poverty *(en el habla, etc.)*, meanness, dullness :: shyness, diffidence.

CORTEJAR [KORTAYHAR] *va.* to court, woo.

CORTEJO [KORTAYHO] *m.* homage :: courtship :: accompaniment :: beau, escort.

CORTÉS [KORTES] *adj.* courteous, civil, polite.

CORTESANA [CORTAYSAHNAH] *f.* courtesan, prostitute.

CORTESANÍA [KORTAYSAHNEEAH] *f.* courteousness, gallantry.

CORTESANO [KORTAYSAHNO] *adj.* obliging :: *m.* courtier :: *f.* courtesan.

CORTESÍA [KORTAYSEEAH] *f.* courtesy, civility, politeness.

CORTEZA [KORTAYTHAH] *f.* bark *(de árbol)* :: peel, skin *(de la fruta, etc.)* :: crust *(del pan)* :: rough exterior *(pers.)*.

CORTIJO [CORTEEHO] *m.* farmhouse.

CORTINA [CORTEENAH] *f.* curtain.

CORTINAJE [KORTENAHHAY] *m.* set of curtains, pair of curtains.

CORTO[*] [KORTO] *adj.* short, brief, narrow :: abrupt, curt :: shy, backward :: — de vista, shortsighted.

CORVO [KORVO] *adj.* bent, crooked :: hook.

COSA [KOHSAH] *f.* thing :: fact :: business :: — de, about :: — del otro jueves, something to write home about :: como si tal —, as if nothing had happened.

COSECHA [KOSAYCHAH] *f.* harvest, vintage, crop :: reaping, harvest time :: de su propia —, off his own bat.

COSECHAR [KOSAYCHAR] *va.* to gather, reap.

COSER [KOSAIR] *va.* to sew, seam :: es cosa de — y cantar, as easy as wink.

COSMÉTICO [COSMAYTECO] *m. & adj.* cosmetic.

COSMOPOLITA [KOSMOPOLEETAH] *m. & f.* cosmopolitan :: cosmopolite :: *adj.* cosmopolitan.

COSO [KOSO] *m.* place or square for bullfights :: main street.

COSQUILLAS [COSKEELLYAS] *f. pl.* ticklishness :: tickling :: hacer —, to tickle :: tener —, to be ticklish.

COSQUILLEO [COSKEELYAYO] *m.* tickle, tickling sensation.

COSQUILLOSO [KOSKELYOSO] *adj.* ticklish :: squeamish.

COSTA [KOSTAH] *f.* cost, charge :: coast :: a — de, at the expense of :: a toda —, at all costs :: *pl.* costs *(de un juicio)*.

COSTADO [KOSTAHL] *m.* side, flank :: por los cuatro —s, thoroughbred, thorough-going.

COSTAL [KOSTAHL] *m.* bag, sack.

COSTANERO [KOSTAHNAYRO] *adj.* coastal, belonging to the coast :: comercio —, coasting trade.

COSTAR [KOSTAR] *vn.* to cost, be worth :: to pain, grieve.

COSTE [KOSTAY] *m.* cost, expense :: cost price :: a precio de —, at cost :: — de vida, cost of living :: de gran —, of great price, value.

COSTEAR [KOSTAYAR] *va.* to pay the cost of :: to cost.

COSTERO [COSTAYRO] *adj.* coastal.

COSTILLA [KOSTEELYAH] *f.* rib :: chop, cutlet :: *(fam.)* "better half", wife.

COSTO [KOSTO] *m.* price, cost, value.

COSTOSO[*] [KOSTOSO] *adj.* expensive, costly.

COSTRA [KOSTRAH] f. crust, coat :: daub :: scab :: ship's biscuit.

COSTUMBRE [KOSTOOMBRAY] f. custom, habit, practice, wont :: pl. habits, manners.

COSTURA [KOSTOORAH] f. sewing, seam :: needlework.

COSTURERA [KOSTOORAYRAH] f. seamstress, dressmaker.

COSTURERO [KOSTOORAYRO] m. sewing-table.

COTA [KOTAH] f. coat of arms, coat of mail :: quota.

COTEJAR [KOTAYHAR] va. to confront, compare.

COTEJO [KOTAYHO] m. collation.

COTIDIANO [KOTEDEAHNO] adj. daily.

COTIZACIÓN [KOTETHAHTHEON] f. (com.) quotation, current price.

COTIZAR [KOTETHAR] va. to quote (en Bolsa).

COTO [KOTO] m. estate, preserves :: fence, boundary :: landmark :: **poner — a,** to put a stop to.

COTORRA [KOTORRAH] f. parrot :: talkative woman, chatterbox.

COTORREAR [COTORRAYAR] vn. to chatter :: to gossip.

COVACHA [COVAHCHAH] f. small cave :: grotto.

COYOTE [COYOTAY] m. coyote, prairie wolf.

COYUNTURA [KOYOONTOORAH] f. joint :: conjuncture :: opportunity, situation.

COZ [KOTH] f. kick :: recoil (de arma de fuego) :: **dar coces,** to kick :: **dar coces contra el aguijón,** to kick against the pricks.

CRÁNEO [KRAHNAYO] m. skull.

CRÁPULA [KRAHPOOLAH] f. inebriation, intoxication, drunkenness :: licentiousness.

CRASO [KRAHSO] adj. greasy, oily, fat :: gross, crass.

CRÁTER [CRAHTAYR] m. crater of a volcano.

CREACIÓN [CRAYAHTHEON] f. creation.

CREADOR [KRAYAHDOR] m. creator, maker.

CREAR [KRAYAR] va. to create, invent, make.

CRECER [KRAYTHAIR] vn. to grow, wax strong, increase.

CRECES [KRAYTHES] f. pl. increase, advantage, augmentation :: **con —,** amply, in good, measure.

CRECIDA [KRAYTHEEDAH] f. freshet, swell (de un río).

CRECIDO [KRAYTHEEDO] adj. grown increased :: full-grown :: large, big.

CRECIENTE [KRAYTHEENTAY] f. swell, freshet (ríos) :: crescent (luna).

CRECIMIENTO [KRAYTHEMEENTO] m. growth :: increase.

CREDENCIALES [CRAYDENTHEALES] f. pl. credentials.

CREDIBILIDAD [KRAYDEBELEDAHD] f. credibility, credibleness.

CRÉDITO [KRAYDETO] m. belief :: credit :: good standing :: credence, belief :: **a —,** on credit :: créditos activos, assets :: créditos pasivos, liabilities.

CREDO [CRAYDO] m. creed.

CREDULIDAD [KRAYDOOLEDAHD] f. credulity.

CRÉDULO [KRAYDOOLO] adj. credulous, gullible.

CREENCIA [KRAYENTHEAH] f. belief :: creed.

CREER [KRAYAIR] va. to believe, assume, think :: ¡ya lo creo!, of course I should think so!

CREÍBLE [KRAYEEBLAY] adj. credible, likely.

CREMA [KRAYMAH] f. cream :: cold cream :: diaeresis.

CREMALLERA [KRAYMAHLYAYRAH] f. toothed bar, racket, ratchet :: cog :: zip-fastener.

CREMATORIO [KRAYMAHTOREO] m. cremator :: crematorium :: adj. crematory, crematorial.

CREPITAR [CRAYPETAR] vn. to crackle, snap :: to creak :: to rattle.

CREPUSCULAR [CRAYPOOSCOOLAR] adj. twilight.

CREPÚSCULO [KRAYPOOSKOOLO] m. twilight :: dawn.

CRESPO [KRESPO] adj. crisp, curly :: involved.

CRESPÓN [KRESPONI] m. crape.

CRESTA [KRESTAH] f. cock's comb :: tuft :: crest, summit.

CRETA [KRAYTAH] f. chalk.

CREYENTE [KRAYYENTAY] m. believer, faithful.

CRÍA [KREEAH] f. suckling, breeding :: young (de animal) :: (coll.) baby.

CRIADA [KREAHDAH] f. maid, maidservant.

CRIADERO [KREAHDAYRO] m. nursery, hatchery :: hotbed.

CRIADO [KREAHDO] adj. brought up, bred :: m. servant, valet, waiter.

CRIADOR [KREAHDOR] m. breeder, rearer.

CRIANZA [KREAHNTHAH] f. nursing :: breeding :: **mala —,** ill manners.

CRIAR [KREAR] va. to create :: to breed, nurse, suckle, rear.

CRIATURA [KREAHTOORAH] f. creature, baby.

CRIBA [KREEBAH] f. cribble, sieve, riddle.

CRIBAR [KREBAR] va. to sift, pass through a sieve.

CRIMEN [KREEMEN] m. crime, guilt, offence.

CRIMINAL [CREMENAHL] adj., m. & f. criminal.

CRIN [KREEN] f. (zool.) hair :: mane :: filament.

CRÍO [KREO] m. (coll.) nursing boy, nursling :: child.

CRIOLLO [KREOLLYO] adj. creole :: indigenous, domestic.

CRIPTA [KREEPTAH] f. crypt.

CRISIS [KREESIS] f. crisis, critical point.

CRISOL [KRESOL] m. crucible :: test.

CRISPAR [KRISPAR] va. to contract convulsively (los músculos), to twitch.

CRISTAL [KRISTAHL] m. crystal :: pane of glass :: mirror.

CRISTALERÍA [CRISTAHLAYREEAH] f. glassware, shop or factory :: glassware.

CRISTALINO [CRISTAHLEENO] adj. crystalline, transparent, clear :: m. lens of the eye.

CRISTALIZAR [CRISTAHLETHAR] vn. to crystallize.

CRISTIANAR [KRISTEAHNAR] va. (coll.) to christen baptize.

CRISTIANDAD [KRISTEAHNDAHD] f. Christendom.

CRISTIANISMO [CRISTEAHNEESMO] m. Christianity.

CRISTIANO [CRISTEAHNO] m. Christian :: person :: **hablar en —,** to speak clearly :: adj. Christian.

CRISTO [KRISTO] m. Christ :: crucifix.

CRITERIO [KRETAYREO] m. judgment criterion, point of view.

CRÍTICA [KREETEKAH] f. criticism :: critical article.

CRITICAR [KRETEKAR] va. to criticize, censure, find fault with.

CRÍTICO [CREETECO] adj. critical :: m. critic, judge.

CROAR [CROAR] vn. to croak.

CROMADO [KROMAHDO] m. chromium plating :: adj. chromium-plated, chrome.

CROMAR [KROMAR] va. to plate with chrome.

CROMOSOMA [CROMOSOMAH] m. chromosome.

CRÓNICA [CRONECAH] f. chronicle, history.

CRÓNICO [KRONEKOA] adj. chronic.

CRONISTA [CRONEESTAH] m. & f. chronicler.

CRONOLOGÍA [KRONOLOHEEAH] f.

chronology.

CRONÓMETRO [CRONOMAYTRO] *m.* chronometer.

CROQUETA [KROKAYTAH] *f.* croquette, meat-ball.

CROQUIS [CROKEES] *m.* rough sketch.

CRUCE [KROOTHAY] *m.* crossing :: cross-roads.

CRUCERO [KROOTHAYRO] *m.* cruiser :: *(arch.)* crossing :: wayside Cross.

CRUCIFICAR [KROOTHEFEKAR] *va.* to crucify :: to torture.

CRUCIFIJO [KROOTHEFEEHO] *m.* crucifix.

CRUCIGRAMA [CROOTHEGRAHMAH] *m.* crossword puzzle.

CRUDEZA [KROODAYTHAH] *f.* coarseness, crudeness :: rawness :: cruelty.

CRUDO* [KROODO] *adj.* raw, coarse :: hard :: unfinished.

CRUEL* [KROOEL] *adj.* cruel, ruthless, merciless :: harsh, grievous.

CRUELDAD [KROOELDAHD] *f.* cruelty :: harshness.

CRUENTO [KROOENTO] *adj.* bloody, implacable.

CRUJÍA [KROOHEEAH] *f.* passage :: hospital ward :: corridor :: **pasar —s,** to experience great hardships.

CRUJIDO [KROOHEEDO] *m.* creaking :: rustling :: crunching.

CRUJIR [KROOHEER] *vn.* to creak, crackle :: to rustle :: to crunch, crack.

CRUSTÁCEO [KROOSTHATHAYO] *adj.* crustaceous :: *m. (zool.)* crustacean.

CRUZ [KROOTH] *f.* cross :: **cara o —,** heads or tails :: *(fig.)* sorrows :: **— de Mayo,** Maypole :: **— gamada,** swastika.

CRUZADA [CROOTHAHDAH] *f.* crusade :: holy war :: campaign .

CRUZADO [KROOTHAHDO] *adj.* cross-bred :: *m.* crusader :: old Spanish coin :: *pl.* shading :: **palabras cruzadas,** crossword puzzle.

CRUZAR [KROOTHAR] *va.* to pass, cross, go across :: to cross-breed :: *vr.* **— de brazos,** to be idle.

CUADERNILLO [KOOAHDAIRNEELYO] *m.* quinternion.

CUADERNO [KOOAHDAIRNO] *m.* note-book, exercise-book, copy-book.

CUADRA [KOOAHDRAH] *f.* large hall :: stable :: barrack :: ward.

CUADRADO [KOOAHDRAHDO] *adj.*

square :: at attention :: *m.* *(math.)* square number.

CUADRANTE [KOOAHDRAHNTAY] *m.* quadrant :: sun-dial.

CUADRAR [KOOAHDRAR] *va.* to square :: to square with, fit in with :: *vr. (mil.)* to salute, stand to attention.

CUADRICULAR [COOAHDRECOOLAR] *va.* to square off, divide into squares.

CUADRILÁTERO [KOOAHDRELAHTAYRO] *m. & adj.* quadrilateral.

CUADRILLA [KOOAHDREELYAH] *f.* troop, gang :: group *(en toreo)* :: band *(armada)* :: quadrille.

CUADRO [COOAHDRO] *m.* square :: picture :: scene :: frame :: flower bed.

CUÁDRUPLO [KOOAHDROOPLO] *adj.* quadruple, fourfold.

CUAJADA [COOAHHAHDAH] *f.* curd.

CUAJADO [COOAHHADO] *adj.* coagulated, curdle :: filled, covered :: **— de,** full or covered with.

CUAJAR [KOOAHHAR] *va.* to coagulate, curdle :: to over-adorn :: *vn.* to fit, be suitable, be acceptable.

CUAJARÓN [COOAHHAHRONE] *m.* clot.

CUAL [KOOAHL] *pron.* which :: **el —,** which :: **cada —,** each one :: **— padre, tal hijo,** like father, like son.

CUALIDAD [KOOAHLEDAHD] *f.* quality.

CUALQUIER(A) [COOALKEER(A)] *pron.* any, anyone :: whichever.

CUÁN [KOOAHN] *adv.* how, how much.

CUANDO [KOOAHNDO] *adv.* when :: if :: although :: in case :: **de — en —,** now and then :: **— quiera,** whenever :: **— mucho,** at most :: **de — en —,** from time to time.

CUANTÍA [KOOAHNTEEAH] *f.* amount :: **de poca —,** of little account.

CUANTIOSO* [KOOAHNTEOSO] *adj.* copious, sizable.

CUANTO [KOOAHNTO] *adj.* so much, so many :: as soon as, as much :: **¿cuánto?,** how much? :: **¿cuántos?,** how many? :: **tanto... cuánto,** as much... as :: **en —,** as soon as :: **en — a,** as for, concerning :: *(excl.)* how much, what a lot...

CUARENTA [KOOAHRENTAH] *adj.* forty.

CUARENTENA [KOOAHRENTAYNAH] *f.* quarantine.

CUARESMA [KOOAHRESMAH] *f.* Lent, Lent sermons.

CUARTA [KOOARTAH] *f.* set of four

(naipes) :: *(mus.)* fourth :: guidemule.

CUARTEAR [KOOARTAYAR] *va.* to divide in four parts :: to cut in pieces :: to zigzag up.

CUARTEL [KOOARTEL] *m.* barracks, quarters :: district, quarter :: **— general,** headquarters :: *(mil.)* **sin —,** no mercy shown, no prisoners taken.

CUARTETO [KOOARTAYTO] *n. (mus.)* quartet.

CUARTILLA [KOOARTEELYAH] *f.* quarter :: sheet of note paper.

CUARTILLO [KOOARTEELYO] *m.* fourth part of a peck of grain :: liquid measure equal to 0'504 liters.

CUARTO [KOOARTO] *m.* quarter :: room :: sentinel watch :: farthing, small coin :: quarto :: **no tiene un —,** he hasn't a bean :: **dar un — al pregonero,** to spread news.

CUARZO [COOARTHO] *m.* quartz.

CUATRERO [COOAHTRAYRO] *m.* horse thief, cattle thief.

CUATRO [KOOAHTRO] *adj.* four.

CUBA [KOOBAH] *f.* vat, cask :: *(fig.)* drunkard.

CÚBICO [KOOBEKO] *adj.* cubic, cubical.

CUBIERTA [COOBEERTAH] *f.* cover :: covering :: envelope :: *(naut.)* deck.

CUBIERTO [KOOBEAIRTO] *m.* cover, place :: **a — de,** sheltered from :: *adj.* covered.

CUBILETE [KOOBELAYTAY] *m.* cooper pan :: pannikin :: tumbler, mug, drinking cup.

CUBO [KOOBO] *m.* cube, bucket, pail :: hub *(de una rueda).*

CUBRIR [KOOBREER] *va.* to cover :: load, envelop :: to hide :: **— los gastos,** to cover expenses :: **— una vacante,** to fill a vacancy :: *vr.* to be covered :: to guard oneself :: to put on one's hat.

CUCARACHA [KOOKAHRAHCHAH] *f.* cockroach.

CUCLILLAS [KOOCLEELYAHS] *adv.* **en —,** crouching, squatting.

CUCLILLO [KOOKLEELYO] *m.* cuckoo.

CUCO [KOOKO] *adj.* dainty, cosy :: coy, shy, arch.

CUCURUCHO [COOCOOROOCHO] *m.* paper cone.

CUCHARA [KOOCHAHRAH] *f.* spoon, dipper.

CUCHARADA [KOOCHAHRAHDAH] *f.* spoonful :: ladleful :: scoop.

CUCHARÓN [KOOCHAHRON] *m.* ladle, dipper.

CUCHICHEAR [KOOCHECHAYAR] *vn.*

to talk together in whispers, whisper.

CUCHICHEO [COOCHECHAYO] *m.* whispering, whisper.

CUCHILLA [KOOCHEELYAH] *f.* cleaver, large knife :: blade :: sword.

CUCHILLADA [COOCHEELLYAHDAH] *f.* thrust with a knife, stab, slash :: cut, gash.

CUCHILLERO [KOOCHELYAYRO] *m.* cutler.

CUCHILLO [KOOCHEELYO] *m.* knife :: gusset, gore :: — de monte, huntingknife.

CUCHITRIL [KOOCHETREEL] *m.* cubby hole, den.

CUELLO [KOOAYLYO] *m. (anat.)* neck, throat :: collar :: voz en —, shouting, bawling.

CUENCA [KOOENKAH] *f.* hollow, basin *(del río)* :: socket *(del ojo)* :: wooden bowl :: workings *(minera)* :: — hullera, coalfield.

CUENCO [COOENCO] *m.* earthen bowl.

CUENTA [KOOENTAH] *f.* account :: computation, bill :: care :: bead :: a —, on account :: por la —, according to all appearances :: — corriente, current account :: tener en —, to take into consideration :: caer en —, to realize :: trabajar por su —, to work for oneself.

CUENTAGOTAS [KOOENTAHGOTAHS] *m.* dropper, drop tube or bottle.

CUENTISTA [KOOENTEESTAH] *m. & f.* storyteller :: *(coll.)* gossip :: exaggerator :: gossipy.

CUENTO [KOOENTO] *m.* tale, story, narrative :: a million :: ferule :: venir a —, to come in opportunely, to fit the occasion :: sin —, endless(ly) :: es un —, it's all bunkum *(coll.)*.

CUERDA [KOOAIRDAH] *f.* cord, string, rope :: — vocal, chord voice :: dar — a, to wind :: to give free play to :: apretar la —, to put on the screws.

CUERDO [KOOAIRDO] *adj.* sane :: prudent, wise :: sensible.

CUERNO [KOOAIRNO] *m.* horn :: tip *(de la luna)* :: antenna *(de insecto)* :: huntsman's horn :: — de abundancia, cornucopia.

CUERO [KOOAYRO] *m.* leather, hide :: skin, raw-hide :: wineskin :: — cabelludo, scalp :: *pl.* en —s, naked.

CUERPO [KOOAIRPO] *m.* body, matter :: figure :: bodice :: corpse :: corporation :: vino de mucho —, strong-bodied wine :: a —, without an overcoat :: en —,

halfclothed :: in a body :: tomar —, to increase, grow apace :: luchar — a —, to fight hand to hand.

CUERVO [KOOAIRVO] *m.* raven, crow.

CUESTA [KOOESTAH] *f.* hill, grade, slope :: — arriba, up-hill :: — abajo, down-hill :: a —s, on one's shoulders or back.

CUESTIÓN [KOOESTEON] *f.* question, matter, point :: dispute, quarrel :: inquiry :: *(math.)* problem.

CUESTIONAR [KOOESTEONAR] *va.* to discuss a question.

CUSTIONARIO [COOESTEONAHREO] *m.* questionnaire, list of questions.

CUEVA [KOOAYVAH] *f.* cave, grotto :: cellar.

CUIDADO [KOOEDAHDO] *m.* care, heed :: attention :: apprehension :: estar de —, to be critically ill :: ser de —, to be a handful :: to need watching :: *excl.* look out! :: — que... And you should just see how...

CUIDADOSO [KOOEDAHDOSO] *adj.* careful, watchful, painstaking, neat.

CUIDAR [KOOEDAR] *va.* to take care of, look after :: to heed :: *vr.* to take good care of oneself :: — de, to mind.

CUITA [KOOEETAH] *f.* grief, affliction, sorrow.

CUITADO [KOOETAHDO] *adj.* wretched, unfortunate.

CULATA [KOOLAHTAH] *f.* haunch :: butt-end *(de pistola)*.

CULEBRA [KOOLAYBRAH] *f.* snake, serpent :: — de cascabel, rattlesnake.

CULEBREAR [KOOLAYBRAYAR] *vn.* to wriggle.

CULERO [KOOLAYRO] *m.* napkin.

CULINARIO [KOOLENAHREO] *adj.* culinary.

CULMINACIÓN [COOLMENAHTHEON] *f.* culmination, climax.

CULMINAR [COOLMENAR] *vn.* to culminate :: to come to a climax.

CULO [KOOLO] *m.* ass, backside :: —s de vaso, fake jewels.

CULPA [KOOLPAH] *f.* fault, guilt, offence.

CULPABILIDAD [COOLPAHBELEDAHD] *f.* guilt.

CULPABLE [KOOLPAHBLAY] *adj.* culpable, to blame, blamable :: guilty.

CULPADO [KOOLPAHDO] *adj.* guilty, blameworthy.

CULPAR [KOOLPAR] *va.* to blame, put the blame on :: to reproach.

CULTIVAR [KOOLTEVAR] *va.* to till :: to cultivate :: to keep up.

CULTIVO [COOLTEEVO] *m.* cultivation, culture.

CULTO [KOOLTO] *m.* cult, worship :: libertad de —s, freedom of worship :: *adj.* well-bred :: educated, cultivated, affected :: learned.

CULTURA [KOOLTOORAH] *f.* culture, cultivation :: breeding, education, good manners.

CUMBRE [KOOMBRAY] *f.* summit, top, peak :: height *(ambición, etc.)*.

CUMPLEAÑOS [KOOMPLAYAHNYOS] *m.* birthday.

CUMPLIDO [KOOMPLEEDO] *adj.* full, complete :: fulfilled, satisfied :: courteous :: *m.* compliment :: ceremony.

CUMPLIMENTAR [COOMPLEMENTAR] *va.* to compliment :: to congratulate :: to pay a courtesy visit.

CUMPLIMIENTO [KOOMPLEMEENTO] *m.* compliment :: formality :: fulfilment.

CUMPLIR [KOOMPLEER] *va.* to fulfil, accomplish, perform, comply :: to be a duty to :: to reach *(años)* :: to finish one's military service :: — con, to do one's duty :: *vr.* to be realised.

CÚMULO [KOOMOOLO] *m.* heap, pile, mass :: cumulus, clouds.

CUNA [KOONAH] *f.* cradle :: foundlings' home :: lineage :: source, origin, birth.

CUNDIR [KOONDEER] *vn.* to spread :: to propagate.

CUNETA [KOONAYTAH] *f.* small trench :: catch drain :: gutter, ditch.

CUÑA [KOONYAH] *f.* wedge :: paving stone.

CUÑADO -DA [KOONYAHDO -DA] *m. & f.* brother-in-law, sister-in-law.

CUÑO [KOONYO] *m.* silversmith's mark :: a die.

CUOTA [KOOOTAH] *f.* quota, share :: subscription, membership free.

CUPO [KOOPO] *m.* quota, share :: tax rate :: *(mil.)* contingent.

CUPÓN [KOOPON] *m.* coupon, counterfoil, detachable ticket.

CÚPULA [KOOPOOLAH] *f.* dome, cupola :: cup :: ship's gunturret.

CURA [KOORAH] *m.* parish priest, curate :: *f.* cure, remedy :: priesthood, parish, curacy :: la primera —, first aid.

CURACIÓN [KOORAHTHEON] *f.* cure, treatment, healing.

CURADOR [KOORAHDOR] *m.* curator, overseer :: guardian.

CURANDERO [KOORANDAYRO] *m.* quack healer, charlatan.

CURAR [KOORAR] *va.* to heal, cure, treat.

CURIA [KOOREAH] *f.* ecclesiastical tribunal :: **la — romana**, Papal jurisdiction and power.

CURIOSEAR [KOOREOSAYAR] *vn.* to pry, meddle, be a busybody.

CURIOSIDAD [KOOREOSEDAHD] *f.* curiosity, inquisitiveness :: cleanliness :: rarity.

CURIOSO* [COOREOHSO] *adj.* curious :: neat, dainty.

CURSAR [KOORSAR] *va.* to frequent, attend, follow a course of study :: to pass on *(órdenes, etc.)*.

CURSI [COORSE] *adj.* common, in bad taste :: cheap, ridiculous.

CURSILERÍA [COORSELEREAH] *f.* bad taste, cheapness, false elegance :: group of cheap, ridiculous people.

CURSILLO [KOORSELYO] *m.* short course.

CURSO [KOORSO] *m.* course *(de un río)* :: progress :: direction :: route.

CURTIDO [KOORTEEDO] *adj.* tanned :: weather-beaten :: expert, experienced :: well versed in :: *m.* tanning.

CURTIR [KOORTEER] *va.* to tan *(piel, cuero)* :: *(fig.)* to harden, toughen.

CURVA [KOORVAH] *f.* curve line, curve.

CURVATURA [KOORVAHTOORAH] *f.* curvature.

CURVO [KOORVO] *adj.* curved, bent.

CÚSPIDE [KOOSPEDAY] *f.* apex, summit, top.

CUSTODIA [KOOSTODEAH] *f.* custody, guardianship :: custodia, holy vessel in which Sacrament is exposed.

CUSTODIAR [COOSTODEAR] *va.* to guard, watch :: to keep in custody.

CUSTODIO [KOOSTODEO] *adj.* **angel —**, guardian angel :: *m.* guard, custodian.

CUTÁNEO [KOOTAHNEO] *adj.* cutaneous.

CUTÍCULA [COOTEECOOLAH] *f.* cuticle.

CUTIS [KOOTIS] *f.* skin.

CUYO, CUYA [KOOYO, KOOYAH] *pron.* whose, of which.

CH

CHABACANERÍA [CHAHBAHCANAY-REEAH] f. bungle, muddle :: vulgarity.

CHABACANO* [CHAHBAHKAHNO] adj. clumsy, lacking good taste, vulgar.

CHACAL [CHAHCAHL] m. jackal.

CHACOTA [CHAHKOTAH] f. joking, loud merry-making, high jinks.

CHACOTEAR [CHĀHKOTAYAR] vn. to trifle, make merry.

CHACRA [CHAHCRAH] f. LAm. small farm :: cultivated field.

CHACHA [CHAHCHAH] f. (coll.) lass, little girl :: nursemaid.

CHÁCHARA [CHAHCHARAH] f. (coll.) chit-chat, prattle, empty chatter.

CHAFALLAR [CHAHFAHLYAR] va. to botch.

CHAFAR [CHAHFAR] va. to make velvet or plush lose its lustre by pressing or crushing the pile.

CHAFLÁN [CHAHFLAHN] m. bevel, chamfer :: (arch.) cant.

CHAL [CHAHL] m. shawl.

CHALADO [CHAHLAHDO] adj. addlepated, light-witted.

CHALÁN [CHAHLAHN] m. hawker :: horse-dealer.

CHALANERÍA [CHAHLAHNAYREEAH] f. astuteness of (gipsy) horsedealers.

CHALÉ [CHAHLAY] m. chalet, detached house.

CHALECO [CHAHLAYKO] m. waistcoat, vest.

CHALUPA [CHAHLOOPAH] f. sloop, canoe, shallop.

CHAMACO [CHAHMAHCO] m. Mex. boy.

CHAMARASCA [CHAHMAHRAHSKAH] f. brushwood.

CHAMARRA [CHAHMARRAH] f. coarse wool jacket or sweater.

CHAMBELÁN [CHAHMBAYLAN] m. chamberlain.

CHAMIZO [CHAHMEETHO] m. halfburnt tree, log, stick :: (coll.) hangout, join, gambling house.

CHAMPAÑA [CHAMPAHNYAH] f. champagne.

CHAMPÚ [CHAMPOO] m. shampoo.

CHAMUSCAR [CHAHMOOSKAR] va. to scorch, singe.

CHAMUSQUINA [CHAHMOOSKEENAH] f. singe, scorch.

CHANCEAR [CHANTHAYAR] vn. to fool, joke, jest.

CHANCLA [CHAHNCLAH] f. slipper, old shoe.

CHANCLETA [CHAHNKLAYTAH] f. lowheeled slipper, houseslipper.

CHANCLO [CHAHNKLO] m. galosh, rubber shoe :: clog, sabot, wooden over-shoe.

CHANCHO [CHAHNCHO] m. Amer. pig, pork.

CHANCHULLO [CHANCHOOLLYO] m. (coll.) crookedness, graft, racket.

CHANTAJE [CHANTAHHAY] m. blackmail, blackmailing.

CHANZA [CHAHNTHAH] f. jest, joke; :: — pesada, ill-timed jest.

CHAPA [CHAHPAH] f. plate, metal sheet :: veneer :: facevarnish.

CHAPADO [CHAHPAHDO] adj. veneered :: lined or covered with metal sheeting, plated :: — a la antigua, old-fashioned.

CHAPAR [CHAHPAR] va. to veneer :: to line or cover with metal sheeting.

CHAPARRO [CHAHPARRO] m. scrub oak :: short, chubby person :: Amer. a kind of tropical shrub with rough leaves.

CHAPARRÓN [CHAHPARRON] m. heavy shower.

CHAPEAR [CHAHPAYAR] va. to veneer, inlay :: to plate.

CHAPITEL [CHAHPETEL] m. (arch.) chapiter :: pinnacle.

CHAPÓN [CHAHPON] m. inkstain.

CHAPOTEAR [CHAHPOTAYAR] vn. to paddle in water.

CHAPOTEO [CHAHPOTAYO] m. splash.

CHAPUCEAR [CHAHPOOTHAYAR] va. to fumble :: to botch, bungle, do or make clumsily :: Amer. to deceive, trick.

CHAPUCERO* [CHAHPOOTHAYRO] m. botcher, clumsy workman :: old iron dealer.

CHAPURRAR, CHAPURREAR [CHAHPOORRAR] va. to speak a language brokenly.

CHAPUZA [CHAHPOOTHA] f. botch, clumsy piece of work :: Amer. foul trick, fraud.

CHAPUZAR [CHAHPOOTHAR] va. to dive, plunge, duck.

CHAPUZÓN [CHAHPOOTHON] m. ducking, sudden dip under water.

CHAQUETA [CHAHKAYTAH] f. jacket, sack-coat.

CHARCA, CHARCO [CHARKAH, CHARKO] f. pool, basin :: mere :: artificial pond.

CHARLA [CHARLAH] f. chat :: talk, gossip :: informal talk.

CHARLAR [CHARLAR] vn. to babble, have a gossip.

CHARLATÁN [CHARLAHTAHN] adj. talkative :: m. prater :: quack.

CHAROL [CHAHROL] m. varnish :: patent leather.

CHAROLAR [CHAHROLAR] va. to varnish, polish.

CHARRETERA [CHARRAYTAYRAH] f. epaulet :: shoulder-yoke :: buckle.

CHARRO [CHARRO] adj. rustic, coarse :: (Mex.) peasant horseman :: s.p. of Salamanca.

CHASCARRILLO [CHASCARREELLYO] m. joke, funny history.

CHASCO [CHAHSKO] m. disappointment, frustration, joke.

CHASIS [CHAHSIS] m. chassis, body.

CHASQUEAR [CHAHSKAYAR] va. to crack (un látigo) :: to play a wagish trick :: to disappoint :: (LAm.) vr. to be disappointed.

CHASQUIDO [CHASKEEDO] m. crack (de un látigo) :: crackle :: smack (de los labios) :: click (de la lengua).

CHATO [CHAHTO] adj. pug, snubnosed, flat-nosed :: squat :: m. (LAm.) darling :: glass :: (fam.) f. pretty girl.

CHAVAL [CHAHVAHL] m. lad :: young man.

CHE [CHAY] interj. LAm. word used to attract attention among intimates :: say! listen! hey! :: nickname for citizens of Argentina.

CHELÍN [CHAYLEEN] m. shilling.

CHEQUE [CHAYKAY] m. check, bank check.

CHICA [CHEECAH] f. little girl :: girl, maid, servant.

CHICLE [CHEECLAY] m. chicle :: chewing gum.

CHICO [CHEEKO] adj. little, small, short :: wee :: tiny :: m. little boy, little fellow :: young man.

CHICOTE [CHEKOTAY] m. tubby lad :: end of cable :: cigar-stub.

CHICHÓN [CHECHON] m. bruise, bump.

CHIFLADO* [CHEFLAHDO] adj. cracked, touched, crazy.

CHIFLADURA [CHEFLAHDOORAH] f. whistling :: hissing :: (coll.) daffiness :: whim, wild idea.

CHIFLAR [CHEFLAR] vn. to whistle :: vr. to become insane.

CHILE [CHEELAY] m. chili, red pepper.

CHILLAR [CHELYAR] vn. to cry, yell, scream, screech.

CHILLIDO [CHELYEEDO] m. scream, shriek, shrill cry.

CHILLÓN [CHELYON] adj. noisy, yelling :: (color) glaring, loud :: m. screamer, shrieker :: nail, spike.

CHIMENEA [CHEMAYNAYAH] f. chimney, fireplace.

CHIMPANCÉ [CHIMPAHNTHAY] *m.* chimpanzee.

CHINA [CHEENAH] *f.* china, porcelain :: pebble, small stone :: *(LAm.)* girl, servant-girl.

CHINCHE [CHEENCHAY] *f.* bedbug, bug :: large drawing-pin.

CHINELA [CHENAYLAH] *f.* slipper.

CHINO [CHEENO] *m. & adj.* chinese.

CHIQUERO [CHEKAYRO] *m.* pigsty :: bull pen :: *(theat.)* dressing room.

CHIQUILLADA [CHEKEELLYAHDAH] *f.* childish prank, mischievousness.

CHIQUILLO [CHEKEELLYO] *m.* child, youngster.

CHIQUITO [CHEKEETO] *m.* little one :: *adj.* small, tiny.

CHIRIMÍA [CHEREMEEAH] *f.* flageolet.

CHIRIPA [CHEREEPAH] *f.* stroke of good luck.

CHIRLE [CHEERLAY] *adj.* insipid, tasteless.

CHIRLO [CHEERLO] *m.* facewound, slash, long cut, scar.

CHIRRIAR [CHEERREAR] *vn.* to sizzle :: to creak, screech.

CHIRRIDO [CHEERREEDO] *m.* creak, croak, screech.

CHIRRIÓN [CHEERREON] *m.* wagon, cart.

¡CHIS! [CHEES] *interj.* hush, hish.

CHISME [CHEESMAY] *m.* gossip, piece of gossip :: trifle, trinket, knickknack, gadget.

CHISMOSO [CHEESMOSO] *adj.* gossiping :: *m.* gossip, talebearer, tattletale.

CHISPA [CHEESPAH] *f.* spark :: small diamond :: wit.

¡CHIST! [CHEEST] *interj.* shut up! silence!

CHISPAZO [CHISPAHTHO] *m.* flying spark :: straw, token.

CHISPEANTE [CHISPAYANTAY] *adj.* sparkling :: *(LAm.)* drizzly.

CHISPEAR [CHISPAYAR] *vn.* to spark :: to sparkle :: to drizzle :: *(fig.)* to sparkle, scintillate.

CHISTAR [CHISTAR] *vn.* to mumble, utter a sound :: **no chista**, he doesn't say a word.

CHISTE [CHISTAY] *m.* joke, witticism :: **caer en el —**, to catch an allusion.

CHISTERA [CHISTAYRAH] *f.* fish basket :: top hat.

CHISTOSO [CHISTOSO] *adj.* witty, droll, funny.

¡CHITO!, ¡CHITÓN! [CHEETO, CHETON] *interj.* silence! hush!

CHIVATO [CHEVAHTO] *m.* informer, squealer.

CHIVO [CHEEVO] *m.* he-goat, kid :: tantrum :: **barba de —**, goatee.

CHOCAR [CHOKAR] *vn.* to collide, run against :: to fight :: shock, surprise :: *va.* to clink.

CHOCARRERÍA [CHOKARRAYREEAH] *f.* jest, coarse joke, ribaldry.

CHOCLO [CHOKLO] *m.* overshoe :: clog.

CHOCOLATE [CHOCOLAHTAY] *m.* chocolate.

CHOCHEAR [CHOCHAYAR] *vn.* to reach dotage, grow feeble, drivel.

CHOCHO [CHOCHO] *adj.* doddering :: doting.

CHÓFER [CHOFER] *m.* chauffeur.

CHOPO [CHOPO] *m. (bot.)* black poplar :: *(coll.)* musket, gun.

CHOQUE [CHOKAY] *m.* shock, collision, clash.

CHORIZO [CHOREETHO] *m.* sausage :: *LAm.* string of things :: fool.

CHORREAR [CHORRAYAR] *vn.* to gush, spurt, spout :: to drip :: ⌐ *(coll.)* to trickle.

CHORRO [CHORRO] *m.* jet, spout :: **a —s**, copiously :: **hablar a —s**, to spout words.

CHOZA [CHOTHAH] *f.* hut, hovel, thatched cottage :: cabin.

CHUBASCO [CHOOBAHSKO] *m.* shower, squall, rain-storm.

CHUCHERÍA [CHOOCHAYREEAH] *f.* knick-knack, gew-gaw, small toy :: titbit.

CHUCHO [CHOOCHO] *m. (coll.)* dog.

CHULETA [CHOOLAYTAH] *f.* chop, cutlet.

CHULO [CHOOLO] *adj.* common vulgar, "flashy" :: villainous :: unprincipled :: *m.* fellow-melad *(Madrid)*, low type, streetcorner type.

CHUNGA [CHOONGAH] *f. (coll.)* fun, jest.

CHUPA [CHOOPAH] *f.* waistcoat, jacket.

CHUPADO [CHOOPAHDO] *adj. (coll.)* lean, skinny.

CHUPAR [CHOOPAR] *va.* to sip, suck, suck up :: to eat away.

CHUPETE [CHOOPAYTAY] *m.* pacifier, teething ring.

CHUPÓN [CHOOPON] *adj.* sucking :: *m.* sapling.

CHURRASCO [CHOORRASHCO] *m. LAm.* roasted meat :: barbecued meat.

CHURRO [CHOORRO] *adj.* coarse :: *m.* doughnut-like fritter.

CHUSCADA [CHOOSKAHDAH] *f.* joke, jest, humorous saying or doing.

CHUSCO• [CHOOSKO] *adj.* odd, droll, humorous.

CHUSMA [CHOOSMAH] *f.* rabble, mob.

CHUZO [CHOOTHO] *m.* long stick ending in point :: pike :: **llover —s**, to rain torrents.

D

DABLE [DAHBLAY] *adj.* practicable, possible, feasible.

DACTILÓGRAFO [DAHKTELOGRAHFO] *m.* typewriter :: typist.

DÁDIVA [DAHDEVAH] *f.* gift, donation.

DADIVOSO° [DAHDEVOSO] *adj.* liberal, bountiful.

DADO [DAHDO] *m.* die :: block :: **—s cargados**, loaded dice :: *conj.* **— que**, granted that, assuming that.

DADOR [DAHDOR] *m.* giver, bearer :: drawer *(de una letra de cambio)*.

DAGA [DAHGAH] *f.* dagger, short sword.

DAMA [DAHMAH] *f.* dame, lady, woman :: **primera —**, leading lady :: *pl.* draughts :: **tablero de —s**, draughts-board.

DAMAJUANA [DAHMAHHOOAHNAH] *f.* demijohn.

DAMASCO [DAHMAHSKO] *m.* damask :: *(bot.)* damson.

DAMISELA [DAHMESAYLAH] *f.* damsel, fine young lady.

DAMNIFICADO [DAMNEFECAHDO] *m.* sufferer :: *adj.* damaged, injured.

DAMNIFICAR [DAHMNEFEKAR] *va.* to damage, injure.

DANÉS [DAHNES] *m.* danish.

DANZA [DAHNTHAH] *f.* dance.

DANZAR [DAHNTHAR] *vn.* to dance :: to be involved in some business deal.

DANZARINA [DANTHAHREENAH] *f.* good dancer :: *(coll.)* scatterbrain, meddling person.

DAÑAR [DAHNYAR] *va.* to damage, hurt, injure, spoil.

DAÑINO° [DAHNYEENO] *adj.* harmfull :: destructive.

DAÑO [DAHNYO] *m.* damage, harm, injury :: **daños y perjuicios**, damages.

DAÑOSO° [DAHNYOSO] *adj.* hurtful, noxious.

DAR [DAR] *va.* to apply, give, cause, grant, yield :: **— gracias**, to thank :: **— un salto**, to jump :: **— con**, to bump into, find :: **— a**, to look on to :: **— contra**, to strike against.

DARDO [DARDO] *m.* dart, arrow.

DÁRSENA [DARSAYNAH] *f.* dock, wharf, inner harbour.

DATA [DAHTAH] *f.* datum, item.

DATAR [DAHTAR] *va.* to date :: *vn.* to date from.

DÁTIL [DAHTIL] *m.* date.

DATO [DAHTO] *m.* datum, premiss, detail, fact.

DE [DAY] *prep.* of, from, by, with :: **— día**, by day :: **— balde**, free, for nothing.

DEBAJO [DAYBAHHO] *adv.* beneath, below, underneath :: *prep.* **— de**, under.

DEBATE [DAYBAHTAY] *m.* debate, discussion.

DEBATIR [DAYBAHTEER] *va.* to debate, discuss.

DEBE [DAYBAY] *m.* debit.

DEBER [DAYBAIR] *va.* to owe :: must, ought :: **— de**, to be likely to.

DEBER [DAYBAIR] *m.* duty, obligation.

DEBIDO° [DAYBEEDO] *adj.* due, owing :: just, appropiate.

DÉBIL° [DAYBIL] *adj.* weak, feeble :: powerless.

DEBILIDAD [DAYBELEDAHD] *f.* weakness, debility :: infirmity.

DEBILITAR [DAYBELETAR] *va.* to weaken.

DÉBITO [DAYBETO] *m.* debt, debit.

DEBUTAR [DAYBOOTAR] *vn.* to make a debut, make a first public appearance.

DÉCADA [DAYKAHDAH] *f.* decade.

DECADENCIA [DAYKAHDENTHEAH] *f.* decline, decay, decadence.

DECADENTE [DAYKAHDENTAY] *adj.* decadent, decaying :: waning.

DECAER [DAYKAHAIR] *vn.* to decay, decline, fall.

DECAIMIENTO [DAYCAHEMEENTO] *m.* decline, decay :: dejection :: weakness.

DECÁLOGO [DAYKAHLOGO] *m.* decalog.

DECANO [DAYKAHNO] *adj.* senior, dean :: *m.* dean.

DECANTAR [DAYKAHNTAR] *va.* to decant :: to cry up :: to descant, exaggerate, overpraise.

DECAPITAR [DAYKAHPETAR] *va.* to behead.

DECENA [DAYTHAYNAH] *f.* denary, the number of ten.

DECENCIA [DAYTHENTHEAH] *f.* decency :: honesty :: propriety :: cleanliness.

DECENIO [DAYTHAYNEO] *m.* tenyear period.

DECENTE° [DAYTHENTAY] *adj.* decent, clean :: honest :: genteel :: reasonable *(precio, etc.)*.

DECEPCIÓN [DAYTHEPTHEON] *f.* disillusion, disappointment.

DECEPCIONAR [DAYTHEPTHEONAR] *va.* to disillusion, disappoint.

:: **— para si**, to say to oneself :: *m.* a saying :: language.

DECISIÓN [DAYTHESEON] *f.* decision, verdict :: firmness, resolution.

DECISIVO° [DAYTHESEVO] *adj.* decisive, conclusive.

DECLAMAR [DAYKLAHMAR] *va.* to recite, harangue.

DECLARACIÓN [DAYCLAHRAHTHEON] *f.* declaration :: statement :: deposition, testimony.

DECLARAR [DAYKLAHRAR] *va.* to declare, state :: to explain :: to profess :: *vr.* to proclaim, to declare oneself.

DECLINACIÓN [DAYKLENAHTHEON] *f.* declination :: descent, decay, decline.

DECLINAR [DAYKLENAR] *vn.* to decline, diminish :: to fall, decay, sink.

DECLIVE [DAYKLEEVAY] *m.* declivity, slope, gradient, incline.

DECORACIÓN [DAYCORAHTHEON] *f.* decoration, ornament :: stage setting.

DECORADOR [DAYKORAHDOR] *m.* decorator, furnisher.

DECORAR [DAYKORAR] *va.* to decorate :: to bestow an honour on :: to learn by rote, repeat.

DECORATIVO° [DAYKORAHTEEVO] *adj.* decorative, ornamental.

DECORO [DAYKORO] *m.* decorum, decency :: prudence :: circumspection :: honour.

DECOROSO° [DAYKOROSO] *adj.* decorous, decent, seemly.

DECRECER [DAYKRAYTHAIR] *vn.* to decrease, grow less, shorter.

DECRÉPITO [DAYKRAYPETO] *adj.* worn out with age, decrepit, tumbledown.

DECREPITUD [DAYKRAYPETOOD] *f.* decrepitude, old age, dotage :: decline.

DECRETAR [DAYKRAYTAR] *va.* to decree, resolve :: *(ley)* to adjudge.

DECRETO [DAYKRAYTO] *m.* decree, order.

DÉCUPLO [DAYKOOPLO] *adj.* tenfold.

DECIDIR [DAYTHEDEER] *va.* to decide, determine :: *vr.* to decide, make up one's mind.

DECIMAL [DAYTHEMAHL] *adj.* decimal :: pertaining to tithes.

DÉCIMO [DAYTHEMO] *m.* & *adj.* tenth.

DECIR [DAYTHEER] *va.* to tell, say, speak, state, utter :: **es —**, that is to say :: **el qué dirán**, other people's opinion, public opinion

DECHADO [DAYCHAHDO] *m.* sample, pattern :: sampler :: model, perfect example.

DEDAL [DAYDAHL] *m.* thimble :: finger-stall.

DEDICACIÓN [DAYDEKAHTHEON] *f.* dedication, devotedness :: inscription, dedicatory inscription :: consecration.

DEDICAR [DAYDEKAR] *va.* to dedicate devote, consecrate :: *vr.* to devote oneself :: to apply oneself.

DEDICATORIA [DAYDEKAHTOREAH] *f.* dedication.

DEDILLO [DAYDEELYO] *m.* **saber al** —, to know perfectly, have at one's finger-tips.

DEDO [DAYDO] *m.* finger :: — **pulgar o gordo)**, thumb :: — **índice, del corazón, anular, meñique**, fore-, middle, ring-, little finger :: —**s de los pies**, toes :: **señalar con el** —, to point scorn at, mock at.

DEDUCCIÓN [DAYDOOCTHEON] *f.* deduction :: inference.

DEDUCIR [DAYDOOTHEER] *va.* to deduce, infer :: to subtract, deduct.

DEFECAR [DAYFAYCAR] *va.* to defecate.

DEFECCIÓN [DAYFECTHEON] *f.* defection, desertion :: insurrection.

DEFECTO [DAYFEKTO] *m.* defect, fault :: failing, weakness.

DEFECTUOSO [DAYFEKTOOOSO] *adj.* imperfect, defective.

DEFENDER [DAYFENDAIR] *va.* to protect, guard, defend :: to forbid :: *vr.* to put up a defence.

DEFENSA [DAYFENSAH] *f.* defence :: support :: *m. (en fútbol)* fullback.

DEFENSIVA [DAYFENSEEVAH] *f. & adj.* defensive :: **estar a la** —, to be on the defensive.

DEFENSIVO [DAYFENSEEVO] *adj.* defensive :: *m.* defence, safeguard.

DEFENSOR [DAYFENSOR] *m.* supporter :: counsel for the defence :: upholder.

DEFERENCIA [DAYFAYRENTHEAH] *f.* deference, condescension.

DEFERENTE [DAYFAYRENTAY] *adj.* assenting, deferential.

DEFERIR [DAYFAYREER] *va.* to assent, yield, defer (to) :: to refer.

DEFICIENCIA [DAYFETHENTHEAH] *f.* deficiency.

DEFICIENTE [DAYFETHEENTAY] *adj.* deficient, faulty, inadequate.

DÉFICIT [DAYFETHEET] *m.* deficit, shortage.

DEFINICIÓN [DAYFENETHEON] *f.* definition.

DEFINIDO [DAYFENEEDO] *adj.* definite.

DEFINIR [DAYFENEER] *va.* to determine, make clear, define, decide.

DEFINITIVO [DAYFENETEEVO] *adj.* definitive, conclusive, final.

DEFORMACIÓN [DAYFORMAHTHEON] *f.* deformation, deformity.

DEFORMAR [DAYFORMAR] *va.* to deform, distort.

DEFORME [DAYFORMAY] *adj.* desfigured, deformed, hideous.

DEFORMIDAD [DAYFORMEDAHD] *f.* deformity.

DEFRAUDACIÓN [DAYFRAHOODAHTHEON] *f.* fraud, cheating.

DEFRAUDAR [DAYFRAHOODAR] *va.* to cheat, to defraud :: to frustrate :: to disappoint.

DEFUNCIÓN [DAYFOONTHEON] *f.* death, demise.

DEGENERACIÓN [DAYHAYNAYRAHTHEON] *f.* degeneration, degeneracy.

DEGENERADO [DAYHAYNAYRAHDO] *adj. & m.* degenerate.

DEGENERAR [DAYHAYNAYRAR] *vn.* to degenerate, sink, decay.

DEGLUCIÓN [DAYGLOOTHEON] *f.* swallowing.

DEGLUTIR [DAYGLOOTEER] *va.* to swallow.

DEGOLLAR [DAYGOLYAR] *va.* to kill *(animales)* :: to cut the throat, butcher.

DEGRADACIÓN [DAYGRAHDAHTHEON] *f.* degradation.

DEGRADAR [DAYGRAHDAR] *va.* to demote, degrade :: to revile :: *vr.* to demean oneself.

DEGÜELLO [DAYGOOAYLYO] *m.* slaughtering, butchery :: **entrar en una población a degüello**, to violate a town.

DEGUSTACIÓN [DAYGOOSTAHTHEON] *f.* degustation, tasting.

DEHESA [DAYAYSAH] *f.* pasture :: **pelo de la** —, country bumpkin, yokel.

DEIDAD [DAYEDAHD] *f.* deity, divine being.

DEIFICAR [DAYEFECAR] *va.* to deify :: to apotheosize.

DEJACIÓN [DAYHAHTHEON] *f.* abandonment, relinquishing.

DEJADEZ [DAYHAHDETH] *f.* languor, apathy.

DEJADO [DAYHAHDO] *adj.* negligent, slovenly, untidy :: apathetic, indolent :: — **de la mano de Dios**, God-forsaken.

DEJAR [DAYHAR] *va.* to leave, allow, let :: to fail, omit :: —

de, to cease, stop :: **le dejó por loco**, he took him for an idiot.

DELACIÓN [DAYLAHTHEON] *f.* delation, denunciation, informing.

DELANTAL [DAYLAHNTAHL] *vn.* apron, pinafore.

DELANTE [DAYLAHNTAY] *adv.* — **de**, before, in front of, in the presence of.

DELANTERA [DAYLAHNTAYRAH] *f.* fore-part :: front part of theatre :: *pl.* chaps :: **tomar la** —, to overtake, get ahead (of), take the lead.

DELANTERO [DAYLAHNTAYRO] *m. (fútbol)* forward.

DELATAR [DAYLAHTAR] *va.* to denounce, inform, betray.

DELATOR [DAYLAHTOR] *m.* informer, accuser.

DELEGACIÓN [DELAYGAHTHEON] *f.* delegation.

DELEGADO [DAYLAYGAHDO] *m.* delegate, representative, proxy.

DELEGAR [DAYLAYGAR] *va.* to depute, delegate, assign.

DELEITAR [DAYLAYTAR] *va.* to delight, please.

DELEITE [DAYLAYETAY] *m.* delight, pleasure.

DELETÉREO [DAYLAYTAYRAYO] *adj.* deleterious, deadly, harmful.

DELETREAR [DAYLAYTRAYAR] *va.* to spell (out) :: to decipher.

DELEZNABLE [DAYLETHNAHBLAY] *adj.* brittle, fragile, frail :: slippery.

DELFÍN [DELFEEN] *m.* dolphin :: dauphin.

DELGADEZ [DELGAHDETH] *f.* thinness, slenderness, slimness.

DELGADO [DELGAHDO] *adj.* thin, slender, lean.

DELIBERACIÓN [DAYLEBAYRAHTHEON] *f.* deliberation, reflection, consideration.

DELIBERADO [DAYLEBAYRAHDO] *adj.* deliberate.

DELIBERAR [DAYLEBAYRAR] *va. & n.* to deliberate, reflect, think over, ponder on.

DELICADEZA [DAYLEKAHDAYTHAH] *f.* delicacy :: weakness :: refinement, nicety :: scrupulousness.

DELICADO [DAYLEKAHDO] *adj.* delicate, weak, tender :: touchy, nice, fastidious.

DELICIA [DAYLEETHEAH] *f.* delight :: pleasure, joy.

DELICIOSO [DAYLETHEOSO] *adj.* delightful, delicious.

DELINCUENCIA [DAYLINCOOENTHEAH] *f.* delinquency, criminality.

DELINCUENTE [DAYLINKOOENTAY] *m.* offender, delinquent :: guilty person.

DELINEAR [DAYLENAYAR] *va.* to sketch, delineate, design.

DELINQUIR [DAYLINKEER] *vn.* to break the law.

DELIQUIO [DAYLEEKEO] *m.* swoon, faint.

DELIRAR [DAYLERAR] *vn.* to be delirious, rave :: to talk wildly.

DELIRIO [DAYLEEREO] *m.* delirium, madness, craze.

DELITO [DAYLEETO] *m.* guilt, fault, offence, misdemeanour, crime.

DEMACRADO [DAYMAHCRAHDO] *adj.* scrawny, emaciated, thin.

DEMAGOGIA [DAYMAHGOHEAH] *f.* demagogy, demagoguery.

DEMAGOGO [DAYMAHGOGO] *m.* demagog :: *adj.* demagogic.

DEMANDA [DAYMAHNDAH] *f.* claim, demand, pretension, search :: **en – de**, requiring, requesting, in search of.

DEMANDADO [DAYMANDAHDO] *m.* defendant.

DEMANDANTE [DAYMANDAHNTAY] *m. & f.* plaintiff.

DEMANDAR [DAYMAHNDAR] *va.* to solicit, ask for :: to sue, claim :: to request.

DEMARCACIÓN [DAYMARKAHTHEON] *f.* demarcation.

DEMARCAR [DAYMARKAR] *va.* to mark out limits.

DEMÁS [DAYMAHS] *adj.* the rest, the others :: remaining :: **por lo –**, as for the rest :: **estar –**, to be superfluous, to be de trop.

DEMASÍA [DAYMAHSEEAH] *f.* excess :: outburst :: insolence :: iniquity.

DEMASIADO [DAYMAHSEAHDO] *adv.* too, too much :: *adj.* excessive.

DEMENCIA [DAYMENTHEAH] *f.* insanity :: madness.

DEMENTE [DAYMENTAY] *adj.* demented, insane, distracted.

DEMOCRACIA [DAYMOCRAHTHEAH] *f.* democracy.

DEMOCRÁTICO[*] [DAYMOKRAHTEKO] *adj.* democratic, popular.

DEMOLER [DAYMOLAIR] *va.* to demolish, raze, tear down.

DEMONIO [DAYMONEO] *m.* demon, fiend, devil :: *interj.* the deuce!

DEMORA [DAYMORAR] *f.* delay :: putting off :: **sin –**, without delay.

DEMORAR [DAYMORAH] *vn.* to delay :: to stay, put off :: *va.* to retard, postpone.

DEMOSTRACIÓN [DAYMOSTRAHTHEON] *f.* demonstration :: proof, explanation.

DEMOSTRAR [DAYMOSTRAR] *va.* to demonstrate, manifest, show :: to prove, make evident.

DEMOSTRATIVO [DAYMOSTRAHTEEVO] *adj.* demostrative.

DEMUDAR [DAYMOODAR] *va.* to change, alter :: to disguise :: **–se**, to change color or one's facial expression :: to turn pale.

DENEGAR [DAYNAYGAR] *va.* to deny :: to refuse.

DENGUE [DENGAY] *m.* fastidiousness, affection :: a fever.

DENIGRACIÓN [DAYNEGRAHTHEON] *f.* defamation, slander.

DENIGRAR [DAYNEGRAR] *va.* to defame, revile, calumniate, smirch.

DENODADO [DAYNODAHDO] *adj.* bold, intrepid, daring.

DENOMINACIÓN [DAYNOMENAHTHEON] *f.* denomination :: name, title, designation.

DENOMINAR [DAYNOMENAR] *va.* to name, denominate, nominate.

DENOSTAR [DAYNOSTAR] *va.* to affront, abuse, insult, revile.

DENOTAR [DAYNOTAR] *va.* to denote, mean, indicate.

DENSIDAD [DENSEDAHD] *f.* density :: compactness :: consistence.

DENSO[*] [DENSO] *adj.* compact :: thick :: close.

DENTADO [DENTAHDO] *adj.* serrated, furnished with teeth.

DENTADURA [DENTAHDOORAH] *f.* the teeth, set of teeth.

DENTAL [DENTAHL] *adj.* dental.

DENTAR [DENTARI] *va. & n.* to tooth, furnish with teeth :: to indent :: to cut teeth, grow teeth.

DENTELLADA [DENTELLYAHDAH] *f.* bite :: tooth mark.

DENTICIÓN [DENTETHEON] *f.* teething.

DENTÍFRICO [DENTEEFRECO] *m.* dentrifice, tooth cleanser :: **pasta dentífrica**, toothpaste.

DENTISTA [DENTISTAH] *m.* dentist.

DENTRO [DENTRO] *adv.* inside, within :: **por –**, inside, on the inside.

DENUEDO [DAYNOOAYDO] *m.* boldness, intrepidity, dash.

DENUESTO [DAYNOOESTO] *m.* insult, indignity, curse.

DENUNCIA [DAYNOONTHEA] *f.* denunciation, condemnation, accusation.

DENUNCIAR [DAYNOONTHEARI] *va.* to denounce, betray, accuse :: to give notice.

DEPARAR [DAYPAHRAR] *va.* to offer, afford, present.

DEPARTAMENTO [DAYPARTAHMENTO] *m.* department :: section, compartment.

DEPARTIR [DAYPARTEERI] *m.* to converse, chat.

DEPAUPERADO [DAYPAHOOPAYRAHDO] *adj.* weakened :: impoverished.

DEPAUPERAR [DAYPAHOOPAYRAR] *va.* to impoverish, pauperize :: to debilitate, deplete, weaken :: *vr.* to become weakened or exhausted.

DEPENDENCIA [DAYPENDENTHEAH] *f.* dependence, dependency :: appendage :: subordination :: branch office.

DEPENDER [DAYPENDAIRI] *vn.* to depend :: to result from :: to turn upon :: to rely upon :: to be subordinate to.

DEPENDIENTE [DAYPENDEENTAY] *adj.* dependent, hanging :: *m.* clerk shop assistant, employee.

DEPILAR [DAYPELAR] *va.* to depilate.

DEPLORABLE[*] [DAYPLORAHBLAY] *adj.* deplorable, lamentable :: hopeless, dolorous.

DEPLORAR [DAYPLORAR] *va.* to deplore, bewail, lament.

DEPONER [DAYPONAIR] *va.* to depose, testify :: to lay aside, down.

DEPORTAR [DAYPORTAR] *va.* to banish, exile.

DEPORTE [DAYPORTAY] *m.* sport, recreation, pastime.

DEPORTISTA [DAYPORTEESTAH] *m.* sportsman :: *m.* sportswoman.

DEPORTIVO [DAYPORTEEVO] *adj.* sporting :: pertaining to sports.

DEPOSICIÓN [DAYPOSETHEON] *f.* deposition, declaration :: testimony.

DEPOSITAR [DAYPOSETARI] *va.* to deposit :: to entrust :: *(chem.)* to settle, precipitate.

DEPOSITARIO [DAYPOSETAHREO] *m.* guardian :: depositary.

DEPÓSITO [DAYPOSETO] *m.* deposit :: trust :: storehouse :: **– de agua**, tank, reservoir.

DEPRAVACIÓN [DAYPRAHVAHTHEON] *f.* depravation, depravity.

DEPRAVADO[*] [DAYPRAHVAHDO] *adj.* depraved, corrupt, degenerate.

DEPRAVAR [DAYPRAHVARI] *va.* to deprave, vitiate.

DEPRECACIÓN [DAYPRAYKAHTHEON] *f.* prayer, entreaty, supplication.

DEPRECAR [DAYPRAYKAR] *va.* to pray, implore, entreat.

DEPRECIACIÓN [DAYPRAYTHEAHTHEON] *f.* depreciation, devaluation.

DEPRECIAR [DAYPRAYTHEARI] *va.* to depreciate, undervalue :: **– la moneda**, to debase the coinage.

DEPREDAR [DAYPRAYDARI] *va.* to rob, pillage.

DEPRESIÓN [DAYPRAYSEON] *f.* depression :: dip, sag.

DEPRIMENTE[*] [DAYPREMENTAY] *adj.*

depressing.

DEPRIMIDO [DAYPREMEEDO] *adj.* depressed :: weakened, flattened :: receding.

DEPRIMIR [DAYPREMEER] *va.* to belittle, humiliate, lower.

DEPUESTO [DAYPOOESTO] *adj.* deposed, destituted.

DEPURACIÓN [DAYPOORAHTHEON] *f.* purification, depuration.

DEPURAR [DAYPOORAR] *va.* to depurate, purify, filter.

DERECHA [DAYRAYCHAH] *f.* right hand :: the right-hand side :: **a la** —, to the right :: **a tuertas o a** —**s**, rightly or wrongly :: *pl.* Right Wing in politics.

DERECHO [DAYRAYCHO] *m.* law, right, power, justice :: *pl.* dues, fees, duties :: *adj.* right, sound, upright :: *adv.* straight :: — **de gentes**, common law, the law of nations.

DERECHURA [DAYRAYCHOORAH] *f.* straightness :: **en** —, in a straight line, as the crow flies.

DERIVA [DAYREEVAH] *f.* drift, deviation :: **ir a la** —, to be adrift, drift.

DERIVACIÓN [DAYREVAHTHEON] *f.* derivation :: deduction, descent..

DERIVAR [DAYREVAR] *vn.* to derive :: to descend from :: to originate from :: *(naut.)* to drift.

DÉRMICO [DAYRMECO] *adj.* dermic, dermal.

DEROGAR [DAYROGAR] *va.* to derogate, repeal, abrogate.

DEROGATORIO [DAYROGAHTORREO] *adj.* derogatory.

DERRAMAMIENTO [DAIRRAHMAH-MEENTO] *m.* pouring :: shedding, spilling.

DERRAMAR [DAIRRAHMAR] *va.* to pour out, shed, spill :: *vr.* to run over, overflow.

DERRAME [DAIRRAHMAY] *m.* overflow, shedding :: *(med.)* discharge.

DERREDOR [DAIRRAYDOR] *m.* circuit, the place or places around :: **en** —, around.

DERRENGAR [DERRENGAR] *va.* to dislocate or sprain :: to cripple :: to bend .

DERRETIR [DAIRRAYTEER] *va.* to melt, smelt, fuse, dissolve.

DERRIBAR [DAIRREBAR] *va.* to pull down :: to overthrow, fell, knock down, demolish.

DERRIBO [DAIRREEBO] *m.* knocking down, demolition.

DERROCAR [DAIRROKAR] *va.* to overthrow :: to demolish, hurl from position, place.

DERROCHAR [DAIRROCHAR] *va.* to squander, waste, dissipate.

DERROCHE [DERROCHAY] *m.* waste :: dissipation, lavish spending.

DERROTA [DAIRROTAH] *f.* defeat, rout :: route, course :: **cuarto de** —, conning tower.

DERROTAR [DAIRROTAR] *va.* to rout, defeat :: to destroy, tear.

DERROTERO [DERROTAYRO] *m.* course, direction :: ship's course :: book of marine charts.

DERRUIR [DAIRROOEER] *va.* to raze, ruin.

DERRUMBAMIENTO [DERROOMBAH-MEENTO] *m.* plunge, headlong :: cave-in, landslide, collapse.

DERRUMBAR [DAIRROOMBAR] *va.* & *n.* to precipitate, tumble down :: *vr.* to collapse.

DESABOTONAR [DAYSAHBOTONAR] *va.* to unbutton :: to blossom.

DESABRIDO [DAYSAHBREEDO] *adj.* insipid, tasteless :: sharp, unpleasant.

DESABRIGADO [DESAHBREGAHDO] *adj.* lightly dressed, uncovered :: unprotected :: without support.

DESABRIGAR [DESAHBREGAR] *va.* to uncover :: —**se**, to uncover oneself.

DESABRIGO [DAYSAHBREEGO] *m.* lack of shelter :: nudity.

DESABROCHAR [DAYSAHBROCHAR] *va.* to unbutton, unclasp :: to disclose.

DESACATAR [DESAHCAHTAR] *va.* to treat disrespectfully, be irreverent toward :: to desecrate, dishonor.

DESACATO [DAYSAHKAHTO] *m.* disrespect, irreverence, disregard :: incivility.

DESACERTADO [DESAHTHERTAHDO] *adj.* erroneous, wrong, unwise.

DESACERTAR [DAYSAHTHAIRTAR] *va.* to make mistakes, err, blunder.

DESACIERTO [DAYSAHTHEAIRTO] *m.* error, mistake, lack of tact.

DESACOMODADO [DAYSAHKOMO-DAHDO] *adj.* lacking accommodation :: without employment.

DESACOMODAR [DAYSAHKOMODAR] *va.* to molest :: to deprive of comfort :: to discharge.

DESACONSEJAR [DAYSAHKONSAY-HAR] *va.* to dissuade.

DESACORDE [DESAHCORDAY] *adj.* discordant, inharmonious, incongruous.

DESACOSTUMBRADO [DESAHCOS-TOOMBRAHDO] *adj.* unaccustomed :: unusual.

DESACOSTUMBRAR [DESAHCOS-TOOMBRAR] *va.* to disaccustom,

rid of a habit :: —**se**, to become unaccustomed to lose a custom.

DESACREDITAR [DAYSAHKRAYDE-TAR] *va.* to discredit.

DESACUERDO [DAYSAHKOOAIRDO] *m.* disagreement :: error :: forgetfulness :: **en** —, at loggerheads.

DESAFECTO [DAYSAHFEKTO] *adj.* showing indifference :: disaffected, hostile.

DESAFIAR [DAYSAHFEAR] *va.* to challenge, defy.

DESAFINAR [DESAHFENAR] *va.* to be discordant :: to be out of tune.

DESAFÍO [DAYSAHFEEO] *m.* challenge, duel :: rivalry, contest.

DESAFORADO [DAYSAHFORAHDO] *adj.* disorderly, lawless :: ear splitting *(gritos)* :: outrageous.

DESAFORTUNADO [DAYSAHFOR-TOONAHDO] *adv.* unfortunate.

DESAFUERO [DAYSAHFOOAYRO] *m.* violence against law :: outrage.

DESAGRADABLE [DAYSAHGRAHDAH-BLAY] *adj.* disagreeable, unpleasant, nasty.

DESAGRADAR [DAYSAHGRAHDAR] *vn.* & *va.* to displease, offend :: to be displeasing, give offence.

DESAGRADECIDO [DESAHGRAHDAY-THEEDO] *adj.* ungrateful.

DESAGRADO [DAYSAHGRAHDO] *m.* displeasure.

DESAGRAVIAR [DAYSAHGRAHVEAR] *va.* to make amends, give satisfaction for.

DESAGRAVIO [DESAHGRAHVEO] *m.* reparation :: compensation for a wrong or injury :: vindication :: apology.

DESAGUADERO [DAYSAHGOOAHDAY-RO] *m.* drain, outlet :: sink.

DESAGUAR [DAYSAHGOOAR] *va.* to drain, empty :: *vn.* to flow :: *vr.* to empty.

DESAGÜE [DESAHGOOAY] *m.* drainage :: drain.

DESAHOGADO [DAYSAHOGAHDO] *adj.* unencumbered :: well-to-do :: free and easy, forward, unembarrassed :: brazen.

DESAHOGAR [DAYSAHOGAR] *va.* to alleviate, relieve :: *vr.* to relieve one's mind, unbosom oneself, let oneself go.

DESAHOGO [DAYSAHOGO] *m.* alleviation, easing :: comfortable circumstances :: unburdening, release.

DESAHUCIADO [DESAHOOTHEAHDO] *adj.* hopeless :: given over, despaired of.

DESAHUCIAR [DAYSAHOOTHEAR] *va.* to abandon as hopeless :: to eject *(a un inquilino)*, put in the street :: to discard or reject.

DESAHUCIO [DESAHOOTHEO] *m.* dispossession, eviction.

DESAIRADO [DAYSAHERAHDO] *adj.* inelegant, graceless :: slighted :: rejected, frustrated, dashed.

DESAIRAR° [DAYSAHERAR] *va.* to slight, rebuff, not to accept, snub, reject.

DESAIRE [DAYSAHERAY] *m.* rebuff, snub, slight.

DESAJUSTAR [DESAHHOOSTAR] *va.* to mismatch, put out of order, disarrange :: *vr.* to disagree :: to get out of order.

DESAJUSTE [DESAHHOOSTAY] *m.* disarrangement, disorder :: disagreement.

DESALENTAR [DAYSAHLENTAR] *va.* to discourage, damp :: *vr.* to lose heart.

DESALIENTO [DAYSAHLEENTO] *m.* discouragement, dismay, dejection.

DESALIÑO [DAYSAHLEENYO] *m.* untidiness, negligence *(en el vestir)*, slovenliness.

DESALMADO [DAYSAHLMAHDO] *adj.* soulless, impious, inhuman, merciless :: *m.* bloodthirsty ruffian.

DESALOJAR [DAYSAHLOHAR] *vr.* to dislodge, eject, evict.

DESAMARRAR [DESAHMARRAR] *va.* to untie, unlash :: *(naut.)* to cast off, unmoor :: to unbend :: *vr.* to get loose, slip :: to part.

DESAMORTIZAR [DESAHMORTETHAR] *va.* to disentail, free from mortmain.

DESAMPARAR [DAYSAHMPAHRAR] *va.* to abandon, forsake, leave without protection :: *(naut.)* to dismantle.

DESAMPARO [DESAMPAHRO] *m.* desertion, abandonment.

DESAMUEBLADO [DESAHMOOAYBLAHDO] *adj.* unfurnished.

DESAMUEBLAR [DAYSAHMOOAYBLAR] *va.* to strip.

DESANGRAR [DAYSANGRAR] *va.* to bleed, draw blood from :: to drain :: *vr.* to bleed, lose blood.

DESANIMAR [DAYSAHNEMAR] *va.* to discourage :: *vr.* to become discouraged.

DESÁNIMO [DAYSAHNEMO] *m.* discouragement, hopelessness.

DESANUDAR [DAYSAHNOODAR] *va.* to untie, unravel.

DESAPACIBLE° [DAYSAHPAHTHEEBLAY] *adj.* disagreeable, unpleasant.

DESAPARECER [DAYSAHPAHRAYTHAIR] *vn.* to disappear :: to fade away, vanish.

DESAPARICIÓN [DESAHPAHRETHEON] *f.* disappearance.

DESAPASIONADO [DAYSAHPAHSEONAHDO] *adj.* dispassionate, passionless.

DESAPEGO [DAYSAHPAYGO] *m.* disinterestedness, indifference, coolness.

DESAPERCIBIDO° [DAYSAHPAIRTHEBEEDO] *adj.* unprepared, unawares :: unsuspecting :: **coger** —, to catch napping.

DESAPLICADO [DESAHPLECAHDO] *adj.* idle, indolent, lazy, neglectful.

DESAPRETAR [DAYSAHPRAYTAR] *va.* to slacken, release, loose :: to ease.

DESAPRISIONAR [DAYSAHPRESEONAR] *va.* to set free, at liberty.

DESAPROBAR [DAYSAHPROBAR] *va.* to disapprove, condemn, censure.

DESAPROVECHAR [DAYSAHPROVAYCHAR] *va.* to waste, not to take advantage of, to make no good use of.

DESARMAR [DAYSARMAR] *va.* to disarm :: to dismantle, take to pieces.

DESARME [DESARMAY] *m.* disarmament.

DESARRAIGAR [DAYSARRAHEGAR] *va.* to uproot, root out :: to extirpate.

DESARRAPADO [DESARRAHPAHDO] *adj.* shabby, ragged.

DESARREGLAR [DESARRAYGLAR] *va.* to disarrange, disorder, disturb, upset.

DESARREGLO [DAYSARRAYGLO] *m.* disarrangement, disorder, license, confusion, untidiness.

DESARROLLAR [DAYSARROLYAR] *va.* to develop, promote, unfold, evolve, increase.

DESARROLLO [DESARROLYO] *m.* development.

DESARRUGAR [DESARROOGAR] *va.* & *n.* to unwrinkle.

DESASEADO° [DAYSAHSAYAHDO] *adj.* unclean, dirty, slovenly, filthy.

DESASEO [DAYSAHSAYO] *m.* uncleanliness, slovenliness, 'scruffiness'.

DESASIR [DAYSAHSEER] *va.* to loosen :: *vr.* to get rid of, give up, break loose (from).

DESASOSEGAR [DESAHSOSAYGAR] *va.* to disquiet, disturb, concern, worry :: *vr.* to get upset, worry.

DESASOSIEGO [DAYSAHSOSEAYGO] *m.* uneasiness, disquiet, restlessness, jumpiness.

DESASTRADO° [DAYSAHSTRAHDO] *adj.* wretched :: slovenly, ragged.

DESASTRE [DESAHSTRAY] *m.* disaster.

DESASTROSO [DESASTROSO] *adj.* disastrous, unfortunate.

DESATAR [DAYSAHTAR] *va.* to let loose, loosen, untie :: to unravel :: to break out *(una tormenta)*.

DESATASCAR [DESAHTASCAR] *va.* to extricate, dislodge :: to pull out of the mud.

DESATENCIÓN [DAYSAHTENTHEON] *f.* disregard :: lack of attention, discourtesy.

DESATENDER [DAYSAHTENDAIR] *va.* to disregard, slight :: to pay no attention to, ignore.

DESATENTO [DAYSAHTENTO] *adj.* careless, inattentive :: uncivil.

DESATINADO° [DAYSAHTENAHDO] *adj.* bewildered :: foolish :: wild, pointless, blundering, wide of the mark.

DESATINAR [DESAHTENAR] *va.* & *n.* to act foolishly :: to talk nonsense :: to blunder :: to rave :: to lose one's bearings.

DESATINO [DAYSAHTEENO] *m.* tactlessness :: blunder, nonsense, mistake, stupid action.

DESAUTORIZADO° [DAYSAHOOTORETHAHDO] *adj.* unauthorized :: discredited.

DESAUTORIZAR [DAYSAHOOTORETHAR] *va.* to deprive of authority, disauthorize.

DESAVENENCIA [DAYSAHVAYNENTHEAH] *f.* disagreement, misunderstanding, quarrel.

DESAVENTAJADO° [DAYSAHVENTAHHAHDO] *adj.* disadvantageous :: detrimental.

DESAYUNAR [DESAHYOONAR] *vn.* & *vr.* to breakfast, have breakfast.

DESAYUNO [DAYSAHYOONO] *m.* breakfast.

DESAZÓN [DAYSAHTHON] *f.* insipidity :: uneasiness, restlessness, disquiet :: malaise :: vexation.

DESBANDADA [DESBANDAHDAH] *f.* disbanding.

DESBANDARSE [DESBAHNDARSAY] *vr.* to disband, break up, disperse :: *(mil.)* to desert the colours.

DESBARAJUSTE [DESBAHRAHHOOSTAY] *m.* disorder, confusion.

DESBARATAR [DESBAHRAHTAR] *va.* to spoil, ruin, defeat, disperse, destroy :: to frustrate, thwart.

DESBARRAR [DESBARRAR] *vn.* to

talk nonsense.

DESBASTAR [DESBAHSTAR] *va.* to smooth, trim, take the rough off, rough-hew.

DESBOCADO* [DESBOKAHDO] *adj.* runaway *(un caballo)* :: indecent *(en el habla)*, foul-mouthed :: broken-mouthed.

DESBORDAR [DESBORDAR] *vn. & vr.* to overflow, overlap.

DESCABELLADO [DESKAHBAYLYAH-DO] *adj.* dishevelled :: preposterous, absurd, harebrained.

DESCABEZAR [DESKAHBAYTHAR] *va.* to behead :: to cut the top off things, lop off :: – **un sueño,** to have forty winks.

DESCALABRAR [DESCAHLAHBRAR] *va.* to wound on the head :: to hurt, injure :: to damage :: **–se,** to suffer a head wound or skull fracture.

DESCALABRO [DESKAHLAHBRO] *m.* accident, disappointment, misfortune.

DESCALZAR [DESKAHLTHAR] *va. & r.* to take off shoes and stockings :: to unshoe *(descalzar un caballo).*

DESCALZO [DESCAHLTHO] *adj.* barefoot :: shoeless.

DESCAMINAR [DESKAHMENAR] *va.* to misguide, mislead :: *vr.* to go astray.

DESCAMISADO [DESKAHMESAHDO] *adj.* shirtless :: poor, wretched.

DESCAMPADO [DESKAMPAHDO] *adj.* free, open, clear :: **en –,** in the open air.

DESCANSAR [DESKAHNSAR] *vn.* to rest, be at rest, peace :: to trust, depend on.

DESCANSO [DESKAHNSO] *m.* repose, rest, relaxation :: break :: *(theat.)* interval :: landing *(de la escalera).*

DESCARADO [DESKAHRAHDO] *adj.* barefaced, impudent, cheeky, brazen.

DESCARARSE [DESKAHRARSAY] *vr.* to behave insolently.

DESCARGA [DESKARGAH] *f. (naut.)* unloading :: volley, report, discharge *(de arma de fuego)* :: relief *(de conciencia).*

DESCARGADERO [DESKARGAHDAY-RO] *m.* wharf, unloading place.

DESCARGAR [DESKARGAR] *va.* to unload :: to ease, relieve :: to discharge :: to exonerate, acquit :: **– a golpes,** to strike.

DESCARGO [DESKARGO] *m.* exoneration, discharge, acquittal :: receipt, release :: **en su –,** in exculpation, to free (him) from blame, responsibility, etc.

DESCARO [DESKAHRO] *m.* impudence, barefacedness, cheek :: assurance.

DESCARRIAR [DESKARREAR] *va.* to mislead, misguide, lead astray :: *vr.* to go astray.

DESCARRÍO [DESKARREEO] *m.* deviation :: going astray.

DESCARTAR [DESKARTAR] *va.* to discard, dismiss.

DESCARTE [DESKARTAY] *m.* rejection :: casting aside, discarding.

DESCASCARAR [DESKAHSKAHRAR] *va.* to peel, shell.

DESCASTADO [DESKAHSTAHDO] *adj.* unnatural, showing no family affection.

DESCENDENCIA [DESTHENDENTHEAH] *f.* descent, lineage :: descendants, offspring.

DESCENDENTE [DESTHENDENTAY] *adj.* descending, downward.

DESCENDER [DESTHENDAIR] *vn.* to descend, go down :: to proceed from :: *va.* to let down, take down.

DESCENSO [DESTHENSO] *m.* descent.

DESCEÑIR [DESTHAYNYEER] *va.* to ungirdle, unbelt :: to take off, loosen.

DESCIFRAR [DESTHEFRAR] *va.* to decipher, make out :: to interpret, translate.

DESCLAVAR [DESCLAHVAR] *va.* to unnail, pull out nails from.

DESCOCO [DESKOKO] *m.* boldness, barefacedness, sauciness.

DESCOLGAR [DESKOLGAR] *va.* to take down *(un cuadro)* :: *vn.* to come down :: *vr.* to let oneself down.

DESCOLORIDO [DESKOLOREEDO] *adj.* discolored, colorless, faded, pale.

DESCOLLAR [DESKOLYAR] *vn.* to excel, be prominent, stand out, surpass.

DESCOMEDIDO [DESKOMAYDEEDO] *adj.* rudo :: disproportionate, immoderate.

DESCOMPASADO [DESKOMPAH-SAHDO] *adj.* extravagant, inharmonious.

DESCOMPONER [DESKOMPONAIR] *va.* to derange, unsettle, set at odds :: *vr.* to decompose, become putrid :: to be put out, lose one's temper, be disconcerted.

DESCOMPOSICIÓN [DESCOMPOSE-THEON] *f.* decomposition :: decay, corruption :: disorder, confusion.

DESCOMPOSTURA [DESKOMPOSTOO-RAH] *f.* disagreement :: discomposure :: disorder, confusion :: slovenliness, untidiness.

DESCOMPUESTO [DESKOMPOOES-TO] *adj.* rude, insolent :: out of order.

DESCOMUNAL [DESKOMOONAHL] *adj.* monstrous, outsize, abnormal.

DESCONCERTADO [DESKONTHERTAH-DO] *adj.* disconcerted, confused unrestrained, wicked :: out of order.

DESCONCERTAR [DESKONTHAIR-TAR] *va.* to disconcert, thwart, unsettle, put out.

DESCONCIERTO [DESCONTHEERTO] *m.* disorder :: confusion :: disagreement.

DESCONECTAR [DESKONECTAR] *va.* to disconnect :: *(elect.)* to cut out, switch off :: *vr.* to become disconnected.

DESCONFIADO* [DESCONFEAHDO] *adj.* distrustful, suspicious.

DESCONFIANZA [DESCONFEAHN-THAH] *f.* mistrust, distrust.

DESCONFIAR [DESKONFEAR] *va.* to distrust, suspect, doubt, mistrust.

DESCONOCER [DESKONOTHAIR] *va.* to disown :: to fail to recognize :: to be ignorant of, ignore.

DESCONOCIDO [DESCONOTHEEDO] *adj.* unknown :: unrecognizable :: *m.* stranger.

DESCONOCIMIENTO [DESKONOTHE-MEENTO] *m.* ignorance:: ungratefulness, unthankfulness :: disregard.

DESCONSIDERADO [DESKONSE-DAYRAHDO] *adj.* thoughtless, inconsiderate.

DESCONSUELO [DESKONSOOAYLO] *m.* affliction, disconsolateness, unconsolable grief.

DESCONTAR [DESKONTAR] *va.* to discount, abate, make allowances for.

DESCONTENTO [DESKONTENTO] *adj.* dissatisfied :: hard to please :: *n.* dissatisfaction, unhappiness.

DESCONTINUAR [DESKONTENOOAR] *va.* to discontinue.

DESCORAZONAR [DESKORAHTHO-NAR] *va.* to discourage, dishearten, take the heart out of.

DESCORCHAR [DESKORCHAR] *va.* to remove the cork or bark from :: to uncork :: to break open or into.

DESCORRER [DESKORRAIR] *va.* to draw *(una cortina).*

DESCORTÉS° [DESKORTES] *adj.* unmannerly, impolite, rude.

DESCORTESÍA [DESCORTAYSEEAH] *f.* discourtesy, rudeness, impoliteness.

DESCOSER [DESKOSAIR] *va.* to unstitch, unseam, rip.

DESCOSIDO [DESKOSEEDO] *m. (sew.)* tear, rip :: loosetongued, babbler.

DESCOYUNTAR [DESKOYOONTAR] *va.* to disarticulate the joints :: to disjoint, derange, upset :: *vr.* **– de risa**, to split one's sides.

DESCRÉDITO [DESKRAYDETO] *m.* discredit, disrepute.

DESCRIBIR [DESKREBEER] *va.* to describe :: to define.

DESCRIPCIÓN [DESKRIPTHEON] *f.* description, account.

DESCRIPTIVO° [DESCRIPTEEVO] *adj.* descriptive.

DESCUARTIZAR [DESKOOARTETHAR] *va.* to quarter :: to carve, divide into pieces.

DESCUBIERTO [DESKOOBEAIRTO] *adj.* discovered :: bareheaded :: **al –**, openly.

DESCUBRIR [DESKOOBREER] *va.* to discover, uncover, expose, divulge :: *vr.* to take off one's hat.

DESCUENTO [DESKOOENTO] *m.* discount :: allowance.

DESCUIDADO° [DESCOOEDAHDO] *adj.* careless, negligent :: untidy, slovenly :: unaware :: thoughtless.

DESCUIDAR [DESKOOEDAR] *va.* to overlook, neglect.

DESCUIDO [DESKOOEEDO] *m.* oversight, negligence, lack of care.

DESDE [DESDAY] *prep.* from, since :: **– aquí**, hence :: **– entonces**, from that time :: **– luego**, of course.

DESDECIR [DESDAYTHEER] *vn.* to degenerate, slip back :: to differ, disagree :: to decline :: *vr.* to retract, recant.

DESDÉN [DESDEN] *m.* disdain, contempt, slight :: **con –**, askance.

DESDENTADO [DESDENTAHDO] *adj.* toothless.

DESDEÑAR [DESDAYNYAR] *va.* to disdain, scorn.

DESDICHA [DESDEECHAH] *f.* misfortune, ill-luck, unhappiness.

DESDICHADO° [DESDECHAHDO] *adj.* unfortunate :: unhappy, wretched :: miserable :: *m.* wretch.

DESDOBLAR [DESDOBLAR] *va.* to unfold, spread openly :: to double.

DESEAR [DAYSAYAR] *va.* to wish, desire, long for.

DESECAR [DAYSAYKAR] *va.* to drain :: to dry, desiccate.

DESECHAR [DAYSAYCHAR] *va.* to exclude, reject, cast aside, away :: to renounce, refuse.

DESECHO [DESAYCHO] *m.* remainder, residue :: waste material :: piece of junk :: discard :: **–s**, refuse, scraps, junk.

DESEMBALAR [DAYSEMBAHLAR] *va.* to unpack, open up.

DESEMBARAZAR [DAYSEMBAHRAH-THAR] *va.* to free, clear, disencumber.

DESEMBARCADERO [DESEMBARKAH-DAYRO] *m.* landing place, wharf, pier :: platform.

DESEMBARCAR [DAYSEMBARKAR] *vn.* to land :: go ashore :: *va.* to unload.

DESEMBARCO [DESEMBARKO] *m.* disembarkation, landing :: staircase landing.

DESEMBOCADURA [DESEMBOCAH-DOORA] *f.* mouth (of a river, canal, etc.) :: outlet.

DESEMBOCAR [DESEMBOCAR] *vn.* to flow (into) to lead (to).

DESEMBOLSAR [DAYSEMBOLSAR] *va.* to disburse, expend, pay out.

DESEMBOLSO [DESEMBOLSO] *m.* disbursement, outlay, expenditure.

DESEMEJANTE [DAYSAYMAYHAHNTAY] *adj.* dissimilar, disparate.

DESEMEJANZA [DAYSAYMAYHAHN-THAH] *f.* disparity, unlikeness.

DESEMPEÑAR [DAYSEMPAYNYAR] *va.* to redeem a pawned thing :: to fulfil :: to discharge *(un oficio)* :: to play a part in.

DESEMPEÑO [DAYSEMPAYNYO] *m.* fulfilment :: discharge, execution.

DESEMPLEO [DESEMPLAYO] *m.* unemployment.

DESENCADENAR [DESENCAHDAYNAR] *va.* to unchain, free from chains :: to loosen, set free :: *vr.* to free oneself :: to break loose.

DESENCAJAR [DAYSENKAHHAR] *va.* to disjoint :: to put out of gear :: *vr.* to get out of sorts.

DESENCAMINAR [DESENKAHMENAR] *va.* to misguide, mislead :: *vr.* to lose one's way, go astray.

DESENCANTAR [DAYSENKAHNTAR] *va.* to disillusion.

DESENCANTO [DESENCAHNTO] *m.* disillusion, disappointment.

DESENFADO [DAYSENFAHDO] *m.* ease, nonchalance, freedoom, naturalness, unconcern :: relaxation.

DESENFRENO [DAYSENFRAYNO] *m.* licentiousness, abandon, wildness, lack of restraint, unbridled.

DESENFUNDAR [DESENFOONDAR] *va.* to uncase, unsheathe.

DESENGANCHAR [DESENGANCHAR] *va.* to unhook, unclasp, unfasten :: *vr.* to come unfastened or unhooked.

DESENGAÑAR [DAYSENGAHNYAR] *va.* to disabuse, undeceive, disillusion.

DESENGAÑO [DESENGAHNYO] *m.* disillusion, disappointment, blighted hope.

DESENGRASAR [DESENGRAHSAR] *va.* to scour, clean off the grease from :: *vr. (coll.)* to get thin.

DESENLACE [DAYSENLAHTHAY] *m.* issue end, conclusion, outcome, denouement.

DESENREDAR [DAYSENRAYDAR] *va.* to disentangle, put in order.

DESENROLLAR [DESENROLLYAR] *va.* to unroll.

DESENROSCAR [DESENROSKAR] *va. & n.* to unwind, untwist :: to unscrew.

DESENTENDERSE [DAYSENTENDAIR-SAY] *vr.* to overlook, pretend not to notice, ignore :: not to mind.

DESENTERRAR [DAYSENTAHRRAR] *va.* to disinter, dig up, unearth.

DESENTONAR [DESENTONAR] *va.* to humble, wound the pride of :: to be out of tune :: *vr.* to talk disrespectfully.

DESENTRAÑAR [DAYSENTRAHNYAR] *va.* to disembowel :: to get to the bottom of question, problem.

DESENVAINAR [DAYSENVAHENAR] *va.* to unsheathe *(espada).*

DESENVOLTURA [DAYSENVOLTOO-RAH] *f.* ease, grace, assurance :: boldness, 'slickness'.

DESENVOLVER [DAYSENVOLVAIR] *va.* to unfold, develop, decipher.

DESENVUELTO [DESENVOOELTO] *adj.* forward, impudent, daring :: easy :: quick, expeditious.

DESEO [DAYSAYO] *m.* wish, desire, longing.

DESEOSO° [DAYSAYOSO] *adj.* desirous :: eager.

DESEQUILIBRADO [DESAYKELEBRAH-DO] *adj.* unbalanced, lopsided :: foolish, senseless, unpoised.

DESEQUILIBRAR [DESAYKELEBRAR] *va.* to unbalance :: to derange.

DESEQUILIBRIO [DESAYKELEEBREO]

m. lack of balance :: derangement, mental disorder.

DESERCIÓN [DAYSERTHEON] *f.* desertion.

DESERTAR [DAYSAIRTAR] *vn.* to desert :: to separate.

DESERTOR [DAYSERTOR] *m.* deserter :: quitter.

DESESPERACIÓN [DAYSESPAYRAHTHEON] *f.* despair, desperation, fury.

DESESPERADO• [DESESPAYRAHDO] *adj.* desperate :: despairing :: hopeless.

DESESPERAR [DESESPAYRAR] *vn.* to despair, lose hope :: to make someone despair :: **—se,** to depair, be desesperate :: to be furious.

DESESTIMAR [DESESTEMAR] *va.* to undervalue, hold in low regard, disesteem :: to reject, refuse, deny.

DESFACHATEZ [DESFAHCHAHTETH] *f.* shamelessness, effrontery, impudence.

DESFALCAR [DESFAHLKAR] *va.* to defalcate, embezzle.

DESFALCO [DESFAHLCO] *m.* embezzlement :: diminution, decrease.

DESFALLECER [DESFAHLYAYTHAIR] *vn.* to faint, pine away.

DESFALLECIMIENTO [DESFALLYAHTHEMEENTO] *m.* faintness :: weakness :: languor :: swoon, faint.

DESFAVORABLE• [DESFAHVORAHBLAY] *adj.* unfavourable.

DESFIGURAR [DESFEGOORAR] *va.* to disfigure :: to disguise, alter appearance.

DESFILADERO [DESFELAHDAYRO] *m.* defile, gully.

DESFILAR [DESFELAR] *va.* to march, parade, pass by.

DESFILE [DESFEELAY] *m.* parade.

DESGAJAR [DESGAHHAR] *va.* to tear off, break off.

DESGANA [DESGAHNAH] *f.* lack of appetite, distaste, disinclination.

DESGARBADO [DESGARBAHDO] *adj.* ungraceful, inelegant, uncouth, ungainly, gawky.

DESGARRADO [DESGARRAHDO] *adj.* torn :: shameless :: impudent.

DESGARRAR [DESGARRAR] *va.* to tear, rend, claw, slit.

DESGASTAR [DESGAHSTAR] *va.* to waste, wear away, corrode.

DESGASTE [DESGASTAY] *m.* waste :: wear and tear.

DESGRACIA [DESGRAHTHEAH] *f.* misfortune, sorrow :: **caer en — ** to fall into disgrace.

DESGRACIADO• [DESGRAHTHEADO]

adj. unfortunate, wretched.

DESGRACIAR [DESGRAHTHEAR] *va.* to spoil :: *vr.* to come to naught.

DESGRANAR [DESGRAHNAR] *va.* to thrash.

DESGUACE [DESGOOAHTHAY] *m.* (naut.) breaking up :: roughhewing, roughdressing.

DESGUARNECER [DESGOOARNAYTHER] *va.* to strip of trimmings :: to dismantle, inmmobilize.

DESGUAZAR [DESGOOAHTHAR] *va.* to roughhew, roughdress :: (naut.) to break up.

DESHABITADO [DESAHBETAHDO] *adj.* uninhabited, deserted :: empty, vacant.

DESHACER [DAYSAHTHAIR] *va.* to undo, destroy, dissolve, take to pieces :: *vr.* to outdo oneself, strive :: **— de,** to get rid of.

DESHARRAPADO [DESARRAHPAHDO] *adj.* ragged, tattered.

DESHECHO [DESAYCHO] *adj.* undone :: ruined, destroyed, in pieces :: fatigued.

DESHELAR [DAYSAYLAR] *vn.* to thaw, melt.

DESHEREDAR [DAYSAYRAYDAR] *va.* to disinherit.

DESHIELO [DAYSAYLO] *m.* thaw.

DESHILACHAR [DESELAHCHAR] *va.* to ravel, fray.

DESHILAR [DAYSELAR] *va.* to draw threads out of cloth :: to make lint.

DESHINCHAR [DESINCHAR] *va.* to reduce :: to deflate :: *vr.* to contract, decrease, shrivel, shrink.

DESHOJAR [DESOHHAR] *va.* to strip off the leaves, petals, or pages :: *vr.* to lose its leaves (una planta o un libro) :: to lose petals.

DESHOLLINADOR [DESOLLYEENAHDOR] *m. & adj.* chimney sweep :: *m.* long-handled broom :: *adj.* chimney-sweeping.

DESHONESTIDAD [DESONESTEDAHD] *f.* immodesty, indecency, lewdness.

DESHONESTO• [DAYSONESTO] *adj.* unchaste, lewd, unseemly, immodest, indecent.

DESHONOR [DESONOR] *m.* dishonor, shame :: injury, affront, insult.

DESHONRA [DAYSONNRAH] *f.* dishonouring, discrediting :: ruin :: rape, seduction, infamy, obloquy.

DESHONRAR [DAYSONRAR] *va.* to dishonour, sully (la reputación) :: seduce.

DESHONROSO• [DESONROSO] *adj.* dishonorable :: shamefull.

DESHORA [DAYSORAH] *adv.* **a —,**

inconveniently, unseasonably.

DESHUMANIZAR [DESOOMAHNETHAR] *va.* to dehumanize.

DESIDIA [DAYSEEDEAH] *f.* indolence, laziness.

DESIERTO [DAYSEAIRTO] *m.* desert, wilderness.

DESIGNACIÓN [DAYSIGNAHTHEON] *f.* designation :: appointment.

DESIGNAR [DAYSIGNAR] *va.* to purpose :: to designate, name, describe.

DESIGNIO [DAYSEEGNEO] *m.* purpose, design, intention.

DESIGUAL [DAYSEGOOAHL] *adj.* unequal :: uneven :: changeable.

DESIGUALDAD [DESEGOOALDAHD] *f.* inequality :: unevenness, roughness, jerkiness.

DESILUSIÓN [DESELOOSEON] *f.* disillusion, disappointment.

DESILUSIONAR [DESELOOSEONAR] *va.* to disillusion, disappoint :: **—se,** to become disillusioned :: to lose one's illusions.

DESINFECCIÓN [DESINFECTHEON] *f.* disinfection, disinfecting.

DESINFECTAR [DESINFECTAR] *va.* to disinfect.

DESINFLAR [DESINFLAR] *va.* to deflate.

DESINTERÉS [DAYSINTAYRES] *m.* disinterestedness, indifference, impartiality.

DESINTERESADO• [DESINTAYRAYSAHDO] *adj.* disinterested, unselfish, fair, impartial.

DESISTIR [DAYSISTEER] *vn.* to desist :: to give up.

DESLEAL• [DESLAYAHL] *adj.* disloyal :: faithless, unfair.

DESLEALTAD [DESLAYALTAHD] *f.* disloyalty, treason :: unfairness :: treachery.

DESLEÍR [DESLAYEER] *va.* to dissolve, dilute.

DESLENGUADO [DESLENGOOAHDO] *adj.* foul-mouthed :: *m.* scandalmonger.

DESLIGAR [DESLEGAR] *va.* to untie, loosen :: to free from an obligation.

DESLINDAR [DESLINDAR] *va.* to set boundaries :: to delimit.

DESLINDE [DESLEENDAY] *m.* demarcation.

DESLIZ [DESLEETH] *m.* slip, false step, weakness.

DESLIZAR [DESLETHAR] *va.* to slip, slide :: *vr.* to slip :: to skid :: to glide :: to slip out.

DESLUCIDO• [DESLOOTHEEDO] *adj.* tarnished :: dull :: discredited :: dingy, shabby :: awkward, ungraceful :: inelegant.

DESLUCIR [DESLOOTHEER] *va.* to tarnish, sully :: to obscure.

DESLUMBRAR [DESLOOMBRAR] *va.* to dazzle, amaze :: to fascinate.

DESLUSTRAR [DESLOOSTRAR] *va.* to tarnish, dull, dim :: to frost :: to discredit.

DESMÁN [DESMAHN] *m.* excess :: misbehaviour, 'incident', misdemeanor.

DESMANTELAR [DESMANTAYLAR] *va.* to dismantle :: to dilapidate :: *vr.* to become dilapidated.

DESMAYAR [DESMAHYAR] *vn.* to be discouraged :: *vr.* to faint.

DESMAYO [DESMAHYO] *m.* fainting fit, swoon.

DESMEDIDO° [DESMAYDEEDO] *adj.* excessive, extravagant.

DESMEJORAR [DESMAYHORAR] *va.* to spoil, make woree.

DESMEMBRAR [DESMEMBRAR] *va.* to dismember, divide.

DESMEMORIADO [DESMAYMOREAHDO] *adj.* forgetful, having no memory.

DESMENTIR [DESMENTEER] *va.* to give the lie to, contradict :: to counterfeit :: *vr.* to recant.

DESMENUZAR [DESMAYNOOTHAR] *va.* to pull to pieces, examine minutely.

DESMERECER [DESMAYRAYTHAIR] *vn.* to become of less value :: to lose merit :: to be unworhy of.

DESMESURADO° [DESMAYSOORAHDO] *adj.* immense, excessive.

DESMONTAR [DESMONTAR] *va.* to clear *(maderas :: (mech.)* to take apart, to pieces :: to dismount.

DESMORALIZAR [DESMORAHLE-THAR] *va.* to demoralize.

DESMORONAR [DESMORONAR] *va.* to abrade, destroy little by little :: *vr.* to crumble, decline, wear away, decay.

DESNATAR [DESNAHTAR] *va.* to skim.

DESNATURALIZAR [DESNAHTOORAH-LETHAR] *va.* to denaturalize, denationalize.

DESNIVEL [DESNEVEL] *m.* difference in level, unevenness :: slope.

DESNIVELAR [DESNEVAYLAR] *va.* to make uneven or unlevel :: *vr.* to become uneven.

DESNUDAR [DESNOODAR] *va.* to strip, denude :: *vr.* to undress, strip.

DESNUDEZ [DESNOODETH] *f.* nudity, nakedness.

DESNUDO [DESNOODO] *adj.* naked, nude, bare, destitute :: *m.* nude.

DESNUTRICIÓN [DESNOOTRETHEON] *f.* malnutrition, underfeeding, undernourishment.

DESOBEDECER [DAYSOBAYDAYTHAIR] *va.* to disobey, transgress.

DESOBEDIENCIA [DAYSOBAYDEEN-THEAH] *f.* disobedience.

DESOBEDIENTE [DESOBAYDEENTAY] *adj.* disobedient.

DESOCUPADO° [DAYSOKOOPAHDO] *adj.* unemployed, free, vacant.

DESOCUPAR [DESOCOOPAR] *va.* to empty, vacate.

DESODORANTE [DESODORAHNTAY] *m.* deodorizer, deodorant :: *adj.* deodorant.

DESOÍR [DAYSOEER] *va.* to disregard :: not to heed, not to hear.

DESOLACIÓN [DAYSOLAHTHEON] *f.* desolation :: ruin :: loneliness :: anguish, affliction, grief.

DESOLADO [DAYSOLAHDO] *adj.* desolate.

DESOLAR [DAYSOLAR] *va.* to lay waste, ruin :: *vr.* to be in anguish :: to grieve.

DESOLLAR [DAYSOLYAR] *va.* to skin, fleece :: — **a uno vivo,** to skin someone alive.

DESORDEN [DAYSORDEN] *m.* disorder, mess.

DESORDENADO° [DESORDAYNAHDO] *adj.* disorderly :: lawless :: unsettled.

DESORDENAR [DAYSORDAYNAR] *va.* to disarrange, disorder, disturb.

DESORGANIZAR [DAYSORGAHNE-THAR] *va.* to disorganize :: to decompose.

DESORIENTAR [DAYSOREENTAR] *va.* to mislead, confuse, lead astray.

DESOVAR [DESOVAR] *vn.* to spawn *(peces)* :: to oviposit *(insectos).*

DESPABILAR [DESPAHBELAR] *va.* to snuff a candle :: to enliven :: — **el ingenio,** to sharpen the wits :: *vr.* to rouse onself, 'wake up'.

DESPACIO [DESPAHTHEO] *adv.* slowly, little by little.

DESPACHAR [DESPAHCHAR] *va.* to despatch :: to make haste, hasten.

DESPACHO [DESPAHCHO] *m.* despatch :: expedition :: office :: official letter :: — **de localidades,** box-office.

DESPACHURRAR [DESPAHCHOORRAR] *va.* to crush, squash.

DESPARPAJO [DESPARPAHHO] *m.* ease, freedom of manner :: freshness, pertness.

DESPARRAMAR [DESPARRAHMAR] *va.* to scatter, spread :: to spill :: to squander.

DESPAVORIDO [DESPAHVOREEDO] *adj.* terrified, aghast.

DESPECTIVO [DESPECTEEVO] *adj.* contemptuous, disparaging, depreciatory.

DESPECHO [DESPAYCHO] *m.* spite :: grudge :: despair :: weaning.

DESPEDAZAR [DESPAYDAHTHAR] *va.* to break, cut, tear into pieces.

DESPEDIDA [DESPAYDEEDAH] *f.* farewell, leave, parting :: dismissal.

DESPEDIR [DESPAYDEER] *va.* to discharge, dismiss :: to emit :: *vr.* to take leave, say good-bye.

DESPEGAR [DESPAYGAR] *va.* to detach :: to unfasten : to take off *(un avión)* :: —**se,** to grow apart :: to come loose or become detached.

DESPEGO [DESPAYGO] *m.* indifference :: asperity.

DESPEINADO [DESPAYENAHDO] *adj.* disheveled, uncombed, unkempt.

DESPEINAR [DESPAYENAR] *va.* to dishevel, take down the hair of, to mess up.

DESPEJADO [DESPAYHAHDO] *adj.* smart, bright, cleared.

DESPEJAR [DESPAYHAR] *va.* to clear away :: to remove difficulties :: *vr.* to brighten up.

DESPEJO [DESPAYHO] *m.* clearance, clearing away :: vivacity, sprightliness.

DESPELLEJAR [DESPELLYAYHAR] *va.* to skin, flay.

DESPENSA [DESPENSAH] *f.* pantry, larder.

DESPEÑADERO [DESPAYNYAHDAY-RO] *adj.* steep :: *m.* precipice.

DESPEÑAR [DESPAYNYAR] *va.* to hurl down :: *vr.* to throw oneself headlong.

DESPERDICIAR [DESPAIRDETHEAR] *va.* to waste, squander, not to use, let slip.

DESPERDICIO [DESPERDEETHEO] *adj.* waste :: extravagance :: —**s,** leftovers, garbage :: residue.

DESPERDIGADO [DESPERDEGAHDO] *adj.* stray.

DESPERDIGAR [DESPERDEGAR] *va.* to disperse :: to scatter :: to strew.

DESPEREZARSE [DESPAYRAYTHARSAY] *vr.* to strech oneself.

DESPERFECTO [DESPAIRFEKTO] *m.* fault, weakness, imperfection.

DESPERTADOR [DESPERTAHDOR] *m.* alarm clock.

DESPERTAR [DESPAIRTAR] *vr.* to awake, awaken :: excite *(el apetito)* :: *vn.* to awaken.

DESPIADADO [DESPEAHDAHDO] *adj.* unmerciful, pitiles, ruthless :: godless, impious.

DESPIECE [DESPEETHE] *m.* divide in pieces.

DESPIERTO• [DESPEAIRTO] *adj.* awake :: lively.

DESPILFARRAR [DESPILFARRAR] *va.* to spend wildly, throw *(dinero)* about, squander.

DESPILFARRO [DESPELLFARRO] *m.* extravagance, squandering :: waste.

DESPISTAR [DESPISTAR] *va.* to throw off the track.

DESPLANTE [DESPLAHNTAY] *m. (fig.)* effrontery, boasting, boldness.

DESPLAZAR [DESPLAHTHAR] *va.* to displace.

DESPLEGAR [DESPLAYGAR] *va.* to unfold :: to display, show, explain :: con banderas desplegadas, with banners flying.

DESPLOMARSE [DESPLOMARSAY] *vr.* to get out of plumb :: to collapse.

DESPOBLADO [DESPOBLAHDO] *m.* desert, wilderness, uninhabited place :: *adj.* depopulated.

DESPOBLAR [DESPOBLAR] *va.* to unpeople, depopulate.

DESPOJAR [DESPOHAR] *va.* to despoil, plunder :: *vr.* to undress, relinquish.

DESPOJO [DESPOHO] *m.* spoils :: remains, despoliation :: *pl.* débris.

DESPOSADO [DESPOSAHDO] *m.* newly-married, betrothed.

DESPOSAR [DESPOSAR] *va.* to marry :: *vr.* to be betrothed.

DESPOSEER [DESPOSAYAIR] *va.* to dispossess :: to strip, take away from.

DÉSPOTA [DESPOTAH] *m.* despot, tyrant.

DESPÓTICO [DESPOTECO] *adj.* despotic.

DESPOTISMO [DESPOTEESMO] *m.* despotism, absolutism :: — **ilustrado**, enlightened despotism.

DESPOTRICAR [DESPOTRECAR] *va. & n.* to rant, talk inconsiderately and without restraint.

DESPRECIABLE [DESPRETHEAHBLAY] *adj.* contemptible, despicable :: worthless, goog-for-nothing :: lowly, insignificant.

DESPRECIAR [DESPRAYTHEAR] *va.* to despise, treat with contempt :: neglect.

DESPRECIO [DESPRAYTHEO] *m.* contempt, disregard, disdain.

DESPRENDER [DESPRENDAIR] *va.* to unfasten, detach, untie, separate :: *vr.* to fall away :: to abandon :: to be able to be inferred.

DESPRENDIMIENTO [DESPRENDE-MEENTO] *m.* disinterestedness :: landslide.

DESPREOCUPADO [DESPRAYOCOO-PAHDO] *adj.* unbiased :: liberal, broadminded :: unconventional, carefree.

DESPREOCUPARSE [DESPRAYOKOO-PARSAY] *vr.* to forget one's worries :: to be unprejudiced :: to be set right.

DESPRESTIGIAR [DESPRESTEHEAR] *va.* to discredit, harm the reputation of :: *vr.* to lose one's prestige.

DESPRESTIGIO [DESPRESTEEHEO] *m.* discredit, loss of prestige.

DESPREVENIDO [DESPRAYVAYNEE-DO] *adj.* unprepared, improvident.

DESPROPORCIÓN [DESPROPORTHE-ON] *f.* disproportion.

DESPROPORCIONADO [DESPRO-PORTHEONAHDO] *adj.* disproportionate, disproportional :: shapeless, deformed.

DESPROPÓSITO [DESPROPOSETO] *m.* absurdity :: nonsense.

DESPROVISTO [DESPROVEESTO] *adj.* destitute :: lacking :: devoid.

DESPUÉS [DESPOOES] *adj.* after, afterwards :: then.

DESPUNTAR [DESPOONTAR] *va.* to take off the point, to blunt :: *vn.* to dawn :: to sprout.

DESQUICIAR [DESKETHEAR] *va.* to unhinge ::to perturb.

DESQUITAR [DESKETAR] *vn.* to take revenge for :: to requite, retaliate, get even with.

DESQUITE [DESKEETAY] *m.* revenge *(en naipes, etc.),* retaliation.

DESTACAMENTO [DESTAHKAHMEN-TO] *m. (mil.)* detachment.

DESTACAR [DESTAHCAR] *va.* to detach *(tropas)* :: to make stand out :: to stand out :: —se, to stand out.

DESTAJO [DESTAHHO] *m.* piecework :: **hablar a** —, to talk a lot of nonsense.

DESTAPAR [DESTAHPAR] *va.* to uncover :: take the (top, lid, etc.) off :: —**le los sesos**, to blow his brains out.

DESTARTALADO [DESTARTAHLAHDO] *adj.* shabby, disordered, jumbled.

DESTELLO [DESTAYLYO] *m.* spark, sparkle, scintillation.

DESTEMPLADO [DESTEMPLAHDO] *adj.* unharmonious, out of tune :: unpleasant, disagreeable *(voz).*

DESTEÑIR [DESTAYNYEER] *va.* to discolour.

DESTERRAR [DESTAIRRAR] *va.* to exile, banish.

DESTETAR [DESTAYTAR] *va.* to wean.

DESTETE [DESTAYTAY] *m.* weaning.

DESTIERRO [DESTEAIRRO] *m.* exile, banishment.

DESTILAR [DESTELAR] *va.* to distil :: to drop.

DESTILERÍA [DESTELAYREA] *f.* distillery.

DESTINAR [DESTENAR] *va.* to destine, assign.

DESTINATARIO [DESTEENATAREO] *m.* addressee.

DESTINO [DESTEENO] *m.* destiny :: destination :: employment :: **con** — **a,** consigned to, bound for.

DESTITUCIÓN [DESTETOOTHEON] *f.* destitution, dereliction, depriving.

DESTITUIDO [DESTETOOEEDO] *adj.* destitute.

DESTITUIR [DESTETOOEER] *va.* to dismiss :: to deprive.

DESTORNILLADOR [DESTORNE-LYAHDOR] *m.* screw-driver.

DESTORNILLAR [DESTORNELYAR] *va.* to unscrew.

DESTREZA [DESTRAYTHAH] *f.* skill, dexterity, adroitness.

DESTRIPAR [DESTREPAR] *va.* to disembowel, to smash, crush.

DESTRONAR [DESTRONAR] *va.* to dethrone :: to overthrow.

DESTROZAR [DESTROTHAR] *va.* to cut to pieces, shatter, destroy.

DESTROZO [DESTROTHO] *m.* destruction :: ruin.

DESTRUCCIÓN [DESTROOKTHEON] *f.* destruction, ruin.

DESTRUIR [DESTROOEER] *va.* to destroy, overthrow, lay waste.

DESUNIÓN [DESOONEON] *f.* disunion, disjunction, separation, disconnection.

DESUNIR [DAYSOONEER] *va.* to separate, sever, divide.

DESUSADO• [DESOOSAHDO] *adj.* unusual, unaccustomed :: obsolete, out of use.

DESUSO [DESOOSO] *m.* disuse :: obsoleteness.

DESVALIDO [DESVAHLEEDO] *va.* destitute, helpless :: unprotected.

DESVALIJAR [DESVAHLEHARI] *va.* to ransack the contents of a valise :: to rob.

DESVÁN [DESVAHN] *m.* garret, attic.

DESVANECER [DESVAHNAYTHAIR] *va.* to attenuate :: *vn.* to vanish :: *vr.* to fade away.

DESVANECIMIENTO [DESVAHNAY-THEMEENTO] *m.* giddiness, haughtiness, pride.

DESVARIAR [DESVAHREAR] *vn.* to rage, be delirious.

DESVARÍO [DESVAHREEO] *m.* raving, delirium.

DESVELAR [DESVAYLAR] *vn.* to keep awake.

DESVELO [DESVAYLO] *m.* lack of sleep :: restlessness :: vigilance, watchfulness :: worry, anxiety.

DESVENCIJADO [DESVENTHEHAH-DO] *adj.* rickety, broken down.

DESVENTAJA [DESVENTAHHAH] *f.* disadvantage.

DESVENTAJOSO [DESVENTAHHO-SO] *adj.* disadvantageous, detrimental.

DESVENTURA [DESVENTOORAH] *f.* misery :: misfortune.

DESVENTURADO [DESVENTOORAH-DO] *adj.* unhappy, unlucky.

DESVERGONZADO [DESVAIRGON-THAHDO] *adj.* shameless, impudent.

DESVERGÜENZA [DESVAIRGOOEN-THAH] *f.* effrontery, impudence.

DESVESTIR [DESVESTIR] *va.* to undress :: *vr.* to undress.

DESVIACIÓN [DESVEAHTHEON] *f.* deviation, turning aside , shift :: detour.

DESVIAR [DESVEAR] *va.* to deviate, turn aside :: to swerve :: —se, to shift direction :: to branch off, turn off the main road :: to swerve.

DESVÍO [DESVEEO] *m.* deviation :: aversion.

DESVIRTUAR [DESVIRTOOAR] *va.* to take away the virtue :: *vr.* to spoil.

DESVIVIRSE [DESVEVEERSAY] *vr.* to love excessively :: to long for :: to be eager or anxious.

DETALLAR [DAYTAHLYAR] *va.* to detail, enumerate.

DETALLE [DAYTAHLYAY] *m.* detail.

DETECTIVE [DAYTECTEEVAY] *m.* detective.

DETECTOR [DAYTECTOR] *m.* detector.

DETENCIÓN [DAYTENTHEON] *f.* detention, arrest :: stop, halt :: delay.

DETENER [DAYTAYNAIR] *va.* to detain, stop :: to arrest.

DETENIDO [DAYTAYNEEDO] *adj.* careful, prolonged.

DETERGENTE [DAYTERHENTAY] *m.* detergent :: *adj.* detergent, detersive.

DETERIORAR [DAYTAYREORAR] *va.* to deteriorate, spoil, damage.

DETERIORO [DAYTAYREOHRO] *m.* deterioration, impairment.

DETERMINACIÓN [DAYTERMENAH-THEON] *f.* determination :: firmness.

DETERMINADO [DAYTERMENAHDO] *adj.* determined, decided, definitive :: resolute.

DETERMINAR [DAYTAIRMENAR] *va.* to determine, specify :: to assign :: to decide.

DETESTABLE [DAYTESTAHBLAY] *adj.* detestable, odious.

DETESTAR [DAYTESTAR] *va.* to hate, detest.

DETONACIÓN [DAYTONAHTHEON] *f.* detonation, report *(de pistola)*, loud explosion :: pop.

DETONAR [DAYTONAR] *va.* to detonate, explode with a loud noise :: to pop.

DETRACTAR [DAYTRAKTAR] *va.* to detract, defame.

DETRÁS [DAYTRAHS] *prep. & adv.* behind :: at the back of.

DETRIMENTO [DAYTREMENTO] *m.* detriment, damage.

DEUDA [DAYOODAH] *f.* debt :: indebtedness :: — consolidada, founded debt :: — exterior, foreign debt.

DEUDO [DAYOODO] *m.* relative, kindred, parent.

DEUDOR [DAYOODOR] *adj.* indebted :: *m.* debtor.

DEVANAR [DAYVAHNAR] *va.* to wind :: *vr.* — los sesos, to rack one's brains.

DEVANEO [DAYVAHNAYO] *m.* frenzy :: dissipation :: wandering :: idle pursuit :: giddiness.

DEVASTAR [DAYVAHSTAR] *va.* to devastate, lay waste.

DEVENGAR [DAYVENGAR] *va.* to earn, give a return *(intereses).*

DEVENIR [DAYVENEER] *vn.* to befall :: to become, be transformed into.

DEVOCIÓN [DAYVOTHEON] *f.* devotion, piety.

DEVOLUCIÓN [DAYVOLOOTHEON] *f.* return, giving back :: replacement.

DEVOLVER [DAYVOLVAIR] *va.* to give back, refund, return.

DEVORAR [DAYVORAR] *va.* to devour.

DEVOTO [DAYVOTO] *adj.* devout, pious.

DÍA [DEEAH] *m.* day :: daylight :: — festivo, holiday :: — laborable, working day :: al —, up-to-date :: de —, in the daytime :: de — en —, from day to day :: al otro —, on the next day :: cada tercer —, every other day :: a tres —s vista, at three days' sight ::

hoy (en) —, the present day.

DIABETES [DEAHBAYTES] *f. (med.)* diabetes.

DIABLO [DEAHBLO] *m.* devil :: Cunning person.

DIABLURA [DEAHBLOORAH] *f.* deviltry, mischief, devilish prank.

DIABÓLICO [DEAHBOLECO] *adj.* diabolic, devilish, fiendish.

DIÁCONO [DEAHCONO] *m.* deacon.

DIADEMA [DEAHDAYMAH] *f.* diadem, crown.

DIÁFANO [DEAHFAHNO] *adj.* transparent, clear :: sheer.

DIAFRAGMA [DEAHFRAHGMAH] *m. (anat.)* diaphragm.

DIAGNOSTICAR [DEAGNOSTECAR] *va.* to diagnose.

DIAGNÓSTICO [DEAGNOSTECO] *m.* diagnosis :: *adj.* diagnostic.

DIAGONAL [DEAHGONAHL] *f. & adj.* diagonal.

DIAGRAMA [DEAHGRAHMAH] *f.* diagram :: graph.

DIALECTO [DEAHLECTO] *m.* dialect.

DIALOGAR [DEAHLOGAR] *vn.* to dialogue.

DIÁLOGO [DEAHLOGO] *m.* dialogue, colloquy.

DIAMANTE [DEAHMAHNTAY] *m.* diamond :: — en bruto, rough (uncut) diamond.

DIÁMETRO [DEAHMAYTRO] *m.* diameter.

DIARIO [DEAHREO] *adj.* daily :: *m.* daily newspaper.

DIARREA [DEARRAYAH] *f. (med.)* diarrhea.

DIBUJANTE [DEBOOHAHNTAY] *m. & f.* draftsman :: designer.

DIBUJAR [DEBOOHAR] *va.* to draw, sketch :: *vr.* to show, be (etched, revealed, traced).

DIBUJO [DEBOOHO] *m.* drawing :: delineation, portrayal, picture.

DICCIÓN [DICTHEON] *f.* diction, expression, style :: word.

DICCIONARIO [DIKTHEONAHREO] *m.* dictionary.

DICIEMBRE [DETHEEMBRAY] *m.* December.

DICTADO [DIKTAHDO] *m.* dictation :: *pl.* dictates.

DICTADOR [DICTAHDOR] *m.* dictator.

DICTADURA [DICTAHDOORAH] *f.* dictatorship.

DICTAMEN [DIKTAHMEN] *m.* opinion, report :: judgement.

DICTAMINAR [DIKTAHMENAR] *va.* to give an opinion or judgment.

DICTAR [DIKTAR] *vn.* to dictate :: to prescribe :: to prompt.

DICHA [DEECHAH] *f.* happiness :: good luck.

DICHO [DEECHO] *adj.* said :: *m.* saying :: proverb, saw.

DICHOSO° [DECHOSO] *adj.* happy, lucky, blessed, fortunate.

DIDÁCTICO [DEDAHCTECO] *adj.* didactic.

DIENTE [DEENTAY] *m.* tooth, fang :: **—s postizos,** faulse teeth :: **hablar entre —s,** to mutter :: **hincar el —,** to bite into.

DIÉRESIS [DEAYRAYSIS] *f.* diaeresis.

DIESTRA [DEESTRAH] *f.* right hand.

DIESTRO° [DEESTRO] *adj.* right, skilful, dexterous :: **a — y siniestro,** right and left, at random, wildly.

DIETA [DEAYTAH] *f.* diet :: *(Pol.)* diet, assembly.

DIEZ [DEETH] *num.* ten.

DIEZMAR [DEETHMAR] *va.* to decimate :: to tithe.

DIEZMO [DEETHMO] *m.* tithe.

DIFAMACIÓN [DEFAHMAHTHEON] *f.* libel, slander.

DIFAMAR [DEFAHMAR] *va.* to defame, libel.

DIFERENCIA [DEFAYRENTHEAH] *f.* difference.

DIFERENCIAR [DEFAYRENTHEAR] *va.* to differentiate, distinguish :: to differ, disagree :: **—se,** to distinguish oneself :: to become different.

DIFERENTE° [DEFAYRENTAY] *adj.* different, unlike.

DIFERIR [DEFAYREER] *vn.* to differ, be different :: *va.* to defer, postpone.

DIFÍCIL° [DEFEETHIL] *adj.* difficult, hard :: not easy.

DIFICULTAD [DEFEKOOLTAHD] *f.* difficulty, obstacle, trouble.

DIFICULTAR [DEFECOOLTAR] *va.* to make difficult.

DIFICULTOSO [DEFEKOOLTOSO] *adj.* difficult, troublesome, hard.

DIFUNDIR [DEFOONDEER] *va.* to spread, diffuse.

DIFUNTO [DEFOONTO] *adj.* late, deceased, defunct :: *m.* corpse :: **Día de los —s,** All Souls' Day.

DIFUSIÓN [DEFOOSEON] *f.* diffusion, spreading, scattering :: wordiness :: broadcasting.

DIFUSO [DEFOOSO] *adj.* prolix, difficult, wordy.

DIGERIBLE [DEHAYREEBLAY] *adj.* digestible.

DIGERIR [DEHAYREER] *va.* to digest.

DIGESTIVO [DEHESTEEVO] *m. & adj.* digestive.

DIGNARSE [DIGNARSAY] *vr.* to condescend, deign.

DIGNIDAD [DIGNEDAHD] *f.* dignity, high office, noble bearing.

DIGNIFICAR [DIGNEFECAR] *va.* to dig-

nify :: *vr.* to become dignified.

DIGNO° [DIGNO] *f.* worthy, deserving, suitable.

DIJE [DEEHAY] *m.* charm trinket.

DILACIÓN [DELAHTHEON] *f.* delay :: tardiness.

DILAPIDAR [DELAHPEDAR] *va.* to dilapidate, squander, waste.

DILATACIÓN [DELAHTAHTHEON] *f.* dilation, dilatation, expansion, distension.

DILATADO [DELAHTAHDO] *adj.* large, extensive, vast :: numerous :: diffuse, prolix.

DILATAR [DELAHTAR] *va.* to expand, widen, enlarge :: to put off, delay.

DILEMA [DELAYMAH] *m.* dilemma.

DILIGENCIA [DELEHENTHEAH] *f.* diligence, care, industry :: speed :: stagecoach :: business, errand.

DILIGENTE° [DELEHENTAY] *adj.* diligent, industrious, earnest.

DILUCIDAR [DELOOTHEDAR] *va.* to elucidate, expound.

DILUIR [DELOOEER] *va.* to dilute.

DILUVIO [DELOOVEO] *m.* deluge, flood :: inundation.

DIMANAR [DEMAHNAR] *vn.* to spring from, issue from, flow.

DIMENSIÓN [DEMENSEON] *f.* dimension.

DIMINUTO° [DEMENOOTO] *adj.* very small, minute.

DIMISIÓN [DEMESEON] *f.* resignation.

DIMITIR [DEMETEER] *va.* to resign, relinquish.

DINÁMICO° [DENAHMECO] *adj.* dynamic.

DINAMITA [DENAHMEETA] *f.* dynamite.

DINASTÍA [DENASTEEAH] *f.* dynasty.

DINERAL [DENAYRAHL] *m.* large amount of money.

DINERO [DENAYRO] *m.* money, currency :: coin :: **— contante y sonante,** ready cash.

DINTEL [DINTEL] *m.* lintel, doorhead.

DIÓCESIS [DEOTHAYSIS] *f.* diocese.

DIOS [DEOS] *m.* God.

DIOSA [DEOSAH] *f.* goddess, deity.

DIPLOMA [DEPLOMAH] *m.* diploma :: patent, license :: title, credential.

DIPLOMACIA [DEPLOMAHTHEAH] *f.* diplomacy :: tact.

DIPLOMÁTICO [DEPLOMAHTEKO] *adj.* diplomatic :: *m.* diplomatist, diplomat.

DIPTONGO [DIPTONGO] *m.* diphthong.

DIPUTADO [DEPOOTAHDO] *m.* representative, delegate :: **— a Cortes,** M.P., congressman.

DIQUE [DEEKAY] *m.* dike, mole, jetty :: dry dock.

DIRECCIÓN [DEREKTHEON] *f.* direction, way :: management :: adress *(en las cartas).*

DIRECTIVO [DERECTEEVO] *m.* director, manager :: *adj.* directive, managerial, managing.

DIRECTO° [DEREKTO] *adj.* straight, direct.

DIRECTOR [DERECTOR] *m.* director, manager :: *adj.* directing.

DIRIGIBLE [DEREHEEBLAY] *m. & f.* dirigible.

DIRIGIR [DEREHEER] *va.* to direct, drive *(un coche)* :: to guide, conduct *(una orquesta)* :: to adress *(una carta)* :: *vr.* to apply to :: go towards.

DIRIMIR [DEREMEER] *va.* to dissolve, annul.

DISCERNIMIENTO [DISTHAIRNEMENTO] *m.* discernment, insight.

DISCERNIR [DISTHAIRNEER] *va.* to judge, discern.

DISCIPLINA [DISTHEPLEENAH] *f.* discipline, training :: *pl.* studies :: scourge.

DISCIPLINAR [DISTHEPLENAR] *va.* to discipline :: to teach, instruct :: *(mil.)* to drill :: to chastise, whip.

DISCÍPULO [DISTHEEPOOLO] *m.* disciple :: pupil.

DISCO [DISKO] *m.* disc.

DÍSCOLO [DEESCOLO] *adj.* ungovernable, wayward :: mischievous.

DISCORDANCIA [DISCORDAHNTHEAH] *f.* discord, disagreement.

DISCORDAR [DISCORDAR] *vn.* to discord, to disagree.

DISCORDIA [DISCORDEAH] *f.* discord, disagreement.

DISCRECIÓN [DISCRAYTHEON] *f.* discretion :: keenness :: wit.

DISCRECIONAL [DISKRAYTHEONAHL] *adj.* optional :: **parada —,** request stop.

DISCREPANCIA [DISCRÄYPAHNTHEAH] *f.* discrepancy.

DISCREPAR [DISCRAYPAR] *va.* to differ, disagree.

DISCRETO° [DISCRAYTO] *adj.* discreet, prudent :: clever.

DISCULPA [DISKOOLPAH] *f.* excuse :: exculpation.

DISCULPAR [DISKOOLPAR] *va.* to excuse, exculpate.

DISCURRIR [DISKOORREER] *vn.* to walk about, roam :: to be intelligent :: to conjecture :: to talk about, on, to speak (well, etc.) :: *va.* to contrive.

DISCURSO [DISKOORSO] *m.* speech, lecture :: reasoning :: mind :: space of time.

DISCUSIÓN [DISCOOSEON] *f.* argument, discussion.

SEMESTRE [SAYMESTRAY] *m.* half-year.

SEMILLA [SAYMEELYAH] *f.* seed.

SEMILLERO [SAYMEELLYAYRO] *m.* seed plot, seed :: nursery :: *(fig.)* hotbed.

SEMINARIO [SAYMENAHREO] *m.* seminary, seminar.

SÉMOLA [SAYMOLAH] *f.* semolina, groats.

SENADO [SAYNAHDO] *m.* senate.

SENADOR [SAYNAHDOR] *m.* senator.

SENCILLEZ [SENTHELYETH] *f.* simplicity, candour, artlessness.

SENCILLO° [SENTHEELYO] *adj.* single, simple, unadorned, plain.

SENDA [SENDAH] *f.* path, footpath.

SENDERO [SENDAYRO] *m.* path.

SENDOS [SENDOS] *adj. pl.* one each, one to each.

SENECTUD [SAYNECTOOD] *f.* senility, old age.

SENIL [SAYNEEL] *adj.* senile, aged.

SENO [SAYNO] *m.* chest, bosom, lap.

SENSACIÓN [SENSAHTHEON] *f.* sensation.

SENSACIONAL° [SENSAHTHEONAHL] *adj.* sensational.

SENSATEZ [SENSAHTETH] *f.* prudence, common sense.

SENSATO [SENSAHTO] *adj.* sensible, wise, judicious.

SENSIBILIDAD [SENSEBELEDAHD] *f.* sensibility :: sensitiveness.

SENSIBLE° [SENSEEBLAY] *adj.* sensitive, perceptible :: painful, grievous.

SENSUAL° [SENSOOAHL] *adj.* sensual, sensuous.

SENSUALIDAD [SENSOOAHLEDAHD] *f.* sensuality :: lewdness.

SENTADO [SENTAHDO] *adj.* sedate, steady, established, set up.

SENTAR [SENTAR] *vn.* to suit, fit :: *va.* to establish *(un hecho)* :: *vr.* to sit down :: **dar por sentado,** to take for granted.

SENTENCIA [SENTENTHEAH] *f.* sentence :: verdict :: judgment, maxim, proverb :: statement.

SENTENCIAR [SENTENTHEAR] *va.* to pass judgment, condemn.

SENTENCIOSO [SENTENTHEOSO] *adj.* sententious.

SENTIDO [SENTEEDO] *adj.* deeply felt, sensitive :: touchy :: *m.* sense, feeling, meaning :: direction, course :: understanding :: — **común,** common sense :: **perder el** —, to lose consciousness :: **valer un** —, to be worth a fortune.

SENTIMENTAL° [SENTEMENTAHL] *adj.* sentimental.

SENTIMIENTO [SENTEMEENTO] *m.* sentiment, feeling, emotion :: grief, concern.

SENTIR [SENTEER] *va.* to feel, hear, perceive :: to be sorry for, regret :: *vr.* to be moved :: *m.* feeling, opinion.

SEÑA [SAYNYAH] *f.* sign, token, signal :: password :: trace :: *pl.* address :: —s **personales,** personal description :: **por más** —s, in further support detail, into the bargain.

SEÑAL [SAYNYAHL] *f.* sign, mark :: signal :: trace, vestige :: scar :: reminder :: indication :: token, pledge.

SEÑALADO [SAYNAYLAHDO] *adj.* signal, noted, well-known, distinguised.

SEÑALAR [SAYNYAHLAR] *va.* to point out :: to mark, stamp :: to fix (on) :: *vr.* to distinguish oneself, itself.

SEÑOR [SAYNYOR] *m.* mister, sir, gentleman :: owner, master.

SEÑORA [SAYNYORAH] *f.* mistress, lady, woman.

SEÑOREAR [SAYNYORAYAR] *va.* to master, lord (over) :: to tower over, excel.

SEÑORÍA [SAYNYORAYEEAH] *f.* lordship.

SEÑORIAL [SAYNYOREEAHL] *adj.* seigniorial, lordly :: manorial :: feudal :: majestic, noble.

SEÑORÍO [SAYNYOREEO] *m.* seigniory :: dominion, rule :: nobility, gentry :: lordliness, majesty.

SEÑORITA [SAYNYOREETAH] *f.* miss :: young lady.

SEÑORITO [SAYNYOREETO] *m.* master, young gentleman.

SEÑUELO [SAYNYOOAYLO] *m.* decoy :: lure, bait.

SEPARACIÓN [SAYPAHRAHTHEON] *f.* separation.

SEPARAR [SAYPAHRAR] *va.* to separate :: to detach, sever :: to discharge :: *vr.* to part.

SEPARATISMO [SAYPAHRAHTEESMO] *m.* separatism :: secessionism.

SEPELIO [SAYPEYLEO] *m.* interment, burial.

SEPTENTRIONAL [SEPTENTREONAHL] *adj.* septentrional, northern.

SEPTIEMBRE [SEPTEEMBRAY] *m.* September.

SEPULCRAL [SAYPOOLCRAHL] *adj.* sepulchral.

SEPULCRO [SAYPOOLKRO] *m.* grave, tomb, sepulchre.

SEPULTAR [SAYPOOLTAR] *va.* to bury, inter :: to hide.

SEPULTURA [SAYPOOLTOORAH] *f.* bu-rial :: grave :: **dar** —, to bury.

SEPULTURERO [SAYPOOLTOORAYRO] *m.* gravedigger.

SEQUEDAD [SAYKAYDAHD] *f.* dryness :: surliness :: sterility.

SEQUÍA [SAYKEEAH] *f.* drought.

SÉQUITO [SAYKETO] *m.* retinue, train, following.

SER [SAIR] *vn.* to be, exist, belong to :: *m.* being, essence.

SERENAR [SAYRAYNAR] *va. & vn.* to pacify :: to calm down :: *vr.* to become serene, calm down.

SERENATA [SAYRAYNAHTAH] *f.* serenade.

SERENIDAD [SAYRAYNEDAHD] *f.* serenity, calm.

SERENO° [SAYRAYNO] *adj.* serene, quiet, placid, clear :: **al** —, under the stars :: *m.* night watchman.

SERIE [SAYREAY] *f.* series, suite, succession.

SERIEDAD [SAYREAYDAHD] *f.* seriousness, gravity, earnestness, sobriety.

SERIO° [SAYREO] *adj.* serious, grave, earnest, sober.

SERMÓN [SERMOHN] *m.* sermon :: reproof.

SERMONEAR [SERMONAYAR] *va.* to preach :: to admonish, reprimand.

SERPENTEAR [SERPENTAYAR] *vn.* to wind as a serpent :: to meander :: to wriggle, squirm :: to gleam.

SERPIENTE [SAIRPEENTAY] *f.* serpent, snake :: — **de cascabel,** rattle-snake.

SERRADOR [SERRAHDOR] *m.* sawyer :: *adj.* sawing.

SERRANÍA [SAIRRAHNEEAH] *f.* ridge of mountains.

SERRANO [SAIRRAHNO] *adj. & m.* mountaineer.

SERRAR [SAIRRAR] *va.* to saw.

SERRÍN [SAIRREEN] *m.* sawdust.

SERRUCHO [SERROOCHO] *m.* hand-saw.

SERVICIAL [SAIRVETHEAHL] *adj.* obliging, serviceable, accommodating.

SERVICIO [SAIRVEETHEO] *m.* service :: favour, good turn, use-(ful)ness) :: set :: **hacer un flaco** —, to do an ill turn.

SERVIDOR [SERVEDOR] *m.* servant :: humble servant :: server *(en tenis)* :: *m.* waiter :: suiter, gallant :: chamber pot :: .

SERVIDUMBRE [SAIRVEDOOMBRAY] *f.* servitude :: servants of a household.

SERVIL [SAIRVEEL] *adj.* servile :: abject, menial.

DIVINIDAD [DEVENEDAHD] *f.* divinity, deity.

DIVINIZAR [DEVENETHAR] *va.* to divinize, deify :: to sanctify :: to extol.

DIVINO• [DEVEENO] *adj.* divine, heavenly.

DIVISA [DEVEESAH] *f.* device, badge :: *pl.* currency.

DIVISAR [DEVESAR] *va.* to make out :: to perceive.

DIVISIÓN [DEVESEON] *f.* division.

DIVORCIAR [DEVORTHEAR] *va.* & *r.* to divorce.

DIVORCIO [DEVORTHEO] *m.* divorce, disunion.

DIVULGAR [DEVOOLGAR] *va.* to reveal, broadcast, spread.

DOBLADILLO [DOBLAHDEELLYO] *m.* hem.

DOBLADURA [DOBLAHDOORAH] *f.* fold, plait.

DOBLAR• [DOBLAR] *va.* to double :: to fold, bend :: *vn.* to toll :: *vr.* to stoop :: to yield.

DOBLE•[DOBLAY] *adj.* double, twice :: strong.

DOBLEGAR [DOBLAYGAR] *va.* to bend :: to fold :: *vr.* to bend over :: to stoop :: to submit, yield.

DOBLEZ [DOBLETH] *f.* fold, plait :: insincerity, duplicity.

DOCE [DOTHAY] *num.* twelve.

DOCENA [DOTHAYNAH] *f.* dozen.

DÓCIL [DOTHIL] *adj.* docile, tractable.

DOCILIDAD [DOTHELEDAHD] *f.* docility, meekness :: ductility, flexibleness :: tractableness.

DOCTO [DOKTO] *adj.* learned.

DOCTOR [DOKTOR] *m.* doctor, physician.

DOCTORADO [DOCTORAHDO] *m.* doctorate.

DOCTORAR [DOCTORAR] *va.* to give the doctor's degree to :: *vr.* to receive the doctor's degree.

DOCTRINA [DOCTREENAH] *f.* doctrine.

DOCTRINAR [DOKTRENAR] *vr.* to instruct.

DOCUMENTAR [DOCOOMENTAR] *va.* to document.

DOCUMENTO [DOKOOMENTO] *m.* document, deed.

DOGMA [DOGMAH] *m.* dogma.

DOLENCIA [DOLENTHEAH] *f.* ailment :: ache, aching.

DOLER [DOLAIR] *vn.* to feel pain :: to hurt :: *vr.* to repent, feel sorry.

DOLIENTE [DOLEENTAY] *adj.* aching :: *m.* pall-bearer.

DOLOR [DOLOR] *m.* pain, anguish, ache, sorrow.

DOLORIDO [DOLOREEDO] *adj.* doleful.

DOLOROSO [DOLOROSO] *adj.* painful :: pitiful, dolorous.

DOMA [DOMAH] *f.* taming, training.

DOMADOR [DOMAHDOR] *m.* horsebreaker, tamer.

DOMAR [DOMAR] *va.* to tame, break :: to master.

DOMESTICAR [DOMESTECAR] *va.* to domesticate, tame.

DOMÉSTICO [DOMESTECO] *adj.* domestic :: *m.* house servant.

DOMICILIO [DOMETHEELEO] *m.* residence, domicile, home :: **servicio a —** all goods delivered.

DOMINACIÓN [DOMENAHTHEON] *f.* domination, rule, authority.

DOMINANTE [DOMENAHNTAY] *adj.* dominant, domineering :: tyrannical :: prevailing, predominant.

DOMINAR [DOMENAR] *va.* to rule over :: to master, govern :: to overlook, command.

DOMINGO [DOMEENGO] *m.* Sunday :: **— de Resurrección,** Easter Sunday.

DOMINIO [DOMEENEO] *m.* domain, dominion, sway :: territory.

DOMINÓ [DOMENO] *m.* dominoes.

DON [DON] *m.* gift, donation :: natural ability.

DONACIÓN [DONAHTHEON] *f.* donation :: grant.

DONAIRE [DONAHERAY] *m.* elegance :: witticism.

DONANTE [DONAHNTAY] *m.* & *f.* donor :: **— de sangre,** blood donor.

DONAR [DONAR] *va.* to donate.

DONATIVO [DONAHTEEVO] *m.* gift, donation.

DONCEL [DONTHEL] *m.* bachelor :: *adj.* mild, mellow.

DONCELLA [DONTHELLYAH] *f.* waiting-maid :: virgin, maid.

DONDE [DONDAY] *adv.* where, in wich :: **a —,** where, to which :: **de —,** from where, from which :: **en —,** where, in which :: **por —,** where, through which :: wherefore :: **¿dónde?,** where? :: **¿por —?,** which way.

DOÑA [DONYAH] *f.* Dame, Mistress, Mme., Lady.

DORADO [DORAHDO] *adj.* gilded, gilt :: golden :: *m.* gilding.

DORAR [DORAR] *va.* to gild :: to palliate.

DORMILÓN [DORMELONE] *m. (coll.)* sleepy-head :: *adj.* sleepy.

DORMIR [DORMEER] *vn.* to sleep :: **— a pierna suelta,** to be fast asleep.

DORMITAR [DORMETAR] *vn.* to doze, sleep fitfully.

DORMITORIO [DORMETOREO] *m.* bedroom :: dormitory.

DORSAL [DORSAHL] *adj.* dorsal.

DORSO [DORSO] *m.* back, reverse.

DOS [DOS] *adj.* two :: **de — en —,** by couples.

DOSEL [DOSEL] *m.* canopy.

DOSIFICAR [DOSIFECAR] *va.* to dose *(medicinas)* :: to proportion *(ingredientes).*

DOSIS [DOSIS] *f.* dose, quantity.

DOTACIÓN [DOTAHTHEON] *f.* endowment, endowing :: donation, foundation.

DOTAR [DOTAR] *va.* to endow :: to portion.

DOTE [DOTAY] *m.* & *f.* dowry, portion :: *pl.* talent, endowments.

DRAGA [DRAHGAH] *f.* dredge, dredging machine.

DRAGADO [DRAHGAHDO] *m.* dredging.

DRAGAR [DRAHGAR] *va.* to dredge.

DRAGÓN [DRAHGON] *m.* dragon :: dragoon.

DRAMA [DRAHMAH] *f.* drama.

DRAMÁTICO [DRAHMAHTECO] *adj.* dramatic :: *m.* dramatic actor :: playwright, dramatist.

DRAMATIZAR [DRAHMAHTETHAR] *va.* to dramatize.

DRAMATURGO [DRAHMATOORGO] *m.* dramaturgist, playwright.

DRENAJE [DRAYNAHHAY] *m.* drainage.

DROGA [DROGAH] *f.* drug, medicine.

DROGUERÍA [DROGAYREEAH] *f.* chemist's, drug-store.

DROGUERO [DROGRAYRO] *m.* druggist.

DUAL [DOOAHL] *adj.* dual.

DUCADO [DOOKAHDO] *m.* duchy :: ducat.

DÚCTIL [DOOCTEEL] *adj.* ductile.

DUCHA [DOOCHAH] *f.* douche :: shower-bath.

DUCHO [DQOCHO] *adj.* expert, skillful.

DUDA [DOODAH] *f.* doubt, misgiving, doubtfulness :: **sin —,** certainly.

DUDAR [DOODAR] *va.* & *n.* to doubt :: to hesitate.

DUDOSO [DOODOSO] *adj.* doubtful, uncertain.

DUELO [DOOAYLO] *m.* sorrow, affliction, mourning :: duel.

DUENDE [DOOENNDAY] *m.* fairy, elf, ghost, goblin.

DUEÑO [DOOAYNYO] *m.* owner, proprietor :: master, landlord.

DULCE• [DOOLTHAY] *adj.* sweet :: mild, soft, benign :: *m.* sweets, toffee :: **— de membrillo,** quince jelly.

DULCIFICAR [DOOLTHEFECAR] *va.* to

sweeten :: to mollify, appease.

DULZURA [DOOLTHOORAH] *f.* sweetness :: gentleness.

DUNA [DOONAH] *f.* downs, dune.

DÚO [DOOO] *m.* duo, duet.

DUPLICADO [DOOPLECAHDO] *adj.* & *m.* duplicate :: **por —**, in duplicate.

DUPLICAR [DOOPLEKAR] *va.* to duplicate, double.

DUPLICIDAD [DOOPLETHEDAHD] *f.*

duplicity, double-dealing, cheating.

DUPLO [DOOPLO] *m.* & *adj.* double.

DUQUE [DOOKAY] *m.* duke.

DUQUESA [DOOKAYSAH] *f.* duchess.

DURACIÓN [DOORAHTHEON] *f.* duration, length :: continuance.

DURADERO [DOORAHDAYRO] *adj.* lasting, durable.

DURANTE [DOORAHNTAY] *prep.* during.

DURAR [DOORAR] *vn.* to last, endure :: to wear well.

DUREZA [DOORAYTHAH] *f.* hardness :: toughness, harshness.

DURMIENTE [DOORMEENTAY] *adj.* sleeping :: *m. (railw.)* cross-tie, sleeper.

DURO[*] [DOORO] *adj.* hard, harsh :: solid :: **a duras penas**, with great difficulty :: *m.* five-peseta piece :: ''crown''.

E

E [AY] *conj.* and *(used before words which begin with i or hi).*

¡EA! [AYAH] *interj.* here! look! get on there!

EBANISTA [AYBAHNISTAH] *m.* cabinet-maker.

EBANISTERÍA [AYBAHNISTAYREEAH] *f.* cabinetwork, cabinetmarking :: cabinetmaker's shop.

ÉBANO [AYBAHNO] *m.* ebony.

EBRIO [AYBREO] *adj.* inebriated, intoxicated.

EBULLICIÓN [AYBOOLETHEON] *f.* boiling, bubbling up.

ECLÉCTICO [AYCLECTECO] *m. & adj.* eclectic.

ECLESIÁSTICO [AYCLAYSEAHSTECO] *m.* ecclesiastic, clergyman :: *adj.* ecclesiastic, clerical.

ECLIPSAR [AYCLIPSAR] *va.* to eclipse :: to outshine, surpass.

ECLIPSE [AYKLEEPSAY] *m.* eclipse.

ECO [AYKO] *m.* echo.

ECOLOGÍA [AYCOLOHEEAH] *f.* ecology.

ECONOMÍA [AYKONOMEEAH] *f.* economy :: thrift, saving.

ECONOMISTA [AYCONOMEESTAH] *m.* economist :: *adj.* economic.

ECONOMIZAR [AYCONOMETHAR] *va.* to economize, save.

ECUACIÓN [AYCOOAHTHEON] *f.* equation.

ECUADOR [AYKOOAHDOR] *m.* *(geogr.)* equator.

ECUÁNIME [AYKOOAHNEME] *adj.* equanimous, calm, composed, serene :: impartial.

ECUANIMIDAD [AYKOOAHNEMEDAHD] *f.* equanimity, calmness, moderation :: impartiality.

ECUATORIAL [AYKOOAHTOREAHL] *adj.* equatorial.

ECUESTRE [AYKOOESTRAY] *adj.* equestrian.

ECHAR [AYCHAR] *va.* to cast, pour, throw :: to eject, throw (out, away, off), expel :: to turn *(la llave)* :: — **a correr,** to start off running :: — **de menos,** to miss :: — **a perder,** to waste, lose, go bad :: — **a pique,** to sink :: — **en cara,** to reproach :: — **mano de,** to utilize :: — **raíces,** to take root :: *vr.* to lie down, stretch oneself.

EDAD [AYDAHD] *f.* age :: — **media,** the Middle Ages :: **mayor de** —, majority.

EDEMA [AYDAYMAH] *m.* edema.

EDÉN [AYDAYN] *m.* Eden :: paradise.

EDICIÓN [AYDETHEON] *f.* edition, issue.

EDICTO [AYDEEKTO] *m.* edict, proclamation.

EDIFICAR [AYDEFEKAR] *va.* to build :: to edify.

EDIFICIO [AYDEFEETHEO] *m.* building, fabric :: structure.

EDITAR [AYDETAR] *va.* to publish.

EDITOR [AYDETOR] *m.* editor :: publisher.

EDITORIAL [AYDETOREAHL] *adj.* publishing, editorial :: *m.* editorial :: *f.* publishing house.

EDREDÓN [AYDRAYDONE] *m.* down quilt, comforter, quilted blanket.

EDUCACIÓN [AYDOOKAHTHEON] *f.* good breeding, politeness :: up-bringing, education.

EDUCADOR [AYDOOKAHDOR] *m.* educator, educationist, instructor :: *adj.* educating, training.

EDUCAR [AYDOOKAR] *va.* to educate, bring up, train.

EFECTIVO [AYFEKTEEVO] *adj.* effective :: *m.* **en** —, in coin, in bank notes, cash.

EFECTO [AYFEKTO] *m.* effect, consequence :: *pl.* assets, securities :: **en** —, in fact, actually.

EFECTUAR [AYFEKTOOAR] *va.* to effect, bring about.

EFERVESCENCIA [AYFERVESTHENTHEAH] *f.* effervescence, ebullition :: fermentation, fizz :: ardor, fervor.

EFERVESCENTE [AYFERVAYSTHENTAY] *adj.* effervescent.

EFICACIA [AYFEKAHTHEAH] *f.* efficiency, efficacy.

EFICAZ [AYFEKATH] *adj.* efficient, efficacious, powerfull, effective.

EFICIENCIA [AYFETHEENTHEAH] *f.* efficiency.

EFICIENTE [AYFETHEENTAY] *adj.* efficient, effective, efficacious.

EFÍMERO [AYFEEMAYRO] *adj.* ephemeral :: short-lived.

EFUSIVO [AYFOOSEVO] *adj.* effusive, too demostrative, over-emotional.

EGOCÉNTRICO [AYGOTHENTRECO] *adj.* egocentric, self-centered.

EGOÍSMO [AYGOISMO] *m.* egoism, egotism :: selfishness.

EGOÍSTA [AYGOEESTAH] *adj.* selfish.

EGREGIO [AYGRAYHEO] *adj.* eminent, distinguished.

EJE [AYHAY] *m.* axis, axle, shaft.

EJECUCIÓN [AYHAYKOOTHEON] *f.* performance, fulfilment, execution.

EJECUTAR [AYHAYKOOTAR] *va.* to perform, fulfil :: to execute.

EJECUTIVO [AYHAYCOOTEEVO] *m.* executive :: *adj.* executive :: active.

EJECUTOR [AYHAYKOOTOOR] *m.* executive, executor :: distrainor :: *adj.* executive, executing.

EJEMPLAR [AYHEMPLAR] *adj.* exemplary :: *m.* copy :: exemplar, model :: example.

EJEMPLO [AYHEMPLO] *m.* example, instance :: **dar** —, to set an example.

EJERCER [AYHAIRTHAIR] *va.* to exercise, exert :: to practise.

EJERCICIO [AYHAIRTHEETHEO] *m.* exercise, training.

EJERCITAR [AYHAIRTHETAR] *va.* to exercise :: to train, practise :: *vr.* to take exercise, to practise, train.

EJÉRCITO [AYHAIRTHETO] *m.* army :: — **permanente,** standing army.

EL [EL] *m. def. art.* the.

ÉL [EL] *m. pron. pers.* he, him, it.

ELABORACIÓN [AYLAHBORAHTHEON] *f.* manufacture, making :: development.

ELABORAR [AYLAHBORAR] *va.* to work out, build up, elaborate.

ELASTICIDAD [AYLASTETHEDAHD] *f.* elasticity.

ELÁSTICO [AYLAHSTEKO] *adj.* elastic :: resilient.

ELECCIÓN [AYLEKTHEON] *f.* election :: selection, choice.

ELECTOR [AYLECTOR] *m.* elector, chooser, voter :: *adj.* electing, choosing.

ELECTORADO [AYLECTORAHDO] *m.* electorate :: electorality.

ELECTORAL [AYLECTORAHL] *adj.* electoral.

ELECTRICIDAD [AYLEKTRETHEDAHD] *f.* electricity.

ELÉCTRICO [AYLEKTREKO] *adj.* electric, electrical.

ELECTROCUTAR [AYLECTROKOOTAR] *va.* to electrocute.

ELECTRÓN [AYLECTRONE] *m.* electron.

ELECTRÓNICO [AYLECTRONEECO] *adj.* electronic.

ELEFANTE [AYLAYFAHNTAY] *m.* elephant.

ELEGANCIA [AYLAYGAHNTHEAH] *f.* elegance.

ELEGANTE [AYLAYGAHNTAY] *adj.* elegant, graceful, stylish.

ELEGIBLE [AYLAYHEEBLAY] *f.* eligible.

ELEGIR [AYLAYHEER] *va.* to elect, choose, pick.

ELEMENTAL [AYLAYMENTAHL] *adj.* elemental :: elementary, essential, fundamental.

ELEMENTO [AYLAYMENTO] *m.* element.

ELEVACIÓN [AYLAYVAHTHEON] *f.* elevation, height :: exaltation.

ELEVADO* [AYLAYVAHDO] *adj.* high, lofty.

ELEVADOR [AYLAYVAHDOR] *m.* elevator, lift :: *adj.* elevating.

ELEVAR [AYLAYVAR] *va.* to raise, lift, to exalt :: *vr.* to ascend.

ELIMINACIÓN [AYLEMENAHTHEON] *f.* elimination, removal.

ELIMINAR [AYLEMENAR] *va.* to eliminate.

ELOCUCIÓN [AYLOKOOTHEON] *f.* elocution.

ELOCUENCIA [AYLOCOOENTHEAH] *f.* eloquence.

ELOCUENTE* [AYLOCOOENTAY] *adj.* eloquent.

ELOGIAR [AYLOHEAR] *va.* to praise, extol.

ELOGIO [AYLOHEO] *m.* eulogy, praise.

ELUDIBLE [AYLOODEEBLAY] *adj.* eludible, avoidable, escapable.

ELUDIR [AYLOODEER] *va.* to avoid, elude, slip away from.

ELLA [AYLLYAH] *f. pron. pers.* she, her, it.

ELLO [AYLLYO] *neut. pron. pers.* it.

EMANACIÓN [AYMAHNAHTHEON] *f.* emanation, flow :: fumes, vapor, odor :: manifestation:.

EMANAR [AYMAHNAR] *vn.* to proceed from, emanate, originate.

EMANCIPACIÓN [AYMANTHEPAHTHEON] *f.* emancipation.

EMANCIPAR [AYMANTHEPAR] *va.* to emancipate, set free :: *vr.* to become free.

EMBADURNAR [EMBAHDOORNAR] *va.* to bedaub, clutter up.

EMBAJADA [EMBAHHAHDAH] *f.* embassy :: message.

EMBAJADOR [EMBAHHAHDOR] *m.* ambassador.

EMBALAJE [EMBAHLAHHAY] *m.* packing, baling.

EMBALAR [EMBAHLAR] *va.* to pack :: to bundle up.

EMBALSAMAR [EMBALSAHMAR] *va.* to embalm :: to scent, perfume.

EMBALSE [EMBAHLSAY] *m.* pond, pool :: damming :: dam.

EMBARAZADA [EMBAHRAHTHAHDAH] *adj.* pregnant.

EMBARAZAR [EMBAHRAHTHAR] *va.* to embarrass, obstruct.

EMBARAZO [EMBAHRAHTHO] *m.* embarrassment, hindrance, encumbrance :: pregnancy.

EMBARAZOSO* [EMBAHRAHTHOSO] *adj.* embarrassing :: cumbersome, unwieldly.

EMBARCACIÓN [EMBARKAHTHEON] *f.* boat, craft.

EMBARCADERO [EMBARKAHDAYRO] *m.* wharf :: pier, landing-stage, quay.

EMBARCAR [EMBARKAR] *va.* to ship :: *vr.* to go on board.

EMBARGAR [EMBARGAR] *va.* to embargo, seize :: restrain :: to stifle *(la voz)*.

EMBARGO [EMBARGO] *m.* embargo, restriction on commerce :: attachment, confiscation :: **sin —**, nevertheless.

EMBARQUE [EMBARKAY] *m.* shipment.

EMBARRADO [EMBARRAHDO] *adj.* smeared :: plastered :: muddy.

EMBARRANCAR [EMBARRANKAR] *va. n.* to run aground :: to run into a ditch :: *va.* to tie up, entangle :: *vr.* to be stranded :: to get tied up or stuck.

EMBARRAR [EMBARRAR] *va.* to smear, daub.

EMBARULLAR [EMBAHROOLLYAR] *va.* *(coll)* to mix up, make a mess of, muddle, jumble :: to do carelessly, do in a disorderly way.

EMBATE [EMBAHTAY] *m.* surge *(del mar)* :: sudden attack :: *pl.* blows *(de fortuna)*.

EMBAUCADOR [EMBAHOOKADOR] *m.* imposter, trickster, swindler :: *adj.* deceiving, deceptive, tricky.

EMBAUCAR [EMBAHOOCAR] *va.* to fool, trick, swindle, deceive.

EMBAULAR [EMBAHOOLAR] *va.* to pack.

EMBEBER [EMBAYBAIR] *va.* to imbibe :: to contain :: *vr.* to shrink :: to be enraptured, "soaked".

EMBELECO [EMBAYLAYKO] *m.* fraud, deceit, humbug :: trifle.

EMBELESAR [EMBAYLAYSAR] *va.* to fascinate, charm, "capture".

EMBELLECER [EMBAYLLYAYTHAIR] *va.* to embellish, beautify.

EMBESTIDA [EMBESTEEDAH] *f.* assault, charge, violent attack.

EMBESTIR [EMBESTEER] *va.* to assail, rush against, charge *(por un toro)*.

EMBLEMA [EMBLAYMAH] *f.* emblem.

EMBOBADO* [EMBOBAHDO] *adj.* spellbound, agape.

EMBOBAR [EMBOBAR] *va.* to fook :: to amuse :: to fascinate :: to amaze :: *vr.* to be amazed :: to be fascinated.

EMBOCADURA [EMBOKAHDOORAH] *f.* mouth *(de un río)*.

EMBOLIA [EMBOLLEAH] *f.* embolus, clot :: embolism.

ÉMBOLO [EMBOLO] *m. (mech.)* piston :: *(med.)* embolus.

EMBOLSAR [EMBOLSAR] *va.* to pocket, emburse, put into a purse.

EMBORRACHAR [EMBORRAHCHAR] *va.* to intoxicate :: *vr.* to get drunk.

EMBORRONAR [EMBORRONAR] *va.* to blot :: to scribble.

EMBOSCADA [EMBOSKAHDAH] *f.* ambush :: ambuscade.

EMBOTAMIENTO [EMBOTAHMEENTO] *m.* blunting, dulling :: obtuseness, bluntness, dullness.

EMBOTAR [EMBOTAR] *va.* to blunt, dull, deaden.

EMBOTELLAR [EMBOTAYLYAR] *va.* to bottle.

EMBOZADO [EMBOTHAHDO] *adj.* covered, disguised :: puzzling, equivocal, obscure.

EMBOZAR [EMBOTHAR] *va.* to muffle :: to cloak, conceal, disguise :: to muzzle :: *vr.* to muffle oneself, wrap oneself.

EMBOZO [EMBOTHO] *m.* mufler, mask, disguise, turned down clothes *(de la cama)*.

EMBRAGAR [EMBRAHGAR] *va.* to sling :: to couple.

EMBRAGUE [EMBRAHGAY] *m. (mech.)* clutch :: coupling.

EMBRAVECER [EMBRAHVAYTHAIR] *va.* to enrage :: *vr.* to become enraged *(el mar)*.

EMBRIAGADO [EMBREAHGAHDO] *adj.* intoxicated, drunk.

EMBRIAGAR [EMBREAHGAR] *va.* to intoxicate :: *vr.* to get tipsy.

EMBRIAGUEZ [EMBREAHGETH] *f.* intoxication :: drunkenness.

EMBRIÓN [EMBREON] *m.* embryo.

EMBRIONARIO [EMBREONAHREO] *adj.* embryonic, rudimentary.

EMBROLLAR [EMBROLYAR] *va.* to embroil, perplex, confuse.

EMBROLLO [EMBROLYO] *m.* entanglement :: tangle, labyrinth :: perplexing plot.

EMBROMAR [EMBROMAR] *va.* to excite mirth :: to make fun of :: to annoy :: to wheedle.

EMBRUJAR [EMBROOHAR] *va.* to bewitch.

EMBRUJO [EMBROOHO] *m.* charm, enchantment :: glamour.

EMBRUTECER [EMBROOTAYTHAIR] *va.* to stupefy :: *vr.* to grow stupid, coarse.

EMBUDO [EMBOODO] *m.* funnel.

EMBUSTE [EMBOOSTAY] *m.* artful lie, trick, lying tale.

EMBUSTERO [EMBOOSTAYRO] *m.* liar :: impostor.

EMBUTIDO [EMBOOTEEDO] *m.* any sort of sausage.

EMERGENCIA [AYMAIRHENTHEAH] f. unexpected happening, emergency.

EMERGER [AYMERHER] vn. to emerge.

EMIGRACIÓN [AYMEGRAHTHEON] f. emigration.

EMIGRANTE [AYMEGRAHNTAY] m. & f. emigrant.

EMIGRAR [AYMEGRAR] vn. to emigrate.

EMINENCIA [AYMENENTHEAH] f. eminence :: elevation :: Eminence.

EMINENTE° [AYMENENTAY] adj. eminent :: illustrious :: distinguished.

EMISARIO [AYMESAHREO] m. emissary :: spy.

EMISIÓN [AYMESEON] f. emission, issue :: broadcast.

EMISOR [AYMESOR] m. radio transmitter :: adj. emitting :: broadcasting.

EMISORA [AYMESORAH] f. broadcasting station.

EMITIR [AYMETEER] va. to issue :: to emit, send out.

EMOCIÓN [AYMOTHEON] f. emotion, excitement, interest, thrill.

EMOCIONAL [AYMOTHEONAHL] adj. emotional.

EMOCIONANTE [AYMOTHEONAHNTAY] adj. moving, touching, thrilling.

EMOCIONAR [AYMOTHEONAR] va. to cause emotion, touch, move :: vr. to be touched, moved, stirred .

EMOTIVO [AYMOTEEVO] adj. emotive, emotional.

EMPACAR [EMPAHKAR] va. to pack (up), bale.

EMPACHAR [EMPAHCHAR] va. to stuff, cram :: to cause indigestion :: vr. to get upset :: to get clogged :: to be stuffed :: to suffer indigestion :: to get embarrased.

EMPACHO [EMPAHCHO] m. bashfulness :: sin —, unceremoniously, without ceremony.

EMPADRONAMIENTO [EMPAHDRONAHMEENTO] m. census, registration :: tax list, poll.

EMPALAGAR [EMPAHLAHGAR] va. to cloy, surfeit :: to weary.

EMPALAGOSO° [EMPAHLAHGOSO] adj. cloying :: sickeningly sweet :: boring, wearisome.

EMPALIZADA [EMPAHLETHAHDAH] f. stockade.

EMPALMAR [EMPAHLMAR] va. to couple :: to branch :: to join.

EMPALME [EMPAHLMAY] m. junction, connection.

EMPANADA [EMPAHNAHDAH] f. meat-or fish pie, large "Cornish pasty".

EMPANADILLA [EMPAHNAHDEELLYAH] f. small pie :: folding carriage step.

EMPANTANAR [EMPANTAHNAR] va. to flood, swamp, submerge :: (fig.) to obstruct, hold up :: to embarrass.

EMPAÑAR [EMPAHNYAR] va. to tarnish, blur, take the lustre off.

EMPAPAR [EMPAHPAR] va. to imbibe :: to soak, drench.

EMPAPELAR [EMPAHPAYLAR] va. to paper, wrap in paper, wrap up.

EMPAQUE [EMPAHKAY] m. packing :: mien (dignified) presence, style.

EMPAQUETAR [EMPAHKAYTAR] va. to pack up :: to bale.

EMPAREDADO [EMPAHRAYDAHDO] adj. shut up, confined between walls :: m. sandwich :: prisoner confined in a narrow cell.

EMPAREJAR [EMPAHRAYHAR] va. to level :: to reach :: to match.

EMPARENTAR [EMPAHRENTAR] vn. to become related by marriage.

EMPASTAR [EMPAHTAR] va. to bind (libros) :: to paste.

EMPASTE [EMPASTAY] m. tooth filling :: binding (de un libro).

EMPATAR [EMPAHTAR] va. to tie, be equal :: to draw.

EMPATE [EMPAHTAY] m. tie, draw.

EMPEDERNIDO [EMPAYDERNEEDO] adj. hard-hearted, hardened.

EMPEDERNIR [EMPAYDAIRNEER] va. to harden :: vr. to become insensible, hardhearted.

EMPEDRADO [EMPAYDRAHDO] m. pavement, paving.

EMPEDRAR [EMPAYDRAR] va. to pave with stones.

EMPEINE [EMPAYENAY] m. instep :: groin.

EMPELLÓN [EMPAYLYON] m. hard push, shove.

EMPEÑAR [EMPAYNYAR] va. to pawn, pledge :: vr. to engage oneself :: to bind oneself :: to insist, be insistent.

EMPEÑO [EMPAYNYO] m. pawn, pledge :: insistence, determination :: con —, repeatedly.

EMPEORAR [EMPAYORAR] va. to spoil :: impair :: vr. to grow worse, deteriorate.

EMPEQUEÑECER [EMPAYKAYNAYTHER] va. to diminish, dwarf, make smaller :: (fig.) to belittle :: vr. to grow smaller, diminish, lessen.

EMPERADOR [EMPAYRAHDOR] m. emperor.

EMPERATRIZ [EMPAYRAHTREETH] f. empress.

EMPERIFOLLAR [EMPAYREFOLLYAR] va. & vr. (coll.) to dress up elaborately .

EMPERO [EMPAYRO] conj. notwithstanding, however :: but.

EMPEZAR [EMPAYTHAR] va. to begin, commence.

EMPINADO [EMPENAHDO] adj. high, lofty, steep :: stiff, stuck-up, conceited.

EMPINAR [EMPENAR] va. to raise :: — el codo, to bend the elbow, drink :: vr. to stand on tiptoe.

EMPÍRICO [EMPEEREKO] m. empiric :: adj. empiric, empirical.

EMPLASTO [EMPLAHSTO] m. plaster :: poultice :: (coll.) splotch :: tire patch :: weakling.

EMPLAZAMIENTO [EMPLAHTHAHMEENTO] m. emplacement, location.

EMPLAZAR [EMPLAHTHAR] va. to call upon to appear, to summon.

EMPLEADO [EMPLAYAHDO] m. employee :: clerk :: office-holder.

EMPLEAR [EMPLAYAR] va. to employ :: to give employment :: to use, spend.

EMPLEO [EMPLAYO] m. job, employment, use, occupation.

EMPOBRECER [EMPOBRAYTHAIR] va. to impoverish :: vn. to grow poor.

EMPOLVAR [EMPOLVAR] va. to cover with dust :: to powder.

EMPOLLAR [EMPOLLYAR] va. to hatch, brood.

EMPOLLÓN [EMPOLLYON] m. grind (en los estudios).

EMPONZOÑAR [EMPONTHONYAR] va. to poison, corrupt.

EMPORIO [EMPOREO] m. emporium, market, mart :: center of culture.

EMPRENDEDOR [EMPRENDAYDOR] adj. enterprising.

EMPRENDER [EMPRENDAIR] va. to undertake, begin, start.

EMPRESA [EMPRAYSAH] f. enterprise, venture, company, firm.

EMPRESARIO [EMPRAYSAHREO] m. manager :: impresario, promoter.

EMPRÉSTITO [EMPRESTETO] m. loan :: — público, public loan, government loan.

EMPUJAR [EMPOOHAR] va. to push, shove.

EMPUJE [EMPOOHAY] m. pressure, power :: thrust.

EMPUJÓN [EMPOOHONE] m. rival, competitor.

EMPUÑADURA [EMPOONYAHDOORAH] f. hilt of a sword :: prologue preamble.

EMPUÑAR [EMPOONYAR] *va.* to grasp, grab, clutch, seize.

EMULACIÓN [AYMOOLAHTHEON] *f.* emulation, envy, jealousy.

EMULAR [AYMOOLAR] *va.* to emulate, rival, compete.

EN [EN] *prep.* in, into, for, at.

ENAGUAS [AYNAHGOOAHS] *f. pl.* petticoat :: underskirt.

ENAJENACIÓN [AYNAHHAYNAHTHEON] *f.* alienation, insanity.

ENAJENAR [AYNAHHAYNAR] *va.* to alienate :: to give up :: to sell :: *vr.* to be lost in wonder.

ENALTECER [AYNALTAYTHERR] *va.* to extol, exalt.

ENAMORADIZO [AYNAHMORAHDEETHO] *adj.* susceptible to love, amorously inclined.

ENAMORADO° [AYNAHMORAHDO] *adj.* in love, enamoured, lovesick :: *m.* lover.

ENAMORAR [AYNAHMORAR] *va.* to win the love of, make someone love you :: *vr.* to fall in love.

ENANO [AYNAHNO] *m.* dwarf.

ENARBOLAR [AYNARBOLAR] *va.* to hoist, hang out *(banderas)*.

ENARDECER [AYNARDAYTHAIR] *va.* to inflame, fire with :: *vr.* to become impassioned.

ENCABEZAMIENTO [ENKAHBAYTHAH-MEENTO] *m.* heading, headline, bill-head :: tax roll.

ENCABEZAR [ENKAHBAYTHAR] *va.* to put a heading to :: to make a tax-roll :: to head.

ENCABRITARSE [ENKAHBRETARSAY] *vr.* to rear up.

ENCADENAR [ENKAHDAYNAR] *va.* to chain, bind, link together.

ENCAJAR [ENKAHHAR] *va.* to fit in :: to force one thing into another :: to gear.

ENCAJE [ENKAHHAY] *m.* fitting :: socket, groove :: lace.

ENCAJONAR [ENKAHHONAR] *va.* to pack, encase.

ENCALAR [ENKAHLAR] *va.* to whitewasher.

ENCALLAR [ENCALLYAR] *vn.* to strand, run aground :: to get stuck.

ENCALLECIDO [ENKALLYAYTHEEDO] *adj.* callous, hardened.

ENCAMINAR [ENCAHMENAR] *va.* to direct, guide :: *vr.* to betake, oneself, go (toward) :: to start out on a road.

ENCANDILAR [ENKAHNDELAR] *va.* to dazzle, bewilder :: *vr.* to be dazzled.

ENCANECER [ENKAHNAYTHER] *vn.* & *vr.* to become gray-haired :: to become moldy :: to grow old.

ENCANIJARSE [ENCAHNEHARSAY] *vr.* to get thin, emaciated.

ENCANTADO [ENCANTAHDO] *adj.* delighted, charmed :: enchanted.

ENCANTADOR [ENKAHNTAHDOR] *adj.* charming, delightful, pleasant :: *m.* enchanter, sorcerer.

ENCANTAMIENTO [ENCANTAHMEENTO] *m.* enchantment.

ENCANTAR [ENKAHNTAR] *va.* to enchant, charm, bewitch :: to please, make happy.

ENCANTO [ENKAHNTO] *m.* enchantment, spell, charm, delightfulness :: delight, pleasure.

ENCAPOTAR [ENKAHPOTAR] *va.* to cloak :: to muffle :: *vr.* to become cloudy, cloud over *(el cielo)*.

ENCAPRICHARSE [ENKAHPRECHARSAY] *vr.* to be infatuated :: to become obstinate.

ENCARAMAR [ENKAHRAHMAR] *va.* to raise :: *vr.* to ascend, go up :: to climb.

ENCARAR [ENKAHRAR] *va.* to face :: to look at.

ENCARCELAR [ENKARTHAYLAR] *va.* to incarcerate, put in prison.

ENCARECER [ENKAHRAYTHAIR] *va.* to extol, praise to the skies :: to pray :: to raise the price :: to stress.

ENCARECIMIENTO [ENKAHRAYTHE-MEENTO] *m.* exaggeration, warmth, praise, earnestness.

ENCARGADO [ENKARGAHDO] *m.* agent, responsible person, person in charge.

ENCARGAR [ENKARGAR] *va.* to commission :: to entrust :: to warn :: to order :: to recommend :: to take upon oneself.

ENCARGO [ENKARGO] *m.* commission :: office :: order :: errand.

ENCARIÑADO° [ENCAHRENYADO] *adj.* attached, fond, enamored.

ENCARIÑARSE [ENCAHRENYARSAY] *vr.* to become fond (of), attached (to).

ENCARNADO [ENKARNAHDO] *adj.* carnation-coloured, red, flesh-coloured.

ENCARNAR [ENKARNAR] *va.* to incarnate, embody :: *vn.* to become incarnate, incarn, heal over :: *vr.* to unite.

ENCARNIZADO [ENCARNETHAHDO] *adj.* bloody :: hard-fought, fierce.

ENCARRILAR [ENKARRELAR] *va.* to put on the right track, set right.

ENCASILLAR [ENCAHSELYAR] *va.* to pigeonhole, put in a pigeonhole or compartment :: to put in a stall :: to classify, sort out.

ENCASQUETAR [ENKASKAYTAR] *va.* to force an opinion on, convince :: to put on the head :: *vr.* to be headstrong, persistent.

ENCASQUILLARSE [ENKASKELLYARSAY] *vr.* to get stuck *(las armas de fuego)*.

ENCAUCHAR [ENKAHOOCHAR] *va.* to cover with rubber.

ENCAUZAR [ENKAHOOTHAR] *va.* to channel :: to direct, guide, lead.

ENCÉFALO [ENTHAYFAHLO] *m. (anat.)* encephalon, cerebrum, brain.

ENCENAGARSE [ENTHAYNAHGAR-SAY] *vr.* to wallow in mire.

ENCENDEDOR [ENTHENDAYDOR] *m.* lighter, lamplighter :: igniter, flint :: *(elect.)* starter :: *adj.* lighting, kindling.

ENCENDER [ENTHENDAIR] *va.* to light :: to set fire to :: to inflame.

ENCENDIDO [ENTHENDEEDO] *adj.* inflamed, high-colored :: live, fiery, glowing, ardent :: fervid :: ruddy, red.

ENCERADO [ENTHAYRAHDO] *adj.* waxy :: *m.* oil-cloth :: blackboard :: sticking-plaster.

ENCERAR [ENTHAYRAR] *va.* to wax :: to thicken.

ENCERRAR [ENTHAIRRAR] *va.* to shut up :: to confine, lock up :: to contain, hold :: *vr.* to live in seclusion, to withdraw (into).

ENCERRONA [ENTHERRONAH] *f. (coll.)* trap, ambush :: voluntary retreat.

ENCÍA [ENTHEEEAH] *f. (anat.)* gum.

ENCÍCLICA [ENTHEECLECAH] *f.* encyclic.

ENCICLOPEDIA [ENTHECLOPAYDEAH] *f.* encyclopedia.

ENCIERRO [ENTHEAIRRO] *m.* seclusion, confinement :: prison :: corralling of bulls.

ENCIMA [ENTHEEMAH] *adv.* above, over :: — **de**, on, upon :: **por** —, superficially.

ENCINA [ENTHEENAH] *f.* evergreen oak.

ENCINTA [ENTHEENTAH] *adj.* pregnant :: **quedarse** —, to become pregnant.

ENCLAVAR [ENKLAHVAR] *va.* to nail :: to embed.

ENCLENQUE [ENCLENKAY] *adj.* sickly, wan :: weak, feeble.

ENCOGER [ENKOHAIR] *va.* to shrink, contract :: *vr.* —**se de hombros** to shrug one's shoulders :: to be disheartened.

ENCOGIDO° [ENKOHEEDO] *adj.* bashful, timid.

ENCOJAR [ENKOHAR] *va.* & *n.* to

cripple, make lame, grow lame.

ENCOLAR [ENKOLAR] va. to glue.

ENCOLERIZAR [ENKOLAYRETHAR] va. to provoke, rile, irritate :: vr. to grow angry, rave.

ENCOMENDAR [ENKOMENDAR] va. to commend :: vr. to commend oneself, entrust oneself.

ENCOMIAR [ENKOMEAR] va. to eulogize, extol.

ENCOMIENDA [ENKOMEENDAH] f. commission :: recommendation :: commandery.

ENCOMIO [ENKOMEO] m. encomium, praise, eulogy.

ENCONAMIENTO [ENKONAHMEENTO] m. inflammation, swelling, soreness :: adversion, anger :: rancor, ill-will.

ENCONAR [ENKONAR] va. to inflame, fester, cause irritation :: vr. to rankle.

ENCONO [ENKONO] m. rancor, ill-will, malevolence, animosity.

ENCONTRAR [ENKONTRAR] va. to meet, come upon, encounter :: to find :: vr. to feel, be.

ENCONTRONAZO [ENKONTRONAHTHO] m. collision, clash, bump.

ENCOPETADO [ENKOPAYTAHDO] adj. haughty, high and mighty, proud.

ENCORVAR [ENCORVAR] va. to curve, bend :: vr. to bend down :: to stoop.

ENCRESPAR [ENKRESPAR] va. to crisp, curl :: vr. to become rough (el mar).

ENCRUCIJADA [ENKROOTHEHAHAH] f. cross-road.

ENCUADERNAR [ENKOOAHDAIRNAR] va. to bind (un libro) :: **sin —**, unbound.

ENCUADRAR [ENCOOAHDRAR] va. to enclose in a frame :: to encompass :: to fit (into).

ENCUBIERTO [ENKOOBEERTO] f. deceit, fraud :: adj. sly, fraudulent, deceitful.

ENCUBRIDOR [ENKOOBREDOR] m. concealer, procurer :: adj. hiding, concealing.

ENCUBRIR [ENKOOBREER] va. to conceal, cloak, mask, hide.

ENCUENTRO [ENKOOENTRO] m. collision, knock :: unexpected meeting, encounter :: **salir al — de**, to go out to meet.

ENCUESTA [ENCOOESTAH] f. search, inquiry, investigation :: survey.

ENCUMBRADO [ENKOMBRAHDO] adj. high, lofty, overweening.

ENCUMBRAR [ENCOOMBRAR] va. to elevate :: to exalt, extol :: vr. to climb to the top :: to rise up :: to hold oneself high :: to soar.

ENCHARCAR [ENCHARKAR] va. to turn into a puddle or pool.

ENCHUFAR [ENCHOOFAR] vn. (elect.) to plug in :: to telescope :: to fit.

ENCHUFE [ENCHOOFAY] m. socket :: plug :: electric outlet.

ENDEBLE [ENDAYBLAY] adj. weak, frail, feeble.

ENDÉMICO [ENDAYMEKO] adj. (med.) endemic.

ENDEMONIADO [ENDAYMONEAHDO] adj. fiendish, deuced :: possessed.

ENDEREZAR [ENDAYRAYTHAR] va. to straighten, make straight :: to set up, right :: to erect :: to direct, indite :: vr. to rise, straighten up.

ENDEUDARSE [ENDAYOODARSAY] vr. to get into debt, become indebted.

ENDIABLADO [ENDEAHBLAHDO] adj. devilish, deuced, perverse.

ENDIOSAR [ENDEOSAR] va. to deify :: vr. to be stuckup, elated with pride :: to be in a state of fervent devotion.

ENDOSAR [ENDOSAR] va. to endorse.

ENDULZAR [ENDOOLTHAR] va. to sugar, sweeten :: to soften.

ENDURECER [ENDOORAYTHAIR] va. to harden, toughen.

ENEMIGA [AYNAYMEEGAH] f. enmity.

ENEMIGO [AYNAYMEEGO] m. enemy, foe :: adj. inimical, hostile.

ENEMISTAD [AYNAYMISTAHD] f. enmity, hatred.

ENEMISTAR [AYNAYMISTAR] va. to cause enmity between :: **—se con**, to become an enemy of.

ENERGÍA [AYNAIRHEEAH] f. energy, vigour, power.

ENÉRGICO [AYNAIRHEKO] adj. energetic, active, lively.

ENERO [AYNAYRO] m. January.

ENERVAR [AYNERVAR] va. to enervate, weaken.

ENFADAR [EHFAHDAR] va. to vex, offend, anger :: vr. to get angry, be cross, annoyed.

ENFADO [ENFAHDO] m. vexation, huff, irritation.

ENFADOSO [ENFAHDOSO] adj. vexatious, irksome, distasteful.

ENFANGAR [ENFANGAR] va. to soil with mud :: vr. to sink in the mud :: to be mixed in shady business.

ENFARDAR [ENFARDAR] va. to bale, pack, bundle up.

ÉNFASIS [ENFAHSIS] f. emphasis.

ENFÁTICO [ENFAHTEKO] adj. emphatic, positive, pronounced.

ENFERMAR [ENFAIRMAR] vn. to fall ill.

ENFERMEDAD [ENFAIRMAYDAHD] f. illness, disease.

ENFERMERA [ENFERMAYRAH] f. nurse.

ENFERMERÍA [ENFERMAYREEAH] f. infirmary.

ENFERMERO [ENFERMAYRO] m. male nurse.

ENFERMIZO [ENFERMEETHO] adj. sickly :: unhealthy.

ENFERMO [ENFAIRMO] adj. ill :: m. patient.

ENFERVORIZAR [ENFERVORETHAR] va. to encourage, inspire, inflame, heat :: vr. to overheat oneself, grow heated, become fervid.

ENFILAR [ENFELAR] va. (mil.) to line up, enfilade.

ENFLAQUECER [ENFLAHKAYTHAIR] vn. to grow thin, weaken.

ENFOCAR [ENFOCAR] va. to focus.

ENFRASCAR [ENFRASKAR] va. to bottle :: vr. to become entangled or involved :: to be absorbed in or overloaded with work.

ENFRENAR [ENFRAYNAR] va. to bridle, restrain.

ENFRENTAR [ENFRAYNTAR] va. to put face to face :: **—se con**, to confront, face, meet face to face.

ENFRENTE [ENFRENTAY] adv. opposite, facing, straight ahead.

ENFRIAMIENTO [ENFREAHMEENTO] m. cooling :: chill :: refrigeration.

ENFRIAR [ENFREAR] va. to cool, to refresh :: vr. to turn cold, cool off.

ENFUNDAR [ENFOONDAR] va. to put into a case :: to sheathe :: to fill, stuff :: to contain.

ENFURECER [ENFOORAYTHAIR] va. to infuriate :: vr. to grow angry.

ENFURRUÑARSE [ENFOORROONYAR-SAY] vr. to get angy :: to grumble.

ENGALANAR [ENGAHLAHNAR] va. to adorn, bedeck.

ENGANCHAR [ENGAHNCHAR] va. to harness, hitch, couple, connect :: to engage :: to hook, ensnare :: (mil.) to enlist.

ENGANCHE [ENGAHNCHAY] m. hooking :: coupling :: (mil.) draft.

ENGAÑABOBOS [ENGAHNYAHBOBOS] m. (coll.) bamboozler, impostor, trickster :: bamboozle.

ENGAÑAR [ENGAHNYAR] va. to deceive, cheat, swindle, dupe.

ENGAÑIFA [ENGAHNYEEFAH] f. (coll.) catchpenny, humbug :: cheat, trick.

ENGAÑO [ENGAHNYO] m. deceit, imposture, trick, illusion.

ENGAÑOSO [ENGAHNYOSO] adj. deceiful :: tricky :: misleading.

ENGARCE [ENGARTHAY] *m.* linking, catenation, connection :: setting, mounting :: enchasing.

ENGASTE [ENGAHSTAY] *m.* setting, mounting.

ENGATUSAR [ENGAHTOOSAR] *va.* to coax, entice :: to fool.

ENGENDRAR [ENHENDRAR] *va.* to engender, beget, conceive :: to produce.

ENGENDRO [ENHENDRO] *m.* foetus, embryo :: botch, bungle, mess :: stunt, runt.

ENGLOBAR [ENGLOBAR] *va.* to lump together, include :: to englobe.

ENGOLOSINAR [ENGOLOSENAR] *va.* to allure, entice.

ENGOMAR [ENGOMAR] *va.* to glue, gum.

ENGORDAR [ENGORDAR] *va.* to fatten :: *vn.* to grow fat.

ENGORRO [ENGORRO] *m.* bother, nuisance, annoyance, embarrassment.

ENGORROSO [ENGORROSO] *adj.* cumbersome :: bothersome.

ENGRANAJE [ENGRAHNAHHAY] *m.* gear, gearing, mesh :: **palanca de** —, clutch.

ENGRANAR [ENGRAHNAR] *vn.* to put into gear :: to engage.

ENGRANDECER [ENGRAHNDAYTHAIR] *va.* to aggrandise :: to magnify.

ENGRASAR [ENGRAHSAR] *va.* to grease, oil.

ENGRASE [ENGRAHSAY] *m.* grease job.

ENGREÍDO [ENGRAYEEDO] *adj.* conceited, vain.

ENGREIMIENTO [ENGRAYEMEENTO] *m.* conceit, vanity.

ENGROSAR [ENGROSAR] *va.* to enlarge :: to thicken :: to fatten :: to get fat.

ENGRUDO [ENGROODO] *m.* paste, for gluing.

ENGUANTADO [ENGOOANTAHDO] *adj.* gloved.

ENGULLIR [ENGOOLYEER] *va.* to gobble, guzzle, devour.

ENHEBRAR [ENAYBRAR] *va.* to thread *(una aguja)* :: to string *(abalorios)*.

ENHIESTO [ENEESTO] *adj.* straight, upright, erect.

ENHORABUENA [ENORAHBOOAYNAH] *f.* congratulations :: **dar la** —, to congratulate :: *adv.* well and good.

ENIGMA [AYNEEGMAH] *m.* enigma, riddle, puzzle.

ENIGMÁTICO [AYNIGMAHTEKO] *adj.* enigmatic, dark, obscure.

ENJABONAR [ENHAHBONAR] *va.* to soap, lather.

ENJAMBRE [ENHAHMBRAY] *m.* swarm of bees :: crowd.

ENJAULAR [ENHAHOOLAR] *va.* to cage, pen (in), confine.

ENJUAGAR [ENHOOAHGAR] *va.* to rinse.

ENJUAGUE [ENHOOAHGAY] *m.* mouth wash :: rinse :: rinsing :: scheme, plot.

ENJUICIAR [ENHOOETHEAR] *va.* to indict :: to prosecute, bring suit against :: to try *(un caso)* :: to judge.

ENJUNDIA [ENHOONDEAH] *f.* fat, grease :: force, vigor :: substance :: character.

ENJUTO [ENHOOTO] *adj.* dry, dried-up :: lean, spare.

ENLACE [ENLAHTHAY] *m.* bond, ties :: affinity, connection, junction :: link, union, wedding.

ENLADRILLADO [ENLAHDRILLYAHDO] *m.* brickwork :: brick pavement.

ENLATADO [ENLAHTAHDO] *m.* lathwork, batten wall :: battened partition.

ENLATAR [ENLAHTAR] *va.* to can.

ENLAZAR [ENLAHTHAR] *va.* to tie, link, connect :: *vn.* to meet :: *vr.* to marry.

ENLODAR [ENLODAR] *va.* to cover with mud :: to splatter, bemire :: to stain.

ENLOQUECER [ENLOKAYTHAIR] *va.* to drive mad, distract, madden :: *vr.* to become insane, go mad.

ENLOSADO [ENLOSAHDO] *m.* flagstone paving :: tile floor.

ENLOSAR [ENLOSAR] *va.* to pave with flagstones.

ENLUCIR [ENLOOTHEER] *va.* to plaster, parget :: to polish.

ENLUTAR [ENLOOTAR] *va.* to put on mourning :: to darken.

ENMARAÑAR [ENMARAHNYAR] *va.* to entangle, enmesh, snarl :: to puzzle, confound.

ENMASCARAR [ENMAHSKAHRAR] *va.* to mask, disguise :: *vr.* to masquerade.

ENMENDAR [ENMENDAR] *va.* to amend :: to correct, set right :: to repair :: *vr.* to turn over a new leaf.

ENMIENDA [ENMEENDAH] *f.* amendment :: compensation.

ENMOHECERSE [ENMOAYTHERSAY] *vr.* to fade away, disappear :: to get moldy, mildew, rust.

ENMUDECER [ENMOODAYTHAIR] *vn.* to become dumb :: *vr.* to grow silent, be hushed.

ENNEGRECER [ENNAYGRAYTHAIR] *va.* to blacken, darken.

ENNOBLECER [ENNOBLAYTHER] *va.* to ennoble :: to adorn, embellish, brighten :: *vr.* to become ennobled.

ENOJADIZO [AYNOHAHDEETHO] *adj.* peevish, testy, crabbed :: huffy.

ENOJADO [AYNOHAHDO] *adj.* angry.

ENOJAR [AYNOHAR] *va.* to annoy, vex, put out :: *vr.* to become angry :: to get ruffled.

ENOJO [AYNOHO] *m.* anger :: annoyance.

ENOJOSO [AYNOHOSO] *adj.* troublesome, provoking, annoying.

ENORGULLECER [ENORGOOLLYAYTHER] *va.* to fill with pride :: *vr.* to swell up with pride :: to be proud .

ENORME[•] [AYNORMAY] *adj.* enormous, huge, vast :: wicked.

ENORMIDAD [AYNORMEDAHD] *f.* enormity :: monstrous thing :: frightful deed.

ENRARECER [ENRAHRAYTHAIR] *va.* to rarefy :: to dilute :: *vr.* to grow thin.

ENREDADERA [ENRAYDAHDAYRAH] *f. (bot.)* climbling plant, vine :: bindweed :: *adj.* climbing.

ENREDADO [ENRAYDAHDO] *adj.* entangled, involved.

ENREDAR [ENRAYDAR] *va.* to tangle, embroil, enmesh, ensnare, confuse, involve.

ENREDO [ENRAYDO] *m.* tangle :: maze :: entanglement, pickle :: liaison :: plot.

ENREJADO [ENRAYHAHDO] *m.* railing, frame, trellis.

ENREVESADO [ENRAYVAYSAHDO] *adj.* turned around :: intrincate, complicated :: unruly .

ENRIQUECER [ENREKAYTHAIR] *va.* to enrich :: *vr.* to grow, get rich.

ENROJECER [ENROHAYTHAIR] *va.* to redden :: *vr.* to blush.

ENROLLAR [ENROLYAR] *va.* to roll, coil, wind.

ENRONQUECER [ENRONKAYTHERR] *va.* to make hoarse :: *vr. & vn.* to become hoarse, hoarsen.

ENROSCAR [ENROSKAR] *va.* to twine, wreathe, twirl, wrap around.

ENSALADA [ENSAHLAHDAH] *f.* salad.

ENSALADERA [ENSAHLAHDAYRAH] *f.* salad bowl or dish.

ENSALADILLA [ENSAHLAHDEELLYAH] *f.* vegetable or potatoe salad :: hodgepodge.

ENSALMAR [ENSAHLMAR] *va.* to set :: to enchant by spells.

ENSALZAR [ENSALTHAR] *va.* to exalt, praise.

ENSAMBLAR [ENSAMBLAR] *va.* to assemble, join together, connect, couple :: to scarf, dovetail, mortise.

ENSANCHAR [ENSANCHAR] va. to widen, enlarge :: vr. to expand :: to puff up.

ENSANCHE [ENSAHNCHAY] m. widening :: extension, enlargement :: outskirts of town :: room to let out (sew.).

ENSANGRENTADO [ENSANGRENTAHDO] adj. gory, bloody.

ENSANGRENTAR [ENSANGRENTAR] va. to stain with blood :: vr. to be covered with blood :: to get red with anger.

ENSAÑAR [ENSAHNYAR] va. to enrage :: vr. to be furious, give vent to rage, wreak one's anger :: to pursue fiercely.

ENSARTAR [ENSARTAR] va. to string, thread, file.

ENSAYAR [ENSAHYAR] va. to test, attempt, try :: to prove, assay :: to rehearse.

ENSAYO [ENSAHYO] m. trial, attempt :: rehearsal :: test :: experiment :: essay.

ENSENADA [ENSAYNAHDAH] f. small bay, cove, inlet.

ENSEÑA [ENSAYNYAH] f. ensign, standard.

ENSEÑANZA [ENSAYNYAHNTHAH] f. teaching, education, instruction :: **primera** —, primary, elementary education :: **segunda** —, secondary education :: — **superior**, higher education.

ENSEÑAR [ENSAYNYAR] va. to teach :: to show.

ENSEÑOREAR [ENSAYNYORAYAR] va. to put in possession :: to domineer, lord over :: vr. to control oneself :: to take possession.

ENSERES [ENSAYRES] m. pl. chattels, implements :: — **de tocador**, toilet articles.

ENSILLAR [ENSELYAR] va. to saddle.

ENSIMISMADO [ENSEMISMAHDO] adj. engrossed, absorbed :: lost in thought.

ENSIMISMARSE [ENSEMEESMARSAY] vr. to become absorbed in thought.

ENSOBERBECER [ENSOBERBAYTHERR] va. to make proud, elate :: vr. to become proud, haughty or arrogant :: to become insolent.

ENSORDECEDOR [ENSORDAYTHEDOR] adj. deafening.

ENSORDECER [ENSORDAYTHAIR] va. to deafen, stun.

ENSORTIJADO [ENSORTHEHAHDO] adj. covered with rings.

ENSUCIAR [ENSOOTHEAR] va. to soil, befoul, defile :: vr. to foul

oneself.

ENSUEÑO [ENSOOAYNYO] m. illusion, dream.

ENTABLAR [ENTAHBLAR] va. to cover with boards :: to initiate :: to strike up (una conversación) :: to bring (una acción) :: to put on a splinter :: to place (en ajedrez).

ENTABLILLAR [ENTAHBLILLYAR] va. to splint.

ENTALLAR [ENTAHLYAR] va. to carve, engrave :: vn. to fit close to body.

ENTARIMADO [ENTAHREMAHDO] m. hardwood or inlaid floor, parquetry.

ENTE [ENTAY] m. entity, being :: "guy".

ENTENDER [ENTENDAIR] va. to understand :: to know :: to be aware :: **dar a** —, to imply :: **a mí** —, in my opinion :: vr. to be agreed, get along (well) together.

ENTENDIDO• [ENTENDEEDO] adj. learned, wise, well-informed :: **darse por** —, to take a hint.

ENTENDIMIENTO [ENTENDEMEENTO] m. intellect :: comprehension, understanding :: judgement.

ENTERADO [ENTAYRAHDO] adj. informed :: aware.

ENTERAR [ENTAYRAR] va. to inform, acquaint, advise, make known :: vr. to be informed, get to know, find out.

ENTEREZA [ENTAYRAYTHAH] f. entirety :: integrity :: constancy, fortitude.

ENTERNECEDOR [ENTERNAYTHEDOR] adj. touching, moving, pitiful.

ENTERNECER [ENTAIRNAYTHAIR] va. to make tender :: vr. to be moved.

ENTERO [ENTAYRO] adj. flawless, entire :: unassailabe, incorruptible :: whole, complete :: robust :: just.

ENTERRADOR [ENTERRAHDOR] m. gravedigger :: sexton.

ENTERRAMIENTO [ENTERRAHMEENTO] m. interment, burial, funeral :: grave, tomb.

ENTERRAR [ENTAIRRAR] va. to inter, lay in earth, bury.

ENTIBIAR [ENTEBEAR] va. to take the chill off :: to moderate.

ENTIDAD [ENTEDAHD] f. entity, being :: consequence, worth, consideration, value :: organisation, firm.

ENTIERRO [ENTEAIRRO] m. burial, funeral, interment.

ENTONACIÓN [ENTONAHTHEON] f.

intonation :: blowing organbellows.

ENTONAR [ENTONAR] va. to sing in tune :: to intone :: to blow organ-bellows.

ENTONCES [ENTONTHES] adv. then, at that time :: therefore :: **en aquel** —, in those days, at that time.

ENTORNAR [ENTORNAR] va. to halfclose, to leave ajar :: to roll (los ojos).

ENTORPECER [ENTORPAYTHAIR] va. to blur, clog, make stupid :: to numb :: to obstruct.

ENTORPECIMIENTO [ENTORPAYTHEMEENTO] m. numbness :: dullness :: delay, obstruction.

ENTRADA [ENTRAHDAH] f. ingress, entrance, entry, door :: approach :: entry :: revenue :: **derechos de** —, import duties :: **prohibida la** —, no admittance :: pl. temples.

ENTRAMBOS [ENTRAHMBOS] adj. pl. both.

ENTRAMPAR [ENTRAMPAR] va. to trap, ensnare :: to trick :: to burden with debts :: vr. to get trapped or entangled :: to run into debt.

ENTRANTE [ENTRAHNTAY] m. entrant :: adj. entering :: next, coming.

ENTRAÑA [ENTRAHNYAH] f. entrail :: innermost recess :: heart :: disposition, temper :: —**s**, entrails, "innards", insides.

ENTRAÑABLE• [ENTRAHNYAHBLAY] adj. affectionate :: dearly loved :: inseparable.

ENTRAÑAR [ENTRAHNYAR] va. to bury deep :: to contain, involve, carry within :: vr. to be deeply buried :: to become close or intimate.

ENTRAR [ENTRAR] vn. to come in, get into, go in :: to enter :: to fit into :: to begin :: to penetrate, make an entry :: to get at (el enemigo).

ENTRE [ENTRAY] prep. between, among, amongst :: — **manos**, in hand :: — **tanto**, meanwhile.

ENTREABRIR [ENTRAYAHBREER] va. to half-open.

ENTREACTO [ENTRAYAHCTO] m. intermission :: intermezzo :: small cigar.

ENTRECEJO [ENTRAYTHAYHO] m. frown :: space between the eyebrows.

ENTRECORTADO• [ENTRAYCORTAHDO] adj. hesitating, faltering (habla) :: breathless, choking.

ENTRECORTAR [ENTRAYCORTAR] va.

to cut halfway through or in between :: to interrupt at intervals.

ENTRECRUZARSE [ENTRAYCROO-THARSAY] *vr.* to intercros, interlace, interweave :: to interbreed.

ENTREDICHO [ENTRAYDEECHO] *m.* ban, prohibition.

ENTREGA [ENTRAYGAH] *f.* delivery :: surrender :: issue, part, instalment *(de un libro)* :: **novela por —s**, serial.

ENTREGAR [ENTRAYGARI] *va.* to deliver, hand over, surrender, yield, give up :: *vr.* to give oneself up :: to surrender :: **— a**, to devote oneself to, abandon oneself to.

ENTRELAZAR [ENTRAYLAHTHAR] *va.* to entwine, interlace.

ENTREMÉS [ENTRAYMES] *m.* interlude, farce.

ENTREMETER [ENTRAYMAYTER] *va.* to insert :: to place between :: *vr.* to meddle :: to intrude.

ENTREMETIDO [ENTRAYMAYTEEDO] *adj.* "pushing" :: *m.* intruder :: busy-body, meddler.

ENTREMEZCLAR [ENTRAYMETHCLAR] *va. & vr.* to intermingle, intermix, interweave.

ENTRENADOR [ENTRAYNAHDOR] *m.* trainer.

ENTRENAMIENTO [ENTRAYNAMEENTO] *m.* training, drill.

ENTRENAR [ENTRAYNAR] *va.* to train, drill :: *vr.* to train.

ENTREOÍR [ENTRAYOEER] *va.* to hear vaguely or indistinctly, halfhear.

ENTRESACAR [ENTRAYSAHKAR] *va.* to select, cull, make choice between :: to sift, winnow.

ENTRESUELO [ENTRAYSOOAYLO] *m.* entresol, mezzanine.

ENTRETANTO [ENTRAYTAHNTO] *adv.* meanwhile.

ENTRETELA [ENTRAYTAYLAH] *f.* interlining :: buckram :: *pl. (coll.)* heartstrings, inmost being.

ENTRETENER [ENTRAYTAYNAIR] *va.* to entertain, keep occupied, beguile, while away, amuse :: to keep someone too long :: to maintain :: to put off.

ENTRETENIDO [ENTRAYTAYNEEDO] *adj.* amusing, pleasant.

ENTRETENIMIENTO [ENTRAYTAYNE-MEENTO] *m.* recreation, amusement, entertainment :: upkeep, maintenance, preservation.

ENTRETIEMPO [ENTRAYTEEMPO] *m.* spring or autumn, between-season.

ENTREVER [ENTRAYVAIR] *va.* to have a glimpse of, discern.

ENTREVISTA [ENTRAYVISTAH] *f.* interview :: conference.

ENTREVISTAR [ENTRAYVEESTAR] *va.* to interview.

ENTRISTECER [ENTRISTAYTHAIR] *va.* to sadden :: to cause affliction :: *vr.* to grow sad, grieve.

ENTUMECER [ENTOOMAYTHAIR] *va.* to benumb :: *vr.* to swell, be bloated, puffed up.

ENTURBIAR [ENTOORBEAR] *va.* to trouble, make muddy :: to obscure.

ENTUSIASMAR [ENTOOSEAHSMAR] *va.* to enrapture, captivate :: *vr.* to be enthusiastic, get excited about.

ENTUSIASMO [ENTOOSEAHSMO] *m.* enthusiasm.

ENTUSIASTA [ENTOOSEAHSTAH] *m. & f.* enthusiast.

ENUMERACIÓN [AYNOOMAYRATHEON] *f.* enumeration, counting.

ENUMERAR [AYNOOMAYRAR] *va.* to enumerate, count up.

ENUNCIACIÓN [AYNOONTHEAHTHEON] *f.* enunciation, statement, declaration.

ENUNCIAR [AYNOONTHEAR] *va.* to state, express.

ENVAINAR [ENVAHENAR] *va.* to sheathe.

ENVALENTONAR [ENVAHLENTONAR] *va.* to encourage, embolden :: *vr.* to pluck up courage, become courageous.

ENVANECER [ENVAHNAYTHAIR] *va.* to puff up :: *vr.* to grow vain *or* bumptious.

ENVARAMIENTO [ENVAHRAHMEENTO] *m.* numbness, stiffness, deadness.

ENVASAR [ENVAHSAR] *va.* to pack, put up in any container :: to bottle :: to can.

ENVASE [ENVAHSAY] *m.* filling, bottling :: packing case, cask, vessel :: container, bag.

ENVEJECER [ENVAYHAYTHAIR] *va.* to make old :: *vr.* to grow old.

ENVEJECIDO [ENVAYHAYTHEDO] *adj.* old, aged, old-looking, old-fashioned :: experienced, tired :: accustomed, habituated.

ENVENENAMIENTO [ENVAYNAYNAH-MEENTO] *m.* poisoning.

ENVENENAR [ENVAYNAYNAR] *va.* to poison.

ENVERGADURA [ENVERGADOORAH] *f.* span *(de un avión)* :: *(ornith)* spread :: *(naut.)* breadth.

ENVÉS [ENVES] *m.* wrong side :: flat, back, blow.

ENVIADO [ENVEAHDO] *m.* envoy, nuncio.

ENVIAR [ENVEAR] *va.* to send :: to convey :: to remit :: **— a paseo**, to send someone about his business, send packing.

ENVICIAR [ENVETHEAR] *va.* to corrupt, vitiate.

ENVIDIA [ENVEEDEAH] *f.* grudge, envy :: spite.

ENVIDIABLE [ENVEDEAHBLAY] *adj.* enviable, desirable.

ENVIDIAR [ENVEDEAR] *va.* to begrudge :: to envy :: to covet.

ENVILECER [ENVELAYTHAIR] *va.* to debase, disgrace :: *vr.* to grovel.

ENVILECIMIENTO [ENVELAYTHEMEEN-TO] *m.* vilification, debasement, degradation :: cringing, groveling.

ENVÍO [ENVEEO] *m.* remittance :: sending :: consignment, shipment.

ENVITE [ENVEETAY] *m.* stake *(en naipes)* :: offer, invitation :: push, shove :: side bet.

ENVOLTORIO [ENVOLTOREO] *m.* bundle, package.

ENVOLTURA [ENVOLTOORAH] *f.* wrapper, swaddling-clothes :: cover(ings), wrapping(s).

ENVOLVER [ENVOLVAIR] *va.* to do up, wrap up, tie up :: to cover :: to involve, imply, include.

ENVUELTO [ENVOOELTO] *adj.* wrapped, enveloped.

ENYESAR [ENYAYSAR] *va.* to plaster :: to mix plaster with.

ENZARZAR [ENTHARTHAR] *va.* to involve, involve in a dispute :: *vr.* to squabble, wrangle.

ÉPICO [AYPEKO] *adj.* epic, heroic.

EPIDEMIA [AYPEDAYMEAH] *f.* epidemic.

EPIDÉMICO [AYPEDAYMEKO] *adj.* epidemical, epidemic.

EPIDERMIS [AYPEDERMIS] *f. (anat.)* epidermis.

EPIFANÍA [AYPEFAHNEEAH] *f. (eccl.)* epiphany.

EPÍGRAFE [AYPEEGRAHFAY] *m.* epigraph :: headline :: inscription, title.

EPILEPSIA [AYPELEPSEAH] *f. (med.)* epilepsy.

EPISCOPADO [AYPISCOPAHDO] *m.* episcopate.

EPISCOPAL [AYPISCOPAHL] *adj.* episcopal.

EPISODIO [AYPESODEO] *m.* episode.

EPÍSTOLA [AYPISTOLAH] *f.* letter :: epistle.

EPISTOLAR [AYPISTOLAR] *adj.* epistolary, epistolic.

EPITAFIO [AYPETAHFEO] *m.* epitaph.

EPÍTETO [AYPEETAYTO] *m.* epithet.

ÉPOCA [AYPOKAH] f. epoch, era, season, period, time(s).

EPOPEYA [AYPOPAYYAH] f. epic poem.

EQUIDAD [AYKEDAHD] f. equity, justice, fairness.

EQUIDISTANTE [AYKEDISTAHNTAY] adj. equidistant, equally distant, halfway, midway.

EQUIDISTAR [AYKEDISTAR] vn. to be equidistant.

EQUILIBRAR [AYKELEBRAR] va. to balance, poise.

EQUILIBRIO [AYKELEEBREO] m. balance, poise, equilibrium.

EQUILIBRISTA [AYKELEBREESTAH] m. & f. acrobat.

EQUINOCCIO [AYKENOCTHEO] m. equinox.

EQUIPAJE [AYKEPAHHAY] m. luggage, baggage, traps, bags.

EQUIPAR [AYKEPAR] va. to equip, fit out.

EQUIPARABLE [AYKEPAHRAHBLAY] adj. comparable.

EQUIPARAR [AYKEPARAR] va. to compare, match :: to make equal, equalize.

EQUIPO [AYKEEPO] m. outfit, equipment :: team :: shift.

EQUITACIÓN [AYKETAHTHEON] f. horsemanship :: horseback riding.

EQUITATIVO [AYKETAHTEEVO] adj. equitable, fair, just, reasonable.

EQUIVALENCIA [AYKEVAHLENTHEAH] f. equivalence :: compensation.

EQUIVALENTE [AYKEVAHLENTAY] adj. equivalent.

EQUIVALER [AYKEVAHLAIR] vn. to be equal, be equivalent :: to amount to.

EQUIVOCACIÓN [AYKEVOKAHTHEON] f. mistake, error, slip, blunder: misunderstanding.

EQUIVOCADO [AYKEVOCAHDO] adj. mistaken.

EQUIVOCAR [AYKEVOCAR] va. to mistake :: vr. to be mistaken :: to make a mistake.

EQUÍVOCO [AYKEEVOKO] adj. ambiguous, uncertain, compromising, questionable, with double meaning.

ERA [AYRAH] f. era, epoch :: vegetable patch :: threshingfloor.

ERARIO [AYRAHREO] m. exchequer.

ERECCIÓN [AYRECTHEON] f. erection, raising, elevation.

EREMITA [AYRAYMEETAH] m. hermit, recluse.

ERGUIR [AIRGHEER] va. to erect, stiffen, stand erect.

ERIAL [AYREAHL] m. uncultivated land, moorland, wilderness :: adj. unplowed, untilled, barren.

ERIGIR [AYREHEER] va. to erect,

build, set up :: vr. to rise up.

ERIZAR [AYRETHAR] va. to set on end, make bristle :: vr. to bristle :: to stand on end (el pelo).

ERIZO [AYREETHO] m. hedgehog :: sea-urchin.

ERMITA [ERMEETAH] f. hermitage.

ERMITAÑO [ERMETAHNYO] m. hermit.

EROSIÓN [AYROSEON] f. erosion.

ERÓTICO [AYROTECO] adj. erotic, erotical, amatory.

EROTISMO [AYROTEESMO] m. erotism, sensuality.

ERRADICAR [ERRAHDECAR] va. to erradicate.

ERRADO [ERRAHDO] adj. mistaken :: unwise, unbecoming :: erring.

ERRANTE [ERRAHNTAY] adj. errant, roving, wandering.

ERRAR [AIRRAR] vn. to roam, wander about :: to miss :: to err, sin, go astray.

ERRATA [ERRAHTAH] f. misprint, printer's error.

ERRÓNEO [ERRONAYO] adj. erroneous, mistaken, wrong, incorrect.

ERROR [AIRROR] m. error, mistake, fault, miscalculation :: fallacy.

ERUCTAR [AYROOCTAR] vn. to belch.

ERUCTO [AYROOCTO] m. belch.

ERUDICIÓN [AYROODETHEON] f. erudition, learning, knowledge.

ERUDITO [AYROODEETO] adj. erudite, scholarly, learned :: m. scholar.

ERUPCIÓN [AYROOPTHEON] f. eruption :: outburst :: rash.

ESA [AYSAH] f. adj. that :: dem. pron. that one.

ESBELTO [ESBELTO] adj. tall, slim and well shaped.

ESBIRRO [ESBIRRO] m. constable, bailiff.

ESBOZAR [ESBOTHAR] va. to sketch, outline.

ESBOZO [ESBOTHO] m. sketch :: rough draft.

ESCABECHE [ESKAHBAYCHAY] m. pickle :: soused fish.

ESCABROSO [ESKAHBROSO] adj. rugged, slippery, dangerous :: thorny, unpleasant.

ESCABULLIRSE [ESKAHBOOLYEER-SAY] vr. to scamper off, sneak off, slink off, slip away.

ESCALA [ESKAHLAH] f. ladder, scale :: (naut.) hacer — en, to call at.

ESCALAR [ESCAHLAR] va. to scale :: to climb.

ESCALERA [ESKAHLAYRAH] f. staircase, stair :: ladder :: — de caracol, spiral staircase.

ESCALOFRÍO [ESCAHLOFREEO] m. chill :: —s, chills and fever.

ESCALÓN [ESKAHLON] m. step ::

stage, grade, degree.

ESCAMA [ESKAHMAH] f. (zool, bot.) scale :: (fig.) suspicion.

ESCAMOSO [ESCAHMOSO] adj. scaly.

ESCAMOTEAR [ESCAHMOTAYAR] va. to whisk out of sight :: to steal or snatch away with cunning :: to conceal by a trick of sleight of hand.

ESCAMPAR [ESCAMPAR] va. to clear out :: vn. to stop, ease up :: to stop raining.

ESCANDALIZAR [ESCANDAHLETHAR] va. to scandalize, shock :: vr. to be shocked.

ESCÁNDALO [ESKAHNDAHLO] m. scandal, row, rowdiness.

ESCANDALOSO [ESCANDAHLOSO] adj. scandalous, shocking.

ESCAÑO [ESKAHNYO] m. bench, settle.

ESCAPAR [ESKAHPAR] vn. to escape, get away :: vr. to make a getaway, slip off, fly :: se me escapó, I overlooked (that).

ESCAPARATE [ESKAHPAHRAHTAY] m. cupboard :: show-case, shopwindow.

ESCAPE [ESKAHPAY] m. flight, evasion, escape :: lever, escapement :: release :: a —, speedily, at speed :: no hay —, there is no way out.

ESCARABAJO [ESCAHRAHBAHHO] m. black beetle.

ESCARAMUZA [ESKAHRAHMOOTHAH] f. skirmish.

ESCARAPELA [ESKAHRAHPAYLAH] f. cockade, badge.

ESCARBAR [ESCARBAR] va. to scrape, scratch :: to dig out :: to pry into, investigate.

ESCARCEO [ESCARTHAYO] m. (naut.) small bubbling waves, ripple :: pl. prancing.

ESCARCHA [ESKARCHAH] f. white frost, rime.

ESCARDAR [ESCARDAR] va. to weed :: to weed out.

ESCARLATA [ESKARLAHTAH] f. & adj. scarlet.

ESCARLATINA [ESKARLAHTEENAH] f. (med.) scarlet-fever.

ESCARMENTAR [ESKARMENTAR] vn. to learn by hard experience :: va. to punish as example, teach a lesson to.

ESCARMIENTO [ESCARMEENTO] m. lesson, example, warning :: punishment.

ESCARNECER [ESKARNAYTHAIR] va. to scoff, jeer, sneer.

ESCARNIO [ESKARNEO] m. scorn, derision, mockery.

ESCAROLA [ESKAHROLAH] f. endive.

ESCARPA [ESCARPAH] f. scarp, escarpment.

ESCARPADO [ESKARPAHDO] adj. steep, rugged, craggy.

ESCASEAR [ESCAHSAYAR] va. to be scarce :: to grow less, become scarce :: to stint.

ESCASEZ [ESCAHSETH] f. scarcity, lack, scantiness.

ESCASO° [ESKAHSO] adj. scarce, rare :: spare, meagre :: scanty.

ESCATIMAR [ESKAHTEMAR] va. to pinch, skimp :: to haggle :: to reduce, lessen :: to be sparing.

ESCAYOLA [ESCAHYOLAH] f. stucco :: scagliola :: gesso.

ESCENA [ESTHAYNAH] f. scene, stage scenery :: view, sight :: **director de** —, producer.

ESCENARIO [ESTHAYNAHREO] m. stage.

ESCEPTICISMO [ESTHEPTETHEESMO] m. scepticism.

ESCÉPTICO [ESTHEPTEKO] adj. sceptic, sceptical.

ESCINDIR [ESTHENDER] va. to split.

ESCISIÓN [ESTHESEON] f. scission, fission :: schism :: excision.

ESCLARECER [ESKLAHRAYTHAIR] va. to explain, make clear :: to ennoble.

ESCLARECIDO° [ESKLAHRAYTHEEDO] adj. illustrious, eminent, conspicuous.

ESCLARECIMIENTO [ESCLAHRAYTHE-MEENTO] m. clarification, illumination, illustration :: worth, nobility.

ESCLAVITUD [ESKLAHVETOOD] f. slavery, servitude, thralldom.

ESCLAVIZAR [ESCLAHVETHAR] va. to enslave.

ESCLAVO [ESKLAHVO] m. slave, drudge.

ESCLUSA [ESKLOOSAH] f. lock, dam, weir.

ESCOBA [ESKOBAH] f. broom :: **mango (palo) de** —, broomstick.

ESCOBAZO [ESCOBAHTHO] m. blow with a broom :: sweep :: **echar a** —**s**, to dismiss roughly.

ESCOBILLA [ESCOBEELLYAH] f. small broom, brush, whisk :: (elect.) brush.

ESCOCER [ESKOTHAIR] vn. to feel a smart pain :: vr. to smart.

ESCOCÉS [ESCOTHES] adj. scotch, scottish.

ESCOGER [ESKOHAIR] va. to choose, elect, pick out, select.

ESCOGIDO [ESCOHEEDO] adj. selected, chosen :: choice, select.

ESCOGIMIENTO [ESKOHEMEENTO] m. selection, choice.

ESCOLAR [ESKOLAR] adj. **vida** —,

life at school :: m. student.

ESCOLTA [ESKOLTAH] f. escort, safeguard, convoy :: — **real**, Household Cavalry.

ESCOLTAR [ESCOLTAR] va. to escort :: to convoy.

ESCOLLO [ESCOLLYO] m. reef :: danger :: obstacle.

ESCOMBRO [ESKOMBRO] m. rubbish :: pl. debris, dust, ruins, litter.

ESCONDER [ESKONDAIR] va. to hide, conceal, stow away :: vr. to lurk, hide.

ESCONDIDO [ESCONDEDO] adj. hidden, out of the way, secret, occult.

ESCONDITE [ESKONDEETAY] m. hiding-place :: game of hide-and-seek.

ESCONDRIJO [ESCODREEHO] m. hiding place, recess, concealment :: nook.

ESCOPETA [ESKOPAYTAH] f. shotgun, fowling-piece.

ESCOPLO [ESKOPLO] m. chisel.

ESCORAR [ESCORAR] va. (naut.) to shore up :: vn. to reach low tide :: to list, heel.

ESCORBUTO [ESCORBOOTO] m. (med.) scurvy, scorbutus.

ESCORIA [ESKOREAH] f. refuse, dross, scum :: slag, clinker.

ESCORPIÓN [ESKORPEON] m. scorpion.

ESCOTE [ESKOTAY] m. low neck, décolletage :: share :: pool, club.

ESCOTILLA [ESKOTEELYAH] f. (naut.) hatchway.

ESCOZOR [ESKOTHOR] m. smart, pain.

ESCRIBANO [ESKREBAHNO] m. registrar, magistrate's clerk :: — **del número**, notary public.

ESCRIBIENTE [ESKREBEENTAY] m. amanuensis, clerk.

ESCRIBIR [ESKREBEER] va. to write :: **máquina de** —, typewriter.

ESCRITO [ESKREETO] m. writing, manuscript :: adj. written :: **poner por** —, to commit to writing.

ESCRITOR [ESKRETOR] m. writer, author.

ESCRITORIO [ESKRETOREO] m. writing-desk, bureau :: office.

ESCRITURA [ESKRETOORAH] f. deed, document :: writting :: — **de venta**, deed of sale :: **sagrada** —, the Scriptures, Holy Writ.

ESCRÚPULO [ESKROOPOOLO] m. scruple :: aqueamishness :: hesitation.

ESCRUPULOSO [ESCROOPOOLOSO]

adj. scrupulous :: particular, exact.

ESCRUTAR [ESKROOTAR] va. to scrutinize :: to count (votos).

ESCRUTINIO [ESCROOTEENEO] m. scrutiny, careful inspection.

ESCUADRILLA [ESCOOAHDREELYAH] f. squadron, escuadrile.

ESCUADRÓN [ESCOOAHDRONE] m. squadron.

ESCUÁLIDO° [ESCOOAHLEDO] adj. squalid, filthy :: thin, emaciated.

ESCUCHAR [ESKOOCHAR] va. to listen to, heed, mind :: to hear.

ESCUDAR [ESCOODAR] va. to shield, guard from danger, protect, defend :: vr. to take shelter.

ESCUDERO [ESCOODAYRO] m. squire.

ESCUDO [ESKOODO] m. shield, buckler :: coat-of-arms :: protection, defence :: coin.

ESCUDRIÑAR [ESCOODRENYAR] va. to scrutinize, search, pry into.

ESCUELA [ESKOOAYLAH] f. school, school-house :: doctrine.

ESCUETO° [ESKOOAYTO] adj. bare, clean, reduced to bare bones :: solitary.

ESCULPIR [ESKOOLPEER] va. to carve, engrave.

ESCULTOR [ESKOOLTOR] m. sculptor.

ESCULTURA [ESKOOLTOORAH] f. sculpture.

ESCULTURAL [ESCOOLTOORAHL] adj. sculptural, statuesque, sculpturesque.

ESCUPIDERA [ESKOOPEDAYRAH] f. spittoon.

ESCUPIR [ESKOOPEER] va. & n. to spit, spit out.

ESCURRIDIZO [ESCOORREDEETHO] adj. slippery.

ESCURRIR [ESKOORREER] va. to drain :: to wring :: vr. to slip out :: — **el bulto**, to pass the can, dodge the consequences.

ÉSE [AYSAY] pron. ese, that one.

ESENCIA [AYSENTHEAH] f. essence :: perfume :: petrol.

ESENCIAL° [AYSENTHEAHL] adj. essential.

ESFERA [ESFAYRAH] f. sphere, globe, circle.

ESFÉRICO [ESFAYRECO] adj. spherical.

ESFINGE [ESFINHAY] f. sphinx, hawhmoth.

ESFORZADO° [ESFORTHAHDO] adj. strong :: valiant :: courageous.

ESFORZAR [ESFORTHAR] va. to encourage, stimulate :: make an effort to, try to :: vr. to endeavour.

ESFUERZO [ESFOOAIRTHO] m. effort, exertion.

ESFUMAR [ESFOOMAR] va. to stump :: to tone down, soften :: vr. to fade away, disappear.

ESGRIMA [ESGREEMAH] f. fencing.

ESGRIMIR [ESGREMEER] va. to brandish, wield :: to swing (un argumento) :: to fend off :: vn. to fence.

ESGUINCE [ESGEENTHAY] m. dodge, duck :: sprain, twist :: feint.

ESLABÓN [ESLAHBOON] m. link (de una cadena) :: (fig.) steel .

ESLORA [ESLORAH] f. (naut.) length.

ESMALTAR [ESMALTAR] va. to enamel :: to adorn, embellish.

ESMALTE [ESMAHLTAY] m. enamel.

ESMERADO° [ESMAYRAHDO] adj. careful, painstaking, refined, exquisite, delicate.

ESMERALDA [ESMAYRAHLDAH] f. emerald.

ESMERAR [ESMAYRAR] va. to polish, clean :: vr. to strive, take special pains, use great care.

ESMERO [ESMAYRO] care, carefulness :: neatness :: polish :: **con el mayor —**, with the greatest care.

ESO [AYSO] pron. neut. dem. that.

ESÓFAGO [AYSOFAHGO] m. (anat.) esophagus, gullet.

ESPABILAR [ESPAHBELAR] va. to trim, snuff.

ESPACIAR [ESPAHTHEAR] va. to put space in between :: to distance :: vr. to dilate :: to cheer up :: to take one's ease.

ESPACIO [ESPAHTHEO] m. space, room :: slowness :: interval.

ESPACIOSO [ESPAHTHEOSO] adj. spacious :: slow.

ESPADA [ESPAHDAH] f. sword, rapier :: swordsman, blade.

ESPALDA [ESPAHLDAH] f. back, shoulders :: **a —s**, on the back :: **a —s de**, behind the back of.

ESPALDAR [ESPAHLDEELYAH] m. back (de una silla), back-plate (de una armadura).

ESPALDARAZO [ESPALDAHRAHTHO] m. slap on the back :: accolade.

ESPANTADIZO [ESPAHNTAHDEETHO] adj. shy, timid, fearful.

ESPANTAJO [ESPAHNTAHHO] m. scarecrow.

ESPANTAPÁJAROS [ESPANTAPAHA-ROS] m. scarecrow.

ESPANTAR [ESPAHNTAR] va. to frighten, scare :: vr. to be frightened, be afraid.

ESPANTO [ESPAHNTO] m. fright, terror :: astonishment.

ESPANTOSO° [ESPAHNTOSO] adj. frightful, horrible.

ESPAÑOL [ESPÁHNYOLE] m. & adj. spanish.

ESPARADRAPO [ESPAHRAHDRAHPO] m. court-plaster, sticking-plaster.

ESPARCIDO [ESPARTHEEDO] adj. scattered.

ESPARCIMIENTO [ESPARTHEMEEENTO] m. scattering, spreading, dissemination, dispersion :: relaxation, diversion, recreation.

ESPARCIR [ESPARTHEER] va. to scatter, spread :: vr. to spread oneself :: make merry.

ESPÁRRAGO [ESPARRAHGO] m. asparagus.

ESPARTO [ESPARTO] m. esparto grass.

ESPASMO [ESPAHSMO] m. spasm.

ESPÁTULA [ESPAHTOOLAH] f. spatula.

ESPECIA [ESPAYTHEAH] f. spice :: condiment.

ESPECIAL° [ESPAYTHEAHL] adj. special.

ESPECIALIDAD [ESPAYTHEALEDAHD] f. speciality.

ESPECIALISTA [ESPAYTHEAHLEESTAH] m. & f. specialist.

ESPECIALIZAR [ESPAYTHEAHLETHAR] va. to specialize :: **—se en**, to specialize in.

ESPECIE [ESPAYTHEAY] f. kind, species, class :: incident :: news.

ESPECIERÍA [ESPAYTHEAYREEAH] f. grocery :: spices.

ESPECIERO [ESPAYTHEAYRO] m. spicer :: grocer.

ESPECIFICACIÓN [ESPAYTHEFECA-THEON] f. specification, minute enumeration.

ESPECIFICAR [ESPAYTHEFEKAR] va. to specify, itemize detail.

ESPECÍFICO° [ESPAYTHEEFECO] adj. specific.

ESPÉCIMEN [ESPAYTHEMEN] m. specimen, sample.

ESPECTACULAR [ESPECTAHCOOLAR] adj. spectacular.

ESPECTÁCULO [ESPEKTAHKOOLO] m. spectacle, show, sight.

ESPECTADOR [ESPEKTAHDOR] m. spectador, looker-on.

ESPECTRO [ESPEKTRO] m. spectre, ghost, phantom.

ESPECULACIÓN [ESPAYCOOLAH-THEON] f. speculation.

ESPECULADOR [ESPAYCOOLAHDOR] m. speculator :: adj. speculating.

ESPECULAR [ESPAYKOOLAR] va. to speculate :: to contemplate.

ESPECULATIVO [ESPAYCOOLAHTEEVO] adj. speculative.

ESPEJISMO [ESPAYHEESMO] m. mirage :: illusion.

ESPEJO [ESPAYHO] m. looking-glass, mirror.

ESPELUZNANTE [ESPAYLOOTHNANTAY] adj. hair-raising, terrifying.

ESPERA [ESPAYRAH] f. expectation :: expectancy :: wait :: **en — de**, expecting, waiting for.

ESPERANZA [ESPAYRAHNTHAH] f. hope.

ESPERANZAR [ESPAYRANTHAR] va. to give hope to, make hopeful.

ESPERAR [ESPAYRAR] va. to hope, expect, wait for.

ESPERMA [ESPERMAH] f. sperm.

ESPERPENTO [ESPERPENTO] m. ugly thing :: nonsense.

ESPESAR [ESPAYSAR] va. to thicken.

ESPESO [ESPAYSO] adj. thick, dense.

ESPESOR [ESPAYSOR] m. thickness.

ESPESURA [ESPAYSOORAH] f. density, thickness :: thicket :: thickest part (de un bosque).

ESPETAR [ESPAYTAR] va. to spit, skewer :: to pierce, run through :: vr. to be stiff and solemn :: (coll.) to thrust oneself into a position.

ESPÍA [ESPEEAH] m. & f. spy.

ESPIAR [ESPEAR] va. to spy.

ESPIGA [ESPEEGAH] f. (bot.) ear :: spike.

ESPIGAR [ESPEGAR] vn. to ear, glean, pick up the (stray) ears, grains.

ESPIGÓN [ESPEEGONE] m. sting (bees) :: point of a sharp tool or dart :: peak :: breakwater, pier.

ESPINA [ESPEENAH] f. thorn :: fishbone :: spine.

ESPINACA [ESPENAHKAH] f. spinach.

ESPINAR [ESPENAR] va. to prick :: m. thorn-brake.

ESPINAZO [ESPENAHTHO] m. backbone.

ESPINILLA [ESPENEELYAH] f. (anat.) shin :: blackhead (en la piel).

ESPINO [ESPEENO] m. hawthorn.

ESPINOSO [ESPENOSO] adj. thorny, prickly :: knotty, intricate, arduous, ticklish.

ESPIONAJE [ESPEONAHHAY] m. espionage, spying.

ESPIRAL [ESPERAHL] adj. spiral, helical :: f. spiral line.

ESPIRAR [ESPERAR] vn. to expire, breathe.

ESPÍRITU [ESPEERETOO] m. ghost, spirit, soul :: genius :: liquor.

ESPIRITUAL [ESPERETOOAHL] adj. spiritual.

ESPIRITUOSO [ESPERETOOOSO] adj.

spirituous.

ESPITA [ESPEETAH] *f.* tap, spout :: *(coll.)* tippler, drunkard.

ESPLENDIDEZ [ESPLENDEDETH] *f.* splendour, largesse, splendidness, liberality.

ESPLÉNDIDO* [ESPLENDEDO] *adj.* splendid.

ESPLENDOR [ESPLENDOR] *m.* brilliance, magnificence, glory, radiance.

ESPLIEGO [ESPLEAYGO] *m.* lavender.

ESPOLEAR [ESPOLAYAR] *va.* to spur :: *(fig.)* to instigate, incite, urge forward.

ESPOLETA [ESPOLAYTAH] *f.* bomb fuse.

ESPOLÓN [ESPOLON] *m.* cock's spur :: ridge.

ESPOLVOREAR [ESPOLVORAYAR] *va.* to powder, sprinkle with powder.

ESPONJA [ESPONHAH] *f.* sponge.

ESPONJOSO [ESPONHOSO] *adj.* spongy.

ESPONSALES [ESPONSAHLES] *m. pl.* betrothal, nuptials.

ESPONTANEIDAD [ESPONTAHNAYDAHD] *f.* spontaneity, ease, naturalness.

ESPONTÁNEO* [ESPONTAHNAYO] *adj.* spontaneous.

ESPOSA [ESPOSAH] *f.* wife, spouse :: *pl.* manacles, handcuffs.

ESPOSADO [ESPOSAHDO] *m.* newlywed :: *adj.* recently married :: handcuffed, manacle.

ESPOSO [ESPOSO] *m.* husband, consort.

ESPUELA [ESPOOAYLAH] *f.* spur :: incitement.

ESPUMA [ESPOOMAH] *f.* froth, foam, lather.

ESPUMADERA [ESPOOMAHDAYRAH] *f.* skimmer :: spray nozzle.

ESPUMAR [ESPOOMAR] *va.* to skim.

ESPUMOSO [ESPOOMOSO] *adj.* frothy, foaming.

ESPÚREO [ESPOOREHO] *adj.* spurious, false :: bastard.

ESPUTO [ESPOOTO] *m.* saliva, spittle :: sputum.

ESQUELA [ESKAYLAH] *f.* note, billet :: memorial notice :: in memoriam card.

ESQUELETO [ESKAYLAYTO] *m.* skeleton.

ESQUEMA [ESKAYMAH] *m.* scheme, sketch, plan.

ESQUÍ [ESKEE] *m.* ski :: skiing.

ESQUIAR [ESKEAR] *vn.* to ski.

ESQUIFE [ESKEEFAY] *m.* skiff, small boat, jolly boat.

ESQUILAR [ESKELAR] *va.* to shear, fleece, crop.

ESQUILMAR [ESKILMAR] *va.* to impoverish, to harvest.

ESQUINA [ESKEENAH] *f.* corner, angle, edge.

ESQUINAZO [ESKENAHTHO] *m.* corner :: *(fig.)* dodge, evasion, elusion :: **dar – a,** *(coll.)* to shake off :: to leave in the lurch :: to give the slip to.

ESQUIVAR [ESKEVAR] *va.* to shun, avoid, elude.

ESQUIVO [ESKEEVO] *adj.* evasive, shy, elusive.

ESTABILIDAD [ESTAHBELEDAHD] *f.* stability, permanence, firmness.

ESTABLE* [ESTAHBLAY] *adj.* stable, firm, durable, permanent.

ESTABLECER [ESTAHBLAYTHAIR] *va.* to establish, found, set up, lay down :: *vr.* to settle.

ESTABLECIMIENTO [ESTAHBLAYTHEMEENTO] *m.* establishment :: foundation :: statute, law.

ESTABLO [ESTAHBLO] *m.* stable.

ESTACA [ESTAHKAH] *f.* stake, pole, cudgel, beam :: grafting twig :: *(fam.)* stalk *(en tabaco).*

ESTACADA [ESTAHKAHDAH] *f.* stockade, fencing, paling.

ESTACIÓN [ESTAHTHEON] *f.* station, depot :: state, situation :: season :: hour, time, moment.

ESTACIONAR [ESTAHTHEONAR] *va.* to station :: to place :: to park *(un auto)* :: *vr.* to remain stationary :: to park.

ESTACIONARIO [ESTAHTHEONAHREO] *m* stationer, bookseller :: *adj.* stationary, fixed.

ESTADIO [ESTAHDEO] *m.* stadium.

ESTADISTA [ESTAHDISTAH] *m.* statesman, man of affairs.

ESTADÍSTICA [ESTAHDEESTECAH] *f.* statistics.

ESTADO [ESTAHDO] *m.* state, class, condition, place, rank :: plight :: **– mayor,** Staff.

ESTAFA [ESTAHFAH] *f.* swindle, theft.

ESTAFADOR [ESTAHFAHDOR] *m.* swindler, crook.

ESTAFAR [ESTAHFAR] *va.* to swindle, trick (out of).

ESTAFETA [ESTAHFAYTAH] *f.* branch post-office :: courier, despatchrider.

ESTALLAR [ESTAHLYAR] *vn.* to explode, burst, break out.

ESTALLIDO [ESTAHLYEEDO] *m.* burst, crashing, crack.

ESTAMEÑA [ESTAHMAYNYAH] *f.* serge.

ESTAMPA [ESTAHMPAH] *f.* print, engraving.

ESTAMPADO [ESTAMPAHDO] *adj.* print, printed fabric :: printing.

ESTAMPAR [ESTAHMPAR] *va.* to print :: to imprint :: to stamp.

ESTAMPIDA [ESTAMPEEDAAH] *f.* crack, sharp sound.

ESTAMPIDO [ESTAHNPEEDO] *m.* report, crack, crash-(ing).

ESTANCAR [ESTAHNKAR] *va.* to stem, staunch :: *vr.* to be stagnant, be held up, be stopped, come to a stop.

ESTANCIA [ESTAHNTHEAH] *f.* sojourn, stay :: dwelling, livingroom :: stanza :: farm, ranch.

ESTANCO [ESTAHNKO] *m.* monopoly :: tobacconist's, tobacco-kiosk.

ESTANDARTE [ESTAHNDARTAY] *m.* standard, banner.

ESTANQUE [ESTAHNKAY] *m.* pool, pond :: basin ornamental lake.

ESTANTE [ESTAHNTAY] *m.* shelf, book-case, what-not.

ESTANTERÍA [ESTANTAYREEAH] *f.* shelving, shelves :: book stacks, bookcase.

ESTAÑAR [ESTAHNYAR] *va.* to tin, tin-plate, blanch :: to solder.

ESTAÑO [ESTAHNYO] *m.* tin.

ESTAR [ESTAR] *vn.* to be :: to stay, stand :: **—se quieto,** to stand still.

ESTÁTICO [ESTAHTECO] *adj.* static.

ESTATUA [ESTAHTOOAH] *f.* statue.

ESTATURA [ESTAHTOORAH] *f.* stature, height.

ESTATUTO [ESTAHTOOTO] *m.* statute, law :: *pl.* by-laws.

ESTE [ESTAY] *m.* east :: east wind.

ESTE [ESTAY] *adj. dem.* this.

ESTELA [ESTAYLAH] *f.* wake of a ship.

ESTEPA [ESTAYPAH] *f.* steppe, treeless plain.

ESTERA [ESTAYRAH] *f.* matting :: mat.

ESTERCOLERO [ESTERCOLAYRO] *m.* manure pile, manure dump :: manure collector.

ESTEREOTIPO [ESTAYRAYOTEEPO] *m.* stereotype.

ESTÉRIL [ESTAYRIL] *adj.* sterile, barren :: fruitless.

ESTERILIZAR [ESTAYRELETHAR] *va.* to sterilize.

ESTERLINA [ESTAIRLEENAH] *adj.* **libra –,** pound sterling.

ESTERNÓN [ESTERNONE] *m. (med.)* sternum, breastbone.

ESTERTOR [ESTAYRTOR] *m.* death-rattle :: snort.

ESTÉTICA [ESTAYTEKAH] *m.* aesthetics.

ESTÉTICO [ESTAYTECO] *adj.* aesthetic.

ESTIBADOR [ESTEBAHDOR] *m.* stevedore.

ESTIÉRCOL [ESTEAIRKOL] *m.* dung, excrement, manure.

ESTIGMA [ESTIGMAH] *m.* stigma :: mark.

ESTILAR [ESTELAR] *vn. & vr.* to be accustomed :: *vr.* to be in fashion, to be worn.

ESTILO [ESTEELO] *m.* style :: use, manner.

ESTIMA [ESTEEMAH] *f.* esteem.

ESTIMACIÓN [ESTEMAHTHEON] *f.* esteem, regard :: valuation.

ESTIMAR [ESTEMAR] *va.* to esteem, like, hold in high respect, respect :: to appraise, judge, think.

ESTIMULANTE [ESTEMOOLAHNTAY] *adj.* stimulant, stimulating :: *m.* stimulant.

ESTIMULAR [ESTEMOOLAR] *va.* to stimulate, excite, goad.

ESTÍMULO [ESTEEMOOLO] *m.* encouragement, stimulus.

ESTÍO [ESTEEO] *m.* summer.

ESTIPENDIO [ESTEPENDEO] *m.* stipend, pay.

ESTIPULAR [ESTEPOOLAR] *va.* to stipulate, contract, lay down.

ESTIRADO [ESTERAHDO] *adj.* stretched :: extended, drawn out :: struck-up, conceited.

ESTIRAR [ESTERAR] *va.* to stretch, lengthen, extend, pull :: *(fig.)* to stretch *(el dinero)* :: *vr.* to stretch, expand, be extended.

ESTIRÓN [ESTERON] *m.* tug, stiff pull :: **dar un —,** to shoot up.

ESTIRPE [ESTEERPAY] *f.* stock, family, blood.

ESTIVAL [ESTEVAHL] *adj.* summer, relating to the summer.

ESTO [ESTO] *pron. dem. neut.* this.

ESTOFA [ESTOFAH] *f.* stuff, materials :: quality :: **de baja —,** low class.

ESTOFAR [ESTOFAR] *va.* to stew :: to quilt.

ESTOICO [ESTOEKO] *adj.* stoic, stoical.

ESTOLA [ESTOLAH] *f.* stole.

ESTÓLIDO[*] [ESTOLEDO] *adj.* stolid, stupid.

ESTÓMAGO [ESTOMAHGO] *m.* stomach.

ESTOQUE [ESTOKAY] *m.* rapier, sword (-stick), poniard.

ESTORBAR [ESTORBAR] *va.* to hinder :: to obstruct.

ESTORBO [ESTORBO] *m.* obstacle, hindrance, obstruction, stumbling-block.

ESTORNUDAR [ESTORNOODAR] *vn.* to sneeze.

ESTORNUDO [ESTORNOODO] *m.* sneeze.

ESTRABISMO [ESTRAHBEESMO] *m.* strabismus, squint.

ESTRADO [ESTRAHDO] *m.* dais :: main part of a parlor or drawing room

ESTRAFALARIO [ESTRAHFAHLAHREO] *m.* screwball, nut :: *adj. (coll.)* extravagant, wild, eccentric :: slovenly, sloppy.

ESTRAGO [ESTRAHGO] *m.* damage, havoc, ruin :: devastation, destruction :: corruption.

ESTRAMBÓTICO [ESTRAMBOTECO] *adj. (coll.)* freakish, odd, strange, irregular, queer.

ESTRANGULADOR [ESTRANGOOLAHDOR] *m.* strangler :: *(mech.)* choke.

ESTRANGULAR [ESTRANGOOLAR] *va.* to strangle :: to choke , throttle.

ESTRATAGEMA [ESTRAHTAHHAYMAH] *f.* stratagem, scheme.

ESTRATEGIA [ESTRAHTAYHEAH] *f.* strategy.

ESTRATÉGICO[*] [ESTRAHTAYHECO] *adj.* strategic :: *m.* strategist, person trained or skilled in strategy.

ESTRATO [ESTRAHTO] *m.* stratum, layer.

ESTRATOSFERA [ESTRAHTOSFAYRAH] *f.* stratosphere.

ESTRECHAMIENTO [ESTRAYCHAHMEENTO] *m.* narrowing, narrowness :: tightening, tightness, contraction.

ESTRECHAR [ESTRAYCHAR] *va.* to compress, tighten :: to confine :: *vn.* to become (make) (more) intimate (close) with :: **— la mano,** to shake hands with.

ESTRECHEZ [ESTRAYCHETH] *f.* narrowness :: tightness :: austerity :: dire straits :: poverty :: closeness.

ESTRECHO[*] [ESTRAYCHO] *adj.* narrow, tight :: close :: intimate :: *m.* strait(s).

ESTREGAR [ESTRAYGAR] *va.* to rub :: scrape, scour, to deliver, hand over, to give up, to surrender.

ESTRELLA [ESTRAYLYAH] *f.* star :: fate, lot.

ESTRELLADO [ESTRAYLYAHDO] *adj.* shattered, splashed :: smashed, splattered.

ESTRELLAR [ESTRAYLYAR] *va.* to shatter :: *vr.* to dash, break against :: to spend oneself against.

ESTREMECER [ESTRAYMAYTHAIR] *vn.* to shake, shudder, quiver :: *vr.* to tremble, shiver.

ESTREMECIMIENTO [ESTRAYMAYTHEMEENTO] *m.* shiver, shudder :: vibration :: shaking.

ESTRENAR [ESTRAYNAR] *va.* to try on, do, wear for first time :: to have a first performance.

ESTRENO [ESTRAYNO] *m.* beginning, *(theat.)* first night, début :: first performance.

ESTREÑIMIENTO [ESTRAYNYEMEENTO] *m.* constipation.

ESTREÑIR [ESTRAYNYEER] *va.* to bind, restrain :: *vr.* to be costive.

ESTRÉPITO [ESTRAYPETO] *m.* noise, din, row, racket.

ESTREPITOSO[*] [ESTRAYPETOHSO] *adj.* noisy :: boisterous.

ESTRÍA [ESTREEAH] *f.* stria :: flute, fluting, groove.

ESTRIADO [ESTREAHDO] *adj.* fluted, grooved, streaked.

ESTRIAR [ESTREAR] *va.* to groove :: to flute.

ESTRIBAR [ESTREBAR] *vn.* to rest (upon), depend on, be supported by.

ESTRIBILLO [ESTREBEELLYO] *m.* refrain.

ESTRIBO [ESTREEBO] *m.* stirrup :: counter-fort, buttress.

ESTRIBOR [ESTREBOR] *m.* starboard.

ESTRICTO[*] [ESTREEKTO] *adj.* strict, accurate.

ESTRIDENTE [ESTREDENTAY] *adj.* strident :: obstreperous, shrill.

ESTROFA [ESTROFAH] *f.* strophe, stanza.

ESTROPAJO [ESTROPAHHO] *m.* fibrous mass.

ESTROPEAR [ESTROPAYAR] *va.* to spoil :: to maim, mutilate, damage, ruin.

ESTRUCTURA [ESTROOKTOORAH] *f.* structure.

ESTRUENDO [ESTROOENDO] *m.* clamour, clashing, clattering.

ESTRUJAR [ESTROOHAR] *vn.* to crush, squeeze, jam.

ESTUARIO [ESTOOAHREO] *m.* estuary.

ESTUCO [ESTOOKO] *m.* stucco :: plaster.

ESTUCHE [ESTOOCHAY] *m.* case, sheath.

ESTUDIANTE [ESTOODEAHNTAY] *m.* scholar, student, undergraduate.

ESTUDIAR [ESTOODEAR] *va.* to study :: contemplate :: *vn.* to attend classes :: to read.

ESTUDIO [ESTOODEO] *m.* study ::

contemplation :: studio :: reading-room.

ESTUDIOSO [ESTOODEOSO] *adj.* studious.

ESTUFA [ESTOOFAH] *f.* stove :: heater.

ESTULTICIA [ESTOOLTEETHEAH] *f.* foolishness, silliness, folly.

ESTUPEFACTO [ESTOOPAYFAHK-TO] *adj.* stupefied, astonished, set back, put out.

ESTUPENDO* [ESTOOPENDO] *adj.* stupendous, marvellous, tremendous, terrific :: *(pop.)* wizard, smashing.

ESTUPIDEZ [ESTOOPEDETH] *f.* stupidity.

ESTÚPIDO [ESTOOPEDO] *adj.* stupid, dull, slow.

ESTUPRO [ESTOOPRO] *m.* rape, violation, ravishment.

ETAPA [AYTAHPAH] *f.* station, stage, halting-place, relay.

ÉTER [AYTAIR] *m.* ether.

ETÉREO [AYTAYRAYO] *m.* ethereal :: heavenly.

ETERNIDAD [AYTERNEDAHD] *f.* eternity.

ETERNIZAR [AYTERNETHAR] *va.* to prolong excessively :: to perpetuate, make eternal.

ETERNO [AYTAIRNO] *adj.* eternal, endless.

ÉTICA [AYTECAH] *f.* ethics.

ETIQUETA [AYTEKAYTAH] *f.* etiquette, ceremony :: ticket, label :: **baile de —**, formal dance :: **de —**, de rigueur, formal dress.

ÉTNICO* [AYTNECO] *adj.* ethnic.

EUCARISTÍA [AYOOCAHRISTEEAH] *f.* *(eccl.)* Eucharist.

EUFEMISMO [AYOOFAYMEESMO] *m.* euphemism.

EUFORIA [AYOOFOREAH] *f.* euphoria.

EUNUCO [AYOONOOCO] *m.* eunuch.

EUROPEO [AYOOROPAYO] *adj.* european.

EVACUAR [AYVAHKOOAR] *va.* to evacuate, leave :: to empty :: to clear :: to perform, transact *(negocios).*

EVADIR [AYVAHDEER] *va.* to evade, elude :: *vr.* to evade, escape, break (away, out).

EVALUACIÓN [AYVAHLOOAHTHEON] *f.* evaluation.

EVALUAR [AYVAHLOOAR] *va.* to evaluate, appraise.

EVANGELIO [AYVANHAYLEO] *m.* gospel.

EVANGELIZAR [AYVANHAYLETHAR] *va.* to evangelize.

EVAPORACIÓN [AYVAHPORAHTHEON] *f.* evaporation, dissipation.

EVAPORAR [AYVAHPORAR] *va.* to evaporate, vaporize :: *vr.* to evaporate.

EVASIÓN [AYVAHSEON] *f.* evasión, escape :: *(coll.)* getaway.

EVASIVA [AYVASEEVAH] *f.* evasion, dodge, escape.

EVASIVO [AYVASEEVO] *adj.* evasive.

EVENTO [AYVENTO] *m.* event, issue, happening :: contingency.

EVENTUAL* [AYVENTOOAHL] *adj.* eventual, fortuitous.

EVIDENCIA [AYVEDENTHEAH] *f.* evidence.

EVIDENTE* [AYVEDENTAY] *adj.* clear, manifest, obvious, evident.

EVITABLE [AYVETAHBLAY] *adj.* avoidable.

EVITAR [AYVETAR] *va.* to avoid, shun, elude, shirk.

EVOCAR [AYVOKAR] *va.* to evoke.

EVOLUCIÓN [AYVOLOOTHEON] *f.* evolution.

EVOLUCIONAR [AYVOLOOTHEONAR] *vn.* to evolve :: to perform maneuvers :: to go through changes.

EXACERBAR [EXAHTHAIRBAR] *va.* to irritate, exacerbate, aggravate.

EXACTITUD [EXAHKTETOOD] *f.* accuracy, exactness.

EXACTO* [EXAHKTO] *adj.* exact, accurate, just :: *adv.* (quite) right.

EXAGERACIÓN [EXAHHAYRAHTHEON] *f.* exaggeration.

EXAGERAR [EXAHHAYRAR] *va.* to exaggerate, overstate.

EXALTACIÓN [EXALTAHTHEON] *f.* exaltation :: excitement.

EXALTADO* [EXALTAHDO] *adj.* elated :: excited :: hotheaded.

EXALTAR [EXAHLTAR] *va.* to exalt, extol :: *vr.* to work oneself up.

EXAMEN [EXAHMEN] *m.* examination, inspection, survey.

EXAMINAR [EXAHMENAR] *va.* to examine :: to inspect.

EXANGÜE [EXAHNGOOAY] *adj.* bloodless.

EXÁNIME [EXAHNEMAY] *adj.* lifeless, motionless :: weak, faint.

EXASPERAR [EXAHSPAYRAR] *va.* to exasperate, irritate.

EXCAVAR [EXCAHVAR] *va.* to excavate, dig, dig out.

EXCEDENTE [EXTHAYDENTAY] *m.* surplus :: *adj.* exceeding, extra.

EXCEDER [EXTHAYDAIR] *va.* to exceed, surpass :: *vr.* to exceed.

EXCELENCIA [EXTHAYLENTHEAH] *f.* excellence, superiority :: excellency *(título).*

EXCELENTE* [EXTHAYLENTAY] *adj.* excellent.

EXCELSO [EXTHELSO] *adj.* sublime, lofty, elevated.

EXCÉNTRICO [EXTHENTREKO] *adj.* eccentric, odd :: outlying.

EXCEPCIÓN [EXTHEPTHEON] *f.* exception, exclusion.

EXCEPCIONAL* [EXTHEPTHEONAHL] *adj.* exceptional, unusual.

EXCEPTO [EXTHEPTO] *adv.* except, excepting, save for.

EXCEPTUAR [EXTHEPTOOAR] *va.* to except, leave out.

EXCESIVO* [EXTHAYSEEVO] *adj.* excessive, too much, immoderate.

EXCESO [EXTHAYSO] *m.* excess, excessiveness, exuberance.

EXCITACIÓN [EXTHETAHTHEON] *f.* excitement.

EXCITANTE [EXTHETAHNTAY] *adj.* exciting :: stimulating.

EXCITAR [EXTHETAR] *va.* to excite, urge, rouse, thrill, galvanize, stimulate.

EXCLAMACIÓN [EXCLAHMATHEON] *f.* exclamation.

EXCLAMAR [EXKLAHMAR] *vn.* to exclaim, cry out, shout.

EXCLUIR [EXKLOOEER] *va.* to exclude, debar, shut out, eject.

EXCLUSIÓN [EXCLOOSEON] *f.* exclusion :: exception, omission.

EXCLUSIVO* [EXCLOOSEEVO] *adj.* exclusive.

EXCOMULGAR [EXKOMOOLGAR] *va.* to excommunicate.

EXCOMUNIÓN [EXCOMOONEON] *f.* excommunication.

EXCORIAR [EXKOREAR] *va.* to flay, excoriate.

EXCREMENTO [EXCRAYMENTO] *m.* excrement.

EXCURSIÓN [EXKOORSEON] *f.* excursion, trip.

EXCUSA [EXKOOSAH] *f.* excuse, apology.

EXCUSAR [EXKOOSAR] *va.* to excuse :: to avoid :: shun :: *vr.* to apologize, send apologies.

EXECRABLE [EXAYCRAHBLAY] *adj.* execrable, accursed, abominable.

EXENCIÓN [EXENTHEON] *f.* exemption, immunity, privilege, franchise.

EXENTO [EXENTO] *adj.* exempt, free, clear.

EXEQUIAS [EXAYKEAHS] *f. pl.* obsequies, funeral rites.

EXHALACIÓN [EXAHLAHTHEON] *f.* exhalation :: fume, vapor, effluvium :: shooting star.

EXHALAR [EXAHLAR] *va.* to exhale, emit, utter, breathe.

EXHAUSTO [EXAHOOSTO] *adj.* exhausted, empty.

EXHIBICIÓN [EXEBETHEON] *f.* exhibition :: exposition.

EXHIBIR [EXEBEER] *va.* to exhibit, show, display.

EXHORTAR [EXORTAR] *va.* to exhort, warn, charge.

EXIGENCIA [EXEHENTHEAH] *f.* demand :: urgent want :: emergency .

EXIGENTE [EXEHENTAY] *adj.* particular, exacting.

EXIGIR [EXEHEER] *va.* to demand, exact, require, insist on.

EXIGUO• [EXEEGOOO] *adj.* slender, scanty, small, exiguous.

EXIMIO [EXEEMEO] *adj.* famous, eminent (very) distinguished.

EXIMIR [EXEMEER] *va.* to exempt, free from, excuse, clear from.

EXISTENCIA [EXISTENTHEAH] *f.* existence :: *pl.* stocks, supplies.

EXISTIR [EXISTEER] *vn.* to exist, be.

ÉXITO [EXETO] *m.* success :: issue, result :: **tener —**, to be successful.

ÉXODO [EXODO] *m.* exodus, emigration.

EXONERAR [EXONAYRAR] *va.* to free from, exonerate, acquit.

EXORBITANTE [EXORBETAHNTAY] *adj.* exorbitant, excessive.

EXORCISMO [EXORTHEESMO] *m.* exorcism.

EXÓTICO• [EXOTEKO] *adj.* exotic, foreign.

EXPANSIÓN [EXPANSEON] *f.* expansion :: relaxation :: recreation.

EXPANSIVO [EXPANSEEVO] *adj.* expansive :: demonstrative, effusive.

EXPATRIAR [EXPAHTREAR] *va.* to expatriate, exile :: *vr.* to expatriate oneself, renounce one's citizenship :: to emigrate.

EXPECTACIÓN [EXPECTAHTHEON] *f.* expectation.

EXPECTATIVA [EXPEKTAHTEEVAH] *f.* expectation, hope :: **estar a la —**, to be on the look-out for, ready for, waiting for.

EXPECTORAR [EXPECTORAR] *va. & n.* to expectorate, spit.

EXPEDICIÓN [EXPAYDETHEON] *f.* expedition :: despatch, haste.

EXPEDIENTE [EXPAYDEENTAY] *m.* expedient, device, way :: file, dossier :: minute, draft :: documentation.

EXPEDIR [EXPAYDEER] *va.* to despatch, forward, send.

EXPEDITO [EXPAYDEETO] *adj.* speedy, expeditious, prompt, clear, free.

EXPELER [EXPAYLERR] *va.* to expel, eject, throw or turn out.

EXPENSAS [EXPENSAHS] *f. pl.* expenses, costs :: **a — de**, at the expense of.

EXPERIENCIA [EXPAYREENTHEAH] *f.* experience, experiment, trial.

EXPERIMENTAL• [EXPAYREMENTAHL] *adj.* experimental.

EXPERIMENTAR [EXPAYREMENTAR] *va.* to experiment, try, test :: to experience, feel.

EXPERIMENTO [EXPAYREMENTO] *m.* experiment, trial, experience.

EXPERTO [EXPAIRTO] *adj. & m.* experienced :: expert.

EXPIACIÓN [EXPEAHTHEON] *f.* atonement.

EXPIAR [EXPEAR] *va.* to atone for :: to make a amends for :: to purify.

EXPIRAR [EXPERAR] *vn.* to die, expire, pass away.

EXPLANAR [EXPLAHNAR] *va.* to level, grade :: to expound, unfold.

EXPLAYAR [EXPLAHYAR] *va.* to dilate, enlarge :: *vr.* to dwell (upon), expatiate, spread oneself :: to unburden oneself :: to disport oneself :: to have lovely time :: to signal light.

EXPLICACIÓN [EXPLECAHTHEON] *f.* explanation.

EXPLICAR [EXPLEKAR] *va.* to explain, elucidate, describe :: to expound.

EXPLÍCITO• [EXPLEETHETO] *adj.* explicit.

EXPLORACIÓN [EXPLORAHTHEON] *f.* exploration.

EXPLORADOR [EXPLORAHDOR] *m.* explorer, scout :: *adj.* exploring.

EXPLORAR [EXPLORAR] *va.* to explore, investigate.

EXPLOSIÓN [EXPLOSEON] *f.* explosion, outburst, blast.

EXPLOSIVO [EXPLOSEEVO] *adj. & m.* explosive.

EXPLOTACIÓN [EXPLOTAHTHEON] *f.* exploitation :: operation of a mine :: development of a business :: plant.

EXPLOTAR [EXPLOTAR] *va.* to work, exploit, develop, utilize, put to (full) use.

EXPOLIAR [EXPOLEAR] *va.* to despoil, spoliate, plunder.

EXPONER [EXPONAIR] *va.* to expose, exhibit, show :: to state, disclose, unfold, explain :: to stake, risk :: *vr.* to risk, lay oneself open to.

EXPORTACIÓN [EXPORTAHTHEON] *f.* exportation :: export.

EXPORTAR [EXPORTAR] *va.* to export.

EXPOSICIÓN [EXPOSETHEON] *f.* exposition :: exhibition :: explanation :: exposure.

EXPÓSITO• [EXPOSETO] *m.* foundling.

EXPRESAR [EXPRAYSAR] *va.* to express, utter.

EXPRESIÓN [EXPRAYSEON] *f.* expression :: utterance.

EXPRESIVO• [EXPRAYSEEVO] *adj.* expressive :: affectionate.

EXPRESO• [EXPRAYSO] *adj.* express, clear :: *m.* special messenger, courier.

EXPRIMIR [EXPREMEER] *va.* to squeeze (out).

EXPUESTO• [EXPOOESTO] *adj.* dangerous, hazardous, perilous, risky :: exposed, displayed :: liable.

EXPULSAR [EXPOOLSAR] *va.* to expel, eject.

EXPULSIÓN [EXPOOLSEON] *f.* expulsion, expelling.

EXPURGAR [EXPOORGAR] *va.* to expurgate, expunge.

EXQUISITO• [EXKESEETO] *adj.* exquisite, refined, delicate :: nice.

EXTASIADO [EXTAHSEADO] *adj.* rapt, in ecstasy.

EXTASIAR [EXTASEAR] *va.* to delight :: *vr.* to be in ecstasy :: be entranced.

ÉXTASIS [EXTAHSIS] *f.* ecstasy, transport, bliss, heaven.

EXTENDER [EXTENDAIR] *va.* to extend, spread, stretch :: to draw up *(un documento)* :: *vr.* to become general, widespread :: to dilate upon :: to open up.

EXTENSIÓN [EXTENSEON] *f.* extension :: extent :: expanse :: expansion.

EXTENSO• [EXTENSO] *adj.* spacious, broad, widespread.

EXTENUAR [EXTAYNOOAR] *va.* to debilitate, wear away, mitigate :: *vr.* to languish, decay, become worn out.

EXTERIOR• [EXTAYREOR] *adj.* exterior, outer :: *m.* aspect, outward semblance.

EXTERMINAR [EXTERMENAR] *va.* to exterminate.

EXTERMINIO [EXTAIRMEENEO] *m.* extermination, banishment.

EXTERNO• [EXTAIRNO] *adj.* external, outward :: *m.* dayboy *(escolar)*.

EXTINCIÓN [EXTINTHEON] *f.* extinction :: elimination, obliteration.

EXTINGUIR [EXTINGEER] *va.* to put out, extinguish :: to smother :: to quench :: *vr.* to fade out.

EXTINTO [EXTEENTO] *adj.* extinguished :: extinct.

EXTINTOR [EXTINTOR] *m.* extinguisher.

EXTIRPAR [EXTEERPAR] *va.* to extirpate, root out, destroy.

EXTORSIÓN [EXTORSEON] *f.* extortion.

EXTRACCIÓN [EXTRAHKTAR] *f.* extraction, drawing *(de lotería)* :: taking out *(de raíces, en math.)* :: mining *(de minerales)*.

EXTRACTAR [EXTRACTAR] *va.* to abstract, extract, abridge.

EXTRACTO [EXTRAHKTO] *m.* summary, abstract.

EXTRAER [EXTRAHAIR] *va.* to extract, remove, pull out to pull up :: to mine :: to export.

EXTRANJERO [EXTRAHNHAYRO] *adj.* outlandish, foreign :: *m.* alien, foreigner :: stranger :: **en el —**, abroad.

EXTRAÑAR [EXTRAHNYAR] *va.* deport, banish :: **me extraña**, I am surprised :: *vr.* to become strangers, to fall out.

EXTRAÑEZA [EXTRAHNYAYTHAH] *f.* wonderment, surprise :: oddity, strangeness.

EXTRAÑO[*] [EXTRAHNYO] *adj.* strange, queer, rare, outlandish, odd :: *m.* stranger.

EXTRAORDINARIO[*] [EXTRAHORDE-NAHREO] *adj.* extraordinary.

EXTRAVAGANCIA [EXTRAHVAH-GAHNTHEAH] *f.* extravagance :: folly.

EXTRAVAGANTE[*] [EXTRAHVAHGAHN-TAY] *adj.* extravagant, fantastic :: queer, odd.

EXTRAVIADO [EXTRAHVEAHDO] *adj.* mislaid, missing, lost, stray :: of unsound mind.

EXTRAVIAR [EXTRAHVEAR] *va.* to mislead :: to mislay, lose :: *vr.* to get lost, miscarry, go astray.

EXTRAVÍO [EXTRAHVEEO] *m.* devia tion, straying :: error :: miscon duct :: damage.

EXTREMADO[*] [EXTRAYMAHDO] *adj* extreme :: extremely good o extremely bad.

EXTREMAR [EXTRAYMAR] *va.* t carry to extremes, go to grea length(s) :: to outdo.

EXTREMAUNCIÓN [EXTRAYMA HOONTHEON] *f.* extreme unction.

EXTREMIDAD [EXTRAYMEDAHD] *f* extremity :: extreme degree : remotest part :: **—es**, extremi ties, hands and feet.

EXTREMO [EXTRAYMO] *adj.* extre me, utmost, farthest :: redho :: ultra :: terminal :: *m.* extre me, end, edge :: great care.

EXTRÍNSECO [EXTREENSAYKO] *adj* extrinsic :: extraneous :: outl ying.

EXUBERANCIA [EXOOBAYRAHNTHEAH *f.* exuberance, luxuriance abundance.

EXUBERANTE [EXOOBAYRAHNTAY *adj.* exuberant :: luxuriant.

F

FA [FA] f. (mus.) F.

FÁBRICA [FAHBREKAH] f. fabric :: make, fabrication :: factory. workshop.

FABRICACIÓN [FAHBRECANTHEON] f. manufacture.

FABRICANTE [FAHBREKAHNTAY] m. manufacturer, constructor, maker.

FABRICAR [FAHBRECAR] va. to manufacture, make :: to construct, build :: to fabricate, make up, invent.

FÁBULA [FAHBOOLAH] f. myth, tale, fable :: rumour, invention.

FABULOSO [FAHBOOLOSO] adj. fabulous :: false, imaginary.

FACCIÓN [FAHKTHEON] f. party, side :: pl. features (del rostro).

FACETA [FAHTHAYTAH] f. facet.

FÁCIL [FAHTHIL] adj. easy, simple :: ready :: compliant, free-and-easy.

FACILIDAD [FAHTHELEDAHD] f. facility, ease :: opportunity.

FACILITAR [FAHTHELETAR] va. to smoothe, facilitate :: to supply, obtain.

FACINEROSO [FAHTHENAYROSO] m. rascal, villain :: criminal :: adj. villainous, wicked.

FACTIBLE [FAHCTEEBLAY] adj. workable, feasible.

FACTOR [FACTOR] m. factor :: element, joint cause :: commercial agent :: baggage man.

FACTORÍA [FAHCTOREEAH] f. factory :: trading-house, entrepôt.

FACTURA [FAHCTOORAH] f. invoice :: make.

FACTURAR [FAHCTOORAR] va. to list, register, invoice.

FACULTAD [FAHCOOLTAHD] f. ability, power, authority :: faculty :: — de Filosofía y Letras, Faculty of Arts.

FACULTATIVO [FAHCOOLTAHTEEVO] adj. optional :: m. physician.

FACHA [FAHCHAH] f. (coll.) face, look :: sight.

FACHADA [FAHCHAHDAH] f. front, frontage, frontispiece, facade.

FAENA [FAHAYNA] f. task, chore, duty :: trick.

FAISÁN [FAHESAHN] m. pheasant.

FAJA [FAHHAH] f. band, bandage :: sash, belt, girdle :: newspaper wrapper.

FAJO [FAHHO] m. bundle :: sheaf.

FALACIA [FAHLAHTHEAH] f. deceit :: perfidy.

FALANGE [FAHLAHNHAY] f. phalanx :: a semi-fascist party in the turbulent spanish political scene of the 1930s.

FALAZ [FAHLAHTH] adj. fallacious, deceitful, deceptive.

FALDA [FAHLDAH] f. skirt :: slope :: brisket :: perro de —s, lap-dog.

FALO [FAHLO] m. phallus.

FALSARIO [FAHLSAHREO] m. forger, counterfeiter.

FALSEAR [FAHLSAYAR] va. to falsify, counterfeit, forge :: to weaken.

FALSEDAD [FAHLSAYDAHD] f. falsehood, untruth :: spuriousness :: insincerity :: treacherousness, deceit.

FALSIFICACIÓN [FALSEFECAHTHEON] f. falsification, forgery :: counterfeit.

FALSIFICAR [FALSEFECAR] va. to falsify, make false :: to counterfeit :: to forge.

FALSO [FAHLSO] adj. false, lying :: mock :: counterfeit :: feint :: erroneous, incorrect, wrong.

FALTA [FAHLTAH] f. lack, need, shortage, deficiency :: fault, misdemeanour :: shortcoming, (ley) default :: sin —, without fail :: me hace mucha —, I need it badly.

FALTAR [FAHLTAR] vn. to be missing, not to be present :: to miss :: to fail, not to fulfil (a una promesa) :: to sin (against) :: me falta, I need it, I haven't (got).

FALTO [FAHLTO] adj. lacking, wanting :: short :: lowly :: — de, short of, lacking.

FALTRIQUERA [FAHLTREKAYRAH] f. fob, watch-pocket.

FALLA [FAHLLYAH] f. fault, defect :: failure :: (geogr.) fault.

FALLAR [FAHLYAR] vn. to pass judgment :: to be wanting :: to misfire, fail (to work, go off) :: me falla, it fails me, lets me down, doesn't (come off, support, back me up, etc.).

FALLECER [FAHLYAYTHAIR] vn. to die, depart, pass away.

FALLECIMIENTO [FAHLYAYTHEMEEN-TO] m. death, demise.

FALLO [FAHLYO] m. verdit, ruling, sentence.

FAMA [FAHMAH] f. renown, fame :: glory, honour, reputation :: de mala —, of ill repute.

FAMÉLICO [FAHMAYLECO] adj. famished, starving.

FAMILIA [FAHMEELEAH] f. family, ménage, household :: mi —, my people.

FAMILIAR [FAHMELEAR] adj. familiar, domestic, intimate :: homely, simple.

FAMILIARIDAD [FAHMELEAHREDAHD] f. familiarity, informality.

FAMILIARIZAR [FAHMELEAHRETHAR] va. to familiarize, acquaint :: vr. to acquaint oneself, become familiar (with).

FAMOSO [FAHMOSO] adj. famous, noted :: proverbial, "good old".

FANAL [FAHNAHL] m. lighthouse :: lantern.

FANÁTICO [FAHNAHTECO] adj. & m. fanatic.

FANATISMO [FAHNAHTISMO] m. fanaticism.

FANFARRÓN [FAHNFARRON] m. blusterer, swaggerer, swashbuckler, boaster, bully.

FANFARRONADA [FANFARRONAHDAH] f. fanfaronade, bravado.

FANFARRONEAR [FANFARRONAYAR] vn. to bluff, brag :: to swagger.

FANGO [FAHNGO] m. mire, mud, slime.

FANGOSO [FANGOSO] adj. muddy, miry.

FANTASEAR [FANTAHSAYAR] vn. to fancy :: to imagine.

FANTASÍA [FAHNTAHSEEAH] f. fancy imagination :: whim, caprice.

FANTASMA [FANTAHSMAH] m. phantom, image :: vision, ghost :: f. scarecrow.

FANTÁSTICO [FANTAHSTECO] adj. fantastic.

FARÁNDULA [FAHRAHNDOOLAH] f. strolling band of actors: 'pack'.

FARDO [FARDO] m. bale, pack, bundle, load, burden.

FARFULLAR [FARFOOLYAR] va. to babble, gabble, jabber.

FARINGE [FAHREENHAY] m. pharynx.

FARINGITIS [FAHRINHEETIS] f. (med.) pharyngitis.

FARISEO [FAHRESAYO] m. pharisee :: (fig.) hypocrite.

FARMACÉUTICO [FARMAHTHAYOO-TEKO] adj. & m. pharmaceutical :: pharmacist, chemist.

FARMACIA [FARMAHTHEAH] f. chemist's shop, pharmacy.

FARO [FAHRO] m. lighthouse :: (auto) head-lamp, headlight.

FAROL [FAHROL] m. lantern :: street lamp, light :: signal light.

FAROLA [FAHROLAH] f. street light :: lamppost.

FAROLEAR [FAHROLAYAR] vn. (coll.) to brag, boast, show off.

FAROLERO [FAHROLAYRO] adj. vain,

ostentatious :: *m.* lamp maker or vendor :: lamplighter *(pers.).*

FARSA [FARSAH] *f.* farce :: trick :: sham, invention :: light comedy.

FARSANTE [FARSAHNTAY] *m.* humbug :: **es un** —, 'he's no good'.

FAS [FAHS] *m.* **por** — **o por nefas,** rightly or wrongly.

FASCÍCULO [FASTHEECOOLO] *f.* fascicle.

FASCINACIÓN [FASTHENAHTHEON] *f.* fascination :: glamour.

FASCINAR [FAHSTHENAR] *va.* to fascinate, allure, charm :: to bewitch.

FASCISMO [FASTHEESMO] *m.* fascism.

FASCISTA [FASTHEESTAH] *m.* & *f.* fascist.

FASE [FAHSAY] *f.* aspect, view, phase :: *pl.* phases *(de la luna).*

FASTIDIAR [FAHSTEDEAR] *va.* to annoy, offend, put out, bother :: *vr.* to be weary, bored, fed up.

FASTIDIO [FAHSTEEDEO] *m.* weariness :: disgust, bother :: squeamishness, fastidiousness.

FASTIDIOSO° [FAHSTEDEOSO] *adj.* annoying, provoking, irksome :: squeamish.

FASTUOSO° [FAHSTOOOSO] *adj.* pompous, gaudy :: ostentatious, splendid, lavish.

FATAL° [FAHTAHL] *adj.* fatal :: mortal, deadly :: unfortunate.

FATALIDAD [FAHTAHLEDAHD] *f.* fatality :: mischance, awful fate.

FATALISMO [FAHTAHLESMO] *m.* fatalism.

FATÍDICO [FAHTEEDECO] *adj.* fatidic, oracular, omened :: fateful.

FATIGA [FAHTEEGAH] *f.* fatigue, weariness :: hardship, anguish, sweat.

FATIGAR [FAHTEGAR] *va.* to tire, fatigue, exhaust, weary :: *vr.* to be weary, tired out.

FATIGOSO° [FAHTEGOSO] *adj.* tedious, tiresome, trying, wearisome.

FATUIDAD [FAHTOOEDAHD] *f.* fatuity, silliness :: empty vanity.

FATUO [FAHTOO] *adj.* fatuous, foppish, conceited, addlepated.

FAUSTO [FAHOOSTO] *adj.* happy, successful, of good omen :: *m.* splendour, luxury, display.

FAVOR [FAHVOR] *m.* favour, grace, kindness, help, assistance :: good turn :: token :: **a** — **de,** on behalf of, under cover of, by reason of.

FAVORABLE° [FAHVORAHBLAY] *adj.* favourable :: propitious.

FAVORECER [FAHVORAYTHAIR] *va.* to favour, countenance, prosper, smile on :: to suit :: **le favorece el luto,** mourning becomes her :: she looks well in mourning.

FAVORITO [FAHVOREETO] *adj.* beloved, favoured, favoured :: *m.* favourite, pet, darling.

FAZ [FATH] *f.* aspect, face :: front.

FE [FAY] *f.* faith, belief, testimony :: **buena** —, earnestness, sincerity :: **mala** —, insincerity :: **— de erratas,** errata :: **de buena** —, in good faith :: **dar** —, to attest, prove :: **a** —, in good earnest.

FEALDAD [FAYAHLDAHD] *f.* ugliness, deformity, unsightliness.

FEBRERO [FAYBRAYRO] *m.* February.

FEBRIL [FAYBREEL] *adj.* feverish, restless.

FÉCULA [FAYCOOLAH] *f.* starch.

FECUNDACIÓN [FAYCOONDAHTHEON] *f.* fecundation.

FECUNDAR [FAYKOONDAR] *va.* to fecundate.

FECUNDO [FAYKOONDO] *adj.* prolific, fertile, rich, teerming, fruitful.

FECHA [FAYCHAH] *f.* date.

FECHAR [FAYCHAR] *vn.* to date.

FECHORÍA [FAYCHOREEAH] *f.* misdeed, misdemeanor.

FEDERACIÓN [FAYDAYRAHTHEON] *f.* federation, union.

FEDERAL [FAYDAYRAHL] *adj.* federal.

FEHACIENTE [FAYAHTHEENTAY] *adj.* authentic.

FELICIDAD [FAYLETHEDAHD] *f.* happiness, felicity, bliss, joyousness :: **—es,** congratulations, "Happy birthday".

FELICITACIÓN [FAYLETHETAHTHEON] *f.* congratulation.

FELICITAR [FAYLETHETAR] *va.* to congratulate, compliment.

FELIGRÉS [FAYLEGRES] *m.* parishioner.

FELINO [FAYLENO] *m.* & *adj.* feline.

FELIZ° [FAYLEETH] *adj.* happy, lucky, fortunate, blessed.

FELONÍA [FAYLONEEAH] *f.* felony :: perfidy, treachery.

FELPA [FAYLPAH] *f.* plush.

FELPUDO [FELPOODO] *adj.* plush :: *m.* doormat.

FEMENINO [FAYMAYNEENO] *adj.* feminine, female.

FEMENTIDO [FAYMENTEDO] *adj.* false, faithless, perfidious.

FEMINISMO [FAYMENEESMO] *m.* feminism.

FENECER [FAYNAYTHAIR] *vn.* to die, perish, pass away, depart this life.

FENECIMIENTO [FAYNAYTHEMEENTO] *m.* finish, end, termination, close.

FENÓMENO [FAYNOMAYNO] *m.* phenomenon, rarity, freak.

FEO° [FAYO] *adj.* ugly, plain, hideous, ill-favoured, unsightly.

FERACIDAD [FAYRAHTHEDAHD] *f.* fruitfulness, fertility.

FERAZ [FAYRATH] *adj.* fertile, productive.

FÉRETRO [FAYRAYTRO] *m.* hearse, bier, coffin.

FERIA [FAYREAH] *f.* fair, market :: holiday.

FERMENTAR [FERMENTAR] *vn.* to ferment.

FERMENTO [FAIRMENTO] *m.* ferment, leaven :: fermentation.

FEROCIDAD [FAYROTHEDAHD] *f.* wildness, fierceness, savageness.

FEROZ° [FAYROTH] *adj.* ferocious, wild, savage, fierce.

FÉRREO [FERRAYO] *adj.* ferreous :: iron :: tough strong.

FERRETERÍA [FAIRRAYTAYREEAH] *f.* hardware, ironmongery, hardware-store.

FERROCARRIL [FAIRROKARREEL] *m.* railway :: — **subterráneo,** underground railway :: — **aéreo,** elevated railway.

FERROVIARIO [FERROVEAHREO] *m.* railroader, railway man :: *adj.* pertaining to the railway.

FÉRTIL [FAIRTIL] *adj.* rich, fertile :: plentiful :: lush.

FERTILIZANTE [FERTELETHAHNTE] *m.* fertilizer :: *adj.* fertilizing.

FERTILIZAR [FERTELETHAR] *va.* to fertilize.

FÉRULA [FAYROOLAH] *f.* rod, ferrule :: splint.

FERVIENTE° [FERVEENTAY] *adj.* fervent, ardent.

FERVOR [FAIRVOR] *m.* warmth, eagerness, enthusiasm, zeal :: earnestness.

FERVOROSO° [FERVOROSO] *adj.* fervent, ardent :: pious, devout :: zealous.

FESTEJAR [FESTAYHAR] *va.* to regale, feast :: to woo, court:: to make much of.

FESTEJO [FESTAYHO] *m.* feast, entertainment :: courtship, wooing.

FESTÍN [FESTEEN] *m.* banquet, feast, entertainment, "spread".

FESTIVIDAD [FESTEVEDAHD] *f.* festival :: holiday :: holy day :: festivity, gaiety, rejoicing.

FESTIVO° [FESTEEVO] *adj.* festive, gay, jovial, merry :: **día** —, holiday.

FETICHE [FAYTECHAY] *m.* fetish.

FÉTIDO [FAYTEDO] *adj.* fetid, stinking, rank, malodorous

FEUDAL [FAYOODAHL] *adj.* feudal :: feudalistic.

FEUDALISMO [FAYOODAHLEESMO] *m.* feudalism.

FEUDO [FAYOODO] *m.* fief, manor.

FIADO [FEAHDO] *adj.* on trust, reliable :: **comprar al** —, to buy on credit.

FIADOR [FEAHDOR] *m.* bondsman, guarantor, sponsor :: catch, trigger :: fastener :: **salir** —, to go surety (for somebody).

FIAMBRE [FEAHMBRAY] *m.* cold meat, cold dish :: hoary joke.

FIAMBRERA [FEAMBRAYRAH] *f.* lunch basket :: lunch pail :: portable food warmer.

FIANZA [FEAHNTHAH] *f.* surety, warrant, guarantee, security :: **dar** —, to give bail.

FIAR [FEAR] *va.* to trust, entrust :: to go surety for :: to give credit :: *vn.* to rely on, reckon on :: **es de** —, he is reliable :: *vr.* to trust depend.

FIBRA [FEEBRAH] *f.* fibre, filament :: nerve.

FIBROSO [FEBROSO] *adj.* fibrous.

FICCIÓN [FIKTHEON] *f.* fiction :: fable :: invention, tale.

FICTICIO [FIKTEETHEO] *adj.* fictitious, made-up, imaginary.

FICHA [FEECHAH] *f.* chip :: marker :: card, index-card.

FICHERO [FECHAYRO] *m.* file, card index, filing cabinet.

FIDEDIGNO [FEDAYDIGNO] *adj.* trustworthy, creditable.

FIDEICOMISO [FEDAYEKOMEESO] *m.* trust, responsibility.

FIDELIDAD [FEDAYLEDAHD] *f.* fidelity, allegiance, loyalty :: faithfulness, constancy :: punctuality.

FIDEOS [FEDAYOS] *m. pl.* vermicelli, noodle, skinny person.

FIEBRE [FEAYBRAY] *f.* fever, feverheat.

FIEL [FEAYL] *adj.* faithful, staunch, true, loyal :: accurate :: *pl.* — **es**, congregation, the faithful :: *m.* inspector of weights and measures :: needle.

FIELTRO [FEAYLTRO] *m.* felt, felt hat.

FIERA [FEAYRAH] *f.* wild beast :: termagant.

FIEREZA [FEAYRAYTHAH] *f.* ferocity, fierceness :: ugliness.

FIERO• [FEAYRO] *adj.* cruel, fiery, savage, fierce :: ugly.

FIESTA [FEAYSTAH] *f.* feast :: merriment, merrymaking, gay time :: holiday, festival :: **media** —, half-holiday.

FIGURA [FEGOORAH] *f.* figure, form, shape :: mien, aspect :: image.

FIGURADO [FEGOORAHDO] *adj.* figurative.

FIGURAR [FEGOORAR] *va.* to figure, form, shape :: *vn.* — **entre**, to come under :: to be conspicuous :: *vr.* to imagine, fancy, suppose.

FIJAR [FEHAR] *va.* to fix, fasten, affix, stick :: to fix *(la atención)* :: to set, fix *(una fecha)* :: *vr.* to settle :: to rivet attention on, look hard at.

FIJEZA [FEHAYTHAH] *f.* firmness, solidity, steadiness.

FIJO• [FEEHO] *adj.* fixed, steady, immobile, steadfast :: determined :: **precio** —, controlled price.

FILA [FEELAH] *f.* string, row, file, rank :: **en** —, in a row :: abreast.

FILAMENTO [FELAHMENTO] *m.* filament.

FILANTROPÍA [FELANTROPEEAH] *f.* philanthropy.

FILÁNTROPO [FELAHNTROPO] *m.* philanthropist.

FILARMÓNICO [FELARMONECO] *m. & adj.* philharmonic.

FILATELIA [FELAHTAYLEAH] *f.* philately.

FILETE [FELAYTAY] *m.* fillet, ribbon :: border.

FILETEAR [FELAYTAYAR] *va.* to fillet :: to thread :: to tool.

FILIACIÓN [FELEAHTHEON] *f.* filiation :: characteristics.

FILIAL [FELEAHL] *adj.* filial.

FILIGRANA [FELEGRAHNAH] *f.* filigree, watermark :: spun wire work :: delicacy.

FILMAR [FELMAR] *va.* to film.

FILO [FEELO] *m.* cutting edge *(de un cuchillo)* :: dividing line :: **en el** — **de las ocho**, as eight o'clock (was) striking, at the stroke of eight.

FILOLOGÍA [FELOLOHEEAH] *f.* philology.

FILÓN [FELON] *m. (min.)* lode, seam, vein.

FILOSOFÍA [FELOSOFEEAH] *f.* philosophy :: — **moral**, ethics.

FILTRAR [FILTRAR] *va.* to filter :: *vr.* to leak through, leak out :: to filter.

FILTRO [FEELTRO] *m.* filter.

FIN [FEEN] *m.* end :: object, aim :: **por** —, at last :: *pl.* **a** — **de**, in order that.

FINADO [FENAHDO] *m.* deceased :: *adj.* deceased, late.

FINAL• [FENAHL] *adj.* final, last :: ultimate.

FINALIZAR [FENAHLETHAR] *va.* to finish :: to end.

FINANCIAR [FENANTHEAR] *va.* to finance.

FINANCIERO [FENENTHEAYRO] *adj.* financial :: *m.* financier.

FINANZA [FENANTHA] *f.* finance :: —**s**, public treasury, government funds.

FINCA [FEENKAH] *f.* estate, private land.

FINEZA [FENAYTHAH] *f.* fineness, delicacy :: kindness.

FINGIDO [FINHEEDO] *adj.* feigned, false, deceptive :: sham, fake :: affected.

FINGIR [FINHEER] *va.* to feign, pretend.

FINO• [FEENO] *adj.* fine :: slender.

FINURA [FENOORAH] *f.* fineness :: nicety :: subtlety :: courtesy, good manners.

FIRMA [FEERMAH] *f.* signature :: **buena** —, house or person of good standing.

FIRMAMENTO [FIRMAHMENTO] *m.* firmament, sky.

FIRMANTE [FIRMAHNTAY] *m. & f.* signer.

FIRMAR [FIRMAR] *va.* to sign.

FIRME• [FEERMAY] *adj.* firm :: solid, steady.

FIRMEZA [FIRMAYTHAH] *f.* firmness.

FISCAL [FISCAHL] *m.* public prosecutor, district attorney :: *adj.* fiscal.

FISCALIZAR [FISCAHLETHAR] *va.* to control, inspect :: to superintend :: to prosecute :: to pry into, inquire about, criticize.

FISCO [FISKO] *m.* exchequer.

FISGAR [FISGAR] *va.* to pry, peep into other people's affairs:: to ''nose'' into.

FISGÓN [FISGONE] *m.* snoop, snooper :: *adj.* snooping :: curious.

FISGONEAR [FISGONAYAR] *va.* to pry about :: to snoop.

FÍSICA [FEESEKAH] *f.* physics, natural philosophy.

FÍSICO [FEESEKO] *adj.* physical, bodily :: *m.* physician :: bodily aspect.

FISIOLOGÍA [FESEOLOHEEAH] *f.* physiology.

FISIOTERAPIA [FESEOTAYRAHPEAH] *f.* physiotherapy.

FISONOMÍA [FESONOMEEAH] *f.* physiognomy.

FLACO [FLAHKO] *adj.* meagre :: thin :: weak.

FLACURA [FLAHCOORAH] *f.* thinness.

FLAGELACIÓN [FLAHHAYLAHTHEON] *f.* flagellation.

FLAGELAR [FLAHHAYLAR] *va.* to flagellate, whip, scourge :: to criticize severely.

FLAGELO [FLAHHAYLO] *m.* scourge, whip :: (fig.) calamity.

FLAGRANTE [FLAHGRAHNTAY] *adj.* flagrant.

FLAMANTE [FLAHMAHNTAY] *adj.* brand new, the latest.

FLAMEAR [FLAHMAYAR] *va.* to sterilize with a flame :: *vn.* to flame :: to wave, flutter :: to rage with anger.

FLAN [FLAHN] *m.* custard.

FLANCO [FLAHNKO] *m.* flank, side.

FLANQUEAR [FLANKAYAR] *va.* to flank.

FLAQUEAR [FLAHKAYAR] *vn.* to slacken :: to give in :: to dismay.

FLAQUEZA [FLAHKAYTHAH] *f.* meagreness :: weakness :: frailty.

FLATO [FLAHTO] *m.* flatus, gas :: gust of wind.

FLAUTA [FLAHOOTAH] *f.* flute.

FLAUTISTA [FLAHOOTEESTAH] *m.* flutist, flautist.

FLECO [FLAYKO] *m.* fringe, flounce.

FLECHA [FLAYCHAH] *f.* arrow :: spire.

FLECHAZO [FLAYCHAHTHO] *m.* arrow shot :: wound from an arrow.

FLECHERO [FLAYCHAYRO] *m.* archer, bowman, shot.

FLEMA [FLAYMAH] *f.* phlegm, calmness, phlegmatic.

FLETAMENTO [FLAYTAHMENTO] *m.* chartering.

FLETAR [FLAYTAR] *va.* to freight, charter.

FLETE [FLAYTAY] *m.* freight :: **falso** —, dead freight.

FLEXIBILIDAD [FLEXEBELEDAHD] *f.* flexibility.

FLEXIBLE[*] [FLECSEEBLAY] *adj.* flexible.

FLEXIÓN [FLECSEON] *f.* bending, bend :: sag.

FLOJEAR [FLOHAYAR] *vn.* to slacken :: to weaken :: to idle, to be lazy.

FLOJERA [FLOHAYRAH] *f.* laxity, looseness :: slackness :: laziness :: slack.

FLOJO[*] [FLOHO] *adj.* lax, weak, slack.

FLOR [FLOR] *f.* blosson, flower :: flour :: — **y nata**, the fine flower, the cream.

FLORA [FLORAH] *f.* flora.

FLOREADO [FLORAYAHDO] *adj.* flowered :: made of the finest wheat.

FLORECER [FLORAYTHAIR] *vn.* to flourish, flower, blossom.

FLORECIENTE[*] [FLORAYTHEENTAY] *adj.* flourishing, thriving :: prosperous.

FLORERO [FLORAYRO] *m.* flowerpot.

FLORESTA [FLORESTAH] *f.* glade :: anthology.

FLORIDO [FLOREEDO] *adj.* florid :: full of flowers, in bloom.

FLORISTA [FLOREESTAH] *m. & f.* florist.

FLOTA [FLOTAH] *f.* fleet.

FLOTADOR [FLOTAHDOR] *m.* floater :: float :: *adj.* floating.

FLOTANTE [FLOTAHNTAY] *adj.* floating.

FLOTAR [FLOTAR] *vn.* to float.

FLOTE [FLOTAY] *m.* floating :: **a** —, afloat.

FLOTILLA [FLOTEELLYAH] *f.* flotilla, small fleet.

FLUCTUACIÓN [FLOOCTOOAHTHEON] *f.* fluctuation :: wavering, hesitation.

FLUCTUAR [FLOOKTOOAR] *vn.* to fluctuate.

FLUIDEZ [FLOOEDETH] *f.* fluidity :: fluency.

FLUIDO[*] [FLOOEDO] *adj.* fluid :: *m.* fluid.

FLUIR [FLOOEER] *vn.* to flow :: to run.

FLUJO [FLOOHO] *m.* flow :: flux.

FLÚOR [FLOOOR] *m.* fluorine.

FLUORESCENTE [FLOOORESTHENTAY] *adj.* flourescent.

FLUVIAL [FLOOVEAHLI] *adj.* fluvial.

FOCA [FOKAH] *f.* seal, sea-lion.

FOCO [FOHKO] *m.* focus, centre, core, cynosure.

FOFO [FOFO] *adj.* spongy, porous :: soft.

FOGATA [FOGAHTAH] *f.* fire, blaze, bonfire.

FOGÓN [FOGON] *m.* hearth :: stove, cooking-range.

FOGONAZO [FOGONAHTHO] *m.* powder flash.

FOGONERO [FOGONAYRO] *m.* stoker :: fireman.

FOGOSO [FOGOSO] *adj.* fiery, impetuous, spirited.

FOLKLORE [FOCLOR] *m.* folklore.

FOLKLÓRICO [FOCLORECO] *adj.* folkloric.

FOLLAJE [FOLYAHHAY] *m.* foliage, leaves.

FOLLETÍN [FOLLYAYTEEN] *m.* small pamphlet :: serial story.

FOLLETO [FOLYAYTO] *m.* pamphlet, booklet.

FOLLÓN [FOLLYONE] *m.* good-for-nothing, loafer :: *m.* noiseless rocket :: *adj.* lazy, indolent, careless :: worthless :: arrogant.

FOMENTAR [FOMENTAR] *va.* to foment, promote.

FOMENTO [FOMENTO] *m.* fomentation :: encouragement, promotion :: **Ministro de** —, Minister of Production.

FONDA [FONDAH] *f.* inn, hostelry.

FONDEADERO [FONDAYAHDAYRO] *m.* (naut.) anchoring-place :: haven.

FONDEAR [FONDAYAR] *va.* to cast anchor :: to sound, make soundings :: (naut.) to search :: to sound out.

FONDO [FONDO] *m.* bottom, depth :: disposition :: background :: capital :: — **de amortización**, sinking fund :: —**s vitalicios**, life-annuities :: **a** —, perfectly, very well, thoroughly :: **artículo de** —, leading article :: **dar** —, to cast anchor :: **en el** —, at bottom.

FONEMA [FONAYMAH] *m.* phoneme.

FONÉTICA [FONAYTECAH] *f.* phonetics, study of pronuntiation.

FONÓGRAFO [FONOGRAHFO] *m.* phonograph.

FONTANERÍA [FONTAHNAYREEAH] *f.* pipelaying :: plumbing.

FONTANERO [FONTAHNAYRO] *m.* pipelayer :: plumber.

FORAJIDO [FORAHHEEDO] *m.* highwayman, bandit, outlaw.

FORÁNEO [FORAHNAYO] *adj.* foreign :: *m.* outsider, stranger.

FORASTERO [FORAHSTAYRO] *m.* stranger, outsider, visitor :: **guía de** —**s**, official guide-book.

FORCEJEAR [FORTHAYHAYAR] *vn.* to struggle, grapple with, wrestle.

FORCEJO [FORTHAYHO] *m.* striving, struggling, violent effort(s).

FORENSE [FORENSAY] *adj.* forensic, legall :: strange, foreign :: **médico** —, forensic surgeon.

FORJA [FORHAH] *f.* forge, smelting-furnace.

FORJADOR [FORHAHDOR] *m.* forger :: smith, blacksmith :: inventor.

FORJAR [FORHAR] *va.* to forge :: to form, shape :: to invent, feign, fake.

FORMA [FORMAH] *f.* form, shape :: **de** — **que**, so that.

FORMACIÓN [FORMAHTHEON] *f.* formation.

FORMAL [FORMAHL] *adj.* formal :: serious, trustworthy, punctual :: reliable.

FORMALIDAD [FORMAHLEDAHD] *f.* formality, solemnity :: requirement, practice, convention(s), seriousness.

FORMALIZAR [FORMAHLETHAR] *va.* to draw up, set down, regularise.

FORMAR [FORMAR] *va.* to form :: to shape, mold :: *vr.* to get into line :: to be molded, educated :: to take form.

FORMIDABLE [FORMEDAHBLAY] *adj.* formidable :: fearful.

FÓRMULA [FORMOOLAH] *f.* formula.

FORMULAR [FORMOOLAR] *va.* to formulate, word.

FORNICACIÓN [FORNEKAHTHEON] *f.* fornication.

FORNICAR [FORNEKAR] *va.* to fornicate.

FORNIDO [FORNEEDO] *adj.* robust, stout, sturdy.

FORO [FORO] *m.* forum, bar :: back-stage, back-drop *(theat).*

FORRAJE [FORRAHHAY] *m.* forage, fodder.

FORRAR [FORRAR] *va.* to line *(sew.)* :: to put a cover on *(un libro).*

FORRO [FORRO] *m.* lining :: sheating, casing :: covering :: book cover.

FORTALECER [FORTAHLAYTHAIR] *va.* to strengthen :: to support, encourage.

FORTALEZA [FORTAHLAYTHAH] *f.* fortitude, courage, resolution, endurance :: fortress, stronghold.

FORTIFICAR [FORTEFECAR] *va.* to fortify.

FORTÍN [FORTEEN] *m.* block-house.

FORTUITO° [FORTOOETO] *adj.* fortuitous, accidental.

FORTUNA [FORTOONAH] *f.* fortune :: good luck :: chance, fate :: **probar** —, to take a chance.

FORZAR [FORTHAR] *va.* to force :: to compel :: to take a fort :: to rape.

FORZOSO° [FORTHOSO] *adj.* forcible, needful :: inescapable, obligatory.

FORZUDO [FORTHOODO] *adj.* strong, vigorous, stout.

FOSA [FOSAH] *f.* grave.

FÓSFORO [FOSFORO] *m.* phosphorus :: match.

FÓSIL [FOSIL] *m. & adj.* fossil.

FOSO [FOSO] *m.* pit :: moat, ditch.

FOTO [FOTO] *f.* snapshot.

FOTOGRAFÍA [FOTOGRAHFEEAH] *f.* photograph :: photography.

FOTOGRAFIAR [FOTOGRAHFEAR] *va.* to photograph.

FOTÓGRAFO [FOTOGRAHFO] *m.* photographer.

FOTOSÍNTESIS [FOTOSEENTAYSIS] *f.* photosynthesis.

FRAC [FRAHK] *m.* dress-coat :: swallow-tail coat.

FRACASADO [FRAHCAHSAHDO] *adj.* failed :: *m.* failure.

FRACASAR [FRAHKAHSAR] *vn.* to fail, fall through.

FRACASO [FRAHKAHSO] *m.* failure, frustration :: *(coll.)* washout.

FRACCIÓN [FRACTHEON] *f.* fraction.

FRACTURA [FRACTOORAH] *f.* fracture :: break, crack.

FRACTURAR [FRACTOORAR] *va.* to fracture, break.

FRAGANCIA [FRAHGAHNTHEAH] *f.* fragrance, perfume.

FRAGANTE [FRAHGAHNTAY] *adj.* fragrant.

FRAGATA [FRAHGAHTAH] *f.* frigate.

FRÁGIL° [FRAHHIL] *adj.* breakable, brittle, fragile.

FRAGILIDAD [FRAHHELEDAHD] *f.* fragility :: frailty :: looseness, inmorality :: lapse.

FRAGMENTO [FRAGMENTO] *m.* fragment, piece.

FRAGOR [FRAHGOR] *m.* clang, din :: crash.

FRAGOSO [FRAHGOSO] *adj.* craggy :: trackless, impenetrable :: noisy.

FRAGUA [FRAHGOOAH] *f.* forge.

FRAGUAR [FRAHGOOAR] *va.* to contrive *(en el mal sentido)* :: to forge.

FRAILE [FRAHELAY] *m.* friar, monk.

FRAMBUESA [FRAHMBOOAYSAH] *f.* raspberry.

FRANCÉS [FRANTHAYS] *m. & adj.* french.

FRANCO° [FRAHNKO] *adj.* frank, generous, open, free :: **puerto** —, free port :: — **a bordo,** free on board :: — **de porte,** post-paid :: *m.* franc.

FRANELA [FRAHNAYLAH] *f.* flannel.

FRANJA [FRAHNHAH] *f.* band, trimming, braid, fringe.

FRANQUEAR [FRANHKAYAR] *va.* to frank *(el correo)* :: to enfranchise :: to open up, make free offer of :: *vr.* to unburden oneself, tell one's hidden thoughts.

FRANQUEO [FRAHNKAYO] *m.* postage, franking.

FRANQUEZA [FRAHNKAYTHAH] *f.* frankness, freedom, sincerity :: **con toda** —, quite frankly, to be quite honest.

FRANQUICIA [FRANKEETHEAH] *f.* franchise :: exemption, tax exemption.

FRASCO [FRAHSKO] *m.* bottle, flask.

FRASE [FRAHSAY] *f.* phrase, sentence :: — **hecha,** stock phrase.

FRATERNAL [FRAHTERNAHL] *adj.* fraernal, brotherly.

FRATERNIDAD [FRAHTERNEDAHD] *f.* fraternity :: brotherhood.

FRATRICIDA [FRAHTRETHEEDAH] *m. & f.* fratricide :: *adj.* fratricidal.

FRAUDE [FRAHOODAY] *m.* fraud, imposture.

FRAUDULENTO° [FRAHOODOOLENTO] *adj.* fraudulent, tricky, deceitful, dishonest.

FRAY [FRAHE] *m.* Friar, Brother.

FRECUENCIA [FRAYCOOENTHEAH] *f.* frequency :: **con** —, frequently.

FRECUENTAR [FRAYCOOENTAR] *va.* to frequent.

FRECUENTE° [FRAYCOOENTAY] *adj.* frequent.

FREGADERO [FREGAHDAYRO] *m.* sink.

FREGAR [FRAYGAR] *va.* to scrub, scour, wash.

FREGONA [FRAYGONAH] *f.* kitchen-maid.

FREÍR [FRAYEER] *va.* to fry.

FRENAR [FRAYNAR] *va.* to apply the brakes :: to restrain.

FRENESÍ [FRAYNAYSEE] *m.* frenzy :: madness.

FRENÉTICO° [FRAYNAYTEKO] *adj.* frantic, furious.

FRENO [FRAYNO] *m.* bridle :: brake :: curb, control :: restriction.

FRENTE [FRENTAY] *f.* forehead :: face :: *m. (mil.)* front :: *(polit.)* front, party :: — **por** —, **en** —, directly opposite :: **de** —, forward :: *(mil.)* abreast.

FRESA [FRAYSAH] *f.* strawberry.

FRESCO [FRESKO] *adj.* fresh, cool :: "fresh", impudent :: *m.* cool temperature :: **al** —, out of doors, in the cool :: **tomar el** —, to take (a stroll) (the air) :: **agua** —, fresh, cold, water.

FRESCOR [FRESCOR] *m.* freshness, coolness.

FRESCURA [FRESKOORAH] *f.* coolness, calm, freshness, openness.

FRESNO [FRESNO] *m.* ash-tree.

FRIALDAD [FREAHLDAHD] *f.* coldness, indifference, coolness.

FRICCIÓN [FRIKTHEON] *f.* friction :: rubbing :: shampoo.

FRICCIONAR [FRICTHEONAR] *va.* to rub :: to massage.

FRIEGA [FREAYGAH] *f.* rub, rubbing.

FRIGIDEZ [FREHEDETH] *f.* frigidity.

FRÍGIDO [FREEHEDO] *adj.* cold, frigid.

FRIGORÍFICO [FREGOREEFEKO] *adj.* refrigerating :: *m.* refrigerator ship.

FRÍO° [FREEO] *m. & adj.* cold, cool

:: **hace** —, it is cold :: **tengo** —, I am cold.

FRIOLERO [FREOLAYRO] *adj.* chilly, sensitive to cold.

FRISAR [FRESAR] *vn.* to frizzle :: — **con**, to be around, about, near.

FRITADA [FRETAHDAH] *f.* fry :: dish of fried food.

FRITO [FREETO] *adj.* fried.

FRITURA [FRETOORAH] *f.* fry, dish of fried food :: fritter.

FRIVOLIDAD [FREVOLEDAHD] *f.* frivolity.

FRÍVOLO° [FREEVOLO] *adj.* light, frivolous, empty headed.

FRONDOSIDAD [FRONDOSEDAHD] *f.* frondage.

FRONDOSO [FRONDOSO] *adj.* leafy, luxuriant.

FRONTAL [FRONTAHL] *m. & adj.* frontal.

FRONTERA [FRONTAYRAH] *f.* frontier, border, limit.

FRONTERIZO [FRONTAYREETHO] *adj.* frontier :: limiting :: bordering :: opposite, facing.

FRONTÓN [FRONTONE] *m.* main wall of a handball court :: handball court :: jai alai court.

FROTACIÓN [FROTAHTHEON] *f.* friction, rubbing.

FROTAR [FROTAR] *va.* to rub.

FROTE [FROTAY] *m.* rubbing :: friction.

FRUCTIFICAR [FROOCTEFECAR] *va.* to fruit, bear or produce fruit :: to yield profit.

FRUCTUOSO [FROOKTOOOSO] *adj.* fruitful, useful.

FRUGAL [FROOGAHL] *adj.* frugal, sparse, economical, thrifty.

FRUGALIDAD [FROOGAHLEDAHD] *f.* frugality.

FRUICIÓN [FROOETHEON] *f.* enjoyment, relish.

FRUNCIR [FROONTHEER] *va. (sew.)* to gather :: to contract, reduce :: to pucker *(los ojos)* :: — **las cejas**, to knit the eyebrows.

FRUSTRACIÓN [FROOSTAHTHEON] *f.* frustation :: failure.

FRUSTRAR [FROOSTRAR] *va.* to frustrate, balk, thwart :: *vr.* to fail, miscarry.

FRUTA [FROOTAH] *f.* fruit, result, product.

FRUTAL [FROOTAL] *m.* fruit tree :: *adj.* fruit-bearing, fruit.

FRUTERÍA [FROOTAYREEAH] *f.* fruit store.

FRUTERO [FROOTAYRO] *m.* fruit vendor :: *adj.* fruit.

FRUTO [FROOTO] *m.* fruit :: produ-

ce, profit, results :: **dar** —, to yield fruit.

FUEGO [FOOAYGO] *m.* fire, heat, vigour :: — **fatuo**, will o' the wisp :: **hacer** —, to fire (on) :: **pegar** — **a**, to set fire to :: *pl.* —**s artificiales**, fireworks.

FUELLE [FOOAYLLYAY] *m.* bellows.

FUENTE [FOOENTAY] *f.* source, spring, fountain :: dish.

FUERA [FOOAYRAH] *adv.* outside, out :: — **de**, outside of :: in addition on.

FUERO [FOOAYRO] *m.* charter of laws :: jurisdiction, power.

FUERTE° [FOOAIRTAY] *adj.* strong, stout, powerful :: *m.* fortification.

FUERZA [FOOAIRTHAH] *f.* strength, force :: **a** — **de**, by dint of :: **a la** —, against the will, willynilly.

FUGA [FOOGAH] *f.* flight, escape :: leak.

FUGACIDAD [FOOGAHTHEDAHD] *f.* fugacity, evanescence.

FUGARSE [FOOGARSAY] *vr.* to run away.

FUGAZ° [FOOGATH] *adj.* fugitive :: brief, passing :: **estrella** —, shooting star.

FUGITIVO [FOOHETEEVO] *adj.* fugitive, brief, transitory.

FULANO [FOOLAHNO] *m.* So-and-So :: — **de Tal**, Mr. So-and-So.

FULGOR [FOOLGOR] *m.* brilliancy, glow.

FULGURAR [FOOLGOORAR] *vn.* to gleam, flash, shine.

FULMINANTE° [FOOLMENAHNTAY] *adj.* fulminant :: sudden.

FULMINAR [FOOLMENAR] *va.* to thunder, thunder forth :: to fulminate.

FULLERO [FOOLYAYRO] *m.* sharper, cheat *(en naipes)*.

FUMADOR [FOOMAHDOR] *m.* smoker.

FUMAR [FOOMAR] *va.* to smoke.

FUMIGAR [FOOMEGAR] *va.* to fumigate.

FUNCIÓN [FOONTHEON] *f.* performance, show :: function, ceremony :: duty, function.

FUNCIONAMIENTO [FOONTHEONAHMEENTO] *m.* functioning, action, working, operation.

FUNCIONAR [FOONTHEONAR] *vn.* to operate, work, perform :: **no funciona**, out of order, not working.

FUNCIONARIO [FOONTHEONAHREO] *m.* public official.

FUNDA [FOONDAH] *f.* cover, case,

wrapper, sheath.

FUNDACIÓN [FOONDAHTHEON] *f.* foundation.

FUNDADOR [FOONDAHDOR] *m.* founder.

FUNDAMENTAL° [FOONDAHMENTAHL] *adj.* fundamental.

FUNDAMENTO [FOONDAHMENTO] *m.* foundation, ground :: principle.

FUNDAR [FOONDAR] *va.* to found, establish :: to endow :: to base.

FUNDICIÓN [FOONDETHEON] *f.* melting, fusion :: foundry.

FUNDIR [FOONDEER] *va.* to melt, smelt *(metales)* :: *vr.* to fuse :: to join.

FÚNEBRE [FOONAYBRAY] *adj.* funereal, melancholy, lugubrious.

FUNERAL [FOONAYRAHL] *adj & m.* funeral.

FUNERARIA [FOONAYRAHREAH] *f.* undertaking establishment, funeral parlor.

FUNESTO° [FOONESTO] *adj.* untoward, lamentable, unfortunate.

FUNICULAR [FOONECOOLAR] *adj. & m.* funicular.

FURGÓN [FOORGON] *m.* van, wagon.

FURIA [FOOREAH] *f.* fury, anger :: zeal.

FURIBUNDO° [FOOREBOONDO] *adj.* furious, wild.

FURIOSO° [FOOREOSO] *adj.* furious, frantic, violent.

FUROR [FOOROR] *m.* rage, anger, frenzy, passion.

FURTIVO° [FOORTEEVO] *adj.* furtive, sly, clandestine.

FUSIBLE [FOOSEEBLAY] *adj.* fusible :: *m.* electric fuse.

FUSIL [FOOSEEL] *m.* rifle, musket, gun.

FUSILAR [FOOSELAR] *va.* to shoot, execute.

FUSIÓN [FOOSEON] *f.* liquefaction, melting :: union, fusion.

FUSIONAR [FOOSEONAR] *va. & vr.* to fuse, merge.

FUSTIGAR [FOOSTEGAR] *va.* to whip, castigate.

FÚTBOL [FOOTBALL] *m.* football, soccer.

FUTBOLISTA [FOOTBALEESTAH] *m.* football or soccer player.

FÚTIL° [FOOTIL] *adj.* futile.

FUTILIDAD [FOOTELEDAHD] *f.* futility, weakness.

FUTURO [FOOTOORO] *adj.* future, coming :: *m.* future, future tense.

G

GABÁN [GAHBAHN] *m.* overcoat.
GABARDINA [GAHBARDEENAH] *f.* gabardine, rain coat.
GABARRA [GAHBARRAH] *f.* (*naut.*) barge, lighter, gabbart :: fishing sloop.
GABINETE [GAHBENAYTAY] *m.* cabinet :: private parlour :: study :: — **de lectura**, reading-room.
GACELA [GAHTHAYLAH] *f.* (*zool.*) gazelle, antelope.
GACETA [GAHTHAYTAH] *f.* gazette.
GACHAS [GAHCHAHS] *f. pl.* porridge, slops.
GACHO [GAHCHO] *adj.* dropping :: *pl.* **orejas gachas**, ears down, crestfallen.
GAFAS [GAHFAHS] *f. pl.* spectacles, glasses.
GAITA [GAHETAH] *f.* flageolet :: — **gallega**, bagpipe.
GAITERO [GAHETAYRO] *m.* bagpipe player :: *adj.* (*coll.*) garrulous :: flashy, gaudy, flamboyant.
GAJE [GAHHAY] *m.* wages, pay :: *pl.* perquisites, fees.
GAJO [GAHHO] *m.* branch (*de un árbol*) :: section (*de una naranja*) :: prong (*de un tenedor*).
GALA [GAHLAH] *f.* gala :: wit, elegance :: full dress :: *pl.* finery, regalia :: **hacer — de**, to display proudly, show off.
GALÁN [GAHLAHN] *m.* courtier, escort, lover :: **primer —**, lead (*theat*) :: *adj.* gallant, flattering.
GALANO [GAHLAHNO] *adj.* genteel, gallant, elegant.
GALANTE[*] [GAHLAHNTAY] *adj.* gallant, polished, cavalier.
GALANTEAR [GAHLAHNTAYARI] *va.* to court, woo, flirt with.
GALANTEO [GAHLAHNTAYO] *m.* courtesy :: courtship :: wooing.
GALANTERÍA [GAHLAHNTAYREEAH] *f.* politeness, courtesy :: grace :: compliment, fine words.
GALARDÓN [GAHLARDON] *m.* reward, guerdon.
GALARDONAR [GAHLARDONARI] *va.* to reward.
GALAXIA [GAHLACSEEAH] *f.* galaxy :: (*min.*) soapstone, galactite.
GALEÓN [GAHLAYON] *m.* (*naut.*) galleon.
GALEOTE [GAHLAYOTAY] *m.* galleyslave.
GALERA [GAHLAYRAH] *f.* galley :: van, heavy coach.
GALERÍA [GAHLAYREEAH] *f.* gallery ::

corridor.
GALGO [GAHLGO] *m.* greyhound.
GALIMATÍAS [GAHLEMAHTEEAHS] *m.* gibberish, wild and whirring words.
GALÓN [GAHLON] *m.* gallon (*medida*) :: band :: (*mil.*) braid, stripe, galloon.
GALOPAR [GAHLOPAR] *vn.* to gallop.
GALOPE [GAHLOPAY] *m.* gallop :: **a —**, in haste, hurriedly, **a — tendido**, at full gallop.
GALVANIZAR [GALVAHNETHAR] *va.* to galvanize :: to electroplate :: to rouse into life or activity.
GALLARDÍA [GAHLYARDEEAH] *f.* gallantry, bravery :: elegance, graceful deportment.
GALLARDO[*] [GAHLYARDO] *adj.* elegant, brisk, spirited.
GALLETA [GAHLYAYTAH] *f.* biscuit.
GALLINA [GAHLYEENAH] *f.* hen :: — **de Guinea**, guinea hen :: — **ciega**, blind man's buff.
GALLINERO [GALLYENAYRO] *m.* chicken coop, house, or yard :: flock of chickens :: basket for carrying chickens :: poultryman :: noisy gathering :: top gallery of a theater.
GALLO [GAHLYO] *m.* cock, rooster.
GAMBA [GAMBAH] *f.* (*zool.*) mediterranean shrimp.
GAMBERRO [GAMBAYRRO] *m.* teddy boy :: *adj.* libertine, dissolute.
GAMO [GAHMO] *m.* fallow deer, buck.
GAMUZA [GAHMOOTHAH] *f.* chamois :: chamois leather.
GANA [GAHNAH] *f.* desire, mind, inclination :: mood :: **de buena —**, right willingly :: **sin —**, unwillingly :: **tener —s**, to have an appetite, be hungry :: **tener —s de**, to want to, feel like.
GANADERO [GAHNAHDAYRO] *m.* cattleman :: cattle dealer :: *adj.* cattle, pertaining to cattle.
GANADO [GAHNAHDO] *m.* cattle, live-stock :: — **lanar**, sheep :: — **de cerda**, swine
GANADOR [GAHNAHDOR] *m.* winner :: *adj.* winning.
GANANCIA [GAHNAHNTHEAH] *f.* gain, profit :: *pl.* — **y pérdidas**, profit and loss.
GANAR [GAHNAR] *va.* to win, gain, profit by :: to earn :: to win over, convince :: to beat.
GANCHO [GAHNCHO] *m.* hook, crook.
GANDUL [GANDOOL] *m.* bum, loafer.

GANGA [GAHNGAH] *f.* windfall, bargain :: (*min.*) gangue.
GANGOSO[*] [GANGOSO] *adj.* twangy, nasal voice.
GANGRENA [GANGRAYNAH] *f.* gangrene.
GANGRENAR [GANGRAYNAR] *va.* to gangrene, cause gangrene :: *vr.* to gangrene.
GANSA [GAHNSAH] *f.* goose.
GANSADA [GAHNSAHDAH] *f.* stupid action, senseless thing.
GANSO [GAHNSO] *m.* gander :: wag, ass :: lazybones.
GANZÚA [GAHNTHOOAH] *f.* false key, skeleton key.
GAÑÁN [GAHNYAHN] *m.* daylabourer, farmhand.
GARABATO [GAHRAHBAHTO] *m.* scribble, scrawl :: grapnel, hook.
GARAJE [GAHRAHHAY] *m.* garage.
GARANTE [GAHRAHNTAY] *adj. & m.* guarantor.
GARANTÍA [GAHRANTEEAH] *f.* guaranty :: security :: bail, bond.
GARANTIZAR [GAHRAHNTETHAR] *va.* to guarantee, answer for :: to assure.
GARBANZO [GARBAHNTHO] *m.* chick-pea.
GARBO [GARBO] *m.* gracefulness, grace, jauntiness, dash.
GARBOSO[*] [GARBOSO] *adj.* graceful, gallant, dashing.
GARFIO [GARFEO] *m.* (grab) hook, gaff.
GARGANTA [GARGAHNTAH] *f.* throat :: gorge, ravine.
GARGANTILLA [GARGAHNTEELYAH] *f.* necklace
GÁRGARA [GARGAHRAH] *f.* gargle.
GÁRGOLA [GARGOLAH] *f.* gargoyle.
GARITA [GAHREETAH] *f.* sentrybox :: cubby-hole.
GARRA [GARRAH] *f.* claw, talon, clutch.
GARRAFA [GARRAHFAH] *f.* carafe.
GARRAFÓN [GARRAHFON] *m.* large carafe, demijohn.
GARRAPATA [GARRAHPAHTAH] *f.* (*zool.*) tick.
GARRAPATEAR [GARRAHPAHTAYAR] *vn.* to scribble, scrawl, write poorly.
GARROCHA [GARROCHAH] *f.* goad :: pole :: **saltar con —**, to vault.
GARROTAZO [GARROTAHTHO] *m.* blow with a cudgel.
GARROTE [GARROTAY] *m.* bludgeon, club :: garrote.
GÁRRULO [GARROOLO] *adj.* prattling, garrulous.
GARZA [GARTHAH] *f.* heron.

GARZO [GARTHO] *adj.* blue-eyed.

GAS [GAHS] *m.* gas :: fume.

GASA [GAHSAH] *f.* gauze, chiffon.

GASEOSA [GAHSAYOSAH] *f.* soda water :: soda pop.

GASEOSO [GAHSAYOSO] *adj.* gaseous.

GASOLINA [GAHSOLEENAH] *f.* gasoline.

GASTADOR [GAHSTAHDOR] *m.* spendthrift.

GASTAR [GAHSTAR] *va.* to spend :: waste, use, consume :: to sport *(trajes, etc.)* :: *vr.* to wear out.

GASTO [GAHSTO] *m.* expense, expenditure :: wear.

GÁSTRICO [GAHSTRECO] *adj.* gastric.

GASTRONOMÍA [GASTRONOMEEAH] *f.* gastronomy.

GATA [GAHTAH] *f.* cat, she-cat :: **a gatas,** crawling, on all fours.

GATEAR [GAHTAYAR] *vn.* to go on all fours :: *va.* to steal.

GATILLO [GAHTEELLYO] *m.* kitten :: trigger :: *(med.)* forceps :: petty thief.

GATO [GAHTO] *m.* cat, tom-cat: **dar — por liebre,** to sell mutton as lamb.

GATUNO [GAHTOONO] *adj.* catlike, feline.

GAVETA [GAHVAYTAH] *f.* till, drawer.

GAVILÁN [GAHVELAHN] *m.* sparrowhawk :: nib of pen.

GAVILLA [GAHVEELYAH] *f.* sheaf of corn :: gang.

GAVIOTA [GAHVEOTAH] *f.* seagull.

GAYO [GAHYO] *adj.* gay, showy :: **gaya ciencia,** gaie science.

GAZAPO [GAHTHAH] *m.* rabbit :: blunder.

GAZNATE [GATHNAHTAY] *m.* windpipe, throttle.

GAZPACHO [GATHPAHCHO] *m.* cold vegetable soup.

GELATINA [HAYLAHTEENAH] *f.* gelatin :: jelly.

GEMA [HAYMAH] *f.* gem.

GEMELO [HAYMAYLO] *m.* twin :: *pl.* binoculars, opera-glasses :: cuff-links.

GEMIDO [HAYMEEDO] *m.* moan, lamentation, groan.

GEMIR [HAYMEER] *vn.* to groan, grieve.

GENEALOGÍA [HAYNAYAHLOHEEAH] *f.* genealogy.

GENERACION [HAYNAYRAHTHEON] *f.* generation.

GENERADOR [HAYNAYRAHDOR] *m.* generator.

GENERAL [HAYNAYRAHL] *adj. & m.* general :: **en —,** generally.

GENERALIZAR [HAYNAYRAHLETHAR] *va.* to generalize :: *vr.* to spread, become general.

GENERAR [HAYNAYRAR] *va.* to engender, beget :: *(elect.)* to generate.

GENÉRICO [HAYNAYREKO] *adj.* generic.

GÉNERO [HAYNAYRO] *m.* genus, kind :: *(gram.)* gender :: stuff, cloth :: *pl.* goods, merchandise :: dry goods.

GENEROSIDAD [HAYNAYROSEDAHD] *f.* generosity.

GENEROSO [HAYNAYROSO] *adj.* noble, liberal, strong.

GENIAL [HAYNEAHL] *adj.* genial, jovial, pleasant.

GENIO [HAYNEO] *m.* genius :: character, temper(ament), humour, gift.

GENTE [HENTAY] *f.* people, crowd :: **— menuda,** youngsters.

GENTIL [HENTEEL] *adj.* graceful, genteel :: Gentile.

GENTILEZA [HENTELAYTHAH] *f.* grace, courtesy, charm, breeding, gentility :: urbanity.

GENTILHOMBRE [HENTILOMBRAY] *m.* gentleman.

GENTÍO [HENTEEO] *m.* crowd, crush.

GENTUZA [HENTOOTHAH] *f.* rabble.

GENUINO [HAYNOOEENO] *adj.* genuine, pure.

GEOFÍSICA [HAYOFEESECAH] *f.* geophysics.

GEOGRAFÍA [HAYOGRAHFEEAH] *f.* geography.

GEOLOGÍA [HAYOLOHEEAH] *f.* geology.

GEOMETRÍA [HAYOMAYTREEAH] *f.* geometry.

GERANIO [HAYRAHNEO] *m.* *(bot.)* geranium.

GERENCIA [HAYRENTHEAH] *f.* management.

GERENTE [HAYRENTAY] *m.* manager, executive.

GERMEN [HAIRMEN] *m.* germ, seed, source.

GERMINAR [HAIRMENAR] *m.* to bud, germinate.

GERUNDIO [HAYROONDEO] *m.* gerund :: present participle.

GESTA [HESTAH] *f.* gest :: heroic deed :: romance.

GESTACIÓN [HESTAHTHEON] *f.* gestation.

GESTICULAR [HESTECOOLAR] *va.* to gesticulate.

GESTIÓN [HESTEON] *f.* management, conduct, negotiation.

GESTIONAR [HESTEONAR] *va.* to manage, deal, arrange.

GESTO [HESTO] *m.* gesture :: face.

GESTORÍA [HESTOREA] *f.* administrative office.

GIBA [HEEBAH] *f.* hump, hunch.

GIGANTE [HEGAHNTAY] *adj. & m.* giant.

GIMNASIA [HIMNAHSEAH] *f.* gymnastics.

GIMNASIO [HIMNAHSEO] *m.* gymnasium.

GIMOTEAR [HEMOTAYAR] *vn.* to whimper, whine.

GIMOTEO [HEMOTAYO] *m.* whimper, whining.

GINEBRA [HENAYBRAH] *f.* gin :: Geneva.

GINECOLOGÍA [HENAYCOLOHEEAH] *f.* gynecology.

GIRA [HEERAH] *f.* tour, excursion.

GIRADO [HERAHDO] *m.* drawee.

GIRADOR [HERAHDOR] *m.* drawer.

GIRAR [HERAR] *vn.* to revolve, gyrate, spin :: *va.* *(com.)* to draw :: **— a cargo de,** to draw on.

GIRASOL [HERAHSOL] *m.* sunflower.

GIRATORIO [HERAHTOREO] *adj.* rotary, revolving.

GIRO [HEERO] *m.* turn, course, rotation :: course, tendency, trend :: draft, exchange :: **— postal,** Postal Order.

GITANO [HETAHNO] *m. & adj.* gipsy.

GLACIAL [GLAHTHEAL] *adj.* icecold, frigid.

GLACIAR [GLAHTHEAR] *m.* glacier.

GLÁNDULA [GLAHNDOOLAH] *f.* gland.

GLASÉ [GLAHSAY] *m.* glacé, glacé silk.

GLAUCOMA [GLAHOOCOMAH] *m.* glaucoma.

GLICERINA [GLETHAYREENAH] *f.* glycerin.

GLOBAL [GLOBAL] *adj.* global, worldwide :: total.

GLOBO [GLOBO] *m.* globe, sphere, Earth :: **en —,** in bulk, in the lump.

GLÓBULO [GLOBOOLO] *m.* globule :: corpuscle.

GLORIA [GLOREAH] *f.* glory, renown :: bliss, seventh heaven :: splendour.

GLORIARSE [GLOREARSAY] *vr.* to glory in, boast.

GLORIETA [GLOREAYTAH] *f.* small square.

GLORIFICAR [GLOREFEKAR] *va.* to glorify, worship, laud.

GLORIOSO [GLOREOSO] *adj.* glorious.

GLOSA [GLOSAH] *f.* gloss, commentary.

GLOSAR [GLOSAR] *va.* to gloss, comment upon, explain.

GLOSARIO [GLOSAHREO] *m.* glossary.

GLOTIS [GLOTIS] f. glottis.

GLOTÓN [GLOTON] adj. gluttonous :: m. glutton.

GLOTONERÍA [GLOTONAYREEAH] f. gluttony.

GLUTINOSO [GLOOTENOSO] adj. glutinous, viscous, sticky.

GOBERNACIÓN [GOBAIRNAHTHEON] f. government :: **Ministerio de la** —, Ministry of the Interior, Home Office.

GOBERNADOR [GOBAIRNAHDOR] m. governor.

GOBERNAR [GOBAIRNAR] va. to rule, govern :: to regulate, control :: to steer.

GOBIERNO [GOBEAIRNO] m. government, cabinet :: rule, control, direction, management.

GOCE [GOTHAY] m. enjoyment.

GOLA [GOLAH] f. throat, gullet.

GOLETA [GOLAYTAH] f. schooner.

GOLFO [GOLFO] m. bay, gulf, abyss :: street-arab, urchin.

GOLONDRINA [GOLONDREENAH] f. swallow.

GOLOSINA [GOLOSEENAH] f. delicacy, titbit, fancy dish :: sweet tooth.

GOLOSO• [GOLOSO] adj. sweet-toothed, fond of sweets :: gluttonous.

GOLPE [GOLPAY] m. stroke, blow, clash :: **de un** —, all at once, in one fell swoop :: **– de estado**, coup d'état.

GOLPEAR [GOLPAYAR] va. to strike, beat, hammer on, knock.

GOMA [GOMAH] f. gum, mucilage :: rubber, eraser :: **– elástica**, india-rubber.

GÓNDOLA [GONDOLAH] f. gondola.

GORDO [GORDO] adj. fat, fleshy :: m. suet, lard.

GORDURA [GORDOORAH] f. fatness :: stoutness :: fat.

GORGOJO [GORGOHO] m. weevil :: puny person.

GORGORITO [GORGOREETO] m. (coll.) trill, shake, roulade :: **hacer** —**s**, to trill.

GORILA [GOREELAH] m. gorilla.

GORJEAR [GORHAYAR] vn. to warble :: to chirp.

GORJEO [GORHAYO] m. warble, song of birds.

GORRA [GORRAH] f. cap bonnet :: **(ir) de** —, without paying, on the cheap :: **– en mano**, cap in hand :: **– de visera**, peaked cap.

GORRIÓN [GORREON] m. sparrow.

GORRO [GORRO] m. cap :: **– de dormir**, nightcap.

GORRÓN [GORRON] m. (mech.) pillow, swing block :: sponger, toady.

GOTA [GOTAH] f. drop :: (med.) gout.

GOTEAR [GOTAYAR] vn. to drop, drip, leak.

GOTEO [GOTAYO] m. trickle, drip.

GOTERA [GOTAYRAH] f. dripping, leak :: gutter.

GOTOSO [GOTOSO] adj. gouty.

GOZAR [GOTHAR] va. to enjoy, have delight in :: vr. to rejoice.

GOZNE [GOTHNAY] m. hinge.

GOZO [GOTHO] m. joy, delight, happiness, bliss.

GOZOSO• [GOTHOSO] adj. joyful, delighted, cheerful, content.

GRABACIÓN [GRAHBAHTHEON] f. recording tape.

GRABADO [GRAHBAHDO] adj. engraved :: recorded :: m. engraving :: woodcut, print.

GRABADOR [GRAHBAHDOR] m. engraver, etcher.

GRABADORA [GRAHBAHDORAH] f. tape recorder.

GRABAR [GRAHBAR] va. to engrave :: carve :: to impress :: **– en hueco**, to emboss.

GRACEJO [GRAHTHAYHO] m. charm :: lightness, wit.

GRACIA [GRAHTHEAH] f. grace(fulness) :: kindness, grant :: elegance, wit skill :: pardon, mercy, gift :: joke, wittiness :: charm :: **caer en** —, to please :: **tener** —, to be funny :: **dar** — **a**, to amuse :: pl. thanks :: **dar las** —**s**, to thank, express one's thanks.

GRACIOSO [GRAHTHEOSO] adj. graceful :: witty, funny :: entertaining :: charming, delightful :: m. (theat.) fool, jester, clown, funny man.

GRADA [GRAHDAH] f. step :: terrace.

GRADACIÓN [GRAHDAHTHEON] f. gradation.

GRADERÍA [GRAHDAYREEAH] f. steps, terrace :: rows of seats, tiers of seats.

GRADO [GRAHDO] m. grade, degree, rank, class :: **de** —, willingly.

GRADUACIÓN [GRAHDOOAHTHEON] f. graduation :: military rank.

GRADUAL• [GRAHDOOAHL] adj. gradual :: m. response sung at mass.

GRADUAR [GRAHDOOAR] va. to gauge, measure :: to graduate :: vr. to take a degree.

GRÁFICA [GRAHFECAH] f. graph, diagram, chart.

GRÁFICO• [GRAHFEKO] adj. graphic, vivid.

GRAGEA [GRAHHAYAH] f. sugar-coated pill :: small colored candy.

GRAJO [GRAHHO] m. jackdaw, jay.

GRAMÁTICA [GRAHMAHTEKAH] f. grammar :: **– parda**, horsesense.

GRAMO [GRAHMO] m. gramme.

GRAMÓFONO [GRAHMOFONO] m. gramophone.

GRAN [GRAHN] adj. véase grande. Used before m. or f. nouns in the singular. — **bestia**, zool. elk; — **cruz**, grand croos.

GRANA [GRAHNAH] f. scarlet colour.

GRANADA [GRAHNAHDAH] f. pomegranate :: hand-grenade, shell.

GRANADERO [GRAHNAHDAYRO] m. grenadier :: (coll.) very tall person.

GRANADO [GRAHNAHDO] adj. select, choice, notable.

GRANAR [GRAHNAR] vn. to seed.

GRANATE [GRAHNAHTAY] m. & adj. garnet.

GRANDE• [GRAHNDAY] adj. large, big :: great, grand :: m. grandee.

GRANDEZA [GRAHNDAYTHAH] f. greatness, grandeur, grandness.

GRANDILOCUENCIA [GRANDELO-COOENTHEAH] f. grandiloquence.

GRANDIOSIDAD [GRANDEOSEDAHD] f. grandeur, grandness :: greatness.

GRANDIOSO• [GRAHNDEOSO] adj. grand, magnificent, overwhelming.

GRANDOR [GRAHNDOR] m. magnitude, size.

GRANEL [GRAHNEL] m. heap :: **a** —, in a heap, in bulk.

GRANERO [GRAHNAYRO] m. granary, barn.

GRANITO [GRAHNEETO] m. granite.

GRANIZADA [GRAHNETHAHDAH] f. hailstorm.

GRANIZAR [GRAHNETHAR] vn. to hail.

GRANIZO [GRAHNEETHO] m. hail :: hailstorm :: web or film in the eye.

GRANJA [GRAHNHAH] f. grange, farm, farm-house.

GRANJEAR [GRAHNHAYAR] va. to earn :: to profit :: vr. to get, obtain, win over (simpatía, etc.).

GRANJERÍA [GRAHNHAYREEAH] f. advantage, profit (en mal sentido).

GRANJERO [GRAHNHAYRO] m. farmer.

GRANO [GRAHNO] m. grain, seed, corn :: pimple, spot (espinilla) ::

pl. cereals :: **ir al** —, to come to the point.

GRANUJA [GRAHNOOHAH] *m.* rogue, lazy dog :: waif, urchin.

GRAPA [GRAHPAH] *f.* clamp, clutch.

GRASA [GRAHSAH] *f.* grease, fat.

GRASIENTO [GRAHSEENTO] *adj.* greasy, oily :: filthy.

GRATIFICACIÓN [GRAHTEFECAH-THEON] *f.* gratuity, bonus, tip :: recompense, reward.

GRATIFICAR [GRAHTEFEKAR] *va.* to reward, gratify, satisfy.

GRATIS [GRAHTIS] *adv.* gratis, for nothing, free of charge.

GRATITUD [GRAHTETOOD] *f.* gratitude, gratefulness.

GRATO• [GRAHTO] *adj.* agreeable, pleasant, acceptable.

GRATUITO [GRAHTOOEETO] *adj.* gratuitous, unnecessary, uncalled for.

GRAVA [GRAHVAH] *f.* gravel.

GRAVAMEN [GRAHVAHMEN] *m.* charge, obligation :: tax, burden :: lien.

GRAVAR [GRAHVAR] *va.* to tax, burden :: to oppress.

GRAVE• [GRAHVAY] *adj.* grave, serious, dangerous :: heavy :: important.

GRAVEDAD [GRAHVAYDAHD] *f.* gravity :: circumspection, sobriety, seriousness.

GRAVITACIÓN [GRAHVETAHTHEON] *f.* gravitation.

GRAVOSO• [GRAHVOSO] *adj.* bard, grievous :: onerous.

GRAZNAR [GRATHNAR] *vn.* to croak, caw.

GRAZNIDO [GRATHNEEDO] *m.* caw, croak, squawk, cackle, quack.

GRECA [GRAYCAH] *f.* fret :: ornamental design.

GREDA [GRAYDAH] *f.* clay, marl, chalk.

GREGARIO [GRAYGAHREO] *adj.* gregarious, gregarian :: slavish, servile.

GREMIO [GRAYMEO] *m.* guild, Trade Union, fraternity, body.

GREÑA [GRAYNYAH] *f.* matted hair, mop of hair.

GREÑUDO [GRAYNYOODO] *adj.* dishevelled.

GRESCA [GRESKAH] *f.* wrangle, quarrel.

GREY [GRAYE] *f.* herd, flock :: congregation of parish.

GRIEGO [GREAYGO] *m. & adj.* greek.

GRIETA [GREAYTAH] *f.* crevice, fissure, crack, chink.

GRIETARSE [GREAYTARSAY] *vr.* to crack, split :: to become chapped *(las manos).*

GRIFO [GREEFO] *m.* griffin :: water tap, faucet.

GRILLETE [GREELLYAYTAY] *m.* fetter, shackle :: *(mech.)* eye :: *pl.* irons :: bolts.

GRILLO [GREELYO] *m.* cricket :: *pl.* fetters, irons.

GRIMA [GREEMAH] *f.* uneasiness :: displeasure, disgust :: **dar** —, to disgust :: to make uneasy.

GRIPE [GREEPAY] *f.* grippe, flu, influenza.

GRIS [GRIS] *adj.* gray.

GRISÁCEO [GREESAHTHEO] *adj.* grayish.

GRITA [GREETAH] *f.* clamour, shouting, uproar.

GRITAR [GRETAR] *vn.* to shout, shriek, call out, bawl.

GRITO [GREETO] *m.* shout, cry, howl :: **hablar a** —**s**, to shout.

GROSELLA [GROSAYLYAH] *f.* red currant :: — **blanca**, gooseberry.

GROSERÍA [GROSAYREEAH] *f.* rudeness, ill-manners, coarseness.

GROSERO• [GROSAYRO] *adj.* gross, coarse :: rude, uncivil :: insensitive.

GROSOR [GROSOR] *m.* thickness.

GROTESCO• [GROTESCO] *adj.* grotesque, fantastic :: absurd.

GRÚA [GROOAH] *f.* crane, derrick.

GRUESA [GROOAYSAH] *f.* gross.

GRUESO• [GROOAYSO] *adj.* thick, fat, stout, large :: *m.* thickness :: main body *(del ejército, etc.).*

GRULLA [GROOLYAH] *f.* *(orni.)* crane.

GRUMETE [GROOMAYTAY] *m.* cabin-boy.

GRUÑIDO [GROONYEEDO] *m.* grunt, growl.

GRUÑIR [GROONYEER] *vn.* to grunt :: to grumble :: to creak.

GRUÑÓN [GROONYONE] *adj.* growling :: grunting :: grumbly :: *m.* growler :: grumbler.

GRUPA [GROOPAH] *f.* crupper, rump *(de un caballo).*

GRUPO [GROOPO] *m.* group, clump.

GRUTA [GROOTAH] *f.* cavern :: grotto.

GUADAÑA [GOOAHDAHNYAH] *f.* scythe.

GUADAÑAR [GOOAHDAHNYAR] *va.* to scythe, mow.

GUANTADA [GOOANTAHDAH] *f.* wallop, blow, slap.

GUANTE [GOOAHNTAY] *m.* glove.

GUAPO [GOOAHPO] *adj.* neat, spruce, beautiful, handsome, bonny :: gallant :: *m.* gallant, beau :: bully.

GUARDA [GOOARDAH] *m.* keeper ::

— **de coto**, game-keeper :: *f.* custody, guard.

GUARDABARROS [GOOARDABAHRROS] *m.* splashboard :: mudguard, fender.

GUARDABOSQUE [GOOARDAHBOS-KAY] *m.* game-keeper.

GUARDACOSTAS [GOOARDAHKOS-TAHS] *m.* coastguard.

GUARDAPOLVO [GOOARDAHPOLVO] *m.* cover cloth to protect from dust, dust-guard.

GUARDAR [GOOARDAR] *va.* to keep, guard, preserve, watch over :: — **silencio**, to maintain silence :: *vr.* to abstain from, avoid.

GUARDARROPA [GOOARDARROPAH] *m.* wardrobe :: cloakroom.

GUARDERÍA [GOOARDAYREEAH] *f.* guard, guardship.

GUARDIA [GOOARDEAH] *f.* guard, watch :: protection :: *m.* policeman :: guardsman :: **estar de** —, to be on duty :: **estar en** —, to be on one's guard.

GUARDIÁN [GOOARDEAHN] *m.* guardian, watchman.

GUARDILLA [GOOARDEELYAH] *f.* garret, attic.

GUARECER [GOOAHRAYTHAIR] *va.* to shelter :: *vr.* to shelter from, take refuge, cover.

GUARIDA [GOOAHREEDAH] *f.* den, haunt, lair :: refuge, shelter.

GUARISMO [GOOAHRISMO] *m.* *(math.)* figure, cipher.

GUARNECER [GOOARNAYTHAIR] *va.* to garnish, furbish, bind, face, adorn :: to garrison.

GUARNICIÓN [GOOARNETHEON] *f.* garniture, trimming, edging.

GUARRO [GOOARRO] *m.* hog, filthy.

GUASA [GOOAHSAH] *f.* jest, irony, facetiousness.

GUASÓN [GOOAHSON] *m.* wag, ''leg-puller'' :: *adj.* waggish, facetious.

GUEDEJA [GAYDAYHAH] *f.* shock, hank *(de pelo)*, forelock, mane.

GUERRA [GAIRRAH] *f.* war, warfare :: — **a muerte**, war to the knife :: **dar** —, to annoy, plague, bother.

GUERREAR [GAYRRAYAR] *va.* to war.

GUERRERO [GAIRRAYRO] *adj.* martial :: *m.* warrior, soldier.

GUERRILLA [GAIRREELYAH] *f.* guerrilla.

GUERRILLERO [GAYRREELYAYRO] *m.* guerrilla fighter.

GUÍA [GHEEAH] *f.* guide-book, guide-sign :: — **telefónica**, directory :: *m. & f.* guide, leader.

GUIAR [GHEEAR] *va.* to lead, guide :: counsel :: *vr.* to be led.

GUIJA [GHEEHAH] f. pebble.

GUIJARRO [GHEEHARRO] m. cobblestone.

GUILLOTINA [GEELLYOTEENAH] f. guillotine :: paper cutter.

GUINDA [GHEENDAH] f. mazard berry.

GUINDILLA [GHEENDEELYAH] f. red pepper.

GUIÑAPO [GHEENYAHPO] m. rag, tatter.

GUIÑAR [GHEENYAR] va. to wink.

GUIÑO [GEENYO] m. wink.

GUIÓN [GHEEON] m. standard, gonfalon :: hyphen :: synopsis.

GUIRNALDA [GHEERNAHLDAH] f. garland, wreath.

GUISA [GEESAH] f. way, manner :: a — de, like, in the manner of.

GUISADO [GHEESAHDO] m. stew.

GUISANTE [GHEESAHNTAY] m. pea :: — de olor, sweet-pea.

GUISAR [GHEESAR] va. to cook :: to arrange.

GUISO [GHEESO] m. cooked dish, stew, "concoction", "preparation".

GUITA [GHEETAH] f. twine.

GUITARRA [GHEETARRAH] f. guitar.

GULA [GOOLAH] f. gluttony.

GUSANO [GOOSAHNO] m. caterpillar, worm :: — de seda, silkworm.

GUSTAR [GOOSTAR] va. to taste :: to please :: — de, to like, be fond of.

GUSTO [GOOSTO] m. taste, flavour :: pleasure :: dar — a, to satisfy, gratify.

GUSTOSO* [GOOSTOSO] adj. tasty, palatable, willing, well-disposed, with pleasure.

GUTURAL [GOOTOORAHL] adj. guttural.

H

HABA [AHBAH] *f.* bean, broad bean.

HABANO [AHBAHNO] *m.* Havana cigar.

HABER [AHBAIR] *va.* to have, possess, own :: to hold :: — **menester**, to be in need of :: — **de**, to have to :: **dos años ha**, two years ago :: **habérselas con**, to have a bone to pick with, have to do with :: **habidos y por haber**, present and future :: *m.* property, estate, credit.

HABICHUELA [AHBECHOOAYLAH] *f.* string bean, kidney bean, butter bean.

HÁBIL• [AHBIL] *adj.* able, clever, intelligent, skilful, agile, handy.

HABILIDAD [AHBELEDAHD] *f.* ability, capacity, dexterity, knack.

HABILIDOSO [AHBELEDOSO] *adj.* skillful, clever, accomplished.

HABILITADO [AHBELETAHDO] *m.* paymaster :: *adj.* qualified, competent, authorized.

HABILITAR [AHBELETAR] *va.* to enable :: to equip :: to qualify.

HABITACIÓN [AHBETAHTHEON] *f.* apartment :: room :: lodging.

HABITANTE [AHBETAHNTAY] *m.* inhabitant, resident, native (of).

HABITAR [AHBETAR] *va.* to inhabit :: to live, reside.

HÁBITO [AHBETO] *m.* habit :: robes, dress, garment :: custom :: — **de Santiago**, order of Saint James :: **colgar los —s**, to leave the priesthood, throw up career.

HABITUAL• [AHBETOOAHL] *adj.* habitual, customary.

HABITUAR [AHBETOOAR] *va.* to accustom, inure :: *vr.* to get accustomed to, get used to.

HABLA [AHBLAH] *f.* speech, dialect, local speech :: conversation, talk :: **perder el —**, to lose one's speech.

HABLADOR [AHBLAHDOR] *m.* gabbler, talker, chatter-box.

HABLADURÍA [AHBLAHDOOREEAH] *f.* gossip, slanderous talk.

HABLAR [AHBLAR] *vn.* to speak, talk, harangue :: *va.* to say, to give expression to :: — **alto**, to talk loudly, raise the voice :: — **por —**, to talk for talking's sake :: — **a tontas y a locas**, to talk without rhyme or reason :: — **por los codos**, to talk through the ears, to talk one's head off :: — **entre dientes**, to mutter.

HACEDERO [AHTHAYDAYRO] *adj.* feasible, practicable.

HACEDOR [AHTHAYDOR] *m.* Maker, God.

HACENDADO [AHTHENDAHDO] *m.* landowner, proprietor, man of property.

HACENDOSO• [AHTHENDOSO] *f.* industrious, diligent.

HACER [AHTHAIR] *va.* to make, produce, build, compose, create, practice, cause :: to prepare, make :: to convince :: to amount to: **hace calor**, it is warm :: **hace tiempo**, long ago :: *vn.* to matter, mean :: **no hace al caso**, doesn't meet the case :: — **de**, to act as :: — **por**, to try to :: *vr.* to become, develop :: **su agosto**, to reap one's harvest :: — **agua**, to leak :: — **alarde de**, to boast of, display :: — **bancarrota**, to fail, become bankrupt :: — **la barba**, to shave :: — **caso de**, to notice, pay attention to :: — **chacota**, to ridicule :: — **del cuerpo**, to evacuate :: — **hablar**, to force to speak :: — **hacer**, to cause to be made :: — **que hacemos**, to pretend to be busy :: — **juego**, to match, suit :: — **memoria**, to remember, to try to remember :: — **(un) papel**, to cut a figure :: — **perder los estribos**, to break (his) selfcontrol :: — **presente**, to remind :: — **saber**, to impart knowledge, bring to one's knowledge :: **hacerse a la vela**, to set sail :: — **la vista gorda**, to close one's eyes to.

HACIA [AHTHEAH] *prep.* towards, to :: — **adelante**, forward :: — **atrás**, back, backwards.

HACIENDA [AHTHEENDAH] *f.* estate, property, fortune :: finance :: farm, plantation, ranch :: **Ministro de —**, Chancellor of the Exchequer :: — **pública**, treasury, finances.

HACINAR [AHTHENAR] *va.* to shock (*grano*) :: to stack, pile up :: to accumulate.

HACHA [AHCHAH] *f.* axe, hatchet :: torch, flambeau :: **paje de —**, link boy.

HACHAZO [AHCHAHTHO] *m.* blow or stroke with an axe.

HADA [AHDAH] *f.* fairy.

HADO [AHDO] *m.* fate, destiny, doom.

HALAGAR [AHLAHGAR] *va.* to cajole, flatter, wheedle.

HALAGO [AHLAHGO] *m.* cajolery, flattery, adulation, allurement, blandishment.

HALAGÜEÑO [AHLAHGOOAYNYO] *adj.* attractive, alluring, hopeful, flattering, complimentary, auspicious.

HALAR [AHLAR] *va. (naut.)* to haul, pull on.

HALCÓN [AHLKON] *m.* hawk.

HÁLITO [AHLETO] *m.* breath, vapour.

HALO [AHLO] *m.* halo.

HALLAR [AHLYAR] *va.* to find, come across, find out, to discover :: to meet with :: *vr.* to happen to be, be, feel.

HALLAZGO [AHLYATHGO] *m.* find, discovery, good luck.

HAMACA [AHMAHKAH] *f.* hammock.

HAMBRE [AHMBRAY] *f.* hunger, appetite, longing, desire :: famine.

HAMBREAR [AHMBRAYAR] *va.* to hunger, starve.

HAMBRIENTO [AHMBREENTO] *adj.* hungry :: starved, ravenous.

HAMPA [AHMPAH] *f.* vagrancy, rowdyism :: underworld :: *(coll.)* rowdies.

HÁMSTER [AHMSTER] *m.* hamster.

HANGAR [ANGAR] *f.* hangar.

HARAGÁN [AHRAHGAHN] *m.* lounger, idler :: *adj.* idle, indolent.

HARAGANEAR [AHRAHGAHNAYAR] *vn.* to lounge, loaf, be lazy.

HARAPIENTO [AHRAHPEENTO] *adj.* tattered, ragged.

HARAPO [AHRAHPO] *m.* rag, tatter.

HARÉN [AHREN] *m.* harem.

HARINA [AHREENAH] *f.* flour, meal :: powder, dust.

HARTAR [ARTAR] *va.* to stuff, gorge, fill up :: *vr.* to satiate, glut satisfy.

HARTO [ARTO] *adj.* full, satisfied, fed-up (with) :: enough, quite, amply.

HARTURA [ARTOORAH] *f.* satiety :: plethora.

HASTA [AHSTAH] *prep.* till, until :: up to :: — **no más**, to the limit, utmost :: — **luego**, so-long, bye-bye :: *conj.* even.

HASTIAR [ASTEAR] *va.* to surfeit :: to cloy :: to disgust.

HASTÍO [AHSTEEO] *m.* loathing, disgust.

HATILLO [AHTEELLYO] *m.* small bundle :: some clothes :: **coger el —**, *(coll.)* to quit, pack up and go, go away.

HATO [AHTO] *m.* herd of cattle, flock of sheep :: *(Amer.)* farm, estate :: apparel.

HAYA [AHYAH] *f.* beech-tree.

HAZ [ATH] *m.* bundle, faggot :: sheaf :: *f.* face *(de la tierra, etc.)* :: fasces.

HAZAÑA [AHTHAHNYAH] *f.* heroic feat, exploit :: *pl.* prowess.

HAZMERREÍR [ATHMAIRRAYEER] *m.* guy, laughing-stock.

HEBILLA [AYBEELYAH] *f.* buckle, clasp.

HEBRA [AYBRAH] *f.* filament, strand, thread :: needleful.

HEBREO [AHBRAYO] *m. & adj.* hebrew.

HECATOMBE [AYCAHTOMBAY] *m.* massacre, great slaughter :: hecatomb.

HECTÁREA [ECTAHRAYAH] *f.* hectare.

HECHICERA [AYCHETHAYRAH] *f.* witch, enchantress :: hag.

HECHICERÍA [AYCHETHAYREEAH] *f.* witchcraft :: magic :: charm :: enchantment.

HECHICERO [AYCHETHAYRO] *m.* sorcerer, wizard, enchanter :: *adj.* fascinating, irresistible.

HECHIZAR [AYCHETHAR] *va.* to bewitch.

HECHIZO [AYCHEETHO] *m.* spell, enchantment :: trance :: *adj.* artificial.

HECHO [AYCHO] *adj.* made, done :: ready-made :: **de** —, in fact, de facto :: **— y derecho**, roundly, completely, in fact and in theory :: *m.* act, fact, deed, event.

HECHURA [AYCHOORAH] *f.* turn, make :: build, form :: handiwork, tailoring, cut.

HEDIONDO [AYDEONDO] *adj.* foulsmelling, stinking :: filthy.

HEDOR [AYDOR] *m.* stink, stench.

HELADA [AYLAHDAH] *f.* frost.

HELADO [AYLAHDO] *adj.* icy, glacial, freezing, frozen, frostbitten :: *m.* ice-cream.

HELADERÍA [AYLAHDAYREEAH] *f.* ice-cream parlor.

HELAR [AYLAR] *vn.* to freeze :: to discourage.

HELECHO [AYLAYCHO] *m.* fern.

HÉLICE [AYLETHAY] *f.* helix :: screw, propeller.

HELICÓPTERO [AYLECOPTAYRO] *m.* helicopter.

HELIPUERTO [AYLEPOOERTO] *m.* heliport.

HEMATOMA [AYMAHTOMAH] *m.* *(med.)* hematoma.

HEMBRA [EMBRAH] *f.* female :: nut, screw, brace.

HEMIPLEJIA [AYMEPLAYHEAH] *f.* *(med.)* hemiplegia.

HEMISFERIO [AYMISFAYREO] *m.* hemisphere.

HEMOFILIA [AYMOFEELEAH] *f.* hemophilia.

HEMOGLOBINA [AYMOGLOBEENAH] *f.* hemoglobin.

HEMORRAGIA [AYMORRAHHEEAH] *f.* hemorrhage.

HENCHIR [ENCHEER] *va.* to stuff, cram, bloat, fill up.

HENDER [ENDAIR] *va.* to split, slit, cleave.

HENDIDURA [ENDEDOORAH] *f.* crack, crevice, fissure.

HENO [AYNO] *m.* hay.

HENIL [AYNEEL] *m.* hayloft.

HEPÁTICO [AYPAHTECO] *adj. (med.)* hepatic.

HEPATITIS [AYPAHTEETIS] *f.* hepatitis.

HERÁLDICA [AYRAHLDECAH] *f.* heraldry.

HERÁLDICO [AYRAHLDECO] *adj.* heraldic.

HERALDO [AYRAHLDO] *m.* herald.

HERBÁCEO [ERBAHTHAYO] *adj.* herbaceous.

HERBÍVORO [ERBEEVORO] *adj.* herbivorous.

HERBOLARIO [ERBOLAHREO] *m.* herbalist :: herb store :: *adj.* scatterbrained, stupid.

HERCÚLEO [ERCOOLAYO] *adj.* herculean.

HEREDAD [AYRAYDAHD] *f.* domain, estate, property, farm.

HEREDAR [AYRAYDAR] *va.* to come into, inherit.

HEREDERO [AYRAYDAYRO] *m.* heir, successor, inheritor.

HEREDITARIO [AYRAYDETAHREO] *adj.* hereditary.

HEREJE [AYRAYHAY] *m.* heretic.

HEREJÍA [AYRAYHEEAH] *f.* heresy, hideous error.

HERENCIA [AYRENTHEAH] *f.* inheritance, heritage, estate :: heirloom, legacy.

HERIDA [AYREEDAH] *f.* wound, stab, hurt, gash.

HERIDO [AYREEDO] *adj.* wounded :: *m.* wounded man.

HERIR [AYREER] *va.* to wound, hurt :: to strike :: to offend *(los sentimientos, etc.)*.

HERMANA [AIRMAHNAH] *f.* sister.

HERMANAR [ERMAHNAR] *va.* to mate, match :: to join, combine :: to harmonize :: *vn.* to fraternize :: to agree, unite :: *vr.* to match.

HERMANASTRA [ERMAHNAHSTRAH]

f. stepsister, half sister.

HERMANASTRO [ERMAHNAHSTRO] *m.* stepbrother, half brother.

HERMANDAD [AIRMAHNDAHD] *f.* brotherhood, fraternity :: guild :: friendship :: **santa** —, Police force.

HERMANO [AIRMAHNO] *m.* brother :: **— de leche**, fosterbrother.

HERMÉTICO [ERMAYTECO] *adj.* hermetic :: airtight :: tight-lipped :: close-mouthed.

HERMOSO [AIRMOSO] *adj.* handsome, comely, neat, fine, beautiful.

HERMOSURA [AIRMOSOORAH] *f.* loveliness, comeliness, beauty :: a beauty.

HERNIA [AYRNEAH] *f.* hernia.

HÉROE [AYROAY] *m.* hero.

HEROICO [AYROECO] *adj.* heroic.

HEROÍNA [AYROEENAH] *f.* heroine :: heroin *(droga)*.

HEROÍSMO [AYROEESMO] *m.* heroism.

HERRADOR [AIRRAHDOR] *m.* farrier.

HERRADURA [AIRRAHDOORAH] *f.* horse-shoe :: **camino de** —, bridle-track :: **mostrar las —s**, to bolt, kick over the traces.

HERRAMIENTA [ERRAHMEENTAH] *f.* tool :: *pl.* set of tools.

HERRAR [AIRRAR] *va.* to shoe *(caballos)* :: to brand *(ganado)*.

HERRERÍA [ERRAYREEAH] *f.* blacksmith's shop or trade :: forge :: ironworks.

HERRERO [AIRRAYRO] *m.* blacksmith, smith.

HERRUMBRE [AIRROOMBRAY] *f.* rust.

HERVIR [AIRVEER] *vn. & a.* to boil, seethe, effervesce :: to surge :: **— a fuego lento**, to simmer.

HERVOR [AIRVOR] *m.* boiling, effervescence, swirling, seething, ebullition.

HETERODOXIA [AYTAYRODOXEAH] *f.* heterodoxy.

HETEROGÉNEO [AYTAYROHAYNAYO] *adj.* heterogeneous.

HEZ [ETH] *f.* scum, lees, dregs, sediment.

HIATO [EAHTO] *m.* hiatus.

HIBERNAR [EBERNAR] *vn.* to hibernate.

HÍBRIDO [EEBREDO] *adj. & m.* hybrid.

HIDALGO [EDAHLGO] *m.* nobleman, gentleman, man of breeding.

HIDALGUÍA [EDAHLGHEEAH] *f.* nobility, true lineage, nobleness :: generosity, fine instincts.

HIDRATO [EDRAHTO] *m.* hydrate.

HIDRÁULICO [EDRAHOOLECO] *adj.*

hydraulic.

HIDROAVIÓN [EDROAHVEON] *m.* hydroplane, seaplane.

HIDROELÉCTRICO [EDROAYLECTRECO] *adj.* hydroelectric.

HIDROFOBIA [EDROFOBEAH] *f.* hydrophobia.

HIDRÓGENO [EDROHAYNO] *m.* hydrogen.

HIEDRA [EAYDRAH] *f.* ivy.

HIEL [EELL] *f.* gall, bile :: bitterness.

HIELO [EAYLO] *m.* ice :: frost :: **banco de** —, ice-field.

HIENA [EAYNAH] *f.* hyena.

HIERBA [EAIRBAH] *f.* grass, herb, weed :: **mala** —, weed :: — **de San Benito**, herb bennet :: — **de San Juan**, St. John's wort :: — **de Santiago**, ragwort, pansy :: *pl.* —, greens.

HIERRO [EAIRRO] *m.* iron :: tool :: brand :: — **dulce**, wrought iron :: — **colado**, cast iron :: — **laminado**, sheet-iron :: — **viejo**, scrap-iron.

HÍGADO [EEGAHDO] *m.* liver.

HIGIENE [EHEAYNAY] *f.* hygiene.

HIGIÉNICO⁰ [EHEAYNECO] *adj.* hygienic, sanitary.

HIGO [EEGO] *m.* fig :: — **chumbo**, prickly-pear :: **de** —**s a brevas**, once in a blue moon.

HIGUERA [EGAYRAH] *f.* fig-tree.

HIJA [EEHAH] *f.* daughter :: — **mía**, my dear girl.

HIJASTRO [EHAHSTRO] *m.* stepchild.

HIJO [EEHO] *m.* son :: native son :: ofspring :: fruit, result.

HILANDERA [ELANDAYRAH] *f.* spinner.

HILAR [ELAR] *va.* to spin :: — **delgado**, to be very particular.

HILERA [ELAYRAH] *f.* range, row, line :: wire-drawer.

HILO [EELO] *m.* thread :: yarn :: wire :: **perder el** —, to lose the thread *(de una conversación, etc.).*

HILVÁN [EELVAHN] *m.* basting stitch :: basting.

HILVANAR [EELVAHNAR] *va.* to baste :: to put together, connect :: to do hastily.

HIMENEO [EMAYNAYO] *m.* marriage, wedlock.

HIMNO [EEMNO] *m.* hymn :: — **nacional**, national anthem.

HINCAPIÉ [INKAHPEAY] *m.* insistence :: **hacer** —, to dwell on, emphasize

HINCAR [INKAR] *va.* to drive, thrust :: — **la rodilla**, to bend the knee :: — **el diente**, to bite, dig (get) one's teeth into.

HINCHADO [INCHAHDO] *adj.* puffed, swollen :: windy, verbose.

HINCHAR [INCHAR] *va.* to distend, bloat, swell :: *vr.* to swell out, be puffed up.

HINCHAZÓN [INCHAHTHON] *m.* inflation, swelling, puffiness :: vanity.

HINOJO [INOHO] *m.* fennel :: knee :: — **hediondo**, dill :: **de** —**s**, on bended knees.

HÍPICO [EEPECO] *adj.* hippic, equine.

HIPNOSIS [IPNOSIS] *f.* hypnosis.

HIPNOTIZAR [IPNOTETHAR] *va.* to hypnotize.

HIPO [EEPO] *m.* hiccough :: longing :: hatred.

HIPOCRESÍA [EPOCRAYSEEAH] *f.* hypocrisy, cant, humbug.

HIPÓCRITA [EPOCRETAH] *m.* & *f.* hypocrite :: *adj.* hypocritical.

HIPÓDROMO [EPODROMO] *m.* race track.

HIPOPÓTAMO [EPOPOTAHMO] *m.* *(zool.)* hippopotamus.

HIPOTECA [EPOTAYKAH] *f.* mortgage, hypothecation.

HIPOTECAR [EPOTAYCAR] *va.* to mortgage.

HIPÓTESIS [EPOTAYSIS] *f.* hypothesis, supposition.

HIPOTÉTICO⁰ [EPOTAYTECO] *adj.* hypothetic(al).

HIRSUTO [IRSOOTO] *adj.* hirsute, bristly :: *(fig.)* harsh, gruff, brusque.

HIRVIENTE [IRVEENTAY] *adj.* boiling.

HISPÁNICO [ISPAHNECO] *adj.* hispanic.

HISTÉRICO⁰ [ISTAYRECO] *adj.* hysterical.

HISTERISMO [ISTAYRISMO] *m.* hysteria.

HISTORIA [ISTOREAH] *f.* history :: tale, story :: past :: *pl.* **deje Vd. de** —**s!**, come to the point!

HISTORIADO [ISTOREAHDO] *adj.* historiated :: *(coll.)* overadorned.

HISTORIADOR [ISTOREAHDOR] *m.* historian.

HISTORIETA [ISTOREAYTAH] *f.* brief account, anecdote :: short novel :: *pl.* comics.

HISTÓRICO [ISTOREKO] *adj.* historical, with an interesting past :: **es** —, it's a fact.

HITO [EETO] *m.* landmark, guidepost :: **mirar de** — **en** —, to stare straight at, to look intently at.

HOCICO [OTHEEKO] *m.* snout, muzzle :: **meter el** —, to poke one's nose into.

HOGAÑO [OGAHNYO] *adv.* nowadays :: this year.

HOGAR [OGAR] *m.* fireplace, hearth :: home, roof, shelter :: **sin** —, homeless, stray.

HOGAZA [OGAHTHAH] *f.* large loaf of bread :: cobloaf.

HOGUERA [OGAYRAH] *f.* fire, bonfire :: pyre, stake.

HOJA [OHAH] *f.* leaf :: petal :: sheet :: sheaf :: blade :: shutter :: — **de lata**, tin :: — **de estaño**, tinfoil :: **la** — **del lunes**, Monday newspaper :: **volver la** —, to turn the page :: to change the subject.

HOJALATA [OHAHLAHTAH] *f.* tinplate.

HOJALDRE [OHAHLDRAY] *f.* puff-pastry.

HOJARASCA [OHAHRAHSCAH] *f.* fallen leaves :: dry foliage :: superfluous ornament :: trash :: useless words.

HOJEAR [OHAYAR] *va.* to skim, scan, run through *(un libro).*

¡HOLA! [OHLAH] *interj.* hello! :: hi! :: ah!.

HOLANDÉS [OLANDAYS] *m.* & *adj.* dutch.

HOLGADO⁰ [OLGAHDO] *adj.* loose, easy :: roomy, ample :: at leisure :: comfortably off.

HOLGAR [OLGAR] *vn.* to rest, be at leisure :: to be idle :: *vr.* to sport, play, dally, idle.

HOLGAZÁN [OLGAHTHAN] *m.* idler, loafer, lounger, "spiv".

HOLGAZANEAR [OLGAHTHAHNAYAR] *vn.* to loiter, lounge, idle, bum around.

HOLGAZANERÍA [OLGAHTHAHNAYREEAH] *f.* idleness, laziness.

HOLGURA [OLGOORAH] *f.* ease :: frolicking :: amplitude, width, fullness :: looseness, laxity.

HOLOCAUSTO [OLOCAHOOSTO] *m.* holocaust, burnt offering, sacrifice.

HOLLAR [OLYAR] *va.* to trample, tread (down, upon, underfoot) :: to degrade, spurn.

HOLLEJO [OLLYAYHO] *m.* skin, peel :: husk.

HOLLÍN [OLYEEN] *m.* soot.

HOMBRE [OMBRAY] *m.* man :: mankind, ombre :: — **de bien**, honest man :: — **de negocios**, business man :: **muy** —, a real man :: *interj.* Good heavens!

HOMBRERA [OMBRAYRAH] *f.* epaulet.

HOMBRO [OMBRO] *m.* shoulder, :: **llevar a** —, carry on one's back :: **encogerse de** —**s**, to shrug one's shoulders.

HOMBRUNO [OMBROONO] *adj.* manly, virile.

HOMENAJE [OMAYNAHHAY] *m.* homage :: testimonial :: allegiance.

HOMICIDA [OMETHEEDAH] *m.* murderer :: *f.* murderess :: *adj.* homicidal, murderous.

HOMICIDIO [OMETHEEDEO] *m.* homicide, murder.

HOMOGENEIDAD [OMOHAYNAYEDAHD] *f.* homogeneity.

HOMOGÉNEO• [OMOHAYNAYO] *adj.* homogeneus, of the same kind or nature.

HOMOLOGAR [OMOLOGAR] *va.* to make equal :: to homologate, ratify :: to validate.

HOMÓNIMO [OMONEMO] *m.* namesake :: homonym :: *adj.* homonymous.

HOMOSEXUAL [OMOSEXOOAHL] *m.* & *adj.* homosexual.

HONDA [ONDAH] *f.* sling.

HONDO• [ONDO] *adj.* profound, deep :: low :: heartfelt, sincere.

HONDONADA [ONDONAHDAH] *f.* hollow, dip, gully, ravine.

HONDURA [ONDOORAH] *f.* depth.

HONESTIDAD [ONESTEDAHD] *f.* chastity, modesty, decency :: decorum, propriety.

HONESTO• [ONESTO] *adj.* decent, decorous :: modest, chaste, pure :: fair, honest.

HONGO [ONGO] *m.* mushroom, fungus :: bowler hat.

HONOR [ONOR] *m.* honour :: reputation :: chastity :: dignity :: *pl.* rank, status :: privileges, ceremony.

HONORABLE [ONORAHBLAY] *adj.* honorable :: reputable, reliable.

HONORARIO [ONORAHREO] *m.* fee, honorarium :: *adj.* honorary.

HONORÍFICO [ONOREEFECO] *adj.* honorary.

HONRA [ONRAH] *f.* honour, reverence :: reputation, fame, glory :: purity, chastity :: favour :: *pl.* obsequies.

HONRADEZ [ONRAHDETH] *f.* honesty, honor, integrity.

HONRADO• [ONRAHDO] *adj.* honest :: just, fair, decent upright, honourable :: dutiful :: conscientious.

HONRAR [ONRAR] *va.* to honour, esteem :: to revere :: to do honour or credit (to) :: to honour *(cheque)* :: *vr.* to regard as a privilege.

HONRILLA [ONREELYAH] *f.* punctiliousness :: **por la negra —,** for

form's sake.

HONROSO• [ONROSO] *adj.* bringing honour, praiseworthy.

HORA [ORAH] *f.* hour :: time :: season :: **¿qué — es?** what time is it?:: **última —,** news :: — **menguada,** fatal moment :: **—s,** prayerbook :: **por —s,** small hours :: **—s extraordinarias,** overtime.

HORADAR [ORAHDAR] *va.* to perforate, penetrate, bore through.

HORARIO [ORAHREO] *m.* schedule, timetable :: hour hand.

HORCA [ORKAH] *f.* gallows, gibbet :: fork, pitchfork :: string of onions, garlic.

HORCAJADAS [ORKAHHAHDAHS] *f.* **a —s,** astride, straddling.

HORCHATA [ORCHAHTAH] *f.* orgeat, iced drink :: **— de chufas,** "tiger-nut" drink.

HORDA [ORDAH] *f.* horde, gang.

HORIZONTAL• [ORETHONTAHL] *adj.* horizontal.

HORIZONTE [ORETHONTAY] *m.* horizon.

HORMA [ORMAH] *f.* model, mould :: hat-maker's block :: last *(de zapato).*

HORMIGA [ORMEEGAH] *f.* ant :: — **blanca,** termite.

HORMIGÓN [ORMEGON] *m.* concrete :: — **armado,** reinforced concrete.

HORMIGONERA [ORMEGONAYRAH] *f.* concrete mixer.

HORMIGUEAR [ORMEGAYAR] *vn.* to swarm :: to be crawling with ants :: **me hormiguea el cuerpo,** my body itches.

HORMIGUEO [ORMEGAYO] *m.* itching, creeping sensation :: tingle, tingling sensation.

HORMIGUERO [ORMEGAYRO] *m.* ant-hill :: swarm of people.

HORMONA [ORMOHNAH] *f.* hormone.

HORNACINA [ORNAHTHEENAH] *f.* *(arch.)* niche.

HORNADA [ORNAHDAH] *f.* batch of bread, backing.

HORNEAR [ORNAYAR] *va.* to bake.

HORNERO [ORNAYRO] *m.* baker.

HORNILLO [ORNEELYO] *m.* portable furnace, range, stove, oven.

HORNO [ORNO] *m.* oven, kiln, furnace :: **alto —,** blast-furnace :: — **de ladrillo,** brick-kiln.

HORÓSCOPO [OROSCOPO] *m.* horoscope.

HORQUILLA [ORKEELYAH] *f.* fork, pitchfork :: hairpin.

HORRENDO• [ORRENDO] *adj.* horrible, fearful, dire, dreadful.

HORRIBLE [ORREEBLAY] *adj.* horrible.

HORRIPILANTE [ORREPELAHNTAY] *adj.* horrifying.

HORROR [ORROR] *m.* horror, fright :: grimness, hideousness :: abhorrence.

HORRORIZAR [ORRORETHAR] *va.* to horrify, frighten, terrify.

HORROROSO• [ORROROSO] *adj.* frighful, awful :: horrifying.

HORTALIZAS [ORTAHLEETHAHS] *f. pl.* vegetables, greens.

HORTELANO [ORTAYLAHNO] *m.* market-gardener :: truckfarmer :: **perro del —,** dog in the manger.

HORTERA [ORTAYRAH] *m.* shopboy, grocer's assistant :: vulgar.

HORTICULTURA [ORTECOOLTOORAH] *f.* horticulture.

HOSCO• [OSKO] *adj.* frowning, dark, gloomy :: crabbed, sullen.

HOSPEDAJE [OSPAYDAHHAY] *m.* lodging.

HOSPEDAR [OSPAYDAR] *va.* to board, lodge :: *vr.* to put up, stay, stop at.

HOSPEDERÍA [OSPAYDAYREEAH] *f.* hostelry :: guest-house :: home, hospice.

HOSPEDERO [OSPAYDAYRO] *m.* host, innkeeper.

HOSPICIO [OSPEETHEO] *m.* orphanage, children's home.

HOSPITAL [OSPETAHL] *m.* hospital, infirmary :: — **de campaña,** field hospital, dressing station :: — **de sangre,** emergency hospital.

HOSPITALIDAD [OSPETAHLEDAHD] *f.* hospitality.

HOSPITALIZAR [OSPETAHLETHAR] *va.* to hospitalize.

HOSTAL [OSTAHL] *m.* inn, hostelry.

HOSTELERO [OSTAYLAYRO] *m.* innkeeper :: victualler.

HOSTERÍA [OSTAYREEAH] *f.* inn, eating-house, hostelry.

HOSTIA [OSTEAH] *f.* host :: oblate wafer.

HOSTIGAR [OSTEGAR] *va.* to scourge :: to harass, vex :: to persecute.

HOSTIL• [OSTEEL] *adj.* hostile, antagonistic, adverse.

HOSTILIDAD [OSTELEDAHD] *f.* hostility :: *pl.* warfare, hostilities.

HOTEL [OTEL] *m.* hotel :: villa.

HOTELERO [OTELAYRO] *m.* hotelkeeper :: *adj.* pertaining to hotels.

HOY [OE] *adv.* to-day :: — **día,** nowadays :: **de — en adelante,** from now henceforth :: **de — a mañana,** when you least expect it.

HOYA [OYAH] f. pit, cavity :: dale, vale :: grave :: bed *(de un río)*.

HOYO [OYO] m. hole, cavity :: dent, groove :: mark :: crater.

HOYUELO [OHYOOAYLO] m. dimple :: tiny hole.

HOZ [OTH] f. sickle, reaper's hook :: narrow pass, defile, gorge.

HUCHA [OOCHAH] f. money-box, toy bank :: bin :: chest.

HUECO [OOAYKO] m. gap, hole :: depression, emptiness, loneliness :: lacuna :: vacancy :: notch :: adj. hollow :: blank :: vacant :: inflated *(voz)*.

HUELGA [OOELLGAH] f. rest, leisure :: strike :: **declararse en —**, to strike, down tools.

HUELGO [OOELLGO] m. breath, respiration :: space, clearance.

HUELGUISTA [OOELGEESTAH] m. striker.

HUELLA [OOAYLYAH] f. trace :: track, footprint, imprint, trail :: trace, vestige :: pl. — **digitales**, fingerprints.

HUÉRFANO [OOAIRFAHNO] adj. fatherless, motherless :: m. orphan boy, waif.

HUERO [OOAYRO] adj. empty :: addled :: sterile.

HUERTA [OOAIRTAH] f. vegetable garden :: **la — de Valencia**, irrigated land in province of Valencia.

HUERTO [OOAIRTO] m. orchard.

HUESO [OOAYSO] m. bone :: pit, pip :: *(de fruta)* stone :: **es un —**, he/she is very strict :: **estar en los —s**, he's nothing but a bag of bones :: **la sin —**, the tongue.

HUÉSPED [OOESPED] m. inmate, lodger, guest :: host, landlord :: pl. **casa de —es**, boardinghouse.

HUESTE [OOESTAY] f. *(mil.)* host.

HUESUDO [OOAYSOODO] adj. bony.

HUEVO [OOAYVO] m. egg :: — **pasado por agua**, soft-boiled egg :: — **revuelto**, scrambled egg :: — **estrellado**, fried or poached egg :: — **batido**, beaten egg.

HUIDA [OOEEDAH] f. flight, escape, get-away.

HUIR [OOEER] vn. & r. to shun, to flee, escape, make off, decamp, elope, run away.

HULE [OOLAY] m. rubber :: oilcloth.

HULLA [OOLYAH] f. soft coal.

HUMANIDAD [OOMAHNEDAHD] f. humanity, mankind :: humaneness :: —**es**, humanities, letters.

HUMANISMO [OOMAHNEESMO] m. humanism.

HUMANISTA [OOMAHNEESTAH] m. & adj. humanist.

HUMANITARIO• [OOMAHNETAHREO] adj. humanitarian, humane, kind, charitable.

HUMANO• [OOMAHNO] adj. human :: humane :: **el género —**, mankind :: **ser —**, human being.

HUMAREDA [OOMAHRAYDAH] f. cloud of smoke.

HUMEANTE [OOMAYAHNTAY] adj. smoking, smoky :: steaming.

HUMEAR [OOMAYAR] vn. to reek with smoke :: to smoke, be smoky.

HUMEDAD [OOMAYDAHD] f. humidity, dampness :: moisture.

HUMEDECER [OOMAYDAYTHAIR] va. to moisten, damp, wet :: to soak.

HÚMEDO [OOMAYDO] adj. damp, moist :: watery.

HUMILDAD [OOMILDAHD] f. humility, meekness, lowliness :: obscurity.

HUMILDE• [OOMEELDAY] adj. humble, meek :: poor, plain, of low degree :: down-trodden.

HUMILLACIÓN [OOMEELLYAHTHEON] f. humiliation :: submission.

HUMILLAR [OOMELYAR] va. to lower, make humble, degrade, take down a peg, humiliate ::

vr. to debase oneself, to be prostrate.

HUMO [OOMO] m. smoke :: vapour, fume :: vanity, presumption :: **echar —**, to smoke.

HUMOR [OOMOR] m. humour, mood, temper :: temperament, disposition :: **buen —**, good spirits, good mood :: **mal —**, crossness, moodiness :: **de buen —**, in fine fettle gay :: **de mal —**, cross, crusty.

HUMORADA [OOMORAHDAH] f. practical joke.

HUMORÍSTICO• [OOMOREESTECO] adj. humorous.

HUNDIMIENTO [OONDEMEENTO] m. sinking :: downfall collapse, caving in.

HUNDIR [OONDEER] va. to sink, thrust (into), crush, swamp :: to ruin dash, pull down :: vr. to sink, collapse, cave in, subside :: to sag.

HÚNGARO [OONGAHRO] m. & adj. hungarian.

HURACÁN [OORAHKAHN] m. hurricane.

HURAÑO [OORAHNYO] adj. diffident, shy, bashful :: unsociable.

HURGAR [OORGAR] va. to stir up, rake, poke :: —**se las narices**, to pick one's nose.

HURÓN [OORON] adj. shy, unaffectionate, disdainful :: m. ferret.

HURTADILLAS [AHOORTAHDEELYAHS] adv. **a —**, stealthily, on the sly :: on tip-toe.

HURTAR [OORTAR] va. to steal, pilfer, make off with.

HURTO [OORTO] m. robbery, thieving, theft, stealing.

HÚSAR [OOSAR] m. Hussar.

HUSMEAR [OOSMO] va. to scent, sniff out, get wind of, ferret out.

HUSMEO [OOSMEO] m. sniff, sniffing, smelling :: prying.

HUSO [OOSO] m. spindle :: *(her.)* lozenge.

I

IBÉRICO [EBAYRECO] *adj.* iberian.
ICONOCLASTA [ECONOCLAHSTAH] *m. & f.* iconoclast.
IDA [EEDAH] *f.* going, out-going, departure :: **de — y vuelta**, return, round trip.
IDEA [EDAYAH] *f.* idea :: plan, intention, scheme :: plot :: fancy.
IDEAL° [EDAYAHL] *adj.* ideal, imaginary, abstract, unreal :: *m.* ideal.
IDEALISMO [EDAYAHLEESMO] *m.* idealism.
IDEALISTA [EDAYAHLEESTAH] *adj.* idealistic :: *m. & f.* idealist :: dreamer.
IDEAR [EDAYAR] *va.* to imagine, conceive, devise, plan :: to contrive, project.
ÍDEM [EEDEM] *pron.* idem, the same.
IDÉNTICO° [EDENTECO] *adj.* identical.
IDENTIDAD [EDENTEDAHD] *f.* identity.
IDENTIFICAR [EDENTEFECAR] *va.* to identify.
IDILIO [EDEELEO] *m.* idyl.
IDIOMA [EDEOMAH] *m.* language, speech, tongue, idiom.
IDIOSINCRASIA [EDEOSINCRAHSEAH] *f.* idiosyncrasy.
IDIOTA [EDEOTAH] *adj.* silly, daft, idiotic :: *m.* idiot, oaf, "loony".
IDIOTEZ [EDEOTETH] *f.* idiocy.
IDOLATRAR [EDOLAHTRAR] *va.* to idolize, worship.
ÍDOLO [EEDOLO] *m.* idol.
IDONEIDAD [EDONAYEDAHD] *f.* capacity, fitness, suitability, aptitude.
IDÓNEO [EDONAYO] *adj.* apt :: capable :: proper likely, suitable, appropriate, fit.
IGLESIA [EGLAYSEAH] *f.* church, temple.
IGNICIÓN [IGNETHEON] *f.* ignition.
IGNOMINIA [IGNOMEENEAH] *f.* infamy, shame, disgrace.
IGNORANCIA [IGNORAHNTHEAH] *f.* ignorance illiteracy.
IGNORANTE [IGNORAHNTAY] *adj.* ignorant.
IGNORAR [IGNORAR] *va.* to be ignorant of, not to know.
IGNOTO [IIGNOTO] *adj.* hidden, unknown.
IGUAL° [EGOOAHL] *adj.* the same, like, similar, equal :: level, uniform, flat :: constant, unchanging :: **por —**, equally :: **sin —**, matchless, peerless :: **me es —**, I don't mind.
IGUALAR [EGOOAHLAR] *va.* to equa-

lize :: to make equal :: to pair :: to make even, flatten :: to balance up, make amends :: *vn.* to be equal (to).
IGUALDAD [EGOOAHLDAHD] *f.* equality :: evenness, smoothness :: parity.
IGUALITARIO [EGOOAHLETAREO] *adj.* equalitarian.
IGUANA [EGOOAHNAH] *f.* iguana.
ILEGAL° [ELAYGAHL] *adj.* illegal, unlawful :: false :: contraband.
ILEGIBLE [ELAYHEEBLAY] *adj.* illegible.
ILEGÍTIMO° [ELAYHEETEMO] *adj.* illegitimate :: illegal.
ILESO [ELAYSO] *adj.* unharmed, unscarred.
ILÍCITO [ELEETHETO] *adj.* illicit, unlawful.
ILIMITADO [ELEMETAHDO] *adj.* boundless, limitless, unconfined :: vast, immense.
ILÓGICO [ELOHECO] *adj.* illogical.
ILUMINACIÓN [ELOOMENAHTHEON] *f.* illumination.
ILUMINAR [ELOOMENAR] *va.* to illuminate, kindle, set alight, light up :: to adorn with engravings.
ILUSIÓN [ELOOSEON] *f.* illusion, daydream :: (delighful) anticipation, dream :: **con una gran —**, with great pleasure, thrill.
ILUSIONISTA [ELOOSEONEESTAH] *m.* illusionist, prestidigitator.
ILUSO [ELOOSO] *adj.* deluded :: *m.* day-dreamer, wishful thinker.
ILUSORIO [ELOOSOREO] *adj.* illusive :: deceptive :: worthless.
ILUSTRACIÓN [ELOOSTRAHTHEON] *f.* illustration :: elucidation, explanation.
ILUSTRADO [ELOOSTRAHDO] *adj.* learned :: enlightened.
ILUSTRAR [ELOOSTRAR] *va.* to illustrate, explain, interpret, elucidate :: *vr.* to become illustrious, to acquire learning.
ILUSTRE [ELOOSTRAY] *adj.* illustrious, distinguished, brilliant, eminent, splendid, lofty.
IMAGEN [EMAHHEN] *f.* reflection, counterpart, image :: statue, effigy :: conception, idea :: spectrum.
IMAGINABLE [EMAHHENAHBLAY] *adj.* imaginable, conceivable.
IMAGINACIÓN [EMAHHENAHTHEON] *f.* imagination.
IMAGINAR [EMAHHENAR] *va.* to imagine :: to fancy :: *vr.* to suppose, assume.
IMAGINARIO [EMAHHENAHREO] *adj.* imaginary.

IMAGINATIVO° [EMAHHENAHTEEVO] *adj.* imaginative.
IMÁN [EMAHN] *m.* lodestone, magnet.
IMANTAR [EMANTAR] *va.* to magnetize.
IMBÉCIL [IMBAYTHIL] *adj.* silly, foolish, half-witted, idiotic :: *m.* simpleton, dolt :: fool, idiot.
IMBERBE [IMBAIRBAY] *adj.* beardless :: very young, immature.
IMBUIR [IMBOOEER] *va.* to imbue, inspire.
IMITACIÓN [EMETAHTHEON] *f.* imitation.
IMITADO [EMETAHDO] *adj.* mock, pretended, copy of.
IMITADOR [EMETAHDOR] *m.* imitator :: follower :: *adj.* imitative, imitating.
IMITAR [EMETAR] *va.* to imitate, copy, mimic, counterfeit, ape.
IMPACIENCIA [IMPAHTHEENTHEAH] *f.* restlessness, haste, impatience.
IMPACIENTE° [IMPAHTHEENTAY] *adj.* restless, fidgety, impatient, "on pins".
IMPACTO [IMPAHCTO] *m.* impact, impingement.
IMPAR [IMPAR] *adj.* odd, uneven.
IMPARCIAL° [IMPARTHEAHL] *adj.* impartial, dispassionate.
IMPARCIALIDAD [IMPARTHEAHLEDAHD] *f.* impartiality, equitableness.
IMPARTIR [IMPARTEER] *va.* to bestow, grant, impart.
IMPASIBLE° [IMPASEEBLAY] *adj.* impassive, insensitive, insensible, unfeeling, unmoved.
IMPÁVIDO° [IMPAHVEDO] *adj.* intrepid, fearless, undaunted.
IMPECABLE° [IMPAYKAHBLAY] *adj.* sinless, faultless.
IMPEDIMENTO [IMPAYDEMENTO] *m.* impediment, hindrance, obstacle.
IMPEDIR [IMPAYDEER] *va.* to obstruct, thwart, hinder, obviate, stay, impede, stand in the way of.
IMPELER [IMPAYLAIR] *va.* to impel, push, drive, spur on, urge on.
IMPENETRABLE [IMPAYNAYTRAHBLAY] *adj.* impenetrable :: impervious :: incomprehensible.
IMPENSADO° [IIMPENSAHDO] *adj.* out of the blue, random, unplanned :: unexpected.
IMPERAR [IMPAYRAR] *vn.* to rule, reign, command, be in force, be the order of the day.
IMPERATIVO° [IIMPAYRAHTEEVO] *adj.* imperative :: urgent, compelling

:: *m.* imperative mood.

IMPERCEPTIBLE° [IMPERTHEPTEEBLAY] *adj.* imperceptible.

IMPERDIBLE [IMPERDEEBLAY] *m.* safety pin :: *adj.* safe, that cannot be lost.

IMPERDONABLE° [IMPAIRDONAHBLAY] *adj.* unforgiveable, inexcusable.

IMPERECEDERO [IMPAYRAYTHAYDAY-ROI] *ajd.* imperishable, deathless.

IMPERFECTO [IMPAIRFEKTO] *adj.* imperfect, faulty, unfinished, incomplete.

IMPERIAL [IMPAYREAHL] *adj.* imperial :: *f.* coach top :: top seats on a coach or bus.

IMPERICIA [IMPAYREETHEAH] *f.* unskilfulness, lack of skill.

IMPERIO [IMPAYREO] *m.* empire :: command, sway, arrogance :: the purple.

IMPERIOSO° [IMPAYREOSO] *adj.* arrogant, haughty, overbearing.

IMPERITO [IMPAYREETO] *adj.* unskilled, without training.

IMPERMEABLE [IMPERMAYAHBLAY] *adj.* waterproof, impervious, rainproof :: *m.* raincoat.

IMPERSONAL° [IMPERSONAHLI] *adj.* impersonal.

IMPERTÉRRITO [IMPAIRTAIRRETO] *adj.* intrepid, unafraid, unshakeable.

IMPERTINENCIA [IMPERTENENTHEAH] *f.* impertinence :: impudence :: insolent remark or act :: **decir** —s, to talk nonsense :: to make insolent remarks.

IMPERTINENTE° [IMPERTENENTAY] *adj.* impertinent, impudent :: meddlesome :: irrelevant, not to the point.

IMPERTURBABLE° [IMPAIRTOORBAH-BLAY] *adj.* stolid, proof against anything.

IMPETRAR [IMPAYTRAR] *va.* to beg for, inpetrate :: to obtain by entreaty, supplicate.

ÍMPETU [EEMPAYTOO] *m.* impetus, impulse, fit, violence, momentum.

IMPETUOSO° [IMPAYTOOOSO] *adj.* impetuous, violent.

IMPIEDAD [IMPEAYDAHD] *f.* impiety :: pitilessness :: irreligion, godlessness.

IMPÍO [IMPEEO] *adj.* impious, godless, wicked, blasphemous.

IMPLACABLE [IMPLAHCAHBLAY] *adj.* implacable, relentles.

IMPLANTACIÓN [IMPLANTAHTHEON] *f.* implantation, establishment, introduction.

IMPLANTAR [IMPLANTAR] *va.* to implant, establish, introduce.

IMPLICAR [IMPLEKAR] *va. & n.* to involve, implicate, to contradict, oppose.

IMPLÍCITO [IMPLEETHETO] *adj.* implicit, implied.

IMPLORAR [IMPLORAR] *va.* to implore, entreat, beseech, beg.

IMPOLÍTICO [IMPOLEETEKO] *adj.* impolite.

IMPONENTE [IMPONENTAY] *adj.* imposing.

IMPONER [IMPONER] *va.* to impose :: to invest :: — **respeto**, to inspire or command respect :: *vr.* to inspire fear or respect :: to dominate.

IMPORTACIÓN [IMPORTAHTHEON] *f.* importation :: imports.

IMPORTANCIA [IMPORTAHNTHEAH] *f.* importance.

IMPORTANTE [IMPORTAHNTAY] *adj.* important.

IMPORTAR [IMPORTAR] *va.* to import, be of (some) importance :: *vn.* to signify, matter :: *vr.* to amount (to), to come (to).

IMPORTE [IMPORTAY] *m.* amount, total.

IMPORTUNAR [IMPORTOONAR] *va.* to pester, solicit, importune.

IMPORTUNO [IMPORTOONO] *adj.* annoying, persistent.

IMPOSIBILIDAD [IMPOSEBELEDAHD] *f.* impossibility.

IMPOSIBILITADO [IMPOSEBELETAHDO] *adj.* disabled, unfit :: helpless.

IMPOSIBILITAR [IMPOSEBELETAR] *va.* to incapacitate, disable :: to prevent, cut out, cut short, make impossible.

IMPOSIBLE [IMPOSEEBLAY] *adj.* impossible, unfeasible, hopeless :: **es** —, there isn't a chance, it can't be done.

IMPOSICIÓN [IMPOSETHEON] *f.* imposition :: burden :: tax.

IMPOSTOR [IMPOSTOR] *m.* impostor, cheat.

IMPOSTURA [IMPOSTOORAH] *f.* imposture, fraud, deceit :: sham.

IMPOTENCIA [IMPOTENTHEAH] *f.* impotence.

IMPOTENTE [IMPOTENTAY] *adj.* impotent, powerless.

IMPRECAR [IMPRAYCAR] *va.* to imprecate, adjure, curse.

IMPRECISO [IMPRETHESO] *adj.* vague, indefinite :: inaccurate.

IMPREGNAR [IMPREGNAR] *va.* to impregnate, saturate.

IMPRENTA [IMPRENTAH] *f.* printing (office), press :: imprint :: **libertad de** —, freedom of the press.

IMPRESCINDIBLE [IMPRESTHINDEEBLAY] *adj.* essential, indispensable.

IMPRESIÓN [IMPRAYSEON] *f.* impression, stamp, imprint :: issue, printing :: effect :: image.

IMPRESIONANTE° [IMPRAYSEONAHN-TAY] *adj.* impressive.

IMPRESIONAR [IMPRAYSEONAR] *va.* to impress, make an impression (on), to influence :: to fix, imprint.

IMPRESO [IMPRAYSO] *m.* printed matter, pamphlet, leaflet.

IMPRESOR [IMPRAYSOR] *m.* printer.

IMPREVISIÓN [IMPRAYVESEON] *f.* improvidence, lack of forethought.

IMPREVISTO [IMPRAYVISTO] *adj.* unlooked-for, unforeseen :: *pl.* unforeseen expenses.

IMPRIMIR [IMPREMEER] *va.* to print, stamp, to fix.

IMPROBABLE° [IMPROBAHBLAY] *adj.* improbable, unlikely.

ÍMPROBO [EEMPROBO] *adj.* dishonest :: hard, laborious, thankless.

IMPROPERIO [IMPROPAYREO] *m.* insult, taunt, curse, oath.

IMPROPIO° [IMPROPEO] *adj.* improper :: uncalled-for, out-of-place, inept, unsuitable, unfit :: unbecoming.

IMPROVISAR [IMPROVESAR] *va.* to improvise, extemporize, get ready in an emergency.

IMPROVISO [IMPROVEESO] *adj.* unexpected :: **de** —, all of a sudden, unawares.

IMPRUDENCIA [IMPROODENTHEAH] *f.* imprudence, indiscretion, rash act.

IMPRUDENTE° [IMPROODENTAY] *adj.* imprudent :: unwise :: indiscreet.

IMPÚDICO° [IMPOODEKO] *adj.* immodest, lewd, unchaste, shameless.

IMPUESTO [IMPOOESTO] *m.* tax, duty :: **fijación de** —s, rating of taxes.

IMPUGNAR [IMPOOGNAR] *va.* to confute, oppose, contradict, impugn.

IMPULSAR [IMPOOLSAR] *va.* to push, drive, impel.

IMPULSO [IMPOOLSO] *m.* impulse :: push.

IMPUNE° [IMPOONAY] *adj.* unpunished, with impunity.

IMPUNIDAD [IMPOONEDAHD] *f.* impunity.

IMPUREZA [IMPOORAYTHAH] *f.* adulteration, grit, impurity :: uncleanness, unchastity.

IMPURO [IMPOORO] *adj.* impure.

IMPUTAR [IMPOOTAR] *va.* to impute, attribute, tax (with), ascribe.

INACABABLE [INAHKAHBAHBLAY] *adj.* endless, unending.

INACABADO [INAHKAHBAHDO] *adj.* unfinished.

INACCESIBLE [INACTHAYSEEBLAY] *adj.* inaccessible, unobtainable.

INACCIÓN [INAHKTHEON] *f.* inactivity, inertia :: lack of movement.

INACEPTABLE [INAHTHEPTAHBLAY] *adj.* unacceptable.

INACTIVIDAD [INACTEVEDAHD] *f.* inactivity.

INACTIVO [INACTEEVO] *adj.* inactive.

INADECUADO [INAHDAYKOOAHDO] *adj.* inadequate :: unsuitable, out of place.

INADMISIBLE [INADMESEEBLAY] *adj.* inadmissible.

INADVERTENCIA [INADVERTENTHEAH] *f.* inadvertence, carelessness, inattention, heedlessness.

INADVERTIDO° [INAHDVAIRTEEDO] *adj.* inadvertent :: unobserved, unnoticed.

INAGOTABLE [INAHGOHTAHBLAY] *adj.* inexhaustible, endless, never-failing.

INAGUANTABLE° [INAHGOOAHNTAH-BLAY] *adj.* unbearable, past endurance.

INAJENABLE [INAHHAYNAHBLAY] *adj.* inalienable, untransferable.

INALTERABLE [INALTAYRAHBLAY] *adj.* unalterable, unchangeable.

INALTERADO [INALTAYRAHDO] *adj.* unchanged.

INAMOVIBLE [INAHMOVEEBLAY] *adj.* immovable.

INANICIÓN [INAHNETHEON] *f.* starvation.

INANIMADO [INAHNEMAHDO] *adj.* inanimate, lifeless.

INAPELABLE [INAHPAYLAHBLAY] *adj.* unappealable :: unavoidable, inevitable.

INAPETENCIA [INAHPAYTENTHEAH] *f.* lack of apetite.

INAPRECIABLE° [INAHPRAYTHEAHBLAY] *adj.* invaluable :: inappreciable, too small to be perceived, very slight.

INASEQUIBLE [INAHSAYKEEBLAY] *adj.* unattainable.

INAUDIBLE [INAHOODEEBLAY] *adj.* inaudible.

INAUDITO [INAHOODEETO] *adj.* unheard-of, unspeakable, outrageous.

INAUGURACIÓN [INAHOOGOORAH-THEON] *f.* inauguration.

INAUGURAR [INAHOOGOORAR] *va.* to inaugurate, open.

INCALCULABLE [INCALCOOLAHBLAY] *adj.* incalculable :: innumerable,

untold.

INCANDESCENTE [INCANDESTHENTAY] *adj.* incandescent.

INCANSABLE° [INKAHNSAHBLAY] *adj.* indefatigable, tireless.

INCAPACIDAD [INCAHPAHTHEDAHD] *f.* incompetence, inability, unfitness.

INCAPACITAR [INKAHPAHTHETAR] *va.* to disable, make incapable :: to disqualify.

INCAPAZ [INKAHPATH] *adj.* incapable, inefficient, unable, unfit.

INCAUTACIÓN [INCAHOOTAHTHEON] *f.* attachment, seizure.

INCAUTO° [INKAHOOTO] *adj.* careless, unwary, thoughtless, imprudent.

INCENDIAR [INTHENDEAR] *va.* to set fire to :: *vr.* to catch fire.

INCENDIO [INTHENDEO] *m.* fire :: conflagration, arson.

INCENSAR [INTHENSAR] *va.* to incense :: *(fig.)* to incense, flatter.

INCENTIVO [INTHENTEEVO] *m.* incentive, inducement.

INCERTIDUMBRE [INTHAIRTEDOOM-BRAY] *f.* uncertainty, doubt.

INCESANTE° [INTHAYSAHNTAY] *adj.* incessant, uninterrupted, continual.

INCESTO [INTHESTO] *m.* incest.

INCIDENCIA [INTHEDENTHEAH] *f.* incidence.

INCIDENTAL [INTHEDENTAHL] *adj.* incidental.

INCIDENTE [INTHEDENTAY] *adj.* casual :: *m.* incident, event.

INCIDIR [INTHEDEER] *m.* to fall into error.

INCIENSO [INTHEENSO] *m.* incense :: eulogy.

INCIERTO° [INTHEAIRTO] *adj.* adj. uncertain, doubtful, unsteady.

INCINERAR [INTHENAYRAR] *va.* to cremate.

INCIPIENTE [INTHEPEENTAY] *adj.* incipient, beginning, initial.

INCISIÓN [INTHESEON] *f.* incision, cut, slit, gash.

INCISIVO [INTHESEEVO] *adj.* incisive :: *m.* incisor.

INCITACIÓN [INTHETAHTHEON] *f.* incitement, encouragement.

INCITAR [INTHETAR] *va.* to incite, excite, spur on, instigate, goad.

INCIVILIDAD [INTHEVELEDAHD] *f.* incivility, rudeness.

INCLEMENCIA [INKLAYMENTHEAH] *f.* inclemency, rigour, harshness :: hard weather.

INCLINACIÓN [INCLENAHTHEON] *f.* inclination, affection :: tendency, bent :: bow :: incline, slope.

INCLINAR [INKLENAR] *va.* to incline,

bend, tilt, influence, induce :: *vr.* to lean, sway, to be inclined, well disposed to :: to stoop, bow down.

INCLUIR [INKLOOEER] *va.* to include :: enclose, comprise, contain.

INCLUSA [INKLOOSAH] *f.* foundling home, ''Dr. Barnardo's.''

INCLUSIÓN [INCLOOSEON] *f.* inclusion :: friendship.

INCLUSIVE [INKLOOSEVAY] *adv.* inclusive, including :: even.

INCLUSO [INKLOOSO] *adv.* besides, as well, too.

INCÓGNITO [INKOGNETO] *adj.* unknown :: **de —**, incognito.

INCOHERENTE [INCOAYRENTAY] *adj.* incoherent, disconnected, rambling.

INCOLORO [INKOLORO] *adj.* colourless.

INCÓLUME [INKOLOOMAY] *adj.* sound, unharmed, untouched.

INCOMBUSTIBLE [INCOMBOOSTEE-BLAY] *adj.* incombustible :: fireproof :: *(fig.)* cold, indifferent.

INCOMODAR [INKOMODAR] *va.* to vex, trouble, disturb, inconvenience :: *vr.* to be put out, annoyed, ruffled, take umbrage, take offence.

INCOMODIDAD [INCOMODEDAHD] *f.* inconvenience, discomfort :: bother, annoyance.

INCÓMODO° [INKOMODO] *adj.* uncomfortable, troublesome, inconvenient, cumbersome.

INCOMPARABLE [INCOMPARAHBLAY] *adj.* incomparable.

INCOMPATIBLE [INCOMPAHTEEBLAY] *adj.* incompatible :: unsuitable, uncongenial.

INCOMPETENCIA [INCOMPAYTEN-THEAH] *f.* incompetence, inability, unfitness.

INCOMPETENTE [INCOMPAYTENTAY] *adj.* incompetent, unfit.

INCOMPLETO [INCOMPLAYTO] *adj.* incomplete.

INCOMPRENSIBLE [INKOMPRENSEE-BLAY] *adj.* incomprehensible.

INCONCEBIBLE° [INKONTHAYBEEBLAY] *adj.* inconceivable.

INCONDICIONAL° [INCONDETHEO-NAHL] *adj.* unconditional.

INCONEXO [INKONEXO] *adj.* incoherent, broken.

INCONFUNDIBLE° [INCONFOONDE-BLAY] *adj.* unmistakable.

INCONGRUENTE [INCONGROOENTAY] *adj.* unsuitable, not appropriate :: not harmonious.

INCONSCIENCIA [INCONSTHEENTHEAH] *f.* unconsciousness :: unawareness.

INCONSCIENTE• [INKONSTHEENTAY] *adj.* unconscious, unwitting, ignorant.

INCONSECUENTE [INCONSAYCOOENTAY] *adj.* inconsequent, inconsequential :: inconsistent.

INCONSOLABLE• [INCONSOLAHBLAY] *adj.* inconsolable.

INCONSTANTE [INCONSTAHNTAY] *adj.* inconstant, fickle, changeable, variable.

INCONTABLE [INCONTAHBLAY] *adj.* countless, innumerable.

INCONTINENCIA [INCONTENENTHEAH] *f.* incontinence, incontinency :: unchastity, lewdness.

INCONTRASTABLE• [INKONTRAHSTAHBLAY] *adj.* irresistible, insurmountable.

INCONTROVERTIBLE [INCONTROVERTEEBLAY] *adj.* incontrovertible :: indisputable.

INCONVENIENCIA [INCONVAYNEENTHEAH] *f.* inconvenience :: trouble.

INCONVENIENTE [INCONVAYNEENTAY] *adj.* inconvenient :: improper :: *m.* obstacle :: objection.

INCORPORAR [INCORPORAR] *va.* to incorporate, unite :: to embody :: to include :: *vr.* to sit up :: —se a, to join.

INCORRECCIÓN [INKORREKTHEON] *f.* inaccuracy :: lack of correctness.

INCORRECTO• [INCORRECTO] *adj.* incorrect.

INCORREGIBLE [INKORRAYHEEBLAY] *adj.* incorrigible.

INCREDULIDAD [INCRAYDOOLEDAHD] *f.* incredulity, unbelief.

INCRÉDULO [INKRAYDOOLO] *adj.* incredulous, disbelieving :: *m.* unbeliever.

INCREÍBLE• [INKRAYEEBLAY] *adj.* incredible, unbelievable.

INCREMENTAR [INCRAYMENTAR] *va.* to increase, to intensify.

INCREMENTO [INCRAYMENTO] *m.* increment, increase.

INCREPAR [INKRAYPAR] *va.* to rebuke, reproach, scold.

INCRUENTO [INCROOENTO] *adj.* bloodless.

INCRUSTAR [INCROOSTAR] *va.* to inlay :: to encrust.

INCUBADORA [INCOOBAHDORAH] *f.* incubator.

INCUBAR [INKOOBAR] *va.* to hatch, brood.

INCULCAR [INCOOLCAR] *va.* to inculcate, instill, impress.

INCULPAR [INKOOLPAR] *va.* to accuse, blame, throw the blame on.

INCULTO [INKOOLTO] *adj.* untilled :: uneducated, uncultured, coarse.

INCULTURA [INCOOLTOORAH] *f.* lack of cultivation :: lack of culture.

INCUMBENCIA [INCOOMBENTHEAH] *f.* concern, duty, obligation :: **no es de mi —**, it does not concern me, it is not within my province.

INCURABLE [INCOORAHBLAY] *adj.* incurable.

INCURIA [INKOOREAH] *f.* carelessness, neglect, thoughtlessness, feckleness.

INCURRIR [INKOORREER] *vn.* to incur, become liable, fall into error.

INCURSIÓN [INCOORSEON] *f.* raid, invasion.

INDAGACIÓN [INDAHGAHTHEON] *f.* investigation, inquiry, search.

INDAGAR [INDAHGAR] *va.* to inquire, examine into.

INDEBIDO [INDAYBEEDO] *adj.* undue, improper :: illegal.

INDECENCIA [INDAYTHENTHEAH] *f.* indecency, obscenity, indecent act or remark.

INDECENTE• [INDAYTHENTAY] *adj.* indecent, obscene, shameful, scandalous.

INDECIBLE• [INDAYTHEEBLAY] *adj.* unspeakable, unutterable.

INDECISO• [INDAYTHEESO] *adj.* irresolute, uncertain, hesitant.

INDECOROSO [INDAYCOROSO] *adj.* indecorous, indecent, improper.

INDEFECTIBLE• [INDAYFEKTEEBLAY] *adj.* infailing, infallible, without fail.

INDEFENSO [INDAYFENSO] *adj.* defenceless.

INDEFINIDO [INDAYFENEEDO] *adj.* indefinite.

INDELEBLE [INDAYLAYBLAY] *adj.* indelible.

INDEMNE [INDEMNAY] *adj.* unharmed, undamaged.

INDEMNIZACIÓN [INDEMNETHAHTHEON] *f.* indemnity, compensation.

INDEMNIZAR [INDEMNETHAR] *va.* to indemnify, compensate, make good.

INDEPENDENCIA [INDAYPENDENTHEAH] *f.* independence.

INDEPENDIENTE [INDAYPENDEENTAY] *adj.* independent, separate, free.

INDESCIFRABLE [INDESTHEFRAHBLAY] *adj.* indecipherable.

INDESCRIPTIBLE• [INDESCREEPTEEBLAY] *adj.* indescribable.

INDESEABLE [INDESEABLAY] *adj.* undesirable, unwelcome.

INDESTRUCTIBLE [INDESTROOCTEEBLAY] *adj.* indestructible.

INDETERMINADO [INDAYTAIRMENAHDO] *adj.* indeterminate, indistinct, uncertain.

INDICACIÓN [INDEKAHTHEON] *f.* indication, hint, sign, token, direction.

INDICAR [INDEKAR] *va.* to point out :: to hint, indicate, show.

INDICATIVO [INDECAHTEEVO] *adj.* indicative :: *m.* indicative, indicative mood.

ÍNDICE [INDETHAY] *m.* index :: forefinger :: table of contents.

INDICIO [INDEETHEO] *m.* sign :: trace :: circumstantial evidence.

INDIFERENCIA [INDEFAYRENTHEAH] *f.* indifference.

INDIFERENTE• [INDEFAYRENTAY] *adj.* indifferent.

INDÍGENA [INDEEHAYNAH] *m.* native :: *adj.* indigenous, native.

INDIGESTIÓN [INDEHESTEON] *f.* indigestion.

INDIGESTO [INDEHESTO] *adj.* indigestible, disordered, undigested, heavy.

INDIGNACIÓN [INDIGNAHTEON] *f.* indignation.

INDIGNADO• [INDIGNAHDO] *adj.* indignant, irritated, angry.

INDIGNAR [INDIGNAR] *va.* to anger, provoke, revolt.

INDIGNO [INDIGNO] *adj.* unworthy, undeserving :: mean, low, unsuitable, disgraceful.

INDIRECTA [INDEREKTAH] *f.* innuendo, half-statement, hint, hit (at).

INDIRECTO• [INDEREKTO] *adj.* indirect.

INDISCIPLINA [INDISTHEPLEENAH] *f.* indiscipline, lack of discipline, insubordination.

INDISCRECIÓN [INDISCRAYTHEON] *f.* indiscretion.

INDISCRETO• [INDISCRAYTO] *adj.* indiscreet, imprudent, unwise, rash.

INDISCUTIBLE [INDISCOOTEEBLAY] *adj.* indisputable, unquestionable.

INDISPENSABLE [INDISPENSAHBLAY] *adj.* indispensable.

INDISPONER [INDISPONAIR] *va.* to disable :: to prejudice :: *vr.* to fall ill, fall out (with).

INDISPOSICIÓN [INDISPOSETHEON] *f.* indisposition, upset, slight illness :: reluctance, unwillingness.

INDISPUESTO [INDISPOOAYSTO] *adj.* indisposed, unwilling :: ill.

INDISTINTO [INDISTEENTO] *adj.* indistinct.

INDIVIDUAL• [INDEVEDOOAHL] *adj.* individual.

INDIVIDUO [INDEVEEDOOO] *m.* individual, person, fellow.

INDIVISIBLE [INDEVESEEBLAY] *adj.* indivisible.

INDIVISO [INDEVEESO] *m.* undivided.

INDOCTO [INDOKTO] *adj.* unlearned, uneducated.

ÍNDOLE [EENDOLAY] *f.* inclination, genius, character disposition.

INDOLENCIA [INDOLENTHEAH] *f.* indolence, laziness :: insensitiveness, indifference.

INDOLENTE [INDOLENTAY] *adj.* indolent, lazy :: insensitive, indifferent.

INDOMABLE [INDOMAHBLAY] *adj.* indomitable, unmanageable, untamable.

INDÓMITO [INDOMETO] *adj.* rebellious, wild, unconquerable, unbroken, untamed.

INDUBITABLE [INDOOBETAHBLAY] *adj.* indubitable, unquestionable, doubtless.

INDUCCIÓN [INDOOCTHEON] *f.* induction :: inducement, persuasion :: abetment.

INDUCIR [INDOOTHEER] *va.* to induce :: to persuade.

INDUDABLE [INDOODAHBLAY] *adj.* undoubted, quite definite.

INDULGENCIA [INDOOLHENTHEAH] *f.* indulgence, tolerance, forgiveness :: remission of sins.

INDULGENTE [INDOOLHENTAY] *adj.* indulgent, lenient.

INDULTAR [INDOOLTAR] *va.* to pardon, set free :: to exempt.

INDULTO [INDOOLTO] *m.* pardon, forgiveness, amnesty.

INDUMENTARIA [INDOOMENTAHREAH] *f.* costume, dress :: manner of dressing.

INDUSTRIA [INDOOSTREAH] *f.* industry, trade :: diligence :: **caballero de** —, gentleman living by his wits.

INDUSTRIAL [INDOOSTREAHL] *adj.* industrial :: *m.* industrialist :: manufacturer.

INÉDITO [INAYDETO] *adj.* unpublished, unknown, inedited.

INEFABLE [INAYFAHBLAY] *adj.* ineffable, inexpressible.

INEFICACIA [INAYFECAHTHEAH] *f.* inefficacy, inefficiency.

INEFICAZ [INAYFEKAHTH] *adj.* inefficient, ineffectual, ineffective.

INELUDIBLE [INAYLOODEEBLAY] *adj.* unavoidable, inescapable, inevitable.

INEPTITUD [INEPTETOOD] *f.* ineptitude :: incapacity :: inability.

INEPTO [INEPTO] *adj.* incompetent :: unsuitable.

INEQUÍVOCO [INAYKEEVOCO] *adj.* unmistakable.

INERCIA [INAYRTHEAH] *f.* inertia, lifelessness :: inactivity.

INERME [INAIRMAY] *adj.* defenceless.

INERTE [INAIRTAY] *adj.* inert, dull.

INESPERADO [INESPAYRAHDO] *adj.* unexpected.

INESTABLE [INESTABLAY] *adj.* unstable :: unsettled :: unsteady.

INESTIMABLE [INESTEMAHBLAY] *adj.* inestimable.

INEVITABLE [INAYVETAHBLAY] *adj.* inevitable, unavoidable.

INEXACTITUD [INECSAHCTETOOD] *f.* inexactness, inexactitude.

INEXACTO [INECSAHCTO] *adj.* inexact, inaccurate.

INEXCUSABLE [INEXCOOSAHBLAY] *adj.* inexcusable.

INEXISTENCIA [INECSISTENTHEAH] *f.* inexistence, nonexistence.

INEXISTENTE [INECSISTENTAY] *adj.* inexistent, nonexistent.

INEXORABLE [INECSORAHBLAY] *adj.* inexorable.

INEXPERIENCIA [INEXPAYREENTHEAH] *f.* inexperience.

INEXPERTO [INEXPERTO] *adj.* unskilful, unskilled, inexperienced.

INEXPLICABLE [INEXPLECAHBLAY] *adj.* inexplicable.

INFALIBLE [INFALEEBLAY] *adj.* infallible.

INFAMAR [INFAHMAR] *va.* to defame, libel.

INFAME [INFAHMAY] *adj.* infamous, vile, despicable, hateful, damnable.

INFAMIA [INFAHMEAH] *f.* infamy, dishonor :: wickedness.

INFANCIA [INFAHNTHEAH] *f.* infancy.

INFANTERÍA [INFANTAYREEAH] *f.* infantry.

INFANTIL [INFAHNTEEL] *adj.* infantile, childish, childlike.

INFATIGABLE [INFAHTEGAHBLAY] *adj.* indefatigable, tireless.

INFATUAR [INFAHTOOAR] *va.* to make conceited or vain :: *vr.* to become conceited or vain.

INFAUSTO [INFAHOOSTO] *adj.* unhappy :: ill-omened, luckless.

INFECCIÓN [INFECTHEON] *f.* infection.

INFECCIOSO [INFECTHEOSO] *adj.* infectious, contagious.

INFECTAR [INFECTAR] *va.* to infect :: to corrupt :: *vr.* to become infected.

INFELICIDAD [INFAYLETHEDAHD] *f.* unhappiness, misery.

INFELIZ [INFAYLITH] *adj.* wretched, unhappy, luckless.

INFERIOR [INFAYREOR] *adj.* inferior :: lower :: *m.* inferior.

INFERIORIDAD [INFAYREOREDAHD] *f.* inferiority.

INFERIR [INFAYREER] *va.* to infer, deduce :: to inflict.

INFERNAL [INFERNAHL] *adj.* infernal.

INFESTAR [INFESTAR] *va.* to infest, invade, overrun, plague :: to corrupt, infect.

INFICIONAR [INFETHEONAR] *va.* to infect, contaminate, corrupt.

INFIDELIDAD [INFEDAYLEDAHD] *f.* infelicity, unhappiness :: misfortune.

INFIEL [INFEEAYL] *adj.* disloyal, unfaithful :: *m.* infidel.

INFIERNO [INFEAIRNO] *m.* hell.

INFILTRAR [INFEELTRAR] *va.* to filter through :: *vr.* to leak (into), filter (through), infiltrate.

ÍNFIMO [EENFEMO] *adj.* lowest, meanest, least, worst.

INFINIDAD [INFENEDAHD] *f.* infinity.

INFINITO [INFENEETO] *adj.* infinite :: *adv.* infinitely :: *m.* infinity.

INFLACIÓN [INFLAHTHEON] *f.* inflation :: swelling, distension :: vanity, conceit.

INFLAMABLE [INFLAHMAHBLAY] *adj.* inflammable.

INFLAMACIÓN [INFLAHMAHTHEON] *f.* inflammation.

INFLAMADO [INFLAMAHDO] *adj.* inflamed :: sore.

INFLAMAR [INFLAHMAR] *va.* to inflame, set on fire.

INFLAR [INFLAR] *va.* to inflate, blow up, distend :: to inspire.

INFLEXIBLE [INFLEXEEBLAY] *adj.* inflexible, unbending.

INFLEXIÓN [INFLEXEON] *f.* inflection.

INFLIGIR [INFLEHEER] *va.* to inflict.

INFLUENCIA [INFLOOENTHEAH] *f.* influence.

INFLUIR [INFLOOEER] *va.* influence, prevail upon.

INFLUJO [INFLOOHO] *m.* influence, power :: influx.

INFLUYENTE [INFLOOYENTAY] *adj.* influential, persuasive.

INFORMACIÓN [INFORMAHTHEON] *f.* information.

INFORMAL [INFORMAHL] *adj.* informal :: unconventional :: unreliable, not dependable, not punctual.

INFORMALIDAD [INFORMAHLEDAHD] *f.* informality :: unreliability.

INFORMANTE [INFORMANTAY] *m.* informant.

INFORMAR [INFORMAR] *va.* to report, inform, instruct.

INFORMÁTICA [INFORMAHTEECAH] *f.* computer science.

INFORMATIVO [INFORMAHTEEVO] *adj.* informational, informative :: instructive.

INFORME [INFORMAY] *adj.* shapeless, irregular :: *m.* report, account, statement, White Paper, advice.

INFORTUNIO [INFORTOONEEO] *m.* misfortune.

INFRACCIÓN [INFRACTHEON] *f.* infraction, breach, violation.

INFRACTOR [INFRACTOR] *m.* transgressor, violator :: *adj.* violating.

INFRINGIR [INFRINHEER] *va.* to infringe, break *(la ley).*

INFRUCTUOSO [INFROOKTOOOSO] *adj.* fruitless, vain.

ÍNFULAS [EENFOOLAHS] *f. pl.* conceit.

INFUNDADO• [INFOONDAHDO] *adj.* baseless, groundless.

INFUNDIR [INFOONDEER] *va.* to infuse, instil in.

INFUSIÓN [INFOOSEON] *f.* infusion.

INGENIAR [INHAYNEAR] *va.* to devise :: *vr.* to contrive, act skilfully.

INGENIERÍA [INHAYNEAYREEAH] *f.* engineering.

INGENIERO [INHAYNEAYRO] *m.* engineer.

INGENIO [INHAYNEO] *m.* talent, wit, skill, knack, gift for improvisation :: talented or witty person :: engine :: sugar plantation.

INGENIOSO• [INHAYNEOSO] *adj.* ingenious, clever.

INGÉNITO [INHAYNETO] *adj.* inborn, innate.

INGENUIDAD [INHAYNOOEDAHD] *f.* candour, frankness innocence.

INGENUO• [INHAYNOOO] *adj.* frank, sincere :: simple, unaffected :: naive.

INGERIR [INHAYREER] *va.* to insert, introduce :: to graft :: *vr.* to work one's way into.

INGESTIÓN [INHESTEON] *f.* ingestion.

INGLE [EENGLAY] *f.* groin.

INGLÉS [INGLAYS] *m. & adj.* english.

INGRATITUD [INGRAHTETOOD] *f.* ingratitude.

INGRATO• [INGRAHTO] *adj.* ungrateful, harsh, unpleasant.

INGREDIENTE [INGRAYDEENTAY] *m.* ingredient.

INGRESAR [INGRAYSAR] *va.* to enter :: to be admitted to.

INGRESO [INGRAYSO] *m.* entrance, ingress :: intake, admission, entry :: **derechos de** –, entrance fee :: *pl.* receipts, takings.

INHÁBIL [INAHBIL] *adj.* unable, incapable, unfit :: disqualified.

INHABILITAR [INAHBELETAR] *va.* to disqualify :: to unfit, disable.

INHABITABLE [INAHBETAHBLAY] *adj.* uninhabitable.

INHALAR [INAHLAR] *va. (med.)* to inhale.

INHERENTE [INAYRENTAY] *adj.* inherent.

INHIBICIÓN [INEBETHEON] *f.* inhibition.

INHIBIR [INEBEER] *va.* to inhibit.

INHUMANO [INOOMAHNO] *adj.* inhuman, savage.

INICIACIÓN [ENETHEAHTHEON] *f.* initiation.

INICIAL• [INETHEAL] *adj.* initial, first.

INICIAR [INETHEAR] *va.* to initiate, begin, start.

INICIATIVA [ENETHEAHTEEVAH] *f.* initiative.

INICUO• [INEEKOOO] *adj.* iniquitous, wicked.

INIMAGINABLE [INEMAHHENAHBLAY] *adj.* unimaginable, inconceivable.

INIMITABLE [INEMETAHBLAY] *adj.* inimitable.

INIQUIDAD [INEKEDAHD] *f.* iniquity.

INJERIR [INHAYREER] *va.* to inject, insert :: *vr.* to interfere, meddle.

INJERTAR [INHERTAR] *va.* to graft.

INJERTO [INHERTO] *m.* graft.

INJURIA [INHOOREAH] *f.* affront, insult :: harm, damage.

INJURIAR [INHOOREAR] *va.* to insult, offend.

INJURIOSO• [INHOOREOHSO] *adj.* insulting, offensive :: harmful.

INJUSTICIA [INHOOSTEETHEAH] *f.* injustice.

INJUSTO• [INHOOSTO] *m.* unjust, unfair.

INMACULADO [INMAHCOOLAHDO] *adj.* immaculate, clean :: pure.

INMADURO [INMAHDOORO] *adj.* immature :: unripe.

INMEDIATO• [INMAYDEAHTO] *adj.* contiguous, adjoining, next, immediate.

INMEJORABLE• [INMAYHORAHBLAY] *adj.* unsurpassable.

INMEMORIAL [INMAYMOREAHL] *adj.* immemorial.

INMENSIDAD [INMENSEDAHD] *f.* immensity, vastness :: vast number.

INMENSO• [INMENSO] *adj.* immense, huge, vast, countless.

INMERECIDO [INMAYRAYTHEEDO] *adj.* undeserved.

INMERSIÓN [INMERSEON] *f.* immersion, dip.

INMIGRACIÓN [INMEGRAHTHEON] *f.* immigration.•

INMIGRAR [INMEGRAR] *vn.* to immigrate.

INMINENTE• [INMENENTAY] *adj.* imminent.

INMISCUIR [INMISKOOEER] *vr.* to interfere in, get mixed up in, get involved in.

INMODESTO [INMODAYSTO] *adj.* immodest.

INMORAL• [INMORAHL] *adj.* immoral.

INMORTAL [INMORTAHL] *adj.* immortal.

INMORTALIDAD [INMORTAHLEDAHD] *f.* immortality.

INMÓVIL [INMOVIL] *adj.* fixed, motionless, constant.

INMUEBLE [INMOOAYBLAY] *adj.* immovable :: *m. pl.* immovables.

INMUNDO [INMOONDO] *adj.* filthy, dirty :: impure :: nasty.

INMUNE [INMOONAY] *adj.* immune :: exempt.

INMUNIDAD [INMOONEDAHD] *f.* immunity.

INMUNIZAR [INMOONETHAR] *va.* to immunize.

INMUTABLE• [INMOOTAHBLAY] *adj.* unchangeable, invariable.

INMUTAR [INMOOTAR] *vr.* to fall, contract, change.

INNATO [INNAHTO] *adj.* innate, inborn.

INNAVEGABLE [INNAHVAYGAHBLAY] *adj.* unnavigable :: unseaworthy.

INNECESARIO• [INNAYTHAYSAHREO] *adj.* unnecessary.

INNOBLE• [INNOBLAY] *adj.* ignoble.

INNOVACIÓN [INNOVAHTHEON] *f.* innovation :: novelty.

INNUMERABLE [INNOOMAYRAHBLAY] *adj.* innumerable.

INOBEDIENTE [INOBAYDEENTAY] *adj.* disobedient.

INOCENCIA [ENOTHENTHEAH] *f.* innocence.

INOCENTE• [ENOTHENTAY] *adj.* innocent :: *m.* innocent person.

INOCULAR [ENOCOOLAR] *va.* to inoculate :: *(fig.)* to contaminate, corrupt :: *vr.* to become or be inoculated.

INODORO [INODORO] *m.* odorless :: toilet.

INOFENSIVO [INOFENSEEVO] *adj.* inoffensive :: harmless.

INOLVIDABLE [INOLVEDAHBLAY] *adj.* unforgettable.

INOPORTUNO• [INOPORTOONO] *adj.* inopportune, untimely, unsuitable.

INORGÁNICO [INORGAHNECO] *adj.* inorganic.

INOXIDABLE [INOXEDAHBLAY] *adj.*

rust proof.

INQUIETANTE [INKEAYTAHNTAY] *adj.* disquieting, disturbing.

INQUIETAR [INKEAYTAR] *va.* to trouble, upset :: *vr.* to worry, fret.

INQUIETO° [INKEAYTO] *adj.* restless :: uneasy, anxious.

INQUIETUD [INKEAYTOOD] *f.* restlessness, disquiet, uneasiness.

INQUILINO [INKELEENO] *adj.* tenant, lodger.

INQUINA [INKEENAH] *f.* spitefulness, rancour, bitter feelings.

INQUIRIR [INKEREER] *va.* to inquire, look into :: to investigate.

INQUISICIÓN [INKESETHEON] *f.* inquisition :: inquiry, investigation.

INSACIABLE° [INSAHTHEAHBLAY] *adj.* insatiable, greedy.

INSALUBRE [INSAHLOOBRAY] *adj.* unhealthy.

INSANO [INSAHNO] *adj.* insane, crazy :: unhealthy.

INSCRIBIR [INSKREBEER] *va.* to inscribe, register.

INSCRIPCIÓN [INSCRIPTHEON] *f.* inscription :: registration.

INSECTO [INSEKTO] *m.* insect.

INSEGURIDAD [INSAYGOOREDAHD] *f.* insecurity, unsafeness :: uncertainty.

INSEGURO [INSAYGOORO] *adj.* insecure.

INSENSATEZ [INSENSAHTETH] *f.* nonsense, stupidity, foolish.

INSENSATO° [INSENSAHTO] *adj.* senseless :: foolish.

INSENSIBILIDAD [INSENSEBELEDAHD] *f.* insensibility, unconsciousness :: lack of feeling.

INSENSIBLE [INSENSEEBLAY] *adj.* senseless, unconscious :: insensitive.

INSEPARABLE [INSAYPARAHBLAY] *adj.* inseparable.

INSEPULTO [INSAYPOOLTO] *adj.* uninterred, unburied.

INSERCIÓN [INSERTHEON] *f.* insertion :: insert.

INSERTAR [INSERTAR] *va.* to insert.

INSERVIBLE [INSERVEEBLAY] *adj.* useless.

INSIDIOSO° [INSEDEOHSO] *adj.* insidious, sly.

INSIGNE [INSIGNAY] *adj.* notable, celebrated, noted.

INSIGNIA [INSIGNEAH] *f.* decoration :: insignia.

INSIGNIFICANCIA [INSIGNEFECAHNTHEAH] *f.* insignificance.

INSIGNIFICANTE [INSIGNEFECAHNTAY] *adj.* insignificant.

INSINUACIÓN [INSENOOAHTHEON] *f.* insinuation :: intimation, hint.

INSINUAR [INSENOOAR] *va.* to insinuate :: *vr.* to ingratiate oneself (into, with), steal into.

INSÍPIDO [INSEEPEDO] *adj.* insipid :: tasteless.

INSISTENCIA [INSISTENTHEAH] *f.* insistence, persistence, obstinacy.

INSISTENTE [INSISTENTAY] *adj.* insistent, persistent.

INSISTIR [INSISTEER] *vn.* to insist, emphasise.

INSOCIABLE [INSOTHEAHBLAY] *adj.* unsociable.

INSOLACIÓN [INSOLAHTHEON] *f.* sun-stroke.

INSOLENCIA [INSOLENTHEAH] *f.* insolence.

INSOLENTE° [INSOLENTAY] *adj.* insolent, impudent.

INSÓLITO [INSOLETO] *adj.* unwonted, singular, unusual.

INSOLUBLE [INSOLOOBLAY] *adj.* insoluble, indissoluble :: insolvable.

INSOLVENCIA [INSOLVENTHEAH] *f.* insolvency.

INSOLVENTE [INSOLVENTAY] *adj.* insolvent.

INSOMNIO [INSOMNEO] *m.* insomnia.

INSOPORTABLE° [INSOPORTAHBLAY] *adj.* unbearable.

INSOSTENIBLE [INSOSTAYNEEBLAY] *adj.* unsustainable :: untenable :: indefensible.

INSPECCIÓN [INSPECTHEON] *f.* inspection.

INSPECCIONAR [INSPEKTHEONAR] *va.* to inspect.

INSPECTOR [INSPECTOR] *m.* inspector :: overseer.

INSPIRACIÓN [INSPERAHTHEON] *f.* inspiration :: inhalation, breathing in.

INSPIRAR [INSPERAR] *va.* to inspire :: to suggest, induce.

INSTALACIÓN [INSTAHLAHTHEON] *f.* installation.

INSTALAR [INSTAHLAR] *va.* to install.

INSTANCIA [INSTAHNTHEAH] *f.* instance, urgent request :: petition.

INSTANTÁNEO° [INSTANTAHNAYO] *adj.* instantaneous :: sudden.

INSTANTE [INSTAHNTAY] *m.* instand, moment :: al —, immediately, straight away :: *adj.* pressing.

INSTAR [INSTAR] *va.* to urge on, press, spur.

INSTIGAR [INSTEGAR] *va.* to instigate, urge on, incite.

INSTINTO [INSTEENTO] *m.* instinct.

INSTITUCIÓN [INSTETOOTHEON] *f.* institution :: establishment, foundation.

INSTITUIR [INSTETOOEER] *va.* to institute, set up.

INSTITUTO [INSTETOOTO] *m.* institute :: established principle, law, or custom.

INSTITUTRIZ [INSTETOOTREETH] *f.* governess.

INSTRUCCIÓN [INSTROOCTHEON] *f.* instruction :: education.

INSTRUIR [INSTROOEER] *va.* to instruct, teach :: *(mil.)* to drill.

INSTRUMENTO [INSTROOMENTO] *m.* instrument.

INSUBORDINACIÓN [INSOOBORDENAHTHEON] *f.* insubordination.

INSUBORDINARSE [INSOOBORDENARSAY] *vr.* to rebel, become insubordinate, revolt.

INSUFICIENCIA [INSOOFETHEENTHEAH] *f.* insufficiency, deficiency :: incompetence :: dearth, scarcity, lack.

INSUFICIENTE° [INSOOFETHEENTAY] *adj.* insufficient.

INSUFRIBLE° [INSOOFREEBLAY] *adj.* intolerable, unbearable.

ÍNSULA [EENSOOLAH] *f.* island.

INSULSO [INSOOLSO] *adj.* tasteless, insipid, flat :: dull, heavy.

INSULTAR [INSOOLTAR] *va.* to insult :: *vr.* to be seized with a fit.

INSULTO [INSOOLTO] *m.* insult, outrage.

INSUPERABLE° [INSOOPAYRAHBLAY] *adj.* insuperable :: insurmountable.

INSURGENTE [INSOORHENTAY] *m.* rebel :: *adj.* insurgent.

INSURRECCIÓN [INSOORRECTHEON] *f.* insurrection, uprising, revolt.

INSURRECTO [INSOORRECTO] *m.* insurgent, rebel :: *adj.* rebellious.

INTACTO [INTAHKTO] *adj.* intact, untouched, whole.

INTACHABLE [INTAHCHAHBLAY] *adj.* faultless, irreproachable.

INTANGIBLE [INTANHEEBLAY] *adj.* intangible, untouchable :: impalpable.

INTEGRAL [INTAYGRAHL] *f. (math.)* integral :: *adj.* integral, whole.

INTEGRAR [INTEGRAR] *va.* to integrate :: *vn.* to be made up of, form part of.

INTEGRIDAD [INTAYGREDAHD] *f.* integrity :: wholeness :: honesty :: purity.

ÍNTEGRO [EENTAYGRO] *adj.* whole, complete :: honest, upright.

INTELECTO [INTAYLECTO] *m.* intellect.

INTELECTUAL° [INTAYLECTOOAHL] *adj.* intellectual.

INTELIGENCIA [INTAYLEHENTHEAH] *f.* intelligence.

INTELIGENTE° [INTAYLEHENTAY] *adj.*

intelligent.

INTELIGIBLE [INTAYLEHEEBLAY] adj. intelligible.

INTEMPERIE [INTEMPAYREAY] f. bad weather :: **a la** —, out-doors.

INTEMPESTIVO° [INTEMPESTEEVO] adj. inopportune, unseasonable, illtimed.

INTENCIÓN [INTENTHEON] f. intention.

INTENCIONADO° [INTENTHEONAHDO] adj. pointed, barbed.

INTENDENCIA [INTENDENTHEAH] f. intendance, administration.

INTENSIDAD [INTENSEDAHD] f. intensity :: stress.

INTENSO° [INTENSO] adj. intense :: intensive :: ardent, vehement.

INTENTAR [INTENTAR] va. to try, attempt :: to intent.

INTENTO [INTENTO] m. purpose :: attempt :: **de** —, purposely.

INTERCALAR [INTERCAHLAR] va. to insert, place between.

INTERCAMBIO [INTERCAHMBEO] m. interchange :: exchange.

INTERCEDER [INTAIRTHAYDAIR] vn. to intercede.

INTERCEPTAR [INTERTHEPTAR] va. to intercept.

INTERCESIÓN [INTERTHAYSEON] f. intercession.

INTERÉS [INTAYRES] m. interest, profit, concern :: **de** —, interesting.

INTERESANTE [INTAYRAYSAHNTAY] adj. interesting.

INTERESAR [INTAYRAYSAR] vn. to interest :: to give an interest or share :: vr. to be or become interested.

INTERFERENCIA [INTERFAYRENTHEAH] f. interference.

INTERINO [INTAYREENO] adj. temporary, provisional, substitute.

INTERIOR° [INTAYREOR] adj. interior :: m. inside.

INTERLOCUTOR [INTERLOCOOTOR] m. interlocutor :: speaker.

INTERMEDIARIO [INTERMAYDEAREO] m. intermediary, intermediator :: adj. intermediary, mediating.

INTERMEDIO [INTERMAYDEO] adj. intermediate :: intervening :: m. intermission :: interval.

INTERMINABLE° [INTERMENAHBLAY] adj. interminable, unending, endless.

INTERMITENTE° [INTERMETENTAY] adj. intermittent, occurring at intervals.

INTERNACIONAL [INTERNAHTHEONAHL] adj. international.

INTERNADO [INTERNAHDO] m. boarding school.

INTERNAR [INTAIRNAR] va. to intern :: vr. to penetrate inland, up-country :: to go deeper into.

INTERNO° [INTERNO] adj. internal :: interior :: boarding-school student.

INTERPELAR [INTAIRPAYLAR] va. to question, interpellate.

INTERPONER [INTAIRPONAIR] va. & vr. to interpose, put between.

INTERPRETACIÓN [INTERPRAYTAH-THEON] f. interpretation.

INTERPRETAR [INTERPRAYTAR] va. to interpret.

INTÉRPRETE [INTAIRPRAYTAY] m. interpreter.

INTERROGACIÓN [INTERROGAHTHEON] f. interrogation, question :: **signo de** —, question mark.

INTERROGAR [INTAIRROGAR] va. to interrogate, question.

INTERROGATORIO [INTERROGAHTO-REO] m. interrogation, questioning.

INTERRUMPIR [INTAIRROOMPEER] va. to interrupt, break off, stop, cut short.

INTERRUPCIÓN [INTERROOPTHEON] f. interruption.

INTERRUPTOR [INTERROOPTOR] m. interrupter :: electric switch.

INTERSECCIÓN [INTERSECTHEON] f. intersection.

INTERVALO [INTAIRVAHLO] m. interval.

INTERVENCIÓN [INTERVENTHEON] f. intervention :: mediation :: participation :: auditing of accounts.

INTERVENIR [INTAIRVAYNEER] vn. to happen :: to come between :: to intervene :: vr. to audit.

INTERVENTOR [INTAIRVENTOR] m. comptroller, inspector, auditor.

INTESTINO [INTESTEENO] m. intestine.

INTIMAR [IINTEMAR] va. to announce, notify :: to intimate, hint :: to become intimate, become friendly.

INTIMIDACIÓN [INTEMEDAHTHEON] f. intimidation.

INTIMIDAD [INTEMEDAHD] f. intimacy.

INTIMIDAR [INTEMEDAR] va. to intimidate.

ÍNTIMO° [EENTEMO] adj. innermost :: intimate, private.

INTOLERABLE [INTOLAYRAHBLAY] adj. intolerable.

INTOLERANCIA [INTOLAYRAHNTHEAH] f. intolerance.

INTOXICAR [INTOXECAR] va. to poison.

INTRANQUILIDAD [INTRANKELEDAHD] f. uneasiness, restlessness.

INTRANQUILO [INTRANKEELO] adj. disturbed, uneasy.

INTRANSFERIBLE [INTRANSFAYREE-BLAY] adj. untransferable.

INTRANSIGENCIA [INTRANSEEGENTHIA] f. uncompromising act or attitude :: intolerance.

INTRANSIGENTE° [IINTRANSEEGENTAY] adj. uncompromising, unwilling to compromise or yield :: intolerant.

INTRATABLE [INTRAHTAHBLAY] adj. intractable, unapproachable, difficult, unsociable.

INTREPIDEZ [INTRAYPEDETH] f. intrepidity, valor, fearlessness.

INTRÉPIDO [INTRAYPEDO] f. intrepid, dauntless.

INTRIGA [INTREEGAH] f. intrigue :: scheme :: plot.

INTRIGAR [INTREGAR] vn. to scheme, plot.

INTRINCADO [INTRINCAHDO] adj. intricate, complicated, entangled.

INTRODUCCIÓN [INTRODOOCTHEON] f. introduction.

INTRODUCIR [INTRODOOTHEER] va. to introduce, insert :: vr. to push oneself in :: to get in(to).

INTROMISIÓN [INTROMESEON] f. meddling :: insertion.

INTROVERTIDO [INTROVERTEEDO] adj. introvert.

INTRUSO [INTROOSO] m. intruder :: adj. intrusive.

INTUICIÓN [INTOOETHEON] f. intuition.

INTUIR [INTOOER] vn. to sense, feel by intuition.

INUNDACIÓN [INOONDAHTHEON] f. inundation, flood.

INUNDAR [INOONDAR] va. to flood, inundate, deluge.

INUSITADO [INOOSETAHDO] adj. unusual, obsolete.

INÚTIL° [INOOTIL] adj. useless.

INUTILIDAD [INOOTELEDAHD] f. uselessness.

INUTILIZAR [INOOTELETHAR] va. to spoil, render (make) useless, disable, put out of action.

INVADIR [INVAHDEER] va. to invade.

INVALIDAR [INVAHLEDAR] va. to render invalid :: to void, annul.

INVALIDEZ [INVAHLEDETH] f. invalidity :: disablement :: incapacity.

INVÁLIDO [INVAHLEDO] adj. useless, cripple :: null, void :: m. disabled soldier.

INVARIABLE [INVAHREAHBLAY] adj. invariable.

INVASIÓN [INVAHSEON] f. invasion.

INVASOR [INVAHSOR] m. invader.

INVENCIBLE [INVENTHEEBLAY] adj. invincible, unconquerable.

INVENCIÓN [INVENTHEON] f. invention.

INVENTAR [INVENTAR] *va.* to invent.

INVENTARIAR [INVENTAHREAR] *va.* to inventory, take inventory of.

INVENTARIO [INVENTAHREO] *m.* inventory.

INVENTIVA [INVENTEEVAH] *f.* inventive (gift) (skill).

INVENTO [INVENTO] *m.* invention.

INVENTOR [INVENTOR] *m.* inventor :: storyteller, fibber.

INVERNADERO [INVERNAHDAYRO] *m.* winter quarters :: winter resort :: winter pasture :: greenhouse, hothouse.

INVERNAL [INVERNAHL] *m.* large winter stable :: *adj.* pertaining to winter.

INVERNAR [INVERNAR] *vn.* to winter, spend the winter.

INVEROSÍMIL [INVAYROSEEMIL] *adj.* unlikely, improbable, unlikely to be true.

INVERSIÓN [INVERSEON] *f.* inversion :: investment.

INVERSO [INVERSO] *adj.* inverse, inverted :: reverse.

INVERTIR [INVAIRTEER] *va.* to invert :: to invest.

INVESTIGACIÓN [INVESTEGAHTHEON] *f.* investigation.

INVESTIGADOR [INVESTEGAHDOR] *m.* investigator :: *adj.* investigating.

INVESTIGAR [INVESTEGAR] *va.* to investigate, look into.

INVETERADO [INVAYTAYRAHDO] *adj.* inveterate, deepseated.

INVICTO [INVEEKTO] *adj.* unconquered, undefeated, unbowed head, unconquerable.

INVIERNO [INVEAIRNO] *m.* winter.

INVIOLABLE [INVEOLAHBLAY] *adj.* inviolable.

INVISIBLE [INVESEEBLAY] *adj.* invisible.

INVITACIÓN [INVETAHTHEON] *f.* invitation.

INVITAR [INVETAR] *va.* to invite :: to bring on.

INVOCACIÓN [INVOCAHTHEON] *f.* invocation.

INVOCAR [INVOKAR] *va.* to invoke,

implore, call upon, on.

INVOLUCRAR [INVOLOOCRAR] *va.* to jumble :: to introduce irrelevantly :: to involve :: *vr.* to get jumbled.

INVOLUNTARIO [INVOLOONTAHREO] *adj.* involuntary.

INYECCIÓN [INYECTHEON] *f.* injection.

INYECTAR [INYEKTAR] *va.* to inject.

IR [EER] *vn.* to go, walk :: to suit, to fit, be convenient :: to match, suit :: — **a caballo**, to ride :: — **a gatas**, to crawl :: — **a pie**, to walk, go on foot :: — **en coche**, to ride :: — **por tren**, to go by train :: — **por agua**, to go for water :: *vr.* to go away :: to grow.

IRA [EERAH] *f.* anger, wrath, ire.

IRACUNDO [ERAHKOONDO] *adj.* angry, enraged, irate.

IRASCIBLE [ERASTHEEBLAY] *adj.* irascible, choleric, irritable.

IRIS [EERIS] *m.* iris :: **arco** —, rainbow.

IRONÍA [ERONEEAH] *f.* irony.

IRÓNICO [ERONECO] *adj.* ironic, ironical.

IRONIZAR [ERONETHAR] *va.* to ridicule, treat ironically.

IRRACIONAL [IRRAHTHEONAHL] *adj.* irrational, unreasonable.

IRRADIACIÓN [IRRAHDEAHTHEON] *f.* irradiation :: influence.

IRRADIAR [IRRAHDEAR] *va.* to radiate.

IRREAL [IRRAYAL] *adj.* unreal.

IRRECONCILIABLE [IRRAYCONTHELEAHBLAY] *adj.* irreconciliable.

IRRECUPERABLE [IRRAYCOOPAYRAHBLAY] *adj.* irrecoverable, irretrievable.

IRREFLEXIÓN [IRRAYFLEKTHEON] *f.* rashness.

IRREFLEXIVO [IRRAYFLEXEEVO] *adj.* thoughtless.

IRREFUTABLE [IRRAYFOOTAHBLAY] *adj.* irrefutable.

IRREGULAR [IRRAYGOOLAR] *adj.* irregular.

IRREGULARIDAD [IRRAYGOOLAHREDAHD] *f.* irregularity, abnormality, unevenness, disorder.

IRRELIGIOSIDAD [IRRAYLEHEOSE-

DAHD] *f.* irreligiousness, impiety.

IRREMEDIABLE [IRRAYMAYDEAHBLAY] *adj.* irremediable, incurable.

IRREPARABLE [IRRAYPAHRAHBLAY] *adj.* irreparable, unrecoverable, irretrievable.

IRREPROCHABLE [IRRAYPROCHABLAY] *adj.* irreproachable, faultless.

IRRESISTIBLE [IRRAYSISTEEBLAY] *adj.* irresistible.

IRRESPETUOSO [IRRESPAYTOOOSO] *adj.* disrespecful.

IRRESPONSABLE [IRRESPONSAHBLAY] *adj.* irresponsible.

IRREVERENCIA [IRRAYVAYRENTHEAH] *f.* irreverence.

IRREVERENTE [IRRAYVAYRENTAY] *adj.* irreverent.

IRREVOCABLE [IRRAYVOCAHBLAY] *adj.* irrevocable, irreversible.

IRRIGACIÓN [IRREGATHEON] *f.* irrigation.

IRRIGAR [IRREGAR] *va.* to irrigate, water.

IRRISIÓN [IRRESEON] *f.* derision, ridicule, mockery :: *(coll.)* laughing-stock.

IRRISORIO [IRRESOREO] *adj.* ridiculous, derisory, derisive, risible.

IRRITACIÓN [IRRETAHTHEON] *f.* irritation.

IRRITANTE [IRRETAHNTAY] *m.* irritant :: *adj.* irritant :: stimulating.

IRRITAR [IRRETAR] *va.* to irritate.

IRRUMPIR [IRROOMPER] *va.* to enter violently :: to invade.

IRRUPCIÓN [IRROOPTHEON] *f.* sudden attack, raid, invasion.

ISLA [ESLAH] *f.* island.

ISLEÑO [ISLAYNYO] *adj.* islander.

ISLOTE [ISLOTAY] *m.* small island, islet.

ISTMO [EESTMO] *m.* isthmus.

ITINERARIO [ETENAYRAHREO] *m.* itinerary, route :: programme, timetable, guide.

IZAR [ETHAR] *va.* to hoist.

IZQUIERDA [ITHKEERDAH] *f.* left hand :: left side :: **a la** —, to the left.

IZQUIERDO [ITHKEAIRDO] *adj.* left-handed :: left.

J

JABALÍ [HAHBAHLEE] m. wild boar.

JABALINA [HAHBAHLEENAH] f. javelin :: wild sow.

JABÓN [HAHBON] m. soap.

JABONAR [HABBONAR] va. to soap, lather :: to reprimand, give a drubbing to.

JABONERA [HAHBONAYRAH] f. soap dish :: woman soap vendor or maker.

JACA [HAHKAH] f. pony, cob.

JACINTO [HAHTHEENTO] m. hyacinth.

JACTANCIA [HAHKTAHNTEAH] f. boastfulness, arrogance.

JACTANCIOSO* [HACTANTHEOSO] adj. braggart, boastful.

JACTARSE [HAHKTARSAY] vr. to boast, be proud of.

JADEAR [HAHDAYAR] vn. to pant.

JADEO [HAHDAYO] m. pant, panting.

JAEZ [HAHETH] m. harness, trappings :: sort, kind.

JAGUAR [HAHGOOAR] m. jaguar.

JALEA [HAHLAYAH] f. jelly.

JALEAR [HAHLAYAR] va. to set on :: to urge on, encourage.

JALEO [HAHLAYO] m. shouting and clapping :: revelry, merrymaking :: jesting :: gracefulness.

JAMÁS [HAHMAHS] adj. never :: for ever and ever :: **nunca —**, never again, absolutely never.

JAMÓN [HAHMON] m. ham.

JAPONÉS [HAHPONAYS] m. & adj. japanese.

JAQUE [HAHKAY] m. **— mate**, checkmate.

JAQUECA [HAHKAYKAH] f. headache, migraine.

JARABE [HAHRAHBAY] m. syrup.

JARANA [HAHRAHNAH] f. (coll.) fun, entertainment, merrymaking, carousal :: rumpus :: deceit :: jest, joke :: **ir de —**, to go on a spree.

JARDÍN [HARDEEN] m. garden.

JARDINERÍA [HARDENAYREEAH] f. gardening.

JARDINERO [HARDENAYRO] m. gardener.

JARRA [HAHRRAH] f. earther jar :: **brazos en —**, arms akimbo.

JARRO [HARRO] m. jug :: pitcher.

JARRÓN [HARRONE] m. large vase or jar.

JASPE [HAHSPAY] m. jasper :: veined marble.

JASPEADO [HASPAYAHDO] adj. veined, streaked, mottled.

JAULA [HAHOOLAH] f. bird-cage :: cage for wild animals :: madman's cell.

JAURÍA [HAHOOREEAH] f. pack of hounds.

JAZMÍN [HATHMEEN] m. jessamine.

JEFATURA [HAYFAHTOORAH] f. position of chief :: headquarters of a chief.

JEFE [HAYFAY] m. chief, leader, head :: **— político**, governor.

JENGIBRE [HAYNHEEBRAY] m. ginger.

JERARQUÍA [HAYRARKEEAH] f. hierarchy :: estate, important rank.

JERGA [HAIRGAH] f. jargon :: straw bed, palliasse.

JERGÓN [HERGONE] m. straw mattress :: (coll.) ill-fitting clothes :: ill-shaped person :: paunch.

JERIGONZA [HAYREGONTHAH] f. jargon, slang.

JERINGA [HAYREENGAH] f. syringe.

JEROGLÍFICO [HAYROGLEEFECO] m. hieroglyphic.

JETA [HAYTAH] f. snout :: thick lips.

JIBIA [HEEBEAH] f. cuttlefish.

JÍCARA [HEEKAHRAH] m. chocolate cup.

JILGUERO [HILGAYRO] m. linnet, goldfinch.

JINETE [HENAYTAY] m. horseman, rider.

JIRA [HEERAH] f. outing :: excursion :: strip of cloth.

JIRAFA [HERAHFAH] f. giraffe.

JIRÓN [HERON] m. rag, tatter.

JOCOSO* [HOKOSO] adj. waggish, jocular.

JOFAINA [HOFAHENAH] f. basin, wahsbowl.

JORNADA [HORNAHDAH] f. one day's march or work :: journey, stage :: expedition :: day :: session.

JORNAL [HORNAHL] m. a day's work or wage :: wages, pay.

JORNALERO [HORNAHLAYRO] m. day laborer.

JOROBA [HOROBAH] f. hump.

JOROBADO [HOROBAHDO] m. & adj. hump-backed, hunchback.

JOROBAR [HOROBAR] va. to bother, pester, annoy.

JOTA [HOTAH] f. iota, jot :: Spanish dance and song :: **no saber ni —**, not to know a thing.

JOVEN [HOVEN] adj. young :: m. young man, youth :: f. lass, girl.

JOVIAL [HOVEAHL] adj. jovian :: jovial, blithe, cheery.

JOVIALIDAD [HOVEAHLEDAHD] f. joviality, jollity, gaiety, mirth, me-

rriment, cheeriness.

JOYA [HOYAH] f. jewel, gem.

JOYERÍA [HOYAYREEAH] f. jeweller's shop.

JOYERO [HOYAYRO] m. jeweller, jewel-casket.

JUANETE [HOOAHNAYTAY] m. bunion :: prominent cheekbones.

JUBILACIÓN [HOOBELAHTHEON] f. pensioning, pension, retirement.

JUBILAR [HOOBELAR] va. to pension off, superannuate.

JUBILEO [HOOBELAYO] m. (eccl.) jubilee :: (coll.) great doings :: golden wedding.

JÚBILO [HOOBELO] m. jubilation, merriment.

JUBILOSO* [HOOBELOSO] adj. jubilant, joyful.

JUBÓN [HOOBON] m. jerkin, doublet, jacket.

JUDÍA [HOODEEAH] f. bean, kidney bean.

JUDICIAL* [HOODETHEAHL] adj. judicial, legal.

JUDÍO [HOODEEO] adj. & m. Jewish, Jew.

JUEGO [HOOAYGO] m. play, game :: suit, suite, set, group :: movement :: motion :: **— de palabras**, pun :: **hacer — con**, to match, go with :: **— limpio**, fair play.

JUERGA [HOOERGAH] f. spree, revelry, wild festivity :: **irse de —**, to go out on a spree.

JUEVES [HOOAYVES] m. Thursday.

JUEZ [HOOETH] m. judge, magistrate :: expert :: **— de hecho**, lay judge :: **— de primera instancia** judge in a court of first instance.

JUGADA [HOOGAHDAH] f. play, playing :: dirty trick, bad turn :: stroke, throw, move, shot.

JUGADOR [HOOGAHDOR] m. player :: gambler.

JUGAR [HOOGAR] va. to play, gamble :: **— limpio**, to play fair :: vr. to risk.

JUGARRETA [HOOGARRAYTAH] f. bad play, wrong play :: mean trick :: tricky deal.

JUGO [HOOGO] m. juice :: substance, pith.

JUGOSO [HOOGOSO] adj. juicy, 'meaty', full of matter.

JUGUETE [HOOGAYTAY] m. toy, plaything.

JUGUETEAR [HOOGAYTAYAR] vn. to gamble :: to toy with.

JUGUETÓN [HOOGAYTON] adj. playful.

JUICIO [HOOEETHEO] m. judgement :: sense, opinion :: **a mi —**, in my opinion :: **estar en su —**, to be in one's senses.

JUICIOSO [HOOETHEOSO] *adj.* sensible, discreet, judicious, wise.

JULIO [HOOLEO] *m.* July.

JUMENTO [HOOMENTO] *m.* donkey, ass :: mount.

JUNCAL [HOONCAHL] *m.* growth of rushes.

JUNCO [HOONKO] *m.* rush :: **— de Indias**, rattan.

JUNGLA [HOONGLA] *f.* jungle.

JUNIO [HOONEO] *m.* June.

JUNTA [HOONTAH] *f.* meeting, junta, council :: assembly :: board, committee :: junction.

JUNTAR [HOONTAR] *va.* to join, unite, collect, gather, heap together :: *vr.* to gather together :: **Dios los cría y ellos se juntan**, birds of a feather flock together.

JUNTO [HOONTO] *adj.* united :: together :: *adv.* near :: **— a**, next to.

JUNTURA [HOONTOORAH] *f.* joint.

JURADO [HOORAHDO] *m.* jury.

JURAMENTAR [HOORAHMENTAR] *va.* to swear in :: *vr.* to take an oath, be sworn in.

JURAMENTO [HOORAHMENTO] *m.* oath :: curse :: **— falso**, perjury.

JURAR [HOORAR] *vn.* to swear :: *va.* to declare on oath.

JURISDICCIÓN [HOORISDICTHEON] *f.* jurisdiction.

JURISPRUDENCIA [HOORISPROODEN-THEA] *f.* jurisprudence, law.

JURISTA [HOORISTAH] *m.* jurist, lawyer.

JUSTA [HOOSTAH] *f.* joust.

JUSTICIA [HOOSTEETHEAH] *f.* justice :: fairness.

JUSTIFICACIÓN [HOOSTEFECAHTHEON] *f.* justification.

JUSTIFICANTE [HOOSTEFECAHNTAY] *adj.* justifying :: *m.* voucher :: written excuse :: proof.

JUSTIFICAR [HOOSTEFEKAR] *va.* to justify :: rectify :: *vr.* to vindicate oneself.

JUSTO [HOOSTO] *adj.* just, right, exact :: righteous :: close (fitting) :: *adv.* tightly.

JUVENIL [HOOVAYNEEL] *adj.* juvenile, youthful.

JUVENTUD [HOOVENTOOD] *f.* youth :: young people.

JUZGADO [HOOTHGAHDO] *m.* court of justice :: **— de primera instancia**, court of first instance :: *adj.* judged :: sentenced.

JUZGAR [HOOTHGAR] *va.* to judge, deliver judgement :: to give an opinion :: to think.

K

KAKI [KAHKE] *m. (bot.)* japanese persimmon.

KEPIS [KEPIS] *m. (mil.)* small shako, kepi.

KILOCICLO [KELOTHEECLO] *m.·* kilo-cycle.

KILOGRAMO [KELOGRAHMO] *m.* kilogramme.

KILOMETRAJE [KELOMAYTRAHHAY] *m.* length or distance in kilometers, mileage.

KILOMÉTRICO [KELOMAYTRECO] *adj.* kilometric.

KILÓMETRO [KELOMAYTRO] *m.* kilo-metre *(5/8 of mile).*

KILOVATIO [KELOVAHTEO] *m.* kilowatt.

KIOSCO [KEOSKO] *m.* kiosk, newspaper stall (**— de periódicos**), bandstand (**— de música**).

KURDO [KOORDO] *adj.* Kurdish or Kurd :: native of or belonging to Kurdistán.

L

LA [LAH] *art. f.* the :: — **de**, the one with, that one with :: *obj. pron.* her :: it :: — **que**, *rel. pron.* she who, the one that :: which.

LABERINTO [LAHBAYREENTO] *m.* labyrinth, maze.

LABIA [LAHBEAH] *f.* fluency, talkativeness, gift of gab :: **tener mucha** —, to be a good talker.

LABIAL [LAHBEAHL] *adj.* labial.

LABIO [LAHBEO] *m.* lip :: edge, rim, mouth.

LABOR [LAHBOR] *f.* task, labour, work, needlework :: **es una — muy fina**, it is fine work.

LABORABLE [LAHBORAHBLAY] *adj.* workable :: tillable :: **día** —, work day.

LABORATORIO [LAHBORAHTOREO] *m.* laboratory.

LABORIOSO [LAHBOREOSO] *adj.* assiduous :: laborious, wearisome.

LABRADO [LAHBRAHDO] *adj.* hewn, wrought, worked.

LABRADOR [LAHBRAHDOR] *m.* husbandman :: tiller :: farmer.

LABRANZA [LAHBRAHNTHAH] *f.* farming, plowing, cultivation :: work :: farmland.

LABRAR [LAHBRAR] *va.* to work, plough :: to carve, dress :: carve out.

LABRIEGO [LAHBREAYGO] *m.* farmhand.

LACA [LAHKAH] *f.* lacquer.

LACAYO [LAHKAHYO] *m.* footman, lackey, servant.

LACERAR [LAHTHAYRAR] *va.* to tear :: to lacerate, mangle :: to hurt.

LACIO [LAHTHEO] *adj.* lank, straight *(pelo)* :: languid.

LACÓNICO [LAHCONECO] *adj.* laconic, brief, concise :: succinct.

LACRA [LAHCRAH] *f.* mark :: defect :: fault :: viciousness, vice, wickedness.

LACRAR [LAHKRAR] *va.* to seal.

LACRE [LAHKRAY] *m.* sealing-wax.

LACRIMÓGENO [LAHCREMOHAYNO] *adj.* tear-producing.

LACTANCIA [LACTAHNTHEAH] *f.* lactation.

LACTANTE [LACTAHNTAY] *m.* unweaned mammal, suckling :: *adj.* feeding on milk.

LÁCTEO [LAHKTAYO] *adj.* milky :: **vía láctea**, milky way.

LADEAR [LAHDAYAR] *va.* to tilt, tip, turn, to skirt :: *vr.* to incline to one side.

LADEO [LAHDAYO] *m.* inclination.

LADERA [LAHDAYRAH] *f.* slope, hillside.

LADINO [LAHDEENO] *adj.* cunning, crafty :: old Spanish :: *m.* linguist.

LADO [LAHDO] *m.* side, edge, direction :: **al** —, nearby, aside, next door.

LADRAR [LAHDRAR] *vn.* to bark.

LADRIDO [LAHDREEDO] *m.* bark, barking.

LADRILLO [LAHDREELYO] *m.* tile, brick.

LADRÓN [LAHDRON] *m.* thief, robber.

LAGARTIJA [LAHGARTEEHAH] *f.* small lizard.

LAGARTO [LAHGARTO] *m.* lizard, alligato.

LAGO [LAHGO] *m.* lake.

LÁGRIMA [LAHGREMAH] *f.* tear :: drop.

LAGUNA [LAHGOONAH] *f.* pond, lagoon :: lacuna, gap.

LAICISMO [LAHETHEESMO] *m.* secularism, laity.

LAICO [LAHECO] *m.* laic, lay person :: *adj.* laic, lay, secular.

LAMA [LAHMAH] *f.* slime :: seaweed :: *m.* lama.

LAMENTABLE [LAHMENTAHBLAY] *adj.* lamentable, pitiful.

LAMENTACIÓN [LAHMENTAHTHEON] *f.* lamentation.

LAMENTAR [LAHMENTAR] *va.* to deplore, regret :: to mourn, wail :: *vr.* to cry.

LAMENTO [LAHMENTO] *m.* wail, moan.

LAMER [LAHMAIR] *va.* to lick.

LÁMINA [LAHMENAH] *f.* plate :: sheet :: engraving :: full-page illustration.

LAMINAR [LAHMENAR] *va.* to roll metal.

LÁMPARA [LAHMPAHRAH] *f.* lamp :: stain *(de aceite)*.

LAMPARÓN [LAMPARONE] *m.* large lamp :: large grease spot.

LAMPIÑO [LAHMPEENYO] *adj.* beardless :: immature.

LANA [LAHNAH] *f.* wool :: woollen cloth.

LANAR [LAHNAR] *adj.* woolly :: **ganado** —, sheep.

LANCE [LAHNTHAY] *m.* cast :: episode :: incident :: chance :: **de** —, second-hand :: — **de honor**, affair of honour, duel.

LANCEAR [LAHNTHAYAR] *va.* to lance, spear.

LANCERO [LAHNTHAYRO] *m.* lancer.

LANCETA [LANTHAYTAH] *f.* lancet.

LANCHA [LAHNCHAH] *f.* gig :: launch :: lighter :: — **de socorro**, life-boat.

LANERO [LAHNAYRO] *m.* wooldealer.

LANGOSTA [LAHNGOSTAH] *f.* locust :: lobster.

LANGOSTÍN [LAHNGOSTEEN] *m.* craw-fish.

LANGUIDECER [LAHNGHEDAYTHAIR] *vn.* to languish.

LANGUIDEZ [LANGHEEDETH] *f.* languor, faintness, weakness.

LÁNGUIDO [LAHNGHEEDO] *adj.* languid.

LANILLA [LAHNEELYAH] *f.* thin flannel :: nap of cloth.

LANZA [LAHNTHAH] *f.* lance :: spear :: spike :: shaft :: — **en ristre**, ready for action :: **ser una** —, to be pretty sharp.

LANZADERA [LAHNTHAHDAYRAH] *f.* shuttle.

LANZAMIENTO [LANTHAHMEENTO] *m.* launching.

LANZAR [LAHNTHAR] *va.* to throw :: to hurl :: to launch :: *vr.* to launch out.

LAÑA [LAHNYAH] *f.* clamp :: green coconut.

LAPA [LAHPAH] *f.* *(zool.)* limpet, barnacle.

LAPICERO [LAHPETHAYRO] *m.* mechanical pencil.

LÁPIDA [LAHPEDAH] *f.* tablet :: tombstone :: polished stone :: — **mortuoria**, grave-stone.

LAPIDAR [LAHPEDAR] *va.* to stone.

LÁPIZ [LAHPITH] *m.* pencil :: lead :: — **de labios**, lipstick.

LAPSO [LAHPSO] *m.* lapse.

LARGAR [LARGAR] *va.* to let go, release, set free :: *vr.* to clear off, go away, betake oneself off.

LARGO [LARGO] *adj.* long, protracted, liberal :: *m.* length :: **a la larga**, in the long run :: **a lo** —, along, all through, from end to end :: **pasar de** —, to pass by, on the other side, off the coast.

LARGUERO [LARGAYRO] *m.* stringer :: bolster :: *(carp.)* jamb post.

LARGUEZA [LARGAYTHAH] *f.* liberality, largesse, bounty.

LARGURA [LARGOORAH] *f.* length.

LARINGE [LAHREENHAY] *f.* larynx.

LARINGITIS [LAHRINHEETIS] *f.* *(med.)* laryngitis.

LARVA [LARVAH] *f.* larva.

LASCIVIA [LASTHEEVEAH] *f.* lewdness.

LASCIVO [LASTHEEVO] *adj.* lascivious, lewd.

LÁSTIMA [LAHSTEMAH] *f.* sympathy, pity, compassion :: ¡Qué —!, What a pity (shame)!, da —, it is (pitiful, a pity), it rouses pity.

LASTIMAR [LASTEMAR] *va.* to hurt, wound :: to injure, offend :: *vr.* to complain :: to injure oneself seriously, be hurt.

LASTIMERO [LAHSTEMAYRO] *adj.* doleful, pitiful.

LASTIMOSO [LASTEMOSO] *adj.* pitiful, doleful, piteous, sad.

LASTRAR [LAHSTRAR] *va.* to ballast.

LASTRE [LAHSTRAY] *m.* ballast :: weight.

LATA [LAHTAH] *f.* tin-plate :: tincan :: nuisance :: **dar la —**, to annoy, bore :: *pl.* **en —**, tinned.

LATENTE [LAHTENTAY] *adj.* latent, hidden.

LATERAL [LAHTAYRAHL] *f.* lateral.

LATIDO [LAHTEEDO] *m.* pulsation, beating, throb.

LATIFUNDIO [LAHTEFOONDEO] *m.* latifundium, landed estate .

LATIGAZO [LATEGAHTHO] *m.* lash, stroke with a whip :: crack of a whip :: harsh reprimand :: unexpected blow or offense.

LÁTIGO [LAHTEGO] *m.* whip.

LATÍN [LAHTEEN] *m.* latin.

LATIR [LAHTEER] *vn.* to palpitate, beat, throb.

LATITUD [LAHTETOOD] *f.* latitude :: extent, breadth.

LATO [LAHTO] *adj.* extensive, diffuse :: free, easy.

LATÓN [LAHTON] *m.* brass.

LATOSO [LAHTOSO] *adj.* (coll.) annoying, boring.

LATROCINIO [LAHTROTHEENEO] *m.* robbery, stealing.

LAÚD [LAHOOD] *m.* lute.

LAUDABLE [LAHOODAHBLAY] *adj.* laudable, praiseworthy.

LAUDATORIO [LAHOODAHTOREO] *adj.* laudatory, full of praise, eulogistic.

LAUDO [LAHOODO] *m.* award, decision.

LAUREADO [LAHOORAYAHDO] *m.* laureate :: *adj.* laudeate :: laurelled.

LAUREL [LAHOOREL] *m.* laurel :: *pl.* honours.

LAVA [LAHVAH] *f.* (geol.) lava.

LAVABLE [LAHVAHBLAY] *adj.* washable.

LAVABO [LAHVAHBO] *m.* lavatory, washroom :: washstand :: washbowl.

LAVADERO [LAHVAHDAYRO] *m.* washing-place.

LAVADORA [LAHVAHDORAH] *f.* wahing machine :: *adj.* washing, cleaning.

LAVAMANOS [LAHVAHMAHNOS] *m.* wash-stand.

LAVANDERA [LAHVAHNDAYRAH] *f.* washerwoman, laundress.

LAVANDERÍA [LAHVANDAYREEAH] *f.* laundry.

LAVAR [LAHVAR] *va.* to wash, cleanse :: *vr.* **—se uno las manos**, to wash one's hands of it.

LAVATIVA [LAHVAHTEEVAH] *f.* enema :: syringe :: bother, nuisance.

LAXANTE [LAHXAHNTAY] *adj.* softening, laxative.

LAXITUD [LAHXETOOD] *f.* laxity.

LAXO [LAXO] *adj.* lax, slack.

LAYA [LAHXO] *f.* manner, kind, quality.

LAZADA [LAHTHAHDAH] *f.* bowknot.

LAZO [LAHTHO] *m.* loop, snare :: bow, tie :: lasso :: slip-knot :: bond, ties, connection.

LE [LAY] *obj. pron.* him :: to him :: to her :: to you.

LEAL [LAYAHL] *adj.* loyal, faithful.

LEALTAD [LAYAHLTAHD] *f.* loyalty, sincerity, devotion.

LEBREL [LAYBREL] *m.* greyhound.

LECCIÓN [LEKTHEON] *f.* lesson, reading :: example.

LECTOR [LECTOR] *m.* reader :: lecturer.

LECTURA [LEKTOORAH] *f.* reading.

LECHAL [LAYCHAHL] *m.* (bot.) milky juice of plants :: *adj.* (bot.) milky, lactiferous :: sucking.

LECHE [LAYCHAY] *f.* milk :: **— crema**, custard.

LECHERÍA [LAYCHAYREEAH] *f.* dairy.

LECHO [LAYCHO] *m.* couch, bed :: layer, stratum :: bottom (de un río).

LECHÓN [LAYCHON] *m.* sucking pig.

LECHOSO [LAYCHOSO] *adj.* milky.

LECHUGA [LAYCHOOGAH] *f.* lettuce.

LECHUZA [LAYCHOOTHAH] *f.* barnowl, owl.

LEER [LAYAIR] *va.* to read.

LEGADO [LAYGAHDO] *m.* legacy :: legate, ambassador.

LEGAJO [LAYGAHHO] *m.* file, boundle of documents, docket, dossier.

LEGAL [LAYGAHL] *adj.* legal, lawful :: truthful :: reliable.

LEGALIDAD [LAYGAHLEDAHD] *f.* legality, lawfulness, legitimacy :: rightness, correctness.

LEGALIZAR [LAYGAHLETHAR] *va.* to legalize.

LÉGAMO [LAYGAHMO] *m.* slime, filthy mud, ooze.

LEGAR [LAYGAR] *va.* to bequeath :: to transmit.

LEGATARIO [LAYGAHTAHREO] *m.* legatee.

LEGENDARIO [LAYHENDAHREO] *adj.* legendary.

LEGIBLE [LAYHEEBLAY] *adj.* legible.

LEGIÓN [LAYHEON] *f.* legion.

LEGISLACIÓN [LAYHISLAHTHEON] *f.* legislation.

LEGISLADOR [LAYHISLAHDOR] *m.* legislator :: *adj.* legislating, legislative.

LEGISLAR [LAYHISLAR] *va.* to legislate, enact laws.

LEGISLATIVO [LAYHISLAHTEEVO] *adj.* legislative :: constitutive.

LEGISLATURA [LAYHISLAHTOORAH] *f.* legislature, legislative assembly.

LEGITIMAR [LAYHETEMAR] *va.* to legitimate :: to legalize.

LEGÍTIMO [LAYHEETEMO] *adj.* legitimate, authentic, genuine.

LEGO [LAYGO] *adj.* lay :: ignorant, uneducated :: *m.* layman.

LEGUA [LAYGOOAH] *f.* league (equivalente a 3 millas).

LEGUMBRE [LAYGOOMBRAY] *f.* vegetables.

LEÍDO [LAYEEDO] *adj.* well-read, read.

LEJANÍA [LAYHAHNEEAH] *f.* distance :: distant place.

LEJANO [LAYHAHNO] *adj.* distant, far, remote.

LEJÍA [LAYHEEAH] *f.* bleach :: harsh reprimand.

LEJOS [LAYHOS] *adv.* far, far off :: **a lo —**, in the distance :: **de —**, from a distance.

LELO [LAYLO] *adj.* slow-witted, dull.

LEMA [LAYMAH] *m.* motto, device.

LENCERÍA [LENTHAYREEAH] *f.* store of linen goods :: linen draper's shop.

LENGUA [LENGOOAH] *f.* tongue :: language :: clapper of a bell :: strip (de tierra) :: **no morderse la —**, not to mince one's words.

LENGUADO [LENGOOAHDO] *m.* (zool.) sole, flounder.

LENGUAJE [LENGOOAHHAY] *m.* language, style, speech.

LENGÜETA [LENGOOAYTAH] *f.* needle of a balance :: (carp.) tongue :: (mech.) feather, wedge :: epiglottis :: tongue (de un zapato).

LENIDAD [LAYNEDAHD] *f.* lenity, lenience.

LENTE [LENTAY] *m. & f.* magnifying glass :: lens :: *pl.* spectacles, glasses.

LENTEJA [LENTAYHAH] *f.* lentil.

LENTEJUELA [LENTAYHOOAYLAH] *f. (bot.)* lenticel :: spangle, sequin :: *pl.* tinsel.

LENTITUD [LENTETOOD] *f.* slowness :: tardiness.

LENTO° [LENTO] *adj.* slow, tardy, heavy.

LEÑA [LAYNYAH] *f.* fire-wood :: kindling :: **llevar — al monte,** to carry coals to Newcastle.

LEÑADOR [LAYNYAHDOR] *m.* woodman :: woodcutter.

LEÑERA [LAYNYAYRAH] *f.* woodshed :: wood bin, lumberyard.

LEÑO [LAYNYO] *m.* log.

LEÑOSO [LAYNYOSO] *adj.* ligneous, woody.

LEÓN [LAYON] *m.* lion :: Leo :: — **marino,** sea-lion.

LEONA [LAYONAH] *f.* lioness.

LEOPARDO [LAYOPARDO] *m.* leopard.

LEPRA [LAYPRAH] *f.* leprosy.

LERDO [LAIRDO] *adj.* slow to understand, dull, dense.

LESIÓN [LAYSEON] *f.* damage, injury.

LESIONAR [LAYSEONAR] *va.* to injure :: to wound :: to hurt :: to damage.

LETAL [LAYTAHL] *adj.* lethal, deadly.

LETANÍA [LAYTAHNEEAH] *f.* litany :: rigmarole.

LETARGO [LAYTARGO] *m.* lethargy.

LETRA [LAYTRAH] *f.* letter, character *(del alfabeto)* :: handwritting :: — **de cambio,** bill of exchange :: **a la —,** literally :: *pl.* letters, learning :: **en — de molde,** in print.

LETRADO [LAYTRAHDO] *adj.* learned :: *m.* lawyer, man of letters.

LETRERO [LAYTRAYRO] *m.* sign, label :: letter-head :: notice (some) lettering.

LETRINA [LAYTREENAH] *f.* latrine, privy, water-closet, toilet.

LEVA [LAYVAH] *f.* levy :: weighing anchor :: **mar de —,** swell.

LEVADIZO [LAYVAHDEETHO] *adj.* that can be lifted :: **puente —,** drawbridge.

LEVADURA [LAYVAHDOORAH] *f.* ferment :: yeast.

LEVANTAMIENTO [LAYVAHNTAHME-ENTO] *m.* raising :: uprising, revolt.

LEVANTAR [LAYVAHNTAR] *va.* to raise, lift up, erect, stir up :: to draw up, complete :: — **acta,** to write (up) minutes :: — **un plano,** to draw a plan :: — **la mesa,** to clear the table :: *vr.* to rise.

LEVANTE [LAYVAHNTAY] *m.* Levant :: Mediterranean regions of Spain :: east wind.

LEVAR [LAYVAR] *va.* to weigh anchor.

LEVE° [LAYVAY] *adj.* light, slight, trifling.

LEVEDAD [LAYVAYDAHD] *f.* lightness, inconsequence.

LEVITA [LAYVEETAH] *f.* frock coat.

LÉXICO [LEXECO] *m.* lexicon, dictionary :: vocabulary :: glosary.

LEY [LAYE] *f.* law :: statute :: act :: **de buena —,** sterling, reliable.

LEYENDA [LAYYENDAH] *f.* legend, story :: device, inscription, lettering.

LIAR [LEAR] *va.* to bundle :: to roll *(cigarrillos)* :: to set at loggerheads :: *vr.* to get involved with.

LIBAR [LEBAR] *va.* to suck, taste :: to make libations.

LIBELO [LEBAYLO] *m.* libel.

LIBÉLULA [LEBAYLOOLAH] *f.* dragon fly.

LIBERACIÓN [LEBAYRAHTHEON] *f.* liberation :: deliverance.

LIBERAL° [LEBAYRAHL] *adj.* liberal :: generous.

LIBERALIDAD [LEBAYRAHLEDAHD] *f.* liberality, generosity, bounty.

LIBERALIZAR [LEBAYRAHLEETHAR] *va.* to liberalize.

LIBERTAD [LEBAIRTAHD] *f.* freedom, liberty :: — **de comercio,** freetrade :: — **de cultos,** freedom of worship :: — **de prensa,** freedom of the press.

LIBERTADOR [LEBERTAHDOR] *m.* liberator, deliverer.

LIBERTAR [LEBAIRTAR] *va.* to free, set at liberty, liberate.

LIBERTINAJE [LEBERTENAHHAY] *m.* license, licentiousness, lack of moral restraint.

LIBERTINO [LEBERTEENO] *adj.* libertine.

LIBIDINOSO [LEBEDENOSO] *adj.* libidinous, lewd, lustful, concupiscent.

LIBIDO [LEBEDO] *m.* libido.

LIBRA [LEEBRAH] *f.* pound *(peso)* :: pound *(moneda)* :: — **esterlina,** pound sterling.

LIBRADOR [LEBRAHDOR] *m.* deliverer :: *(com.)* drawer.

LIBRAMIENTO [LEBRAHMEENTO] *m.* order of payment, delivery.

LIBRANZA [LEBRAHNTHAH] *f.* draft, bill of exchange.

LIBRAR [LEBRAR] *va.* to deliver, free :: to issue :: to pass *(sentencia)* :: to engage *(una batalla)* :: to draw *(cuentas)* :: *vr.* to get rid of.

LIBRE° [LEEBRAY] *adj.* free :: disengaged :: — **a bordo (l.a.b.),** f.o.b. free on board :: — **de derechos,** duty free, — **cambio,** free trade.

LIBREA [LEBRAYAH] *f.* livery, uniform.

LIBRERÍA [LEBRAYREEAH] *f.* bookstore.

LIBRERO [LEBRAYRO] *m.* bookseller.

LIBRETA [LEBRAYTAH] *f.* passbook :: note-book :: one pound loaf.

LIBRETO [LEBRAYTO] *m.* libretto.

LIBRO [LEEBRO] *m.* book :: — **diario,** journal :: — **mayor,** ledger :: — **talonario,** chequebook.

LICENCIA [LETHENTHEAH] *f.* license :: permission :: furlough, leave :: looseness :: license to practice.

LICENCIADO [LETHENTHEAHDO] *adj.* licenciate.

LICENCIAMIENTO [LETHENTHEAH-MEENTO] *m.* graduation with a licentiate :: *(mil.)* discharge of soldiers.

LICENCIAR [LETHENTHEAR] *va.* to license :: to allow :: to discharge.

LICENCIATURA [LETHENTHEAHTOO-RAH] *f.* licentiate, master's degree :: graduation as a licenciate.

LICENCIOSO [LETHENTHEOSO] *adj.* licentious, immoral.

LICITAR [LETHETAR] *va.* to bid for at auction.

LÍCITO° [LEETHETO] *adj.* lawful, permitted, permissible.

LICOR [LEKOR] *m.* liquid, liquor, spirits.

LID [LEED] *f.* fight :: contest.

LÍDER [LEEDER] *m.* leader.

LIDIA [LEDEA] *f.* fight, battle, contest :: bullfight.

LIDIAR [LEDEAR] *vn.* to contend, fight.

LIEBRE [LEAYBRAY] *f.* hare.

LIENZO [LEENTHO] *m.* canvas, picture :: linen cloth.

LIGA [LEEGAH] *f.* league :: garter :: alloy.

LIGADURA [LEGAHDOORAH] *f.* binding :: ligature.

LIGAMENTO [LEGAHMENTO] *m.* ligament, copula :: bond, tie.

LIGAR [LEGAR] *va.* to bind, tie :: to alloy.

LIGEREZA [LEHARAYTHAH] *f.* lightness, agility :: swiftness :: levity :: off-handedness.

LIGERO° [LEHAYRO] *adj.* light :: swift, fast :: slight :: — **de cascos,** feather-brained :: *f.* **a la —a,** superficially, quickly.

LIJA [LEEHAH] *f.* sandpaper.

LIJAR [LEHAR] *va.* to sandpaper.

LILA [LEELAH] f. lilac.

LIMA [LEEMAH] f. (mech.) file :: (bot.) sweet lime.

LIMADURA [LEMAHDOORAH] f. filing :: pl. filings.

LIMAR [LEMAR] va. to file, polish.

LIMITACIÓN [LEMETAHTHEON] f. limitation :: district.

LIMITADO [LEMETAHDO] adj. limited :: dull-witted.

LIMITAR [LEMETAR] va. to limit, restrict :: to qualify :: vn. to border on.

LÍMITE [LEEMETAY] m. limit :: end :: boundary.

LIMÍTROFE [LEMEETROFAY] adj. terreno —, land along the boundary :: naciones —s, neighbouring countries.

LIMO [LEEMO] m. mud, slime.

LIMÓN [LEMON] m. lemon.

LIMONADA [LEMONAHDAH] f. lemonade, lemon squash.

LIMOSNA [LEMOSNAH] f. alms, charity.

LIMPIAR [LIMPEAR] va. to clean :: to clear a place.

LIMPIEZA [LIMPEAYTHAH] f. cleanliness, purity (de sangre) :: neatness (de acción) :: the act of cleaning :: Sección de —, Cleansing Department.

LIMPIO [LEEMPEO] adj. clean :: neat :: free, clear :: poner en —, to make a fair copy of, make clear :: sacar en —, to deduce, conclude, make out.

LINAJE [LENAHHAY] m. lineage :: kin :: sort.

LINAZA [LENAHTHAH] f. linseed.

LINCE [LEENTHAY] adj. keenwitted :: m. lynx.

LINCHAR [LEENCHAR] va. to lynch.

LINDAR [LINDAR] vn. to border on.

LINDANTE [LINDAHNTAY] adj. adjoining, contiguous.

LINDE [LEENDAY] m. & f. limit, border, boundary :: landmark.

LINDERO [LINDAYRO] adj. bordering upon :: m. boundary.

LINDEZA [LINDAYTHAH] f. niceness, prettiness, neatness :: (coll.) flirting :: pl. (coll.) insults, improprieties.

LINDO [LEENDO] adj. pretty, genteel :: de lo —, perfectly, neatly.

LÍNEA [LEENAYAH] f. line, lineage :: boundary :: en — directa, as the crow flies.

LINEAL [LENAYAHL] adj. lineal, linear.

LINGOTE [LINGOTAY] m. ingot :: slug :: (print.) slug.

LINGÜÍSTICA [LINGOOESTECAH] f. linguistics.

LINIMENTO [LENEMENTO] m. liniment.

LINO [LEENO] m. linen :: flax.

LINÓLEO [LENOLAYO] m. linoleum.

LINTERNA [LINTAIRNAH] f. lantern :: — sorda, dark lantern :: — mágica, magic lantern.

LÍO [LEEO] m. bundle :: mess :: ¡Qué —! What a mess (problem, jam)! :: armar un —, to make trouble.

LIQUIDACIÓN [LEKEEDAHTHEON] f. liquidation :: settlement (de una cuenta).

LIQUIDAR [LEKEDAR] va. to liquefy :: to liquidate.

LÍQUIDO [LEEKEDO] adj. liquid :: net.

LIRA [LEERA] f. lyre.

LÍRICO [LEERECO] adj. lyric, lyrical.

LIRIO [LEEREO] m. lily.

LIRÓN [LERONE] m. (zool.) dormouse :: (fig.) sleepyhead.

LISIADO [LESEAHDO] adj. lame, hurt, injured.

LISIAR [LESEAR] va. to injure, lame, cripple.

LISO [LEESO] adj. smooth, flat :: — y llano, plain and simple.

LISONJA [LESONHAH] f. compliment, flattering remark.

LISONJEAR [LESONHAYAR] va. to flatter.

LISONJERO [LESONHAYRO] adj. flattering :: promising, complimentary.

LISTA [LISTAH] f. list :: roll :: — de platos, bill of fare, menu :: pasar —, to call the roll :: — de correos, poste restante.

LISTADO [LISTAHDO] adj. striped.

LISTAR [LISTAR] va. to register, enter in a list.

LISTO [LISTO] adj. ready :: clever, "smart".

LISTÓN [LISTON] m. ribbon.

LISURA [LESORAH] f. smoothness, evenness :: sincerity, candor.

LITERA [LETAYRAH] f. litter :: berth.

LITERAL [LETAYRAHL] adj. literal.

LITERARIO [LETAYRAHREO] adj. literary.

LITERATO [LETAYRAHTO] m. man-of-letters :: literary man, writer.

LITERATURA [LETAYRATOORAH] f. literature.

LITIGAR [LETEGAR] va. & n. to litigate :: to contend.

LITIGIO [LETETEEHEO] m. litigation :: lawsuit.

LITOGRAFÍA [LETOGRAHFEAH] f. lithography.

LITORAL [LETORAHL] m. littoral :: shore :: adj. coastal.

LITRO [LEETRO] m. liter.

LITURGIA [LETOORHEAH] f. (eccl.) liturgy.

LITÚRGICO [LETOORHECO] adj. liturgical.

LIVIANDAD [LEVEANDAHD] f. lightness, lack of weight :: flickleness :: triviality.

LIVIANO [LEVEAHNO] adj. light, slight :: lewd :: venial.

LÍVIDO [LEEVEDO] adj. livid, having a dull-bluish color :: pale.

LO [LO] obj. pron. him :: you :: it :: so :: dem. pron. — de, that of :: —que, that, which, what.

LOA [LOAH] f. praise :: panegyric :: prologue.

LOABLE [LOAHBLAY] adj. laudable.

LOAR [LOAR] va. to praise, extol.

LOBATO [LOBAHTO] m. wolfcub.

LOBO [LOBO] m. wolf :: — marino, seal.

LÓBREGO [LOBRAYGO] adj. murky, lugubrious, gloomy.

LÓBULO [LOBOOLO] m. lobe.

LOCAL [LOKAHL] adj. local :: premises, site.

LOCALIDAD [LOKAHLEDAHD] f. locality :: (theat.) place, seat.

LOCALIZACIÓN [LOCAHLETHAHTHEON] f. localization, localizing.

LOCALIZAR [LOCAHLETHAR] va. to localize.

LOCIÓN [LOTHEON] f. ablution, wash :: lotion.

LOCO [LOKO] adj. insane :: m. madman :: — de atar, raving lunatic :: — rematado, quite mad, completely crazy.

LOCOMOCIÓN [LOCOMOTHEON] f. locomotion.

LOCOMOTORA [LOCOMOTORAH] f. locomotive.

LOCUAZ [LOKOOAHTH] adj. talkative, garrulous.

LOCUCIÓN [LOCOOTHEON] f. phrase :: diction.

LOCURA [LOKOORAH] f. madness, craziness :: lunacy.

LOCUTOR [LOCOOTOR] m. radio announcer.

LOCUTORIO [LOCOOTOREO] m. locutory, parlor, auditorium :: telephone booth.

LODAZAL [LODAHTHAHL] m. muddy place :: mire.

LODO [LODO] m. mud.

LÓGICA [LOHEKAH] f. logic.

LÓGICO [LOHECO] adj. logical.

LOGRAR [LOGRAR] va. to obtain, manage, succeed, achieve, attain.

LOGRO [LOGRO] m. success :: gain, profit :: attainment :: usury.

LOMA [LOMAH] f. hillock, knoll, down.

LOMBRIZ [LOMBREETH] f. earthworm.

LOMO [LOMO] m. loin :: back (de un animal).

LONA [LONAH] f. canvas :: duck-canvas.

LONGEVIDAD [LONHAYVEDAHD] f. longevity, long life :: span of life, lenght of life.

LONGITUD [LONHETOOD] f. length :: longitude.

LONJA [LONHAH] f. (com.) exchange :: slice, strip.

LONTANANZA [LONTAHNAHNTHAH] f. en la —, in the distance, afar off.

LORO [LORO] m. parrot.

LOSA [LOSAH] f. flagstone :: tombstone.

LOTE [LOTAY] m. lot, part, portion.

LOTERÍA [LOTAYREEAH] f. lottery, raffle.

LOTO [LOTO] m. (bot.) lotus.

LOZA [LOTHAH] f. porcelain, china, crockery.

LOZANÍA [LOTHAHNEEAH] f. vigour :: freshness, bloom :: luxuriance.

LOZANO [LOTHANNO] adj. sprightly :: luxuriant, vigorous.

LUBRICANTE [LOOBRECAHNTAY] m. & f. lubricant :: adj. lubricant, lubricating, greasing.

LUBRICAR [LOOBRECAR] va. to lubricate, grease.

LÚBRICO [LOOBRECO] adj. lubricous :: slippery :: lewd, lascivious.

LUCERO [LOOTHAYRO] m. morning star :: any bright star :: splendor, brightness.

LUCIDEZ [LOOTHEDETH] f. lucidity, perspicuity :: keenness, brightness.

LUCIDO* [LOOTHEDO] adj. brilliant,
splendid, magnificent.

LÚCIDO* [LOOTHEDO] adj. clear, lucid :: perspicuous.

LUCIÉRNAGA [LOOTHEEERNAHGAH] f. firefly :: glowworm.

LUCIMIENTO [LOOTHEMEENTO] m. splendor :: brilliance :: success.

LUCIR [LOOTHEER] vn. to shine, glow :: va. to display :: vr. to do well, show to advantage, show off, display oneself.

LUCRATIVO [LOOCRAHTEEVO] adj. lucrative, profitable.

LUCRO [LOOKRO] m. gain, lucre.

LUCTUOSO [LOOKTOOOSO] adj. sad, mournful.

LUCHA [LOOCHAH] f. struggle, fight :: strife :: wrestle.

LUCHADOR [LOOCHAHDOR] m. fighter :: wrestler.

LUCHAR [LOOCHAR] vn. to struggle, wrestle.

LUEGO [LOOAYGO] adv. presently :: conj. then :: desde —, at once, of course, naturally :: hasta —, so long.

LUGAR [LOOGAR] m. place, spot :: room :: space :: time :: opportunity :: town :: hacer —, to make room :: en — de, instead of :: en su —, in its (stead, place), instead of it :: dar — a, to occasion, cause.

LUGAREÑO [LOOGAHRAYNYO] m. villager, rustic.

LÚGUBRE [LOOGOOBRAY] adj. gloomy, dismal.

LUJO [LOOHO] m. luxury.

LUJOSO [LOOHOSO] adj. luxurious :: elegant :: showy.

LUJURIA [LOOHOOREAH] f. lust, lewdness.

LUJURIOSO [LOOHOOREOSO] adj. lustful, lewd, sensual.

LUMBAGO [LOOMBAHGO] m. (med.) lumbago.

LUMBRE [LOOMBRAY] f. fire :: brightness.

LUMBRERA [LOOMBRAYRAH] f. luminary :: skylight, lightshaft :: (fig.) light, example.

LUMINARIA [LOOMENAHREAH] f. illumination, festival lights.

LUMINOSO [LOOMENOSO] adj. luminous, bright, shining.

LUNA [LOONAH] f. moon :: mirror :: — de miel, honeymoon.

LUNAR [LOONAR] adj. lunar :: m. mole, beauty-spot :: flaw :: — postizo, patch.

LUNÁTICO [LOONAHTECO] adj. & m. lunatic.

LUNES [LOONES] m. Monday.

LUNETA [LOONAYTAH] f. orchestra stall :: spectacle lens.

LUPANAR [LOOPAHNAR] m. brothel, bawdy house.

LÚPULO [LOOPOOLO] m. (bot.) hops :: whitebines :: hop vine.

LUSTRAR [LOOSTRAR] va. to polish, gloss :: to expiate.

LUSTRE [LOOSTRAY] m. luster, shine :: glory.

LUSTRO [LOOSTRO] m. five years, lustrum.

LUSTROSO [LOOSTROSO] adj. lustrous, glossy, shining.

LUTO [LOOTO] m. mourning :: estar de —, to be in mourning.

LUZ [LOOTH] f. light, daylight :: knowledge :: pl. culture, enlightenment :: a todas luces, in every way, obviously :: entre dos luces, in the twilight :: dar a —, to give birth to :: publish.

LL

LLAGA [LYAHGAH] f. ulcer, sore, wounds.

LLAMA [LYAHMAH] f. flame :: llama.

LLAMADA [LYAHMAHDAH] f. call :: notice :: index-mark.

LLAMAR [LYAHMAR] va. to call, cite :: to name, denominate to attract :: vr. to be called.

LLAMARADA [LYAHMAHRAHDAH] f. blaze, flash.

LLAMATIVO° [LYAHMAHTEEVO] adj. showy, loud, gaudy, flashy :: thirst-exciting.

LLAMEANTE [LYAHMAYANTAY] adj. flaming.

LLANEZA [LYAHNAYTHAH] f. plainness, simplicity, directness :: homeliness.

LLANO° [LYAHNO] adj. plain, level :: homely, untutored, unaffected, simple :: evident, clear :: m. plain, flat stretch (terreno).

LLANTA [LYAHNTAH] f. tyre.

LLANTO [LYAHNTO] m. weeping :: flood of tears.

LLANURA [LYAHNOORAH] f. plain, prairie :: flatness.

LLAVE [LYAHVAY] f. key :: tap, wrench :: (mus.) clef :: — maestra, master-key :: echar la —, to lock.

LLAVERO [LYAHVAYRO] m. key ring :: key maker :: keeper of the keys.

LLAVÍN [LYAHVEEN] m. latch-key.

LLEGADA [LYAHGAHDAH] f. arrival.

LLEGAR [LYAYGAR] vn. to arrive :: to come, come to :: to amount to, suffice :: vr. to bring together :: — a las manos, to come to blows :: — a saber, to find out.

LLENAR [LYAYNAR] va. to fill, fill up :: to fulfil :: to satisfy.

LLENO [LYAYNO] adj. full, replenished :: m. plenty, completeness, glut :: (theat.) full house.

LLEVADERO [LYAYVAHDAYRO] adj. tolerable, bearable.

LLEVAR [LYAYVAR] va. to carry, take, take away :: to produce :: to lead :: to endure :: — a cabo, to carry out :: — al crédito, to credit, place to the credit :: — los libros, to keep books, accounts :: vr. — chasco, to be disappointed :: — bien, to get along well together.

LLORAR [LYORAR] vn. to weep, cry.

LLOREQUEAR [LYOREKAYAR] vn. to whimper, whine, weep.

LLORIQUEO [LYOREKAYO] m. whimper, whining.

LLORO [LYORO] m. weeping, cry.

LLORÓN [LYORONE] adj. weeping :: m. weeper, crybaby, whiner.

LLOROSO [LYOROSO] adj. tearful.

LLOVER [LYOVAIR] vn. to rain :: — a cántaros, to rain bucketfuls.

LLOVIZNA [LYOVETHNA] f. drizzle.

LLOVIZNAR [LYOVITHNAR] vn. to drizzle, sprinkle.

LLUVIA [LYOOVEAH] f. rain.

LLUVIOSO [LYOOVEOSO] adj. rainy, wet.

M

MACABRO [MAHCAHBRO] *adj.* macabre.

MACARRONES [MAHCARRONES] *m. pl.* macaroni.

MACETA [MAHTHAYTAH] *f.* plantpot.

MACILENTO [MAHTHELENTO] *adj.* thin, emaciated :: pale.

MACIZO [MAHTHEETHO] *adj.* massive, solid.

MÁCULA [MAHCOOLAH] *f.* blemish, spot, stain :: macula :: *(coll.)* deception, trick.

MACHACAR [MAHCHAHKAR] *va.* to pound, grind :: *vn.* to harp on a subject.

MACHETE [MAHCHAYTAY] *m.* cutlass :: machete.

MACHIHEMBRAR [HAHCHEEMBRAR] *va. (carp.)* to mortise, tenon, join up :: to feather, dovetail.

MACHO [MAHCHO] *adj.* male :: *m.* he-mule :: male :: male animal :: sledge hammer :: — cabrio, he-goat.

MACHUCAR [MAHCHOOCAR] *va.* to crush, bruise, pound.

MADEJA [MAHDAYHAH] *f.* skein :: lock, shock *(de pelo)*.

MADERA [MAHDAYRAH] *f.* wood :: lumber, timber :: — brava, hard wood :: — de deriva, driftwood.

MADERO [MAHDAYRO] *m.* log beam.

MADRASTRA [MAHDRAHSTRAH] *f.* step-mother.

MADRE [MAHDRAY] *f.* mother :: origin :: bed *(de un río)* :: — política, mother-in-law.

MADRESELVA [MAHDRAYSELVAH] *f.* honeysuckle.

MADRIGAL [MAHDREGAHL] *m.* madrigal.

MADRIGUERA [MAHDREGAYRAH] *f.* burrow, den, lair.

MADRINA [MAHDREENAH] *f.* godmother :: patroness :: mascot *(de un equipo)*.

MADRUGADA [MAHDROOGAHDAH] *f.* dawn, early morning.

MADRUGADOR [MAHDROOGAHDOR] *m.* early riser.

MADRUGAR [MAHDROOGAR] *vn.* to rise early, get up with the dawn :: early :: **Quien madruga, Dios le ayuda,** the early bird catches the worm.

MADURAR [MAHDOORAR] *va. & n.* to ripen, mature :: to think over.

MADUREZ [MAHDOORETH] *f.* maturity, ripeness.

MADURO [MAHDOORO] *adj.* ripe, mellow :: perfect.

MAESTRA [MAHESTRAH] *f.* schoolmistress, teacher.

MAESTRÍA [MAHESTREEAH] *f.* mastery, skill.

MAESTRO [MAHESTRO] *adj.* principal, main, master :: *m.* master :: teacher.

MAGIA [MAHHEAH] *f.* magic :: charm.

MÁGICO [MAHHECO] *adj.* magic :: *m.* magician.

MAGISTERIO [MAHHISTAYREO] *m.* teaching profession.

MAGISTRADO [MAHHISTRAHDO] *m.* magistrate.

MAGISTRAL* [MAHHISTRAHL] *adj.* masterly :: masterful :: authoritative.

MAGNÁNIMO* [MAHGNAHNEMO] *adj.* magnanimous, bighearted.

MAGNESIO [MAGNAYSEO] *m.* (chem.) magnesium :: (phot.) flashlight.

MAGNÉTICO* [MAHGNAYTEKO] *adj.* magnetic.

MAGNETÓFONO [MAGNAYTOFONO] *m.* tape recorder.

MAGNIFICIENCIA [MAGNEFETHENTHEAH] *f.* magnificence, splendor.

MAGNÍFICO* [MAHGNEEFEKO] *adj.* magnificent, splendid :: stately.

MAGNITUD [MAGNETOOD] *f.* magnitude, greatness.

MAGNO [MAHGNO] *adj.* grand, great.

MAGO [MAHGO] *m.* magician :: **los reyes — s,** the three kings, the Wise Men of the East.

MAGRA [MAHGRAH] *f.* slice of ham.

MAGRO [MAHGRO] *adj.* lean, thin.

MAGULLAR [MAHGOOLYAR] *va.* to bruise, mangle.

MAHOMETANO [MAHOMAYTAHNO] *m. & adj.* mohammedan.

MAÍZ [MAHEETH] *m.* maize, Indian corn.

MAIZAL [MAHETHAHL] *m.* Indian-corn plantation, maize field.

MAJADA [MAHHAHDAH] *f.* shepherd's cot, sheepfold.

MAJADERÍA [MAHHAHDAYREEAH] *f.* foolishness, nonsense.

MAJADERO [MAHHAHDAYRO] *adj.* foolish :: bothersome.

MAJESTAD [MAHHESTAHD] *f.* majesty.

MAJESTUOSO* [MAHHESTOOOSO] *adj.* majestic, stately.

MAJO [MAHHO] *adj. & m.* dandy, poppycock.

MAL [MAHL] *adj. m.* evil, harm :: illness :: *adv.* ill, badly :: **echar**

a —, to despise :: **llevar a** —, to complain (of) :: **de — en peor,** from bad to worse :: **del — el menor,** the lesser of the evils.

MALARIA [MALAHREA] *f.* malaria.

MALBARATAR [MAHLBAHRAHTAR] *va.* to sell cheap :: to squander.

MALCONTENTO [MAHLCONTENTO] *adj.* malcontent, hard to please.

MALCRIADO [MAHLKREAHDO] *adj.* illbred.

MALDAD [MAHLDAHD] *f.* wickedness, mischievousness, evilness.

MALDECIR [MAHLDAYTHEER] *va.* to damn, curse :: to swear at.

MALDICIÓN [MAHLDETHEON] *f.* curse.

MALDITO [MAHLDEETO] *adj.* accursed, "blessed" :: condemned :: *(fam.)* no one, not a scrap.

MALEABLE [MAHLAYAHBLAY] *adj.* malleable :: easily spoiled.

MALEANTE [MAHLAYAHNTAY] *adj.* crook, rogue, rascal, villain.

MALEAR [MAHLAYAR] *va.* to corrupt :: to pervert, injure, harm :: to damage, spoil :: *vr.* to spoil, to become spoiled.

MALECÓN [MAHLAYKON] *m.* embankment, breakwater, wharf.

MALEDICENCIA [MAHLAYDETHENTHEAH] *f.* slander(ing).

MALEFICIO [MAHLAYFEETHEO] *m.* spell, charm, witchery.

MALÉFICO* [MAHLAYFECO] *adj.* evil, harmful.

MALESTAR [MAHLESTAR] *m.* uneasiness, discomfort :: disquiet.

MALETA [MAHLAYTAH] *f.* handbag valise :: portmanteau :: **hacer la** —, to pack up, to be off.

MALETÍN [MAHLETEEN] *m.* small valise, satchel.

MALEVOLENCIA [MAHLAYVOLENTHEAH] *f.* malevolence, ill will.

MALÉVOLO* [MAHLAYVOLO] *adj.* malignant.

MALEZA [MAHLAYTHAH] *f.* patch of weed :: thicket :: scrub, bramble-patch.

MALGASTAR [MAHLGAHSTAR] *va.* to squander, to waste *(bienes)*, to ruin, to run down *(salud)*.

MALHABLADO [MALAHBLAHDO] *adj.* foul-mouthed, foulspoken :: bold, impudent.

MALHECHOR [MAHLAYCHOR] *m.* malefactor.

MALHUMORADO* [MALOOMORAHDO] *adj.* ill-humored.

MALICIA [MAHLEETHEAH] *f.* malice :: wickedness :: shrewdness :: suspicion.

MALICIOSO [MAHLETHEOSO] *adj.* malicious :: wicked :: shrewd :: suspicious.

MALIGNO [MAHLEEGNO] *adj.* malignant.

MALINTENCIONADO [MAHLINTEN-THEONAHDO] *adj.* impertinent :: pointed :: nasty.

MALO [MAHLO] *adj.* bad, evil, harmful, wicked :: ill :: naughty.

MALOGRAR [MAHLOGRAR] *va.* to waste, miss :: *vr.* to fail, be frustrated :: to come to naught.

MALOGRO [MAHLOGRO] *m.* frustration, failure, miscarriage.

MALOLIENTE [MAHLOLEENTAY] *adj.* ill-smelling, malodorous, stinking.

MALSANO [MAHLSAHNO] *adj.* unhealthy, insanitary.

MALSONANTE [MALSONAHNTAY] *adj.* obnoxious, offensive, ill-sounding.

MALTA [MAHLTAH] *f.* pitch, tar.

MALTRATAR [MAHLTRAHTAR] *va.* to abuse, ill-treat.

MALTRATO [MALTRAHTO] *m.* mistreatment, abuse.

MALTRECHO [MALTRAYCHO] *adj.* battered, bruised, injured.

MALVA [MAHLVAH] *f.* mallow, marshmallow.

MALVADO [MAHLVAHDO] *adj.* wicked :: *m.* scoundrel.

MALVERSACIÓN [MALVERSAHTHEON] *f.* graft, corruption, misuse of public funds.

MALVESAR [MALVERSAR] *va.* to misuse *(fondos)* :: to embezzle.

MALLA [MAHLYAH] *f.* net, network, mesh :: coat of mail :: stockinette.

MAMAR [MAHMAR] *vr.* to suck :: **dar de — a**, to feed :: assimilate.

MAMARRACHO [MAHMARRAHCHO] *m.* a mess :: a worthless guy.

MAMÍFERO [MAMEEFAYRO] *m.* mammal :: *adj.* mammalian, of mammals.

MAMÓN [MAHMONE] *m.* suckling :: milksop :: *(vulg.)* despicable person, ass :: *adj.* sucking.

MAMPARA [MAHMPAHRAH] *f.* screen :: shelter.

MAMPOSTERÍA [MAMPOSTAYREEAH] *f.* masonry, stone masonry.

MANÁ [MAHNAH] *m.* manna :: godsend, salvation.

MANADA [MAHNAHDAH] *f.* herd, flock :: handful.

MANANTIAL [MAHNAHNTEAHL] *m.* source, spring.

MANAR [MAHNAR] *vn.* to spring, ooze, flow.

MANCEBO [MAHNTHAYBO] *m.* youth :: shop-boy.

MANCO [MAHNKO] *adj.* onearmed, armless :: maimed :: *m.* onehanded person.

MANCOMUNAR [MANCOMOONAR] *va. & vr.* to combine, unite :: to require joint payment of.

MANCOMUNIDAD [MANCOMOONE-DAHD] *f.* association, union, fellowship :: commonwealth.

MANCHA [MAHNCHAH] *f.* spot :: stain, blot.

MANCHAR [MAHNCHAR] *va.* to stain, tarnish, blot.

MANDADERO [MAHNDAHDAYRO] *m.* messenger.

MANDADO [MAHNDAHDO] *m.* errand, message, order, request.

MANDAMIENTO [MAHNDAHMEENTO] *m.* order :: *(eccl.)* commandment :: writ.

MANDAR [MAHNDAR] *va.* to command, give orders :: to send.

MANDATARIO [MAHNDAHTAHREO] *m.* agent, attorney :: ruler.

MANDATO [MAHNDAHTO] *m.* mandate :: order.

MANDÍBULA [MANDEEBOOLAH] *f.* jaw, jawbone.

MANDO [MAHNDO] *m.* command, power of command.

MANDÓN [MAHNDON] *adj.* "bossy" overweening.

MANECILLA [MAHNAYTHEELLYAH] *f.* small hand :: hand *(de reloj)* :: book clasp.

MANEJABLE [MAHNAYHAHBLAY] *adj.* manageable.

MANEJAR [MAHNAYHAR] *va.* to handle, manipulate :: to govern.

MANEJO [MAHNAYHO] *m.* handling, conduct :: intrigue.

MANERA [MAHNAYRAH] *f.* manner, style :: way, mode :: **sobre —**, excessively, very particularly.

MANGA [MAHNGAH] *f.* sleeve :: hose :: wide-meshed net :: waterspout :: breadth of ship's beam :: **— de riego**, hosepipe :: **tener — ancha**, to be broad minded, not (very) strict.

MANGO [MAHNGO] *m.* handle, stick, haft :: *(bot.)* mango.

MANGUERA [MANGAYRAH] *f.* hose :: waterspout.

MANGUITO [MANGHEETO] *m.* muff.

MANÍA [MAHNEEAH] *f.* mania, obsession :: whim.

MANIATAR [MAHNEAHTAR] *va.* to manacle, handcuff.

MANIÁTICO [MAHNEAHTECO] *adj.* crank, queer fellow :: *adj.* cranky, queer, odd.

MANICOMIO [MAHNEKOMEO] *m.* lunatic asylum.

MANICURA [MAHNECOORAH] *f.* manicure :: manicurist.

MANIFESTACIÓN [MAHNEFESTAH-THEON] *f.* manifestation :: demonstration.

MANIFESTAR [MAHNEFESTAR] *va.* to manifest, show, tell, declare, to expose, report.

MANIFIESTO [MAHNEFEESTO] *adj.* clear, manifest, apparent, obvious :: *m.* **— de aduana**, custom-house manifest.

MANIOBRA [MAHNEOBRAH] *f.* maneuver :: operation.

MANIOBRAR [MAHNEOBRAR] *vn.* to handle :: to manoeuvre troops.

MANIPULACIÓN [MAHNEPOOLAH-THEON] *f.* manipulation.

MANIPULAR [MAHNEPOOLAR] *va.* to manipulate, handle.

MANIQUÍ [MAHNEKEE] *m.* puppet, dress-maker's dummy, model :: manikin.

MANIRROTO [MAHNEERROTO] *adj.* wasteful :: *m.* spendthrift.

MANIVELA [MAHNEVAYLAH] *f.* crank.

MANJAR [MAHNHAR] *m.* food, delicacy, titbit.

MANO [MANNO] *f.* hand :: forefoot :: player, turn *(en naipes)* :: quire of paper :: **a —**, by, at, on, hand :: **a la —**, near by :: **de —s a boca**, in a trice, hastily :: **de segunda —**, second-hand :: **coger con las —s en la masa**, to catch red-handed :: **venir a las —s**, to come to blows :: **— de obra**, labour, manpower.

MANOJO [MAHNOHO] *m.* bundle, handful.

MANOPLA [MAHNOPLAH] *f.* gauntlet :: heavy glove :: huge hand.

MANOSEAR [MAHNOSAYAR] *va.* to dirty, mess up, spoil.

MANOTAZO [MAHNOTAHTHO] *m.* slap.

MANSEDUMBRE [MANSAYDOOMBRAY] *f.* meekness :: gentleness.

MANSIÓN [MAHNSEON] *f.* mansion :: sojourn.

MANSO [MAHNSO] *adj.* tame :: meek :: suave, mild.

MANTA [MAHNTAH] *f.* traveling rus, blanket :: wrap, shawl :: plaid :: poncho.

MANTEAR [MANTAYAR] *va.* to toss someone in a blanket.

MANTECA [MAHNTAYKAH] *f.* lard :: butter.

MANTECADO [MANTAYCAHDO] *m.* ice cream.

MANTEL [MAHNTEL] *m.* tablecloth.

MANTENER [MANTAYNERR] *va.* to maintain :: to support :: to sustain :: to defend :: *vr.* to continue, remain :: to support oneself :: **—se firme,** to remain firm :: **—se quieto,** to stay or keep quiet.

MANTENIMIENTO [MANTAYNEMEEN-TO] *m.* maintenance, support :: sustenance :: livelihood.

MANTEQUERA [MAHNTAYKAYRAH] *f.* butter-churn :: butter-woman :: butter-dish.

MANTEQUILLA [MAHNTAYKEELYAH] *f.* butter.

MANTILLA [MAHNTEELYAH] *f.* heads-hawl, mantilla.

MANTO [MAHNTO] *m.* cloak :: robe :: manteau.

MANTÓN [MANTONE] *m.* large shawl :: — **de Manila,** embroidered silk shawl.

MANUABLE [MAHNOOAHBLAY] *adj.* handy, easy to handle.

MANUAL [MAHNOOAHL] *adj.* manual :: handy :: *m.* manual, handbook.

MANUBRIO [MAHNOOBREO] *m.* handle, crank, winch :: barrel organ.

MANUFACTURA [MAHNOOFAHKTOO-RAH] *f.* manufacture :: factory.

MANUFACTURAR [MAHNOOFACTOO-RAR] *va.* to manufacture.

MANUSCRITO [MAHNOOSCREETO] *adj.* written by hand :: *m.* manuscript.

MANUTENCIÓN [MAHNOOTENTHEON] *f.* support, maintenance.

MANZANA [MAHNTHAHNAH] *f.* apple :: block *(de casas).*

MANZANILLA [MAHNTHAHNEELYAH] *f.* camomile :: type of dry sherry.

MANZANO [MANTHAHNO] *m.* apple tree.

MAÑA [MAHNYAH] *f.* skill, dexterity; craftiness :: *pl.* manner, habits :: **darse buena — para,** to contrive to.

MAÑANA [MAHNYAHNAH] *adv.* tomorrow :: *f.* morning :: **— por la —,** tomorrow morning :: **pasado —,** the day after tomorrow.

MAÑOSO [MAHNYOSO] *adj.* skilful, cunning, cautious.

MAPA [MAHPAH] *m.* map, chart.

MÁQUINA [MAHKENAH] *f.* machine :: *(fig.)* grandiose schemes, imposing building :: **— de vapor,** steam-engine :: **— de coser,** sewing-machine :: **— de escribir,** typewriter.

MAQUINACIÓN [MAHKENAHTHEON] *f.* machination, scheming, plotting :: plot, scheme :

MAQUINAR [MAHKENAR] *va.* to plot, scheme.

MAQUINARIA [MAHKENAHREAH] *f.* machinery :: engineering.

MAQUINISTA [MAHKENISTAH] *m.* machinist :: mechanic :: engineer :: *(railw.)* driver.

MAR [MAR] *m.* & *f.* sea :: **alta —,** high sea :: **— de fondo,** ground-swell :: **la — de cosas,** a thousand things.

MARAÑA [MAHRAHNYAH] *f.* jungle :: intricate plot :: snarl.

MARAVILLA [MAHRAHVEELYAH] *f.* wonder, marvel :: **a las mil —s,** wondrously, perfectly.

MARAVILLAR [MAHRAHVELYAR] *va.* to astound :: *vr.* to marvel, wonder.

MARAVILLOSO* [MAHRAHVELYOSO] *adj.* marvellous.

MARCA [MARKAH] *f.* mark :: make, brand :: frontier district :: **— de fábrica,** trade-mark :: **de — mayor,** first-class quality.

MARCAR [MARKAR] *va.* to mark, brand :: to observe, respect :: **— el compás,** to beat time.

MARCIAL [MARTHEAHL] *adj.* martial, warlike :: frank, abrupt.

MARCO [MARKO] *m.* frame :: standard *(de pesos y medidas)* :: mark *(moneda).*

MARCHA [MARCHAH] *f.* march, course, running, progress :: **cambio de —,** change of gear.

MARCHANTE [MARCHAHNTAY] *m.* dealer.

MARCHAR [MARCHAR] *vn.* & *vr.* to march, mark step :: to walk :: to parade :: *(mech.)* to run :: *vr.* to go away .

MARCHITAR [MARCHETAR] *va.* to wither, fade, reduce.

MARCHITO [MARCHEETO] *adj.* withered :: faded :: shriveled up.

MAREA [MAHRAYAH] *f.* tide :: **— alta,** high tide.

MAREADO [MAHRAYAHDO] *adj.* seasick :: dizzy.

MAREAR [MAHRAYAR] *va.* to navigate, sail :: *(coll.)* to annoy, vex, importune :: to make dizzy :: *vr.* to get seasick, nauseated.

MAREO [MAHRAYO] *m.* seasickness, nausea, sickliness.

MARFIL [MARFEEL] *m.* ivory.

MARGARINA [MARGAHREENAH] *f.* margarine.

MARGARITA [MARGAHREETAH] *f.* common daisy :: pearl :: pearl-shell.

MARGEN [MARHEN] *f.* margin :: edge, border, verge :: *m.* bank *(de un río).*

MARICA [MAHREECAH] *m.* *(coll.)* pansy, fairy, queer.

MARICÓN [MAHRECON] *m.* *(vulg.)* homosexual, fairy, queer :: sodomite.

MARIDO [MAHREEDO] *m.* husband.

MARINA [MAHREENAH] *f.* navy, marine :: seamanship :: seascape.

MARINERO [MAHRENAYRO] *m.* seaman, sailor :: *adj.* seaworthy.

MARINO [MAHREENO] *adj.* of, from the sea, nautical :: **azul —,** navy blue :: *m.* mariner, sailor.

MARIONETA [MAHREONETAH] *f.* marionette, puppet.

MARIPOSA [MAHREPOSAH] *f.* butterfly.

MARISCAL [MAHRISKAHL] *m.* marshal.

MARISCO [MAHREESCO] *m.* shellfish.

MARISMA [MAHRISMAH] *f.* marsh, marshy tract.

MARITAL [MAHRETAHL] *adj.* marital.

MARÍTIMO [MAHREETEMO] *adj.* maritime :: marine.

MARMITA [MARMEETAH] *f.* kettle :: stew-pan, stew-pot.

MÁRMOL [MAHRMOL] *m.* marble.

MAROMA [MAHROMAH] *f.* rope, cable.

MARQUÉS [MARKES] *m.* marquis :: *f.* marchioness.

MARQUESA [MARKAYSAH] *f.* marquise.

MARQUETERÍA [MARKAYTAYREEAH] *f.* cabinet-work :: marquetry.

MARRAR [MARRAR] *vn.* to miss, err, fail.

MARRÓN [MARRONE] *adj.* brown.

MARROQUÍ [MARROKEE] *adj.* Moroccan.

MARSUPIAL [MARSOOPEAHL] *m.* & *adj. (zool.)* marsupial.

MARTES [MARTES] *m.* Tuesday.

MARTILLAR [MARTILLYAR] *va.* to hammer, pound.

MARTILLO [MARTEELYO] *m.* hammer.

MARTINETE [MARTENAYTAY] *m.* drop-hammer.

MÁRTIR [MARTEER] *m.* martyr.

MARTIRIO [MARTEEREO] *m.* martyrdom.

MARTIRIZAR [MARTERETHAR] *va.* to martyrdom :: torture, torment.

MARZO [MARTHO] *m.* March.

MAS [MAHS] *conj.* but.

MÁS [MAHS] *adv.* more :: plus :: besides :: **a lo —,** at most :: **por — que,** however much :: **— bien,** rather :: **estar de —,** to be de trop, be unnecessary, redundant :: **sin — ni —,** without more ado.

MASA [MAHSAH] *f.* mass, volume :: dough :: mortar :: **con las manos en la —,** caught in the act, at work.

MASAJE [MAHSAHHAY] *m.* massage.

MASCAR [MAHSKAR] *va.* to masticate, chew.

MÁSCARA [MAHSKAHRAH] *f.* mask.

MASCARADA [MAHSKAHRAHDAH] *f.* masquerade, masque, masked ball.

MASCARILLA [MASCAHREELLYAH] *f.* small mask :: death mask, mold of a person's face :: half mask :: false face.

MASCOTA [MASCOTAH] *f.* mascot :: good-luck charm.

MASCULINO [MASCOOLEENO] *adj.* masculine.

MASCULLAR [MAHSKOOLYAR] *va.* to mumble, grind out.

MASÓN [MAHSON] *m.* Freemason.

MASONERÍA [MAHSONAYREEAH] *f.* freemasonry.

MASTICAR [MAHSTEKAR] *va.* to chew, masticate.

MÁSTIL [MAHSTIL] *m. (naut.)* mast.

MASTÍN [MAHSTEEN] *m.* mastiff, bulldog.

MATA [MAHTAH] *f.* bush :: root :: — **de pelos,** head shock of hair.

MATADERO [MAHTAHDAYRO] *m.* slaughter-house.

MATADOR [MAHTAHDOR] *m.* bullfighter who does the final killing of bull :: matador.

MATANZA [MAHTAHNTHAH] *f.* butchery :: slaughter, pig-killing :: salted pig-meat.

MATAR [MAHTAR] *va.* to kill, slaughter :: to put out *(una luz)* :: to ruin :: to cancel *(sellos)* :: *vr.* to wear oneself out.

MATARIFE [MAHTAHREEFAY] *m.* butcher, slaughterer.

MATASELLOS [MAHTAHSAYLLYOS] *m.* postmark.

MATE [MAHTAY] *adj.* dull *(color)* :: *m.* checkmate :: *(bot.)* yerbamate :: **dar —,** to checkmate.

MATEMÁTICAS [MAHTAYMAHTECAS] *f. pl.* mathematics.

MATEMÁTICO [MAHTAYMAHTECO] *adj.* mathematical :: *m.* mathematician.

MATERIA [MAHTAYREAH] *f.* matter, substance, stuff :: subject :: — **prima,** raw material.

MATERIAL• [MAHTAYREAHL] *adj.* material :: rude, coarse :: *m.* ingredient :: material :: equipment.

MATERNAL [MAHTERNAHL] *adj.* maternal.

MATERNIDAD [MAHTERNEDAHD] *f.* maternity, motherhood.

MATINAL [MAHTENAHL] *adj.* morning, of the morning.

MATIZ [MAHTEETH] *m.* hue, shade,

blend :: *pl.* tones.

MATÓN [MAHTON] *m.* bully.

MATORRAL [MAHTORRAHL] *m.* thicket, bramble-patch, copse.

MATRÍCULA [MAHTREECOOLAH] *f.* register, list :: matriculation, registration :: certificate of registration.

MATRICULAR [MAHTREKOOLAR] *va.* to matriculate :: *vr.* to be put on a list :: to enter, register.

MATRIMONIO [MAHTREMONEO] *m.* matrimony :: marriage :: married couple.

MATRIZ [MAHTREETH] *adj.* chief :: principal :: *f.* womb :: origin :: mould, die.

MATRONA [MAHTRONAH] *f.* matron :: neighbour :: midwife.

MATUTINO [MAHTOOTEENO] *adj.* early, early-morning.

MAULLAR [MAHOOLYAR] *va.* to mew.

MAULLIDO [MAHOOLLYEEDO] *m.* mew.

MAUSOLEO [MAHOOSOLAYO] *m.* mausoleum.

MAXILAR [MAXELAR] *m. & adj. (anat.)* maxillary.

MÁXIMA [MAHXEMAH] *f.* maxim, axiom :: principle, point, purpose :: sentence :: idea, thought :: *(mus.)* maxima.

MÁXIME [MAHXEMAY] *adv.* especially.

MÁXIMO [MAHXEMO] *adj.* greatest :: maximum.

MAYA [MAHYAH] *f.* daisy :: May Queen :: the Maya language.

MAYO [MAHYO] *m.* May :: Mayflower.

MAYOR [MAHYOR] *adj.* older, elder :: major :: larger :: *pl.* elders and betters :: **al por —,** wholesale.

MAYORDOMO [MAHYORDOMO] *m.* butler, majordomo.

MAYORÍA [MAHYOREEAH] *f.* coming-of-age, majority :: greater part.

MAZA [MAHTHAH] *f.* mace, hammer, war-club.

MAZMORRA [MAHTHMORRAH] *f.* dungeon.

MAZO [MAHTHO] *m.* mallet :: bunch.

MAZORCA [MAHTHORCAH] *f.* ear of corn.

ME [MAY] *pron.* me :: to me :: for me :: myself.

MEAR [MAYAR] *vn.* to urinate.

MECÁNICO• [MAYKAHNEKO] *adj.* mechanic :: *m.* engineer :: machinist.

MECANISMO [MAYCAHNEESMO] *m.* mechanism.

MECANOGRAFÍA [MAYCAHNOGRAH-FEEAH] *f.* stenography, typewri-

ting.

MECANÓGRAFO [MAYCAHNOGRAHFO] *m.* stenographer, typist.

MECEDORA [MAYTHAYDORRAH] *f.* rocking-chair.

MECER [MAYTHAIR] *va.* to rock :: *vr.* to swing.

MECHA [MAYCHAH] *f.* wick :: fuse :: hank *(de pelo)* :: roll of lint.

MECHERO [MAYCHAYRO] *m.* gasburner :: cigarette-lighter.

MECHÓN [MAYCHONE] *m.* large wick :: large lock of hair.

MEDALLA [MAYDAHLYAH] *f.* medal.

MEDIA [MAYDEAH] *f.* stocking :: mean :: — **luna,** crescent.

MEDIACIÓN [MAYDEAHTHEON] *f.* mediation.

MEDIADOR [MAYDEAHDOR] *m.* mediator.

MEDIANO• [MAYDEAHNO] *adj.* medium :: moderate :: middle-sized :: average :: mediocre.

MEDIANOCHE [MAYDEAHNOCHAY] *f.* midnight.

MEDIANTE [MAYDEAHNTAY] *prep.* by means of.

MEDIAR [MAYDEAR] *vn.* to mediate :: to intervene :: to be at the middle :: to lie between.

MEDIBLE [MAYDEBLAY] *adj.* measurable.

MEDICAMENTO [MAYDECAHMENTO] *m.* medicament, medicine.

MEDICINA [MAYDETHEENAH] *f.* medicine :: remedy.

MEDICIÓN [MAYDETHEON] *f.* measurement :: measuring.

MÉDICO [MAYDEKO] *m.* physician, doctor.

MEDIDA [MAYDEEDAH] *f.* measure :: rule :: moderation :: **a — que,** in proportion, as... as.

MEDIO [MAYDEO] *adj.* half, medium, middle :: *m.* middle :: *m.* midst :: a mean :: way, means :: **por —,** by means :: *pl.* means, circumstances :: a medias, half, incompletely.

MEDIOCRE [MAYDEOCRAY] *m.* mediocre.

MEDIOCRIDAD [MAYDEOCREDAHD] *f.* mediocrity.

MEDIODÍA [MAYDEODEEAH] *m.* noon :: south.

MEDIR [MAYDEER] *va.* to measure :: to scan *(un verso).*

MEDITACIÓN [MAYDETAHTHEON] *f.* meditation.

MEDITAR [MAYDETAR] *va.* to think, muse :: to consider.

MEDRAR [MAYDRAR] *vn.* to thrive :: to grow.

MEDRO [MAYDRO] *m.* progress :: gain.

MEDROSO [MAYDROSO] *adj.* timid :: fearsome.

MÉDULA [MAYDOOLAH] *f.* marrow.

MEGÁFONO [MAYGAHFONO] *m.* megaphone.

MEJILLA [MAYHEELLYAH] *f.* cheek.

MEJOR [MAYHOR] *adj. & adv.* better :: rather, preferably :: **a lo —**, likely as not.

MEJORA [MAYHORAH] *f.* improvement.

MEJORAR [MAYHORAR] *va.* to improve, better :: *vr.* to get better.

MEJORÍA [MAYHOREEAH] *f.* betterment, improvement :: superiority.

MELANCOLÍA [MAYLANCOLEEAH] *f.* melancholy, gloom.

MELANCÓLICO° [MAYLANCOLECO] *adj.* melancholy, gloomy.

MELAZA [MAYLAHTHAH] *f.* molasses.

MELENA [MAYLAYNAH] *f.* mane :: long, loose hair.

MELINDRE [MAYLEENDRAY] *m.* honey fritter :: ladyfinger :: tape, narrow band or ribbon :: *pl.* finickiness, prudery.

MELINDROSO [MAYLINDROSO] *adj.* finicky, prudish.

MELOCOTÓN [MAYLOKOTON] *m.* peach.

MELOCOTONERO [MAYLOCOTONAYRO] *m. (bot.)* peach tree.

MELODÍA [MAYLODEEAH] *f.* melody.

MELODIOSO [MAYLODEOSO] *adj.* melodious.

MELÓN [MAYLON] *m.* melon, canteloupe :: **— de agua**, watermelon.

MELOSO [MAYLOSO] *adj.* honeysweet.

MELLA [MELLYAH] *f.* nick :: dent :: **hacer —**, to make a dent or impression :: to cause pain, worry, or suffering.

MELLAR [MAYLYAR] *va.* to jag, dint, indent.

MELLIZO [MAYLYEETHO] *adj. & m.* twin.

MEMBRANA [MEMBRAHNAH] *f. (bot. zool.)* membrane.

MEMBRETE [MEMBRAYTAY] *m.* heading :: letterhead.

MEMBRILLO [MEMBREELYO] *m.* quince :: quince-tree :: **carne de —**, quince jelly.

MEMORABLE [MAYMORAHBLAY] *adj.* memorable, notable.

MEMORIA [MAYMOREAH] *f.* memory :: recollection :: remembrance :: dissertation :: report, memoir :: **de —**, by heart :: **hacer —**, to remember.

MEMORIAL [MAYMOREAHL] *f.* petition :: note-book.

MENAJE [MAYNAHHAY] *m.* household furniture :: school supplies.

MENCIÓN [MENTHEON] *f.* mention.

MENDIGAR [MENDEGAR] *va.* to beg.

MENDIGO [MENDEEGO] *m.* beggar, mendicant.

MENDRUGO [MENDROOGO] *m.* crumb of bread.

MENEAR [MAYNAYAR] *va.* to shake, stir, wave, agitate :: *vr.* to get going.

MENEO [MAYNAYO] *m.* shaking :: swaying :: wagging :: wiggle :: wigging.

MENESTER [MAYNESTAIR] *m.* trade, occupation :: need, want :: **haber —**, to be in need of :: **ser —**, to be necessary :: *pl.* bodily needs.

MENESTRAL [MAYNESTRAHL] *m.* mechanic, artisan.

MENGANO [MENGAHNO] *m.* Mr. So-and-So.

MENGUA [MENGOOAH] *f.* diminution :: discredit, shame.

MENGUADO [MENGOOAHDO] *m.* coward, wretch :: decrease.

MENGUANTE [MENGOOAHNTAY] *adj.* diminishing :: *f.* waning moon, last moon :: wane :: decrease.

MENGUAR [MENGOOAR] *va. & n.* to diminish, decrease, reduce, wane.

MENISCO [MAYNEESCO] *m. (anat.)* meniscus.

MENOR [MAYNOR] *adj.* lesser, younger :: *m.* a minor :: **— edad**, minority :: **al por —**, retail.

MENOS [MAYNOS] *adj. & adv.* fewer, less :: except :: minus :: **a —**, unless :: **por lo —**, at least :: **echar de —**, to miss :: **venir a —**, to come down in the world.

MENOSCABAR [MAYNOSKAHBAR] *va.* to impair :: to declaim.

MENOSCABO [MAYNOSCAHBO] *m.* impairment :: damage :: diminution, lessening.

MENOSPRECIAR [MAYNOSPRAYTHEAR] *va.* to underrate, despise, scorn.

MENOSPRECIO [MAYNOSPRAYTHEO] *m.* scorn, contempt :: underestimation.

MENSAJE [MENSAHHAY] *m.* message.

MENSAJERO [MENSAHHAYRO] *m.* messenger :: **paloma mensajera**, carrier-pigeon.

MENSTRUACIÓN [MENSTROOAHTHEON] *f.* menstruation.

MENSUAL° [MENSOOAHL] *adj.* monthly.

MENSUALIDAD [MENSOOAHLEDAHD] *f.* monthly.

MENSURABLE [MENSOORAHBLAY] *adj.* measurable.

MENTA [MENTAH] *f.* peppermint.

MENTAL° [MENTAHL] *adj.* mental.

MENTALIDAD [MENTAHLEDAHD] *f.* mentality.

MENTAR [MENTAR] *va.* to mention, refer to, name.

MENTE [MENTAY] *f.* mind, understanding.

MENTECATO [MENTAYKAHTO] *m.* dolt, ass, "stupid".

MENTIR [MENTEER] *va.* to lie.

MENTIRA [MENTEERAH] *f.* lie, untruth.

MENTIROSO [MENTEROSO] *adj.* lying :: deceptive, false :: *m.* liar, fibber.

MENTÓN [MENTONE] *m.* chin.

MENÚ [MAYNOO] *m.* menu.

MENUDEAR [MAYNOODAYAR] *vn.* to happen frequently, to "rain" :: to sell by retail.

MENUDENCIA [MAYNOODENTHEAH] *f.* smallness :: minuteness :: meticulousness :: trifle :: *pl.* pork products.

MENUDO [MAYNOODO] *adj.* minute, tiny :: **gente menuda**, "tiny tots" :: **a —**, frequently.

MEÑIQUE [MAYNYEEKAY] *adj.* little finger.

MEOLLO [MAYOLYO] *m.* marrow :: brains.

MERCADER [MERCAHDERR] *m.* trader, merchant.

MERCADERÍA [MERCAHDAYREEAH] *f.* merchandise :: trade.

MERCADO [MERKAHDO] *m.* market, market-place :: **— de frutos**, produce-market.

MERCANCÍA [MERKAHNTHEEAH] *f.* goods, wares.

MERCANTE [MERCAHNTAY] *m.* merchant, dealer :: *(naut.)* merchantman :: *adj.* mercantile :: **buque —**, trading-vessel :: trader.

MERCANTIL [MERCANTEEL] *adj.* mercantile, commercial.

MERCAR [MERKAR] *va.* to buy.

MERCED [MERTHED] *f.* favour :: grace, mercy :: **a — de**, at the discretion of :: **hacer — de**, to grant, discount, make a gift of.

MERCENARIO [MERTHAYNAHREO] *m.* day laborer, hireling, salaried employee :: *(mil.)* mercenary :: *pl.* subsidiary troops.

MERCERÍA [MERTHAYREEAH] *f.* notions, notions store :: haberdashery.

MERCURIO [MERCOOREO] *m.* mercury :: quicksilver.

MERECEDOR [MAYRAYTHAYDOR] *adj.* worthy, deserving.

MERECER [MAYRAYTHAIR] *va.* to merit, deserve.

MERECIDO° [MAYRAYTHEEDO] *adj.* deserved :: *m.* deserved punishment.

MERECIMIENTO [MAYRAYTHEMEENTO] *m.* desert :: worthiness.

MERENDAR [MAYRENDAR] *va.* to lunch, supper :: to have for lunch.

MERENDERO [MAYRENDAYRO] *m.* lunchroom.

MERIDIANO [MAYREDEAHNO] *adj.* noon :: *m.* meridian.

MERIDIONAL [MAYREDEONAHL] *adj.* southern :: *m.* southerner.

MERIENDA [MAYREENDAH] *f.* light lunch, snack, picnic, afternoon tea.

MÉRITO [MAYRETO] *m.* merit, worth.

MERLUZA [MAIRLOOTHAH] *f.* hake :: cod.

MERMA [MAIRMAH] *f.* waste, reduction, wearing (away, down), decrease.

MERMAR [MERMAR] *vn.* to dwindle :: to decrease, reduce.

MERMELADA [MERMAYLAHDAH] *f.* marmalade.

MERO [MAYRO] *m. (zool.)* hind, grouper, jewfish :: giant perch :: *adj.* mere, pure, simple.

MERODEAR [MAYRODAYAR] *va.* to maraud, prowl.

MES [MES] *m.* month.

MESA [MAYSAH] *f.* table, plateau :: – **presidencial**, Chair, tribunal, high table.

MESARSE [MAYSARSAY] *vr.* to tear, pull out *(el cabello).*

MESETA [MAYSAYTAH] *f.* tableland, plateau :: staircase landing.

MESILLA [MAYSEELYAH] *f.* – **de noche**, bedside table.

MESÓN [MAYSON] *m.* hostelry, inn.

MESONERO [MAYSONAYRO] *m.* innkeeper.

MESTIZO [MESTEETHO] *adj.* hybrid :: *m.* half-breed.

MESURA [MAYSOORAH] *f.* gravity, solemnity, dignity, moderation, circumspection.

META [MAYTAH] *f.* limit, goal, aim.

METABOLISMO [MAYTAHBOLEESMO] *m.* metabolism.

METAFÍSICA [MAYTAHFEESECAH] *f.* metaphysics.

METÁFORA [MAYTAHFORAH] *f.* metaphor, figure of speech.

METAFÓRICO [MAYTAHFORECO] *adj.* metaphorical.

METAL [MAYTAHL] *m.* metal :: *(mus.)* brass :: timbre *(de voz)* ::

money :: condition, nature.

METÁLICO [MAYTAHLEKO] *adj.* metallic :: *m.* coin, cash.

METAMORFOSIS [MAYTAHMORFOSIS] *f.* metamorphosis.

METEÓRICO [MAYTAYORECO] *adj.* meteoric.

METEORITO [MAYTAYOREETO] *m.* meteorite.

METEORO [MAYTAYORO] *m.* meteor.

METEOROLOGÍA [MAYTAYOROLO-HEEAH] *f.* meteorology.

METER [MAYTAIR] *va.* to insert, put in, introduce :: to place :: to put on :: *vr.* to poke one's nose :: to get involved :: – **se con**, to quarrel with, go for somebody.

METÓDICO [MAYTODECO] *adj.* methodical.

MÉTODO [MAYTODO] *m.* method, system :: manner.

METRALLETA [MAYTRAHLLAYTAH] *f.* hand machine gun.

MÉTRICO [MAYTRECO] *adj.* metric.

METRO [MAYTRO] *m.* metre, meter *(unidad de medida)* :: ruler :: tape measure :: subway :: – **cuadrado**, square meter :: – **cúbico**, cubic meter.

METRÓPOLI [MAYTROPOLE] *f.* metropolis.

METROPOLITANO [MAYTROPOLETAH-NO] *adj.* metropolitan :: *m.* archbishop.

MEZCLA [METHKLAH] *f.* mixture, blend.

MEZCLAR [METHKLAR] *va.* to mix, mingle, blend :: *vr.* to meddle :: to mix.

MEZCOLANZA [METHCOLAHNTHAH] *f.* jumble, mess, mixture.

MEZQUINDAD [METHKEENDAHD] *f.* meanness :: stinginess :: dire poverty.

MEZQUINO [METHKEENO] *adj.* wretched, mean :: petty :: miserly.

MEZQUITA [METHKEETAH] *f.* mosque.

MI [ME] *adj.* my :: *pron.* me :: *(mus.)* mi.

MIAJA [MEAHHAH] *f.* crumb.

MICO [MEEKO] *m.* monkey.

MICROBIO [MECROBEO] *m.* microbe.

MICROBÚS [MECROBOOS] *m.* microbus.

MICROFILM [MECROFEELM] *m.* microfilm.

MICRÓFONO [MECROFONO] *m.* microphone.

MICROSCÓPICO [MECROSCOPECO] *adj.* microscopic.

MICROSCOPIO [MECROSCOPEO] *m.* microscope.

MIEDO [MEAYDO] *m.* fear, dread,

apprehension :: **tener** –, to be afraid.

MIEDOSO [MEAYDOSO] *adj.* afraid, fearful, timid.

MIEL [MEELL] *f.* honey :: **luna de** –, honeymoon.

MIEMBRO [MEEMBRO] *m.* limb :: member.

MIENTRAS [MEENTRAHS] *adv.* while :: – **más**, the more :: – **tanto**, meanwhile.

MIÉRCOLES [MEAIRKOLES] *m.* Wednesday.

MIES [MEES] *f.* ripe wheat :: *pl.* cornfields.

MIGA [MEEGAH] *f.* crumb :: substance, marrow :: *pl.* **hacer buenas** –**s con**, to get on well with.

MIGAJA [MEGAHHAH] *f.* crumb :: bit, fragment, small particle.

MIGRACIÓN [MEGRAHTHEON] *f.* migration.

MIL [MEEL] *num.* a thousand :: *pl.* –**es de**, masses of.

MILAGRO [MELAHGRO] *m.* miracle :: **vivir de** –, to manage to live.

MILAGROSO [MELAHGROSO] *adj.* miraculous.

MILANO [MELAHNO] *m.* kite, glebe.

MILICIA [MELEETHEAH] *f.* militia :: military science :: military proffesion.

MILÍMETRO [MELEEMAYTRO] *m.* millimeter.

MILITANTE [MELETAHNTAY] *m. & f. adj.* militant.

MILITAR° [MELETAR] *adj.* military :: martial :: *vn.* to serve as soldier :: – **en su favor**, to stand in good stead, lend weight to.

MILLA [MEELYAH] *f.* mile.

MILLAR [MELYAR] *m.* a thousand.

MILLONARIO [MILLYONAHREO] *m. & adj.* millionaire.

MILLÓN [MILLYONE] *m.* million.

MIMAR [MEMAR] *va.* to spoil, pet.

MIMBRE [MEEMBRAY] *m.* osier.

MÍMICA [MEEMECAH] *f.* mimicry :: gesticulations.

MIMO [MEEMO] *m.* petting :: mime, buffoon.

MIMOSO [MEMOSO] *adj.* tender, sensitive :: delicate, finicky, fussy.

MINA [MEENAH] *f.* mine, deposit, subterranean passage.

MINAR [MENAR] *va.* to mine, undermine :: to sap :: to eat into.

MINERAL [MENAYRAHL] *m.* mineral :: mine :: ore :: wealth, fortune :: *adj.* mineral.

MINERÍA [MENAYREEAH] *f.* mining.

MINERO [MENAYRO] *adj.* mining :: *m.* miner.

MINIATURA [MENEAHTOORAH] *f.* miniature.

MÍNIMO[*] [MEENEMO] *adj.* least, slightest.

MINISTERIO [MENISTAYREO] *m.* ministry :: cabinet :: — **del Exterior**, Foreign Office :: — **del Interior**, Home Office.

MINISTRO [MENISTRO] *m.* minister :: diplomatic agent :: sheriff :: Protestant clergyman.

MINORAR [MENORAR] *va.* to reduce, lessen.

MINORÍA [MENOREEAH] *f.* minority.

MINUCIA [MENOOTHEAH] *f.* trifle :: minuteness, smallness :: mite :: *pl.* minutiae.

MINUCIOSO[*] [MENOOTHEOSO] *adj.* minute :: particular.

MINÚSCULA [MENOOSCOOLAH] *adj.* small, lower-case letters.

MINUTA [MENOOTAH] *f.* firts or rough draft :: memorandum :: roll, list :: bill of fare, menu :: lawyer's bill.

MINUTO [MENOOTO] *adj. & m.* minute.

MÍO [MEEO] *poss. adj.* my, of mine :: *poss. pron.* mine.

MIOPE [MEEOPAY] *adj.* shortsighted.

MIOPÍA [MEOPEAH] *f.* near-sightedness.

MIRA [MEERAH] *f.* design :: vigilance :: sight :: **con —s a**, with a view to.

MIRADA [MERAHDAH] *f.* look :: glance.

MIRADOR [MERAHDOR] *m.* turret, look-out :: balcony.

MIRAMIENTO [MERAHMEENTO] *m.* consideration, respect, regard :: reverence :: circumspection, prudence.

MIRAR [MERAR] *va.* to look at, gaze upon, let the eyes dwell upon, behold :: to look (to), see (to).

MIRLO [MEERLO] *m.* blackbird.

MIRÓN [MERONE] *m.* bystander, on-looker, spectator :: *adj.* curious.

MIRRA [MEERRAH] *f.* myrrh.

MIRTO [MEERTO] *m.* myrtle.

MISA [MEESAH] *f.* mass :: — **del gallo**, Midnight Mass :: — **Mayor**, High Mass :: **no saber de la — la media**, not to know what one is talking about.

MISAL [MESAHL] *m. (eccl.)* missal, book for mass :: *(print.)* two line pica.

MISÁNTROPO [MESAHNTROPO] *m.* misanthropist.

MISCELÁNEA [MISTHAYLAHNAYAH] *f.* miscellany.

MISERABLE[*] [MESAYRAHBLAY] *adj.* miserable, unhappy :: forlorn :: miserly, stingy :: mean.

MISERIA [MESAYREAH] *f.* wretchedness, poverty :: filth, dirt :: miserliness :: trifle.

MISERICORDIA [MESAYREKORDEAH] *f.* clemency, mercy :: compassion.

MISERICORDIOSO[*] [MESAYRECORDEOHSO] *adj.* merciful, compassionate.

MÍSERO [MEESAYRO] *adj.* miserable, unhappy :: forlorn :: stingy.

MISIÓN [MESEON] *f.* mission.

MISIONERO [MESEONAYRO] *m.* missionary.

MISMO [MISMO] *adj.* same, very, self-same, like :: **yo —**, myself :: **por lo —**, for that reason.

MISÓGINO [MESOHENO] *m.* misogynist :: *adj.* misogynous.

MISTERIO [MISTAYREO] *m.* mystery :: mystery-play :: Passionplay.

MISTERIOSO [MISTAYREOSO] *adj.* mysterious.

MÍSTICO [MEESTECO] *adj.* mystical, mystic :: *m.* mystic.

MITAD [METAHD] *f.* half :: middle :: **cara —**, "better half".

MITIGAR [METEGAR] *va.* to alleviate, soften, lessen.

MITIN [MEETIN] *m.* meeting.

MITO [MEETO] *m.* myth.

MITOLOGÍA [METOLOHEEAH] *f.* mythology.

MIXTO [MEEXTO] *adj.* mixed, compound :: **tren —**, passenger and goods train :: *m.* match.

MOBILIARIO [MOBELEAREO] *m.* furniture, set of furniture.

MOCASÍN [MOCASEEN] *m.* moccasin.

MOCEDAD [MOTHAYDAHD] *f.* youth :: youthful exploit.

MOCETÓN [MOTHAYTONE] *m.* strapping young fellow.

MOCIÓN [MOTHEON] *f.* motion.

MOCO [MOCO] *m.* mucus :: snot.

MOCOSO [MOCOSO] *adj.* sniffling :: *m.* brat, scamp :: sniffling boy.

MOCHILA [MOCHEELAH] *f.* knapsack, soldier's kit, back pack.

MOCHUELO [MOCHOOAYLO] *m.* owl.

MODA [MODAH] *f.* fashion, mode, style :: **de —**, fashionable, in fashion.

MODELAR [MODAYLAR] *va.* to model.

MODELO [MODAYLO] *m.* model, pattern :: rule.

MODERACIÓN [MODAYRAHTHEON] *f.* moderation.

MODERAR [MODAYRAR] *va.* to soften, moderate :: *vr.* to calm down.

MODERNO [MODERRNO] *adj.* modern.

MODESTIA [MODESTEAH] *f.* modesty.

MODESTO [MODESTO] *adj.* modest, unpretentious, unassuming.

MÓDICO [MODEKO] *adj.* moderate.

MODIFICACIÓN [MODEFECAHTHEON] *f.* modificaton.

MODIFICAR [MODEFEKAR] *va.* to modify, alter.

MODISMO [MODEESMO] *m. (gram.)* idiom.

MODISTA [MODISTAH] *f.* dressmaker.

MODO [MODO] *m.* mode, manner, way :: mood :: mode *(mus.)* :: **de — que**, so that :: **de todos —s**, in any case.

MODORRA [MODORRAH] *f.* drowsiness :: heavy slumber.

MODULAR [MODOOLAR] *vn.* to modulate, tone down.

MOFA [MOFAH] *f.* mock, mockery.

MOFAR [MOFAR] *va.* to mock, scoff, jeer :: **—se de** to make fun of, scoff at.

MOHÍN [MOEEN] *m.* grimace :: wry face.

MOHINO [MOEENO] *adj.* peevish, cross.

MOHO [MOO] *m.* moss :: mould, mildew, rust.

MOHOSO [MOOSO] *adj.* mouldy, musty, mildewed.

MOJADO [MOHAHDO] *adj.* wet, damp, moist.

MOJAR [MOHAR] *va.* to wet, damp :: to moisten, dampen :: *(coll.)* to stab :: *vn.* to dunk :: *vr.* to get wet.

MOJIGATO [MOHEGAHTO] *adj.* hypocritical, prudish.

MOJÓN [MOHON] *m.* landmark, boundary-mark, mile-stone.

MOLDE [MOLDAY] *m.* mould.

MOLDEAR [MOLDAYAR] *va.* to mold :: to cast :: to decorate with moldings.

MOLDURA [MOLDOORAH] *f.* molding.

MOLE [MOLAY] *f.* mass, bulk :: *adj.* soft, mild.

MOLÉCULA [MOLAYCOOLAH] *f.* molecule.

MOLER [MOLAIR] *va.* to grind, pound :: to weary, bore :: to beat, belabour.

MOLESTAR [MOLESTAR] *va.* to annoy, bother :: to weary, tire :: *vr.* to be annoyed :: to bother.

MOLESTIA [MOLESTEAH] *f.* trouble, bother, inconvenience, nuisance.

MOLESTO [MOLESTO] *adj.* bothersome, annoying :: uncomfortable.

MOLICIE [MOLEETHEAY] f. softness :: flabbiness :: sensual pleasures.

MOLIENDA [MOLEENDAH] f. grinding :: milling :: grist :: (coll.) fatigue, weariness :: annoyance, bore, bother.

MOLINERO [MOLENAYRO] m. miller.

MOLINILLO [MOLENEELLYO] m. small mill :: hand mill :: — **de café,** coffee grinder.

MOLINO [MOLEENO] m. mill :: restless person :: —**de viento,** windmill.

MOLUSCO [MOLOOSCO] m. mollusk.

MOLLEJA [MOLLYAYHAH] f. gland :: glizzard :: sweetbread.

MOLLERA [MOLYAYRAH] f. "napper" :: **cerrado de** —, slow-witted, not too bright.

MOMENTÁNEO [MOMENTAHNAYO] adj. momentary :: sudden, quick.

MOMENTO [MOMENTO] m. moment :: importance :: momentum.

MOMIA [MOMEAH] m. mummy.

MONADA [MONAHDAH] f. monkeyshine :: grimace :: darling, cutie :: cuteness.

MONAGUILLO [MONAHGEELLYO] m. acolyte, altar boy.

MONARCA [MONARCAH] m. monarch.

MONARQUÍA [MONARKEEAH] f. monarchy.

MONASTERIO [MONASTAYREO] m. monastery.

MONDADIENTES [MONDAHDEENTAYS] m. toothpick.

MONDADURA [MONDAHDOORAH] f. pruning, trimming :: cleaning :: pl. peelings.

MONDAR [MONDAR] va. to peel :: to clean :: to prune :: to strip clean.

MONEDA [MONAYDAH] f. money :: coin :: — **corriente,** currency :: — **sonante,** hard cash :: **papel** —, paper money :: **casa de** —, mint.

MONEDERO [MONAYDAYRO] m. worker in the mint :: moneybag.

MONERÍA [MONAYREEAH] f. monkeyshine, antic :: trifle, trinket :: cute little thing.

MONETARIO [MONAYTAHREO] adj. monetary, pertaining to money :: financial.

MONIGOTE [MONEGOTAY] m. puppet, ridiculous figure :: dunce.

MONJA [MONHAH] f. nun.

MONJE [MONHAY] m. friar, religious, monk.

MONO [MONO] adj. pretty :: m. monkey.

MONÓCULO [MONOCOOLO] m. monocle.

MONOGAMIA [NOMOGAHMEAH] f. monogamy.

MONÓLOGO [MONOLOGO] m. monologue.

MONOPOLIO [MONOPOLEO] m. monopoly.

MONOPOLIZAR [MONOPOLETHAR] va. to monopolize.

MONOSÍLABO [MONOSEELAHBO] adj. monosyllabic, of one syllable :: m. monosyllable.

MONOTONÍA [MONOTONEEAH] f. monotony.

MONÓTONO [MONOTONO] adj. monotonous.

MONSERGA [MONSERRGAH] f. gabble.

MONSTRUO [MONSTROOO] m. monster, freak.

MONSTRUOSIDAD [MONSTROOOSEDAHD] f. monstrosity :: monster, freak.

MONSTRUOSO [MONSTROOOSO] adj. monstrous.

MONTA [MONTAH] f. amount :: worth :: **de poca** —, practically worthless.

MONTACARGAS [MONTAHCARGAS] m. freight elevator, goods-lift.

MONTAJE [MONTAHHAY] m. assembly, assembling, mounting.

MONTANTE [MONTAHNTAY] m. amount.

MONTAÑA [MONTAHNYAH] f. mountain :: — **rusa,** switchback railway.

MONTAÑOSO [MONTAHNYOSO] adj. mountainous.

MONTAR [MONTAR] vn. to mount :: va. to ride :: (mech.) to set up :: to come to, result in.

MONTE [MONTAY] m. mount, mountain :: forest.

MONTERA [MONTAYRAH] f. huntingcap, cloth cap.

MONTÍCULO [MONTEECOOLO] m. mound.

MONTÓN [MONTON] m. heap :: lot :: mass.

MONTURA [MONTOORAH] f. mount, horse :: saddle and trappings.

MONUMENTAL [MONOOMENTAHL] adj. monumental.

MONUMENTO [MONOOMENTO] m. monument.

MONZÓN [MONTHONE] m. monsoon.

MOÑO [MONYO] m. chignon, bun, topknot.

MORA [MORAH] f. default (ley) :: (bot.) mulberry, blackberry.

MORADA [MORAHDAH] f. mansion, residence, dwelling.

MORADO [MORAHDO] adj. dark purple.

MORAL [MORAHL] adj. moral :: f. morals :: m. blackberry-bush :: mulberry-tree.

MORALEJA [MORAHLAYHAH] f. moral of story :: lesson.

MORALIDAD [MORAHLEDAHD] f. morality.

MORAR [MORAR] vn. to reside, dwell.

MORBOSO [MORBOSO] adj. morbid, unhealthy, diseased.

MORCILLA [MORTHEELYAH] f. sausage, black-pudding.

MORDACIDAD [MORDAHTHEDAHD] f. mordacity :: mordancy.

MORDAZ [MORDATH] adj. biting, sarcastic :: keen.

MORDAZA [MORDAHTHAH] f. gag.

MORDEDURA [MORDAYDOORAH] f. bite.

MORDER [MORDAIR] va. to bite, gnaw :: to eat up, corrode.

MORDISCO [MORDEESCO] m. bite :: nibble.

MORENO [MORAYNO] adj. brown :: dark-haired, swarthy.

MORERA [MORAYRAH] f. mulberrytree.

MORFEMA [MORFAYMAH] m. morpheme.

MORFINA [MORFEENAH] f. morphine.

MORFOLOGÍA [MORFOLOHEEAH] f. morphology.

MORIBUNDO [MOREBOONDO] adj. dying.

MORIGERAR [MOREHAYRAR] va. to check, moderate, restrain.

MORIR [MOREER] vn. to die :: to fade :: to end, finish.

MORO [MORO] adj. & m. Moor(ish), Mahommedan :: **ya no hay —s en la costa,** the coast is clear.

MOROSO [MOROSO] adj. tardy, slow, deliberate.

MORRAL [MORRAHL] m. haversack :: game-bag :: nose-bag.

MORRIÑA [MORREENYAH] f. homesickness, "blues", nostalgic longing (for).

MORRO [MORRO] m. nose.

MORTAJA [MORTAHHAH] f. shroud.

MORTAL [MORTAHL] adj. mortal :: fatal :: deadly :: m. mortal.

MORTALIDAD [MORTAHLEDAHD] f. mortality :: death rate.

MORTECINO [MORTAYTHEENO] adj. dying :: pale, wan, wasted.

MORTERO [MORTAYRO] m. mortar.

MORTÍFERO [MORTEEFAYRO] adj. deadly, death-dealing.

MORTIFICAR [MORTEFEKAR] va. to torment :: to mortify, humiliate.

MORTUORIO [MORTOOOREO] adj. funeral :: funereal, mournful :: m.

funeral, burial.

MOSAICO [MOSAHECO] *adj. & m.* mosaic.

MOSCA [MOSKAH] *f.* fly.

MOSCARDÓN [MOSCARDONE] *m.* flesh-fly :: bumble bee :: drone :: *(coll.)* bore, nuisance.

MOSQUETE [MOSKAYTAY] *m.* musket.

MOSQUITERO [MOSKETAYRO] *m.* mosquito net.

MOSQUITO [MOSKEETO] *m.* mosquito :: gnat.

MOSTACHO [MOSTAHCHO] *m.* mustache.

MOSTAZA [MOSTAHTHAH] *f.* mustard.

MOSTO [MOSTO] *m.* grape-juice.

MOSTRADOR [MOSTRAHDOR] *m.* demonstrator :: store counter :: clock dial.

MOSTRAR [MOSTRAR] *va.* to show, prove, demonstrate.

MOSTRENCO [MOSTRENKO] *adj.* vagrant :: *m.* stray *(animal).*

MOTA [MOTAH] *f.* mote, speck :: knot in cloth :: slight defect :: mound, knoll.

MOTE [MOTAY] *m.* motto :: nickname.

MOTEJAR [MOTAYHAR] *va.* to nickname :: to chaff, scoff at, mock.

MOTÍN [MOTEEN] *m.* riot, mutiny.

MOTIVAR [MOTEVAR] *va.* to cause, give rise to :: to assign a motive.

MOTIVO [MOTEEVO] *m.* reason, cause :: theme :: con — de, owing to, on the occasion of, under pretext of.

MOTOCICLETA [MOTOTHECLAYTAH] *f.* motorcycle.

MOTOCICLISMO [MOTOTHECLEESMO] *m.* motorcycling.

MOTOR [MOTOR] *m.* motor.

MOTORISTA [MOTOREESTAH] *m. & f.* motorist :: motorman, motorwoman.

MOTRIZ [MOTREETH] *adj.* motive, impelling, driving :: **fuerza —**, power, driving force.

MOVEDIZO [MOVAYDEETHO] *adj.* shifting, moving, unsteady.

MOVER [MOVAIR] *va.* to move, shake, promote.

MÓVIL [MOVIL] *adj.* movable :: *m.* motive.

MOVILIZACIÓN [MOVELETHAHTHEON] *f.* mobilization.

MOVILIZAR [MOVELETHAR] *va.* to mobilize.

MOVIMIENTO [MOVEMEENTO] *m.* movement, motion.

MOZA [MOTHAH] *f.* maid :: girl.

MOZO [MOTHO] *m.* young man :: porter, waiter.

MUCHACHA [MOOCHAHCHAH] *f.* child :: girl :: servant girl.

MUCHACHO [MOOCHAHCHO] *m.* boy, lad.

MUCHEDUMBRE [MOOCHAYDOOM-BRAY] *f.* crowd.

MUCHO [MOOCHO] *adj. & adv.* much, plenty :: a great deal.

MUDANZA [MOODAHNTHAH] *f.* removal :: change :: fickleness.

MUDAR [MOODAR] *va.* to change :: to moult :: *vr.* to move *(de casa :: to change *(de ropa).*

MUDEZ [MOODETH] *f.* muteness, dumbness.

MUDO [MOODO] *adj. & m.* dumb, silent.

MUEBLE [MOOAYBLAY] *m.* piece of furniture.

MUECA [MOOAYKAH] *f.* grimace.

MUELA [MOOAYLAH] *f.* tooth, "grinder".

MUELLE [MOOAYLYAY] *adj.* tender, soft, springy :: relaxing :: *m.* spring :: pier, wharf.

MUERTE [MOOAIRTAY] *f.* death.

MUERTO [MOOAIRTO] *adj. & m.* dead :: a dead person.

MUESCA [MOOAYSCAH] *f.* notch :: groove.

MUESTRA [MOOESTRAH] *f.* specimen, sample, sign, indication.

MUESTRARIO [MOOESTRAHREO] *m.* collection of samples, display window.

MUGIDO [MOOHEEDO] *f.* moo :: mooing, lowing of cattle.

MUGIR [MOOHEER] *vn.* to moo, low.

MUGRE [MOOGRAY] *f.* dirt, filth.

MUGRIENTO [MOOGREENTO] *adj.* grimy, dirty.

MUJER [MOOHAIR] *f.* woman, wife.

MUJERIEGO [MOOHAYREAYGO] *adj.* fond of women :: womanly.

MULA [MOOLAH] *f.* mule :: shemule :: shoe used by Popes.

MULATO [MOOLAHTO] *adj. & m.* mulatto.

MULETA [MOOLAYTAH] *f.* crutch :: red cloth *(en toreo).*

MULO [MOOLO] *m.* mule, hinny.

MULTA [MOOLTAH] *f.* fine.

MULTAR [MOOLTAR] *va.* to fine.

MÚLTIPLE [MOOLTEPLAY] *adj.* multiple.

MULTIPLICACIÓN [MOOLTEPLECAH-THEON] *f.* multiplication.

MULTIPLICAR [MOOLTEPLEKAR] *va.* to multiply.

MULTITUD [MOOLTETOOD] *f.* crowd :: multitude.

MULLIDO [MOOLLYEEDO] *adj.* soft :: fluffy.

MULLIR [MOOLLYEER] *va.* to fluff :: to soften.

MUNDANO [MOONDAHNO] *adj.* mundane, worldly.

MUNDIAL [MOONDEAHL] *adj.* universal.

MUNDO [MOONDO] *m.* world :: the earth :: **todo el —**, everybody.

MUNICIÓN [MOONETHEON] *f.* munition :: provisions.

MUNICIPAL [MOONETHEPAHL] *adj.* municipal.

MUNICIPIO [MOONETHEEPEO] *m.* township.

MUÑECA [MOONYAYKAH] *f.* puppet, doll :: wrist.

MUÑÓN [MOONYONE] *m.* stump of an amputated limb.

MURAL [MOORAHL] *m. & adj.* mural.

MURALLA [MOORAHLYAH] *f.* rampart :: wall.

MURCIÉLAGO [MOORTHEAYLAHGO] *m. (zool.)* bat.

MURMULLO [MOORMOOLYO] *m.* murmur, rumor :: whisper :: muttering.

MURMURACIÓN [MOORMOORAH-THEON] *f.* slander, gossip :: grumbling.

MURMURAR [MOORMOORAHR] *vn.* to ripple, rustle, whisper :: to backbite, speak ill of.

MURO [MOORO] *m.* wall.

MUSA [MOOSAH] *f.* muse, poetic inspiration :: poetry :: **—s**, fine arts.

MUSCULAR [MOOSCOOLAR] *adj.* muscular.

MUSCULATURA [MOOSCOOLAHTOO-RAH] *f.* muscles :: muscular system.

MÚSCULO [MOOSKOOLO] *m.* muscle.

MUSCULOSO [MOOSCOOLOSO] *adj.* muscular :: sinewy.

MUSEO [MOOSAYO] *m.* museum.

MUSGO [MOOSGO] *m.* moss.

MÚSICA [MOOSECAH] *f.* music.

MUSICAL [MOOSECAHL] *adj.* musical.

MÚSICO [MOOSEKO] *adj.* musical :: *m.* musician.

MUSITAR [MOOSETAR] *vn.* to mutter, mumble :: to whisper.

MUSLO [MOOSLO] *m.* thigh.

MUSTIO [MOOSTEO] *adj.* withered :: bored :: parched, "tired".

MUTACIÓN [MOOTAHTHEON] *f.* mutation :: unsettled weather.

MUTILACIÓN [MOOTELAHTHEON] *f.* mutilation.

MUTILAR [MOOTELAR] *va.* to mutilate :: to cripple.

MUTISMO [MOOTEESMO] *m.* muteness, silence.

MUTUAMENTE [MOOTOOAHMENTAY] *adv.* mutually.

MUTUO [MOOTOOO] *adj.* mutual, reciprocal.

MUY [MOOE] *adv.* very, most :: much.

N

NABO [NAHBO] m. turnip.

NÁCAR [NAHKAR] m. nacre, mother-of-pearl.

NACARADO [NAHCAHRAHDO] adj. pearly.

NACER [NAHTHAIR] vn. to be born :: to shoot :: vr. to sprout.

NACIDO [NAHTHEEDO] adj. born :: m. pimple.

NACIENTE [NAHTHEENTAY] m. east, orient :: adj. incipient, recent :: resurgent :: rising (sol).

NACIMIENTO [NAHTHEMEENTO] m. birth :: origin :: nativity scene, crib.

NACIÓN [NAHTHEON] f. nation, country.

NACIONAL [NAHTHEONAL] adj. national :: m. national, citizen.

NACIONALIDAD [NAHTHEONAHLEDAHD] f. nationality.

NADA [NAHDAH] f. nothing :: naught :: pron. nothing, not anything :: de —, not at all.

NADADOR [NAHDAHDOR] m. swimmer.

NADAR [NAHDAR] vn. to swim.

NADIE [NAHDEAY] pron. nobody.

NAIPE [NAHEEPAY] m. playing card.

NÁLGA [NAHLGAH] f. rump, buttock.

NANA [NAHNAH] f. grandma :: lullaby.

NAO [NAO] f. ship, vessel.

NARANJA [NAHRAHNHAH] f. orange :: mi media —, my better half.

NARANJADO [NAHRAHNHAHDO] adj. orange-coloured.

NARCISO [NARTHEESO] m. daffodil.

NARCÓTICO [NARCOTECO] adj. & m. narcotic.

NARDO [NARDO] m. spikenard.

NARIGUDO [NAHREGOODO] m. large-nosed person :: adj. large-nosed :: nose-shaped.

NARIZ [NAHREETH] f. nostril :: s. & pl. nose.

NARRACIÓN [NARRAHTHEON] f. narration, account, story.

NARRAR [NARRAR] va. to narrate, recite, tell.

NARRATIVO [NARRAHTEEVO] adj. narrative.

NATA [NAHTAH] f. cream :: skim, scum.

NATACIÓN [NAHTAHTHEON] f. swimming.

NATAL [NAHTAHL] adj. natal :: native.

NATALICIO [NAHTAHLEETHEO] m. birthday.

NATALIDAD [NAHTAHLEDAHD] f. birth rate.

NATILLAS [NAHTEELYAHS] f. pl. custard.

NATIVO [NAHTEEVO] adj. native.

NATO [NAHTO] adj. born, inborn, inherent, natural.

NATURAL [NAHTOORAHL] adj. natural :: plain :: m. nature, temper :: **pintado del —**, painted from life.

NATURALEZA [NAHTOORAHLAYTHAH] f. nature :: disposition :: — **muerta**, still life.

NATURALIDAD [NAHTOORAHLEDAHD] f. naturalness :: simplicity :: birthright.

NATURALIZAR [NAHTOORAHLETHAR] va. to naturalize.

NAUFRAGAR [NAHOOFRAHGAR] vn. to be ship-wrecked :: to come to naught, fall through.

NAUFRAGIO [NAHOOFRAHHEO] m. shipwreck.

NÁUFRAGO [NAHOOFRAHGO] m. shipwrecked person.

NÁUSEA [NAHOOSAYAH] f. nausea :: **dar —s**, to nauseate, sicken :: to disgust :: **tener —s**, to be nauseated, be sick to one's stomach.

NAUSEABUNDO [NAHOOSAYAHBOONDO] adj. nauseous, nasty.

NÁUTICA [NAHOOTECAH] f. navigation.

NAVAJA [NAHVAHHAH] f. knife :: razor.

NAVAJAZO [NAHVAHHAHTHO] m. gash or slash.

NAVAL [NAHVAHL] adj. naval.

NAVE [NAHVAY] f. ship, vessel :: (arch.) nave, aisle.

NAVEGABLE [NAHVAYGAHBLAY] adj. navigable.

NAVEGACIÓN [NAHVAYGAHTHEON] f. navigation :: sea voyage :: — **aérea**, aviation.

NAVEGANTE [NAHVAYGAHNTAY] m. navigator :: adj. navigating.

NAVEGAR [NAHVAYGAR] vn. to navigate, steer, sail.

NAVIDAD [NAHVEDAHD] f. Nativity :: Christmas-day.

NAVIDEÑO [NAHVEDAYNYO] adj. of Christmas.

NAVIERO [NAHVEAYRO] m. shipowner :: adj. shiping.

NAVÍO [NAHVEEO] m. warship :: — **de transporte**, transport.

NEBLINA [NAYBLEENAH] f. mist, thin fog, haze.

NEBULOSA [NAYBOOLOSAH] f. nebula :: adj. nebulous, foggy, hazy.

NEBULOSO [NAYBOOLOSO] adj. ha-

zy, foggy, misty :: nebulous, vague.

NECEDAD [NAYTHAYDAHD] f. foolishness, ignorance :: nonsense.

NECESARIO [NAYTHAYSAHREO] adj. necessary :: requisite.

NECESER [NAYTHAYSAIR] m. toiletcase.

NECESIDAD [NAYTHAYSEDAHD] f. necessity :: want, need.

NECESITADO [NAYTHAYSETAHDO] adj. necessitous, needy :: in need of.

NECESITAR [NAYTHAYSETAR] va. to necessitate :: to want, be in need of.

NECIO [NAYTHEO] adj. & m. ignorant, silly :: fool.

NECROLOGÍA [NAYCROLOHEEAH] f. necrology.

NECRÓPOLIS [NAYCROPOLES] f. necropolis.

NÉCTAR [NECTAR] m. nectar :: (fig.) delicious drink.

NEFASTO [NAYFAHSTO] adj. ominous :: sad, unlucky.

NEGABLE [NAYGAHBLAY] adj. deniable.

NEGACIÓN [NAYGAHTHEON] f. negation, denial :: negative.

NEGAR [NAYGAR] va. to deny :: to refuse, hinder :: vr. to refuse, decline.

NEGATIVO [NAYGAHTEEVO] adj. negative.

NEGLIGENCIA [NAYGLEHENTHEAH] f. negligence, neglect, carelessness.

NEGLIGENTE [NAYGLEHENTAY] adj. negligent :: easy.

NEGOCIACIÓN [NAYGOTHEAHTHEON] f. negotiation :: business :: business house :: management :: transaction, deal.

NEGOCIADO [NAYGOTHEAHDO] m. business :: section of a public office.

NEGOCIANTE [NAYGOTHEAHNTAY] m. trader, merchant.

NEGOCIAR [NAYGOTHEAR] va. to negotiate :: to trade :: to arrange.

NEGOCIO [NAYGOTHEO] m. business :: trade :: employment :: — **redondo**, profitable business.

NEGRERO [NAYGRAYRO] m. slave trader.

NEGRO [NAYGRO] adj. black :: m. black, Negro.

NEGRURA [NAYGROORAH] f. blackness.

NEGRUZCO [NAYGROOTHCO] adj. blackish.

NENA [NAYNAH] f. baby girl.

NENE [NAYNAY] *m.* baby boy.

NEÓFITO [NAYOFETO] *m. & f.* neophyte.

NEOLOGISMO [NAYOLOHEESMO] *m.* neologism.

NEPOTISMO [NAYPOTEESMO] *m.* nepotism.

NERVIO [NAIRVEO] *m.* nerve, tendon :: vigour, strength.

NERVIOSO* [NAIRVEOSO] *adj.* nervous :: active, vigorous, strong :: nerve.

NERVUDO [NAIRVOODO] *adj.* vigorous, sinewy.

NETO* [NAYTO] *adj.* neat :: clear :: genuine :: unmistakeable :: **producto** —, net produce :: **peso** —, net weight.

NEUMÁTICO [NAYOOMAHTEKO] *adj.* adj. pneumatic :: *m.* rubber tyre.

NEUMONÍA [NAYOOMONEEAH] *f.* *(med.)* pneumonia.

NEURALGIA [NAYOORAHLHEAH] *f.* neuralgia.

NEURASTENIA [NAYOORASTAYNEAH] *f.* neurasthenia.

NEUROSIS [NAYOOROSIS] *f. (med.)* neurosis.

NEUTRALIDAD [NAYOOTRAHLEDAHD] *f.* neutrality.

NEUTRALIZAR [NAYOOTRAHLETHAR] *va.* to neutralize, counteract.

NEUTRO [NAYOOTRO] *adj.* neutral :: neuter :: sexless.

NEVADA [NAYVAHDAH] *f.* snowfall.

NEVAR [NAYVAR] *vn.* to snow.

NEVERA [NAYVAYRAH] *f.* icebox :: refrigerator :: ice storehouse.

NEXO [NEXO] *m.* nexus.

NI [NE] *conj.* neither, nor.

NICOTINA [NECOTEENAH] *f.* nicotine.

NICHO [NEECHO] *m.* niche.

NIDO [NEEDO] *m.* nest :: home, haunt.

NIEBLA [NEAYBLAH] *f.* fog, mist, haze.

NIETO [NEAYTO] *m.* grandson :: *f.* grand-daughter.

NIEVE [NEAYVAY] *f.* snow.

NIMIO* [NEEMEO] *adj.* prolix, detailed, careful, painstaking.

NINFA [NEENFAH] *f.* nymph.

NINGÚN [NINGOON] *adj.* **de** — **modo**, not at all, by no means, certainly not.

NINGUNO [NINGOONO] *adj. & pron.* no, none :: nobody :: not any.

NIÑA [NEENYAH] *f.* girl :: pupil :: **la** — **de los ojos**, the apple of one's eyes.

NIÑERA [NEENYAYRAH] *f.* nurse, nursery-maid.

NIÑERÍA [NENYAYREEAH] *f.* childish action, object, thought :: gewgaw.

NIÑEZ [NENYETH] *f.* infancy, childhood.

NIÑO [NEENYO] *m.* child :: infant :: *adj.* childish :: — **expósito**, foundling :: **desde** —, from childhood.

NIPÓN [NEPONE] *adj.* nipponese.

NÍQUEL [NEEKEL] *m.* nickel.

NIQUELADO [NEKAYLAHDO] *adj.* nickel-plated :: *m.* nickel plating :: nickel plate.

NITIDEZ [NEETEDETH] *m.* clarity, clearness.

NÍTIDO* [NEETEDO] *adj.* bright, shining, polished, clear-cut.

NITRATO [NETRAHTO] *m.* nitrate.

NITRÓGENO [NETROHAYNO] *m.* nitrogen.

NIVEL [NEVEL] *m.* level, standard :: water-level :: **sobre el** — **del mar**, above sea-level :: **paso a** —, level-crossing.

NIVELAR [NEVAYLAR] *va.* to level :: to grade :: to equalize.

NO [NO] *adv.* not, no :: — **bien**, no sooner :: — **sea que**, lest.

NOBLE [NOBLAY] *adj.* noble :: generous :: *m.* nobleman.

NOBLEZA [NOBLAYTHAH] *f.* nobility :: nobleness :: — **obliga**, noblesse oblige.

NOCIÓN [NOTHEON] *f.* notion, idea :: *pl.* rudiments.

NOCIVO [NOTHEEVO] *adj.* injurious, noxious, harmful.

NOCTÁMBULO [NOCTAHMBOOLO] *m.* night owl :: nightwalker :: *adj.* nighttime :: nightwandering.

NOCTURNO [NOKTOORNO] *adj.* nocturnal, night.

NOCHE [NOCHAY] *f.* night :: — **toledana**, restless night :: **de** —, in the night time, at *or* by night :: **quedarse a buenas noches**, (LAm.) to be left in the dark.

NOCHEBUENA [NOCHAYBOOAYNAH] *f.* Christmas Eve.

NODRIZA [NODREETHAH] *f.* wetnurse.

NOGAL [NOGAHL] *m.* walnut-tree, walnut wood.

NÓMADA [NOMAHDAH] *m. & f.* nomad :: *adj.* nomadic.

NOMBRADÍA [NOMBRAHDEEAH] *f.* renown, fame.

NOMBRAMIENTO [NOMBRAHMEENTO] *m.* nomination :: appointment :: naming.

NOMBRAR [NOMBRAR] *va.* to name, mention, appoint, nominate.

NOMBRE [NOMBRAY] *m.* name :: reputation :: noun :: — **de pila**, Christian name.

NOMENCLATURA [NOMENCLAHTOORAH] *f.* nomenclature.

NÓMINA [NOMENAH] *f.* payroll :: list.

NOMINACIÓN [NOMENAHTHEON] *f.* nomination :: appointment.

NOMINAL* [NOMENAHL] *adj.* nominal.

NOMINAR [NOMENAR] *va.* to nominate.

NON [NON] *adj. pl.* **pares y** —**es**, odds or evens.

NONADA [NONAHDAH] *f.* trifle, nothing at all.

NONO [NONO] *adj.* ninth.

NORDESTE [NORDESTAY] *m.* northeast.

NORIA [NOREAH] *f.* water-wheel :: **dar vueltas a la** —, to go round and round.

NORMA [NORMAH] *f.* norm, standard.

NORMAL* [NORMAHL] *adj.* normal :: standard :: *f.* perpendicular line.

NORMALIZAR [NORMAHLEZAR] *va.* to normalize, make normal :: to standardize.

NOROESTE [NOROEESTAY] *adj. & m.* northwest.

NORTE [NORTAY] *m.* north :: polestar :: guide.

NOS [NOS] *pron.* us :: we.

NOSOTROS [NOSOTROS] *pron. pers.* we :: us.

NOSTALGIA [NOSTAHLHEAH] *f.* nostalgia, longing, homesickness.

NOSTÁLGICO [NOSTAHLHECO] *adj.* homesick :: lonesome :: longing.

NOTA [NOTAH] *f.* note, mark :: remark, sign :: annotation :: *(com.)* account, bill :: *(mus.)* note.

NOTABLE* [NOTAHBLAY] *adj.* notable :: noticeable.

NOTAR [NOTAR] *va.* to note, observe, remark, take notice of, criticise :: **es de** —, it is worth noticing.

NOTARIO [NOTAHREO] *m.* notary public, commissioner for oaths.

NOTICIA [NOTEETHEAH] *f.* news :: item of news :: tidings :: *(com.)* advice :: *pl.* news.

NOTICIAR [NOTETHEAR] *va.* to give notice of, inform.

NOTIFICACIÓN [NOTEFECAHTHEON] *f.* notification, notifying :: notice :: summons.

NOTIFICAR [NOTEFEKAR] *va.* to notify, inform, advise.

NOTORIO* [NOTOREO] *adj.* notorious, well known, quite evident, an open secret.

NOVATO [NOVAHTO] *m.* novice, beginner, rookie.

NOVEDAD [NOVAYDAHD] *f.* novelty

:: latest news or fashion :: **sin** —, all quiet, no change.

NOVELA [NOVAYLAH] *f.* novel.

NOVELISTA [NOVAYLEESTAH] *m. & f.* novelist.

NOVENO [NOVAYNO] *adj.* ninth.

NOVIA [NOVEAH] *f.* bride :: fiancée, sweetheart, girl friend.

NOVIAZGO [NOVEATHGO] *m.* betrothal, engagement :: courtship.

NOVICIO [NOVEETHEO] *m. (eccl.)* novice :: apprentice.

NOVIEMBRE [NOVEEMBRAY] *m.* November.

NOVILLA [NOVEELYAH] *f.* heifer.

NOVILLERO [NOVEELLYAYRO] *m.* new bullfighter *(tauromaquia)* :: *(coll.)* truant.

NOVILLO [NOVEELYO] *m.* young bull :: **hacer** —**s**, to play truant.

NOVIO [NOVEO] *m.* bridegroom :: fiancé :: boy-friend, suitor.

NUBARRÓN [NOOBARRON] *m.* dark heavy cloud.

NUBE [NOOBAY] *f.* cloud :: crowd (of) :: **por las nubes** *(precios)*

skyhigh :: to the skies.

NUBLADO [NOOBLAHDO] *adj.* overcast, cloudy :: *m.* clouded sky.

NUBLAR [NOOBLAR] *va. & vr.* to cloud :: to darken, obscure :: *vr.* to grow cloudy.

NUBOSO [NOOBOSO] *adj.* cloudy.

NUCA [NOOKAH] *f.* nape.

NUCLEAR [NOOCLAYAR] *adj.* nuclear.

NÚCLEO [NOOKLAYO] *m.* kernel :: nucleus, centre.

NUDILLO [NOODEELYO] *m.* knuckle.

NUDO [NOODO] *m.* knot :: joint :: union, bond, tie :: nautical mile.

NUDOSO [NOODOSO] *adj.* knotty, gnarled, knotted.

NUERA [NOOAYRAH] *f.* daughter-in-law.

NUESTRO [NOOESTRO] *pron. pers.* ours :: *adj. poss.* our.

NUEVO° [NOOAYVO] *adj.* new :: fresh :: **de** —, again, recently :: *m.* novice.

NUEZ [NOOETH] *f.* walnut, nut :: Adam's apple :: — **moscada**, nutmeg.

NULIDAD [NOOLEDAHD] *f.* nullity :: a nobody :: quite incompetent.

NULO [NOOLO] *adj.* null, void.

NUMERAR [NOOMAYRAR] *va.* to number, enumerate.

NÚMERO [NOOMAYRO] *m.* number, figure :: quantity :: **sin** —, numberless :: **de** —, full member of Academy, etc.

NUMEROSO [NOOMAYROSO] *adj.* numerous.

NUNCA [NOONKAH] *adv.* never, — **jamás**, never again.

NUNCIO [NOONTHEO] *m.* messenger :: nuncio.

NUPCIAL [NOOPTHEAHL] *adj.* nuptial, relating to marriage or weddings.

NUPCIAS [NOOPTHEAHS] *f. pl.* wedding.

NUTRIA [NOOTREAH] *f.* otter.

NUTRICIÓN [NOOTRETHEON] *f.* nutrition :: nourishment.

NUTRIR [NOOTREER] *va.* to nourish, feed :: to encourage.

NUTRITIVO [NOOTRETEEVO] *adj.* nutritious, nourishing.

Ñ

ÑAME [NYAHME] *m.* yam.

ÑOÑERÍA [NYONYAYREEAH] *f.* silly remarck or action.

ÑOÑO [NYONYO] *adj.* timid :: dotard, feeble-minded.

ÑU [NYOO] *m.* gnu.

O

O [O] *conj.* or, either.

OASIS [OAHSIS] *m.* oasis.

OBCECAR [OBTHAYKAR] *va.* to blind :: *vr.* to be obfuscated.

OBEDECER [OBAYDAYTHAIR] *va.* to obey, yield, to respond.

OBEDIENCIA [OBAYDEENTHEAH] *f.* obedience.

OBEDIENTE [OBAYDEENTAY] *adj.* obedient, submissive, compliant.

OBELISCO [OBAYLEESCO] *m.* obelisk.

OBERTURA [OBAIRTOORAH] *f. (mus.)* overture.

OBESIDAD [OBAYSEDAHD] *f.* corpulence, obesity.

ÓBICE [OBETHAY] *m.* obstacle.

OBISPO [OBISPO] *m.* bishop.

OBJECIÓN [OBHAYTHEON] *f.* objection.

OBJETAR [OBHAYTAR] *va.* to object.

OBJETIVO [OBHAYTEEVO] *adj.* objetive :: *m.* objetive.

OBJETO [OBHAYTO] *m.* object :: purpose :: end.

OBLEA [OBLAYAH] *f.* wafer for communion.

OBLICUO [OBLEEKOOO] *adj.* oblique, glancing, slanting.

OBLIGACIÓN [OBLEGAHTHEON] *f.* obligation, duty :: debenture.

OBLIGAR [OBLEGAR] *va.* to force, constrain :: compel :: *vr.* to bind oneself.

OBLIGATORIO [OBLEGAHTOREO] *adj.* obligatory :: compulsory :: binding.

ÓBOLO [OBOLO] *m.* mite, small contribution :: obole.

OBRA [OBRAH] *f.* work :: fabric :: book :: — **de**, about :: **mano de** —, labour :: — **de romanos**, herculean task.

OBRAR [OBRAR] *va.* to act, work.

OBRERO [OBRAYRO] *m.* workman :: day laborer.

OBSCENIDAD [OBSTHAYNEDAHD] *f.* obscenity.

OBSCENO [OBSTHAYNO] *adj.* obscene.

OBSCURECER [OBSKOORAYTHAIR] *va.* to darken, dim :: *vn.* to become dark, grow dark.

OBSCURIDAD [OBSKOOREDAHD] *f.* darkness :: obscurity.

OBSCURO [OBSKOORO] *adj.* dark :: obscure :: little known.

OBSEQUIAR [OBSAYKEAR] *va.* to make presents :: to present with :: to entertain.

OBSEQUIO [OBSAYKEO] *m.* attention, courtesy :: gift.

OBSEQUIOSO [OBSAYKEOSO] *adj.* obliging :: obsequious.

OBSERVACIÓN [OBSERVAHTHEON] *f.* observation :: remark.

OBSERVADOR [OBSERVAHDOR] *m.* observer :: *adj.* observing.

OBSERVAR [OBSAIRVAR] *va.* to observe :: to notice, remark :: to follow, obey.

OBSESIÓN [OBSAYSEON] *f.* obsession, mania.

OBSESIONAR [OBSAYSEONAR] *va. & vr.* to obsess.

OBSTÁCULO [OBSTAHKOOLO] *m.* obstacle, obstruction.

OBSTANTE [OBSTAHNTAY] **no** —, notwithstanding :: nevertheless.

OBSTAR [OBSTAR] *vn.* to stand in the way :: — **a, para**, to check, oppose.

OBSTINACIÓN [OBSTENAHTHEON] *f.* obstinacy, stubbornness.

OBSTINADO [OBSTENAHDO] *adj.* obstinate, stubborn.

OBSTINARSE [OBSTENARSAY] *vr.* to be obdurate, persist in.

OBSTRUCCIÓN [OBSTROOCTHEON] *f.* obstruction.

OBSTRUIR [OBSTROOEER] *va.* to obstruct, block, hinder.

OBTENER [OBTAYNAIR] *va.* to obtain, get.

OBTURAR [OBTOORAR] *va.* to obturate, plug, stop up.

OBTUSO [OBTOOSO] *adj.* obtuse, blunt.

OBVIAR [OBVEAR] *va.* to obviate, avoid, make unnecessary.

OBVIO [OBVEO] *adj.* obvious, evident.

OCA [OKAH] *f.* goose.

OCASIÓN [OCAHSEON] *f.* occasion, opportunity :: cause :: danger, risk :: **de** —, reduced, bargain.

OCASIONAL [OCAHSEONAHL] *adj.* occasional.

OCASIONAR [OKAHSEONAR] *va.* to cause, bring about, excite, arouse.

OCASO [OKAHSO] *m.* west :: setting, decadence.

OCCIDENTAL [OCTHEDENTHAL] *adj.* occidental, western.

OCCIDENTE [OCTHEDENTAY] *m.* occident, west.

OCÉANO [OTHAYAHNO] *m.* ocean.

OCIO [OTHEO] *m.* leisure :: idleness :: diversion.

OCIOSIDAD [OTHEOSEDAHD] *f.* idleness, leisure.

OCIOSO [OTHEOSO] *adj.* idle, useless.

OCRE [OCRAY] *m.* ocher.

OCTAVO [OCTAHVO] *m.* octoroon :: *m. & adj.* eighth.

OCTUBRE [OKTOOBRAY] *m.* October.

OCULAR [OCOOLAR] *m.* eyeglass, eyepiece :: *adj.* ocular.

OCULISTA [OKOOLISTAH] *m.* oculist.

OCULTAR [OKOOLTAR] *va.* to conceal, hide, mask, withhold.

OCULTISMO [OCOOLTEESMO] *m.* occultism.

OCULTO [OKOOLTO] *adj.* occult, secret, hidden, clandestine.

OCUPACIÓN [OCOOPAHTHEON] *f.* occupation :: employment.

OCUPANTE [OCOOPAHNTAY] *m. & f.* occupant.

OCUPAR [OKOOPAR] *va.* to occupy :: to employ, keep busy :: to fill a place :: *vr.* to busy oneself with, fill up one's time with.

OCURRENCIA [OCOORRENTHEAH] *f.* occurrence, event :: witticism, joke :: bright or funny idea.

OCURRIR [OKOORREER] *vn.* to happen, occur :: to be struck by *(idea)*.

ODA [ODAH] *f.* ode.

ODIAR [ODEAR] *va.* to hate.

ODIO [ODEO] *m.* hatred, abhorrence, detestation, malevolence.

ODIOSO [ODEOSO] *adj.* hateful, odious, detestable.

ODORÍFERO [ODOREEFAYRO] *adj.* odoriferous, fragrant.

ODRE [ODRAY] *f.* wine-skin.

OESTE [OESTAY] *m.* west.

OFENDER [OFENDAIR] *va.* to insult, injure :: to offend.

OFENSA [OFENSAH] *f.* insult, offence.

OFENSIVA [OFENSEEVAH] *f. (mil.)* offensive.

OFENSIVO [OFENSEEVO] *adj.* offensive :: obnoxious :: attacking.

OFERTA [OFAIRTAH] *f.* offer :: tender :: — **y demanda**, supply and demand.

OFICIAL [OFETHEAHL] *adj.* official :: *m. (mil.)* officer :: workman :: clerk (civil) servant.

OFICIAR [OFETHEAR] *va.* to announce officially in writing :: *vn. (eccl.)* to officiate.

OFICINA [OFETHEENAH] *f.* office :: workshop.

OFICIO [OFEETHEO] *m.* trade :: occupation, business, office, employ :: *(relig.)* office, service :: **Santo** —, Inquisition :: **de** —, by trade.

OFICIOSO [OFETHEOSO] *adj.* officious, diligent, meddling.

OFRECER [OFRAYTHAIR] *va.* to offer,

promise, show :: vr. to present itself :: to propose :: to volunteer.

OFRECIMIENTO [OFRAYTHEMEENTO] m. offer, offering.

OFRENDA [OFRENDAH] f. offering, gift.

OFUSCACIÓN [OFOOSCAHTHEON] m. clouded vision, blindness :: cloudiness of the mind, bewilderment, mental confusion.

OFUSCAR [OFOOSKAR] va. to confuse, darken, dazzle.

OGRO [OGRO] m. ogre.

OÍDO [OEEDO] m. sense of hearing, ear :: **tocar de** —, to play by ear :: **tener buen** —, to have a good ear.

OÍR [OEERI] va. to hear :: to listen :: to understand :: — **decir que**, to hear that :: — **hablar de**, to hear about.

OJAL [OHAHL] m. buttonhole :: hole.

¡OJALÁ! [OHAHLAH] interj. would to heaven! heaven grant! :: I wish.

OJEADA [OHAYAHDAH] f. look, glance :: glimpse.

OJEAR [OHAYAR] va. to stare at, eye :: to beat for game.

OJERA [OHAYRAH] f. dark circle under the eye :: eyecup.

OJERIZA [OHAYREETHAH] f. envy, spite, grudge.

OJEROSO [OHAYROSO] adj. with dark circles under the eyes.

OJIVA [OHEEVAH] f. pointed arch, ogive.

OJO [OHO] m. eye :: key-hole :: span *(de un puente)* :: care :: **a ojos vistas**, publicly :: **hacer del** —, to wink :: **en un abrir y cerrar de** —**s**, in the twinkling of an eye.

OLA [OLAH] f. wave.

OLEADA [OLAYAHDAH] f. big wave :: surge, swell.

OLEAJE [OLAYAHHAY] m. swell, surge, succession of waves.

ÓLEO [OLAYO] m. holy oil :: **cuadro al** —, oil-painting.

OLEODUCTO [OLAYODOOCTO] m. pipe line.

OLEOSO [OLAYOSO] adj. oily.

OLER [OLAIR] va. & n. to smell.

OLFATEAR [OLFAHTAYAR] va. to scent, sniff, smell.

OLFATO [OLFAHTO] m. smell.

OLIGARQUÍA [OLEGARKEEAH] f. oligarchy.

OLIMPIADA [OLIMPEAHDAH] f. Olympiad :: Olympic games.

OLÍMPICO [OLEEMPECO] adj. Olympian.

OLISCAR [OLISKAR] va. to sniff :: to investigate.

OLIVA [OLEEVAH] f. olive :: **aceite de** —, olive oil.

OLIVO [OLEEVO] m. *(bot.)* olive tree.

OLMO [OLMO] m. elm-tree.

OLOR [OLOR] m. odour, scent, smell :: **mal** —, stink.

OLOROSO [OLOROSO] m. odoriferous, fragrant, scented.

OLVIDADIZO [OLVEDAHDEETHO] adj. forgetful, absent-minded.

OLVIDAR [OLVEDARI] va. to forget.

OLVIDO [OLVEEDO] m. forgetfulness :: oblivion :: omission, something forgotten.

OLLA [OLYAH] f. stewpot, pan :: stew.

OMBLIGO [OMBLEEGO] m. navel :: middle, center.

OMINOSO [OMENOSO] adj. ominous, forboding.

OMISIÓN [OMESEON] f. omission :: neglect.

OMISO [OMEESO] adj. remiss :: **hacer caso** — **de**, to overlook, ignore.

OMITIR [OMETEER] va. to omit, drop.

ÓMNIBUS [OMNEEBOOS] m. bus, omnibus.

OMNIPOTENTE [OMNEPOTENTAY] adj. almighty.

ONCE [ONTHAY] num. eleven.

ONDA [ONDAH] f. wave, ripple.

ONDEAR [ONDAYAR] vn. to ondulate, wave :: to scallop.

ONDULACIÓN [ONDOOLAHTHEON] f. undulation, waving motion :: wave.

ONDULADO [ONDOOLAHDO] adj. wavy :: scalloped.

ONDULAR [ONDOOLAR] vn. to undulate, wave.

ONEROSO [ONAYROSO] adj. onerous.

ONOMATOPEYA [ONOMAHTOPAYYAH] f. onomatopoeia.

ONZA [ONTHAH] f. ounce *(peso)* :: *(zool.)* ounce.

OPACO [OPAHKO] adj. opaque, dark.

OPCIÓN [OPTHEON] f. option, choice.

ÓPERA [OPAYRAH] f. opera.

OPERACIÓN [OPAYRAHTHEON] f. operation :: business transaction.

OPERAR [OPAYRAR] va. to operate, cause, set going.

OPERARIO [OPAYRAHREO] m. workman, working-man.

ÓPIMO [OPEMO] adj. rich, abundant.

OPINAR [OPENAR] vn. to hold an opinion :: to estimate, opine, consider.

OPINIÓN [OPENEON] f. opinion :: reputation.

OPIO [OPEO] m. opium.

OPONER [OPONAIR] va. to oppose :: to resist :: to face :: to contrast.

OPORTUNIDAD [OPORTOONEDAHD] f. opportunity.

OPORTUNISMO [OPORTOONEESMO] m. opportunism.

OPORTUNO* [OPORTOONO] adj. opportune, fitting, happy, pat.

OPOSICIÓN [OPOSETHEON] f. opposition :: competition.

OPOSITOR [OPOSETORI] m. competitor, contender.

OPRESIÓN [OPRAYSEON] f. oppresion.

OPRESOR [OPRAYSOR] m. oppresor.

OPRIMIR [OPREMEER] va. to oppress :: to press, squeeze :: to overwhelm.

OPROBIO [OPROBEO] m. ignominy, stigma.

OPTAR [OPTAR] vr. — **por**, to choose, decide (on) (for).

ÓPTICA [OPTECAH] f. optics.

ÓPTICO [OPTEKO] adj. optic :: m. optician.

OPTIMISMO [OPTEMEESMO] m. optimism.

OPTIMISTA [OPTEMEESTAH] m. & f. optimist :: adj. optimistic.

ÓPTIMO [OPTEMO] adj. best.

OPUESTO [OPOOESTO] adj. opposed, adverse, opposite.

OPULENCIA [OPOOLENTHEAH] f. opulence, abundance, wealth.

OPULENTO [OPPOLENTO] adj. opulant, wealthy.

OPÚSCULO [OPOOSKOOLO] m. pamphlet :: booklet.

OQUEDAD [OKAYDAHD] f. cavity, hollow.

ORA [ORA] conj. now :: whether, either.

ORACIÓN [ORAHTHEON] f. oration :: prayer :: sentence.

ORÁCULO [ORAHCOOLO] m. oracle.

ORADOR [ORAHDOR] m. orator, speaker.

ORAL [ORAHL] adj. oral.

ORAR [ORAR] va. & n. to harangue :: to pray.

ORATORIA [ORAHTOREAH] f. oratory, eloquence.

ORBE [ORBAY] m. orb, sphere :: the earth.

ÓRBITA [ORRBETAH] f. orbit.

ORDEN [ORDEN] m. order, method, regime :: f. command, order.

ORDENACIÓN [ORDAYNAHTHEON] f. disposition, ordering, arrangement :: array.

ORDENADO* [ORDAYNAHDO] adj. ordered :: ordained :: orderly :: neat.

ORDENANZA [ORDAYNAHNTHAH] f.

ordinance :: decree :: *(mil.)* orderly.

ORDENAR [ORDAYNAR] *va.* to order, classify, arrange :: to put in order :: *vr.* to be ordained.

ORDEÑAR [ORDAYNYAR] *va.* to milk.

ORDINARIEZ [ORDENAHREETH] *f.* commonness, lack of manners.

ORDINARIO [ORDENAHREO] *adj.* ordinary :: common, rough.

OREAR [ORAYAR] *va.* to air.

OREJA [ORAYHAH] *f.* ear :: handle, flange.

ORFANDAD [ORFAHNDAHD] *f.* homelessness :: orphanage.

ORFANATO [ORFAHNAHTO] *m.* orphanage, orphan asylum.

ORFEBRE [ORFAYBRAY] *m.* goldsmith :: silversmith.

ORGÁNICO [ORGAHNECO] *adj.* organic.

ORGANILLO [ORGAHNEELLYO] *m.* barrel or hand organ, hurdygurdy.

ORGANISMO [ORGAHNEESMO] *m.* organism.

ORGANIZACIÓN [ORGAHNETHAHTHEON] *f.* organization.

ORGANIZADOR [ORGAHNETHAHDOR] *m.* organizer.

ORGANIZAR [ORGAHNETHAR] *va.* to organize :: to arrange.

ÓRGANO [ORGAHNO] *m.* organ :: medium.

ORGÍA [ORHEEAH] *f.* orgy, revel.

ORGULLO [ORGOOLYO] *m.* pride, presumption :: haughtiness.

ORGULLOSO [ORGOOLYOSO] *adj.* proud, lofty, arrogant, haughty.

ORIENTAL [OREENTAHL] *adj.* oriental, eastern.

ORIENTAR [OREENTAR] *va.* to orientate, orient :: *vr.* to orient oneself, find one's bearings.

ORIENTE [OREENTAY] *m.* Orient, east :: **Extremo (Lejano)** —, Far East :: — **Medio,** Middle East :: **Próximo** —, Near East.

ORIFICIO [OREFEETHEO] *m.* aperture, hole, orifice.

ORIGEN [OREEHEN] *m.* origin :: source, cause.

ORIGINAL [OREHENAHL] *adj.* original :: strange, quaint :: *m.* original :: manuscript, copy :: queer person.

ORIGINALIDAD [OREHENAHLEDAHD] *f.*

originality.

ORIGINAR [OREHENAR] *va.* to originate, start, found.

ORILLA [OREELYAH] *f.* border, edge, brink :: — **del mar,** sea shore.

ORILLAR [ORELYAR] *vn.* to border :: *va.* to avoid difficulties, set aside.

ORÍN [OREEN] *m.* iron rust.

ORINA [OREENAH] *f.* urine.

ORINAR [ORENAR] *vn.* to urinate.

ORIUNDO [OREOONDO] *adj.* native :: **ser** — **de,** to hail from, come from.

ORLA [ORLAH] *f.* border, fringe.

ORLAR [ORLAR] *va.* to border, work a (fringe) (border) on.

ORNAMENTAR [ORNAHMENTAR] *va.* to ornament, adorn.

ORNAMENTO [ORNAHMENTO] *m.* ornament :: decoration.

ORNAR [ORNAR] *va.* to adorn.

ORO [ORO] *m.* gold :: wealth :: — **batido,** leaf gold :: — **en barras,** gold ingots, bullion :: **de** —, golden (of gold) :: *pl.* diamonds *(palo de la baraja).*

OROPEL [OROPEL] *m.* glitter :: tinsel.

ORQUESTA [ORKESTAH] *f.* orchestra.

ORQUÍDEA [ORKEEDAYAH] *f.* orchid.

ORTIGA [ORTEEGAH] *f.* nettle.

ORTODOXO [ORTODOXO] *adj.* orthodox.

ORTOGRAFÍA [ORTOGRAHFEEAH] *f.* orthography, spelling.

ORUGA [OROOGAH] *f.* caterpillar.

ORUJO [OROOHO] *m.* peel of pressed grapes or olives.

ORZUELO [ORTHOOAYLO] *m. (med.)* sty :: snare *(para pájaros).*

OS [OSE] *pron. pers.* you, to you :: yourself, to yourself :: each other, to each other.

OSA [OSAH] *f.* she-bear :: — **mayor,** the Dipper, Great Bear.

OSADÍA [OSAHDEEAH] *f.* daring :: boldness, audacity.

OSADO [OSAHDO] *adj.* bold, daring.

OSAMENTA [OSAHMENTAH] *f.* skeleton :: bones.

OSAR [OSAR] *vn.* to dare, venture.

OSARIO [OSAHREO] *m.* charnelhouse.

OSCILACIÓN [OSTHELAHTHEON] *f.*

oscillation, sway :: fluctuation, wavering.

OSCILAR [OSTHELAR] *vn.* to oscillate, swing, sway, vibrate.

ÓSCULO [OSKOOLO] *m.* ceremonial kiss :: — **de paz,** kiss of peace.

OSCURO [OSKOORO] dark, **cueva oscura,** dark cave; **gris** —, dark gray, gloomy.

ÓSEO [OHSAYO] *adj.* bony, osseous.

OSEZNO [OSETHNO] *m.* cub of a bear.

OSO [OSO] *m.* bear :: — **blanco,** polar bear :: **hacer el** —, to play the fool.

OSTENSIVO [OSTENSEEVO] *adj.* ostensive.

OSTENTACIÓN [OSTENTAHTHEON] *f.* ostentation, show, display.

OSTENTAR [OSTENTAR] *va. & n.* to exhibit, show, bear :: to boast.

OSTRA [OSTRAH] *f.* oyster.

OTEAR [OTAYAR] *va.* to observe, make out, examine.

OTOÑAL [OTONYAHL] *adj.* autumnal, autumn or fall.

OTOÑO [OTONYO] *m.* autumn, fall.

OTORGAMIENTO [OTORGAHMEENTO] *m.* granting :: grant :: execution of legal document.

OTORGAR [OTORGAR] *va.* to grant :: to agree, consent :: to execute :: — **poder,** to grant power of attorney :: **quien calla otorga,** silence gives consent.

OTRO [OTRO] *adj.* other :: another.

OTROSÍ [OTROSEE] *adv.* besides, moreover :: also.

OVACIÓN [OVAHTHEON] *f.* ovation :: enthusiastic reception.

ÓVALO [OVAHLO] *m.* oval.

OVARIO [OVAHREO] *m. (anat.)* ovary :: *(bot.)* ovarium, ovary.

OVEJA [OVAYHAH] *f.* sheep :: ewe.

OVILLO [OVEELYO] *m.* ball of yarn :: tangle :: **por el hilo se saca el ovillo,** a nod's as good as a wink.

ÓVULO [OVOOLO] *m.* ovule.

OXIDADO [OXEDAHDO] *adj.* rusty.

OXIDAR [OXEDAR] *va.* to oxidize :: to rust :: —**se,** to become oxidized :: to rust.

ÓXIDO [OXEDO] *m.* oxide.

OXÍGENO [OXEEHAYNO] *m.* oxygen.

OYENTE [OYENTAY] *m.* hearer :: casual visitor :: listener.

OZONO [OTHONO] *m.* ozone.

P

PABELLON [PAHBAYLYON] *m.* pavilion :: bell-tent :: flag.

PÁBILO [PAHBELO] *m.* wick.

PACER [PAHTHAIR] *va. & n.* to graze.

PACIENCIA [PAHTHEENTHEAH] *f.* patience :: forbearance :: **— y barajar**, wait and see.

PACIENTE° [PAHTHEENTAY] *adj.* patient :: *m. & f.* patient.

PACIFICAR [PAHTHEFECAR] *va.* to pacify :: to appease.

PACÍFICO [PAHTHEEFECO] *adj.* pacific, peaceful, calm.

PACIFISMO [PAHTHEFEESMO] *m.* pacifism.

PACOTILLA [PAHKOTEELYAH] *f. (com.)* venture :: **de —**, paltry wares, trash.

PACTAR [PAHKTAR] *va.* to covenant, pact, stipulate.

PACTO [PAHKTO] *m.* covenant, pact.

PADECER [PAHDAYTHAIR] *va.* to suffer.

PADECIMIENTO [PAHDAYTHEMEENTO] *m.* suffering.

PADRASTRO [PAHDRAHSTRO] *m.* step-father.

PADRE [PAHDRAY] *m.* father :: **— nuestro**, Lord's prayer :: *pl.* parents.

PADRINO [PAHDREENO] *m.* godfather :: second *(en un duelo)* :: patron :: sponsor.

PADRÓN [PAHDRON] *m.* poll, census :: pattern :: blot of illrepute.

PAELLA [PAHELLYAH] *f.* dish of rice with shellfish, chicken and meat.

PAGA [PAHGAH] *f.* payment :: satisfaction :: wages, fee.

PAGADERO [PAHGAHDAYRO] *adj.* payable.

PAGADO [PAHGAHDO] *adj.* paid :: self-satisfied, conceited.

PAGADURÍA [PAHGAHDOOREEAH] *f.* paymaster's office.

PAGANISMO [PAHGAHNEESMO] *m.* paganism.

PAGANO [PAHGAHNO] *adj.* pagan, heathen.

PAGAR [PAHGAR] *va.* to pay :: to atone :: *vr.* to be pleased with, conceited about.

PAGARÉ [PAHGAHRAY] *m.* promissory note :: I.O.U. *(I Owe You).*

PÁGINA [PAHHENAH] *f.* page.

PAGO [PAHGO] *m.* payment, requital :: **en —**, in payment.

PAÍS [PAHIS] *m.* country, state ::

region, territory.

PAISAJE [PAHESAHHAY] *m.* landscape, countryside.

PAISANO [PAHESAHNO] *m.* country people :: fellow-country-man.

PAJA [PAHHAH] *f.* straw :: chaff :: haulm.

PAJAR [PAHHAR] *m.* straw loft, barn.

PÁJARO [PAHHAHRO] *m.* bird :: **— carpintero**, woodpecker.

PAJE [PAHHAY] *m.* page, valet :: servant.

PALA [PAHLAH] *f.* shovel :: blade, leaf.

PALABRA [PAHLAHBRAH] *f.* word :: speech :: **pedir (tener) la —**, to ask (have) permission to speak :: **de —**, by word of mouth.

PALABRERÍA [PAHLAHBRAYREEAH] *f. (coll.)* empty promises :: wordiness.

PALACIEGO [PAHLAHTHEAYGO] *adj.* palace :: *m.* courtier.

PALACIO [PAHLAHTHEO] *m.* palace.

PALADAR [PAHLAHDAR] *m.* palate :: taste.

PALADEAR [PAHLAHDAYAR] *va.* to taste with pleasure, enjoy the taste of.

PALANCA [PAHLAHNKAH] *f.* lever :: joystick :: crowbar, bar :: brake.

PALANGANA [PAHLANGAHNAH] *f.* washbowl, basin.

PALCO [PAHLKO] *m. (teath.)* box.

PALESTRA [PAHLESTRAH] *f.* palaestra :: wrestling :: competition, tournament.

PALETA [PAHLAYTAH] *f.* small shovel :: trowel :: blade :: paddle.

PALETADA [PAHLAYTAHDAH] *f.* trowelful :: bolw with a shovel.

PALETO [PAHLAYTO] *m.* country bumpkin.

PALIAR [PAHLEAR] *va.* to palliate, extenuate :: to excuse, gloss over.

PALIDECER [PAHLEDAYTHAIR] *vn.* to become pale.

PALIDEZ [PAHLEDETH] *f.* paleness, pallor.

PÁLIDO [PAHLEDO] *adj.* pale, pallid.

PALILLO [PAHLEELYO] *m.* small stick :: toothpick.

PALIO [PAHLEO] *m.* cloak :: pallium, canopy.

PALIQUE [PAHLEEKAY] *m.* chitchat.

PALIZA [PAHLEETHAH] *f.* beating, caning :: **dar una —**, to beat up, hit hard.

PALIZADA [PAHLETHAHDAH] *f.* palisade, stockade.

PALMA [PAHLMAH] *f.* palm *(de la mano)* :: *(bot.)* palm-tree.

PALMADA [PAHLMAHDAH] *f.* hand claps, applause :: **dar —s**, to applaud.

PALMEAR [PALMAYAR] *va.* to clap, applaud.

PALMERA [PAHLMAYRAH] *f.* palm-tree.

PALMO [PAHLMO] *m.* span :: palm :: **— a —**, inch by inch.

PALO [PAHLO] *m.* stick :: log :: suit *(en naipes)* :: **— mayor**, mainmast :: **— Campeche**, Campeachy wood :: **— del Brasil**, Brazil :: **a — seco**, under bare poles.

PALOMA [PAHLOMAH] *f.* dove :: pigeon.

PALOMAR [PAHLOMAR] *m.* dovecot.

PALOMO [PAHLOMO] *m.* cock pigeon :: *(orn.)* ring dove, wood pigeon :: *(coll.)* stupid or simple man.

PALPABLE° [PALPAHBLAY] *adj.* palpable :: clear, obvious, evident.

PALPAR [PAHLPAR] *va.* to touch, feel, grope.

PALPITACIÓN [PALPETAHTHEON] *f.* palpitation :: heart, throb.

PALPITAR [PALPETAR] *vn.* to palpitate :: to throb, beat.

PALUDISMO [PAHLOODEESMO] *m.* malaria.

PALURDO [PAHLOORDO] *adj.* rustic :: rude :: *m.* clod, hick.

PAMPLINA [PAMPLEENAH] *f. (bot.)* chickweed :: *(coll.)* nonsense, silly remark.

PAN [PAN] *m.* bread :: loaf :: **— de jabón**, cake of soap.

PANA [PAHNAH] *f.* plush, velveteen, corduroy.

PANACEA [PAHNAHTHAYAH] *f.* panacea, cure-all.

PANADERÍA [PAHNAHDAYREEAH] *f.* bakery :: baker's shop.

PANADERO [PAHNAHDAYRO] *m.* baker.

PANAL [PAHNAHL] *m.* honeycomb.

PÁNCREAS [PAHNCRAYAS] *m. (anat.)* pancreas.

PANDA [PAHNDAH] *f. (coll.)* gang :: *(zool.)* panda.

PANDERETA [PAHNDAYRAYTAH] *f.* tambourine.

PANDILLA [PAHNDEELYAH] *f.* gang, set, league.

PANECILLO [PAHNAYTHEELLYO] *m.* roll.

PÁNICO [PAHNEKO] *adj.* panic :: *m.* panic, fright.

PANOCHA [PAHNOCHAH] *f.* ear of

corn.

PANORAMA [PAHNORAHMAH] *f.* panorama :: view :: outlook.

PANTALÓN [PAHNTAHLON] *m.* trousers.

PANTALLA [PAHNTAHLYAH] *f.* screen :: lamp-shade :: *(cine)* screen.

PANTANO [PAHNTAHNO] *m.* morass, marsh :: reservoir, dam.

PANTANOSO [PANTAHNOSO] *adj.* swampy, marshy :: muddy.

PANTEÓN [PANTAYON] *m.* cemetery.

PANTERA [PAHNTAYRAH] *f.* panther.

PANTOMIMA [PAHNTOMEEMAH] *f.* pantomime :: dumb show.

PANTORRILLA [PAHNTORRELYAH] *f.* calf, leg.

PANTUFLA [PANTOOFLA] *f.* bedroom slipper.

PANZA [PAHNTHAH] *f.* paunch, belly.

PANZUDO [PANTHOODO] *adj.* big-bellied, paunchy.

PAÑAL [PAHNYAHL] *m.* nappy, swaddling-cloth :: *pl.* **estar en —es**, to be in its beginnings.

PAÑERO [PAHNYAYRO] *m.* draper.

PAÑO [PAHNYO] *m.* cloth, stuff :: rag :: **— burdo**, shoddy cloth :: **— de manos**, towel :: *pl.* clothes :: **—s menores**, underclothes, deshabillé.

PAÑUELO [PAHNYOOAYLO] *m.* handkerchief, kerchief.

PAPA [PAHPAH] *m.* Pope :: potato :: *pl.* mushy food.

PAPÁ [PAHPAH] *m.* daddy, papa.

PAPADA [PAHPAHDAH] *f.* double-chin :: dew-lap.

PAPAGAYO [PAHPAHGAHYO] *m.* parrot :: talker, chatterer.

PAPANATAS [PAHPAHNAHTAHS] *m.* simpleton.

PAPAYA [PAHPAHYAH] *f.* papaya.

PAPEL [PAHPEL] *m.* paper :: document :: role actor's part :: **— moneda**, paper money :: **— de seda**, tissue paper :: **— de lija**, sand-paper :: **hacer un —**, to play a part.

PAPELEO [PAHPAYLAYO] *m.* looking through papers.

PAPELERA [PAHPAYLAYRAH] *f.* paper-case, writing desk.

PAPELERÍA [PAHPAYLAYREEAH] *f.* stationery.

PAPELETA [PAHPAYLAYTAH] *f.* card, ticket, index card.

PAPERA [PAHPAYRAH] *f.* goiter :: **—s**, mumps.

PAPILLA [PAHPEELLYAH] *f.* pap :: deceit, guile.

PAQUETE [PAHKAYTAY] *m.* packet, parcel.

PAR [PAR] *adj.* equal :: **de — en —**, wide-open :: even :: *m.* pair,

couple :: peer :: **pares y nones**, odds or evens.

PARA [PAHRAH] *prep.* for, to, toward :: in order to :: **¿— qué?**, what for? why?

PARABIÉN [PAHRAHBEEN] *m.* congratulation.

PARÁBOLA [PAHRAHBOLAH] *f.* parable :: parabola.

PARABRISAS [PAHRAHBREESAHS] *m.* windshield.

PARACAÍDAS [PAHRAHKAHEEDAHS] *m.* parachute.

PARACHOQUES [PAHRAHCHOKAYS] *m.* bumper.

PARADA [PAHRAHDAH] *f.* stop :: suspension :: parade :: parry :: stakes, bet :: **— en seco**, dead stop :: **— discrecional**, request stop.

PARADERO [PAHRAHDAYRO] *m.* halting-place, halt :: whereabouts.

PARADO [PAHRAHDO] *adj.* stopped :: unoccupied, unemployed :: fixed, motionless.

PARADOJA [PAHRADOHAH] *f.* paradox.

PARADÓJICO° [PAHRAHDOHECO] *adj.* paradoxical.

PARAGUAS [PAHRAHGOOAHS] *m.* umbrella.

PARAÍSO [PAHRAHEESO] *m.* paradise :: garden of Eden :: *(theat.)* gallery, "gods".

PARAJE [PAHRAHHAY] *m.* spot, place :: condition.

PARALELO [PAHRAHLAYLO] *adj.* parallel.

PARÁLISIS [PAHRAHLESIS] *f.* paralysis.

PARALÍTICO [PAHRAHLEETECO] *adj.* paralytic.

PARALIZAR [PAHRAHLETHAR] *va.* to paralyze :: to stop.

PARAMENTO [PAHRAHMENTO] *m.* ornament, hanging.

PARÁMETRO [PAHRAHMAYTRO] *m.* parameter.

PÁRAMO [PAHRAHMO] *m.* moor, waste :: wide, barren plain.

PARANGÓN [PAHRAHNGON] *m.* paragon, model :: comparison.

PARANINFO [PAHRAHNEENFO] *m.* assembly hall, lecture hall, auditorium.

PARAPETO [PAHRAHPAYTO] *m.* parapet.

PARAR [PAHRAR] *va.* to stop, check :: to stake, bet :: *vn.* to come to :: to become :: **— mientes (en)**, to consider carefully :: **sin —**, constantly, continually.

PARARRAYOS [PAHRARRAHYOS] *m.*

lightning-rod.

PARÁSITO [PAHRAHSETO] *m.* parasite :: *adj.* parasitic.

PARASOL [PAHRAHSOLE] *m.* parasol.

PARCELA [PARTHAYLAH] *f.* parcel of land, lot, plot.

PARCIAL° [PARTHEAHL] *adj.* partial :: one-sided, partisan.

PARCO° [PARKO] *adj.* sparing :: parsimonious, sober.

PARCHE [PARCHAY] *m.* plaster :: drum-head :: patch.

PARDO [PARDO] *adj.* brown, dark, grey-brown :: *m.* *(poet.)* leopard-likeness.

PARDUSCO [PARDOOSCO] *adj.* greyish :: brownish.

PAREAR [PAHRAYAR] *va.* to couple, match.

PARECER [PAHRAYTHAIR] *m.* opinion :: look.

PARECIDO° [PAHRAYTHEEDO] *adj.* like, resembling :: *m.* resemblance, likeness.

PARED [PAHRED] *f.* wall.

PAREDÓN [PAHRAYDONE] *m.* execution wall :: thick wall.

PAREJA [PAHRAYHAH] *f.* couple, brace, pair, partner.

PAREJO [PAHRAYHO] *adj.* even :: similar.

PARENTELA [PAHRENTAYLAH] *f.* parentage, relations :: kindred.

PARENTESCO [PAHRENTESCO] *m.* kinship, relationship.

PARÉNTESIS [PAHRENTAYSIS] *m.* parenthesis :: digression :: **entre —**, by the way.

PARIA [PAHREAH] *m. & f.* outcast.

PARIDAD [PAHREDAHD] *f.* equality, parity.

PARIENTE [PAHREENTAY] *m.* relation, kinsman.

PARIHUELA [PAHREOOAYLAH] *f.* stretcher.

PARIR [PAHREER] *va.* to give birth.

PARLA [PARLAH] *f.* talk, gossip.

PARLAMENTAR [PARLAHMENTAR] *vn.* to converse :: *(mil.)* to parley, to treat.

PARLAMENTO [PARLAHMENTO] *m.* parliament :: parley.

PARLANCHÍN [PARLANCHEEN] *adj.* talkative :: *m.* talker, chatterer.

PARLAR [PARLAR] *va.* to talk, chatter.

PARLOTEAR [PARLOTAYAR] *vn.* to prate, prattle, chatter, chat.

PARLOTEO [PARLOTAYO] *m.* chatter, prattle, idle talk.

PARO [PAHRO] *m.* work, stoppage :: lockout.

PARODIA [PAHRODEAH] *f.* parody, take-off, humorous imitation.

PARODIAR [PAHRODEAR] *va.* to parody, take off, imitate.

PARPADEAR [PARPAHDAYAR] vn. to blink :: to wink :: to flutter the eyelids :: to twinkle.

PARPADEO [PARPAHDAYO] m. winking :: blinking :: fluttering of the eyelids :: twinkling.

PÁRPADO [PARPAHDO] m. eyelid.

PARQUE [PARKAY] m. park :: garden :: paddock :: park of provisions.

PARQUEDAD [PARKAYDAHD] f. frugality :: moderation.

PARRA [PARRAH] f. grape-vine.

PARRAFADA [PARRAFAHDAH] f. chat.

PÁRRAFO [PAHRRAHF] m. paragraph.

PARRICIDA [PARRETHEEDAH] m. & f. parricide :: patricide :: adj. parricidal :: patricidal.

PARRICIDIO [PARRETHEEDEO] m. parricide :: patricide.

PARRILLA [PARREELYAH] f. broiler, grill, gridiron.

PÁRROCO [PARROKO] m. parish, priest.

PARROQUIA [PARROKEAH] f. parish.

PARROQUIANO [PARROKEAHNO] m. client, customer :: parishioner :: adj. parochial, of a parish.

PARSIMONIA [PARSEMONEAH] f. thrift, economy :: moderation :: prudence.

PARSIMONIOSO⁺ [PARSEMONEOSO] adj. thrifty :: careful :: cautious :: slow.

PARTE [PARTAY] f. part, portion, lot, section :: communiqué :: place :: side, party :: dar —, to notify :: de — de, on behalf of :: ¿de — de quién?, who is calling? :: por todas —s, on all sides.

PARTERA [PARTAYRAH] f. midwife.

PARTICIÓN [PARTETHEON] f. partition, distribution.

PARTICIPACIÓN [PARTETHEPAHTHEON] f. participation, share :: notice.

PARTICIPAR [PARTETHEPAR] vn. to share, participate :: va. to inform, notify, tell.

PARTÍCIPE [PARTEETHEPAY] m. partner, participant.

PARTICIPIO [PARTETHEEPEO] m. participle.

PARTÍCULA [PARTEECOOLAH] f. particle.

PARTICULAR [PARTECOOLAR] adj. particular, special :: peculiar :: private :: personal :: odd, strange :: en —, specially :: lecciones —es, private lessons :: m. private citizen :: individual :: point,

detail :: matter.

PARTIDA [PARTEEDAH] f. departure :: band, party :: item :: parcel, lot :: game :: certificate :: — de caza, hunting party.

PARTIDARIO [PARTEDAHREO] adj. & m. partisan, follower, believer in.

PARTIDO [PARTEEDO] m. (polit.) party :: profit :: (en deportes) game :: sacar — de, to profit by :: derive benefit from :: adj. divided, split.

PARTIR [PARTEER] va. to divide, cleave, cut :: vn. to leave, depart.

PARTITURA [PARTETOORAH] f. musical score.

PARTO [PARTO] m. childbirth.

PARTURIENTA [PARTOOREENTAH] f. woman in labour :: adj. parturient.

PÁRVULO [PARVOOLO] adj. very small :: m. child :: escuela de —s, infant school.

PASA [PAHSAH] f. dried grape, raisin.

PASADA [PAHSAHDAH] f. passage, turn :: mala —, dirty trick.

PASADERO [PAHSAHDAYRO] adj. tolerable, bearable, tolerably, good.

PASADIZO [PAHSAHDEETHO] m. corridor, passage, alley.

PASADO [PAHSAHDO] m. past :: adj. overripe, spoiled :: — mañana, day after tomorrow :: el año —, last year :: en días —s, in days gone by.

PASADOR [PAHSAHDOR] m. smuggler :: door bolt :: brooch, hatpin :: strainer.

PASAJE [PAHSAHHAY] m. passage, way.

PASAJERO [PAHSAHHAYRO] adj. transient, provisional :: m. passenger.

PASAMANO [PAHSAHMAHNO] m. banister.

PASAPORTE [PAHSAHPORTAY] m. passport.

PASAR [PAHSAR] va. & n. to pass, move :: to pierce :: to cross :: to pass, to go by :: to spend (el tiempo) :: to endure :: to surpass :: to go bad :: — por alto, to overlook :: — por las armas, to shoot (pers.) :: — de largo, to pass by :: — de, to exceed, be more than :: —se de, to be too + adj.

PASARELA [PAHSAHRAYLAH] f. gangplank.

PASATIEMPO [PAHSAHTEEMPO] m. pastime.

PASCUA [PAHSKOOAH] f. (relig.)

feast :: — de Resurrección, Easter :: Passover.

PASE [PAHSAY] m. permit free pass :: pass, stroke.

PASEAR [PAHSAYAR] vn. to walk, take a walk :: va. to take for a walk.

PASEO [PAHSAYO] m. walk :: stroll, turn, promenade :: mandar a —, to send packing.

PASILLO [PAHSEELYO] m. corridor :: short step.

PASIÓN [PAHSEON] f. passion.

PASIVO [PAHSEEVO] adj. passive :: m. (com.) liabilities.

PASMAR [PAHSMAR] va. to astound, stun :: vn. to wonder :: vr. to be completely amazed.

PASMO [PAHSMO] m. astonishment :: spasm.

PASMOSO [PAHSMOSO] adj. wonderful, extraordinary, amazing.

PASO [PAHSO] m. step, pace :: passage :: — a —, step by step :: a nivel, level crossing :: de —, in passing :: marcar el —, to mark time :: apretar el —, to hurry, step it out.

PASTA [PAHSTAH] f. paste, dough :: "dough".

PASTAR [PAHSTAR] vn. to graze.

PASTEL [PAHSTEL] m. pie :: cake :: pastel.

PASTELERÍA [PASTAYLAYREEAH] f. pastry cook.

PASTELERO [PAHSTAYLAYRO] m. pastry-cook, confectioner.

PASTILLA [PASTEELYAH] f. tablet, lozenge :: pill :: dab, soft mass :: cake (de jabón).

PASTO [PAHSTO] m. pasture, food :: — espiritual, spiritual nourishment :: a —, abundantly :: de —, of daily use, ordinary :: — de las llamas, fuel to the flames.

PASTOR [PAHSTOR] m. shepherd :: Protestant clergyman.

PASTOSO [PAHSTOSO] adj. pasty :: doughy.

PATA [PAHTAH] f. foot, paw (de un animal) :: leg (de un mueble) :: — de palo, wooden leg :: meter la —, to put one's foot in it.

PATADA [PAHTAHDAH] f. kick.

PATALEAR [PAHTAHLAYAR] vn. to kick repeatedly, stamp both feet.

PATALEO [PAHTAHLAYO] m. kicking :: stamping.

PATALETA [PAHTAHLAYTAH] f. convulsion :: fainting fit.

PATÁN [PAHTAHN] m. rustic, churl, rough brute.

PATATA [PAHTAHTAH] f. potato.

PATATÚS [PAHTAHTOOS] m. swoon, fainting fit.

PATEAR [PAHTAYAR] va. & n. to kick :: to stamp the foot :: to tramp about :: to trample on :: to humiliate.

PATENTAR [PAHTENTAR] va. to patent.

PATENTE [PAHTENTAY] adj. manifest, obvious :: f. patent, warrant :: — **de invencion,** patent.

PATENTIZAR [PAHTENTETHAR] va. to reveal, make clear, evident.

PATERNAL [PAHTERNAHL] adj. paternal :: fatherly.

PATERNIDAD [PAHTERNEDAHD] f. paternity, fatherhood :: authorship.

PATERNO [PAHTERRNO] adj. paternal :: fatherly.

PATÉTICO [PAHTAYTEKO] adj. pathetic, touching.

PATÍBULO [PAHTEEBOOLO] m. gibbet, gallows.

PATILLAS [PAHTEELYAHS] f. side whiskers, "side-burns".

PATÍN [PAHTEEN] m. skate :: — **de ruedas,** roller skates.

PATINAR [PAHTENAR] vn. to skate :: to skid, slip.

PATIO [PAHTEO] m. yard, court, quadrangle, inner square (de una casa) :: (theat.) pit.

PATO [PAHTO] m. drake, duck.

PATOLOGÍA [PAHTOLOHEEAH] f. pathology.

PATOLÓGICO [PAHTOLOHECO] adj. pathological.

PATRAÑA [PAHTRAHNYAH] f. fake, "story", fib, lie.

PATRIA [PAHTREAH] f. native country, home country :: motherland.

PATRIARCA [PAHTREARCAH] m. patriarch.

PATRIMONIO [PAHTREMONEO] m. patrimony :: inheritance.

PATRIOTA [PAHTREOHTAH] m. & f. patriot.

PATRIÓTICO• [PAHTREOHTECO] adj. patriotic.

PATRIOTISMO [PAHTREOTEESMO] m. patriotism.

PATROCINAR [PAHTROTHENAR] va. to patronize, favor, sponsor.

PATROCINIO [PAHTROTHEENEO] m. patronage, protection :: **bajo el** — **de,** under the auspices of.

PATRÓN [PAHTRON] m. patron :: standard, pattern :: host, owner, captain, skipper :: — **de oro,** gold standard.

PATRONÍMICO [PAHTRONEEMECO] m. & adj. patronymic.

PATRULLA [PAHTROOLYAH] m. patrol.

PATRULLAR [PATROOLLYAR] va. to patrol.

PAULATINO• [PAHOOLAHTEENO] adj. gradual, slow.

PAUSA [PAHOOSAH] f. pause, rest.

PAUSADO [PAHOOSAHDO] adj. slow, deliberate, quiet.

PAUSAR [PAHOOSAR] vn. to pause.

PAUTA [PAHOOTAH] f. guide, standard :: guide-lines :: main lines of approach, to follow.

PAVA [PAHVAH] f. turkey-hen :: kettle :: **pelar la** —, to flirt.

PAVESA [PAHVAYSAH] f. cinder :: small firebrand :: burnt wick or snuff of a candle :: pl. cinders.

PAVIMENTAR [PAHVEMENTAR] va. to pave.

PAVIMENTO [PAHVEMENTO] m. pavement, road surface.

PAVO [PAHVO] m. turkey :: — **real,** peacock.

PAVÓN [PAHVON] m. peacock.

PAVONEAR [PAHVONAYAR] vn. to strut, act like a peacock.

PAVOR [PAHVOR] m. fright, dread, horror.

PAVOROSO [PAHVOROSO] adj. awful, terrible, fearful.

PAVURA [PAHVOORAH] f. great fright, horror.

PAYASADA [PAHYAHSAHDAH] f. clownish act or remark.

PAYASO [PAHYAHSO] m. clown, buffoon.

PAZ [PATH] f. peace, rest, quiet :: **en** —, quit :: **gente de** —, friend.

PAZGUATO [PATHGOOAHTO] adj. simple, dumb, stupid :: adj. simpleton.

PEAJE [PAYAHHAY] m. toll, ferriage.

PEANA [PAYAHNAH] f. pedestal.

PEATÓN [PAYAHTONI] m. pedestrian :: rural postman.

PECA [PAYKAH] f. freckle.

PECADO [PAYKAHDO] m. sin :: guilt, transgression :: — **capital,** deadly sin.

PECADOR [PAYCAHDOR] m. sinner :: adj. sinful.

PECAMINOSO [PAYCAHMENOSO] adj. sinful.

PECAR [PAYKAR] vn. to sin :: to offend :: — **de,** to be too.

PECERA [PAYTHAYRAH] f. fish bowl.

PÉCORA [PAYKORAH] f. head of sheep.

PECOSO [PAYKOSO] adj. freckly.

PECULIAR• [PAYKOOLEAR] adj. peculiar, special, restricted (to).

PECULIO [PAYKOOLEO] m. private purse, fortune.

PECUNIA [PAYKOONEAH] f. specie, cash.

PECUNIARIO [PAYKOONEAHREO] adj. pecuniary.

PECHERA [PAYCHAYRAH] f. shirt-front.

PECHO [PAYCHO] m. chest, breast :: gradient :: **tomar a** —, to take seriously (to heart).

PECHUGA [PAYCHOOGAH] f. breast.

PEDAGOGÍA [PAYDAHGOHEEAH] f. pedagogy, science of education.

PEDAGÓGICO [PAYDAHGOHECO] adj. pedagogic, relating to education or teaching.

PEDAGOGO [PAYDAHGOGO] m. pedagogue :: mentor.

PEDAL [PEDAHL] m. pedal.

PEDALEAR [PEDAHLAYAR] va. to pedal.

PEDANTE [PAYDAHNTAY] adj. pedantic, affected, vain, superficial :: m. pedant.

PEDAZO [PAYDAHTHO] m. piece, bit, fragment.

PEDERNAL [PAYDAIRNAHL] m. flint.

PEDESTAL [PAYDESTAHL] m. pedestal, base.

PEDESTRE [PAYDESTRAY] adj. pedestrian :: (coll.) vulgar, low, uncultured.

PEDICURO [PAYDECOORO] m. chiropodist.

PEDIDO [PAYDEEDO] m. order, demand.

PEDIGÜEÑO [PAYDEGOOAYNYO] adj. importunate, demanding.

PEDIR [PAYDEER] va. to ask, beg, request, demand :: — **cuenta,** to bring to account :: **a** — **de boca,** according to desire.

PEDO [PAYDO] m. (vulg.) flatulence, fart.

PEDRADA [PAYDRAHDAH] f. throw of a stone.

PEDREGOSO [PAYDRAYGOSO] adj. stony, rocky.

PEDRERÍA [PAYDRAYREEAH] f. jewel(le)ry.

PEDRUSCO [PAYDROOSCO] m. boulder, rough stone.

PEGA [PAYGAH] f. cementing, jointing :: deceit.

PEGADIZO [PAYGAHDEETHO] adj. sticky :: contagious :: imitation, false :: sponging, parasitic.

PEGAJOSO [PAYGAHHOSO] adj. sticky :: contagious.

PEGAR [PAYGAR] va. to glue, fasten, paste :: to post (carteles) :: to beat, hit, slap :: — **fuego a,** to set fire to :: vn. to be understandable, catchy :: to stick.

PEINADO [PAYNAHDO] m. coiffure, hairdo :: hairdressing :: adj. effeminate.

PEINADOR [PAYENAHDOR] *m.* dressing-gown.

PEINAR [PAYENARI] *va.* to comb :: — **canas**, to be old.

PEINE [PAYENAY] *m.* comb :: rack.

PEINETA [PAYEENAYTAH] *f.* large ornamental comb.

PELADILLA [PAYLAHDEELLYAH] *f.* small pebble :: sugar-almond.

PELADO [PAYLAHDO] *adj.* peeled :: plucked :: skinned :: hairless :: featherless :: barren, treeless, bare :: penniless, broke.

PELADURA [PAYLAHDOORAH] *f.* plucking :: pruning, trimming :: peeling.

PELAJE [PAYLAHHAY] *m.* animal's coat, fur :: external appearance.

PELAMBRE [PAYLAMBRAY] *m.* thick hair, long hair :: fur :: lack of hair, bare patcher :: hair scraped from skins :: hair.

PELAR [PAYLAR] *va.* to cut the hair short :: to skin, peel, shell :: to pluck *(desplumar)* :: — **la pava**, to flirt with, make love to.

PELDAÑO [PELDAHNYO] *m.* step of stairs.

PELEA [PAYLAYAH] *f.* fight, battle, quarrel.

PELEAR [PAYLAYAR] *va.* to fight, contend, quarrel.

PELELE [PAYLAYLAY] *m.* dummy, "stuffed shirt".

PELETERÍA [PAYLAYTAYREEAH] *f.* furrier.

PELIAGUDO [PAYLEAHGOODO] *adj.* downy :: ticklish *(situación).*

PELÍCANO [PAYLEKAHNO] *m.* pelican.

PELÍCULA [PAYLEEKOOLAH] *f.* film.

PELIGRAR [PAYLEGRAR] *vn.* to be in danger.

PELIGRO [PAYLEEGRO] *m.* peril, danger, risk.

PELIGROSO° [PAYLEGROSO] *adj.* dangerous, perilous.

PELMA [PELMAH] *m. & f.* bore :: *(coll.)* easy mark :: *m.* solid hass.

PELMAZO [PELMAHTHO] *m.* flat mass :: *(coll.)* sluggard.

PELO [PAYLO] *m.* hair, down :: *(zool.)* coat :: **a** —, to the purpose :: **montar a** —, to ride bareback :: **de** — **en pecho**, virile, brave :: **a contra** —, against the grain.

PELÓN [PAYLONE] *adj.* bald.

PELOTA [PAYLOTAH] *f.* ball :: **en** —, naked, without a stitch on :: **juego de** —, ballgame.

PELOTAZO [PAYLOTAHTHO] *m.* blow with a ball.

PELOTEAR [PAYLOTAYAR] *va.* to audit accounts :: to throw up balls.

PELOTERA [PAYLOTAYRAH] *f.* wrangle, dispute.

PELOTÓN [PAYLOTONE] *m.* large ball :: crowd, gang :: heap, pile :: platoon of soldiers :: firing squad.

PELTRE [PELLTRAY] *m.* pewter.

PELUCA [PAYLOOKAH] *f.* wig.

PELUDO [PAYLOODO] *adj.* hairy :: shaggy :: *m.* plush carpet with shaggy pile.

PELUQUERÍA [PAYLOOKAYREEAH] *f.* barbershop, hairdresser's shop.

PELUQUERO [PAYLOOKAYRO] *m.* hair-dresser, barber.

PELUSA [PAYLOOSAH] *f.* down :: fuzz :: nap.

PELLEJO [PELLYAYHO] *m.* hide :: skin :: peel :: **salvar el** —, to save one's skin, escape punishment :: **jugarse el** —, to risk one's neck.

PELLIZCAR [PELLYEETHCAR] *va.* to pinch, nip.

PELLIZCO [PELLYEETHCO] *m.* pinching, nipping :: pinch, nip.

PENA [PAYNAH] *f.* penalty :: pain :: sorrow, grief :: **valer la** —, to be worthwhile.

PENADO [PAYNAHDO] *adj.* afflicted.

PENAL [PAYNAHL] *adj.* penal :: **código** —, penal code.

PENALIDAD [PAYNAHLEDAHD] *f.* hardship :: trouble :: penalty.

PENAR [PAYNAR] *vn.* to suffer :: to be suffering, grieve.

PENDENCIA [PENDENTHEAH] *f.* quarrel, dispute, feud.

PENDENCIERO [PENDENTHEAYRO] *adj.* quarrelsome :: rowdy.

PENDER [PENDAIR] *vn.* to hang :: to be pending :: to depend.

PENDIENTE [PENDEENTAY] *adj.* pending, hanging :: *m.* ear-ring :: *f.* slope, incline.

PÉNDOLA [PENDOLAH] *f.* pendulum :: quill.

PENDÓN [PENDON] *m.* banner, pennon.

PÉNDULO [PENDOOLO] *m.* pendulum.

PENE [PAYNAY] *m.* penis.

PENETRACIÓN [PAYNAYTRAHTHEON] *f.* penetration :: acuteness :: keen judgment.

PENETRAR [PAYNAYTRAR] *va.* to penetrate, break into :: to comprehend :: to permeate.

PENICILINA [PAYNETHELEENAH] *f.* penicillin.

PENÍNSULA [PAYNEENSOOLAH] *f.* peninsula.

PENITENCIA [PAYNETENTHEAH] *f.* penance.

PENITENCIARÍA [PAYNETENTHEAH-REEAH] *f.* penitentiary.

PENITENTE [PAYNETENTAY] *adj.* repentant, penitent :: *m. & f.* penitent.

PENOSO° [PAYNOSO] *adj.* painful :: laborious.

PENSADO [PENSAHDO] *adj.* deliberate :: **tener** —, to have thought.

PENSADOR [PENSAHDOR] *m.* thinker :: *adj.* thinking.

PENSAMIENTO [PENSAHMEENTO] *m.* thought, idea, mind.

PENSAR [PENSAR] *va.* — **en**, to think (of) (over) :: to reflect :: to aim at.

PENSATIVO [PENSAHTEEVO] *adj.* thoughtful, pensive.

PENSIÓN [PENSEON] *f.* pension :: board and lodgings, boarding-house.

PENSIONISTA [PENSEONISTAH] *m.* boarder.

PENTÁGONO [PENTAHGONO] *m.* *(geom.)* pentagon :: *(adj.)* pentagonal.

PENÚLTIMO [PAYNOOLTEMO] *adj.* penultimate, next to the last, last but one.

PENUMBRA [PAYNOOMBRAH] *f.* partial shadow, dimness.

PENURIA [PAYNOOREAH] *f.* penury, indigence.

PEÑA [PAYNYAH] *f.* rock, peak :: group, circle of friends.

PEÑASCO [PAYNYAHSKO] *m.* cliff, boulder.

PEÑASCOSO [PAYNYASCOSO] *adj.* rocky.

PEÑÓN [PAYNYONE] *m.* rock, spire.

PEÓN [PAYON] *m.* day-labourer :: spinning-top :: pawn *(ajedrez).*

PEONZA [PAYONTHAH] *f.* whipping top :: *(coll.)* noisy little fellow.

PEOR [PAYOR] *adj. & adv.* worse, worst.

PEPINO [PAYPEENO] *m.* cucumber :: **no me importa un** —, I don't care two hoots (about).

PEPITA [PAYPEETAH] *f.* pip, small seed.

PEQUEÑEZ [PAYKAYNYETH] *f.* smallness.

PEQUEÑO [PAYKAYNYO] *adj.* small, little.

PERA [PAYRAH] *f.* pear.

PERAL [PAYRAHL] *m.* *(bot.)* peartree.

PERCANCE [PAIRKAHNTHAY] *m.* misfortune, mishap.

PERCATARSE [PERCAHTARSAY] *vr.* to notice, suspect :: to guard against.

PERCEPCIÓN [PERTHEPTHEON] *f.* perception :: idea.

PERCEPTIBLE [PERTHEPTEEBLAY] *adj.* perceptible, noticeable.

PERCIBIR [PAIRTHEBEER] *va.* to perceive :: to collect.

PERCUSIÓN [PERCOOSEON] *f.* percussion.

PERCHA [PAIRCHAH] *f.* perch :: clothes-rack, hanger.

PERDER [PAIRDAIR] *va.* to lose :: to ruin :: — de vista, to lose sight of :: to spoil :: *vr.* to go astray, get lost :: to be spoiled.

PERDICIÓN [PERDETHEON] *f.* perdition, damnation, hell, ruin.

PÉRDIDA [PAIRDEDAH] *f.* loss, waste, damage, shrinkage :: *pl.* — y ganancias, profit and loss.

PERDIDO [PERDEEDO] *adj.* lost :: strayed :: mislaid :: ruined :: *m.* rake, dissolute fellow :: bum, vagabond.

PERDIGÓN [PERDEGONE] *m.* young partridge :: shot :: *(coll.)* profligate :: failure *(pers.)*.

PERDIZ [PAIRDEETH] *f.* partridge.

PERDÓN [PAIRDON] *m.* pardon, grace, forgiveness :: con —, by your leave, excuse me.

PERDONAR [PAIRDONAR] *va.* to pardon, forgive :: to excuse.

PERDURABLE [PERDOORAHBLAY] *adj.* long-lasting :: everlasting.

PERDURAR [PERDOORAR] *vn.* to last, endure.

PERECEDERO [PAYRAYTHAYDAYRO] *adj.* perishable.

PERECER [PAYRAYTHAIR] *vn.* to perish, to succumb.

PEREGRINACIÓN [PAYRAYGRENAHTHEON] *f.* pilgrimage :: long journey.

PEREGRINAR [PAYRAYGRENAR] *vn.* to peregrinate :: to go on a pilgrimage.

PEREGRINO [PAYRAYGREENO] *adj.* strange, rare :: *m.* pilgrim.

PEREJIL [PAYRAYHEEL] *m.* parsley.

PERENNE [PAYRENNAY] *adj.* perennial, enduring, perpetual.

PERENTORIO [PAYRENTOREO] *adj.* peremptory, urgent.

PEREZA [PAYRAYTHAH] *f.* laziness :: tardiness :: sloth.

PEREZOSO [PAYRAYTHOSO] *adj.* lazy, idle :: *m.* *(zool.)* sloth.

PERFECCIÓN [PERFECTHEON] *f.* perfection :: a la —, to perfection, perfectly.

PERFECCIONAMIENTO [PERFECTHEONAHMEENTO] *m.* improvement, perfection :: completion.

PERFECCIONAR [PERFECTHEONAR] *va.* to perfect, finish, complete.

PERFECTO [PAIRFEKTO] *adj.* perfect, complete.

PERFIDIA [PERFEEDEAH] *f.* perfidy, treachery.

PÉRFIDO [PAIRFEDO] *adj.* perfidious.

PERFIL [PAIRFEEL] *m.* profile, outline.

PERFILAR [PAIRFELAR] *va.* to profile, draw (sketch) outline of.

PERFORACIÓN [PERFORAHTHEON] *f.* perforation, hole :: puncture :: perforating, drilling.

PERFORAR [PAIRFORAR] *va.* to drill, perforate.

PERFUMAR [PERFOOMAR] *va.* to perfume, scent.

PERFUME [PAIRFOOMAY] *m.* perfume, fragrance.

PERFUMERÍA [PERFOOMAYREEAH] *f.* perfumery :: perfume shop.

PERGAMINO [PAIRGAHMEENO] *m.* parchment, vellum.

PERICIA [PAYREETHEAH] *f.* skill, expertness.

PERIFOLLO [PAYREFOLYO] *m.* chervil :: cheap excessive ornament.

PERILLA [PAYREELLYAH] *f.* small pear :: pear-shaped ornament :: knob :: pommel of a saddle :: goatee :: de —, apropos, to the point.

PERÍMETRO [PAYREEMAYTRO] *m.* perimeter.

PERIÓDICO [PAYREODEKO] *adj.* periodical :: *m.* journal, newspaper.

PERIODISMO [PAYREODEESMO] *m.* journalism.

PERIODISTA [PAYREODEESTAH] *m.* & *f.* journalist :: newspaperman, newsman, pressman.

PERÍODO [PAYREEODO] *m.* period :: cycle :: sentence.

PERIPECIA [PAYREPAYTHEAH] *f.* vicissitude, change in fortune :: unforeseen incident :: —s, adventures.

PERISCOPIO [PAYRISCOPEO] *m.* periscope.

PERITO [PAYREETO] *m.* expert :: appraiser.

PERJUDICAR [PAIRHOODEKAR] *va.* to damage :: to prejudice :: to count against, be a disadvantage.

PERJUICIO [PAIRHOOEETHEO] *m.* damage, injury, prejudice.

PERJURAR [PERHOORAR] *vn.* to perjure oneself :: to commit perjury :: to curse, swear.

PERJURIO [PAIRHOOREO] *m.* perjury.

PERLA [PAIRLAH] *f.* pearl :: de —s, perfectly, pat.

PERMANECER [PAIRMAHNAYTHAIR] *vn.* to remain, stay :: to last.

PERMANENCIA [PERMAHNENTHEAH] *f.* permanence, duration :: stability :: stay, sojourn.

PERMANENTE [PAIRMAHNENTAY] *adj.* permanent, lasting.

PERMISO [PAIRMEESO] *m.* leave, permit :: con su —, by your leave.

PERMITIR [PAIRMETEER] *va.* to permit, allow, let.

PERMUTAR [PAIRMOOTAR] *va.* to exchange, interchange :: to permute.

PERNICIOSO [PAIRNETHEOSO] *adj.* pernicious, harmful.

PERNIL [PAIRNEEL] *m.* ham, shoulder of an animal.

PERNO [PERRNO] *m.* bolt, pin :: eye of a door hinge.

PERNOCTAR [PAIRNOKTAR] *vn.* to stay overnight.

PERO [PAYRO] *conj.* but, except.

PEROGRULLADA [PAYROGROOLYAHDAH] *f.* platitude, self-evident statement.

PERORACIÓN [PAYRORAHTHEON] *f.* peroration, discourse.

PERORATA [PAYRORAHTAH] *f.* harangue, speech.

PERPENDICULAR [PERPENDECOOLAR] *adj. m. & f.* perpendicular.

PERPETRAR [PAIRPAYTRAR] *va.* to perpetrate, commit.

PERPETUAR [PERPAYTOOAR] *va.* to perpetuate.

PERPETUO [PAIRPAYTOOO] *adj.* perpetual.

PERPLEJIDAD [PERPLAYHEDAHD] *f.* perplexity.

PERPLEJO [PAIRPLAYHO] *adj.* perplexed, uncertain, confused.

PERRERA [PERRAYRAH] *f.* kennel :: badly-paid job :: tantrum.

PERRO [PAIRRO] *m.* dog :: — cobrador, retriever :: — de ajeo, setter :: — dogo, bulldog.

PERRUNO [PERROONO] *adj.* canine, doglike.

PERSECUCIÓN [PERSAYCOOTHEON] *f.* persecution :: pursuit.

PERSEGUIDOR [PERSAYGEEDOR] *m.* pursuer :: persecutor.

PERSEGUIR [PAIRSAYGHEER] *va.* to persecute, importune :: to pursue.

PERSEVERANCIA [PERSAYVAYRAHNTHEAH] *f.* perseverance.

PERSEVERAR [PAIRSAYVAYRAR] *vn.* to persevere :: to insist :: to persist.

PERSIANA [PAIRSEAHNAH] *f.* slatted shutter :: *(Venetian)* blinds.

PERSIGNARSE [PAIRSIGNARSAY] *vr.* to cross oneself.

PERSISTENCIA [PERSISTENTHEAH] *f.* persistence.

PERSISTENTE [PERSISTENTAY] *adj.* persistent.

PERSISTIR [PAIRSISTEER] *vn.* to persist, persevere.

PERSONA [PAIRSONAH] *f.* person :: individual.

PERSONAJE [PAIRSONAHHAY] *m.* personage :: *(theat.)* character.

PERSONAL° [PERSONAHL] *adj.* personal :: *m.* personnel.

PERSONALIDAD [PERSONAHLEDAHD] *f.* personality :: individuality :: person, personage.

PERSONIFICAR [PERSONEFECARI] *va.* to personify, personalize.

PERSPECTIVA [PAIRSPEKTEEVAH] *f.* perspective, prospect, outlook.

PERSPICACIA [PAIRSPEKAHTHEAH] *f.* sagacity, acumen, perspicacity.

PERSPICAZ [PERSPECATH] *adj.* keen, shrewd.

PERSUADIR [PAIRSOOAHDEERI] *va.* to persuade, convince.

PERSUASIÓN [PERSOOAHSEON] *f.* persuasion.

PERSUASIVO [PERSOOAHSEEVO] *adj.* persuasive.

PERTENECER [PAIRTAYNAYTHAIRI] *vn.* to belong :: to concern.

PERTENECIENTE [PERTAYNAYTHEENTAYI] *adj.* pertaining, belonging, concerning.

PÉRTIGA [PAIRTEGAH] *f.* staff, pole, rod :: **a la —**, pole jump.

PERTIGUERO [PAIRTEGAYRO] *m.* verger.

PERTINAZ° [PARTENATH] *adj.* pertinacious, stubborn, insistent, persistent.

PERTINENTE [PERTENENTAY] *adj.* pertinent, to the point, apt, fitting.

PERTRECHAR [PERTRAYCHAR] *va.* to provide, supply :: to prepare, implement.

PERTRECHOS [PAIRTRAYCHOS] *m. pl. (mil.)* suppies and stores :: tools :: equipment.

PERTURBACIÓN [PERTOORBAHTHEON] *f.* uneassiness, agitation, disturbance.

PERTURBAR [PAIRTOORBARI] *va.* to perturb, unsettle, confuse, agitate.

PERVERSIDAD [PERVERSEDAHD] *f.* perversity, wickedness.

PERVERSO° [PAIRVAIRSO] *adj.* wicked, perverted, contrary.

PERVERTIR [PERVERTEER] *va.* to pervert :: to corrupt :: to distort :: *vr.* to become perverted :: to go wrong.

PESA [PAYSAH] *f.* weight :: *pl.* **— y medidas**, weights and measures.

PESADEZ [PAYSAHDETH] *f.* gravity :: heaviness :: fatigue.

PESTAÑA [PESTAHNYAH] *f.* eyelash.

PESTAÑEAR [PESTAHNYAYARI] *vn.* to wink, blink.

PESTE [PESTAY] *f.* plague, pest, epidemic.

PESTILENCIA [PESTELENTHEAH] *f.* pestilence, pest.

PESTILLO [PESTEELYO] *m.* doorlatch, bolt.

PESADILLA [PAYSAHDEELLYAH] *f.* nightmare.

PESADO° [PAYSAHDO] *adj.* heavy, weighty, cumbersome :: boring, tiresome :: profound.

PESADUMBRE [PAYSAHDOOMBRAY] *f.* grief, sorrow :: heaviness.

PÉSAME [PAYSAHMAY] *m.* condolence :: **dar el —**, to express (send) one's sorrow.

PESANTEZ [PAYSAHNTETH] *f.* gravity.

PESAR [PAYSARI] *m.* regret, sorrow :: *va.* to weigh :: *vn.* to be weighty :: to be sorry, regret :: **a — de**, despite, in spite of :: **a — mío**, in spite of myself :: **mal que le pese**, in spite of him.

PESAROSO [PAYSAHROSO] *adj.* sorrowful, regretful.

PESCA [PESKAH] *f.* fishing, angling.

PESCADERÍA [PESCAHDAYREEAH] *f.* fish market.

PESCADERO [PESCAHDAYRO] *m.* fishmonger, dealer in fish.

PESCADO [PESKAHDO] *m.* fish.

PESCADOR [PESCAHDOR] *m.* fisherman.

PESCAR [PESKARI] *va.* to fish, to angle, to catch.

PESCOZÓN [PESCOTHONE] *m.* blow on the back of the head or neck with the hand.

PESCUEZO [PESKOOAYTHO] *m.* neck.

PESEBRE [PAYSAYBRAY] *m.* manger, crib.

PESETA [PAYSAYTAH] *f.* Spanish coin and currency.

PESIMISMO [PAYSEMEESMO] *m.* pessimism.

PESIMISTA [PAYSEMEESTAH] *adj.* pessimistic :: *m. & f.* pessimist.

PÉSIMO° [PAYSEMO] *adj.* very bad, the worst, abominable.

PESO [PAYSO] *m.* weight :: scales :: burden, load :: **razones de —**, sound judgment :: unit of currency of certain cap. countries :: **— bruto**, gross weight :: **— neto**, net weight.

PESQUERÍA [PESKAYREEAH] *f.* fishery.

PESQUISA [PESKEESAH] *f.* inquiry, investigation, search.

PETACA [PAYTAHKAH] *f.* cigarcase, tobacco-pouch.

PÉTALO [PAYTAHLO] *m.* petal.

PETARDISTA [PAYTARDISTAH] *m.* cheat, imposter, swindler.

PETARDO [PAYTARDO] *m.* bomb :: fraud.

PETICIÓN [PAYTETHEON] *f.* petition, request.

PETIMETRE [PAYTEMAYTRAY] *m.* dandy, beau.

PETO [PAYTO] *m.* breast-plate :: stomacher.

PÉTREO [PAYTRAYO] *adj.* rocky :: stony, of stone.

PETRÓLEO [PAYTROLAYO] *m.* petroleum.

PETROLERO [PAYTROLAYRO] *m.* petroleum, oil or kerosene seller :: incendiary :: *m.* oilman :: *adj.* pertaining to oil.

PETULANCIA [PAYTOOLAHNTHEAH] *f.* flippancy :: insolence.

PETULANTE [PAYTOOLAHNTAY] *adj.* impertinent, flippant.

PETUNIA [PAYTOONEAH] *f.* petunia.

PEZ [PETH] *m.* fish :: *f.* pitch, tar.

PEZÓN [PAYTHON] *m.* stalk :: nipple.

PEZUÑA [PAYTHOONYAH] *f.* hoof.

PIADOSO [PEAHDOSO] *adj.* pious, godly, good.

PIANO [PEAHNO] *m.* pianoforte :: **— de cola**, grand :: **— vertical**, upright, piano.

PIAR [PEARI] *vn.* to peep, chirp :: to whine.

PIARA [PEAHRAH] *f.* herd :: drove.

PICA [PEEKAHI] *f.* pike :: magpie :: spades *(naipes)*.

PICADILLO [PECAHDEELLYO] *m.* hash :: minced pork for sausages.

PICADOR [PEKAHDOR] *m.* horsebreaker :: picador.

PICADURA [PEKAHDOORAH] *f.* puncture, pricking :: bite *(de insectos)* :: cut *(de tabaco)*.

PICANTE [PEKAHNTAY] *adj.* pricking :: hot, highly seasoned :: *m.* piquancy.

PICAPEDRERO [PECAHPAYDRAYRO] *m.* quarrier, stonecutter.

PICAPORTE [PECAHPORTAYI] *m.* latch :: latchkey :: door knocker.

PICAR [PEKARI] *va.* to prick, sting, bite :: to mince :: to goad, pique :: to burn :: *vr.* to itch :: to be offended.

PICARDÍA [PEKARDEEAH] *f.* knavery, roguery, mischief.

PICARESCO [PEKAHRESKO] *adj.* knavish, roguish, picaresque.

PÍCARO [PEEKAHRO] *m.* rogue :: *adj.* naughty, mischievous, sly.

PICAZÓN [PECAHTHONE] *f.* itch, itching.

PICO [PEEKO] m. beak, bill :: pickaxe :: peak :: — **de oro,** goldenmouthed, eloquent orator :: **cerrar el** —, to hold one's tongue.

PICOTA [PEKOTAH] f. gibbet.

PICOTAZO [PECOTAHTHO] m. peck.

PICOTEAR [PEKOTAYAR] va. to strike with the beak.

PICTÓRICO [PIKTOREKO] adj. pictorial.

PICHÓN [PECHON] m. pigeon.

PIE [PEAY] m. foot, support, base :: bottom (de página) :: (theat,) cue :: **a** —, on foot :: **(de) (en)** —, standing :: **al** — **de la letra,** verbatim, exactly :: **a** — **s juntillas,** emphatically, absolutely :: **ni** — **s ni cabeza,** neither head nor tail.

PIEDAD [PEAYDAHD] f. piety, mercifulness, charity.

PIEDRA [PEAYDRAH] f. stone :: gravel :: **fina,** precious stone :: — **angular,** corner-stone :: — **de toque,** touchstone :: — **rodada,** boulder.

PIEL [PEELL] f. hide, skin, pelt.

PIERNA [PEAIRNAH] f. leg :: **a** — **suelta,** at ease :: soundly.

PIEZA [PEAYTHAH] f. piece, portion :: room :: play :: **de una** —, in one piece.

PIGMENTO [PIGMENTO] m. pigment.

PIJAMA [PEHAHMAH] m. pajamas.

PILA [PEELAH] f. pile, heap :: sink :: baptismal font :: battery (elect.) :: **nombre de** —, Christian name.

PILAR [PELAR] m. pillar, column :: va. to hull.

PILASTRA [PELAHSTRAH] f. (arch.) pilaster.

PÍLDORA [PEELDORAH] f. pill.

PILÓN [PELON] m. pylon :: basin (de una fuente) :: mortar, pestle.

PILOTAJE [PELOTAHHAY] m. pilework, piling :: pilotage.

PILOTAR [PELOTAR] va. to pilot.

PILOTO [PELOTO] m. pilot :: sailingmaster.

PILLAJE [PILLYAHHAY] m. pillage, plunder.

PILLAR [PELYAR] va. to catch, take hold of :: to plunder.

PILLO [PEELYO] m. rascal, rogue, petty thief, urchin.

PIMENTÓN [PEMENTON] m. red pepper.

PIMIENTA [PEMEENTAH] f. pepper.

PIMIENTO [PEMEENTO] m. green pepper :: red pepper.

PIMPOLLAR [PIMPOLYAR] m. nursery of plants.

PIMPOLLO [PIMPOLYO] m. sucker :: young blood.

PINÁCULO [PENAHCOOLO] m. pinnacle, top, summit.

PINAR [PENAR] m. pine wood.

PINCEL [PINTHELL] m. paintbrush.

PINCELADA [PINTHAYLAHDAH] f. stroke with a paintbrush :: touch, flourish.

PINCHAR [PINCHAR] va. to prick, puncture.

PINCHAZO [PINCHAHTHO] m. prick :: puncture :: stab.

PINGAJO [PINGAHHO] m. tag, tatter, rag.

PINGÜE [PEENGOOAY] adj. abundant, rich, "fat".

PINGÜINO [PINGOOEENO] m. penguin.

PINO [PEENO] m. pine-tree :: — **alerce,** larch :: — **marítimo,** cluster pine.

PINTA [PEENTAH] f. spot, mark :: appearance :: pint :: (coll) face, "mug" :: **¡qué** —**¡** what a sight!

PINTAR [PINTAR] va. to paint :: to stain :: to describre :: vr. to paint one's face, make up.

PINTARRAJEAR [PINTARRAHHEAR] va. to daub :: to smear with paint or rouge.

PINTIPARADO [PINTEPAHRAHDO] adj. exactly like, the very image (of).

PINTOR [PINTOR] m. painter :: — **de brocha gorda,** house painter :: dauber, rough and ready.

PINTORESCO [PINTORESKO] adj. picturesque, exotic.

PINTURA [PINTOORAH] f. painting :: picture : — **a la aguada,** watercolour :: — **al óleo,** oilpainting.

PINZAS [PINTHAHS] f. pl. nippers, tweezers :: claws :: forceps :: (de la ropa) pins.

PIÑA [PEENYAH] f. pine-cone :: pine-apple.

PIÑÓN [PENYONE] m. pine nut :: nut pine :: pinion.

PIOJO [PEOHO] m. louse.

PIOJOSO [PEOHOHSO] adj. lousy :: mean, stingy.

PIONERO [PEONAYRO] m. pioneer :: boy scout.

PIPA [PEEPAH] f. cask, butt :: pipe.

PIQUE [PEEKAY] m. resentment :: **irse a** —, to founder, go to the bottom :: **echar a** —, to sink.

PIQUETA [PEKAYTAH] f. pickaxe.

PIRA [PEERAH] f. pyre.

PIRAGUA [PERAHGOOAH] f. Indian canoe :: dugout.

PIRÁMIDE [PERAHMEDAY] f. pyramid.

PIRATA [PERAHTAH] m. pirate, corsair.

PIRATERÍA [PERAHTAYREEAH] f. piracy.

PIROPEAR [PEROPEAR] va. (coll.) to compliment, flatter.

PIROPO [PEROPO] m. compliment, flattering phrase.

PIROTECNIA [PEROTECNEAH] f. pyrotechnics.

PIRUETA [PEROOAYTAH] f. pirouette.

PISADA [PESAHDAH] f. footstep, imprint of foot.

PISAPAPELES [PESAHPAHPAYLES] m. paperweight.

PISAR [PESAR] va. to tread, trample on, step on.

PISAVERDE [PESAHVAIRDAY] m. dandy, fop.

PISCINA [PISTHEENAH] f. swimming pool, baths.

PISO [PESO] m. floor, pavement, story :: flat, apartment :: — **resbaladizo,** slippery underfoot :: — **principal,** first floor.

PISOTEAR [PESOTAYAR] va. to trample on, tread on.

PISOTÓN [PESOTONE] m. hard step, stamp of the foot :: **dar un** —, to step hard, stamp upon.

PISTA [PISTAH] f. trail, scent, track :: floor, course :: **seguir la** — **de,** to follow, pursue, go after.

PISTO [PISTO] m. mixture of egg, peppers, tomatoes, fried together.

PISTOLA [PISTOLAH] f. pistol.

PISTOLERO [PISTOLAYRO] m. gangster :: body guard.

PISTÓN [PISTON] m. piston, embolus.

PITANZA [PETAHNTHAH] f. pittance :: stipend.

PITAR [PETAR] va. to distribute dole to :: vn. to blow a whistle :: to honk the horn.

PITILLO [PETEELYO] m. cigarette, fag.

PITO [PEETO] m. pipe, whistle, hooter :: **no me importa un** —, I don't care a straw.

PITONISA [PETONEESAH] f. pythoness :: witch.

PIZARRA [PETHARRAH] f. slate :: blackboard.

PIZCA [PITHKAH] f. whit, bit, jot :: **no sabe ni** —, he hasn't an inkling.

PIZPIRETA [PITHPERAYTAH] f. smart little piece :: bright sirl.

PLACA [PLAHKAH] f. plate :: insignia.

PLACENTERO• [PLAHTHENTAYRO] adj. merry, pleasant, pleasing.

PLACER [PLAHTHAIR] *va.* to please :: *m.* pleasure :: will.

PLACIDEZ [PLAHTHEDETH] *f.* placidity, contentment.

PLÁCIDO° [PLAHTHEDO] *adj.* placid, calm, easy-going.

PLAGA [PLAHGAH] *f.* plague, pest.

PLAGAR [PLAHGAR] *va.* to plague, infest.

PLAGIAR [PLAHHEAR] *va.* to plagiarize, steal and use as one's own :: abduct.

PLAGIO [PLAHHEO] *m.* plagiarism, unauthorised copy.

PLAN [PLAHN] *m.* plan, scheme, project, drawing.

PLANA [PLAHNAH] *f.* trowel :: page *(de un periódico).*

PLANCHA [PLAHNCHAH] *f.* plate, sheet :: iron *(para la ropa)* :: **hacer la —**, to float.

PLANCHAR [PLAHNCHAR] *va.* to iron clothes, press.

PLANEADOR [PLAHNAYAHDOR] *m.* glider.

PLANEAR [PLANAYAR] *va.* to plan :: *vn.* to glide *(un avión).*

PLANETA [PLAHNAYTAH] *m.* planet.

PLANICIE [PLAHNEETHEAY] *f.* plain.

PLANO [PLAHNO] *adj.* plain :: level :: smooth, even :: *m.* plan, map, chart :: plane :: flat *(de una espada)* :: **en el primer —**, in the foreground.

PLANTA [PLAHNTAH] *f.* plant :: sole *(del pie)* :: plant, site :: **— baja,** ground floor :: **buena —,** fine presence.

PLANTACIÓN [PLANTAHTHEON] *f.* plantation :: planting.

PLANTAR [PLAHNTAR] *va.* to plant :: to set up :: to leave in the lurch, to dumbfound :: to jilt.

PLANTEAMIENTO [PLANTAYAMEENTO] *m.* planning :: establishment :: exposition.

PLANTEAR [PLAHNTAYAR] *va.* to plan :: to establish, state, explain.

PLANTEL [PLAHNTELL] *m.* training-school, nursery.

PLANTILLA [PLAHNTEELYAH] *f.* model, pattern :: insole.

PLANTÓN [PLAHNTON] *m.* graft, shoot :: door-keeper, sentry :: **dar un —**, to keep someone waiting.

PLASMA [PLAHSMAH] *m.* plasma.

PLASMAR [PLASMAR] *va.* to mold, shape.

PLÁSTICO [PLAHSTEKO] *adj.* plastic :: yielding.

PLATA [PLAHTAH] *f.* silver :: money :: *(her.)* argent :: **como una —,** like a new pin.

PLATAFORMA [PLAHTAHFORMAH] *f.* platform.

PLÁTANO [PLAHTAHNO] *m.* plantain-tree :: banana :: plane-tree.

PLATEA [PLAHTAYAH] *f.* orchestra stall, pit.

PLATEADO [PLAHTAYADO] *m.* silver plating :: *adj.* silver-colored.

PLATERÍA [PLAHTAYREEAH] *f.* silversmith's art, trade *or* shop.

PLATERO [PLAHTAYRO] *m.* silversmith :: **— de oro,** goldsmith.

PLÁTICA [PLAHTEKAH] *f.* talk, homily, address :: chat, conversation.

PLATICAR [PLAHTECAR] *va.* to converse, talk, chat.

PLATILLO [PLAHTEELYO] *m.* saucer :: scale, pan *(de una báscula)* :: **— volador,** flying saucer :: cymbal.

PLATINO [PLAHTEENO] *m.* platinum.

PLATO [PLAHTO] *m.* plate, dish :: course *(en una comida)* :: **nada entre dos —s,** much ado about nothing.

PLAYA [PLAHYAH] *f.* beach, sandy shore.

PLAZA [PLAHTHAH] *f.* main square :: market :: town :: **ir a la —,** to go to market to buy :: fortified place :: room, space :: **sentar —,** to enlist :: **— de toros,** bullring.

PLAZO [PLAHTHO] *m.* term :: timelimit :: **a —s,** on credit.

PLEAMAR [PLAYAHMAR] *f.* hightide.

PLEBE [PLAYBAY] *f.* common people, plebs.

PLEBEYO [PLAYBAYYO] *adj.* plebeian :: of low degree :: commoner.

PLEBISCITO [PLAYBISTHEETO] *m.* plebiscite, direct vote.

PLEGABLE [PLAYGAHBLAY] *adj.* folding, pliable.

PLEGAR [PLAYGAR] *va.* to fold, crease, tuck, pucker, plait :: *vr.* to give way, crumple up.

PLEGARIA [PLAYGAHREAH] *f.* prayer.

PLEITEAR [PLAYETAYAR] *va.* to litigate, contend.

PLEITO [PLAYETO] *m.* lawsuit, contention :: proceedings :: dispute :: case.

PLENARIO [PLAYNAHREO] *adj.* full, complete :: plenary.

PLENILUNIO [PLAYNELOONEO] *m.* full moon.

PLENIPOTENCIARIO [PLAYNEPOTEN-THEAHREO] *m. & adj.* plenipotentiary.

PLENITUD [PLAYNETOOD] *f.* fullness, wholeness, completion :: fulfilment.

PLENO° [PLAYNO] *adj.* full, comple-

te.

PLIEGO [PLEAYGO] *m.* sheet :: sheaf, wad :: document in envelope :: **— de condiciones,** tender :: **—s de cordel,** ballad-sheets, broadsheets.

PLIEGUE [PLEAYGAY] *m.* plait, fold :: gather.

PLOMADA [PLOMAHDAH] *f.* plumb :: plummet :: soundinglead :: sinker.

PLOMERO [PLOMAYRO] *m.* plumber, leadworker.

PLOMIZO [PLOMEETHO] *adj.* leaden.

PLOMO [PLOMO] *m.* lead :: **a —,** true plumb :: **caer a —,** to drop flat :: **andar con pies de —,** to proceed very gingerly.

PLUMA [PLOOMAH] *f.* feather, plume :: quill :: pen, nib :: **— de agua,** measure of running water :: **— estilográfica,** fountain pen.

PLUMAJE [PLOOMAHHAY] *m.* plumage :: plumes, crest.

PLUMERO [PLOOMAYRO] *m.* featherduster :: pen-holder, pencilbox :: panache, plume.

PLUMÓN [PLOOMON] *m.* down :: feather-bed.

PLURAL [PLOORAHL] *adj.* plural.

PLURALIDAD [PLOORAHLEDAHD] *f.* plurality.

PLUS [PLOOS] *m.* extra, bonus :: *(com.)* extra pay.

PLUVIAL [PLOOVEAHL] *adj.* rainy :: **capa —,** cope.

POBLACIÓN [POBLAHTHEON] *f.* population :: city, town.

POBLADO [POBLAHDO] *adj.* populated :: thick *(barba)* :: *m.* village :: settlement.

POBLAR [POBLAR] *va.* to people :: to colonize :: *vr.* to put forth leaves.

POBRE° [POBRAY] *adj.* poor :: needy :: wretched :: paltry :: *m.* pauper :: **—s de solemnidad,** the utterly poor, the povertystricken.

POBREZA [POBRAYTHAH] *f.* poverty, indigence, want :: meagreness :: lack of spirit.

POCILGA [POTHEELGAH] *f.* pigsty.

PÓCIMA [POTHEMAH] *f.* potion, brew.

POCO [POKO] *adj.* little, small, limited, scanty :: pl. few :: *adv.* little, only slightly, shortly :: **— a —,** gradually, softly :: **tener en —,** to think little of.

PODA [PODAH] *f.* pruning :: pruning season.

PODAR [PODAR] *va.* to prune, trim, cut off.

PODENCO (PODENCO) m. hound.
PODER (PODAIR) va. to be able :: to be capable of :: to have authority to :: to afford :: **no — más**, to be exhausted :: **no — menos**, to be obliged (to) :: **no — ver a**, not to be able to stand someone :: m. might :: power, power of attorney, proxy.
PODERÍO (PODAYREEO) m. power, might :: jurisdiction :: worldly wealth.
PODEROSO° (PODAYROSO) adj. powerful, potent :: mighty :: weighty.
PODREDUMBRE (PODRAYDOOMBRAY) f. corruption, decay, putrid matter.
PODRIDO (PODREEDO) adj. rotten.
PODRIR (PODREER) véase pudrir.
POEMA (POAYMAH) m. poem.
POESÍA (POAYSEEAH) f. poetry, poem, lyric.
POETA (POAYTAH) m. poet.
POÉTICO (POAYTECO) adj. poetic.
POETISA (POAYTEESAH) f. poetess.
POLACO (POLAHCO) m. & adj. polish.
POLAINA (POLAHEENAH) f. leggings, spats.
POLAR (POLAR) adj. polar.
POLEA (POLAYAH) f. pulley.
POLÉMICA (POLAYMECAH) f. controversy :: polemics.
POLÉMICO (POLAYMECO) adj. polemic.
POLEN (POLAYN) m. pollen.
POLICÍA (POLETHEEAH) f. police :: policeman, policewoman.
POLÍCROMO (POLECROMO) adj. polychrome, many-colored.
POLIGAMIA (POLEGAHMEAH) f. polygamy.
POLÍGLOTA (POLEEGLOTAH) adj. polyglot :: n. f. Polyglot Bible.
POLÍGONO (POLEEGONO) m. (geom.) polygon :: adj. polygonal.
POLILLA (POLEELYAH) f. moth :: book-worm.
POLÍTICA (POLEETEKAH) f. politics :: policy :: politeness.
POLÍTICO (POLEETECO) m. politician :: adj. political :: polite, courteous :: cold, reserved.
PÓLIZA (POLETHAH) f. policy :: scrip :: draft :: ticket.
POLIZÓN (POLETHONE) m. tramp :: stowaway.
POLIZONTE (POLETHONTAY) m. (sl.) copper, cop.
POLO (POLO) m. pole :: polo :: Andalusian song.
POLTRÓN (POLTRON) adj. sluggish, cowardly, lazy :: m. poltroon.
POLVAREDA (POLVAHRAYDAH) f. cloud of dust.
POLVERA (POLVAYRAH) f. powder box :: compact :: powder puff.
POLVO (POLVO) m. dust, powder, pinch of snuff :: pl. facepowder :: **— de la madre Celestina**, magic formula, secret recipe.
PÓLVORA (POLVORAH) f. gunpowder.
POLVORIENTO (POLVOREENTO) adj. dusty.
POLVORÍN (POLVOREEN) m. fine powder :: powder flask :: powder magazine.
POLLINO (POLLYEENO) m. young ass or donkey :: (fig.) jackass, idiot.
POLLO (POLLYO) m. young chicken :: nestling, young bird.
POLLUELO (POLLYOOAYLO) m. small chicken chick.
POMADA (POMAHDAH) f. pomade.
POMAR (POMAR) m. appleorchard.
POMELO (POMELO) m. (bot.) grapefruit :: shaddock, pomelo.
POMO (POMO) m. handle :: flask :: pommel.
POMPA (POMPAH) f. pomp, splendour, pageantry :: bubble :: pump.
POMPOSO (POMPOSO) adj. pompous.
PÓMULO (POMOOLO) m. cheek bone.
PONCHE (PONCHAY) m. punch.
PONDERACIÓN (PONDAYRAHTHEON) f. consideration, appreciation, praise :: gravity.
PONDERAR (PONDAYRAR) va. to weigh, consider :: to exaggerate :: to praise.
PONDEROSO° (PONDAYROSO) adj. weighty, ponderous :: grave, solemn :: cautious.
PONER (PONAIR) va. to put, place :: to set :: to bet :: to lay (huevos) :: to contribute :: to assume :: to call :: to add :: **— por escrito**, to put in writing :: vr. to set about :: to put on :: to become :: to get :: **—se enfermo**, to fall ill :: **—se de pie**, to get up :: **—se colorado**, to blush.
PONIENTE (PONEENTAY) m. west :: west wind.
PONTÍFICE (PONTEEFETHAY) m. pontiff :: the Pope :: archbishop, bishop.
PONTÓN (PONTON) m. pontoon.
PONZOÑA (PONTHONYAH) f. poison, venom.
POPA (POPAH) f. (naut) stern :: **a —**, abaft :: **viento en —**, sailing along merrily, flourishingly.
POPULACHO (POPOOLAHCHO) m. mob, rabble, plebs.
POPULAR (POPOOLAR) adj. popular.
POPULARIDAD (POPOOLAHREDAHD) f. popularity.
POQUEDAD (POKAYDAHD) f. paucity, littleness :: poverty.
POQUITO (POKEETO) m. a little bit.
POR (POR) prep. by :: through :: for, during :: in :: around :: about :: as :: per :: on behalf of :: **5 — ciento**, 5 per cent :: ¿**— que?**, why? :: **— más que**, however much :: **— tanto**, therefore :: **ir — leña**, to fetch firewood :: **carta — escribir**, unwritten letter :: **— supuesto**, of course.
PORCELANA (PORTHAYLAHNAH) f. porcelain, china.
PORCENTAJE (PORTHENTAHHAY) m. percentage.
PORCIÓN (PORTHEON) f. part, dose, share, lot.
PORCHE (PORCHAY) m. roof, portico.
PORDIOSERO (PORDEOSAYRO) m. beggar, mendicant.
PORFÍA (PORFEEAH) f. insistence, stubborness, obstinacy.
PORFIADO (PORFEAHDO) adj. stubborn, persistent.
PORFIAR (PORFEAR) va. to contend :: to persist.
PÓRFIDO (PORFEDO) m. porphyry.
PORMENOR (PORMAYNOR) m. detail :: **al —**, by retail.
PORNOGRAFÍA (PORNOGRAHFEEAH) f. pornography.
PORNOGRÁFICO (PORNOGRAHFECO) adj. pornographic.
PORO (PORO) m. pore.
POROSIDAD (POROSEDAHD) f. porosity.
POROSO (POROSO) adj. porous.
PORQUE (PORKAY) conj. because.
PORQUÉ (PORKAY) m. motive :: reason :: conj. why?
PORQUERÍA (PORKAYREEAH) f. filth :: dirty remark or joke :: rubbish.
PORRA (PORRAH) f. club, stick.
PORRÓN (PORRON) m. wine jar with a long spout.
PORTADA (PORTAHDAH) f. titlepage, frontispiece :: porch, doorway :: façade.
PORTADOR (PORTAHDOR) m. bearer, holder :: porter :: **bono al —**, bearer bond.
PORTAL (PORTAHL) m. porch :: vestibule, gateway, doorway.
PORTALÁMPARAS (PORTAHLAMPAHRAS) m. (elec.) lamp holder, socket.
PORTAMONEDAS (PORTAHMONAYDAHS) m. pocket-book, purse.
PORTARSE (PORTARSAY) vr. to behave, comport oneself.

PORTÁTIL [PORTAHTIL] *adj.* portable, pocket-size.

PORTAVIONES [PORTAHVEONES] *m.* aircraft carrier.

PORTAVOZ [PORTAHVOTH] *m.* spokesman, spokeswoman :: megaphone.

PORTAZO [PORTAHTHO] *m.* bang or slam a door :: **dar un —**, to bang or slam the door.

PORTE [PORTAY] *m.* cost of carriage :: portage :: behaviour, bearing :: burden, tonnage :: postage :: **— franco**, free of postage.

PORTEAR [PORTAYAR] *va.* to convey for a price.

PORTENTO [PORTENTO] *m.* wonder, prodigy :: omen.

PORTENTOSO° [PORTENTOSO] *adj.* marvelous, extraordinary, amazing, terrifying.

PORTERÍA [PORTAYREEAH] *f.* porter's quarters :: main door of a building :: goal.

PORTERO [PORTAYRO] *m.* porter :: doorman, janitor, commissionaire :: goalkeeper.

PORTEZUELA [PORTAYTHOOAYLAH] *f.* little door :: carriage door :: flap :: pocket flap.

PÓRTICO [PORTECO] *m.* portico, porch.

PORTILLO [PORTEELYO] *m.* opening :: way out, way in, passage :: breach :: pass.

PORTÓN [PORTONE] *m.* gate.

PORVENIR [PORVAYNEER] *m.* future.

POS [POS] *adv.* **en —**, after, in pursuit of.

POSADA [POSAHDAH] *f.* inn, lodging-house, tavern.

POSADERAS [POSAHDAYRAS] *f. pl.* posterior, buttocks, rump.

POSADERO [POSAHDAYRO] *m.* innkeeper.

POSAR [POSAR] *vn.* to lodge :: to rest :: to sit down :: to pose *(como modelo)* :: to perch *(los pájaros)* :: *vr.* to settle *(los sedimentos).*

POSDATA [POSDAHTAH] *f.* postscript.

POSEEDOR [POSAYAYDOR] *m.* owner, holder.

POSEER [POSAYAIR] *va.* to own :: to master, be master of.

POSEÍDO [POSAYEEDO] *adj.* crazed, possessed :: **estar — de**, to be thoroughly convinced of.

POSESIÓN [POSAYSEON] *f.* possession.

POSESIVO [POSAYSEEVO] *adj. & m.* possessive.

POSIBILIDAD [POSEBELEDAHD] *f.* possibility :: property :: aptitude.

POSIBILITAR [POSEBELETAR] *va.* to facilitate.

POSIBLE° [POSEEBLAY] *adj.* likely, feasible :: **lo —**, all in one's power :: *pl.* means.

POSICIÓN [POSETHEON] *f.* position :: attitude :: standing :: situation.

POSITIVO [POSETEEVO] *adj.* sure, certain, positive.

POSO [POSO] *m.* sediment, lees, dregs.

POSPONER [POSPONAIR] *va.* to postpone, delay, put off :: to subordinate.

POSTA [POSTAH] *f.* relay, post, post stage :: post-office.

POSTAL [POSTAHL] *adj.* postal :: **tarjeta —**, postcard.

POSTE [POSTAY] *m.* pillar :: **oler el —**, to smell a rat.

POSTERGAR [POSTAIRGAR] *va.* to leave behind, postpone, shelve :: to pass over :: to deny legitimate hopes, pretensions.

POSTERIDAD [POSTAYREDAHD] *f.* posterity.

POSTERIOR° [POSTAYREOR] *adj.* later, posterior :: hind, rear.

POSTIGO [POSTEEGO] *m.* shutter, postern, wicket.

POSTÍN [POSTEEN] *m.* airs, conceit :: **darse —**, to put on airs.

POSTIZO [POSTEETHO] *adj.* artificial, false :: *m.* switch *(peinado).*

POSTRACIÓN [POSTRAHTHEON] *f.* prostration, collapse, exhaustion :: dejection, lowness of spirits.

POSTRAR [POSTRAR] *va.* to prostrate :: *vr.* to kneel down :: to be exhausted.

POSTRE [POSTRAY] *m.* dessert :: **a la —**, at last.

POSTRERO [POSTRAYRO] *adj.* last, ultimate, final.

POSTULADO [POSTOOLAHDO] *m.* axiom, postulate.

POSTULAR [POSTOOLAR] *va.* to postulate, demand, seek :: to nominate :: *(eccl.)* to postulate.

PÓSTUMO [POSTOOMO] *adj.* posthumous.

POSTURA [POSTOORAH] *f.* position, attitude :: bid :: stake.

POTABLE [POTAHBLAY] *adj.* drinkable.

POTAJE [POTAHHAY] *m.* stewed vegetables :: soup :: medley.

POTE [POTAY] *m.* jug, jar :: **— gallego**, vegetable broth.

POTENCIA [POTENTHEAH] *f.* power :: ability :: Great Power, strength :: faculty.

POTENCIAL° [POTENTHEAHL] *adj.* potential, virtual.

POTENTADO [POTENTAHDO] *m.* potentate.

POTENTE [POTENTAY] *adj.* potent, strong, capable :: powerful.

POTESTAD [POTESTAHD] *f.* power, dominion, might :: *pl.* angelic powers.

POTRANCA [POTRAHNCAH] *f.* young mare.

POTRO [POTRO] *m.* colt, young horse :: rack *(de tortura).*

POYO [POYO] *m.* seat, bench, stone seat.

POZO [POTHO] *m.* well :: deep spot, pool :: pit, shaft :: *(naut.)* hold.

PRÁCTICA° [PRAHCTECAH] *f.* practice :: exercise :: custom, habit :: method.

PRACTICANTE [PRAHCTEKAHNTAY] *adj.* practising :: *m.* doctor's assistant :: first-aid worker.

PRACTICAR [PRAHCTEKAR] *va.* to perform, do, exercise.

PRÁCTICO [PRAHKTEKO] *m.* practitioner :: *(naut.)* harbor pilot :: *adj.* practical :: skilful, experienced.

PRADERA [PRAHDAYRAH] *f.* meadow, field :: grassland, prairie.

PRADO [PRAHDO] *m.* field, meadow, pasture-ground :: lawn.

PREÁMBULO [PRAYAHMBOOLO] *m.* preamble, introduction, prologue.

PREBENDA [PRAYBENDAHD] *f.* prebend :: sinecure.

PRECARIO [PRAYCAHREO] *adj.* precarious.

PRECAUCIÓN [PRAYCAHOOTHEON] *f.* precaution.

PRECAVER [PRAYKAHVAIR] *va.* to provide against, warn against, obviate :: *vr.* to be on one's guard, take heed, act circumstantially.

PRECAVIDO° [PRAYKAHVEEDO] *adj.* cautious, wary, circumspect, prudent.

PRECEDENTE [PRAYTHAYDENTAY] *adj.* preceding :: *m.* precedent.

PRECEDER [PRAYTHAYDAIR] *va.* to precede, to go ahead of.

PRECEPTIVO [PRAYTHEPTEEVO] *adj.* preceptive.

PRECEPTO [PRAYTHEPTO] *m.* precept, rule :: order.

PRECEPTOR [PRAYTHEPTOR] *m.* teacher, tutor.

PRECES [PRAYTHES] *f. pl.* prayers, supplications.

PRECIADO [PRAYTHEAHNDO] *adj.* prized, valued, esteemed, precious.

PRECINTAR [PRAYTHINTAR] *va.* to bind, strap :: to seal.

PRECIO [PRAYTHEO] *m.* price :: value :: cost :: — **fijo**, net price :: — **de tasa**, official price.

PRECIOSO [PRAYTHEOSO] *adj.* precious, valuable :: fine, exquisite :: beautiful.

PRECIPICIO [PRAYTHEPEETHEO] *f.* precipice :: ruin.

PRECIPITACIÓN [PRETHEPETAHTHEON] *f.* precipitation :: rush, haste, hurry.

PRECIPITADO [PRAYTHEPETAHDO] *adj.* precipitate, hasty, rash :: *m. (chem.)* precipitate.

PRECIPITAR [PRATHEPETAR] *va.* to hurl down :: to accelerate, to hasten :: *vr.* to hurry, rush.

PRECISAR [PRAYTHESAR] *va.* to fix, set :: to force, oblige :: to make clear :: to be necessary.

PRECISIÓN [PRAYTHESEON] *f.* preciseness, accuracy :: necessity :: **en la** — **de**, under the necessity of.

PRECISO [PRAYTHEESO] *adj.* accurate :: precise, exact :: essential, requisite, necessary :: **es** —, it is necessary.

PRECLARO [PRAYKLAHRO] *adj.* famous, illustrious.

PRECOCIDAD [PRAYCOTHEDAHD] *f.* precocity, precociousness.

PRECONIZAR [PRAYKONETHAR] *va.* to commend publicly :: eulogize.

PRECOZ [PRAYKOTH] *adj.* forward, precocious :: premature.

PRECURSOR [PRAYKOORSOR] *m.* harbinger, herald, forerunner.

PREDECESOR [PRAYDAYTHAYSOR] *m.* predecessor.

PREDECIR [PRAYDAYTHEER] *va.* to foretell, predict.

PREDESTINACIÓN [PRAYDESTENAH-THEON] *f.* predestination.

PREDESTINADO [PRAYDESTENAHDO] *m.* predestinate :: "cuckold" :: *adj.* predestined.

PREDESTINAR [PRAYDESTENAR] *va.* to predestine.

PRÉDICA [PRAYDEKAH] *f.* sermon.

PREDICACIÓN [PRAYDECAHTHEON] *f.* preaching.

PREDICADO [PRAYDECAHDO] *adj. & m.* predicate.

PREDICADOR [PRAYDEKAHDOR] *m.* preacher.

PREDICAR [PRAYDEKAR] *va.* to preach :: to predicate.

PREDICCIÓN [PRAYDITHEON] *f.* prediction.

PREDILECCIÓN [PRAYDELECTHEON]

f. predilection, preference, liking.

PREDILECTO [PRAYDELEKTO] *adj.* favourite, special, chosen.

PREDISPONER [PRAYDISPONAIR] *va.* to predispone.

PREDISPUESTO [PRAYDISPOOESTO] *adj.* predisposed, prejuiced, biased.

PREDOMINANTE [PRAYDOMENAHN-TAY] *adj.* predominant :: prevailing, ruling.

PREDOMINAR [PRAYDOMENAR] *va.* to predominate, prevail.

PREDOMINIO [PRAYDOMEENEO] *m.* mastery, control, command.

PREFABRICADO [PRAYFAHBRECAHDO] *adj.* prefabricated.

PREFABRICAR [PRAYFAHBRECAR] *va.* to prefabricate.

PREFACIO [PRAYFAHTHEO] *m.* prologue, preface.

PREFECTO [PRAYFECTO] *m.* prefect :: governor :: president.

PREFERENCIA [PRAYFAYRENTHEAH] *f.* preference :: **de** —, with preference :: preferably.

PREFERIBLE [PRAYFAYREEBLAY] *adj.* preferable.

PREFERIR [PRAYFAYREER] *va.* to prefer, choose :: to have rather :: to be ahead.

PREFIJAR [PRAYFEHAR] *va.* to prefix :: to set beforehand *(una fecha)* .

PREFIJO [PRAYFEEHO] *m.* prefix.

PREGÓN [PRAYGONE] *m.* public announcement, proclamation.

PREGONAR [PRAYGONAR] *va.* to proclaim :: to cry wares :: to bring to public notice.

PREGONERO [PRAYGONAYRO] *m.* town-crier.

PREGUNTA [PRAYGOONTAH] *f.* question, query :: *(pop.)* **estar a la cuarta** —, to broke.

PREGUNTAR [PRAYGOONTAR] *va.* to question, ask, inquire :: to interrogate.

PREGUNTÓN [PRAYGOONTON] *adj.* inquisitive.

PREHISTORIA [PRAYISTOREAH] *f.* prehistory.

PREHISTÓRICO [PRAYISTORECO] *adj.* prehistoric.

PREJUICIO [PRAYHOOEETHEO] *m.* prejudice.

PREJUZGAR [PRAYHOOTHGAR] *va.* to prejudge.

PRELADO [PRAYLAHDO] *m.* prelate.

PRELIMINAR [PRAYLEMENAR] *adj. & m.* preliminary.

PRELUDIO [PRAYLOODEO] *m.* prelude :: introduction.

PREMATURO [PRAYMAHTOORO] *adj.*

premature, untimely.

PREMEDITACIÓN [PRAYMAYDETAH-THEON] *f.* premeditation.

PREMEDITADO [PRAYMAYDETAHDO] *adj.* premeditated, deliberate.

PREMIAR [PRAYMEAR] *va.* to reward, recompense, requite.

PREMIO [PRAYMEO] *m.* reward, prize :: premium.

PREMIOSO [PRAYMEOSO] *adj.* urgent :: close, strict, tight, rigid :: tongue-tied, close-lipped :: stumbling, difficult.

PREMISA [PRAYMEESAH] *f.* premise :: mark, clue.

PREMURA [PRAYMOORAH] *f.* urgency, haste.

PRENDA [PRENDAH] *f.* pawn, pledge :: jewel :: garment :: adornment :: pretty thing.

PRENDAR [PRENDAR] *va.* to pawn, pledge :: to captivate :: *vr.* to fall in love.

PRENDER [PRENDAIR] *va.* to seize, grasp, catch :: to arrest, imprison :: *vn.* to take fire.

PRENDIMIENTO [PRENDEMEENTO] *m.* capture, seizure :: catching :: taking root.

PRENSA [PRENSAH] *f.* press, clamp :: journalism, daily press :: **la** —, the press :: **tener mala** —, to have a bad press :: **estar en** —, to bein press.

PRENSAR [PRENSAR] *va.* to press, squeeze in a press.

PREÑADO [PRAYNYAHDO] *adj.* pregnant :: replete, charged with.

PREÑEZ [PRAYNYETH] *f.* pregnancy :: fullness :: threat :: inherent confusion.

PREOCUPACIÓN [PRAYOCOOPAH-THEON] *f.* preoccupation :: worry :: bias, prejudice.

PREOCUPAR [PRAYOCOOPAR] *va.* to preoccupy :: to worry :: to prejudice :: *vr.* to be preoccupied :: to worry :: to be prejudiced.

PREPARACIÓN [PRAYPAHRAHTHEON] *f.* preparation.

PREPARAR [PRAYPAHRAR] *va.* to prepare :: *vr.* to get ready.

PREPARATIVO [PRAYPAHRAHTEEVO] *adj.* preparatory :: *m.* preparation.

PREPONDERANCIA [PRAYPONDAY-RAHNTHEAH] *f.* preponderance.

PREPONDERAR [PRAYPONDAYRAR] *vn.* to be preponderant, prevail, overpower.

PREPOSICIÓN [PRAYPOSETHEON] *f.* preposition.

PRERROGATIVA [PRAYROGAHTEEVAH] *f.* prerogative, right, privilege.

PRESA [PRAYSAH] *f.* capture, prey,

prize :: morsel :: dam, dike :: talon, claw :: **tribunal de —s marítimas,** prize court :: **hacer —,** to capture.

PRESAGIAR [PRAYSAHHEAR] *va.* to forebode.

PRESAGIO [PRAYSAHHEO] *m.* presage, omen, sign.

PRESBÍTERO [PRESBEETAYRO] *m.* priest, presbyter.

PRESCINDIR [PRESTHINDEER] *vn.* to do without :: omit :: dispense (with).

PRESCRIBIR [PRESKREBEER] *va.* to prescribe.

PRESENCIA [PRAYSENTHEAH] *f.* presence :: figure, bearing :: **— de ánimo,** presence of mind, serenity.

PRESENCIAR [PRAYSENTHEAR] *va.* to attend, be present at :: to witness.

PRESENTACIÓN [PRAYSENTAHTHEON] *f.* presentation :: personal introduction.

PRESENTAR [PRAYSENTAR] *va.* to display, exhibit :: to introduce *(pers.)* :: to offer *(como candidato)* :: to present :: *vr.* to appear, offer oneself.

PRESENTE [PRAYSENTAY] *adj.* present, current :: *m.* gift :: *f.* the present document :: **mejorando lo —,** present company excepted :: **hacer —,** to remind, recall.

PRESENTIMIENTO [PRAYSENTEMEEN-TO] *m.* presentiment, foreboding.

PRESENTIR [PRAYSENTEER] *va.* to forebode, have a feeling, presentiment.

PRESERVACIÓN [PRAYSERVAHTHEON] *f.* preservation.

PRESERVAR [PRAYSAIRVAR] *va.* to preserve, guard, keep.

PRESERVATIVO [PRAYSERVAHTEEVO] *m.* preservative :: *adj.* preservative :: preventive.

PRESIDENCIA [PRAYSEDENTHEAH] *f.* presidency :: office of president :: presidential term :: chairmanship.

PRESIDENTE [PRAYSEDENTAY] *m.* president :: chairman :: presiding judge.

PRESIDIARIO [PRAYSEDEAHREO] *m.* convict.

PRESIDIO [PRAYSEEDEO] *m.* hard labour :: garrison, fortress :: penitentiary.

PRESIDIR [PRAYSEDEER] *va.* to preside, act as chairman.

PRESILLA [PRAYSEELYAH] *f.* loop, eye, hole, noose.

PRESIÓN [PRAYSEON] *f.* pressure :: **botón de —,** press-stud.

PRESO [PRAYSO] *adj.* imprisoned :: *m.* prisoner :: **llevar — a uno,** to take somebody away under arrest.

PRESTACIÓN [PRESTAHTHEON] *f.* lending :: loan :: service.

PRESTAMISTA [PRESTAHMISTAH] *m.* money-lender, pawnbroker.

PRÉSTAMO [PRESTAHMO] *m.* loan.

PRESTAR [PRESTAR] *va.* to lend, loan :: to give :: **— atención,** to pay attention :: *vr.* to offer :: to lend oneself :: **se presta (a),** it gives rise (to).

PRESTEZA [PRESTAYTHAH] *f.* haste, promptitude :: alacrity.

PRESTIDIGITACIÓN [PRESTEDEHETAH-THEON] *f.* juggling, sleight of hand.

PRESTIDIGITADOR [PRESTEDEHETAH-DOR] *m.* juggler.

PRESTIGIO [PRESTEEHEO] *m.* prestige, fame, reputation, name :: spell :: sleight of hand.

PRESTO [PRESTO] *adj.* swift :: *adv.* quickly, prompt.

PRESUMIBLE [PRAYSOOMEEBLAY] *adj.* presumable.

PRESUMIDO [PRAYSOOMEEDO] *adj.* conceited, presumptuous.

PRESUMIR [PRAYSOOMEER] *va. & n.* to presume, conjecture :: to boast.

PRESUNCIÓN [PRAYSOONTHEON] *f.* presumption :: presumptuousness.

PRESUNTIVO [PRAYSOONTEEVO] *adj.* presumptive, supposed.

PRESUNTO [PRAYSOONTO] *adj.* presumptive, supposed.

PRESUNTUOSO [PRAYSOONTOOOSO] *adj.* presumptuous, vain, conceited.

PRESUPONER [PRAYSOOPONERR] *va.* to presuppose :: to budget.

PRESUPUESTO [PRAYSOOPOOESTO] *m.* pretext :: understanding :: budget.

PRESUROSO [PRAYSOOROSO] *adj.* hasty, speedy, hurried.

PRETENCIOSO [PRAYTENTHEOSO] *adj.* presumptuous :: conceited.

PRETENDER [PRAYTENDAIR] *va.* to pretend, claim :: to try, endeavour :: to have aspirations to.

PRETENDIENTE [PRAYTENDEENTAY] *m.* pretender, claimant :: suitor :: office seeker.

PRETENSIÓN [PRAYTENSEON] *f.* pretension :: claim :: presumption :: pretense.

PRETEXTAR [PRAYTEXTAR] *va.* to pretext :: to allege as pretext.

PRETEXTO [PRAYTEXTO] *m.* pretext, pretense, excuse.

PRETIL [PRAYTEEL] *m.* railing, parapet :: breastwork.

PREVALECER [PRAYVAHLAYTHAIR] *vn.* to prevail, surpass.

PREVARICAR [PRAYVAHREKAR] *vn.* to prevaricate.

PREVENCIÓN [PRAYVENTHEON] *f.* prevention, forethought :: warning :: prejudice.

PREVENIDO [PRAYVAYNEEDO] *adj.* ready, prepared, cautious, forewarned.

PREVENIR [PRAYVAYNEER] *va.* to warn, forestall, notify :: to prepare, provide :: to hinder.

PREVENTIVO [PRAYVENTEVO] *adj.* preventive :: warning.

PREVER [PRAYVAIR] *va.* to foresee.

PREVIO [PRAYVEO] *adj.* previous, advance, prior.

PREVISIÓN [PRAYVESEON] *f.* foresight.

PREVISOR [PRAYVESOR] *adj.* farseeing, previsional :: provident.

PRIETO [PREAYTO] *adj.* very black :: mean :: compressed.

PRIMA [PREEMAH] *f.* girl cousin :: premium.

PRIMACÍA [PREMAHTHEEAH] *f.* priority, precedence :: superiority.

PRIMARIO [PREMAHREO] *adj.* primary, principal.

PRIMAVERA [PREMAHVAYRAH] *f.* spring :: primrose.

PRIMER [PREMERR] *adj.* first.

PRIMERO [PREMAYRO] *adj.* first :: **de buenas a primeras,** without reflection :: **de primera,** first class quality, very well :: *adv.* rather.

PRIMICIA [PREMEETHEAH] *f.* first fruit :: first profit.

PRIMITIVO [PREMETEEVO] *adj.* primitive :: primary :: original.

PRIMO [PREEMO] *m.* cousin :: simpleton, ass :: **— hermano,** first cousin :: **materia prima,** raw material.

PRIMOGÉNITO [PREMOHAYNETO] *adj.* first-born.

PRIMOR [PREMOR] *m.* beauty, exquisiteness, loveliness.

PRIMORDIAL [PREMORDEAHL] *adj.* primordial.

PRIMOROSO [PREMOROSO] *adj.* exquisite, curious, lovely, neat, fine.

PRINCESA [PRINTHAYSAH] *f.* princess.

PRINCIPAL [PRINTHEPAHL] *adj.* principal :: first floor :: *m.* capital, stock.

PRÍNCIPE [PRINTHEPAY] *m.* prince.

PRINCIPESCO [PRINTHEPESCO] *adj.* princely.

PRINCIPIANTE [PRINTHEPEAHNTAY] *m.* beginner.

PRINCIPIAR [PRINTHEPEAR] *va.* to begin, start.

PRINCIPIO [PRINTHEEPEO] *m.* beginning, start, origin :: principle, motive :: entrée :: **al —**, at the beginning :: **en —**, in principle.

PRINGAR [PRINGAR] *va.* to dip in grease.

PRINGOSO [PRINGOSO] *adj.* greasy.

PRINGUE [PREENGAY] *m. & f.* grease, drippings.

PRIOR [PREOR] *m.* prior.

PRIORIDAD [PREOREDAHD] *f.* priority :: precedence.

PRISA [PREESAH] *f.* haste, promptness :: **llevar (tener) —**, to be in a hurry.

PRISIÓN [PRESEON] *f.* prison, jail :: seizure :: *pl.* chains, fetters.

PRISIONERO [PRESEONAYRO] *m.* prisoner.

PRISMA [PRISMAH] *m.* prism.

PRIVACIÓN [PREVAHTHEON] *f.* privation :: want, lack :: loss.

PRIVADO[*] [PREVAHDO] *adj.* private, secret :: *m.* favourite.

PRIVAR [PREVAR] *va.* to deprive, dispossess.

PRIVATIVO [PREVAHTEEVO] *adj.* privative :: private, personal.

PRIVILEGIADO [PREVELAYHEADO] *adj.* privileged.

PRIVILEGIAR [PREVELAYHEAR] *va.* to favor :: to give a privilege to.

PRIVILEGIO [PREVELAYHEO] *m.* privilege, concession, faculty.

PRO [PRO] *m. & f.* profit :: advantage :: **en —**, for the benefit of :: **hombre de —**, substantial citizen.

PROA [PROAH] *f.* prow.

PROBABILIDAD [PROBAHBELEDAHD] *f.* probability.

PROBABLE[*] [PROBAHBLAY] *adj.* probable.

PROBANZA [PROBAHNTHAH] *f.* proof, evidence.

PROBAR [PROBAR] *va.* to prove, test, examine :: to justify :: to taste :: to try on :: **— fortuna**, to try one's luck.

PROBETA [PROBAYTAH] *f.* test tube :: pressure gauge.

PROBIDAD [PROBEDAHD] *f.* probity, integrity.

PROBLEMA [PROBLAYMAH] *m.* problem.

PROBLEMÁTICO [PROBLAYMAHTECO] *adj.* problematic.

PROCACIDAD [PROKAHTHEDAHD] *f.* impudence, insolence.

PROCAZ [PROKAHTH] *adj.* bold, impudent.

PROCEDENCIA [PROTHAYDENTHEAH] *f.* origin, source, place from which people or articles come.

PROCEDENTE [PROTHAYDENTAY] *adj.* proceeding, originating :: according to law.

PROCEDER [PROTHAYDAIR] *vn.* to proceed, to go on :: to proceed from :: *m.* conduct, behaviour.

PROCEDIMIENTO [PROTHAYDEMEENTO] *m.* process, method, manner, custom, procedure.

PROCELOSO [PROTHAYLOSO] *adj.* tempestuous.

PRÓCER [PROTHAIR] *adj.* lofty :: *m.* distinguished citizen, Senator.

PROCESADO [PROTHAYSAHDO] *adj.* relating to, or included in, a lawsuit :: accused, prosecuted :: *m.* defendant.

PROCESAR [PROTHAYSAR] *va.* to prosecute, indict, try.

PROCESIÓN [PROTHAYSEON] *f.* procession :: parade.

PROCESO [PROTHAYSO] *m.* progress :: proceedings :: trial.

PROCLAMA [PROCLAHMAH] *f.* proclamation :: banns.

PROCLAMACIÓN [PROCLAHMAHTHEON] *f.* proclamation.

PROCLAMAR [PROCLAHMAR] *va.* to proclaim.

PROCLIVIDAD [PROKLEVEDAHD] *f.* proclivity, propensity, inclination.

PROCREACIÓN [PROCRAYAHTHEON] *f.* procreation.

PROCREAR [PROCRAYAR] *va.* to procreate.

PROCURADOR [PROKOORAHDORR] *m.* procurer :: solicitor, attorney.

PROCURAR [PROCOORAR] *va.* to try, endeavor :: to procure, obtain, get .

PRODIGAR [PRODEGAR] *va.* to lavish, squander.

PRODIGIO [PRODEEHEO] *m.* prodigy, monster.

PRODIGIOSO[*] [PRODEHEOHSO] *adj.* prodigious, marvelous :: fine, exquisite.

PRÓDIGO[*] [PRODEGO] *adj.* prodigal, wasteful, bountiful.

PRODUCCIÓN [PRODOOCTHEON] *f.* production :: produce.

PRODUCIR [PRODOOTHEER] *va.* to produce, bring forth :: to cause.

PRODUCTO [PRODOOKTO] *m.* product, production :: produce :: growth.

PRODUCTOR [PRODOOCTOR] *m.* producer :: *adj.* producing, produc-

tive.

PROEZA [PROAYTHAH] *f.* valorous deed, prowess.

PROFANACIÓN [PROFAHNAHTHEON] *f.* profanation.

PROFANAR [PROFAHNAR] *va.* to profane :: to defile.

PROFANO [PROFAHNO] *adj.* profane, secular :: unlettered :: *m.* layman, uninitiated.

PROFECÍA [PROFAYTHEEAH] *f.* prophecy :: prediction.

PROFERIR [PROFAYREER] *va.* to utter, express, mouth.

PROFESAR [PROFAYSAR] *va.* to practise, profess :: to take religious vows.

PROFESIÓN [PROFAYSEON] *f.* profession :: avowal, declaration.

PROFESIONAL[*] [PROFAYSEONAHL] *adj., m. & f.* professional.

PROFESOR [PROFAYSOR] *m.* professor.

PROFETA [PROFAYTAH] *m.* prophet.

PROFETIZAR [PROFAYTETHAR] *va.* to foretell, prophesy.

PROFILAXIS [PROFELAHXIS] *f.* prophylaxis.

PRÓFUGO [PROFOOGO] *adj.* fugitive.

PROFUNDIDAD [PROFOONDEDAHD] *f.* profundity, depth.

PROFUNDIZAR [PROFOONDETHAR] *va.* to deepen :: to go deep into.

PROFUNDO[*] [PROFOONDO] *adj.* deep, profound.

PROFUSIÓN [PROFOOSEON] *f.* profusion.

PROFUSO[*] [PROFOOSO] *adj.* profuse :: lavish.

PROGENIE [PROHAYNEAY] *f.* progeny.

PROGENITOR [PROHAYNETOR] *m.* progenitor.

PROGRAMA [PROGRAHMAH] *m.* programme.

PROGRAMAR [PROGRAHMAR] *va.* to plan :: to program.

PROGRESAR [PROGRAYSAR] *vn.* to progress.

PROGRESIVO [PROGRAYSEEVO] *adj.* progressive.

PROGRESO [PROGRAYSO] *m.* progress, growth.

PROHIBICIÓN [PROEBETHEON] *f.* prohibition :: ban.

PROHIBIR [PROEBEER] *va.* to forbid, prohibit.

PROHIJAR [PROEHAR] *va.* to adopt :: to foster, support.

PRÓJIMO [PROHEMO] *m.* neighbour, fellow-creature.

PROLE [PROLAY] *f.* offspring, children, "tribe", progeny.

PROLETARIADO [PROLAYTAHREAHDO] *m.* proletariat, working class.

PROLIJO [PROLEEHO] *adj.* prolix, long-winded, repetitions.

PRÓLOGO [PROLOGO] *m.* prologue, preface, introduction.

PROLONGACIÓN [PROLONGAHTHEON] *f.* prolongation :: lengthening.

PROLONGAR [PROLONGAR] *va.* to lengthen, protract, extend.

PROMEDIAR [PROMAYDEAR] *va.* to average :: to divide or distribute into two equal parts :: to mediate.

PROMEDIO [PROMAYDEO] *m.* average :: middle.

PROMESA [PROMAYSAH] *f.* promise.

PROMETEDOR [PROMAYTAYDOR] *adj.* promising, hopeful.

PROMETER [PROMAYTAIR] *va.* to promise, offer.

PROMETIDO [PROMAYTEEDO] *m.* betrothed.

PROMINENCIA [PROMENENTHEAH] *f.* prominence, knoll.

PROMINENTE [PROMENENTAY] *adj.* prominent.

PROMISCUO [PROMISKOOO] *adj.* promiscuous, ambiguous.

PROMOCIÓN [PROMOTHEON] *f.* promotion, advancement.

PROMONTORIO [PROMONTOREO] *m.* promontory, headland, cape :: anything bulky :: bulge.

PROMOTOR [PROMOTOR] *m.* promoter.

PROMOVER [PROMOVAIR] *va.* to promote, forward, raise, cause, stir up.

PROMULGACIÓN [PROMOOLGAHTHEON] *f.* promulgation, publication, proclamation.

PROMULGAR [PROMOOLGAR] *va.* to promulgate, proclaim, announce publicly.

PRONOMBRE [PRONOMBRAY] *m.* pronoun.

PRONOSTICAR [PRONOSTECAR] *va.* to prophesy, predict.

PRONÓSTICO [PRONOSTECO] *m.* forecast :: prediction :: omen.

PRONTITUD [PRONTETOOD] *f.* promptitude, quickness, despatch.

PRONTO° [PRONTO] *adj.* quick, ready, prompt :: **por lo —**, for the time being :: *adv.* quickly.

PRONTUARIO [PRONTOOAHREO] *m.* memorandum.

PRONUNCIACIÓN [PRONOONTHEAHTHEON] *f.* pronunciation.

PRONUNCIAMIENTO [PRONOONTHEAHMEENTO] *m. (mil.)* revolt, uprising, rebellion :: publication.

PRONUNCIAR [PRONOONTHEAR] *va.* to pronounce, utter :: *vr.* to revolt, to declare oneself.

PROPAGACIÓN [PROPAHGAHTHEON] *f.* propagation, spread, spreading.

PROPAGANDA [PROPAHGAHNDAH] *f.* propaganda :: advertising.

PROPAGAR [PROPAHGAR] *va.* to propagate, reproduce :: to spread.

PROPALAR [PROPAHLAR] *va.* to disclose, reveal, publish.

PROPASARSE [PROPAHSARSAY] *vr.* to overstep one's bounds :: to exceed one's authority, go too far.

PROPENSIÓN [PROPENSEON] *f.* tendency, inclination :: bent, natural tendency or ability.

PROPENSO [PROPENSO] *adj.* given to, apt to, inclined to.

PROPICIO° [PROPEETHEO] *adj.* propitious, favourable.

PROPIEDAD [PROPEAYDAHD] *f.* property, ownership :: propriety.

PROPIETARIO [PROPEAYTAHREO] *m.* proprietor, owner.

PROPINA [PROPEENAH] *f.* gratuity, fee, tip :: **de —**, in addition, as an extra.

PROPINCUO [PROPEENKOOO] *adj.* contiguous, close by.

PROPIO° [PROPEO] *adj.* proper, convenient :: peculiar, characteristic :: *m.* messenger.

PROPONER [PROPONAIR] *va.* to propose, suggest :: to plan, aim.

PROPORCIÓN [PROPORTHEON] *f.* proportion :: dimension :: ratio :: opportunity, chance.

PROPORCIONAR [PROPORTHEONAR] *va.* to supply, provide, get for :: to make.

PROPOSICIÓN [PROPOSETHEON] *f.* proposition :: proposal :: assertion.

PROPÓSITO [PROPOSETO] *m.* purpose, aim, intent :: **a —**, apropos, by the way :: suitable :: **de —**, on purpose.

PROPUESTA [PROPOOESTAH] *f.* proposal, offer.

PROPULSIÓN [PROPOOLSEEOHN] *f.* propulsion.

PROPULSOR [PROPOOLSOR] *m.* propeller :: *adj.* propelling.

PRORRATA [PRORRAHTAH] *f.* prorate :: quota.

PRÓRROGA [PRORROGAH] *f.* prorogation :: extension :: deferment.

PRORROGAR [PRORROGAR] *va.* to put off, postpone :: to adjourn :: to prorogue, defer.

PRORRUMPIR [PRORROOMPEER] *vn.* to burst out :: to shoot forth.

PROSA [PROSAH] *f.* prose.

PROSAICO [PROSAHECO] *adj.* prosaic :: dull :: tedious.

PROSCRIBIR [PROSCREBEER] to proscribe, banish.

PROSEGUIR [PROSAYGHEER] *va.* to go on, proceed, continue, follow, pursue.

PROSÉLITO [PROSAYLETO] *m.* proselyte.

PROSÓDICO [PROSODECO] *adj.* prosodic.

PROSPECTO [PROSPECTO] *m.* prospectus :: leaflet.

PROSPERAR [PROSPAYRAR] *va.* to prosper.

PROSPERIDAD [PROSPAYREDAHD] *f.* prosperity :: success.

PRÓSPERO° [PROSPAYRO] *adj.* prosperous, fair.

PROSTERNARSE [PROSTAIRNARSAY] *vr.* to bend, prostrate oneself.

PROSTITUCIÓN [PROSTETOOTHEON] *f.* prostitution.

PROSTITUIR [PROSTETOOEER] *va.* to prostitute, debase.

PROSTITUTA [PROSTETOOTAH] *f.* prostitute.

PROTAGONISTA [PROTAGONEESTAH] *m. & f.* protagonist.

PROTECCIÓN [PROTECTHEON] *f.* protection :: support.

PROTECTOR [PROTECTOR] *m.* protector, guardian :: *adj.* protecting, protective.

PROTEGER [PROTAYHAIR] *va.* to protect, shield, shelter.

PROTEGIDO [PROTAYHEEDO] *m.* protege.

PROTEÍNA [PROTAYEENAH] *f.* protein.

PROTESTA [PROTESTAH] *f.* protest :: protestation.

PROTESTAR [PROTESTAR] *va.* to protest :: to assure :: **— una letra**, to protest a draft.

PROTOCOLO [PROTOCOLO] *m.* protocol.

PROTUBERANCIA [PROTOOBAYRAHNTHEAH] *f.* protuberance, bulge.

PROVECHO [PROVAYCHO] *m.* profit, advantage, use(fulness) :: **de —**, useful, suitable.

PROVECHOSO [PROVAYCHOSO] *adj.* profitable :: useful :: beneficial :: advantageous.

PROVEEDOR [PROVAYAYDOR] *m.* provider, supplier.

PROVEER [PROVAYAIR] *va.* to provide, supply with, furnish.

PROVENIR [PROVAYNEER] *vn.* to proceed from, originate in.

PROVERBIO [PROVAYRBEO] *m.* proverb.

PROVIDENCIA [PROVEDENTHEAH] *f.* providence :: foresight :: Providence, God :: legal decision, sentence :: provision, measure.

PROVINCIA [PROVEENTHEAH] *f.* province.

PROVISIÓN [PROVESEON] *f.* provision, supply, stock :: *pl.* provisions, victuals.

PROVISIONAL [PROVESEOHNAHL] *adj.* temporary :: provisional.

PROVOCACIÓN [PROVOCAHTHEON] *f.* provocation :: dare, defiance.

PROVOCAR [PROVOKAR] *va.* to provoke, rouse, cause, badger.

PROVOCATIVO* [PROVOCAHTEEVO] *adj.* provocative.

PROXIMIDAD [PROXEMEDAHD] *f.* proximity, nearness.

PRÓXIMO [PROXEMO] *adj.* next, close to.

PROYECCIÓN [PROYECTHEON] *f.* projection :: showing.

PROYECTAR [PROYECTAR] *va.* to project :: to plan :: to throw :: to cast :: *vr.* to be cast.

PROYECTIL [PROYECTEEL] *m.* projectile.

PROYECTO [PROYECTO] *m.* plan, scheme, project.

PRUDENCIA [PROODENTHEAH] *f.* prudence, pratical wisdom, discretion.

PRUDENTE [PROODENTAY] *adj.* prudent, circumspect.

PRUEBA [PROOAYBAH] *f.* proof, test, trial :: sample :: assay :: sign, mark :: **a —**, on trial, to the test :: **a — de**, proof against :: **poner a —**, to test.

PRURITO [PROOREETO] *m.* itch, hankering, yearning, aspiration.

PSICOANÁLISIS [SECOAHNAHLESIS] *m.* psychoanalysis.

PSICOLOGÍA [SECOLOHEEAH] *f.* psychology.

PSICOPATOLOGÍA [SECOPAHTOLOHEEAH] *f.* psychopathology.

PSICOSIS [SECOSIS] *f.* psychosis.

PSIQUIATRA [SEKEAHTRAH] *m. & f.* psychiatrist.

PSIQUIATRÍA [SEKEAHTREEAH] *f.* psychiatry.

PSÍQUICO* [SEEKECO] *adj.* psychic.

PÚA [POOAH] *f.* prickle, graft, tooth *(de un peine)* :: quill *(de erizo)* :: plectrum.

PUBERTAD [POOBERTAD] *f.* adolescence.

PUBLICACIÓN [POOBLECAHTHEON] *f.* publication.

PUBLICAR [POOBLEKAR] *va.* to publish, proclaim, make known.

PUBLICIDAD [POOBLETHEDAHD] *f.* publicity.

PÚBLICO* [POOBLEKO] *adj. & m.* public.

PUCHERO [POOCHAYRO] *m.* stew :: dish made of boiled meat and vegetables :: **hacer —s**, to pout, look rueful.

PÚDICO* [POODEKO] *adj.* modest, chaste, virtuous.

PUDIENTE [POODEENTAY] *adj. & m.* well-to-do, rich.

PUDÍN [POODEEN] *m.* pudding.

PUDOR [POODOR] *m.* modesty.

PUDRIR [POODREER] *va.* to rot :: *vr.* to rot, putrify, disintegrate, decay.

PUEBLO [POOAYBLO] *m.* town :: common people :: nation, the people.

PUENTE [POOENTAY] *m.* bridge :: *(naut.)* deck :: **— colgante**, suspension bridge :: **— levadizo**, drawbridge.

PUERCO [POOAIRKO] *adj.* nasty, dirty, foul :: *m.* hog :: **— espín**, porcupine :: **a cada — le llega su San Martín**, every dog has his day.

PUERIL [POOAYREEL] *adj.* childish, puerile.

PUERRO [POOERRO] *m. (bot.)* leek.

PUERTA [POOAIRTAH] *f.* door, gate :: **— accesoria**, side-door :: **— cochera**, carriage-door :: **— excusada (o falsa)**, private entrance :: **— franca**, open house.

PUERTO [POOAIRTO] *m.* harbour, port :: mountain pass :: refuge :: **— habilitado**, port of entry :: **— libre**, free port :: **— de depósito**, bond port.

PUES [POOES] *conj.* then :: because :: well, since :: yes.

PUESTA [POOESTAH] *f.* setting :: stake *(en naipes).*

PUESTO [POOESTO] *adj.* put :: *m.* place, spot, position, post, job :: stall :: **— que**, although, since.

PÚGIL [POOHEEL] *m.* pugilist.

PUGILATO [POOHELAHTO] *m.* pugilism.

PUGNA [POOGNAH] *f.* conflict, struggle, rivalry, contest.

PUGNAR [POOGNAR] *vn.* to struggle to, contend :: to be in rivalry, in conflict.

PUJA [POOHAH] *f.* push, effort :: bid.

PUJANTE* [POOHAHNTAY] *adj.* strong, pushing, powerful.

PUJANZA [POOHAHNTHAH] *f.* strength, power, puissance.

PUJAR [POOHAR] *va.* to outbid, bid.

PULCRITUD [POOLKRETOOD] *f.* neatness, seemliness, loveliness.

PULCRO [POOLKRO] *adj.* lovely, refined, seemly, proper.

PULGA [POOLGAH] *f.* flea :: **tener malas —s**, to be cross-grained.

PULGADA [POOLGAHDAH] *f.* inch.

PULGAR [POOLGAR] *m.* thumb.

PULIDO [POOLEEDO] *adj.* neat, polished, nice, shiny.

PULIMENTAR [POOLEMENTAR] *va.* to polish.

PULIR [POOLEER] *va.* to burnish, polish :: to embellish, beautify :: *vr.* to polish oneself up.

PULMÓN [POOLMON] *m.* lung.

PULMONÍA [POOLMONEEAH] *f.* pneumonia.

PULPA [POOLPAH] *f.* pulp, flesh.

PÚLPITO [POOLPETO] *m.* pulpit.

PULPO [POOLPO] *m.* cuttle-fish, octopus.

PULSACIÓN [POOLSAHTHEON] *f.* pulsation, beat, throb :: pulse, beating.

PULSADOR [POOLSAHDOR] *m.* push button :: *adj.* pulsating.

PULSAR [POOLSAR] *va.* to feel the pulse :: to finger :: to sound out.

PULSERA [POOLSAYRAH] *f.* bracelet :: wrist bandage :: **reloj de —**, wrist watch.

PULSO [POOLSO] *m.* pulse :: pulsation :: circumspection, care, steadiness :: **a —**, by the strength of one's arm :: **con mucho —**, gingerly.

PULVERIZAR [POOLVAYRETHAR] *va.* to pulverize.

PULLA [POOLLYAH] *f.* taunt :: mean dig, quip, cutting remark :: filthy word or remark.

PUMA [POOMAH] *m.* puma, mountain lion.

PUNDONOR [POONDONOR] *m.* point of honour.

PUNTA [POONTAH] *f.* end, extremity :: tip :: point :: tinge :: suggestion :: **de París**, wire nail :: **andar en —s**, to be at loggerheads :: **hora —**, peak hour, rush hour.

PUNTADA [POONTAHDAH] *f.* stitch :: hint.

PUNTAL [POONTAHL] *m.* support :: stay :: prop.

PUNTAPIÉ [POONTAHPEAY] *m.* kick.

PUNTERÍA [POONTAYREEAH] *f.* aim.

PUNTILLA [POONTEELYAH] *f.* tack :: joiner's nail :: **andar de —s**, on tiptoe.

PUNTO [POONTO] *m.* point :: place, spot, mark, point :: detail, aspect :: end, object :: **— final**, full stop :: **— y coma**, semicolon :: **al —**, immediately :: **a — fijo**, without a doubt :: **en —**, on the dot, exactly :: **hasta cierto —**, to some extent :: **— menos**, practically, almost :: **estar a —**, to be about, ready ::

obra de —, knitted wear, knitting :: — **de apoyo,** fulcrum :: **en su** —, just right, perfect.
PUNTUACIÓN [POONTOOAHTHEON] *f.* punctuation.
PUNTUAL• [POONTOOAHL] *adj.* punctual, exact :: accurate, reliable.
PUNTUALIDAD [POONTOOAHLEDAHD] *f.* punctuality, promptness :: certainty.
PUNTUAR [POONTOOAR] *va.* to punctuate.
PUNZADA [POONTHAHDAH] *f.* prick.
PUNZAR [POONTHAR] *va.* to puncture, perforate.
PUNZÓN [POONTHON] *m.* punch, graver, bodkin.
PUÑADO [POONYAHDO] *m.* handful, bunch, fistful.
PUÑAL [POONYAHL] *m.* dagger.
PUÑALADA [POOHNYAYLAHDAH] *f.* stab :: sharp pain.
PUÑETAZO [POOHNYAYTAHTHO] *m.* punch, blow with the fist.
PUÑO [POONYO] *m.* fist :: cuff :: handle, hilt, head :: **por sus** —**s,** by his own efforts.
PUPA [POOPAH] *f.* pimple, pustule.
PUPILA [POOPEELAH] *f. (anat.)* pupil.
PUPILAJE [POOPELAHHAY] *m.* wardship :: boarding house.
PUPILO [POOPEELO] *m.* ward :: boarder.
PUPITRE [POOPEETRAY] *m.* writing desk.
PUREZA [POORAYTHAH] *f.* purity.
PURGA [POORGAH] *f.* purge, cathartic :: physic :: drainings :: drain valve.
PURGANTE [POORGAHNTAY] *adj.* purgative, laxative :: *m.* purgative, physic, laxative.
PURGAR [POORGAR] *va.* to purge :: to purify :: to atone for :: *vr.* to purge oneself :: to take a laxative.
PURGATORIO [POORGAHTOREO] *m.* purgatory.
PURIFICAR [POOREFEKAR] *va.* to purify, cleanse, refine.
PURISTA [POOREESTAH] *m. & f., adj.* purist.
PURITANISMO [POORETAHNEESMO] *m.* puritanism.
PURITANO [POORETAHNO] *m.* puritan :: *adj.* puritan, puritanic.
PURO• [POORO] *adj.* pure, chaste :: unalloyed :: *m.* cigar.
PÚRPURA [POORPOORAH] *f.* purple.
PUS [POOS] *m.* pus.
PUSILÁNIME• [POOSELAHNEMAY] *adj.* faint-hearted.
PÚSTULA [POOSTOOLAH] *f. (med.)* pustule.
PUTREFACCIÓN [POOTRAYFACTHEON] *f.* putrefaction, decay, rotting.
PUTREFACTO [POOTRAYFACTO] *adj.* putrid, rotten, decayed.
PÚTRIDO [POOTREEDO] *adj.* rotten, decayed.
PUYA [POOYAH] *f.* goad.

Q

QUE [KAY] *rel. pron.* which, that *(cosa)* :: who, whom *(persona)* :: **lo —**, what :: *conj.* that, to :: for, because, since.

QUÉ [KAY] *interrog. pron.* what? which? :: *exclam. pron.* how! what (a)!

QUEBRADA [KAYBRAHDAH] *f.* ravine, gully.

QUEBRADERO [KAYBRAHDAYRO] *m.* breaker :: **— de cabeza,** *(coll.)* worry.

QUEBRADIZO [KAYBRAHDEETHO] *adj.* fragile, brittle.

QUEBRADURA [KAYBRAHDOORAH] *f.* rupture, hernia :: slit, gap.

QUEBRANTAR [KAYBRAHNTAR] *va.* to break, smash, crush :: to violate, transgress :: to weaken, run down :: to annul.

QUEBRAR [KAYBRAR] *va.* to break:: to interrupt :: to bend :: *vn.* to fail, to become bankrupt.

QUEDA [KAYDAH] *f.* curfew, curfew-bell :: **toque de —,** curfew.

QUEDAR [KAYDAR] *vn.* to remain, be left, be, stay :: to linger :: *vr.* to remain, stay :: **—se con uno,** to arrange to meet somebody.

QUEDO [KAYDO] *adj.* quiet, soft, gentle.

QUEHACER [KAYAHTHAIR] *m.* occupation, job, chore.

QUEJA [KAYHAH] *f.* complaint, plaint, querulousness.

QUEJARSE [KAYHARSAY] *vr.* to moan, whine, grumble, complain.

QUEJIDO [KAYHEEDO] *m.* moan, whimper, plaint, complaint.

QUEJOSO● [KAYHOSO] *adj.* complaining, querulous, plaintive.

QUEMADURA [KAYMAHDOORAH] *f.* burn, scald.

QUEMAR [KAYMAR] *va.* to burn, scald, scorch :: to parch :: *vr.*

to burn, be consumed by fire.

QUEMAZÓN [KAYMAHTHONE] *f. (calor)* burn, burning :: great heat :: fire, conflagration :: *(desazón)* pique, anger :: bargain sale.

QUERELLA [KAYRAYLLYAH] *f.* quarrel, dispute, jangle, squabble, complaint.

QUERELLARSE [KAYRAYLLYARSAY] *vr.* to complain.

QUERENCIA [KAYRENTHEAH] *f.* affection, fondness :: favourite spot.

QUERER [KAYRAIR] *va.* to want, wish, intend, desire :: to cherish, love :: **— decir,** to mean :: **sin —,** unintentionally :: *m.* love, will.

QUERIDO [KAYREEDO] *adj.* wanted, desired :: beloved, dear :: *m.* lover.

QUERUBÍN [KAYROOBEEN] *m.* cherub.

QUESO [KAYSO] *m.* cheese :: **— de bola,** Dutch cheesse :: **— helado,** ice-cream brick :: **— cremoso,** cream-cheese.

QUIEBRA [KEAYBRAH] *f.* fracture :: failure, loss, crash, slump, bankruptcy.

QUIEBRO [KEAYBRO] *m.* twist :: trill :: catch *(de la voz).*

QUIEN [KEEN] *rel. pron.* who, whom.

QUIENQUIERA [KEENKEAYRAH] *rel. pron.* whoever, whosoever, whichever.

QUIETO● [KEAYTO] *adj.* still, quiet :: steady, orderly :: unperturbed.

QUIETUD [KEAYTOOD] *f.* quiet, quietude, hush, still, calm.

QUIJADA [KEHAHDAH] *f.* jawbone, chap.

QUILATE [KELAHTAY] *m.* carat :: *pl.* **de muchos —s,** very perfect, of great value.

QUILLA [KEELLYAH] *f.* keel.

QUIMERA [KEMAYRAH] *f.* chimera, illusion, fancy.

QUÍMICA [KEEMECAH] *f.* chemistry.

QUÍMICO [KEEMECO] *adj.* chemical :: *m.* chemist.

QUINCALLA [KINKAHLYAH] *f.* hardware, ironmongery.

QUINCE [KEENTHAY] *adj.* fifteen, fifteenth.

QUINCENA [KINTHAYNAH] *f.* fortnight :: semimonthly pay.

QUINCENAL [KINTHAYNAHL] *adj.* fortnightly, biweekly.

QUININA [KENEENAH] *f. (chem.)* quinine.

QUINQUÉ [KINKAY] *m.* oil lamp.

QUINQUENAL [KINKAYNAHL] *adj.* quinquennial.

QUINQUENIO [KINKAYNEO] *m.* quinquennium, five year period.

QUINTA [KEENTAH] *f.* cottage, villa, manor, country house :: *(mil.)* draft, recruitment.

QUINTO [KEENTO] *m.* one fifth :: *adj.* fifth.

QUIOSCO [KEOSCO] *m.* kiosk, small pavilion :: conscript.

QUIRÓFANO [KEROFAHNO] *m.* operating theatre.

QUIRÚRGICO [KEROORHECO] *adj.* surgical.

QUISQUILLOSO [KISKELLYOSO] *adj.* peevish, touchy :: particular, "faddy" fastidious.

¡QUITA! [KEETAH] *interj.* Get away!

QUITAMANCHAS [KETAHMAHNCHAS] *m.* cleaner, stain remover.

QUITANIEVES [KETAHNEAYVAYS] *m.* snowplough.

QUITAR [KETAR] *va.* to take away, off, out :: to deprive, strip, rob :: to move :: to subtract :: *vr.* to move away, withdraw :: to doff, take off :: **—se la vida,** to commit suicide.

QUITASOL [KETAHSOLE] *m.* large sunshade, parasol.

QUITE [KEETAY] *m.* parry *(en esgrima)* :: revenge :: dodge, dodging.

QUIZÁ(S) [KETHAH(S)] *adv.* perhaps, perchance, maybe.

R

RABADILLA [RAHBAHDEELYAH] f. rump.

RÁBANO [RAHBAHNO] m. radish :: — **picante**, horse-radish :: **tomar el — por las hojas**, to misconstrue.

RABIA [RAHBEAH] f. rabies :: fury, exasperation.

RABIAR [RAHBEAR] vn. to have rabies :: to rage :: to rave :: to suffer a severe pain.

RABIETA [RAHBEAYAH] f. tantrum, fit of temper.

RABINO [RAHBEENO] m. rabbi.

RABIOSO[*] [RAHBEOSO] adj. rabid :: mad, raging, furious.

RABO [RAHBO] m. tail :: end :: **con el — entre las piernas**, crestfallen :: **de cabo a —**, out-and-out.

RACIMO [RAHTHEEMO] m. cluster, bunch.

RACIOCINAR [RAHTHEOTHENAR] vn. to reason.

RACIOCINIO [RAHTHEOTHEENEO] m. reasoning.

RACIÓN [RAHTHEON] f. ration, mess, allowance :: pittance :: share.

RACIONAL[*] [RAHTHEONAHL] adj. rational :: reasonable.

RACISMO [RAHTHEESMO] m. racism.

RACISTA [RAHTHEESTAH] m. & f. racist.

RACHA [RAHCHAH] f. gust of wind :: **buena —**, piece of luck :: **mala —**, piece of bad luck.

RADA [RAHDAH] f. roadstead.

RADAR [RAHDAHR] m. radar.

RADIACIÓN [RAHDEAHTHEON] f. radiation.

RADIACTIVIDAD [RAHDEACTEVEDAHD] f. radioactivity.

RADIADOR [RAHDEAHDORR] m. radiator.

RADIANTE [RAHDEAHNTAY] adj. radiant :: shining :: beaming.

RADICAL [RAHDECAHL] adj. fundamental, basic :: radical :: extreme :: m. radical :: root of a word.

RADICAR [RAHDECAR] vn. to take root :: to be, be found :: vr. to take root :: to locate, settle.

RADIO [RAHDEO] m. radius, scope, circuit :: radium :: f. wirelessset, radio station.

RADIODIFUSIÓN [RAHDEODEFOOSEON] f. broadcasting.

RADIOGRAFÍA [RAHDEOGRAHFEEAH] f. radiography, X-ray photography :: X-ray picture.

RADIOTERAPIA [RAHDEOTAYRAHPEAH] f. radiotherapy.

RADIOTRANSMISOR [RAHDEOTRANSMESOR] m. radio transmitter.

RAER [RAHAIR] va. to erase, scrape, rub off :: to raze.

RÁFAGA [RAHFAHGAH] f. gust, gale *(de aire)* :: beam *(de luz)*.

RAFIA [RAHFEA] f. *(bot.)* raffia.

RAÍDO [RAHEEDO] adj. scraped off :: rubbed off :: frayed :: worn, theadbare.

RAIGAMBRE [RAHEGAHMBRAY] f. intertwined roots :: *(fig.)* deep-rootedness.

RAÍZ [RAHEETH] f. root, origin, base, foundation :: **echar raíces**, to settle.

RAJA [RAHHAH] f. rent, crack, split :: splinter :: cranny, crevice.

RAJAR [RAHHAR] va. to split, rend, crack :: vr. to throw in the sponge, give up.

RALEA [RAHLAYAH] f. breed, stock, race, ilk.

RALO [RAHLO] adj. sparse, thin, thinly scattered.

RALLADOR [RALLYAHDOR] m. grater.

RALLAR [RALLYAR] va. to grate :: to grate on, annoy.

RAMA [RAHMAH] f. branch, twig :: department *(de estudios, etc.)* :: **en —**, raw :: **tabaco en —**, leaf tobacco :: **andarse por las —s**, to go about the bush.

RAMAJE [RAHMAHHAY] m. foliage :: spread of branches.

RAMERA [RAHMAYRAH] f. harlot, prostitute.

RAMIFICARSE [RAHMEFECARSAY] vr. to branch off, divide into branches.

RAMILLETE [RAHMELYAYTAY] m. bouquet, posy, nosegay :: centrepiece :: bunch.

RAMO [RAHMO] m. bough, branch :: bouquet :: cluster :: branch :: *(com.)* department.

RAMPA [RAHMPAH] f. incline, gradient, ramp.

RAMPLÓN [RAHMPLON] adj. coarse, common, rude.

RANA [RAHNAH] f. frog.

RANCIO [RAHNTHEO] adj. rancid, rank :: very old, ancient.

RANCHERÍA [RAHNCHAYREEAH] f. camp :: settlement :: stock-farms :: group of ranches.

RANCHERO [RAHNCHAYRO] m. stockfarmer, ranch owner.

RANCHO [RAHNCHO] m. mess :: hut, ranch, stock-farm :: **hacer — aparte**, to form an independent group.

RANGO [RAHNGO] m. rank, status, dignity.

RANURA [RAHNOORAH] f. groove :: slot.

RAPACIDAD [RAHPAHTHEDAHD] f. rapacity.

RAPAR [RAHPAR] va. to shave off, shear, crop.

RAPAZ [RAHPATH] m. lad, young boy :: adj. ravenous, thieving.

RAPE [RAHPAY] m. *(zool.)* angler :: *(coll.)* quick shave, haircut :: **al —**, cut very close.

RAPÉ [RAHPAY] m. snuff *(tabaco)*.

RAPIDEZ [RAHPEDETH] f. speed, rapidity, ease.

RÁPIDO[*] [RAHPEDO] adj. fleetfooted, speedy, fast, rapid :: **tren —**, express train.

RAPIÑA [RAHPEENYAH] f. rapine, plunder :: **ave de —**, bird of prey.

RAPOSA [RAHPOSAH] f. vixen.

RAPOSO [RAHPOSO] m. fox.

RAPSODA [RAPSODAH] m. rhapsodist.

RAPSODIA [RAPSODEAH] f. *(mus.)* rhapsody.

RAPTAR [RAHPTAR] va. to kidnap, abduct.

RAPTO [RAHPTO] m. rape, ravishment, abduction.

RAQUETA [RAHKAYTAH] f. racket.

RAQUÍTICO [RAHKEETEKO] adj. rickety :: small, miserly.

RAREZA [RAHRAYTHAH] f. uncommonness, queerness, oddity :: rarity strangeness :: scarcity.

RARO[*] [RAHRO] adj. rare :: odd, out-of-the-way, uncommon :: queer, eccentric :: **rara vez**, seldom.

RAS [RAHS] m. evenness, level :: **a —**, close, even :: **a — de**, even with.

RASANTE [RAHSANTAY] f. slope :: **cambio de —**, brow of a hill.

RASCACIELOS [RAHSKAHTHEAYLOHS] m. skyscraper.

RASCAR [RAHSKAR] va. to rasp, scrape, scratch :: to scour :: to strum *(una guitarra)*.

RASGADO [RASGAHDO] adj. wide, deep :: almond-shaped *(ojos)* :: wide, big *(boca)*.

RASGADURA [RASGAHDOORAH] f. tear, rip, rent.

RASGAR [RAHSGAR] va. to rend, rip, slit, tear.

RASGO [RAHSGO] m. trait, characteristic.

RASGUÑO [RASGOONYO] m. scratch.

RASO [RAHSO] adj. open, free,

flat, clear :: **al** —, on the open ground :: *m.* satin.

RASPA [RAHSPAH] *f.* beard :: stalk, stem :: fishbone.

RASPADOR [RASPAHDOR] *m.* scraper.

RASPAR [RAHSPAR] *va.* to erase :: to graze, scratch, scrape.

RASTRA [RAHSTRAH] *f.* sled :: harrow :: reaping machine :: string.

RASTREAR [RAHSTRAYAR] *va.* to track, trace :: to rake, harrow :: *vr.* to sweep, drag.

RASTRERO [RAHSTRAYRO] *adj.* creeping, sneaking :: lowflying.

RASTRILLAR [RASTREELLYAR] *va.* to rake :: to comb.

RASTRILLO [RASTREELLYO] *m.* rake.

RASTRO [RAHSTRO] *m.* track, scent trace :: harrow :: vestige, relic :: **el** — *(Madrid)* rag-market, second-hand market.

RASTROJO [RASTROHO] *m.* stubble.

RASURAR [RAHSOORAR] *va.* to shave.

RATA [RAHTAH] *f.* rat.

RATERO [RAHTAYRO] *m.* pickpocket, cut-purse, petty thief.

RATIFICACIÓN [RAHTEFECAHTHEON] *f.* ratification.

RATIFICAR [RAHTEFECAR] *va.* to ratify, to approve.

RATO [RAHTO] *m.* while, spell moment :: **de** — **en** —, occasionally, at odd moments :: —**s perdidos**, spare time :: **a** —**s**, at times, from time to time.

RATÓN [RAHTON] *m.* mouse :: — **de biblioteca,** bookworm.

RATONERA [RAHTONAYRAH] *f.* mouse-hole :: mouse-trap.

RAUDAL [RAHOODAHL] *m.* stream, torrent, rapids :: plenty.

RAUDO [RAHOODO] *adj.* rapid, swift.

RAYA [RAHYAH] *f.* stripe :: dash, line, stroke :: boundary, limit :: parting *(en el pelo)* :: **pasar de la** —, to go too far :: *m.* rayfish.

RAYAR [RAHYAR] *va.* to rule, line :: to stripe :: to scratch, score :: to cross out :: to rifle :: *vn.* to border :: to excel :: — **con, en,** to border on .

RAYO [RAHYO] *m.* ray, beam :: lightning, thunderbolt :: spoke :: —**s X,** X-rays :: —**s infrarrojos,** infrared rays.

RAZA [RAHTHAH] *f.* race :: breed, strain :: **de** —, thoroughbred *(caballo),* pedigree *(perro).*

RAZÓN [RAHTHON] *f.* sense, reason :: right :: ratio, rate :: justi-

ce :: **Vd. tiene** —, you are right :: — **social,** name of firm :: **perder la** —, to lose one's wits.

RAZONABLE[*] [RAHTHONAHBLAY] *adj.* reasonable.

RAZONAMIENTO [RAHTHONAHMEEN-TO] *m.* reasoning.

RAZONAR [RAHTHONAR] *vn.* to reason, converse, discourse.

REACCIÓN [RAYACTHEON] *f.* reaction.

REACCIONAR [RAYACTHEONAR] *va.* to react.

REACIO [RAYAHTHEO] *adj.* stubborn, allergic, reluctant.

REACTIVO [RAYACTEEVO] *m. (chem.)* reagent :: *adj.* reactive.

REACTOR [RAYACTORE] *m.* reactor.

REAJUSTE [RAYAHOOSTAY] *m.* readjustment.

REAL [RAYAHL] *adj.* real, genuine :: royal, magnificent :: *m.* camp :: fairground :: one quarter of a peseta coin *(moneda).*

REALCE [RAYAHLTHAY] *m.* embossment :: relief :: enhancement, splendor :: emphasis.

REALEZA [RAYAHLAYTHAH] *f.* royalty, kinghood.

REALIDAD [RAYAHLEDAHD] *f.* reality :: truth :: fact :: **en** —, really, truly, in fact.

REALISMO [RAYAHLEESMO] *m.* realism :: royalism.

REALISTA [RAYAHLEESTAH] *m. & f.* realist :: royalist :: *(coll.)* realist :: practical person :: *adj.* realistic :: royalistic.

REALIZACIÓN [RAYAHLETHAHTHEON] *f.* realization, fulfillment :: conversion into money, sale.

REALIZAR [RAYAHLETHAR] *va.* to realize, fulfill, make real :: to convert into money :: to sell out.

REALZAR [RAYALTHAR] *va.* to emboss :: to raise :: to enhance :: to make stand out :: to emphasize.

REANIMAR [RAYAHNEMAR] *va.* to revive :: to comfort :: to cheer :: to encourage.

REANUDACIÓN [RAYAHNOODAHTHEON] *f.* renewal.

REANUDAR [RAYAHNOODAR] *va.* to renew, resume, begin again.

REAPARECER [RAYAHPAHRAYTHERR] *vn.* to reappear.

REASEGURAR [RAYAHSAYGOORAR] *va.* to reinsure.

REASEGURO [RAYAHSAYGOORO] *m.* reinsurance.

REATA [RAYAHTAH] *f.* rope or strap used to keep animals in single file :: *(naut.)* woolding.

REBAJA [RAYBAHHAH] *f.* lowering

:: discount :: reduction in price.

REBAJAR [RAYBAHHAR] *va.* to diminish, lessen :: to knock off :: to make a reduction :: to lower, debase :: *vr.* to demean oneself.

REBANADA [RAYBAHNAHDAH] *f.* slice.

REBANAR [RAYBAHNAR] *va.* to slice :: to cut something through.

REBAÑAR [RAYBAHNYAR] *va.* to gather up :: to eat up.

REBAÑO [RAYBAHNYO] *m.* herd, flock.

REBASAR [RAYBAHSAR] *va.* to exceed, go beyond :: to overflow :: *(naut.)* to sail past.

REBATIR [RAYBAHTEER] *va.* to refute :: to repel.

REBATO [RAYBAHTO] *m.* surprise attack :: **tocar a** —, to sound the alarm.

REBELARSE [RAYBAYLARSAY] *vr.* to rebel.

REBELDE [RAYBELDAY] *adj.* rebellious :: undisciplined :: *m.* insurgent, rebel.

REBELDÍA [RAYBELDEEAH] *f.* rebelliousness :: defiance :: default, failure to appear in court :: **en** —, in revolt.

REBELIÓN [RAYBAYLEON] *f.* rebellion, revolt.

REBOSAR [RAYBOSAR] *vn.* to overflow, spill over :: to abound.

REBOTAR [RAYBOTAR] *vn.* to rebound, bounce back or again :: to make rebound :: to repel, reject :: to annoy, vex.

REBOTE [RAYBOTAY] *m.* rebound, bounce :: **de** —, on the rebound :: indirectly.

REBOZAR [RAYBOTHAR] *va.* to muffle up :: *vr.* to muffle oneself up :: to wrap oneself up.

REBOZO [RAYBOTHO] *m.* muffler :: **sin** —, openly.

REBUSCA [RAYBOOSKAH] *f.* research :: gleaning.

REBUSCAR [RAYBOOSCAR] *va.* to search thoroughly :: to pry into :: to glean.

REBUZNAR [RAYBOOTHNAR] *vn.* to bray.

REBUZNO [RAYBOOTHNO] *m.* bray.

RECABAR [RAYCAHBAR] *va.* to obtain, gain by entreaty.

RECADERO [RAYCAHDAYRO] *m.* messenger, deliverer :: errand boy or girl.

RECADO [RAYKAHDO] *m.* message :: greeting, regards :: **mandar** —, to send word.

RECAER [RAYKAHAIR] *vn.* to relapse into :: to fall on.

RECAÍDA [RAYKAHEEDAH] *f.* relapse.

RECALCAR [RAYKAHLKAR] *va.* to cram, squeeze :: *vn.* to list, heel over :: *vr.* to harp (on), overemphasize.

RECALCITRAR [RAYKAHLTHETRAR] *vn.* to wince :: to resist.

RECALENTAR [RAYKAHLENTAR] *va.* to heat up, warm up.

RECÁMARA [RAYKAHMAHRAH] *f.* dressing-room :: breech *(pistola).*

RECAMBIO [RAYKAHMBEO] *m.* **piezas de —,** spare parts.

RECAPACITAR [RAYKAHPAHTHETAR] *vn.* to think over.

RECAPITULAR [RAYCAHPETOOLAR] *va. & vn.* to recapitulate.

RECARGAR [RAYCARGAR] *va.* to overload :: to emphasize.

RECARGO [RAYKARGO] *m.* overload :: surcharge, additional charge.

RECATADO° [RAYKAHTAHDO] *adj.* circumspect, shy, retiring.

RECATAR [RAYKAHTAR] *va.* to conceal :: *vr.* to behave modestly.

RECATO [RAYCAHTO] *m.* caution, prudence :: reverse, restraint, secrecy :: modesty.

RECAUDACIÓN [RAYCAHOODAHTHEON] *f.* collection, collecting :: office of tax collector.

RECAUDADOR [RAYCAHOODAHDOR] *m.* tax collector.

RECAUDAR [RAYCAHOODAR] *va.* to collect.

RECELAR [RAYTHAYLAR] *va.* to distrust, be suspicious, fear.

RECELO [RAYTHAYLO] *m.* suspicion, fear.

RECELOSO° [RAYTHAYLOSO] *adj.* apprehensive.

RECEPCIÓN [RAYTHEPTHEON] *f.* reception :: admission.

RECEPTOR [RAYTHEPTOR] *m.* receiver :: *adj.* receiving.

RECETA [RAYTHAYTAH] *f.* prescription :: recipe.

RECETAR [RAYTHAYTAR] *va.* to prescribe medicines.

RECIBIDOR [RAYTHEBEDOR] *m.* receiver :: reception room.

RECIBIMIENTO [RAYTHEBEMEENTO] *m.* reception, receipt :: welcome :: hall, vestibule.

RECIBIR [RAYTHEBEER] *va.* to receive :: to admit :: to welcome.

RECIBO [RAYTHEEBO] *m.* receipt :: acquittance :: **acusar — de,** to acknowledge receipt.

RECIÉN [RAYTHEEN] *adv.* just, recently :: **— nacido,** new born :: **— llegado,** newcomer.

RECIENTE° [RAYTHEENTAY] *adj.* recent, fresh :: modern :: just out.

RECINTO [RAYTHEENTO] *m.* precinct :: enclosure, bounds.

RECIO° [RAYTHEO] *adj.* stout, strong :: coarse, rude :: severe :: *adv.* strongly, loud.

RECIPIENTE [RAYTHEPEENTAY] *m.* receptable, container :: recipient.

RECÍPROCO° [RAYTHEEPROCO] *adj.* reciprocal, mutual.

RECITAR [RAYTHETAR] *va.* to recite.

RECLAMACIÓN [RAYCLAHMAHTHEON] *f.* protest, complaint :: claim, demand.

RECLAMAR [RAYKLAHMAR] *va.* to claim, to demand :: to complain against.

RECLAMO [RAYKLAHMO] *m.* decoy bird :: inducement, allurement :: slogan.

RECLINAR [RAYKLENAR] *va. & r.* to lean back.

RECLUIR [RAYCLOOEER] *va.* to seclude, shut up :: *vr.* to isolate oneself.

RECLUSIÓN [RAYCLOOSEON] *f.* seclusion, reclusion :: imprisonment :: penitentiary, jail.

RECLUSO [RAYCLOOSO] *m.* recluse, hermit :: *adj.* shut in, shut up.

RECLUTA [RAYCLOOTAH] *m.* recruit :: *f.* recruiting.

RECLUTAR [RAYCLOOTAR] *va.* to recruit, enlist.

RECOBRAR [RAYKOBRAR] *va.* to recover, retrieve :: **— el ánimo,** to pluck up courage.

RECODO [RAYKODO] *m.* turning, bend :: angle :: elbow.

RECOGER [RAYKOHAIR] *va.* to gather (in), collect :: to pick up, receive :: to call (for), fetch :: to lock up :: *vr.* to take shelter :: to retire, to retire from the world.

RECOGIMIENTO [RAYKOHEMEENTO] *m.* concentration, seclusion :: harvesting :: withdrawall :: devotion.

RECOLECCIÓN [RAYCOLECTHEON] *f.* collecting, gathering :: harvest, crop :: summary.

RECOLECTAR [RAYCOLECTAR] *va.* to harvest :: to gather.

RECOMENDABLE [RAYCOMENDAHBLAY] *adj.* praiseworthy, laudable :: advisable.

RECOMENDACIÓN [RAYCOMENDAHTHEON] *f.* recommendation :: reference.

RECOMENDAR [RAYKOMENDAR] *va.* to recommend, advise.

RECOMPENSA [RAYKOMPENSAH] *f.* reward, return :: amends, satisfaction.

RECOMPENSAR [RAYCOMPENSAR] *va.* to recompense, reward :: to compesate.

RECONCILIACIÓN [RAYCONTHELEAHTHEON] *f.* reconciliation.

RECONCILIAR [RAYCONTHELEAR] *va.* to reconcile :: *vr.* to become reconciled.

RECÓNDITO [RAYKONDETO] *adj.* recondite, secret, hidden.

RECONOCER [RAYKONOTHAIR] *va.* to own, admit, acknowledge :: to scrutinize, inspect :: to recognize :: to reconnoitre.

RECONOCIMIENTO [RAYKONOTHEMEENTO] *m.* acknowledgement, recognition :: gratitude :: survey :: inspection.

RECONQUISTA [RAYCONKEESTAH] *f.* reconquest.

RECONQUISTAR [RAYCONKISTAR] *va.* to reconquer :: to recover.

RECONSTRUIR [RAYCONSTROOIR] *va.* to reconstruct, rebuild.

RECONVENIR [RAYKONVAYNEER] *va.* to upbraid, reprimand.

RECOPILAR [RAYKOPELAR] *va.* to compile.

RECORDAR [RAYKORDAR] *va.* to recall to mind, remind :: to remember.

RECORDATORIO [RAYCORDAHTOREO] *m.* reminder.

RECORRER [RAYKORRAIR] *va.* to examine, peruse, survey, run over :: to traverse, go over :: to repair.

RECORRIDO [RAYCORREEDO] *m.* trip, run :: mileage, distance travelled.

RECORTAR [RAYKORTAR] *va.* to shorten :: to chip, shear, cut out.

RECORTE [RAYKORTAY] *m.* clipping, cutting :: **un — de periódico,** press-cutting.

RECOSTAR [RAYKOSTAR] *va.* to lean against.

RECOVECO [RAYCOVAYCO] *m.* turn, bend :: nook :: **—s,** ins and outs.

RECREACIÓN [RAYCRAYAHTHEON] *f.* recreation.

RECREAR [RAYKRAYAR] *va.* to amuse, delight :: *vr.* to enjoy oneself, play, pass the glad hours.

RECREO [RAYKRAYO] *m.* recreation, play, amusement :: interval, recess :: sport.

RECRIMINAR [RAYCREMENAR] *va.* to recriminate :: *vn.* to recriminate :: *vr.* to exchange recriminations.

RECTÁNGULO [RECTAHNGOOLO] *m.* rectangle :: *adj.* rectangular, right-angled.

RECTIFICAR [REKTEFEKAR] *va.* to

rectify, set right, amend.

RECTO° [REKTO] *adj.* right, straight :: upright :: conscientious :: faithful.

RECTOR [RECTOR] *m.* rector, curate, priest.

RECUENTO [RAYCOOENTO] *m.* recount.

RECUERDO [RAYKOOAIRDO] *m.* recollection, remembrance :: memory :: token, souvenir, keepsake :: *pl.* kind regards.

RECULAR [RAYKOOLAR] *vn.* to fall back, recoil, recede.

RECUPERACIÓN [RAYCOOPAYRAH-THEON] *f.* recovery.

RECUPERAR [RAYKOOPAYRAR] *va.* to regain, retrieve, recover :: *vr.* to retrieve oneself.

RECURRIR [RAYKOORREER] *vn.* to resort to :: to appeal against.

RECURSO [RAYKOORSO] *m.* resource, resort :: petition, plea :: *pl.* means :: **—s económicos, economic resources.**

RECUSAR [RAYCOOSAR] *va.* to refuse, reject :: to recuse.

RECHAZAR [RAYCHAHTHAR] *va.* to refuse, reject, repulse, push back.

RECHAZO [RAYCHAHTHO] *m.* repulse, recoil, rebuff.

RECHIFLAR [RAYCHEFLAR] *va.* to hiss, whistle at :: ridicule.

RECHINAR [RAYCHENAR] *vn.* to grate, creak :: to gnash.

RECHONCHO [RAYCHONCHO] *adj.* chubby.

RED [RED] *f.* net :: snare :: network :: **— ferroviaria,** railway system :: **caer en la —,** to fall into the trap :: **tender la —,** to lay a trap.

REDACCIÓN [RAYDAKTHEON] *f.* editing, wording, style, writing :: editorial staff.

REDACTAR [RAYDACTAR] *va.* to word, compose :: to edit.

REDACTOR [RAYDAKTOR] *m.* editor, journalist.

REDADA [RAYDAHDAH] *f.* catch of fish :: *(coll.)* catch, haul *(de criminales)* :: sweep *(de policia).*

REDEDOR [RAYDAYDOR] *m.* surroundings :: **al—,** around, round-about.

REDENCIÓN [RAYDENTHEON] *f.* redemption :: assistance, help, support.

REDENTOR [RAYDENTOR] *m.* redeemer, saviour.

REDIL [RAYDEEL] *m.* sheep-fold.

REDIMIR [RAYDEMEER] *va.* to redeem, recover, save :: to pay off, clear *(una deuda).*

RÉDITO [RAYDETO] *m.* revenue, interest, proceeds, yield.

REDOBLAR [RAYDOBLAR] *va.* to redouble :: to bend over *(papel)* :: to roll *(un tambor).*

REDOMA [RAYDOMAH] *f.* phial, vial, flask.

REDOMADO [RAYDOMAHDO] *adj.* canny, sly :: *(coll.)* crooked.

REDONDA [RAYDONDAH] *f.* neighbourhood :: *(mus.)* semibreve :: **a la —,** round about, all around.

REDONDEAR [RAYDONDAYAR] *va.* to round, make round :: to round off :: to round out.

REDONDEL [RAYDONDELL] *m.* arena (bull)ring.

REDONDEZ [RAYDONDETH] *f.* roundness.

REDONDO [RAYDONDO] *adj.* round :: **en —,** all around.

REDUCCIÓN [RAYDOOCTHEON] *f.* reduction :: cut, discount :: decrease.

REDUCIR [RAYDOTHEER] *va.* to reduce, decrease, abridge, confine.

REDUCTO [RAYDOOKTO] *m.* redoubt.

REDUNDANCIA [RAYDOONDAHN-THEAH] *f.* superfluity, redundance, overflowing :: excess, copiousness.

REDUNDAR [RAYDOONDAR] *vn.* to be redundant :: to redound.

REELECCIÓN [RAYAYLECTHEON] *f.* reelection.

REELEGIR [RAYAYLAYHEER] *va.* to re-elect.

REEMBARCAR [RAYEMBARCAR] *va. vn.* to re-embark.

REEMBOLSAR [RAYEMBOLSAR] *va.* to reimburse, refund, pay back.

REEMBOLSO [RAYEMBOLSO] *m.* reimbursement, refund.

REEMPLAZABLE [RAYEMPLATHABLAY] *adj.* replaceable.

REEMPLAZAR [RAYEMPLAHTHAR] *va.* to replace, supersede, act as substitute.

REEMPLAZO [RAYEMPLAHTHO] *m.* replacement :: substitute, substitution.

REENGANCHAR [RAYENGANCHAR] *va.* to re-enlist.

REENGANCHE [RAYENGANCHAY] *m.* re-enlisting.

REFERENCIA [RAYFAYRENTHEAH] *f.* reference :: narration, account.

REFERÉNDUM [RAYFAYRENDOOM] *m.* referendum.

REFERIR [RAYFAYREER] *va.* to refer :: to make reference (to) :: to submit :: to retail, rehearse, tell.

REFINADO [RAYFENAHDO] *adj.* refined, exquisite, pure.

REFINAMIENTO [RAYFENAHMEENTO] *m.* refinement.

REFINAR [RAYFENAR] *va.* to refine, purify.

REFINERÍA [RAYFEENEREA] *f.* refinery.

REFLECTOR [RAYFLECTOR] *m.* reflector :: searchlight :: *adj.* reflecting.

REFLEJAR [RAYFLAYHAR] *vn.* to reflect :: *vr.* to be reflected.

REFLEJO [RAYFLAYHO] *adj.* reflex, reflected :: *m.* reflection.

REFLEXIÓN [RAYFLEKSEON] *f.* reflection, meditation, consideration.

REFLEXIONAR [RAYFLEXEONAR] *vn.* to reflect, meditate, think over.

REFLEXIVO° [RAYFLEXEEVO] *adj.* reflexive :: reflective, thoughtful.

REFLUJO [RAYFLOOHO] *m.* ebb, reflux.

REFORMA [RAYFORMAH] *f.* reform :: reformation :: improvement.

REFORMAR [RAYFORMAR] *va.* to reform :: to correct, amend :: to improve :: *vr.* to reform.

REFORMATORIO [RAYFORMAHTOREO] *m. & adj.* reformatory.

REFORZAR [RAYFORTHAR] *va.* to strengthen :: to encourage.

REFRACCIÓN [RAYFRACTHEON] *f.* refraction.

REFRÁN [RAYFRAHN] *m.* proverb, saying.

REFREGAR [RAYFRAYGAR] *va.* to rub, fray :: to reprove.

REFRENAR [RAYFRAYNAR] *va.* to restrain, check :: to rein.

REFRENDAR [RAYFRENDAR] *va.* to check :: to authenticate.

REFRESCANTE [RAYFRESCAHNTAY] *adj.* refreshing.

REFRESCAR [RAYFRESCAR] *va.* to refresh, renew :: to cool :: to get cool *(el tiempo)* :: *vr.* to cool off :: to take the fresh air :: to take a cooling drink or refreshment.

REFRESCO [RAYFRESKO] *m.* refreshment, snack, light meal.

REFRIEGA [RAYFREAYGAH] *f.* affray, skirmish, scuffle.

REFRIGERACIÓN [RAYFREHAYRAH-THEON] *f.* refrigeration :: light meal or refreshment.

REFRIGERADOR [RAYFREHAYRAHDOR] *m.* refrigerator :: icebucket, cooler :: *adj.* refrigerating.

REFRIGERAR [RAYFREHAYRAR] *va.* to cool.

REFRIGERIO [RAYFREHAYREO] *m.* refrigeration.

REFUERZO [RAYFOOAIRTHO] *m.* reinforcement, binding, strengthening.

REFUGIADO [RAYFOOHEAHDO] *m.* refugee.

REFUGIAR [RAYFOOHEAR] *va.* to shelter :: *vr.* to take refuge.

REFUGIO [RAYFOOHEO] *m.* refuge, shelter.

REFUNDIR [RAYFOONDEER] *va.* to rearrange, recast, adapt :: to include :: to refund.

REFUNFUÑAR [RAYFOONFONYAR] *vn.* to grumble, growl.

REFUTACIÓN [RAYFOOTAHTHEON] *f.* refutation.

REFUTAR [RAYFOOTAR] *va.* to refute, disprove, deny.

REGADERA [RAYGAHDAYRAH] *f.* sprinkler.

REGADÍO [RAYGAHDEEO] *m.* irrigable land :: irrigated land :: *adj.* irrigable.

REGALADO• [RAYGAHLAHDO] *adj.* dainty, delightful :: "a gift".

REGALAR [RAYGAHLAR] *va.* to give, present as a gift :: to regale :: to entertain :: to delight, please :: *vr.* to treat oneself well, live a life of ease.

REGALIZ [RAYGAHLEETH] *m.* licorice :: licorice candy.

REGALO [RAYGAHLO] *m.* present, gift :: comfort, ease.

REGAÑAR [RAYGAHNYAR] *va.* to scold, chide :: *vn.* to growl, snarl.

REGAR [RAYGAR] *va.* to sprinkle :: to water :: to irrigate.

REGATA [RAYGAHTAH] *f.* regatta, boat race :: irrigation ditch.

REGATEAR [RAYGAHTAYAR] *va.* to bargain, haggle :: to evade.

REGATEO [RAYGAHTAYO] *m.* bargaining.

REGAZO [RAYGAHTHO] *m.* lap :: **en el — de la familia,** in the bosom of the family.

REGENCIA [RAYHENTHEAH] *f.* regency :: regentship.

REGENERACIÓN [RAYHAYNAYRAH-THEON] *f.* regeneration :: *(elec.)* feedback.

REGENERAR [RAYHAYNAYRAR] *va.* to regenerate.

REGENTAR [RAYHENTAR] *va.* to govern, manage.

REGENTE [RAYHENTAY] *m.* regent :: director, manager :: professor, teacher :: *(print.)* foreman :: *adj.* ruling, governing :: regent

REGICIDA [RAYHETHEEDAH] *m. & f.* regicide *(pers.)* :: *adj.* regicidal.

REGICIDIO [RAYHETHEEDEO] *m.* regicide *(acto).*

REGIDOR [RAYHEDOR] *m.* alderman.

RÉGIMEN [RAYHEMEN] *m.* regime :: rule :: diet :: system.

REGIMIENTO [RAYHEMEENTO] *m.* regiment.

REGIO• [RAYHEO] *adj.* regal, royal :: stately.

REGIÓN [RAYHEON] *f.* region, district :: country.

REGIONAL [RAYHEONAHL] *adj.* regional.

REGIR [RAYHEER] *va.* to rule, govern :: to control, manage :: to be laid down, in force, followed.

REGISTRADOR [RAYHISTRAHDOR] *m.* registrar.

REGISTRAR [RAYHISTRAR] *va.* to record, register :: to inspect, search, go through.

REGISTRO [RAYHISTRO] *m.* registration :: record, search.

REGLA [RAYGLAH] *f.* rule, norm, precept :: ruler :: **en —,** in order.

REGLAMENTAR [RAYGLAHMENTAR] *va.* to regulate, establish rules for.

REGLAMENTO [RAYGLAHMENTO] *m.* regulations :: by-laws, constitution.

REGLAR [RAYGLAR] *va.* to rule *(lineas)* :: to regulate.

REGOCIJAR [RAYGOTHEHAR] *va.* to rejoice, gladden, enliven.

REGOCIJO [RAYGOTHEEHO] *m.* joy, gladness, mirth, rejoicing.

REGODEO [RAYGODAYO] *m. (coll)* spree, carousal, joy.

REGORDETE [RAYGORDAYTAY] *adj.* chubby, plump.

REGRESAR [RAYGRAYSAR] *vn.* to return.

REGRESIÓN [RAYGRAYSEON] *f.* regression.

REGRESO [RAYGRAYSO] *m.* return.

REGUERO [RAYGAYRO] *m.* trickle, rivulet :: **— de pólvora,** trail of powder.

REGULACIÓN [RAYGOOLAHTHEON] *f.* regulation :: adjustment.

REGULAR• [RAYGOOLAR] *adj.* regular :: "middling" *(coll),* fair, normal, moderate :: ordinary, not bad :: **por lo —,** normally :: *va.* to regulate, adjust.

REGULARIDAD [RAYGOOLAHREDAHD] *f.* regularity.

REHABILITAR [RAYAHBELETAR] *va.* to rehabilitate :: to overhaul, renovate :: *vr.* to become rehabilitated :: to be overhauled.

REHACER [RAYAHTHAIR] *va.* to remake, renovate, revive :: *vr.* to build up again, get back again.

REHÉN [RAYEN] *m.* hostage.

REHUIR [RAYHOOEER] *vn.* to shun, avoid :: to shrink (from).

REHUSAR [RAYOOSAR] *va.* to refuse, decline.

REINA [RAYEENAH] *f.* queen.

REINADO [RAYENAHDO] *m.* reign.

REINAR [RAYENAR] *va.* to reign, govern :: to prevail.

REINCIDENCIA [RAYINTHEDENTHEA] *f.* backsliding :: relapse :: reiteration.

REINCIDIR [RAYINTHEDEER] *vn.* to relapse into error, backslide.

REINCORPORAR [RAYINCORPORAR] *va.* to reincorporate :: *vr.* to re-embody.

REINO [RAYENO] *m.* kingdom.

REINTEGRAR [RAYINTAYGRAR] *va.* to reimburse :: to make up, restore.

REINTEGRO [RAYINTAYGRO] *m.* reimbursement, refund.

REÍR [RAYEER] *vn.* to laugh, smile :: *vr.* **—se de,** to laugh at, mock.

REITERAR [RAYETAYRAR] *va.* to reiterate, repeat.

REIVINDICACIÓN [RAYEVINDECAH-THEON] *f.* recovery.

REIVINDICAR [RAYEVINDECAR] *va.* to replevy, recover, reclaim :: to claim, demand one's rights.

REJA [RAYHAH] *f.* grate, grating, railing, grill :: ploughingshare, colter :: tillage.

REJILLA [RAYHEELLYAH] *f.* small grating, lattice :: small latticed window :: fireplace grate :: cane upholstery.

REJUVENECER [RAYHOOVAYNAY-THAIR] *vn.* to rejuvenate.

RELACIÓN [RAYLAHTHEON] *f.* relation :: story, account :: long speech in a play :: **—es personales,** personal relations, connections :: acquaintances.

RELACIONAR [RAYLAHTHEONAR] *va.* to connect :: to report :: *vr.* to join forces with, ally herself with, get to know.

RELAJACIÓN [RAYLAHHAHTHEON] *f.* slackening, looseness :: delivery to civil authority.

RELAJAR [RAYLAHHAR] *va.* to loosen, slacken, relax :: *vr.* to become relaxed.

RELAMERSE [RAYLAHMERRSAY] *vr.* to lick one's lips :: to gloat :: to boast.

RELAMIDO [RAYLAHMEEDO] *adj.* affected, prim and proper.

RELÁMPAGO [RAYLAHMPAHGO] *m.*

RELUCIR [RAYLOOTHEER] *vn.* to glow, shine, glitter.

RELUMBRAR [RAYLOOMBRAR] *vn.* to shine, sparkle.

RELLENAR [RAYLYAYNAR] *va.* to fill :: to refill :: *(coll.)* to cram :: *vr.* to fill up.

RELLENO [RAYLYAYNO] *m.* stuffing, padding.

REMACHAR [RAYMAHCHAR] *va.* to rivet, knock further in :: to reaffirm, clinch.

REMACHE [RAYMAHCHAY] *m.* clinching :: fastening, securing :: riveting :: rivet.

REMANENTE [RAYMAHNENTAY] *m.* *(math.)* remainder :: residue.

REMANSO [RAYMAHNSO] *m.* dead water, backwater :: sluggishness, slowness.

REMAR [RAYMAR] *vn.* to paddle, row.

REMATADO [RAYMAHTAHDO] *adj.* lightning.

RELATAR [RAYLAHTAR] *va.* to report, narrate.

RELATIVO [RAYLAHTEEVO] *adj.* relative :: **– a**, relative to, regarding.

RELATO [RAYLAHTO] *m.* account, narrative, report.

RELEGAR [RAYLAYGAR] *va.* to relegate, banish :: to postpone :: to set aside, put away.

RELENTE [RAYLENTAY] *m.* night dew.

RELEVANTE [RAYLAYVAHNTAY] *adj.* notable, outstanding, striking.

RELEVAR [RAYLAYVAR] *va.* to relieve (of), release :: to bring into relief :: to acquit.

RELEVO [RAYLAYVO] *m.* *(mil.)* relief.

RELIEVE [RAYLEAYVAY] *m.* relief :: raised work :: **bajo –**, basrelief.

RELIGIÓN [RAYLEHEON] *f.* religion, faith, creed.

RELIGIOSO [RAYLEHEOSO] *adj.* religious :: faithful :: *m.* friar, monk.

RELINCHAR [RAYLINCHAR] *vn.* to neigh, whinny.

RELINCHO [RAYLEENCHO] *m.* neigh, whinny :: cry of joy.

RELIQUIA [RAYLEEKEAH] *f.* remains :: vestige, holy relic.

RELOJ [RAYLOH] *m.* clock :: watch :: **– de bolsillo**, watch :: **– de sol**, sundial :: **despertador**, alarm-clock.

RELOJERO [RAYLOHAYRO] *m.* watchmaker.

RELUCIENTE [RAYLOOTHEENTAY] *adj.* shining :: sparkling.

ended, finished, terminated :: utterly ruined.

REMATAR [RAYMAHTAR] *va.* to put an end to, complete, finish, finish off :: to knock down *(una subasta)*.

REMATE [RAYMAHTAY] *m.* end, finish, conclusion :: final :: finial, pinnacle, topmost :: **loco de –**, quite mad.

REMEDAR [RAYMAYDAR] *va.* to ape, mimic :: to imitate, copy.

REMEDIAR [RAYMAYDEAR] *va.* to remedy :: to help :: to avoid.

REMEDIO [RAYMAYDEO] *m.* remedy, cure :: **sin –**, without fail.

REMEDO [RAYMAYDO] *m.* copy, imitation :: poor imitation.

REMEMORAR [RAYMAYMORAR] *va.* to remember, call to mind.

REMENDAR [RAYMENDAR] *va.* to mend, patch, darn.

REMENDÓN [RAYMENDON] *m.* botcher, cobbler.

REMERO [RAYMAYRO] *m.* rower, paddler :: oarsman.

REMESA [RAYMAYSAH] *f.* remittance :: shipment.

REMIENDO [RAYMEENDO] *m.* repair :: amendment, patch, darn.

REMILGADO [RAYMILGAHDO] *adj.* affected, nice, fastidious, mincing.

REMILGO [RAYMEELGO] *m.* prudery, primness, affection.

REMINISCENCIA [RAYMENISTHENTHEAH] *f.* reminiscence.

REMIRADO [RAYMERAHDO] *adj.* cautious, precise, pernickety.

REMISIÓN [RAYMESEON] *f.* remission :: pardon, forgiveness.

REMISO [RAYMEESO] *adj.* unwilling, remiss, careless.

REMITENTE [RAYMETENTAY] *m. & f.* sender :: shipper.

REMITIR [RAYMETEER] *va.* to send, forward :: to pardon, remit.

REMO [RAYMO] *m.* oar.

REMOCIÓN [RAYMOTHEON] *f.* removal, stirring-up.

REMOJAR [RAYMOHAR] *va.* to soak, steep.

REMOJO [RAYMOHO] *m.* soaking :: steeping.

REMOLACHA [RAYMOLAHCHAH] *f.* beetroot.

REMOLCADOR [RAYMOLCAHDOR] *m.* towboat, tug, tugboat.

REMOLCAR [RAYMOLKAR] *va.* to tow, take in tow.

REMOLINAR [RAYMOLENAR] *vn. & r.* to whirl, spin round, swirl.

REMOLINO [RAYMOLEENO] *m.* whirlwind :: eddy, vortex.

REMOLÓN [RAYMOLONE] *m.* quitter,

shirker :: *adj.* soft, lazy, indolent :: **hacerse el –**, to back down or out, shirk.

REMOLQUE [RAYMOLKAY] *m.* towage, towing :: **dar –**, to give a tow to.

REMONTAR [RAYMONTAR] *va.* to repair, remount :: to go up.

RÉMORA [RAYMORAH] *f.* obstacle, impediment, hindrance.

REMORDER [RAYMORDAIR] *va.* to trouble.

REMORDIMIENTO [RAYMORDEENTO] *m.* remorse.

REMOTO [RAYMOTO] *adj.* remote :: unlikely.

REMOVER [RAYMOVAIR] *va.* to take away, remove :: to stir up.

REMOZAR [RAYMOTHAR] *va.* to refurbish :: *vr.* to spruce oneself up.

REMUNERACIÓN [RAYMOONAYRAHTHEON] *f.* remuneration, compensation, pay, reward.

REMUNERAR [RAYMOONAYRAR] *va.* to remunerate, reward.

RENACER [RAYNAHTHAIR] *vn.* to be born again, spring up again.

RENACIMIENTO [RAYNAHTHEMEENTO] *m.* renaissance :: regeneration.

RENACUAJO [RAYNAHCOOAHHO] *m.* *(zool.)* tadpole, polliwog :: *(elect.)* frog :: *(coll.)* runt, puny fellow.

RENCILLA [RENTHEELYAH] *f.* discord, feud, bad blood, bickering, spite(fulness), antipathy.

RENCOR [RENKOR] *m.* rancour, bitterness, venom, malevolence.

RENCOROSO [RENCOROSO] *adj.* resentful, spiteful.

RENDICIÓN [RENDETHEON] *f.* surrendering, product, yielding :: surrender.

RENDIJA [RENDEEHAH] *f.* crack, crevice.

RENDIMIENTO [RENDEMEENTO] *m.* submission :: fatigue, exhaustion :: output, perfomance :: *(mech.)* efficiency.

RENDIR [RENDEER] *va.* to conquer, subdue :: to surrender, give up :: to return, produce :: to vomit :: **– gracias**, to render thanks :: **– la bandera**, to strike one's colours.

RENEGADO [RAYNAYGAHDO] *m.* renegade, traitor :: *adj.* renegade, disloyal :: wicked.

RENEGAR [RAYNAYGAR] *vn.* to curse, swear :: to deny, disown.

RENGLÓN [RENGLON] *m.* line printed :: line of business :: item :: **a – seguido**, straight afterwards.

RENIEGO [RAYNEAYGO] *m.* blasphemy, curse.

RENO [RAYNO] *m. (zool.)* reindeer.

RENOMBRE [RAYNOMBRAY] *m.* renown.

RENOVACIÓN [RAYNOVAHTHEON] *f.* renovation, restoration :: renewal.

RENOVAR [RAYNOVAR] *va.* to renew, refresh.

RENQUEAR [RENKAYAR] *vn.* to limp.

RENTA [RENTAH] *f.* income, rent, revenue, return.

RENTAR [RENTAR] *va.* to produce, yield.

RENTERO [RENTAYRO] *m.* lessee.

RENTISTA [RENTISTAH] *f. m.* rentier :: financier.

RENUENCIA [RAYNOOENTHEAH] *f.* reluctance.

RENUEVO [RAYNOOAYVO] *m.* sprout, shoot :: renewal.

RENUNCIA [RAYNOONTHEA] *f.* renunciation :: resignation.

RENUNCIAR [RAYNOONTHEAR] *va.* to resign, renounce, waive, abandon.

REÑIDO [RAYNYEEDO] *adj.* on bad terms, at variance :: hard-fought :: bitter.

REÑIR [RAYNYEER] *vn.* to quarrel, wrangle :: *va.* to reprimand, revile, reprove, scold, berate.

REO [RAYO] *m.* offender, culprit, criminal.

REOJO [RAYOHO] *m.* **mirar de —**, to look askance at, look with jaundiced eye at.

REORGANIZAR [RAYORGAHNETHAR] *va. & vr.* to reorganize.

REPARACIÓN [RAYPAHRAHTHEON] *f.* reparation :: repair :: indemnity.

REPARAR [RAYPAHRAR] *va.* to repair :: to remark, notice :: to compensate, atone for.

REPARO [RAYPAHRO] *m.* remark :: warning, doubt, notice :: objection :: parry :: **poner —s**, to object, raise an objection.

REPARTIR [RAYPARTEER] *va.* to distribute, apportion, allot :: to divide.

REPARTO [RAYPARTO] *m.* distribution :: mail delivery :: cast of characters.

REPASAR [RAYPAHSAR] *va.* to glance over, peruse :: to mend *(la ropa)* :: to review, revise, go over.

REPASO [RAYPAHSO] *m.* review :: revision.

REPELENTE [RAYPAYLENTAY] *adj.* repellent, repulsive, repugnant.

REPELER [RAYPAYLAIR] *va.* to re-

pulse.

REPENTE [RAYPENTAY] *m.* sudden impulse :: **de —**, suddenly, of a sudden.

REPENTINO [RAYPENTEENO] *adj.* sudden.

REPERCUSIÓN [RAYPERCOOSEON] *f.* rebound :: repercussion, reverberation :: reflection.

REPERCUTIR [RAYPAIRKOOTEER] *vn.* to reflect, rebound, re-echo.

REPERTORIO [RAYPERTOREO] *m.* repertory :: repertoire.

REPETICIÓN [RAYPAYTETHEON] *f.* repetition.

REPETIR [RAYPAYTEER] *va.* to repeat, echo :: to demand one's rights.

REPICAR [RAYPEKAR] *va.* to chime :: to mince, chop up fine.

REPIQUE [RAYPEEKAY] *m.* chime, peal.

REPIQUETEAR [RAYPEKAYTAYAR] *va.* to ring gayly :: to beat or rap at :: *vn.* to resound, peal :: *vr. (coll.)* to quarrel, insult each other.

REPISA [RAYPEESAH] *f.* bracket, console :: shelf (fire) mantelpiece.

REPLEGAR [RAYPLAYGAR] *va.* to fold again :: *vr. (mil.)* to fall back.

REPLETO [RAYPLAYTO] *adj.* quite full.

RÉPLICA [RAYPLEKAH] *f.* retort, sharp reply :: repetition.

REPLICAR [RAYPLECAR] *vn.* to reply, answer back :: to retort.

REPLIEGUE [RAYPLEAYGAY] *m.* doubling, folding, fold.

REPOBLAR [RAYPOBLAR] *va.* to repopulate :: to restock :: to reforest.

REPOLLO [RAYPOLLYO] *m.* cabbage.

REPONER [RAYPONAIR] *va.* to replace :: to answer :: *vr.* to get better :: to get on one's feet again.

REPORTAJE [RAYPORTAHHAY] *m.* newspaper report :: reporting.

REPORTAR [RAYPORTAR] *va.* to check, restrain :: to get, obtain :: to bring, carry :: *vr.* to control oneself.

REPORTERO [RAYPORTAYRO] *m.* reporter, news reporter.

REPOSAR [RAYPOSAR] *vn.* to repose :: to rest :: to lie buried :: *vr.* to settle.

REPOSICIÓN [RAYPOSETHEON] *f.* replacement :: recovery.

REPOSO [RAYPOSO] *m.* rest, repose, peace.

REPOSTERÍA [RAYPOSTAYREEAH] *f.*

pastry shop.

REPRENDER [RAYPRENDERR] *va.* to reprimand, scold.

REPRESA [RAYPRAYSAH] *f.* dam, sluice.

REPRESALIA [RAYPRAYSAHLEAH] *f.* reprisal.

REPRESENTACIÓN [RAYPRAYSENTAHTHEON] *f.* representation :: play, perfomance :: authority, dignity :: petition, plea.

REPRESENTANTE [RAYPRAYSENTAHNTAY] *m.* representative :: actor, player :: *(com.)* agent, representative :: *adj.* representing.

REPRESENTATIVO [RAYPRAYSENTAHTEEVO] *adj.* representative.

REPRESENTAR [RAYPRAYSENTAR] *va.* to represent, state :: to perform, act :: to take the form of.

REPRESIÓN [RAYPRAYSEON] *f.* repression, control, restraint.

REPRIMENDA [RAYPREMENDAH] *f.* reprimand, rebuke.

REPRIMIR [RAYPREMEER] *vn.* to repress, check, contain, hold back.

REPROBAR [RAYPROBAR] *va.* to reprove :: to reprobate.

RÉPROBO [RAYPROBO] *adj. & m.* reprobate.

REPROCHAR [RAYPROCHAR] *va.* to reproach, impute.

REPROCHE [RAYPROCHAY] *m.* reproach.

REPRODUCCIÓN [RAYPRODOOCTHEON] *f.* reproduction.

REPRODUCIR [RAYPRODOOTHEER] *va.* to reproduce.

REPTIL [REPTEEL] *adj. & m.* reptile.

REPÚBLICA [RAYPOOBLEKAH] *f.* republic.

REPUDIAR [RAYPOODEAR] *va.* to repudiate, disclaim.

REPUESTO [RAYPOOESTO] *adj.* recovered :: *m.* store, stock :: sideboard, dresser :: **de —**, as a spare :: **mula de —**, sumpter mule.

REPUGNANCIA [RAYPOOGNAHNTHEAH] *f.* repugnance, disgust :: aversion :: dislike, reluctance.

REPUGNANTE[*] [RAYPOOGNAHNTAY] *adj.* repugnant, disgusting, loathsome.

REPUGNAR [RAYPOOGNAR] *va.* to be repugnant, to disgust :: to oppose, contradict.

REPUJAR [RAYPOOHAR] *va.* to do repoussé work on :: to emboss *(cuero)*.

REPULSA [RAYPOOLSAH] *f.* refusal.

REPULSIVO[*] [RAYPOOLSEEVO] *adj.* repulsive, repugnant.

REPUTACIÓN [RAYPOOTAHTHEON] *f.*

reputation.

REPUTAR [RAYPOOTAR] *va.* to repute, estimate, prize.

REQUEBRAR [RAYKAYBRAR] *va.* to flirt with :: to flatter :: break more.

REQUERIMIENTO [RAYKAYREMEENTO] *m.* requisition :: requirement :: summons :: —s, amorous advances, insinuations.

REQUERIR [RAYKAYREER] *va.* to request, to require :: to intimate :: to examine, look to :: to need.

REQUESÓN [RAYKAYSON] *m.* curd, cream cheese.

REQUIEBRO [RAYKEAYBRO] *m.* flattery :: compliment.

REQUISITO [RAYKESETO] *m.* requeriment, requisite :: — previo, prerequisite.

RES [RES] *f.* head of cattle, beast.

RESABIO [RAYSAHBEO] *m.* aftertaste :: viciousness :: con sus —s de, smacking of.

RESACA [RAYSAHKAH] *f.* surge, undercurrent, undertow :: hangover.

RESALTAR [RAYSAHLTAR] *vn.* to jut out, project.

RESARCIMIENTO [RAYSARTHEMEENTO] *m.* compensation.

RESARCIR [RAYSARTHEER] *va.* to indemnify, compensate.

RESBALADIZO [RESBAHLAHDEETHO] *adj.* slippery.

RESBALAR [RESBAHLAR] *vn.* to slide, slip.

RESBALÓN [RESBAHLONE] *m.* sudden or violent slip :: slide :: error.

RESCATAR [RESKAHTAR] *vn.* to ransom, recover.

RESCATE [RESKAHTAY] *m.* ransom :: barter.

RESCINDIR [RESTHINDEER] *va.* to rescind, annul, cancel.

RESCISIÓN [RESTHESEON] *f.* rescission, cancellation.

RESCOLDO [RESKOLDO] *m.* embers :: scruple.

RESECAR [RAYSAYCAR] *va.* to dry up :: to parch.

RESECO [RAYSAYCO] *adj.* very dry :: dried up, parched :: thin, skinny.

RESENTIDO [RAYSENTEEDO] *adj.* resentful, displeased.

RESENTIMIENTO [RAYSENTEMEENTO] *m.* resentment :: impairment, damage to one's health.

RESENTIRSE [RAYSENTEERSAY] *vr.* to resent :: to be weakened, suffer from, feel the effects of.

RESEÑA [RAYSAYNYAH] *f.* summary :: review (de un libro).

RESEÑAR [RAYSAYNYAR] *va.* to out-

line, sketch :: to review (un libro) :: (mil.) to review.

RESERVA [RAYSERRVAH] *f.* reserve :: reservation :: exception :: caution :: sin —, without reserve, frankly.

RESERVADO [RAYSERVAHDO] *m.* reserved place, reservation :: *adj.* reserved :: circumspect :: retiring :: private, confidential.

RESERVAR [RAYSAIRVAR] *va.* to reserve :: to keep back.

RESFRIADO [RESFREAHDO] *m.* a cold.

RESFRIAR [RESFREAR] *va.* to cool :: *vr.* to catch cool :: to cool.

RESGUARDAR [RESGOOARDAR] *va.* to protect, shield :: *vr.* to guard against.

RESGUARDO [RESGOOARDO] *m.* guard :: protection :: security :: voucher :: — de aduana, customhouse officers.

RESIDENCIA [RAYSEDENTHEAH] *f.* residence.

RESIDENCIAL [RAYSEDENTHEAHL] *adj.* residential :: residentiary.

RESIDENTE [RAYSEDENTAY] *m.* & *f.* resident :: (eccl.) residencer :: *adj.* resident, residing, residentiary.

RESIDIR [RAYSEDEER] *vn.* to reside :: to rest on.

RESIDUO [RAYSEEDOOO] *m.* remainder, rest, residue.

RESIGNACIÓN [RAYSIGNAHTHEON] *f.* resignation.

RESIGNAR [RAYSIGNAR] *va.* to resign :: to hand over :: *vr.* to resign oneself.

RESINA [RAYSEENAH] *f.* resin, rosin, pitch.

RESINOSO [RAYSENOSO] *adj.* resinous.

RESISTENCIA [RAYSISTENTHEAH] *f.* resistance.

RESISTENTE [RAYSISTENTAY] *adj.* solid, tough, durable, hardwearing, resistant.

RESISTIR [RAYSISTEER] *va.* & *n.* to resist, to tolerate, endure :: *vr.* to resist, struggle.

RESMA [RESMAH] *f.* ream (de papel).

RESOLUCIÓN [RAYSOLOOTHEON] *f.* resolution :: courage, determination :: solution.

RESOLUTO [RAYSOLOOTO] *adj.* bold, resolute.

RESOLVER [RAYSOLVAIR] *va.* to resolve, solve, dissolve :: *vr.* to decide, determine.

RESOLLAR [RAYSOLYAR] *va.* to breathe heavily.

RESONANCIA [RAYSONAHNTHEAH] *f.*

resonance :: echo :: (fig.) repercussion.

RESONAR [RAYSONAR] *vn.* to resound, echo, ring (out).

RESOPLAR [RAYSOPLAR] *vn.* to snort, breathe heavily.

RESORTE [RAYSORTAY] *m.* spring :: resource, means.

RESPALDAR [RESPAHLDAR] *va.* to back, guarantee, endorse :: *m.* back of a seat.

RESPALDO [RESPAHLDO] *m.* back of seat :: backing, support.

RESPECTIVO [RESPECTEEVO] *adj.* respective.

RESPECTO [RESPECTO] *m.* respect, relation, reference :: point, matter :: con — a, de, with respect to, with regard to.

RESPETABLE [RESPAYTAHBLAY] *adj.* respectable.

RESPETAR [RESPAYTAR] *va.* to respect :: to honour.

RESPETO [RESPAYTO] *m.* respect, regard, attention, reverence.

RESPETUOSO [RESPAYTOOOHSO] *adj.* respectful :: respectable.

RESPIGAR [RESPEGAR] *va.* to glean.

RESPINGO [RESPEENGO] *m.* buck, :: muttering, grumbling.

RESPIRACIÓN [RESPERAHTHEON] *f.* respiration, breathing.

RESPIRADERO [RESPERAHDAYRO] *m.* vent, breathing hole :: valve :: ventilation shaft :: respite.

RESPIRAR [RESPERAR] *va.* & *n.* to breathe.

RESPIRO [RESPEERO] *m.* respite.

RESPLANDECER [RESPLAHNDAYTHER] *vn.* to glow, shine :: to gleam :: to excel.

RESPLANDECIENTE [RESPLANDAYTHEENTAY] *adj.* resplendent, shining.

RESPLANDOR [RESPLANDOR] *m.* splendor, brilliance, brightness.

RESPONDER [RESPONDAIR] *va.* to answer :: *vn.* to be responsible for.

RESPONDÓN [RESPONDONE] *adj.* (coll.) saucy, fresh, pert.

RESPONSABILIDAD [RESPONSAHBELEDAHD] *f.* responsibility.

RESPONSABLE [RESPONSAHBLAY] *adj.* responsible.

RESPUESTA [RESPOOESTAH] *f.* answer.

RESQUEBRAJAR [RESKAYBRAHHAR] *vn.* to crack :: to split.

RESQUEMOR [RESKAYMOR] *m.* grief, sorrow :: bite, sting.

RESQUICIO [RESKEETHEO] *m.* crevice, chink.

RESTA [RESTAH] *f.* (math.) subtraction :: remainder.

RESTABLECER [RESTAHBLAYTHAIR] *va.* to re-establish, restore :: *vr.* to recover, recuperate, get better.

RESTANTE [RESTAHNTAY] *m. (math.)* remainder.

RESTAÑAR [RESTAHNYAR] *va.* to stanch, stop blood :: to retin.

RESTAR [RESTAR] *v. (math.)* to subtract :: to deprive of, take away.

RESTAURACIÓN [RESTAHOORAH-THEON] *f.* restoration.

RESTAURANTE [RESTAHOORAHNTAY] *m.* restaurant.

RESTAURAR [RESTAHOORAR] *va.* to restore :: to renew.

RESTITUCIÓN [RESTETOOTHEON] *f.* restitution, restoration, return.

RESTITUIR [RESTETOOEER] *va.* to give back, restore, return.

RESTO [RESTO] *m.* remainder, rest, balance :: *pl.* remains.

RESTREGAR [RESTRAYGAR] *va.* to rub, scrub.

RESTRICCIÓN [RESTRICTHEON] *f.* restriction :: restraint :: curb :: limitation.

RESTRINGIR [RESTRINHEER] *va.* to restrict, constrain, confine.

RESUCITAR [RAYSOOTHETAR] *va.* to resuscitate, bring to life :: to come to life :: to revive.

RESUELTO° [RAYSOOELTO] *adj.* determined, resolute, audacious.

RESUELLO [RAYSOOAYLYO] *m.* breath heavy, breathing, wheezing.

RESULTA [RAYSOOLTAH] *f.* result :: **de −s,** as a consequence.

RESULTADO [RAYSOOLTAHDO] *m.* result, effect :: product.

RESULTAR [RAYSOOLTAR] *vn.* to result :: to spring, arise as a consequence :: to turn out to be :: **resulta que,** it turns out that.

RESUMEN [RAYSOOMEN] *m.* summary, résumé :: **en −,** briefly, in short.

RESUMIR [RAYSOOMEER] *va.* to resume, sum up :: *vr.* to be contained in.

RESURGIR [RAYSOORHEER] *vn.* to arise again :: to reappear.

RESURRECCIÓN [RAYSOORRECTHEON] *f.* resurrection, revival, resuscitation :: **domingo de −,** easter sunday.

RETABLO [RAYTAHBLO] *m.* series of historical paintings or carvings :: *(eccl.)* altarpiece, reredos, retable.

RETAGUARDIA [RAYTAHGOOARDEAH]

f. rear guard :: **a −,** in the rear.

RETAHILA [RAYTAHEELAH] *f.* line, string, series, file.

RETAL [RAYTAHL] *m.* remnant.

RETAMA [RAYTAHMAH] *f. (bot.)* broom.

RETAR [RAYTAR] *va.* to challenge, defy, dare.

RETARDAR [RAYTARDAR] *va.* to delay, retard, slacken.

RETAZO [RAYTAHTHO] *m.* piece, remnant, cutting.

RETEMBLAR [RAYTEMBLAR] *vn.* to shake, quiver, shudder.

RETÉN [RAYTEN] *m.* reserve :: reserve corps.

RETENER [RAYTAYNAIR] *va.* to retain, keep back.

RETICENCIA [RAYTETHENTHEAH] *f.* reticence :: half-truth.

RETINA [RAYTEENAH] *f.* retina.

RETINTÍN [RAYTINTEEN] *m.* tinkling, jingle :: inflection of voice.

RETINTO [RAYTEENTO] *adj.* dark.

RETIRADA [RAYTERAHDAH] *f.* withdrawal, retreat.

RETIRADO [RAYTERAHDO] *adj.* retired :: distant, remote :: isolated :: pensioned.

RETIRAR [RAYTERAR] *va.* to withdraw, lay aside :: to retire :: *vn.* to retreat.

RETIRO [RAYTEERO] *m.* retirement, seclusion :: *(eccl.)* retreat.

RETO [RAYTO] *m.* challenge.

RETOCAR [RAYTOKAR] *va.* to retouch, touch up.

RETOQUE [RAYTOHKAY] *m.* retouching :: finishing touch.

RETORCER [RAYTORTHAIR] *va.* to twist, contort.

RETORCIDO [RAYTORTHEEDO] *adj.* twisted.

RETORCIMIENTO [RAYTORTHEMEENTO] *m.* twisting :: writhing, contortion :: wringing.

RETÓRICA [RAYTORECAH] *f.* rhetoric.

RETÓRICO° [RAYTORECO] *m.* rhetorician :: *adj.* rhetorical.

RETORNAR [RAYTORNAR] *vn.* to return :: *va.* to give back.

RETORNO [RAYTORNO] *m.* return :: requital :: barter.

RETOZAR [RAYTOTHAR] *vn.* to gambol, frisk about, frolic, romp.

RETOZO [RAYTOTHO] *m.* gambol, frolic :: **− de la risa,** suppressed laughter,

RETOZÓN [RAYTOTHONE] *adj.* frolicsome, playful, wanton :: coltish.

RETRACTACIÓN [RAYTRACTAHTHEON] *f.* retraction, recantation.

RETRACTAR [RAYTRAHKTAR] *va. & r.* to withdraw, disavow, re-

tract.

RETRAER [RAYTRAHAIR] *va.* to keep from, dissuade :: *vr.* to keep away from, shun.

RETRAÍDO [RAYTRAHEEDO] *adj.* shy, reserved.

RETRAIMIENTO [RAYTRAHMEEENTO] *m.* seclusion, refuge, retirement.

RETRASADO [RAYTRAHSAHDO] *adj.* behind, behind time :: backward :: postponed, delayed.

RETRASAR [RAYTRAHSAR] *va.* to defer, put off, postpone :: to fall (be) behind :: *vr.* to be late.

RETRASO [RAYTRAHSO] *m.* delay, backwardness :: **con 20 minutos de −,** 20 minutes late.

RETRATAR [RAYTRAHTAR] *va.* to portray, make a portrait of :: *vr.* to have a photograph taken.

RETRATISTA [RAYTRAHTEESTAH] *m. & f.* portrait painter, portraitist :: photographer.

RETRATO [RAYTRAHTO] *m.* portrait, likeness, picture.

RETRETA [RAYTRAYTAH] *f. (mil.)* retreat.

RETRETE [RAYTRAYTAY] *m.* alcove :: closet, W.C.

RETRIBUCIÓN [RAYTREBOOTHEON] *f.* repayment, retribution, recompense :: compensation, pay.

RETRIBUIR [RAYTREBOOEER] *va.* to recompense.

RETROCEDER [RAYTROTHAYDERR] *vn.* to turn back :: to fall back, draw back :: to recede.

RETROCESO [RAYTROTHAYSO] *m.* retrocession.

RETRÓGRADO [RAYTROGRAHDO] *adj.* retrogressive, reactionary.

RETUMBAR [RAYTOOMBAR] *vn.* to resound.

REUMA [RAYOOMAH] *f.* rheum.

REUMATISMO [RAYOOMAHTEESMO] *m. (med.)* rheumatism.

REUNIÓN [RAYOONEON] *f.* reunion :: meeting.

REUNIR [RAYOONEER] *va.* to reunite, gather, collect, get together.

REVÁLIDA [RAYVAHLEDAH] *f.* final examination.

REVALIDACIÓN [RAYVAHLEDAH-THEON] *f.* confirmation.

REVALIDAR [RAYVAHLEDAR] *va.* to ratify, confirm, to have confirmed.

REVANCHA [RAYVAHNCHAH] *f.* revenge :: return game or match.

REVELACIÓN [RAYVAYLAHTHEON] *f.* revelation.

REVELADO [RAYVAYLAHDO] *m. (phot.)* development :: *adj.* revealed, disclosed.

REVELAR [RAYVAYLAR] *va.* to reveal :: *(phot.)* to develop.

REVENDER [RAYVENDERR] *va.* to re-sell :: to retail, peddle.

REVENTA [RAYVENTAH] *f.* resale.

REVENTAR [RAYVENTAR] *vn.* to break, explode, burst (out), to flatten, overwhelm :: to long for :: *va.* to smash, demolish, shatter, blast :: to ride to death *(un caballo)* :: — de risa, to burst with laughter.

REVENTÓN [RAYVENTONE] *m.* burst, bursting :: blowout :: steep hill :: hard work, toil :: *adj.* bursting.

REVERBERO [RAYVAIRBAYRO] *m.* reflector :: reverberation.

REVERENCIA [RAYVAYRENTHEAH] *f.* reverence :: bow.

REVERENCIAR [RAYVAYRENTHEAR] *va.* to revere :: to venerate.

REVERENDO [RAYVAYRENDO] *adj.* reverend.

REVERENTE [RAYVAYRENTAY] *adj.* reverent.

REVERSO [RAYVAIRSO] *m.* reverse *(de una moneda)* :: back side.

REVÉS [RAYVES] *m.* back, wrong side :: slap *(bofetón)* :: al —, wrong side out, on the contrary.

REVESTIR [RAYVESTEER] *va.* to clothe :: to cover.

REVISAR [RAYVESAR] *va.* to revise, review, check.

REVISIÓN [RAYVESEON] *m.* revision, review, check.

REVISOR [RAYVESOR] *m.* reviser :: corrector :: ticket-inspector.

REVISTA [RAYVISTAH] *f.* review :: inspection.

REVIVIR [RAYVEVEER] *vn.* to revive, resuscitate.

REVOCACIÓN [RAYVOCAHTEON] *f.* revocation.

REVOCAR [RAYVOKAR] *va.* to revoke, abrogate, repeal.

REVOLOTEAR [RAYVOLOTAYAR] *vn.* to fly about, flutter around :: to hover :: to circle around.

REVOLOTEO [RAYVOLOTAYO] *m.* fluttering, hovering.

REVOLTIJO [RAYVOLTEEHO] *m.* jumble, mixture, mess :: tangle, muddle.

REVOLTILLO [RAYVOLTEELLYO] *m.* mass, mess, jumble :: confusion .

REVOLTOSO [RAYVOLTOSO] *adj.* turbulent, unruly, wild.

REVOLUCIÓN [RAYVOLOOTHEON] *f.* revolution.

REVOLUCIONAR [RAYVOLOOTHEO-NAR] *va.* to revolutionize.

REVOLUCIONARIO [RAYVOLOOTHEO-NAHREO] *m.* revolutionary, revolutionist :: *adj.* revolutionary.

REVOLVER [RAYVOLVAIR] *va.* to turn (up) (over) (upside down) :: to stir :: *vn.* to turn round.

REVÓLVER [RAYVOLVAIR] *m.* pistol.

REVOQUE [RAYVOKAY] *m.* plastering, stucco.

REVUELCO [RAYVOOELCO] *m.* upset :: tumble :: wallowing.

REVUELO [RAYVOOAYLO] *m.* whirl :: stir, commotion :: flying around.

REVUELTA [RAYVOOELTAH] *f.* revolt :: disturbance, tumult, revolution :: turn.

REVUELTO [RAYVOOELTO] *adj.* restless, intricate, turbid :: untidy, mixed-up, jumbled.

REVULSIÓN [RAYVOOLSEON] *f. (med.)* revulsion.

REY [RAY] *m.* king :: *pl.* Epiphany, Twelfth Night.

REYERTA [RAYYERTAH] *f.* quarrel, dispute.

REYEZUELO [RAYYAYTHOOAYLO] *m. (orn.)* kinglet, wren.

REZAGADO [RAYTHAGAHDO] *adj.* back, behind :: *m.* straggler, slowpoke, latecomer.

REZAGAR [RAYTHAGAR] *va.* to leave behind, outstrip :: *vn.* to postpone, delay, put off :: *vr.* to fall behind, stay behind.

REZAR [RAYTHAR] *va.* to pray, say prayers :: to say *(una inscripción).*

REZO [RAYTHO] *m.* prayer.

REZONGAR [RAYTHONGAR] *vn.* to grumble.

REZUMARSE [RAYTHOOMARSAY] *vr.* to ooze, exude.

RÍA [REEAH] *f.* estuary.

RIACHUELO [REAHCHOOAYLO] *m.* rivulet, brook.

RIADA [REAHDAH] *f.* freshet, flood.

RIBAZO [REBAHTHO] *m.* bank, ridge.

RIBERA [REBAYRAH] *f.* bank, shore :: beach :: riverside.

RIBEREÑO [REBAYRAYNYO] *m. & adj.* riversider, riparian.

RIBETE [REBAYTAY] *m.* binding, piping :: addition :: touch of, hint :: *pl.* sus — de poeta, something of the poet in him.

RICACHO [RECAHCHO] *m. (coll.)* nouveau riche or vulgar rich person.

RICINO [RETHEENO] *m.* castor-oil plant.

RICO [REEKO] *adj.* rich person :: *(coll.)* dear, sweet one :: *(adj.)* opulent, rich, wealthy :: dear, darling :: delicious, exquisite,

sweet :: noble, illustrious.

RIDICULEZ [REDEKOOLETH] *m.* ridicule, ridiculous action, eccentricity.

RIDICULIZAR [REDECOOLETHAR] *va.* to ridicule, deride.

RIDÍCULO [REDEEKOOLO] *adj.* ridiculous, laughable, ludicrous, absurd :: hacer el —, to make a fool of oneself.

RIEGO [REAYGO] *m.* irrigation.

RIEL [REEL] *m.* rail :: —es, track, railroad track .

RIENDA [REENDAH] *f.* reins :: government :: a — suelta, at full speed, unchecked.

RIESGO [REESGO] *m.* risk, danger :: correr —, to run (be) a risk.

RIFA [REEFAH] *f.* raffle :: scuffle, quarrel.

RIFAR [REFAR] *va.* to raffle :: to scuffle, quarrel.

RIFLE [REEFLAY] *m.* rifle.

RIGIDEZ [REHEDETH] *f.* rigidity, stiffness :: severity, strictness.

RÍGIDO [REEHEDO] *adj.* rigid, stiff, inflexible.

RIGOR [REGOR] *m.* severity, strictness, harshness, intensity, rigour, stiffness :: en —, actually, strictly speaking :: de —, essential, a requirement.

RIGUROSO [REGOOROSO] *adj.* rigorous :: harsh :: severe :: strict.

RIMA [REEMAH] *f.* rhyme :: —s, poems.

RIMAR [REMAR] *va. & n.* to rhyme.

RIMBOMBANTE [RIMBOMBAHNTAY] *adj.* highsounding :: resounding.

RINCÓN [RINKON] *m.* corner, nook.

RINOCERONTE [RENOTHAYRONTAY] *m.* rhinoceros.

RIÑA [REENYAH] *f.* quarrel, fight, dispute.

RIÑÓN [RENYON] *m.* kidney :: el — del país, the heart of the country.

RÍO [REEO] *m.* river :: a — revuelto, in troubled waters.

RIQUEZA [REKAYTHAH] *f.* wealth, riches, richness.

RISA [REESAH] *f.* laughter, laugh.

RISCO [RISKO] *m.* crag, cliff.

RISIBLE [RESEEBLAY] *adj.* laughable.

RISOTADA [RESOTAHDAH] *f.* guffaw, big laugh.

RISTRA [REESTRAH] *f.* string of garlic or onions :: *(coll.)* string, file, row.

RISUEÑO [RESOOAYNYO] *adj.* smiling, agreeable.

RÍTMICO [REETMECO] *adj.* rhythmical.

RITMO [REETMO] *m.* rhythm.

RITO [REETO] *m.* rite, ceremony.

RITUAL [RETOOAHL] *m. & adj.* ritual.

RIVAL [REVAHL] *m.* rival.

RIVALIDAD [REVAHLEDAHD] *f.* rivalry, emulation.

RIVALIZAR [REVAHLETHAR] *va.* to rival, compete.

RIZADO [RETHAHDO] *adj.* wavy, curly :: *m.* curling :: curls.

RIZAR [RETHAR] *va.* to curl :: to ripple :: to ruffle, gather into ruffles :: *vr.* to curl one's hair :: to curl.

RIZO [REETHO] *adj.* curled :: *m.* curl, ringlet :: *pl. (naut.)* reef points.

ROBAR [ROBAR] *va.* to rob, plunder, steal.

ROBLE [ROBLAY] *m.* oak-tree.

ROBO [ROBO] *m.* robbery, theft.

ROBOT [ROBOT] *m.* robot.

ROBUSTO* [ROBOOSTO] *adj.* robust, hale, vigorous.

ROCA [ROKAH] *f.* rock :: cliff.

ROCE [ROTHAY] *m.* friction :: rubbing, attrition :: (social) intercourse.

ROCIAR [ROTHEAR] *va.* to sprinkle, spray.

ROCÍN [ROTHEEN] *m.* nag, jade.

ROCÍO [ROTHEEO] *m.* dew :: sprinkling.

ROCOSO [ROCOSO] *adj.* rocky.

RODADA [RODAHDAH] *f.* rut, wheeltrack.

RODAJA [RODAHHAH] *f.* disk :: small wheel :: round slice.

RODAJE [RODAHHAY] *m.* set of wheels :: – **de película**, the filming of a movie.

RODAR [RODAR] *vn.* to roll, turn, revolve, wheel.

RODEAR [RODAYAR] *va.* to surround, encircle :: to invest.

RODEO [RODAYO] *m.* turn :: winding, roundabout way :: subterfuge :: circumlocution, evasions.

RODILLA [RODEELYAH] *f.* knee :: **de** –**s**, on one's knees :: **a media** –, on one knee.

RODILLO [RODEELYO] *m.* roller :: inking roller.

ROEDOR [ROAYDOR] *m.* rodent :: remorse.

ROER [ROAIR] *va.* to gnaw.

ROGAR [ROGAR] *va.* to pray, beg, entreat.

ROJIZO [ROHEETHO] *adj.* reddish.

ROJO [ROHO] *adj.* red.

ROLLIZO [ROLYEETHO] *adj.* plump, round, sturdy.

ROLLO [ROLYO] *m.* roll.

ROMANCE [ROMAHNTHAY] *adj.* Romance :: *m.* Romance language :: ballad :: **hablar en** –, to speak plainly.

ROMANTICISMO [ROMANTETHEESMO] *m.* romanticism.

ROMÁNTICO* [ROMAHNTECO] *adj.* romantic :: sentimental :: *m.* romantic :: sentimentalist.

ROMBO [ROMBO] *m.* rhombus.

ROMERÍA [ROMAYREEAH] *f.* pilgrimage :: excursion, picnic.

ROMERO [ROMAYRO] *m.* pilgrim :: rosemary.

ROMPECABEZAS [ROMPAYCAHBAYTHAS] *m.* puzzle, riddle.

ROMPEDERO [ROMPAYDAYRO] *adj.* breakable, brittle.

ROMPEHIELOS [ROMPAYEAYLOS] *m. (naut.)* icebreaker.

ROMPEOLAS [ROMPAYOLAS] *m.* breakwater, mole.

ROMPER [ROMPAIR] *va.* to break, tear, smash, crush :: to burst open.

ROMPIENTE [ROMPEENTAY] *m.* reef, shoal.

RON [RON] *m.* rum.

RONCAR [RONKAR] *vn.* to snore.

RONCO [RONKO] *adj.* hoarse, harsh, raucous.

RONCHA [RONCHAH] *f.* welt.

RONDA [RONDAH] *f.* beat, round :: night patrol, serenading :: *(coll.)* round (de bebidas).

RONDAR [RONDAR] *va.* to go the rounds, patrol (las calles) :: to haunt :: to serenade.

RONQUERA [RONKAYRAH] *f.* hoarseness.

RONQUIDO [RONKEEDO] *m.* snore, snort.

RONRONEAR [RONRONAYAR] *vn.* to purr.

RONRONEO [RONRONAYO] *m.* purr.

ROÑA [RONYAH] *f.* scab, filth.

ROÑOSO [RONYOSO] *adj.* scabby, mangy :: dirty :: stingy.

ROPA [ROPAH] *f.* clothes, costume- :: – **interior**, underwear, underclothes :: – **blanca**, linen :: – **hecha**, ready-made clothing :: **a quema** –, point blank.

ROPAJE [ROPAHHAY] *m.* clothes, clothing :: gown, robe :: drapery :: *(fig.)* form of expression, language.

ROPERO [ROPAYRO] *m.* clothier :: wardrobe.

ROSA [ROSAH] *f.* rose :: rosecolour.

ROSADO [ROSAHDO] *adj.* rosy, rose-colored.

ROSAL [ROSAHL] *m.* rosebush.

ROSALEDA [ROSAHLAYDAH] *f.* rose garden.

ROSARIO [ROSAHREO] *m.* rosary :: chain pump :: *(coll.)* spinal column :: recitation of the rosary.

ROSCA [ROSKAH] *f.* screw thread :: screw and nut :: ring :: ring-shaped cake.

ROSETÓN [ROSAYTON] *m.* rose-window.

ROSQUILLA [ROSKEELLYAH] *f.* coffeecake, doughnut.

ROSTRO [ROSTRO] *m.* human face :: beak.

ROTACIÓN [ROTAHTHEON] *f.* rotation.

ROTO [ROTO] *adj.* broken, torn, destroyed, spoiled.

RÓTULA [ROTOOLAH] *f.* lozenge :: *(anat.)* knee-cap, knee-pan :: hinge joint :: knuckle.

ROTULAR [ROTOOLAR] *va.* to label, stamp.

RÓTULO [ROTOOLO] *m.* label, sign :: heading.

ROTUNDO* [ROTOONDO] *adj.* round :: sonorous.

ROTURA [ROTOORAH] *f.* breach, opening :: break :: tear, rip :: rupture :: fracture.

ROZADURA [ROTHAHDOORAH] *f.* friction, attrition, abrasion.

ROZAR [ROTHAR] *va.* to clear the ground, grub up :: to chafe :: to graze, brush against, rub against :: *vr.* to rub shoulders (with).

RUBÍ [ROOBEE] *m.* ruby.

RUBICUNDO [ROOBECOONDO] *adj.* reddish :: ruddy, healthy red :: reddish-blond.

RUBIO [ROOBEO] *adj.* fair (pelo), blonde.

RUBOR [ROOBOR] *m.* shame, bashfulness :: blush.

RUBORIZARSE [ROOBORETHARSAY] *vr.* to blush :: to feel ashamed.

RÚBRICA [ROOBRECAH] *f.* rubric, flourish :: title, heading.

RUCIO [ROTHEO] *adj.* dapple, silver gray :: *m.* donkey.

RUDEZA [ROODAYTHAH] *f.* roughness, crudeness, crudity.

RUDIMENTO [ROODEMENTO] *m.* rudiment, element :: embryo, germ :: vestige.

RUDO* [ROODO] *adj.* rough :: coarse, unlettered, simple :: hard.

RUECA [ROOAYCAH] *f.* distaff.

RUEDA [ROOAYDAH] *f.* wheel, circle :: crowd of people :: round slice.

RUEDO [ROOAYDO] *m.* turn, rotation :: edge :: skirt lining :: bullring :: circumference.

RUEGO [ROOAYGO] *m.* prayer, request, entreaty.

RUFIÁN [ROOFEAHN] *m.* ruffian :: bully.

RUGIDO [ROOHEEDO] *m.* roar.

RUGIENTE [ROOHEENTAY] *adj.* bellowing, roaring.

RUGIR [ROOHEER] *vn.* to roar, bellow, howl.

RUGOSIDAD [ROOGOSEDAHD] *f.* rugosity.

RUGOSO [ROOGOSO] *adj.* creased, wrinkled, corrugated.

RUIDO [ROOEEDO] *m.* noise, uproar, outcry :: rumour.

RUIDOSO° [ROOEDOSO] *adj.* noisy.

RUIN° [ROOEEN] *adj.* mean, base, low :: wretched, puny :: heartless.

RUINA [ROOEENAH] *f.* ruin, fall :: ruination.

RUINDAD [ROOEENDAHD] *f.* meanness, malice, baseness.

RUINOSO [ROOENOSO] *adj.* ruinous.

RUISEÑOR [ROOESAYNYOR] *m.* nightingale.

RUMBO [ROOMBO] *m.* course, direction :: route :: **con — a,** bound for, on a course for.

RUMIANTE [ROOMEAHNTAY] *m.* ruminant.

RUMIAR [ROOMEAR] *va.* to ruminate :: to chew the cud :: to ponder, meditate.

RUMOR [ROOMOR] *m.* rumour :: hearsay, murmur.

RUPTURA [ROOPTOORAH] *f.* rupture :: break :: fracture.

RURAL [ROORAHL] *adj.* rural.

RUSO [ROOSO] *m.* russian language :: *adj.* russian.

RÚSTICO° [ROOSTEKO] *adj.* rustic, unmannerly :: **en rústica,** in paper covers, unbound.

RUTA [ROOTAH] *f.* route, course, way.

RUTINA [ROOTEENAH] *f.* routine, habit.

S

SÁBADO [SAHBAHDO] *m.* Saturday.

SÁBANA [SAHBAHNAH] *f.* sheet :: **se le pegan las —s,** he gets up late.

SABANDIJA [SAHBANDEEHAH] *f.* small reptile :: small lizard.

SABAÑÓN [SAHBAHNYON] *m.* chilblain.

SABER [SAHBAIR] *va.* to know, know how :: **— nadar,** to be able to swim :: *vn.* to taste, savour :: **— a,** to taste of :: **a —,** to wit :: *m.* learning, knowledge.

SABIDURÍA [SAHBEDOOREEAH] *f.* wisdom, learning.

SABIENDAS [SAHBEENDAS] *adv.* **a —,** knowingly, consciusly :: **a — de que,** knowing or conscious that.

SABIO [SAHBEO] *adj.* wise, learned, cunning :: *m.* learned man, scholar :: wise person.

SABLAZO [SAHBLAHTHO] *m.* stroke with or wound from a sabre :: *(coll.)* sponging.

SABLE [SAHBLAY] *m.* sabre :: sable.

SABOR [SAHBOR] *m.* taste, smack, flavour.

SABOREAR [SAHBORAYAR] *va.* to flavour, savour :: to roll on the tongue :: *vr.* to relish, enjoy.

SABOTAJE [SAHBOTAHHAY] *m.* sabotage.

SABOTEAR [SAHBOTAYAR] *va.* to sabotage.

SABROSO [SAHBROSO] *adj.* delighful, savoury, tasty.

SABUESO [SAHBOOAYSO] *m.* foxhound, bloodhound.

SACA [SAHCAH] *f.* extraction :: exportation :: first draft :: authorized copy of a bill of sale :: coarse sack or bag :: mail-bag.

SACACORCHOS [SAHKAHKORCHOS] *m.* corkscrew.

SACAMUELAS [SAHCAHMOOAYLAS] *m.* & *f.* tooth puller :: quack dentist.

SACAR [SAHKAR] *va.* to take (out), draw (out) :: to make out, understand :: **— a luz,** to publish, :: to start, begin *(en un juego)* :: **— a bailar,** to invite to dance :: to drag in :: **— en claro, en limpio,** to get clear, understand :: **— de quicio,** to jolt, upset.

SACARINA [SAHCAHREENAH] *f.* saccharine.

SACERDOCIO [SAHTHERDOTHEO] *m.* priesthood.

SACERDOTE [SAHTHAIRDOTAY] *m.* priest.

SACERDOTISA [SAHTHERDOTEESAH] *f.* priestess. -

SACIAR [SAHTHEAR] *va.* to satiate, satisfy.

SACIEDAD [SAHTHEAYDAHD] *f.* satiety.

SACO [SAHKO] *m.* sack, bag :: pillage :: **— de noche,** travelling bag.

SACRAMENTO [SAHCRAHMENTO] *m.* sacrament.

SACRIFICAR [SAHCREFECAR] *va.* to sacrifice.

SACRIFICIO [SAHCREFEETHEO] *m.* sacrifice.

SACRILEGIO [SAHCRELAYHEO] *m.* sacrilege.

SACRÍLEGO [SAHCREELAYGO] *adj.* sacrilegious.

SACRISTÁN [SAHCRISTAHN] *m.* sacristan, sexton.

SACRISTÍA [SAHCRISTEEAH] *f.* sacristy :: office of sacristan or sexton.

SACRO [SAHKRO] *adj.* holy, sacred.

SACUDIDA [SAHKOODEEDAH] *f.* shake, jerk, jolt.

SACUDIR [SAHKOODEER] *va.* to shake, jolt :: to beat, drub :: *vr.* to shake off.

SÁDICO [SAHDEECO] *adj.* sadistic, cruel.

SADISMO [SAHDEESMO] *m.* sadism.

SAETA [SAHAYTAH] *f.* arrow :: hand *(de un reloj).*

SAGACIDAD [SAHGAHTHEDAHD] *f.* sagacity.

SAGAZ [SAHGATH] *adj.* farseeing, sagacious, wise.

SAGRADO [SAHGRAHDO] *adj.* sacred, holy :: *m.* sanctuary, asylum.

SAGRARIO [SAHGRAHREO] *m.* sacrarium, shrine, sanctuary.

SAHUMAR [SAHOOMAR] *va.* to fumigate, smoke :: perfume.

SAINETE [SAHENAYTAY] *m.* farcical short play.

SAL [SAHL] *f.* salt, wit.

SALA [SAHLAH] *f.* parlour, drawingroom, room.

SALADO [SAHLAHDO] *adj.* salty, witty.

SALAMANDRA [SAHLAHMAHNDRAH] *f.* *(zool.)* salamander :: salamander stove :: fire-sprite.

SALAR [SAHLAR] *va.* to salt :: to season.

SALARIO [SAHLAREO] *m.* salary, wages.

SALAZÓN [SAHLAHTHON] *f.* salted meat or fish.

SALCHICHA [SAHLCHEECHAH] *f.* sausage.

SALCHICHÓN [SALCHECHONE] *m.* large sausage.

SALDAR [SAHLDAR] *va.* to settle, balance.

SALDO [SAHLDO] *m.* balance, settle :: bargain sale.

SALERO [SAHLAYRO] *m.* saltcellar :: gracefulness, liveliness.

SALIDA [SALEEDAH] *f.* departure, outlet, issue, exit, way out :: loophole, excuse.

SALIENTE [SAHLEENTAY] *m.* east :: *f.* projection :: *adj.* salient, jutting out, projecting :: outbound :: outgoing.

SALINA [SAHLEENAH] *f.* salt mine.

SALINO [SAHLEENO] *adj.* saline.

SALIR [SAHLEER] *vn.* to go out :: to set out, leave, depart :: to come out, off :: to appear, be published :: **— por uno,** to stand security for :: *vr.* **—se con la suya,** to get one's own way.

SALITRE [SAHLEETRAY] *m.* saltpeter.

SALIVA [SAHLEEVAH] *f.* spittle, saliva.

SALMO [SAHLMO] *m.* psalm.

SALMÓN [SAHLMON] *m.* salmon.

SALMONETE [SALMONAYTAY] *m.* red mullet.

SALMUERA [SAHLMOOAYRAH] *f.* brine.

SALOBRE [SAHLOBRAY] *adj.* brackish, briny.

SALÓN [SAHLON] *m.* drawingroom, lounge :: large hall.

SALPICADERO [SAHLPECAHDAYRO] *m.* dashboard.

SALPICADURA [SALPECAHDOORAH] *f.* spatter, splash.

SALPICAR [SAHLPEKAR] *va.* to splash, spatter.

SALSA [SAHLSAH] *f.* sauce, dressing.

SALSERA [SALSAYRAH] *f.* gravy dish or boat :: small saucer.

SALTAMONTES [SALTAHMONTES] *m.* grasshopper.

SALTAR [SAHLTAR] *va.* to jump, spring, skip, hop :: to burst, crack, fly off :: **— a la vista,** to be clear as a pike-staff.

SALTEADOR [SALTAYAHDOR] *m.* highwayman, holdup man.

SALTEAR [SAHLTAYAR] *va.* to rob :: to assault.

SALTIMBANQUI [SALTIMBAHNKI] *m.* mountebank, quack :: prestidigitator :: *(coll.)* nuisance.

SALTO [SAHLTO] *m.* spring, jump, leap :: skip :: **— de agua,** waterfall :: **— mortal,** somersault

:: a —s, dodging or leaping here and there :: **de un —,** at one bound.

SALTÓN [SAHLTON] *adj.* **ojos —es,** pop eyes :: *m.* grasshopper.

SALUBRE [SAHLOOBRAY] *adj.* salubrious, healthy.

SALUD [SAHLOOD] *f.* health :: public weal :: salvation.

SALUDABLE [SAHLOODAHBLAY] *adj.* wholesome, healthful, beneficial.

SALUDAR [SAHLOODAR] *va.* to salute, greet, pay one's compliments to, say how do you do to.

SALUDO [SAHLOODO] *m.* greeting, bow, salutation.

SALVA [SAHLVAH] *f.* greeting, welcome :: oath, solemn promise :: tray, salver :: ordeal :: *(mil.)* salvo.

SALVACIÓN [SALVAHTHEON] *f.* salvation.

SALVAGUARDAR [SALVAHGOOARDAR] *vn.* to safeguard, defend, protect.

SALVAGUARDIA [SAHLVAHGOOARDEAH] *f.* security :: safe-conduct.

SALVAJADA [SALVAHAHDAH] *f.* savage act or remark.

SALVAJE° [SAHLVAHHAY] *adj.* savage :: wild :: *m.* savage.

SALVAJISMO [SALVAHHEESMO] *m.* savagery.

SALVAMENTO [SALVAHMENTO] *m.* salvation, rescue :: place of safety :: salvage.

SALVAR [SAHLVAR] *va.* to save :: to salve :: to jump over *(un obstaculo).*

SALVAVIDAS [SAHLVAHVEEDAHS] *m.* life-belt :: **bote —,** life-boat.

SALVE [SAHLVAY] *f. (eccl.)* salve regina :: *interj.* hail!

SALVEDAD [SALVAYDAHD] *f.* reservation, qualification.

SALVO [SAHLVO] *adj.* safe :: **sano y —,** safe and sound :: *adv.* save except(ing).

SALVOCONDUCTO [SAHLVOKONDOOKTO] *m.* passport :: safeconduct.

SAMBENITO [SAMBAYNEETO] *m.* sanbenito :: mark of infamy :: disgrace.

SAN [SAHN] *adj.* abbrev. of Santo.

SANAR [SAHNAR] *va.* to heal :: *vn.* to recover, get better :: to heal.

SANATORIO [SAHNAHTOREO] *m.* sanitarium.

SANCIÓN [SANTHEON] *f.* sanction.

SANCIONAR [SANTHEONAR] *va.* to sanction :: to authorize, ratify.

SANDALIA [SANDAHLEAH] *f.* sandal.

SANDEZ [SAHNDETH] *f.* simplicity :: absurdity, inane statement, stupid remark, silly talk.

SANDÍA [SAHNDEEAH] *f.* watermelon.

SANEAMIENTO [SAHNAYAHMEENTO] *m.* guarantee, indemnification :: drainage.

SANEAR [SAHNAYAR] *va.* to give guarantee :: to drain.

SANGRAR [SAHNGRAR] *va.* to bleed.

SANGRE [SAHNGRAY] *f.* blood :: kindred :: **a — fría,** in cold blood :: **mala —,** bad blood, viciousness.

SANGRÍA [SAHNGREEAH] *f.* bleeding :: drainage.

SANGRIENTO° [SAHNGREENTO] *adj.* bloody, gory :: bloodthirsty.

SANGUIJUELA [SANGEEHOOAYLAH] *f. (zool.)* leech :: *(coll.)* leech, sponger.

SANGUINARIO [SANGEENAHREO] *adj.* bloodthirsty, sanguinary.

SANGUÍNEO [SANGEENAYO] *adj.* sanguineous.

SANIDAD [SAHNEDAHD] *f.* health, soundness.

SANITARIO [SAHNETAHREO] *adj.* sanitary.

SANO° [SAHNO] *adj.* sane, wholesome :: honest :: healthy, sound :: whole.

SANTIAMÉN [SAHNTEAHMEN] *m. (coll.)* instant, jiffy :: **en un —,** in a jiffy.

SANTIDAD [SAHNTEDAHD] *f.* sanctity :: godliness :: holiness :: the Pope.

SANTIFICACIÓN [SANTEFECAHTHEON] *f.* sanctification.

SANTIFICAR [SANTEFECAR] *va.* to sanctify :: to consecrate.

SANTIGUARSE [SAHNTEGOOARSAY] *vr.* to bless :: to cross oneself.

SANTO° [SAHNTO] *adj.* holy, saint, blessed :: *m.* **— y seña,** countersign, password :: **el — día,** the whole day.

SANTÓN [SANTONE] *m.* dervish :: hypocrite :: sage.

SANTORAL [SANTORAHL] *m.* collection of the lives of the saints :: calendar of saints' days :: choir book.

SANTUARIO [SANTOOAHREO] *m.* sanctuary.

SAÑA [SAHNYAH] *f.* rage, fury, fierce hatred.

SAÑUDO [SAHNYOODO] *adj.* furious, malignant, implacable, bitter.

SAPIENCIA [SAHPEENTHEAH] *f.* sapience.

SAPO [SAHPO] *m.* toad.

SAQUE [SAHKAY] *m.* serve, service *(en tenis)* :: server.

SAQUEAR [SANTKAYAR] *va.* to plunder, sack, ransack, foray.

SAQUEO [SAHKAYO] *m.* sack, plunder(ing).

SARAMPIÓN [SAHRAHMPEON] *m. (med.)* measles.

SARAO [SARRAHO] *m.* soirée, party.

SARCASMO [SARCAHSMO] *m.* sarcasm.

SARCÁSTICO [SARCAHSTECO] *adj.* sarcastic.

SARCÓFAGO [SARCOFAHGO] *m.* sarcophagus.

SARDANA [SARDAHNAH] *f.* sardana.

SARDINA [SARDEENAH] *f.* sardine.

SARGENTO [SARHENTO] *m.* sergeant.

SARNA [SARNAH] *f.* itch, mange.

SARNOSO [SARNOSO] *adj.* itchy, scabby, mangy.

SARPULLIDO [SARPOOLLYEEDO] *m.* rash, skin eruption.

SARRACENO [SARRAHTHAYNO] *adj.* saracen.

SARRO [SARRO] *m.* tartar *(en los dientes)* :: crust, sediment *(en utensilios).*

SARTA [SARTAH] *f.* string *(de perlas, etc.).*

SARTÉN [SARTEN] *f.* frying-pan.

SASTRE [SAHSTRAY] *m.* tailor.

SASTRERÍA [SASTRAYREEAH] *f.* tailor shop.

SATANÁS [SAHTAHNAHS] *m.* satan.

SATÁNICO [SAHTAHNECO] *adj.* satanic, devilish.

SATÉLITE [SAHTAYLETAY] *m.* satellite :: crony, henchman.

SATINADO [SAHTENAHDO] *adj.* silky, glossy slik.

SÁTIRA [SAHTERAH] *f.* satire.

SATÍRICO [SAHTEERECO] *adj.* satirical.

SATIRIZAR [SAHTERETHAR] *va.* to satirize.

SÁTIRO [SAHTERO] *m.* satyr :: *(fig.)* lewd man

SATISFACCIÓN [SAHTISFACTHEON] *f.* satisfaction :: apology, excuse :: **dar una —,** to offer an apology :: to apologize.

SATISFACER [SAHTISFAHTHAIR] *va.* to satisfy, meet.

SATISFACTORIO [SAHTISFACTOREO] *adj.* satisfactory.

SATISFECHO [SAHTISFAYCHO] *adj.* satisfied, confident, pleased.

SATURAR [SAHTOORAR] *va.* to saturate :: to satiate.

SAUCE [SAHOOTHAY] *m.* willow :: **— llorón,** weeping willow.

SAÚCO [SAHOOKO] *m.* alder-tree.

SAUNA [SAHOONA] *f.* sauna.

SAVIA [SAHVEAH] *f.* sap.

SAYA [SAHYAH] *f.* skirt, petticoat.

SAYO [SAHYO] *m.* loose garment :: **decir uno para su —**, to say to oneself.

SAYÓN [SAHYON] *m.* executioner.

SAZÓN [SAHTHON] *f.* season, ripeness :: **a la —**, at that time :: **fuera de —**, out of season.

SAZONAR [SAHTHONAR] *va.* to season, flavour :: to ripen.

SE [SAY] *pron.* himself, herself, itself, themselves, oneself :: him, her *(en dativo)* :: **— dice**, it is said, they say.

SEBO [SAYBO] *m.* tallow, candle-fat.

SEBOSO [SAYBOSO] *adj.* tallowy :: fatty, greasy, suety.

SECADOR [SAYCAHDOR] *m.* dryer.

SECANO [SAYCAHNO] *m.* dry or uncultivated land :: dry sand bank :: dryness.

SECANTE [SAYCAHNTAY] *m.* blotting paper :: siccative :: *f. (geom.)* secant :: *adj.* blotting :: siccative, drying.

SECAR [SAYKAR] *va.* to dry, desiccate, parch drain.

SECCIÓN [SECTHEON] *f.* section :: division :: cutting.

SECCIONAR [SECTHEONAR] *va.* to section.

SECESIÓN [SAYTHAYSEON] *f.* secession.

SECO [SAYKO] *adj.* dry, arid, bare, plain, curt :: **a secas**, plainly, simply :: **en —**, high and dry :: **a palo —**, under bare poles.

SECRECIÓN [SAYCRAYTHEON] *f.* secretion.

SECRETARÍA [SAYCRAYTAHREEAH] *f.* secretary's office :: position of secretary.

SECRETARIO [SAYCRAYTAHREO] *m.* secretary :: confidant/

SECRETO [SAYKRAYTO] *adj. & m.* secret :: **— a voces**, open secret :: **en —**, secretly, in private.

SECTA [SECTAH] *f.* sect.

SECTARIO [SECTAHREO] *m. & adj.* sectarian :: sectary.

SECTOR [SECTOR] *m.* sector.

SECUAZ [SAYCOOATH] *m.* partisan, follower.

SECUELA [SAYKOOAYLAH] *f.* result, consequence.

SECUENCIA [SAYCOOENTHEAH] *f.* sequence.

SECUESTRADOR [SAYCOOESTRAHDOR] *m.* kidnapper :: confiscator.

SECUESTRAR [SAYCOOESTRAR] *va.* to seize :: to kipnap :: to confiscate.

SECUESTRO [SAYKOOESTRO] *m.* sequestration, abduction, kidnapping.

SECULAR [SAYCOOLAR] *adj.* secular :: lay, wordly :: centennial :: *m.* secular, secular priest.

SECULARIZAR [SAYCOOLAHRETHAR] *va.* to secularize.

SECUNDAR [SAYKOONDAR] *va.* to second support, favour.

SECUNDARIO [SAYCOONDAHREO] *adj.* secondary.

SED [SED] *f.* thirst :: eagerness.

SEDA [SAYDAH] *f.* silk :: **— en rama**, raw silk :: **— floja**, floss silk :: **como una —**, soft, like silk :: easy-going, easily.

SEDAL [SAYDAHL] *m.* fishing line.

SEDE [SAYDAY] *f.* seat, see :: **Santa —**, Holy See.

SEDENTARIO [SAYDENTAHREO] *adj.* sedentary.

SEDERÍA [SAYDAYREEAH] *f.* silk mercer's shop :: silk stuff.

SEDICIÓN [SAYDETHEON] *f.* sedition.

SEDICIOSO [SAYDETHEOSO] *adj.* seditious, turbulent.

SEDIENTO [SAYDEENTO] *adj.* thirsty :: dry, parched :: anxious, desirous.

SEDIMENTO [SAYDEMENTO] *m.* sediment :: dregs, grounds.

SEDOSO [SAYDOSO] *adj.* silken, silky.

SEDUCCIÓN [SAYDOOCTHEON] *f.* seduction.

SEDUCIR [SAYDOOTHEER] *va.* to seduce, lead astray :: to charm, delight.

SEDUCTOR [SAYDOOCTOR] *adj.* tempting, fascinating :: *m.* seducer :: tempter :: charming person.

SEGADOR [SAYGAHDOR] *m.* harvester.

SEGADORA [SAYGAHDORAH] *adj.* harvesting, reaping :: mowing.

SEGAR [SAYGAR] *va.* to mow, harvest, reap :: to cut (off)(down).

SEGLAR [SAYGLAR] *adj.* secular, lay :: *m.* layman.

SEGMENTO [SEGMENTO] *m.* segment.

SEGREGACIÓN [SAYGRAYGAHTHEON] *f.* segregation :: secretion.

SEGREGAR [SAYGRAYGAR] *va.* to segregate, separate.

SEGUIDA [SAYGHEEDAH] *f.* continuation :: **de —**, successively, without interruption :: **en —**, without delay, immediately, at once.

SEGUIDO [SAYGHEEDO] *adj.* one after the other, straight (ahead).

SEGUIDOR [SAYGEEDOR] *m.* follower.

SEGUIMIENTO [SAYGEEMEENTO] *m.* pursuit.

SEGUIR [SAYGHEER] *va.* to follow, proceed, continue :: to dog, shadow :: to carry (out) (on).

SEGÚN [SAYGOON] *prep.* according to, as :: **— y conforme**, it depends on.

SEGUNDO [SAYGOONDO] *adj.* second :: *f.* **de segunda mano**, (at) secondhand :: **— intención**, double meaning.

SEGURIDAD [SAYGOOREDAHD] *f.* security :: safety.

SEGURO [SAYGOORO] *adj.* sure, secure, safe, certain, fast :: *m.* assurance, insurance :: ratchet :: **— sobre la vida**, life insurance :: **póliza de —**, insurance policy :: **a buen —**, certainly :: **de —**, assuredly :: **sobre —**, on firm ground, without danger.

SEIS [SAYEES] *m. & adj.* six.

SELECCIÓN [SAYLECTHEON] *f.* selection choice.

SELECCIONAR [SAYLECTHEONAR] *va.* to select, choose.

SELECTO [SAYLECTO] *adj.* select, choice.

SELVA [SELVAH] *f.* jungle, forest.

SELVÁTICO [SELVAHTECO] *adj.* woodsy, rustic :: wild.

SELLAR [SAYLYAR] *va.* to seal, stamp.

SELLO [SAYLYO] *m.* seal :: stamp :: **— de correo**, postage stamp.

SEMÁFORO [SAYMAHFORO] *m.* traffic light.

SEMANA [SAYMAHNAH] *f.* week :: **día entre —**, weekday, working day.

SEMANAL [SAYMAHNAHL] *adj.* weekly.

SEMANARIO [SAYMAHNAHREO] *m.* weekly publication :: *adj.* weekly.

SEMBLANTE [SEMBLAHNTAY] *m.* countenance :: facial expression :: appearance.

SEMBRADO [SEMBRAHDO] *m.* sown ground :: cultivated field.

SEMBRAR [SEMBRAR] *va.* to sow, plant, scatter.

SEMEJANTE [SAYMAYHAHNTAY] *adj.* similar, resembling, like :: likeness, fellow creature.

SEMEJANZA [SAYMAYHAHNTHAH] *f.* similarity, resemblance, likeness :: **a — de**, as, like.

SEMEJAR [SAYMAYHAR] *vn.* to resemble :: *vr.* to resemble.

SEMEN [SAYMEN] *m.* semen.

SEMENTAL [SAYMENTAHL] *m.* sire, stud :: stock bull :: stallion :: *adj.* breeding *(animal)*.

SEMESTRE [SAYMESTRAY] *m.* half-year.

SEMILLA [SAYMEELYAH] *f.* seed.

SEMILLERO [SAYMEELLYAYRO] *m.* seed plot, seed :: nursery :: *(fig.)* hotbed.

SEMINARIO [SAYMENAHREO] *m.* seminary, seminar.

SÉMOLA [SAYMOLAH] *f.* semolina, groats.

SENADO [SAYNAHDO] *m.* senate.

SENADOR [SAYNAHDOR] *m.* senator.

SENCILLEZ [SENTHELYETH] *f.* simplicity, candour, artlessness.

SENCILLO* [SENTHEELYO] *adj.* single, simple, unadorned, plain.

SENDA [SENDAH] *f.* path, footpath.

SENDERO [SENDAYRO] *m.* path.

SENDOS [SENDOS] *adj. pl.* one each, one to each.

SENECTUD [SAYNECTOOD] *f.* senility, old age.

SENIL [SAYNEEL] *adj.* senile, aged.

SENO [SAYNO] *m.* chest, bosom, lap.

SENSACIÓN [SENSAHTHEON] *f.* sensation.

SENSACIONAL* [SENSAHTHEONAHL] *adj.* sensational.

SENSATEZ [SENSAHTETH] *f.* prudence, common sense.

SENSATO [SENSAHTO] *adj.* sensible, wise, judicious.

SENSIBILIDAD [SENSEBELEDAHD] *f.* sensibility :: sensitiveness.

SENSIBLE* [SENSEEBLAY] *adj.* sensitive, perceptible :: painful, grievous.

SENSUAL* [SENSOOAHL] *adj.* sensual, sensuous.

SENSUALIDAD [SENSOOAHLEDAHD] *f.* sensuality :: lewdness.

SENTADO [SENTAHDO] *adj.* sedate, steady, established, set up.

SENTAR [SENTAR] *vn.* to suit, fit :: *va.* to establish *(un hecho)* :: *vr.* to sit down :: **dar por sentado,** to take for granted.

SENTENCIA [SENTENTHEAH] *f.* sentence :: verdict :: judgment, maxim, proverb :: statement.

SENTENCIAR [SENTENTHEAR] *va.* to pass judgment, condemn.

SENTENCIOSO [SENTENTHEOSO] *adj.* sententious.

SENTIDO [SENTEEDO] *adj.* deeply felt, sensitive :: touchy :: *m.* sense, feeling, meaning :: direction, course :: understanding :: — **común,** common sense :: **perder el** —, to lose consciousness :: **valer un** —, to be worth a fortune.

SENTIMENTAL* [SENTEMENTAHL] *adj.* sentimental.

SENTIMIENTO [SENTEMEENTO] *m.* sentiment, feeling, emotion :: grief, concern.

SENTIR [SENTEER] *va.* to feel, hear, perceive :: to be sorry for, regret :: *vr.* to be moved :: *m.* feeling, opinion.

SEÑA [SAYNYAH] *f.* sign, token, signal :: password :: trace :: *pl.* address :: —**s personales,** personal description :: **por más** —**s,** in further support detail, into the bargain.

SEÑAL [SAYNYAHL] *f.* sign, mark :: signal :: trace, vestige :: scar :: reminder :: indication :: token, pledge.

SEÑALADO [SAYNAYLAHDO] *adj.* signal, noted, well-known, distinguised.

SEÑALAR [SAYNYAHLAR] *va.* to point out :: to mark, stamp :: to fix (on) :: *vr.* to distinguish oneself, itself.

SEÑOR [SAYNYOR] *m.* mister, sir, gentleman :: owner, master.

SEÑORA [SAYNYORAH] *f.* mistress, lady, woman.

SEÑOREAR [SAYNYORAYAR] *va.* to master, lord (over) :: to tower over, excel.

SEÑORÍA [SAYNYOREEAH] *f.* lordship.

SEÑORIAL [SAYNYOREEAHL] *adj.* seigniorial, lordly :: manorial :: feudal :: majestic, noble.

SEÑORÍO [SAYNYOREEO] *m.* seigniory :: dominion, rule :: nobility, gentry :: lordliness, majesty.

SEÑORITA [SAYNYOREETAH] *f.* miss :: young lady.

SEÑORITO [SAYNYOREETO] *m.* master, young gentleman.

SEÑUELO [SAYNYOOAYLO] *m.* decoy :: lure, bait.

SEPARACIÓN [SAYPAHRAHTHEON] *f.* separation.

SEPARAR [SAYPAHRAR] *va.* to separate :: to detach, sever :: to discharge :: *vr.* to part.

SEPARATISMO [SAYPAHRAHTEESMO] *m.* separatism :: secessionism.

SEPELIO [SAYPEYLEO] *m.* interment, burial.

SEPTENTRIONAL [SEPTENTREONAHL] *adj.* septentrional, northern.

SEPTIEMBRE [SEPTEEMBRAY] *m.* September.

SEPULCRAL [SAYPOOLCRAHL] *adj.* sepulchral.

SEPULCRO [SAYPOOLKRO] *m.* grave, tomb, sepulchre.

SEPULTAR [SAYPOOLTAR] *va.* to bury, inter :: to hide.

SEPULTURA [SAYPOOLTOORAH] *f.* burial :: grave :: **dar** —, to bury.

SEPULTURERO [SAYPOOLTOORAYRO] *m.* gravedigger.

SEQUEDAD [SAYKAYDAHD] *f.* dryness :: surliness :: sterility.

SEQUÍA [SAYKEEAH] *f.* drought.

SÉQUITO [SAYKETO] *m.* retinue, train, following.

SER [SAIR] *vn.* to be, exist, belong to :: *m.* being, essence.

SERENAR [SAYRAYNAR] *va. & vn.* to pacify :: to calm down :: *vr.* to become serene, calm down.

SERENATA [SAYRAYNAHTAH] *f.* serenade.

SERENIDAD [SAYRAYNEDAHD] *f.* serenity, calm.

SERENO* [SAYRAYNO] *adj.* serene, quiet, placid, clear :: **al** —, under the stars :: *m.* night watchman.

SERIE [SAYREAY] *f.* series, suite, succession.

SERIEDAD [SAYREAYDAHD] *f.* seriousness, gravity, earnestness, sobriety.

SERIO* [SAYREO] *adj.* serious, grave, earnest, sober.

SERMÓN [SERMOHN] *m.* sermon :: reproof.

SERMONEAR [SERMONAYAR] *va.* to preach :: to admonish, reprimand.

SERPENTEAR [SERPENTAYAR] *vn.* to wind as a serpent :: to meander :: to wriggle, squirm :: to gleam.

SERPIENTE [SAIRPEENTAY] *f.* serpent, snake :: — **de cascabel,** rattle-snake.

SERRADOR [SERRAHDOR] *m.* sawyer :: *adj.* sawing.

SERRANÍA [SAIRRAHNEEAH] *f.* ridge of mountains.

SERRANO [SAIRRAHNO] *adj. & m.* mountaineer.

SERRAR [SAIRRAR] *va.* to saw.

SERRÍN [SAIRREEN] *m.* sawdust.

SERRUCHO [SERROOCHO] *m.* handsaw.

SERVICIAL [SAIRVETHEAHL] *adj.* obliging, serviceable, accommodating.

SERVICIO [SAIRVEETHEO] *m.* service :: favour, good turn, use-(ful)ness) :: set :: **hacer un flaco** —, to do an ill turn.

SERVIDOR [SERVEDOR] *m.* servant :: humble servant :: server *(en tenis)* :: *m.* waiter :: suiter, gallant :: chamber pot .

SERVIDUMBRE [SAIRVEDOOMBRAY] *f.* servitude :: servants of a household.

SERVIL [SAIRVEEL] *adj.* servile :: abject, menial.

SERVILLETA [SAIRVELYAYTAH] *f.* table napkin.

SERVIR [SAIRVEER] *vn.* to serve, be useful :: *va.* to wait, attend :: *vr.* to deign :: — **de**, to serve as, act as :: **sírvase**, please.

SESENTA [SAYSENTAH] *num.* sixty.

SESGADO° [SESGAHDO] *adj.* oblique, slanting.

SESGAR [SESGAR] *va.* to slant, bevel.

SESGO [SESGO] *m.* bias, bevel, slope :: turn, direction.

SESIÓN [SAYSEON] *f.* session :: meeting, conference.

SESO [SAYSO] *m.* brain, talent :: **calentarse, devanarse los —s**, to rack one's brains.

SESTEAR [SESTAYAR] *vn.* to rest in the shade :: to take a siesta or nap, rest.

SESUDO° [SAYSOODO] *adj.* prudent, weighty, intelligent, judicious.

SETA [SAYTAH] *f.* mushroom.

SETO [SAYTO] *m.* hedge, fence :: — **vivo**, quickset, hedge.

SEUDÓNIMO [SAYOODONEMO] *m.* pseudonym, pen name.

SEVERIDAD [SAYVAYREDAHD] *f.* severity, harshness, sternness.

SEVERO° [SAYVAYRO] *adj.* severe, stern, strict, hard, exact(ing).

SEXO [SEXO] *m.* sex :: **bello —**, fair sex.

SEXTANTE [SEXTAHNTAY] *m.* sextant.

SEXUAL [SEXOOAHL] *adj.* sexual.

SEXUALIDAD [SEXOOAHLEEDAHD] *f.* sexuality.

SI [SEE] *conj.* if :: in case :: — **bien**, although :: **un — es no es**, something and nothing.

SÍ [SEE] *adv.* yes :: **de por —**, of its own account :: **dar el —**, to say yes, agree to marry :: — **tal**, yes it is of course.

SÍ [SEE] *pron.* himself, herself, itself.

SIBARITA [SEBAHREETAH] *m. & f., adj.* sybarite.

SIDA [SEEDAH] *f. (med.)* AIDS.

SIDRA [SEEDRAH] *f.* cider.

SIEGA [SEAYGAH] *f.* mowing, reaping, harvest.

SIEMBRA [SEEMBRAH] *f.* sowing :: seedtime, sowing time :: sown field.

SIEMPRE [SEEMPRAY] *adv.* always :: — **que**, provided, whenever :: **para —**, forever :: — **jamás**, for ever and ever.

SIEN [SEEN] *f. (anat.)* temple.

SIERPE [SEAIRPAY] *f.* serpent, snake.

SIERRA [SEAIRRAH] *f.* saw :: ridge of mountains.

SIERVO [SEAIRVO] *m.* servant.

SIESTA [SEESTAH] *f.* afternoon nap.

SIETE [SEAYTAY] *adj.* seven :: **hablar más que —**, to speak nineteen to the dozen.

SIETEMESINO [SEAYTAYMAYSEENO] *adj.* premature, born seven months after conception.

SÍFILIS [SEEFELIS] *f. (med.)* syphilis.

SIFILÍTICO [SEFELEETECO] *m. & adj.* syphilitic.

SIFÓN [SEFON] *m.* syphon.

SIGILO [SEHEELO] *m.* secret reserve :: — **confesional**, secrecy of the confessional.

SIGILOSO° [SEHELOSO] *adj.* reserved, secretive, privy.

SIGLA [SEEGLAH] *f.* initial abbreviation.

SIGLO [SEEGLO] *m.* century :: **en el —**, in the world.

SIGNARSE [SIGNARSAY] *vr.* to cross oneself.

SIGNATARIO [SIGNAHTAHREO] *m. & adj.* signatory.

SIGNATURA [SIGNAHTOORAH] *f.* signature :: sign, stamp, mark :: signing :: library number.

SIGNIFICADO [SIGNEFECAHDO] *m.* significance, meaning.

SIGNIFICAR [SIGNEFEKARI] *va.* to signify, mean :: to indicate.

SIGNIFICATIVO° [SIGNEFECAHTEEVO] *adj.* significant.

SIGNO [SEEGNO] *m.* sign, mark :: nod :: *(mus.)* character, notation.

SIGUIENTE [SEGHEEENTAY] *adj.* following, next.

SÍLABA [SEELAHBAH] *f.* syllable.

SILBAR [SILBAR] *vn.* to whistle :: *va.* to hiss, catcall.

SILBATO [SILBAHTO] *m.* whistle :: chink.

SILBIDO [SILBEEDO] *m.* whistling, hiss :: *pl.* — **de oídos**, ringing in the ears.

SILENCIADOR [SELENTHEADOR] *m.* silencer :: *(mech.)* muffler.

SILENCIAR [SELENTHEAHRI] *va.* to keep silent about :: to silence.

SILENCIO [SELENTHEO] *m.* silence.

SILENCIOSO° [SELENTHEOHSO] *adj.* silent, quiet.

SILOGISMO [SELOHEESMO] *m.* syllogism.

SILUETA [SELOOAYTAH] *f.* silhouette, outline, profile.

SILVESTRE [SILVESTRAY] *adj.* rustic :: wild :: uncultivated.

SILLA [SEELYAH] *f.* chair :: saddle :: — **plegadiza, de tijera**, folding chair :: — **poltrona**, armchair ::

— **de columpio**, rocking chair.

SILLAR [SELYAR] *m.* building block.

SILLERÍA [SILLYAYREEAH] *f.* set of chairs :: choir stalls :: chair store or factory :: chairmaking.

SILLÍN [SILLYEEN] *m.* harness saddle :: light riding saddle :: ornate sidesaddle :: seat *(de una bicicleta)*.

SILLÓN [SELYON] *m.* arm-chair, easy chair.

SIMA [SEEMAH] *f.* chasm, abyss.

SIMBÓLICO [SIMBOLECO] *adj.* symbolic.

SIMBOLISMO [SIMBOLEESMO] *m.* symbolism.

SÍMBOLO [SEEMBOLO] *m.* symbol, emblem.

SIMETRÍA [SEMAYTREEAH] *f.* symmetry.

SIMÉTRICO [SEMAYTRECO] *adj.* symmetrical.

SIMIENTE [SEMEENTAY] *f.* seed.

SÍMIL [SEEMIL] *adj.* alike, like :: *m.* simile.

SIMILAR [SEMELAR] *adj.* similar.

SIMILITUD [SEMELETOOD] *f.* similitude, similarity.

SIMIO [SEEMEO] *m.* ape.

SIMPATÍA [SIMPAHTEEAH] *f.* fellow-feeling, sympathy, friendliness, warmth, amiability, toleration.

SIMPÁTICO [SIMPAHTECO] *adj.* sympathetic, congenial, charming :: pleasant, agreeable, nice.

SIMPATIZAR [SIMPAHTETHARI] *vn.* to be attractive to :: to get on well with :: to be congenial.

SIMPLE° [SEEMPLAY] *adj.* simple :: mere :: plain :: pure, unmixed :: naïve, innocent :: silly, foolish :: *m.* simpleton.

SIMPLEZA [SIMPLAYTHAH] *f.* silliness, foolishness, absurdity, simpleness, simplicity.

SIMPLICIDAD [SIMPLETHEDAHD] *f.* simplicity, plainness :: simple-heartedness, artlessness.

SIMPLIFICAR [SIMPLEFEKARI] *va.* to simplify.

SIMULACIÓN [SEMOOLAHTHEON] *f.* simulation, feigning :: malingering.

SIMULACRO [SEMOOLAHCRO] *m.* mimic battle, sham or mock battle :: image, vision.

SIMULAR [SEMOOLAR] *va.* to simulate, feign.

SIMULTÁNEO [SEMOOLTAHNAYO] *adj.* simultaneous.

SIN [SIN] *prep.* without :: — **embargo**, yet, however, nevertheless.

SINAGOGA [SENAHGOGAH] *f.* synagogue.

SINCERAR [SINTHAYRAR] *va.* to explain :: *vr.* to justify oneself.

SINCERIDAD [SINTHAYREDAHD] *f.* sincerity.

SINCERO° [SINTHAYRO] *adj.* sincere, true.

SINCOPAR [SINCOPAR] *va.* to syncopate :: to abridge.

SÍNCOPE [SEENCOPAY] *f.* faint(ing fit).

SINCRONIZAR [SINCRONETHAR] *va.* to synchronize.

SINDICADO [SINDEKAHDO] *m.* syndicated :: unionized.

SINDICALISMO [SINDECAHLEESMO] *m.* syndicalism :: unionism :: trade unionism.

SINDICALISTA [SINDECAHLEESTAH] *m.* & *f.* syndicalist :: unionist, trade-unionist :: *adj.* syndicalist :: unionist, union.

SINDICATO [SINDECAHTO] *m.* syndicate :: union, trade or labor union.

SINFONÍA [SINFONEEAH] *f.* symphony.

SINFÓNICO [SINFONEECO] *adj.* symphonic.

SINGLAR [SINGLAR] *vn. (naut.)* to hold to a course.

SINGULAR [SINGOOLAR] *adj.* singular :: unique :: striking :: odd, strange.

SINGULARIDAD [SINGOOLAHREDAHD] *f.* singularity.

SINGULARIZAR [SINGOOLAHRETHAR] *va.* to single out :: *vr.* to distinguish oneself.

SINIESTRA [SENEESTRAH] *f.* left hand.

SINIESTRO [SENEESTRO] *adj.* sinister :: *m.* disaster, shipwreck, accident, claim.

SINO [SEENO] *conj.* but, only except :: *m.* destiny.

SINÓNIMO [SENONEMO] *adj.* synonymous :: *m.* synonym.

SINOPSIS [SENOPSIS] *f.* synopsis.

SINRAZÓN [SINRAHTHON] *f.* wrong, injustice :: abuse.

SINSABOR [SINSAHBOR] *m.* displeasure, unpleasantness.

SINTAXIS [SINTAHXIS] *f. (gram.)* syntax.

SÍNTESIS [SEENTAYSIS] *f.* synthesis :: summary.

SINTÉTICO [SINTAYTECO] *adj.* synthetic.

SINTETIZAR [SINTAYTETHAR] *va.* to synthetize.

SÍNTOMA [SEENTOMAH] *m.* symptom.

SINTOMÁTICO [SINTOMAHTECO] *adj.* symptomatic.

SINTONIZAR [SINTONETHAR] *va.* to tune in (on).

SINUOSO [SENOOOHSO] *adj.* sinuous, winding :: wavy.

SINVERGÜENZA [SINVERGOOENTHAH] *m.* & *f.* shameless person :: scoundrel.

SIONISMO [SEONEESMO] *m.* zionism.

SIQUIERA [SEKEAYRAH] *conj.* although, even :: scarcely :: ni — not even.

SIRENA [SERAYNAH] *f.* mermaid.

SIRVIENTA [SEERVEENTAH] *f.* female servant, maid.

SIRVIENTE [SEERVEENTAY] *m.* servant :: waiter :: *adj.* serving.

SISA [SEESAH] *f.* petty theft :: *(sew.)* dart.

SISAR [SESAR] *va.* to pinch, pilfer, "lift":: to give short weight.

SÍSMICO [SEESMECO] *adj.* seismic.

SISTEMA [SISTAYMAH] *m.* system.

SISTEMÁTICO [SISTAYMAHTECO] *adj.* systematic.

SITIAR [SETEAR] *va.* to besiege :: to surround.

SITIO [SEETEO] *m.* place, room :: seat, site :: siege.

SITO [SEETO] *adj.* situated, located, lying in.

SITUACIÓN [SETOOAHTHEON] *f.* situation :: position :: location :: state, condition.

SITUADO [SETOOAHDO] *adj.* situated, placed.

SITUAR [SETOOAR] *va.* to place, locate, site :: *vr.* to station oneself.

SMOKING [ESMOKIN] *m.* dinner jacket, tuxedo.

SNOBISMO [ESNOBEESMO] *m.* snobism.

SO [SO] *prep.* under, below :: — **capa de,** under the cloak of :: — **pena,** under penalty.

SOBACO [SOBAHKO] *m.* armpit.

SOBAR [SOBAR] *va.* to knead :: to pummel :: sobado, dog-eared.

SOBERANÍA [SOBAYRAHNEEAH] *f.* sovereignty :: suzerainty.

SOBERANO [SOBAYRAHNO] *adj.* & *m.* sovereign, mighty.

SOBERBIA [SOBAIRBEAH] *f.* pride :: anger, haughtiness, presumption, sumptuousness.

SOBERBIO° [SOBAIRBEO] *adj.* proud :: superb :: passionate.

SOBORNAR [SOBORNAR] *va.* to bribe, suborn, corrupt.

SOBORNO [SOBORNO] *m.* bribery :: bribe.

SOBRA [SOBRAH] *f.* surplus, excess :: *pl.* the remains, leavings :: **de —,** over, extra, too well.

SOBRADO [SOBRAHDO] *adj.* excessive, superabundant.

SOBRANTE [SOBRAHNTAY] *m.* residue, surplus.

SOBRAR [SOBRAR] *vn.* to be more than enough, be de trop.

SOBRASADA [SOBRAHSAHDAH] *f.* highly seasoned Majorcan sausage.

SOBRE [SOBRAY] *prep.* on, upon, above :: *m.* envelope.

SOBREABUNDANCIA [SOBRAYAHBOONDAHNTHEAH] *f.* superabundance.

SOBRECAMA [SOBRAYCAHMAH] *f.* bedspread.

SOBRECARGA [SOBRAYCARGAH] *f.* overload :: overburden.

SOBRECARGAR [SOBRAYCARGAR] *va.* to surcharge :: to overload.

SOBRECEJO [SOBRAYTHAYHO] *f.* frown.

SOBRECOGER [SOBRAYKOHAIR] *va.* to take by surprise, catch out :: *vr.* to be overawed, abashed.

SOBREHUMANO [SOBRAYOOMAHNO] *adj.* superhuman.

SOBRELLEVAR [SOBRAYLYAYVAR] *va.* to bear, carry, endure.

SOBREMANERA [SOBRAYMAHNAYRAH] *adv.* exceeding(ly), excessive(ly).

SOBREMESA [SOBRAYMAYSAH] *f.* after-dinner conversations :: **de —,** over coffee.

SOBRENADAR [SOBRAYNAHDAR] *vn.* to float, swim.

SOBRENATURAL° [SOBRAYNAHTOORAHL] *adj.* supernatural.

SOBRENOMBRE [SOBRAYNOMBRAY] *m.* surname :: nickname.

SOBRENTENDER [SOBRENTENDER] *va.* to take something for granted.

SOBREPASAR [SOBRAYPAHSAR] *va.* to exceed :: to excel :: *vr.* to overstep, go too far.

SOBREPELLIZ [SOBRAYPELLYEETH] *f. (eccl.)* surplice.

SOBREPONER [SOBRAYPONAIR] *va.* to superpose :: *vr.* to rise above, superior to, overcome.

SOBREPRECIO [SOBRAYPRAYTHEO] *m.* surcharge, extra charge :: bonus, premium.

SOBREPUJAR [SOBRAYPOOHAR] *va.* to excel, surpass.

SOBRESALIENTE [SOBRAYSAHLEENTAY] *adj.* outstanding :: projecting :: excellent.

SOBRESALIR [SOBRAYSAHLEER] *vn.* to excel, stand out :: to project, overhang.

SOBRESALTAR [SOBRAYSAHLTAR] *va.* to startle.

SOBRESALTO [SOBRAYSAHLTO] *m.* start, scare, fright, shock.

SOBRESCRITO [SOBRESKREETO] *m.* address, superscription.

SOBRESEER [SOBRAYSAYAIR] *vn.* to stay, supersede.

SOBRESUELDO [SOBRAYSOOELDO] *m.* extra pay.

SOBRETODO [SOBRAYTODO] *m.* overcoat, great-coat.

SOBREVENIR [SOBRAYVAYNEER] *vn.* to happen, take place, come upon, follow, fall (out).

SOBREVIVIENTE [SOBRAYVEVEENTAY] *m. & f.* survivor :: *adj.* surviving.

SOBREVIVIR [SOBRAYVEVEER] *vn.* to survive.

SOBRIEDAD [SOBREAYDAHD] *f.* sobriety, soberness, temperance, moderation.

SOBRINA [SOBREENAH] *f.* niece.

SOBRINO [SOBREENO] *m.* nephew.

SOBRIO* [SOBREO] *adj.* sober, temperate, restrained.

SOCARRÓN [SOKARRON] *adj.* cunning, shrewd, sly, canny, crafty.

SOCARRONERÍA [SOCARRONAYREEAH] *f.* craftiness, slyness, cunning.

SOCAVAR [SOKAHVAR] *va.* to excavate, undermine.

SOCAVÓN [SOCAHVONE] *m.* tunnel :: cave, cavern :: underground passageway.

SOCIABLE [SOTHEAHBLAY] *adj.* sociable, social.

SOCIAL [SOTHEAHL] *adj.* social :: sociable, friendly.

SOCIALISMO [SOTHEAHLEESMO] *m.* socialism.

SOCIALISTA [SOTHEAHLEESTAH] *m. & f.*, *adj.* socialist.

SOCIALIZACIÓN [SOTHEAHLETHA-THEON] *f.* socialization.

SOCIALIZAR [SOTHEALEETHAR] *va.* to socialize.

SOCIEDAD [SOTHEAYDAHD] *f.* society, company, corporation.

SOCIO [SOTHEO] *m.* associate, shareholder :: partner, member.

SOCIOLOGÍA [SOTHEOLOHEEAH] *f.* sociology.

SOCORRER [SOCORRERR] *va.* to help, aid, assist.

SOCORRIDO [SOKORREEDO] *adj.* handy, ready to hand.

SOCORRO [SOKORRO] *m.* help, support, assistance, relief.

SODA [SODAH] *f. (chem.)* soda :: soda water.

SODOMÍA [SODOMEEAH] *f.* sodomy.

SODOMITA [SODOMEETAH] *m. & f.* sodomite.

SOEZ [SOETH] *adj.* vile, mean, coarse.

SOFÁ [SOFAH] *m.* sofa :: — cama,

studio coach.

SOFISMA [SOFEESMAH] *m.* sophism.

SOFISTA [SOFEESTAH] *m.* sophist :: *adj.* sophistic.

SOFISTICADO [SOFISTECAHDO] *adj.* sophistic, fallacious.

SOFOCAR [SOFOCAR] *va.* to stifle, smother, choke.

SOFOCO [SOFOCO] *m.* suffocation, choking :: upset, annoyance :: embarrassment.

SOGA [SOGAH] *f.* rope, halter.

SOJUZGAR [SOHOOTHGAR] *va.* to subdue, subjugate.

SOL [SOL] *m.* sun, daylight :: **tomar el —**, to stand (be) in the sun, sunbathe :: **de — a —**, from dawn to dusk.

SOLANA [SOLAHNAH] *f.* sunterrace.

SOLAPA [SOLAHPAH] *f.* lappel.

SOLAPADO* [SOLAHPAHDO] *adj.* underhand, cunning.

SOLAR [SOLAR] *m.* ground, plot, lot of ground, ancestral home.

SOLARIEGO [SOLAHREAYGO] *adj.* ancestral :: manorial.

SOLAZ [SOLATH] *m.* enjoyment, comfort, consolation.

SOLAZAR [SOLAHTHAR] *vn.* to comfort, solace :: amuse :: *vr.* to enjoy oneself, beguile the time.

SOLDADA [SOLDAHDAH] *f.* pay.

SOLDADESCA [SOLDAHDESCAH] *f.* soldiery, soldiership :: *adj.* soldier, military.

SOLDADO [SOLDAHDO] *m.* soldier :: **— raso,** private :: **— bisoño,** raw recruit.

SOLDADURA [SOLDAHDOORAH] *f.* soldering :: solder.

SOLDAR [SOLDAR] *va.* to solder, weld.

SOLEADO [SOLAYADO] *adj.* sunny :: sunned.

SOLEDAD [SOLAYDAHD] *f.* solitude, loneliness, seclusion.

SOLEMNE* [SOLEMNAY] *adj.* solemn.

SOLEMNIDAD [SOLEMNEDAHD] *f.* solemnity :: solemn ceremony.

SOLER [SOLAIR] *vn.* to be wont, to be used to :: **suele ocurrir,** it usually happens.

SOLERA [SOLAYRAH] *f.* lumber, timber :: crossbeam, entablature :: lower millstone :: oven floor :: channel bottom :: wine less.

SOLFA [SOLFAH] *f. (mus.)* sol-fa :: solmization :: notes, musical annotation :: music, harmony :: *(coll.)* beating, flogging.

SOLFEO [SOLFAYO] *m. (mus.)* solfaing, solfeggio :: *(coll.)* flogging, beating.

SOLICITAR [SOLETHETAR] *va.* to so-

licit, search :: to apply :: to importune, worry.

SOLÍCITO* [SOLEETHETO] *adj.* diligent, solicitous, apprehensive, anxious to help.

SOLICITUD [SOLETHETOOD] *f.* solicitude, importunity :: application.

SOLIDARIDAD [SOLEDAHRREDAHD] *f.* solidarity.

SOLIDARIO [SOLEDAHREO] *adj.* solidary.

SOLIDEZ [SOLEDETH] *f.* solidity, strength, firmness.

SOLIDIFICAR [SOLEDEFECAR] *va. & r.* to solidify.

SÓLIDO* [SOLEDO] *adj.* solid, compact.

SOLILOQUIO [SOLELOKEO] *m.* soliloquy.

SOLIO [SOLEO] *m.* canopied throne.

SOLISTA [SOLEESTAH] *m. & f.* soloist.

SOLITARIO [SOLETAHREO] *adj.* lonely, solitary, single, isolated :: *m.* recluse, hermit.

SOLIVIANTAR [SOLEVEANTAR] *va.* to stir up, incite, excite :: *vr.* to become aroused or stirred up.

SOLIVIAR [SOLEVEAR] *va.* to raise, prop up.

SOLO [SOLO] *adj.* sole, only, single :: **sólo,** *adv.* only, solely.

SOLOMILLO [SOLOMEELYO] *m.* sirloin.

SOLSTICIO [SOLSTEETHEO] *m.* solstice :: **— de invierno,** winter solstice :: **— de verano,** summer solstice.

SOLTAR [SOLTAR] *va.* to let (loose) (off) (free) (fly) :: to unfasten, cast off :: *vr.* to come (off) (loose), break (loose) (free).

SOLTERO [SOLTAYRO] *adj.* unmarried, single :: *m.* bachelor.

SOLTERÓN [SOLTAYRONE] *m. (coll.)* old bachelor :: *adj.* old and unmarried.

SOLTURA [SOLTOORAH] *f.* fluency, easiness, ease, skill.

SOLUBLE [SOLOOBLAY] *adj.* soluble.

SOLUCIÓN [SOLOOTHEON] *f.* solution, outcome, break.

SOLUCIONAR [SOLOOTHEONAR] *va.* to solve, to resolve.

SOLVENCIA [SOLVENTHEAH] *f.* solvency :: settlement, solution :: reliability.

SOLVENTAR [SOLVENTAR] *va.* to pay, settle *(una cuenta)* :: to solve *(un problema)*.

SOLVENTE [SOLVENTAY] *adj.* solvent :: reliable :: unbinding :: dissolvent.

SOLLOZAR [SOLYOTHAR] *vn.* to sob.

SOLLOZO [SOLLYOTHO] *m.* sob.

SOMBRA [SOMBRAH] f. shade, shadow :: ghost :: sign, suspicion :: **buena** —, good luck, attractive :: **hacer** —, to (out)shadow, shade, put in the shade.

SOMBREAR [SOMBRAYAR] va. to shade.

SOMBRERO [SOMBRAYRO] m. hat :: — **de copa**, top hat :: — **hongo**, bowler hat.

SOMBRILLA [SOMBREELLYAH] f. parasol, sunshade.

SOMBRÍO [SOMBREEO] adj. gloomy, shady, sullen.

SOMERO [SOMAYRO] adj. superficial, shallow :: summary, concise.

SOMETER [SOMAYTAIR] va. to submit, subject.

SOMETIMIENTO [SOMAYTEMEENTO] m. submission :: subjection.

SOMNÍFERO [SOMNEEFAYRO] adj. somniferous.

SOMNOLENCIA [SOMNOLENTHEAH] f. drowsiness, sleepiness.

SON [SON] m. sound, report :: **sin ton ni** —, without rhyme or reason.

SONAJERO [SONAHHAYRO] m. child's rattle.

SONÁMBULO [SONAHMBOOLO] m. sleepwalker.

SONAR [SONAR] vn. to sound, ring :: — **a**, to seem like :: vr. to blow one's nose.

SONDA [SONDAH] f. (naut.) sounding, lead.

SONDEAR [SONDAYAR] va. to sound, fathom :: to sound out :: to probe :: to examine into.

SONDEO [SONDAYO] m. sounding, fathoming.

SONETO [SONAYTO] m. sonnet.

SONIDO [SONEEDO] m. sound :: report, rumour.

SONORIDAD [SONOREDAHD] f. sonority.

SONORO [SONORO] adj. sonorous.

SONREÍR [SONRAYEER] vn. & vr. to smile.

SONRIENTE [SONREAYNTAY] adj. smiling, beaming, radiant.

SONRISA [SONREESAH] f. smile.

SONROJARSE [SONROHARSAY] vr. to blush.

SONROJO [SONROHO] m. blush.

SONROSADO [SONROSAHDO] adj. rosy.

SONSACAR [SONSAHCAR] va. to wheedle, win round, draw out :: to pilfer, entice.

SOÑADOR [SONYAHDOR] m. dreamer.

SOÑAR [SONYAR] vn. to dream.

SOÑOLIENTO [SONYOLEENTO] adj. sleepy, drowsy, placid, dull.

SOPA [SOPAH] f. soup :: **hecho una** —, soaked to the skin.

SOPAPO [SOPAHPO] m. chuck, tap, pat :: slap.

SOPERA [SOPAYRAH] f. soup tureen.

SOPESAR [SOPAYSAR] va. to heft, weigh.

SOPLAR [SOPLAR] vr. & n. to blow, fan :: to "lift", "win" :: to whisper, suggest, prompt.

SOPLETE [SOPLAYTAY] m. blow torch :: blowpipe.

SOPLO [SOPLO] m. (de aire) blowing :: puff, gust of wind :: breath :: (aviso) secret warning or advise.

SOPLÓN [SOPLON] m. sneak, informer, tale-teller.

SOPONCIO [SOPONTHEO] m. swoon, faint :: grief.

SOPOR [SOPOR] m. lethargic sleep, drowsiness.

SOPORÍFERO [SOPOREEFAYRO] m. soporific :: adj. soporiferous.

SOPORTAL [SOPORTAHL] m. arcade.

SOPORTAR [SOPORTAR] va. to bear, endure, resist.

SOPORTE [SOPORTAY] m. stand, suport, bracket.

SOPRANO [SOPRAHNO] m. & f. soprano (pers.) :: m. soprano (voz).

SOR [SORE] f. sister.

SORBER [SORBAIR] va. to sip, suck, absorb, imbibe, swallow.

SORBETE [SORBAYTAY] m. sherbet, water ice.

SORBO [SORBO] m. sip, swallow, glup :: sniff.

SORDERA [SORDAYRAH] f. deafness.

SÓRDIDO [SORDEEDO] adj. sordid, indecent, nasty.

SORDO [SORDO] adj. & m. deaf :: muffled, dull (sonido).

SORDOMUDO [SORDOMOODO] adj. deaf and dumb :: m. deaf-mute.

SORNA [SORNAH] f. irony, double intention, knavery, guile :: slowness.

SORPRENDENTE [SORPRENDENTAY] adj. surprising.

SORPRENDER [SORPRENDAIR] va. to surprise, astonish, catch unawares.

SORPRESA [SORPRAYSAH] f. surprise.

SORTEAR [SORTAYAR] va. to draw lots :: to raffle :: to dodge :: to shun.

SORTEO [SORTAYO] m. drawing or casting of lots :: raffle.

SORTIJA [SORTEEHAH] f. ring :: hoop :: ringlet.

SORTILEGIO [SORTELAYHEO] m. sortilege, sorcery, witchery, spell.

SOSEGADO [SOSAYGAHDO] adj. tranquil, composed, calm.

SOSEGAR [SOSAYGAR] va. to appease, quieten, lull, calm (down).

SOSERÍA [SOSAYREEAH] f. insipidity, tastelessness :: dullness :: nonsense.

SOSIEGO [SOSEAYGO] m. quiet, calmness, peace.

SOSO [SOSO] adj. tasteless, insipid, silly, flat, dull.

SOSPECHA [SOSPAYCHAH] f. suspicion, mistrust.

SOSPECHAR [SOSPAYCHAR] vn. to suspect, mistrust, conjecture.

SOSPECHOSO [SOSPAYCHOSO] adj. suspicious :: m. suspect

SOSTÉN [SOSTEN] m. support, buttress, prop :: brassiere.

SOSTENER [SOSTAYNAIR] va. to maintain, support, hold (up) :: vr. to keep alive, earn one's living.

SOTA [SOTAH] f. jack, knave (naipes).

SOTANA [SOTAHNAH] f. cassock.

SÓTANO [SOTAHNO] m. cellar, basement.

SOTAVENTO [SOTAHVENTO] m. leeward :: **a** —, under the lee.

SOTO [SOTO] m. thicket, grove :: dingle, dell.

SU [SOO] adj. poss. his, her, its, their, your, one's :: — **seguro servidor**, yours faithfully.

SUAVE [SOOAHVAY] adj. smooth, soft, gentle.

SUAVIDAD [SOOAHVEDAHD] f. softness :: smoothness :: mildness :: gentleness.

SUAVIZAR [SOOAHVETHAR] va. to soften, mitigate, smooth down.

SUBALTERNO [SOOBALTERRNO] m. & adj. subordinate, subaltern.

SUBARRENDAR [SOOBARRENDAR] va. to sublet.

SUBASTA [SOOBAHSTAH] f. auction sale :: **sacar a** —, to auction off.

SUBASTAR [SOOBASTAR] va. to sell at auction.

SUBCONSCIENTE [SOOBCONSTHEENTAY] adj. subconscious.

SUBDESARROLLADO [SOOBDAYSAH-RROLLYAHDO] adj. underdeveloped.

SÚBDITO [SOOBDETO] m. subject.

SUBIDA [SOOBEEDAH] f. ascent, climb, rise.

SUBIR [SOOBEER] vn. to ascend, climb, go up, come up :: to amount to :: to rise :: to intensify :: va. to raise, lift up :: put up :: — **a caballo**, to mount, get on.

SÚBITO° [SOOBETO] adj. sudden.

SUBLEVACIÓN [SOOBLAYVAHTHEON] f. revolt, uprising, insurrection.

SUBLEVAR [SOOBLAYVAR] va. to bring out :: to disgust, nauseate :: vr. to rise :: to rebel.

SUBLIMAR [SOOBLEMAR] va. to sublimate :: to exalt, elevate :: vr. to revolt, rebel.

SUBLIME° [SOOBLEEMAY] adj. sublime, lofty.

SUBMARINO [SOOBMAHREENO] m. & adj. submarine.

SUBNORMAL [SOOBNORMAHL] m. & adj. subnormal.

SUBORDINADO [SOOBORDENAHDO] adj. & m. subordinate.

SUBORDINAR [SOOBORDENAR] va. to subordinate :: to subdue.

SUBRAYAR [SOOBRRAHYAR] va. to underline, emphasize, underscore.

SUBSANAR [SOOBSAHNAR] va. to exculpate :: to make up, repair.

SUBSCRIBIR [SOOBSKREBEER] véase suscribir.

SUBSCRIPCIÓN [SOOBSKREEPTHEON] véase suscripción.

SUBSECRETARIO [SOOBSAYCRAYTAHREO] m. undersecretary.

SUBSIDIO [SOOBSEEDEO] m. subsidy :: monetary aid :: war tax.

SUBSISTENCIA [SOOBSISTENTHEAH] f. subsistence, living.

SUBSISTIR [SOOBSISTEER] vn. to last :: to exist, live on.

SUBSTANCIA [SOOBSTAHNTHEAH] véase sustancia.

SUBSTANCIAL° [SOOBSTANTHEAHL] véase sustancial.

SUBSTANCIOSO [SOOBSTANTHEOSO] véase sustancioso.

SUBSTANTIVO [SOOBSTANTEEVO] véase sustantivo.

SUBSTITUCIÓN [SOOBSTETOOTHEON] véase sustitución.

SUBSTITUIR [SOOBSTETOOEER] véase sustituir.

SUBSTRACCIÓN [SOOBSTRACTHEON] véase sustracción.

SUBSTRAER [SOOBSTRAHAIR] véase sustraer.

SUBSUELO [SOOBSOOELO] m. subsoil.

SUBTENIENTE [SOOBTAYNEENTAY] m. second lieutenant.

SUBTERFUGIO [SOOBTERFOOHEO] m. subterfuge.

SUBTERRÁNEO [SOOBTERRAHNAYO] adj. subterranean, underground :: m. underground :: cave, tunnel, vault.

SUBTÍTULO [SOOBTEETOOLO] m. subtitle.

SUBURBANO [SOOBOORBAHNO] adj. suburban :: m. suburban resident.

SUBURBIO [SOOBOORBEO] m. suburb, outskirt.

SUBVENCIÓN [SOOBVENTHEON] f. subsidy.

SUBVENCIONAR [SOOBVENTHEONAR] va. to subsidize.

SUBVERSIÓN [SOOBVERSEON] f. subversion.

SUBVERSIVO [SOOBVERSEEVO] adj. subversive.

SUBYUGAR [SOOBYOOGAR] va. to subdue, overcome.

SUCCIÓN [SOOCTHEON] f. suction.

SUCEDER [SOOTHAYDAIR] vn. to happen, occur :: follow, inherit.

SUCEDIDO [SOOTHAYDEDO] m. happening, event.

SUCESIÓN [SOOTHAYSEON] f. succession :: heirs, offspring.

SUCESIVO° [SOOTHAYSEEVO] adj. successive :: en lo —, hereafter, in the future.

SUCESO [SOOTHAYSO] m. happening, event, incident.

SUCIEDAD [SOOTHEAYDAHD] f. dirt, filth :: filthiness :: filthy act or remark.

SUCINTO° [SOOTHEENTO] adj. succinct.

SUCIO° [SOOTHEO] adj. dirty, unclean, foul.

SUCULENTO [SOOCOOLENTO] adj. juicy.

SUCUMBIR [SOOKOOMBEER] vn. to perish, succumb, yield.

SUCURSAL [SOOKOORSAHL] adj. ancillary :: m. branch.

SUDAMERICANO [SOODAHMAYRECAHNO] adj. south american.

SUDAR [SOODAR] vn. to sweat, perspire :: — tinta, to sweat blood.

SUDESTE [SOODESTAY] m. & adj. southeast.

SUDOESTE [SOODOESTAY] m. southwest.

SUDOR [SOODOR] m. sweat, perspiration :: toil.

SUDOROSO [SOODOROSO] adj. sweaty, sweating, perspiring.

SUECO [SOOAYCO] m. & adj. swedish.

SUEGRA [SOOAYGRAH] f. mother-in-law.

SUEGRO [SOOAYGRO] m. father-in-law.

SUELA [SOOAYLAH] f. sole.

SUELDO [SOOELLDO] m. salary, pay, stipend.

SUELO [SOOAYLO] m. ground, floor, flooring.

SUELTO [SOOELTO] adj. loose, free, easy, fluent, blank :: odd :: small change.

SUEÑO [SOOAYNYO] m. dream, sleep :: tener —, to be sleepy :: descabezar un —, to have a nap :: entre —s, half-asleep, half-awake.

SUERO [SOOAYRO] m. serum.

SUERTE [SOOAIRTAY] f. luck, chance (hap)hazard, fate :: sort, king :: trick, action :: de — que, so that :: echar —s, to cast lots.

SUFICIENCIA [SOOFETHEENTHEAH] f. sufficiency :: competency, fitness, ability :: adequacy.

SUFICIENTE° [SOOFETHEENTAY] adj. sufficient, enough :: competent.

SUFRAGAR [SOOFRAHGAR] va. to defray, help :: to favour.

SUFRAGIO [SOOFRAHHEO] m. suffrage :: vote :: help, aid.

SUFRIDO° [SOOFREEDO] adj. suffering, longsuffering, patient.

SUFRIMIENTO [SOOFREMEENTO] m. suffering, sufferance.

SUFRIR [SOOFREER] va. to endure, bear (up), tolerate.

SUGERENCIA [SOOHAYRENTHEAH] f. suggestion :: hint.

SUGERIR [SOOHAYREER] va. to suggest, inspire.

SUGESTIÓN [SOOHESTEON] f. suggestion :: hint.

SUICIDA [SOOETHEEDAH] m. & f. suicide *(pers.)*.

SUICIDARSE [SOOETHEDARSAY] vr. to commit suicide.

SUICIDIO [SOOETHEEDEO] m. suicide *(acto)*, self-murder.

SUIZO [SOOEETHO] adj. swiss.

SUJECIÓN [SOOHAYTHEON] f. subordination, subjection.

SUJETAR [SOOHAYTAR] va. to subdue, subject, fasten, hold down :: vr. to submit.

SUJETO [SOOHAYTO] adj. subject :: liable :: fastened :: under control :: m. subject matter :: subject :: fellow, individual.

SULTÁN [SOOLTAHN] m. sultan.

SUMA [SOOMAH] f. amount, addition, sum :: — y sigue, carried forward :: en —, in short, briefly.

SUMAR [SOOMAR] va. to add (up) :: to amount to.

SUMARIO° [SOOMAHREO] adj. brief, cursory :: m. summary, precis, abstract.

SUMERGIBLE [SOOMERHEEBLAY] adj. submergible :: m. submarine.

SUMERGIR [SOOMAIRHEER] va. to submerge.

SUMIDERO [SOOMEDAYRO] m. sink :: sewer, drain.

SUMINISTRAR [SOOMENISTRAR] va. to distribute, supply, provide, furnish.

SUMIR [SOOMEER] *va.* to depress :: *vr.* to fall into, be sunk.

SUMISIÓN [SOOMESEON] *f.* submission :: obedience.

SUMISO [SOOMEESO] *adj.* resigned, humble(d), patient.

SUMO° [SOOMO] *adj.* highest, great, special :: **a lo —,** at most.

SUNTUOSO°[SOONTOOOSO] *adj.* sumptuous, gorgeous, ostentatious.

SUPEDITAR [SOOPAYDETAR] *va.* to subdue, subject, override.

SUPERAR [SOOPAYRAR] *va.* to overcome, excel, surpass, to be beyond, exceed.

SUPERÁVIT [SOOPAYRAHVIT] *m.* surplus.

SUPERCHERÍA [SOOPAIRCHAYREEAH] *f.* fraud, swindle.

SUPERFICIAL° [SOOPERFETHEAHL] *adj.* superficial :: shallow :: frivolous.

SUPERFICIE [SOOPERFEETHEAY] *f.* surface :: area.

SUPERFLUO [SOOPERFLOOO] *adj.* superfluous.

SUPERIOR [SOOPAYREOR] *adj.* superior :: higher :: better :: upper :: *m.* superior.

SUPERIORIDAD [SOOPAYREOREDAHD] *f.* superiority :: excellence.

SUPERLATIVO [SOOPERLAHTEEVO] *adj. & m.* superlative.

SUPERNUMERARIO [SOOPERNOO-MAYRAHREO] *m. & adj.* supernumerary :: *(mil.)* reserve.

SUPERSÓNICO [SOOPERSONECO] *adj.* supersonic.

SUPERSTICIÓN [SOOPERSTETHEON] *f.* superstition.

SUPERSTICIOSO [SOOPERSTETHEOSO] *adj.* superstitious.

SUPERVIVENCIA [SOOPERVEVENTHEAH] *f.* survival.

SUPERVIVIENTE [SOOPERVEVEENTAY] *m. & f.* survivor :: *adj.* surviving.

SUPLANTAR [SOOPLAHNTAR] *va.* to supplant :: to forge.

SUPLEMENTO [SOOPLAYMENTO] *m.* supplement, addition.

SUPLENTE [SOOPLENTAY] *adj., m. & f.* substitute.

SÚPLICA [SOOPLEKAH] *f.* supplication, request.

SUPLICAR [SOOPLEKAR] *va.* to supplicate, implore, entreat :: to pe-

tition, request :: to appeal.

SUPLICIO [SOOPLETHEO] *m.* torture :: torment :: anguish :: execution :: instrument of torture :: scaffold, gallows.

SUPLIR [SOOPLEER] *va.* to provide, afford :: to act as substitute.

SUPONER [SOOPONAIR] *va.* to suppose.

SUPOSICIÓN [SOOPOSETHEON] *f.* supposition :: assumption.

SUPOSITORIO [SOOPOSETOREO] *m.* suppository.

SUPREMACÍA [SOOPRAYMAHTHEEAH] *f.* supremacy.

SUPREMO [SOOPRAYMO] *adj.* supreme.

SUPRESIÓN [SOOPRAYSEON] *f.* suppression :: omission :: elimination.

SUPRIMIR [SOOPREMEER] *va.* to suppress, omit, cut out.

SUPUESTO [SOOPOOESTO] *adj.* supposed, supposititious :: *m.* supposition :: **por —,** of course :: **— que,** since, granting that.

SUPURAR [SOOPOORAR] *va.* to fester, form or discharge pus.

SUR [SOOR] *m.* south.

SURCAR [SOORCAR] *va.* to furrow :: to plow :: to plow through :: to cut through.

SURCO [SOORKO] *m.* furrow, groove :: line, wrinkle.

SURGIR [SOORHEER] *vn.* to come (out) (forth), spurt, sprout, arise out (of), spring (from) (up).

SURTIDO [SOORTEEDO] *m.* assortment, stock, variety.

SURTIDOR [SOORTEDOR] *m.* fountain, spout, jet.

SURTIR [SOORTEER] *va.* to supply, provide, furnish :: **— efecto,** to produce effect.

SUSCEPTIBILIDAD [SOOSTHEPTEBELE-DAHD] *f.* susceptibility.

SUSCEPTIBLE [SOOSTHEPTEEBLAY] *adj.* susceptible :: sensitive :: touchy.

SUSCITAR [SOSTHETAR] *va.* to (a)rouse, cause, stir up.

SUSCRIBIR [SOOSCREBEER] *va.* to subscribe :: to endorse :: to agree (to).

SUSCRIPCIÓN [SOOSCRIPTHEON] *f.* subscription.

SUSPENDER [SOOSPENDAIR] *va.* to

suspend, hang (up) :: to amaze, suspend, adjourn :: **— pagos,** to stop payment.

SUSPENSIÓN [SOOSPENSEON] *f.* suspension :: postponement, delay :: uncertainty :: cessation.

SUSPENSO [SOOSPENSO] *adj.* suspended :: hanging :: pending :: perplexed, astonished :: **en —,** in suspense :: *m.* failure *(calificación).*

SUSPICACIA [SOOSPECAHTHEAH] *f.* suspicion :: suspiciousness.

SUSPICAZ° [SOOSPEKATH] *adj.* mistrustful, wary, circumspect.

SUSPIRAR [SOOSPERAR] *vn.* to sigh :: **— por,** to long for.

SUSPIRO [SOOSPERO] *m.* sigh :: *(mus.)* brief pause.

SUSTANCIA [SOOSTAHNTHEAH] *f.* body, solidity, sustenance, substance.

SUSTANCIAL° [SOOSTANTHEAHL] *adj.* substantial :: nourishing.

SUSTANCIOSO [SOOSTANTHEOSO] *adj.* substantial :: nourishing.

SUSTANTIVO [SOOSTANTEEVO] *m.* noun :: *adj.* substantive :: real :: independent.

SUSTENTAR [SOOSTENTAR] *va.* to sustain, bear up :: to assert, maintain, nourish.

SUSTENTO [SOOSTENTO] *m.* food, maintenance, support.

SUSTITUCIÓN [SOOSTETOOTHEON] *f.* substitution.

SUSTITUIR [SOOSTETOOERR] *va.* to substitute.

SUSTO [SOOSTOH] *m.* fright, scare :: **llevar un —,** to have a scare.

SUSTRACCIÓN [SOOSTRACTHEON] *f.* subtraction.

SUSTRAER [SOOSTRAHERR] *va.* to subtract :: to remove, withdraw.

SUSURRAR [SOOSOORRAR] *vn.* to whisper, murmur, rustle.

SUSURRO [SOOSOORRO] *m.* whisper :: murmur :: rustle.

SUTIL° [SOOTEEL] *adj.* keen, subtle, flimsy.

SUTILEZA [SOOTELAYTHAH] *f.* fineness, cunning, skill, penetration, acumen.

SUTURA [SOOTOORAH] *f.* seam :: suture.

SUYO [SOOYO] *pron.* his, hers, its, theirs, yours.

T

TABA [TAHBAH] *f.* knuckle-bone :: ''jack''.

TABACO [TAHBAHCO] *m.* tobacco :: — **en rama**, leaf tobacco :: — **en polvo**, snuff :: — **rubio**, American tobacco.

TABERNA [TAHBAIRNAH] *f.* tavern, public-house, wine-shop, bar-room.

TABERNERO [TAHBAIRNAYRO] *m.* publican, tavern-keeper.

TABICAR [TAHBECAR] *va.* to wall up :: to close up.

TABIQUE [TAHBEEKAY] *m.* partition-wall, boarding.

TABLA [TAHBLAH] *f.* board, slab, plate, plank :: list :: block :: —**s**, the stage, boards :: lumber.

TABLADO [TAHBLAHDO] *m.* stage :: flooring :: scaffold :: platform, dais.

TABLERO [TAHBLAYRO] *m.* board :: panel :: timber, piece of lumber :: chessboar, checkerboard :: store counter :: large work table :: gambling table.

TABLETA [TAHBLAYTAH] *f.* tablet :: small thin board :: memorandum pad.

TABLILLA [TAHBLEELLYAH] *f.* tablet, slab :: notice-board.

TABLÓN [TAHBLON] *m.* plank, beam :: — **de anuncios**, noticeboard :: —**es**, lumber .

TABURETE [TAHBOORAYTAY] *m.* stool :: bench.

TACAÑERÍA [TAHCAHNYAYREEAH] *f.* stinginess, miserliness :: cunning.

TACAÑO [TAHCAHNYO] *adj.* mean, close, stingy, miserly.

TÁCITO [TAHTHETO] *adj.* silent, implied, wordless, implicit.

TACITURNO [TAHTHETOORNO] *adj.* taciturn, silent, sullen :: sad.

TACO [TAHCO] *m.* cue :: plug, bung, stopper :: oath, swearword, curse.

TACÓN [TAHCON] *m.* heel *(de un zapato).*

TACONEAR [TAHCONAYAR] *vn.* to click the heels, walk hard on one's heels.

TÁCTICA [TAHCTECAH] *f.* tactics.

TACTO [TAHCTO] *m.* tact :: touch, sense of touch.

TACHA [TAHCHAH] *f.* blemish, flaw, fault :: **poner** —, to object.

TACHAR [THACHAR] *va.* to tax, censure, blame :: to obliterate, efface, cross out.

TACHÓN [TACHONE] *m.* stud :: trimming, braid :: blot.

TACHUELA [TACHOOAYLAH] *f.* tack, small nail.

TAFETÁN [TAHFAYTAHN] *m.* taffeta :: thin silk :: — **inglés**, court plaster.

TAFILETE [TAHFELAYTAY] *m.* morocco leather.

TAHONA [TAHONAH] *f.* bakehouse.

TAHÚR [TAHOOR] *m.* gambler, sharper.

TAIMADO [TAHEMAHDO] *adj.* crafty, sly.

TAJA [TAHHAH] *f.* incision.

TAJADA [TAHHAHDAH] *f.* slice :: cut.

TAJADURA [TAHHAHDOORAH] *f.* cut, notch.

TAJANTE [TAHHAHNTAY] *adj.* cutting, sharp.

TAJAR [TAHHAR] *va.* to hack, slice, cut :: to cleave, hew, split :: to trim.

TAJO [TAHHO] *m.* cut, incision, notch :: cliff, gully :: cutting.

TAL [TAHL] *adj. & adv.* such, so, as :: equal :: **un** —, so-and-so :: such and such :: — **cual**, more or less, some sort of :: — **para cual**, tit for tat :: **con** — **que**, provided that :: **¿que** —?, how? how are things? what sort of?

TALA [TAHLAH] *f.* felling of trees, devastation, desolation.

TALADRADORA [TAHLAHDRAHDORAH] *f.* driller :: drill, drilling machine :: drill press :: *adj.* boring, drilling, piercing.

TALADRAR [TAHLAHDRAHR] *va.* to bore, pierce, drill.

TALADRO [TAHLAHDRO] *m.* brace and bit, drill.

TERCERO [TAIRTHAYRO] *m.* mediator, go-between, procurer :: referee, third.

TERCETO [TERTHAYTO] *m.* tercet :: *(mus.)* trio.

TERCIADO [TAIRTHEAHDO] *adj.* cross-wise, slanting :: **azúcar** —, brown sugar.

TERCIAR [TAIRTHEAR] *va.* to sling, to divide into three parts :: to join in conversation.

TERCIARIO [TERTHEAHREO] *m. & adj.* tertiary.

TERCIO [TAIRTHEO] *m.* hird part :: regiment :: **los** —**s**, Foreign Legionaries.

TERCIOPELO [TAIRTHEOPAYLO] *m.* velvet.

TERCO° [TAIRCO] *adj.* stubborn, obdurate, pig-headed, obstinate.

TERGIVERSAR [TAIRHEVAIRSAR] *va.* to misrepresent, distort.

TERMAL [TERMAHL] *adj.* thermal.

TÉRMICO [TERMECO] *adj.* thermic, thermal.

TERMINACIÓN [TERMENAHTHEON] *f.* termination, end :: ending.

TERMINAL [TERMENAHL] *adj.* terminal, final.

TERMINAR [TERMENAR] *va. & vn.* to terminate, end :: to finish :: *vr.* to end.

TÉRMINO [TAIRMENO] *m.* end, completion :: boundary, limit :: district :: term :: expression :: **primer** —, foreground :: — **medio**, compromise, mean :: average.

TERMITA [TERMEETAH] *f.* termite.

TERMO [TERMO] *m.* thermos bottle.

TERMODINÁMICA [TERMODENAHME-CAH] *f.* thermodynamics.

TERMÓMETRO [TERMOMAYTRO] *m.* thermometer :: thermostat.

TERMOS [TERMOS] *m.* thermos-flask, vacuum-flask.

TERMOSTATO [TERMOSTAHTO] *m.* thermostat.

TERNA [TERRNAH] *f.* pair of threes.

TERNERO [TERNAYRO] *m.* calf, bullock.

TERNEZA [TERNAYTHAH] *f.* affection, fondness :: endearments, words of love, fond phrases, loving things.

TERNO [TERNO] *m.* ternary, triad, set of three.

TERNURA [TERNOORAH] *f.* tenderness, affection, sweetness, sensitiveness.

TERQUEDAD [TERKAYDAHD] *f.* obstinacy, pig-headedness, stubbornness.

TERRACOTA [TERRAHCOTAH] *f.* terra cotta.

TERRADO [TERRAHDO] *m.* high terrace, flat roof.

TERRAPLÉN [TERRAHPLEN] *m.* rampart, mound, bank.

TERRATENIENTE [TERRAHTAYNEEN-TAY] *m.* landholder.

TERRAZA [TERRAHTHAH] *f.* terrace, veranda :: flat roof.

TERRAZO [TERRAHTHO] *m.* ground, land.

TERREMOTO [TERRAYMOTO] *m.* earthquake.

TERRENAL [TERRAYNAHL] *adj.* earthly, worldly.

TERRENO [TERRAYNO] *m.* land :: ground :: field :: *adj.* earthly, worldly.

TERRESTRE [TERRESTRAY] *adj.* terrestrial :: earthly.

TERRIBLE° [TERREEBLAY] *adj.* terrible, frightful, awful.

TERRITORIAL [TERRETOREAHL] *adj.* territorial.

TERRITORIO [TERRETOREO] *m.* territory.

TERRÓN [TERRON] *m.* lump, :: — **de azúcar,** sugar-lump.

TERROR [TERROR] *m.* terror, fright, dread.

TERRORÍFICO [TERROREEFECO] *adj.* terrific, dreadful, awful, fright-full.

TERRORISMO [TERROREESMO] *m.* terrorism.

TERRORISTA [TERROREESTAH] *m. & f.* terrorist.

TERROSO [TERROSO] *m.* clod, lump of earth :: *adj.* earthy :: dirty.

TERRUÑO [TERROONYO] *m.* piece of ground :: native soil, country :: soil.

TERSO [TERSO] *adj.* smooth, glossy.

TERSURA [TERSOORAH] *f.* smoothness :: cleanliness :: terseness.

TERTULIA [TERTOOLEAH] *f.* gathering, evening party :: reunion, circle, group :: café-set.

TERTULIANTE [TERTOOLEANTAY] *m.* party-goer :: habituée :: *adj.* party-going.

TESIS [TAYSIS] *f.* thesis.

TESÓN [TAYSONE] *m.* tenacity.

TESORERÍA [TAYSORAYREEAH] *f.* treasury :: treasurership.

TESORERO [TAYSORAYRO] *m.* treasurer.

TESORO [TAYSORO] *m.* treasure, riches :: exchequer.

TESTA [TESTAH] *f.* head.

TESTADOR [TESTAHDOR] *m.* testator.

TESTAFERRO [TESTAHFERRO] *m.* *(coll.)* figurehead, straw man, dummy.

TESTAMENTO [TESTAHMENTO] *m.* will :: testament.

TESTAR [TESTAR] *va.* to will, make a testament :: to erase, efface, blot out.

TESTARUDEZ [TESTAHROODETH] *f.* stubbornness, obstinacy.

TESTARUDO [TESTAHROODO] *adj.* wilful, stubborn, headstrong.

TESTÍCULO [TESTEECOOLO] *m.* *(anat.)* testicle.

TESTIFICAR [TESTEFECAR] *va. & vn.* to testify.

TESTIGO [TESTEEGO] *m.* witness.

TESTIMONIAR [TESTEMONEAR] *va.* to give testimony of :: to serve as a witness.

TESTIMONIO [TESTEMONEO] *m.* warrant, attestation :: **falso —,** false accusation.

TESTUZ [TESTOOTH] *m.* nape :: *(zool.)* crown of the head.

TETA [TAYTAH] *f.* breast, nipple :: udder.

TETÁNICO [TAYTAHNECO] *adj.* tetanic.

TÉTANO [TAYTAHNO] *m.* tetanus.

TETERA [TAYTAYRAH] *f.* tea-pot :: kettle.

TÉTRICO [TAYTREKO] *adj.* gloomy, sullen, sombre, hairraising.

TEXTIL [TEXTEEL] *adj.* textile.

TEXTO [TEXTO] *m.* text :: quotation :: textbook.

TEXTUAL [TEXTOOAHL] *adj.* textual.

TEXTURA [TEXTOORAH] *f.* texture :: weawing :: *(fig.)* structure, tissue.

TEZ [TETH] *f.* complexion, skin.

TI [TEE] *pron.* you, thee.

TÍA [TEEAH] *f.* aunt :: "goodwife", gammer, dame.

TIARA [TEAHRAH] *f.* tiara.

TIBIA [TEEBEAH] *f.* *(anat.)* tibia, shin-bone :: *(mus.)* flute, tibia.

TIBIEZA [TEBEAYTHAH] *f.* tepidity :: lack of enthusiasm, lukewarmness.

TIBIO [TEEBEO] *adj.* tepid, lukewarm.

TIBURÓN [TEBOORON] *m.* shark.

TIEMPO [TEEMPO] *m.* time, epoch, season :: opportunity, occasion :: weather :: **a —,** timely :: **de — en —,** occasionally :: **a — que,** just as :: **a su debido —,** in due course :: **con —,** betimes, in good time, early.

TIENDA [TEENDAH] *f.* shop :: tent :: awning.

TIENTA [TEENTAH] *f.* probe :: **andar a —s,** to grope along.

TIENTO [TEENTO] *m.* feeling, touching, groping about :: trial shot :: preliminary flourish *(mus.)* :: blind man's stick.

TIERNO [TEERNO] *adj.* tender, soft :: pathetic :: delicate :: **pan —,** fresh bread.

TIERRA [TEERRAH] *f.* ground :: earth :: land, soil :: country :: **perder —,** to lose one's footing.

TIESO [TEAYSO] *adj.* taut, stiff, straight, rigid :: starchy, poker.

TIESTO [TEESTO] *m.* flowerpot :: earthen pot.

TIFÓN [TEFONE] *m.* typhoon :: waterspout.

TIFUS [TEEFOOS] *m.* typhus.

TIGRE [TEEGRAY] *m.* tiger.

TIGRESA [TEEGRAYSAH] *f.* tigress.

TIJERAS [TEHAYRAHS] *f.* scissors, shears :: carpenter's horse :: **silla de —,** folding chair.

TIJERETAZO [TEHAYRAYTAHTHO] *m.* snip, cut, clip *(con tijeras).*

TILA [TEELAH] *f.* linden :: linden blossom tea.

TILDAR [TILDAR] *va.* to cross out :: to give a bad name.

TILDE [TEELDAY] *f.* jot, tittle :: sign over the letter.

TILO [TEELO] *m.* linden tree, lime tree.

TIMADOR [TEEMAHDOR] *m.* swindler.

TIMAR [TEEMAR] *va.* to swindle, cheat :: to snitch.

TIMBA [TEEMBAH] *f.* *(coll.)* game of chance :: gambling den.

TIMBAL [TIMBAHL] *m.* *(mus.)* timbal, kettledrum.

TIMBRAR [TIMBRAR] *va.* to seal.

TIMBRAZO [TEEMBRATHO] *m.* ring of an electric bell.

TIMBRE [TEEMBRAY] *m.* bell :: signet, seal :: stamp :: timber, tone :: glorious deed.

TIMIDEZ [TEMEDETH] *f.* timidity, bashfulness, shyness.

TÍMIDO [TEEMEDO] *adj.* timid, shame-faced, bashful, shy :: fearful, afraid.

TIMO [TEEMO] *m.* *(coll.)* swindle, theft :: *(anat.)* thymus :: **dar un —,** to cheat, trick.

TIMÓN [TEMONE] *m.* *(naut.)* rudder :: helm :: beam *(de un arado).*

TIMONEL [TEMONEL] *m.* *(naut.)* steersman, helmsman.

TIMORATO [TEMORAHTO] *adj.* timorous, timid.

TÍMPANO [TEEMPAHNO] *m.* eardrum :: kettledrum.

TINA [TEENAH] *f.* earthen jar :: vat :: bath-tub.

TINAJA [TENAHHAH] *f.* large water-jar.

TINGLADO [TINGLAHDO] *m.* shed, roof :: **conocer el —,** to know the ropes.

TINIEBLA [TENEAYBLAH] *f.* darkness, obscurity :: *pl.* utter darkness :: hell :: night :: gross ignorance.

TINO [TEENO] *m.* tact :: prudence :: finesse :: steady aim :: knack, way :: cunning hand :: **sacar de —,** to confound, exasperate.

TINTA [TEENTAH] *f.* ink :: **de buena —,** on good authority.

TINTE [TEENTAY] *m.* dyeing :: paint, stain, dye.

TINTERO [TINTAYRO] *m.* inkstand, ink-pot :: dyer's :: **se me quedó en el —,** I left that out, I completely forgot it.

TINTINEAR [TINTENAYAR] *vn.* to tinkle.

TINTINEO [TINTENAYO] *m.* tinkle,

tinkling.

TINTO [TEENTO] *adj.* dyed :: **vino —**, red wine.

TINTORERÍA [TINTORAYREEAH] *f.* Dry cleaner's.

TINTURA [TINTOORAH] *f.* tincture, dye :: smattering.

TIÑOSO [TENYOSO] *adj.* scabby, mangy :: stingy.

TÍO [TEEO] *m.* uncle :: *(coll.)* "fellow" :: **el — fulano**, old Joe.

TIOVIVO [TEEOHVEEVO] *m.* merry-go-round.

TÍPICO° [TEEPEKO] *adj.* characteristic :: genuine, representative.

TIPLE [TEEPLAY] *m. &* soprano singer :: treble guitar player :: *m.* soprano voice :: treble guitar :: *(naut.)* one-piece mast.

TIPO [TEEPO] *m.* type, standard, model :: letterpress type :: person, "chap" :: **un buen —**, a good sort.

TIPOGRAFÍA [TEPOGRAHFEEAH] *f.* typography.

TIPÓGRAFO [TEPOGRAFO] *m.* typographer.

TIRA [TEERAH] *f.* strip, band.

TIRABUZÓN [TERAHBOOTHONE] *m.* corkscrew :: love-lock, ringlet corkscrew curl.

TIRADA [TERAHDAH] *f.* cast, throw, stretch :: edition, printing :: **de una —**, at one time, at a stretch.

TIRADOR [TERAHDOR] *m.* thrower :: shooter, good shot :: drawer :: *m.* knob :: doorknob :: bell pull.

TIRANÍA [TERAHNEEAH] *f.* tyranny, cruelty.

TIRANIZAR [TERAHNETHAR] *va. & n.* to tyrannize.

TIRANO [TERAHNO] *adj.* tyrant, tyrannical.

TIRANTE [TERAHNTAY] *m.* brace :: stretcher, tie-beam :: shoestrap :: **—s**, braces, suspenders.

TIRANTEZ [TERANTETH] *f.* tension, tightness :: strain :: pull.

TIRAR [TERAR] *va.* to draw :: to dart, throw, hurl, fling :: to cast off :: to print :: to squander :: *vn.* to draw, burn :: to incline, tend :: *vr.* to fling oneself, make a dash (for) :: **— al blanco**, to shoot at a target.

TIRITAR [TERETAR] *vn.* to shiver.

TIRO [TEERO] *m.* shot :: fling, cast, throw :: draught *(de la chimenea)* :: :: **de —s largos**, in full dress :: **de un —**, at one fell swoop :: **caballo de —**, draught horse.

TIRÓN [TERON] *m.* jerk, sudden pull :: **de un —**, all at once, with one big pull.

TIROTEAR [TEROTAYAR] *vn.* to shoot around :: to shoot at random .

TIROTEO [TEROTAYO] *m.* shooting :: exchange of shoots :: skirmish.

TIRRIA [TEERREAH] *f.* aversion, grudge :: **tenerle — a una persona**, to have a strong dislike for someone :: to hold a grudge against someone.

TISANA [TESAHNAH] *f.* infusion, ptisan, tea.

TÍSICO [TEESECO] *adj.* tubercular, consumptive.

TISIS [TEESIS] *f.* phthisis, consumption.

TITÁN [TETAHN] *m.* titan :: titan crane.

TITÁNICO [TETAHNECO] *adj.* titanic :: gigantic, huge, colossal.

TÍTERE [TEETAYRAY] *m.* puppet, marionette :: **—s**, Punch and Judy show, puppet-show.

TITILAR [TETELAR] *va.* to titillate :: *vn.* to twinkle :: to quiver.

TITIRITERO [TETERETAYRO] *m.* puppeteer :: acrobat :: rope-walker.

TITUBEAR [TETOOBAYAR] *vn.* to falter, shilly-shally, hesitate :: to totter, reel, stagger.

TITUBEO [TETOOBAYO] *m.* hesitation, wavering.

TITULAR [TEETOOLAR] *vn.* to entitle :: to name :: *vr.* to be called or named :: to call oneself :: to receive a title :: *adj.* titular, in name only :: *m.* officer :: holder of a title.

TÍTULO [TEETOOLO] *m.* title :: caption, headline :: privilege, right, legal title :: diploma :: pretext :: **—s**, securities.

TIZA [TEETHAH] *f.* chalk.

TIZNAR [TEETHNAR] *va.* to smut, smudge, smear.

TIZÓN [TETHON] *m.* firebrand.

TOALLA [TOAHLYAH] *f.* towel :: **— sin fin**, roller-towel.

TOBILLO [TOBEELYO] *m.* ankle.

TOBOGÁN [TOBOGAHN] *m.* toboggan.

TOCA [TOCAH] *f.* bonnet, headdress, coif, hood.

TOCADISCOS [TOCAHDEESCOS] *m.* record player :: phonograph.

TOCADO [TOCAHDO] *m.* headdress :: hairdo, coiffure :: *adj.* "touche", half-crazy.

TOCADOR [TOCAHDOR] *m.* dressing-table :: **juego de —**, perfume and toilet set.

TOCANTE [TOCAHNTAY] *part.* **— a**, respecting, concerning, as for.

TOCAR [TOCAR] *va.* to touch :: to feel *(palpar)* :: to move :: to play *(instrumentos)* :: to appertain, belong :: to knock, ring *(la campana)* :: to win *(la lotería)* :: to be obliged to :: to fall to one's lot :: to call *(puerto)* :: **me toca de cerca**, it strikes home, it concerns me intimately.

TOCAYO [TOCAHYO] *m.* namesake :: one who has the same name.

TOCINO [TOTHEENO] *m.* bacon :: salt pork :: **— del cielo**, sweet-meat made of syrup and eggs.

TODAVÍA [TODAHVEEAH] *adv.* nevertheless, yet, still, even.

TODO [TODO] *adj.* all :: every one :: complete, total, whole :: **— un hombre**, quite a man :: *m.* whole, entirely :: **con —**, anyway, nevertheless, all the same.

TODOPODEROSO [TODOPODAYROSO] *adj.* almighty.

TOGA [TOGAH] *f.* gown, robe.

TOLDO [TOLDO] *m.* tent, awning.

TOLERABLE [TOLAYRAHBLAY] *adj.* tolerable.

TOLERANCIA [TOLAYRAHNTHEAH] *f.* broadmindedness :: permission.

TOLERANTE [TOLAYRAHNTAY] *adj.* tolerant.

TOLERAR [TOLAYRAR] *va.* to allow, tolerate :: to bear, put up with, brook, suffer.

TOMA [TOMAH] *f.* hold :: capture, conquest :: dose :: outlet :: wallsocket :: **más vale un — que dos te daré**, a bird in the hand is worth two in the bush.

TOMAR [TOMAR] *va.* to take, seize, grasp, get :: to drink :: to assume :: to capture :: **— té**, to have tea :: **— las de Villadiego**, to take to one's heels.

TOMATE [TOMAHTAY] *m.* tomato.

TÓMBOLA [TOMBOLAH] *f.* raffle for charity.

TOMILLO [TOMEELYO] *m.* thyme.

TOMO [TOMO] *m.* volume, tome :: importance.

TON [TON] *m.* **sin — ni son**, without rhyme or reason.

TONADA [TONAHDAH] *f.* tune, song.

TONADILLA [TONAHDEELLYAH] *f.* short tune or melody :: *(theat.)* musical interlude.

TONEL [TONEL] *m.* barrel, pipe, cask.

TONELADA [TONAYLAHDAH] *f.* ton.

TONELAJE [TONAYLAHHAY] *m.* tonnage.

TÓNICO [TOHNECO] *m.* *(med.)* tonic :: *adj.* tonic.

TONIFICAR [TONEFEECAR] *va.* to invigorate, strengthen.

TONO [TONO] *m.* pitch, tone ::

key, scale :: tune :: manner, style :: **de buen —**, to put on airs :: **de buen —**, smart, correct, fashionable, tasteful.

TONTADA [TONTAHDAH] f. silliness.

TONTEAR [TONTAYAR] vn. to act foolishly :: to talk nonsense.

TONTERÍA [TONTAYREEAH] f. foolishness :: stupidity.

TONTO [TONTO] adj. silly :: m. fool, silly man :: dunce :: blockhead :: **a tontas y a locas,** without rhyme or reason.

TOPAR [TOPAR] vn. to run into, collide :: to knock :: to come upon, meet accidentally :: vr. **— con,** to meet, come upon.

TOPE [TOPAY] m. butt :: buffer :: apex :: **hasta los —s,** to the top, absolutely packed (out).

TOPETAZO [TOPAYTAHTHO] m. butt.

TÓPICO [TOPECO] adj. topical :: m. subject, topic.

TOPO [TOPO] m. mole.

TOPOGRAFÍA [TOPOGRAHFEEAH] f. topography.

TOPÓGRAFO [TOPOGRAHFO] m. topographer.

TOQUE [TOKAY] m. touch :: touching :: ringing (de campana) :: beat (de tambor) :: touchstone :: trial proof :: point :: **— de difuntos,** passing-bell.

TOQUILLA [TOKEELLYAH] f. triangular kerchief :: ribbon :: hatband.

TÓRAX [TORAX] m. thorax.

TORBELLINO [TORBAYLYEENO] m. whirlwind :: swirl, rush.

TORCEDURA [TORTHAYDOORAH] f. twist :: sprain, strain.

TORCER [TORTHAIR] va. to twist, wind, screw up, bend :: to spin :: to incline :: vr. to sprain, twist :: to curve, wind.

TORCIDO [TORTHEEDO] adj. twisted :: crooked, bent, curved, awry.

TORDO [TORDO] adj. dapple (color) :: m. thrush.

TOREAR [TORAYAR] vn. to perform in a bullfight :: to incite, provoke a bull :: to tease.

TOREO [TORAYO] m. bull-fighting.

TORERO [TORAYRO] m. bullfighter.

TORIL [TOREEL] m. bull pen.

TORMENTA [TORMENTAH] f. storm, tempest.

TORMENTO [TORMENTO] m. torture, torment :: pang, anguish.

TORMENTOSO [TORMENTOSO] adj. stormy :: (naut.) storm-ridden.

TORNAR [TORNAR] vn. & a. to turn, restore, return :: to alter, change :: vr. to change, become.

TORNASOL [TORNAHSOL] adj. sheen :: m. sunflower.

TORNEAR [TORNAYAR] va. to turn on a lathe.

TORNEO [TORNAYO] m. tournament.

TORNERO [TORNAYRO] m. lathe operator, turner.

TORNILLO [TORNEELYO] m. screw :: vice :: **apretar los —s,** to put the pressure on :: **le falta un —,** he has a screw loose.

TORNIQUETE [TOENEKAYTAY] m. turnbuckle :: tourniquet.

TORNO [TORNO] m. lathe :: winch, potter's wheel :: **en —,** round, about.

TORO [TORO] m. bull :: Taurus :: **ir a los —s,** to go to the bullfight.

TORONJA [TORONHAH] f. grapefruit.

TORPE [TORPAY] adj. heavy, cloddish, clumsy :: unhappy :: dull :: torpid :: unchaste.

TORPEDEAR [TORPAYDAYAR] va. (naut.) to torpedo.

TORPEDO [TORPAYDO] m. torpedo.

TORPEZA [TORPAYTHAH] f. crassness, dullness :: lewdness :: clumsiness, awkwardness.

TORRE [TORRAY] f. tower, turret, keep (Hist.) :: castle, rook (ajedrez).

TORREFACTO [TORRAYFACTO] adj. toasted.

TORRENCIAL [TORRENTHEAHL] adj. torrential.

TORRENTE [TORRENTAY] m. torrent, rush.

TORREÓN [TORRAYONE] m. large tower.

TORRERO [TORRAYRO] m. lighthouse keeper.

TORREZNO [TORRETHNO] m. slice of bacon.

TÓRRIDO [TORREDO] adj. torrid.

TORSIÓN [TORSEON] f. twist :: sprain.

TORTA [TORTAH] f. pie, short-cake :: (coll.) slap :: **—s y pan pintado,** a mere trifle.

TORTILLA [TORTEELYAH] f. omelet :: thin oven-cake.

TÓRTOLA [TORTOLAH] f. turtledove.

TORTUGA [TORTOOGAH] f. turtle, tortoise.

TORTUOSO [TORTOOOSOH] adj. winding, sinuous.

TORTURA [TORTOORAH] f. torture, torment, rack :: torsion.

TORTURAR [TORTOORAHR] va. to torture.

TOS [TOS] f. cough :: **— ferina,** whooping-cough.

TOSCO [TOSKO] adj. rough, coarse :: boorish, uncouth.

TOSER [TOSAIR] vn. to cough.

TOSTADA [TOSTAHDAH] f. toast.

TOSTADO [TOSTAHDO] adj. toasted :: roasted :: tanned.

TOSTADOR [TOSTAHDOR] m. toaster.

TOSTAR [TOSTAR] va. to roast, toast :: to scorch, burn :: to tan.

TOSTÓN [TOSTONE] m. toast dipped in oil :: small roasted pig.

TOTAL [TOTAHL] adj. total, utter, entire :: m. total, whole, sum, total.

TOTALIDAD [TOTAHLEDAHD] f. entirety, whole.

TOTALITARIO [TOTAHLETAHREO] adj. totalitarian.

TÓTEM [TOTEM] m. totem.

TÓXICO [TOXECO] adj. toxic.

TOXINA [TOXEENAH] f. toxin.

TOZUDO [TOTHOODO] adj. obstinate.

TRABA [TRAHBAH] f. hobble :: obstacle :: bond, tie :: clasp, brace.

TRABADO [TRAHBAHDO] adj. connected, joined :: fastened, tied :: robust :: white-footed.

TRABAJADOR [TRAHBAHHAHDOR] adj. industrious :: m. worker, laborer.

TRABAJAR [TRAHBAHHAR] va. to toil, work :: to till the soil.

TRABAJO [TRAHBAHHO] m. work, job, occupation :: toil, sweat, labour, hardship :: **—s forzados,** hard labour, penal servitude.

TRABALENGUAS [TRAHBAHLENGOOAS] m. tongue twister.

TRABAR [TRAHBAR] va. to join, unite, connect, clasp :: to begin (amistad) :: **—se la lengua,** to stammer.

TRABAZÓN [TRAHBAHTHONE] f. union :: bond, connection :: consistency :: coalescence.

TRACA [TRAHCAH] f. string of firecrackers :: (naut.) strake.

TRACCIÓN [TRAHTHEON] f. traction, draught, cartage.

TRACTOR [TRACTOR] m. tractor.

TRADICIÓN [TRAHDETHEON] f. tradition.

TRADICIONAL [TRAHDETHEONAHL] adj. traditional.

TRADUCCIÓN [TRAHDOOKTHEON] f. translation, rendering.

TRADUCIR [TRAHDOOTHEER] va. to translate, interpret.

TRADUCTOR [TRAHDOOKTOR] m. translator.

TRAER [TRAHAIR] va. to carry, bring, fetch :: to draw, attract :: to bring over :: to bind.

TRAFICANTE [TRAHFECAHNTAY] m. trader :: dealer :: tradesman.

TRAFICAR [TRAHFECAR] vn. to deal, trade :: to journey.

TRÁFICO [TRAHFECO] *m.* trade, business :: traffic.

TRAGALUZ [TRAHGAHLOOTH] *m.* sky-light, bull's-eye.

TRAGAR [TRAHGAR] *va.* to gulp (down), swallow :: — **el anzuelo**, to be taken in.

TRAGEDIA [TRAHHAYDEAH] *f.* tragedy.

TRÁGICO● [TRAHHECO] *adj.* tragic.

TRAGICOMEDIA [TRAHHECOMAYDEAH] *f.* tragicomedy.

TRAGO [TRAHGO] *m.* drink, draught, mouthful, gulp :: **a —s**, in stages.

TRAGÓN [TRAHGONE] *m. (coll.)* glutton :: *adj.* gluttonous.

TRAICIÓN [TRAHETHEON] *f.* perfidy :: treason :: disloyalty :: treachery :: **reo de —**, state criminal.

TRAICIONAR [TRAETHEONAR] *va.* to betray.

TRAIDOR [TRAHEDOR] *adj.* treacherous, perfidious, false :: *m.* traitor.

TRAJE [TRAHHAY] *m.* dress, suit, costume :: apparel, attire :: — **de montar**, riding-habit :: — **de etiqueta**, evening-dress :: — **de luces**, bullfighter's costume.

TRAJÍN [TRAHHEEN] *m.* traffic, going and coming :: hustle, bustle, commotion.

TRAJINAR [TRAHHEENAR] *va.* to carry goods :: *vn.* to dash to and fro :: to be forever on the go.

TRAMA [TRAHMAH] *f.* weft :: plot :: intrigue :: fraud.

TRAMAR [TRAHMAR] *va.* to plot, scheme :: to weave.

TRAMITAR [TRAHMETAR] *vn.* to transact :: to take legal steps :: to negotiate.

TRÁMITE [TRAHMETAY] *m.* business transaction :: step :: procedure :: *pl.* stages, levels, procedure.

TRAMO [TRAHMO] *m.* stretch, space *(arch.)* span :: flight *(de escalera).*

TRAMOYA [TRAHMOYAH] *f.* trick, artifice.

TRAMOYISTA [TRAHMOYISTAH] *m.* stage-carpenter, scene shipter :: trickster.

TRAMPA [TRAHMPAH] *f.* trap, spring, snare :: trap-door :: foul play :: **caer en la —**, to fall into the trap.

TRAMPEAR [TRAHMPAYAR] *va.* to obtain money under false pretences :: to swindle.

TRAMPISTA [TRAHMPISTAH] *m.* swindler, crook.

TRAMPOLÍN [TRAMPOLEEN] *m.* springboard.

TRAMPOSO [TRAMPOSO] *adj.* deceitful, tricky :: *m.* swindler, cheat.

TRANCA [TRAHNCAH] *f.* crossbar, bolt :: pole, prop :: club, stick.

TRANCAR [TRAHNKAR] *vn.* to bar; to stride along.

TRANCAZO [TRANCAHTHO] *m.* blow with a cudgel :: *(coll.)* grippe, influenza.

TRANCE [TRAHNTHAY] *m.* predicament :: emergency, critical hour, peril :: **a todo —**, anyway, at any risk, at all costs.

TRANCO [TRAHNCO] *m.* stride :: **a —s**, striding along, shambling along.

TRANQUILIDAD [TRANKELEDAHD] *f.* tranquility, peacefulness.

TRANQUILIZAR [TRANKELETHAR] *va.* to quiet, calm down :: to pacify :: *vr.* to become tranquil, calm down.

TRANQUILO● [TRAHNKEELO] *adj.* placid, calm, quiet, untroubled, still.

TRANSACCIÓN [TRANSACTHEON] *f.* transaction, negotiation :: compromise.

TRANSATLÁNTICO [TRANSAHTLANTECO] *adj.* transatlantic :: *m.* transatlantic steamer.

TRANSBORDAR [TRANSBORDAR] *véase* **trasbordar.**

TRANSBORDO [TRANSBORDO] *véase* **trasbordo.**

TRANSCENDENCIA [TRANSHENDENTHEAH] *véase* **trascendencia.**

TRANSCENDENTAL [TRANSTHENDENTAHL] *véase* **trascendental.**

TRANSCRIBIR [TRANSCREBEER] *va.* to transcribe.

TRANSCRIPCIÓN [TRANSCRIPTHEON] *f.* transcription.

TRANSCURRIR [TRAHNSCOORREER] *vn.* to elapse.

TRANSCURSO [TRAHNSCOORSO] *m.* course, passage, passing.

TRANSEÚNTE [TRAHNSAYOONTAY] *adj.* transient :: *m.* passer-by.

TRANSFERENCIA [TRANSFAYRENTHEAH] *f.* transference, transfer.

TRANSFERIR [TRAHNSFAYREER] *va.* to transfer, make over, carry over.

TRANSFIGURACIÓN [TRANSFEGOORAHTHEON] *f.* transfiguration.

TRANSFIGURAR [TRAHNSFEGOORAR] *va.* to transform, transfigure :: *vr.* to be transfigured.

TRANSFORMACIÓN [TRANSFORMATHEON] *f.* transformation.

TRANSFORMAR [TRAHNSFORMAR] *va.* to change :: to transform ::

vr. to change, assume, turn into.

TRÁNSFUGA [TRAHNSFOOGAH] *m.* deserter :: runaway.

TRANSFUSIÓN [TRANSFOOSEON] *f.* transfusion.

TRANSGREDIR [TRAHNSGRAYDEER] *va.* to transgress.

TRANSGRESIÓN [TRANSGRAYSEON] *f.* transgression.

TRANSICIÓN [TRANSETHEON] *f.* transition.

TRANSIGIR [TRAHNSEHEER] *va.* to compromise :: to compound :: to accommodate differences.

TRANSISTOR [TRANSESTOR] *m.* transistor.

TRANSITAR [TRAHNSETAR] *vn.* to travel :: to pass by.

TRÁNSITO [TRAHNSETO] *m.* transit, transition :: journey, course, way :: removal.

TRANSITORIO [TRANSETOREO] *adj.* transitory.

TRANSMISIÓN [TRANSMESEON] *f.* transmission.

TRANSMISOR [TRANSMESOR] *m.* transmitter :: *adj.* transmitting.

TRANSMITIR [TRAHNSMETEER] *va.* to transmit, convey, forward.

TRANSPARENCIA [TRANSPARENTHEAH] *f.* transparency.

TRANSPARENTE [TRANSPARENTAY] *adj.* transparent :: lucid, clear.

TRANSPIRAR [TRAHNSPERAR] *vn.* to transpire, perspire.

TRANSPORTAR [TRAHNSPORTAR] *va.* to carry, shift, transport, convey :: *vr.* to be carried away.

TRANSPORTE [TRANSPORTAY] *m.* transport :: transportation :: transport vessel :: ecstasy.

TRANSVERSAL [TRANSVERRSAHL] *adj.* transversal, transverse.

TRANVÍA [TRAHNVEEAH] *m.* tram(way), street-car.

TRAPECIO [TRAHPAYTHEO] *m.* trapeze.

TRAPERO [TRAHPAYRO] *m.* ragdealer, rag-and-bone man.

TRAPISONDA [TRAHPESONDAH] *f.* scuffle :: snare.

TRAPO [TRAHPO] *m.* rag, duster :: **a todo —**, with might and main, all-out :: **poner como un —**, to reprimend severely.

TRÁQUEA [TRAHKAYAH] *f.* trachea, windpipe.

TRAQUETEAR [TRAHKAYTAYAR] *va.* to rattle :: to shake :: to jolt :: to crack, crackle.

TRAQUETEO [TRAHKAYTAYO] *m.* rattling :: shaking :: jolting :: cracking, crackling.

TRAS [TRAHS] *prep.* after :: behind :: beyond :: besides :: **día** — **día**, day in, day out.

TRASBORDAR [TRAHSBORDAR] *va.* to transfer.

TRASBORDO [TRAHSBORDO] *m.* transfer.

TRASCENDENCIA [TRAHSTHENDEN-THEAH] *f.* consequence, importance :: penetration.

TRASCENDENTAL [TRAHSTHENDEN-TAHLI] *adj.* consequential, important, far-reaching.

TRASCENDER [TRAHSTHENDER] *vn.* to extend itself :: to be pervasive :: to leak out, become known.

TRASERO [TRAHSAYRO] *adj.* hind, rear, back :: *m.* backside, bottom, buttocks.

TRASGO [TRAHSGO] *m.* hobgoblin, bogey-man.

TRASHUMANTE [TRAHSOOMAHNTAY] *adj.* nomadic.

TRASHUMAR [TRAHSOOMAR] *va.* to move livestock from winter to summer pasture or vice versa.

TRASIEGO [TRAHSEAYGO] *m.* upset :: decantation.

TRASLADAR [TRAHSLAHDAR] *va.* to transfer, remove :: to translate :: *vr.* to change place.

TRASLADO [TRAHSLAHDO] *m.* transfer :: copy.

TRASLUCIR [TRAHSLOOTHEER] *va.* to infer :: *vr.* to be translucent :: to leak out.

TRASLUZ [TRAHSLOOTH] *m.* reflected light, glow :: **al** —, through, athwart.

TRASNOCHADO [TRAHSNOCHAHDO] *adj.* haggard, run-down :: stale.

TRASNOCHADOR [TRAHSNOCHAH-DOR] *m. (orn.)* night-bird.

TRASNOCHAR [TRAHSNOCHAR] *vn.* to sit up all night :: to make merry at night.

TRASPAPELAR [TRAHSPAHPAYLAR] *va.* to mislay :: *vr.* to become mislaid.

TRASPASAR [TRAHSPAHSAR] *va.* to pierce through :: to trespass :: to transfer.

TRASPASO [TRAHSPAHSO] *m.* transfer.

TRASPIÉ [TRAHSPEAY] *m.* stumble :: lapse.

TRASPLANTAR [TRAHSPLANTAR] *va.* to transplant.

TRASQUILAR [TRAHSKELAR] *va.* to crop, lop :: to shear :: *(coll.)* to reduce, lessen.

TRASTADA [TRAHSTAHDAH] *f. (coll.)* dirty trick.

TRASTAZO [TRAHSTAHTHO] *m.* thump, blow.

TRASTE [TRAHSTRAHY] *m.* fret, stop *(de una guitarra)* :: **dar al** — **con,** to destroy, ruin.

TRASTERO [TRAHSTAYRO] *m.* lumber room.

TRASTIENDA [TRAHSTEENDAH] *f.* back, inner shop.

TRASTO [TRAHSTO] *m.* piece of furniture :: piece of lumber :: **—s,** implements, bits and pieces.

TRASTORNAR [TRAHSTORNAR] *va.* to disturb :: to upset, overthrow :: to confuse, derange.

TRASTORNO [TRAHSTORNO] *m.* disorder, upset, disturbance :: upheaval.

TRASTOCAR [TRAHSTOCAR] *va.* to invert, change :: to upset.

TRASUNTO [TRAHSOONTO] *m.* copy, image.

TRATA [TRAHTAH] *f.* trade :: slave trade :: — **de blancas,** white slavery.

TRATABLE [TRAHTAHBLAY] *adj.* amenable, approachable.

TRATADO [TRAHTAHDO] *m.* treaty :: treatise.

TRATAMIENTO [TRAHTAHMEENTO] *m.* treatment :: title, address, style.

TRATANTE [TRAHTAHNTAY] *m. & f.* dealer, retailer.

TRATAR [TRAHTAR] *va.* to handle, treat :: to trade :: deal (in) :: to deal (with) :: — **de,** to try to, to address as :: — **con,** to treat with :: **¿de qué se trata?,** what is it all about?

TRATO [TRAHTO] *m.* treatment :: deal, pact :: trade :: manner, behavior :: social relations :: dealings.

TRAUMA [TRAHOOMAH] *m.* trauma.

TRAUMATISMO [TRAHOOMATEESMO] *m.* traumatism.

TRAVÉS [TRAHVES] *m.* inclination :: reverse :: **al** —, aslant, across :: **dar al** —, to be stranded.

TRAVESAÑO [TRAHVAYSAHNYO] *m.* crosspiece, crossbar :: bolster, long bedpillow.

TRAVESÍA [TRAHVAYSEEAH] *f.* crossroad :: sea-voyage :: passage across, crossing.

TRAVESURA [TRAHVAYSOORAH] *f.* prank :: mischief :: mischievousness, naughtiness.

TRAVIESA [TRAHVEAYSAH] *f.* crossing, voyage :: crossbeam :: sleeper :: transverse wall :: *(min.)* cross gallery.

TRAVIESO [TRAHVEAYSO] *adj.* restless :: impish, mischievous :: wanton.

TRAYECTO [TRAHYECTO] *m.* run, stretch, lap, distance.

TRAYECTORIA [TRAHYECTOHREAH] *f.* trajectory.

TRAZA [TRAHTHAH] *f.* sketch, outline :: aspect :: trace.

TRAZADO [TRAHTHAHDO] *m.* layout, plan.

TRAZAR [TRAHTHAR] *va.* to draw, sketch :: to lay out, plan out.

TRAZO [TRAHTHO] *m.* trace, outline :: line, stroke.

TRÉBOL [TRAYBOL] *m.* clover, trefoil, shamrock.

TRECHO [TRAYCHO] *m.* span, space :: **a** — **s,** by (at) intervals.

TREGUA [TRAYGOOAH] *f.* truce :: respite.

TREMENDO* [TRAYMENDO] *adj.* tremendous, awful :: huge, imposing.

TREMENTINA [TRAYMENTEENAH] *f.* turpentine.

TRÉMOLO [TRAYMOLO] *m. (mus.)* tremolo.

TRÉMULO* [TRAYMOOLO] *adj.* tremulous, quivering.

TREN [TREN] *m.* outfit, train :: suite, following :: — **expreso,** express train :: — **de recreo,** excursión train :: — **de mercancias,** goods train :: freight train :: — **correo,** mail train.

TRENZA [TRENTHAH] *f.* plait, lock :: —s, tresses.

TRENZAR [TRENTHAR] *va.* to braid.

TREPAR [TRAYPAR] *vn.* to climb, swarm up.

TREPIDAR [TRAYPEDAR] *vn.* to shake, quake, tremble.

TRES [TRAYS] *m. & adj.* three.

TRESILLO [TRAYSEELYO] *m.* three-piece suite :: ring with three stones.

TRETA [TRETAH] *f.* trick, wile.

TRIANGULAR [TREANGOOLAR] *adj.* triangular.

TRIÁNGULO [TREAHNGOOLO] *m.* triangle.

TRIBU [TREEBOO] *f.* tribe.

TRIBUNA [TREBOONAH] *f.* rostrum, tribune :: platform.

TRIBUNAL [TREBOONAHL] *m.* court of justice :: board of examiners.

TRIBUTAR [TREBOOTAR] *va.* to pay tribute, pay homage.

TRIBUTARIO [TREBOOTAHREO] *m.* taxpayer :: *adj.* tributary.

TRIBUTO [TREBOOTO] *m.* tribute :: contribution, tax.

TRICICLO [TRETHEECLO] *m.* tricycle.

TRICOLOR [TRECOLOR] *adj.* tricolor.

TRICORNIO [TRECORNEO] *m.* three-cornered hat :: *adj.* tricorn.

TRIENIO [TREAYNEO] *m.* triennium,

triennial.

TRIFÁSICO [TREFAHSECO] *adj. (elec.)* three-wire.

TRIFULCA [TREFOOLCAH] *f.* fight, quarrel, wrangle, row.

TRIGAL [TREGAHL] *m.* wheat field.

TRIGO [TREEGO] *m.* wheat :: *pl.* crops.

TRIGUEÑO [TREGAYNYO] *adj.* dark, brownish, nut-brown, chestnut.

TRILOGÍA [TRELOHEEAH] *f.* trilogy.

TRILLA [TREELLYAH] *f.* threshing, threshing time.

TRILLADO [TRELYAHDO] *adj.* hackneyed :: **camino** —, beaten track.

TRILLADORA [TRELLYAHDORAH] *f.* thresher :: thresher machine :: *adj.* threshing.

TRILLAR [TRELYAR] *va.* to thrash.

TRIMESTRE [TREMESTRAY] *m.* quarter, three-months period, term.

TRINAR [TRENAR] *vn.* to trill, warble :: *(coll.)* to get angry.

TRINCAR [TRINKAR] *va.* to bind, make fast :: *(coll.)* to drink.

TRINCHAR [TRINCHAR] *va.* to carve.

TRINCHERA [TRINCHAYRAH] *f.* trench.

TRINEO [TRENAYO] *m.* sleigh :: sled.

TRINIDAD [TRENEDAHD] *f.* trinity :: *(coll.)* inseparable three.

TRINO [TREENO] *m.* trill, warble.

TRÍO [TREEO] *m.* trio :: *(mus.)* trio.

TRIPA [TREEPAH] *f.* belly, gut :: *pl.* intestines, bowels :: **hacer de —s corazón,** to make the best of a bad job.

TRIPLE [TREEPLAY] *adj. & m.* triple.

TRIPLICAR [TREPLECAR] *va.* to triplicate, triple, treble reble.

TRÍPODE [TREEPODAY] *m.* tripod.

TRÍPTICO [TRIPTECO] *m.* triptych.

TRIPULACIÓN [TREPOOLAHTHEON] *f.* crew.

TRIPULAR [TREPOOLAR] *va.* to man.

TRIQUIÑUELA [TREKENYOOAYLAH] *f. (coll.)* chicanery, evasion.

TRIS [TREES] *m.* slight cracking sound :: *(coll.)* trice :: inch :: touch :: **en un** —, almost, within an ace.

TRISCAR [TRISKAR] *vn.* to make a noise with the feet :: to mix up :: to set a saw.

TRISTE* [TRISTAY] *adj.* sad, sorrowful, gloomy.

TRISTEZA [TRISTAYTHAH] *f.* sadness, melancholy, grief, pain.

TRITÓN [TRETONE] *m.* good swimmer :: *(zool.)* eft.

TRITURAR [TRETOORAR] *va.* to grind, pulverize, mash.

TRIUNFAL [TREOONFAHL] *adj.* triumphal.

TRIUNFAR [TREOONFAR] *vn.* to conquer, be victorious, win.

TRIUNFO [TREOONFO] *m.* triumph :: trump card :: trophy.

TRIVIAL [TREVEAHL] *adj.* trivial, commonplace, trite.

TRIZA [TREETHAH] *f.* shred, fragment, small piece :: **hacer —s,** to tear into shreds :: to tear to pieces.

TROCAR [TROKAR] *va.* to barter, exchange :: to change, to equivocate :: *vr.* to change, change places with.

TROFEO [TROFAYO] *m.* trophy :: triumph, victory.

TROLA [TROLAH] *f. (coll.)* deception, lie.

TROMBA [TROMBAH] *f.* waterspout.

TROMPA [TROMPAH] *f. (mus.)* horn :: proboscis *(de insectos)* :: trunk *(de elefante)* :: *(anat.)* tube, duct :: *(coll.)* drunken spree.

TROMPETA [TROMPAYTAH] *f.* bugle, trumpet :: *m.* bugler.

TROMPICÓN [TROMPECONE] *m.* stumble, stumbling.

TROMPO [TROMPO] *m.* spinning-top :: chessman :: *(coll.)* dolt :: *(zool.)* trochid.

TRONAR [TRONAR] *vn.* to thunder :: to explode, burst.

TRONCO [TRONCO] *m.* trunk *(de un árbol)* :: stem, stalk :: *(anat.)* trunk :: stock, origin of a family :: team of horses :: *(coll.)* unfeeling person.

TRONCHAR [TRONCHAR] *va.* to bend or break *(un tronco)* :: to chop off :: to break off :: *vr.* to break off or get bent *(un tronco).*

TRONO [TRONO] *m.* throne :: royal dignity.

TROPA [TROPAH] *f.* troops, soldiers, crowd :: — **ligera,** skirmishing troops.

TROPEL [TROPELL] *m.* rush, heap, jumble :: **de, en** —, in disorder, pell-mell, higgledy-piggledy, in a mass, in a crowd.

TROPEZAR [TROPAYTHAR] *vn.* to stumble, strike (upon) (on) :: to meet by accident.

TROPEZÓN [TROPAYTHONE] *m.* stumbling :: stumble :: slip.

TROPICAL [TROPECAHL] *adj.* tropical.

TRÓPICO [TROPECO] *m.* tropic.

TROPIEZO [TROPEAYTHO] *m.* stumble :: stumbling block :: slip, fault :: dispute.

TROQUEL [TROKEL] *m.* die, stamp.

TROTAR [TROTAR] *vn.* to trot.

TROTE [TROTAY] *m.* trot :: **al** —,

quickly.

TROVADOR [TROVAHDOR] *m.* troubadour, minstrel.

TROZO [TROTHO] *m.* piece, fragment, length, section.

TRUCO [TROOCO] *m.* clever trick.

TRUCULENTO [TROOCOOLENTO] *adj.* truculent, cruel.

TRUCHA [TROOCHAH] *f.* trout.

TRUENO [TROOAYNO] *m.* thunder.

TRUEQUE [TROOAYKAY] *m.* exchange, barter.

TRUFA [TROOFAH] *f.* truffle :: fraud, deceit.

TRUHÁN [TROOAN] *m.* scoundrel, knave :: jester.

TRUNCAR [TROONKAR] *va.* to truncate, cut short, mutilate.

TU [TOO] *adj. poss.* your *(forma familiar)* :: thy *(God).*

TÚ [TOO] *pers. pron.* you *(forma familiar)* :: thou *(God).*

TUBÉRCULO [TOOBAIRKOOLO] *m.* tuber :: tubercle.

TUBERCULOSIS [TOOBERCOOLOSIS] *f. (med.)* tuberculosis.

TUBERCULOSO [TOOBERCOOLOSO] *m.* person having tuberculosis :: *adj.* tubercular :: tuberculous.

TUBERÍA [TOOBAYREEAH] *f.* tubing, piping :: pipeline.

TUBO [TOOBO] *m.* pipe, tube.

TUERCA [TOOAIRKAH] *f.* nut, female screw.

TUERTO [TOOAIRTO] *m.* one-eyed person :: **en tierra de ciegos el — es el rey,** the big frog in the little pond :: **a tuertas o a derechas,** rightly or wrongly, appropriately or no.

TUÉTANO [TOOAYTAHNO] *m.* marrow.

TUFO [TOOFO] *m.* fume, vapour :: offensive smell :: presumption, snobbishness.

TUGURIO [TOOGOOREO] *m.* shepherd's hut or cottage :: hovel.

TUL [TOOL] *m.* tulle.

TULIPÁN [TOOLEPAHN] *m.* tulip.

TULLIDO [TOOLYEEDO] *adj.* lamed, hurt, crippled.

TUMBA [TOOMBAH] *f.* grave, tomb :: tombstone :: tumble, somersault :: arched top.

TUMBAR [TOOMBAR] *va.* to fell, floor, throw down :: *vr.* to lie down, fling down, drop.

TUMBO [TOOMBO] *m.* tumble :: somersault :: **dar —s,** to jump, bump along.

TUMEFACCIÓN [TOOMAYFACTHEON] *f. (med.)* tumefaction, swelling.

TUMOR [TOOMOR] *m.* tumour.

TÚMULO [TOOMOOLO] *m.* tumulus, funeral pile :: sepulchral monument.

TUMULTO [TOOMOOLTO] *m.* tumult, row, uproar :: mob.

TUMULTUOSO[*] [TOOMOOLTOOOHSO] *adj.* tumultuous.

TUNA [TOONAH] *f.* group or society of singing students :: student serenade.

TUNANTE [TOONAHNTAY] *m.* rascal, rogue *(pop.)* "blighter".

TUNDA [TOONDAH] *f.* shearing of cloth :: *(coll.)* beating, whipping.

TÚNEL [TOONEL] *m.* tunnel.

TÚNICA [TOONECAH] *f.* tunic.

TUNO [TOONO] *m.* rascal, rogue, truant.

TUNTÚN [TOONTOON] *m. (coll.)* al —, thoùghtlessly, at random

TUPIDO [TOOPEEDO] *adj.* dense :: compact, thick :: blocked, obstructed.

TURBA [TOORBAH] *f.* rabble.

TURBACIÓN [TOORBAHTHEON] *f.* confusion, disturbance.

TURBAMULTA [TOORBAHMOOLTAH] *f. (coll.)* mob, rabble.

TURBANTE [TOORBAHNTAY] *m.* turban :: *adj.* disturbing.

TURBAR [TOORBAR] *va.* to disturb, trouble.

TURBINA [TOORBEENAH] *f.* turbine.

TURBIO[*] [TOORBEO] *adj.* turbid, troubled, obscure.

TURBIÓN [TOORBEON] *m.* squall, shower.

TURBULENCIA [TOORBOOLENTHEAH] *f.* turbulence, confusion.

TURBULENTO[*] [TOORBOOLENTO] *adj.* turbulent, disorderly :: muddy, troubled.

TURISMO [TOOREESMO] *m.* tourist trade, tourism :: touring, sightseeing :: **oficina de** —, travel bureau.

TURISTA [TOOREESTAH] *m. & f.* tourist.

TURNAR [TOORNAR] *vn.* to alternate, take turns.

TURNO [TOORNO] *m.* turn :: **por** —, by turns.

TURQUESA [TOORKAYSAH] *f.* turquoise.

TURRÓN [TOORRON] *m.* nougat, almond sweetmeat.

TUTEAR [TOOTAYAR] *va.* to address someone ussing the familiar form "tu" :: *(fig.)* to be on intimate terms with.

TUTELA [TOOTAYLAH] *f.* guardianship, protection.

TUTELAR [TOOTAYLAR] *adj.* guardian, tutelar.

TUTOR [TOOTOR] *m.* tutor, guardian.

TUTORÍA [TOOTOREEAH] *f.* guardianship :: tutelage.

TUYO [TOOYO] *poss. adj.* your, of yours *(forma familiar)* :: *poss. pron.* yours.

U

U [OO] *conj. (used before words beginning with o or* **ho***)* or.

UBICAR [OOBECAR] *vn.* to be located.

UBICUIDAD [OOBECOOEDAHD] *f.* ubiquity.

UBICUO [OOBEEKWO] *adj.* ubiquitous.

UBRE [OOBRAY] *f.* udder.

UFANARSE [OOFAHNARSAY] *vr.* to boast, pride oneself on.

UFANO [OOFAHNO] *adj.* conceited, arrogant, contented.

UJIER [OOHEAIR] *m.* usher :: doorkeeper :: janitor.

ÚLCERA [OOLTHAYRAH] *f.* ulcer.

ULTERIOR [OOLTAYREOR] *adj.* ulterior :: further :: later.

ULTIMAR [OOLTEMAR] *va.* to finish, put finishing touches to, finish (off).

ULTIMÁTUM [OOLTEMAHTOOM] *m.* ultimatum :: (coll.) final resolution or decision.

ÚLTIMO [OOLTEMO] *adj.* last, latest, ultimo, most, recent :: **por —**, finally :: **a —s de**, towards the end of.

ULTRAJAR [OOLTRAHHAR] *va.* to insult, outrage.

ULTRAJE [OOLTRAHHAY] *m.* outrage, insult.

ULTRAMAR [OOLTRAHMAR] *m.* country or place across the sea :: **de —**, overseas, from across the sea :: **en —**, overseas.

ULTRAMARINOS [OOLTRAHMAHREENO] *m. pl.* delicatessen :: imported foods.

ULTRANZA [OOLTRAHNTHA] *adv.* **a —**, to the death :: at any cost :: extreme.

ULTRATUMBA [OOLTRAHTOOMBAH] *adv.* beyond the grave.

ULTRAVIOLETA [OOLTRAHVEOLAYTAH] *adj.* ultraviolet.

ULULAR [OOLOOLAR] *vn.* to howl, shriek, hoot.

UMBRAL [OOMBRAHL] *m.* threshold :: lintel.

UMBRÍO [OOMBREEO] *adj.* shady.

UN(O) [OON (-NO)] *indef. art.* a, an :: **—s**, some, a few :: **—s cuantos**, a few :: **uno**, *pron. & num.* one.

UNÁNIME [OONAHNEMAY] *adj.* unanimous.

UNANIMIDAD [OONAHNEMEDAHD] *f.* unanimity, complete accord.

UNCIÓN [OONTHEON] *f.* unction.

UNCIR [OONTHEER] *va.* to yoke.

UNGIR [OONHEER] *va.* to anoint :: to put ointment on.

UNGÜENTO [OONGOOENTO] *m.* unguent, ointment.

ÚNICO [OONEKO] *adj.* only, unique, single.

UNICORNIO [OONECORNEO] *m.* unicorn.

UNIDAD [OONEDAHD] *f.* unity, agreement, unit.

UNIFICAR [OONEFECAR] *va.* to unify :: to unite.

UNIFORMAR [OONEFORMAR] *va.* to standarize :: to make uniform :: to furnish with uniforms.

UNIFORME [OONEFORMAY] *adj.* uniform, regular :: *m.* uniform.

UNIFORMIDAD [OONEFORMEDAHD] *f.* uniformity.

UNILATERAL [OONELAHTAYRAHL] *adj.* unilateral, one-sided.

UNIÓN [OONEON] *f.* union, conjunction.

UNIR [OONEER] *va.* to unite, join, connect, bring together :: *vr.* to join (up) (with), share.

UNÍSONO [OONEESONO] *adj.* unison.

UNIVERSAL [OONEVERSAHL] *adj.* universal.

UNIVERSIDAD [OONEVAIRSEDAHD] *f.* university.

UNIVERSO [OOENVAIRSO] *m.* universe.

UNO [OONO] *adj. & pron.* one.

UNTAR [OONTAR] *va.* to anoint, smear, oil, grease :: **— las manos**, to grease the palms.

UNTUOSO [OONTOOOSO] *adj.* oily, greasy.

UÑA [OONYAH] *f.* nail :: **a — de caballo**, by dint of the horses' hooves, at a gallop :: **hincar la —**, to sting, overcharge :: **ser — y carne**, to be inseparable, fast friends.

URANIO [OORAHNEO] *m. (chem.)* uranium :: *adj.* uranian.

URBANIDAD [OORBAHNEDAHD] *f.* courtesy, politeness :: refinement.

URBANIZAR [OORBAHNETHAR] *va.* to urbanize.

URBANO [OORBAHNO] *adj.* urban, urbane, courteous, polite.

URBE [OORBE] *f.* metropolis, large city.

URDIMBRE [OORDEEMBRAY] *f.* warp :: warping chain :: *(fig.)* scheme, scheming.

URDIR [OORDEER] *va.* to warp, plot, scheme, weave.

URGENCIA [OORHENTHEAH] *f.* urgency:: emergency :: pressing need.

URGENTE [OORHENTAY] *adj.* urgent, pressing.

URGIR [OORHEER] *vn.* to be urgent, be of the utmost importance.

URINARIO [OORENAHREO] *m.* urinal :: *adj.* urinary.

URNA [OORNAH] *f.* urn :: **— electoral**, ballot box.

URRACA [OORRAHKAH] *f.* magpie.

USADO [OOSAHDO] *adj.* used, accustomed :: worn (out, thin), secondhand.

USANZA [OOSAHNTHAH] *f.* usage, custom.

USAR [OOSAR] *va.* to use, wear :: *vn.* to be worn, be accustomed :: to be worn.

USÍA [OOSEEAH] *m. & f.* your worship, your excellence.

USO [OOSO] *m.* usage, use, custom, fashion :: loan, usufruct :: wear and tear :: **al —**, fashionable, like others :: **estar en buen —**, to be in good condition.

USTED [OOSTED] *pron.* you.

USUAL [OOSOOAHL] *adj.* usual :: ordinary, customary.

USUARIO [OOSOOAHREO] *m.* usuary :: user :: *adj.* having the limited use of something .

USURA [OOSOORAH] *f.* usury.

USURERO [OOSOORAYRO] *m.* usurer :: loan shark *(col.)*.

USURPAR [OOSOORPAR] *va.* to usurp.

UTENSILIO [OOTENSEELEO] *m.* utensil, implement :: *pl.* tools.

ÚTERO [OOTAYRO] *m.* uterus, womb.

ÚTIL [OOTIL] *adj.* useful :: *m.* tools.

UTILIDAD [OOTELEDAHD] *f.* utility :: profit :: usefulness.

UTILIZAR [OOTELETHAR] *vn.* to utilize :: to use.

UTOPÍA [OOTOPEEAH] *f.* utopia.

UVA [OOVAH] *f.* grape :: **— pasa**, raisin :: **— espina**, gooseberry.

V

VACA [VAHCAH] f. cow, beef :: — **de leche**, milch cow.

VACACIÓN [VAHCAHTHEON] f. vacation :: pl. holidays, vacation.

VACANTE [VAHCAHNTAY] adj. vacant, disengaged, unoccupied :: f. vacancy.

VACAR [VAHKAR] vn. to be vacant, vacate, give up.

VACIADO [VAHTHEAHDO] m. cast, casting :: plaster cast :: (arch.) cavity in a pedestal.

VACIAR [VAHTHEAR] va. to empty, cast (pour) out.

VACILACIÓN [VAHTHELAHTHEON] f. hesitation :: wavering :: doubt.

VACILAR [VAHTHELAR] vn. to vacillate, waver, hesitate :: to sway.

VACÍO [VAHTHEEO] adj. empty, void :: vain :: untenanted :: m. vacuum :: empty space :: hollowness, blank, lacuna :: **ir de —**, to travel empty.

VACUNA [VAHCOONAH] f. vaccine :: vaccination.

VACUNAR [VAHCOONAR] va. to vaccinate.

VACUNO [VAHCOONO] adj. bovine :: pertaining to or made of cowhide.

VACUO [VAHCOOO] m. vacuum :; hollow :: adj. vacant, empty, unoccupied.

VADEAR [VAHDAYAR] va. to ford :: to conquer, surmount :: to sound out :: vr. to behave, conduct oneself.

VAGABUNDEAR [VAHGAHBOONDAYAR] vn. to tramp around, wander, rove :: to loiter.

VAGABUNDO [VAHGAHBOONDO] adj. vagabond, vagrant :: m. tramp.

VAGANCIA [VAHGAHNTHEAH] f. vagrancy, laziness.

VAGAR [VAHGAR] vn. to wander, roam :: to loiter :: to loaf :: m. leisure :: loitering.

VAGINA [VAHEENAH] f. vagina.

VAGO [VAHGO] adj. vague, errant, roving :: loafer.

VAGÓN [VAHGON] m. wagon.

VAGUEDAD [VAHGAYDAHD] f. vagueness, ambiguity.

VAHÍDO [VAHEEDO] m. dizziness, dizzy spell.

VAHO [VAHO] m. vapor, steam, fume, mist :: odor.

VAINA [VAHENAH] f. scabbard, sheath :: pod.

VAINILLA [VAHENEELYAH] f. vanilla.

VAIVÉN [VAHEVEN] m. sway, oscillation, vibration, coming and going.

VAJILLA [VAHHEELYAH] f. dish, pot ware, pots dinner service.

VALE [VAHLAY] m. bond, I O U (I owe you).

VALEDERO [VAHLAYDAYRO] adj. valid.

VALENTÍA [VAHLENTEEAH] f. valour, courage, bravery.

VALER [VAHLAIR] vn. to be worth, cost, be the same as, amount to :: to defend :: — **la pena**, to be worthwhile :: to be the (cause of, reason for, explanation) :: vr. to make use of, take advantage of :: **más vale tarde que nunca**, better late than never.

VALEROSO [VAHLAYROSO] adj. courageous.

VALÍA [VAHLEEAH] f. price, value, worth :: influence.

VALIDEZ [VAHLEDETH] f. validity :: stability, soundness.

VALIDO [VAHLEEDO] adj. accepted :: — **de**, under cover of, backed (up) by :: m. favourite.

VÁLIDO [VAHLEEDO] adj. valid.

VALIENTE [VAHLEENTAY] adj. spirited, courageous, valiant, gallant.

VALIJA [VAHLEEHAH] f. mail-bag :: valise, bag.

VALIMIENTO [VAHLEMEENTO] m. value, support, benefit :: good graces.

VALIOSO [VAHLEOSO] adj. valuable :: worthy :: wealthy.

VALOR [VAHLOR] m. price, worth, value :: valour, courage :: validity :: pl. (com.) bonds, stocks.

VALORACIÓN [VAHLORAHTHEON] f. valuation, appraisal.

VALORAR [VAHLORAR] va. to value, appraise.

VÁLVULA [VAHLVOOLAH] f. valve.

VALLA [VAHLLYAH] f. stockade, fence :: barrier :: obstacle.

VALLADO [VAHLYAHDO] m. enclosure.

VALLE [VAHLLAY] m. valley, dale :: — **de lágrimas**, vale of tears.

VAMPIRO [VAMPEERO] m. vampire.

VANAGLORIA [VAHNAHGLOREAH] f. vainglory :: conceit.

VANAGLORIARSE [VAHNAHGLOREARSAY] vr. to glory, take great pride (in), boast (of).

VÁNDALO [VAHNDAHLO] m. vandal.

VANGUARDIA [VANGOOARDEAH] f. vanguard.

VANIDAD [VAHNEDAHD] f. vanity, levity, conceit, shallowness, uselessness.

VANIDOSO [VAHNEDOSO] adj. vain, showy.

VANO [VAHNO] adj. shallow, vain, useless, futile :: arrogant :: m. opening (en un muro).

VAPOR [VAHPOR] m. steam, vapour, fume, mist :: steamship, boat.

VAPOROSO [VAHPOROSO] adj. porous, steamy, misty :: vaporlike.

VAPUL(E)AR [VAHPPOOLAR (-LAYAR)] va. to flog, whip.

VAPULEO [VAHPOOLAYO] m. beating, whipping, thrashing.

VAQUERÍA [VAHKAYREEAH] f. herd of cows :: stable for cows :: dairy.

VAQUERO [VAHKAYRO] m. cowherd, herdsman :: cowboy.

VARA [VAHRAH] f. rod, twig, stock, wand :: measure (2.78 ft.), yard, — **de pescar**, fishing rod.

VARADERO [VAHRAHDAYRO] m. shipyard, repair dock.

VARAR [VAHRAR] vn. to be stranded :: to ground.

VAREAR [VAHRAYAR] va. to beat :: to whip.

VARIABLE [VAHREAHBLAY] adj. variable, unstable, changeable :: f. variable.

VARIACIÓN [VAHREAHTHEON] f. variation.

VARIAR [VAHREAR] va. to change, modify, vary :: to diversify, variegate :: vn. to vary, change, be different :: (naut.) to deviate.

VARIEDAD [VAHREAYDAHD] f. variety :: variation, change.

VARILLA [VAHREELYAH] f. rod :: curtain rod :: — **mágica**, magician's wand.

VARIO [VAHREO] adj. different, inconstant, variable, variegated :: pl. several, various.

VARÓN [VAHRON] m. male :: man.

VARONIL [VAHRONEEL] adj. manly, male, vigorous.

VASALLO [VASAHLLYO] adj. & m. vassal, subject.

VASELINA [VAHSAYLEENAH] f. vaseline.

VASIJA [VASEEHAH] f. jar.

VASO [VAHSO] m. glass, tumbler, vessel.

VÁSTAGO [VAHSTAHGO] m. sucker, shoot :: offspring, scion.

VASTO [VAHSTO] adj. huge, extensive, immense, vast.

VATICINAR [VAHTETHENAR] va. to prophesy, predict, foretell.

VATICINIO [VAHTETHEENEO] m. prediction.

VAYA [VAHYAH] f. scoff, jest :: interj. go! come! indeed!

VECINDAD [VAYTHINDAHD] f. neighbourhood, neighborhood, vicinity.

VECINDARIO [VAYTHEENDAHREO] m. neighbourhood, neighborhood :: vicinity.

VECINO [VAYTHEENO] adj. neighbouring, near :: m. neighbour :: resident.

VEDA [VAYDAH] f. prohibition :: close season (de caza).

VEDAR [VAYDAR] va. to forbid, prohibit, close to.

VEGA [VAYGAH] f. fertile plain.

VEGETACIÓN [VAYHAYTAHTHEON] f. vegetation.

VEGETAL [VAYHAYTAHL] adj. vegetable :: m. vegetable, plant.

VEGETAR [VAYHAYTAR] vn. to vegetate.

VEGETARIANO [VAYHAYTAHREAHNO] m. vegetarian.

VEHEMENTE [VAYAYMENTAY] adj. vehement, passionate, impetuous :: violent.

VEHÍCULO [VAYEEKOOLO] m. vehicle.

VEINTE [VAYINTAY] num. twenty.

VEJACIÓN [VAYHAHTHEON] f. vexation, oppression.

VEJAR [VAYHAR] va. to vex, oppress, censure.

VEJESTORIO [VAYHESTOREO] m. wrinkler, old person .

VEJEZ [VAYHETH] f. old age.

VEJIGA [VAYHEEGAH] f. bladder :: blister.

VELA [VAYLAH] f. candle :: sail :: wakefulness, vigil :: **hacerse a la —,** to set sail :: **en —,** without sleeping, without going to bed.

VELADA [VAYLAHDAH] f. watch, vigil :: evening party :: evening function or meeting .

VELAR [VAYLAR] vn. to keep awake :: to watch, be vigilant :: va. to watch :: to veil, cover.

VELATORIO [VAYLAHTOREO] m. death-watch, wake.

VELEIDAD [VAYLAYEDAHD] f. velleity, fickleness, inconstancy.

VELEIDOSO [VAYLAYEDOSO] adj. inconstant, fickle, changeable.

VELERO [VAYLAYRO] m. sailboat :: sailmaker :: candlemaker :: adj. swiftsailing.

VELETA [VAYLAYTAH] f. weathercock :: m. unstable person, fickle person.

VELO [VAYLO] m. veil :: cloak, pretence :: **correr (echar) el — so-**

bre, to draw a veil over, cover up :: **tomar el —,** to become a num.

VELOCIDAD [VAYLOTHEDAHD] f. velocity.

VELOCÍMETRO [VAYLOTHEEMAYTRO] m. speedometer :: velocimeter.

VELOZ [VAYLOTH] adj. swift, fast, nimble.

VELLO [VAYLYO] m. down, nap.

VELLÓN [VAYLYON] m. fleece, wool :: copper and silver alloy :: **real de —,** five-cents coin.

VELLUDO [VAYLYOODO] adj. downy :: hirsute, hairy :: m. shag.

VENA [VAYNAH] f. vein, blood vessel :: (min.) vein, seam :: (fig.) inspiration.

VENADO [VAYNAHDO] m. stag :: venison.

VENAL [VAYNAHL] adj. pertaining to the veins :: marketable, salable :: venal, mercenary.

VENCEDOR [VENTHAYDOR] m. victor, conqueror :: winner :: vanquisher.

VENCEJO [VENTHAYHO] m. string, band :: (orn.) black martin.

VENCER [VENTHAIR] va. to conquer, vanquish, overpower :: vn. to fall due :: **— un plazo,** to expire a term, to become due.

VENCIDO [VENTHEEDO] adj. overcome, conquered :: (com.) due.

VENCIMIENTO [VENTHEMEENTO] m. victory :: vanquishment, defeat :: conquest :: (com.) maturity, expiration.

VENDA [VENDAH] f. bandage.

VENDAJE [VENDAHHAY] m. bandage.

VENDAR [VENDAR] va. to bandage :: to blind.

VENDAVAL [VENDAHVAHL] m. strong south wind, gale.

VENDEDOR [VENDAYDOR] m. seller, vendor, huckster, salesman.

VENDER [VENDAIR] va. to sell :: to betray, sell out :: **— al por mayor,** to sell wholesale :: **— al por menor,** to sell retail :: **— a plazos,** to sell on credit :: **— al contado,** to sell for cash :: vr. to give oneself away.

VENDIMIA [VENDEEMEAH] f. vintage, grape harvest.

VENENO [VAYNAYNO] m. poison, venom.

VENENOSO [VAYNAYNOSO] adj. poisonous.

VENERABLE [VAYNAYRAHBLAY] adj. venerable.

VENERACIÓN [VAYNAYRAHTHEON] f. veneration, reverence.

VENERAR [VAYNAYRAR] va. to venerate, revere :: to worship.

VENERO [VAYNAYRO] m. spring of water :: lode, seam.

VENGADOR [VENGAHDOR] adj. avenging, revenging :: m. avenger.

VENGANZA [VENGAHNTHAH] f. revenge :: vengeance.

VENGAR [VENGAR] va. to avenge :: vr. to take vengeance.

VENGATIVO [VENGAHTEEVO] adj. vindictive, revengeful.

VENIA [VAYNEAH] f. leave, permission :: bow.

VENIAL [VAYNEAHL] adj. venial, pardonable.

VENIDA [VAYNEEDAH] f. arrival.

VENIDERO [VAYNEDAYRO] adj. coming :: future.

VENIR [VAYNEER] vn. to come :: to arrive :: to fit :: **—le a uno bien (o mal),** to be becoming (or unbecoming) :: **— a menos,** to decline, decay :: **— a pelo,** to come just at the right moment :: to suit perfectly :: to be pat, opportune, to the point :: **— en,** to agree to :: **— sobre,** to fall upon :: **¿a qué viene eso?,** what is the point of that? :: **—se abajo,** to fall down :: to collapse :: to fail.

VENOSO [VAYNOSO] adj. veined :: venous.

VENTA [VENTAH] f. sale :: roadside inn.

VENTAJA [VENTAHHAH] f. advantage :: gain, profit :: bonus :: odds.

VENTAJOSO [VENTAHHOSO] adj. advantageous, beneficial, profitable.

VENTANA [VENTAHNAH] f. window :: window shutter :: **— de la nariz,** nostril.

VENTERO [VENTAYRO] m. innkeeper.

VENTILACIÓN [VENTELAHTHEON] f. ventilation.

VENTILADOR [VENTELAHDOR] m. ventilator :: fan.

VENTILAR [VENTELAR] va. to ventilate :: to air.

VENTISCA [VENTEESCAH] f. blizzard, snowstorm :: snowdrift.

VENTISQUERO [VENTISKAYRO] m. blizzard, snow storm :: snowdrift :: glacier.

VENTOLERA [VENTOLAYRAH] f. gust of wind :: pride, vanity :: whim :: pin wheel :: **darle a uno la —de,** to take the notion to.

VENTOSA [VENTOSAH] f. vent, airhole :: cupping glass :: (mech.) relief valve :: (zool.) sucker.

VENTRÍLOCUO [VENTREELOCOOO] m. ventriloquist :: adj. ventriloquial.

VENTURA [VENTOORAH] f. happiness :: fortune, chance :: risk, danger :: **a la —**, at random :: **buena —**, fortune :: **por —**, perchance.

VENUS [VAYNOOS] f. *(fig.)* very beautiful woman :: venery, sensual pleasure.

VER [VER] va. to see :: to look :: to look at :: to look into, examine :: **— de**, to try to, see abaut + ger. :: **hasta más —**, good-bye :: **no — la hora de**, to be anxious :: **no tener nada que —**, not to have anything to do with :: vr. to be seen :: to be :: **—se obligado**, to be obliged to, be forced to :: **a mi modo de —**, in my opinion :: **de buen —**, good-looking :: **ser de —**, to be worth seeing.

VERA [VAYRAH] f. edge :: **a la — del camino**, at the edge of the road.

VERACIDAD [VAYRAHTHEDAHD] f. truthfulness.

VERANEANTE [VAYRAHNAYANTAY] m. & f. summer resorter, vacationist or tourist.

VERANEAR [VAYRAHNAYAR] vn. to spend the summer.

VERANEO [VAYRAHNAYO] m. summering, summer vacation.

VERANO [VAYRAHNO] m. summer.

VERAZ [VAYRATH] adj. truthful.

VERBAL [VERBAHL] adj. verbal :: oral.

VERBENA [VERBAYNAH] f. *(bot.)* verbena :: festival or carnival.

VERBO [VERRBO] m. verb.

VERDAD [VERDAHD] f. truth :: **¿—?**, really?, is that so? :: **¿no es —?**, isn't that so? :: **de —**, in truth, in earnest :: **en —**, really, truly .

VERDADERO• [VERDAHDAYRO] adj. real :: true :: truthful :: sincere.

VERDE [VERRDAY] adj. green :: unripe :: young :: offcolor, indecent :: m. green :: verdure.

VERDOR [VERDOR] m. verdure, greenness.

VERDOSO [VERDOSO] adj. greenish.

VERDUGO [VERDOOGO] m. executioner :: cruel person :: torment :: rapier :: lash, whip :: welt :: shoot of a tree.

VERDULERA [VERDOOLAYRAH] f. greengrocer woman.

VERDURA [VERDOORAH] f. verdure :: greenness :: green vegetables.

VEREDA [VAYRAYDAH] f. path.

VEREDICTO [VAYRAYDEECTO] m. verdict.

VERGA [VERGAH] f. male organ, penis :: steel bow of a cross-bow :: *(naut.)* yard.

VERGONZOSO• [VERGONTHOSO] adj. shameful, disgraceful :: shy, bashful.

VERGÜENZA [VERGOOENTHAH] f. shame :: disgrace, shyness, bashfulness :: **tener —**, to have shame :: to be ashamed.

VERÍDICO [VAYREEDECO] adj. truthful :: true.

VERIFICAR [VAYREFECAR] va. to verify :: to confirm :: to test, check :: to carry out, fulfill :: vr. to be verified :: to take place.

VERJA [VERHAH] f. grate, grating.

VERNÁCULO [VERNAHCOOLO] adj. vernacular.

VEROSÍMIL [VAYROSEEMEEL] adj. probable, likely.

VERRUGA [VERROOGAH] f. wart :: nuisance.

VERSADO [VAIRSAHDO] adj. **— en**, conversant with, familiar with, experienced.

VERSAR [VAIRSAR] vn. to turn around :: **— sobre**, to deal with, discuss.

VERSÁTIL [VERSAHTEEL] adj. versatile.

VERSIFICAR [VERSEFECAR] va. to versify.

VERSIÓN [VERSEON] f. version :: translation.

VERSO [VERRSO] m. verse :: line.

VÉRTEBRA [VERRTAYBRAH] f. *(anat.)* vertebra.

VERTEBRADO [VERTAYBRAHDO] adj. & m. vertebrate.

VERTER [VAIRTAIR] va. to pour, spill, empty, dump :: to translate :: vn. to run.

VERTICAL [VERTECAHL] adj. vertical.

VÉRTICE [VAIRTETHAY] m. vertex :: apex.

VERTIENTE [VAIRTEENTAY] f. & m. slope, water-shed, side *(de una montaña)*.

VERTIGINOSO [VERTEHENOSO] adj. whirling, dizzy, giddy.

VÉRTIGO [VERRTEGO] m. dizziness, giddiness :: fit of madness.

VESÍCULA [VAYSEECOOLAH] f. gallbladder.

VESPERTINO [VESPAIRTEENO] adj. vespertine, evening.

VESTÍBULO [VESTEEBOOLO] m. vestibule :: lobby.

VESTIDO [VESTEEDO] m. dress :: clothes :: costume :: **— de corte**, court-dress :: **— de etiqueta**, full dress :: **— de noche**, evening dress.

VESTIGIO [VESTEEHEO] m. vestige, sign, trace.

VESTIMENTA [VESTEMENTAH] f. clothes, garments.

VESTIR [VESTEER] va. to clothe, dress :: to cloak :: vn. to dress :: vr. to dress oneself.

VESTUARIO [VESTOOAHREO] m. wardrobe, clothing, outfit :: vestry.

VETA [VAYTAH] f. *(min.)* lode, vein grain *(madera)*.

VETERANO [VAYTAYRAHNO] adj. & m. veteran.

VETERINARIO [VAYTAYRENAHREO] m. veterinary.

VETO [VAYTO] m. veto.

VETUSTO [VAYTOOSTO] adj. old, ancient.

VEZ [VETH] f. turn :: time :: **a la —**, at the same time :: **uno a la —**, one at a time :: **en — de**, instead of :: **de una —**, at once :: **de una — para siempre**, once for all :: **a veces**, sometimes :: **hacer las — de**, to act as substitute for :: **dos veces**, twice.

VÍA [VEEAH] f. way, road, track :: passage :: **— férrea**, railway :: **— ancha**, broad gauge :: **— estrecha**, narrow gauge :: **en — recta**, straight along.

VIADUCTO [VEAHDOOCTO] m. viaduct.

VIAJANTE [VEAHHAHNTAY] m. traveler, wayfarer :: traveling, salesman, commercial traveler :: adj. traveling.

VIAJAR [VEAHHAR] vn. to travel, journey.

VIAJE [VEAHHAY] m. travel, trip, journey.

VIAJERO [VEAHHAYRO] m. traveller.

VIANDA [VEAHNDAH] f. viands, food :: meal.

VIÁTICO [VEAHTECO] m. viaticum, provision of a journey, travel allowance :: *(eccl.)* viaticum.

VÍBORA [VEEBORAH] f. viper.

VIBRACIÓN [VEBRAHTHEON] f. vibration.

VIBRAR [VEBRAR] va. to vibrate :: to shake, to oscillate.

VICARÍA [VECAHREEAH] f. vicarship, vicarage :: vivariate.

VICARIO [VEKAHREO] adj. vicarious :: m. priest-in-charge.

VICEPRESIDENTE [VETHAYPRAYSEDENTAY] m. vice-president.

VICEVERSA [VEETHAYVERSAH] adv. vice versa, conversely.

VICIAR [VETHEAR] va. to vitiate, spoil :: to adulterate :: to make void :: to pervert, corrupt.

VICIO [VEETHEO] m. vice, depravity :: defect, blemish.

VICIOSO [VETHEOSO] *adj.* vicious, evil, wicked :: licentious :: faulty, incorrect.

VICISITUD [VETHESETOOD] *f.* vicissitude :: *pl.* vicissitudes.

VÍCTIMA [VEECTEMAH] *f.* victim.

VICTORIA [VICTOREAH] *f.* victory, triumph.

VICTORIOSO [VICTOREOHSO] *adj.* victorious.

VID [VID] *f.* vine.

VIDA [VEEDAH] *f.* life :: livelihood :: liveliness :: **de por —**, for life :: **en la —**, never.

VIDENTE [VEDENTAY] *m.* seer, prophet :: *adj.* seeing.

VIDRIERA [VEDREAYRAH] *f.* glass window :: glass door.

VIDRIO [VEEDREO] *m.* glass.

VIDRIOSO [VEDREOSO] *adj.* glassy :: brittle :: slippery, icy :: touchy :: irritable.

VIEJO [VEAYHO] *adj.* old, antique :: *m.* old man.

VIENTO [VEENTO] *m.* wind :: *pl.* — **alisios**, trade winds :: **— en popa**, favourable wind to sail.

VIENTRE [VEENTRAY] *m.* belly, abdomen, stomach.

VIERNES [VEAIRNES] *m.* Friday :: **cara de —**, face of misery, glum face.

VIGA [VEEGAH] *f.* beam, girder, joist.

VIGENCIA [VEHENTHEAH] *f.* state of being in force :: use, vogue :: **entrar en —**, to take effect *(una ley)* :: **estar en —**, to be in force *(una ley)*.

VIGENTE [VEHENTAY] *adj.* in force, effective.

VIGÍA [VEHEEAH] *f.* lookout, watchtower :: watch :: reef :: *m.* lookout, watchman.

VIGILANCIA [VEHELAHNTHEAH] *f.* vigilance.

VIGILANTE [VEHELAHNTAY] *adj.* vigilant, watchful :: *m.* watchman.

VIGILAR [VEHELAR] *va.* to watch, watch over, oversee.

VIGILIA [VEHEELEAH] *f.* vigil, watch :: wakefulness, sleeplessness.

VIGOR [VEGOR] *m.* vigor :: **en —**, in force :: **entrar en —**, to become effective.

VIGOROSO [VEGOROSO] *adj.* vigorous.

VIHUELA [VEOOAYLAH] *f.* lute.

VIL [VEEL] *adj.* vile, mean, low :: infamous, abject, contemptible.

VILEZA [VELAYTHAH] *f.* vileness, meanness, lowness.

VILIPENDIAR [VELEPENDEAR] *va.* to revile.

VILLA [VEELYAH] *f.* town :: villa.

VILLANCICO [VILLYANTHEECO] *m.* carol :: Christmas carol.

VILLANÍA [VILLYAHNEEAH] *f.* villainy :: lowliness.

VILLANO [VELYAHNO] *adj.* rustic, common :: villainous :: *m.* villain :: commoner.

VILLORRIO [VILLYORREO] *m.* small village, hamlet.

VINAGRE [VENAHGRAY] *m.* vinegar.

VINCULAR [VINCOOLAR] *va.* to tie, bond, unite :: to entail :: to found, base (on).

VÍNCULO [VEENKOOLO] *m.* tie, bond.

VINDICAR [VINDEKAR] *va.* to vindicate, clear.

VINO [VEENO] *m.* wine :: **— tinto**, red wine.

VIÑA [VEENYAH] *f.* vineyard.

VIÑEDO [VENYAYDO] *m.* vineyard.

VIOLACIÓN [VEOLAHTHEON] *f.* violation.

VIOLAR [VEOLAR] *va.* to violate, infringe.

VIOLENCIA [VEOLENTHEAH] *f.* violence.

VIOLENTAR [VEOLENTAR] *va.* to force :: to break into *(house)* :: *vr.* to force oneself :: to get angry.

VIOLENTO [VEOLENTO] *adj.* violent, forced, strained, excessive.

VIOLETA [VEOLAYTAH] *f.* violet.

VIOLÍN [VEOLEEN] *m.* violin.

VIOLINISTA [VEOLENEESTAH] *m. & f.* violinist.

VIOLÓN [VEOLON] *m.* bassviol, double bass.

VIRAR [VERAR] *vn.* to turn, turn around, change direction :: *(naut.)* to tack.

VIRGEN [VEERHEN] *adj.* virgin, pure, chaste, spotless :: *f.* virgin, maid.

VIRGINAL [VEERHENAHL] *adj.* virginal.

VIRGO [VEERGO] *m.* virginity :: *(anat.)* hymen .

VIRIL [VEREEL] *adj.* virile, manly.

VIRILIDAD [VERELEDAHD] *f.* virility, manhood, manly strength, vigor.

VIRREY [VEERRAYE] *m.* viceroy.

VIRTUD [VEERTOOD] *f.* virtue :: power :: force, courage :: goodness :: **en — de**, in (by) virtue of.

VIRTUOSO [VEERTOOOHSO] *adj.* virtuous :: *m.* virtuoso.

VIRUELA [VEROOAYLAH] *f.* pock :: small-pox.

VIRULENCIA [VEROOLENTHEAH] *f.* virulence :: malignancy.

VIRUS [VEEROOS] *m.* virus.

VIRUTA [VEROOTAH] *f.* shaving.

VISADO [VEESAHDO] *m.* visa.

VISAJE [VESAHHAY] *m.* grimace, smirk.

VISAR [VESAR] *va.* to visa, visé :: to countersign :: to endorse :: *(mil.)* to sight.

VÍSCERA [VEESTHAYRAH] *f.* viscera, entrails.

VISCOSIDAD [VISCOSEDAHD] *f.* viscosity, glutinousness .

VISCOSO [VISCOSO] *adj.* slimy, sticky.

VISERA [VESAYRAH] *m.* visor :: eye shade.

VISIBLE [VESEEBLAY] *adj.* visible :: evident :: conspicuous, notable.

VISILLO [VESEELLYO] *m.* window curtain.

VISIÓN [VESEON] *f.* vision :: sight :: fantasy :: apparition.

VISITA [VESEETAH] *f.* visit, call :: visitor :: callers, company.

VISITANTE [VESETAHNTAY] *m. & f.* caller, visitor :: *adj.* visiting.

VISITAR [VESETAR] *va.* to visit :: to call upon.

VISLUMBRAR [VISLOOMBRAR] *va.* to catch a glimpse of, make out dimly, conjecture.

VISO [VEESO] *m.* prospect, outlook.

VISÓN [VEESON] *m.* *(zool.)* american mink :: **abrigo de —**, mink coat.

VÍSPERA [VISPAYRAH] *f.* eve, day before :: *pl.* vespers.

VISTA [VISTAH] *f.* sight, view, prospect :: vista :: eye :: aspect :: apparition :: **a la —**, on sight, on demand :: **a tres días —**, at three days' sight :: **a primera —**, at first view :: **conocer de —**, to know by sight :: **hacer la — gorda**, to shut one's eyes to :: **en — de**, in view of.

VISTAZO [VEESTAHTHO] *m.* glance :: **dar un —**, to glance over.

VISTO [VISTO] *adj.* seen :: evident :: approval :: **— bueno**, correct, approved :: **— que**, seeing that, whereas.

VISTOSO [VISTOSO] *adj.* showy, beautiful.

VISUAL [VESOOAHL] *adj.* visual.

VITAL [VETAHL] *adj.* vital :: important, necessary.

VITALICIO [VETAHLEETHEO] *adj.* lasting for life, during life :: **pensión vitalicia, life pension,** annuity.

VITALIDAD [VETAHLEDAHD] *f.* vitality.

VITAMINA [VETAHMEENAH] *f.* vitamin.

VITOREAR [VETRORAYAR] *va.* to cheer, applaud.

VÍTREO [VEETRAYO] *adj.* vitreous,

glassy.

VITRINA [VETREENAH] *f.* glass case :: show case :: shop window.

VITUALLA [VETOOAHLYAH] *f.* victuals :: food.

VITUPERAR [VETOOPAYRAR] *va.* to blame, vituperate, curse.

VITUPERIO [VETOOPAYREO] *m.* affront, insult :: reproach :: censure.

VIUDA [VEOODA] *f.* widow.

VIUDEZ [VEOODETH] *f.* widowhood.

VIUDO [VEOODO] *m.* widower.

¡VIVA! [VEEVAH] *interj.* hurrah :: long live!.

VIVAC [VEVAHK] *m.* bivouac.

VIVACIDAD [VEVAHTHEDAHD] *f.* vivacity :: brightness :: liveliness.

VIVARACHO [VEVAHRAHCHO] *adj.* lively, frisky, sprightly.

VIVAZ [VEVATH] *adj.* vivacious, lively, alive, quick.

VÍVERES [VEEVAYRES] *m. pl.* victuals :: provisions, food.

VIVERO [VEVAYRO] *m.* fish pond, fish hatchery, tree nursery.

VIVEZA [VEVAYTHAH] *f.* liveliness, vivacity :: energy, vehemence, impetuosity :: quickness, penetration :: sharpness.

VÍVIDO [VEVEDO] *adj.* vivid, bright, lively.

VIVIENDA [VEVEENDAH] *f.* residence :: dwelling-house :: lodgings.

VIVIFICAR [VEVEFECAR] *va.* to vivify, enliven, animate :: to comfort, refresh.

VIVIR [VEVEER] *vn.* to live, exist :: *(mil)* ¿Quién vive?, who goes there! :: *m.* life, existence.

VIVO° [VEEVO] *adj.* live, alive, living, quick :: **lo —**, the quick.

VIZCONDE [VITHKONDAY] *m.* viscount.

VOCABLO [VOCAHBLO] *m.* word, term.

VOCABULARIO [VOCAHBOOLAHREO] *m.* vocabulary.

VOCACIÓN [VOCAHTHEON] *f.* vocation :: aptness, talent.

VOCAL [VOCAHL] *adj.* vocal :: oral :: vowel :: *f.* vowel :: *m.* voter.

VOCEAR [VOTHAYAR] *va.* to cry out :: *vn.* to scream.

VOCERÍO [VOTHAYREEO] *m.* clamor, shouting.

VOCIFERAR [VOTHEFAYRAR] *vn.* to shout, clamor :: to yell :: to boast loudly of.

VOLADIZO [VOLAHDEETHO] *m. (arch.)* corbel, projection :: *adj.* projecting.

VOLANTE [VOLAHNTAY] *adj.* flying :: floating :: *m.* ruffle, frill :: steering wheel, balance wheel :: flywheel.

VOLAR [VOLAR] *vn.* to fly :: to explode :: *va.* to blow up.

VOLÁTIL [VOLAHTIL] *adj.* volatile :: flying.

VOLCÁN [VOLCAHN] *m.* volcano.

VOLCÁNICO [VOLCAHNECO] *adj.* volcanic.

VOLCAR [VOLKAR] *va.* to overturn, upset :: to turn upside down :: to capsize :: to pour out (over).

VOLICIÓN [VOLETHEON] *f.* volition.

VOLTAJE [VOLTAHHAY] *m.* voltage.

VOLTEAR [VOLTAYAR] *va.* to whirl, upset.

VOLTERETA [VOLTAYRAYTAH] *f.* somersault, tumble.

VOLTIO [VOLTEO] *m.* volt.

VOLUBILIDAD [VOLOOBELEDAHD] *f.* volubility :: inconstancy, fickleness.

VOLUBLE [VOLOOBLAY] *adj.* fickle :: moody :: changeable :: twining.

VOLUMEN [VOLOOMEN] *m.* volume, bulk.

VOLUMINOSO [VOLOOMENOSO] *adj.* voluminous, bulky, very large.

VOLUNTAD [VOLOONTAHD] *f.* will, purpose, determination, desire.

VOLUNTARIEDAD [VOLOONTAHREAYDAHD] *f.* voluntariness :: self-will, willfulness.

VOLUNTARIO° [VOLOONTAHREO] *adj.* voluntary :: willful :: *m.* volunteer.

VOLUNTARIOSO° [VOLOONTAHREOSO] *adj.* willful.

VOLUPTUOSO° [VOLOOPTOOOHSO] *adj.* voluptuous :: sensual.

VOLVER [VOLVAIR] *va.* to turn (up, over, down), return :: to give (up, back) :: to change, translate :: to vomit :: *vn.* to come back :: to deviate, turn :: **— a**, to do again :: **— por**, to stand up for :: **— en sí**, to come round, come to one's senses :: *vr.* to become, turn.

VOMITAR [VOMETAR] *va.* to vomit.

VOMITIVO [VOMETEEVO] *m. & adj.* emetic, vomitive.

VÓMITO [VOMETO] *m.* vomit :: vomiting.

VORACIDAD [VORAHTHEDAHD] *f.* voraciousness, greediness.

VORÁGINE [VORAHHENAY] *f.* vortex, whirlpool.

VORAZ° [VORATH] *adj.* voracious, greedy, ravenous.

VOS [VOS] *pron.* you.

VOSOTROS [VOSOTROS] *pron.* you.

VOTACIÓN [VOTAHTHEON] *f.* voting :: vote, total number of votes.

VOTANTE [VOTAHNTAY] *m. & f.* voter.

VOTAR [VOTAR] *vn.* to vote :: to vow.

VOTIVO [VOTEEVO] *adj.* votive.

VOTO [VOTO] *m.* vow :: vote :: oath.

VOZ [VOTH] *f.* voice :: word :: vote, :: expression :: vote, suffrage :: **a media —**, in a whisper :: **a — en cuello**, shouting.

VOZARRÓN [VOTHARRONE] *m.* loud, strong voice.

VUELCO [VOOELLKO] *m.* overturning, spill, somersault.

VUELO [VOOAYLO] *m.* flight :: soaring :: projection :: **al —**, flying :: **falda de mucho —**, full skirt :: **boina de mucho —**, floppy beret :: **coger al —**, to catch on the wing.

VUELTA [VOOELLTAH] *f.* turn, turning :: revolution :: regress, return :: back side :: rotation :: change :: requital, repetition :: walk stroll :: *(dinero)* change :: **a la —**, on (my) return :: turn over :: **a — de correo**, by return post :: **dar una —**, to take a walk :: **dar vueltas a**, to consider further :: turn over (in one's mind) :: **no tiene — de hoja**, there's no answering that.

VUESTRO [VOOESTRO] *adj.* your :: *pron.* yours.

VULGAR° [VOOLGAR] *adj.* common, ordinary :: in common use :: low, vile, base.

VULGARIDAD [VOOLGAHREDAHD] *f.* vulgarity, coarseness, commonness.

VULGO [VOOLGO] *m.* multitude, the masses.

VULNERAR [VOOLNAYRAR] *va.* to damage, injure.